장 자크 루소(1712-1778)

루소 생가 스위스 제네바. 2층에 루소의 명판이 보인다.

▶바랑 부인
어머니를 일찍 잃고 아버지마저 재혼해 떠나 버리자 14세의 루소는 평생 이 기이한 운명에 대한 죄책감에 시달리게 된다. 그 2년 뒤 방랑을 결심한 루소는 이탈리아, 프랑스 등지로 여행하면서 온갖 계층 사람들을 만난다. 이 과정에서 루소는 한 성직자로부터 소개받은 바랑 부인의 보호를 받는다.

▼바랑 부인의 샤르메트 별장 1735~36년 루소와 바랑 부인이 함께 머물렀던 집(샹베르 남쪽 1.6km 지점 시골 마을)

▲백과전서(앙시클로페디) 저자들
1747년 달랑베르, 디드로가 편집장으로 위촉되고, 집필 과정에서 루소·볼테르 등 유럽 최고의 지식인 150여 명이 필진으로 참여했다. 특히 루소는 아무런 보수도 받지 않고 음악에 관한 400여 편의 글을, 볼테르는 40여 편이 넘는 글을 썼다. 백과전서는 1751년 제1권이 나오고 1772년 마지막 28권이 나왔다.

◀디드로(1713~1784)
백과전서 초기부터 디드로와 교의를 맺고 집필에 참여했던 루소는 1756년 디드로가 《사생아》에서 루소를 공격한 일로 인해 급격하게 사이가 나빠지고 결국 백과전서와도 결별한다.

▲18세기 프랑스 철학자들의 만찬
볼테르(손 들고 있는 사람), 디드로, 아보 모리, 그리고 마르키 콩도르세가 보인다.

▶볼테르(1694~1778)
루소가 《에밀》을 발표한 뒤 볼테르는 소책자 《시민의 견해》(1764)에 '루소가 테레즈 르바쇠르와의 사이에서 낳은 아이 다섯을 모두 고아원에 보낸 사실'을 폭로했다. 루소는 심각하게 양심의 고통을 받으며 《참회록=고백록》을 쓰게 된다.

◀ 모티에, 루소가 머물던 집

《에밀》과 《사회계약론》이 당국의 금서처분과 함께 압수되고, 불태워졌다. 이어 체포령이 내려지자, 루소는 고난의 도피생활을 시작한다. 그리하여 프러시아령 뉴샤텔 주지사 조지 키스의 보호를 받으며 모티에에 머물게 된다. 이곳 주민들 또한 돌팔매질 등으로 그에게 위해를 가하자, 이를 피해 비엔 호수의 생피에르섬으로 도피한다. 그러나 이곳에도 베른의회의 퇴거명령이 내려진다.

▼ 비엔 호수의 생피에르섬(스위스)

루소의 수난 1762년 6월, 파리의회에서 《에밀》과 《사회계약론》이 정부와 종교에 반대한다는 이유로 금서처분과 함께 체포령이 내려졌다. 그는 박해를 피해 스위스를 거쳐 영국으로 망명한다. 루소의 《참회록=고백록》은 여기서 끝났다.

◀에름농빌 성관
만년에 루소는 에름농빌 주변의 약초를 수집하고 분류하는 작업을 약사이자 식물학자인 푸세 오블레와 함께 했다.

▼〈루소의 표본집〉 파리 장식미술관
'수목, 관목, 식물은 대지를 꾸미는 장신구이며 의상이다. …헐벗은 황무지의 풍경만큼 쓸쓸한 것은 없다. …식물은 기쁨과 호기심의 매력으로 인간을 사로잡아 자연연구에 심취하게 만들기 위해서 마치 하늘을 뒤덮은 별처럼 대지에 한가득 흩뿌려진 것이 아닐까.'-《고독한 산책자의 몽상》 '일곱 번째 산책'에서

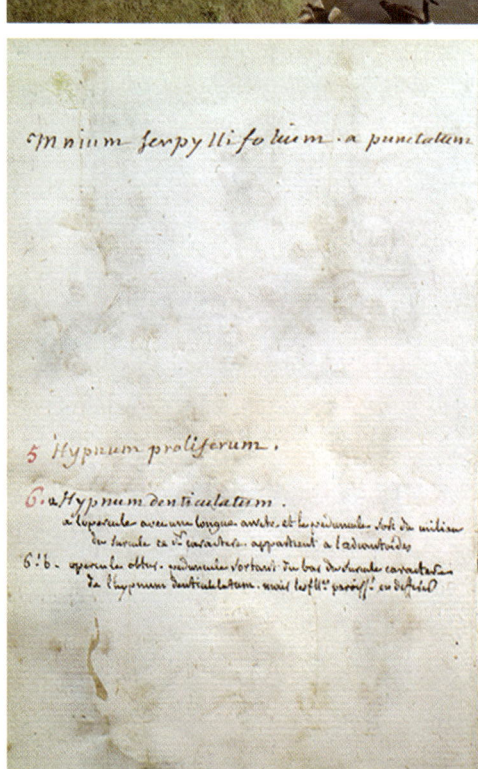

〈식물채집을 하는 루소〉 파리, 카르나발레 미술관
루소의 작품은 놀랍도록 여러 분야에 걸쳐 있다. 그런데 그가 식물에 흥미를 가지고 〈식물학〉 논문을 썼다는 사실은 잘 알려지지 않았다. 만년에 루소는 적대적인 현실이 자기를 박해한다는 피해의식에 사로잡혀 괴로워했다. 그런 만큼 식물채집은 루소에게 단순한 취미활동이 아니라 살아가기 위한 수단이었다.

▲〈에름농빌 공원의 루소와 지라르댕 가족〉게오르그 메이어. 18세기
지라르댕 후작의 호의로 루소에게는 마지막 정착지가 되는 에름농빌(파리 북동쪽) 성내의 작은 집에서 그는 한많은 도피생활을 마치고 영면한다.

◀루소의 묘비가 있는 '포플러섬'
그의 유해는 1778년 에름농빌 성관 호수 가운데 '포플러섬'에 묻혔다가 1794년 파리 팡테옹으로 옮겨졌다. 묘비에는 '자연과 진리를 추구한 친구가 이곳에 잠들다'라고 새겨져 있다.

▲명상에 잠긴 루소 뒤누에. 파리, 마르모탕 모네미술관

▶팡테옹 루소의 무덤
고국 스위스에서 철저하게 배척당한 루소는 고국에 대한 원망과 회한을 안고, 프랑스에서 생을 마친다. 팡테옹은 나라에 공헌한 위인들이 묻히는 국립묘지이다.

루소 기념상 제네바

인권선언문 인간의 자유에 관한 기본적인 헌장 가운데 하나인 이 인권선언문은 1789년 프랑스에서 작성되었으며 "모든 인간은 자유롭고 평등한 권리를 가지고 태어난다"고 진술하고 있다. 이 선언문은 루소의 이론과 미국의 독립 선언서를 바탕으로 삼았다.

〈루소-영예의 우의화〉 조라 드 베르트리, 파리, 카르나발레 미술관
프랑스혁명을 표상하는 이 우의화에는 프랑스 깃발, 혁명을 상징하는 프리지아 모자, 이성을 상징하는 눈과 루소가 그려져 있다. 프랑스혁명은 루소가 죽은 지 10년 뒤에 일어났다.

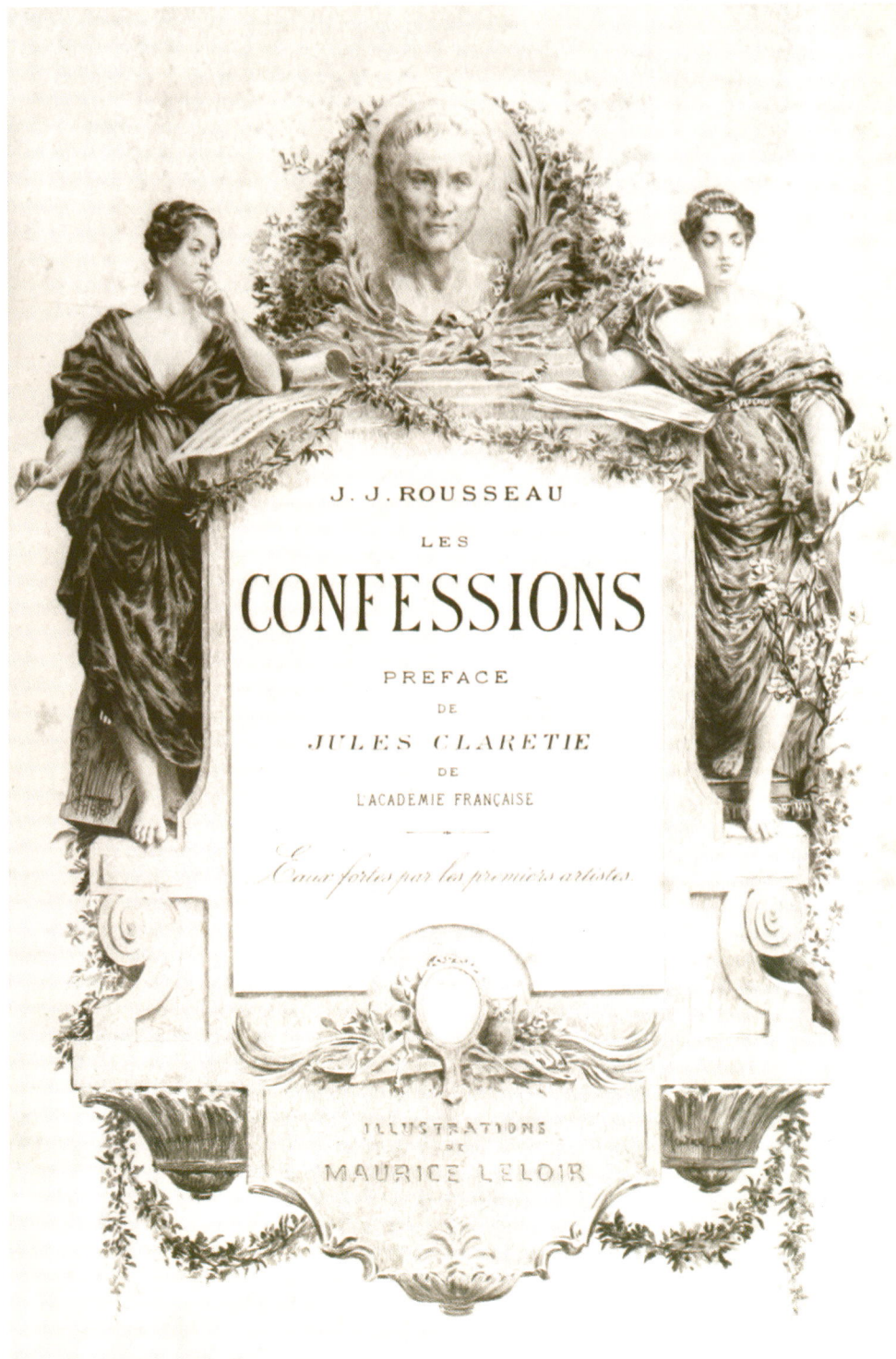

《참회록=고백록》(1889) 속표지

CONFESSIONS

DE

J.-J. ROUSSEAU.

PREMIÈRE PARTIE.

LIVRE PREMIER.

Je forme une entreprise qui n'eut jamais d'exemple, et qui n'aura point d'imitateur. Je veux montrer à mes semblables un homme dans toute la vérité de la nature ; cet homme, ce sera moi.

Moi seul. Je sens mon cœur, et je connais les hommes. Je ne suis fait comme aucun de ceux que j'ai vus ; j'ose croire n'être fait comme aucun de ceux qui existent. Si je ne vaux pas mieux, au moins je suis autre. Si la nature a bien ou mal fait de briser le moule dans lequel elle m'a jeté, c'est ce dont on ne peut juger qu'après m'avoir lu.

Que la trompette du jugement dernier sonne quand elle voudra ; je viendrai, ce livre à la main, me présenter devant le souverain Juge. Je dirai hautement : Voilà ce que j'ai fait, ce que j'ai pensé, ce que je fus. J'ai dit le bien et le mal avec la même franchise. Je n'ai rien tû de mauvais, rien ajouté de bon ; et, s'il m'est arrivé d'employer quelque ornement indifférent, ce n'a jamais été que pour remplir un vide occasionné par mon défaut de mémoire ; j'ai pu supposer vrai ce que je savais avoir pu l'être, jamais ce que je savais être faux. Je me suis montré tel que je fus ; méprisable et vil quand je l'ai été ; bon, généreux, sublime, quand je l'ai été. J'ai dévoilé mon intérieur tel que tu l'as vu toi-même, Être éternel. Rassemble autour de moi l'innombrable foule de mes semblables ; qu'ils écoutent mes confessions, qu'ils gémissent de mes indignités, qu'ils gémissent de mes misères ; que chacun d'eux découvre à son tour son cœur au pied de ton trône avec la même sincérité, et puis qu'un seul te dise, s'il l'ose : *Je fus meilleur que cet homme-là.*

Je suis né à Genève en 1712 d'Isaac Rousseau, citoyen, et de Suzanne Bernard, citoyenne. Un bien fort médiocre, à partager entre quinze enfants, ayant réduit presque à rien la portion de mon père, il n'avait pour subsister que son métier d'horloger, dans lequel il était, à la vérité, fort habile. Ma mère, fille du ministre Bernard, était plus riche ; elle avait de la sagesse et de la beauté : ce n'était pas sans peine que mon père l'avait obtenue. Leurs amours avaient commencé presque avec leur vie ; dès l'âge de huit à neuf ans, ils se promenaient ensemble tous les soirs sur la Treille ; à dix ans, ils ne pouvaient plus se quitter. La sympathie, l'accord des âmes affermit en eux le sentiment qu'avait produit l'habitude. Tous deux, nés tendres et sensibles, n'attendaient que le moment de trouver dans un autre la même disposition, ou plutôt ce moment les attendait eux-mêmes, et chacun d'eux jeta son cœur dans le premier

Je le couvris ainsi de mon corps, recevant les coups qui lui étaient portés.

T. IV.

World Book 20
Jean-Jacques Rousseau
LES CONFESSIONS
참회록
J. J. 루소/홍승오 옮김

동서문화사

디자인 : 동서랑 미술팀

참회록
차례

제1부
제1권 … 23
제2권 … 64
제3권 … 108
제4권 … 154
제5권 … 200
제6권 … 252

제2부
제7권 … 305
제8권 … 379
제9권 … 432
제10권 … 522
제11권 … 580
제12권 … 624

루소 《참회록》에 대하여 … 694
루소 연보 … 702

제1부

　이것은 자연 그대로, 진실된 모습 그대로 정확하게 그려진 유일한 인간상으로서, 아마 이러한 인간상은 앞으로는 다시 없을 것이다. 나의 숙명 또는 나의 신뢰가 선택한, 이 원고의 운명을 쥘 사람인 당신이 누구든 간에 내 불행과 당신의 진심에 걸고, 또 온 인류의 이름을 두고 이 비할 데 없는 유익한 작품을 어두움 속에 파묻어 버리지 말도록 부탁한다. 이것은 뒤에 반드시 착수되지 않으면 안 될 인간 연구에서 가장 먼저 필요한 참고 서적이 될 것이다. 또 적들에게 일그러뜨려지지 않은 이 유일하고 확실한 내 성격의 기록을 내가 죽은 뒤 나를 기념할 때 빠뜨리지 말도록 부탁한다. 당신이 내 적들 가운데 한 사람일지라도 나의 주검에 대해서까지는 적이 되지 말아 주기 바란다. 그리고 당신도 나도 이미 살고 있지 않은 시대에까지 도리에 어긋난 박해가 나에게 미치지 않도록 해주기를 바란다. 결코 나쁜 일을 하지 않고 또 하려고 하지도 않았던 한 인간에게 돌려지는 악이 복수라는 이름을 가질 수 있다고 한다면, 당신이 악의에 차고 복수심에 불탔을 때에도 또한 너그럽고 갸륵했다는 고귀한 증거를 단 한 번만이라도 나타내 주기를.

제1권

〔1712년 6월~1728년 3월〕

나는 이제까지 예가 없었고 앞으로도 어느 누구도 흉내낼 수 없는 일을 시도해 보려 한다. 나와 같은 사람들 앞에 한 사람의 인간을 완전히 자연 그대로의 모습으로 보여 주고 싶다. 그 인간은 바로 나다. 나뿐이다. 나는 내 마음을 잘 알고 있다. 그리고 사람들이 일반적으로 어떠한가를 알고 있다. 나는 내가 보아 온 그 누구와도 같게 만들어져 있지 않다. 뿐만 아니라 현재 살아 있는 그 누구와도 같게 만들어져 있지 않다고 생각한다. 훌륭하지는 못하더라도 적어도 나는 다른 사람들과는 다르다. 자연이 부어 넣은 거푸집이 깨어져 버린 것이 잘된 일인지 잘못된 일인지는 내가 쓴 것을 다 읽고 난 뒤가 아니면 판단하지 못하리라.

마지막 심판의 나팔이 어느 때 울려도 좋다. 나는 이 책을 손에 들고 아주 높으신 심판자 앞에 나아가 큰 소리로 외치려 한다.

'이것이 제가 한 일입니다. 생각한 일입니다. 지나온 날의 모습입니다. 착한 것도 악한 것도 똑같이 솔직히 말했습니다. 나쁜 것이라 해서 무엇 하나 감추지 않았고, 좋은 것이라 해서 무엇 하나 보태지 않았습니다. 가끔 무엇인가 적당히 꾸민 것이 있다면 그것은 기억을 잃은 데서 온, 비어 있는 곳을 채우기 위한 것에 지나지 않습니다. 참인 줄 알고 참이라고 한 일은 있어도 거짓일 줄 알면서 참이라고 한 일은 없습니다. 저가 일찍이 가졌던 모습을 그대로 보였습니다. 비열하고 천한 인간이었을 때도 그대로, 착하고 너그럽고 품위 있는 인간이었을 때도 또한 그대로. 영원한 존재이신 신이시여, 저는 당신이 보신 그대로 제 속을 드러내 보였습니다. 제 주위에 저와 같은 무수한 인간들을 불러 모으셔서 제 고백을 들려 주시고 저의 비열함을 탄식케 하시고 저의 무참함에 얼굴을 붉히게 하여 주십시오. 그리하여 이번에는 그들 한 사람 한 사람에게 당신의 옥좌(玉座) 아래서, 저와 꼭 같은 성실함으로 그 마음을 고백하도록 해주십시오. 그리고 단 한 사람이라도 당신을 향해 "저는 이 사람보다 훌륭합니다" 하고 말하는 사람이 있으면 말해 주십시오.'

나는 1712년 6월 28일 제네바에서 이자크 루소와 슈잔느 베르나르의 사이에서 태어났다(블랑주르 거리의 베르나르 부인 집에서 어머니는 산후에 죽음). 보잘것없는 재산을 열 다섯 형제들이 나누었으므로 아버지의 몫이래야 거의 없는 거나 마찬가지여서 시계업(時計業)으로 겨우 생계를 꾸려 나갔다. 사실 아버지의 일솜씨는 매우 뛰어났다. 어머니는 목사 베르나르의 딸로 아버지보다는 살림이 넉넉했고 지식도 많았으며 아름다웠다.

따라서 아버지가 그녀를 얻는 데는 상당한 어려움이 있었다. 두 사람의 사랑은 아주 어릴 때부터 시작되었다. 여덟, 아홉 살 때부터 둘은 저녁녘이면 언제나 같이 라 트레유의 산책 거리를 거닐었다. 열 살 땐 서로 떨어질 수 없는 사이가 되었다. 공감, 바로 성격의 일치가 습관 위에 길러진 애정을 한층 강하게 만들었다. 천성이 어질고 다정다감한 두 사람은 서로의 뜻이 맞닿을 때만을 기다리고 있었다. 아니, 오히려 그 시기가 두 사람을 기다리고 있었다. 그리하여 어느 편이 먼저랄 것도 없이 상대편을 맞이하려 활짝 열어젖힌 가슴에 자신의 마음을 내던졌던 것이다.

운명은 두 사람의 정열을 방해하려는 듯이 보였고, 그것이 더욱더 그들의 정열을 불타게 했다. 사랑을 하는 젊은 사나이는 애인을 손에 넣을 수 없어 고민 끝에 몸이 야위었다. 그녀는 그에게 기분 전환을 위한 여행을 권했다. 여행을 떠난 그는 효과는커녕 더욱더 사랑에 갈증을 느끼고 돌아왔다. 그는 그녀의 진실하고 변함 없는 애정을 알았다. 이러한 시련을 겪은 뒤 한평생 한결같이 사랑하는 도리밖에 없었다. 두 사람은 그러한 사랑을 맹세했고, 하늘도 그들의 맹세를 축복했다.

어머니의 남동생인 가브리엘 베르나르는 아버지의 누이동생을 사랑했다. 그녀는 오빠가 그의 누님과 결혼한다는 조건으로 결혼을 승낙했다. 사랑이 모든 문제를 해결해 주었다. 그리하여 두 쌍의 결혼식이 한 날(실은 한 날이 아니다)에 이루어졌다. 나의 외삼촌은 고모부가 되고 그 아이들은 나와 이중으로 사촌간이 되었다. 1년이 되었을 때 양쪽에 한 사람씩 아기가 생겼다. 그러나 그때부터 다시 떨어져 살지 않으면 안 되었다.

외삼촌 베르나르는 기사(技師)였다. 그는 오스트리아 제국과 헝가리로 가서 으젠느 대공(大公) 밑에서 벼슬을 했다. 베오그라드의 포위전과 전투에서는 이름을 떨쳤다. 아버지는 단 하나밖에 없는 내 형이 태어난 뒤, 콘스탄티노플로 떠났다. 터키 궁정 시계사로 초빙되었던 것이다. 아버지가 없는 동안 어머니의 미모와 기지와 재능은 많은 남자들의 흠모의 대상이 되었다.[*1]

프랑스 공사(公使) 드 라 클로쥐르씨는 어머니를 열렬히 흠모했던 사람 중의 한 명이다. 30년이 지난 뒤에 나를 만난 그가 어머니의 이야기를 들려 주면서 감개무량해하던 모습으로도 그가 얼마나 열렬했는지를 짐작할 수 있었다. 어머니는 몸을 지키는 것은 정조를 지킨다는 그 이상의 무엇이 있었다. 어머니는 아버지를 무척 사랑하고 있었던 것이다.

어머니는 아버지에게 빨리 돌아오라고 재촉했다. 아버지는 만사를 제쳐놓고 돌아왔다. 나는 이 귀국의 슬픈 열매였다. 열 달 뒤에 허약하고 병든 아기로 내가 태어났다. 그리고 어머니의 목숨을 앗아갔다. 나의 출생은 나의 첫 불행이 되었다.

아버지가 어머니의 죽음을 어떻게 견뎌냈는지 나는 알지 못한다. 그러나 영원히 어머니의 생각을 버리지 못한 것만은 잘 알고 있다. 아버지는 죽은 어머니의 모습을 내게서 다시 보는 느낌을 갖고 있었다. 그에게서 어머니를 앗아가 버린 사람이 바로 나라는 것을 잊을 수가 없었다. 아버지가 나를 꼭 껴안을 때마다 아버지의 한숨과 무섭게 떨리는 포옹을 통해서 무언가 가슴 아픈 회한이 그 애무 속에 깃들어 있는 것을 느낄 수 있었다. 애무는 그러한 회한 때문에 더욱더 정이 깃들었다. 아버지가 '장 자크야. 우리 엄마 이야기나 할까?' 하

[*1] 어머니의 재능은 신분에 맞지 않을 만큼 훌륭한 것이었다. 목사였던 어머니의 아버지가 그녀를 사랑하여 교육에 비상한 관심을 기울였기 때문이다. 그림도 그리고, 노래도 부르며, 오래 묵은 풍금으로 반주도 했다. 독서에서 오는 지식도 넓었고 제법 수준에 이른 시도 지었다. 친정 동생과 남편이 없는 동안, 올케와 조카, 그리고 자기 아들을 데리고 산책을 하면서, 누군가가 집을 떠나 있는 두 사람의 이야기를 화제에 올렸을 때 즉흥적으로 어머니가 지으셨다는 시가 있다.

> 두 분은 집에 없지만,
> 우리에겐 끊으려야 끊을 수 없는
> 소꿉동무요, 애인이요,
> 사랑하는 남편이요, 형제요,
> 아기들의 아버지.

고 말하면, 나는 '으응! 그럼 또 우는 거지. 아빠' 하고 대답한다. 이 말 한 마디에 아버지는 벌써 눈물이 글썽해진다. '아!' 하고 아버지는 신음하듯 말한다. '엄마를 내게 돌려다오. 나를 위로해다오. 내 마음속에 뚫린 구멍을 메워다오. 네가 내 아들이라는 것만으로 너를 이토록 사랑할 수 있겠느냐?'

그러던 아버지는 어머니를 잃은지 40년 뒤에, 두 번째로 맞은 아내의 팔에 안겨서 죽었다. 그러나 입으로는 첫 아내의 이름을 외쳤고, 가슴속에는 첫 아내의 모습이 간직되어 있었다. 이런 두 사람이 나를 낳은 부모였다. 그들이 하늘에서 받은 것 중에 다감한 마음만이 내게로 전해졌다. 이 마음은 그들에게는 행복을 가져다 주었지만 내 생애에서는 불행의 근원이 되었다.

나는 죽어가면서 태어났다. 건강하게 자랄 희망은 거의 없었다. 날 때부터 병(오줌 못 누는 병)을 지니고 있었고, 해가 갈수록 심해졌다. 지금은 가끔 누그러질 때도 있긴 하지만 그때마다 반동으로 다른 증세가 나타나 몹시 괴로웠다. 고모들 가운데 친절하고 총명하며 독신으로 있던 한 분이 나를 정성껏 보살펴 내 목숨을 건져 주었다. 내가 이 글을 쓰고 있는 지금도 그녀는 살아있다. 여든이란 나이로 자기보다 젊긴 하지만 술로 망친 남편의 뒷바라지에 골몰하고 있다. '친애하는 고모님, 나의 목숨을 건져 주신 것은 감사하오나, 나의 첫 생애에 입은 갸륵한 은공을 당신의 생애가 끝나가는 지금에도 갚을 수 없음을 슬프게 생각합니다.' 그리고 자클리느라는 유모도 건강한 몸으로 살아있다. 내가 태어났을 때 눈을 뜨게 해준 손은 죽을 때 감겨 줄지도 모른다.

나는 생각하기 전에 먼저 느꼈다. 그것은 인류의 공통된 천성이다. 다만 나는 그것을 남보다 강하게 체험했다. 대여섯 살 때까지 내가 한 일은 모른다. 어떻게 글읽기를 배웠는지도 모른다. 다만 처음 글을 읽은 것과 그것이 가져온 결과만은 기억하고 있다. 그것을 계기로 자의식이 시작되어 지금까지 계속되고 있다. 어머니는 소설책들을 남겨 두었다. 아버지와 나는 저녁을 먹고 나면 그것을 읽기 시작했다. 처음에는 재미있는 책으로 독서력을 기른다는 목적밖에 없었던 것이 곧 비상한 흥미로 변해서 두 사람은 쉴새없이 책을 읽는 재미로 밤을 새웠다. 책 한 권이 끝나지 않으면 다같이 그만두지 못했다. 이따금 아버지는 새벽녘의 제비 소리를 듣고서야 쑥스런 표정으로 '그만 자지 않겠니? 아버지는 너보다도 더 어린애가 된 것 같다'고 말하는 것이었다.

그런 위험스런 방법으로 짧은 기간에 독서력과 이해력을 얻었을 뿐 아니라 연애 감정에 대해서도 나이에 비해 전례가 없을 만큼 지혜가 생겼다. 사물의 의미에 대해서는 아무것도 모르면서 감정은 이미 모든 것을 알고 있었다. 아무것도 이해는 못하면서 모든 것을 느끼고 있었다. 그런 막연한 정서를 잇따라 경험하게 되는데, 그래도 장차 나타나는 이성의 장애는 되지 않았다. 오히려 그러한 정서는 남과 다른 성질의 이성을 형성하여 인생에 대해 기묘한 공상적 관념을 주었다. 그리고 경험도 반성도 끝내는 그것을 고쳐 주지 못하게 되었다.

소설은 1719년 여름과 더불어 끝났다. 다음 겨울에는 다른 것을 읽었다. 어머니의 장서는 끝이 났으므로 우리에게 전해진 외할아버지의 장서를 낙으로 삼았다. 다행히도 거기에는 좋은 책들이 있었다. 그럴 수밖에 없었다. 그 장서는 사실 신교 전도사가 모은 것이었는데, 그는 당시 인기가 좋던 학자로 취미와 재치까지 있던 분이었다. 르 쉬에르의《로마 교회와 로마 제국의 역사》, 보쉬에의《세계사론》, 플루타르크의《영웅전》, 나니의《베네치아의 역사》, 오비디우스의《변신담(變身譚)》, 라 브뤼에르의《성격론》, 퐁트넬의《세계》《천체 문답(天體問答)》《죽은 사람의 대화》, 몰리에르의 몇 권의 책이 아버지의 작업실로 옮겨졌고, 아버지가 쉬는 동안 나는 매일 아버지께 책을 읽어 드렸다. 나는 그 나이로는 보기 드문 취미를 그런 책에 가지고 있었다.

플루타르크는 특히 내가 좋아하는 책이었다. 그 책을 쉴새없이 되풀이해 읽는 동안 소설병이 약간 고쳐져서 얼마 안 가서는 오롱다트·아르타멘느·쥐바보다는 아게실라오스·브루투스·아리스티데스를 좋아하게 되었다. 이런 즐거운 독서와 그것을 계기로 아버지와 주고받는 대화, 그러한 것들에서 자유로운 공화주의의 정신과 속박 및 굴종을 참지 못하는 불굴의 교만한 성격이 형성되었다. 그러나 그것을 발전시키기에 가장 곤혹스러운 처지에 놓여 있던 나는 한평생을 그것 때문에 고충을 겪으며 지내 온 것이다. 줄곧 로마와 아테네에 매혹되어 그 도시가 낳은 위인들과 함께 생활하면서 말이다. 한 공화국의 공민으로 태어난, 또 조국을 가장 열렬히 사랑한 아버지의 아들인 나는, 아버지를 본떠 그런 것에 정열을 불태우고 있었다. 나는 자신을 그리스나 로마 사람인 것처럼 생각하고 있었다. 내가 읽는 전기 속의 사람이 되어 있었다. 일찍이 감동을 받았던 불요불굴, 대담무쌍한 옛일들을 이야기할 때는, 눈이 빛났고 소리는 거세었다. 어느날 세볼라의 모험담을 식탁에서 이야기할 때, 그의 행동을 흉내내려고 난로 쪽으로 다가가서 그 위에 한쪽 손을 얹어 놓는 나를 보고 사람들은 깜짝 놀랐다.

내게는 일곱 살 위인 형이 있었다. 그는 아버지의 일을 배우고 있었다. 내게로만 지나치게 쏠렸던 애정 때문에 아버지는 형을 약간 등한시하고 있었다. 그것은 좋지 않은 일이라고 생각된다. 그런 아버지의 행동은 형의 교육에도 영향을 주었다. 형은 아직 방탕을 할 나이도 아닌데 방탕을 즐기게끔 되었다. 그는 다른 주인집에 가 있었는데, 우리 집에서와 마찬가지로 거기에서도 뛰쳐나오고 말았다. 나는 형의 얼굴을 별로 보는 일이 없었다. 형을 정답게 대한 기억은 거의 없다고 할 수 있다. 그러나 마음으로는 그를 사랑하고 있었고, 형도 방탕아치고는 나를 퍽 귀여워해 주었다. 나는 지금도 생각이 난다. 어느 땐가 아버지는 크게 화가 나서 형을 때린 적이 있었다. 나는 나도 모르게 두 사람 사이에 뛰어들어 덥석 형을 껴안았다. 그리하여 내 몸으로 형을 감싸고 형이 맞을 매를 내가 대신 맞았다. 끝내 그 모양으로 버티고 있었으므로 마침내 아버지는 내가 소리치며 우는 데 질렸던지, 아니면 형보다도 내가 맞는 것이 딱했던지 형을 용서하고 말았다. 그러나 형은 더욱 비뚤어져 집을 뛰쳐나간 뒤 다시는 얼굴을 볼 수 없었다. 그리고 얼마 뒤에 독일에 있다는 소식이 전해졌다. 편지는 단 한 장도 보내온 일이 없었으며 소식마저 영영 끊어졌다. 그 까닭으로 나는 외아들이 되어버린 셈이다.

형은 가엾게도 아무렇게나 길러졌지만 나는 그렇지 않다. 어느 왕자도 내가 어렸을 때보다 더 소중히 길러지지는 않았을 것이다. 주위 사람들은 우상처럼 떠받들었지만 신기하게도 언제나 귀염둥이로 대우를 받았고 절대로 응석받이 대접은 받지 않았다. 아버지의 집을 떠날 때까지 단 한 번도 내가 혼자 거리로 나가서 다른 아이들과 함께 뛰어놀도록 내버려두지 않았다. 내게 대해서는 아이들에게 흔히 있는 환상으로 달리는 기질을 억압할 필요도, 만족시킬 필요도 없었다. 그러한 기질은 타고난 걸로 알지만 사실 하나하나가 다 교육에서 오는 것이다. 내게는 그 나이에 있기 쉬운 결점이 있었다. 수다쟁이에 식충이인데다가 때로는 거짓말을 했다. 과일이며 사탕이며 먹을 것을 훔친 일도 있었으리라. 그러나 사람을 해치거나 귀찮게 굴거나 남에게 죄를 뒤집어씌우거나 불쌍한 동물을 해치는 것을 좋아한 일은 없었다.

한 번은 근처에 사는 클로 아주머니가 설교를 들으러 가고 없는 사이 그 집 냄비에 오줌을 눈 기억이 있다. 솔직한 이야기로, 그것을 생각하면 지금도 웃음이 터질 것만 같다. 클로 아주머니는 한 마디로 사람은 좋았지만 둘도 없는 잔소리쟁이였으니 말이다. 짧기는 하나 이상이 사실대로 털어놓은 내가 어린 시절에 한 장난의 모두였다.

눈 앞에 있는 것은 전형적인 인간뿐이고, 주위에는 늘 세상에서 가장 착한 사람들뿐이었으니 내가 어찌 나쁜 인간이 될 수 있겠는가? 아버지·고모·유모·친척·동무들·이웃 사람들, 나를 둘러싼 모든 사람들이 실제로 내 마음대로 되지는 않았지만 나를 사랑해 주었다. 나도 그들을 사랑했다.

나에게는 뜻을 어기는 일이나 고집을 부릴 만한 계기 같은 것이 거의 없었으므로 그렇게 해 볼 생각조차 나지 않았다. 어느 주인 밑에서 일을 하게 될 때까지 나는 변덕이 어떤 것인지 알지 못했다. 아버지 밑에서 읽기와 쓰기를 배우며 보내는 시간과 유모를 따라 산책을 하는 시간을 제외하면, 언제나 고모와 함께 있으면서 그녀 옆에 앉기도 하고 서기도 하면서, 또 수놓은 것을 구경하기도 하고 노래하는 것을 듣기도 했다. 그것으로 나는 만족했다. 고모의 명랑하고 조용하며 정다운 얼굴, 그런 것들은 내게 강한 인상을 남겨서 지금도 그 표정과 눈매와 태도가 눈에 선하다. 그녀의 이런저런 정다운 이야기가 떠오른다. 어떤 옷차림에 어떤 머리를 하고 있었는가 말할 수 있고, 당시에 유행한 검은 머리 끝을 양쪽 관자놀이에서 말아올린 것도 잊혀지지 않는다.

음악에 대한 취미, 아니 오히려 음악에 대한 정열은 고모 덕이라고 생각한다. 그러나 그것은 훨씬 뒷날에야 내 마음에 불타올랐다. 고모는 노래의 곡조와 가사를 놀랄 만큼 많이 알고 있었으며, 아주 곱고 가냘픈 목소리로 노래를 불렀다. 소질이 뛰어났고, 홀몸이었던 고모가 영혼에서 우러나는 맑은 목소리로 부르는 노랫소리는 그녀에게서, 그리고 그녀의 주위에 있는 모든 것들에게서 망상과 슬픔의 그림자를 말끔히 씻어 주었다. 그녀의 노래가 내게는 대단한 매력이 있어서 많은 곡이 내 기억에 살아 있었을 뿐만 아니라, 그 기억을 잃어버린 오늘에도 여전히 내 마음속으로 되돌아올 정도다.

어릴 때부터 완전히 잊어버리고 만 것도 나이를 먹어가면서 뭐라고 말할 수 없는 매혹과 더불어 회상되곤 한다. 마음의 쓰라림과 몸의 괴로움에 좀먹힌 늙어빠진 내가 이미 쉬고 떨리는 목소리로 그 옛노래를 흥얼거리며 이따금 어린아이처럼 울어버리고 말게 될 줄이야! 곡조라면 특별히 완전히 외고서 자주 입에 올리던 것이 하나 있다. 그런데 그 가사의 뒷부분이 아무리 생각해 내려고 해도 지금까지 머리에 떠오르지 않는다. 미운(尾韻)만은 어렴풋하게 머리에 떠오르는데, 앞부분과 뒷부분 가운데에서 생각나는 것을 적어 보면 이렇다.

느릅나무 그늘의 티르시스
그 피리 소리 듣기가
안타깝구나, 나는.
마을에는 벌써
소문이 나 있다.
....
양치기와……
깊이 사귀면……
위험 없이는……
장미에는 언제나 가시가 있다.

  이 노래가 내 마음을 젖어들게 하는 매력이 도대체 어디에 있는지 알고 싶다. 까닭도 없이 갑자기 밀려드는 그 기운이 도무지 잡히지가 않는다. 어쨌든 눈물 때문에 쉬지 않고 이것을 도저히 끝까지 부를 수는 없다. 이 가사의 뒷부분을 누가 아는 사람이 있는지 몇 번이나 편지로 파리에 물어볼까 했는지 모른다. 그러나 그 그리운 쉬종 고모가 아닌 다른 사람이 그것을 불렀다는 것을 알게 되면, 이 노래의 곡조를 생각해 내려고 할 때 내가 느끼는 즐거움은 틀림없이 흐려져서 사라지고 말 것이다.
  이런 것이 내가 인생의 문을 나선 최초의 감정이었다. 이리하여 저 오만하면서 부드러운 마음, 연약하면서도 굽힐 줄 모르는 성격이 내 속에 형성되어 나타나기 시작한 것이다. 그러한 마음과 성격은 언제나 나약함과 용기의 사이, 방종과 덕행 사이를 떠다니면서 언제나 나를 자기 모순에 빠지게 했고, 금욕과 향락, 쾌락과 절제 그 어느 쪽에도 내가 머물러 있지 못하게 했다.
  이러한 교육 상태는 어떤 사건 때문에 중단되었고, 그 결과가 나의 생애에 영향을 주게 되었다. 프랑스의 육군 대위로, 시의원 중에 인척이 있는 고티에란 사람과 아버지가 다투게 되었다. 고티에는 파렴치하고 비겁한 사나이로 코피를 흘릴 정도의 일로 복수심을 품고, 아버지가 거리에서 칼을 뽑았다고 고소를 했다. 감옥에 가게 된 아버지는 법률대로 고소인도 함께 감옥에 넣어 달라고 완강히 주장했으나 받아들여지지 않을 것이 확실해지자, 명예와 자유를 짓밟혀 가며 치욕을 참는 것보다는 깨끗이 제네바를 떠나 다른 나라에서 살 생각으로 국적을 버렸다.

나는 그 무렵 제네바의 축성공사(築城工事)에 나가 있는 외삼촌 베르나르의 보호를 받게 되었다. 외삼촌의 큰딸은 이미 죽고 없었고, 나와 동갑인 아들이 있었다. 우리 둘은 보세에 있는 목사 랑베르시에 씨의 집에 머물며 거기서 라틴어는 물론 교육이란 명목으로 라틴어에 따르는 여러 가지 잡다한 것을 배웠다.

그 시골에서 보낸 두 해 동안, 내 로마풍의 거친 부분은 약간 부드러워져서 다시 어린아이 상태로 돌아갔다. 아무것도 떠맡겨지지 않은 제네바에서는 공부와 책읽기를 좋아했었다. 그것이 나의 유일한 즐거움이었다. 그러나 보세에서는 맡겨진 일이 있어 숨 돌리기 위한 놀이를 좋아하게 되었다. 시골은 내게 모든 것이 새로웠고, 뛰어노는 데 지치는 법도 없었다. 시골에 대한 흥미는 굉장히 강해져서 언제까지나 사라지지 않게 되었다. 거기서 보낸 행복한 나날의 회상은 나이가 들어도 당시의 생활과 즐거움을 그렇게 만들었으며, 그 회상만으로도 나를 그곳으로 되돌아가게 할 정도였다. 랑베르시에 씨는 사리에 밝은 분이어서 우리의 교육을 등한시하지 않았고, 그러면서도 덮어놓고 숙제를 안겨 주는 일은 하지 않았다. 그 교육이 훌륭하다는 증거로는, 구속받기를 싫어하는 내가 공부 시간을 조금도 지루하게 여긴 기억이 없고, 그에게서 그리 많은 것은 배우지 않았지만 대신 배운 것은 쉽게 기억해서 어느 것 하나 잊어버린 것이 없었다.

이러한 전원 생활의 소박함은 내 마음을 우정에 눈뜨게 함으로써 더없는 이익을 주었다. 그때까지는 매우 높은, 그리고 쓸데없는 공상적인 감정밖에 몰랐다. 평화로운 상태에서 삶을 함께 누리는 습관은 내 마음을 외사촌 베르나르와 자연스레 연결시켜 주었다. 잠시 동안 일찍이 형에게 품었던 것보다 깊은 애정을 이 외사촌에게 느꼈다. 그는 몹시 야위고 후리후리하게 키가 큰 소년이었으며, 몸이 약해 성질도 유순했고, 내 후견인의 아들이라고 집안에서 받는 편애를 악용하는 일도 없었다. 두 사람의 공부·오락·취미는 똑같았다. 양쪽이 다 외톨박이에 동갑이고 다같이 사람이 그리웠다. 떨어진다는 것은 말하자면 둘 다 죽는 거나 마찬가지였다. 서로가 애착심을 보여 줄 기회는 거의 없었지만 그 애착은 대단했다. 둘은 한시도 떨어져 지내는 일이 없었을 뿐만 아니라 언젠가는 헤어지게 될지도 모른다는 것은 상상조차 못했다. 둘 다 부드러운 말에 누그러지는 성질이어서 한 쪽이 누르려고만 하지 않으면 상대에게 친절해서, 무엇을 하든 언제나 마음이 맞았다. 감독하는 사람들 앞에서는 그들의 눈도 있고 해서 어딘지 내 위에 서려고 하는 일은 있어도, 단둘이 있으면 내 쪽에서 그의 위에 서는 듯이 되어 그것으로 균형이 유지됐다. 공부를 하는 도중에도 그가 어물어물할 때는 내가 낮은 소리로 가르쳐 주었고, 내 글짓기가 끝나면 그의 것을 도왔다. 놀 때도 내 흥미가 더 능동적이었으므로 언제나 그를 이끌었다. 두 사람의 성격은 완전히 일치하고 둘을 연결한 우정은 진실에 찬 것이었으므로 제네바와 보세에서 거의 떨어지지 않고 보낸 5년이 넘는 세월 동안, 사실 가끔 다투기도 했지만, 결코 두 사람을 떼어놓을 정도는 아니었고, 어느 싸움이고 15분을 계속하지 않았으며, 한 번도 남 앞에서 고자질한 적은 없었다. 내가 이런 이야기에 새삼스럽게 주의를 환기시킨다는 것이 유치한 것도 같으나, 그래도 아이들 세계의 역사에서는 흔치 않은 한 예가 될 것이다.

 보세에서 보낸 그러한 생활은 내게 적합한 것이어서 좀더 오래 계속되었다면 내 성격을 완전히 굳혀 놓을 뻔했다. 사랑의 품에 따뜻하게 안겨 있는 것 같은 아늑한 감정이 그 바탕이 되어 있었다. 나처럼 타고난 허영심이 적은 사람도 없을 것이다. 비약하듯이 숭고한 감동으로 뛰어오르는 일은 있지만, 곧 원래의 무기력으로 다시 떨어지고 만다. 내 주변의 모든 사람들에게서 사랑을 받고 싶은 것이 나의 가장 강한 욕망이었다. 나는 온순했다. 외사촌도 그랬고 우리를 감독하는 사람들도 그랬다. 만 2년 동안 나는 거친 감정에 부딪친 일도, 상처를 입은 일도 없었다. 내 마음이 자연으로부터 받은 기질은 주위의 모든 것들에 의해 키워졌고 마음속에서 자라났다. 모든 사람들이 나에게 만족하고 다른 모든 것에 만족하는 것을 보는 것처럼 기분 좋은 일은 없었다. 교회에서 교리 문답을 하다가 대답이 막혀 버렸을 때, 랑베르시에 양의 얼굴에 떠오른 걱정스럽고 고통스런 표정을 보는 것만큼 난처한 일이 없었던 것을 나는 언제까지나 기억하게 될 것이다. 이것만은 여러 회중 앞에서 실례를 저지른 부끄러움보다도 훨씬 내 마음을 아프게 했다. 실패의 부끄러움도 컸다. 칭찬받는 일은 거의 관심이 없었지만 부끄러움을 당하는 것엔 언제나 몹시 민감했기 때문이다. 그리고 또 랑베르시에 양에게 질책을 받을 걱정보다도 그녀를 슬프게 한다는 두려움 때문에 훨씬 더 불안했다고 할 수 있다.

  그녀는 그녀의 오빠와 마찬가지로 필요한 때는 역시 엄격했다. 그러나 그 엄격함은 거의 언제나 정당했고 결코 감정을 고조시키지 않았으므로, 그것이 내게는 슬프게 느껴져서 반항할 기분이 조금도 일어나지 않았다. 나는 벌을 받는 것보다도 남을 불쾌하게 만드는 것이 싫었기 때문에 불만스런 표정은 체벌 이상으로 견디기 어려웠다. 그 이상한 기분을 더 상세히 설명한다는 것은 무척 어려운 일이지만 꼭 설명해 둘 필요가 있다. 언제나 무차별하게 그리고 흔히 무분별하게 되풀이되는 방법이 먼 장래에 가져올 결과를 좀더 깊이 생각한다면, 어린아이를 대하는 방법이 얼마나 많이 고쳐질 것인가? 싫은 일이기는 하지만, 흔히 있을 수도 있는 예가 큰 교훈을 주는 경우도 있으므로 과감하게 나의 실례를 든다.

  랑베르시에 양은 어머니 같은 애정을 우리에게 갖고 있었으나, 동시에 어머니의 권위 또한 갖추고 있어서, 징계를 해야 할 경우에는 아이들에게 적당한 처벌을 할 만큼 위엄을 보이는 일이 있었다.

  꽤 오랫동안 그녀는 위협하는 것만으로 그쳤으나, 이 위협에 의한 징계는 새로운 경험이었던 만큼 그것만으로도 굉장히 무서운 생각이 들었다. 그러나 막상 당해 보니 이야기한 것처럼 무섭지 않다는 것을 알게 되었다. 그리고 무엇보다 기묘한 것은, 이 벌이 도리어 벌을 가하는 사람에 대한 애정을 불러일으키는 결과가 된 것이다. 그 애정에는 전혀 불순한 것이 없었으며, 내 타고난 성격이 온순했던 탓으로 벌받을 일을 일부러 해서 같은 처벌을 되풀이하게끔 하는 그런 못된 생각을 누를 수 있었다. 왜냐하면 고통이나 부끄러움 속에서조차 육감이 있다는 것을 나는 벌써 감지하고 있었으며, 같은 사람의 손으로 또 다시 벌을 받는다는 두려움보다도 한 번 더 벌을 받고 싶다는 은근한 즐거움 쪽이 더 많이 내 마음에 남아 있었던 것이다. 아마 거기에는 조숙한 성적 본능 같은 것이 섞여 있었으며, 같은 벌을 그녀의 오빠한테 받았다면 조금도 즐겁게 느끼지는 않았을 것이다. 하기는 그녀의 오빠가 대신 벌한다 해도 그의 기질로 보아 그리 무서워할 것은 없었다. 내가 벌을 받을 만한 일을 삼가게 된 것은 오로지 랑베르시에 양을 불쾌하게 만들지 않기 위해서였다. 나의 애정이 비록 육감에서 생겨난 것이기는 하지만, 내부에 커다란 힘을 가지고 있어 계속 내 마음속에서 육감을 지배했기 때문이다.

별로 두려운 기분 없이 피해 오던 죄를 다시 짓게 된 것은 나의 실수가 아니었다. 말하자면 나의 의지에서 생긴 일이 아니었다. 그래서 나는, 굳이 말한다면, 그다지 양심에 부끄러워하지 않았다. 그러나 이 두 번째는 동시에 또한 마지막이기도 했다. 자기의 징벌 방법이 그 목적을 이룰 수 없다고 느꼈던지 랑베르시에 양은 '이런 벌은 그만두겠어. 피로하기만 하니까' 하고 선언한 것이다. 그때까지 우리는 그녀의 방에서 잤으며 겨울에는 이따금 그녀의 침대에서 자는 일도 있었다. 그러던 것이 이틀 뒤에는 딴 방에서 자게 되었으며 그 뒤로는 큰 아이 대접을 받는 반갑잖은 영광을 누리게 된 것이다.

여덟 살에(실은 열 살), 서른 살 미혼 여성에게서 받은 그와 같은 어린아이에 대한 징계가, 내 취미와 욕망을, 정념(情念)을, 그리고 남은 생애의 나라는 인간을 결정지었다. 더욱이 자연의 결과에 맡기는 것과는 분명히 반대 방향으로 결정되었다고 누가 믿겠는가? 육적 감정에 불이 붙는 동시에 욕망도 크게 변하여 내가 경험한 그 맛에만 좁게 틀어박혀서 다른 것은 전혀 알아보려고도 하지 않게 되었다. 거의 날 때부터 육적 감정에 불타는 피를 가지고 있으면서도, 어찌됐든 가장 차갑고 늦되는 체질을 가지고, 사람들이 다 발육되는 나이에 이르기까지 나는 아무런 더러움도 모르고 순결하게 몸을 간직했다. 무엇 때문인지도 모르고 오랫동안 고민한 나는 불타는 듯한 눈길로 아름다운 사람들을 탐욕스럽게 바라보았다. 상상은 계속 그런 미인들을 머리에 떠오르게 했지만, 그것도 그저 내 나름의 방식이었을 뿐 결국은 몇 사람의 랑베르시에 양을 만들어내는 데 불과했다.

다 큰 뒤에도 이 기묘한 방식은 여전히 남아 있어서 변태라고 말할 정도까지 되었으나, 벌써 잃어버리고 말았을 것으로 생각되는 올바른 품행을 허물어뜨리지 않고 지속시켰다. 만일 절제에 찬 순결한 교육이란 것이 있다면 내가 받은 것이 바로 그것이리라. 세 고모들은 절도를 지키는 모범된 사람들이었을 뿐만 아니라, 세상 여인들이 오랫동안 잊고 있는 깊은 사려(思慮)까지 지니고 있었다. 아버지만 해도 놀기를 좋아하는 인물이었지만 고풍적인 기질이 있는 멋쟁이로 아무리 가까운 여자들 앞이라도 처녀가 얼굴을 붉힐 만한 이야기는 결코 입에 담지 않았다. 따라서 아이들에게 기울여야 할 주의 같은 것이 우리 집처럼, 또 내게 대해서만큼 완전 무결한 곳은 없었다. 랑베르시에 씨의 집에서도 이 점에 대해서는 더했으면 더했지 못하지는 않은 주의를 기울이고 있는 것을 알았다. 아주 선량한 하녀 하나가 우리 앞에서 하찮은 상스런 소리를 했다고 쫓겨난 일까지 있었다. 청년기까지 나는 성관계에 대해서 명확한 관념을 가지고 있지 않았을 뿐 아니라, 그것에 대한 막연한 관념마저 추하고 불쾌한 환상으로밖에 나타나지 않았다. 매춘부에 대해서는 언제까지나 사라지지 않는 혐오의 감정을 가졌다. 경멸감, 아니 공포감 없이 탕아를 바라볼 수가 없었다. 그토록 방탕을 싫어하게 된 것은, 프티 사코네에 갔을 때 움푹한 길을 지나면서 양쪽으로 여기저기 터널처럼 파인 굴을 들여다본 뒤부터이다. 그 녀석들은 거기서 흘레를 하고 있는 거라고 들었다. 그 뒤로는 인간들의 그런 행위를 생각하면 암캐가 흘레하는 것을 본 것이 머리에 떠올라 생각만 해도 속이 메스꺼웠다.

그러한 선입견이 강한 교육은 그것만으로도 불붙기 쉬운 기질의 첫 폭발을 지연시키는 데 적합했지만, 그 위에 앞에서도 언급했듯이 성욕에 처음으로 눈뜬 것이 내 기분을 딴 데로 돌렸기 때문이다. 무서운 피의 들끓음에도 감각으로 안 것밖에 상상하지 않은 나는, 친숙해진 쾌락에만 욕망을 돌리고 혐오를 일으키는 쪽에는 발을 들여놓지 않았다. 물론 내게 친숙한 그 쾌락이 다른 쪽의 싫은 쾌락과 밀접한 관계를 가졌다는 것은 조금도 못 느끼고 있었다. 어리석은 망상, 격렬한 색정에 사로잡힐 경우, 또 그런 정열에 쫓기어 가끔 부자연스런 행위에 빠졌을 경우, 공상 속에서 이성(理性)을 도움삼아 비는 일이 있었지만, 그 도움으로 그걸 해결하려고 서두르는 정도이지, 그밖에 무슨 소용이 닿는다고는 생각하지 않았다.

이리하여 무척 격렬하고 난잡하며 조숙한 기질을 가지고 있으면서도, 랑베르시에 양이 무심코 갖게 해준 쾌락 이외에는 별로 다른 육감에 의한 쾌락은 찾지 않고, 또 알지도 못한 채 사춘기를 넘겼다. 게다가 나이가 들어 어른이 된 뒤에도 이런 식으로 몸을 망치고 말았을 것이 나를 무사히 보호해 준 것이다. 어린 시절의 묵은 버릇은 사라지지 않은 채 그대로 남아 다음 버릇과 연결되었고, 그 이전의 버릇을 뒷날의 육감으로 일깨워진 쾌락에서 떼어내지는 못했다. 게다가 미칠 듯한 격렬한 마음의 충동이 있어도 타고난 수줍음 때문에 여성에게 접근해도 마음에 있는 것을 과감히 이야기하지도 못했고, 하고 싶은 일도 제대로 못했으며, 언제나 적극성이 없는 태도가 되고 말았다. 간절하게 바라는 사람에게는 주어지지 않고, 주어질 수 있는 상대에게는 통하지 않는 그런 종류의 향락이어서, 결국 나의 경우에는 향락의 최종 목표가 다르다는 결론을 내리고 말았다. 이렇게 나는 가장 사랑하는 여자들 옆에 있으면서도 목말라하며 지금까지의 생활을 보내왔다. 상대를 좋아한다는 말을 용감하게 털어 놓지 못하고, 겨우 그런 생각이 지속되는 교제를 계속하는 것으로 마음을 달래는 것이었다. 오만한 애인의 무릎 밑에서 그의 명령에 복종하며 몇 번이고 용서를 비는 것이 내게는 무척 흐뭇한 즐거움이었다. 그리하여 격렬한 상상이 내 피를 끓게 하면 할수록 위축된 연인 같은 꼴이 되었다. 그러한 연애 방식은 급속한 진전이 일어나지 못하고, 상대 여성들의 정조에 위협이 되지 않는 것은 물론이다. 나로서는 거의 얻는 것이 없었지만 그래도 내 나름의 향락, 즉 상상에 의한 향락은 충분히 만족시킬 수 있었다. 이와 같은 이유로 나의 육감은 수줍은 기질과 공상적인 성격과 결부되어, 내가 좀더 뻔뻔스러웠다면 아마 다시 없는 노골적인 육욕에 몸을 던졌을지도 모르는 그러한 버릇 때문에 오히려 순결한 감정과 올바른 품행을 지닐 수 있게 되었던 것이다.

드디어 나는 내 고백의 어둡고 더러운 미궁 속에 가장 어려운 첫발을 들여놓았다. 이야기하기가 가장 힘이 드는 것은, 죄 많은 일들이 아니고 우스꽝스럽고 부끄러운 일들이다. 그러나 이제는 문제 없다. 이것만 큰맘 먹고 말해 버린다면 다음은 아무것도 나를 붙들어 둘 것이 없다. 온 생애를 통해 사랑하는 연인들 옆에 있으면서, 때때로 눈이 아찔해지고 귀가 멍해지는 광포한 정열에 쫓기어 감각을 잃고 온몸이 부들부들 떨리는 경련에 시달리면서도 그 격렬한 마음의 충동을 고백할 결심이 서지 않았다. 다시 없이 친한 사이인데도, 다른 사람에게는 용납되지 않을 각별한 호의를 조르고 싶은 기분이 들지 않는 것으로 보아, 여기에서 말하는 이러한 고백이 얼마나 나에게는 괴로운 것인가 짐작이 갈 줄 안다. 가슴속에 있는 것을 고백한 것은 어릴 때 꼭 한 번, 같은 나이의 여자에게 한 적이 있을 뿐인데, 그것도 먼저 털어놓은 것은 상대편이었다.

이렇게 나의 육감의 세계가 만들어지는 최초의 발자취를 거슬러 올라가면, 얼른 양립할 수 없는 것처럼 보이나, 역시 한결같이 단순한 결과를 만들어내고 있던 여러 요소들이 있음을 발견하게 된다. 한편 겉보기에는 같지만 어떤 사정 때문에 아주 다르게 결합되어 서로 어떤 관계가 있었다고 여겨지지 않는 요소도 발견된다. 예를 들어 내 영혼의 가장 강력한 활동 가운데 하나가 음란함과 유약함을 내 핏속에 부어 넣은 흐름과 원천을 같이 하고 있을 줄 누가 믿겠는가? 지금 말한 이 문제에서 벗어나지 않고 다른 인상을 주는 일이 거기에서 나오는 것을 보아 주기 바란다.

어느 날 나는 부엌과 붙어 있는 방에서 혼자 학과를 공부하고 있었다. 하녀가 랑베르시에 양의 빗 몇 개를 부엌의 난로 선반과 내가 있는 방의 벽 사이에 뚫린 구멍에 얹어서 말렸는데, 가지러 와 보니 그 중 한 개의 한쪽 빗살이 몽땅 부러져 있었다. 이 파손의 책임을 누구에게 물을 것인가? 나 이외에는 아무도 방에 없었다. 나는 추궁을 받았지만, 그 빗에는 손도 안 댔다고 버텼다. 랑베르시에 오누이는 둘이서 달래고 추궁하며 위협했다. 나는 끝까지 버텼다. 내가 거짓말을 하는 데 이처럼 대담한가 하고 생각을 하게 된 것은 처음이었으나, 증거가 확실했으므로 나의 모든 항변은 결국 억눌리고 말았다. 사태는 심각해 보였다. 그렇게 될 만했던 것이다. 장난·거짓말·억지, 그 모두가 처벌받을 일에 해당된다고 생각되었다. 그러나 랑베르시에 양으로부터는 거의 벌을 받지 않았다. 베르나르 삼촌에게 편지를 보내서 삼촌이 왔다. 딱하게도 나의 외사촌 또한 다른 일로 나 못지않은 잘못을 저질러 책망을 받게 되었다. 둘은 같은 벌을 받았다. 그것은 준열했다. 만일 고통 속에서 바로잡는 수단을 찾아내어 내 감성의 타락을 영구히 막으려고 했다면, 이 이상 좋은 방법은 없었을 것이다. 그 일로 인해 그뒤 오래도록 나는 그런 타락된 기분 때문에 마음이 흔들리는 일은 없었기 때문이다.

바른 대로 말하라고 해도 나로서는 할 수 없었다. 몇 번이나 징계를 받고, 크게 혼이 나기도 했지만 끝내 버텼다. 죽음의 고통이라도 견디겠다는 결심이 있었다. 어떠한 폭력이라도 어린아이의 악착 같은 고집에는 두 손을 들지 않을 수 없다. 사실 내가 버티는 꼴을 그렇게들 형용했지만 무리도 아니었다. 마침내 나는 이 잔혹한 시련에서 벗어났고, 엉망이었지만 그래도 의기양양했다.

이런 일이 있은 지 벌써 그럭저럭 50년이 된다. 이제 다시는 그런 일로 벌받을 걱정도 없다. 그렇다. 나는 분명히 말할 수 있다. 하늘을 우러러 내가 무죄였다는 것을, 그 빗을 부수지도 않았거니와 손도 대지 않았다는 것을. 부엌 난로의 선반이나 벽 구멍에는 가까이 간 일조차 없다는 것을, 그런 일은 생각도 하지 못했다는 것을. 어째서 그런 파손이 있었는지 내게 묻지 마라. 알지도 못하지만 이해도 가지 않는다. 분명히 알고 있는 것은 내게 그런 죄가 없다는 것이다.

평소에는 겁이 많고 온순한 주제에, 감정이 격하면 흥분하게 되고 도도해져서 손도 댈 수 없는 성격을 상상해 보기 바란다. 언제나 이성의 소리에 이끌려 부드럽고 공평하며, 친절한 마음으로 행동해 왔고, 불공평이란 관념마저 갖지 못했는데, 처음으로 그와 같은 무서운 불공평을 자신이 가장 사랑하고 존경하는 사람들에게서 경험하지 않으면 안 될 아이를 상상해 주기 바란다. 얼마나 사상이 역전될 것인가! 얼마나 감정이 혼란될 것인가! 마음속이, 머릿속이, 지식과 도덕이 들어 있는 그 작은 인격의 전체가 얼마나 곤두박질치겠는가! 가능하면 그 모든 것을 상상해 보라는 것이다. 왜냐하면 그 당시 나로서는 내 속에서 어떤 현상이 일어나고 있었는지 분간하거나 그 흔적을 하나하나 더듬어 갈 수 없다는 생각이 들었다.

그 무렵은 아직 충분히 이성이 발달해 있지 않았기 때문에 외관상의 사정이 나를 죄에 빠뜨리는 이유를 깨닫거나 자신을 남의 처지에서 생각하거나 할 줄 몰랐다. 오직 자신의 처지만을 생각했다. 그리고 자신이 느낀 것이라고는 저지르지도 않은 죄에 대한 무서운 벌의 가혹함이었다. 육체적 고통은 심하다고는 해도 그다지 느끼지 못했다. 느낀 것은 울분과 분노와 절망뿐이었다. 외사촌도 거의 같은 처지에 놓여 있어서, 모르고 저지른 잘못을 고의로 한 행위인 양 벌을 받고 나에 못지않게 격분해서 나와 함께 무섭게 울부짖었다. 두 사람은 한 침대에서 꽉 부둥켜안은 채 정신 없이 목이 메어 소리도 나오지 않았다. 그러다가 두 젊은 마음이 어느 정도 가라앉아 울분을 터뜨릴 수 있게 되자 침대 위에 무릎을 세우고는 힘껏 몇 번이고 외치기 시작했다. '카르니펙스(나쁜 인간)! 카르니펙스! 카르니펙스!'

이것을 쓰는 동안 나는 아직도 가슴이 뛰는 것을 느낀다. 10만년을 살더라도 그 시간은 언제나 생생하게 느껴질 것이다. 폭력과 불공평에 대한 그러한 같은 첫 감정은 매우 깊이 내 영혼 속에 새겨져 마지막까지 남아 그것과 관련된 생각이면 그 하나하나가 모두 당시의 내 감정을 불러일으키곤 한다. 그리고 원래는 나 한 사람에 관계된 이 감정이 그것만으로도 굉장히 단단한 것이 되어, 개인적인 이해 관계와도 완전히 독립된 존재가 되었기 때문에 조그마한 부정 행위라도 보거나 듣거나 하면 그것이 어떤 목적에서건, 어디에서 행해지건 그 결과가 내 위에 떨어지기라도 하듯 내 마음은 분노로 불타오른다. 흉악한 폭군의 잔혹함이나 교활한 사제(司祭)의 교묘한 음모를 읽으면, 일부러라도 달려가서 이들 무도한 인간들을 찔러 죽이고 싶다. 그러기 위해서는 몇 번 목숨을 잃어도 좋다고 생각한다. 수탉이라든가, 젖소라든가, 수캐라든가, 그 밖의 어떤 동물도 나를 당할 놈은 없다는 태도를 노골적으로 보이면서 그것만으로 다른 동료들을 괴롭히고 있는 것을 보게 되면, 가끔 땀에 흠뻑 젖도록 쫓아가기도 하고, 돌을 던지기도 했다. 그런 충동은 타고난 것인지도 모른다. 분명 그렇다고 생각한다. 그러나 내가 괴로워한 최초의 불공평에 대한 심각한 추상이 너무 오래, 또 강하게 그것과 결부되어 그런 감정을 매우 강하게 만들어 버리고 만 것이다.

그것으로 내 어린 시절의 조용한 생활은 끝났다. 이때부터 순수한 행복을 즐기는 일은 끝났다. 오늘날에도 어릴 때의 즐거운 회상은 그것으로 끝나 있는 것으로 느껴진다. 우리들은 그 뒤 몇 달 보세에 머물러 있었다. 지상 낙원에 있으면서도 그 향락을 잃어버린 인류의 시조와도 같은 모습으로 말이다. 겉으로는 앞서와 다름없는 처지였지만 사실은 전혀 딴 생활이었다. 애착도, 존경도, 친밀도, 신뢰도 이제는 제자를 스승에게 연결시키지 못했고, 우리는 자신의 마음을 알아 주는 신으로서 그들을 인정하지 않게 되었다. 장난을 치는 것이 그리 부끄럽지 않게 되고 꾸중을 들어도 별로 무섭지가 않았다. 숨어서 무엇인가 하게 되었고 배짱을 부리며 거짓말도 하게 되었다. 그 나이의 갖은 악덕이 나타나서 순진한 미를 해치고, 노는 것도 야비해졌다. 전원까지도 우리들 눈에는 사람들의 마음속에 스며드는 평화로움과 순박함의 매력을 잃어 쓸쓸하고 어둡게만 보였다. 무슨 장막 같은 것에 덮여서 아름다움이 감춰지고 있는 것 같았다. 우리는 작은 밭을 갈던 일도, 화초를 가꾸던 일도 그만두었다. 살짝 흙을 파헤치고는 새싹을 발견하고 환성을 올리는 일도 없어졌다. 그런 생활에 싫증이 난 것이다. 사람에게도 싫증이 났다. 외삼촌이 우리들을 맡게 되었다. 그리하여 우리는 랑베르시에 오누이와 떨어지게 되었는데, 서로 싫증이 나 있었으므로 이별이 그리 섭섭하지도 않았다.

보세를 떠나 30년 가까운 세월이 흘렀고, 그것과 관련된 추억에서 그때 일이 생각나는 수도 있었으나 즐거운 기분은 아니었다. 그런데 중년이 지나고 늘

그막에 접어들면서 다른 추억이 사라지는 대신 이 추억이 새로이 되살아나, 내 기억에 강한 인상으로 새겨져 그 아름다움과 강력함을 날마다 더해 가고 있다. 마치 흘러가 버린 인생을 이미 몸으로 느끼고 그 발단을 다시 한 번 움켜 잡기라도 하려는 듯이. 그 당시의 사소한 일들도, 그것이 그 무렵의 일이라는 것만으로 나를 기쁘게 한다. 장소·인물·시간, 이러한 갖가지 세세한 것들이 생각난다. 방에서 일하던 하녀라든가 하인들, 창문으로 들어오던 제비며, 학과를 외고 있을 때 손등에 와서 앉던 파리까지 눈에 보인다. 우리가 거처한 방 안 모습도 눈에 선하게 떠오른다. 오른쪽에 있는 랑베르시에 씨의 서재, 역대 교황을 그린 한 장의 판화, 청우계, 큼직한 달력, 그리고 산딸기나무. 집 뒤가 약간 높다란 정원으로 되어 있어 집이 등을 기대고 있는 것처럼 되어 있다. 그 정원에서 딸기나무가 뻗어올라 창문에 그늘을 지었으며, 어떤 때는 방 안에까지 가지가 뻗어 들어왔다. 독자들이 이런 것까지 하나하나 알아야 할 필요가 없다는 것은 잘 안다. 그러나 나는 이것을 말하고 싶다. 그리고 이 행복한 시절, 지금도 생각하면 기쁨에 몸이 짜릿해지는 조그마한 하나하나를 왜 독자에게 이야기해서는 안 되는가? 특히 그 가운데 대여섯 가지는 더욱 그렇다…… 하지만 타협을 하자. 다섯 가지라는 것은 여러분들에게 양보하기로 하고, 그 대신 하나, 하나만이라도 좋다. 아쉬운 대로 내 즐거움을 오래 누리기 위해 되도록 천천히 늘여 가면서 이야기하게 해주기만 한다면.

여러분의 흥미만을 목적으로 한다면 랑베르시에 양의 볼기짝 이야기를 택할 수도 있을 것이다. 재수없게도 목장 아래에서 곤두박질을 치고 넘어져서 때마침 지나가던 사르디니아 왕 앞에서 궁둥이를 완전히 드러냈던 것이다. 그러나 내게는 둔덕 위의 호두나무 이야기가 더 재미있다. 알궁둥이 사건 때는 구경꾼에 지나지 않았던 내가 이번에는 배우가 되었다. 솔직히 말한다면 목장에서 생긴 일은 그것만을 따로 떼어낸다면 웃음거리일지도 모르겠으나, 어머니로서, 아니 그 이상으로 사랑하고 있던 사람인 까닭에, 나를 무척 당황하게 만들었던 재난에 대해서 조금이라도 입을 가볍게 놀릴 생각은 적어도 그 자리에서는 없었다. 그런데 둔덕 위 호두나무의 굉장한 일화를 고대하고 있는 독자 여러분, 혹시 그 엉뚱한 무서운 비극을 듣더라도 부디 몸서리 치지 마시기를.

가운데 뜰 문 옆, 문을 향해 왼쪽으로 둔덕이 있어서 오후면 곧잘 거기에 가서 앉아 놀곤 했는데, 불행히도 나무 그늘이 하나도 없다. 거기에다 나무 그늘을 만들기 위해서 랑베르시에 씨는 호두나무 한 그루를 심게 했다. 나무 심기는 엄숙하게 행해진다. 두 사람의 기숙생은 참관인이 되었다. 그리고 모두가 뿌리 구덩이에 흙은 메우는 동안, 우리 두 사람은 승리의 노래를 부르면서 각각 한쪽 손으로 나무를 붙잡고 있었다. 물이 잘 스며들도록 뿌리 둘레에 둥그렇게 웅덩이 같은 것을 만들었다. 매일 이 나무에 물주는 것을 열심히 지켜보던 외사촌과 나는 둔덕 위에 나무를 심는 것이 뚫린 성벽에 군기를 세우는 것보다 장한 일이라는 생각을 굳히게끔 되었으며, 그 영광을 아무에게도 나눠주지 말고 둘만이 차지할 결심을 했다.

그래서 우리는 어린 수양버들에서 꺾꽂이할 가지를 잘라다가 둔덕 위 그 소중한 호두나무에서 여덟 자 내지 열 자 가량 떨어진 곳에 심었다. 또 우리가 심은 나무 둘레에 도랑을 파는 것을 잊지 않았다. 귀찮은 일은 여기다 물을 채우는 일이었다. 물이 있는 곳이 꽤 멀어서 물을 길러 가는 것을 허락받을 수 없었기 때문이다. 그러나 우리의 버드나무엔 물이 꼭 필요했다. 두 사람은 며칠 동안 물을 공급하기 위해 갖은 꾀를 다 썼다. 게다가 그 일이 잘 진행되어 새싹이 돋고, 작은 잎까지 피어나는 것을 보자, 성급하게도 한 시간마다 자라는 키를 재어보면서 아직 한 자쯤밖에 안 되는데 머지않아 우리에게 그늘을 지어 주겠거니 하고 생각하는 것이었다.

이 나무 때문에 온통 마음이 들떠서, 다른 일이나 공부가 손에 잡히지 않고 마치 열에 정신이 들뜬 것처럼 되었다. 집안 사람들은 우리가 무엇에 마음이 빼앗겼나 싶었지만 짐작은 못 하고 점점 단속만 심해졌다. 그래서 물이 말라 버릴 위험한 순간이 눈앞에 닥쳐오는 것을 알아챈 우리는 귀중한 나무가 말라죽는 것을 보고만 있어야 하나 하는 생각에 가슴이 터지는 것만 같았다. 그러다가 필요는 발명의 어머니라고, 마침내 나무와 우리를 죽음에서 건져다 주는 방법이 하나 생각났다. 그것은 호두나무에 주는 물의 일부를 몰래 버드나무 쪽으로 끌어내는 배수구를 땅 속에 만드는 것이었다. 이 계획을 열심히 추진했으나 처음에는 성공하지 못했다. 비스듬하게 물길을 내는 방법이 서툴러서 물이 조금도 흐르지 않았고, 흙이 내려앉아 배수구를 막아 버렸다. 도랑 입구가 쓰레기 같은 것으로 막혔다. 모두 거치적거리는 일뿐이었다. 그러나 우리는 끝내 굽히지 않았다. '지칠 줄 모르는 노력은 모든 것을 이긴다.' 배수가 잘 되도록 하기 위해 땅을 더 파고 물 웅덩이를 깊게 했다. 나무 궤짝 밑바닥을 쪼개어 좁은 판자쪽을 만들어서 몇 장을 한 줄로 평평하게 깐 다음 그 위에 다른 몇 장을 양쪽에서 지붕처럼 걸치니 세모꼴 수도관이 되었다. 그리고 가는 나뭇조각으로 입구에 얽이를 쳐 두었더니 창살이나 검불막이 같은 것이 되어 물길은 막지 않고 진흙이나 작은 돌은 막아 주었다. 우리는 충분히 밟아 다진 흙으로 그 위를 조심스레 덮었다. 그리하여 모든 것이 다 되던 날, 희망과 걱정으로 조마조마해서 물 주는 시간을 기다렸다. 몇 세기를 기다리는 심정으로 있자 마침내 그 시간이 왔다. 랑베르시에 씨는 언제나 그렇듯 이 현장을 보러 왔다. 그 동안 우리는 함께 그의 등 뒤에 바싹 붙어 서서 우리의 나무를 가렸다. 다행히도 그는 나무 쪽으로 등을 돌리고 있었다.

첫 물통의 물이 부어지자 물은 우리 물웅덩이 쪽으로 쭉 흘러들어갔다. 그것을 보는 순간 우리는 지금까지의 조심성도 잊고 그만 환성을 지르고 말았다. 그 소리에 랑베르시에 씨가 뒤를 돌아보았다. 아차, 실수를 해버린 것이다. 랑베르시에 씨는 호두나무의 땅이 하도 좋아서 빨아들이듯 물이 스며드는 것을 보고 무척 기뻐하고 있는 중이었는데, 물이 두 웅덩이로 갈라지는 것을 보고 깜짝 놀라 이번에는 그가 소리를 질렀다. 조사를 한다. 장난임을 발견한다. 당장 곡괭이를 가져오게 해서 일격을 가한다. 우리의 판자쪽이 두세 개 획 튀어 오른다. 큰 소리로 '수도, 수도!' 하고 외치면서 사정없이 마구 두들겨 부순다. 곡괭이가 한 번 내리쳐질 때마다 우리의 가슴을 내리치는 것처럼 느껴졌다. 눈 깜짝할 사이에 판자쪽도, 도랑도, 웅덩이도, 버드나무도, 모두 파헤쳐지고 말았다. 이 가혹한 유린(蹂躙)이 행해지는 동안, 그는 다른 말은 한 마디도 하지 않고 그저 절규를 되풀이할 뿐이었다. 이것저것을 마구 부숴대며 '수도!'라고만 외치고 있었다. '수도다, 수도!'

이 사건이 있은 뒤에 어린 기술자들이 호되게 당했을 것으로 여러분은 생각할 것이다. 그러나 천만에. 이것은 이것만으로 끝났다. 랑베르시에 씨는 한 마디 꾸짖지도 않았고, 얼굴 한번 찌푸리지 않았으며, 그 뒤로 전혀 말이 없었다. 잠시 뒤 누이를 상대로 껄껄거리며 크게 웃기까지 했다. 랑베르시에 씨의 소리는 멀리에서도 잘 들렸다. 무엇보다 놀라운 일은 처음에 두려웠던 일이 무사히 끝나자 우리도 그만 태연해진 것이다. 우리는 따로 또 나무 하나를 심었다. 그리고 이번에는 우리끼리 호들갑스레 '수도다, 수도!'를 되풀이하면서 지난 번 나무의 가련한 마지막을 몇 번이고 회상해 보는 것이었다. 그때까지만 해도 이따금씩 갑작스런 영웅심에 사로잡혀, 아리스티데스나 브루투스라도 된 것 같은 기분이 될 때도 있었는데, 이것은 틀림없는 내 허영심의 첫 발현이었다. 우리의 손으로 수도를 만들 수 있었다는 것, 큰 나무와 경쟁하여 꺾꽂이 같은 것을 할 수 있었다는 것을 나는 다시없는 영광으로 생각했다. 열 살의 나는 서른 살의 시저 못지않게 영광이 어떤 것인가를 알았던 것이다.

이 호두나무와 이에 관련된 작은 이야기의 기억은 지금도 똑똑히 남아 있어 계속 떠오르곤 한다. 1754년 내가 제네바를 여행한 가장 즐거운 목적 가운데 하나는 보세로 가서 어릴 때 놀던 갖가지 기억에 남는 것들, 특히 그때 이미 1세기의 3분의 1의 나이를 먹었을 것으로 생각되는 정다운 호두나무와 다시 만나는 일이었다. 계속 내 신변을 귀찮게 굴며 내 몸을 어찌해 볼 수 없게 만든 일 때문에, 나는 끝내 그 희망을 이룰 시기를 발견하지 못했다. 그런 기회가 뒤에 다시 내게 오리라고는 거의 생각할 수 없었다. 그리고 언젠가 그 사랑스런 곳으로 돌아가, 아직 살아 있을 내 그리운 호두나무를 다시 만나게 된다면 아마도 눈물을 물처럼 뿌리게 되리라.

제네바로 돌아와서 20년은, 장차 무엇을 할 것인가를 결정할 때까지 외삼촌 댁에서 지냈다. 외삼촌은 아들을 공학 방면으로 돌릴 생각이었으므로 제도(製圖)를 배우게 하고 또 유클리드 기하학의 기초를 가르쳐 주고 있었다. 나도 함께 공부해서 완전히 익히게 되었고, 특히 제도에 흥미를 느꼈다. 그러나 집안사람들은 나를 시계공이나 변호사, 목사 가운데 하나로 만들 생각이었다. 나는 목사가 되는 편이 좋았다. 설교하는 것을 훌륭한 일이라고 생각했기 때문이다. 그러나 어머니의 재산에서 나오는 약간의 수입을 형과 내가 나누면 그것으론 학업을 계속하는 데 충분하지 못했다. 그 해 당장 결정지을 필요도 없었으므로 외삼촌 집에 그대로 있으면서 별다른 일도 없이 시간을 보냈는데, 당연한 일이기는 하지만 그래도 꽤 비싼 밥값을 치르고 있었다.

외삼촌은 아버지와 마찬가지로 놀기를 좋아하는 분으로, 의무를 위해 욕망을 억제하지 못하는 점은 아버지와 꼭 닮아서 우리에게는 거의 관여하는 일이 없었다. 외숙모는 독실한 신자라 우리의 교육에 대한 관심보다는 찬송가나 부르고 싶어하는 여자였다. 우리는 거의 완전한 자유에 내버려 진 채였으나 결코 그것을 이용해서 나쁜 짓을 하지는 않았다. 언제나 떨어지지 않는 두 사람은 서로를 만족해 하며 같은 또래의 나쁜 아이들과 어울리지도 않았다. 한가히 있을 때 배우기 쉬운 나쁜 버릇에도 물들지 않았다. 한가하다고 생각하는 것부터 잘못된 생각이다. 왜냐하면 평생을 통해 이처럼 바쁜 때는 없었기 때문이다. 그리고 다행인 것은 우리가 열중하고 있는 놀이는 모두 우리를 계속 집안에 붙들어 놓는 것뿐이어서, 거리로 나가고 싶은 생각조차 들지 않는 것이었다. 우리들은 새장, 피리, 연, 북, 집, 종이총, 돌팔매, 활 등을 만들었다. 나이 많고 마음씨 좋은 우리 할아버지의 흉내를 내며 회중 시계를 만든다고 할아버지의 연장을 망가뜨리기도 했다. 종이에 마구 글씨를 갈겨쓰기도 하고, 그림을 그리기도 하고, 그 위에다 옅은 색, 짙은 색을 칠하면서 물감을 되는 대로 마구 써버리는 것이 특히 재미있었다. 강바 코르타라는 이탈리아 약장사가 제네바에 왔다. 우리는 한 번 보러 갔었으나 또 가고 싶은 생각은 없었다. 그러나 그가 꼭두각시를 가지고 있었으므로 우리도 꼭두각시를 만들기 시작했다. 그의 꼭두각시는 희극 흉내를 냈으므로 우리는 인형을 놀릴 희극을 만들었다. 나팔이 없어서 폴리치넬라(어릿광대)의 목소리를 내느라고 목을 쥐어짜며 소리를 흉내내어 이 멋진 희극을 상연했다. 집안 사람들은 유감스럽게도 억지로 참아가며 구경을 해 주었다. 그러나 베르나르 외삼촌이 어느 날 집에서 그의 독특하고 멋있는 가락으로 훌륭한 설교를 읽어 준 뒤부터 우리는 희극을 그만두고 설교 문구를 만들기 시작했다. 이런 자질구레한 이야기는 도무지 흥미가 없다. 그 점은 나도 알고 있다.

그러나 이런 철없는 시절에 벌써 자기의 시간과 자기라는 것에 한계선을 긋고 버릇없이 마구 놀고 싶던 생각을 거의 갖지 않은 점으로 보아 우리의 처음 교육이 어느 정도로 잘되어 있었나를 알 것으로 믿는다. 우리는 친구를 만들 필요는 조금도 없었고 그런 기회마저 등한시했다. 산책할 때 지나가면서 아이들이 노는 것을 보아도 부러운 생각이 없었고 그 틈에 끼고 싶지도 않았다. 우정이 두 사람의 마음을 충분히 채우고 있었으므로, 아무리 보잘것없는 취미라도 같이 있기만 하면 더없이 즐거웠다.

우리는 서로 너무 떨어지지 않아서 사람들의 눈을 끌었다. 사촌은 키가 무척 크지만 나는 아주 작아서 꽤 우스운 짝을 이루었다. 그의 휘청거리는 호리호리한 몸에 구운 사과 같은 조그마한 얼굴, 엉성한 태도, 얼빠진 걸음걸이는 아이들의 웃음을 자아냈다.

그에게는 그 지방 사투리로 '바르나 브르다나(얼빠진 당나귀)'라는 별명이 붙여졌다. 우리가 한 발만 밖으로 나가면, 주위에는 '바르나 브르다나' 하고 놀리는 소리뿐이었다. 본인은 나보다 예사로 참았지만, 나는 화가 나서 마구 대들려고 했다. 그것은 장난꾸러기 아이들이 오히려 바라는 바였다. 나는 때리려고 덤벼들다가 오히려 얻어맞았다. 사촌은 안타까운 듯이 기를 쓰고 편을 든다. 그러나 기운이 없어 주먹 한 대로 벌렁 넘어진다. 그러면 나는 미친 듯에 날뛴다. 나도 실컷 얻어맞기는 했지만 그들이 노리는 것은 내가 아니고 '바르나 브르다나' 쪽이었다. 그러나 나는 화도 나고, 오기도 있고 해서 사태를 악화시켜 버렸기 때문에, 아이들이 욕설을 퍼부으며 쫓아올까 겁이 나 그들이 학교에 가 있는 시간이 아니면 밖에 나가지 않았다.

나는 이미 정의파의 기사가 된 셈이다. 정식으로 기사가 되려면 마음에 드는 부인만 있으면 된다. 그런데 나는 부인을 둘이나 얻게 되었다. 나는 가끔 아버지를 만나러 아버지가 있는 보 지방의 작은 도시 니옹으로 갔다. 아버지는 퍽 평이 좋았으므로 아들인 나까지 사람들의 환대를 받았다. 아버지 옆에서 지낸 얼마 안 되는 동안에도 사람들은 서로 다투어서 내게 환대를 베풀었다. 그 중에서도 뷜송 부인이 나를 지극히 사랑해 주었다. 게다가 그녀의 딸은 나를 자기 애인으로 삼았다. 스물 두 살의 처녀에게 열 한 살 먹은 애인이면 어떻게 된다? 그런데 고약하게도 이따위 돼먹잖은 계집들은 이런 식으로 작은 인형을 겉보기로 내세워 두는 것이 장기였으며, 그 그늘에 큼직한 것을 감춰두기도 하고, 이것을 좋은 간판으로 삼아 사람의 눈을 끌어 큰 놈을 낚기도 한다. 그런데 나는 그녀와 내가 짝이 맞지 않는 것은 생각도 않고 고지식하게 받아들이고 말았다. 나는 거기에 뛰어들어 마음 밑바닥까지 기울였다. 아니 오히려, 온 머리를 짜냈다는 말이 옳다. 이렇게 말하는 까닭은 미칠 듯이 목말라하여 도취, 흥분, 격정에 못 이겨서 포복절도할 추태를 보이면서도 머릿속에서는 오로지 변함없는 사랑만을 하고 있었기 때문이다.

나는 두 가지 종류의 연애를 알고 있다. 너무도 뚜렷하게 구분되어 있지만 어느 쪽이나 진실한 것이다. 두 가지 다 굉장히 강렬한 것이지만 공통된 점은 거의 없다. 둘 다 아늑한 우정과는 다르다. 내 생활의 모든 과정은 이 두 가지 연애로 반반 나뉜다. 이 두 가지를 동시에 경험한 일도 있다. 예를 들면 이때가 바로 그랬는데, 뷜송 양에 빠져 버린 모양이 아주 공개적이어서 누가 그녀와 가까이하는 것만 보아도 참을 수 없을 정도였다. 그러면서 또 고통 양이라는 소녀와 짧은 시간이긴 하지만 상당히 열렬한 접촉의 기회를 가졌고, 밀회를 할 동안 그녀는 내게 초등학교의 여선생이 되어 주었다. 그뿐이었는데, 그 그뿐 인 것이 사실 내가 바라는 전부였으며 다시 없는 행복으로 생각되었다. 그리 하여 이미 비밀의 가치라는 것을 알고 있었던 나는 그것을 어린아이로서밖에 사용할 줄 몰랐지만, 그것으로 아무것도 모르고 있는 뷜송 양에 대해서, 그녀 가 나를 표면에 내세우고 다른 사람과 연애를 숨기고 있는 그 수법에 대한 복 수를 하고 있었다. 그러나 안타깝게도 나의 비밀은 드러나고 말았다. 아니, 오 히려 작은 여선생 쪽에서 그 비밀을 지켜 주지 않았다. 그리하여 얼마 안 가 우리 두 사람의 사이는 갈라지고 말았다. 얼마 후 제네바로 돌아와 쿠탕스 거 리를 지나는데 계집아이들이 '고통과 루소는 짝짜꿍했다네!' 하며 소곤소곤 놀리는 소리를 들었다.

고통 양은 실제로 아주 특이한 소녀였다. 미인은 아니었지만 잊히지 않는 얼 굴을 하고 있어, 지금도 늙은이로서는 좀 지나칠 만큼 종종 생각이 떠오른다. 특히 그녀의 눈은 나이나 키와도 어울리지 않는 것이었다. 그녀는 그 역(役)에 알맞은 약간 위압하는 듯하면서도 거만한 무엇이 있어, 그것이 두 사람 사이 에 그런 역을 생각해 내게 한 것이다. 그러나 가장 색다른 점은 대담함과 소심 함이 분간하기 어렵게 한데 어울려 있다는 것이다. 자기 쪽에서는 내게 놀랄 만큼 정답게 굴면서 내 쪽에서는 절대로 그렇게 하지 못하도록 했다. 나를 완 전히 어린애로 대했다. 마치 그녀는 오랜 옛날에 이미 어린아이가 아니었다고 생각될 정도였다. 그런데 반대로 또 위험한 짓을 하고 단순한 놀이를 하고 있 다고밖에 생각하지 않을 때는 어린아이가 아닌가 느껴질 정도였다.

말하자면 나는 이 두 여자 모두에게 얼이 빠져 있었다. 완전히 미쳐 버렸 다. 같이 있으면 어느 쪽이고 흠뻑 빠져서 다른 쪽을 잊고 마는 그런 상태였 다. 그러면서도 이 두 사람에게 받는 느낌에는 닮은 데가 하나도 없었다. 뷜송 양과는 떨어질 생각 없이 평생을 같이 할 수 있었을 것이다. 그러나 옆에 가까 이 가면 나의 기쁨은 조용해져서 감정에 치우치는 일은 없었다. 특히 나는 많 은 사람들 속에 있는 그녀를 사랑했다. 그녀의 농담, 아첨, 질투까지 마음을 이 끌어 나의 흥미를 불러일으켰다. 어른인 연적들 앞에서 특히 나를 가까이하고 상대방을 냉대하는 것처럼 보일 때는 자랑스러워져 의기양양해 있었다. 나는 이런 일 저런 일로 가슴 아파하고 있었으나 안타까움마저 즐거웠다. 갈채, 격려, 웃음이 나를 흥분시켰고 활기를 띠게 했다.

　마음은 들뜨고 피는 끓어올라, 사람들 틈에서는 사랑에 정신이 달아나고 없었다. 단둘이 있었다면 어색하고 냉정해지며 지루하기까지 했을 것이다. 하지만 그녀에게는 깊이 끌려 있었다. 그녀가 아플 때는 걱정이 되어, 건강을 회복시키기 위해서 내 건강을 대신 바치고 싶은 심정이었다. 특히 알아두어야 할 일은 병이 어떤 것이며 건강이 어떤 것인가를 경험을 통해 내가 너무도 잘 알고 있었다는 것이다. 그녀가 없으면 그녀를 생각했다. 어딘지 모르게 허전했다. 그녀가 있으면 그녀의 애무가 마음을 부드럽게 해 주기는 하는데 육감을 풀어 주지는 않았다. 나는 아무 사심 없이 그녀와 친했다.

　나의 공상은 그녀가 허용해 주는 것 이외에는 아무것도 찾지 않았다. 그렇지만, 다른 사람에게도 똑같이 허용하는 것을 보면 가만 있지 못했을 것이다. 나는 친남매처럼 그녀를 사랑하면서도 연인처럼 질투한 것이다.

　고통 양에 대해서는, 그녀가 내게 취한 것과 같은 태도를 다른 사람에게 취하고 있는 것이 아닌가 하고 상상만 했더라도 그녀를 질투했을 것이다. 뷜송 양에게는 강렬한 기쁨을 가지고 불안한 생각 없이 가까이했다. 그러나 고통 양의 경우는 그녀의 모습만 보아도 아무것도 보이지 않고 나의 온 감각은 뒤집혀지고 말았다. 뷜송 양과는 그리 친한 사이가 아닌 때에도 같이 있으면 정다움을 느꼈다. 이와 반대로 고통 양 앞에서는 깊은 친밀함의 절정에 있을 때에도 몸이 떨리고 가슴이 두근거렸다. 너무 오래 있다가는 살지 못할 것만 같은 기분이 들었다. 두근거림이 숨을 막아 버릴 것만 같았다. 나는 상대방 기분이 상하지나 않을까 하고 두 여자를 똑같이 두려워했다. 그러나 한 쪽에는 환심을 사려 했고 한 쪽에는 복종하려 애썼다. 무슨 일이 있더라도 뷜송 양의 기분은 해치고 싶지 않았다. 그러나 고통 양이 불길 속으로 뛰어들라고 명령했다면 당장 그랬을 것으로 생각된다.

　고통 양과의 연애, 그 밀회가 그리 오래 계속되지 못한 것은 그녀에게나 내게나 퍽 다행한 일이었다. 뷜송 양과의 관계는 그다지 위험한 것은 아니었으나 조금 더 오래 계속된 끝에 파국에 이르고 말았다. 이런 일의 결말이란 모두 소설 같아서 탄식과 눈물에 잠기는 것이 보통이다. 뷜송 양과의 교제는 그리 열렬한 것은 아니었으나 그래서 끊어지기도 어려웠던 모양이다. 우리는 헤어질 무렵에는 언제나 눈물을 흘리지 않은 적이 없었다. 그녀를 포기한 뒤, 나는 견딜 수 없는 공허감에 빠져 있었다. 그녀의 이야기만 했고 그녀의 생각만 했다. 나의 안타까움은 절절하고 강렬한 것이었다. 그러나 사실 이 비장한 기분을 더듬어 볼 때, 단순히 그녀가 그리워서 뿐만이 아니고, 깨닫지 못했지만 그녀를 중심으로 하는 즐거움을 아쉬워하는 마음도 상당히 강했다고 생각된다. 만나지 못하는 괴로움을 씻기 위해, 두 사람은 바위라도 깰 것 같은 비통한 사연의 편지를 주고받았다. 마침내 견딜 수 없어 그녀가 제네바로 나를 만나러 오겠다고 했다. 내게 이보다 더한 영광은 없었다. 이렇게 되자 내 머리는 완전히 돌고 말았다. 그녀가 머물러 있던 이틀 동안, 나는 술에 취한 미치광이 같았다. 그녀가 떠났을 때 나는 뒤쫓아가서 호수에 빠져 죽고 싶은 심정이었다. 나는 큰 소리를 외쳐 오랫동안 허공에 메아리치게 했다. 한 주일이 지난 뒤 그녀는 내게 사탕과 장갑을 보내왔다. 그때 내가 그녀가 결혼했다는 사실과 나를 위해 일부러 온 것처럼 보였던 그 여행이 실은 결혼식 예복을 사기 위한 것이었음을 몰랐더라면, 그 선물이 얼마나 뜻있는 것으로 생각되었을 것인가. 나의 분노를 쓰지 않아도 짐작이 갈 것이다. 나는 고귀한 분노 속에 다시는 이 진실되지 못한 계집을 만나지 않겠다고 맹세했다. 그녀에 대한 그 이상의 무서운 벌은 생각나지 않았다. 그러나 그녀는 그 때문에 죽지 않았다. 왜냐하면 그로부터 20년이 지나 내가 아버지를 만나러 가서 호수 위에서 놀았을 때, 우리 배에서 그리 멀지 않은 배에 타고 있는 부인을 보고 누구냐고 물은 일이 있었다. 아버지는 웃으면서 말했다.

"저 여자 말이냐? 너 생각 안 나니? 너의 옛날 애인 크리스탕 부인, 바로 그 뷜송 양 아니냐?"

거의 잊어 버린 이름을 듣고 나는 가슴이 떨렸다. 그러나 나는 사공에게 뱃머리를 돌리도록 명령했다. 복수하기에는 그때가 아주 조건이 좋았지만 마음의 맹세를 깨뜨리고 새삼스레 마흔이나 된 여인과 20년 전 일을 가지고 이러니저러니 할 것까지는 없다고 생각했기 때문이다.

이리하여, 장래의 목적이 결정되기까지 가장 귀중한 유년기가 시시한 일들로 지나가 버렸다. 나의 소질을 찾아 내기 위한 오랫동안의 숙고 끝에, 결국은 내가 서투른 것으로 장래가 결정되어 시청 공증인 마스롱 씨 밑에서 베르나르 씨가 말하는 마구먹이라는 직업을 배우게 되었다. 이 별명은 불쾌했다. 비열한 수단으로 주머니만 두둑하게 만든다는 것은 내 고고한 성질에는 도저히 맞지 않았다. 일은 무미건조해서 견뎌낼 것 같지도 않았다. 시간에 묶인 똑같은 일에는 완전히 손을 들 지경이어서 사무소에 들어설 때마다 몸서리가 쳐지는 혐오감은 날마다 더해갔다. 마스롱 씨 쪽에서도 내가 못마땅해서 얕잡아보며, 느리다느니 바보라느니 하고 줄곧 잔소리를 했다. 외삼촌이 '이 애는 똑똑합니다. 뭣이든 다 알고 있어요' 하고 보증을 했는데, 사실은 아무것도 모른다. 영리한 아이라고 장담을 해놓고 형편없는 멍청이를 보냈다느니 하며 매일같이 투덜거렸다. 부끄러운 일이지만 마침내 나는 무능하다는 이유로 사무소에서 해고를 당하고 마스롱 씨의 수습 서기들로부터 줄질이나 겨우 할 재주밖에 없다는 낙인이 찍히고 말았다.

내 재능은 이렇게 무시되어 시계 수습공으로 가게 되었다. 그러나 그것도 시계공 밑에서가 아니라 조각사 밑에서였다. 공증인에게 받은 멸시로 무척 기가 죽어 있던 끝이라 투덜거리지 않고 시키는 대로 했다. 주인 뒤코망 씨는 무뚝뚝하고 거친 젊은이였다. 아주 짧은 시간 동안에 나의 어린 시절의 광채를 완전히 흐리게 하고, 귀엽고 활발한 내 성격을 무디게 만들어, 정신으로나 환경으로나 완전히 수습공 상태로 떨어뜨리고 말았다(루소는 1752년 4월부터 5년 동안 그의 밑에 있었다). 라틴어도, 옛날 지식도, 역사도 모두 오랫동안 잊었다. 로마인들이 이 세상에 있었다는 것마저 생각나지 않게 되었다. 아버지를 만나러 가도 이미 이전과 같은 우상을 찾을 수 없었다. 나는 이미 귀부인들에게 지난날의 그 멋있는 장 자크가 아니었다. 나도 그런 나를 충분히 의식했다. 랑베르시에 남매도 내 얼굴에서 옛 모습을 찾지 못하리라 싶어, 그들을 대하기가 부끄러워 그 길로 끝끝내 만나지 않고 말았다. 가장 천박한 취미, 가장 저속한 장난이 지금까지의 사랑스러운 오락을 대신했고, 그 이전의 생각은 염두에 두지 않게 되었다. 다시없는 착실한 교육을 받았지만, 아마도 나는 심한 타락의 경향을 지니고 있었음이 틀림없다. 대단한 속도로 아무런 고통도 없이 그렇게 되었기 때문이다. 조숙한 시저도 이렇게 빨리 라리동(시저와 라리동은 라 퐁텐의 《교육》이라는 우화에 나오는 개의 이름)으로 전락한 예는 없다.

일 자체는 싫지 않았다. 제도에는 취미가 있었고, 연장으로 똑딱거리는 것도 제법 재미 있었다. 시계 조각사의 기술 같은 건 한계가 뻔한 것이므로 완전히 터득할 희망은 충분히 있었다. 주인의 난폭성과 과도한 구박이 일을 싫게 만들지 않았더라면 아마 거기까지 가게 되었을 것이다. 나는 여가를 틈타 같은 일이라도 재미있는 일을 하는 데 시간을 보냈다. 나와 내 친구들이 쓸 명예 훈장의 메달 같은 것을 판 것이다. 주인은 이 숨은 일을 들춰내어 나를 마구 때리면서, 그 메달에 공화국 문장(紋章)이 있는 것으로 보아 가짜 돈을 만드는 연습을 하고 있었던 것이라고 윽박질렀다. 가짜 돈을 만들 생각은 털끝만큼도 없었다고 맹세할 수 있다. 진짜 돈을 만드는 것조차 생각지 못해서였다. 현재 쓰고 있는 3수짜리 돈보다 로마의 아스 화폐 만드는 방법을 더 잘 알고 있을 정도이긴 했다.

주인의 포학함 때문에 재미있어 했을 일에도 싫증이 나고, 거짓말이니 게으름이니 도둑질이니 하는, 내가 싫어하던 악덕이 몸에 붙게 되었다. 아들로서의 복종과 고용인으로서의 예속이 다른 점을, 이때 마음속에 일어난 변화의 추억 이상으로 똑똑히 내게 깨닫게 해준 것은 없다. 선천적으로 소심하고 수줍은 나는 사람들의 결점 가운데서 뻔뻔스러운 것처럼 싫은 것은 없었다. 그때까지 아직 나는 정당한 자유를 누려 왔고 그것이 점차 구속당하고는 있었지만, 여기에 이르러서는 자유는 완전히 사라지고 말았다. 아버지 곁에 있을 때는 마음 내키는 대로 할 수 있었고, 랑베르시에 씨 밑에서는 자유였으며, 외삼촌 댁에서는 얌전했다. 그러던 내가 이 주인 밑에서는 겁을 먹게끔 되었다. 이때부터 나는 불량아가 된 것이다. 지금까지의 생활에서는 손윗사람들과 평등했다. 내게 적당치 않은 오락은 없었고, 내게 돌아오지 않는 맛있는 음식도 없었으며, 밖에 드러내 보이지 못할 욕망도 없었다. 말하자면 마음속에 일어나는 감정은 전부 입 밖에 내는 습관에 젖어 있었다. 그런 내가 함부로 입을 열 수 없는 집, 식사는 3분의 1 정도로 하고 식탁을 떠나야 하는, 그리고 볼일이 없으면 곧 방을 나가야 하는 집에서 어떤 인간이 되었겠는가 생각해 주기 바란다. 언제나 일에 얽매여 있고, 다른 사람에게는 오락거리가 되지만 내게는 금지되는 그런 것만이 눈에 띄고, 주인과 동료들의 자유를 생각하면 내 속박감은 더해 갔다. 내가 가장 잘 알고 있는 일들이 논의되고 있어도 함부로 입을 열 수도 없고, 무엇이고 다 금지되어 있어서 눈에 보이는 것이 모두 선망의 대상이 된다. 그 평화로움도, 쾌활함도, 재치 있는 말도 이제는 마지막이다. 전에는 그런 말로 잘못을 저지르고도 가끔 징벌을 면할 수가 있었다. 생각만 해도 웃지 않고 못 배기는 것은, 어느 날 저녁 아버지 집에서 무언가 장난을 치다가는 벌로 저녁을 못 먹고 잠자리에 들게 되었을 때 일이었다. 빵 한 조각을 들고 맥없이 부엌을 지나가는 데, 쇠꼬챙이에 꽂혀 돌아가며 구워지고 있는 불고기가 눈에 들어오고 맛있는 냄새가 코를 찔렀다. 모두 불 주위에 앉아 있었다. 지나가며 한 사람 한 사람에게 인사를 해야 했다. 한 바퀴 돌고 났을 때, 무척 맛있게 구워져서 냄새를 풍기고 있는 그 불고기를 곁눈으로 흘끔 보는 순간, 불고기에도 인사를 하지 않을 수 없어서 처량한 목소리로 '불고기님, 안녕히 주무세요' 하고 말하고 말았다. 천진난만한 순간적인 재치가 그 자리에서 무척 귀엽게 보여, 어른들은 그대로 저녁 식탁에 남아 있게 해주었다. 아마 주인 집에서도 이런 기지는 마찬가지로 귀엽게 보였을지도 모른다. 그러나 도저히 머리에 그런 말이 떠오르지도 않았고 떠올라도 입 밖에 낼 용기가 없었다.

 이런 까닭으로 잠자코 물건을 탐내고, 남의 눈을 속이며, 숨기고, 거짓말을 하며, 마침내는 도둑질까지 배우게 되었다. 지금까지 생각조차 못한 마음가짐, 그것이 그때부터 시작되어 고칠 수 없게 되어 버렸다. 갖고 싶어 못 견디면서도 뜻대로 안 되는 조바심은 언제나 그런 결과를 가져온다. 그래서 하인은 대개 교활하다. 수습공도 다 그럴 것이다. 그러나 수습공의 경우는 자라서 눈에 보이는 것이 모두 자기 손에 쉽사리 들어올 수 있는 평등한 신분이 되면, 차츰 이런 부끄러운 버릇은 없어진다. 그러한 좋은 기회를 갖지 못한 나는 그런 이익을 얻지 못하고 말았다. 아이들을 악으로 한 발 내딛게 하는 것은 거의 언제나 선량한 감정을 그릇된 방향으로 이끌기 때문이다. 끊임없는 부자유와 유혹에 시달리면서도 나는 주인집에 온 지 1년이 넘도록 무엇 하나, 먹는 것마저도 슬쩍하고 싶은 생각을 갖는 일 없이 견디었다. 그러던 내가 처음으로 훔친 것은 친절에서 한 일이었다. 그러나 그것이 계기가 되어, 도저히 찬성할 수 없는 다른 목적을 가진 도둑질의 계기가 되었다.

 주인집에 베라라고 부르는 직공이 있었다. 그는 주인집 근처에 살고 있었는데 그의 집에서 조금 떨어진 채소밭에는 아스파라거스가 자라고 있었다. 돈이 궁했던 베라는 이 아스파라거스를 그의 어머니 몰래 훔쳐다 팔아서 무언가 맛있는 것을 사먹고 싶은 욕망이 생겼다. 자기 손으로 하기는 싫고 게다가 그다지 재치 있는 인간도 못 되었으므로, 그는 내게 시키기로 했다. 먼저 달콤한 소리로 나를 꾀어 그런 속셈이 있는 줄도 모르는 나를 감쪽같이 낚은 다음, 금방 생각이 떠오른 것처럼 그 일을 슬쩍 내게 비쳤다. 나는 한사코 반대했으나 아무리 해도 듣지 않았다. 달콤한 말에는 배겨나지 못하는 성질이라, 나는 그만 승낙하고 말았다. 그리하여 나는 매일 아침 가장 잘된 아스파라거스를 뽑으러 갔다. 그것을 몰라르 시장에 가지고 가면, 어느 집 할멈이, 훔쳐 온 것인 줄 알아채고는 싸게 사려고 '이건 아무래도 수상한걸' 하고 말한다. 겁에 질린 나는 할멈이 준다는 값에 얼른 넘기고, 그 돈을 받아 베라에게 갖다 준다. 그것은 재빨리 맛있는 음식으로 바뀌었는데, 일을 주선해 준 것은 나였지만 혜택을 입은 것은 직공이었다. 여하튼 나는 찌꺼기를 조금 얻어 먹고 좋아했을 뿐 그들의 술에는 손도 대지 않았다.

이런 불량 소년의 손버릇은 며칠 동안 계속되었는데, 도둑질한 일부를 가로챈다든가, 베라에게서 아스파라거스를 판 돈의 일부를 뺏는다든가 할 생각은 조금도 없었다. 나는 정직하게 내게 명령된 좀도둑질을 했다. 이유는 단순히 그것으로 상대방을 즐겁게 해준다는 것뿐이었다. 그러나 내가 붙잡혔다면 얼마나 얻어맞고, 얼마나 욕을 먹으며, 얼마나 혼이 났을 것인가? 반대로 그 비열한 사나이는 그가 정식 직공이고 나는 수습공에 지나지 않는다는 이유로, 내게 죄를 뒤집어 씌워도 그의 말은 신용하지만 나는 바른대로 말해도 뻔뻔스럽게도 남에게 죄를 떠넘겼다고 하여 오히려 이중으로 처벌을 받게 되었을 것이다. 어떤 경우건 죄 있는 강자는 죄 없는 약자를 짓밟고 자신은 무사한 법이다.

이리하여 훔친다는 것이 생각한 만큼 무섭지 않다는 것을 알았다. 곧 내가 생각해 낸 수법을 아주 교묘하게 쓰게 되었으므로 하고 싶은 것이면 무엇이고 노려서 실수하는 일이 없었다. 주인집에서 나는 언제나 나쁜 음식만 먹은 것도 아니다. 절제도, 주인의 그 꼴사납게 거드름 피우는 것만 눈에 뜨이지 않으면 그리 고통스러운 것이 아니었다. 먹고 싶어 못 견디게 만드는 것들이 죽 놓여 있는 식탁에서 어린 사람을 접근하지 못하게 하는 일은, 그들에게 더 먹고 싶게 만들고 도둑질까지 하는 버릇으로 이끈다는 것은 너무도 당연한 일이라고 나는 생각한다. 얼마 안 가서 나는 그 양쪽을 다 하게 되었다. 그리하여 보통 때는 잘 해먹었지만 어쩌다 들키는 날이면 혼이 났다.

지금도 오싹해지며 동시에 웃음이 터질 것만 같은 것은 사과를 훔치러 갔던 일이다. 정말 호되게 당했다. 그 사과는 높은 창살문으로 부엌의 광선을 받아들이는 식료품 창고 안에 있었다. 어느 날 혼자 집에 있었을 때, 내가 가까이 할 수 없는 나무 열매를 바라보기 위해, 그 헤스페리데스(그리스 신화의 여신, 정원에 황금 사과나무가 있었다)가 사는 정원에 있는 반죽통 위로 올라갔다. 쇠꼬챙이로 닿나 안 닿나를 시험해 보았다. 너무 짧았다. 또 한 개의 작은 꼬챙이를 이어붙였다. 그것은 사냥을 좋아하는 주인이 총으로 잡아 온 작은 짐승들을 굽는 데 쓰는 꼬챙이였다. 몇 번이나 찔러 보았으나 허탕을 쳤다. 어떻게 한 개가 찔러서 붙어 오는 것 같아 말할 수 없이 기뻤다. 나는 가만히 끌어당겼다. 사과는 창살에 닿을 만한 데까지 와서 손으로 잡을 수 있게 되었다. 아, 안타까워라! 사과가 너무 커서 구멍으로 빠지지 않았다. 그것을 끌어내는 데 얼마나 꾀를 짜냈던가! 쇠꼬챙이를 그대로 고정시키는 데는 여러 가지 받침이, 또 사과를 둘로 쪼개는 데는 꽤 긴 식칼이, 그 사과를 받는 데는 좁은 판자쪽이 필요했다. 오랜 시간 궁리한 결과 한 조각씩 꺼낼 생각으로 간신히 사과를 잘랐다. 그런데 잘리는 순간 두 조각이 다 창고 안으로 떨어지고 말았다. 인정 많은 독자여, 나의 고충을 살펴 주시라.

  나는 조금도 굽히지 않았으나 시간을 허비했다. 들킬 염려가 있었다. 그래서 끝을 못 낸 채 그대로 내일의 즐거움으로 남겨 두고, 아무 일도 없었던 것처럼 태연한 얼굴로 일을 시작했다. 식료품 창고 안에 내게 불리한 증언을 할 두 사람의 말썽 많은 증인이 있었다는 것은 생각도 못하고. 이튿날, 다시 적당한 시간을 보아 새로운 시도를 했다. 발판 위로 올라가서 쇠꼬챙이를 내밀고, 겨냥을 해서 막 찍으려는 참이었다…… 여신의 사과를 지키는 용은 잠들어 있지 않았다. 별안간 창고 문이 확 열리더니 주인이 나타나서 팔짱을 낀 채 나를 노려보며 말했다. '잘 해봐라……' 지금도 글을 쓰고 있는 손이 떨린다.

  자꾸 되풀이되는 학대로 마침내 그 학대가 그다지 아프게 느껴지지 않게 되었다. 그것을 받음으로 해서 훔친 손해 배상을 하고 있는 것같이 느껴졌고, 그런 만큼 또 훔치기를 계속할 권리가 있는 것만 같았다. 뒤를 보면서 벌을 생각하는 대신, 앞을 보고 복수를 생각했다. 훔친다고 때리는 것은 도둑질을 해도 괜찮다고 용서하는 것이라고 해석했다. 도둑질과 맞는 것은 서로 따라다니는 것, 말하자면 일종의 분업과 같은 것으로, 내가 맡은 일을 마치면 자연스레 주인에게 남은 일이 돌아가게 된다는 생각이 들었다. 그런 생각에서 이전보다 더 태연한 기분으로 도둑질을 하게 되었다. 나는 자신에게 말했다. '결국 어떻게 된다는 건가? 나는 얻어맞을 것이 아닌가? 좋다, 어차피 나는 얻어맞게 되어 있으니까.'

제1권 53

나는 먹는 것을 좋아했지만 식충이는 아니었다. 직감적이긴 해도 미식가도 아니다. 다른 것에 취미가 너무 많아 이런 욕망을 돌릴 수가 있다. 오늘날까지도 마음이 한가할 때를 제외하고는 먹는 데 생각을 빼앗긴 일은 없었다. 그 마음의 여가가 나의 생애에는 어쩌다가 있는 것이었으므로 맛있는 것은 생각할 여유가 거의 없었다. 그런 까닭에 나는 훔치는 버릇을 언제까지나 먹는 것에 국한시키지 않고, 무엇이건 훔치고 싶다고 생각되는 것으로 확장시켰다. 그러면서도 진짜 도둑놈이 안 된 것은 돈에 강하게 끌리는 일이 없었기 때문이다. 공동 작업장 안에 주인은 따로 혼자 쓰는 작업장이 있었는데, 자물쇠로 채워 두고 있었다. 나는 그 문을 열고 또 몰래 잠가 두는 방을 알아냈다. 그 안에 들어가서 주인의 고급 연장, 가장 멋있는 도안, 인형(印形) 등 내가 욕심을 낼 만한 것으로, 분명 내 눈에 띄지 않게끔 해둔 것이라고 생각되는 것을 모조리 가져왔다. 사실 그런 도둑질은 아주 단순한 것이었다. 도둑맞았다고 해도 결국은 주인을 위한 일에 썼을 뿐이니까. 다만 나는 이런 자질구레한 물건들이 내 손에 들어온 기쁨에 정신이 없었다. 주인이 만든 것과 함께 그의 재주마저 훔쳐낸 기분이었다. 그밖에 여러 가지 상자에는 금과 은을 잘라낸 부스러기, 조그마한 보석, 상패, 화폐 등이 들어 있었다. 평소 내 호주머니에는 4수나 5수만 있으면 굉장한 것이었다. 그런데도 지금까지 그런 귀중품에는 어느 것 하나 손을 대지도 않았을 뿐 아니라 부러워하는 눈길 한 번 던진 기억이 없다. 욕망보다 공포감을 가지고 바라보는 것이 보통이었다. 그런 돈이나 돈이 되는 것을 훔치는 데 대한 공포심은 대부분 교육에서 온 것이라고 생각된다. 거기에는 치욕·감옥·형벌·교수대 같은 관념이 은근히 작용하고 있었던 것이며, 설사 마음이 끌렸다 하더라도 오싹 몸서리만 쳤을 것이다. 결국은 내가 한 일이 단순한 장난으로밖에 생각되지 않았고, 사실 또 그 이상은 아니었다. 모든 것이 그 정도라면 주인한테 그저 호되게 당하는 것으로 끝날 것이었다. 그래서 나도 처음부터 그럴 각오를 한 셈이다. 그러나 다시 말하지만, 자제하지 않으면 안될 만큼 물건을 탐낸 것은 아니다. 마음속에서 투쟁해야 하는 아무것도 느끼지 않았다. 고급 제도 용지 한 장이 그런 종이 한 연(連)을 살 만한 돈보다 더 마음을 끌었다. 이런 기묘한 버릇은 성격의 특이한 일면에서 온 것으로서 내 행동에 커다란 영향을 미쳤으므로 이 점을 설명해 둘 필요가 있다.

내게는 무척 과격한 정열이 있어서, 이 정열이 활활 불타고 있을 때는 도저히 손을 댈 수가 없어서 자제심이고 체면이고 걱정이고 예의고 다 소용이 없어진다. 파렴치하고 철면피하며 광포하고 도도할 뿐이다. 치욕도 알 바 아니요, 위험도 두렵지 않다. 마음에 있는 단 하나의 목적 이외에는 우주도 안중에 없다. 그러나 그 모든 것은 잠시 동안밖에 지속되지 않는다. 다음 순간 나는 망연자실해지고 만다. 안정된 때의 나를 생각해 주기 바란다. 나는 꿈쩍하기 싫어하고 겁이 많다. 모든 것에 겁이 나고 의욕이 없다. 파리가 날아도 무섭다. 말 한 마디 하는 것도, 몸을 움직이는 것도 평온함을 깬다. 공포와 수치감에 사로잡혀 살아 있는 모든 사람들 앞에서 숨어 버리고 싶어진다. 무엇인가 행동을 해야 할 텐데, 무엇을 해야 좋을지 알지 못한다. 무엇이든 말을 해야 하는데도 무슨 말을 해야 좋을지 모른다. 남이 얼굴만 바라보아도 가슴이 두근거린다. 열중하면 할 말이 생각나지 않는 것도 아닌데, 보통 좌담에서는 아무것도 생각이 나지 않는다. 전혀 생각이 안 난다. 말을 해야 한다는 그 하나만으로 좌담이란 내게는 견디기 어렵다.

덧붙여두고 싶은 것은 내가 특별히 좋아하는 것들은 모두 다 돈으로 살 수 없는 것 중에 끼여 있다는 것이다. 내가 필요한 것은 순수한 향락뿐이다. 금전은 모든 향락을 해친다. 내가 좋아하는 것은, 예를 들면 모여서 먹는 즐거움이다. 다만 상류층의 딱딱한 모임도, 카바레의 천한 놀이도 내게는 질색이다. 고작해야 한 사람의 친구와 마주앉아 그 즐거움을 맛볼 수 있다는 정도의 것이다. 나 혼자서는 안 된다. 혼자 있으면 상상이 딴 데로 쏠려서 먹는 즐거움을 잊어버리기 때문이다. 때로 피가 끓어올라 여자를 찾는 일이 있어도, 나의 감동된 마음은 그것보다 사랑을 요구한다. 돈으로 살 수 있는 여자는 아무리 매력이 있어도 없는 거나 마찬가지다. 그런 매력은 어떻게 생각하면 좋을지 모른다. 손이 미칠 수 있는 범위의 향락이 모두 이런 식으로 돈 안 들이고 되는 것이 아니라면, 아무런 재미도 느끼지 않는다. 참으로 음미할 수 있는 사람이 아니면 얻을 수 없는 행복만을 나는 사랑하는 것이다.

돈이란 사람들이 생각하고 있는 정도로 귀한 것이라고는 도저히 생각되지 않았다. 그뿐만이 아니라 편리한 물건이라고도 생각되지 않았다. 그대로는 아무 소용도 없는 것이다. 무언가로 바꿔 놓지 않으면 가지고 있어 봐야 즐거움은 없다. 물건을 사든지, 흥정을 하든지, 가끔 속임수를 당하든지, 비싸게 사든지, 핀잔을 먹든지 하지 않으면 안 된다. 좋은 물건이 사고 싶다. 내 손으로 돈을 주면서 언제나 나쁜 것밖에 손에 넣지 못한다. 비싼 값을 주고 산 새 달걀인데, 그것이 언제나 곯은 것이다. 먹음직한 과일인데 익지 않았다. 싱싱한 처녀인데 닳고 닳았다. 좋은 포도주가 마시고 싶다. 그러나 어디서 구한다? 술집에서? 아무리 주의를 해봤자 불순물이 섞였다. 무슨 일이 있더라도 좋은 음식을 먹으며 생활하려 한다면 얼마나 성가시고 귀찮은 일인가! 아는 사람을, 거래처를 만든다. 구전을 준다. 편지를 쓴다. 간다, 온다, 기다린다. 그리고 결국은 역시 속고 만다. 내 돈으로 이 무슨 고생인가! 좋은 술을 마시고 싶어도 이런 고통이 싫다.

　수습공 시대에도, 그 뒤에도 단 것을 사려고 몇 번이나 나갔었다. 과자집 가까이 가면 계산대에서 일하는 여자들의 모습이 눈에 띈다. 그러면 이 주전부리 소년에 대해서 저희끼리 비웃고 있는 것처럼 느껴진다. 과일 가게 앞을 지나간다. 먹음직스런 배를 옆눈으로 흘긴다. 향긋한 냄새가 풍긴다. 그 바로 옆에서 두세 명의 젊은이가 유심히 나를 바라본다. 나를 아는 남자가 가게 앞에 나와 있다. 멀리 처녀 하나가 걸어오는 것이 보인다. 우리집 하녀일까? 근시안인 나는 무수한 착각을 하게 된다. 지나가는 사람들이 모두 아는 사람같이 생각된다. 갈 때마다 용기가 꺾이고 무엇인지 모르는 방해물에 걸린다. 부끄러움과 함께 욕망은 더해 간다. 그래서 결국 욕망에 안달을 하면서도 바보처럼 되돌아오고 만다. 호주머니에는 욕망을 채울 만한 것을 가지고 있으면서도 무엇하나 결단성 있게 사지 못한다.

　내가 직접 하든, 남에게 부탁을 하든, 돈을 쓸 때 언제나 경험하는 온갖 망설임과 부끄러움과 싫증, 불편, 불쾌감 등을 일일이 늘어놓았다간 정말 쓸데없이 너절한 이야기가 되고 말 것이다. 전기(傳記)를 읽어가며 점점 내 기질을 알게 되면, 샅샅이 말하지 않더라도 독자들은 모든 것을 이해해 주시리라. 그것을 알게 되면 나의 모순 가운데 하나, 즉 가장 돈을 천하게 보면서도 거의 구두쇠에 가까운 절약을 하는 성질이 쉽게 이해될 것이다. 돈은 내게 무척 불편한 도구이므로 가지고 있지 않으면 별로 갖고 싶지 않고, 가지고 있어도 쓸 방법을 몰라 그대로 오래도록 넣어 둔다. 그러나 우연히 좋은 기회를 만나 기분이 내키면 금세 써 버리므로, 알지 못하는 사이에 지갑이 텅 비게 된다. 그렇다고 자랑삼아 돈을 쓰는 구두쇠의 상투적 버릇을 내 마음속에서 찾아내려고 한다면 곤란하다. 반대로 남이 안 보는 데서 살짝 내 취미를 위해 돈을 쓴다.

과시하며 쓰기는커녕 숨어서 쓰는 것이다. 돈은 내게는 필요 없는 것, 가지고 있는 것마저 거의 부끄러울 정도이며, 그것을 보람있게 쓴다는 것은 터무니없는 짓이라는 생각마저 든다.

만일 편안히 지낼 만한 충분한 수입이 있었다면 인색하게는 되지 않았을 것이다. 그것만은 분명히 말할 수 있다. 내 수입을 모두 써 버리고, 그것을 불릴 생각은 하지 않았을 것이다. 그러나 불안정한 형편은 나를 언제나 걱정으로 조마조마하게 만들었다. 나는 무엇보다 자유를 사랑하고, 구속과 노고와 예속을 미워한다. 지갑에 돈이 남아 있는 동안은 나의 독립이 보증된다. 달리 돈을 벌 궁리를 안해도 된다. 돈에 궁한 일을 생각하면 언제나 몸서리가 난다. 다만 돈이 떨어졌을 때의 두려움 때문에 그것을 알뜰히 하는 것뿐이다. 가지고 있는 돈은 자유를 얻기 위한 수단이 된다. 돈을 찾아다니면 몸이 노예가 되고 만다. 그래서 나는 돈을 깊숙이 간직해 놓고 아무것도 바라지 않는 것이다. 그러므로 내가 욕심이 없다는 것은 게으름에 지나지 않는다. 가지고 있는 즐거움은 얻으려는 고통과는 비교도 안 된다. 나의 낭비도 게으름에 지나지 않는다. 즐겁게 쓸 수 있는 기회에 부딪히면 얼마든지 써버리고 만다. 물건보다 돈을 덜 중요시하는 것은 돈과 필요한 물건을 손에 넣는 것의 사이에 언제나 무엇인가 연결되어 있는 데 반해서 물건과 그 물건을 향락하는 것의 사이에는 아무것도 연결 고리가 있지 않기 때문이다. 물건을 본다. 마음이 끌린다. 그러나 그것을 손에 넣는 수단만 보이면 더는 끌리지 않는다. 그러니까 나는 장난을 위한 도둑인 것이다. 그리고 지금도 대단찮은 것에 마음이 끌리면 남에게 부탁해서 얻느니 보다 슬쩍 훔치는 편이 수월하다고 생각되어 그렇게 하는 일이 있다. 하지만 어릴 때나 커서나 남에게서 한 푼도 돈을 훔친 기억은 없다. 다만 한 번은 예외인데, 지금부터 15년쯤 전에 7리브르와 10수를 훔친 일이 있었다. 이 사건은 이야기할 가치가 있다. 그야말로 뻔뻔스러움과 어리석음이 그럴듯하게 맞아떨어져 나 아닌 다른 사람이 한 일이라면 도저히 믿어지지도 않을 만한 것이다.

그것은 파리에서였다. 5시경, 프랑쾨유 씨와 팔레 루아얄을 산책하고 있었다. 그는 시계를 꺼내 잠시 들여다보고 말했다. '오페라를 보러 갑시다.' 나도 찬성을 하고 함께 보러 들어가기로 했다. 그는 정면 앞자리의 표를 두 장 사서 내게 한 장을 주고, 다른 한 장은 자기가 가지고 앞장을 섰다. 나는 뒤따라 갔다. 그는 들어갔다. 그 뒤를 따라 들어가려는데 입구가 붐볐다. 둘러보니 모두 서 있었다. 이 정도의 사람이면 서로 못 찾을 수도 있을 것 같았다. 적어도 어디 다른 데로 잘못 들어간 것으로 프랑쾨유 씨가 생각할 만하다고 생각했다. 나는 얼른 나와서 표를 돈으로 바꾼 다음 밖으로 나와 버렸다. 내가 입구까지 나왔을 때는, 모두가 자리에 앉았다는 것도, 프랑쾨유 씨가 내가 없어졌다는 것을 곧 알게 되리라는 것도 나는 미처 생각하지 못했다.

 이런 행동만큼 내 기질과 동떨어진 일은 지금까지 한 번도 없었으므로 여기에 적어 두어서, 인간에게는 가끔 착란이란 것이 있는 법이며, 그때의 그런 행동으로 인간을 판단해서는 안 된다는 것을 보여 주려는 것이다. 이것은 직접 돈을 훔친 것이 아니고 돈의 사용법을 훔친 것이었다. 그것이 도둑질이 아니었던 만큼 내게는 한층 더 부끄러운 행위였다.

 수습공 기간 중, 숭고하고 영웅을 지향하는 성격에서 비열하고 무뢰한과도 같은 행동으로 옮겨간 과정을 남김 없이 더듬어 가려고 하면 이야기가 너무 세밀해져서 한이 없을 것이다. 그러나 형편이 그런 악덕을 행하게끔 하기는 했지만 그것을 몸에 배게 하지는 못했다. 동료들끼리 하는 오락도 재미가 없어졌다. 그러나 너무 지나친 속박 때문에 일이 싫어지게 되자, 이것저것 모두 귀찮아지고 말았다. 그런 일 때문에, 오랫동안 잃어버렸던 독서의 취미가 되살아났다. 독서는 일에 영향을 주어 새로운 죄가 되고 새로운 벌을 가져다 주었다. 구속 때문에 도리어 자극된 이 취미는 정열로 변하고 이내 격정으로 바뀌었다. 라 트리뷔라는 이름난 대본업자(貸本業者)가 어떤 종류의 책이든 다 제공해 주었다. 좋건 나쁘건 상관 없이 닥치는 대로 무엇이든 똑같이 탐독했다. 작업대에 앉아서 읽었고 심부름을 가면서 읽었다. 벽장에 들어가서 읽었다. 그리하여 시간을 완전히 잊어버리고 말았다. 독서 때문에 머리가 핑핑 돈다. 그래도 여전히 읽고 있다. 주인은 틈을 노리고 있다가 현장을 발견하고는 때리고 책을 빼앗아갔다. 몇 권이나 찢기고 불살라지고 창 밖으로 내동댕이쳐졌던가! 얼마나 많은 전집물이 넝마가 된 채 라 트리뷔의 가게에 남게 되었는지! 그녀에게 치를 돈이 없으면 셔츠를 주고 넥타이를 주고 옷가지를 주었다. 용돈으로 받는 3수의 돈도 일요일이면 정해 놓고 그녀에게 갖다 바쳤다.

 그래서 점점 더 돈이 필요하게 되었다고 할 수 있을지 모른다. 그러나 이미 독서가 내 모든 활동을 앗아가 버리고 만 뒤였다. 새로운 취미에 정신이 팔려 독서 이외는 아무것도 하지 않았다. 이젠 도둑질도 하지 않게 되었다. 여기에도 나의 특이한 성격의 일면이 있다. 어떤 생활에 익숙해지는 도중에는 사소한 것이 내 마음을 앗아가고 기분을 바꾸고 주의를 불러일으켜 마침내는 나를 열중시키고 만다. 그렇게 되면 모든 것을 잊는다. 새로운 목적에 마음이 쓰여 그밖의 것은 생각을 못한다. 호주머니에 넣어 둔 새 책을 읽고 싶어 가슴이 뛰었다. 혼자 남으면 부랴부랴 꺼내 들었으며, 더이상 주인의 작업실을 뒤질 생각이 나지 않았다. 더 돈이 드는 욕망에 사로잡혔더라도 도둑질을 했으리라고는 도저히 생각할 수 없다. 현재의 일에 좁게 국한되어 있는 머릿속에는 그런 짓을 해서 장래를 대비하려는 생각은 없었다. 라 트리뷔는 치뤄야 할 돈을 외상으로 해주었고 선금도 아주 적었다. 그래서 책을 호주머니 속에 넣어 버리면 그 길로 아무것도 생각하지 않게 됐다. 자연히 들어오는 돈은 또 이 업자에게 건너갔다. 독촉이 심해지면 가장 손쉬운 것은 내가 가진 물건이었다. 미리 훔쳐 놓을 만한 선견지명은 없었고, 지급하기 위해 훔치고 싶은 기분도 나지 않았다.

잔소리, 얻어맞기, 남의 눈을 피한 독서, 이런 것들이 겹치고 겹쳐서 내 기질은 말이 없어지고 교제를 싫어하게 되었다. 머리는 점점 딱딱해지고 비사교적인 고독한 생활을 하게 되었다. 무미건조한 책을 멀리 할 만한 취미도 없었지만 외설스럽고 방종스러운 책만은 적당히 피할 수 있었다. 라 트리뷔는 무슨 일이고 손쉽게 응하였으므로 그런 책을 빌려 주는 데 주저하지는 않았다. 오히려 거드름을 피우면서 의미심장한 얼굴로 그런 책을 지적하는 통에, 불쾌하고 부끄러워서 거절할 기분이 되었는지도 모른다. 그런 수줍은 기질에 우연이란 것까지 곁들여서 사교계의 아름다운 귀부인이 공개적으로 읽기에는 거북한 위험 서적은 결국 서른이 지날 때까지 한 권도 읽지 않았다. 1년이 채 안 되어서, 라 트리뷔의 빈약한 가게의 책은 모조리 읽었다. 그러고도 무료함 때문에 큰 고통을 느꼈다. 독서의 취미 덕분에, 또 독서로 해서 개구쟁이 소년의 나쁜 버릇이 고쳐졌다. 선택을 하지 않은, 대체로 엉터리 같은 독서이긴 했으나 그래도 환경이 주는 것보다는 훨씬 고상한 감정을 마음에 일깨워 주었다. 그렇게 된 나는 가까이 있는 모든 것에 싫증이 나고, 전 같으면 마음이 끌렸을 모든 것이 아주 먼 세계처럼 느껴졌으며, 이제 마음을 끌 만한 아무것도 눈에 띄지 않았다. 전부터 끓어 오른 육체적 감정은 어떤 향락을 찾고 있는 것도 같았으나 막상 그 대상이 뭐냐고 물으면 상상할 도리도 없다. 마치 육체적인 성(性)을 갖지 않은 사람처럼 현실의 대상에서 멀리 떨어져 있었다. 그러면서 이미 다감한 사춘기로 들어서 있었던 나는 가끔 타고난 광적인 버릇을 생각하곤 했으나 그 이상의 것은 무엇 하나 떠오르지 않았다. 이런 기묘한 상태 속에서의 불안정한 공상은 곧 한 가지 방법을 발견하고, 자신을 구출하여 끓어오르는 성욕을 가라앉혔다. 그것은 독서에서 흥미를 끈 인간들의 갖가지 경우를 내 정신의 양식으로 삼고, 그것들을 회상하고 변형시키며 결합시켜 자신과 결부시키는 것이었다. 그 결과 나는 내가 공상하는 인물의 한 사람이 되어 내 취미에 맞는 가장 즐거운 위치에 자신을 올려놓았다. 그리하여 마침내 도달한 가공의 경지에서 불만스런 현실의 처지를 잊어버릴 수 있다고 생각했다. 그처럼 공상의 사물을 사랑하고 또 쉽사리 그것에 몰두하게 된 결과, 나는 나를 둘러싼 모든 것을 완전히 싫어하게 되어 그뒤로 영원히 내 마음속에 남게 된 고독을 즐기는 버릇이 생겼다. 그런 경향의 기묘한 결과는 이 다음 이야기에도 여러 번 나오게 될 것이다. 표면으로는 무척 사람을 싫어하는 음울한 성격인데, 이것은 사실 그럴싸한 존재를 발견할 수 없어 어쩔 수 없이 가공의 사물에 매달려서 살아가려는 섬세하고, 자애에 넘치는 마음씨에서 온 것이다. 우선 여기서는 앞으로 나의 모든 정념(情念)을 완화하고 조절하게 되는 성격, 정념을 정념으로 누르고, 욕정이 너무 강한 나머지 언제나 실행을 주저하게 만드는 성격, 그 기원과 첫째 요인을 지적한 것만으로 만족해야 하겠다.

　이렇게 해서 나는 열 여섯이 되었다. 모든 것과 나 자신에게 불안과 불만을 느끼고, 환경에 따르는 취미도 없으며, 연령에 따르는 쾌락도 없고, 대상을 모르는 욕정에 시달리며, 까닭 모를 한숨을 짓다가 마침내 주위에서는 실현될 수 있는 아무것도 발견하지 못하고, 자신이 그리는 공상의 달콤한 맛에 매달렸다. 일요일에는 설교가 끝나면 친구들이 같이 밖에 나가 놀자고 부르러 왔다. 나는 될 수만 있으면 동료들로부터 빠지려 했다. 그러나 한 번 그 틈에 끼어들어 신이 나면, 가장 열을 올리고 누구보다도 극단으로 달렸다. 움직이기도 힘이 들지만 중지시키기도 힘드는 것이 나의 변함 없는 성격이었다. 여럿이서 교외를 산책할 때도 다른 사람이 주의를 주지 않으면 돌아설 줄 모르고 자꾸만 앞으로 나갔다. 그것으로 두 번쯤 낭패를 보았다. 내가 돌아오기 전에 성문이 닫혀 버린 것이다. 이튿날 나는 여러분이 상상하는 그대로 당했다. 두 번째는 세 번째의 무서운 벌을 알고 있었으므로 다시는 그런 위험한 짓은 하지 않겠다고 결심했다. 그런데 그 무서운 세 번째가 찾아왔다. 나의 조심도 미뉘톨리라는 대장 때문에 헛일이 되고 말았다. 이 사나이가 당번을 서면 언제나 문을 다른 사람보다 한 시간쯤 일찍 닫았다. 나는 두 사람의 친구와 함께 돌아왔다. 시에서 5리쯤 되는 곳에서 성문을 닫겠다는 나팔 소리를 들었다.

걸음을 재촉했다. 큰 북을 치는 소리가 들렸다. 정신없이 달렸다. 숨이 차고 온몸이 땀에 흠뻑 젖도록 달렸다. 가슴이 펄떡였다.

저만치 파수를 서고 있는 보초병들이 보였다. 뛰었다. 숨이 차 헐떡이며 외쳤다. 그러나 이미 늦었다. 전방을 지키는 보초소에서 스무 걸음쯤 떨어진 곳에서 출렁다리가 올라가는 것이 보였다. 나는 그 무서운 나팔을 쳐다보며 몸을 떨었다. 그야말로 이 순간부터 내게 피할 수 없는 불길하고 치명적인 운명이 시작되었던 것이다.

처음에는 너무나 괴로워 멍청하니 둑에 넘어져서 흙을 깨물었다. 친구들은 자기의 불운을 웃으면서 즉각 각오를 했지만 결심하는 방법이 달랐다. 그 자리에서 두번 다시 주인집으로 돌아가지 않겠다고 맹세한 것이다. 그리하여 이튿날 문 여는 시간이 되어 친구들이 시내로 들어갈 때, 나는 이제 이것으로 마지막이다라고 작별 인사를 하고는 외사촌 베르나르에게 내 결심과 다시 한번 나를 만날 장소를 몰래 좀 일러 달라고 부탁했다.

수습공으로 들어간 뒤로는 그와 더욱 멀어져서 만나는 일이 적었다. 그래도 한동안은 일요일에 오가곤 했는데, 어느 틈엔가 저마다 다른 습관을 갖게 되어 좀처럼 만나지 않게 되었던 것이다. 이런 변화에는 분명 그의 어머니가 많은 간섭을 한 것으로 짐작된다. 그는 귀족 가문의 도련님이고 나로 말하면 보잘것없는 수습공으로, 생 제르베의 조무래기에 지나지 않았다. 출생 신분은 같았지만 이제 두 사람 사이는 평등하지 않았다. 나와 교제하는 것은 체면이 깎이는 일이었다. 그렇지만 두 사람의 관계가 완전히 끊어진 것은 아니었다. 게다가 그는 인정 많은 소년이었으므로 어머니의 경고에도 아랑곳하지 않고 가끔 양심의 소리를 좇았다. 그는 내 결심을 듣자 곧 달려 왔다. 그는 나의 결심을 돌리려고도 하지 않았고 결심을 굳히려고도 하지 않았다. 그저 약간의 돈을 주면서 나의 도주를 묵인했다.

사실 내가 가지고 있는 돈으로는 그리 멀리 갈 수 없었다. 특히 그는 내게 한 자루의 단검을 주었다. 나는 그것이 무척 마음에 들어 토리노까지 가지고 갔으나, 거기서 돈이 필요해 팔고 말았다. 정말 그때는 사람들이 흔히 말하듯이 살을 에는 것만 같았다.

뒤에 와서, 이 위기에 즈음하여 그가 내게 한 일을 회상하면 할수록 그가 그의 어머니, 그리고 어쩌면 그의 아버지의 지시에 따른 것이라는 생각이 점점 확실해졌다. 나를 붙들어 놓으려고 애를 쓰든가, 나를 따라나설 생각을 하든가 둘 중의 하나를 택했을 텐데 그렇게 하지 않았기 때문이다. 나의 계획을 단념시키려 하기보다는 오히려 격려했다. 나의 굳은 결심을 알자 눈물을 흘리는 일도 없이 가버렸다. 그 뒤로 두 사람은 편지를 한 일도, 다시 만난 일도 없다. 안타까운 일이다. 정말 성격이 아름다웠던 그 두 사람은 서로 사랑하기 위해 만들어진 것 같았다.

운명의 불행 속에 몸을 맡기기 전에 잠시 눈을 돌려, 내가 보다 훌륭한 주인 밑에 있었다면 어떤 운명이 나를 기다리고 있었을까 생각해 보고 싶다. 선량한 기술자, 특히 어떤 종류의 계급에 속하는, 예를 들어 제네바의 조각사와 같은 계급에 속하는 평온하고 평범한 직업만큼 내 기질에 맞는 것, 나를 행복하게 만드는 데 적당한 것은 없었다. 편히 지낼 수 있을 만큼의 돈이 있고, 그렇다고 재산가랄 수 있을 만큼 화려하지는 않으나 이러한 직업은 나의 야심을 억제하여 그대로 남은 생을 맞게 했을 것이며, 적당한 취미를 기를 수 있는 여가를 주어 내 분수 안에 나를 머무르도록 하여 그 밖으로 벗어나는 일도 하지 않게 했을 것이다.

모든 경우를 자신의 공상으로 장식할 수 있는 풍부한 상상력, 말하자면 마음 내키는 대로 이 처지에서 저 처지로 옮겨갈 수 있는 강력한 상상력을 가지고 있었기 때문에, 실제로 어떤 처지에 놓여 있었다 하더라도 그리 큰 문제는 없었을 것이다.

자신이 처해 있는 현실에서 가까운 공중 누각으로, 그곳에 자리를 잡고 나비의 꿈을 즐기는 데는 그리 먼 거리도 아니었을 것이다. 그런 점에서 보더라도 아주 단순한 직업, 괴로움도 걱정도 가장 적고 정신을 가장 자유롭게 해주는 직업이 내게 가장 적당했다는 결론이 나온다. 그것이 바로 내가 수습하고 있던 직업이었다. 그랬다면 나의 종교, 나라, 가족, 그리고 친구들 속에서 하고 싶은 일과 마음에 맞는 사교 아래에 내 성격이 요구하고 있던 평화롭고 조용한 생활을 보냈을 것이다. 선량한 기독교 신자, 선량한 백성, 선량한 아버지, 선량한 친구, 선량한 기술자, 말하자면 모든 일에서 선량한 인간이었을 것이다. 자기의 직업을 사랑하고 아마 약간은 그 직업을 향상시켰을 것이다. 그리하여 평범하고 단순한, 그러나 그 누구와도 평등하고 평화로운 생애를 보낸 다음, 집안 사람들의 품에 안겨 편안히 눈을 감았을 것이다. 그리고 곧 잊혔을는지도 모른다. 그러나 사람들이 생각해 주는 동안만은 적어도 아낌을 받았을 것이다.

그런데…… 나는 어떤 광경을 그리려 하고 있는가? 아! 내 생애의 참혹상을 미리 들추지 말자! 독자는 이제 곧 이 애처로운 문제를 싫증이 나도록 보게 될 테니까.

제2권

〔1728년 3월~11월〕

 너무 무서워 도망을 치려고 했을 때는 무척 슬펐으나 그것을 실행했을 때는 또 그만큼 즐겁게 여겼다. 아직 어린 몸으로 친척도 돌봐 줄 사람도 없이 살아갈 만한 생업도 익히기 전에 수습공 노릇마저 그만두고, 도망치는 방법도 알지 못한 채 무서운 불행 속에 몸을 던져, 연약하고 철모르는 나이로 악덕과 자포자기의 갖은 유혹에 몸을 노출시켜, 재난과 잘못과 함정과 죽음을 멀리 찾아가는 것! 이것이 바로 밟으려는 길이요, 직면하지 않으면 안 되는 앞길이었다. 내가 꿈꾸던 앞길은 이것과 얼마나 다른 것이었던가!
 내 것으로 만들 수 있었던 독립이 나를 움직이는 유일한 감정이었다. 자주와 자유의 권리만을 손아귀에 쥔 나는 무엇이든 다 되고, 어디든 도달할 수 있을 것 같았다. 하늘을 높이 날려면 날아오르기만 하면 되는 것이다. 광막한 세계로 팔을 내저으며 들어가는 것이다. 자신의 명성을 세계에 떨치는 것이다. 걸음마다 향연과 재물과 요행을 기다린 듯이 나를 위해 힘써 줄 친구들, 자진해서 내게 찾아들 연인들을 만나는 것이다. 내가 직접 나서 이 세상을 독점해 버리자. 아니, 세상 모두는 짐이 너무 무겁다. 그것만은 사양해 두자. 그리 많은 것은 필요 없다. 매력 있는 상류 사교계 하나 있으면 그만이다. 나머지 것들을 가지고 신경쓸 것은 없다. 절도를 지켜서 범위는 좁아도 유쾌한 사람만 선택되고, 머지않아 나의 군림(君臨)이 보증될 수 있는 분위기를 가진 영역에 들어가자. 나의 야심은 하나의 성관(城館)에서 벗어나지 않는 것이다. 성주와 영부인의 총아가 되고, 따님의 애인이 되며, 그 형제들의 친구가 되고, 이웃 사람들의 보호자가 되는 것으로 만족할 뿐, 그 이상의 것은 요구하지 않는다.
 이렇듯 겸손한 미래에 기대를 걸고 며칠 동안 시내 주변을 헤매면서 안면이 있는 농부들 집을 찾아가 묵곤 했는데, 모두 시내 사람들과는 비교도 안될 만큼 친절히 해주었다. 분수에 넘치게 반갑게 맞아 잠을 재워 주고 밥을 먹여 주었다. 그것은 거지에게 베푸는 적선이라고 부를 만한 것이 아니었다. 우월감의 내색조차 없었다.

여기저기 돌아다닌 끝에 제네바에서 20리쯤 떨어진 사부아 영토의 콩피뇽까지 갔다. 이곳 사제(司祭)는 퐁베르라는 사람이다. 제네바 공화국 역사상 유명한 그의 이름이 내 마음을 울렸다. 그 '퀴에르(수저)의 귀족'이라 불리던 사람들 자손이 어떻게 되었나 알고 싶어졌다. 그래서 퐁베르 씨를 만나러 갔다. 퐁베르 씨는 내게 제네바의 사교(신교를 말함)와 성스러운 어머니 교회(구교를 말함)의 권위에 관해서 말하고, 내게 식사까지 대접해 주었다. 이야기 끝이 이런 결과가 되자 대꾸할 말이 없어졌다. 이렇게 친절하게 식사까지 마련해 주는 사제라면, 적어도 우리 시의 목사 못잖은 훌륭한 사람으로 생각되었다. 귀족이긴 했지만 많이 아는 점에서는 퐁베르 씨보다 내가 분명 위였다. 그러나 나는 선량한 손님이었으므로 그렇게 잘난 듯이 하지는 않았다. 게다가 대접받은 프란지 포도주가 그만이어서, 그것이 주인을 대변해 주었으므로 그런 훌륭한 분을 설복시키는 것은 부끄러운 것이라고까지 생각됐다. 그래서 양보를 했다. 적어도 맞대 놓고 반박은 하지 않았다.

내가 부린 솜씨를 보고, 가면을 쓴 인간이라고 생각하는 사람이 있다면 그것은 잘못이다. 나는 예의바르게 행동했을 뿐이다. 그건 틀림없다. 추종, 이렇게 말해서 나쁘다면 겸양은 반드시 악덕일 수는 없다. 많은 경우, 특히 젊은 사람에게는 미덕이다. 호의로 대해 주는 사람에게는 끌리게 된다. 그런 경우, 양보한다는 것은 그 사람을 속이는 것이 아니고, 섭섭한 기분을 갖지 않도록, 선을 악으로 갚지 않는 것이다. 퐁베르 씨가 나를 쾌히 맞이하여 친절히 대하고 나를 설득시키려 한 것은 무엇 때문일까? 바로 나를 위해서다. 나의 어린 가슴에는 그런 속삭임이 있었다. 이 선량한 사제에게 감사하고 존경하는 마음이 일었다. 하기야 나는 우월감을 느끼기는 했다. 그러나 퐁베르 씨의 후한 대접에 보답하기 위해 그 우월감을 휘두를 기분은 나지 않았다. 여기에는 위선적인 동기는 하나도 없다. 나는 내 종교를 바꿀 생각은 없었다. 그런 생각에 그렇게 쉽사리 끌려간다는 것은 생각조차 못할 일이었고, 일종의 공포심을 가지고 대했을 정도였다. 이 공포가 그 뒤 오래도록 나에게 그런 생각을 멀리하도록 만들었다. 다만 그러한 견해로 나를 귀여워해 주신 분들의 감정을 해치지 않으려고 했을 뿐이다. 그들의 호의를 헛되이 하지 않고, 실제보다 더 친숙한 것처럼 보여 줌으로써 상대에게 성공의 희망을 안겨 주려고 한 것이다. 그 점에서는 정숙한 여성이 목적을 달성하기 위해 가끔 사용하는 교태와도 비슷했다. 여자는 아무것도 허락하지 않고 약속도 하지 않더라도, 그것만으로 상대편을 기쁘게 해주고, 그녀가 노린 목적보다 훨씬 큰 희망을 상대편에게 안겨 주는 그런 교태 말이다.

이성(理性)과 연민과 질서에 대한 사랑으로 말한다면, 나의 무분별한 생각을 지지하지 말고 집으로 돌아가게 함으로써 내가 떨어지고 있는 위험한 못에서 멀어지게 하는 것이 분명 당연한 일이었다. 덕이 있는 사람이었다면 아마 누구나 다 그렇게 하든가, 그렇게 하려고 노력했을 것이다. 그러나 퐁베르 씨는 선량한 사람이긴 했어도 덕이 있는 사람은 못 되었다. 그뿐만 아니라 신상(神像)을 예배하고 묵주를 들고 기도를 외는 것 이외에 아무런 덕도 모르는 맹신적인 신자였다. 제네바의 목사들을 비방하는 것이 신앙을 위한 최선의 일인 것으로 생각하는 그저 그런 전도사였다. 나를 집으로 돌려보내려고 생각하기는커녕, 집에서 멀어지고 싶어하는 내 기분을 이용해서 앞으로 돌아가고 싶은 생각이 나더라도 돌아가지 못할 처지에 놓으려 했다. 그런 일을 하게 되면 궁지에 빠져서 죽거나 무뢰한이 될 것이 뻔한데, 퐁베르 씨가 생각한 것은 그런 것은 아니었다. 그는 사교에서 벗어나 공교(公敎)에 귀의하는 한 영혼을 보고 있었던 것이다. 내가 미사에 나가기만 하면 참된 사람이건 무뢰한이건 아예 상관할 것이 없지 않은가? 하기야 이런 생각은 가톨릭 교도에게만 있는 것으로 생각해선 안 된다. 그것은 행위가 아니고 신앙에 중점을 두는 독단적인 종교의 거의 공통된 사고 방식이다.

'하느님이 당신을 부르시오.' 퐁베르 씨는 말했다. '안느시로 가시오. 거기에는 참으로 인정많고 훌륭한 부인이 계셔서, 왕의 자비 아래에 자신이 빠져나온 똑같은 과오로부터 다른 사람들의 영혼을 구하려고 계시오.'

그것은 개종한 바랑 부인의 이야기였다. 사실 사르디니아 국왕이 그녀에게 주는 2천 프랑의 연금을 사제들은 신앙을 파는 천민들에게 나눠주도록 강요하고 있었던 것이다. 참으로 인정 많고 훌륭한 귀부인이라고 불리는 사람의 신세를 진다는 것은 무척 굴욕스러운 기분이 들었다. 필요한 것을 얻는 것은 좋은 것이지만, 동정을 받는다는 건 싫었다. 게다가 신앙에 굳어 버린 여자 따위는 아예 매력이 없었다. 그러면서도 퐁베르 씨의 재촉을 받는 한편 닥쳐 오는 굶주림도 조마조마해서, 게다가 여행을 한다는 무언가 한 가지 목적을 갖는다는 즐거움도 곁들어 내키지 않는 결심을 하고는 안느시를 향해 출발했다. 하루면 충분히 갈 수 있는 곳인데도 천천히 가서 사흘이나 걸렸다. 좌우로 집들을 볼 때마다 거기에는 틀림없이 나를 기다리는 행복한 일들이 있을 것만 같아 그것을 기대하고 일일이 찾아갔다. 겁이 많아서 집 안으로 들어가거나 창문을 두드리거나 하지는 못했다. 그저 보기에 가장 그럴듯한 창 밑에 서서 노래를 불렀다. 친구들에게 배워서 멋있는 노래를 알고 있었고, 남이 반할 만큼 부르기도 했으므로, 내 아름다운 목소리와 훌륭한 가사에 매혹되지 않고는 못 견디리라 생각했다. 그러나 놀랍게도 아무리 숨이 차도록 불러 대도 끝내 부인도 딸도 누구 한 사람 나타나지 않았다.

겨우 도착해서 바랑 부인을 만났다. 이 시기가 내 일생에서 나의 성격을 결정지었다. 이 시기를 가볍게 보아 넘기고 싶지는 않다. 나는 열 여섯 살 반쯤 되어 있었다. 미소년으로 불릴 정도는 아니었으나 작은 체격에 균형이 잘 잡혀 있었다. 예쁘장한 발, 미끈한 종아리, 경쾌한 자태에 발랄한 표정, 귀여운 입매에 머리와 눈썹은 검고, 작은 눈은 들어간 편이었으나 온몸의 피를 들끓게 하는 불꽃이 날카롭게 반짝이고 있었다. 불행히도 나는 이런 모든 것을 전혀 모르고 있었으므로, 그런 것들이 아무 소용도 없어지게 될 때까지 조금도 내 얼굴 모습을 생각해 본 적이 없었다. 이렇게 내 나이에 있기 마련인 수줍음에다 유난히 사람을 사랑하고 싶어하고, 남을 불쾌하게 하지 않을까 늘 마음을 쓰는 타고난 수줍음이 더해져 있었다. 게다가 지능은 발달해 있었으나 아직 세상을 잘 몰라서 예의범절이 아주 서툴렀다. 그런데도 지식은 이 부족을 보충하기는커녕 도리어 예의가 얼마나 부족한가를 자각하게 함으로써 나를 점점 더 소심하게 만드는 역할밖에 하지 못했다.

그래서 이 첫 대면이 좋지 못한 인상을 주지나 않을까 걱정이 되어서 내 장점을 살리는 다른 방법을 생각했다. 즉, 연설투의 아름다운 문장으로 편지를 쓰기도 하고, 수습공들의 용어에 책에서 따온 문구를 섞어 가며 바랑 부인에게 잘 보이려고 있는 글 재주를 다 발휘했다. 이 편지에 퐁베르 씨의 편지를 동봉해서 걱정스런 첫인사를 하러 떠났다. 바랑 부인은 없었다. 교회에 간다면서 막 나갔다고 한다. 1728년 '종려주일'(부활절 전 주일의 첫 일요일)이었다. 나는 그녀의 뒤를 쫓아서 나섰다. 뒷모습을 보고 쫓아가 말을 건넸다…… 그 장소는 추억에서 빼놓을 수가 없다. 그 뒤로 이따금 그 장소를 눈물로 적시고 입맞춤으로 덮었다. 이 행복의 자리에 황금의 난간을 두를 수는 없을까! 이곳에 전세계의 상찬(賞讚)을 모을 수는 없을까! 인간 구제의 기념물에 경의를 표하고 싶은 사람이면 누구든, 무릎을 꿇지 않고 가까이 가서는 안 된다.

그것은 집 뒤에 나 있는 오솔길이었다. 이 길은 오른쪽으로 작은 시내가 집과 정원 사이를 흐르고, 왼쪽으로 안뜰 담이 있어, 거기에 난 작은 문으로 성 프랑시스코회 원시회칙파(原始會則派) 교회로 통하게 되어 있었다. 그 작은 문을 막 들어가려던 바랑 부인은 내 소리에 뒤를 돌아봤다. 시선이 마주치는 순간, 나는 어떻게 되었는가! 나는 그때까지 엄한 얼굴을 한 신앙으로 굳어 버린 할머니를 상상하고 있었다. 퐁베르 씨가 말하는 훌륭한 귀부인은 내 머리로는 그렇게밖에 생각할 수가 없었다. 그런데 지금 보는 우아하기만 한 용모, 애정이 넘치는 푸르고 아름다운 눈동자, 눈부신 얼굴빛, 마음을 황홀하게 만드는 불룩한 가슴 선, 젊은이의 재빠른 시선은 아무것도 놓치지 않았다. 순간적으로 개종자가 되어 버린 젊은이의 시선, 이렇게 말하는 것은 내가 갑자기 그녀의 감화를 받고 말았기 때문이다. 이러한 전도사가 설교하는 종교라면 사람을 천국으로 이끌지 않을 리가 없다고 나는 확실히 그렇게 생각했다. 부인은 내가 떨면서 내미는 편지를 미소를 지으면서 받아들었다. 그것을 펴서 퐁베르 씨의 편지를 힐끔 보았다. 그리고는 내 편지로 눈을 옮겨 죽 끝까지 읽어 나갔다. 그때 시종이, '이제 예배 시간이 다 되었습니다' 하고 말하지 않았던들 한 번 더 읽었을 것이다. '어쩌면! 당신은' 하고 그녀는 나를 소스라치게 하는 목소리로 말했다. '나이도 어린데 여기저기 돌아다니다니. 안됐어요, 정말.' 그러고는 내 대답도 기다리지 않고 덧붙였다. '집에서 기다려요. 아침 식사를 가져오게 하고. 미사가 끝나면 갈 테니 조용히 이야기합시다.'

루이즈 엘레노르 드 바랑은 보 지방(스위스)의 오랜 귀족 가문인 라 투르 드 피트의 딸이었다. 로잔느의 뷜라르댕 씨의 장남 루아 집안의 바랑 씨와 아주 젊어서 결혼했다. 이 결혼은 어린아이를 갖지 못했고 그다지 원만치 않았다. 게다가 어느 정도 가정적인 고민까지 더해, 바랑 부인은 때마침 빅토르 아메데 왕(사르디니아 왕)이 에비앙에 와 있던 때를 골라 호수를 건너 그의 발밑에 몸을 던졌다. 이리하여 남편과 집과 나라를 버린 것은 내 경우와 비슷한 하찮은 계기에서였는데, 그것이 역시 눈물의 씨를 뿌리게 되었다. 왕은 독실한 가톨릭 신자임을 자랑하던 사람으로 그녀를 자기 보호 밑에 두고 피에몽테의 1천 5백 리브르라는 연금을 주었다. 그것은 이 왕처럼 쓰임새가 그다지 크지 못한 왕으로서는 상당한 액수였다. 이런 일로 인해서 남에게 그녀를 사랑하고 있는 것처럼 보인 것을 깨닫고, 왕은 근위병 몇몇을 딸려 그녀를 안느시로 보냈다. 여기서 그녀는 제네바의 명예사교(名譽司敎) 미셸 가브리엘 드 베르네의 지도 아래 비지타시옹 수도원에서 가톨릭으로 개종 맹세를 했던 것이다.

내가 여기 왔을 때, 부인은 이곳에 산 지 6년이 되었고, 이 세기와 함께 태어난 스물 여덟 살이었다. 변함없는 아름다움을 지니고 있는 것은 용모보다도 표정 때문이었다. 그러므로 그 아름다움은 아직도 환하게 밝아 보이는 한창때였다. 어루만지는 듯한 정다운 표정, 한없이 온화해 보이는 눈매, 천사 같은 미소, 나와 비슷한 입 모습, 보기 드물게 아름다운 은회색 머리칼. 그 머리를 아무렇게나 슬쩍 틀어올린 것이 그녀의 아름다움을 더욱 돋보이게 했다. 키는 작아서 땅딸막한 느낌마저 주었고 허리 언저리가 약간 살진 편이었으나 보기 싫지는 않았다. 얼굴과 가슴과 손과 팔은 그 이상의 아름다움을 볼 수 없을 정도였다.

그녀의 교육은 퍽 어수선한 것이었다. 나와 마찬가지로 나면서 곧 어머니를 잃었고, 그때그때의 지식을 닥치는 대로 받아들여, 가정교사에게서 조금, 아버지에게서 조금, 선생들로부터 조금, 그리고 애인들, 특히 타벨 씨라는 사람으로부터는 많은 것을 배웠다. 이 사나이는 취미도 고상하고 학문도 있어서 그것을 애인에게 가르쳐 주었다. 그러나 이렇게 이것저것 다른 것들을 마구 배우는 바람에 그것들이 서로를 해쳤고, 더구나 무질서한 채 정리를 하지 않는 성격이기도 해서 그 공부가 도리어 타고난 올바른 판단력의 발전을 방해하게 되었다. 그런 까닭으로 철학이나 과학의 원리를 어느 정도 이해하고 있으면서 아버지가 갖고 있던 비전문가 수준의 의학과 연금술에 대한 취미를 못 버리고 불로약이니 팅크제, 방향 진통제, 묘효산(妙效散) 등을 만들어서는 그 비전(秘傳)을 사랑하고 있었다. 돌팔이 의사들이 이런 점을 이용하여 그녀에게 파고 들어 귀찮게 따라다니면서 큰 손해를 입히고, 상류 사교계의 총애를 한몸에 모을 수 있었을 그 기지와 재능과 매력을 부뚜막과 약품 사이에서 썩게 하고 말았다.

천한 사기꾼들이 지도를 잘못 받은 그녀의 교육을 악용해서 그녀의 이성을 흐리게 하려고 했지만, 그녀의 훌륭한 심성만은 시련을 견디고 조금도 변하지 않았다. 애정이 담긴 조용한 성격, 불행한 사람들에 대한 동정, 한없는 친절, 쾌활하고 개방적이고 솔직한 기질은 언제까지나 변함이 없었다. 그리고 노년에 접어들면서 실의와 근심과 가지가지 재난 속에 처해 있으면서도 이 아름다운 영혼의 변함 없는 명랑성 덕분에 젊었을 때의 쾌활함을 마지막 날까지 지니고 있었던 것이다.

그녀의 실수는 계속 일을 하고 싶어하는 끝없는 활동성에 있었다. 여자가 쓸 수법이나 수완에는 전혀 관심이 없고, 일의 기획이나 지도 같은 것을 좋아했다. 말하자면 큰 사업을 하기 위해 태어난 것이었다. 그녀의 위치에 있으면 롱빌 부인(프롱드의 난 때 활약한 여자)도 별수 없이 수다스럽고 자질구레한 잔소리꾼에 지나지 않을 것이다. 롱빌 부인의 위치에 앉혀 놓았더라면 바랑 부인은 나라를 통치했을 것이다. 보다 높은 지위에 있었으면 이름을 떨쳤을 텐데, 현재의 지위로 산 탓으로 그 이름을 잃고 말았다. 손이 닿는 일을 잡고는 언제나 머릿속에서 생각을 펼치고 목적을 크게 그린다. 그 결과 실력과 일치되는 방법보다 눈짐작에 걸맞는 방법을 쓰게 되어 실력 부족 때문에 실패한다. 그리하여 그 계획이 틀어지면 다른 사람의 경우 거의 아무것도 잃을 것이 없는 것도 그녀의 경우에는 파멸에 이른다.

사업에 대한 취미는 그만큼 해를 끼쳤지만 적어도 이 마음을 닦는 은신처에서는 도리어 커다란 행복을 가져다준 셈이 되어서, 몇 번인가 마음이 끌리면서도 남은 반생을 이 수도 생활에 몸담게 되는 것을 면할 수 있었던 것이다. 수녀의 변함 없는 단조로운 생활, 응접실에서의 시시한 잡담, 이 모든 것들은 매일 새로운 계획을 세우고 그것을 실천하기 위한 자유를 바라는 활동가의 마음을 만족시켜 줄 리가 없었다. 선량한 베르네 사교는 프랑수아 드 살르(제네바의 사교. 샹달 부인과 협력해서 비지타시옹 교회를 창건했다. 1567년~1622년)만큼 재능은 없었으나 많은 점에서 닮았다. 그래서 이 베르네 사교가 딸이라고 부르던 바랑 부인은 또한 다른 많은 점에서 상달 부인을 닮은 데가 많았는데, 자기의 취미 생활로 수도원의 무료함을 달래지 않았던들 은둔이라는 점에서 더 두드러지게 닮았을 것이다. 이 사랑스런 부인이 사교의 감독 아래 새 개종자에게 알맞다고 생각되는 신앙의 번잡한 일들에 전념하지 않은 것은 결코 열성이 부족해서가 아니었다. 종교를 바꾸게 된 동기가 무엇이었건 자기가 의탁한 종교에 성실했다. 잘못을 후회했을지는 모르나 다시 그전 종교로 돌아가고 싶지는 않았다. 죽을 때도 훌륭한 가톨릭 교도로서 죽었을 뿐 아니라 생전에도 충실히 그렇게 살았다. 그녀의 영혼 속까지 읽었다고 자부하는 나는 이렇게 단언하고 싶다. 그녀가 독실한 신자임을 공공연히 내보이지 않은 것은 오로지 허식을 싫어했기 때문이라고. 신앙이 너무나 독실하고 견고하다. 그러나 여기에서는 아직 그녀의 주의(主義)까지 언급하지는 않을 것이다. 다시 말할 기회가 얼마든지 있을 것이다.

영혼의 공감을 부정하는 사람들은 다음 일을 설명할 수 있으면 해주기 바란다. 첫 만남, 첫 한 마디, 첫 시선으로 바랑 부인이 나를 가장 강한 애착의 포로로 만들었을 뿐 아니라, 또 완전한 신뢰감, 그 뒤로도 절대로 어긋남이 없는 신뢰감을 내 마음속에 심어 준 것은 무엇 때문인가를. 내가 느낀 것의 실상을 연애 감정이었다고 가정하자. 그러면 이제부터 우리 두 사람의 관계를 더듬어 가는 사람들에게는 적어도 그러한 가정이 온당치 않아 보이게 될 것이다. 이 정념(情念)이 생겨나는 순간부터, 어떻게 정념이 불러일으키는 감정과는 엄청나게 인연이 먼 마음의 평화, 안정, 깨끗함, 평온함, 안심 등과 같은 감정을 동반했을까? 눈부실 만큼 아름답고 세련되고 사랑스러운 부인, 지금까지 그러한 사람에게 가까이 가본 적도 없는 나 같은 사람은 비교도 안 되는 지체 높은 부인. 그녀가 가져다 주는 관심에 의해 나 자신의 운명이 좌우되는 그런 부인에게 처음으로 가까이 가면서 어떻게 나는 그러한 것을 전혀 개의치 않고, 완전히 그녀의 마음에 들 수 있다는 확신이라도 가진 듯이 그토록 자유롭고 편안한 기분을 가질 수 있었을까? 왜 일시적인 당황도, 부끄러움도, 거북스러움도 느끼지 않았을까? 타고나기를 수줍음이 많고 쩔쩔매는 철부지인 내가 어떻게 첫날, 첫 순간부터 10년 뒤 아주 깊은 사이가 되었을 때에야 비로소 저절로 몸에 배게 되는 태연한 태도와 정다운 말과 친숙한 말투로 그녀를 대했을까? 내가 연애를 한다면 물론 여러 가지 욕정이 있었기에 하는 것이다. 그런 연애라면 내게도 있었다. 그러나 불안도 없고 질투도 없다는 것은? 적어도 내가 사랑하는 상대에게 나를 사랑하고 있는지 어떤지를 물어보고 싶지 않겠는가? 그런데 그것은 내가 자신에게 그녀를 사랑하고 있는가를 묻는 것과 같아서 한 번도 그녀에게 물어보고 싶은 적은 없었다. 그리고 그녀도 나에 대해 알고 싶어하지 않았다. 이 매혹적인 부인에 대한 나의 감정에는 틀림없이 무언가 색다른 것이 있었다. 따라서 거기에는 사람들이 예기치 못한 기묘한 일이 반드시 나타나게 될 것이다.

나의 처신이 문제였다. 그 점을 차근히 이야기하기 위해 식사를 하게 되었다. 그렇게 식욕이 나지 않는 식사는 처음이었다. 그리고 시중 드는 하녀도 나 같은 나이에, 나 같이 자라난 사람치고 이렇게 식욕이 없는 나그네는 처음 본다고 말했다. 이러한 기적은 나에 대한 악감정을 여주인의 머릿속에 불어넣지는 않았으나, 마침 그 자리에 앉아 있던 시골 사람으로 수북이 담은 음식을 여섯 사람 몫이나 혼자 먹어치운 동석자에게는 한 대 얻어맞은 느낌을 주었다. 나로 말하면 일종의 황홀 상태에 있었기 때문에 먹는 것이 문제가 아니었다. 온몸을 적시는 새로운 감정에 가득차 있는 내 마음은 사고력이 작용할 여지를 남기지 않았던 것이다.

바랑 부인은 보잘것없는 나의 형편 이야기를 시시콜콜히 듣고 싶어했다. 그 이야기를 하는 동안 나에게는 수습공 때 주인 밑에서 잃은 열정이 다시 되살아났다. 이 훌륭한 영혼의 주인공을 나에 대한 동정으로 이끌어오면 올수록, 내가 떨어진 운명에 대한 그녀의 슬픔은 더해 갔다. 그 상냥한 연민의 정은 태도에도, 눈빛에도, 그리고 동작에도 나타나 있었다. 그녀는 노골적으로 나를 달래어 제네바로 돌아가라고 말하지는 않았다. 그녀의 관점에서 보면 그런 일은 가톨릭교를 배신하는 죄가 될 수 있을 것이다. 자신이 어떻게 감시를 받고 있으며 말과 행동을 얼마나 조심해야 하는지 그녀는 잘 알고 있었다. 그러나 나의 아버지가 걱정하실 것을 이야기하는 그녀의 말투는 너무나 안타까워 내가 제네바로 돌아가서 아버지를 안심시키는 데 찬성하고 있다는 것을 확실히 알 수 있었다. 그녀는 깨닫지 못하는 가운데 얼마나 자기가 자신의 마음과 반대되는 주장을 하고 있는지 모르고 있었다. 앞에서 말한 바와 같이(제1권의 끝) 내게는 두번 다시 제네바로 돌아가지 않겠다고 맹세한 결심이 있는 데다가 그녀의 주장이 웅변으로 변하고 설득으로 나오면 나올수록, 그녀의 말이 가슴에 파고들면 들수록, 더욱더 그녀를 떠나 고국으로 돌아갈 생각은 없어지는 것이었다.

제네바로 돌아간다는 것은 지금까지의 생활 태도를 바꾼다면 모르되, 그렇지 않은 한 그녀와 나 사이에 거의 넘을 수 없는 장벽을 만드는 것 같이 생각됐다. 지금까지의 생활 방식보다는 차라리 내친 김에 여기 머물러 있는 편이 낫다는 기분이 들었다. 그래서 나는 이곳에 머물렀다. 바랑 부인은 자신의 처지를 위태롭게까지 해가며 주장하지는 않았다. 그저 동정에 찬 눈길로 말하는 것이었다. '딱한 아기네. 그러면 하느님이 부르시는 곳으로 가는 도리밖에 없지. 하지만 크면 꼭 나를 생각하게 될거야.' 이 예언이 그처럼 잔혹하게 실현될 줄은 그녀도 미처 생각지 못했을 것이다.

  어려움은 여전히 남아 있었다. 이렇게 어린 몸으로 고향을 떠나서 어떻게 먹고 살아갈 것인가? 수습공 노릇도 반쯤 하다말다 했으니 직업으로 익힐 정도까지는 아직 이르지 못했다. 설사 할 줄 안다 하더라도 미술을 하기에는 너무나 가난한 이 사부아 지방에서 내 직업으로 생활할 수는 없을 것이다. 우리 몫까지 먹고 있던 시골뜨기가 턱을 휴식시킬 필요에서인지 의견을 냈다. 하늘이 주신 묘안이라고 했는데, 결과에서 판단한다면 오히려 그 반대쪽에서 온 것이었다. 그 의견이란 것은 내가 토리노로 가서 개종자들을 교육시키기 위해 만들어 놓은 구호원에서 영혼과 육신 양쪽의 생활을 영위하다가 나중에 공교회의 품으로 들어가면 자비로운 사람들이 내게 적합한 지위를 찾아 줄 것이라는 것이었다. '여비 문제는' 하고 그 사람은 계속했다. '부인께서 그와 같은 거룩한 일을 부탁만 하신다면 주교께서는 자비를 베푸시어 그 정도의 조치는 배려해 주실 겁니다. 그리고 남작 부인께서도 인정이 많으신 분이니까 틀림없이 자진해서 얼마간 희사를 해주실 겁니다.' 그는 접시 위로 몸을 기울이면서 말했다.

  그런 동정이 그다지 고맙게 생각되지 않았다. 가슴이 메어 아무 말도 할 수 없었다. 바랑 부인은 그 생각을 제안자만큼 열심히 받아들이지 않았고, 사람들은 저마다 분수에 맞게 좋은 일에 이바지하면 된다는 것과 주교님께 말해보겠다고 대답했을 뿐이었다. 그런데 그 얄미운 사나이는 자기가 말한 대로 부인이 이야기하지 않을지도 모른다는 생각으로, 또 이 일의 숨은 이득을 노리고 있었으므로 각처에 있는 사제들과 사전 타협을 하고 돌아다녔다. 그리고 선량한 사제들에게도 충분히 이야기를 해두었으므로 나의 이 여행을 망설이고 있던 바랑 부인이 주교에게 이야기하려 했을 때는 완전히 매수가 되어 있었던 모양으로, 주교는 선뜻 부인에게 내게 줄 얼마 안 되는 경비를 건네주었다. 그녀는 굳이 나를 묵게 할 수도 없었다. 그녀 같은 나이의 여성으로서 거리낌없이 젊은 남자를 옆에 붙들어 두려고 할 수는 없는 일이다. 나는 그런 나이에 가까웠던 것이다.

여행이 나를 돌봐주는 사람들에 의해 그런 식으로 결정이 되어 버린 이상, 나는 아무래도 그에 따르지 않을 수 없었다. 게다가 나도 그다지 싫지도 않아서 그렇게 했다. 토리노는 제네바보다 멀지만 수도인 만큼 정부나 종교가 다른 도시보다는 안느시와의 관계가 밀접할 것이라고 생각했다. 그리고 바랑 부인의 명령으로 떠나는 것이므로 여전히 부인의 지도 아래에 사는 거나 마찬가지라는 기분도 들었다. 오히려 부인 가까이에서 사는 것보다 낫다. 결국은 큰 여행을 한다는 생각이 싹트기 시작한 나의 방랑하는 버릇을 벌써부터 부채질하고 있었던 것이다. 내 나이에 산과 산을 넘어 알프스 정상에서 친구들을 내려다보는 것은 근사한 일이라 생각되었다. 여행은 제네바 사람들에겐 거의 누를 수 없는 유혹이다. 그래서 나는 동의했다. 그 시골뜨기는 이틀 뒤에 아내와 함께 떠나기로 되어 있었다. 나는 그들 두 사람에게 맡겨져서 의지하게 되었다. 바랑 부인이 보태줘서 든든하게 된 내 지갑을 두 사람에게 맡겼다. 게다가 부인은 다시 자질구레한 지시까지 곁들여 얼마 간의 용돈을 슬쩍 내 손에 쥐어 주었다. 그리하여 우리는 성 수요일(3월 24일)에 길을 떠났다. 내가 안느시를 출발한 다음날, 아버지는 친구 리발 씨와 함께 나를 뒤쫓아 이곳에 왔다. 이 친구분은 아버지와 같은 시계업을 하는 사람으로 기지(機智)가 있고 글재주도 뛰어나 라 모트(파리의 시인)보다 시를 잘 지었으며, 말재주도 그에 버금갈 만큼 능란했다. 거기에 더할 나위 없이 행실이 바른 사람이었으나 격에 안 맞는 문학 취미는 그 아이들 가운데서 희극 배우 한 사람을 만들어내는 데 그치고 말았다.

이들은 바랑 부인을 만났다. 그리하여 다같이 내 운명을 슬퍼했으나 그저 그것으로 그쳤을 뿐 쫓아와서 나를 붙들려고는 하지 않았다. 이들은 말을 타고 나는 걷고 있었으므로 쉽사리 뒤쫓아올 수 있었는데도 말이다. 똑같은 일이 베르나르 외삼촌에게도 있었다. 그는 콩피뇽까지 왔다가 내가 안느시에 있다는 것을 알자 거기에서 제네바로 돌아가고 말았다. 내 운명의 별과 공모하여 기다리고 있는 운명에 가까운 친척들이 나를 넘겨 준 것 같이 생각됐다. 나의 형도 비슷한 무관심 때문에 집을 뛰쳐나가 전혀 행방을 알지 못하고 어떻게 되었는지 아는 사람도 없었다.

아버지는 절조가 굳은 사람일 뿐만 아니라 확실히 고지식한 인물이었으며,

큰 미덕을 행하는 신념이 강한 사람이었다. 거기에다 선량한 아버지였으며 특히 나에게는 그러했다. 나를 무척 사랑해 주었지만 자신의 쾌락도 사랑했다. 떨어져 살게 된 뒤로는 다른 여러 가지 취미가 생겨서 아버지로서의 애정은 엷어져 있었다. 아버지는 니옹에서 재혼했다. 후처는 내 동생을 낳을 만한 나이는 아니었지만 역시 딸린 혈육들이 있었다. 그래서 아버지는 딴 가족, 딴 목적, 딴 새로운 세대가 생겨서 나를 그렇게 자주 생각하지 않게 된 것이었다. 아버지는 늙어가는데 노후를 지탱할 만한 재산이 전혀 없었다. 우리 형제에게는 어머니가 남겨 준 재산이 얼마쯤 있었는데, 거기에서 나오는 소득은 우리가 나가 있는 동안은 아버지의 차지가 되어 있었다. 그 생각이 아버지의 머릿속에 떠올라서 의무 완수를 방해하고 있다는 말은 아니다. 그러나 스스로 깨닫지 못해도 암암리에 작용해서 가끔 그의 곧은 성격을 약하게 만들었으리라. 그렇지 않으면 훨씬 더 강하게 인정에 쏠릴 사람이다. 그러기에 처음 나를 쫓아 안시까지 왔으면서도 틀림없이 붙들 수 있었을 샹베리까지는 오지 않은 것이라고 나는 생각한다. 또 그런 이유 때문에 도망한 뒤에도 이따금 만나러 가면 언제나 아버지로서의 애무는 해주었지만, 애써 붙들어 두려는 노력은 볼 수 없었던 것이다.

애정과 미덕이 무엇인가를 잘 이해시켜 준 아버지의 이러한 행동은 내게 여러 가지 자기 반성을 하게 만들었고, 건전한 마음을 유지해 가는 데 적잖이 도움이 되었다. 나는 거기서 다음과 같은 커다란 처세의 교훈이랄 수 있는 것을 찾아냈다. 그것은 의무와 이익이 서로 용납될 수 없는 경우를 피하라는 것이다. 남의 불행 속에 자기의 행복을 얻는 그런 경우를 피하라는 것이다. 그러한 경우에 놓여 있으면, 아무리 진지하게 미덕을 사랑하고 있어도 조만간 자기도 모르는 사이에 품성이 약화되어, 생각으로는 정의와 선량을 잃지 않은 것 같지만 실제로는 불의와 불선이 되어 버리는 것이다.

이 교훈은 내 마음의 밑바닥에 깊이 새겨져서, 뒤의 일이기는 하지만 내 모든 행위에 적용되었으며, 이것이 세상 사람들에게 나를 형편없는 괴짜요 미치광이로 보이게 만드는 원인이 된 내 신조 가운데 하나였다. 사람들은 나를 괴팍한 일을 좋아하는 인간, 남과 색다른 짓을 하고 싶어하는 인간으로 생각했다. 사실 나는 남이 하는 대로 하자든가, 남과 다르게 하자든가 하는 것을 거의 생각해 본 적도 없었다. 진심으로 좋은 일을 하기 원했다. 남의 이익과 서로 양립할 수 없는, 따라서 무의식적으로나마 뒤에서 남의 불행을 바라고, 그럼으로써 이익을 차지하는 그런 입장을 피하려고 했던 것이다.

지금부터 두 해 전(1764년 봄), 마샬 경이 그의 유언서에 내 이름을 넣으려고 했다. 나는 극력 반대했다. 나는 누구의 것이든 어떤 경우에든 남의 유언서 속에 들고 싶지 않았다. 더구나 경의 유언서 속엔 생각조차 할 수 없다는 뜻을 전했다. 그는 양보했다. 지금 다시 경은 내게 종신연금을 주려 하고 있다. 나는 이것을 반대하지 않는다. 마치 이렇게 바꾸는 편이 덕이라고 내가 생각하고 있는 듯이 보인다. 과연 무리도 아니다. 그러나 아, 나의 은인이요, 나의 아버지인 경이여! 불행히도 당신 뒤에 살아 남더라도 당신을 잃으면 전체를 잃는 것이요, 얻는 것이 아무것도 없다는 것을 나는 알고 있습니다.

이 점이야말로 내 생각으로는 훌륭한 처세철학이요, 참으로 인간의 마음에 맞는 유일한 철학이다. 나는 날이 갈수록 더욱 뼈저리게 이 철학의 깊은 밑바닥을 느끼게 된다. 나는 이것을 최근의 모든 저술에 여러 가지 방법으로 실었다. 그러나 대중들은 경솔해서 이것에 주의할 줄 몰랐다. 지금의 이 일이 끝나고 다음 일에 착수할 만한 목숨이 남는다면, 《에밀》의 속편 속에서 이러한 교훈의 재미있고 눈에 띄는 한 예를 들어, 독자가 주의를 하지 않을 수 없게 만들 작정이다. 그건 그렇고, 여행을 떠나는 사람에게 반성은 이로써 충분하다. 자, 길을 걷기로 하자.

여행은 예상보다 유쾌했으며 같이 가는 시골뜨기도 겉보기처럼 무뚝뚝한 사나이는 아니었다. 나이는 중년인데 희끗희끗한 머리를 짧게 땋아 척탄병처럼 보였다. 목소리는 크고 꽤 쾌활했으며, 걸음도 잘 걸었으나 먹기는 더 잘먹는 데다가 아무것도 익힌 기술이 없어 무엇이든 하겠다는 사나이였다. 안느시에서 무슨 제조 공장을 세울 계획이었던 모양이다. 바랑 부인이 반대할 까닭이 없어서 충분한 여비를 주자, 대신(大臣)의 허가를 얻는 운동을 하러 토리노로 가는 길이었다. 이 사나이는 수단이 능해서 언제나 사제들 틈에 파고 들어 시중들기에 여념이 없었으므로, 사제들의 학교에서 귀동냥으로 들은 신도들의 용어 몇 마디를 늘 지껄이면서 큰 설교가라도 된 듯한 기분으로 떠들었다. 성서의 라틴어 한 구절을 외워서는 하루에 천 번이나 되풀이하는 통에 마치 그런 문구를 천 개나 알고 있는 것같이 보였다. 그리고 이 사나이는 남의 주머니에 돈이 들어 있는 것을 아는 한 돈으로는 고생하지 않는다. 속임수가 악랄하다기보다 교묘해서, 군인을 모집하는 투로 길게 설교를 늘어놓는 품은 칼을 차고 십자군에게 설교하는 베드로의 면모를 떠올리게 했다.

그의 아내 사브랑 부인은 사람이 좋은 편이며 밤보다 낮에 더 온순한 편이다. 나는 처음부터 두 내외와 한방에서 잤는데, 그녀가 잠을 이루지 못해 시끄럽게 구는 바람에 가끔 잠에서 깨곤 했다. 잠 못 이루는 이유를 알았더라면 더 자주 잠에서 깼을 것이다. 그러나 나는 전혀 깨닫지 못했다. 이런 일에 우둔해서 이해가 갈 만큼 되려면 저절로 알게 될 때까지 기다리는 수밖에 없었다.

이 독실한 신자인 체하는 안내자와 그의 쾌활한 아내에 이끌려 명랑하게 나그네길을 걸어갔다. 도중에 아무런 장애도 없어 마음이 그처럼 행복한 상태에 놓인 적은 없었다. 나는 젊고 씩씩하고 건강했으며, 사람들에 대한 신뢰에 가득 차 있었다. 또 알차게 부풀어오르는 생명력이 온갖 감각으로 우리의 존재를 확대하고, 생존의 매력으로 우리의 눈에 온 자연을 미화시켜 보이는, 짧지만 귀중한 생애의 한 시기에 있었던 것이다. 목적이 있다는 것 때문에 젊은 혈기의 불안감도 약해져 공상을 가라앉혀 주었다. 나는 스스로를 바랑 부인의 친아들, 제자, 친구, 또는 거의 애인이라도 된 것처럼 생각했다. 부인이 들려 준 친절한 이야기들 한 마디 한 마디, 무심코 하는 동작 속에 나타나는 애무, 내게만 특별히 보내주는 듯이 느껴지는 그 정다운 관심, 내 마음속에 사랑을 일깨워 주었기에 사랑에 충만한 듯이 보이는 매혹적인 눈길, 이 모든 것이 길을 걸어가는 동안 줄곧 내 생각을 흐뭇하게 감싸주어 달콤한 꿈을 꾸게 해주었다. 운명에 대한 그 어떤 의심도 그러한 꿈을 휘저어 버릴 수는 없었다. 생각해 보면 토리노에 나를 보내는 것은 내가 거기에서 살 수 있도록 적당한 직업은 갖게 해주기 위해서였다. 나에 대해서는 이제 걱정할 것이 없었다. 주위 사람들이 그런 수고를 맡아 준 것이다. 이렇게 생각하고 무거운 짐이라도 벗은 듯 후련한 기분으로 걸어갔다. 젊음이 넘치는 욕망, 황홀한 희망, 빛나는 설계들이 내 영혼을 가득 채우고 있었다. 눈에 띄는 것이 모두 다가오는 행복을 보증하는 듯이 보였다. 집에서는 시골풍의 향연을 상상하고, 목장에서는 명랑한 유희를, 냇물을 따라서는 미역감기와 산책과 낚시질을, 나무에서는 맛있는 열매를, 그 나무 그늘에서는 몸과 마음이 녹을 듯한 밀회를, 산에서는 우유와 크림 통을, 즐거운 여가를, 평화를, 순박한 생활을, 그리고 지향없이 거니는 상쾌함을 상상하고, 마침내 눈에 띄는 모든 것이 어느 것 하나 내 마음에 기쁨을 가져다주지 않는 것이 없었다. 풍경의 웅대함과 변화와 사실적인 아름다움이 그런 기분을 당연한 것인 양 느끼게 했다. 거기서는 허영심까지도 약간 머리를 쳐들었다. 어린 나이로 이탈리아에 가서 이렇게 이곳저곳의 나라들을 보고 이 산 저 산을 넘어 한니발의 뒤를 좇는다는 것이 내 나이에 지나친 영광으로 여겨졌다. 게다가 계속되는 유쾌한 숙박, 왕성한 식욕, 그 식욕을 충분히 만족시켜 주는 음식이 있었다. 왜냐하면 음식물에 부족을 느낄 필요는 조금도 없었다. 내가 먹는 것쯤은 사브랑 씨의 왕성한 식성에 눌려 눈에도 띄지 않았으니 말이다.

지금 생각해 보아도, 전 생애를 통해 이 여행에 소비한 7, 8일 동안만큼 완전히 걱정과 수고에서 벗어난 적은 없었다. 사브랑 부인의 걸음걸이에 나머지 두 사람이 맞추어서 걸어야 했기 때문에 마치 긴 산책을 하는 것 같았다. 이 추억은 그것과 관련된 모든 것, 특히 산과 걷기 여행에 대한 다시 없이 강한 취미를 내게 남겨 주었다. 걸어서 여행을 한 것은 젊은 때 뿐이었지만, 언제나 무어라 말할 수 없이 즐거웠다. 그후에는 의무라든가, 용건이라든가, 또는 가지고 갈 짐들이 있어 신사인 척 마차에 의존하지 않으면 안 되었다. 그럴 때는 고통의 씨와 귀찮음과 거북함이 나와 함께 타고 다녔다. 그로부터는 옛날 여행에서 맛본 걷는 즐거움 대신에 도착할 필요만을 느끼게 되었다. 나는 파리에서 나와 취미가 같은 친구 두 사람을 오랫동안 구한 적이 있다. 저마다 주머니에서 5루이의 돈과 1년이란 날짜를 할애하여, 우리들의 옷을 넣은 자루를 짊어지고 갈 심부름꾼 하나만을 데리고 같이 걸어서 이탈리아 일주를 할 동료 두 사람을 구했었다. 이 계획에 마음이 끌려서 나타난 사람은 많았으나, 외관에 끌려 달려들었을 뿐이다. 결국은 다 헛된 꿈에 지나지 않는다고 보고 이야깃거리로는 좋으나 실행은 하고 싶지 않다는 속셈을 가진 사람들이었다. 나는 기억한다. 이 계획을 열심히 디드로(루소의 친구)와 그림에게 설명해서 마침내 그들의 마음을 움직이고 만 것을. 한때는 이야기가 다 된 줄 알았다. 그러나 결국 글로 쓴 여행을 하자는 데 낙착되고 말았다. 그림은 그런 여행에서 디드로에게 잔뜩 배교(背敎)의 죄를 짓게 하고, 종교 재판에는 나를 대신 끌어넣는다는 식으로 하면 그보다 재미있는 일은 없을 것이라고 말하는 것이었다.

토리노에 너무 일찍 도착하는 것은 섭섭한 생각이 들었지만, 큰 도시를 보는 기쁨과 장차 내게 맞는 유리한 지위에 앉는다는 희망으로 마음을 달래었다. 이미 야심의 횃불이 머릿속에 타오르고 전날의 수습공보다 한없이 높은 지위를 혼자 그려 보고 있던 나는, 머지않아 그보다 훨씬 못한 처지로 떨어지려 하고 있다는 것에까지는 도저히 생각이 미치지 못했다.

이야기를 진행하기에 앞서, 지금도 말하고 있고 앞으로도 말하게 될 아무런 흥미 없고 너절한 세부사항에 대해서 독자의 용서를, 또는 양해를 구해야겠다. 대중에게 나 자신을 완전히 드러내 보이려고 시작한 이 기회에 나에 관한 모든 것을 모호하게 숨기거나 해서는 안 된다. 늘 대중의 눈앞에 서 있지 않으면 안 된다. 대중은 대중대로 내 마음의 온갖 방황, 내 생활의 모든 구석까지 따라와 주어야 한다. 내 이야기에 사소한 틈이나 사소한 구멍을 발견하고 이 기간에는 무엇을 했을까 갸우뚱거리면서 모든 것을 펼쳐 보이려 하지 않았다는 점을 비난받고 싶지 않기 때문에, 잠시도 나에게서 한눈을 파는 일이 없도록 해주었으면 한다. 나는 침묵함으로써 사람들에게 더 꼬치꼬치 추궁하게 하는 대신 홀홀 털어 보임으로써 어떤 짓궂은 추궁이라도 할 수 있는 실마리를 마련해 주려는 것이다.

얼마 안 되는 용돈이 다 떨어졌다. 나는 무심코 그 말을 해 버렸다. 내 경솔함은 두 사람의 안내자에게는 뜻밖의 행운을 주었다. 사브랑 부인은 바랑 부인이 내 작은 칼에 달라고 준 은빛으로 반짝이는 헝겊 도투락까지 교묘하게 빼앗아 버렸다. 그것이 무엇보다 아까웠다. 내가 조금만 덜 버티었다면 칼도 그들 손에 들어갈 뻔했다. 가는 길의 여비는 충실하게 치러 주었다. 그 대신 나를 빈털터리로 만들어 버렸다. 토리노에 도착하니 옷도, 돈도, 속옷마저도 없었다. 문자 그대로 알몸뚱이 하나로 앞으로의 운명을 시험하게 되었다.

소개장은 가지고 있었다. 그것을 내밀자 곧 개종자의 구호원으로 안내되었다. 드디어 강요된 생활 방법으로서의 종교를 여기에서 닦는 셈이었다. 입구에 쇠창살의 커다란 문짝이 눈에 띄었다. 그 문은 들어서자마자 등 뒤에서 이중으로 닫혀 버렸다. 첫걸음의 인생은 즐겁다기보다는 위압적이었으며, 기분이 가라앉기 시작하고 있는데 이번에는 상당히 넓은 방으로 인도되었다. 둘러보니 가구는 아무것도 없고 그 대신 방 한쪽에 큼직한 수난상(受難像)을 세운 나무 제단과 그 주위엔 초라도 바른 것처럼 보이나, 사실 오래 되어 닳고 닳아서 반드르르 윤이 나는 나무 의자가 네댓 개 보였다. 이 집회실엔 네댓 명의 험상궂은 사나이들이 있었다. 나의 교우들이었다. 모두 하느님의 아들이 되기를 지원한 사람들이라기보다 악마를 따르는 졸개처럼 보였다. 이들 무뢰한 중의 두 사람은 슬라보니아 사람이었으나, 자기들은 무어 계통의 유대인이라고 말하고 있었다. 내게 털어놓은 이야기로는, 그들은 이익만 된다면 어디서든지 기독교에 들어가 세례를 받고 스페인이나 이탈리아를 돌아다니면서 생활하고 싶다는 것이었다. 다른 쪽의 쇠문짝이 열렸다. 그것은 안뜰로 향한 큰 노대(露 臺)를 둘로 나눈 문인데, 그리로 여자 개종자들이 들어왔다. 나와 마찬가지로 세례가 아니라 가톨릭으로 개종을 맹세하는 의식으로 새로운 생명으로 부활하려는 자매들이었다. 이들은 또한 천주의 양우리(교회)를 여지없이 더럽혀 온, 세상에서도 더러운 계집이거나 아주 천한 논다니들이었다. 얼굴이 예쁘장한 여자가 눈에 띄었다. 거의 나와 같은 또래이거나 어쩌면 한두 살 위인지도 몰랐다. 그 교활해 보이는 눈길이 가끔 내 시선과 마주쳐서 어쩐지 가까이 해보고 싶은 생각이 들었다. 그러나 그녀는 석 달 전에 이 집에 와서 두 달 가까이 있었는데, 그동안 도저히 가까이 가서 말을 건넬 수 없었다. 감독인 노파의 눈이 너무나 날카로웠고, 전도사는 근면 이상의 열성을 가지고 개종을 위해 그들 옆에 붙어 있었기 때문이다. 이 여자는 보기보다 무척 저능아였던 모양이다. 왜냐하면 교육이 이 여자만큼 오래 걸린 사람은 없었기 때문이다. 전도사가 아무리 들러붙어 있어 봐야 개종에 이를 것 같지도 않았다. 게다가 이 창살 속의 생활에 싫증이 나서 기독교 신자가 되든 안 되든 나가고 싶다고 했다. 그래서 반항심을 일으켜 기독교 신자가 되고 싶지 않다고 말할까 두려워 아직 되고 싶은 기분이 남아 있는 동안은 하자는 대로 해주지 않으면 안 되었다.

새내기를 맞이하기 위해 작은 교단이 소집되었다. 일동에게 짧은 훈시가 있었다. 내게는 하느님이 주신 은총에 보답하고, 다른 사람에게는 나를 위해 기도를 올려 솔선수범해서 나를 인도하도록 하라는 훈계였다. 그것이 끝나고 처녀들이 창살 방으로 돌아간 다음, 나는 비로소 가라앉은 마음으로 내가 있는 장소를 생각하고 가슴이 섬뜩했다. 이튿날 아침, 다시 모여서 훈시를 들었다. 그리하여 이때 비로소 내가 앞으로 걸어나갈 길과 내가 이곳에 오게 된 전말을 생각하기 시작했다.

지금까지도 말해 왔고, 여기서도, 그리고 아마 앞으로도 되풀이하겠지만 날이 갈수록 절실히 느끼는 것은 대체로 올바르고 건전한 교육을 받은 아이가 있었다고 한다면 그것이 바로 나였다. 도덕 관념이 일반 민중들과 다른 가정에 태어난 나는 근친의 누구에게서나 순종의 교훈과 덕의의 표본만을 배웠다. 아버지는 쾌락을 좋아했지만 밑바닥부터 청렴하고 강직한 신사였고 신앙심도 매우 깊었다. 세상과의 교류에서는 멋있는 사람이었고 가정 안에서는 기독교 신자였던 아버지는 그의 마음에 스며 있는 깊은 감정을 일찍부터 내게 불어넣었다.

세 분의 고모들은 모두 총명하고 행동이 바른 분이었고, 그 중에서 위의 두 분은 독실한 신자였다. 남은 한 분은 독신으로 우아함과 재치와 감성을 충분히 갖추고 있어 다른 두 분보다 한층 신앙심이 깊었던 모양이다. 그러나 그런 티를 내는 일은 전혀 없었다. 이렇듯 존경받을 만한 가정의 품안에서 랑베르시에 씨의 집으로 옮겨간 것인데, 이분은 성직자요 목사이니만큼 마음 밑바닥에서부터의 신앙인으로서, 입으로 말하면 그대로 실행을 했다. 그의 누이동생과 더불어 그는 내 마음속에서 발견한 신앙의 근원을 온건하고 올바른 교육법으로써 계발했다. 이런 훌륭한 사람들이 나의 신앙을 키우기 위해 진실하고 신중하며 정당한 방법을 써주었기 때문에 나는 설교에 진력이 나기는커녕 그것이 끝나고 밖에 나올 때면 언제나 마음속에 강한 감동을 받아 바르게 살자고 결심하곤 했다. 그리고는 늘 그것을 생각하고 마음이 해이해지는 일이 없었다. 베르나르 외숙모 밑에서는 그녀가 신앙을 일과처럼 여기고 있었기 때문에 다소 귀찮은 생각이 들기는 했다. 조각사네 집에서는 신앙을 거의 생각하지 않았다. 그렇다고 별로 다른 생각을 한 것도 아니다. 내 정신을 타락시킬 만한 젊은이는 없었다. 나는 장난꾸러기는 되었지만 방종한 인간은 되지 않았다.

따라서 같은 또래 아이들이 가질 만한 신앙심을 나는 가지고 있었다. 그 이상의 것까지도 가지고 있었다. 꾸밈없이 말하는 것이다. 여기서 내 마음을 꾸며서 무엇하겠는가? 나의 어린 시절은 보통 아이들과는 달랐다. 나는 언제나 어른스럽게 느끼고 생각했다. 보통 사람의 영역으로 돌아온 것은 커 가는 도중에서였으며, 태어났을 무렵에는 보통 사람의 영역을 벗어나 있었다.

내가 이렇게 조심스레 자신을 신동처럼 내세우는 것을 보고 사람들은 웃을 것이다. 좋다. 그러나 실컷 웃고 나거든 여섯 살에 소설에 정신이 팔리고 재미에 빠져 어쩔 줄 몰라 하며 뜨거운 눈물을 흘릴 만큼 열중하는 아이가 있으면 찾아 주기 바란다. 만일 있다면 나의 어리석은 자기 자랑을 죄송하게 생각하

제2권 81

고 잘못을 인정할 것이다.

 그러므로 아이들이 뒷날 신앙심을 갖게 되기를 바라거든, 어릴 때부터 종교에 관한 이야기를 해서는 안 된다. 그리고 아이들이 하느님을 안다, 더우이 우리들처럼 알 수는 없다고 내가 말한 적이 있는 것은, 그런 감정을 관찰에서 끌어낸 것이지 나 자신의 경험에서 얻은 것이 아니기 때문이다. 내 경험으로는 남에게 적용될 수 있는 어떤 결론도 끌어낼 수 없다는 것을 알고 있었던 것이다. 여섯 살의 장 자크 루소를 발견하여 일곱 살에 하느님의 이야기를 해보라. 아무런 위험도 없다는 것을 나는 여러분에게 장담한다.

 아이들이나 어른들도 자신이 가지고 있는 종교는 날 때부터의 종교라는 것을 누구나 느끼고 있으리라 생각한다. 가끔 그 가운데에서 무엇인가를 제거당하는 일은 있어도 무엇이 더 보태는 일은 거의 없다. 교리상의 신앙은 교육의 결과이다. 나를 조상들의 종교에 결부시키고 있던 이 일반 원칙 외에 내가 가지고 있던 것은 가톨릭교에 대한 특수한 혐오였다. 가톨릭교는 무서운 우상숭배라고 배웠고 그 성직자는 아주 음흉한 인물로 우리들 머릿속에 새겨져 있었다. 이 감정은 매우 깊게 내 속에 박혀 있었으므로, 처음에는 교회 안만 들여다보아도, 흰 옷을 입은 사제와 마주치기만 해도, 행렬의 조그마한 종소리만 들어도 언제나 공포와 두려움에 몸이 부르르 떨리는 것이었다. 그것은 곧 도시 생활에 익숙해지면서 없어졌지만, 그래도 처음 그것을 경험한 교구와 비슷한 시골 같은 데서는 이따금 그런 느낌이 되풀이되는 일이 있었다. 사실 이런 인상은 특히 제네바 근방의 사제들이 자진해서 거리의 아이들에게 주던 애무의 추억과 두드러진 대조를 이루고 있었다. 임종의 성찬(聖餐) 때 울리는 작은 종은 나를 무서움에 으슬으슬하게 만들었으나, 한편 미사와 저녁 기도의 종소리는 점심과 간식, 버터와 과일과 우유를 생각나게 했다. 퐁베르 씨의 맛있는 음식이 역시 커다란 영향을 준 것이었다. 이렇게 나는 어처구니없이 그런 것들에 정신을 빼앗기고 말았다. 로마 교회를 오락이나 식욕과 연결시켜서만 생각하고 있던 나는 교회 안에서 생활한다는 생각에 쉬 익숙해지고 말았다. 그러나 정식으로 이 종교를 믿는다는 생각은 어쩌다 문득 떠올랐다가 사라져 버리는 정도였으며, 실제로는 훨씬 뒷날에 가서야 나타났다. 어쨌든 지금으로서는 다시 바꿀 수는 없게 되었다. 나는 내가 한 쓸데없는 약속과 그 피할 수 없는 결과를 심한 공포감을 가지고 바라보았다. 내 주위에 있는 장래의 새 신도

들은 내게 모범을 보여 주며 용기를 북돋아 줄 만한 친구들이 못 되었고, 나도 내가 하려 하고 있는 신성한 일이라는 것이 사실은 무뢰한의 행동에 지나지 않는다는 것을 인정하지 않을 수 없었다. 젊었지만 나는 느끼고 있었다. 어떤 신앙이 참된 것이든 간에 나는 내 신앙을 팔려 하고 있다, 그리고 아무리 훌륭한 선택을 했다고 하더라도 마음속에서는 성령을 속이고 인간을 모욕하려고 하고 있다는 것을. 생각하면 할수록 나에게 화가 치밀었다. 그리고 나를 이런 곳으로 인도한 운명을 슬퍼했다. 마치 그렇게 만든 것은 나 자신이 아닌 것처럼. 이따금 이러한 반성이 몹시 강해져서 마침 열려 있는 문이라도 발견되었더라면 틀림없이 도망쳤을지도 모를 때가 있었다. 그러나 나는 할 수 없었다. 결심도 그리 강한 것이 아니었다.

마음속에 숨은 욕망이 너무 강해 그 결심과 싸워 눌려 버리는 것이었다. 게다가 제네바로는 되돌아가지 않겠다고 결심한 외고집과 다시 산을 넘어가는 굴욕감, 그리고 그 어려움, 벗도 없고 돈도 없이 먼 타향에 몸을 내맡기는 처량한 생각, 이런 것들이 한데 뭉쳐 양심의 가책을 느꼈으나, 이제는 뉘우쳐 보아야 소용이 없다고 생각되었다. 이제부터 하려는 계획을 변명하기 위해 지금까지 한 일을 새삼 비난하려 했다. 과거의 잘못을 무겁게 함으로써 미래를 그 잘못의 필연적 결과로 간주했다. 나는 스스로에게 '아직 무엇을 저지른 것도 아니다. 결백한 대로 있으려면 있을 수도 있다'라고 말하는 대신 이렇게 말했다. '울어라, 네가 지은 죄에 대해서. 마침내 그 자리에 서지 않으면 안 되게 된 네 죄에 대해서.'

사실 내 나이에, 지금까지 스스로 약속하고 남에게도 그런 것으로 믿게 한 모든 것을 폐기시키고 내 손으로 나를 묶고 있던 쇠사슬을 끊고, 예상되는 모든 위험을 돌보지 않은 채 내 조상의 종교에 남아 있겠다고 용감히 선언하려면 얼마나 힘겨운 정신력이 필요했을까? 그런 용기는 내 나이로는 무리였으며, 또 거기에서 무엇인가 다행스런 결과가 나왔으리라고는 거의 생각할 수 없다. 사태는 이미 갈 곳까지 가 있어서 후퇴할 수 없었고, 또 나의 반항이 강하면 강할수록 사람들은 더욱더 온갖 수단을 동원해서 그 반항을 이겨내야 하는 의무를 갖게 되었을 것이다.

내가 빠진 궤변은 너무 늦어서 아무 소용 없게 되어서야 비로소 힘의 부족을 한탄하는 대부분의 사람들이 빠지는 것과 같았다. 미덕은 우리의 잘못 때문에 비로소 가치를 가지는 것으로, 우리가 언제나 현명해지려는 의지를 가지고 있다면 굳이 미덕에 힘쓸 필요는 없을 것이다. 그러나 쉽게 이겨낼 수 있는 성질의 것에 저항도 못하고 끌려 간다. 크게 위험이 없다고 얕잡아보다가 가벼운 유혹에 지고 만다. 저도 모르는 사이에 위험한 상태로 빠져들어가서 처음 같으면 쉽게 면할 수 있었을 것을 이제는 독하고 엄청난 노력 없이는 벗어나지 못한다. 그리하여 마침내 하느님을 향해 '왜 나를 이토록 약하게 만드셨습니까?' 하고 원망하면서 나락의 밑바닥으로 떨어져 간다. 그러나 그러한 우리에게 하느님은 사정없이 우리들의 양심을 향해서 대답한다. '심연에서 나오지 못할 만큼 너를 약하게 만들었다는 것은 그런 데로 빠지지 않을 만큼 너를 강하게 만들어 놓았기 때문이다.'

나는 가톨릭으로 개종할 결심을 명확히 하지는 않았다. 그 기한이 아직 먼 것을 알고 그 사상에 익숙해져 갈 여유를 두었다. 그리고 우선 자기를 곤혹에서 건져 줄 뜻밖의 일 같은 것을 머릿속에 그리고 있었다. 되도록 훌륭한 방어책을 마련해서 시간 여유를 가져 보리라 결심했다. 이윽고 내 허영심이 그런 결심은 생각지 않아도 좋게 만들었다. 그러나 나를 교육하려는 사람들에게 가끔 골탕을 먹여서 당황하는 꼴을 본 뒤로는 그들을 완전히 패배시키는 데 그다지 큰 관심을 두지 않았다. 이러한 계략에 우스울 정도로 열을 올렸다. 그것은 저쪽이 이쪽의 정신에 작용하고 있는 동안 이쪽이 저쪽의 정신에 작용하고 있었기 때문이다. 이들을 신교도가 되도록 하려면 그들을 패배시키기만 하면 된다는 철없는 생각을 하고 있었다.

그러므로 그들로서는 지식면에서나 의지면에서나 내가 만만치 않게 되었다. 신교도는 일반적으로 가톨릭 교도보다 교육이 잘 돼 있었다. 그럴 수밖에 없었다. 한쪽의 교의는 토론을 요구하고 한쪽은 맹종을 요구하기 때문이다. 가톨릭 교도는 주어진 결정을 잠자코 받아들이지 않으면 안 된다. 신교도는 자신이 결정짓는 일을 배우지 않으면 안 된다. 이곳 사람들도 그런 것을 알고 있었다. 그러나 나 같은 신분, 나 같은 또래를 상대로 숙련된 인사들이 이토록 힘이 들게 될 줄은 뜻밖이었다. 게다가 나는 아직 첫 성체 배수(聖體拜受)도 마치지 않았고 거기에 관한 교육도 받지 않고 있었다는 것을 이곳 사람들은 알고 있었다. 그러나 그들은 그런 교육을 받지 않은 대신 랑베르시에 씨 밑에서 제대로 교육을 받았다는 것, 그리고 이곳 선생님들에게는 아주 곤란한 '교회와 제국의 역사'에 관한 약간의 지식을 갖고 있었다는 것을 모르고 있었다. 이것은 아버지 밑에 있었을 때 거의 암기할 만큼 알고 있던 책으로, 그 뒤 거의 잊어버리고 있다가 토론이 열을 띠기 시작하면서 기억이 되살아난 것이다.

키는 작지만 꽤 훌륭한 늙은 사제 한 사람이 우리를 모아 놓고 첫 토론회를 열었다. 이 모임은 우리에게는 토론이라기보다 교리 문답과 같은 것이었으며, 늙은 사제는 반대론을 해결하는 것보다 교리를 주입하는 데 정신이 없었다. 나는 그렇게는 되지 않았다. 차례가 오면 여러 가지 점에서 들이댔다. 될 수 있는 대로 어려운 문제를 가지고 부딪치고 조금도 사정을 두지 않았다. 그 때문에 토론회를 오래 끌어 다른 사람에겐 무척 지루한 것이 되었다. 늙은 사제는 서툰 변론을 늘어놓으면서 흥분하여 엉뚱한 방향으로 나아갔고, 프랑스 말을 잘 모른다는 핑계로 간신히 난관을 뚫고 나가는 형편이었다. 이튿날, 조심성 없는 반론이 다른 사람에게 나쁜 예가 되어서는 안 된다고 나 혼자 딴 방으로 들어가고 딴 사제가 왔다. 이분은 훨씬 젊고, 큰소리칠 만큼 능란한 웅변에다가 박사라고 하는 자신을 보여 주었다. 그러나 그 거드름 피우는 풍모에도 나는 조금도 어려워하는 기색을 보이지 않았으며, 어차피 과업이라는 것을 알고 있었으므로 아주 침착하게 대답하면서 있는 힘을 다해 여기저기 쑤셔 대기 시작했다. 상대는 성 아우구스티누스나 성 그레고리우스, 그 밖의 신부들을 들추어내면서 나를 누르려고 했다. 그런데 뜻밖에 이쪽도 그런 신부들을 상대방과 거의 똑같이 가볍게 다루는 것이 아닌가. 지금까지 그런 사람들의 책은 읽은 적이 없었다. 그 점은 상대도 마찬가지일 것이다. 그러나 그 르쉬에르에서 매년 글귀들을 많이 외고 있었으므로 상대가 무엇인가 하나를 인용하면 거기에 대한 토론은 하지 않고 곧 같은 신부의 다른 글귀를 끌어다가 응수했다. 여기에는 상대도 몇 번이나 쩔쩔맸다. 그러다가 결국 상대가 이긴 것은 두 가지 이유에서다. 첫째로는 상대가 강자의 위치에 있기 때문이다. 말하자면 어차피 나는 상대방의 뜻대로 되고 말 몸이라는 각오가 되어 있었으므로, 나이는 어리지만 상대방의 분통을 터뜨려서는 안 된다는 것을 잘 알고 있었다. 앞서의 키 작은 늙은 사제도 내가 많이 알고 있다는 것과 나에게 호감을 갖지 않았다는 것을 나는 충분히 알고 있었다. 둘째로 이 젊은 신부는 학문이 있고 내게는 없다는 점이다. 그래서 그는 내가 따라가지 못할 방법으로 토론을 진행했다. 한 개의 반대론으로 허점을 찔릴 것 같으면, 본론에서 벗어났다면서 내일로 미뤄 버렸다. 때로는 이쪽의 인용 문구가 모두 틀렸다고 마구 버티었다. 그러고는 책을 가져오게 하여 그런 글귀가 있으면 찾아내라고 했다. 이렇게 말하고도 그는 여전히 태연했다. 나 같은 귀동냥 공부로는 아무리 해봐야 책을 다룰 줄은 모를 것이며, 씌어 있는 곳을 확실히 알고 있더라도 큰 책 속에서 단 한 개의 문장을 찾아낼 만큼 라틴어에 능숙하지 못하다는 것을 알고, 나를 얕잡아 보고 있었던 것이다. 신교의 목사가 교의에 충실하지 못하다고 비난하면서도 자신이 충실하지 못한 짓을 하고, 반대론에 말이 막히면 거기에서 빠져나가기 위해 가끔 아무렇게나 말을 꾸며대는 것이 틀림없다는 생각이 또렷이 들었다.

이런 시시한 토론이 옥신각신 계속되어 말다툼을 하기도 하고, 투덜거리며 기도문을 외기도 하고, 하찮은 일을 하기도 하면서 날을 보내고 있는데, 대단찮은 일이긴 하나 속이 뒤틀리는 야비한 사건이 일어났다. 그 일은 하마터면 내게 아주 나쁜 결과를 가져다 줄 뻔했다.

아무리 근본이 천하고 심성이 야비한 사람이라도 무엇인가에 애정은 느끼게 마련이다. 무어인이라는 그 두 무뢰한 중의 한 사람이 내게 애정을 품게 된 것이다. 걸핏하면 내 곁에 다가와서 필요도 없이 말을 걸고, 자질구레한 몸시중을 드는가 하면 때로는 자기 먹을 것을 나눠주기도 하고, 무엇보다도 이쪽이 몹시 불쾌해질 만큼 대단한 열성을 가지고 함부로 입을 맞추었다. 상처의 흉터가 길쭉하게 남아 있고 향료가 든 빵과자처럼 탄 얼굴, 정답기는 커녕 보기만 해도 무서운 번들거리는 눈초리는 소름이 오싹 끼쳤지만, '이 녀석은 꽤 심하게 내게 반한 모양이다. 뿌리치면 좋지 못하겠구나' 하고 자신을 타이르며 그 입맞춤을 참았다. 그의 태도가 점점 흐트러지며 이상한 소리를 하기 시작했으므로 나는 이따금 그가 머리가 돌아 버렸나 하고 생각했다.

어느 날 밤 나와 같이 자고 싶다면서 오겠다고 했다. 내 침대는 좁다고 거절했다. 그러자 자기 쪽으로 가자고 권했다. 그것도 거절했다. 이 녀석은 아주 불결해서 입에선 담배 냄새가 확확 풍겨 구역질이 날 지경이었기 때문이다.

그 이튿날 아침 꽤 일찍 단 둘이 집회실에 있는데, 또 나를 집적거리려 들었다. 게다가 동작이 어찌나 거친지 무서운 생각까지 들었다. 이윽고 불쾌하기 짝이 없는 추잡한 짓을 시작하더니, 내 손을 잡아 같은 짓을 시키려 들었다. 나는 앗! 하고 소리를 지르며 홱 뿌리치고 얼른 뒤로 물러났다. 나는 그것이 무엇을 하는 것인지 전혀 모르고 있었으므로 별로 화를 내거나 성난 얼굴도 하지 않고 그저 몹시 놀라고 싫은 태도를 보였더니, 그는 나를 그대로 내버려 두었다. 그러나 그의 세찬 동작이 끝나려 할 무렵 무엇인지 알 수 없는 희고 끈적끈적한 것이 난로 쪽으로 튀며 떨어지는 것을 보고 속이 뒤집힐 것만 같았다. 일찍이 느껴 본 일이 없을 만큼 흥분하고 당황스러우며 무섭기까지 한데다 금방 토할 것만 같아 나는 노대로 뛰어나갔다.

그 더러운 녀석이 하고 있던 짓이 무엇인지는 알지 못했다. 지랄병, 아니면 뭔가 더 심한 미친병이라도 걸렸나 하는 생각이 들었다. 정말이지 냉정한 사람의 눈에 그 음란하고 더러운 동작이나 정욕에 불타는 흉포하고 무서운 그의 얼굴보다 더 보기 흉한 것이 있을 것 같지 않다. 그런 꼬락서니를 보인 녀석은 지금까지 본 적이 없다. 우리가 그런 식으로 여자 곁에서 격정에 정신을 못 차린다면, 우리를 무서워하지 않기 위해서, 여자는 눈이 뒤집힐 정도로 남자에게 미쳐 있어야만 할 것이다.

나는 이 일을 허둥지둥 사람들에게 알리러 갔다. 감독인 늙은 수녀는 잠자코 있으라고 했지만, 큰 충격을 받은 모습을 또렷이 보이면서 입속으로 '저주받을 더러운 짐승 같은 놈!' 하고 중얼거렸다. 그러나 나는 못하게 하는 데도 왜 잠자코 있어야 하는지 몰랐으므로, 계속 지껄이고 다니다가, 이튿날 아침 일찍 찾아온 이사(理事) 한 사람에게 꽤 호되게 꾸중을 들었다. 신성한 집의 명예를 해치고, 하찮은 일을 크게 떠들어댔다고 꾸중하는 것이었다.

그 이사는 길게 잔소리를 늘어놓으며 내가 알지 못하는 것까지 진지하게 설명을 했지만, 나를 깨우쳐 줄 생각으로 그런 것은 아니었다. 나라는 인간은 타이르는 말을 잘 알고 있으면서도 고분고분하지 않아서 남의 말을 잘 안 듣는다고 생각하고 하는 장광설이었다. 그것은 외설스러운 행동이라고 해서 금하고 있지만 상대에게 그다지 모욕을 주는 것은 아니며, 귀엽게 여겨 주는 것을 그렇게 기를 쓰고 화를 낼 것은 아니라고 천연스럽게 말했다. 자신도 어렸을 적에 똑같은 일을 당한 경험이 있으며, 느닷없이 덮치는 바람에 저항할 여지도 없었지만 별로 혼이 났다는 생각도 없었다고 노골적으로 이야기했다. 점잖지 못한 것을 지나쳐서 예사로 노골적인 말을 했다. 그리고 내가 반항한 것은 고통을 두려워해서라고 지레짐작하여 그리 무서워할 필요는 없으며, 조금도 걱정할 것 없다고 장담하는 것이었다. 이 파렴치한 사나이는 그런 것을 자신에게 말하는 것이 아니므로 그만큼 그 말을 듣는 나의 놀라움은 컸다. 다만 나에게만 가르쳐 주고 있는 것처럼 보이는 것이었다. 자기 이야기가 흔해 빠진 아무것도 아닌 것처럼 생각되는 모양으로, 두 사람만의 비밀로 끝내 버리려고 애쓰는 마음은 처음부터 없었다. 옆에는 제삼자로서 성직자 한 사람이 있었다. 그 또한 이야기하는 사람에 못지 않게 무슨 소리를 들어도 태연하기만 했다. 그런 당연한 듯한 태도에 완전히 눌려 버린 나는, 그것은 세상이 인정하는 습관이요, 나 자신이 지금껏 배울 기회가 없었던 것이라고 믿게 되었다.

그렇게 되니 이제는 화날 것도 없어 가만히 듣고 있었으나 불쾌한 기분은 가라앉지 않았다. 내가 당했던 일, 특히 눈으로 본 심상(心像)이 마음에 깊이 새겨진 채 기억에 남아 생각만 하면 또 속이 역겨워졌다. 깊이 알지는 못하지만 그 자체가 못 견디도록 싫어서 그것을 해명해 준 인간까지 보기 싫어졌다. 그의 훈계 결과가 좋지 않다는 것을 보여 주지 않고는 가만히 있을 수가 없었다. 그는 애정 없는 시선을 내게 던졌다. 그리고 이때부터 내가 이 구호원 생활을 자꾸만 싫어하도록 조종했다. 그 결과는 곧바로 효과를 나타내어 여기에서 나가는 길밖에 없다고 깨달은 나는, 그때까지 그 길에서 멀어지려고 노력하고 있던 만큼 이번에는 안간힘을 쓰며 그 출구를 향해서 돌진했다.

이 사건이 있었기 때문에 그후부터 '라 망세트의 기사들'(호색한이란 뜻)의 갖은 수법에서 몸을 지킬 수가 있었다. 그런 이름으로 통하는 사람들을 보면 그 섬뜩해지는 무어인의 모습과 동작이 생각나고 언제나 감출 수 없는 무서운 공포에 사로잡혔다. 반대로 여성들은 이에 비해 내 마음속에서 무척 가치 있게 보였다. 나는 남성의 무례에 대한 보상으로서 여성에게는 따뜻한 감정을 바치고 몸소 경의를 표하지 않으면 안 된다고 느꼈다. 아무리 못 생긴 매춘부라도 저 가짜 아프리카인만 생각하면 내 눈에는 사랑을 바쳐도 좋을 상대처럼 비치는 것이었다.

이 녀석이 어떤 말을 들었는지 나는 알지 못한다. 수녀 로렌차를 제외하고는 아무도 전보다 언짢은 눈으로 그를 보는 것 같지도 않았다. 그러나 내게 더 이상 가까이 하려고도 하지 않고 말도 건네지 않았다. 일주일 후 그는 엄숙한 의식으로 세례를 받았고 머리에서 발끝까지 부활한 영혼의 깨끗함을 나타내기 위한 흰옷을 입었다. 그리고 다음날 구호원에서 나갔다. 그 후에는 만난 적이 없다.

내 차례는 한 달 후에 왔다. 어려운 개종의 공로를 지도자들에게 돌리기 위해서는 이만한 시간은 필요했고, 온갖 교리를 몇 번이고 되풀이시켜서 겨우 나를 온순하게 만드는 데 성공한 것이다.

그리하여 충분히 교육을 받고 교사들의 생각대로 훈련이 된 나는 수도의 대주교(大主敎) 성당인 성 요한 교회로 행렬을 따라 들어가서 정식으로 가톨릭으로 개종한다는 선서를 하고 세례를 받았다. 실제로 세례를 받은 것은 아니지만 거의 그것과 같은 식으로서, 일반 민중에게 신교도는 그리스도교도가 아니라는 생각을 갖게 하기 위한 것이다. 이럴 때 입게 되어 있는 흰 단을 댄 장식을 붙인 덧옷 같은 것을 입었다. 앞뒤로 남자가 한 사람씩 구리 쟁반을 들고 따라오면서 열쇠로 쟁반의 전을 울렸다. 그러면 거기에 사람들이 믿는 마음으로, 또는 새로운 개종자를 위한 성금으로서 희사금을 넣었다. 요컨대 신도들에게는 이 의식이 한층 더 교화의 성격을 띤 것이 되고, 내게는 한층 더 굴욕스러운 것이 되게 하기 위해 가톨릭교의 허식은 생략된 것이 하나도 없었다. 아쉬운 대로 그 무어인처럼 흰옷만이라도 입게 되었더라면 얼마나 좋았을까. 그것은 내가 유대인이라는 명예를 갖지 못한 탓으로 입지 못했던 것이었다.

그것만으로 끝나지는 않았다. 다음에는 종교 재판소로 가서 이교(異敎)의 죄가 소멸되었다는 선언을 받고, 앙리 4세(가톨릭으로 개종)가 그의 사자를 보내어 받은 것과 같은 의식으로 가톨릭 교회의 품안으로 돌아가야만 했다. 심문하는 사제의 얼굴 모습이나 태도는 이곳에 들어서는 순간 나를 휘어잡은 은밀한 공포를 도저히 가셔줄 것 같지 않았다. 신앙, 신분, 가정에 관한 무수한 질문이 있은 다음, 느닷없이 그는 우리 어머니가 지옥에 떨어져 있지나 않을까 하고 물었다. 섬뜩한 기분이 고개를 든 분노의 감정을 내리눌렀다. '어머니는 그런 곳에 떨어지지 않았다고 생각하고 싶다. 하느님은 임종의 어머니를 내려다보시고 계셨을 테니까' 하고 대답하는 것으로 참았다. 신부는 잠자코 있었으나 약간 얼굴을 찌푸린 것을 보면 조금도 동의하는 것 같지 않았다.

그런 것들을 전부 끝내야 바라던 지위를 겨우 얻을 수 있다고 생각하고 있는데, 조금 전 나를 위해서 모은 희사금에서 20프랑과 얼마 가량의 잔돈을 주면서 나가라고 했다. '훌륭한 그리스도교도로서 살고 성총에 충실하라'는 훈계를 받았다. 행복하게 살라고 기도를 하고는 나를 밀어내고 문을 닫았다. 그리고 모두들 사라져 버렸다.

이렇게 아차 하는 순간에 큰 꿈은 송두리째 사라지고, 수고스런 노고 끝에 얻은 것이라고는 여태까지의 종교를 버렸을 뿐 아니라 감쪽같이 속고 말았다는 결과밖에 없었다. 빛나는 행운의 설계에서 비참한 밑바닥으로 굴러떨어진 자신을 발견했을 때, 또 아침에 이것저것 자기가 살 궁전을 고르기에 머리를 굴리다가 저녁엔 어처구니 없게도 길가에서 자는 신세가 된 것을 깨달았을 때, 사상에 어떤 격변이 일어날 것인가는 짐작이 갈 일이다.

모든 것은 자기가 낳은 불행이라고 스스로를 꾸짖으면서도 실수에 대한 회한이 불타올라 그만큼 심한 절망에 빠져들기 시작했다고 생각될지도 모른다. 그러나 전혀 그렇지 않았다. 생전 처음으로 두 달 이상이나 갇혀 있던 곳에서 벗어났다. 그래서 먼저 맛본 것은 이제 자유를 되찾았다는 느낌이었다. 오랜 예속 끝에 다시 자신과 자신의 행동을 자유로이 지배할 수 있는 몸이 되어, 지체 높은 사람들로 가득 차고 좋은 기회가 넘치는 대도시의 한복판에 나온 것이다. 그런 사람들에게 알려지기만 하면 내 재능과 수완을 가지고 환영을 받지 않을 까닭이 없다. 게다가 나는 서서히 기다리고 있어도 된다. 주머니의 20프랑은 쓰더라도 쉽게 없어지지 않을 보물처럼 느껴졌다. 누구에게도 개의할 것 없이 내 맘대로 써도 좋은 돈이다. 이토록 나를 부자같이 느낀 것은 처음이었다. 낙담하여 눈물에 젖기는커녕 장래에 대한 희망을 바꾸었을 뿐 자존심은 조금도 상하지 않았다. 또 이처럼 자신감과 안도감을 느낀 적은 없었다. 이제는 완전히 행운으로 접어든 기분이었고, 더욱이 누구의 신세도 지지 않게 된 것이 자랑스러웠다.

먼저 할 일은 우선 시내를 한바퀴 돌면서 호기심을 만족시키는 일이었다. 하기야 그것은 내 것이 된 자유를 실천해 보기 위한 것에 지나지 않았다.

보초를 서고 있는 것을 보러 갔다. 군악기에는 무척 마음이 끌렸다. 행렬도 따라갔다. 사제들이 부르는 나지막한 찬송가 소리에 마음이 끌렸다. 왕궁을 보러 갔다. 두려워하면서 가까이 갔다. 그러다 다른 사람들이 들어가는 것을 보고 나도 뒤따랐다. 그냥 들어가게 해 주었다. 아마 조그만 보퉁이를 옆에 끼고 있던 덕분인가 보다. 어쨌든 그 왕궁에 들어간 것으로 크게 자신감을 얻었다. 어느덧 이곳에 살고 있는 사람같은 기분이 들었다. 몇 번이고 왔다갔다 하다가 결국 지치고 말았다. 배가 고프고 덥기만 했다. 우유 파는 여자의 가게로 들어갔다. 연유와 무엇보다도 내가 좋아하는 맛있는 피에몽테 빵 두 개가 나왔다. 5수인가 6수인가를 주었는데 정말 맛있었다고 생각되는 식사를 한 곳 가운데 하나이다.

잘 곳을 찾아야만 했다. 꽤 통할 만큼 피에몬테 말은 알고 있으므로 찾는 데 어려움이 없었다. 다만 신중히 생각해서 자신의 취미보다 주머니의 형편을 생각해서 숙소를 선택하기로 했다. 포 거리에 일자리가 없는 사람을 1수에 재워 주는 군인 부인이 있다는 이야기를 들었다. 그 집에 가보니 초라한 침대가 하나 비어 있었으므로 거기에 자리를 잡았다. 부인은 젊고 결혼한 지 얼마 안 된다는데, 벌써 아이가 여섯이나 있었다. 우리는 모두, 어머니도 아이들도 손님들도 다 같은 방에서 잤다. 이 집에 있는 동안은 그러했다. 부인은 어찌됐든 사람 좋은 안주인으로, 짐수레꾼처럼 더러운 입버릇으로 마구 떠들어 대고, 언제 보아도 몸차림이나 머리꼴은 너절했으나, 천성이 상냥해서 따뜻하게 남을 돌보며, 나를 귀여워하고 내게 도움이 되어 주었다. 며칠간은 오로지 기분 내키는 대로 놀고 호기심을 만족시켜 주는 즐거움 속에서 시간을 보냈다. 시 안팎을 헤매면서 신기하고 새롭다고 생각되는 것들을 모조리 찾아 다니며 구경했다. 집을 갓 나온, 도시 구경을 해본 적이 없는 젊은이에게는 모든 게 신기했다. 특히 왕궁에는 매일 아침 빠지지 않고 가서 왕의 미사에 참석했다. 이곳 왕과 그의 시신(侍臣), 그런 사람들과 한 예배당에 있는 자신을 바라보고 우쭐해졌다. 그러나 이렇게 빠지지 않고 다니게 한 것은 궁정의 미관보다 오히려 이 무렵 눈뜨기 시작한 음악에 대한 정열 때문이었다. 궁정의 훌륭함뿐이라면 금방 다 볼 수 있고 언제나 같은 것이어서 그리 오래 흥미가 있을 리도 없다. 사르디니아 왕은 당시 유럽에서 가장 훌륭한 교향악단을 가지고 있었다. 소미스·데자르댕·베주치 형제 등이 번갈아 등장하여 그 이름을 떨치고 있었다. 보잘것없는 악기의 연주라도 가락이 맞으면 즐거워서 황홀해지는 젊은이를 끌어당기기에는 과분할 정도였다. 하기야 나의 눈을 놀라게 하는 화려하고 장엄한 것에 대해서는 그저 바보처럼 황홀해하고 부러운 기분 따위는 일어나지 않았다. 그저 한 가지, 궁정의 화려함 속에 묻혀서 나의 흥미를 북돋운 것은 내가 예찬할 만하고 그것을 글감으로 삼아 소설이라도 지을 만한 젊은 공주는 없을까 하는 그런 방면의 궁금증이었다.

그런데 그러한 소설을 가장 초라한 환경 속에서 실제로 연출하려 한 것이다. 더욱이 끝까지 잘 해냈더라면 오히려 이 편이 천 배나 재미있는 경험을 했을지도 모른다.

꽤 절약을 한 셈인데도 주머니는 어느 틈에 바닥이 드러나고 있었다. 절약은 신중한 결과라기보다 단순한 식성에서 온 것으로, 이 점은 사치한 식탁에 익숙한 오늘에도 변함이 없다. 시골풍의 식사보다 맛있는 음식을 알지 못했고, 지금도 알지 못한다. 우유, 달걀, 샐러드, 치즈, 검은 빵, 마실 만한 포도주, 그런 것만 있으면 나에게는 언제나 비길 데 없는 성찬이다. 급사장이나 하인이 주위에서 귀찮게 굴지 않더라도 왕성한 식욕이 나머지를 다 채워 줄 당시는 겨우 6수나 7수로 뒷날 6프랑이나 7프랑을 준 식사보다 훨씬 맛있는 것을 먹었다. 그러므로 검소함이 싫어지는 기분이 된 적은 없었다. 검소함이라는 그 자체가 틀린 말이다. 될 수 있는 대로 미각을 즐기고 있었기 때문이다. 배, 연유, 치즈, 검은 빵, 그리고 나이프로 얇게 잘라질 것만 같은 몽페라의 진한 포도주 두세 잔, 이것만으로도 나를 더없이 행복한 미식가로 만들어 주었다. 그러나 아무리 절약을 해도 20프랑이 떨어질 것은 뻔하다. 그것은 하루하루 눈에 보이기 시작했다. 어린 철부지에게도 역시 앞날의 걱정은 절박해져서 이내 공포로 변했다. 헛된 꿈은 모두 사라져 버리고, 겨우 남은 것은 어떻게든 먹고 살아갈 일자리를 찾아야겠다는 생각이었는데, 그것도 그리 쉽게 실현되는 것은 아니었다. 전에 하던 일을 생각했다.

그러나 어떤 주인을 찾아가 그 밑에서 일을 할 만한 기술도 없었고, 그런 주인마저 토리노에는 흔치 않았다. 그래서 좋은 일자리가 생길 때까지 가게에서 가게로 돌아다니며 식기에 머리글자나 문장(紋章)을 새겨주기로 했다. 저쪽에서 말하는 헐값으로 맡아 상대방을 낚을 속셈이었다. 이 궁여지책도 그렇게 만만치 않았다. 어디에서나 대개의 경우 거절을 당했다. 그리고 일로 들어오는 돈은 형편 없이 적어, 밥 두세 끼를 먹을까 말까한 정도에 지나지 않았다. 그런데 어느 날 꽤 이른 아침, 콩트라 노바 거리를 지나는 길에 진열대 유리창 너머로 언뜻 눈에 띈 가게의 젊은 안주인이 너무나 아름답고 얌전해서 나는 여자 앞에 가면 주눅이 드는 것도 잊어버리고 성큼성큼 안으로 들어가서 일을 시켜달라고 청했다. 여인은 거절하지도 않고 앉으라고 하더니, 사정 이야기를 듣고는 딱하게 여기고 용기를 내도록 격려했다. 그리고 훌륭한 그리스도교도는 결코 나를 못 본 체하지 않을 것이라고 말했다. 또 근처의 금은 세공방에 내가 필요하다는 연장을 가지러 보내고, 그 동안에 부엌으로 들어가 직접 아침 식사를 갖다 주었다. 이 출발은 좋은 징조를 보였다. 과연 그 뒤에도 기대에 어긋나지 않았다. 내 솜씨에 만족하는 것 같아 약간 안심이 되어 한 마디씩 이야기를 꺼내자, 이것은 더 마음에 드는 모양이었다. 환하고 화려한데다 잘 차려 입어서 모습이 정숙해 보이는데도 처음에는 그녀가 너무 눈부셔서 압도되어 버린 꼴이었다. 그러나 친절이 넘치는 대접, 동정에 찬 말투, 조용하고 어루만지는 듯한 정다운 태도는 어느덧 내 기분을 편안하게 해주었다. 이번엔 되어가는구나 하고 나는 생각했다. 이렇게 생각하니 더 잘 되어갔다. 그녀는 이탈리아 여자인데다 아무래도 요염한 티를 내지 않곤 못 배기는 미인이기는 했으나, 본성은 어디까지나 정숙했다. 게다가 내가 수줍어했으므로 일이 그렇게 빨리 진행되지 못했다. 연애를 완전히 끝낼 만한 시간 여유도 내게는 없었다. 그런 주제에 나는 말할 수 없는 매력을 느끼고 그녀 옆에서 보낸 그 짧은 시간을 회상하지 않을 수 없다.

  이때야말로 가장 달콤하고 가장 순수한 사랑의 첫 꽃 향기를 맛보았다고 할 수 있다. 그녀는 갈색 머리에 화려하고, 선뜻 사람의 눈을 끌면서도 착한 기품이 아름다운 얼굴에 풍겨 있어, 발랄하면서도 부드러운 애정으로 사람을 감싸 주는 그런 여인이었다. 이름은 바질 부인이라고 했다. 남편은 그녀와 나이 차이가 많고 상당히 질투가 심해 여행할 동안에는 지배인에게 감시를 시켰다. 지배인은 몹시 음울해서 여자가 좋아할 염려는 없는 녀석이었는데도, 본인은 그래도 꽤 뽐냈다. 다만 그 뽐내는 마음을 무뚝뚝한 얼굴로 나타내었다. 나도 무척 그의 신경질 세례를 받았다. 그러나 피리를 꽤 잘 불어서 그의 피리 소리를 듣는 것은 즐거웠다. 이 지배인 에지스토스는 그가 모시는 귀부인, 즉 안주인이 있는 곳으로 내가 들어가는 것을 보기만 하면 언제나 잔소리를 했다. 나를 몹시 멸시하는 태도를 보이다가 안주인에게 호되게 당하곤 했다. 그녀는 마치 이 녀석에게 면박을 주기 위해 일부러 그가 보는 앞에서 나를 귀여워하며 재미있어 하는 것처럼 보이기도 했다. 이러한 보복은 무척 기뻤지만 그녀와 단둘이 있었더라면 얼마나 좋았을 것인가. 그러나 그녀는 거기까지 가지는 않았다.

  적어도 그럴 때는 그런 태도로 나오지 않았다. 너무 어리다고 생각하고 있는지, 자진해서 청할 줄을 모르는지, 성실하게 정숙을 지키려는 건지, 그럴 때는 웬지 거동이 조심스러웠다. 접근을 거부하는 태도는 아니지만 나는 어쩐지 기가 죽었다. 그러나 바랑 부인에 대한 참되고도 사랑에 넘치는 존경은 느끼지 못했다. 그렇다고 친밀감이 있는 것도 아니고 오히려 겁이 났다. 그래서 당황하고 쩔쩔맸다. 옆에 오면 조용히 바라볼 수가 없고 마음놓고 숨도 못 쉬었다.

그러면서도 옆에서 떠나는 것은 죽기보다 싫었다. 눈치채지 않도록 삼킬 듯한 눈초리로 볼 수 있는 것은 모두 열심히 훔쳐보았다. 드레스의 꽃무늬, 고운 발끝, 장갑과 소매끝 사이에 보이는 탄력 있는 흰 팔의 노출된 부분, 가슴에 단 장식과 스카프 사이로 이따금 드러나는 살결, 그것들이 다른 것의 인상과 더불어 강하게 확 눈 속에 들어온다. 볼 수 있는 모든 것을 바라보면서 다시 그 안쪽의 것에까지 마음을 쏟는 바람에 앞이 캄캄해지고 가슴이 답답해졌다. 점점 숨이 차서 조절하는 데 몹시 힘이 들어, 기를 쓰고 괴로운 숨을 소리 없이 가만히 내쉬었다. 그러니 말은커녕 대개는 입을 다문다. 다행히도 바질 부인은 바느질에 정신이 팔려 아무것도 모르는 것처럼 보였다. 그러나 가끔 일종의 공감에서인지 그녀의 가슴팍에 단 장식이 심하게 물결치는 것을 볼 때가 있었다. 이런 위험한 광경에 부딪히면 나도 모르게 넋을 잃는 것이었다. 그리하여 막 정신없이 몸을 내던지려고 하는데, 침착한 목소리로 뭐라고 저쪽에서 말을 걸어 오면 문득 제정신으로 돌아오곤 하는 것이었다.

흔히 이런 식으로 암시하는 듯한 말 한 마디, 동작 하나, 시선 한 번도 서로의 기분을 상통시키는 계기가 되지 못한 채, 나는 호젓이 앉아 있는 그녀의 모습을 바라만 보았다. 그런 상태로 있는 것은 괴롭다면 괴롭지만, 그러면서도 무척 즐겁다. 단순한 마음으로는 왜 그렇게 괴로운지 알 턱도 없다. 이 잠시 동안의 큰 죄는 상대편도 기분 나쁘지는 않은 모양이다. 적어도 그 때문에 상당히 자주 그런 기회를 만든다. 그렇다고 그것을 자신이 이용하거나 내게 이용하게 하는 것이 아닌 것으로 보아, 그녀가 계획적으로 그렇게 한 것이 아닌 것만은 확실했다.

어느 날 지배인과의 시시한 대화에 짜증이 나버린 그녀는 획 하고 자기 방으로 올라가 버렸다. 가게 한쪽에 있던 나는 급히 하던 일을 정돈하고 뒤를 쫓아갔다. 방문이 조금 열려 있어 소리 없이 들어갔다. 그녀는 방문을 등지고 창가에 앉아 수를 놓고 있었다. 내가 들어가는 것도 보이지 않고, 거리의 짐수레가 시끄러워 발자국 소리도 들릴 리 없었다. 언제나 차림새가 좋은데다 이 날은 어딘지 요염한 맵시였다. 자태도 우아하고 아름다웠다. 약간 고개를 숙이는 통에 하얀 목덜미가 드러났다. 고상하게 말아올린 머리에 꽃이 꽂혀 있었다. 그 얼굴 모습에 무어라 말할 수 없는 매력이 깃든 것을 황홀하게 바라보며 나는 그만 넋을 잃고 말았다. 나도 모르게 정열적으로 두 팔을 그녀 쪽으로 쑥 내밀면서 방문 앞에 무릎을 꿇었다. 물론 상대편에게 들리지도 않고 볼 리도 없다고 생각해서였다. 그런데 난로 위에 거울이 있어서 내 모습을 비추었다. 그 넋을 잃은 모습이 그녀에게 어떤 기분을 일으켰는지는 모른다. 나를 바라보지도 않고 말도 걸지 않았다. 그저 머리를 반쯤 이쪽으로 돌리고, 약간 손가락을 들어 자기 발치의 깔개를 가리켰다. 부르르 몸을 떠는 것과 앗 하고 외치는 것과 가리킨 장소로 달려간 것은 거의 동시에 일어난 일이었다. 그런데 믿어지지 않을지도 모르지만 그런 상태에 있으면서도 그 이상의 것은 무엇 하나 용기 있게 하지 못했다. 말 한 마디는커녕 눈도 들지 못하고 그 불편한 자세대로 앉아 한순간이나마나 그녀의 무릎에 기대기 위해 그녀에게 닿지도 못했다. 나는 벙어리처럼 꼼짝도 하지 않았지만 가슴속은 마구 요동을 쳐 조용하지 않았다. 그 모든 것에 흥분, 환희, 감사, 대상이 정해지지 않은 격렬한 욕망, 싫어하면 어쩌나 하는 걱정에 못이겨 젊은 마음에 자신 없이 누르고 있는 욕망, 그러한 마음속이 또렷이 나타나 있었다.

그녀 쪽에서도 나에 못지않게 마음을 걷잡지 못하여 당황하고 있는 듯이 보였다. 눈앞에 꼼짝 않고 있는 나를 바라보고는 마음이 흔들리며, 이런 곳에 가까이 오게 한 데 새삼 놀라면서 아무 생각 없이 나와 버린 신호와도 같은 동작의 결과를 후회하기 시작했다. 나를 맞이하는 것도 아니고 물리치는 것도 아니며, 일손에서 눈을 떼지 않은 채 발치에 앉은 나를 보지 않는 척하려고 애를 쓰고 있었다. 그러나 아무리 바보같이 돼버린 내게도 금방 알아차릴 수 있었던 것은 그녀가 나처럼 당황하고 있다는 것, 아마 욕망도 같으리라는 것, 나처럼 부끄러워하는 마음에서 자기를 꾹 누르고 있다는 것이었다. 부끄러워하는 마음은 같지만 내 쪽은 누를 힘이 없었다. 그녀는 나보다 대여섯 살 위니 그녀 쪽에서 어떤 대담한 행동이라도 보일 것이라고 생각했다. 그런데 그렇지 않을 뿐만 아니라 내가 대담하게 나가도록 유도도 전혀 하지 않는 것으로 보아, 그렇게 되면 난처한 모양이라는 생각이 들었다. 지금도 이때의 생각은 옳았다고 생각한다. 물론 그때는 상당히 총명했으므로 나 같은 풋내기에게는 자극만 주어서는 아무것도 안 되며, 잘 가르쳐 줄 필요가 있다는 것을 처음부터 잘 알고 있었던 것이다.

  달리 방해가 없었더라면 격렬하지만 꼼짝도 않는 이 장면이 어떻게 끝났을 것인지, 또 우스꽝스러우면서도 즐거운 그 모습으로 나는 언제까지 움직이지 않았을는지 알 수 없다. 그런 나의 흥분이 절정에 달했을 때, 우리가 있는 방과 옆에 있는 부엌문이 열리는 소리가 났다. 그러자 바질 부인은 깜짝 놀라는 몸짓과 함께 다급한 목소리로 말했다. '일어나요, 로지나가 와요.'

  급히 일어나면서 나는 그녀가 내미는 손을 잡고 두 번 타는 듯한 입을 맞추었다. 두 번째는 그 아름다운 손이 내 입술을 약간 강하게 미는 것을 느꼈다. 일생 이토록 달콤한 시간을 가진 일은 없었다. 그러나 잃어버린 기회는 두 번 다시 돌아오지 않았다. 그리하여 우리 젊은날의 사랑은 그것으로 끝났다. 아마 그러기에 더욱더 부인의 모습이 정다운 마음속에 이토록 아름답게 새겨져 있는 모양이다.

  세상을 알고 여자를 알게 되면서 이 마음속의 얼굴은 갈수록 아름다워졌다. 그녀에게 조금이라도 경험이 있었다면 소년의 마음을 충동시키는 데 좀더 다른 방법을 썼을 것이다. 그러나 그녀의 마음이 약했던 것을 보면 그녀는 정숙했던 것 같다. 저도 모르게 이끌리는 대로, 생각도 없이 알지도 못하는 사이에 그런 기분이 돼버렸던 것이다. 아마 그것은 그녀의 최초의 부정이었던 것 같다. 그러므로 그녀가 수치심을 극복하는 것은 내가 극복하는 것보다 훨씬 힘이 들었을 것이다. 그러나 그 정도까지는 가지 않고, 그녀 곁에 있는 것만으로 형용할 수 없이 달콤한 기분을 맛보았다. 여자를 품에 안고 내 것으로 만든 그 어떤 기분도 이때 부인의 발치에서 대담하게 옷자락 한 번 제대로 잡지 못하고 보낸 그 2분 동안만한 것은 없다. 그렇다. 사랑하는 정숙한 여성이 주는 기쁨과 맞먹는 기쁨은 없다. 그녀 곁에 있을 때는 모든 것이 흐뭇하고 고맙기만 했다. 손가락의 가냘픈 신호, 입술을 가볍게 누른 손, 지금까지 바질 부인에게서 받은 애무는 이것뿐이다. 그런데 이 사소한 애무의 추억이 생각날 때면 지금도 나를 황홀하게 만드는 것이다.

  그 다음 이틀 동안 다시 한번 마주 앉으려고 노렸으나 헛일이었다. 내가 그런 기회를 잡기도 어려웠고 부인 쪽에서 어떻게 해볼 눈치는 전혀 보이지 않았다. 그 태도도 평소보다 차갑지는 않았으나 한층 신중했다. 자기 시선 처리가 곤란할까 두려워서 눈을 피하고 있었던 것 같다. 그 얄미운 지배인은 더욱

눈꼴사나웠다. 그 태도는 사람을 무시하고 비웃기까지 했다. '부인에게 매달리려고 일편 단심이냐' 하고 빈정댔다. 나는 무언가 서둘러서 실수나 하지 않았나 하고 겁이 났다. 그리고 부인과는 이미 마음이 맞았다고 생각했기 때문에, 지금까지 그리 숨길 필요가 없었던 마음도 이제부터는 단단히 숨기고 대하기로 했다. 그렇게 생각하니 그런 마음을 만족시킬 기회를 잡는데도 한층 조심스러워져서 확실한 기회만을 바라는 나머지 이제 아무것도 얻을 수가 없었다.

아무리 해도 고쳐지지 않는 공상하는 버릇이 여기도 하나 있는 셈이다. 그 공상하는 버릇이 타고난 수줍음과 함께 지배인의 예언을 보기좋게 뒤집어 엎었다. 성실하게 말하자면 너무나 완전하게 사랑했기 때문에 쉽사리 행복해지지 않는 것이었다. 나의 정념보다 더 격렬하고 순수한 것은 없었다. 나의 사랑보다 더 부드럽고, 참되며, 욕심을 떠난 것은 없었다. 사랑하는 사람의 행복을 위해서라면 나의 행복은 천 번이라도 내던졌을 것이다. 그 사람의 체면은 나의 목숨보다 중했다. 모든 즐거움을 희생시켜서라도 그 사람의 한때의 안식을 방해하려 하지 않았을 것이다. 그 때문에 내가 하는 일마다 애써 주의를 기울이고, 비밀로 하며, 조심성 있게 하려고 해서 무엇 하나 성공한 예가 없다. 여자에 대해 성공을 하지 못한 것은 언제나 여자를 지나치게 사랑한 데서 오는 것이다.

피리 부는 에지스토스에게로 화제를 돌리자. 기묘하게도 이 엉뚱한 녀석은 점점 나를 참을 수 없게 만드는 동시에 차츰 내 비위를 맞추게도 되었던 것 같다. 부인은 내게 애정을 느낀 첫날부터 나를 가게에 둘 생각이었다. 나는 그런대로 계산을 할 수 있으니 내게 장부에 기록하는 것을 가르치면 어떨까 하고 부인이 그에게 의논했다. 그러나 이 성질 비뚤어진 사나이는 내가 자기 자리를 차지할까 두려워서인지 좀처럼 그 말을 들으려 하지 않았다. 그래서 조각 일이 끝나면 내가 하는 일이란 고작 계산서나 사본을 옮겨 쓰고 장부를 정서하고 이탈리아어로 된 거래 서류를 프랑스어로 옮기는 정도였다. 그런데 무슨 생각에서인지는 모르나 별안간 이 사나이는 한 번 거절한 일을 내게 시킬 기분이 나는지 '복식 부기를 가르쳐 주마. 바질 씨가 돌아오면 멋지게 일할 수 있도록 해주마' 하고 말하는 것이었다. 그 말투며 태도엔 어딘지 모르게 고의적이고 심술궂으며 비꼬는 듯한 느낌이 있어서 도무지 믿을 수 없다고 생각하고 있는데, 바질 부인이 내 대답도 듣지 않고 그런 제안은 이 아이에게는 고맙겠지만 그러는 동안 이 아이의 솜씨에 알맞은 행운도 돌아올 것이고, 이렇게 머리 좋은 아이가 한낱 점원으로 끝난다는 것은 아까운 일이라면서 매정스레 거절해 버렸다.

그녀는 그때까지도 몇 번이고 나에게 도움이 될 만한 사람에게 소개해 주고 싶다고 말하고 있었다. 이제는 나를 떠나 보낼 시기라고 느낄 만큼 충분한 생각을 하게 된 것이다. 두 사람이 침묵 속에서 사랑의 고백을 한 것은 지난 목요일의 일이었다. 일요일에 부인은 만찬회를 베풀었다. 나는 그 자리에 동석한 품위 있어 보이는 도미니크 파의 수도사에게 소개되었다. 수도사는 말하는 것도 퍽 다정했고, 내가 개종한 것을 기뻐하며 부친으로부터 상세히 들은 모양인지 내 신상에 대해 여러 가지 말해 주었다. 그러고 나서 손등으로 내 뺨을 가볍게 두 번 두들기며 '자중해서 열심히 해라. 좀더 조용히 이야기하게 한 번 찾아오라'고 말했다. 모두 존경하고 있는 품으로 보아 훌륭한 사람이라는 것을 짐작했다. 또 바질 부인에게 아버지 같은 말투로 대하는 걸로 보아 그녀의 고해 신부라고 판단했다. 지금도 눈에 선한 것은, 다정스러운 가운데서도 예의를 잃지 않는 품위며 자기가 지도하는 이 부인을 신용하고 존경하는 듯한 태도를 보인 것이다. 그러나 그때는 오늘날만큼 그 점에 관심을 두지 않았었다. 내가 좀더 총명했더라면 고해 신부에게 그토록 존경을 받는 그런 젊은 부인의 감정을 움직일 수 있었다는 사실을 얼마나 기쁘게 생각했을 것인가!

식탁은 사람들이 다 앉기에는 작았으므로 하는 수 없이 작은 탁자를 덧붙여 놓고, 거기서 나와 지배인이 정다운 대화를 하게 되었다. 거기라고 푸대접을 받거나 음식이 덜 나오거나 하는 일은 없었다. 작은 탁자에는 많은 요리가 나왔는데 지배인에게 먹이려 한 것이 아닌 것만은 분명하였다. 여기까지는 모든 일이 무척 순조로워, 부인들은 명랑하게 이야기 꽃을 피우고 남자들도 열심히 좌흥을 돋우었다. 바질 부인은 주부 노릇도 재치 있고, 반할 만큼 얌전하고 애교 있게 하고 있었다. 만찬이 한창 진행되고 있을 때에 문간에 마차가 멈추는 소리가 들렸다. 누군가가 올라왔다. 바질 씨였다. 금단추에 진홍색 프록 코트를 입은 그의 모습이 마치 지금 이 자리로 걸어들어오는 것처럼 눈에 선하게 떠오른다. 그 날로 나는 진홍색이 싫어졌다. 바질 씨는 키가 크고 미남자로 거동이 당당했다. 후닥닥 들어와서 기습적으로 일동을 위협한다는 태도였다. 하지만 거기에는 친한 사람들뿐이었다. 부인이 그의 목을 껴안고 손을 잡으며 갖가지 애무를 하는데도 무뚝뚝하게 받을 뿐 부인에게는 해주려 하지도 않았다. 그는 손님들에게 인사하고, 요리가 들어오자 같이 먹었다. 화제가 그의 여행으로 채 옮겨지기도 전에 그는 작은 탁자 쪽으로 눈을 돌리더니 '저기 저 아이는 누구냐'고 엄한 말투로 물었다. 바질 부인은 아주 솔직하게 사연을 말했다. 그는 물었다. '집에 묵고 있나?' 그렇지 않다고 대답했다. '왜 그렇게 하지 않나?' 이어 그는 퉁명스럽게 '낮에만 있지 말고 밤까지 있으면 좋잖아' 하고 말했다. 수도사가 끼어들어 바질 부인이 한 일을 진지하게 칭찬하고 자신도 짤막하게 나를 칭찬해 주었다. 부인이 신앙심에서 한 자비로운 행동은 나무랄 것이 아니라 주인께서도 자진하여 협력해야 할 일이며, 조금도 지나친 것이 아니라고 덧붙였다. 주인은 못마땅한 말투로 잠시 항변했다. 수도사가 앞에 앉아 있었으므로 조심해서 불쾌감을 그대로 드러내지는 않았으나, 나에 관한 것은 이미 알고 있었다. 지배인이 쓸데없는 짓을 한 것임을 나는 충분히 느꼈다.

모두가 식탁을 떠나자마자 대뜸 지배인이 주인의 지시로 거드름을 피우며 다가오더니 당장 이 집에서 나갈 것과 두 번 다시 여기에 발을 들여놓아서는 안 된다는 명령을 내게 전달했다. 이 말을 하면서 그는 되도록 사람을 모욕하는 심한 말투를 썼다. 나는 아무 말도 하지 않고 나왔다. 그러나 그 상냥한 부인을 속절없이 난폭한 남편의 희생물로 남겨 두어야 하는가 생각하니, 헤어지는 것보다 그것이 더 가슴이 아팠다. 아내를 부정하게 만들고 싶지 않다는 것은 너무나 당연한 일이다. 그러나 아무리 정숙하고 가정교육이 좋았다 하더라도 그녀도 이탈리아 여자다. 다감하고 복수심이 강하다는 말이다. 그러므로 이런 조치를 했다가, 이 남편이 겁내고 있는 불행에 오히려 불을 붙이는 결과라도 된다면, 어처구니없는 해를 입게 되는 셈이다.

이것이 나의 첫 연애 사건의 전부이다. 그 뒤 두세 번, 그 거리를 지나면서 미련이 남는 그 사람을 하다못해 한 번만이라도 더 보려고 했다. 그러나 눈에 띈 것은 그 여자가 아니라 주인이거나 아니면 잠시도 경계를 게을리하지 않는 지배인이었으며, 이들은 또 나를 보기만 하면 가게의 온 자(尺)를 들고 '이리 온, 이리 온' 하는 것 이상으로 과장된 몸짓을 했다. 그토록 감시하고 있는가 생각하니 용기도 사라져 다시는 그 앞을 지나지 않기로 했다. 차라리 그녀가 소개해 준 인정 많은 보호자를 만나러 가고 싶었다. 그러나 공교롭게도 그의 이름을 몰랐다. 몇 번인가 수도원 근처를 헤매면서 만나려고 애를 썼으나 헛일이었다. 그러는 동안 여러 가지 일들이 생겨서 바질 부인에 대한 그리운 추억도 한 옆으로 밀쳐지고, 얼마 안 가서 세상을 모르는 순진한 인간으로 다시 돌아가서, 예쁜 여인에게 끌리는 마음조차 없어졌을 만큼 깨끗이 부인을 잊고 말았다.

그건 그렇고, 그녀 덕분에 몸단장을 할 물건이 약간 불어 있었다. 하기야 그것은 아주 비밀스런 겉치레보다는 산뜻한 복장에 신경을 쓰고, 차려 입히고 싶다기보다 불편하지 않도록 해주려는 세밀한 여성의 마음씀씀이에서였다. 제네바에서 가지고 온 외출복은 아직 얼마든지 입을 수 있었으므로 부속품으로 모자 하나와 셔츠, 속옷 같은 것을 몇 가지 주었을 뿐이었다. 나는 커프스가 없어서 무척 갖고 싶었으나 줄 생각을 안했다. 나를 깨끗한 모습으로 해 두기만 하면 마음이 족했던 모양인데, 그 정도라면 염려하지 않더라도 내가 그녀 앞에 나가는 한 내가 알아서 하고 있었던 일이다.

좋지 않은 결말을 본 지 며칠 안 지나서, 앞에서도 말했듯이 나를 돌봐준 하숙집 안주인이 그럴듯한 자리를 하나 찾아냈다. 어느 지체 높은 부인인데, 가면 만나 줄 것이라고 내게 일러 주었다. 그 말만 들어도 벌써 이번엔 상류사회의 재미있는 모험 속에 발을 들여놓겠다고 생각됐다. 여느 때의 그 버릇이었다. 그러나 이번 것은 생각한 만큼 화려한 것은 아니었다. 안내해 주는 하녀를 따라 그 부인이 있는 곳으로 갔다. 여러 가지를 물어 보고 자세히 내 태도를 살폈다. 마음에 들지 않는 것이 없었던지 곧 채용되었다. 다만, 부인의 총애를 받는 자격으로서는 아니고 평범한 하인으로서였다. 다른 하인들과 똑같은 빛깔의 옷을 입었다. 하나 다른 점은 다른 사람들은 어깨에 장식 술을 달았는데, 내게는 달아 주지 않았다는 것이었다. 이 집 의복에는 소매 끝에 테가 없었으므로 내가 입은 옷은 보통 옷이나 다름없었다. 이것이 결국 이것저것 더듣어 온 내 대망(大望)의 뜻하지 않던 종말이었다.

내가 들어온 이 집의 베르셀리 백작 부인은 과부댁으로 자식이 없었다. 그녀의 남편은 피에몽테 사람이었다. 부인은 아무래도 사부아 사람이었다는 기분이 든다. 피에몽테 여자가 그렇게 능숙하게 프랑스 말을 하고, 그렇게 순수한 발음을 할 것 같지는 않다. 중년 나이에 얼굴 모습이 매우 고상했다. 교양도 높고 프랑스 문학을 좋아하며 또 잘 알고 있었다. 글쓰기를 좋아하고 또 꼭 프랑스 말로 쓰는데, 편지는 세비네 부인(17세기 서간 문학자)과 같은 필치였고 그 넘치는 아취(雅趣)는 그녀나 거의 다름이 없었다. 어떤 편지는 전혀 구별할 수 없었을 정도였다. 내가 하는 일은 주로 부르는 대로 편지를 받아쓰는 것이었으며, 별로 싫은 일은 아니었다. 유방암에 걸려 몹시 아팠으므로 그녀가 직접 쓸 수 없었던 것이다.

베르셀리 부인은 재기(才氣)가 있었을 뿐 아니라 고상하고 굳은 정신의 소유자였다. 나는 그녀의 병상을 보살피며 그녀가 괴로워할 때도 죽을 때도 옆에서 지켜보았는데, 잠시도 약한 티를 보인 적이 없었고 억지로 자신을 억제하려고 애쓰지도 않았으며, 여자로서의 몸가짐을 잊은 적도 없었다. 또 그런 점에 철학이란 것이 있다는 따위의 생각을 가진 것도 아니었다. 철학이란 말은 아직 유행하지도 않았고, 오늘날과 같은 의미는 알지도 못했다.

이러한 강한 성격이 때로는 박정한 느낌을 갖게 하는 일도 있었다. 자신에게나 남에게나 거의 마음이 움직이지 않는 것 같았고, 불행한 사람들에게 좋은 일을 할 때도 참된 연민의 정보다는 그렇게 하는 것이 좋으니 한다는 태도였다. 그녀 옆에서 보낸 석 달 동안에 나는 그러한 무감동을 겪었다. 언제나 가까이에 있고 어딘가 장래성이 있는 청년, 그런 사람에게 애정을 갖는다는 것은 자연스러운 일이며, 죽음이 가까이 온 것을 느끼고 자기가 죽은 뒤, 이 사람에게 원조나 후견이 필요하겠다고 생각하는 것도 당연한 일이었다. 그런데 그다지 보살펴 줄 가치가 없다고 보았는지, 아니면 귀찮게 싸고 도는 인간들이나 같은 것에는 생각할 여유를 주지 않았든지 어쨌든 나를 위해서는 아무것도 해주지 않았다.

그래도 나를 알려는 호기심 같은 것을 보인 것은 지금도 잘 기억하고 있다. 가끔 내게 질문을 했다. 내가 바랑 부인에게 쓴 편지를 보여 주거나 내 생각을 들려 주면 재미있어 하지만, 깊이 파고 들어가서 알려고 한다면 그것은 틀림없이 잘못된 일이었다. 상대는 그 감정을 전혀 나타내려 하지 않았다. 내 마음은 상대 마음에 들었다는 것만 알면 기꺼이 그쪽으로 넘쳐흐른다. 질문은 무뚝뚝하고 차가우며 대답을 해도 좋다거나 나쁘다거나 머리 한 번 끄덕이지 않으니, 상대에게 신뢰를 가질 도리가 없었다. 내 이야기가 재미있는지 싫은지 전혀 파악할 수가 없을 때 나는 줄곧 눈치만 보았다. 마음속에 생각하고 있는 것을 즉시 말하지 않고 손해보지 않을 말만 하려고 애썼다. 그 뒤에야 나는 남의 기분을 알려고 이같이 무뚝뚝한 질문을 하는 것은 재기를 자랑하는 여성들에게 꽤 흔히 있는 버릇이라는 것을 알았다. 자기 감정을 나타내지 않으면 상대의 감정을 더 쉽게 파고 들 수 있다고 생각하는 것이다. 그러나 그것이 상대에게 감정을 표현할 용기를 잃게 한다는 것을 모른다. 질문을 받는 사람은 그것만으로 경계를 하기 시작한다. 진정으로 흥미를 가지고 있는 것이 아니고 그저 이야기를 시켜 보려는 것 때문이라는 것을 알면, 그 사람은 거짓말을 하거나 잠자코 있거나 점점 조심하거나 하게 되어 상대의 캐묻는 말에 섣불리 걸려들기보다는 차라리 눈치없는 녀석이란 소리를 듣는 편이 낫다고 생각한다. 결국 자기 마음을 숨긴다는 것은 내 마음을 읽을 때는 언제나 바람직한 방법이 못 된다.

베르셀리 부인은 애정이나 연민이나 호의를 느끼게 하는 말은 한 마디도 하지 않았다. 언제나 냉정하게 묻고 나는 조심스레 대한다. 내가 너무 떨면서 대답하므로 그것을 천하다고 생각한 모양으로 묻는 것이 싫어진 것 같았다. 나중에 가서는 질문도 하지 않고, 볼일 이외에는 아무 말도 하지 않게 되었다. 부인도 나의 참된 인간보다 그녀가 만든 인간으로서 나를 판단한 것이며, 하인으로밖에 나를 보지 않은 결과, 나로서도 인간의 참 모습을 나타낼 도리가 없었던 것이다.

자기 은폐의 그 짓궂은 음모를 그 무렵부터 알게 된 것 같다. 그런 음모가 내 인생을 통해서 여러 가지 장애를 일으켰던 것이며, 이면에 그런 이기심을 감춰 두고 표현만 말끔히 하고 있는 태도에는 저절로 강한 반감을 가졌다. 베르셀리 부인은 아들이 없어 조카인 라 로크 백작을 상속자로 정해두고 있었는데, 이 사람은 어김 없이 문안을 드리러 왔다. 그 밖에 하인들도 부인의 생명이 길지 않다는 것을 알고 매우 약삭빠르게 행동했다. 부인의 주위에는 많은 사람들이 몰려들었으므로 그녀에게는 내 걱정을 할 여유가 없었다. 이 집의 살림을 맡은 이는 로렌치 씨라는 빈틈없는 사나이였으며, 그의 아내가 또 그 보다 더한 수단꾼으로 고용된 여자라기 보다는 부인의 친구로 통할 만큼 교묘하게 부인의 관심을 샀다. 이 여자는 퐁탈이라는 조카를 하녀로 이 집에 넣어 놓고 있었는데, 이 처녀 또한 무척 약아서 겉으론 시녀인 체하면서 제 아주머니와 한통속이 되어 완전히 부인을 독점한 꼴이 되었다. 부인은 이 두 여자의 눈을 통해서만 사물을 보고 이 하녀의 손을 거쳐서만 행동했다. 나는 운이 나쁘게도 이 세 사람의 마음에 들지 않았다. 복종은 했지만 일은 거들지 않았다. 같은 주인을 섬기는 외에 다시 그 하인의 하인 노릇까지 할 생각은 없었다. 그렇잖아도 그들에게 나는 방해물이었다. 그들은 내가 마땅찮은 위치에 있다는 것을 알고 있었으므로 부인이 그것을 알고 나를 똑똑한 위치에 앉히기라도 한다면, 자기들의 몫이 줄어드는 것을 염려하고 있었다. 왜냐하면 이런 종류의 인간들은 욕심쟁이로 공평함이고 뭐고 없어서 유산이 조금이라도 다른 사람에게 가면 그만큼 자기들의 재산에서 뜯기는 줄 알기 때문이다. 그래서 그들은 결속해서 나를 주인의 눈에서 멀리하려고 애를 썼다.

부인은 편지를 쓰는 것이 취미였으며, 그것이 병상에서의 심심풀이였다. 그들은 부인이 그것을 못하도록 하기 위해 몸이 지쳐 힘들어지게 된다면서 의사를 시켜 못하게 했다. 나는 사정에 어둡다는 구실로 나 대신 가마꾼 같은 거친 사나이를 두 사람 고용하여 부인의 시중을 들게 했다. 이런 식으로 매우 교묘하게 계책을 썼으므로, 부인이 유언서를 만들었을 때(루소는 이 집에서 약 다섯 달 있었다) 나는 그 일주일 전부터 방에 들어간 일이 없었다. 하기야 그 뒤에는 종전대로 그 방에 들어갔다. 게다가 그 누구보다도 부지런하게 일을 했었다. 그것은 이 불쌍한 여주인의 고통에 무척 동정이 갔기 때문이며, 그녀가 묵묵히 그 고통을 참고 있는 모습에 깊은 존경을 느꼈으므로, 그 방에서 그녀도, 그 외에 아무도 눈치채지 않게 진정어린 눈물을 흘렸다.

우리는 마침내 부인을 잃었다. 나는 그녀가 숨을 거두는 것을 지켜보았다. 그녀의 인생은 재기와 사려가 있었으며, 그녀의 죽음은 현자(賢者)의 죽음이었다. 싫어하지도 뽐내지도 않고 종교상의 의무를 다한 맑고 깨끗한 영혼, 그 점에서는 가톨릭교가 내게 퍽 좋게 보였다고 해도 좋다. 그녀는 날 때부터 성실한 사람이었다. 병의 마지막 무렵에는 일종의 명랑함을 지니게 되었는데, 그것도 변덕이 없고 아주 자연스러웠으며, 침울한 병상에서 이성으로 평형을 유지하려는 데 지나지 않았다. 완전히 병상에 눕고만 것은 마지막 이틀뿐이었으며, 그때도 사람들과 조용히 이야기하는 것을 그만두지 않았다. 마침내는 말을 못하게 되고 이윽고 임종의 고통과 싸우기 시작했을 때, 한 번 크게 방귀를 뀌었다. 돌아누우면서 그녀는 말했다. '됐어, 방귀를 뀔 수 있는 여자라면 아직 죽지 않아.' 이것이 그녀가 한 마지막 말이었다.

지위가 낮은 하인들에게는 1년 치 급료를 주도록 하라는 유언은 이미 있었다. 그러나 고인이 기록한 사용인 명부에서 빠진 나는 아무것도 얻지 못했다. 그래도 라 로크 백작의 주선으로 30리브르를 받게 되었고 입고 있던 새 옷을 그대로 갖게 되었다. 로렌치는 이 옷까지 빼앗으려 했다. 백작은 일자리를 구해 주겠다고까지 약속하고 근간에 찾아오라고 말했다. 두세 번 찾아갔으나 만나서 이야기하지는 못했다. 금방 싫증이 나는 성격이라 그 뒤로는 가지 않았다. 그것이 잘못이었다는 것은 뒤에야 알게 되었다. 베르셀리 부인 집에 있는 동안의 일이 이것으로 완전히 이야기가 끝났으면 좋으련만 그렇게는 안 된다. 표면적인 상태는 변하지 않았지만 이 집을 나올 때의 나는 들어갈 때의 내가 아니었다. 오래토록 사라지지 않는 죄스러운 추억과 무겁고 견디기 어려운 후회를 안고 이 집을 떠난 것이다. 그러한 생각 때문에 40년이 지난 뒤까지도 양심은 괴롭기만 하고, 가책 또한 약해지기는커녕 나이를 먹을수록 점점 더해 갔다. 소년 때의 잘못이 이렇게도 잔혹한 결과를 가져오리라고 누가 믿겠는가? 내 마음이 위로를 받지 못하는 것은 두 말할 것도 없이 그 결과 때문이다. 마음씨 좋고 정직하고 기특한, 분명 나보다는 훨씬 가치 있는 한 사람의 처녀를 불명예와 불행 속에 빠뜨리고 어쩌면 그 일생을 망쳐버렸을 행동을 한 것이다.

  한 집안이 와해되는 판이니 집안이 온통 뒤범벅이 되고, 없어지는 물건도 많은 것이 보통이었다. 그러나 하인들이 충실하고, 로렌치 부부가 감시를 하고 있었으므로 재산 목록에서 분실된 것은 아무것도 없었다. 다만 퐁탈 양이 장미색과 은색의 이미 낡아 버린 조그마한 도투락을 잃어버렸다. 그 보다 좋은 것이 가까이에 얼마든지 있었지만 그 도투락만 갖고 싶어 나는 그것을 훔쳤다. 깊이 숨겨 두지 않았으므로 곧 사람의 눈에 띄었다. 어디서 가져왔느냐고 추궁을 당했다. 나는 당황하여 어물어물했다. 그리하여 결국은 얼굴을 붉히며 마리옹이 주더라고 말했다. 마리옹은 모리엔느 태생이다. 베르셀리 부인이 손님을 초대하지 않게 되고, 자기도 진수성찬보다는 영양이 많은 수프를 먹어야 되자 데리고 있던 여자 요리사를 내보내고 대신 고용한 여자였다. 마리옹은 얼굴만 예쁜 것이 아니라 산골이 아니면 볼 수 없는 싱싱한 혈색과 특히 조심성이 많고 얌전한 모습이 보기만 해도 절로 호감이 가는 처녀였다. 게다가 사람도 똑똑하고 품행도 좋았으며 충실한 면에서는 두말할 나위 없었다. 그러니 내가 그녀의 이름을 댔을 때는 모두 놀랐다. 나도 그녀 못지 않게 신용이 있었으므로 두 사람 중 어느 쪽이 훔쳤는가 확인해 볼 필요가 있다는 결론이 내려졌다. 그녀를 부르러 사람을 보냈다. 참관하는 사람들이 많았으며 라 로크 백작도 끼어 있었다. 그녀가 나왔다. 문제의 도투락을 내보였다. 나는 뻔뻔스럽게도 죄를 그녀에게 덮어씌웠다. 마리옹은 어이가 없어 말없이 나를 보았다. 악마도 90리는 피했을 그 시선에도 나의 잔인한 마음은 꺾이지 않았다. 마침내 그녀는 단호하게, 더욱이 침착하게 자기는 그런 짓을 한 일이 없다고 말하고, 나를 정면으로 바라보면서 '가슴에 손을 얹고 잘 생각해 보라. 원한을 살 만한 일을 해본 적이 없는 순진한 처녀가 그런 욕을 보게 하지 말아달라'고 꾸짖었다. 나는 나대로 비인도적인 철면피로서 끝내 버티며, 한 말을 그대로 고집하여 틀림없이 이 사람이 이 도투락을 주었다고 그녀의 면전에서 우겼다. 그녀는 가엾게도 울음을 터뜨리고 간신히 이렇게 말했다. '아 루소 씨, 나는 당신을 훌륭한 분으로 알았는데 이런 낭패를 주는군요. 하지만 나는 당신 같은 처지가 되지 않아서 다행이라고 생각해요.' 이 말뿐이었다. 그뒤에도 얼마간 똑똑하고 솔직하게 해명을 계속했으나 내게 대해서는 욕 한 마디도 입 밖에 내지 않았다. 나의 단정하는 듯한 강한 말투에 비해 그러한 소극성은 결국 그녀에게 불리했다. 나의 한 쪽에 이처럼 악마 같은 뻔뻔스러움이 있고, 다른 쪽에 이처럼 천사 같은 유순함이 있을 줄은 사실처럼 생각되지 않을 정도였다. 분명히 판결이 나지 않을 것 같았으나 추측은 내게 유리했다. 복잡한 가운데 일어난 일이라 깊이 조사할 여유도 없었다. 라 로크 백작이 두 사람을 똑같이 해고하기로 하고 타이른 말은, 죄를 저지른 사람의 양심이 죄 없는 사람을 위해 충분히 원수를 갚아 준다는 것뿐이었다. 이 예언은 적중했다. 하루도 보복의 손길이 늦추어지는 날이 없었다.

누명을 뒤집어쓴 그녀가 어떻게 되었는지 나는 모른다. 그러나 그 뒤 그리 쉽사리 좋은 자리가 났으리라고는 생각되지 않는다. 죄로 더럽혀진 불명예는 어쩔 수 없이 끈덕지게 따라다녔다. 훔친 물건은 보잘것없더라도 그것은 도둑질이었다. 더욱 나쁜 것은 젊은 남자를 유혹할 목적으로 한 도둑질인데다 거짓말과 고집이 첨가되었으므로, 그런 악덕을 갖춘 여자는 점점 더 구원을 받지 못하게 된다. 가난과 세상에서 버림받는 것이 내가 그녀에게 준 치명상이라고 생각하지 않는다. 대체 그 나이로 결백한 몸에 천한 죄명을 덮어 썼다는 낙심이 그녀를 어떤 결과로 이끌었을 것인가. 아! 그녀를 불행하게 만들었다는 회한만으로도 견딜 수 없는 나에게 그녀를 나보다 나쁜 인간으로 만들어버린 회한이 얼마나 심하겠는가 짐작해 주기 바란다.

이 쓰라린 추억은 지금도 이따금 나를 괴롭힌다. 잠 못 이루는 밤이면 이 가엾은 처녀가 나타나 내 죄를 마치 어제 저지른 듯이 꾸짖는 것이 또렷이 눈에 보인다. 그토록까지 마음이 흐트러지는 때가 있다. 평온하게 지내오던 동안은 그리 고민하는 일이 없었지만, 풍파가 많은 어려움 속에서는 무엇보다 억울하게 박해를 당한다는 생각이 들어 달콤한 위안을 사정없이 앗아가고 만다. 이것은 어느 책엔가 쓴 것으로 알고 있는 다음과 같은 말을 실감케 한다. 즉, 회한은 행운에 잠겨 있을 때는 얌전하게 잠자고 불행해지면 보채기 시작한다. 그러나 이 일을 누군가 친구에게 고백하여 마음을 가볍게 한다는 결심은 아무래도 서지 않았다. 아무리 친한 사이라도, 바랑 부인에게조차도 그것만은 고백할 수 없었다. 기껏해야 어떤 가혹한 행동을 한 적이 있어서 지금도 후회하고 있다는 정도의 고백이 고작이었으며, 그것이 어떤 일이었는지 결코 말하지 않았다. 그러므로 그 부담은 오늘날까지 내 양심 위에 무겁게 내리누르고 앉아 조금도 가벼워지지 않는다. 어떻게 해서든 그것에서 벗어나고 싶다는 희망이 이 참회록을 쓸 결심을 하게 만든 커다란 힘이 되었다고 할 수 있다.

나는 있는 그대로 고백했다고 생각한다. 비열하고 나쁜 짓을 얼버무렸다고는 아무도 생각하지 않을 것이다. 그러나 그때 내 마음속에서 일어난 움직임을 말해 두지 않고는 이 책의 목적을 다한 것이 되지 않을 것이다. 진실에 비추어 틀림없는 것을, 분명히 스스로 변명할 것을 두려워해서는 안 된다. 그 잔혹한 순간만큼 내가 악의와 거리가 먼 적은 없었던 것이다. 그리고 그 불행한 처녀에게 죄를 씌웠을 때, 우스운 이야기이지만 솔직히 말해서 내가 그녀에게 호의를 갖고 있었기 때문에 그런 일이 일어난 것이다. 나는 언제나 그녀를 생각했었다. 제일 먼저 머리에 떠오르는 것을 핑계로 삼은 것이다. 내가 하고 싶던 일을 그녀가 했다고, 다시 말해 내가 도투락을 주고 싶다는 생각을 가지고 있었으므로 그녀가 주었다고 말하여 죄를 씌운 것이다.

이윽고 그녀가 불려 나오는 것을 보았을 때, 내 마음은 몹시 아팠다. 그러나 많은 사람들이 있었으므로 후회는 쑥 들어갔다. 벌이 무서운 것이 아니라 부끄러움이 무서웠다. 죽음보다, 죄보다, 세상의 그 무엇보다 그것이 무섭다. 땅 밑으로 들어갈 수 있으면 들어가서 질식해 버리고 싶었다. 견딜 수 없는 부끄러움이 모든 것을 눌렀다. 부끄러움만이 나를 뻔뻔스럽게 만들었다. 죄가 내게 돌아올 듯해지면 그럴수록, 그것을 시인하는 무서움 때문에 점점 더 대담해졌다. 내가 그 자리에서 도둑놈, 거짓말쟁이, 중상자로 공공연하게 선고받는 공포만이 앞섰다. 완전히 정신을 차리지 못했고 다른 감정은 전혀 없어져 버렸다. 조용히 반성할 여유를 주었더라면 틀림없이 모든 것을 털어놓았을 것이다. 라 로크 씨가 나를 따로 불러 '가엾게 저 처녀를 그렇게 짓밟아서는 안돼, 만일 자네가 죄를 지었거든 내게 솔직히 말하게' 하고 말해 주었더라면 즉시 그의 발 아래에 꿇어엎드렸을 것이다. 틀림없이 그렇게 했을 것이다. 그러나 그들은 내게 용기를 주었어야 할 일을 겁에 질리게만 했다. 나이라는 것도 생각해 주었어야만 했다. 나는 아직 소년에 지나지 않았다. 어릴 때에 갖는 악한 마음은 어른이 된 뒤보다 더 무거운 죄를 짓는 수가 있다. 그러나 마음이 약한 데 지나지 않는 죄라면 훨씬 가볍다. 나의 잘못은 바로 마음이 약한 것이었다. 그러므로 그것을 회상하고 괴로워하는 것도 나쁜 일 자체 때문이 아니라 나쁜 짓이 가져온 화를 생각해서다. 이 나쁜 짓이 나에게는 전화위복이 되었다. 저지른 단 하나의 죄에서 받은 인상이 너무나도 끔찍해 그후의 반생에서 죄를 지을 듯한 그 어떤 행위로부터도 나를 지킬 수 있었으니 말이다. 거짓말을 미워하는 것도 거의 나 자신이 그런 비열한 거짓말을 했다는 후회에서 오는 것 같다. 만일 이 죄가 내가 믿고자 하듯이 갚을 수 있는 것이라면, 인생의 마지막을 이다지도 많은 불행으로 괴로워하는 이 고통으로써 갚아야 하고, 온갖 곤경에 빠지면서도 정직한 마음과 염치를 아는 마음을 잃지 않은 이 40년으로 갚아야 한다고 생각한다.

그리고 그 가엾은 마리옹을 위해서 복수를 해주는 자는 이 세상에 얼마든지 있으므로 그녀에게 준 나의 모욕이 아무리 크더라도 언제까지나 그 모욕적인 죄를 그녀가 짊어지고 가게 될 거라고는 생각하지 않는다.

이 일에 관해서 해야 할 말은 이것뿐이다. 이제 두 번 다시 여기에 대해서는 언급하지 않아도 되었으면 한다.

제3권

〔1728년 12월~1730년 4월〕

　들어갈 때와 거의 같은 몰골로 베르셀리 부인 집을 나온 나는 그전 하숙집 안주인에게로 돌아갔으나 5~6주쯤 거기에 있는 동안에 건강과 젊음과 무료함으로 말미암아 마음이 초조해질 때가 많았다. 공연히 허전해서 멍청하니 몽상에 잠겼다. 눈물을 짓기도 하고 한숨을 쉬기도 하며 분명히 파악할 수는 없으나 내게는 없는 듯이 느껴지는 행복을 애타게 찾기도 했다. 이런 상태는 제대로 글로 표현할 수도 없고 상상해 줄 사람도 거의 없을 것이다. 왜냐하면 대다수의 사람들은 이 애닯고도 즐거운 생의 충만함을 위해서 미리 대책을 강구하고 격렬한 욕망 속에서 이미 실제로 향락이 주는 맛을 느끼기 때문이다. 들끓는 나의 피는 끊임없이 소녀와 부인들로 내 머리를 채웠다. 그러나 그것을 어떻게 처리해야 하는지 몰랐기 때문에 공상만으로 머릿속에서 기묘한 움직임을 하고 그 이상은 어떻게 하면 좋을지 몰랐다. 그러한 두뇌의 활동은 나의 관능을 매우 어색하게 만들었으나, 관능을 자유로이 해방시키지 않은 것은 오히려 다행이었다. 단 15분 동안이라도 고통 양 같은 소녀를 만날 수 있다면, 생명을 내던져도 아깝지 않을 것이다. 그러나 이제는 아이들 장난으로 자연스럽게 그런 짓을 할 나이는 아니었다. 악의 의식을 동반하는 수치심이 나이와 더불어 생겨나 타고난 소심과 합세하여 아무리 해도 그것을 이겨낼 수 없게 되었다. 그래서 그 당시도, 그 뒤로도 음란한 청을 할 생각을 가져본 적은 없었다.
　다만 상대편 여자가 적극적으로 유도해서, 말하자면 강요를 당해서 한 일은 있었으나, 그런 경우를 제외하고는 상대편이 조심도 않고, 열에 아홉은 세세하게 알고 있는 경우에도 이쪽에서 청을 한 적은 없었다.
　홍분은 점점 더해 가고 욕망은 누를 길이 없어 엉뚱한 몸짓으로 이를 부채질했다. 나는 어두운 골목이나 한적한 헛간 같은 데를 찾아가서는, 여자 옆에서 그렇게 하고 싶은 시늉을 함으로써 멀리서 여자의 눈에 띄게 했다. 얼른 보기에 외설스러운 짓은 아니었다. 나도 그런 것은 생각지 않았다. 그저 대단히 우스꽝스러운 것이었다. 그런 것을 여자의 눈에 드러내 보이려는 나의 어리석은 쾌락은 글로 표현할 수가 없다. 상대편이 내가 예상한 대로 속아 주는 것을 맛보기 위해서는 거기에서 한 걸음 더 나아가면 되었고, 내게 차분히 기다리고 있을 만한 뻔뻔스러움이 있었다면, 누군가 대담한 여자가 지나는 길에 그러한 즐거움을 주고 갔을 것은 의심할 여지가 없다. 따라서 이 쑥맥 같은 시늉은 또 우스꽝스럽게도 내게는 조금도 반갑잖은 결말을 가져다 주었다.

어느 날, 난 어떤 집 마당 한구석에 숨어 있었다. 그 마당에는 우물이 있어서 집에 사는 처녀들이 자주 물을 길러 나왔다. 구석쪽엔 약간 비탈진 곳이 있고 거기서 통로가 몇 가닥으로 갈라져서 저마다 땅굴로 통했다. 어둠 속에서 이 지하도를 더듬어 보니, 길고 컴컴하다는 것을 알 수 있는 이런 곳이라면 어디까지든 갈 수 있고, 들키면 이리로 도망치면 안전하다는 것을 알았다. 이렇게 생각하니 자신이 생겨 처녀들이 우물에 올 때마다 유혹을 한다라기보다 차라리 웃음거리가 될 만한 구경자리를 만들어 보였다. 얌전한 처녀들은 못 본 체했다. 어떤 처녀는 웃음을 터뜨렸다. 어떤 처녀는 모욕을 당한 줄 알았는지 큰 소리를 질렀다. 나는 숨을 장소로 도망쳤으나 추적당했다. 뜻밖에 남자 목소리가 들려와 가슴이 철렁 내려앉았다. 길을 잃어도 좋다는 각오로 지하도 안쪽으로 숨어들어갔다. 시끌시끌한 소리며 와글대는 소리와 남자 목소리가 한데 섞여 여전히 뒤를 쫓아왔다. 컴컴한 곳으로 알았는데 눈 앞에 불빛이 비쳐 왔다. 덜덜 떨면서 계속 안으로 들어가자 벽에 부딪혔다. 더 이상 들어갈 수도 없어 거기서 운명을 기다리는 수밖에 없었다. 금세 추적을 당해서 길다란 콧수염에 큼직한 모자, 커다란 군도(軍刀)를 든 거대한 남자에게 붙들리고 말았다. 네댓 명의 할멈들이 그 뒤를 따랐는데, 저마다 빗자루를 쥐고 있었다. 나는 그들 속에 나를 밀고한 그 건방진 계집애의 얼굴을 보았다. 아마 내 얼굴을 보고 싶었던 모양이었다.

칼을 든 사나이는 내 가슴을 움켜잡고 사납게 무엇을 하러 왔느냐고 물었다. 물론 대답이 준비되어 있을 리 없었다. 나는 마음을 고쳐 먹었다. 이 위기를 돌파하기 위해 필사적인 노력으로 소설 속에서 같은 다급한 변명을 머리에서 짜냈더니, 그게 먹혀들었다. 나는 애원하는 목소리로, '내 나이와 처지를 동정해 달라. 나는 다른 나라 명문의 자제로 머리가 돌았다. 감금당할 것 같아 아버지 집을 빠져나왔다. 내가 여기 있는 걸 알면 큰 일이다. 이대로 놓아 주기만 하면 언젠가는 은혜도 갚을 것이다' 하고 사정했다. 뜻밖에도 애원하는 나의 태도가 효과를 거두었다. 무서워 보이던 사나이는 불쌍하게 생각한 모양으로 몇 마디 잔소리를 하고는 그 이상 묻지도 않고 가만히 놓아 주었다. 내가 떠나가는 것을 보고 있던 소녀와 할멈들의 표정으로 미루어 보건대 내가 그렇게 무서워하던 사나이가 결국은 나를 도와 주었다. 여자들만 있었더라면 이처럼 쉽게 끝나지는 않았을 것이라고 생각하는 듯했다. 여자들이 뭐라고 툴툴거리는 소리가 들려왔으나, 이젠 걱정 없었다. 왜냐하면 칼을 든 그 사나이가 끼어 있지 않았다면 잽싸고 원기 왕성한 나인지라, 이따위 몽둥이나 할멈 따위는 문제없이 뚫고 나갈 자신이 있었기 때문이다.

며칠 후 이웃에 있는 젊은 교구의 사제와 같이 어느 거리를 걸어가고 있는데, 그 칼을 들었던 사나이와 딱 마주쳤다. 그는 내 얼굴을 기억하고 있었던지 조롱하는 말투로 내 목소리를 흉내내며 이렇게 말했다. '나는 왕족입니다. 왕족이에요. 그리고 나는 멍청이입니다. 전하(殿下)의 몸으로서 다시는 그런 짓을 하지 않겠습니다.' 그 이상은 아무것도 덧붙이지 않았다. 나는 머리를 숙이고 슬그머니 그곳을 빠져나갔으나, 속으로는 그의 소극적인 태도에 감사했다. 그 할멈들은 틀림없이 내 말에 너무 쉽게 넘어가서 나를 놓아 주었다고 이 사람에게 따지고 들었을 것이다. 그는 어찌됐든 피에몽테 사람치고는 좋은 사람이었다.

그를 회상하면 언제나 고마운 생각이 든다. 이야기치고는 정말 재미있으므로 웃음거리로 삼기 위해서라도 다른 사람에게 걸렸더라면 단단히 욕을 볼 뻔했으니 말이다. 이 사건은 걱정할 만한 결과를 가져 오지 않고 끝났지만, 이 일에 혼이 난 나는 그 뒤부터 착한 행실을 하게 되었다.

베르셀리 부인 집에 묵고 있는 동안에 몇 사람을 사귀게 되었는데, 언젠가는 필요하겠지 하는 마음에서 그대로 관계를 끊지 않고 있었다. 그 중에서도 멜라레드 백작의 아이들을 가르치는 가정 교사인 겜이라는 사부아의 신부를 가끔 찾아갔다. 아직 젊고 세상에 알려지지 않았지만, 양식이 있고 청렴하며, 지식 또한 풍부해서 내가 사귄 사람들 가운데 가장 훌륭한 사람 중의 하나였다. 찾아간 목적에서 본다면 의지할 만한 사람이 못 되었고, 내 일자리를 구해 줄 만큼 신용도 넓지는 못했다. 그러나 그와 함께 있으면 그 이상의 소득, 나의 일생에 도움이 될 귀중한 소득, 즉 건전한 도덕적 교훈이라든가 올바른 이성의 지침 같은 것을 얻었다. 지금까지 내 취미나 사상의 변천 과정을 살펴보면, 언제나 나 스스로 지나치게 높아졌다 낮아졌다 했다. 아쉴레(그리스의 트로이 성 포위군 장수)가 아니면 테르시테스(그리스의 한 족장), 즉 영웅이 되었다가 무뢰한이 되었다가 했다. 겜 씨는 나를 바른 위치에 서게 하여 자신의 모습을 내가 잘 보도록 했으며, 조금도 사정을 두지 않았으나 그렇다고 용기를 꺾는 일도 없었다. 나의 천성과 재능을 칭찬하면서도 그런 것들의 이용을 방해하는 장애가 나타나 보인다고 덧붙였다. 그래서 그러한 천성과 재능은 그가 보기에 출세의 계단으로서 도움이 되기보다는 오히려 출세 같은 것을 하지 말고 살아가는 수단으로서 도움이 될 것이라고 말했다. 그는 내가 잘못된 관념밖에 갖고 있지 않은 인생의 참모습을 잘 알 수 있게 설명해 주었다. 사려 깊은 사람이 역경에 처했을 때에도 언제나 행복으로 향하는 방법을 알고, 행복에 도달하기 위해 달리는 방법을 터득하고 있는 까닭, 깊은 생각 없이 진정한 행복이 이루어질 수 없는 까닭, 사려는 어떤 경우에도 따라다니게 마련인 까닭 등을 내게 가르쳤다. 남을 지배하는 사람은 지배를 받는 사람보다 현명하지 않다는 것을 증명하여 나의 위인 숭배열을 가라앉혀 주었다. 그가 한 말 가운데 한 가지 기억나는 것은 사람은 누구든 다른 사람의 마음을 완전히 알게 되면, 위로 오르려는 사람보다 아래로 내려가는 사람이 더 많을 것이라는 말이다. 이 너무도 참되고 조금도 과장이 없는 관찰은 내 생애를 통해서 크게 도움이 되어 평온하게 자신의 위치를 유지하도록 깨우쳐 주었다. 그는 도의(道義)에 대한 참된 관념을 처음으로 내게 심어 주었다. 도의라는 것에 대해서도 과대망상에 사로잡힌 듯한 나의 정신은 지나친 해석을 하고 있었던 것이다. 숭고한 미덕에 감격했다고 해도 사회는 그것만으로는 통하지 않는다. 너무 높은 곳에서 뛰는 사람은 떨어지기 쉽다. 작은 의무의 실천을 꾸준히 계속해 나가는 데는 훌륭한 행동에 못지 않은 노력이 필요하다. 명예나 행복을 얻는 데도 그렇게 하는 것이 상책이다. 늘 남에게 존경을 받는 편이 어쩌다가 크게 칭찬을 받기보다 얼마나 나은 것인지 모른다. 그는 이런 것들을 깨닫게 해주었다.

인간의 의무를 정의하려면 그 근본 원리로 거슬러 올라갈 필요가 있었다. 그래서 내가 최근에 취한 방향, 그 결과로 지금 내가 이런 경우에 처하게 되었지만, 그 방향으로 인해 우리의 이야기는 자연 종교로 돌아갔다. 여기까지 말하면 알 수 있겠지만, 적어도 이 성실한 겜 씨야말로 적어도 사부아의 보좌 신부의 원형인 것이다. 다만 조심성이 지나쳐 이야기는 훨씬 소극적으로 되었으며, 어떤 것에 대해선 그다지 솔직하게 설명하지 않는 일도 있었다. 하기야 겜 씨가 말한 처세훈, 개인 감정, 의견 등은 똑같은 것이었으며, 고국으로 돌아가라고 한 충고까지 모두 뒷날 내가 책에서 공개한 바 그대로였다. 그러므로 그 주된 뜻이 누구에게나 알려져 있는 그 당시의 담화 내용을 길게 늘어놓지 않고, 그저 겜 씨의 사려 깊은 교훈이 처음에는 아무런 효과도 없었으나, 점차 내 마음속에서 도덕과 신앙을 기르는 싹이 되었다는 것, 그 싹은 그대로 썩어 없어지지 않고 열매를 맺기 위해 보다 정다운 손길을 기다리는 상태가 되었다는 것만 말해 둔다.

당시 나는 개종했다고는 해도 흔들리고 있는 상태였으니 그에게 감동을 받지 않을 수 없었다. 이야기는 싫증이 나기는커녕 그 명석하고 소박한 점에 마음이 끌렸을 뿐더러, 특히 그 대화 속에 진심이 깃들어 있는 게 기뻤다. 나는 금방 남을 사랑해 버리는 인간이며 사람에게 끌리는 것도 그가 좋은 일을 해주었기 때문이라기보다는 좋은 일을 해주려 했기 때문인 경우가 더 많다. 이 점에서 나의 육감은 대개 틀리지 않는다. 그런 까닭으로 겜 씨가 정말 좋아졌다. 나는 겜 씨의 둘째 제자라고 해도 좋았으며, 이 점은 무엇보다도 못난 사람이 한가하기 때문에 저지르는 선하지 못한 행실을 막아 준 것 만으로도 얼마나 고마웠는지 모른다.

어느 날 뜻밖에도 라 로크 백작께서 나를 부르러 사람을 보내 왔다. 아무리 찾아가봐야 만날 수 없어 진력이 난 뒤라 가지 않기로 했던 것이다. 나를 잊어 버렸거나 나쁜 인상을 갖게 했거나 둘 중의 하나라고 생각했는데, 그건 잘못이었다. 백작은 내가 그의 숙모 곁에서 올바르게 일을 하고 있는 것을 보아 왔으므로, 그런 이야기를 벌써 숙모에게도 말했고, 또 내가 생각지도 않고 있는 지금 그 이야기를 내게도 하였던 것이다. 그는 반갑게 나를 맞이하며 이렇게 말했다.

'덮어놓고 그 자리를 얼버무리고자 약속한 것이 아니고, 너를 취직시켜 주려고 늘 애를 써 오던 중, 그게 순조롭게 잘 되었다. 이제 길을 터놓았으니 무엇인가 될 수 있을 것이다. 다음은 네가 하기에 달렸다. 돌봐 주려고 하는 집은 유력한 명망가로 출세를 위해서는 다른 보호자가 필요치 않을 것이다. 처음에는 먼젓번처럼 단순한 종복 대우를 받겠지만, 마음가짐과 행동 여하에 따라 그런 자리에 놓아 둘 사람이 아니라고 알게 되면, 물론 그대로 내버려두지는 않을 것이 확실하다.'

이런 이야기를 끝까지 듣고 있자니 처음 가졌던 희망이 여지없이 배반당하고 만 느낌이었다. (시시해! 또 종노릇이야?) 나는 분해서 속으로 중얼거렸으나, 곧 그 기분을 자신감이 싹 씻어가 버렸다. 걱정 안해도 그런 지위에 벌써 앉아 있는 거나 다름없는 나라는 기분이 들어서였다.

라 로크 백작은 나를 구봉 백작에게 데리고 갔다. 그는 왕비의 시종을 드는 벼슬아치의 우두머리로 유명한 솔라르 집안 당대의 주인이었다. 이 명문 노인의 위엄에 넘치는 모습은 사람을 응대하는 그의 조용한 언어와 동작을 한층 기쁘게 느끼도록 해주었다. 관심을 갖고 이것저것 물어 주는 그에게 나는 성의껏 대답했다.

라 로크 백작에게 그는 말했다. '이 아이는 호감이 가는 영리한 얼굴 같다. 실제로도 그럴 줄 믿지만, 그것만으론 충분하지 못하니, 다른 점도 보아야지' 그리고 나를 바라보며 '애야' 하고는 말을 이었다. '무슨 일이고 처음에는 힘이 드는 법이나 너의 경우에는 별것이 아닐 게다. 조심스럽게 행동해서 집안 사람들의 마음에 들게 힘쓰도록 해라. 네가 할 일이란 우선 그것뿐이야. 그러니 열심히 해라. 뒤는 내가 돌봐 줄 테니까.'

그는 곧 며느리 브레유 후작 부인에게 데리고 가서 나를 소개한 데 이어, 아들 구봉 신부에게도 소개해 주었다. 첫 출발은 길조로 보였다. 하인의 첫대면이란 이렇게 야단스레 하진 않는 법이다. 그건 지난날의 경험으로 충분히 판단이 갔다. 아니나 다를까 여기에선 하인 대접을 하지 않았다. 식탁도 하인들과는 따로 만들어졌고[*1] 옷도 하인들이 입는 것이 아니었다. 젊고 경솔한 파브리아 백작이 나를 그의 마차 뒤에 태우려고 했을 때, 조부인 노백작은 어느 마차든 간에 뒤에 타서는 안 되며, 집 밖에서는 누구의 수행도 하지 말라고 못 박아 버렸다. 그렇지만 집 안에서는 식탁의 시중을 들기도 하고 다른 하인들이 하는 일과 비슷한 일을 하기도 했으나, 그것은 누구 한 사람에게 딸려 있도록 정해진 것이 아닌, 말하자면 자유로운 입장에서였다. 편지를 받아 쓰는 것

---

*1 큰 집엔 첫 식탁에 주인들, 둘째 식탁에 고급 사용인, 보통 식탁에 하인들이 앉는다.

과 파브리아 백작에게 상화(霜花)를 오려내 주는 일을 제외하면 온종일 거의 내 시간이었다. 이런 시간은 스스로는 깨닫지 못하고 있었지만, 분명 매우 위험한 것이었다. 그다지 인간미 있는 일이라고는 할 수 없기 때문이다. 이렇게 제멋대로 여가를 보낸다는 것은 까딱하면 피할 수 없는 나쁜 버릇에 나도 모르게 젖어들수 있기 때문이다.

그러나 다행스럽게도 그런 일은 일어나지 않았다. 겜 씨의 교훈이 내 마음에 깊은 인상을 주었고, 나도 거기에 흥미를 느꼈으므로 가끔 몰래 빠져나가 다시 이야기를 듣고 오곤 하였다. 그런 식으로 몰래 빠져나가는 것을 본 사람은 내가 어디로 가는지 짐작이 가지 않았으리라. 겜 씨가 나의 행동에 대해서 말해 준 충고만큼 어울리는 것은 없었다. 근무의 첫 출발은 훌륭했다. 부지런하고 조심스러우며 열심이어서 온 집안 사람들이 모두 감탄했다. 겜므 씨는 그러한 최초의 열성은 식기 쉽고 그때는 눈에 띄게 되니, 적당히 하라고 타일렀다. 겜 씨는 말했다. '근무의 첫 태도가 기준이 되어서 그때문에 여러 가지 주문을 받게 될 것이다. 뒤에 가서 더 잘하도록 마음을 쓰는 것이 중요하다. 나중에 못하게 되어서는 안 되니까.'

내게 약간의 재능이 있다는 걸 처음부터 알아 보려고도 하지 않고 하늘이 주신 것밖에 없는 줄로 보아 버린 집안 사람들은, 구봉 백작이 그렇게 말해 주었음에도 아무도 나를 이끌어 주려고 생각하는 것 같지도 않았다. 게다가 여러 가지 사건들이 그 사이에 끼어들어 내 존재 같은 건 거의 잊히고 말았다. 구봉 백작의 장남인 브레유 후작은 당시 비엔나의 대사였다. 궁정 안에 일어난 변동의 영향이 이 집안에까지 미쳐 몇 주일 동안은 동요가 그치지 않았으므로 나를 생각해 줄 겨를이 없었던 것이다. 그래도 그때까지 나는 긴장을 푸는 일이 없었다. 한데 우연한 일이 이때 내게 좋을 수도 나쁠 수도 있는 결과를 가져다 주었다. 밖으로 정신을 팔게 되었다는 것이 아니고 근무가 다소 소홀해진 것이었다.

거의 나와 동갑인 브레유 양은 자태도 좋았고, 얼굴도 예뻤으며, 무척 살결이 희고, 머리숱이 많았다. 갈색 머리인데도 금발 여인이 갖는 부드러운 맛이 얼굴에 풍겼다. 내가 언제나 항복하고 마는 그런 표정이었다. 이런 젊은 여성에 꼭 어울리는 궁정식 옷차림이 균형 잡힌 몸매를 유난히 아름답게 보이게 했고, 가슴과 어깨를 드러내 놓은 채 그때 입고 있던 상복(喪服)이 그녀의 흰 얼굴을 한층 눈부시게 빛내주고 있었다. 그런 것에 눈독을 들인다는 것은 하인이 할 짓이 아니라고 할 수 있다. 아마 그래서는 안될 일인지도 모른다. 그러나 아무래도 내 눈에 띄었다. 더욱이 그런 것은 나 한 사람만이 아니었다. 하인들의 우두머리도, 다른 하인들도, 식사 때 흔히 그런 이야기를 꺼내어 몹시 내 마음을 아프게 했다. 그렇다고 내가 본격적으로 사랑을 하고 있다고 할 만큼 넋을 잃고 있는 것은 아니었다. 스스로를 잊지 않고 제대로 내 위치를 지키고 있었다. 욕망이 넘쳐흐르고 있는 것도 아니었다. 브레유 양의 얼굴을 바라보고, 재치와 빠른 직감과 예의 있는 말을 듣는 것이 기쁠 뿐이었다. 야심이라고 해봐야 그녀의 일을 돕는 즐거움의 범위를 벗어나지 않았고, 내 권한을 넘어서는 일은 없었다. 식사 때에는 무엇인가 내 권한을 보여 줄 기회가 없나 하고 주의를 기울였다. 그녀를 시중 드는 하인이 잠시라도 자리를 비우면 곧 가서 그 자리에 앉았다. 그렇지 않을 때는 그녀의 정면에 서 있었다. 그녀의 눈에서 무언가 시키고 싶은 일은 없는지 살피고 접시를 바꿀 때를 엿본다. 무엇을 명령해 준다면, 나를 바라보고 뭐라고 한 마디라도 건네 준다면 무엇을 아끼겠는가.

그런데 도무지 그런 기미가 없다. 그녀에게 나는 없는 거나 마찬가지라는 사실은 못견딜 노릇이었다. 내가 그 장소에 있다는 것마저 알아 주지 않았다. 그러나 그녀의 오빠는 가끔 식사 중에 내게 말을 건넸는데, 좀 무례한 말을 내게 했을 때 내가 그것을 받아서 품위 있고 재치 있는 표현으로 대답했으므로 그녀는 나를 힐끔 바라보았다. 그것은 순식간이었으나 나를 정신 못 차리게 만들었다. 그 이튿날에도 기회가 있어서 내게 두 번째 눈길을 보냈을 때, 나는 재빨리 그것을 이용했다. 그날은 큰 만찬 모임이라 하인들의 우두머리가 칼을 차고 모자를 쓴 채 시중을 들러 나와 있는 것을 처음으로 보고 몹시 놀랐다. 마침, 이야기가 솔라르 집안의 가훈으로 옮겨갔다. 그것은 문장과 함께 얼룩덜룩하게 짠 벽포(壁布)에 새겨진 것으로, 'Tel fiert qui ne tue pas.'라는 것이다. 피에몽테 사람들은 보통 프랑스 말을 잘하는 편이 아니므로 누군가가 이 글에는 철자법이 틀린 곳이 하나 있다, fiert라는 말에는 t가 필요없다고 지적했다.

구봉 노백작은 이 말에 대답하려고 하다가 문득 내게 시선을 던지며, 내가 미소를 지을 뿐 차마 무슨 말을 못하고 있는 것을 눈치챘다. 노백작은 말을 해 보라고 내게 명령했다. 그래서 나는 필요 없는 글자라고 생각하지는 않으며,

fiert는 옛날 프랑스 말로서 용맹스럽다든가 위협하는 듯하다는 의미의 ferus라는 명사에서 온 게 아니고, 때린다, 상처를 입힌다는 동사 ferir에서 온 것이므로, 이 명문(銘文)은 위협을 하더라도 운운하는 뜻이 아니라 '때려도 죽이지는 않는다(Tel frappe qui ne tue pas.)'라는 뜻으로 짐작된다고 말했다. 모두 나를 바라보며, 말없이 서로의 얼굴을 쳐다 보았다. 이처럼 놀란 일은 일찍이 없었던 것이다. 그것도 기뻤지만 한층 내 마음이 우쭐해진 것은 브레유 양의 얼굴에서 만족해 하는 기미를 똑똑히 발견한 것이었다. 이 새침데기 아가씨가 적어도 첫 번째에 못잖은 두 번째 시선을 내게 던져 준 것이다. 다음에 그 눈은 할아버지를 향했고, 답답하다는 듯이 할아버지 입에서 나올 법한 칭찬의 소리를 기대하고 있는 듯이 보였다. 과연 노백작이 아주 만족한 듯이 더할 나위 없는 찬사를 보내 주었으므로, 다른 사람들도 모두 기다렸다는 듯이 맞장구를 쳤다.

그 한때는 짧았지만, 모든 점에서 말할 수 없이 기분이 좋았다. 좀처럼 없는 일이지만, 사물을 정당한 위치로 돌리고 운명의 포학함 앞에 비굴해진 재능의 진가를 알려 주는 순간이었던 것이다. 한참 있다가 브레유 양이 다시 내게로 눈을 들어 정다운 듯, 부끄러워하는 듯한 목소리로 물을 달라고 했다. 기다릴 틈도 없이 부리나케 가지고 간 것은 말할 나위도 없다. 그러나 그녀 가까이 갔을 때 부들부들 떨리기 시작해서 컵에 가득 채운 물을 접시에 흘리고, 그녀에게까지 튀게 해버렸다. 그러자 그녀의 오빠는 왜 그렇게 떠느냐고 주책없이 물었다. 그런 소리는 내가 침착성을 되찾는 데 도움이 되지 않았으며, 브레유 양은 눈 속까지 빨개졌다.

사랑의 이야기는 이것으로 끝난다. 이것으로 보더라도 바질 부인의 경우나 그 후의 생애에 있었던 이와 비슷한 경우와 마찬가지로 내 사랑의 결말은 도무지 잘 되지 않는다는 것을 알게 되었다. 그 뒤로 브레유 부인의 대기실 같은 데서 혹시나 하고 애타게 그리워하며 기다리고 있었으나, 쓰라린 실망감만 맛보았을 뿐 아가씨는 단 한 번도 거들떠 보아 주지 않았다. 드나들 때도 나를 바라보지 않았기에 나도 시선을 보낼 용기가 나지 않았다. 그뿐 아니라 우둔하고 서툰 짓만 하였다. 어느 날 그녀가 지나가다 장갑을 떨어뜨렸을 때는 온통 입맞춤으로 덮고 싶은 그 장갑을 달려가 주우려고도 하지 않고 그대로 멍청하니 서 있었다. 눈치도 없는 천한 다른 하인이 그 장갑을 줍고 말았는데, 그를 후려 갈기고 싶었을 정도였다. 브레유 부인의 기분을 아직 잘 맞추지 못하고 있다는 것을 깨닫고 나니 더 용기가 줄어들었다. 부인은 내게 아무것도 시키지 않을 뿐 아니라 전혀 내 시중을 받아들이지 않았다. 대기실에 있는 나를 보고, 두 번이나 '달리 뭐 할 일은 없느냐?' 하고 몹시 무뚝뚝한 말투로 물었다. 그래서 이 그리운 대기실을 단념하지 않으면 안 되었다. 처음에는 심심했지만 달리 기분을 풀 일들이 생겨나서 곧 생각을 하지 않게 되었다.

　브레유 부인의 경멸도 겨우 내 존재를 인정해 준 그녀의 시아버지의 호의로써 그럭저럭 위안을 받았다. 그 만찬 모임이 있던 날 밤 나이 많은 백작은 반시간 동안이나 나와 이야기를 같이 하고 그 결과에 만족한 듯이 보였으며, 나도 무척 기뻤다. 이 마음씨 좋은 노인은 재기는 있으나 베르셀리 부인만은 못했다. 그 대신 정다운 구석은 더 있었다. 그래서 이 분 곁에 있는 것이 훨씬 일이 순조로웠다. 내게 호의를 가지고 있는 아들 구봉 신부와 가까이 하도록 권하면서, 그의 호의를 잘 이용하면 유익하기도 하려니와 나의 장래성을 인정받는 데 필요한 것도 배우게 해 줄 것이라고 말했다. 이튿날 아침 나는 곧장 이 신부의 집으로 달려갔다. 그는 나를 하인 취급을 하지 않고 난로 옆에 앉히고는 더없이 정답게 이것저것을 물어보다가, 이윽고 내 교육이 잡동사니를 마구 건드려 어느 것 하나 완성되어 있지 않다는 것을 알았다. 그 중에서도 라틴어가 부족한 것을 알고 더 상세하게 가르쳐 주마고 말했다. 오전에 매일 다니기로 정하고 이튿날부터 곧 시작하기로 했다. 이리하여 자신의 신분보다 지나치게 높고 동시에 지나치게 낮다는, 내 생애를 통해 이따금 일어나는 그 기묘한 일이 여기에서도 생겨나 같은 집안의 제자인 동시에 하인이기도 한 그런 위치에 놓이게 되었다. 시중을 드는 신분이면서도 왕자의 교육을 지도하는 명문의 인물을 스승으로 모셨으니 말이다.

　구봉 신부는 장차 이 집에서 주교가 되게끔 정해져 있는 둘째 아들이었다. 그래서 보통 집안의 자제들보다 훨씬 학문이 깊었다. 시에나 대학에 들어 가서 몇 해인가 묵으면서 순수한 이탈리아 말을 배워서 돌아왔으므로 토리노에서 그의 존재는 파리에서의 옛날 당죠 신부와 비슷했지만, 신학을 싫어해서 문예 방면에 몰두하게 되었다. 이것은 이탈리아에서 주교와 같은 높은 성직에 취임하는 사람들에게는 흔히 있는 일이다. 시인들의 책을 많이 읽고 라틴어나 이탈리아어로 제법 시를 썼다. 한 마디로 말해 내게 훌륭한 취미를 가르쳐 주며, 지금까지 무턱대고 머릿속에 쑤셔넣은 잡다한 것들을 정돈시키는 데 필요한 건전한 취미를 가진 사람이었다. 내가 아는 체 지껄이는 통에 내 지식을 너무 높게 평가를 했던지, 아니면 라틴어 초보가 너무 지루했던 탓인지 처음부터 정도를 매우 높게 했다. 파에드루스의 우화를 몇 편 번역시키는가 했더니, 어느 새 베르길리우스 속으로 끌고 들어갔다. 뜻은 거의 몰랐다. 다음에 알게 되겠지만 나는 몇 번이나 라틴어 공부를 새로 시작했는데, 결국 내 것으로 만들지는 못하고 만 셈이다. 그러나 꽤 열심히 공부했다. 신부도 수고를 아끼지 않았는데, 그의 친절은 지금 생각해도 감동할 정도이다. 오전은 대부분 신부와 함께 보내면서 그 동안에 배우기도 하고 시키는 일을 하기도 했다. 그 일도 신변의 잡일이 아니었다. 그런 것은 시키지 않으려고 했다. 그저 구술하는 것을 받아쓰거나, 쓴 걸 정서하거나 하는 일이었다. 학생으로서의 일보다 비서로서의 역할이 훨씬 도움이 되었다. 이렇게 나는 순수한 이탈리아 말을 배웠을 뿐만 아니라 문학에 대한 취미도 생기고, 라 트리뷔의 대본집 같은 데서는 얻어 볼 수 없는 양서의 감별력도 얻게 되었다. 이 힘은 뒷날 혼자서 글을 쓰게 되었을 때 크게 도움이 되었다.

이 시기는 내 생애를 통해서 아름다운 계획 없이 출세의 희망에 가장 올바르게 몸을 맡겼던 시기였다. 신부도 나에게 무척 만족해하며, 여러 사람들에게 그런 이야기를 하였다. 아버지인 백작 또한 나를 유별나게 귀여워해서 내 이야기를 이미 국왕에게까지 했다는 소문을 파브리아 백작의 입을 통해 들었다. 브레유 부인도 어느 새 그 경멸하는 듯한 태도를 버리게 되었다. 나는 마침내 이 집의 귀염둥이가 되었고 다른 하인들의 선망의 대상이 되었다. 그들은 내가 이 집 아들로부터 교육을 받는 영광을 차지하고 있는 것을 보고 자기들과 같은 신분으로 있지 않게 되리라는 것을 느끼고 있었다.

뒷날에야 생각한 것이지만, 이 집안 사람이 무심코 흘린 말에서 내 장래에 대해 어떤 생각을 하고 있었는가 상상해 보면, 솔라르 집안은 외교 사절의 일을 이어 가기 위해서도, 또 언젠가는 대신이 될 길을 개척해 나가기 위해서 이 집에 전속되어 있고, 장차 신임을 얻어 주인집을 위해 일할 수 있는 훌륭한 재능을 가진 인물을 그때부터 길러 두고 싶었던 모양이다. 구봉 백작의 이 계획은 고상하고 핵심(核心)을 찌른, 그리고 도량이 큰 계획이었으며 인정 많고 선견지명이 있는 대귀족다운 계획이었다. 그러나 그때의 나로서는 그러한 계획의 전모를 도저히 알 리도 만무했고, 그리고 내 머리는 분별이 지나쳐 우선 아주 오랜 복종이 필요할 것 같이 여겨졌다. 나의 어리석은 야심은 오로지 사랑의 모험을 통한 출세를 바랐다. 그래서 여성이 전혀 끼어 있지 않다는 것을 알자 그러한 출셋길은 너무 느리고 고되며 음침한 느낌이 들었다. 여자가 끼어 있지 않으니 그만큼 훌륭하고 확실한 길이라고 생각했어야 옳았다. 여성의 도움으로 얻는 공적은 확실히 내가 장래에 기대하고 있던 공적만큼은 가치가 없었기 때문이다.

만사가 순조로웠다. 완전히 모든 사람들의 존경을 차지하고 말았다. 독점해 버렸다고 해도 과언이 아니었다. 시련은 끝났다. 집안에서는 가장 유망한 청년으로 누구에게나 인정을 받았고, 지금 그 위치에 있는 것은 아니지만 머잖아 그렇게 될 것으로 기대되고 있었다. 그러나 내 지위는 인간에 의해 결정되게끔 되어 있지는 않았다. 색다른 길을 통해서 그리로 가지 않으면 안 되었던 것이다. 여기서 다시 내 고유한 특징 중의 하나인 성격에 대해 언급하되 구질구질한 반성은 덧붙이지 않겠다. 그저 사실만을 독자에게 보여 줄 수 있으면 충분하니까.

토리노에는 나와 같은 새 개종자가 많이 있었지만, 그런 무리들을 좋아하지 않았으므로 그때까지는 아무도 만나고 싶지 않았다. 그러나 그러한 개종자가 아닌 몇 명의 제네바 사람과는 더러 만나고 있었다. 그 중에 뮈사르 씨라고 입 삐뚤이라는 별명을 가진 먼 친척뻘되는 사람이 있었는데 정밀화를 그리는 사람이었다. 이 뮈사르 씨가 구봉 백작 댁에 내가 있는 것을 알고 만나러 왔다. 역시 같은 제네바 사람인 바클이란 내 친구와 같이 왔는데, 이 사람은 수습공 시절의 친구였다. 그는 무척 재미있고 쾌활한 사람으로 우스갯소리를 잘했지만, 나이가 들지 않아 조금도 밉지 않았다. 나는 금방 바클이 좋아지고 말았다. 더욱이 그와 떨어지고 싶지 않을 만큼 좋아져 버렸는데, 그는 곧 제네바로 돌아가지 않으면 안 되게 되었다. 나로 봐선 크나큰 손실이었고, 그것이 터무니없이 큰일로 생각되었다. 하다못해 남은 시간만이라도 보람있게 지내려고 나는 그의 곁을 떠나지 않았다. 아니 오히려 그쪽이 나한테서 떨어지지 못했다. 처음에는 함부로 저택에서 뛰쳐나가서 그와 하루를 지낼 만큼 정신이 없지는 않았다. 그런데 얼마 안 가서 그가 완전히 내게 붙어서 떨어지지 않는 것을 보고 집안 사람들은 그를 들여보내지 않게 되었다. 그렇게 되자 내 쪽에서 그만 몸이 달아, 친구 바클 이외에는 모든 것을 잊고 말았다. 구봉 신부 집에도, 노백작 댁에도 가지 않고 아예 집안에 모습을 보이지 않게 되었다. 꾸중을 들어도 귀에 들어오지 않았다. 심지어 쫓아내겠다는 위협까지 받았다. 이 위협이 내 일신의 파멸을 가져왔다. 그때 바클을 혼자 떠나 보내지 않아도 좋다는 생각이 퍼뜩 떠올랐다. 그러고부턴 여행을 같이 하는 것밖엔 즐거움도 행복도 운명도 없다고 생각하게 되었다. 눈에 떠오르는 것은 이루 말할 수 없는 그 여행의 행복함이며, 그 앞길에는 바랑 부인의 모습이 어른거렸다.

그녀는 아주 멀리 있었다. 왜냐하면 제네바로 돌아가는 일만은 나로선 생각할 수 없었기 때문이다. 산, 목장, 숲, 강, 마을 등이 새로운 매력을 띠고 연이어 끝없이 나타난다. 이 즐거운 여행길을 위해 나의 모든 생애를 바쳐야 한다는 생각이 들었다.

이리로 올 때도 여행을 했지만, 그것이 얼마나 아름다웠던가를 무심히 떠올렸다. 근무를 떠나 마음대로 행동할 수 있다는 매력 외에도 같은 나이, 같은 취미를 가진 쾌활한 사나이와 거리낌도 의무도 구속도 없이 기분 내키는 대로 걷고 또 묵으면 되는 것이다. 이렇게 멋진 여행을 할 수 있는데, 그 실현에 적잖은 시간이 걸리는 지루하고, 고달프며, 불확실한 출세를 꿈꾸다니 정말 바보라고 아니할 수 없다. 설혹 그 계획이 언젠가는 실현된다 하더라도 그 화려함을 청춘 시절의 참다운 쾌락과 자유의 순간에 비교할 수는 없지 않겠는가.

이런 약은 공상에 사로잡혀 제멋대로 행동했기 때문에 결국 집에서 쫓겨나게 되었지만, 그렇게 되기까지는 사실 상당한 절차가 필요했다. 어느 날 밤, 집에 돌아오니 하인들의 우두머리가 나이 많은 백작이 해고 명령을 내렸다고 전해 주었다. 그야말로 바라던 바라는 태도로 스스로도 나의 행동이 무모하다고 생각하면서도 자기 변호를 위해 돼먹잖은 배은망덕한 소리를 마구 지껄였다. 그렇게 하여 해고한 죄는 이 집안 사람들에게 있고 나는 마지못해 그런 결심을 하게 되었다는 변명이 성립된 줄 알고 있었다. 다음날 아침, 출발 전에 파브리아 백작을 한 번 찾아가라는 기별이 왔다. 그렇게 말했어도 내가 제정신이 아니라 시키는 대로 하지 않을 줄 알고 하인들의 우두머리는 내게 줄 돈은 그 면담이 있은 뒤에 주기로 했다. 그 돈은 분명 부당 소득이었다. 왜냐하면 하인의 신분으로 해두고 싶지 않은 나머지, 내 급료는 따로 정해져 있지 않았기 때문이다.

파브리아 백작은 아직도 젊어서 경망하다는 말을 듣고 있었는데, 이번 경우에는 정말 이치에 맞게, 말하자면 퍽 차분한 태도로 말했다. 자연스럽게 그의 숙부의 지시와 할아버지의 의향이 내게 전해지도록 정답게 타이르는 것이었다. 모든 것을 다 내던지고 돌이킬 수 없는 행동으로 나가려 하고 있는 모습을 눈앞에 뚜렷하게 그려 보게 하고는, 나를 유혹한 그 나쁜 놈만 만나지 않는다면 나를 위해 중재에 나서겠다고 제의해 왔다.

그런 것을 모두 단독으로 말할 수 있는 사람이 아니란 것을 잘 알고 있었으므로, 눈이 어두워진 나는 나이 많은 주인의 친절을 온몸에 스미도록 절실하게 느끼면서 눈시울이 뜨거워졌다. 그러나 외곬으로 생각한 그 그리운 여행은 너무나 강하게 상상 속에 새겨져서 아무것도 그 매력을 꺾을 순 없었다. 도무지 상식적인 판단 밖에 있었던 것이다. 점점 더 강경해지고 완고해지며 오만해진 나는 '그만두라니 그만둔 것이다. 이제는 이미 돌이킬 수 없다. 내 일생에 어떤 일이 일어나더라도 같은 집에서 두 번 쫓겨나는 꼴을 당하지 않을 결심이다' 하고 건방지게 대답하였다. 그러자 그 젊은이는 발끈 화를 내더니 들어 마땅한 욕을 내뱉으며 어깨를 움켜잡고 밀쳐내고는 방문을 탁 닫아 버렸다. 나는 큰 승리라도 거둔 듯이 의기양양하게 저택을 나왔다. 그리고 또다시 한바탕 소란을 피우는 게 싫어 구봉 신부에게는 그 친절에 답하는 감사의 인사도 없이 떠나 버리는 비열한 짓을 했다.

이때 내가 상식에서 얼마나 벗어나 있었는지 알려면, 내 마음이 아무리 보잘것없는 일이라도 얼마나 열중하기 쉬운가, 한번 끌려 버리면 때로 전혀 맹랑한 일이라도 그 상상 속에 얼마나 무섭게 빠져 버리는가 이해해 주지 않으면 안 될 것이다. 극단적으로 색다르고 어린애 같고 미치광이 같은 계획이라도 어쩌다 내 생각 속에 스며들어 즐거운 공상을 키우게 되면, 그만 거기에 넋을 잃어도 좋다는 기분이 되고 만다. 열아홉 살 가까이 되어서 유리병 하나를 밑천으로 앞으로의 생계를 유지할 수 있다고 생각하는 사람이 있을까? 아무튼 들어 주기 바란다.

나에게는 몇 주일 전 구봉 신부에게 얻은, 내가 홀딱 반해 버린 아주 멋있는 조그만 에롱 분수기(압축 공기의 작용으로 분수가 되는 것)가 하나 있었다. 이 분수기를 장난감으로 갖고 놀면서 자주 우리의 여행 이야기를 하고 있는 동안, 나와 약삭빠른 바클은 '이 두 개는 충분히 연관된다. 분수기를 밑천으로 여행길이 펼쳐지겠다'고 생각했다. 에룽 분수기와 같은 신기한 것이 세상에 있겠는가? 이런 방침 위에서 두 사람은 운명을 쌓아올리기로 한 것이다. '마을과 마을에 이 기계를 놓고 시골 사람들을 불러모으자. 그러면 식사나 맛있는 요리는 얼마든지 쏟아져 나온다. 식량은 농사를 지어서 거둬들인 사람에게는 공것이니 나그네에게 후하게 선심을 쓰지 않는다는 것은 오로지 농민들의 잘못이다'고 우리는 생각했다. 어디를 가든 맛있는 요리와 혼례 잔치가 있을 것으로 상상되었던 것이다. 내는 것이라고는 두 사람의 허파에서 나오는 숨과 분수기의 물뿐인데도, 피에몽테·사부아·프랑스 등에서든 세계 어느 곳에서든 거저 먹여 주리라고 예상하였다. 그 결과 끝없는 여행 계획을 세워서 먼저 여행길을 북쪽으로 잡았다. 결국 어딘가에 도착하지 않으면 안 된다고 예상하였기 때문이 아니고, 알프스를 넘는다는 기쁨 때문이었다.

 완전한 떠돌이 생활을 시작하기 위해 보호자도, 스승도, 학문도, 유망한 앞길도, 거의 확실한 행운의 기대도 아낌없이 내던지고, 내가 새 길을 내디딘 것은 그러한 계획에 의해서였다. 도시여, 잘 있거라. 궁정도, 야심도, 허영도, 사랑도, 미녀도, 지난해에 그처럼 희망을 걸었던 커다란 모험도 모두 이젠 끝이다. 분수기와 친구 바클을 동무 삼아 나는 떠난다. 지갑은 가벼웠으나 마음은 기쁨으로 넘치고, 빛나는 앞날의 설계를 갑자기 단념해 버리게 된 그 방랑의 행복을 맛보는 즐거움만 생각하였다.

 그래도 이 기발한 여행은 예상대로 유쾌하게 할 수 있었다. 하기야 예상과 완전히 똑같게 된 것은 아니다. 왜냐하면 분수기는 요정의 안주인이나 하녀들을 잠시 흥겹게 했을 뿐, 그곳을 나올 때는 역시 돈을 치러야 했기 때문이다. 그러나 그것은 그리 크게 걱정되지는 않았다. 돈에 궁색한 형편이 될 때까지는 진심으로 이 자본에서 이익을 얻을 생각은 없었으니까. 그런데 우연한 일로 그런 수고가 필요 없게 되었다. 분수기가 브라망 근처에서 망가지고 만 것이다. 마침 잘 되었다. 입 밖으로 내진 않았지만, 이것도 진력이 난다고 느끼기 시작하는 판이었다. 그런 사고가 우리를 전보다 오히려 명랑하게 만들었다. 옷이나 구두가 다 해져 가고 있는 것을 잊어버리고 분수기를 구경거리로 보여 주고 있으면, 그런 것을 새로 살 수 있다고 생각하기도 한 경솔에 크게 웃었다. 두 사람은 시작할 때와 똑같이 쾌활하게 여행을 계속했다. 다만 좀더 걸음을 빨리 하며 곧장 목적지로 향했다. 마침내 지갑이 텅 비어 아무래도 정착할 곳을 찾지 않으면 안 되었기 때문이었다.

샹베리에 도착하자 나는 생각에 잠겼다. 어리석은 짓을 했다고 생각해서가 아니다. 과거의 일을 나처럼 빨리 깨끗이 체념해 버리는 사람도 없다. 다만 바랑 부인이 나를 어떻게 맞아 줄 것인가 생각한 것이다. 부인의 집을 완전히 나의 생가(生家)처럼 생각하고 있었다. 구봉 백작 댁에 들어간 것은 편지로 알려 놓았다. 그 집에서 내가 어떤 상태로 있는가 알고 있었다. 축하의 말을 보내 주고, 집안 사람들의 호의에 보답하는 방법에 대해서 매우 생각이 깊은 교훈을 보내 주었다. 실수로 파멸을 초래하지 않는 한 장래의 행복은 약속된 것으로 생각하고 있었다. 그런 부인이 내가 돌아온 것을 보고 뭐라고 할 것인가? 내게 못 들어서게 할 것이라는 생각은 할 수가 없었지만, 그녀의 가슴을 아프게 하는 것과 그 꾸중이 마음에 걸렸다. 그것은 나 자신의 불행보다 훨씬 고통스러웠다. 무엇이고 꾹 참고 견디며 할 수 있는 데까지 부인의 마음을 가라앉혀야지 하고 나는 결심하였다. 이 우주 속에서 생각나는 것은 오직 이 한 사람뿐, 그의 기분을 상하게 하고 살아간다는 것은 도저히 할 수 없는 일이었다.

가장 염려되는 것은 길동무였다. 괜한 사람까지 부인에게 갖다 안기고 싶지는 않았고, 그렇다고 매정하게 뿌리쳐 버릴 수도 없었다. 마지막 날엔 그런 작별이 있을지도 모른다는 생각에서 꽤 냉담하게 대했다. 이 우스운 녀석은 내 마음을 알아챘다. 장난꾸러기이긴 했지만 바보는 아니었다. 내 변덕에 속이 틀어졌거니 여겼는데 그렇지는 않았다. 바클이란 녀석은 전혀 걱정을 않았다. 안느시에 도착해서 두 사람이 시내로 발을 들여놓는 순간 '자, 이젠 너의 집에 닿았구나' 하더니 나를 껴안고, 작별 인사를 한 다음 돌아서서 그 길로 모습을 감추었다. 그 뒤로 그의 소식을 못 들었다. 두 사람의 만남과 정다움은 모두 여섯 주일쯤 계속되었다. 그러나 그 결과는 내가 살아가는 한 계속될 것이다.

바랑 부인의 집에 가까워질수록 얼마나 가슴이 두근거렸던가! 다리가 후들거리고 눈은 백태가 낀 것 같았다. 아무것도 보이지 않았고, 아무것도 들리지 않았다. 누군지 분간도 하지 못했으리라. 숨을 들이쉬며 기운을 차리려고 몇 번이나 발길을 멈춰야만 했다. 그렇게까지 정신을 못 차리는 것은 내가 바라는 도움을 얻지 못할까 하는 염려에서일까? 나 정도의 나이에 굶어죽을까 하는 두려움 때문에 이토록 불안해하는 것일까? 아니다, 아니다. 나는 긍지와 진실로 말하지만, 내 평생 어느 시기에도 이익에 날뛰고 가난에 울어본 적은 없다. 가끔 나는 집이 없고, 먹을 빵이 없으며, 굴곡이 심한 파란 많은 추억 속에 일생을 보내 왔지만, 언제나 호사와 빈궁을 같은 눈으로 바라보며 살았다. 필요에 쫓기면 다른 사람처럼 얻어 먹기도 하고 도둑질을 했을지도 모른다. 그러나 가난 때문에 그렇게 전락할 만큼 마음을 어지럽히지 않은 사람도 드물 것이다. 가난이나 가난으로 떨어질 거라는 불안 때문에 한숨을 쉬거나 눈물을 흘리는 일은 절대로 없었다. 운명의 시달림에 단련이 된 나의 정신은 운명과 관련이 없는 것 이외는 참다운 행복, 참다운 불행을 인정하지 않게 되었다. 나를 인간 중에서 가장 불행하다고 느낀 것은 생활에 아무런 불편도 없었을 때다.

바랑 부인 집 안으로 들어섰을 때 그녀의 태도가 금방 나를 안심시켰다. 나는 우선 입에서 새어나온 그녀의 목소리에 부르르 떨었다. 그 발 아래로 달려가 기쁨의 절정에 이른 도취 속에서 그 손에 입술을 누른다. 그녀 쪽에서 이미 내 소식을 알고 있었는지 어쨌는진 모른다. 그러나 그 얼굴에 별로 놀라는 빛이 없음을 보았다. 아무런 슬픔도 없었다. '가엾은 아가' 하고 어루만지는 듯한 투로 말했다. '돌아왔구나. 그래? 너 같이 어린 나이에 그런 여행은 무리라고 생각하고 있었지. 하지만 걱정한 것처럼 이상하게 되지 않아서 다행이야.' 그리고는 자초지종을 이야기하라고 하였다. 길지는 않았지만 충실하게 이야기했다. 하기야 여기저기 빼버린 대목은 있었지만 그 밖에 별로 보태거나 변명을 늘어놓거나 하지는 않았다.

내가 잘 곳이 문제였다. 부인은 하녀와 상의했다. 상의하는 동안은 숨도 제대로 못 쉴 정도였다. 그러나 이 집에서 자도 괜찮다는 소리를 들었을 때는 자신을 억제할 도리가 없었다. 작은 짐꾸러미가 내게 배당된 방으로 옮겨지는 것을 보았을 때의 기분은, 자기의 마차가 볼마르 부인 집의 차고로 들어가는 것을 본 생 프뢰의 기분과 거의 같은 것이었다(루소의 소설 《신(新) 엘로이즈》에 나오는 두 주인공). 더구나 더 기쁜 것은, 이 호의가 일시적인 것이 아니라는 것을 안 것이었다. 우연한 기회에 내가 다른 데 정신이 팔려 있는 줄 알고 부인이 이런 소리를 하는 것을 엿들은 것이다. '사람들은 여러 소리를 하겠지. 하지만 하느님의 뜻으로 내게 돌아온 것이니 이제는 버리지 않을 생각이야.'

그래서 마침내 그녀의 집에 자리를 잡게 되었다. 그렇기는 하나 그때는 아직 내가 내 생애에서 가장 행복한 나날이라고 부르고 있는 생활에 안착된 것은 아니고, 말하자면 그 준비 작업에 들어간 것이다. 참으로 자기를 즐기는 경지, 그 경지에 잠기기 위한 마음의 감수성은 자연이 만드는 것이고, 또 어쩌면 신체 조직이 낳는 것이겠지만, 거기에는 역시 그 감수성을 포근히 자라나게 해 주는 환경이 필요하다. 그러한 혜택을 입지 못했으면 무척 다감하게 태어난 사람도 전혀 아무것도 느끼지 못할 것이며, 자신의 존재를 인정하지 못하고 죽을 것이다. 나도 그때까지는 거의 그러했고, 그 뒤로도 계속 그러했을지 모른다. 그러나 나는 바랑 부인을 알게 됐다. 그것도 알기만 한 것이 아니고, 그 곁에서 유연히 생활했기 때문에 비로소 부인의 영감에 의해 부드러운 애정을 기르는 습관을 차분히 몸에 지니게 된 것이다. 나는 감히 말하건대, 연애 감정밖에 모르는 사람은 인생에서 가장 감미로운 감정을 알지 못한다. 나는 그러한 다른 감정을 알고 있다. 연애처럼 열렬하지 못할지는 모른다. 그러나 그보다 얼마나 기분이 좋은지 알 수 없다. 때로는 연애와 연결되기도 하지만 흔히 연애와는 분리되어 있다. 이 감정은 단순한 우정도 아니다. 한층 관능에 충실하고 애정이 깊다. 이러한 작용은 동성(同性)에게도 일어난다고 생각하지는 않는다. 친구로서라면 적어도 나는 누구 못지않게 행동해 왔다. 그렇지만 그 어느 친구에게도 그런 감정을 가진 적이 없었다. 이것만으로는 좀 분명치 못하나 결국 뒤에 확실해질 것이다. 감정은 결과에 의해서만 분명하게 표현할 수 있다.

  부인이 살고 있는 집은 낡았으나 좁은 편은 아니고 예비로 아름다운 방 하나쯤 남겨 둘 여유는 있었다. 그녀가 손님을 모시기 위해 꾸며 놓은 방이 있었는데 그것을 내게 주었다. 그 방은 우리가 맨 처음 만났던 오솔길을 끼고 있어 시냇물과 뜰 저쪽으로 전원이 바라다보였다. 그 전망은 새로 살게 된 젊은이의 마음을 끌었다. 쓰는 방 창문으로 한없이 펼쳐진 푸른 경치가 있다는 것은 보세에 있었던 이후 처음이다. 언제나 벽에 가렸고 아래로는 지붕과 회색 거리가 보일 뿐이었다. 그런 나에게 이 새로운 환경이 얼마나 몸에 스미도록 달콤하게 느껴졌겠는가! 나의 다감해지는 경향이 그 때문에 한결 심해졌다. 그리고 나는 그런 아름다운 경치를 나의 다정한 여주인의 갸륵한 마음씨로 알고 있었다. 나를 위해 일부러 그런 전망을 마련해 주었다는 기분이었다. 그러한 것들에 둘러싸여 그녀 바로 곁에 평화롭게 지내고 있었다. 꽃과 푸르름 사이의 여기에도 저기에도 그녀의 모습이 보인다. 그녀의 매력과 봄이 내 눈에 녹아든다. 지금까지 억압되어 있던 마음이 이 넓은 천지 속에서 느긋하게 누그러져서 한숨을 쉬는데도 이 과수원에서는 훨씬 느긋하다.

　바랑 부인의 집에는 내가 토리노에서 보고 온 호화로움은 없다. 그 대신 깔끔하고 말쑥하며, 조금도 허식이 없는 순박한 풍요로움이 있다. 은식기는 거의 없고, 고급 도자기도 없다. 부엌에는 계절에 따른 새나 짐승 요리도 없고, 지하 창고에는 외국산 포도주도 없다. 그러나 사람들을 접대할 만한 것은 거기에 모두 갖추어져 있다. 그리고 무늬 있는 도기 찻잔으로 맛있는 커피도 대접한다. 부인을 만나러 오는 사람은 누구든 부인과 만찬을 같이 하거나 아니면 집에서 식사 대접을 받는다. 날품팔이든 배달부든, 심지어 나그네까지도 마시거나 먹거나 하지 않고 그냥 나가는 때는 한 번도 없다. 하인으로는 프리부르 출신의 메르스레라는 좀 예쁘장한 하녀와 뒤에 문제가 되는 끌로드 아네라는 부인과 같은 고향의 하인, 그리고 식모 한 사람과 부인이 가끔 외출할 때 임시로 쓰게 되는 단골 가마꾼 두 사람 정도이다. 2천 리브르의 연금 치고는 상당하다. 그러나 그런 적은 수입이라도 활용만 잘하면, 토지가 기름진데다 돈을 쓸 일이 별로 없는 지방이므로 모든 것을 충분히 꾸려 나갈 수 있었으리라. 공교롭게도 절약은 부인의 생리에는 미덕이 못 되었다. 돈을 빌려쓰고는 갚느라고 돈은 베틀의 북모양 쉴새없이 들락날락한다. 그리고는 다 흘러나가 버린다.

　그러한 살림살이로 쓰임새가 큰 생활은 확실히 내게는 안성맞춤이었다. 그 점에 편승하여 기분이 좋아진 것은 바로 상상이 갈 것이다. 다만 조금 반갑잖은 것은 너무 오래 식탁에 남아 있어야 한다는 점이다. 부인은 뽀따즈 수프나 요리 쟁반에서 확 풍기는 첫 냄새를 견디지 못했다. 그런 냄새에 기절을 할 때도 있었다. 그리고 이 불쾌감은 꽤 오래 계속되었다. 그 사이에 조금씩 비위가 가라앉고 이야기를 시작하지만 아직 먹지는 못한다. 입을 대는 것은 반 시간쯤 지나서부터다. 나 같으면 그 사이에 세 번은 식사를 할 수 있었을 것이다. 부인이 먹기 시작하기 훨씬 전에 나는 식사를 끝내고 있었다. 맞상대를 해주기 위해 다시 먹기 시작한다. 이리하여 두 사람 몫을 먹게 되는 셈이지만, 별탈은 없었다. 결국 그녀 곁에서 느끼는 그 기분좋은 행복감에 젖어 있었던 것이며, 맛보고 있는 이 행복감에는 그것을 유지하는 방법에 대한 아무런 걱정도 섞여 있지 않았으므로, 그만큼 나는 아늑한 기분에 잠길 수 있었다. 또 부인의 살림살이에 깊이 간섭하지 않고 있는 나는 언제나 이 상태로 잘 나갈 것으로 생각하고 있었다. 나중에도 여전히 이런 쾌적함을 집 안에서 발견할 수는 있었지만, 그때는 실정을 훨씬 잘 알고 있었고, 그것이 연금을 미리 빌려서 꾸려간다는 것을 알게 되자 무심코 태평만을 누릴 수는 없게 되었다. 먼 앞날을 내다보면 항상 내 마음속에서 즐거움이 사라져 버렸다. 장래를 걱정해도 그저 손해를 볼 뿐이다. 지금까지 그러한 피해를 모면한 적은 없었다.

첫날부터 더할 나위 없는 친밀한 관계가 두 사람 사이에 이루어졌다. 이 친밀도는 그 뒤의 내 생애를 통해서도 변함없이 그녀가 계속 유지시켜 준 것이다. '아가(프티)'라는 것이 나의 이름이고 '엄마(마망)'라는 것이 그녀의 이름이었다. 그 뒤로도 줄곧 두 사람은 아가와 마망으로 통했다. 세월이 흘러 두 사람 사이에 틈이 거의 없어진 뒤에도 처음 그대로였다. 이 두 개의 호칭에는 우리의 말투나 천진스런 태도, 특히 두 사람의 마음과 마음의 접촉이 참으로 잘 나타나 있다고 생각된다. 그녀는 내게 가장 정다운 엄마였으며, 결코 자신의 즐거움을 찾지 않고 언제나 나를 위해 노력해 주었다. 육감적인 감정이 그녀에 대한 애착 속에 끼어 들기도 했지만, 그 애착의 성질은 변하지 않고 도리어 절묘하게 젊고 아름다운 엄마를 가진 매혹에 나를 취하게 만들었다. 또 그러한 사람을 애무하는 것이 내게는 말할 수 없이 기분 좋았다. 애무한다는 말을 나는 문자 그대로 쓴다. 왜냐하면 그녀와 입을 맞출 때도, 모성애를 담은 애무를 할 때도 조금도 아끼는 마음이 없었고, 또 그것을 지나치게 욕심내는 일이 없었기 때문이다. 그러나 마지막에는 다소 다른 관계에 빠졌다고 말하는 사람이 있을 것이다. 그것은 그렇다. 하나 잠시 기다려보라. 한꺼번에 전부 이야기할 수는 없다.

두 사람이 처음 만났을 때의 시선은 그녀가 느끼게 해준 참으로 정열적인 단 한 번의 순간이었다. 그러나 그 순간은 뭐니뭐니해도 뜻밖의 놀라움이 만들어 낸 것이었다. 이제는 나도 체면을 덜 차리게 되기는 했지만, 부인의 어깨에서 늘어진 네커치프 아래까지 슬금슬금 시선을 던지는 일은 결코 없었다. 거기에는 볼록한 것이 다 감추어지지 못하고 부풀어올라 자연스레 내 눈을 끌고 있었는데도 나는 옆에서 얼이 빠지는 일도 없었고 욕망에 불타는 일도 없었다. 황홀하지만 차분히 가라앉은 기분 속에 잠겨, 뭔지 모르는 것을 즐기고 있었다. 그렇게 인생을, 아니 영원의 시간을 보냈더라도 잠시도 지루하지 않았을 것이다. 그녀야말로 내게는 억지로 이야기하는 것이 벌을 서듯 견디기 어려운 그런 대화의 서먹함을 전혀 느끼지 않게 해준 유일한 사람이다. 두 사람의 대면은 대화라기보다 그칠 줄 모르는 수다였으며, 방해가 끼어들지 않는 한 끝이 없었다. 말하도록 하는 규칙을 만들기는커녕 내게는 침묵하는 규칙을 만들어야 했다. 여러 가지 계획을 가슴속에 그리기 때문에 그녀는 가끔 멍하니 몽상에 잠긴다. 그래 괜찮다. 그럴 때는 멍하니 있게 내버려 둔다. 나는 입을 다물고 묵묵히 상대방을 지켜본다. 나처럼 행복한 사람은 없다. 내게는 또 아주 묘한 버릇이 있어서 마주 앉음으로써 무엇을 얻겠다는 생각도 없으면서 계속 둘만이 있는 기회를 찾았다. 그리하여 그것을 즐기는 것이 하나의 중독처럼 되어, 귀찮은 사람이 들어와 방해라도 할 때는 무척 화가 치밀어오르게 되었다. 남자든 여자든 누구든 상관없이 들어오는 사람이 있으면 투덜투덜하면서 나는 나가 버렸다. 그녀 곁에 제삼자로서 잠자코 앉아 있을 수가 없는 것이었다. 대기실에 나가 이제나저제나 하고 시간을 세면서 끊임없이 방문객에게 천 번이나 저주를 퍼붓는다. '이상하다. 뭐가 그리 할 말이 많은가. 내게는 훨씬 더 할 말이 많은데.'

그녀를 안 보고 있을 때 비로소 그녀에 대한 애착이 얼마나 강한가를 느끼게 된다. 얼굴을 대하고 있으면 그저 그것으로 만족했다. 그러나 그녀가 없을 때의 불안감은 가슴이 답답해질 지경까지 되었다. 아무래도 같이 있지 않고는 살아갈 수가 없다고 생각하면, 가슴이 메어 자주 눈물이 솟아났다.

대축제(大祝祭)의 날 일은 영원히 잊을 수가 없다. 그날 그녀는 저녁 기도에 가 있었으며, 그 동안 나는 교외로 산책을 나갔다. 마음은 그녀의 모습으로 가득 차, 살아 있는 나날을 그녀 곁에서 보내고 싶다는 불타는 욕망이 넘쳐흘렀다. 그것이 현재로서는 이루어질 수 없을 것 같다는 것, 지금 마음껏 누리고 있는 행복이 오래 가지 못할 것 같다는 예감을 생생하게 느꼈다. 그렇게 생각하니 내 몽상이 어렴풋이 슬픔의 빛을 띠었다. 슬픔이라고는 해도 어두운 것이 아니고 어딘지 즐거운 희망이 그 속에 깃들어 있었다. 언제나 신비롭게 마음에 스며드는 종소리, 새의 지저귐, 아름다운 햇볕, 조용한 경치, 마음속에 그리는 두 사람의 시골집, 모두가 애절하고, 정다우며, 슬프고, 눈물겨운 인상으로 나를 엄습했다. 그리하여 나는 그 몽상을 마음껏 즐길 수 있는 행운이 주어져서 육감(肉感)에 충실한 향락을 생각함 없이, 형용할 수 없는 매혹 속에서 그 행복을 맛보고 있는 아름다운 시간과 생활 속에 파묻혀 마치 꿈을 꾸듯 황홀에 잠겨 있었다. 지금 생각해 보아도 이때처럼 미래를 향해 힘차게 환상에 차서 비약을 하려 한 적은 없었다. 뒷날 그러한 몽상이 마침내 실현되었을 때, 내 마음에 가장 감명이 깊었던 것은 이 무렵 마음속에 그리던 것이 정확히 나타난 것이었다. 잠을 자지 않을 때의 인간의 꿈이 예언과도 같은 환각과 비슷할 때가 있다고 한다면, 이거야말로 바로 그러했다.

다만 다른 것은 내가 공상한 시간의 길이뿐이었다. 왜냐하면 날도, 해도, 생활도 공상했을 때는 언제나 변함없는 평온 속에서 지나가는 듯이 보였는데, 현실에서는 그 모두가 한순간밖에 계속되지 않았기 때문이다. 아! 내가 가장 변함 없는 행복이라고 생각한 것은 꿈 속에 있었다. 그것이 완성되었다고 생각한 거의 같은 순간에 꿈은 깨졌던 것이다.

그녀를 보지 못하는 동안 그 정다운 엄마를 생각하며 내가 행한 이런 미치광이 같은 짓들을 일일이 기록하자면 한이 없을 것이다. 그 사람이 잠잔 곳이라고 생각하고, 나는 침대에 몇 번이나 입을 맞추었던가. 그녀의 소유물이자 그 아름다운 손이 닿았다고 생각하고는 화장과 내 방의 가구란 가구, 또 그녀가 걸었다고 생각된 마룻바닥에까지 몇 번이나 몸을 내던지고 입을 맞추었던가. 가끔 그녀의 앞에서도 인간이 격렬한 연애에 불타고 있을 때에나 할 수 있을 엉뚱한 짓을 무심코 해버리는 일이 있었다. 어느 날 식사 도중 그녀가 음식을 한 입 넣는 순간 '앗, 거기 머리카락이!' 하고 내가 외쳤다. 그러자 그녀가 탁 접시에 뱉는 것을 나는 정신 없이 빼앗아 얼른 삼키고 말았다. 한 마디로 말하면 가장 정열적인 연인과 나의 차이는 단 하나였다. 그러나 그 하나가 본질적인 차이였으며 이것이 내 상태를 거의 이성으로 판단할 수 없는 것으로 만들고 있는 것이었다.

이탈리아에서 돌아왔을 때의 나는 갔을 때의 나와 꼭 같았다고 할 수는 없다. 그러나 그 나이에 다른 사람이었더라면, 결코 나 같은 상태로 돌아오지는 않았을 것이다. 나는 정신적인 순결은 잃었으나 동정은 잃지 않고 돌아온 것이다. 나이가 들었다는 것이 이미 몸으로 느껴졌다. 초조하고 불안한 체질의 변화가 마침내 또렷한 모습을 형성했다. 그리고 그 최초의 폭발은 알지도 못하는 사이 이미 건강에 나타나 위험을 예감하게 했다. 그 점이야말로 무엇보다도 내가 몸을 더럽히지 않고 돌아왔다는 좋은 증거였다. 이윽고 나는 약간 안정을 회복하는 동시에, 나 같은 기질의 청년들이 건강과 체력과 때로는 생명까지 희생하며 갖가지 좋지 못한 행위에서 벗어나기 위하여 사용하는, 자연에 거슬리는 위험한 보조 수단(자위 행위)을 알게 되었다. 부끄러움을 느끼는 마음과 겁 때문에 쉽게 할 수 있는 이 악습은 한편 상상력이 강한 사람에게는 하나의 커다란 매력이기도 하였다. 말하자면 자기 뜻대로 이성(異性)의 모든 것을 자유로이 할 수 있다. 또 자기가 끌리고 있는 아름다운 사람을 그의 고백을 기다릴 것 없이 자기의 쾌락 속으로 끌어넣을 수 있다. 그러한 꺼림칙한 방편에 끌려든 나는 자연스럽고도 충분히 준비된 한창 발육할 시기의 훌륭한 체격을 망쳐 버리는 수단을 쓴 셈이다. 그러한 경향과 그때 내가 처해 있던 위치를 아울러 생각해 주기 바란다. 아름다운 부인과 동거하며 마음속으로 그 모습을 애무하고, 낮에는 끊임없이 그녀의 모습을 대하며 밤이면 그녀를 생각케 하는 것들에 둘러싸여 그녀가 잔 침대에서 자는 것이다. 얼마나 많은 자극들인가! 그런 것들을 상상하는 독자 중에는 이미 내가 거의 죽었다고 생각하는 사람도 있을 것이다. 그런데 반대로 나를 파멸시킬 수 있는 것이 나를 구원했다. 적어도 한참 동안은 그러했다. 그녀 곁에 산다는 매력에 취하여 살아 있는 한 이렇게 보내고 싶다는 심한 욕망에 정신이 팔려 있던 나는, 그녀가 그 자리에 있든 없든 언제나 그녀 속에서 갸륵한 어머니, 사랑하는 누나, 그리운 친구를 보게 되었다. 그리고 그 이상의 것은 보지 않았다. 언제나 그렇게 보고, 언제나 같은 것을 보고 그 이외의 것은 보지 않았다. 그녀의 얼굴은 언제나 내 마음속에 나타나 있어서 다른 것에 장소를 양보하지 않았다. 그녀는 이미 나에게는 이 세상에서 유일한 여성이었다. 그녀로부터 풍겨나오는 더없이 정다움에 찬 감정은 다른 여성에게 나의 육감을 눈 뜨게 할 여유를 주지 않는 동시에 그녀로부터, 성(性)과 관련된 그녀의 모든 것으로부터 나를 안전하게 해주는 것이었다. 한 마디로 말하면 그녀를 사랑하기 때문에 나는 조심성을 잃지 않은 것이다. 표현은 잘 안 되나 이러한 결과를 가져온 그녀에 대한 내 애착심이 어떤 종류의 것이었는지 판단해 주기 바란다. 우선 말할 수 있는 것은 이미 지금까지의 것만으로도 무척 이상하게 보이지만, 앞으로는 더욱 비정상적으로 보이게 되리라는 점이다.

  나로 말하면 가장 재미 없는 일을 하면서도 보내는 시간으로 말하면 더없이 즐거웠다. 온갖 계획서를 쓰기도 하고, 각서를 정서하기도 하며, 처방을 옮겨쓰기도 했다. 또 약초를 분류하고 약품을 가루로 만들고 증류기를 손질하는 일들, 그러는 동안에도 나그네와 동냥꾼, 여러 종류의 방문객이 수도 없이 찾아들었다. 군인, 약제사, 성당의 참사 회원(參事會員), 아름다운 귀부인, 평수사(平修士—일반신도로서의 성직자) 등등 면접이 한꺼번에 겹쳤다. 나는 이 분통 터지는 혼잡에 진저리가 나서 욕설을 퍼붓고 짜증을 내고 악담을 하곤 했다. 그러면 그녀는 무엇 하나 신경을 쓰지 않는 명랑한 태도로 화를 내고 있는 내 꼴이 우스워서 눈물이 나도록 웃어댔다. 나도 웃는 것이 우스워 웃었다. 내가 웃음을 억제하지 못해, 한층 더 화를 내는 것을 보고 그녀는 또 웃어댔다. 이런 짧고도 즐거운 불평의 시간을 나는 무척 매력 있는 것으로 여겼다.

그렇게 두 사람이 이런 실랑이를 하고 있는 동안에 또 한 사람 귀찮은 손님이 나타나면, 그녀는 더욱 재미있어 하면서 그런 기회를 잡아, 일부러 짓궂게 그 손님과의 시간을 늘이며 내 쪽을 힐끔힐끔 보는데, 그러면 나는 그야말로 그녀를 때려눕히고 싶은 시선을 던진다. 손님을 보아서 억지로 참고 있는 나의 홀린 듯한 눈짓에 그만 웃음이 북받쳐 터질 것만 같은 모습이다. 사실 나도 화를 내고 있으면서도 속으로는 무척 우습다고 생각하고 있었다.

그 모든 것은 그 자체로 재미있는 것은 아니지만, 즐거운 생활의 일부를 이루고 있다는 의미에서 역시 내게는 재미있었다. 주위에 일어나는 일, 하라고 시키는 일, 그 어느 하나도 취미에 맞는 것은 없었으나 기분에는 맞았다. 약학(藥學)이 싫어서 어처구니없는 짓을 해서는 언제나 사람을 웃기고만 있었는데, 그런 짓만 안 했더라도 좋아하게 되었을지도 모른다. 이 학문의 기술이 그런 우스운 효과를 낳은 것은 아마 그것이 처음일 것이다. 약학 책은 냄새로 안다면서 자랑하고 있었는데, 재미있는 것은 그것이 별로 맞지 않은 적이 없었다는 것이다. 그녀는 가장 싫은 약을 내게 맛보였다. 도망을 하려 해도, 거절을 하려 해도 안 된다. 아무리 기를 쓰며 얼굴을 찡그리고 이를 악물어도 약을 찍은 그 아름다운 손가락이 내 입 가까이 오면, 그만 입을 벌리고 쭉 빨아버리고 만다. 그녀의 많잖은 가족이 모두 한 방에 모여 깔깔대고 웃으면서 법석을 떠는 것을 들으면, 무슨 희극이라도 하며 노는 것 같았으며, 오피아트(아편이 든 고약)나 불로약을 만들고 있는 줄 아는 사람은 없었을 것이다.

그러나 그런 장난만 치면서 시간을 다 보낸 것은 아니다. 내 방에는 얼마간의 서적이 있었다. 〈스펙테이터〉(영국 잡지), 푸펜도르프(독일 법학자), 생 테브르몽(프랑스 극작가), 〈라 앙리야드〉(볼테르의 서사시) 등이 있었다. 전처럼 심한 독서열은 없었지만 틈나는 대로 조금씩 읽었다. 특히 〈스펙테이터〉는 재미도 있고 유익했다. 구봉 신부가 성급히 읽지 말고 생각하면서 읽으라고 하였으므로 그렇게 하여 독서법으로 한층 얻은 것이 많았다. 표현법이나, 우아한 구문(構文)을 생각해 보는 습관이 붙고 자기가 쓰는 지방 사투리와, 순수한 프랑스 말을 분간하는 연습도 했다. 예를 들면, 나만이 아니고 모든 제네바 사람들의 철자법의 잘못을 〈라 앙리아드〉의 다음 두 줄을 읽고 고쳤다.

또는 주군(主君)의 혈통에 바친 옛 존경심이 이들(Parlât) 역적의 마음속에서 여전히 그에게 호소하고 있었던가.

이 Parlât라는 말이 눈에 띄어, 접속법 삼인칭 단수 어미에는 t가 있어야 한다는 것을 알았다. 그 전에는 직설법의 과거, 정확히는 단순과거와 마찬가지로 Parla라고 쓰고 발음도 그대로 하고 있었다.

때로는 읽은 책에 대해 엄마와 이야기를 하고, 또 때로는 그녀 곁에서 읽었다. 그것이 커다란 즐거움이 되었다. 멋있게 읽도록 연습을 했고, 그것이 또 도움이 되었다. 그녀에게 문예에 대한 재능이 있다는 것은 이미 말했다. 마침 그 재능이 아름답게 피어난 때였다. 몇 사람인가 문학인들이 몰려와서 찬사를 올리며 마음에 든 작품을 비평해 달라고 청했다. 말해도 된다면, 그녀에게는 신교도적인 취미가 있었다. 그녀가 말하는 것은 베일(프랑스 평론가)의 이야기뿐이었고, 이미 잊힌 지 오래인 생 테브르몽을 무척 존경하고 있었다. 그렇다고 해서 훌륭한 문학을 알지 못하고 고상한 취미의 문학 이야기를 할 줄 몰랐다는 것은 아니다. 세련된 상류 사회에서 자란 그녀였다. 사부아에 왔을 때는 아직 젊었고, 이 지방 귀족들과 멋있는 교제를 하는 동안, 보 지방에 있을 때의 그 잘난 체하는 티도 없어졌다. 보 지방의 여자들은 문학적 재능을 곧 사교적 재능인 줄 알고 격언 따위를 지껄일 줄밖에 몰랐다.

그녀는 궁정을 지나는 길에 보았을 뿐인데도 잠시 한 번 바라보는 것으로 충분히 파악해 버렸다. 그 방면의 교우는 계속되었다. 그리고 보이지 않는 질투, 평소의 품행, 빚에 대한 소문, 이런 것들이 있었는데도 연금은 계속되었다. 세상살이의 경험이 어떤 것인가를 잘 분간하여 이 경험을 이용할 만한 심사숙고의 재능이 있었다. 이 경험담은 그녀가 즐겨 말하는 화제였는데, 나같은 공상가에게는 분명 필요한 교육법이었다. 두 사람은 함께 라 브뤼에르를 읽었다.

그녀는 라 로슈푸코보다 이것을 좋아했다. 라 로슈푸코가 쓴 것은 특히 인간을 있는 그대로 보려 하지 않는 젊은이에게는 음울하고 비관적인 것이다. 그녀가 교훈 같은 것을 말하면 너무도 막연해서 줄거리가 없었다. 그러나 가끔 그녀의 입과 손에 입을 맞춤으로써 그대로 참을 수가 있어 그 장황함에 진력이 나는 일이 없었다.

　이런 생활은 너무 즐거워서 오래 계속될 것 같지 않았다. 그런 기분이 들면 이제 곧 끝날지 모른다는 불안이 즐거움을 흔들어 버리는 유일한 원인이 됐다. 엄마는 반농담을 하면서도 나를 잘 연구하고 관찰하여 여러 가지로 따지고 물어 보고는, 내 장래의 행복을 위해 차라리 없는 편이 좋을 계획들을 곧잘 세웠다. 나로 봐서 다행스런 일은 그녀가 아무리 내 성격이나 취미나 그럴듯한 재능을 알고 있어도 그것들을 활용할 수 있는 기회를 발견하거나 만들어내거나 하지 않으면 안 되었으므로, 그렇게 하려면 하루나 이틀에 될 일이 아니라는 점이었다. 딱하게도 여자의 좁은 소견으로 이것저것 방법을 선택하는 동안에 실행이 어렵게 되고 나의 장점도 활용할 시기가 늦어졌다. 결국 그녀가 나를 너무 높게 평가하고 있었기 때문에 모든 것이 내멋대로 되어 버린다. 하지만 언제까지나 그렇게 질질 끌고만 있을 수는 없었다. 마침내 평온한 생활도 끝이 왔다.

　그녀의 친척에 오본느라는 사람이 있는데, 그가 찾아왔다. 무척 재치가 있는 남자로 수완가였으며 그녀와 마찬가지로 계획을 잘 짜면서도 그녀와는 달리 본전을 털어먹는 일이 없는 투자가였다. 그는 당시 플뢰리 추기경에게 잘 고안한 복권 발행 계획을 제출했으나 승인을 얻지 못했었다. 그래서 토리노의 궁정에 그것을 제의해 보려고 찾아 왔었는데, 채택이 되어 실시하게 되었다. 잠시 안느시에 머무르는 동안 그는 그곳 지방 장관 부인과 사랑하는 사이가 되었다. 이 부인은 무척 애교가 있고 나와 취미가 꼭 맞는 사람으로, 엄마네 집에서 내가 기쁘게 만난 이가 있었다면 그녀밖에 없다. 오본느 씨와 내가 만나자 엄마가 내 이야기를 했다. 그는 나의 됨됨이를 잘 보고 어디에 적합한가 살펴서 재능이 있을 듯하면 취직을 알선해 주겠다고 말했다.

　바랑 부인은 이삼 일 계속해서 아침에 나를 그에게 보냈다. 심부름이라는 핑계로 딴 이야기는 하나도 없었다. 오본느 씨는 능숙하게 이런저런 이야기를 시키면서 내가 편안한 마음을 가지도록 부질없는 소리를 해가며 여러 가지 문제로 화제를 돌렸다. 그러는 동안 조금도 나를 관찰하는 눈치도 없었으며, 으스대는 티도 없었다. 나와 농담을 나누면서 서로 흉허물 없이 이야기하고 싶다는 태도였다. 나도 그만 신이 나서 말려들고 말았다. 그가 관찰한 결과는 이러하였다. 외양이나 발랄한 용모는 그럴듯해 보이는데, 아주 무능하지는 않으나 적어도 재주와 사려가 모자라고, 지식도 거의 터득한 것이 없는, 한 마디로 모든 점에서 모자라는 아이이며, 장차 마을의 사제(司祭)라도 되는 명예를 얻게 된다면, 아마 최고의 희망을 달성했다고 할 수 있을 것이다. 바랑 부인에게 보낸 보고는 이런 것이었다. 내가 이런 판정을 받은 것은 이것이 두 번째 또는 세 번째이지만, 아직 마지막은 아니었다. 그 마스롱 씨의 판단은 몇 번이고 되풀이되는 셈이다.

이런 판단을 낳는 원인은 다분히 내 성격에 의한 것이니 여기에서 설명을 해야겠다. 내가 그런 판단에 쉽게 동의할 수 없는 것, 마스롱 씨나 오본느 씨나 그 밖의 많은 사람들이 뭐라고 하든 되도록 공평하게 생각해서 나는 그것을 액면대로 받아들일 수 없다는 기분을 여러분도 솔직하게 느껴 본 적이 있으리라 믿는다.

내 안에는 거의 양립될 수 없는 두 가지의 성질이 결합되어 있다. 왜 그런지는 나 자신도 잘 모른다. 무척 열렬한 기질, 강하게 확 타오르는 정열이 있는가 하면, 천천히 생겨나 우물쭈물하면서 일이 다 끝난 뒤에야 비로소 나타나는 사상, 마치 내 마음과 정신은 같은 인간 속에 있지 않은 것같다. 번개보다 빠른 감정이 싹 들어와 영혼에 찬다. 그러나 나를 밝게 비추는 것이 아니라, 나를 불태우고 내 눈을 멀게 한다. 나는 모든 것을 느낀다. 그리고 아무것도 안 보인다. 감정은 요동치지만, 머리는 바보가 된 것 같다. 생각하는 것은 냉정함으로 돌아간 뒤가 아니면 안 된다. 신기한 것은 조용히 기다려 주기만 하면 그래도 꽤 정확한 영감이 움직이고 통찰력도 있으며, 날카로운 지혜도 나온다. 한가할 때는 즉흥적이고 멋있는 글귀도 나온다. 그러나 순간적으로 훌륭한 일을 실행하거나 훌륭한 말을 한 예는 없다. 스페인 사람들의 장기 두는 방법에 그런 것이 있다고 하는데, 우편으로 주고 받는다면 나도 꽤 멋있는 회화를 할 수 있을 것이다. 사부아 공작이 파리에서 귀국 도중 뒤를 돌아보며 '목을 졸라 버릴 테다. 파리의 장사치야'*2 하고 외친다는 대목을 읽었을 때, 나는 '바로 이

---

*2 사부아 공작이 파리 어느 상점에 들어가 물건을 사는데 값을 깎았더니, 주인이 입속말로 '제기랄……' 하고 물건을 치워 버렸다. 공작은 그때는 잘 몰랐는데 돌아오다가 리옹에서

거다' 하고 말했다.

　느끼는 일은 빠르나 이와 결부된 것을 생각하는 일이 이처럼 느리다는 것, 이것은 단순히 회화 때만이 아니고, 혼자 있을 때나 일을 할 때도 그러했다. 사상이 머릿속에서 형성되려면 난항을 거듭한다. 머리 밑바닥을 빙글빙글 돌다가 마침내 발효하기 때문에 흥분하여 열이 오르고 고통은 심해진다. 그리하여 완전히 감동 상태에 빠져서 그 속에서는 무엇 하나 똑똑히 보이지 않고 단 한 마디도 제대로 쓸 수 없다. 가만히 기다리는 수밖에 다른 도리가 없다. 서서히 이 격동은 가라앉는다. 혼돈은 맑아지기 시작한다. 사물이 하나하나 제자리로 돌아온다. 그러나 그것은 천천히, 더구나 오랜 혼란과 동요가 있은 뒤다. 여러분은 간혹 이탈리아에서 오페라를 본 적이 있는가? 장면이 바뀔 때 그 큰 무대 가득히 불쾌한 소란이 일어난다. 그것이 한참 계속된다. 무대 장치는 뒤죽박죽이 된다. 보고 있으면 조바심이 나는 옥신각신이 도처에서 시작되고, 모조리 다 뒤집어지는 것만 같다. 오랜 소란 끝에 그럭저럭하는 사이 조금씩 정돈되어 모든 것이 빠진 것 없이 황홀한 아름다운 광경으로 나타나는 것을 보고 모두 깜짝 놀란다. 이것과 거의 같은 조작(操作)이 무엇을 쓰려고 할 때 내 머릿속에서 진행되는 것이다. 먼저 진득하게 기다리고 난 뒤 머릿속에 그려진 사물의 아름다움을 표현할 수 있다면, 나를 능가할 작가는 아마 거의 없을 것이다.

　그런 점에서 무엇을 쓴다는 일에는 대단한 어려움이 있다. 쓰다 지워 버리거나 마구 갈기는 일이 많고, 앞뒤가 뒤섞여 판독하기 힘든 원고는 얼마나 쓰는 데 고생했는가를 보여 준다. 인쇄를 돌리게 될 때까지 아무래도 너덧 번은 다시 써야 한다. 그렇지 않은 원고는 하나도 없다. 책상과 종이를 정면으로 대하고 앉아 펜을 들었을 때 무엇 하나 된 예가 없었다. 바위를 밟고 숲을 헤치는 산책 도중, 또는 밤에 침대 위에서 잠을 이루지 못할 때 나는 머릿속에서 쓰는 것이다. 더욱이 언어에 대한 기억력이 전혀 없어 지금까지 6행시 한 구절 제대로 외지 못하는 인간이니 얼마나 지지부진하게 진행이 되는지 상상할 수 있을 것이다. 종이에 옮길 때까지 머릿속에서 다섯 밤이고 여섯 밤이고 뒤척거린 때도 있었다. 그런 성격 때문에 또 내가 노작에 성공하고 있기는 하지만, 가볍게

　수십 리 떨어진 산 밑에 도착했을 때, 문득 그 생각이 나서 파리를 바라보며 이와 같은 욕설을 했다 한다.

빨리 해치워야 하는 일엔 퍽 서투르다. 예를 들면 편지 같은 것이다. 그런 종류의 것이 제대로 된 전례가 없다. 그런 것에 머리를 틀어박기란 정말 힘들다. 아무것도 아닌 편지라도 몇 시간의 피로가 따르지 않고는 쓸 수 없고, 생각나는 대로 더 써보려고 하면, 처음이고 끝이고 어떻게 해야 좋을지 알 수 없게 되고 만다. 내 편지는 무질서하게 늘어놓은 잔소리라 읽어 봐야 이해하기도 어렵다.

사상을 표현하는 데만 힘이 드는 것이 아니고, 그것을 받아들이는 데도 힘이 든다. 나는 갖가지 인간을 연구해 왔다. 그리고 나 자신을 훌륭한 관찰가라고 생각하고 있다. 그러나 지금 눈 앞에 보이는 것은 하나도 제대로 보지 못한다. 나중에 생각하는 것만이 제대로 보인다. 결국 나는 추억 속에서만 정신이 활동하는 인간인 것이다. 지금 내 앞에서 사람이 말하는 것, 하고 있는 일, 일어나고 있는 사건 등 모든 일에 대해서 나는 아무것도 이해하지 못한다. 그 겉모양이 내 주의를 끈다. 그러나 뒤에 가서 그 모두가 되살아난다. 나는 생각하여 낸다. 장소, 시간, 말투, 시설, 몸짓, 정황 등 무엇 하나 빼놓지 않고. 그리고 나서 비로소 그 사람들이 한 일과 한 말들의 뜻을 알게 된다. 내 짐작이 틀리는 일은 없다.

나 자신과 마주 앉아 혼자 있을 때도 정신이 제대로 움직이지 않는다. 그것이 사람과의 대담일 때 어떻게 될 것인가 짐작이 갈 것이다. 그런 때에 그 자리에 알맞은 말을 하려면 천 가지 일을 동시에 즉석에서 머릿속에 그리지 않으면 안 된다. 적어도 어느 것인가 깜박 잊어버리고 말았을 그 많은 그때그때의 말들, 생각만 해도 저절로 뒷걸음질쳐진다. 사교 모임 같은 데서, '모두들 잘도 떠들어 대는구나' 하고 이상해지기까지 한다. 왜냐하면 한 마디 지껄일 때마다 거기 모인 전원에게 골고루 시선을 보내야만 하기 때문이다. 그 누구의 기분도 상하지 않도록 말을 하려면, 전체 사람들의 성격을 알고 사람들의 신분 관계를 파악하고 있지 않으면 안 된다. 그 때문에 밤낮 사교계에서 노는 사람들에겐 당하지 못한다. 입을 다물어야 하는 경우를 잘 알고 있는 만큼 말을 하는 데는 자신이 있다. 그런데도 자칫 실언을 해버리는 일이 흔히 있는 법이다. 하물며 그런 장소에 솟아난 듯 불쑥 나타나는 나같은 사람을 생각해 보라! 다만 1분 동안이라도 본색이 탄로나지 않도록 말할 수가 없다. 대담의 경우는 또 그 나름으로 어려운 점이 있다. 계속 말을 해야 하니 그 편이 더 힘든 노릇이다. 말을 걸어오면 대답을 해야 하고, 상대가 아무 말이 없으면 이쪽에서 말을 꺼내야 한다. 그런 구속이 나는 견딜 수 없도록 싫어서 그것만으로도 사교라는 것은 신물이 났을 것이다. 그런데 즉석에서 말을 해야 하고, 이것을 또 계속 이어가지 않으면 안 된다니, 그보다 찾기 어려운 속박은 없다. 이런 것은 어떤 굴종이건 죽기보다 싫어하는 나의 기질과 관련이 있는지는 모르겠다. 그러나 꼭 말을 하도록 강요당한다면 아마도 뚱딴지 같은 소리를 할 것이 틀림없다.

가장 치명적인 것은 아무것도 말할 필요가 없을 때 조용히 잠자코 있지 못하고, 이때 안 하면 언제 하느냐는 듯이 기를 쓰며 말을 하려고 덤비는 일이다. 마음이 급해져서 뜻도 모르는 소리를 후딱 지껄여버린다. 전혀 무의미할 경우는 그래도 다행한 편이다. 내 서투름을 이겨내고 숨겨 보자고 애쓰다가 거꾸로 더 드러내는 경우가 다반사다. 그런 예는 얼마든지 있는데, 그중 하나를 들면, 젊었을 때 일이 아니라 벌써 몇 해나 사교계에서 생활을 했고, 따라서 그곳 분위기도 잘 알고 있어서 실수 같은 것은 생각할 수 없을 무렵의 일이었다. 어느 날 밤 두 사람의 귀부인과 한 사람의 남자와 있었다. 이름을 말하면 공 또 공작이었는데, 이들 틈에 내가 끼여 있었다. 방에는 그 밖에 아무도 없었다. 이 네 사람 사이의 대화, 아니 분명 나 같은 단역은 이 세 사람 틈에 낄 필요가 없었으나, 나는 뭔가 한두 마디 말참견을 하고 싶어졌다.

마침 안주인이 매일 두 차례 위장을 위해 먹는다는 약을 가져오게 했을 때였다. 안주인이 얼굴을 찡그리는 것을 본 또 한 사람의 귀부인이 웃으면서 말했다. '트롱샹 선생의 오피아트(성병(性病)을 치료하는 약)예요?' '설마' 안주인이 웃으면서 대답했다. 그때 '아니, 트롱샹의 오피아트 쪽이 잘 들을 겁니다' 하고 자못 애교를 부린답시고 말참견을 한 것이 바로 재치있는 루소였던 것이다. 모두 잠시 어이없어 하고 있었다. 입을 여는 사람도 없고 씽긋하는 사람도 없었다. 그리고 이야기는 곧 다른 화제로 옮겨 갔다. 다른 여성과 마주 앉아서 한 일이라면 실수도 애교로 그치고 말았을 것이지만, 어디서나 평판이 좋고 인기가 있는 부인인데다가 나 또한 기분을 상하게 하지 않으려 하고 있던 그 사람을 향해 그런 소리를 해버렸으니 기막힌 실수였다. 그 자리에서 듣고 있던 두 사람의 남녀는 터져나오는 웃음을 참느라고 무척 애를 먹었을 것이다. 아무것도 할 말이 없는데 짐짓 한답시고 입 밖에 낸 재담이 고작 이런 것이었다. 이것은 그리 쉽사리 잊을 수 없는 이야기다. 일 그 자체가 잊기 어려울 뿐 아니라, 그 뒤 무슨 일이 있을 때마다 생각나곤 해서, 언제까지고 머리에서 떠나지 않는 것이다.

나는 바보가 아니었지만, 올바른 판단을 할 수 있는 사람들 사이에서까지 가끔 바보로 인정되어 온 까닭은, 위에서 말한 이야기만으로도 충분히 이해가 갈 줄 안다. 용모라든가 눈이 무척 영리하게 보이므로 그 기대가 어긋나면 그만큼 더 나의 어리석음이 눈에 띄기 때문에 점점 더 손해를 보았다. 이런 이야기는 어느 특별한 기회에 일어난 것이지만, 그 뒤로 계속되는 사건들의 설명에 무익하지는 않다. 거기에는 세상 사람에게 정상적인 행동으로는 보이지 않고, 별로 그렇지도 않은데 사교성이 없다고 단정을 내리는 일들의 열쇠가 들어 있다. 무심코 얼굴을 내밀어서 자신에게 불리하게 될 뿐 아니라 아주 형편없는 인간으로 보이고 만다. 그런 일만 없었다면 나도 사교계를 좋아하는데 다른 사람 못지 않았을 것이다. 글이나 쓰고 세상에서 숨어 살 결심을 한 것은 내게 꼭 맞는 일이었다. 여전히 얼굴을 내보이고 있었더라면 나라는 존재의 인간적 가치는 결코 알려지지 않았을 것이다. 아니, 생각조차 못했을 것이다. 뒤팽 부인의 경우가 그러했다(루소가 《과학예술론》을 발표했을 때 부인이 그런 이야기를 했다고 전한다). 재주도 있었고, 나도 몇 해 동안 부인 집에 살았는데, 그때부터 그 부인이 몇 번이나 그런 이야기를 들려 주었다. 하기야 그렇게 말했다고는 하지만, 예외라는 것은 역시 있는 법이니 이 점에 대해선 나중에 말하기로 한다.

이와 같이 해서 내 재능의 정도가 결정되고 내게 맞는 직업도 결정이 된 이상, 이것으로 두 번째가 되는 나의 천직에 전념하는 것만이 문제가 되었다. 곤란한 것은 정규 학문이 없으며 사제가 되는 데 충분할 만큼 라틴어도 모른다는 것이었다. 바랑 부인은 잠시 나를 신학교에 보내서 교육을 시키기로 했다. 그리고 그것을 교장에게 말했다. 교장은 그라 선생이라는 성 라자리스트 교파의 수도사였는데, 착하고 키가 작은데다 애꾸눈에 가까운 바짝 여윈 사람이었으며, 머리가 희끗희끗한, 내가 아는 사람들 중에 가장 재미가 있고 가장 학자인 체 하지 않는 사람이었다.

이렇게 말해도 조금도 과장이 아니다.

그는 가끔 엄마 집에 와서 대접을 받으며 귀염을 받기도 하고 놀림을 당하기도 했다. 때로는 코르셋 끈을 졸라매달라는 부탁을 받기로 했으나 그런 것을 기뻐하는 형편이었다. 그가 그러고 있는 동안에도 부인은 방 안을 이리저리 돌아다니며 이것저것 일하기도 한다. 끈을 잡고 끌려다니면서 그때마다 교장 선생은 투덜투덜 뒤를 따라간다. '제발 부탁이니 부인, 가만히 좀 계십시오.' 이 광경은 한 번 그림으로 그려 보고 싶은 소재다. 그라 선생은 엄마의 생각에 진심으로 찬성했다. 아주 싼 기숙비로 승낙을 하고 교육을 맡기로 했다. 남은 것은 사교의 승낙뿐이었는데, 이것 또한 곧 얻었을 뿐 아니라 기숙비마저 내겠다고 했다. 게다가 나중에 시험을 보아서 기대한 성적을 올렸다고 인정될 때까지 속인(俗人)의 옷차림으로 있어도 좋다는 허락을 받았다.

이 얼마나 큰 변화인가! 나는 순순히 따르는 도리밖에 없었다. 마치 무슨 형벌이라도 받는 것처럼 신학교로 갔다. 신학교라는 음침한 곳으로, 그것도 마음씨 상냥한 부인의 집에서 나온 내가, 책은 한 권만 갖고 갔다. 엄마에게 부탁해서 빌린 책이다. 그것이 무척 도움이 되었다. 어떤 책인지 여러분에게는 상상이 가지 않을 것이다. 음악책이다. 그녀는 닦은 재능 가운데서 음악만은 잊어버리지 않았다. 성향도 풍부하고 노래 솜씨도 제법이었으며 클라브생도 조금은 칠 줄 알았다. 노래 공부도 자진해서 시켜 주었다. 나는 찬송가조차 서툰 편이었으므로 거의 처음부터 시작하지 않으면 안 되었다. 여자에게서 아주 가끔씩 이어서 받은 여덟 번이나 열 번 정도의 연습이 끝나고도 음계 연습을 혼자서 할 수 있게 되기는커녕 음표(音標)의 4분의 1도 알지를 못했다. 그런데도 음악에는 무척 정열을 가졌으므로 나 혼자 연습해 볼 생각이었다. 가지고 간 책은 아주 쉬운 것은 아니었다. 클레랑보의 가요곡집이었다. 변조도, 음의 장단도 모르면서 '알페와 아레튀즈' 가요곡의 제1서창조(敍唱調)와 제1아리아를 정확히 읽고 부를 수 있었다고 한다면, 나의 열심과 끈기가 어떤 것이었는지 알 수 있을 것이다. 하기야 이 아리아는 박자와 쉼표가 정확해서 가사를 음절로 끊어 나가기만 하면 잘 맞게끔 되어 있다.

신학교에는 정말 싫은 수도사가 한 사람 있었는데, 그가 나를 맡고 있었으므로 그가 가르치는 라틴어에 나는 몸서리를 쳤다. 기름을 처덕처덕 바른 검은 머리를 싹 빗어넘기고 향료를 바른 구운 빵껍질 같은 얼굴, 물소 같은 목소리, 올빼미 같은 눈, 턱수염이랄 수도 없는 돼지털을 기른 그는 정말 천한 웃음을 웃었다. 손발은 나무로 만든 인형처럼 움직였다. 이름은 잊었으나 부르는 것마저 더러웠다. 무섭게 생긴 얼굴에 애교를 떠는 꼴이 눈에 선하다. 떠올리기만 하면 소름이 끼치고, 새삼 복도 같은 데서 딱 마주치는 기분이 든다. 때문은 각모(角帽)를 얌전하게 내밀면서, 내게는 감옥보다도 무서운 그의 방으로 들어가라는 몸짓을 하는 그의 모습이 다시금 보이는 것 같다. 궁정사제(宮廷司祭)의 제자였던 사람에게 이런 선생이 배치된 것을 상상해 주기 바란다!

이런 무시무시한 사나이가 하자는 대로 두 달만 몸을 내맡겼더라면 틀림없이 내 머리는 어떻게 되었을 것이다. 그런데 마음씨 고운 그라 선생은 내가 우울해지고, 밥도 안 먹고, 점점 여위어 가는 것을 보고는, 내가 슬퍼하는 이유를 짐작했다. 그거라면 별로 어려울 것도 없는 듯, 그는 이 야수의 발톱에서 나를 벗어나게 해주었다. 그리고 이번에는 한층 대조되는, 다시 없는 착한 사람의 손에 맡겼다. 그는 포시니에 태생인 가티에라는 젊은 신부로 신학을 공부하는 중이었는데, 그 선생에 대한 호의와 인정에 끌려 자기 연구의 여가에 내 지도에도 시간을 할애해 주었다. 가티에 씨처럼 보는 사람마다 좋아하게 되는 사람을 본 일은 없다. 금발에다 턱수염은 붉은 빛을 띠었다. 그가 태어난 지방 사람들에게서 흔히 보이는, 얼른 보기에는 둔해 보이는 표정 밑에 풍부한 기지를 감추고 있는 그런 사람이었다. 그러나 이 사람의 진짜 특징은 다감하고, 애정이 깊으며, 자애가 담뿍 담긴 마음을 가졌다는 점이다. 그의 큼직한 푸른 눈에는 온화함과 애정과 우수가 함께 서려 있어서 한 번 만나면 끌리지 않을 수 없다. 이 어딘지 모르게 쓸쓸해 보이는 청년의 눈을 보고 음성을 들으면, 웬지 이미 자신의 운명을 알고 있어서 불행하게 태어난 것을 자각하고 있다는 기분이 들었다. 그의 성격은 얼굴에 잘 나타나 있었다. 인내심이 강하고 상냥하며 나를 가르친다기보다 나와 같이 공부를 한다는 태도였다. 그렇게까지 안 해주더라도 난 그가 좋았다. 전임자가 전임자였던 만큼 금방 그렇게 되었다. 그런데 상당한 시간을 잡아먹고 또 양쪽이 다같이 적극적이었으며 기도도 철저히 하는 등 내 딴엔 무척 열심히 했지만 도무지 진보가 없었다. 상당한 이해력을 가지고 있으면서도 선생만 붙여 주면 내가 아무것도 모르게 된다는 것은 이상한 일이다. 아버지와 랑베르시에 씨만은 달랐다. 나중에도 알게 되지만, 그 이상 조금이라도 지식을 얻은 게 있다면 나 혼자서 배운 것뿐이다. 어떤 종류의 속박에도 견디지 못하는 나의 정신은 그때그때의 규칙이란 것에 복종할 수가 없다. 익힐 수 있을까 하는 걱정만으로 벌써 주의가 흐트러진다. 말해 주는 사람을 짜증스럽게 만든다는 두려움에 아는 체한다. 앞으로 나아가기는 하는데 아무 것도 모른다. 내 머리는 내게 맞는 시간대로 움직이려 한다. 다른 사람의 시간에 따라가지 못하는 것이다.

서품식 때가 와서 가티에 씨는 보좌 신부가 되어 고향으로 돌아갔다. 나는 한없는 아쉬움과 그리움과 감사로 작별을 했다. 여러 가지 맹세를 했는데, 나 자신에게 한 맹세와 마찬가지로 그대로는 되지 않고 말았다. 몇 해가 지나서 한 처녀가 어느 교구의 보좌 신부였던 그의 아이를 낳았다는 소문을 들었다. 무척 애정이 깊은 마음을 가진 사람으로서 일생을 통해서 사랑한 오직 한 사람의 여자였을 것이다. 무척 엄격한 사교구(司敎區)여서 물끓듯 비난이 일어났다. 사제는 결혼한 여자 이외의 여자를 통해서 아이를 낳아서는 안 된다는 엄격한 규칙이 있다. 그는 이 규칙을 어겼다고 해서 감옥에 들어가 지위를 박탈당하고 추방되었다. 그 뒤 어떻게 되었는지 알지 못한다. 그러나 이 사람의 불행을 가여워하는 생각은 내 마음속 깊이 새겨져서 나중에 《에밀》을 쓸 때 가슴에 되살아났다. 그래서 가티에 씨와 겜 씨를 결부시켜 이 존경할 만한 두 사제를 《사부아인 보좌 신부》의 모델로 삼았던 것이다. 나는 이런 모방이 모델을 욕되게 하지는 않았다고 은근히 자랑으로 삼고 있다.

내가 신학교에 있을 때 오본느 씨는 안느시를 떠나지 않으면 안 되었다. 주장관 코르베지 씨가 자기 아내와 오본느 씨의 연애를 못마땅하게 생각하게 된 것이다. 이른바 농장의 개가 하는 식(제 집 밭의 채소를 먹지도 않는 주제에 남이 와서 밟으면 짖는 것)이다. 코르베지 부인은 예쁜 여인이었으나 장관은 부인과 몹시 사이가 나빴다. 그곳 취미(이탈리아다운 취미) 때문에 사사건건 부인을 등한시하여 그 학대가 너무 심해 이혼 이야기까지 났다. 그는 질이 좋지 않았다. 두더지처럼 음침하고, 올빼미처럼 교활했다. 남을 실컷 괴롭히더니 마침내 뒤에 가서는 자신이 쫓겨났다. 프로방스인들은 유행가로 적게 복수를 한다지만, 오본느 씨는 희극을 한 편 써서 보복을 했다. 그 각본을 바랑 부인에게 보내와서 나도 보게 되었다. 꽤 재미있어서 나도 그런 것을 하나 써서 이 각본의 작자가 판정한 것처럼 실제로 내가 바보인가 아닌가 시험해 보아야겠다는 생각이 문득 솟아났다. 그러나 이 계획을 실행해서 《자신과 연애하는 사나이》를 쓴 것은 샹베리에 간 뒤였다. 그러니까 이 각본 서문에 열 여덟이라고 씌어 있는 것은 몇 해를 속인 셈이다.

대강 이 무렵으로 기억되는 때에 사건 하나가 일어났다. 대단한 것은 아니었지만, 내겐 영향을 미쳤고 잊고 난 뒤에도 세상에 소문이 돌았다. 매주 한 차례씩 나는 외출이 허용되어 있었다. 그것을 무엇에 이용했는가는 말할 필요가 없다. 어느 일요일 엄마네 집에 갔을 때 이웃집인 성 프란시스코 교회에 불이 났다. 이 건물에는 아궁이가 있어 마른 장작이 천장에 닿도록 가득 쌓여 있었다. 순식간에 전체에 불이 붙었다. 부인 집도 위험해져 불꽃이 바람을 타고 집을 휩쌌다. 허둥지둥 짐을 옮기기도 하고 가재도구를 그 작은 시냇물 저쪽의 나의 정든 옛 창문 안에 있는 뜰로 옮기지 않으면 안 되었다. 나는 당황해서 닥치는 대로 모두 창 밖으로 내던졌으며, 다른 때 같으면 도저히 들지도 못할 커다란 돌절구까지 번쩍 쳐들어서 내던진 판이었다.

    누군가 말리지 않았더라면 큰 거울마저 내동댕이칠 뻔했다. 그날 엄마를 만나러 왔던 사교님도 가만히 있지 않았다. 그는 엄마를 뜰로 데리고 나가서 그곳에 도망쳐 나온 사람들과 함께 기도를 하기 시작했다. 그 뒤 조금 지나서 그리로 간 나도 모두가 무릎꿇고 있는 것을 보고 따라 기도를 하기 시작했다. 거룩한 분이 기도하는 동안에 바람이 방향을 바꾸었다. 더욱이 갑자기 아주 알맞게 바람이 바뀌어서 집을 휩싸고 창문으로 들어오고 있던 불길이 앞뜰 저쪽으로 옮겨가 버렸다. 그리하여 집은 아무런 피해도 입지 않았다. 2년 뒤에 베르네 씨(司敎)가 죽었을 때 생전의 교우였던 성 안토니우스 회원들은 고인의 선복(宣福)[*3]에 필요한 자료를 수집하기 시작했다. 보데 신부의 부탁으로 나는 지금 말한 것과 같은 일이 사실이라는 증거를 그러한 자료에 첨가했다. 그렇게 한 것은 잘한 일이었지만, 그 사실을 기적처럼 생각케 한 것은 좋지 못한 일이었다. 나는 사교가 기도하는 것을 보았고, 그 기도 도중에 바람이 꼭 알맞게 변하는 것을 보았던 것이다. 그것이 내가 말할 수 있는 일이며, 확증할 수 있는 일이었다. 그러나 이 두 가지 사항 중 하나가 다른 쪽의 원인이라는 것은 내가 증언할 일이 아니었다. 왜냐하면 나는 그것을 알 수가 없었기 때문이다. 그러나 그때의 내 생각을 가능한 데까지 회상해 보면, 당시 성실한 가톨릭 교도였던 나는 굳은 신념을 가지고 있었다. 사람의 마음에 극히 자연스러운 경이에 대한 사랑, 덕 많은 사교에 대한 존경, 나도 기적의 장소에 힘을 보탰다는 은밀한 자랑, 그러한 것들이 내 기분을 부추긴 것이다. 다만 확실한 것은 기적이

  [*3] 교황이 추기경을 소집하여 고인의 행적을 기초로 그것에 해당하는 칭호를 내리는 것을 선복식(宣福式)이라 부른다.

세상에서 보기 드문 열렬한 기도의 결과라고 한다면, 나도 그것에 참여했다고 할 수 있다는 것이다.

그 뒤 30년 이상이나 지나서 내가 《산에서 온 편지》를 발표하자(1764년) 페롱 씨가 어떻게 발견했는지 이 증언을 꺼내다가 그의 저서에 인용하였다. 정말 좋은 것을 발견한 셈인데, 그 정확한 지적을 나도 재미있다고 생각했음을 여기 아울러 말해 둔다.

나는 어차피 사회의 찌꺼기가 될 인간이라고 거의 알고들 있었다. 가티에 씨가 내 진보의 정도에 대해서 되도록 좋게 보고를 해주었지만, 도저히 공부한 만큼의 효과가 나타나지 않는다고 인정되어 앞으로 공부를 계속시킬 명분이 서지 않게 되었다. 그래서 사교도 교장도 단념을 하고는 사제가 될 자격조차 없는 인물로서 나를 바랑 부인에게 되돌려 보냈다. 다행히도 꽤 성질이 착한 아이로서 나쁜 버릇은 조금도 없다는 의견이 첨가되었다. 그 때문에 부인은 내게 대한 세상의 좋지 못한 온갖 비평에도 나를 버리지 않았던 것이다.

나는 매우 도움이 되었던 그녀의 그 음악책을 자못 자랑스러운 듯이 가지고 돌아왔다. '알페와 아레튀즈'의 아리아는 내가 신학교에서 배운 거의 전부였다. 이 방면에 두드러진 나의 취미가 그녀에게 나를 음악가로 만들면 어떨까 하는 생각을 갖게 했다. 마침 알맞게도 한 주일에 적어도 한 번은 집에서 음악 모임을 열고 있었다. 대성당의 악장(樂長)이 이 조그마한 연주회에 지휘자가 되어 자주 집에 드나들었다. 파리 사람으로 르 메트르 씨라고 했다. 훌륭한 작곡가이며 보기에도 발랄하고 명랑한 사람이었다. 아직 젊은데다 풍채도 꽤 훌륭하고 재기는 별로 없으나 성질이 매우 선량한 사람이었다. 엄마가 나를 소개했다. 당장 마음이 끌렸다. 상대편에게도 호감을 준 것 같았다. 기숙비 이야기가 나와서 의견을 모았다. 요컨대 나는 이 사람 집에 들어가 살게 된 것이다. 그해 겨울을 거기서 지냈다. 성당의 성가대 학교는 엄마네 집에서 20보 정도밖에 떨어져 있지 않았으므로 금방 돌아올 수 있었고, 또 둘이서 자주 만찬을 들 수도 있었으므로 그러한 일들로 해서 그해 겨울은 더욱더 즐거웠다.

음악가와 성가대 아이들과 함께 항상 노래하며 떠들어대는 교회의 음악 학교 생활이 성 라자르파(라자리스트회) 신부들과 보내는 신학교 때보다 훨씬 내 마음에 든 것은 쉽게 상상이 갈 것이다. 그러나 이 생활은 자유라고는 하지만 역시 단속이 있었고 규칙도 있었다. 나는 구속 없는 독립을 사랑하게끔 태어났지만, 결코 그것을 남용하는 성질은 아니었다. 만 6개월 동안 엄마네 집에 가든가 교회에 가든가 하는 것 이외에는 한 번도 밖에 나가지 않았다. 그럴 생각이 떠오르는 일조차 없었다. 이 기간(1729년 10월~1730년 4월)이야말로 가장 평온하게 산, 가장 즐겁게 회상되는 기간 중의 하나이다. 별의별 일을 다 겪었지만, 그 중에는 참으로 행복하였다고 생각되는 시기가 있어 회상할 때마다 아직도 그 속에서 사는 듯한 흐뭇한 느낌이 드는 때가 있다. 단순히 그 시기, 그 장소, 거기에 있던 사람들이 생각날 뿐 아니라 그것을 둘러싸고 있던 것, 주위의 공기와 온도와 냄새와 빛깔과 거기가 아니면 느낄 수 없었을 것 같은, 생생한 추억이 다시 한 번 그리로 데려다 주는 것 같은, 그 장소 특유의 어떤 인상까지 생각나는 것이다. 예를 들면 그 교회의 음악 학교에서 연습한 모든 것, 성가대 자리에서 노래 부르던 모든 것, 거기서 한 모든 일, 성당 참사 회원들의 아름답고도 고상한 옷, 사제들의 예복, 성가대원들의 미트라(주교관(主敎冠)), 악사들의 얼굴 모습, 콘트라 베이스를 켜던 절름발이 늙은 목수, 바이올린을 켜던 금발의 작달막한 신부, 르 메트르 씨가 작은 칼을 풀어 놓고 평상복 위에 겹쳐 입던 다 떨어진 수탄(성직자들의 평상복), 그리고 그가 성가대 자리로 갈 때 그 누더기 위에 걸쳐 입던 아름다운 코타(짧은 흰 옷), 르 메트르 씨가 나를 위해 지어 준 짧은 독주곡을 연주하기 위해 부는 입이 붙은 조그만 플루트(피콜로)를 들고 단 위 오케스트라 속에 자리잡으러 가던 때의 나의 자랑스러움, 그 다음에 우리를 기다리고 있던 맛있는 음식들, 일어나는 왕성한 식욕 등등 그러한 것들이 한데 엉겨 몇 번이고 기억 속에 생생히 되살아나 현실에 있는 것과 마찬가지로, 아니 그 이상으로 나를 즐겁게 해주었다. 이 암프스(장단음)로 이어 나가는 '거룩한 하늘의 창조주'의 어느 아리아에 나는 언제까지나 그리운 애정을 잃지 않는다. 그것은 강림절의 어느 일요일 동이 트기 전에 대성당 돌층계 위에서 이 성당의 관례에 따라 그 찬송가가 불리는 것을 침대 속에서 들었기 때문이다. 엄마의 시녀 메르세레 양은 음악을 좀 알았다. 르 메트르 씨가 그녀와 내가 함께 부르게 한 '알페르트'라는 짧은 성가도, 그리고 그녀의 여주인이 무척 기쁜 듯이 듣고 있던 모습도 나는 결코 잊지 않을 것이다. 요컨대 모든 것이, 페린느라는 하녀까지 — 성가대 아이들이 그렇게 장난을 치며 애를 태우던 그 마음씨 좋은 하녀의 일까지 — 모든 것이 이 행복하고 순진한 시절의 추억 속에서 몇 번이나 되살아나 나를 황홀하게도 하고 우수에 잠기게도 하는 것이다.
 안느시에서 살게 된 지 그럭저럭 1년 가까이 되었지만, 그동안 비난을 받은 일은 없었다. 모든 사람의 마음에 들었다. 토리노를 출발한 이래 어리석은 짓은 조금도 하지 않았고, 엄마가 보는 앞에서는 더욱이 절대로 하지 않았다. 엄마의 지도가 있었다. 그 지도는 언제나 빈틈없었다. 그녀에 대한 애착이 나의 유일한 정열이 되어 있었다. 그것이 미칠 듯한 정열이 아닌 증거로는 내 마음이 올바른 이성에 어우러져 있었다는 점이다. 다만 한 가닥의 감정이 내 마음 전체의 활동을 흡수해 버려서 갖은 노력을 다 기울여도 무엇 하나 될 수도 없고 음악마저도 머리에 잘 들어오지 않는 상태에 있었던 것만은 사실이다. 그러나 그것은 내가 나쁜 탓은 아니었다. 충분히 성의를 다했고, 아주 진실했다. 그러면서도 멍청해지고, 사색에 잠기며, 한숨을 쉬었다. 어떻게 하면 좋은가? 공부의 진보를 위해서 내가 할 일은 하나도 빠짐없이 했다. 그런데 여기서 자칫하다간 보잘것없는 계기의 유혹에 넘어가 또다시 바보 같은 짓을 저지를 것 같았다. 그런 계기가 생긴 것이다. 우연히 일을 진척시켜 정신 없이 그 속에 머리를 들이밀고 말았던 것이다.
 2월의 무척 추운 날 밤이었다. 모두가 난롯가에 둘러앉아 있는데, 바깥문을 두드리는 소리가 났다. 페린느가 등불을 들고 아래로 내려가 문을 열었다. 어떤 청년이 안내되어 올라와선 어려워하는 기색도 없이 자기 소개를 하고, 르 메트르 씨에게 요령 있게 짤막한 인사를 하더니, 자기는 프랑스 음악가인데, 생활이 궁해져서 하는 수 없이 임시 채용의 교회 악사 같은 것을 하면서 돌아다니고 있다고 말했다. 프랑스의 음악가라는 말에 마음씨 좋은 르 메트르 씨는 가슴이 뛰었다. 그는 자기 나라와 예술에 부딪히면 어쩔 줄 몰랐다. 르 메트르 씨는 떠돌이 젊은이를 친절하게 붙든 다음 여기에서 묵으라고 제의했다. 상대방은 어려움을 겪고 있던 상태라 사양하지 않고 응했다. 저녁이 준비되는 동안 사나이가 불을 쬐고 이야기를 하고 하는 모습을 나는 찬찬히 뜯어보았다. 키는 작으나 어깨는 벌어졌다. 어디로 보나 기형은 아닌데, 어쩐지 몸에 균형이 잡히지 않은 데가 있었다. 말하자면 등이 굽지 않은 곱사등이었으며, 게다가 다리도 약간 저는 모양이었다. 오래 되었다기보다 낡아서 떨어진 조각이 너덜거리는 검정옷, 물건은 좋은데 몹시 더러워진 셔츠, 술이 달린 고급 커프스, 다리가 둘이라도 들어갈 것 같은 각반, 거기에 눈 올 때 쓰는 작은 모자를 겨드랑이에 끼고 있었다. 그런 우스꽝스러운 차림을 했는데도 어딘가 품위가 있어서 그것이 거동에 나타나 보였다. 얼굴 생김새는 고상하고 천하지 않았다. 말은 술술 잘하나 조심성이 거의 없었다. 그러한 모든 점에서 똑똑하게 드러나는 것은 배운 것이 있어서 보통 거지처럼 구걸을 하고 다니지는 않으나, 떠돌이 생활을 하고 있는 젊은 방랑객 같은 모습이었다. 이름은 방튀르 드 빌르뇌브라고 하며, 파리에서 오기는 했는데 도중에 길을 잘못 들었다고 했다. 그리고 음악가라는 자기 신분을 잠시 잊고, 그르노블 고등 법원에 근무하고 있는 친척을 찾아가는 길이라고 덧붙였다.

식사 중 음악이 화제에 올랐는데, 그의 말솜씨는 그럴듯했다. 유명한 음악가, 유명한 작품들, 배우, 미인, 대귀족 같은 사람들을 두루 알고 있었다. 말하는 것은 모두가 실제로 알고 있는 것처럼 느껴졌다. 그러나 무슨 화제가 시작되려 하면 곧 신소리로 사람들을 웃기면서 실마리를 놓치게 해서 이야기를 뒤섞어버렸다. 마침 토요일이었다. 다음날 대성당에서 음악회가 있었다. 르 메트르 씨는 노래를 불러 주지 않겠느냐고 청했다.

'좋구말구요.' '어느 부분을 부르시겠소?' 그에게 묻자 '콘트라 테노르' 하고 말하고 또 이야기를 딴 데로 돌려 버렸다. 교회에 가기 전에 노래 부를 부분을 한 번 보아 두도록 악보를 내줬으나 거들떠보지도 않았다. 이 허세는 르 메트르 씨를 놀라게 했다. '두고 봐, 악보를 하나도 모를 테니까.' 르 메트르 씨가 내게 귓속말을 했다. '아무래도 위험하군요' 하고 나는 대답했다. 그리고 걱정하면서 나는 따라 갔다. 시작했을 때는 가슴이 몹시 두근거렸다. 벌써 이 사나이에게 크게 끌리고 있다는 증거였다.

그러나 곧 안도의 숨을 내쉬었다. 그 2절의 독창 부분을 생각할 수 있는 한 가장 정확하고 완전하게 불러낸 것이다. 게다가 무척 아름다운 목소리였다. 이처럼 기분 좋은 놀라움을 느낀 적은 없었다. 미사가 끝난 뒤 방튀르 씨는 모여 있는 성당 참사원과 악사들의 쏟아지는 찬사를 받았다. 농담을 섞어 가며 흘려 버렸으나 그러면서도 우아한 침착성을 잃지는 않았다. 르 메트르 씨는 진심으로 그를 껴안았다. 내가 기뻐하는 것을 보고 그도 즐거워하는 것 같았다.

아무리 보아도 무식한 시골뜨기에 지나지 않던 그 바클이란 자에게까지 정신을 빼앗긴 나이니 교육도 재능도 기지도 있고, 사교의 범절도 사랑하는, 도락가로 통하는 방튀르 씨에게 넋을 잃었다 한다면 아마 독자들도 수긍이 갈 줄 안다. 사실 그렇게 되었다. 또 내 처지에 있는 청년이라면 누구나 그러했을 것이다. 상대의 가치를 직관하는 뛰어난 영감이 있고, 그 가치를 사랑할 만한 훌륭한 취미를 가지고 있을수록 그것은 쉬웠을 것이다. 정말 방튀르는 부끄럽지 않은 솜씨를 갖고 있었다. 특히 그 나이에 보기 드물게 자기의 장점을 함부로 내보이려 하지 않는 점이 있었다. 하기는 자기가 알지 못하는 것에 대해선 굉장히 허풍을 떨었다. 그러나 자기가 알고 있는 것, 그 범위는 꽤 넓었는데, 그것에 대해서는 큰소리를 전혀 치지 않고, 실제로 보여 줄 기회를 기다렸다. 기회가 와도 별로 서두르지 않고 그것을 충분히 파악하여 최상의 효과를 올렸다. 무슨 일이든 조금 이야기를 꺼내다가는 말을 그만두고 뒤에 남기는 통에, 언제 완전히 드러나게 될지 전혀 알 수 없었다. 또 소탈하고 농담을 좋아해서 사람들의 마음을 끌었다. 무궁무진한 이야기꾼으로서 언제나 미소를 머금고 결코 큰 소리로 웃지 않으며, 야비한 것들을 매우 고상하게 말해 버리고 가볍게 넘겨 버렸다. 아무리 얌전한 여자라도 이상하게 느껴질 만큼 그대로 들어넘겼다. 기분을 상하게 해보려 해도 되지 않고 도저히 불가항력이었다. 원래 거리의 여성이 아니면 소용이 없는 사나이로, 훌륭한 여성의 사랑을 차지하게는 되어 있지 않을 것 같았다. 그러나 그러한 행복에 젖어 있는 사람들 사회에 끝없는 흥취를 불러일으키는 데는 타고난 소질을 지니고 있었다. 사람들을 즐겁게 하는 재능을 가진 그가, 사람들 모두 그런 점에 밝고, 그런 점을 소중하게 아는 프랑스에 있으면서 오래도록 악사 노릇이나 하는 생활을 벗어나지 못했다는 것도 그리 흔치는 않은 일이다.

　방튀르 씨에 대한 나의 애착심은 바클에 대한 것과 비교해서 훨씬 강하고 오래 계속되었으며, 그 애착심의 원인으로 말해도 훨씬 인상이 깊었고, 그 결과 또한 상식과 거리가 먼 데는 적었다. 그의 얼굴이 보고 싶고 이야기가 듣고 싶었다. 그가 하는 일은 무엇이든 매력이 있어 보였고, 그가 하는 말은 전부 신탁처럼 느껴졌다. 그러나 그 곁에서 떨어지고 싶지 않을 만큼 반한 건 아니었다. 지나치지 않게끔 옆에는 훌륭한 보호자가 있었다. 그리고 그가 말한 처세훈은 본인에게는 아주 훌륭한 것으로 생각되지만, 내게는 소용이 없는 듯한 생각이 들었다. 내가 원하는 것은 아주 다른 쾌락으로서, 이것은 그가 생각하지 않고 있는 것이었다. 그런 것은 입 밖에 내면 웃음거리가 될 것 같아 도저히 말할 수 없었다. 그런데 나는 이 사람에 대한 애착심을 나를 지배하는 애착에 연결지었으면 하고 생각했다. 나는 이성을 잃은 듯이 엄마에게 이 사람의 말을 했고, 르 메트르 씨도 극구 칭찬했다. 그렇다면 데리고 와도 좋다고 엄마가 승낙을 했다. 그러나 이 만남은 완전히 실패했다. 그쪽에서는 아주 도도한 여자라고 생각하고, 그녀 편에서는 너절한 사나이라고 생각하였다. 그리하여 엄마는 나를 위하여 그런 나쁜 교제를 염려해서 그를 못 데리고 오게끔 했을 뿐 아니라 그런 젊은이와 사귐으로써 나쁜 곳으로 빠져들게 된 위험을 강력하게 말했으므로, 나도 무심코 끌려들지 않도록 조심을 하게 되었다. 그리하여 나의 품행면에서나 사고면에서나 다행스럽게도 곧 두 사람의 교제는 끊어지고 말았다.

르 메트르 씨에게는 그러한 예술인에게 흔한 기호가 있었다. 술을 좋아하는 것이다. 식사 때는 좀 삼가지만, 서재에서 일을 할 때는 아무래도 마시게 된다. 그녀는 그것을 잘 알고 있었다. 그가 작곡을 위해 종이를 펴놓고 첼로를 손에 들었다 싶으면, 여느 때나 마찬가지로 즉각 술병과 컵을 날라왔다. 병은 몇 번이나 바뀌었다. 고주망태가 되는 일은 없으나 언제나 거나하게 취해 있었다. 그런데 실은 이것이 흠이었다. 원래 독신이었는데 정말 근본부터 좋은 사람이며 참으로 명랑하므로 엄마는 늘 '작은 고양이'라고 부를 정도였다. 불행히도 자신의 재주를 너무 믿고 지나치게 일에 열중하며, 그만큼 또 술을 마셨다. 그것이 몸에 영향을 주고, 나아가서는 기분에 영향을 주었다. 가끔 시무룩하니 화를 잘 내었다. 그렇다고 거친 행동은 할 수 없고, 아무에게나 무례한 행동도 못하는 성질이어서 마구 욕설을 퍼붓는 일은 없었다. 성가대 아이들에게까지 그러했다. 그 대신 남이 무례한 짓을 하는 것도 싫어했는데, 그건 너무도 당연한 것이었다. 다만 딱한 것은 그다지 재치가 없어서 다른 사람들의 말과 속마음을 분간하지 못하고 가끔 아무것도 아닌 일에 욱하니 화를 내곤 했다.

제네바의 옛 대성당 참사회는 일찍이 많은 귀족과 사교들이 참관하는 것을 명예로 알고 있었다. 또 그 고장을 떠나 타국으로 옮긴 뒤로는 옛날같이 훌륭하지는 못했지만 그래도 그 자랑만은 잃지 않았다. 회원이 되는 데는 여전히 귀족이거나 소르본느의 박사가 아니면 안 되었다. 사실 개인적인 가치를 자랑할 때 먼저 용납될 수 있는 자랑이라면 가문을 자랑하는 것이다. 게다가 성직자들이란 대체로 급료를 주고 고용하고 있는 사람들을 꽤 얕잡아 보는 것이 보통이었다. 성당 참사회원들이 르 메트르 씨를 대접하는 것도 가끔 그런 식이었다. 특히 비돈느 대수도원장님이라 불리는 성가대원은 세상물정에 퍽 밝고 멋을 아는 인물인데도, 귀족이란 의식이 너무 강해서 르 메트르 씨의 재능에 대한 존경이 한결같이 계속되지 않았고, 르 메트르 씨 또한 그러한 경멸을 잠자코 참고만 있지 않았다. 그해(1730년) 고난 주간(苦難週間) 동안 사교가 늘 하듯이 성당 회원을 초대하여 만찬을 베풀었다. 거기엔 여느 때와 마찬가지로 르 메트르 씨도 초대받아 와 있었는데, 두 사람 사이에 평소보다 한층 심한 다툼이 일어났다. 성가대원이 무시하는 듯한 행동을 그에게 한 데다가 지나친 말까지 했으므로 울화가 치밀어서 일을 저지르게 되었다. 그 자리에서 다음날 저녁에 도망칠 결심을 하고, 누가 무슨 소리를 하든 듣지 않았다. 그가 작별인사를 하러 갔을 때 바랑 부인이 얼마나 타일렀는지 모른다. 그러나 그는 꼭 있어야 하는 부활절 날에 폭군들을 난처하게 만들어 줌으로써 복수하는 쾌감을 버리지 못했다. 그런 그를 난처하게 만든 것은 악보였는데, 그것만은 기어코 가져가고 싶어했다. 그러나 쉬운 일이 아니었다. 꽤 큰 상자에 가득 차 있어서 무척 무거웠으므로 도저히 손에 들고 가져갈 수 있는 물건이 못되었다.

  엄마는 내가 그녀라도 당연히 그랬을 것이고 지금도 그렇게 하리라 생각되는 그대로 행동했다. 다시 말해서 노력을 할 일이 있어도 떠나기로 정한 것을 알자, 이번에는 가능한 범위에서 도와 주기로 결심한 것이다. 그녀로서는 당연하다고 할 수 있다. 지금까지 르 메트르는 그녀를 위해서, 말하자면 몸을 바쳐 온 셈이다. 작곡을 하는 일도, 시중을 드는 데도, 모두 그녀가 시키는 대로 했다. 게다가 명령에 복종하는 그의 태도가 하도 성실해서 그것만으로도 그의 유순함을 귀한 것으로 만들었다. 따라서 그녀로서는 이 중대한 시기에, 최근 삼사 년 동안 이것저것 자기를 위해 애써 준 일에 대해 친구에게 보답하는 것뿐이었다. 그렇다고 해서 의무라고 생각하지 않으면 하지 못하는 그런 마음의 소유자는 아니었다. 그녀는 나를 불러 르 메트르 씨를 따라 리옹까지는 가야 하고, 필요에 따라서는 언제까지라도 따라다니라고 명령했다. 뒷날에 털어놓은 일이지만, 이 조처는 방튀르로부터 나를 떼어 놓으려는 생각이 크게 작용했다고 한다. 상자 운반에 대해서 부인은 충실한 하인 클로드 아네와 상의했다. 아네의 의견은 안느시에서 말을 세내는 경우 발각되기 십상이므로 그보다는 밤이 되기를 기다려 적당한 거리까지 상자를 들고 가 거기에서 마을의 나귀를 세내어 세이셀까지 운반하면, 거기는 프랑스 영토이니 아무런 위험도 없다는 것이었다. 그 의견을 따랐다. 우리는 그날 밤 일곱 시에 출발했다. 엄마는 내게 노잣돈을 준다는 구실로 딱한 '작은 고양이'의 작은 지갑을 여분으로 채워 주었다. 이 사람에게는 그것도 결코 쓸모없는 일은 아니었다. 클로드 아네와 정원사와 내가 가까운 마을까지 겨우 상자를 운반하고, 거기서 나귀에 실어 그 밤 안으로 우리는 세이셀까지 갔다.

내가 내 성격과 전혀 반대되는 딴 사람으로 착각을 할 만큼 나 자신과 달라지는 일이 있다는 것은 이미 말했다. 다음도 그러한 예의 하나다. 세이셀의 주임 사제 레이들레 씨는 성 페테르파의 참사회원이어서 르 메트르 씨와 아는 사이였으므로, 무엇보다도 이 사람의 눈을 속이지 않으면 안 되었다. 그런데 나는 반대로 그를 찾아가서 마치 성당 참사회의 승인을 받고 온 것처럼 적당한 구실로 잠자리를 부탁하자는 의견을 냈다. 르 메트르는 이 제안이 역설적이며 재미있는 복수가 되기 때문에 찬성하였다. 그래서 우리는 천연덕스럽게 레이들레 씨 집을 찾아갔는데, 굉장히 후대를 해주었다. 르 메트르는 사교의 부탁으로 부활절 음악을 지도하기 위하여 벨레로 가는 길이며, 곧 돌아올 때 들르겠다는 등의 말을 했다. 나도 이 거짓말에 한술 더 떠서 다른 이야기도 아주 그럴듯하게 술술 늘어놓았으므로 레이들레 씨는 나를 귀여운 젊은이라 생각하고 여러 가지로 친절하고 정답게 해주었다. 우리는 융숭하게 음식 대접을 받고 기분좋게 잤다. 레이들레 씨는 우리를 어떻게 환대를 해야 좋을지 모르겠다는 태도였다. 돌아오는 길에는 좀더 푹 쉬어가겠다는 약속으로 둘도 없는 친구처럼 헤어졌다. 우리끼리만 남게 되니 와 하고 웃음을 터뜨렸다. 사실 그 생각을 하면 지금도 웃음이 나온다. 아무튼 이처럼 멋있게 끝마치고, 게다가 속이 후련했던 장난은 좀처럼 상상할 수 없었다. 도중에 계속 이것을 웃음거리로 삼고 갈 수 있었을 텐데, 여전히 술을 그만두지 못하고 마시면 몽롱해지는 르 메트르 씨가 이제 제법 버릇이 들어 버린, 마치 뇌전증 같은 발작을 두세 번 하게 되자 나도 아주 난처해져서 무서운 생각이 들었으며, 이윽고 도망을 쳐야겠다는 생각이 들게 되었다.

레이들레 씨에게 말한 대로 우리는 부활절을 지내러 벨레에 갔다. 기다리고 있었던 것은 아니나 악장 집으로 안내되어 여러 사람들에게 큰 환영을 받았다. 르 메트르 씨는 예술 분야에서는 상당한 견식을 가지고 있었고, 그만한 솜씨도 있었다. 벨레의 악장은 자기 작품 중에서 잘된 것을 여러 가지 보여 주며,

이처럼 훌륭한 비평가의 찬사를 얻으려고 애를 썼다. 왜냐하면 르 메트르는 예술에 능통할 뿐 아니라 공정해서 절대로 남을 시기하거나 아부하지 않았기 때문이다. 어떤 시골 악장보다도 우수하다는 것은 무엇보다 그들 사이에 널리 알려져 있어서 사람들은 그를 같은 동료가 아니라 높이 떠받들어야 할 사람으로 알고 있었다.

벨레에서 즐겁게 사오 일을 묵은 다음 그곳을 떠났는데, 우리의 여행은 앞에서 말한 것 이외에는 다른 일 없이 계속되었다. 리옹에 도착하자 노트르담 드 피티에에 갔다. 상자는 거짓 수단을 써서 사람 좋은 보호자 레이들레 씨의 주선으로 론느 강의 배편으로 보내놓고 있었으므로, 도착을 기다리는 동안 르 메트르 씨는 아는 사람을 찾아보러 다녔다. 그들 가운데는 성 프란시스 코파의 카토 신부라든가 리옹의 백작 도르탕 신부 등이 있었는데, 이 카토 신부의 이야기는 나중에 나오게 될 것이다. 두 사람 다 반가이 그를 맞이해 주었는데, 나중에 곧 알게 되듯이 그를 배신했다. 그의 행복은 레이들레 씨 집에서 다하고만 것이다.

리옹에 도착한 이틀 후, 우리 숙소에서 그리 멀지 않은 작은 거리를 둘이서 걸어가고 있을 때, 르 메트르가 갑자기 그 발작 같은 것을 일으켰다. 발작이 너무 심해서 나는 겁에 질려버렸다. 큰 소리로 외치며 도움을 청했다. 그의 숙소를 말하고 옮겨 주도록 부탁했다. 그리고 거리 한복판에서 실신해 거품을 뿜고 있는 사나이의 주위로 사람들이 모이고, 밀려들고 하는 사이, 그는 믿고 있던 오직 한 사람의 친구에게 버림을 받았다. 나는 아무도 내게 관심이 없는 순간을 틈타 거리 모퉁이를 돌아 자취를 감췄다. 나는 이것으로 간신히 괴로운 세 번째의 고백을 마치는 셈이 된다. 이런 일이 아직도 많이 남아 있어서 이야기를 해야 한다면, 시작한 이 일을 집어치우고 말 것이다.

지금까지 말한 일들은 모두 내가 살아온 모든 곳에 그 무엇인가 흔적을 남겨 놓고 있다. 그러나 다음 권(卷)에서 말하려는 것은 완전히라고 해도 좋을 만큼 알려져 있지 않은 일이다. 일생을 통해서 가장 심한 엉터리 생활을 했고, 그렇게 하고도 나쁜 결과가 일어나지 않았다는 것은 다행한 일이다. 사실 내 머리는 내 것이 아닌 악기 소리에 울려서 상태가 뒤틀리고 만 것이다. 그것은 저절로 본디의 상태로 되돌아왔다. 그 뒤로는 그런 바보짓은 하지 않았다. 이렇게 말해서 틀린다면, 적어도 내 본디의 성질에 더 알맞은 행동을 한 것이다.

내 청춘의 이 시기는 지금 생각해도 모호하다. 추억에 강한 자국을 남길 만큼 흥미로운 일은 하나도 일어나지 않았다. 그리고 그렇게 왔다갔다하며 연거푸 옮겨간 장소 가운데 때와 장소를 혼동하지 않도록 한다는 것은 쉬운 일이 아니다.

난 이 글을 완전히 기억에 의지해서 쓴다. 그 기억을 도와주는 기념물도 재료도 없다. 마치 지금 막 일어난 것처럼 눈에 떠오르는 일도 있지만, 겨우 남아 있는 막연한 것을 이야기함으로써 메울 수밖에 없는 틈과 구멍도 있다. 그러니 가끔 착오를 했을지도 모르겠고, 앞으로는 나 자신에 대해서 더 정확한 조사를 할 때까지는 자질구레한 점들이 틀릴지도 모른다. 그러나 주제의 본질이 되는 것은 정확하고 충실하다는 것을 보증한다. 나는 무엇이든 언제나 그런 식으로 해나갈 작정이다. 그 점은 기대해도 좋다. 르 메트르 씨를 버리고 나자 곧 결심이 서서 안느시로 돌아왔다. 원래 우리가 출발할 때는 무사히 가게 될지 어떨지가 큰 관심거리였다. 그리고 그 관심에 완전히 말려들어 며칠 동안은 집안 일을 생각할 마음의 여유조차 없었다. 그러나 마음을 놓고 침착해지자 본디의 강한 감정이 다시 나를 지배하였다. 그렇게 되자 달리 위로를 받는 것, 끌리는 것은 하나도 없었다. 엄마 곁으로 돌아가고 싶다는 것 외에는 바라는 것이 없었다. 그녀에 대한 애착이 가슴을 파고 들어 현실성이 없는 계획이나 어리석은 야심 따위를 송두리째 씻어가 버렸다. 이제는 그녀 곁에 사는 행복 이외에 아무것도 보이지 않고, 한 걸음마다 이 행복에서 멀어져 가는 기분이었다. 그래서 나는 될 수 있는 대로 속히 그곳으로 돌아왔다. 이 귀로는 완전히 마음이 허공에 떠서 달음박질을 치다시피 돌아왔으므로, 다른 여행은 늘 즐겁게 회상이 되는데 이것만은 또렷한 기억이 없다. 리옹을 떠난 것과 안느시에 도착한 일밖에는 아무것도 기억나지 않는다. 그러나 안느시에 도착한 시기가 어떻게 내 기억에서 사라질 수 있겠는가! 도착해 보니 바랑 부인이 파리로 떠나버렸던 것이다.

왜 떠났는지 그 비밀은 지금도 분명하게 모른다. 캐고 들어가면 틀림없이 말해 주었을 것이다. 그러나 친구의 비밀을 나처럼 캐고 싶어하지 않는 사람도 없을 것이다. 내 마음은 오로지 현재의 것에 묶여 있어서 현재의 것으로 마음의 여지를 메우는 것이 고작이었다. 과거의 일도 지금의 내 즐거움과 연결되는 것은 별도지만, 그 이외에는 지나간 것을 넣어 둘 여유가 있는 것은 아니다. 그녀가 말한 약간의 일들로 미루어서 짐작이 가는 것은 사르디니아 왕의 양위를 계기로 토리노에서 일어난 혁명 때문에 그녀는 자기의 존재가 망각될 것을 두려워하여 오본느 씨에게 이면 공작을 부탁해서 프랑스 궁정에서 같은 은전을 받으려 한 것 같다. 프랑스 궁정은 큰 사건들이 무수히 일어나는 관계로 자기와 같은 존재에까지 그런 불쾌한 감시의 눈이 번득이지 않아 훨씬 낫다는 것을 그녀에게서 종종 들었었다.

그렇다면 그녀가 이리로 돌아와서도 여전히 그다지 싫은 얼굴을 보이는 일 없이 계속 연금을 타고 있었다는 것은 아무래도 좀 이상한 일이다. 당시 프랑스 궁정에 볼일이 있어서 자신이 가지 않으면 안 되게 된 이곳 사교로부터 대리역 부탁을 받고 간 비밀 사자였거나, 아니면 훨씬 권세 있는 누군가의 부탁으로 갔을 것이며, 그 보답으로 그녀의 장래 안전이 약속되었으리라는 것이 많은 사람들의 짐작이었다. 사실이 그렇다면 그녀를 택한 것은 잘한 인선(人選)이었다. 젊고 아름답고 교섭을 매듭짓는 데 필요한 재능은 모두 갖추고 있었으니 이야기는 잘 진행되었으리라.

제4권

〔1730년 4월~1731년 10월〕

도착해 보니 바랑 부인이 없었다. 그 놀라움과 슬픔이란! 르 메트르 씨를 팽개치고 온 것을 꺼림칙하게 느끼기 시작한 것은 이때였다. 그러한 기분은 이 사람에게 일어난 불행을 알게 됨으로써 한층 더해졌다. 그의 전재산이 들어 있는 악보 상자, 그렇게 고생해서 끌어내온 그 귀중한 상자는 리옹에 도착하자마자 도르탕 백작의 수배로 압수되어 버렸다. 이 물건이 몰래 옮겨졌다는 소식이 성당 참사회로부터 이미 통지되어 있었던 것이다. 르 메트르는 '내 재산이다. 직업상의 도구며 인생의 노작이다' 하고 버티었으나 헛일이었다. 이 상자의 소유권은 적어도 법에 호소해야 했는데 그렇게 되지 못했다.

사건은 강자의 규정으로 즉시 결정을 보았으며, 딱하게도 르 메트르 씨는 그 재능의 성과이며 젊었을 때의 작업이자 노후의 재산이기도 한 것을 잃고 만 것이다.

골고루 나에 대한 타격을 더해 주는 일뿐이었다. 그러나 큰 고통을 당하면서도 좀처럼 굴복하지 않는 한창 때 일이라, 곧 내멋대로 위안을 생각해 냈다. 바랑 부인이 있는 곳도 알 수 없고, 부인도 내가 돌아온 것을 모르지만, 그러는 동안에 무슨 소식이 있겠지 하는 생각이 들었다. 슬그머니 빠져서 돌아온 일만 하더라도 가만히 생각해 보면 그리 죄가 될 일도 아닌 것 같았다. 르 메트르 씨가 도망할 때는 그래도 내가 도움이 되어 주었다. 그것만이 내가 할 임무였다. 설사 같이 프랑스에 남았다 하더라도 그 사람의 병이 낫는 것도 아니고, 그 상자를 되찾을 수 있는 것도 아니었을 것이다. 오히려 비용만 배로 늘 뿐 별로 도와 주지 못했을 것이다. 이것이 그때의 생각이었다. 지금은 다르다. 자기가 한 비열한 행위에 대해 가책을 느낀 것은 그 직후가 아니었다. 훨씬 뒤에 그것을 생각할 때였다. 그 행위는 기억에서 사라지는 것이 아니니까.

엄마의 소식을 알기 위해서 내가 취해야 할 단 한 가지 방법은 소식을 기다리는 것이었다. 왜냐하면 파리의 어디로 찾아간단 말인가? 무엇을 밑천으로 여행을 한단 말인가? 그녀의 거처를 알게 되는 데는 안느시만큼 확실한 곳도 없었다. 그래서 나는 거기에 머물렀다. 그러나 거기에서 한 짓은 아주 서툴렀다. 그렇게 힘이 되어 주었고, 이번에도 힘이 되어 줄 것이 틀림없는 사교를 만나러 가지 않았다. 나를 지켜 주는 엄마가 지금은 사교 곁에 없고 우리가 여기에서 도망친 일 때문에 크게 꾸중을 들을 것 같아서였다. 학교에는 더더욱 가지 않았다. 그라 선생은 이미 없었다. 나는 아는 사람을 한 사람도 찾지 않았다. 주 장관의 부인만은 좀 만나고 싶었지만, 아무래도 마음이 내키지 않았다. 그보다 한층 잘못된 것은 방튀르 씨를 만난 일이었다. 이 사람에 대해서는 한때 그렇게 넋을 잃었는데도 떠난 뒤로는 완전히 잊고 있었다. 돌아와보니 평이 굉장했으며 온 안느시에서 대단한 인기를 차지하고 있었다. 이와 같은 그의 성공에 나는 그만 흥분하고 말았다. 방튀르 씨 이외의 사람은 안중에 없었고, 바랑 부인을 잊어버리기까지 하는 형편이었다. 보다 자유롭게 가르침을 받겠다는 속셈으로 같이 있을 것을 청했더니 그는 승낙했다. 그는 구둣방집에서 하숙하고 있었다. 그 집 주인은 농담을 잘하고 소탈하게 사투리를 쓰는데, 아내를 보고 '더러운 년'이라고 불렀다. 그녀는 사실 그 이름으로 불리기에 꼭 알맞았다. 주인은 자기 아내와 자주 싸움을 했다. 방튀르는 말리는 척했지만, 실은 은근히 부채질을 하였다. 아주 침착한 태도로 남부 프랑스 사투리를 쓰는데, 몇 번이나 배꼽을 빼는 장면을 연출하였다. 오전 중엔 그런 식으로 언제나 시간을 보냈다. 2시나 3시에 점심을 먹은 뒤, 방튀르는 사교계 친구들과 어울려 거기서 저녁을 먹는다. 나는 혼자 산책을 하며 그의 대단한 솜씨를 생각하고, 신기한 재능에 감탄도 했다가 부러워도 하면서, 그와 같은 복된 생활로 나를 이끌어 주지 않는 흐리터분한 운명의 별을 저주하는 것이었다. 아, 나는 얼마나 눈치가 없었던가! 좀 더 눈치가 빨랐더라면, 좀더 생활을 즐기는 방법을 알고 있었더라면, 내 생활이 백 배나 매력 있는 것이 되었을 텐데.

바랑 부인이 데리고 간 것은 아네뿐이었다. 메르스레는 두고 갔다. 이 하녀에 대해서는 이미 앞에서 말한 일이 있다. 나는 여주인 집에서 집을 지키고 있는 그녀를 보았다. 메르스레 양은 나보다 한 두 살 위였다. 예쁘지는 않아도 매력있는 여자였다. 악의(惡意)가 없고 선량한 프리부르 여자로 가끔 주인마님에게 말대꾸를 좀 하는 것 외엔 별로 나무랄 데가 없었던 것 같다. 이 여자를 자주 만나러 갔다. 전부터 아는 사이인데다 얼굴을 보면, 더욱 다정한 사람의 생각이 나는 통에 자연스레 그 여자를 사랑하게 되었다. 그녀에게는 여자 친구가 몇 사람 있었는데, 그 중에 지로 양이라는 제네바 태생의 여자가 나를 좋아하게 되었다. 나를 데려오라고 늘 메르스레를 졸랐다. 나도 부르는 대로 끌려가게 되었다. 나는 메르스레를 사랑하고 있었고, 가면 만나고 싶은 다른 처녀들도 있었다. 지로 양은 내게 갖은 아양을 다 떨지만, 비위에 안 맞기가 이를 데 없었다. 코담배내가 배어 검고 까칠까칠한 콧등을 내 얼굴에 가져오면 거기다 침이라도 뱉어 주고 싶은 기분을 누를 수가 없었다. 그러나 꾹 참았다. 그것 이외는 이런 처녀들에게 둘러싸여 있는 것이 다시 없이 즐겁고, 처녀들도 지로 양에게 지지 않기 위해선지, 아니면 나를 즐겁게 해주기 위해선지 모두 다투어서 내 기분을 맞추느라고 야단이었다. 나는 아무리 그래도 교제상의 의리로 그런다는 기분밖에는 느끼지 못했다. 나중에 생각해 보니, 그 이상의 것을 얻으려고 했더라면 그야말로 내 마음대로였을 것이다. 그러나 나는 거기까지 깨닫지 못했다. 생각도 하지 못했다.

　게다가 바느질하는 처녀라든가 하녀 또는 가게의 점원들은 내 기분을 돋우어 주지 못했다. 필요한 것은 아가씨들이었다. 사람들은 모두 기호가 다르다. 내 기분에 드는 사람은 언제나 그런 사람들이다. 그 점에서 내 사고 방식은 호라티우스(로마 시인)와는 다르다. 그렇지만 내가 끌리는 것은 신분이나 계급에 대한 허영이 아니라 싱싱한 얼굴빛, 아름다운 손, 우아한 차림, 온몸에서 풍기는 곱고 깨끗한 느낌, 옷맵시나 말투에 나타나는 고상한 취미, 잘 지은 품위 있는 드레스, 화사한 구두, 리본, 레이스, 아름답게 땋은 머리 등이다. 얼굴은 곱지 않더라도 그런 점에 뛰어나면 나는 언제나 그 편을 좋아한 것이다. 내가 생각해도 정말 이상한 취미다. 그러나 아무리 해도 그렇게 하지 않으면 기분에 차지 않는다.

　그런데 그런 취미를 충족시키는 절호의 기회가 다시금 나타나게 되었다. 게다가 내 결심 하나로 잡을 수 있었던 것이다. 청춘의 즐거웠던 시절 속으로 어쩌다가 훌쩍 제 발로 미끄러져 들어가 보는 것을 나는 왜 이렇게도 좋아하는 것일까? 그것은 무척 달콤했다. 지금 생각하면 아주 짧고, 드물게 있는 일이었다. 그리고 매우 쉽게 즐길 수 있었다. 아, 그러한 것을 생각만 하면 지금도 내 마음에는 그 어떤 깨끗한 기쁨이 되살아난다. 여생을 보내는 쓸쓸함을 견디고 용기를 불러일으키려면 이러한 추억의 즐거움이 내게는 필요하다.

　어느 날 아침 새벽놀이 하도 아름답기에 재빨리 옷을 갈아 입고 떠오르는 해를 구경하기 위하여 급히 교외로 달려나갔다. 나는 온 누리에 가득찬 아름다움 속에서 그 즐거움을 마음껏 즐겼던 것이다. 마침 성 요한의 축일(1730년 6월 24일) 다음 주였다. 대지는 호화로운 차림을 하고 풀과 꽃으로 덮여 있었다. 밤꾀꼬리는 이제 지저귀는 것도 마지막이라는 듯이 한층 높은 소리로 즐기고 있는 듯했다. 작은 새들은 봄과의 작별을 합주하며 아름다운 여름의 하루가 탄생하는 것을 노래하고 있었다. 지금의 나 같은 나이로서는 이제 볼 수 없는 그 청춘의 하루, 지금 내가 글을 쓰고 있는 이 음울한 땅(영국 스트랫퍼드의 우튼)에서는 본 적이 없는 그 아름다운 하루, 그러한 하루의 탄생을 노래하고 있었다.

　어느 새 마을에서 멀리 떠나 있었다. 점차 더워졌으므로 나는 작은 내를 따라 골짜기의 나무 그늘로 걸어왔다. 문득 뒤에서 말발굽 소리와 젊은 여자 목소리가 들렸다. 무언가 난처해져서, 그런데도 명랑하게 웃고 있는 모양이었다. 나는 뒤를 돌아보았다. 그 쪽에서 내 이름을 불렀다. 가보니 내가 아는 젊은 아가씨 두 사람, 그라팡리드 양과 갈레 양이었다. 능숙한 기수가 못되어서 말에게 내(川)를 건너게 하는 방법을 몰랐던 것이다. 그라팡리드 양은 무척 애교 있는 베른느 태생의 처녀로, 젊은 탓에 잘못을 저질러 국외로 떠나와 바랑 부인의 전철을 밟은 여자다. 부인의 집에서 전에 만난 일이 있었다. 다만 부인처럼 연금을 받지 못했으므로 갈레 양에게 연결이 된 것은 다행이었다. 갈레 양은 우정을 느껴 이 사람이 어떡하든 안정이 될 때까지 여자 친구로서 자기와 함께 살게 해줄 것을 어머니에게 약속하게 했다.

　갈레 양이 한 살 아래로 얼굴도 훨씬 예쁘고 섬세하여 고상한 데가 있으며, 게다가 사랑스럽고 자태도 고와서 처녀로서는 한창 아름다울 시기였다. 두 사람이 서로 정답게 사랑하고 있어서 서로의 착한 성격은 사랑하는 남자라도 나타나서 그 사이를 흔들어 놓지 않는 한, 언제까지나 두 사람을 꼭 묶어 놓을 것같이 보였다. 두 사람은 툰느로 간다고 했다. 그곳은 갈레 부인이 별장을 갖고 있는 곳이었다. 자기들로서는 내(川)를 건너는 것은 무리니 거들어서 말을 건네 달라고 부탁했다. 나는 말에 채찍을 대려 했다. 그러나 두 사람은 채이면 내가 위험하고 뛰어오르면 자기들이 무섭다고 했다. 나는 다른 방법을 생각했다. 먼저 갈레 양의 말고삐를 잡고 뒤로 끌면서 무릎까지 잠기며 내를 건넜다. 그러자 뒤에 있는 말도 순순히 따라왔다. 그리고 나서 나는 아가씨들에게 인사를 하고는 얼빠진 사나이처럼 그 자리를 떠나려 했다. 아가씨들은 서로 두세 마디 소곤거리더니 그라팡리드 양이 말했다. '안돼요, 안돼요. 그렇게 도망치지 마세요. 우리들 때문에 옷을 적셨는데, 이번에는 우리들이 말려드려야 하잖아요. 자, 어서 가세요. 우리들과 함께. 이제 당신은 포로예요.' 나는 두근거리는 마음으로 갈레 양을 바라보았다. '그래요, 그래요' 하고 그녀도 어리둥절해하는 나의 얼굴을 보고 웃으면서 맞장구를 쳤다.

'전쟁의 포로예요. 저분 뒤에 타세요. 당신을 신고 할 테니까—'

'하지만 아가씨, 아직 당신 어머님을 뵌 적이 없습니다. 나 같은 자가 찾아가면 뭐라고 하실까요?'

'갈레 양의 어머님은 말이에요' 하고 그라팡리드 양이 가로막아서 말했다. '툰느에 안 계세요. 저희들뿐이랍니다. 오늘 저녁 때 돌아가는 거예요. 당신도 저희들과 같이 돌아가시면 돼요.'

마찰에 의한 전기가 빨아들이는 힘도 이런 말들이 나를 친 것만큼 빠르지는 못할 것이다. 그라팡리드 양의 말에 뛰어오르면서 나는 너무나 기뻐 떨고 있었다. 그리고 몸을 지탱하기 위해 그녀를 끌어안지 않으면 안 되었는데, 심장이 너무나 세게 뛰고 있어서 상대가 알아차렸을 정도였다. 그녀는 말에서 떨어질 것 같아, 무서워서 자기 가슴도 이렇게 두근거린다고 했다. 내 태도를 보더니 그녀의 말이 사실인가 확인해 보라고 꾀는 것 같았다. 나는 아무래도 그렇게 할 수 없었다. 그리고 그 길을 가는 동안 내 두 팔은 그녀의 허리띠 역할을 한 데 불과했다. 세게 죄어 대고 있었던 것은 사실이나 잠시도 그 위치를 옮기는 일은 없었다. 이런 대목을 부인들이 읽으면 내 뺨을 치고 싶어질 것이다. 그렇게 한다고 해도 무리는 아니다.

멀리 타고 나가는 즐거움에다 처녀들의 지껄이는 소리는 완전히 나를 수다쟁이로 만들어, 저녁 때까지 같이 있는 동안 잠시도 입을 쉬지 않았다. 정말 마음을 편하게 가질 수 있는 상대들이며, 이렇게 되니 내 혀도 눈도—하기야 혀가 눈과 똑같은 말을 할 수는 없지만—잘도 돌아가는 것이었다. 다만 잠시 동안 내가 어느 한쪽 아가씨와 단둘이 마주 앉아 이야기할 때는 다소 대화가 어색해졌다. 그러나 다른 쪽이 곧 자리로 돌아와서 어색해진 대화를 적당히 조절할 틈마저 주지 않는 형편이었다.

툰느에 도착하여 내 젖은 옷이 마르자 모두 아침을 먹었다. 그리고 점심 준비라는 중요한 일을 시작하지 않으면 안 되었다. 두 아가씨는 요리를 만들면서도 이곳 소작인 부인의 아이들에게 가끔 입을 맞추어 주었다. 식료품은 시내에서 갖다 놓았으므로 요리, 특히 맛있는 것을 만들 재료는 갖춰져 있었다. 그러나 공교롭게도 포도주를 잊어버렸다. 그런 것을 마시지 않는 아가씨들이니 잊었다고 해서 놀랄 것은 없다. 그러나 나는 낙심했다. 그놈의 힘을 빌어 심장을 좀 강하게 해줄 생각으로 기대를 걸고 있었기 때문이다. 아가씨들도 그걸 알고 딱하게 생각했다. 같은 이유에서일까. 아니, 그렇게는 안 보인다. 이들의 활기차고 애교에 찬 명랑함은 참으로 천진난만한 것이었다. 그리고 또 나를 자기들 두 사람 사이에 두고 무엇을 어떻게 할 수 있었겠는가? 둘은 근처에 사람을 보내어 여기저기 찾아보게 했으나 포도주는 없었다. 그만큼 이 근처 사람들은 가난해서 마실 것도 마시지 않았다. 너무나 딱하게 생각하는 모양이 눈에 띄므로 나는 '그렇게 걱정하지 않아도 좋다. 나를 취하게 하는 데 구태여 포도주를 낼 것까지는 없다'고 말했다. 이것이 그날 하루 동안 내가 과감하게 입 밖에 낸 유일한 흉허물 없는 찬사였다. 그러나 장난꾸러기 아가씨도 나의 그러한 찬사가 진심에서 우러난 말임을 충분히 알고 있었을 것이다.

우리는 소작인 여자들의 부엌에서 점심을 먹었다. 두 여자는 긴 식탁의 양쪽 끝에 의자를 놓고 앉았고, 손님인 나는 두 사람 사이의 삼각대에 앉았다. 참으로 맛있는 식사였다. 실로 매력에 찬 추억이 아닐 수 없다. 이렇게 비용이 들지 않고, 이렇게 순수하고 진실한 즐거움을 맛볼 수 있는데, 어찌 다른 즐거움을 찾겠는가? 여자와 함께 가는, 파리의 제법 풍취 있는 요정의 밤참도 이 식사에는 미치지 못했다. 단순히 그 장소의 명랑함과 아늑한 즐거움만으로서가 아니라 샘솟는 쾌감으로도 그렇게 말할 수 있을 것이다. 우리는 식후에 약간 궁리를 했다. 아침 식사 때 먹고 남은 커피를 바로 먹지 않고 아가씨들이 가지고 온 크림과 과자와 함께 오후의 간식으로 남겨 두기로 한 것이다. 그리고 식욕을 돋우기 위해 후식으로 버찌를 먹으려고 과수원으로 갔다. 나는 나무 위로 올라갔다. 그리고 버찌 송이를 아래로 던졌다. 아가씨들은 씨를 가지 사이로 내게 되던졌다. 한 번 갈레 양이 앞치마를 펴들고 고개를 위로 젖히며 열심히 받을 자세를 하고 있을 때 나는 잘 겨누어서 그녀의 앞가슴 유방 사이로 버찌 한 송이를 떨어뜨렸다. 그러자 까르르 하는 웃음소리가 났다. 나는 마음속으로 생각했다. '내 입술이 버찌였더라면 좋았을걸! 얼마나 신나게 던졌을까?'

그런 식으로 시시덕거리며 하루는 지나갔다. 거리낌없이 놀기는 했으나 조심해야 할 것은 엄격히 지켰다. 야릇한 소리는 한 마디도 안 했으며 위험한 농담도 입 밖에 내지 않았다. 그렇다고 이런 조심을 우리가 억지로 한 것은 아니고 저절로 그렇게 되었으며, 세 사람의 기분이 그러한 상태가 되어 있었던 것이다. 요컨대 내가 얼마나 체면을 지켰는가 하면—이 점이 나의 얼빠진 점이라고 사람들은 말하겠지만—꼭 한 번 갈레 양의 손에 키스한 것을 가지고 너무 친한 체했구나 하고 생각했을 정도였다. 물론 그런 사소한 돌발사를 그처럼 어렵게 생각한 것은 그 자리의 사정 때문이었다. 마침 둘만 남았을 때였다. 나는 숨이 가빠졌다. 상대방은 눈을 내리깔고 있었다. 내 입은 무엇인가 할 말을 찾는 대신 나도 모르게 그녀의 손등에 가서 붙어 버렸다. 상대방은 키스를 허용한 다음 조용히 손을 빼며 화난 기색도 없이 가만히 나를 바라보았다. 내가 무슨 말을 할 수 있었는지 모른다. 그때 그녀의 친구가 들어왔다. 그 여자 친구의 얼굴이 정말 밉게 보였다.

마침내 그녀들은 밤이 되기 전에 시내로 돌아가지 않으면 안 된다는 것을 깨달았다. 밝을 때 도착하려면 이제 아슬아슬한 시간밖에 남아 있지 않았다. 그래서 우리는 또 각각 올 때처럼 나눠 타고 서둘러 출발했다. 내 쪽에서 억지를 쓰면 이번에는 다른 상대와 같이 탈 수도 있었다. 이것은 내 마음이 갈레 양의 시선으로 강한 충동을 받았기 때문에 하는 말이다. 그러나 나는 아무 말도 하지 못했고, 그렇다고 그런 말을 저쪽에서 할 수도 없었다.

빨리 해가 져서 재미 없으니 어쩌니 하면서 우리는 돌아갔다. 그러나 마음속으로는 해가 짧은 데 불평을 품기는커녕 즐길 대로 즐기면서 하루라는 것을 그렇게 잘 충족시켰구나 하고 신기해 했다.

처음 붙들렸던 거의 같은 장소에서 나는 두 사람과 헤어졌다. 우리가 얼마나 서운해하면서 헤어졌던가! 얼마나 기쁘게 재회를 약속했던가! 함께 보낸 열 두 시간이 우리에게는 몇백 년의 친교와 맞먹는 것이었다. 이날의 정다운 추억은 그 뒤로 두 처녀의 마음에 아무런 그늘도 남기지 않았다. 우리 세 사람 사이를 연결하는 정다운 마음의 결합은 결코 격렬한 쾌락에 못지 않은 것이었다. 그러나 그런 쾌락과 같은 서열에 둘 수는 없었을 것이다. 우리는 비밀도 없고 수치도 없이 서로 사랑하고 있었다. 그리고 또 그와 같이 언제까지나 사랑하고 싶었다. 순결하게 몸을 유지해도 관능적인 기쁨은 있는 법이다. 그쪽이 차라리 다른 경우에 맛보는 관능의 기쁨보다 훌륭하다. 도중에 중단되는 굴곡이 없고 언제나 같은 모양으로 계속되기 때문이다. 이러한 아름다운 하루의 추억 쪽이 생애를 통해 맛본 다른 쾌락의 추억보다는 나를 감동시키고 매혹시키며, 마음에 되살아나는 적도 훨씬 많다는 것을 알고 있다. 그 두 사람의 사랑스런 처녀들에게 내가 무엇을 요구하고 있었는지 전혀 알 수가 없다. 다만 양쪽 모두에게 나는 무척 끌리고 있었다.

 그렇다고 내가 자유로이 내 기분을 처리할 수 있었다면, 내 마음을 어느 쪽에고 나누어 줄 수 있었을 것이라는 말은 아니다. 거기에는 좋아하는 차이가 있었다. 그라팡리드 양을 연인으로 삼으면 행복하겠구나 하는 생각은 들었으나 고르라고 한다면 차라리 흉허물 없는 이야기 상대로 삼고 싶었다. 어쨌든 헤어질 때는 그 중 어느 쪽이든 같이 있지 않으면 더 살아갈 수 없을 것만 같았다. 그 뒤 어느 쪽도 만나지 못하고 우리의 덧없는 사랑이 이것으로 끝나버리리라고 누가 내게 말할 수 있었을까?

 이것을 읽는 사람들은 지루하게 서두를 늘어놓고 이야기의 절정이 겨우 어이없는 손의 입맞춤으로 끝나 버린 것을 보고, 내 연애 이야기를 아마 비웃을 것이다. 아, 독자 여러분, 오해하지 말아 주기 바란다. 나는 차라리 이 손의 입맞춤으로 끝나는 나의 연애담에서 적어도 손의 입맞춤으로 시작되는 여러분의 연애담에서 보다 훨씬 많은 기쁨을 맛보았다고 생각한다.

 간밤에는 너무 늦게 잤다는 방튀르가 바로 내 뒤에 돌아왔다. 이때만은 그의 얼굴을 보아도 여느 때처럼 기쁘지 않았다. 그리고 그날의 일을 이야기하는 것도 그만두었다. 그 아가씨들의 이야기 속에도 그에 관한 것이 나왔는데 전혀 존경하는 기미가 보이지 않았고, 내가 그런 지저분한 인간과 관련이 있는 것을 알고는 싫은 얼굴을 하는 것같이 보였다. 그것이 내 머리에 남아 있어, 그의 가치를 깎은 것이다. 게다가 그 아가씨들로부터 내 마음을 돌리게 만드는 것은 모두 불쾌한 씨가 될 뿐이었다. 그런데 곧 방튀르는 지금 나의 처지를 이야기함으로써 주의를 그에게 돌리게 하고 생각을 나 자신에게 돌아오게 했다. 이대로는 너무도 절박해서 생활이 계속될 것 같지도 않았다. 쓰임새는 거의 없는 나였지만 그래도 주머니는 바닥이 드러나 있었다. 돈이 나올 곳은 아무데도 없었다. 엄마는 소식도 없고 앞으로 어떻게 될 것인지 예상도 할 수 없었다. 그리고 갈레 양의 친구인 내가 거지 신세로 떨어지는가 생각하니 가슴이 바짝 조여드는 것 같았다.

방튀르는 내 이야기는 벌써 검찰청장님에게 말해 두었으니 그 사람이면 친구에게 부탁해서 어떻게 주선을 해줄 것이라고 했다. 또 그는 사귀기에는 아주 훌륭한 사람으로 재주도 있고, 문학도 알며, 붙임성도 있고, 다재다능해서 재능이 있는 사람을 사랑하는 사람이라고 했다. 그리고는 언제나 하는 버릇으로 아주 중요한 일을 아주 너절한 농담과 함께 이야기하다가 제법 멋있는 가사를 하나 보여 주었다. 그것은 파리에서 온 것인데, 당시 상연되고 있던 무레의 오페라 아리아에 붙어 있는 가사였다. 이 가사는 시몽 씨(검찰청장)가 무척 좋아하여 같은 아리아에 붙일 대구(對句)를 자신이 짓고 싶어하고 있었다. 방튀르도 하나 지어 보면 어떠냐고 권유를 받고 있었다. 그리고 방튀르는 내게도 반 장난으로 하나 지어 보이면 어떻겠느냐는 생각이었다. 《우스운 이야기》(스카롱의 풍속 소설에 《들것 사건》이라는 것이 있는데, 환자를 실은 들것 4대가 한꺼번에 여인숙으로 밀려든다) 속의 들것처럼 내일 제각기 가사를 내놓는 장면을 보여 주자는 것이었다.

그날 밤 나는 잠도 안 오고 해서 그럭저럭 혼자서 가사를 하나 만들었다. 처음 지은 시 치고는 상당한 수준이었으며 썩 잘된 편이었다. 적어도 전날 밤만 같았어도 이 정도의 맛을 낼 수는 없었을 것이다. 소재가 아주 섬세한 애정 장면에 걸쳐 있었으므로 내 마음은 그 점에서 완전히 기초가 되어 있었던 것이다. 아침에 가사를 방튀르에게 보였다. 멋있다고 하면서 호주머니에 집어넣고, 자기 것에 대해서는 지었는지 안 지었는지조차 말하지 않았다. 우리는 시몽 씨의 오찬 모임에 갔다. 굉장한 환대였다. 대담도 유쾌했다. 글을 읽고 아는 것이 많은 두 사나이니 당연했다. 나는 내 분수를 지켜 듣기만 하고 잠자코 있었다. 두 사람이 다 가사에 대해서는 아무 말도 없었다. 그뿐이었으며 내가 아는 한 내가 지은 가사가 문제가 되었다는 말도 듣지 못했다.

시몽 씨는 내 태도가 마음에 든 것 같았다. 이 대면에서 그가 내게서 파악한 것이라고는 거의 그런 정도다. 그는 이미 바랑 부인 집에서 몇 번인가 나를 보았을 테지만, 그다지 관심을 두지 않았던 것이다. 그러므로 내가 그와 알게 되었다고 할 수 있는 것은 이 오찬 모임 때부터이다. 알았다고는 하나 이 날의 목적은 무엇 하나 이루어지지 않았다. 그러나 그 덕택으로 나중에 다른 이익을 얻게 되었으므로, 그에 대해서는 지금도 즐거운 기억이 되살아난다.

그의 풍모에 대해서 말하지 않는다면 완벽하달 수가 없다. 내가 아무것도 말하지 않으면, 사법관으로서의 자격이나 자랑으로 삼는 풍부한 재능이란 점에서 그의 풍모는 좀 상상하기 어려울 것이다. 시몽 검찰청장은 키가 1미터도 채 못 되었다. 다리가 일직선으로 가늘며 길쭉해 수직으로 서 있었더라면 키가 좀 크게 보였을 텐데, 널찍하게 벌린 컴퍼스 다리처럼 비스듬히 붙어 있다. 허리통은 짧기만 한 것이 아니라 여위기도 해서, 하여간 쉽게 상상하기 어려울 만큼 작은 체구다. 벗으면 아마 여치로 보였을 것이다. 머리 크기는 보통이고 이목구비는 반듯하게 잘 생겨서 품위도 있고 눈도 아름다운 편이므로, 발육이 불완전한 몸뚱이에 다른 사람의 머리를 바꾸어 붙인 것처럼 보였다. 복장만 해도 꽤 경비가 절약되었을 것이다. 왜냐하면 쓰고 있는 큼직한 가발만으로도 완전히 머리에서 발까지 감쌀 수 있을 것 같았으니까.

이 사람은 전혀 다른 두 가지 목소리를 낸다. 그것이 말을 할 때는 늘 섞여 나온다. 그 대조도 처음에는 재미있지만 곧 귀에 거슬린다. 한 가지는 장중하고 낭랑하게 울린다. 이렇게 말해도 좋다면, 머리에서 나오는 소리다. 또 하나는 깐깐하니 높고 날카롭고 찢어지는 듯한 소리로서 그의 몸뚱이에서 나온다. 가만히 침착하게 점잔을 빼면서 이야기할 때와 호흡에 여유를 주며 이야기할 때는 언제나 굵은 소리가 나오는데, 조금이라도 열을 띠거나 다급한 기가 나타나게 되면 마치 건반 같은 깐깐한 소리가 난다. 그러고는 본래의 저음으로 돌아가기가 꽤 힘이 들었다.

이렇게 묘사를 했다고 해서, 내가 그 풍모를 만화처럼 묘사하고 있는 것은 아니다. 그런 풍모를 가지고도 시몽 씨는 상당한 풍류객이었다. 구수한 이야기를 잘하고 복장에 까다로운 신경을 쓰는 점 등은 상당한 멋쟁이라고 할 수 있다. 잘 보이려고 아침 면접은 일부러 침대에 누워서 했다. 깨끗한 얼굴이 베개 위에 있는 것을 보면, 누구든 그것이 얼굴뿐이라고는 생각하지 않을 것이다. 그래서 안느시 전부가 지금도 확실히 기억하고 있는 그런 우스꽝스러운 장면이 가끔 나타나게 된 것이다. 어느 날 아침, 그는 침대 속에서, 아니 침대 위에서 장밋빛의 큼직한 매듭을 두 개 장식한 멋있고 엷은 순백색 나이트캡을 쓰고, 소청인들이 오기를 기다리고 있었다. 그러자 한 농부가 찾아와서 문을 두드렸다. 하녀는 밖에 나가고 없었다. 노크 소리가 심해서 검찰청장은 '들어오시오' 하고 외쳤다. 그런데 무심결에 외치는 소리에 너무 힘을 주어서 높은 쪽의 소리가 나왔다. 들어온 사나이는 어디서 여자 목소리가 났나 하고 두리번거렸다. 그리고 침대에서 여자의 나이트캡과 도투락 장식을 보자, '이거 부인께 대단한 실례를 했습니다' 하고 말하면서 나가려고 했다. 시몽 씨는 화가 나서 소리를 지르면 지를수록 더욱더 낑낑거리는 소리만 나왔다. 농부는 여자인 줄만 믿고 있었으므로 모욕을 당한 줄 알고, '너는 몸을 파는 계집이 틀림없다. 청장님도 이래서야 남의 본보기가 될 수 없다' 운운하며 욕지거리를 퍼부었다. 검찰청장은 노발대발했지만 무기래야 자기가 쓰는 요강밖에 없었으므로 그것을 농부 영감에게 집어던지려 했다. 그때 마침 하녀가 들어왔던 것이다.

그의 몸은 날 때부터 그런 꼴불견이었지만, 이 난쟁이도 재치로 그만한 것은 메워 나가고 있었다. 절로 몸에 밴 빛나는 재치, 그것을 다시 수양으로 닦기를 게을리하지 않았다. 사람들은 상당히 훌륭한 법조인이라고 부르고 있었지만, 본인은 그 직업을 좋아하지 않았다. 일찍부터 당시 유행하던 문예에도 손을 대어 그 방면에도 성공하고 있었다. 그의 문예 취미는 특히 외면적인 화려함을 좋아하는 점에 있었다. 결국 사교장 안에서, 특히 부인을 상대로 애교를 부리는 꽃은 문예라는 꽃동산에서 난 것이었다. 《금언집》이나 그와 비슷한 책에 실려 있는 자질구레한 이야기들도 빠짐 없이 알고 있었다. 그것을 또 재미있고 신비롭게, 60년 전에 있었던 일도 어제 있었던 일처럼 생생하게 이야기하는 바람에 제법 가치 있어 보이게 하는 점에서는 정말 뛰어났다. 음악 지식도 있어서 그의 남자 쪽 목소리로 곧잘 노래도 불렀다. 말하자면 법관으로서는 정말 다재다능했다. 안느시의 귀부인들 비위를 잘 맞춘 결과 상당한 인기가 있어서, 마치 기르는 원숭이 모양으로 여기저기 끌려다니는 형편이었다. 여자에게 인기가 있다는 자랑까지 하고 있으니, 그것이 또한 귀부인들을 크게 웃겨 주었다. '여성의 무릎 언저리에 입맞춤이라도 하게 되면 그분으로서는 대만족이다'라고 에피니 부인이 말했다고 한다.

그는 좋은 책들을 많이 읽고 즐겨 그 이야기를 하는 통에 이야기가 재미있을 뿐 아니라 도움도 되었다. 뒷날 내가 학문에 흥미를 갖게 되었을 때, 그와는 곧장 친밀한 사이가 되어 무척 도움이 되었다. 그 무렵 나는 샹베리에 있었는데 거기서 가끔 그를 찾아가곤 했었다. 그는 나의 향학열을 칭찬해 주고, 독서에 대한 여러 가지 충고를 해주었다. 그것이 무척 도움이 되었다. 불행하게도 그 허약한 육체 속에 다감한 넋이 깃들어 있었던 것이다. 그로부터 몇 해 뒤, 무엇인가 좋지 않은 사건이 일어나서 그것 때문에 속을 끓이다가 죽고 말았다. 가엾은 일이었다. 참으로 빈틈 없는 난쟁이었다. 처음엔 우스워서 웃음을 터뜨리지만 나중에는 좋아진다. 확실히 그런 인품의 사나이였다. 내 생애에는 거의 별 다른 관계 없이 끝나버린 사람이지만, 상당히 유익한 교훈을 얻었으므로 감사하는 마음에서 약간의 추억을 그를 위해 할애해도 좋다고 생각한 것이다.

나는 시간의 여유가 생기자 곧 갈레 양의 집이 있는 거리로 달려갔다. 누군가가 나오거나 들어가는 모습, 그렇지 않으면 하다못해 창문이라도 열리는 것이 보이겠지 하고 제멋대로 생각하면서. 그런데 고양이 한 마리 나오지 않았다. 내가 거기 있는 동안 집은 온통 사람이 살지 않는 것처럼 닫혀 있었다. 골목은 좁고 적적해서 한 사람이라도 지나가면 이내 눈에 띈다. 이따금 사람들이 지나가서 근처로 들어가기도 하고 나오기도 한다. 아무래도 멋쩍었다. 자신이 무엇 때문에 이런 데 와 있나 눈치를 채인 것만 같고 그렇게 생각하니 정말 괴로웠다. 무엇보다 자신의 즐거움보다는 그리운 사람들의 명예나 평화를 깨뜨리고 싶지 않다는 생각을 소중히 여기는 평소의 버릇 때문이다.

결국 열정적인 애정꾼 노릇을 하기도 싫증이 나고, 기타 같은 것도 갖고 있지 않았으므로 집에 돌아가서 그라팡리드 양에게 편지를 쓰기로 작정했다. 사실 그녀의 여자 친구에게 직접 쓰고 싶었지만 그럴 용기는 없었다. 상대를 알게 되는 계기를 만들어 준 그녀, 그리고 나와는 비교적 흉허물 없이 말이 통하는 그녀에게 먼저 편지를 보내는 것이 자연스러울 것 같았다. 편지를 다 쓰자 지로 양에게 가지고 갔다. 두 아가씨들과 헤어질 무렵에 그런 약속을 해 두었기 때문이다. 이런 지혜를 준 것은 아가씨들 쪽이었다. 지로 양은 이불을 꿰매는 여자로, 가끔 갈레 부인 집에서 일을 하므로 출입할 수 있었다. 그러나 심부름꾼으로서는 썩 마음에 들지 않았다. 하지만 이 여자에게 트집을 잡았다가는 달리 사람이 없고 두 아가씨로부터 버림을 받을 염려가 있었다. 더구나 이 여자는 욕심에 사로잡힐 우려가 있다는 소리를 입 밖에 내지는 못했다. 이 여자가 나도 두 아가씨와 같은 여성이라는 태도라도 보이게 된다면 나는 모욕감을 느낄 것이다. 그러나 어쨌든 이런 사람이라도 없는 것보다는 낫기에 하는 수 없다고 체념하고 위험을 무릅써 보기로 했다.

지로는 첫마디로 눈치를 챘다. 그것은 쉬운 일이었다. 젊은 처녀에게 편지를 보낸다는 것만으로는 금방 알아차리지 못했다 하더라도, 나의 얼빠지고 겸연쩍어하는 태도, 그것으로 금방 드러났을 것이다. 이런 부탁은 무척 못마땅했을 것이다. 그러나 그녀는 승낙하고 충실하게 심부름을 해주었다. 다음 날 아침, 나는 그녀에게 달려갔다. 그리고 내게 온 답장을 받았다. 그것을 실컷 읽어보고 입맞추기 위해 얼마나 급히 그 자리를 뛰쳐나왔던가! 그 점은 말할 필요도 없지만 꼭 말해 둘 필요가 있는 것은 지로 양이 취한 태도, 특히 나의 의표를 찌르는 세심하고 은밀한 태도를 보인 것이다. 서른일곱 살이나 되는 이 여자는 꽤 분별이 있어서 토끼 같은 눈에 추레한 낯짝, 쟁쟁거리는 목소리에 살결이 검은 자기로서는 도저히 넘치는 우아함과 빛나는 아름다움을 지닌 젊은 두 아가씨를 이길 수 없음을 깨달은 듯, 아가씨들을 배반하려고도 도우려고도 하지 않고, 나를 두 사람에게 중매하느니보다 차라리 나를 자기 곁에서 멀리 떼어 버리려고 생각했던 것이다.

하녀 메르스레는 마님한테서 아무런 소식이 없으므로 얼마 전부터 프리부르로 돌아갈까 생각하고 있는 중이었다. 지로는 그녀에게 결심을 단단히 하게 해주었다. 뿐만 아니라 아버지 집에까지 누구더러 데려다 달라고 부탁하라고 권하고는 나를 추천했다. 메르스레도 내가 싫지는 않았으므로 그런 생각에 솔깃해졌다. 그날도 두 여자는 부랴부랴 마치 약속이라도 해둔 듯이 그 이야기를 내게 꺼냈다. 나도 그 일에 싫은 기분은 조금도 없었으므로 고작해야 일주일 정도의 여행이겠거니 생각하고 승낙했다. 지로의 속셈은 그것이 아니었는데 혼자서 만반의 준비를 갖추었다. 그런데 나는 주머니 사정을 말하지 않으면 안 되었다. 그 점은 의지하기로 했다. 메르스레가 자기 돈으로 내 비용을 맡기로 했다. 그래서 그녀에게 지워질 부담을 다른 데서 보충하기 위해 내가 지원해서 작은 짐을 먼저 보내고 우리 둘은 걸어서 천천히 가기로 했다. 그리하여 그대로 실행했다.

이렇게 많은 처녀들이 나를 사랑하여 마음이 송구스럽지만, 그 모든 사람에게서 내가 얻은 이익은 아무것도 꾸며낼 만한 것이 없으므로 기탄 없이 진실을 말할 수 있다고 생각된다. 메르스레는 나이도 젊고 또 닳지도 않아 지로처럼 도발적인 뻔뻔스러움은 없었다. 다만 내 목소리와 억양을 흉내내고 나와 같은 말을 되풀이하며, 이쪽에서 돌보아 주어야 할 일들을 오히려 그 쪽에서 해 주었다. 그리고 무척 겁쟁이라면서, 두 사람이 한방에서 자게끔 언제나 마음을 썼다. 스무 살의 젊은이와 스물 다섯 살의 처녀의 여행이 거기까지밖에 진행이 안 된 예가 있을까?

그런데 이번 경우는 거기에서 그쳤다. 내 욕망은 극히 단순해서 메르세레가 싫은 여자가 아닌데도 여행 중 야릇한 유혹은 물론 그런 방면의 생각은 머리에 떠오르지 않았다. 또 그런 생각이 떠올랐다 하더라도 그 기세를 타고 나갈 만한 지혜도 없었다. 처녀와 청년은 어떤 점에서 같이 자게 되는 것인지 상상조차 못했다. 그런 무서운 절차를 밟고 시작하려면 오랜 세월이 걸리는 줄만 알고 있었다. 혹시 메르스레가 내 여비를 부담하는 대가로 무언가 그러한 것을 기대하고 있었다면 터무니없이 엉뚱한 생각이었다. 이리하여 두 사람은 안느시를 출발할 때와 똑같은 상태로 프리부르에 도착한 것이다.

제네바를 지나도 나는 아무도 만나러 가지 않았다. 그러나 다리 위에 이르니 기분이 이상해지기 시작했다. 언제나 격렬한 감동에서 오는 어떤 종류의 실신(失神)을 느끼지 않고는 이 행복한 도시의 성벽을 바라보며 그 안으로 들어간 예가 없다. 자유라는 것의 고귀한 심상(心像)이 내 영혼을 고양시켜 주는 동시에 평등·단결·미풍양속 등의 심상이 눈물겹도록 내 가슴을 때려 그러한 좋은 것들을 모조리 잃어버린 심한 후회감에 사로잡히는 것이 보통이었다. 이 무슨 착각인가! 또한 그것은 얼마나 자연스러운 일이었던가! 그러한 것을 모두 자신의 마음속에 지니고 있기 때문에, 그 모두가 조국 안에 있는 것을 보는 듯한 기분이 든 것이다.

리옹을 지나지 않으면 안 되었다. 그리운 아버지도 만나지 않고 지나간다? 아니 그런 용기를 가졌다면 뒷날 죽고 싶도록 후회했을 것이다. 메르스레를 여관에 둔 채 온갖 용기를 다 내서 아버지를 만나러 갔다. 아! 나는 얼마나 공연한 걱정을 한 것일까! 아버지의 마음은 나를 대하자 넘치는 부성애에 휩싸였다. 우리는 껴안고 얼마나 눈물을 흘렸던가! 처음 아버지는 내가 아주 돌아온 줄 알았다. 나는 지금까지의 경과를 이야기하고 지금 마음먹고 있는 결심을 말했다. 아버지는 심하지는 않으나 반대했다. 내가 당면한 위험을 설명하고 철없는 짓은 되도록 빨리 집어치우는 것이 상책이라고 말했다. 그렇다고 억지로 붙들어 놓겠다는 태도는 아니었다. 그 점에는 그럴 만한 이유가 있었다고 지금은 생각한다. 그러나 어쨌든 내 마음을 돌리기 위해 가능한 모든 일을 하지 않은 것만은 사실이다. 이미 발을 내딛은 뒤라서 새삼 생각을 돌릴 내가 아니라는 것을 혼자 판단한 것인지, 아니면 나 같은 나이의 사람을 어떻게 하면 좋을지 처치가 난감했는지도 모른다. 이때 그는 내 여행 상대를 엉뚱하게 잘못 생각하고, 사실과는 너무나 동떨어진 생각을 하고 있었다는 것을 뒤에서야 알았다. 그러나 그것은 당연했다고 해도 좋을 것이다. 나의 계모는 사람 좋아 보이는, 다소 응석받이 여자였는데, 나를 저녁이라도 먹여 보낼 눈치를 보였다. 나는 머무르지 않았다. 돌아갈 때 좀더 푹 쉬어 가겠다고 말하면서 배로 보내 놓은 귀찮은 내 짐을 맡겨 놓고 나왔다. 이튿날 나는 일찍 출발했다. 아버지도 만났고, 과감하게 의무도 완수했다는 개운한 기분으로.

우리는 별일 없이 프리부르에 도착했다. 여행이 끝날 무렵, 메르스레 양의 열이 약간 내렸다. 도착하자 벌써 서먹서먹하고 쌀쌀한 태도밖에 보여 주지 않았다. 그녀의 아버지도 넉넉하게 사는 편이 아니었으므로 별로 반갑게 맞아 주지 않았다. 나는 허름한 하숙집으로 자러 갔다. 다음 날 메르스레 부녀(父女)를 집으로 찾아가 만나고, 그들이 나를 위해 마련한 오찬 대접도 받았다. 우리는 눈물도 흘리지 않고 헤어졌다. 저녁 때 다시 하숙으로 돌아 와서 쉰 다음, 다음 날 어디로 간다는 뚜렷한 계획도 없이 그곳을 떠나왔다.

이것 역시 내 생애에서 그야말로 하느님이 행복한 나날을 보내는 데 필요한 실마리를 마련해 주고 있던 경우의 하나였다. 메르스레란 여자는 무척 마음씨가 착하고, 화려한 미인은 아니었으나 보기 싫은 여자도 아니었다. 똑똑한 점은 없지만 꽤 침착하고 분별이 있었다. 가끔 기분이 상해서 울분을 터뜨리는 일은 있으나, 결코 처치 곤란한 정도까지 이르지는 않았다. 나를 정말로 좋아했다. 내가 그럴 생각이 있었더라면 아무 일 없이 결혼할 수 있었을 것이고, 그녀 아버지의 직업(악사였으리라 추측된다)을 이어받을 수도 있었다. 음악에 취미를 가진 나였으므로 그의 직업이 마음에 들었다. 그리 아름답지 못한 작은 마을이었으나 마음씨 착한 사람들이 살고 있는 프리부르에 정착했을지도 모른다. 그랬다면 커다란 쾌락은 잃었을지도 모르지만 평생 평화롭게 살았을 것이다. 그러한 흥정에 망설이지 말았어야 했던 것은 누구보다도 나 자신이 잘 알고 있다.

돌아가게 된 곳은 리옹이 아니고 로잔느였다. 거기서 가장 넓게 바라볼 수 있는 아름다운 호수의 조망(眺望)을 실컷 누리고 싶었기 때문이다. 내 결심의 숨은 동기라는 것을 보면 대체로 그다지 확고한 것이 아니다. 먼 장래의 그 어떤 전망이 실행을 결정짓는 힘이 되는 일은 거의 없었다. 장래의 불확실성 때문에 나는 언제나 오랫동안 실행해야 하는 계획은 나를 속이는 좋은 미끼라고 생각했다. 편안한 기분으로 품을 수 있는 희망이기만 하다면 나도 남 못지 않게 그 속에 빠진다. 그러나 오랜 고생을 해야 하는 것이라면 나는 싫다. 쉽게 얻는 쾌락이라면 아무리 작고 보잘것없는 것이라도 천국의 즐거움 이상으로 내 마음을 끌어당긴다. 다만 뒤에 고통을 가져올 것이 뻔한 쾌락은 예외다. 그런 것은 내 마음을 끌지 못한다. 나는 순수한 향락을 사랑하기 때문이며, 뒤에 무언가 후회가 기다린다고 생각되면 결코 그런 순수한 향락은 가질 수 없기 때문이다.

어디라도 좋으니 아무튼 빨리 닿지 않으면 안 되었다. 가장 가까운 곳이 가장 좋았다. 그 까닭은 어느 사이에 길을 잘못 들어 저녁 때 무동에 와버렸는데, 거기서 얼마 안 되는 나머지 돈을 다 써버리고 따로 남겨 둔 10크로이처(약 40상팀)는 점심값으로 날아가 버렸기 때문이다. 그런 형편이라 다음 날 저녁 때 로잔느에서 가까운 조그마한 마을에 도착하여 어느 주막에 들었는데, 숙박료는 한 푼도 없고 그렇다고 무엇을 어떻게 한다는 방안도 서지 않았다. 무척 시장기가 돌았다. 나는 태도를 정했다. 그리고 치를 돈을 충분히 가지고 있는 것처럼 저녁을 주문했다. 그러고 나는 아무것도 생각지 않고 자러 들어가 실컷 잠을 잤다. 아침이 되어 식사를 끝내고 주인에게 계산을 시킨 다음 숙박료 7바츠(약 1프랑)의 저당으로 조끼를 벗어놓고 나가려 했다. 주인은 고맙게도 그것을 받지 않고, 남의 옷을 벗긴 적은 없으니 하찮은 돈 때문에 오늘까지 조끼는 입고 가도 좋으며 언제라도 치를 수 있을 때 치러 주면 그만이라고 했다. 나는 그의 친절에 감동했다. 그런데 그때의 감동은 당연코 가장 강했어야 할 텐데도 그리 대단치는 않았다고 생각된다. 뒷날 생각날 때마다 느끼는 감동에 비해도 그다지 강한 것은 아니었다. 이 밥값은 그뒤 곧 어떤 사람에게 부탁하여 감사의 인사말과 함께 보내 주었다. 그러나 15년 뒤, 이탈리아에서 돌아가는 도중 로잔느를 지났을 때, 그 주막과 주인의 이름을 잊어버리고 만 것은 참으로 원통하게 생각했다. 만나러 갈 수 있었을 텐데. 그리하여 그의 친절한 행동을 상기시키고 그의 친절이 헛되지 않았음을 알려 주었더라면 무척 기뻤을 텐데. 가장 중요하다고 생각되고 또 가장 공개적인 도움도 받아 오기는 했지만, 이 독실한 사나이의 순박하고, 눈에 잘 띄지 않는 행동보다 감사의 가치가 있는 것은 없었다고 생각된다.

　로잔느에 가까워질수록 줄곧 머리에서 떠나지 않는 생각은 내 몸의 궁핍과 이런 처량한 몰골을 계모에게 보이지 않고 빠져 나가는 방법이었다. 그리고 순례자처럼 터벅터벅 걸어가면서 문득 자신과 비교해 본 것은 안느시에 도착했을 때의 친구 방튀르의 모습이었다. 그것을 생각하자 가슴이 두근거리며, 그와 같은 애교도 재주도 없는 자신은 생각지 않고 로잔느에서 작은 방튀르가 되어 잘 알지도 못하는 음악을 가르치면서 가본 일도 없는 파리에서 자랐다고 하자는 생각이 떠올랐다. 이 멋있는 계획에 따라, 이 마을에는 임시 고용의 교회 악사로 끼어들 만한 성가대원 양성소도 없고, 또 이 계통의 사람들 틈에 파고 들 만한 배짱도 없고 해서, 먼저 값싸고 편안히 지낼 수 있는 자그마한 하숙을 찾아 보기로 했다. 어떤 사람이 페로테라는 사람의 집을 가르쳐 주었다. 그가 하숙인을 받고 있다는 것이다. 가보니 페로테는 다시 없는 호인으로 무척 친절하게 맞아 주었다. 나는 계획대로 그 거짓말을 늘어놓았다. 그는 내 이야기를 널리 퍼뜨려서 제자를 모으는 데 힘써 주겠다고 약속했다. 하숙비도 돈이 생기거든 받겠노라고 했다. 하숙비는 은화 5에퀴(25프랑)였다. 대단한 액수는 아니었지만 내게는 큰 돈이었다. 당분간 반기숙(半寄宿)으로 할 것을 그가 권했다. 즉 낮에는 맛있는 수프밖에 안 나오지만 밤에는 정식이 나온다는 것이다. 나는 좋다고 했다. 이 페로테는 정말 딱할 정도로 이것저것 친절한 제안을 했다. 나를 위해서라면 아무것도 아끼지 않는 그런 사나이였다. 젊었을 때는 이렇게 좋은 사람들을 많이 만나게 되었는데, 나이를 먹은 뒤로는 왜 이렇게 그런 기회가 드문지. 그런 인종이 없어진 것일까? 아니, 그렇지는 않다. 오늘날 내가 그런 사람들을 알고 싶어하는 계급이 당시에 그런 사람들을 발견한 계급과 같지 않은 것이다. 서민 계급 사이에서는 커다란 정열은 어쩌다가 느끼게 되지만 자연스런 감정을 느끼는 일은 허다하다. 상류 계급에서는 그러한 자연의 감정은 완전히 억압되어, 감정의 가면 밑에서 느낄 수 있는 것은 언제나 이기심과 허영뿐이다.

　로잔느에서 아버지에게 편지를 했더니, 아버지는 내 짐을 부쳐 보내고 여러 가지 훌륭한 지시를 해 주었다. 나는 그것을 잘 받아들여서 내게 도움이 되게끔 했어야 했다. 내게는, 때로 나 자신도 내가 아닌 것처럼 이해하지 못할 착란의 순간이 있다는 것은 이미 말했다. 다음도 그것의 가장 뚜렷한 경우 가운데 하나다. 이때 내 머리가 어느 정도 돌아 있었던가, 말하자면 내가 어디까지 방튀르가 되어 있었던가 알기 위해서는 한때 내가 얼마나 몰상식한 짓을 거듭했는가를 보면 된다. 악보 하나 제대로 읽지 못하는 내가 음악 선생이었다. 르 메트르와 같이 지낸 여섯 달이 도움이 되긴 했지만, 결코 그것만으로는 충분하지 못했다. 더욱이 한 선생에게서만 배운 그 학습 방법이 도리어 좋지 않았다. 제네바 태생의 파리 사람, 신교 나라의 구교도였으니 내 이름도 종교와 국적과 함께 고쳐야만 될 것 같았다. 이 문제에서도 역시 가능한 한 나의 위대한 모델에 가까이 가려 했다. 그는 방튀르 드 빌르뇌브라고 했으니, 나는 루소(Rousseau)라는 이름의 철자를 바꾸어 보소르(Vaussore)라는 이름으로 하고, 보소르 빌르뇌브라는 이름을 내세웠다. 방튀르라는 사나이는 입 밖에 낸 일은 없지만 작곡도 했다. 나는 하지도 못하면서 작곡을 한다고 큰소리쳤다. 아주 짤막한 유행가도 악보에 올리지 못하면서 작곡가로 자칭했다. 그것만이 아니라 음악을 좋아하여 자택에서 연주회 같은 것을 열곤 하는 법학 교수 트레토랑 씨에게 소개되자, 그렇다면 한번 내 재주를 보여 주겠다고 생각하고 마치 소양이라도 있는 듯이 뻔뻔스럽게 연주회에 쓸 작곡에도 착수했다. 이 훌륭한 작품에 꼬박 두 주일을 소비해서 정서를 하고 각 부분을 배당하면서 마치 화음(和音)의 걸작이라도 만드는 듯이 자신만만하게 그것에 몰두했다. 그리고 마지막으로, 믿어지지 않겠지만 틀림없는 사실은, 이 숭고한 창작에 당당한 관록을 주기 위해 유쾌한 미뉴에트를 곡 끝에 하나 붙인 것이다. 그 미뉴에트는 당시에 유행한 것으로 한때 널리 알려진 다음과 같은 가사인데, 아마 지금도 역시 여러 사람들이 기억하고 있을 것이다.

이 무슨 변덕이냐!
이 무슨 부정이냐!
뭐, 너의 클라리스가
네 사랑을 배반한다고?……

이 곡은 방튀르가 베이스로 전혀 다른 외설스런 가사가 붙어 있는 가사와 함께 가르쳐 준 것으로, 이 가사로 해서 나는 곡을 알고 있었다. 그래서 나는 내 작곡 끝에 원 가사가 없어져 버린 저음부에 내 미뉴에트의 가사를 붙여서 달나라 사람들이라도 상대하듯 대담하게 그 곡을 마치 내가 지은 것처럼 보이게 했다.

마침내 내 곡을 연주하기 위해 사람들이 모여들었다. 나는 사람들에게 속도의 양식, 연주하는 기분, 각 부분의 반복을 설명했다. 몹시 허둥대었다. 모두가 5, 6분 걸려서 조율을 했다. 그 동안이 5, 6 세기처럼 느껴졌다.

이윽고 준비가 끝나자, 나는 아름다운 종이 대롱으로 거만한 나의 악보대 위를 준비 신호로 대여섯 번 두드렸다. 조용해졌다. 나는 엄숙하게 박자를 맞추기 시작했다. 시작된 것은……프랑스 오페라가 생긴 이래 이렇듯 괴상망측한 엉터리 음악은 일찍이 들은 사람이 없으리라. 내가 자칭하던 재능이란 것이 그 때까지 어떤 평가를 받아 왔든 간에 결과는 기대되고 있던 그 어떤 것보다도 나빴다. 악사들은 억지로 웃음을 참고, 청중은 눈이 휘둥그레져서 귀로 손이 올라갈 지경이나 차마 그럴 수 없다는 표정이었다. 중요한 연주자들이 정말 어처구니없는 녀석들이어서 못된 짓이라도 할 작정이었는지, 청각 장애인의 고막이 찢어지고 말 정도로 연주를 했다. 나는 꾹 참고 지휘를 계속했다. 정말로 땀이 구슬처럼 흘러내렸다. 그러나 부끄러운 생각에 꼼짝을 못하고 도망을 칠 수도 없었다. 그러한 나에게 면박이라도 주듯, 주위에서 청중들의 귓속말이 들려왔다. 아니, 오히려 내게 들으라고 쑥덕거리는 소리였다. '도무지 듣고 있을 수가 없군' 하고 한 사람이 말하면 '지독한 미치광이 음악 아닌가?' 하고 말하는 사람도 있고, '어처구니없는 난장판 아냐?' 하고 말하는 사람도 있었다. 가련한 장 자끄, 이런 곤경에 빠져 있을 때, 그대는 뒷날 프랑스 국왕과 만조 백관 앞에서 그대가 만든 악곡 〈마을의 점쟁이〉가 경탄과 칭찬의 속삭임을 불러일으키고, 그대 주위의 특별석을 차지하는 절세 미인들이 입을 모아 '이 얼마나 아름다운 음색이에요! 이 얼마나 황홀한 음악이에요! 노래마다 차분히 가슴에 스며들어요' 하고 소곤거리는 그런 기회가 오리라고는 생각지도 못했을 것이다.

그런데 사람들의 기분을 좋게 한 것은 미뉴에트였다. 첫 소절의 일부를 시작하자, 곳곳에서 즐거운 웃음소리가 들려왔다. 저마다 내 노래의 취미가 좋다고 칭찬해 주었다. 이 미뉴에트를 지은 사람이면 틀림없이 환영받으며, 이 노래라면 어디를 가도 부끄럽지 않다고 말해 주었다. 나의 부끄러움은 말할 것도 없었는데, 그것은 당연한 것임을 여기 새삼 털어놓을 필요도 없을 것이다.

이튿날 연주자의 한 사람으로 뤼톨드란 자가 찾아왔는데, 내 성공을 축하한다는 헛인사도 할 줄 모르는 고지식한 사나이였다. 자신의 어리석은 행위에 대한 심각한 감정, 이러한 궁지에 빠진 치욕과 후회와 절망, 커다란 고통 속에 꾹 마음을 잠겨 놓는 어려움, 나는 생각다 못해 그에게 털어놓고야 말았다. 나는 눈물을 주룩 흘렸다. 그리고 자신의 무지를 고백했을 뿐 아니라, 부디 비밀을 지켜 달라고 부탁까지 해가며 모든 것을 털어놓았다. 그는 말을 내지 않겠다고 약속했지만, 그것을 어떻게 지켰는가는 대강 짐작이 간다. 재빠르게도 그날 저녁부터 로잔느 전체에 나의 본색이 드러나고 말았다. 그런데 뜻밖에도 아무도 아는 체를 하지 않았다. 그 마음씨 좋은 페로테도 모든 것을 다 알았다고 해서 별로 싫어하지도 않고 나를 그대로 놓아 두며 밥을 먹여 주었다.

그렇게 지내다보니 꽤나 우울했다. 그런 결과는 로잔느에서 머무르는 것을 무척 무미건조하게 만들고 말았다. 제자들도 모여들지 않았다. 여자 제자는 한 사람도 없었고, 시내 사람들은 아예 얼른거리지도 않았다. 온 것은 고작 두세 명의 시골뜨기 독일인뿐으로 나의 무지와 비슷한 얼빠진 녀석들이라 어처구니없기가 이만저만이 아니었다. 어차피 내 손에 걸렸다간 엉터리 악사도 될 수가 없었다. 언젠가 꼭 한 집에 불려갔었다. 그 집의 영리하고 심술궂은 소녀는 하나도 읽을 수 없는 악보를 무더기로 내게 보인 다음, 그것을 어떻게 부르는가를 보여 주기 위해 일부러 선생을 앞에 놓고 부르는 그런 장난을 하고는 좋아했다. 나는 악보를 보고 노래의 곡을 읽을 줄은 거의 몰랐으므로 앞서 말한 그 화려한 연주회 때도 눈 앞에 내가 지은 곡을 놓고도 그것이 제대로 잘 연주되고 있는지 살펴보며 연주를 따라가는 일은 한 번도 하지 못했다.

그런 굴욕 속에서도, 그 아름다운 두 여자 친구들이 가끔 보내오는 편지가 무척 감미로운 위로가 되고 있었다. 나는 항상 여성들에게서 커다란 위로의 힘을 발견해 왔으므로, 실의에 빠져 있어도 누군가 정다운 여인이 내게 관심을 가져 준다고 느끼는 것만큼 슬픔과 괴로움을 달래 주는 데 효과가 있는 것은 없었다. 그러나 이 편지가 오고가는 것은 그 뒤 곧 그치고 말았다. 그것도 내가 나빴던 때문이다. 주소를 옮길 때 알리는 것을 게을리했다. 게다가 내 일을 줄곧 염려해야 하는 필요에 쫓겨 두 여자 친구를 아주 잊어버리고 말았다.

엄마의 이야기를 오래 하지 않았는데, 이것도 잊고 있었다고 생각한다면 큰 잘못이다. 그녀에 대한 생각은 쉴 새가 없고, 다시 만나고 싶은 소망은 잠시도 끊어지는 일이 없었다. 단순히 내 생활의 필요 때문이 아니고 그 이상의 정신적인 필요 때문이었다. 그녀에 대한 애착이 아무리 강하고 깊어도, 그것 때문에 다른 사람을 사랑하는 데 방해가 되는 일은 없었다. 그리고 그 사랑하는 방식도 같은 것이 아니었다. 어느 여성이고 다같이 그 아름다운 매력 때문에 내 애정을 얻게 되지만, 그 애정은 오로지 그녀들의 아름다움에서 비롯된 것이므로 그것이 없어지면 애정은 죽어버리고 말았을 것이다.

이에 반해 엄마의 경우는 그녀가 나이를 먹고 보기 싫어져도 나는 애정을 잃지 않았을 것이다. 내 마음은 처음에 먼저 엄마의 미모에 바쳤던 경의를 어느 사이엔가 그녀의 전인격에 골고루 배게 해버리고 말았다. 그러므로 그녀가 설령 어떻게 달라졌더라도 언제나 그녀로 있는 이상 나의 감정은 변하는 일이 없다. 물론 은혜를 입은 것을 지금은 잘 알고 있다. 그러나 사실 그 무렵에는 그다지 생각하지 않았다. 그녀가 나를 위해 힘을 쓰든 안 쓰든 마찬가지였을 것이다. 내가 사랑하는 것은 의무나 이해나 예의 때문이 아니었다. 그녀를 사랑하기 위해 태어났기 때문에 사랑하고 있는 것이다. 다른 누군가를 사랑하게 될 때는 마음이 다른 데로 쏠렸다. 이것은 정직하게 말한 것이다. 그리고 그때는 그녀를 생각하는 일도 적어진다. 그러나 적어진다고 하더라도 생각할 때마다의 즐거움은 같다. 그리고 언제 어떤 경우라도, 다른 사람을 사랑하고 있을 때든 사랑하지 않을 때든, 그녀를 생각할 때마다 언제나 그녀 곁에서 떨어져 있는 한 내게는 인생의 참다운 행복이 있을 수 없다고 느끼곤 했다.

그렇게 오래 소식을 듣지 못했지만, 내가 그녀를 잊어버렸다거나 그녀가 나를 잊어버렸다고는 생각하지 않았다. '그녀는 조만간 내가 방랑하고 있는 것을 알게 되겠지. 그리고 안부를 전해 주겠지. 틀림없이 만나게 되겠지.' 나는 이렇게 스스로에게 말했다. 어쨌든 그때까지 그녀의 고향에 살며, 그녀가 지나다닌 거리와 거리, 그녀가 산 적이 있는 집 앞을 지나는 것은 즐거웠다. 그런데 모든 것은 내 추측뿐이었고 요령이 없고 기괴한 나의 버릇은 여기에서도 나타나서, 그녀의 이야기를 남에게 묻거나, 그다지 필요하지도 않은데 그녀의 이름을 입 밖에 내고 싶은 기분은 나지 않았다. 그녀의 이름을 말해 버리면 그녀에게서 받은 영감을 송두리째 노출시켜 버리는 것 같은, 내 비밀을 깡그리 지껄여 버리는 것 같은, 말하자면 그녀까지 더럽히는 것 같은 기분이 들었다. 그 기분 속에는 남들이 그녀를 나쁘게 말하지나 않을까 하는 두려움 같은 것이 들어 있었던 것 같다. 그녀가 이번에 떠나간 데 대해서는, 굉장한 소문이 나 있었다고 그녀의 소행을 말하는 사람이 있었다. 듣고 싶은 것을 듣지 못할 바엔 아무 말도 듣지 않는 편이 낫다.

제자에게는 그다지 시간을 빼앗기지 않았고, 그녀의 고향이 로잔느에서 겨우 40리 되는 곳이었으므로, 그곳을 향해 2,3일 걸리는 여행을 했다. 그동안 줄곧 다시 없는 상쾌한 감동이 내 마음을 차지했다. 제네바 호수, 절경에 찬 호숫가, 그것의 조망은 내 눈에 형용할 수 없이 독특한 매력을 끊임없이 전해 주었다. 이 매력은 단순히 풍경의 아름다움에서 오는 것만이 아니고, 내 감정과 감동에 호소하는 그 무언가 더 절실한 것에 연결되어 있었다. 보 지방에 가까워질 때마다 나는 거기에서 태어난 바랑 부인의 생각, 그곳에 살고 있던 나의 아버지 생각, 그곳에서 내 마음을 처음으로 뒤흔든 뷜송 양의 생각, 어릴 때 그곳에 몇 번이나 놀러 갔던 일들 등 추억에서 형성되는 인상을 품게 된다. 그 인상은 앞에서 말한 모든 것보다 훨씬 은밀하고 강한, 어떤 다른 원인에서 오고 있는 것이라 생각된다. 내게서 언제나 달아나 버리고 말지만, 그것이 그리워서 태어났다고밖에 생각할 수 없는 그 행복하고 조용한 생활, 그러한 생활에 대한 격렬한 욕망이 내 공상을 불태울 때, 그 공상이 안착되는 곳은 언제나 이 보 지방의 호숫가 아름다운 전원이다. 나는 과수원을 하나 갖고 싶었다. 이 호숫가에 말이다. 여기 이외는 싫다. 믿을 수 있는 한 사람의 벗과 정다운 한 사람의 여인과 암소 한 마리에 작은 배 하나를 갖고 싶다. 이것을 다 갖게 될 때가 아니면 나는 지상의 완전한 행복을 즐기지 못할 것이다. 그런 막연한 행복을 찾기 위해 이 지방을 몇 번이고 찾아간 단순함을 생각하면 우스워진다. 나는 이곳에 사는 사람들, 특히 부인들이 내가 여기에서 찾고 있는 것과는 전혀 다른 성격임을 알고 늘 의외로 생각했다. 얼마나 조화가 안 맞아 보였던가! 땅과 그 주민이 알맞게 만들어졌다고 생각되는 일은 끝까지 없었다.

브베로 가는 여행에서 그러한 아름다운 호숫가를 거닐 때, 나는 보통 다시 없는 감미로운 우수에 몸을 맡겼다. 내 마음은 천만 가지 깨끗한 행복으로 인해 몹시 설렜다. 나는 감동하고 탄식하며 어린아이처럼 울었다. 마음껏 울기 위해 걸음을 멈추고 큰 바윗돌에 걸터앉아 눈물이 물 위에 떨어지는 것을 바라보며 몇 번이나 마음을 달랬던가?

브베에 도착하여 '라 클레'(열쇠)라는 집에 머물렀다. 그리고 누구와도 만나지 않고 머무른 이틀 동안 마을에 애정을 느꼈다. 그것은 나의 모든 여행에 따라다녀서 마침내 내가 장편 소설 《신 엘로이즈》의 주인공들의 무대를 여기에 두게 했다. 취미가 깊고 감정이 풍부한 사람들에게 나는 말하고 싶다. '브베로가 보십시오. 그 근처를 찾아다니며 풍경을 바라보고 호수를 돌아다녀 보십시오. 자연은 쥘리나 클레르나 생 프뢰(《신 엘로이즈》에 나오는 인물들) 같은 사람들을 위해서 이 아름다운 땅을 만들지 않았다고 말할 수 있을까요? 그러나 실제로 그런 사람들을 찾으려 해서는 안 됩니다'라고. 이야기를 다시 돌리기로 한다.

나는 가톨릭 교도가 되어 있고, 표면적으로도 그렇게 통하고 있었으므로, 감출 것도 꺼릴 것도 없이 성당의 미사에 나가고 있었다. 일요일에는 날씨가 좋으면 로잔느에서 20리 되는 곳에 있는 아상으로 미사를 드리러 갔다. 그곳에는 대개 다른 교인들과 함께 가게 되는데, 특히 그 중에 이름은 잊었으나 파리의 자수가(刺繡家)가 있었다. 나 같은 자칭 파리 사람이 아니라, 파리의 진짜 파리 사람, 틀림없는 제대로 된 파리 사람으로 선량하고 샹빠뉴 사람처럼 착한 사람이었다. 자기 고향을 사랑하는 마음이 보통이 아니어서 말할 기회를 놓칠까봐 내가 그곳 사람이란 것을 조금도 의심하려 하지 않았다. 부시 장 크루자 씨의 집에도 파리 태생의 정원사가 있는데, 아주 붙임성이 없는 이 사람은 파리에서 태어나지도 않은 사람에게 그런 행세를 하게 해서는 고향의 명예가 손상된다고 생각하고 있었다. 이 사나이는 꼬리를 잡으려면 문제없다는 태도로 내게 질문을 하고는 이어 짓궂게 빙그레 웃었다. 한 번은 마르셰 뇌프(新市場)에서 유명한 것은 무엇이냐고 물었다. 나는 여러분이 짐작하고 있듯이 어물거렸다. 파리에 20년이나 살아 온 나는 지금은 이 도시를 잘 알아야 옳다. 그런데도 지금 똑같은 질문을 받는다면 역시 대답에 궁해질 것이다. 그 당황하는 꼴을 보고 내가 파리에 간 적이 없다고 결론을 내릴 수도 있을 것이다. 마찬가지로 진실을 앞에 놓고도 잘못된 원칙에 따라 그릇 판단하기가 쉬운 것이다.

로잔느에 얼마 동안 있었는지 지금은 정확히 말할 수가 없다. 이 마을에선 똑똑하게 회상되는 추억을 갖고 돌아오지 못했다. 다만 알고 있는 것은 이곳에서 지내기가 어려워 그 뒤에 뇌샤텔로 가서 겨울을 지낸 것이다. 이 마을에서는 전보다도 잘 지냈다. 제자도 있었고, 그 친절한 페로테에게 갚을 만큼의 돈도 벌었다. 상당한 빚을 진 나였는데도 페로테는 벌써 이리로 내 작은 짐을 보내 주었던 것이다.

나는 제자들을 가르치면서 혼자 음악을 공부해 나갔다. 생활은 그런 대로 평온했다. 분별 있는 사람이면 그것에 만족했어야 할 판이다. 그러나 안정되지 않은 내 마음은 다른 것을 찾았다. 일요일이나 한가한 날에는 근교의 들이나 숲으로 나가서 그대로 마구 헤매며 몽상하고 탄식을 계속했다. 한번 마을을 나가면 저녁 늦게야 돌아왔다. 어느 날 부드리로 가서 어느 카페에 점심을 먹으러 들어갔다가 한 남자를 만났다. 더부룩한 수염, 그리스풍의 자줏빛 외출복, 털가죽의 테 없는 모자, 차림새도 태도도 꽤 품위 있어 보였다. 이 사람은 뭐라고 하든지 이상한 말만 지껄였으므로 사람들은 거의 알아듣지 못하는 경우가 많았다. 그러나 다른 어떤 말보다도 이탈리아 말과 비슷했다. 나는 그가 하는 말을 거의 알아들을 수 있었다. 그러한 사람은 나 하나뿐이었다. 이 사람은 주인과 마을 사람들에게 겨우 손짓으로 자기 의사를 전달하는 형편이었다. 내가 이탈리아 말로 몇 마디 말을 건네니 완전히 말이 통했다. 그는 일어나더니 정신없이 나를 부둥켜 안았다. 두 사람의 사이는 금방 가까워져 나는 당장 통역이 되었다. 그의 식사는 훌륭한 성찬이었으나 내 것은 형편없는 조찬이었다.

그는 같이 먹자고 청했다. 나는 사양하지 않았다. 술을 마시고 이상한 소리로 부질없는 말을 지껄이고 있는 동안 완전히 친해져서, 식사가 끝날 무렵에는 벌써 떨어질 수 없는 사이가 되었다. 들어보니 이 사람은 그리스 정교(正敎)의 주교로 예루살렘의 대수도원장이었다. 성묘재건(聖墓再建)을 위해 유럽에서 모금 여행을 하는 중이었다. 러시아 여제와 독일 제국 황제의 특허장을 골고루 보여 주었다. 그 밖에 군주들의 것도 많이 가지고 있었다. 이미 지금까지 모은 액수로 충분하다고 안심하고 있는 눈치였다. 그러나 독일에서는 큰 고생을 했다. 독일어·라틴어·프랑스어는 한 마디도 모르고 의지할 것이라고는 겨우 자신의 그리스어와 터키어, 근동 프랑크어(지중해 동부 연안 지방에서 사용되는 프랑스어·이탈리아어·스페인어 등의 혼성어)에 불과했기 때문이다. 그래서 그때 발을 들여놓고 있는 지방에서는 별로 좋은 수확을 올리지 못하고 있었다. 그는 비서 겸 통역으로 같이 가 달라고 청했다. 새로 사 입은 내 자줏빛 외출복은 이 새로운 지위에 어울리는 것이었지만, 그래도 내가 퍽 궁해 보였던지 이 정도면 응해 주겠지 하고 생각한 모양이었다.

그의 짐작은 틀리지 않았다. 나는 아무 조건도 내놓지 않았건만 상대는 내게 이것저것 후하게 약속을 해주었다. 신용도 보증도 없고 교제도 안해 보았는데 상대가 끄는 대로 다음날엔 벌써 예루살렘을 향해 출발했다.

우리는 먼저 프리부르 주(州)부터 돌기 시작했는데, 거기에서는 별로 일을 하지 않았다. 주교의 체면에 관계되므로 구걸을 하거나 한 사람 한 사람 희사를 청할 형편도 못 되었다. 다만 원로원에 진정해서 약간의 돈을 얻었다. 거기에서 베른느로 가 '르포콩'(매의 집)에 투숙했다. 그 무렵으로는 좋은 여관으로서 투숙객들도 좋았다. 식탁도 화려했고 요리도 상품(上品)이었다. 오랫동안 나는 시원찮은 식사를 해왔으므로 실컷 보충할 필요가 있었다. 그 기회를 놓치지 않았다. 대수도원장 좌하(座下)도 귀하신 손님으로 식탁의 좌흥을 이끌어 나가는 품이 무척 능숙하고 쾌활하여, 그의 말을 알아 듣는 사람에게는 곧잘 지껄였다. 게다가 상당한 지식을 갖추고 있어서 그리스 정교도로서의 학식을 꽤 재미있게 곁들이곤 했다. 어느 날, 후식을 먹을 때 개암을 쪼개다가 손가락에 꽤 깊은 상처를 냈다. 그때 그는 피가 솟아나는 손가락을 한자리에 있는 사람들에게 보이고 웃으면서 말했다. '여러분, 보십시오. 이것은 펠라스고 족(그리스 선주민)의 피올시다.'

베른느에서의 내 역할은 그에게 무익하지는 않았다. 두려워한 것보다 순조로웠다. 자신을 위해서 할 때보다는 훨씬 대담해져서 멋있게 지껄였다. 그러나 일은 프리부르에서처럼 간단히 끝나질 않았다. 정부의 장관들과 가끔 긴 교섭을 해야 했고, 그의 자격 심사만도 하루에 끝나지 않았다. 겨우 모든 수속이 갖추어져서 원로원에서의 접견이 허락되었다. 나는 통역으로서 그와 함께 들어와 설명을 하라는 지시였다. 전혀 예기치 않은 일이었다. 의원들과 긴 교섭을 해왔는데도 마치 무엇 하나 사전에 이야기가 없었던 것처럼 전원이 참석한 앞에서 다시 입을 열어야 할 줄은 몰랐다. 당황해하는 하의 꼴을 짐작해 주기 바란다! 이 부끄럼쟁이가 청중들 앞에서만이라면 또 모르겠는데 베른느의 원로원에 나가서 말을 한다. 게다가 아무런 준비도 없이 즉흥으로 지껄여야 한다는 것은 보통 때 같으면 나를 망연자실하게 만들 일이었다. 그런 내가 주저하지도 않았던 것이다. 나는 간단명료하게 주교의 사명을 설명했다. 그리고 그의 모금 운동에 이미 기부해 준 여러 왕후들의 자비심을 찬양하였다. 그러한 것을 강조하면서 이 자리에 있는 각하들의 자비심을 부채질하여 그들이 평소에 발휘하는 너그럽고 도량이 큰 마음에 기대하는 바 적지 않다고 말했다. 이 자선 사업이 종파 여하를 막론하고 그리스도교도에게 똑같은 하나의 선행임을 역설하고, 이에 합당한 협력을 아끼지 않는 사람들에게는 하늘의 축복이 있을 것이라 다짐하고 말을 끝냈다. 내 연설이 효과를 냈다고 말하지는 않겠다. 그러나 다들 흥미 깊게 경청한 것만은 틀림없으며, 접견이 끝나고 물러날 때 대수도원장은 아주 정중한 선물을 받고, 게다가 그의 비서의 재기에 대해서도 찬사를 들었다. 이 칭찬의 말은 내가 그것을 통역한다는 유쾌한 역할을 맡았던 것인데, 바로 그대로는 도저히 전할 수가 없었다. 내 생애를 통해 청중들 앞에서, 더구나 한 사람의 원수를 포함한 여러 사람 앞에서 내가 말을 했다고 생각되는 것은 이번뿐이며, 또 대담하고 훌륭하게 말했다고 생각되는 것도 아마 이번뿐이다. 같은 한 사람의 기질이라는 관점에서 이 얼마나 큰 차이인가! 지금부터 3년 전, 이베르동으로 옛 친구 로갱 씨를 만나러 갔을 때, 그곳 도서관에 약간의 책을 기증했다고 인사를 하러 대표들이 나를 찾아왔다. 스위스 사람들은 연설을 잘한다. 대표들도 내게 달변을 토했다. 나도 답사를 해야겠다고 생각했다. 그런데 답사를 하다가 몹시 뒤죽박죽이 되고 머리가 어지러워져서, 그대로 밑도 끝도 없이 끝나 사람들의 비웃음거리가 되었다. 원래가 소심하지만 젊었을 때는 그래도 대담해진 적이 있었다. 나이를 먹은 뒤로는 그렇게 되지 않았다. 세상을 알게 될수록 그것과 가락을 맞추기가 더 어려워졌다.

베른느를 떠나 우리는 솔뢰르로 갔다. 대수도원장의 계획이 독일로 다시 들어가 헝가리나 폴란드를 거쳐서 돌아오게 되어 있었기 때문이었다. 그것은 대단한 여정이었다. 그러나 가는 곳마다 그의 주머니는 불어만 가는 형편이어서 멀리 돈다는 것이 조금도 염려가 안 되었다. 나는 말을 타고 가나 걸어서 가나 거의 마찬가지로 즐겁기 때문에, 이대로 한 평생이라도 여행을 할 수 있다면 분에 넘치는 일이라고 생각했다. 그러나 이보다 더 멀리 가지 못하는 것이 나의 운명이었다.

솔뢰르에 도착해서 가장 먼저 한 일은 프랑스 대사에게 인사하러 간 것이었다. 우리 주교에게는 운이 나쁘게도, 이 대사는 보나크 후작이었다. 터키 궁정의 대사를 지낸 일이 있고, 성묘지에 대한 일이라면 무엇이고 잘 알고 있는 터였다. 대수도원장은 15분쯤 면담을 했는데, 그 동안 나는 자리를 같이 할 수가 없었다. 대사는 근동 프랑크 말을 했고 이탈리아 말도 적으나마 나 정도로 했기 때문이다. 그리고 대수도원장이 물러나올 때 나도 그의 뒤를 따라 나오려 했는데 나는 만류되었다. 이번에는 내 차례였다. 파리 사람으로 행세하고 있던 나는 파리 사람으로서 대사 각하의 관할 밑에 있는 셈이었다. 각하는 나의 신분을 캐며 진실을 말하라고 달랬다. 나는 약속할 테니 별실에서 면담을 해 달라고 부탁하여 승낙을 받았다. 대사는 나를 서재로 데리고 들어가서 문을 닫았다. 그 안에서 나는 그의 발 아래로 엎드려 약속을 이행했다. 하기야 약속을 하지 않았더라도 말해 버렸을 것이다. 왜냐하면 내게는 늘 털어놓고 싶은 욕망이 있어서 언제나 곧 사실을 말해 버리기 때문이다. 이미 악사 뤼톨드에게 모조리 털어놓았으므로 보나크 후작에게 새삼 숨길 필요는 없었다. 나의 요약된 신상 이야기와 그것을 말하는 나의 태도로 능히 짐작되는 진실에 매우 만족한 후작은, 내 손을 잡고 자기 부인 방으로 데리고 가더니 간단히 나를 소개했다. 보나크 부인은 나를 친절히 대해 주면서 그리스 수도사 따위에게 끌려 다녀서는 안 된다고 일렀다. 그래서 결국 내 문제가 결정될 때까지 당분간 대사관에 머물러 있게 되었다. 애착심을 품을 정도로 친해진 딱한 대수도원장에게 작별 인사라도 하고 싶었으나 허락되지 않았다. 사람을 보내서 내가 머물러 있게 된 연유를 전하고, 15분 쯤 지나서 조그마한 내 짐이 전달되어 온 것을 보았다. 라 마르티니에르 씨라는 대사관 서기관이 나를 돌보게 되었다. 내게 배당된 방으로 나를 안내하면서 라 마르티니에르 씨는 말했다. '이 방에는 르 뤼크 백작의 후원을 얻어서 자네와 같은 이름의 유명한 사람(장 바티스트 루소)이 들어 있은 적이 있네. 여러 가지 점에서 자네가 그의 후계자가 되어서 언젠가 초대 루소, 2대 루소하고 부르게 되는 것도 자네의 마음먹기에 달려 있어.' 이때는 도저히 생각도 못한 그 지위의 일치라는 것도, 그러기 위해 뒷날 내가 얼마만한 대가를 치렀는가를 이때 미리 알 수 있었던들 그토록 내 욕망을 불러일으키지는 않았을 것이다.

　라 마르티니에르 씨의 얘기는 나의 호기심을 자극했다. 이 방에 있었다는 사람의 저작을 읽었다. 비교를 해준 데 우쭐해져서 나도 시에 취미가 있는 듯이 생각하고 솜씨를 좀 보인답시고 보나크 부인을 찬양하는 가요곡을 지었다.

이런 취미는 오래 가지 않았다. 나는 가끔 서툰 시구 몇 줄을 써본 경험이 있는데, 그것은 우아한 표현을 배우는 데나 산문을 잘 쓰기 위해서 퍽 좋은 연습이 되었다. 그러나 아직 프랑스의 시 속으로 전심으로 몰두할 만큼 매력을 발견한 일은 없었다.

라 마르티니에르 씨는 나의 문장을 보고 싶어하여 대사님에게 털어놓은 것과 같은 내용을 써 보라고 권했다. 나는 그에게 보내는 긴 편지의 형식으로 글을 썼다. 이것은 마리안느 씨가 보관하게 되었다는 말을 듣고 있다. 마리안느 씨는 오랫동안 보나크 후작 밑에 있었던 대사관 직원이었는데, 쿠르테유 씨가 대사가 된 뒤로는 그의 밑에서 라 마르티니에르 씨의 후임이 된 사람이다. 나는 말쉐르브 씨(당시의 도서국장)에게 이 편지의 사본을 보내 달라고 부탁해 놓고 있다. 말쉐르브 씨로부터건 다른 사람으로부터건 그것이 입수되면 나의 이 《참회록》의 보유(補遺)에 실을 참이다.

계속 경험을 쌓기 시작한 탓인지, 그 황당한 계획의 버릇도 차츰 가셨다. 예를 들면 보나크 부인의 연인이 되는 것 같은 일이 없었을 뿐 아니라, 처음부터 그녀의 남편 집에 있어서는 뾰족한 수가 없다는 것을 느꼈다. 라 마르티니에르 씨가 그 지위에 있고, 마리안느 씨가 그 후계자로서 대기하고 있는 이상, 운이 좋아서 잘 되야 서기관보(補) 정도밖에 바랄 것이 없었다. 그런 것은 별로 매력이 없었다. 그래서 무엇이 되고 싶으냐는 물음에 나는 파리에 가고 싶다고 강조했다. 대사도 이 생각에 찬성했다. 그렇지 않아도 귀찮은 나를 떼어 버리고 싶은 기분이 있었던 것 같았다. 대사관의 통역관 메르베유 씨의 말을 들으니 메르베유 씨의 친구로 프랑스군에 들어가 있는 스위스인 대령 고다르 씨가 젊은 나이에 군대에 들어가 있는 자기 조카의 보좌관 일을 할 만한 사람을 구하고 있는데, 내가 적임자로 생각된다고 했다. 이 착상이 아주 손쉽게 채택되어 출발이 결정됐다. 나는 나대로 또 여행을 할 수 있고 게다가 가는 곳은 파리라고 생각하니 기쁨이 용솟음쳤다. 몇 통의 소개장과 1백 프랑의 여비에 훌륭한 훈계를 받고 출발했다.

이 여행은 약 두 주일이 걸렸는데 이것도 내 생애를 통해 행복한 나날로 헤아릴 수 있다. 젊고 건강하며, 돈은 충분하고 희망은 무한하다. 여행, 걷는 여행, 더욱이 혼자 하는 여행이다. 이미 내 기질을 알고 있는 독자가 아니라면, 이런 것을 유리한 조건으로 계산하는 내가 이해가 안 갈 것이다. 달콤한 공상이 나의 길동무다. 상상의 기쁨이 이때처럼 화려한 꿈을 꾼 적은 없었다. 마차에 빈 자리가 있다면서 타기를 권하든가 누군가가 다가와서 말을 건네든가 하면, 걸으면서 즐겁게 그리고 있던 꿈이 허물어지는 기분이 들어 얼굴이 일그러졌다.

이번에 내 생각은 군인답게 용감했다. 곧 군인의 보좌관이 된다. 그리고 나도 군인이 된다는 얘기다. 나는 먼저 카데(병졸로서 수습 군인의 귀족 청년)에서 시작하는 순서가 정해져 있었다. 희고 아름다운 깃털을 세운 모자에 장교복을 입은 모습이 벌써 눈에 보이는 것 같았다. 마음은 이런 고귀한 생각에 부풀어올랐다. 나는 기하학과 축성술(築城術)을 조금 알고 있었다. 기사인 아저씨가 있었다. 말하자면 집안 대대의 가업을 잇는 셈이다. 근시라 조금 장애가 되지만 걱정할 정도는 아니다. 그러한 결점은 냉정함과 대담함으로 충분히 보충될 줄 안다. 슝베르 원수가 굉장한 근시안이었다는 것을 읽은 적이 있다. 루소 원수가 무엇 때문에 근시라서 안 되겠는가? 이런 터무니없는 공상에 완전히 열중해 군대·성벽·보루·포대, 그리고 포화와 초연의 한복판에서 쌍안경을 손에 들고 태연히 명령을 내리는 나, 그러한 모습밖에 이젠 눈에 보이지 않았다. 그러나 기분이 상쾌한 시골을 지나면서 무성한 숲과 작은 냇물의 속삭임을 대하면, 그 전망에 절절히 마음이 움직여 후회의 탄식이 흘러나왔다. 영광의 절정에 있으면서도, 내 마음은 그런 소음에 맞지 않는다는 느낌으로 돌아가서, 이윽고 뚜렷한 까닭도 없이 단호히 군신(軍神)의 사업을 단념하고, 본래의 그리운 목가 생활 속으로 돌아가는 자신을 발견하는 것이었다.

파리에 도착해 보니 이렇게 예상과 어긋날 줄이야! 나는 토리노에서 본 외부의 장식, 거리의 아름다움, 집들의 균형 이룬 배열 등 그러한 것들보다 한 단계 높은 것을 파리에서 찾으려 했다. 장려한 거리, 대리석과 황금의 궁전 같은 것만이 눈에 보이는, 참으로 외관이 당당한 크고 아름다운 도시를 머리에 그리고 있었다. 생 마르소 근교에서 시중으로 들어가며 내가 본 것은 지저분하고 악취가 풍기는 작은 골목, 거뭇거뭇하게 더러워진 집, 불결과 빈곤이 서려 있는 분위기, 거지, 짐마차꾼, 누더기를 입은 여인, 탕약과 헌 모자를 사라고 외치는 여자, 이런 것들뿐이었다. 이러한 것들이 맨 처음에 내게 강한 충격을 주었으므로, 그뒤로는 파리에서 실제로 호화로운 어떠한 것을 보아도 그 첫인상을 깨뜨릴 수가 없었으며, 어느덧 그것이 이 수도에서 사는 데 대한 은밀한 혐오로 변해서 남게 된 것이다. 그후 이곳에서 살게 되었지만 그 동안의 세월은 여기에서 떠나 살 수 있는 방법을 이것저것 찾는 데 소비했다고 할 수 있다. 그것은 인간의 과장을 초월한 과장에 빠져서 언제나 말로 듣는 이상의 것을 그려 보는, 너무나 심한 인간의 상상력의 결과인 것이다. 지금까지 사람들이 파리를 칭찬했기 때문에 나는 그것을 고대 바빌론과도 같은 것으로 상상해 버린 것이다. 그 바빌론도 실제로 보았다고 한다면, 내 상상보다 역시 에누리를 해야만 했을 것이다. 같은 일이 오페라 극장에 갔을 때도 일어났다. 오페라 극장에는 도착하던 이튿날 재빨리 달려갔었다. 같은 일이 그뒤 베르사유에 갔을 때도 일어났고, 다시 그뒤 바다를 보았을 때도 일어났다. 그런 일은 앞으로도 사람들이 미리 허풍친 것을 볼 때 언제든지 일어날 것이다. 왜냐하면 사람들이 나의 풍부한 상상력을 이겨낼 수는 없으며, 자연 그 자체도 이겨내기가 곤란하기 때문이다.

가지고 온 소개장의 상대가 대해 주는 태도를 보고 나는 운이 틔었다고 생각했다. 가장 정중히 소개되어 있는데도 가장 냉담했던 것은 쉬르베크 씨다. 이 사람은 퇴역하여 바뉴에서 은거 생활을 하고 있었다. 그곳에 몇 번이나 찾아갔는데 물도 내놓지 않았다. 통역관의 형수가 되는 메르베유 부인과 그의 조카인 근위사관(近衛士官)이 가장 반겨주었다. 이 모자는 단순한 응접만 좋았던 것이 아니고 식사에도 초대해 주어 파리에 있는 동안 가끔 자리를 같이 했다. 메르베유 부인은 미인이었던 것으로 생각된다. 머리는 새까맣고 구식으로 양쪽 관자놀이에 애교 머리를 드리우고 있었다. 그녀에게는 얼굴의 아름다움과 함께 사그라지지 않는 것이 남아 있었다. 무척 유쾌한 기지였다. 그녀는 나의 기지를 이해해 주는 것 같았다. 나를 돌봐 주기 위해 그녀가 할 수 있는 것은 무엇이든지 해주었다. 그러나 그녀 곁에서 거들어 주는 사람이 한 사람도 없었다. 그래서 그녀가 나에게 크게 관심을 가져 주었는데도 이내 실망을 느끼게 되었다. 그러나 프랑스 사람을 인정을 해줘야 한다. 즉 그들은 사람들이 말하는 것처럼 약속 이행을 하기 위해 고생을 하지 않는다. 그러나 약속을 할 때는 거의 언제나 진지하다. 게다가 상대에게 흥미를 가진 듯한 태도를 취하기 때문에 말 이상으로 그러한 태도에 속하게 된다. 스위스 사람들의 서툰 아첨이 통하는 것은 어리석은 사람에게 뿐이다. 프랑스 사람의 태도는 더 천연스럽기 때문에 더욱더 속기 쉽다. 느닷없이 이쪽을 기쁘게 해주기 때문에 자기가 생각하고 있는 것을 다 말하지 않는구나 하는 식으로 받아들인다. 다시 말하면 그들의 그런 기분 표시의 방법엔 거짓이 없는 것이다. 천성이 보살피기 좋아하고 인간미가 있으며 친절하고, 그런데다 뭐니뭐니해도 어느 국민보다도 진실이 담겨 있다. 다만 가볍고 변덕스럽다. 남에게 보여 주는 감정은 겉치레가 아니고 정말로 마음속에도 갖고 있다. 그러나 그 감정은 생겨난 것과 마찬가지로 다시 사라져 버리고 만다. 말하고 있는 동안은 상대방의 일로 꽉 차 있지만 얼굴을 대하지 않으면 이내 잊어 버리고 만다. 그들의 마음에 오래 계속되는 것은 아무것도 없다. 그들에게는 순간적으로 생기는 것이 전부이다.

따라서 내 비위를 맞춰 주기는 했지만 결국 내게 도움이 되는 보살핌을 받지는 못했다. 예의 고다르 대령은 그의 조카를 위해 내가 파견되었건만, 만나 보니 인색하고 야비한 노인으로 돈을 듬뿍 가지고 있으면서도 내가 궁해 빠진 것을 보고도 보수 없이 고용하려 했다. 나를 버젓한 가정 교사라기보다는 보수 없는 하인과 같은 형식으로 그의 조카 옆에 붙여 두려는 것이었다. 계속 그의 조카에게 붙어 있게 되어 군대의 의무는 면제되지만, 나는 사관학교 생도로서의 급료, 즉 군대의 급료로 생활하지 않으면 안 되었다. 내게는 시종으로서 제복을 주는 것까지도 좀처럼 승낙을 안 했다. 군대에서 주는 옷으로 견뎌내면 된다고 생각한 모양이다. 메르베유 부인은 그런 요구에 화를 내어 승낙하지 말라고 하며 만류했다. 그녀의 아들도 같은 기분이었다. 다른 자리를 찾아 주기로 했는데 전혀 자리가 없었다. 그럭저럭 하는 동안에 나도 곤란해졌다. 1백 프랑이 얻어온 여비였지만 도착하는 데까지만도 그리 여유가 있을 턱이 없었다. 다행히도 대사가 추가로 보내왔으므로 크게 도움이 되었다. 더욱 참고 있었으면 대사도 내버려두지 않았을 것으로 생각된다. 나로서는 조바심을 내거나 기다리거나, 탄원을 하거나 하는 것은 도저히 할 수 없는 일이었다.

나는 아주 낙심에 빠져서 어느 곳에도 얼굴을 내밀지 않았다. 모든 것이 끝이다. 그 그리운 엄마의 일만은 잊지 않았다. 그렇지만 어떻게 찾아낼 것인가, 어디를 찾을 것인가, 내 형편을 알고 있는 메르베유 부인이 찾는 데 도움을 주었지만, 단서조차 잡을 수 없었다. 그러는 사이에 겨우 이런 소식이 들려왔다. 바랑 부인은 두 달 전에 귀국했지만 사부아로 갔는지 토리노로 갔는지 모르며, 스위스로 돌아갔다는 사람도 있다는 것이었다. 그녀의 뒤를 쫓아가려고 결심하는 데 그 이상의 것은 필요없었다. 그녀가 어디에 있든 상관 없다. 지방에서 찾는 것이 파리에서보다는 훨씬 찾기 쉬우리라는 확신이 섰다.

출발하기 전에 나는 새로운 시의 소재를 시험할 셈으로 고다르 대령에게 시를 지어 보내 그를 실컷 조롱했다. 이 장난 편지를 메르베유 부인에게 보이면서 틀림없이 꾸중을 들을 것으로 알았는데, 오히려 그녀는 나의 장난기를 무척 재미있게 받아들여 웃었다. 아들도 마찬가지로, 그 역시 고다르 씨를 좋아하지 않는 모양이었다. 사실 고다르 씨는 돼먹잖은 사나이였다. 기어코 이 시를 보내 주어야겠다는 기분이 들었다. 두 사람도 옆에서 부추겼다. 나는 그 시를 그 사람 앞으로 가는 우편물로 만들었다. 물론 파리에는 시내 우편이 없었으므로 이것을 호주머니에 넣고 가서, 도중인 오세르에서 부쳤다. 정성들여 그려진 자기 모습을 이 찬시(讚詩)에서 읽으며, 그가 지었을 찡그린 표정을 생각하면 지금도 웃음이 터져나올 때가 있다. 그 첫머리는 이렇다.

당신의 조카를 가르치고 싶어 좀이 쑤시는
호사가로 알았더냐, 이 늙은 너구리야.

이 짧은 시는 실상 서투르기 짝이 없지만, 짜릿한 무엇이 없지도 않았고, 풍자시로서의 재능쯤을 엿볼 수 있는 것이었으며, 어쨌든 내 붓으로 된 단 하나의 풍자적인 작품이다. 그런 재능을 자랑하기에는 내 마음이 너무도 원한에 대해서 담백했다. 가끔 내가 나를 방어하기 위해 쓴 몇 가지 논쟁적인 문장으로 다들 잘 아실 줄 알지만, 만일 내가 호전적인 기질의 인간이었더라면, 나를 공격하는 사람들이 세상의 많은 동조자를 갖기는 힘들었을 것이다.
이제는 하나하나 기억하지 못하고 있는 지금까지의 생활 중 자질구레한 내용들을 생각할 때, 그 중에서 가장 애석한 것은 여행 일기를 써두지 않았던 것이다. 혼자 걸어가는 여행처럼 생각하고 많이 존재하고, 많이 살며, 많은 나(自己)였던─이런 표현이 가능하다면─적은 없다. 걷는 것은 어딘지 모르게 내 생각에 활기를 불어넣어 활발하게 하는 무엇을 가지고 있다. 한 곳에 꾹 눌러 있을 때 나는 거의 생각할 힘을 갖지 못한다. 내 육체는 정신을 활동시키려면 움직임을 주어야만 한다. 전원의 조망, 계속되는 좋은 경치, 자유 대기(大氣), 왕성한 식욕, 걸음으로 인해 얻는 건강, 시골 요정의 아늑함, 속박을 느끼게 하고 자기 처지를 상기시키는 모든 것에서 멀어지는 것들이 내 영혼을 해방시켜 훨씬 대담하게 생각하는 힘을 준다. 말하자면 그러한 만유(萬有)의 광대함과 끝없음 속에 나를 몰아넣어 아무런 조심도 염려도 없이, 그곳에 있는 것을 한데 모아 선택한 다음, 마음대로 내 것으로 만들 것을 허락해 주는 것이다.

　나는 모든 자연을 자유로이 처리한다. 마음은 한 사물에서 다른 사물로 휘돌아 다니고, 마음에 드는 것과 결합하며, 동화하고, 아름다운 영상에 둘러싸여 유쾌한 감정에 도취된다. 만일 내가 그러한 것을 고정시키기 위해 그것을 내 속에 그리며 즐긴다면 얼마나 웅장한 필치와 선명한 색채, 얼마나 힘찬 표현으로 했을 것인가! 그러한 것이 내 작품, 그것도 내가 만년(晩年)이 다 되어 쓴 것 속에 있다고들 말한다. 아, 만일 사람들이 내 청춘의 작품, 여행 중에 만든 작품, 구상은 했으나 쓰지 못하고 만 작품을 보아 주었다면…… 왜 그때 쓰지 않았느냐고 여러분은 말할 것이다. 하지만 뭣하러 쓰겠느냐고 나는 대답하리라. 무엇 때문에 현재 맛보고 있는 즐거움을 제쳐놓고 자기가 즐겼던 것을 남에게 전달한단 말인가? 독자, 사회 일반, 아니 온 세계, 그런 것이 천상을 달리고 있는 내게 중요할 게 있겠는가? 그리고 종이나 붓을 가지고 있었단 말인가? 그런 것을 생각하고 있었으면 아무것도 떠오르지 않았을 것이다. 머지않아 무언가 좋은 착상이 떠오르리라는 따위의 예상도 하지 않았다. 생각이란 제멋대로 떠오르는 것으로 형편 좋을 때 떠오르는 것이 아니다. 전혀 떠오르지 않든가, 확 밀어닥치든가 한다. 올 때는 양에서나 힘에서나 나를 압도한다. 하루에 책 열 권 씩을 써도 따라가지 못했을 것이다. 그렇게 쓸 시간은 전혀 없었다. 도착하면 즐거운 식사를 하려고만 생각했고, 출발할 때는 즐겁게 걸을 생각만 했다. 새로운 낙원이 문을 열어 두고 기다리는 것만 같이 느껴졌다. 그걸 찾으러 갈 생각밖에 없었던 것이다.

　이번의 이 여행만큼 그런 것을 절실하게 느낀 적은 없었다. 파리에 올 때는, 도착한 뒤의 일과 관계되는 것만을 생각하고 있었다. 그러나 그 직업은 결국 내 마음에 맞는 것이 아니었고, 현실로 나타난 인간들은 상상하고 있던 인간을 파괴하고 말았다. 머리는 앞으로 가질 직업 속에 들어가 벌써 훌륭하게 된 양 생각하고 있었다. 고다르 대령과 그의 조카는 나처럼 소설의 주인공과 같은 마음을 품은 인물과 함께 등장하기에는 어울리지 않았다. 고맙게도 지금 나는 그런 모든 방해물들로부터 해방되었다. 마음 내키는 대로 공상의 나라로 뛰어들 수가 있다. 내 앞에 있는 것은 벌써 그런 공상의 나라뿐이니까. 그런 까닭에 나는 마음껏 그 세계에서 뛰놀았으므로 사실 몇 번씩이나 길을 잘못 접어

들었다. 정해진 길을 똑바로 걸어갈 기분은 도저히 나지 않았을 것이다. 왜냐하면 그대로 리옹에 도착하여 다시 땅 위에 되돌아왔다는 기분이 될 바에는 차라리 언제까지나 도착하지 않는 것이 좋다고 생각하고 있었으므로.

그런 어느 날, 경치가 너무 좋아서 좀더 꼼꼼히 더듬어 보려고 일부러 옆길로 비껴 간 곳이 아주 재미있는 곳이어서 빙빙 돌아다니다가 길을 잃고 말았다. 몇 시간을 헛걸음 친 뒤에 지칠 대로 지쳐 시장기와 갈증으로 다 죽어 가는 꼴이 되어 어느 농가로 들어갔다. 집은 초라했지만 그곳이 그 근처에서 눈에 띈 단 하나밖에 없는 집이었다. 나는 이곳도 제네바나 스위스처럼 생활에 곤궁한 사람이 아니면 누구라도 나그네에게 후대를 하는 것으로 생각하고 있었다. 그 집 사람에게 돈을 줄 테니 점심을 먹여 달라고 부탁했다. 농부는 묽은 우유와 말라빠진 보리 빵을 내놓고, 이것밖에 없다고 했다. 나는 우유를 맛있게 먹고, 짚부스러기가 들어 있는 빵도 모조리 먹어 치웠다. 그러나 지쳐 빠진 사람에겐 아무래도 그것만으로는 회복되기 힘들었다. 나를 뚫어져라 바라보고 있던 농부는 내 식성이 거짓이 아닌 것으로 미루어 나의 신상 이야기가 거짓이 아니라는 것을 깨달았다. '보아하니, 정직한 젊은 분으로 사람을 속이려고 들어온 건 아닌 것 같군' 하고는 부엌 옆에 있는 작은 판자를 열고 내려가더니 곧 밀가루로 만든 먹음직스런 검은 빵과 잘라먹던 것이기는 하나 보기에도 맛있어 보이는 햄과, 포도주 한 병을 들고 나왔다. 힐끔 그 포도주를 보자 다른 어느 것보다 그것이 내 마음을 기쁘게 했다. 그런 것 이외에 꽤 두툼한 오믈렛까지 곁들여 내와 정말 걷는 여행자가 아니면 절대로 맛볼 수 없는 식사를 했다. 막상 밥값을 치르려 하자 이 사나이는 또 안절부절못하며 걱정스런 태도를 지었다. 돈을 주어도 필요 없다고 하며, 무척 난처한 듯이 되돌려 주었다. 우스운 노릇은 무엇을 그가 두려워하고 있는지 전혀 내가 상상 못한 것이었다. 겨우 떨면서, 똥파리니 세금쟁이니 하는 그 겁나는 말을 입밖에 냈다. 결국 보조세를 물게 되므로 술을 감추고, 소비세가 무서워 빵을 감춰 두고 있었다는 것, 자기가 굶어죽을 형편이 아니라는 것이 눈치채이게 되면 도저히 견뎌내지 못한다는 것을 가르쳐 주었다. 그런 사정은 전혀 생각조차 못해본 것으로서 그 말에서 영원히 지워 버릴 수 없는 인상을 받았다. 불행한 백성들이 받는 가혹한 고통과 그 압제자에 대해 그 뒤로 내 마음에 번져간 씻을 수 없는 증오의 싹은 여기에 있었던 것이다.

이 사나이는 편히 살아갈 수 있는데도, 이마에 땀을 흘려 가며 얻은 빵을 버젓이 먹을 수도 없고 인근 일대와 똑같은 가난뱅이 생활을 가장함으로써 겨우 파멸을 면해 가고 있는 것이었다. 나는 연민과 분노를 품었고, 또 자연은 아낌없이 그 혜택을 주고 있는데 잔인한 세리들의 먹을 것밖에 만들지 못하는 이 아름다운 고장 사람들의 운명을 슬퍼하며 농부의 집을 나섰다.
　이상이 이 여행 중에 일어났던 일로서 내게 남아 있는 확실한 기억이다. 그리고 아직 어렴풋이 생각나는 것은, 리옹 가까이 이르렀을 때, 리옹의 강변을 구경하기 위해 길을 연장시킬 생각이 났던 일이다. 까닭인즉 옛날 아버지와 함께 읽은 소설 가운데에서 《아스트레》(오노레 뒤르페가 쓴 소설)를 잊을 수가 없었고 그것이 가장 잘 떠올랐기 때문이다. 나는 르 포레로 가는 길을 물었다. 그리고 술집 안주인과 이야기하는 중에 그곳은 노동자들이 벌이하기 좋은 곳으로, 철공장이 많고 철제품이 많이 생산되고 있다는 것을 알았다. 이 자랑은 갑자기 나의 소설적인 호기심을 냉각시켰으며 대장장이들이 살고 있는 곳으로 디얀느와 실방드르(《아스트레》의 등장인물)를 찾으러 가는 것은 엉뚱한 짓이라고 생각했다. 안주인이 친절하게 그런 말을 해준 것은, 틀림없이 나를 자물쇠 공장 직공으로 생각한 탓인 것 같았다.
　목표도 없이 리옹으로 가려 하고 있는 건 아니었다. 도착하자 샤사트(레 샤조의 수도원)로 샤틀레 양을 찾아 보러 갔다. 바랑 부인의 친구인 르 메트르 씨와 이전에 이곳으로 올 때, 부인이 그녀에게로 보내는 편지를 가지고 온 일이 있기 때문에 이미 안면이 있는 사람이었다. 샤틀레 양의 말에 따르면 그녀의 친구 바랑 부인은 확실히 리옹을 지나갔다. 그러나 그뒤 곧장 피에몽테까지 갔는지 안 갔는지는 모른다고 했다. 사부아에 머무르지 않을 작정이었는지 아닌지는 부인도 출발할 때 결정하지 못했던 것 같다. 괜찮다면 편지를 보내 알아 주겠지만, 가장 좋은 방법은 리옹에서 소식을 기다리는 것이라고 말해 주었다. 나는 그녀의 의견을 받아들였다. 그러나 답장이 빨리 와야 한다는 것, 내 텅 빈 주머니는 오래 기다릴 여유가 없다는 것을 샤뜰레 양에게 말하기는 어려웠다. 그러한 조심성은 그녀의 태도가 불친절했기 때문이 아니다. 불친절은커녕 무척 정다운 태도로 맞아 주었고 대등한 신분으로서 대우해 주었으므로 이쪽 형편을 털어 놓을 수가 없었고, 또한 훌륭한 교제 상대의 지위에서 불쌍한 거지의 지위로 떨어질 용기가 나지 않았기 때문이다.

이 장(章)에 기록해 온 것은 모두 꽤 분명히 줄거리가 통하고 있는 것 같은 생각이 든다. 그런데 바로 이 무렵 또다시 리옹을 여행한 추억이 있다. 그것을 어디에 넣어야 좋을지 잘 알지 못하겠으나, 그때는 무척 궁해 빠진 여행이었다. 당시의 말하기 힘든 경험으로 인해 나는 이 여행을 언제까지나 잊을 수 없을 것으로 생각한다. 어느 날 저녁 아주 형편없는 저녁을 먹고 나서, 벨쿠르(리옹 광장)에 앉아 이 난관을 모면할 방법은 없을까 생각하고 있었다. 그때 차양 없는 모자를 쓴 한 사나이가 나타나 내 옆에 앉았다. 이 사나이는 리옹에서 타프타티라고 불리는 견직공처럼 보였다. 그는 내게 말을 걸어 왔고, 나는 대답을 했다. 15분쯤 이야기를 나누었다고 생각될 무렵, 그때까지의 냉정한 태도를 바꾸지 않고 목소리까지 그대로인 채 같이 재미있는 걸 해보자는 말을 꺼냈다. 그 재미있는 것이 무엇인지 설명해 주겠지 하고 기다리고 있노라니, 상대는 아무 말 없이 자기 쪽에서 시범을 보이려 했다. 둘은 거의 맞닿을 정도로 앉아 있었다. 해는 넘어갔지만 이 사나이가 어떤 짓을 하려고 태세를 갖추고 있는지 몰라볼 정도로 어둡지는 않았다. 내게 어떻게 하려는 것은 아니었다. 적어도 그런 기색은 조금도 없었고, 장소부터가 그럴 수는 없었다. 다만 아까 말한 대로 나도 할 테니 너도 해보라는 듯이 나 스스로 즐거움을 찾기를 재촉할 뿐이었다. 그리고 그것이 그에게는 아주 간단한 것 같았지만, 나는 그처럼 간단하게 생각하지 않았는데 그런 건 전혀 아랑곳하지 않았다. 나는 그러한 파렴치에 너무도 놀라서 말도 못하고 벌떡 일어나, 무턱대고 도망쳤다. 그 녀석이 따라올 것만 같아 무척 허둥거린 나는 여인숙으로 돌아오는 데 생 도미니크 거리로 나오지 않고, 강기슭 쪽으로 쏜살같이 뛰어나와 나무 다리를 건너서야 겨우 멈춰섰다. 가슴은 마치 죄를 지은 것처럼 떨리고 있었다. 나도 그와 같은 나쁜 버릇에 젖어 버릴 뻔 했으나, 그 뒤 오래도록 그때의 생각이 나를 그 버릇에서 구해 주었다.

　이 여행에서, 이 일과 거의 비슷한 경우를 또 한 번 경험했다. 이번이 내게는 훨씬 위험했다. 돈은 바닥이 나 있었으므로 제정신이 아니었고, 그 조금 남은 것을 금쪽같이 아껴 쓰고 있었다. 여인숙에서 밥 먹는 횟수를 점점 줄여 가다가 이윽고 완전히 먹지 않았다. 카페에서 5,6수만 내면, 여인숙에서 25수를 주고 먹는 것만큼 배가 불렀다. 식사도 사먹지 않는 여인숙에 무슨 낯으로 자러 가야 할지를 몰랐다. 대단한 빚을 진 것은 아니지만 안주인에게 돈벌이도 시켜 주지 않고 방만 쓴다는 것도 개운치가 않았다. 날씨는 좋았다. 어느 날 밤, 무척 푸근했으므로 광장에서 밤을 새우기로 했다. 그리하여 어느 긴 의자 위에 자리를 차지하고 태연히 있노라니, 한 사람의 신부가 지나가다가 누워 있는 나를 보고 옆으로 와서 잘 곳이 없느냐고 물었다. 사정 이야기를 털어놓았더니 딱한 듯한 표정으로 옆에 앉았으므로 잡담을 나누게 됐다. 그는 재미있게 말을 했다. 듣고 있는 동안 호감이 갔다. 내가 허물없어 하는 것을 알아차리자 자기가 있는 곳도 넓지 않고 방이 하나밖에 없지만, 그렇다고 들판 같은 광장에서 잠자는 것을 못본 체할 수는 없고, 여인숙을 찾기에도 이미 늦었으니 오늘 밤은 자기 침대의 반을 제공하겠다고 했다. 나도 그것으로 도움이 되어 줄 친구가 생겼다는 기분이 들어 그의 제안을 받아들였다. 함께 그곳으로 갔다. 그는 부싯돌을 쳤다. 방은 좁았으나 깨끗해 보였다. 그는 무척 정중하게 나를 맞아들였다. 유리병에서 브랜디에 담근 앵두를 꺼냈다. 우리는 그것을 두 개씩 먹고 침대로 들어갔다.

이 사나이는 앞에서 말한 구호원의 유대인과 같은 버릇을 가지고 있었다. 다만 그런 식으로 난폭하게 나오지는 않았다. 내가 이미 승낙한 것으로 알고, 강제하듯이 나가다가는 도리어 거절을 당할까 하는 염려 때문이었는지, 아니면 과감하게 나올 결심이 서지 않았던 것인지, 노골적으로 말은 하지 않고 불안을 주지 않도록 하며 내 마음을 움직여 보려 했다. 처음 당했을 때보다는 민감해진 나는 곧 상대의 의도를 알아차리고 소름이 끼쳤다. 도대체 어떤 집에 와 있는지, 누구의 수중에 있는지를 모르므로 소동을 일으켰다가 목숨이 위험하게 되지 않을까 두려웠다. 나는 그가 원하는 것이 무엇인지 모르는 척했다. 그리고 그렇게 자꾸만 귀찮게 달라붙는 것은 참을 수 없으며, 그런 식으로 더욱더 강하게 나온다면 단연코 용서하지 않겠다는 태도를 지어 보였으므로, 그는 하는 수 없이 그런 생각을 버렸다. 나는 거기에서 가능한 한 부드럽게, 그리고 가능한 한 강한 결심을 보이는 말투로 그를 이끌어 갔다. 그리고 전혀 눈치를 채지 못한 듯한 태도를 보이면서 전날 혼난 적이 있었으므로 그렇게 무서워했다고 사과를 하고, 그때의 사건을 정말 혐오와 공포에 찬 말로 꾸며 가며 들려 주었더니, 그도 지긋지긋한지 그런 더러운 수작을 완전히 집어치우고 말았다. 그리고 나서 우리는 무사히 하룻밤을 보냈다. 그는 오히려 무척 친절한, 그리고 분별이 있는 많은 일들을 이야기했다. 야비한 녀석이기는 했지만 아주 무능한 녀석은 아니었다.

  아침에 이 신부 나리는 불쾌한 표정을 보이지 않으려고 아침 식사 이야기를 꺼내더니, 여인숙집 주인딸 중에서도 예쁘장한 처녀에게 식사를 가져와 달라고 부탁을 했다. 그 처녀는 그럴 여가가 없다고 했다. 그는 처녀의 여동생에게 말을 걸었으나 그녀는 아예 상대도 안 해주었다. 언제까지나 기다렸지만 도무지 아침 식사는 오지 않았다. 결국 우리가 처녀들 방까지 가게 되었다. 신부 나리는 아주 푸대접을 받았다. 그러니 내가 만족스런 대우를 받을 턱이 없었다. 언니란 여자는 나를 돌아보더니 발뒤축으로 내 발가락을 비벼댔다. 거기는 티눈이 박여서 몹시 아팠기 때문에 하는 수 없이 구두를 잘라내 버린 곳이었다. 동생은 갑자기 뒤로 돌아가서 내가 앉으려는 의자를 빼앗아 버렸다. 어머니는 창 밖으로 물을 버릴 때, 물방울이 내 얼굴로 튀게 했다. 어디에 가 있어도, 곧 그리로 무엇을 찾으러 와서는 밀어냈다. 세상에 태어난 뒤로 오늘날까지 이런 냉대를 받은 일은 없었다. 이들의 업신여기는 듯한, 바보로 생각하는 듯한 눈길 속에는 어떤 무서운 분노가 숨어 있는 것을 알았으나, 어리석게도 나는 그것이 무엇인지를 그땐 알지 못했다. 멍하니 넋을 잃고 있노라니, 이 여자들은 모두 악마라도 붙어 있는 것 같은 기분이 들었고 그렇게 생각이 들자 점점 무서워졌다. 그러자 지금껏 못 본 체 못 들은 체하던 신부가 아무리 기다려야 아침 밥이 나오지 않을 것으로 체념을 하고 밖으로 나가자고 했다. 나도 이런 세 프리에(미치광이 세 여신)로부터 빠져나가게 되어 다행이다 싶어 허겁지겁 그의 뒤를 따랐다. 허기는 졌지만 그런 청을 받아들일 수는 없었다. 그도 굳이 고집을 피우지는 않았고, 두 사람은 세 번째인가 네 번째인가의 모퉁이에서 헤어졌다. 나는 그 저주받은 집과 관련되는 모든 것이 눈 앞에 보이지 않게 되어 후련했고, 생각컨대 그는 그대로 그 집이 이제 방향조차 모를 만큼 나로부터 멀어져 버려서 한숨 놓았을 것이다. 파리에서도 또 다른 어느 곳에서도 이 두 가지 사건과 비슷한 일은 일어난 적이 없었으므로, 리옹 사람들에 대해서는 그다지 좋지 않은 인상을 품게 되었다. 그리고 그 뒤로 계속 이 마을을 유럽에서 가장 풍속이 퇴폐한 곳으로 생각하게끔 되었다.

  이 마을에서 내가 겪은 가난했던 추억이 또한 이 마을의 기억을 즐겁게 되살리는 데 방해를 했다. 내가 다른 사람처럼 자기 하숙집의 돈을 빌려쓰기도 하고 외상값을 미루는 재능이 있었다면 문제 없이 살아 갈 수 있었을 것이다.

그러나 그런 것은 싫기도 했지만 또한 내겐 어울리지도 않았다. 이 무능과 혐오가 어느 정도였냐를 상상하기 위해서는, 거의 일생을 실의(失意)로 보내며 가끔 끼니를 못 잇는 생활을 해온 내가, 당장 돈을 갚지 못해 상대에게 빚을 독촉당해 본 일이라곤 한 번도 없었다고 한다면 충분할 것이다. 시끄럽게 독촉을 받을 만한 빚을 질 용기가 없었다. 빚을 지는 것보다는 고통을 참는 것이 언제나 편했던 것이다.

길거리에서 밤을 새우게 된 것은 바로 그런 고통을 참은 때였다. 그리고 그것은 리옹에서 몇 번이고 있었던 일이다. 겨우 몇 푼 남은 것은 숙박비 보다는 빵값으로 쓰고 싶었다. 결국 굶는 것보다는 수면 부족 쪽이 죽을 위험이 적었기 때문이다. 기묘한 것은 그런 비참한 상태에 있으면서 불안하지도 않았고 슬프지도 않았다는 것이다. 장래에 대한 아무런 걱정도 없이 별을 바라보며 노숙하고, 장미 침대에 누운 듯이 태평한 마음으로 땅바닥이나 긴 의자 위를 뒹굴면서 샤틀레 양이 보낼 내 편지에 대한 답장을 기다렸던 것이다. 지금 생각나는 것은 시외의 어느 길거리에서 상쾌한 하룻밤을 새웠을 때의 일이다. 론 강인지 손 강인지—어느 쪽인지는 모르나—그 강변의 길이었다. 한쪽 옆은 고원 지대 모양으로 높아진 계단식 밭이 길을 따라 계속해 있었다. 낮에는 무척 더웠기 때문에, 그만큼 저녁때는 기분이 좋았다. 시든 풀들도 이슬에 젖어 있었다. 바람도 없는 조용한 황혼, 공기는 서늘했으나 차갑게 느껴지지는 않았다. 태양은 이미 져서 하늘에 붉은 노을만을 남겨 두고 있었다. 태양이 물에 비쳐, 수면을 장미색으로 물들이고 있었다. 층계로 된 대지의 나무들에 밤꾀꼬리가 무수히 앉아 번갈아 가며 울어댔다. 나는 황홀경을 헤매며 그런 모든 것의 상쾌함에 몸과 마음을 내맡겼다. 그것을 혼자 즐기는 안타까움에 못이겨 나도 모르는 새 가끔 한숨을 짓기도 했다. 유쾌한 몽상에 잠긴 나는, 피로한 것도 잊고 밤이 깊을 때까지 돌아다녔다. 그러는 사이에 피로감이 느껴졌다. 대지 위 흙담 안에 활 모양으로 팬 벽감(壁龕) 같기도 하고 비상구 같기도 한 그 밑 땅바닥에 기분 좋게 몸을 뉘었다. 내 침상이 된 그곳의 천장은 나뭇가지들로 만들어져 있었다. 누워 있는 바로 위에는 마침 밤꾀꼬리 한 마리가 있었다. 그 노래에 나는 잠이 들었다. 잠도 기분 좋게 잤지만 깨고 나니 더욱 기분이 좋았다. 날이 활짝 밝아 있었다. 눈을 뜨니 강물과 들판과 웅장한 경치가 시야에 들어왔다. 나는 일어나 부르르 몸을 떨었다. 순간 시장기가 느껴졌다. 아직 남아 있는 6프랑짜리 동전 두 닢으로 어디 한번 맛있는 아침 밥 값으로 써 보자고 결심하고 시내 쪽으로 활기 있게 걸어 갔다. 어찌나 유쾌한지 계속 노래를 부르며 갔다. 외고 있던 바티스탱의 칸타타 〈토메리의 온천〉이란 것을 부른 것이 지금도 생각난다. 그리운 바티스탱과 그 칸타타에 축복 있으라! 어쨌든 그 노래 덕분으로 생각했던 것보다 훨씬 훌륭한 아침밥과 분에 겨운 점심까지 먹게 된 것이다. 신나게 노래를 부르며 걸어 가고 있는데, 문득 위에서 인기척이 있었다. 돌아다보니 한 사람의 재속 신부(在俗神父)가 따라오고 있었다. 내 노래를 즐겁게 들은 모양이다. 그는 가까이 오더니 음악을 아느냐고 물었다. '조금은' 하고 대답했다. 썩 잘한다는 뜻으로 받아들이게 할 셈이었다. 계속해서 여러 가지를 물어 보았다. 내 신상 이야기 일부를 털어 놓자 상대가 다시 물었다.

'악보를 베낀 적은 없는가?'

'가끔 있습니다' 하고 나는 대답했다. 사실이 그러했다. 내가 음악을 공부하는 최선의 방법은 악보를 베끼는 것이었다.

'좋소' 하고 그는 말했다. '나와 같이 갑시다. 4, 5일 일을 좀 해주시오. 그동안 자유롭게 활동하게 해주겠소. 방에서 나가지 않고 그 일만 해준다면.'

나는 기꺼이 승낙하고 그를 따라갔다.

이 재속 신부는 롤리숑 씨라고 했다. 그는 음악을 좋아할 뿐만 아니라 잘 알고 있었다. 그는 친구들과 같이 만든 작은 음악회 같은 데 나가 노래를 부르곤 했다. 그것만이라면 아무런 죄가 되지 않는 성실한 취미에 지나지 않는 것이지만, 그것이 어쩌다가 중독이 되어 버린 듯, 그는 그러한 열광적인 일면을 숨기지 않으면 안 되었다. 그는 나를 작은 방으로 안내하였다. 그곳이 내 방이 되었다. 방을 살펴보니 그가 베낀 악보가 많이 있었다. 그는 다른 악보를 내게 베껴 달라고 부탁했는데, 특히 내가 부른 그 칸타타를 베껴 달라고 했다. 며칠이 지나면 그것을 그 자신이 부를 작정이었다. 나는 그곳에 사나흘 들어앉아 식사 이외의 시간은 쉴새 없이 베끼기만 했다. 사실 내 인생에서 이때만큼 음식 걱정을 안한 때도 없었고, 먹는 데 맛있다고 생각한 적도 없었다. 그는 손수 주방에서 내 식사를 날라다 주었다. 내게 내오는 것이 이 집의 보통 식사라면 주방은 꽤 풍성했을 것이 틀림없다. 생애를 통해, 식사에 이토록 즐거움을 맛본 적은 없었다. 정말 꼭 아쉬운 시기에 하늘에서 요리가 떨어진 것이라고나 할 만 했다. 왜냐하면 마치 장작개비처럼 말라 있던 나였으니까. 먹는 것에 지지 않을 만큼 일에도 열심이었다고 말하고 싶지만 그것은 좀 지나친 말이다. 사실 열심히 한 만큼 정확하지는 못했다.

며칠 뒤, 내가 거리에서 롤리숑 씨를 만났을 때 빼먹은 것과 겹친 것과 뒤바뀐 것이 많아서 내가 베낀 악보의 각 부분은 연주에 맞지 않았다고 했다. 뒷날 내가 악보를 베껴 주는 것을 삶의 방법으로 삼은 것에 대해서는 내게 가장 어울리지 않는 직업을 택했다고 하지 않을 수 없다. 그렇다고 해서 내가 쓴 악보가 깨끗지 않았다든가 내가 베낀 것이 선명하지 않았다든가 한 것은 아니다. 다만 오래 계속해서 일을 하면 지치기 때문에 아주 맥을 놓게 되는 수가 있고, 베끼는 것보다 지우는 편이 많고, 정성껏 주의를 기울여 각 파트를 대조해 보지 않으면 언제나 연주에 맞지 않게 돼 버린다. 그래서 이때도 잘 하려고 하면서도, 아주 엉터리 짓을 했고 또 빨리 하려는 통에 틀린 것 투성이로 만들어 버린 것이다. 그래도 롤리숑 씨는 끝까지 대우를 잘해 주고 게다가 집을 떠날 때는 내게 과다한 프티 테퀴(5프랑) 한 닢을 주어서 이 걸로 나는 완전히 다시 일어서게 되었다. 그것은 그뒤 곧 샹베리에 있는 엄마로부터의 편지와 그 곳으로 만나러 갈 비용을 받게 되었기 때문이다. 좋아 날뛰며 그리로 가기로 한 것은 물론이다. 그로부터 내 주머니는 가끔 아주 궁해질 때는 있었으나 얻어먹지 않으면 안 될 정도로 곤궁했던 적은 한 번도 없었다. 나는 이 시기를, 하느님의 가호에 감사를 품고 기록해 둔다. 빈곤과 기아를 뼈저리게 느낀 것은 이때가 생애의 마지막이다.

리옹에는 계속 7, 8일 더 머물러 엄마가 샤틀레 양에게 부탁한 볼일이 끝나기를 기다렸는데, 그 동안은 그때까지보다도 자주 그녀를 만났다. 그녀의 친구인 엄마 이야기를 함께 나누는 것이 즐거웠고 그 밖에 숨겨 두지 않으면 안 될 나 자신의 형편, 그런 것들에 대한 염려에 정신을 써야 할 일도 없었기 때문이다. 샤틀레 양은 젊지도 않았고 예쁘지도 않았지만, 애교 만점인 부드러운 여자였다. 사람이 좋아서 친해지기가 쉽고, 거기에 재치가 있었으므로 다정한 태도에는 품위가 있었다. 인간 연구를 목표로 하는 관찰가의 도덕을 사랑하는 사람이었다. 내가 이 도덕을 사랑하게 된 최초의 출발 또한 그녀에게 있다. 그녀는 르 사주의 소설, 특히 《질 블라 이야기》를 좋아해서 그 이야기를 해주고, 그 책을 빌려 주었다. 기쁘게 읽기는 했으나, 이런 종류의 독서를 할 만큼 아직 성숙하지는 않았었다. 역시 과장된 감정을 불러일으킬 소설이어야 할 때였다. 즐겁고 또 유익하게 샤틀레 양의 면회실(수도원 안에 있는)에서 시간을 보내며 지냈다. 교양이 높은 여성의 흥미있고 생각이 깊은 얘기는 책에 있는 어떤 자기 자랑의 철학보다도 청년의 교화에 알맞은 것이라는 것은 두 말할 것도 없다.

이 레 샤조트 수도원에서 다른 원생들과 그 여자 친구들을 사귀게 되었다. 특히 14세 소녀인 세르 양과 사귀게 되었는데, 당시는 그리 주의를 하지 않았으나 8, 9년 뒤에 열을 올리게 되었다. 그녀는 굉장히 매력이 있는 처녀였기 때문에 그것은 당연한 일이었다.

이제 곧 그리운 엄마를 만나게 된다는 기대에만 마음이 쏠려, 나는 공상하기를 잠시 쉬게 되었다. 현실의 행복이 기다리고 있어서, 환상 속에서 그것을 찾지 않아도 좋았던 것이다. 다시 만날 수 있을 뿐만 아니라 그녀 옆에서 그녀 때문에 즐거운 생활을 다시 하게 된 것이다. 그녀의 편지에는, 이번엔 다시는 나를 멀리 떠나보내지 않아도 되는, 내게 어울리는 일을 발견해 두었다는 내용이 적혀 있었다. 도대체 어떤 직업일까 하고 그것을 알아맞히기 위해 이것저것 추측하느라 애를 먹었다. 꼭 들어맞았다면 그것이야말로 정말 멋진 점(占)이었으리라. 편리한 방법으로 여행할 만큼 돈은 충분히 있었다. 샤틀레 양은 말을 타라고 했지만 나는 승낙할 수 없었다. 그것은 내가 잘한 일이었다. 내 생애 마지막이 될 걷는 여행의 즐거움을 잃을 뻔했다. 마지막이라고 한 것은 모티에에서 살고 있는 동안, 가끔 그 부근으로 놀러 간 것을 가지고는 걷는 여행이라는 이름을 붙일 수가 없기 때문이다.

정말 이상한 것은 나의 상상력이 제대로 활동하는 것은 생활 상태가 가장 재미 없을 때에 있는 일이며, 반대로 내 주위에서 모든 일이 미소를 짓고 있을 때는 상상력은 거꾸로 웃어 주지 않는다는 것이다. 나의 비뚤어진 머리는 환경에 순응을 못한다. 아름답게 하는 방법도 모른다. 그저 창조해 내려 한다. 현실의 대상은 고작 있는 그대로밖에 머리 속에서 그려내지 못한다. 거기에 장식할 수 있는 것은 상상의 대상뿐이다. 봄을 그리려면 나는 겨울철이 아니면 안 된다. 아름다운 경치를 그리려면 나는 벽에 둘러싸여 있지 않으면 안 된다. 몇 번이나 한 이야기지만, 언제고 내가 바스티유 감옥에 갇히게 되면, 그 안에서 자유의 모습을 그리게 될 것이다. 리옹을 떠날 때는 즐거운 장래만이 바라보였다. 파리를 떠나왔을 때는 몹시 불쾌했던 반면에 이번은 유쾌했는데, 그것은 마땅히 그렇지 않으면 안됐다. 앞서 따라붙어 다니면 그런 기분좋은 몽상은 조금도 없었다. 마음은 명랑했으나 그저 그것뿐이었다. 다시 만나보게 될 둘도 없는 친구에게 벅찬 가슴을 안고 찾아가는 것이다. 그녀 옆에서 지내는 즐거움을 미리 맛보기는 했으나 도취는 되지 않았다.

이렇게 지나는 것을 늘 예측하고 있었으므로 아무것도 새로운 것이 일어나지 않은 그런 기분이었다. 다만 앞으로 그곳에서 할 일이 몹시 불안한 일처럼 마음에 걸렸다. 내 생각은 편안하고도 조용한 것이었으며 천마(天馬)가 허공을 달리듯 하는 것도 아니고 황혼에 도취되는 것도 아니었다. 도중의 일들이 모두 또렷이 눈에 떠오른다. 경치에 마음이 끌렸다. 나무에, 집에, 작은 내에 눈길이 멈췄다. 거리거리에서는 가야 할 길을 신중히 생각했다. 길을 잘못 들까 겁이 났으므로 조금도 헤매는 일이 없었다. 한 마디로 말하자면 천상의 세계가 아니라 현재 있는 장소에 있거나, 또는 이제 가려는 도중에 있거나 하는 것이지, 결코 그 이상 떨어져 있는 것은 아니었다.

나의 여행 이야기는 내가 실제로 여행한 것과 같은 걸음으로는 좀처럼 목적지에 도착하지 않을 것만 같다. 정다운 엄마에게 가까워지면서 마음은 기쁨으로 설레었다. 그렇다고 걸음을 재촉하지는 않았다. 나는 마음 편히 걷는 것이 좋았기 때문에 마음이 내키면 걸음을 멈췄다. 나그네의 생활이야말로 내가 원하는 것이다. 맑은 날씨에 아름다운 나라를 서두르지 않고 걸어간다. 도착지에는 즐거운 목적이 있다. 그것이 모든 생활 방법 가운데 내 취미에 가장 맞는 것이다. 그리고 아름다운 나라라고 내가 말하는 것이 어떤 것인가는 알고 있는 그대로다. 평야는 아니다. 그런 곳은 아무리 아름다워도 내 눈에는 그렇게 보이지 않았다. 내게 필요한 것은 급류, 암석, 전나무, 검은 숲, 높은 산, 울퉁불퉁한 길, 아찔아찔하게 현기증이 나는 양쪽의 절벽이다. 이번에는 그러한 즐거움이 있었다. 그리고 샹베리에 가까이 가며 생각하던 그런 상쾌함을 맛보았다.

사다리 고개라고 불리는 깎아낸 산 가까이 샤유라는 데서 바위를 깎아서 닦은 국도 바로 밑에, 수천 세기 동안 침식해 온 듯 무서운 골짜기 밑을 작은 급류가 폭포의 여울을 이루며 흘러내리고 있었다. 재난을 막기 위해 길바닥에 난간이 만들어져 있었다. 그 때문에 나는 골짜기 밑을 내려다볼 수가 있었고 현기증을 견뎌낼 수 있었다. 내가 절벽을 좋아하는 이유는 특히 절벽이 현기증을 일으키기 때문이다. 몸에 위험만 없다면 이 현기증이 못견디게 좋은 것이다. 난간을 꽉 움켜잡고 고개를 내밀어 거품 이는 여울과 시퍼런 물을 이따금 멍하니 내려다보며, 멀리 2백 미터나 되는 아래쪽 바위에서 바위로, 덤불에서 덤불로 날아다니는 까마귀와 사나운 새들의 지저귀는 소리 사이로 들려오는 우렁찬 물소리를 들으면서, 몇 시간이고 그렇게 꼼짝하지 않고 있었다. 벼랑이 완만하고 덤불도 드문, 돌을 굴릴 만한 곳을 골라, 들고 올 수 있을 만한 큰 놈을 멀리까지 가서 찾아 와 난간 위에 쌓아 올린다. 그리고는 하나하나 던지며 벼랑 밑에 떨어질 때까지, 구르다가 튀어오르고 산산조각이 나 흩어지는 것을 보고 재미있어 한다.

샹베리에서 가장 가까운 곳에서 조금 전과는 정반대의 광경에 부딪혔다. 내가 지금까지 본 중에서 가장 아름다운 폭포(쿠 폭포) 밑으로 길이 뚫렸다. 산이 몹시 가파라서 물은 바위를 스치지 않고 활모양을 그리며 먼 곳으로 떨어지므로 폭포와 바위 사이를 뚫고 지나갈 수 있을 정도였다. 어쩌면 젖지 않고도 지나갈 수 있을 것 같았다. 그러나 조심하지 않으면 안 된다. 잘못하면 당한다. 내 경우가 그러했다. 굉장히 높은 데서 떨어지므로 물이 흩어져 물방울이 되어 튀고 있기 때문이었다. 그래서 이 물보라 근처를 지나가면 처음에는 젖는 것 같지 않은데 어느 새 흠뻑 젖어 버리는 것이었다.

마침내 나는 샹베리에 도착해서 엄마를 다시 만났다. 그녀는 혼자가 아니었다. 내가 방에 들어갔을 때, 사르디니아 왕국 사부아 령(領)의 재무국장이 와 있었다. 그녀는 아무 말 없이 내 손을 잡고, 누구의 가슴이나 탁 틔게 해주는 그 애교로 나를 국장에게 소개했다.

'국장님, 이 사람이 바로 그 가엾은 청년입니다. 쓸모가 있는 데까지는 오래 좀 이끌어 주십시오. 그래만 주신다면, 이 사람의 앞으로의 생활에 대해서는 제가 걱정을 안 해도 될 거예요.'

그리고는 내게로 얼굴을 돌리며 입을 열어 '당신은'하고 말을 했다. '임금님을 섬기게 되는 거예요. 국장님께 감사를 드려요. 일을 맡게 해주시는 거니까.'

나는 아무 말도 못하고, 무엇을 상상해야 좋을지 잘 모르면서 눈만 휘둥그렇게 뜨고 있었다. 조금 지나 엉뚱한 야심이 일자 흥분되기 시작했고, 아주 작은 국장이라도 된 기분이었다.

내 운은 이 첫 출발 때 상상한 것만큼 화려하지 못했다. 그러나 무엇보다 생활을 해나가는 데는 충분했고, 내게는 과분할 정도였다.

이야기 내용은 이러하다.

빅토르 아메데 왕은 계속되는 전쟁의 결과와 조상 대대로 내려온 영지의 위치 등으로 보아, 조만간 그것이 자기 손에서 떨어져 나갈 것을 짐작하고 거기에서 착취할 것만 생각하게 되었다. 귀족들에게 소비세를 물리기로 작정한 왕은 과세를 실제적으로 하고, 그것을 한층 공정하게 할당시키기 위해 몇 해 전 전국의 전체 토지를 조사하게 했었다. 부왕이 시작한 이 사업은 그 아들의 대에 와서 완성되게 되었다. 도면가(圖面家)라고 불리는 측량기사와 비서라고 불리는 서기 등 합쳐서 2, 3백 명의 인원이 이 일에 종사했다. 엄마는 내 자리를 이 서기들 틈에 마련해 주었다. 직업 치고는 수입이 많은 편은 아니었으나 이 지방이라면 편안히 살아갈 수 있을 만큼은 되었다. 좋지 않은 것은 이 근무가 일시적이라는 것이었다. 그러나 다른 일거리를 찾거나 그것을 기다리는 준비로는 충분했다.

엄마는 머리를 써서, 이 일을 할 기간이 끝나면 좀 더 고정된 일자리를 주선해 주도록 만들려고 나를 위해 재무국장의 특별한 보호를 받으려 노력하고 있는 것이었다. 도착한 뒤, 며칠이 지나지 않아 일을 시작했다. 이 일에는 어려운 것은 아무것도 없었다. 곧 요령을 터득했다.

이리하여 제네바를 떠나 4, 5년 동안의 방랑과 어리석은 짓과 고생을 겪은 끝에 비로소 부끄럽지 않은 자활의 길로 들어선 것이었다.

소년 시절의 이야기를 이렇게 너절하게 늘어놓아서 어린애 같다고 생각하였으리라. 스스로 생각할 때 부끄럽다. 어느 점에서는 날 때부터 어른스러웠던 반면에 다른 많은 점에서는 언제나 철부지 같았다. 그리고 지금까지도 여전히 그렇다. 나는 대중들 앞에 한 사람의 큰 인물을 보여 주리라고 약속하지는 않았다. 있는 그대로의 나를 그려 보일 약속을 했다. 그리고 나이를 먹은 뒤의 나를 알기 위해서는 젊었을 때의 나를 잘 알지 않으면 안 된다. 일반적으로 눈앞의 것은 추억 속의 모습보다도 나 자신에게는 희미한 인상밖에 주지 않는다. 또 생각은 모두 심상(心像) 속에서 나오는 것으로 일단 머릿속에 새겨진 최초의 특징은 언제나 남게 되고, 뒤에 와서 인상에 남는 것은 최초의 특징을 없애기보다는 오히려 그것과 연결되게끔 되었다. 어떤 일련의 감정과 생각이 생겨나서 다음에 오는 감정과 생각을 수정한다. 뒤에 오는 것을 올바르게 판단하려면 처음 것을 잘 알지 않으면 안 된다. 결과의 연쇄를 느낄 수 있도록 하기 위해, 나는 최초의 원인을 가능한 한 폭넓게 전개하려고 노력한다. 어떻게든지 독자들의 눈에 내 영혼이 환히 보이도록 하고 싶다.

그렇게 하기 위해서 내 영혼을 모든 방면에서 독자에게 보여 주고, 모든 빛으로 비추어 독자들의 눈에 보이지 않는 움직임이란 하나도 없게끔 하려고 노력하는 것이다. 그렇게 되면 이러한 결과를 낳는 원리를 독자들 스스로 판단할 수 있기 때문이다.

만일 내가 결론을 스스로 붙여 '이것이 나의 성격이다' 하고 말하면, 독자는 거짓말이라고는 생각하지 않더라도 내 잘못이라고 생각할지도 모른다. 그러나 나 자신이 당한 일, 내가 한 일, 생각한 일, 느낀 일들을 모두 솔직히 말하게 되면, 독자들에게 잘못 알게끔 만드는 일은 내게 그럴 생각이 없는 한 없을 것이다. 설사 내게 그럴 생각이 있다 해도 이런 방법으로는 그렇게 쉽사리 성공하지 못할 것이다.

이런 요소들을 모으고 거기에서 이루어지는 인간을 결정하는 것은 독자들이 할 일이다. 결론은 독자들의 일이 아니면 안 된다. 만일 독자가 잘못 판단한다면 그 잘못은 모두 독자의 탓이다. 그런데 위와 같은 목적을 위해서는 내 이야기가 충실하다는 것만으로는 충분하지 못하다. 동시에 또 정확하지 않으면 안 된다. 사실의 중요성을 판단하는 것은 내가 할 일이 아니며, 나는 사실을 다 말하고 그 선택의 수고는 독자에게 맡겨야만 한다. 이 점에 나는 전력을 기울여 왔고 앞으로도 마음을 늦추지 않을 생각이다. 그런데 중년기의 회상은 소년기의 것보다 언제나 빛을 잃고 있다.

나는 소년기의 것을 될 수 있는 한 많이 이용하는 것에서 시작했다. 중년기의 것도 같은 정도로 강하게 회상이 된다면, 독자 중에 성급한 분은 아마 질려 버릴 것이다.

그러나 나로서는 이 일에 불만을 품지 않을 작정이다. 다만 한 가지 이 계획에서 염려되는 것이 있다면, 지나친 말을 했다든가 거짓말을 했다든가 하는 걱정이 아니고, 모든 것을 다 말하지 못한다는 것과 진실에 대해 입을 다물지는 않을까 하는 것이다.

제5권

〔1731년 10월~1736(8)년〕

앞서 말한 대로 내가 샹베리에 도착하여, 국왕의 일로 지적 조사부(地籍調査部)에서 일하기 시작한 것은 1732년이었다고 생각된다(실은 1731년 10월 1일). 스무 살을 지나 스물한 살이 되려는 무렵이다. 재주는 나이에 어울릴 만큼은 충분히 갖추고 있었으나 판단면에서는 아직 그렇지 못해서 내게는 처세술을 가르칠 만한 지도자가 꼭 필요했다. 왜냐하면 이 몇 년 동안의 온갖 체험도 예의 소설과도 같은 공상하는 버릇을 근본적으로 고쳐 줄 수는 없었고, 지금까지 당한 온갖 불행에도 그런 고통에서 아무런 교훈도 얻지 못한 것처럼, 세상일이나 사람들의 일이나 거의 몰랐기 때문이다.

살고 있는 곳은 나의 집, 즉 엄마의 집이었다. 그러나 안느시의 내 방 같은 방은 아니었다. 들도, 작은 내도, 좋은 경치도 없었다. 그녀가 있는 집은 어둡고 침침했지만, 내 방은 그 중에서도 가장 어둡고 침침했다.

바라보이는 것이라고는 벽뿐이고, 거리라곤 막다른 작은 골목뿐, 환기도 안 되고 햇빛도 비쳐들지 않고 비좁은데다가 귀뚜라미와 쥐새끼들이 들끓고 마룻바닥마저 썩었다. 아무리 생각해도 살기 좋은 집은 아니었다.

그러나 나는 그녀의 집에서 그녀의 보호 속에 있었다. 언제나 내 책상을 향해 있거나 그녀의 방에 있는 나는 이 방이 보기 싫다는 것에는 무관심했고 그런 걸 생각할 여가도 없었다. 이렇듯 싫은 집에 살기 위해, 일부러 그녀가 샹베리로 자리를 정했다는 것이 이상하게 생각된 것이다. 사실 그런 점에 그녀의 뛰어난 점이 엿보이는 것이므로 말하지 않을 수 없다. 아주 최근에 일어난 혁명 소동이 있은 뒤, 아직 궁정 안이 옥신각신하고 있을 때 궁정에 나타난다는 것은 그럴 때가 아니라는 것을 알면서도 그녀는 마음이 내키지 않는 그대로 토리노로 갔다. 그것은 일신상의 일로 얼굴을 꼭 내놓아야만 할 필요가 있어서였다. 엄벙덤벙하는 통에 그녀를 잊어버리거나, 연금을 중지당하거나 할 염려가 있었던 것이다. 특히 재무국장인 생 로랑 백작이 그녀에게 호의를 가지고 있지 않은 것을 알고 있었다. 국장은 샹베리에 집을 한 채 가지고 있었다. 잘못 지은데다 장소까지 나빠서 언제나 빈 집이었다. 그녀는 그것을 빌려 살기로 했다. 이것이 힘 안 들이고 좋은 결과를 가져왔다. 그녀의 지위는 사라지지 않았고, 이제부터 생 로랑 백작은 둘도 없는 친구가 되었다.

그녀의 가족은 전과 거의 차이 없었고, 충실한 클로드 아네는 여전히 그녀와 함께 있었다. 이미 말한 것으로 생각되는데, 그는 무트뤼의 농가 태생으로 어릴 때는 쥐라산 속에서 스위스 차(茶)를 따는 일을 했다. 바랑 부인은 약 캐는 사람을 하인으로 두는 것을 편리하다고 생각하고, 자기 약을 만드는 데 쓸 작정으로 고용한 것이었다. 그는 식물 연구에 아주 열심이었고 부인도 그의 취미를 크게 도와준 결과 정말로 식물학자가 되어 버렸다. 만일 일찍 죽지만 않았더라면 훌륭한 사람으로 인정을 받고 있었던 만큼, 틀림없이 그 쪽 학문 세계에서 이름을 남겼을 것이다. 진실하고 과묵한 느낌을 주며, 게다가 내가 나이가 아래였으므로, 내게는 감독자처럼 되어 어리석은 것에서 나를 구해 주었다. 위에서 지켜보는 것만 같아서 그의 앞에서는 섣불리 정신을 팔 수도 없던 것이다. 그는 여주인에게 특히 신임을 받고 있었다. 그의 뛰어난 식견과 정직과 위엄 있는 애정을 여주인은 깊이 인정하고 있어, 그 점에 대해 충분한 보답을 하고 있었다. 클로드 아네는 분명 색다른 인간이었고, 그러한 신분을 가진 사람 중에서 내가 본 유일한 인간이기도 했다. 동작은 완만하고 침착하며, 차분하게 생각하고 주의 깊고 태도도 냉정하며, 말하는 투는 뽐내는 것 같지만, 그의 정열에는 격렬한 데가 있어 결코 겉에 나타나지는 않으나 그 밑바닥에서는 그를 태워 버릴 듯이 불타고 있었다. 그리고 그것이 그의 생애에 꼭 한 번 무서운 광태를 연출하게 했다. 스스로 독약을 마신 것이다.

이 비극은 내가 도착한 뒤 곧 일어났다. 이 하인과 그의 여주인의 친밀한 사이는 그러한 소동이 있기 전엔 나로서는 알 수가 없었다. 두 사람 사이는 그녀가 자기 입으로 말하지 않는 한 나로서는 눈치채지 못했을 테니까. 애착과 열정과 충실함이 그것에 해당된 보수를 받을 수 있는 것이라면, 그의 경우에 이것은 분명히 당연한 일이었다. 그리고 그것을 받을 가치가 있다는 증거를 보여 주는 것을 결코 좋게 보지 않는 그였다. 두 사람은 어쩌다가 다투는 일은 있었지만 언제나 무사히 끝났다. 그런데 때마침 수습할 수 없는 일이 일어났다. 여

주인은 격분해서 아내가 참을 수 없는 욕설을 쏘아붙였다. 그는 마지막이라고 생각했다. 옆에 아편이 든 작은 약병이 있었으므로 그것을 들고 꿀꺽 삼키고 영원히 깨지 않을 생각으로 조용히 잠을 자러 갔다. 짜증이 나서 집안을 이리 저리 돌던 바랑 부인이 다행히도 그 빈 병을 발견하고 사태를 짐작했다. 그녀가 달려가며 외치는 소리를 듣고 나도 가 보았다. 그녀는 모든 것을 털어놓고서 내게 도움을 청했다. 나는 겨우 아편을 토하게 할 수 있었다. 이 소동을 본 나는 그녀의 입을 통해 알게 된 두 사람의 관계를 그때까지 조금도 이상하게 보지 않은 나의 멍청함에 놀랐다. 그러나 클로드 아네는 굉장히 조심성이 많았으므로, 나보다 통찰력이 예리한 사람일지라도 알아채지 못했을지 모른다. 두 사람의 화해는 나까지도 깊이 감동할 정도였다. 그리고 이때부터 그를 존경하는 마음이 점점 더해 가서 그의 제자가 된 것인데, 그 때문에 손해를 보았다고는 생각하지 않는다.

그러나 나보다도 친밀하게 그녀와 지낼 수 있는 누군가가 있다는 것을 알자 가슴이 아팠다. 나 자신이 그 자리를 차지하고 싶지는 않았으나, 남이 그런 자리를 차지한 것을 보는 것은 고통스러웠다. 이것은 당연한 일이었다. 그런데도 나로부터 그 자리를 가로채 간 사나이를 미워하기는커녕 도리어 그녀에 대한 나의 애착이 그 사나이에게까지 전해져 가는 것을 느꼈다. 나는 무엇보다도 그녀가 행복하기를 바라고 있었다. 그리고 나는 그녀가 행복하기 위해서는 그 사나이가 필요한 만큼, 그도 행복하다는 것을 기뻐했다. 그도 완전히 그의 여주인과 생각을 같이하여 그녀가 택한 친구를 진심어린 우정으로 대해 주었다. 그의 위치에서 당연히 휘두를 수 있는 권위란 것을 조금도 나에게 강요하는 일이 없고, 잘 생각한 다음 그의 권위를 아주 자연스럽게 내 위치에 미치게 했다. 나는 그가 비난할 만한 짓은 전혀 하려 하지 않았고, 그도 또 나쁜 일이 아니면 비난은 안했다. 우리는 이리하여 우리 모두를 행복하게 하는 결합(結合), 죽음 이외의 것으로는 파괴할 수 없는 결합 가운데 살고 있었다. 이 사랑스런 여성의 성격이 뛰어나다는 증거 가운데 하나는 그녀를 사랑하는 사람들이 모두 서로 사랑하고 있다는 사실이다. 질투심도 경쟁심까지도 그녀로부터 받는 지배적인 감정 앞엔 무너지고 말았다. 그녀를 둘러싼 사람들 가운데 서로 중상하는 사람은 한 사람도 본 일이 없다. 나는 독자 여러분에게 부탁한다. 이 찬사에 대해 잠시 책을 놓아 줄 것을. 그리고 그녀의 일을 생각한 뒤, 만일 그녀와 같다고 말할 수 있는 누군가 다른 여성이 발견되거든, 여러분의 삶의 안식처를 위해서 그 여성에게 애착을 품어라. 비록 그것이 가장 천한 논다니라 할지라도.

내가 샹베리에 도착한 뒤, 1741년에 파리로 출발할 때까지의 8, 9년이란 기간이 여기에서 시작된다. 그 기간 중에 이야기할 사건이라고는 거의 없다. 내 생활은 평온했고 또 단순했으니까. 그리고 그러한 평온은 계속되는 고생으로 방해를 받아 흔들리고만 있던 내 성격을 확고한 것으로 만드는 데 가장 필요한 것이었다. 이 귀중한 기간에 나의 무질서하고 체통 없던 교육이 확고하게 되고, 곧 밀어닥친 폭풍우 속에서도 늘 꾸준하게 나아갈 수 있는 사람으로 나를 만들어 준 것이다. 그러한 진보는 눈에 뜨이지 않고 완만해서, 기념할 만한 사건은 거의 없지만 그것을 더듬어 가며 여기에서 말해 볼 만한 가치는 있다.

처음 얼마 동안은 거의 내 일에 몰두하고 있었다. 직장에 매여 있어 다른 일을 생각할 여유가 없었다. 약간의 여가는 정다운 엄마 곁에서 보냈다. 독서할 여가도 없었으므로 읽고 싶은 기분도 나지 않았다. 그러나 일이 습관처럼 돼 버리자 그것에 마음을 쓰는 일도 줄어들고 다시 불안이 머리를 쳐들어 독서의 필요가 생기게 되었다. 만일 다른 욕망이 도중에 찾아들어 다른 곳으로 전환시켜 주지 않았더라면, 독서욕은 이전에 공장 주인들 집에서 일에 몰두할 수 없고 계속 신경을 날카롭게 했을 때처럼 무서운 정열로까지 승화되었을 것이다.

우리 계산에 그토록 수준이 높은 수학은 필요치 않았지만, 가끔 나를 곤란하게 하는 문제도 나타났다. 그런 곤란을 극복하기 위해 수학책을 몇 권 샀다. 그리고 그것을 잘 익혔다. 혼자서 공부했기 때문이다. 실용 산수도 혼자서 공부했다. 실용 산수는 정확하게 하려고 하면 예상 밖의 시간이 오래 걸린다. 때로는 상당히 긴 계산이 나타나, 뛰어난 기사들도 도중에 얼떨떨해지고 마는 것을 보는 경우가 있었다. 실제와 연결된 고찰은 정확한 관념을 주고 간편한 방법도 생각나게 한다. 이런 발명은 자존심을 기쁘게 해주고 정확성은 정신을 만족시킨다. 그리하여 불쾌한 일도 기꺼이 하게 된다. 나는 수학을 깊이 파고들었으므로 숫자만으로 푸는 문제에 난처해지는 일은 없게 되었다. 배워 익힌 것이 날로 기억에서 사라져가고 있는 지금에도, 이 학문만은 그만둔 지가 30년이나 되는데도 아직 기억에 남아 있다. 며칠 전 이곳 주인인 다벤포르(흄의 친구)의 집에 잠깐 갔었는데, 거기에서 묵으며 아이들의 산수 공부에 끌려 들어, 다시 없이 까다로운 계산도 틀리지 않게 해냈을 때는 말할 수 없이 기뻤다. 숫자를 벌여 놓으며 내가 아직도 샹베리의 행복한 시절에 사는 것 같은 기분이 들었다. 나도 모르는 사이에 먼 옛날로 돌아가 있었던 것이다.

기사들의 측량 지도에 색칠을 함으로써 나는 다시 그림에 취미를 되찾고 있었다. 물감을 사서 꽃과 풍경을 그리기 시작했다. 아주 빠져 버린 데 비해서 이런 예술에 재능이 없었던 것은 안타까운 일이다.

연필이나 화필만 있으면 몇 달이고 밖에 나가지 않고 지낼 것 같았다. 너무 열중했으므로 모두 빼앗기고 말았다. 무엇이고 취미에 빠져 버리면 늘 이런 꼴이었다. 자꾸만 파고 들어 무서운 정열로 변했다. 그렇게 되면 벌써 자신이 파고 든 즐거움 외에는 어느 것도 눈에 보이지 않는다. 나이가 들어도 이 나쁜 버릇은 고쳐지지 않았다. 줄어들지도 않았다. 이것을 쓰고 있는 지금도, 늙은 주제에 전혀 상관도 없는 무익한 다른 연구인 식물학에 도취되어 있다. 내 나이라면 하는 수 없이 버려야만 하는 것을, 젊을 때부터 전공해 온 사람들마저 이제 시작하려는 것이다.

그 당시야말로 오히려 이 연구에 안성맞춤이었으리라. 좋은 기회였고 그런 좋은 기회도 자주 있었다. 이상한 식물들을 듬뿍 가지고 돌아와서 만족해하는 아내의 눈빛을 보고는, 같이 채집하러 가려고 했던 일도 두세 번은 있었다. 그럴 때 한 번이라도 나가기만 했더라면 그것에 중독이 되어 지금쯤 식물학자가 되었을지도 모른다. 틀림없이 그랬을 거라는 생각마저 든다. 왜냐하면 식물 연구만큼 타고난 내 취미에 잘 맞는 것은 없었고 최근 10년 동안의 전원 생활은 쉴새없는 식물 채집—처음부터 목적도 진보도 없지만—이었기 때문이다. 그러나 그 당시는 식물학에 대해 아무런 개념도 없었고, 오히려 경멸감과 혐오감까지 가지고 있었다. 그런 것은 약제사나 하는 학문 정도로 생각하고 있었던 것이다. 엄마는 식물을 좋아했어도 다른 용도로는 사용하지 않았고, 필요한 식물만 찾아 약재로 사용했다. 그런 이유로 식물학도, 화학도, 해부학도 내 머릿속에서는 의학이란 이름 밑에 뒤범벅이 되어 온종일 멋대로 지껄이는 재미있는 농담 자료나 가끔 뺨을 얻어 맞는 데 밖에는 도움이 되지 못했다. 게다가 또 하나 이것과는 너무도 반대되는 취미가 점점 커져서 곧 다른 모든 것을 삼키고 말았다. 그것이 바로 음악이었다.

나는 이 예술을 하기 위해 태어난 것이 틀림없다. 어릴 때부터 좋아하기 시작해서 어떤 경우에도 이것만은 계속 사랑해 왔으니까. 이상한 것은 음악을 위해 태어났다고 할 수 있는 정도의 예술임에도 배우는 데 얼마나 힘이 들었는지 모르며, 무척 진도가 늦기에, 평생을 바친 수업을 한 뒤에도 끝내 악보를 펼치고 금방 정확하게 노래를 부르게는 되지 않았다.

그 당시 음악 연구를 특히 즐겁게 해준 것은 엄마와 함께 할 수 있게 해준다는 점이었다. 취미가 서로 다르기 때문에 음악만이 두 사람을 어울리게 해주었다. 나는 또 즐겨 그것을 이용한 것이다. 엄마는 싫다고는 하지 않았다. 나는 그 무렵 엄마와 거의 같은 수준이었다. 두 번이나 세 번의 연습으로 우리는 곡을 부를 수 있었다. 때로는 엄마가 약을 달이는 아궁이 앞에서 바빠하는 것을 보고 내가 말한다.

'엄마, 여기 아주 근사한 2부 합창곡이 있는데, 이걸 부르다가는 약이 다 졸아도 모를 거예요.'

'그렇지만 다 졸아 버리면 너한테 먹이지 뭐.'

'어쩌면 정말!'

이렇게 옥신각신하면서 나는 엄마를 클라브생이 있는 곳으로 끌고 간다. 거기에서 둘 다 열중해 자신(自身)을 잊고 만다. 노간주나무 열매와 약 달인 것은 새까맣게 된다. 그녀는 그것을 내 얼굴에다 문지른다. 그런 것이 모두 재미있었다.

여가가 거의 없는데도 그 얼마 안 되는 시간에 할 일이 많이 있었다는 것은 이 일로 알게 되었을 것이다. 또 거기에 오락이 하나 늘어서 다른 것을 대신하게 되었다.

사는 곳이 마치 지하 감방과 같아서 가끔 밖으로 좋은 공기를 마시러 나갈 필요가 있었다. 아네가 엄마에게 권해서 교외에 나무라도 심을 정원을 위한 땅 몇 평을 빌렸다. 이 뜰에는 멋이 있는 시골집이 붙어 있었으므로 그 구조에 따라 필요한 만큼의 방을 꾸몄다. 침대도 놓았다. 우리는 자주 그리로 점심을 먹으러 갔고, 나는 가끔 거기에서 자는 일도 있었다. 이 작은 은신처는 무의식 중에 내 마음에 들어, 몇 권의 책과 판화 같은 것을 들여왔다. 틈을 내어 이리로 와서 방을 꾸며 엄마가 산책 나왔을 때 깜짝 놀라게 해주려고 하였다. 이곳으로 와서 엄마를 골똘히 생각하기 위해, 보다 즐겁게 엄마를 생각하기 위해 엄마와 떨어지는 것이다.
 이것도 변덕의 하나이다. 달리 변명도 하지 않겠다. 완전 그대로였기 때문에 그대로 여기 적는다. 그것에 대해 생각나는 것은, 애인에게 편지를 쓰기 위해 그 애인과 헤어지는 사나이 이야기를, 언젠가 뤽상부르 부인(루소의 후원자)이 놀려 대면서 내게 말한 일이 있었다. 내가 바로 그런 사나이였는지도 모른다고 부인에게 말했지만, 가끔 그 사나이와 같은 짓을 했습니다 하고 덧붙여도 좋았을 것이다. 그러나 엄마 옆에 붙어 있을 때에는 보다 사랑하기 위해 멀리 떨어지려는 욕망은 조금도 느낀 적이 없다. 마주 보고 있으면 안심이 되어 나 혼자 있는 것과 다름이 없었다. 그런 일은 남자든 여자든 아무리 애착을 가진 사람이라도 엄마 아닌 사람의 옆에서는 결코 일어나지 않았다. 그러나 그녀에게는 자주 사람들이 밀려들 때가 있었다. 더구나 그들이 나와 마음이 맞지 않는 사람들이라 비위가 거슬리고 지루하기 때문에, 피난처로 도망가서 귀찮은 녀석들에게 시달릴 염려 없이 마음껏 그녀를 내 것으로 만드는 것이었다.
 이렇듯 내가 일과 오락과 교양으로 시간을 쪼개서 하루하루 아주 평온한 안식 속에서 지내고 있는 반면에 유럽은 나처럼 평온하지는 못했다. 때마침, 프랑스와 독일 사이에 선전포고[*1]가 있었던 것이다. 사르디니아 국왕은 프랑스에 붙어 참전했으므로 프랑스군은 밀라노 령(領)으로 들어가기 위해 피에몽테 지방으로 진군해 왔다. 그 중 한 군단은 샹베리를 통과했다. 그 중에서도 나는 샹파뉴 연대의 대장 트리무이유 공작에게 소개되었다. 그는 많은 것을 약속해 주었으나, 그 뒤로는 완전히 잊어버린 모양이었다. 우리의 작은 정원은 군대가 들어오는 교외 언덕 바로 위에 있었으므로 야단법석을 떨며 군대가 지나가는 것을 구경하러 나가, 마치 나와 큰 관계라도 있는 것처럼 이 전쟁의 성공에 열을 올렸다. 이때까지는 세상 소문 같은 것은 생각해 보려고도 않았는데, 이 무렵부터 처음으로 신문을 읽기 시작했다. 그런데 나는 프랑스에 대해 편견을 갖고 있어서 그쪽이 조금이라도 유리해지면 기쁨이 벅차오르고, 상황이 나빠지면 마치 내가 패배한 것처럼 슬퍼졌다. 이 이상한 버릇이 이때뿐이었다면 구태여 끄집어 낼 것도 없으리라. 그러나 별다른 이유도 없이 그것이 내 마음속에 깊이 뿌리를 박기 시작해서 뒷날 파리에서 반 독재주의자, 용감한 공화주의자

---

*1 프랑스는 1733년 10월 4일 독일 황제에게 선전포고(폴란드 왕위 계승 전쟁)를 했다.

로 자처했을 때까지도 남아 있었다.

　공연히 프랑스만을 치우치게 사랑한 것은 내가 비굴하다고 생각하는 그 국민에 대해서였고 내가 탄핵하려 한 이 나라 정부에 대해서였다. 재미있는 일은 자신의 주의나 행동과 반대되는 경향을 남부끄럽게 생각하여 누구에게도 그것을 말하지 않은 것이며, 프랑스군의 패배를 비웃으면서도, 한편 내 가슴은 그들보다도 더 큰 슬픔으로 가슴이 미어지는 것만 같았던 것이다. 틀림없이 나는 내 마음으로 존경해 온 국민, 나를 후대해 준 국민, 그런 국민 속에서 생활하면서, 겉으로는 경멸하는 것처럼 가면을 쓰고 지내 온 인간이다. 결국 이런 경향은 사사로운 감정을 떠난 강하고 영원한 불굴의 것으로서, 내가 이 왕국을 떠나 정부와 관리들과 작가들이 앞을 다투어 나를 다루며 불법과 박해로 대놓고 나를 압박했음에도 이 기묘한 버릇에서 벗어날 수가 없었다. 그러한 박해에도 웬일인지 나는 그들을 사랑하는 것이다. 영국이 승리의 절정에 있을 때, 내가 예언한 영국의 쇠퇴가 이미 시작되고 있는 것을 본 나는 이번에는 승리할 프랑스 국민이 언젠가는 나를 이 참혹한 포로 생활에서 틀림없이 끌어내주리라 하는 쓸데없는 희망을 품고 있었다.

　나는 오랫동안 이러한 치우친 사랑의 원인을 탐구해 왔으나, 결국 기회가 낳은 것이라고밖에는 생각되지 않았다. 문학에 대한 취미가 더해 가자, 프랑스 서적, 그 지은이들, 그들의 나라에까지 애착이 갔다. 프랑스군이 눈앞에 행진해 가면 그 시기에는 브랑토므의 《명사열전(名士列傳)》을 읽고 있었다. 머릿속에는 클리송·베이아르·로트렉·콜리니·몽모랑시·트리무이유와 같은 사람들로 꽉 차 있었고 이들 명장의 위업과 무용의 후계자들을 대하는 듯한 기분으로 그들 자손들에게 애착을 가지고 있었다. 연대가 지나갈 때마다 일찍이 피에몽테 지방에서 큰 공을 세운 저 유명한 흑기대(黑旗隊)를 다시 보는 것 같았다. 요컨대 책에서 받은 관념을 지금 눈에 띄는 것에 적용시키고 있었던 것이다. 프랑스 국민에 대해 쓴 것만을 계속 읽고 있었으므로 그것에 대한 애정이 자라나서 마침내는 무엇으로도 누를 수 없는 맹목적인 정열을 심고 만 것이다. 그 뒤 여기저기를 여행하며 이 감명은 특히 내게만 국한된 것이 아니라, 모든 나라의 독서를 좋아하고 문예를 닦는 계층에는 많든 적든 작용하여, 프랑스인의 오만한 태도가 불러일으키는 일반적인 반감의 상쇄작용(相殺作用)을 하고 있다는 것을 알 수 있는 기회를 갖게 되었다. 소설은 남성보다는 각국의 여성을 보다 많은 프랑스 사람과 연결시켜 준다. 명작극은 청년들에게 프랑스 극장을 사랑하게 만든다. 파리 극장의 명성은 외국 관객을 끌어들이고, 그들은 감격하여 그곳을 떠나간다. 요컨대 프랑스 문학의 훌륭한 취미는 훌륭한 취미를 가진 모든 사람들을 프랑스 사람에게 따르게끔 한다. 이들 국민이 거쳐온 이번의 그 불행한 전쟁(7년 전쟁)에서, 나는 군인들에 의해 흐려진 프랑스의 영광된 이름이 지은이와 철학자에 의해 유지되는 것을 보았다.

따라서 나는 열렬한 프랑스당이었다. 그 때문에 뉴스광이 되었다. 고지식한 얼굴을 한 군중들과 함께 광장으로 나가 우편집배원이 도착하기를 기다렸다. 그리고 문화 속의 당나귀(라 퐁텐이 지은 《노인과 나귀》에 나온다)보다 더 어리석은 나는 어느 주인의 길마를 지는 영광을 누리게 되는지 알려고 줄곧 조바심을 했다. 이유인즉 당시 우리는 프랑스의 관할에 속하게 될지도 모르고, 사부아 령(領)은 밀라노 령과 교환하게 된다는 소문이 있었기 때문이다. 그러나 대개는 걱정거리가 있었음을 숨길 수 없다. 만일 전쟁이 동맹군(프랑스·스페인·사르디니아)에 불리한 결과를 초래한다면, 엄마의 연금 수령이 크게 위태로워진다는 걱정이었다. 그러나 나는 우리편 군대를 전적으로 믿고 있었다. 그리고 이번은 브롤리오 씨의 기습으로 전쟁이 유리하게 되었다는 점도 있으나, 생각지도 않은 사르디니아 국왕 덕택으로 나의 신뢰는 배반당하지 않았던 것이다.

이탈리아에서는 싸우고 있는데 프랑스에서는 사람들이 노래를 부르고 있었다. 라모의 오페라 작품들이 호평을 받기 시작하고, 그것에 따라 그의 음악 이론을 풀이한 저술들이 다시 세상 사람들의 각광을 받게 되었다. 그 이론은 깨닫기가 어려워서 사람들에게 금방 이해가 되지 않았다. 나는 우연히 그의 《화성론(和聲論)》이야기를 들었다. 그리고 그 책을 손에 넣기까지는 안절부절못했다. 그런데 나는 또 병이 들었다. 병은 염증성이었는데 투병 기간은 짧았지만 통증은 너무 심했으며, 회복이 더디어서 한 달이나 외출을 못했다. 그 동안에 사들인 《화성론》에 손을 대어 이를 탐독했다. 그 책은 무척 장황하고 복잡하며 정리가 잘 안돼 있어서, 그것을 이해하고 검토하는 데 상당한 시일이 걸릴 것 같았다. 나는 공부를 중지하고 악보에서 눈을 쉬기로 했다. 연습용으로 하고 있던 베르니에의 《칸타타집(集)》이 아직 머릿속에 있었다. 그것의 네댓 곡을 암기했다. 그 중에서도 《잠자는 사랑의 신들》이란 칸타타는 그 뒤로 본 일이 없지만, 지금도 거의 모두 알고 있다. 클레랑보의 대단히 아름다운 《벌에 쏘인 사랑의 신》도 마찬가지로 같은 무렵에 배웠다.

내 음악 수업을 완성시키기 위해 아오스타 골짜기(북 이탈리아 국경에 있음)에서 팔레 신부라는 젊은 오르간 연주자가 왔는데, 그는 음악 솜씨도 인간성도 좋았으며, 클라브생의 반주를 아주 잘했다. 곧 그와 친해져 이제 떨어질 수 없는 사이가 되었다. 이 사람은 훌륭한 오르간 연주자로서 이탈리아 수도사의 제자다.

자기의 이론이란 것을 내게 말했는데, 나는 그것을 라모의 것과 비교했다. 반주와 화현(和絃)과 화성으로 내 머리가 꽉차게 되었다. 그런 것을 귀에 익혀 둘 필요가 있었다.

나는 매달 작은 음악회를 열자고 엄마에게 제의했다. 그녀는 승낙했다. 나는 이 음악회 일에 골몰해서 낮이고 밤이고 다른 일은 손에 잡히지 않았다. 악보와 연주자와 악기를 모으고 연주할 부분을 정하는 등, 이런 일 저런 일로 힘에 겨웠다. 엄마가 노래하고, 앞에서 이미 말한 적이 있는(제3권 끝부분) 카통 신부도 노래했다. 로슈라는 댄스 교사와 그 아들이 바이올린을 켰다. 피에몽테의 음악가로 지적과(地籍課)에서 일하고 있다가 나중에 파리에서 결혼하게 된 카나바가 첼로를 켰다. 팔레 신부는 클라브생으로 반주하였다. 나는 나무꾼이 몽둥이를 휘두르는 것 같은 창피를 잊지도 않았는데 지휘를 하는 영광을 얻었다. 열린 음악회가 얼마나 훌륭했을까는 독자들도 짐작할 수 있을 것이다! 트레토랑 씨 댁에서 한 것과 같다고는 말할 수 없지만 거의 차이는 없었다.

국왕의 자비로 산다는 평을 들은 새 개종자인 바랑 부인의 이 작은 음악회에 대해서 독신자들 간에는 불평이 일고 있었다. 그러나 교양 있는 사람들 대다수에게는 즐거운 오락이었다. 그 오락을 즐기는 데 내가 누구를 주요 인물로 삼고 있는지 얼른 짐작이 가지 않으리라. 수도사였다. 재능도 있고 꽤 사랑스런 수도사로서 이 분의 불행은 그뒤 내 마음을 몹시 아프게 했고, 그 추억은 즐거운 청춘 시절의 추억과 연결되어 지금도 그리워진다. 이 분은 성 프랑시스코파의 카통 신부다. 앞서 오르탕 백작과 결탁하여 그 가엾은 《작은 고양이》(르 메트르 씨)의 악보를 리옹에서 압수한 사람이었는데, 이 일은 그의 생애 중에 훌륭한 일이라고는 할 수 없다. 소르본느의 입학 자격을 가지고 있어 오랫동안 파리의 상류사회에서 살 때, 그는 당시의 사르디니아 주재 대사 앙트르몽 후작에게 자주 드나들었다. 또한 키가 크고 생김생김이 근사한 사람으로서

두툼한 얼굴에 눈이 큼직하게 튀어나왔고, 검은 머리를 이마 옆으로 애교머리처럼 늘이고 있는 것이 조금도 보기 싫지 않았다. 귀인다우면서 활달하며, 또 겸손한 태도에 솔직하고 말솜씨가 능숙하다. 게다가 신앙이 두터운 척한다든가 난 체한다든가 하는 수도사 특유의 태도도 없고, 그 시대의 풍속을 따르면서 흔히 그런 사람에게 있기 쉬운 버릇없는 짓도 안 했다. 법의를 부끄러워하지도 않고, 자존심을 잃지도 않았으며, 교양 있는 사람들 틈에 끼어 언제나 자기 위치를 인식하고 있는 교양인다운 자신감에 차 있는 사람이었다. 카통 신부는 박사가 될 만한 넓은 학식은 없으나 사교인이 될 만한 학식은 풍부하게 가지고 있었다.

그리고 자기가 가진 지식을 성급히 남에게 내보이는 일도 없고 적당한 시기에 적당히 내놓으므로 실력 이상으로 풍부한 듯이 보였다. 사교계에서 오랫동안 지내 왔기 때문에 딱딱한 학문보다는 예능의 취미에 끌리고 있었다. 재치가 놀라웠고 시도 지으며 말에도 능숙하지만 노래는 더욱 잘했다. 목소리도 좋고 오르간과 클라브생도 다룰 줄 알았다. 그렇게까지 갖춰져 있지 않아도 인기를 끌기에는 충분했다. 그러니 그 인기가 대단할 수밖에 없었다. 그러나 그 때문에 본 직업에 불충실하지는 않았으므로 질투심 많은 경쟁자들이 있었지만, 그 관구(管區)의 주사(主事), 즉 교단의 대간부의 한 사람으로 선발되었던 것이다.

이 카통 신부는 앙트르몽 후작 댁에서 엄마와 알게 되었다. 우리 음악회 이야기를 듣고 끼어들고 싶어했다. 그가 끼어들었기 때문에 음악회는 활기를 띠었다. 우리 둘은 서로 무척 정열적이었던 음악에 대한 공통된 취미 때문에 곧 친하게 되었다. 다만 그는 진짜 음악가였지만 나는 엉터리라는 차이는 있었다. 우리는 카나바와 팔레 신부와 함께 그의 방으로 연주하러 갔다. 가끔 축제일 같은 때는 그의 오르간으로 연주를 하는 경우도 있었다.

우리는 또 자주 그의 조촐한 식사 초대를 받았다. 수도사로서는 이것도 또 드문 일인데, 호탕하고 화려하며 천하지 않을 정도로 관능적인 데가 있었다. 우리의 음악회가 열릴 때마다 그는 언제나 엄마 집에서 만찬을 들었다. 이 만찬은 정말 화기애애하고 즐거웠다. 격의 없이 이야기를 했고 2부 합창을 했다. 나는 마음을 놓았으므로 기지(機智)도 튀어나오고 어리석음도 튀어나왔다. 카통 신부는 애교가 있어 엄마가 반할 정도였다. 팔레 신부는 황소 같은 목소리를 내어 좌중의 웃음거리가 되었다.

즐거웠던 청춘의 그리운 시절이여, 그대 어찌 그다지도 멀리 가버렸느냐!

불행하게도 이 카통 신부에 대해서 앞으로 이야기할 일이 없을 것이기에 여기에서 그의 슬픈 전기를 간단히 끝내 둔다. 다른 수도사들은 이 사람의 재능으로 보나 고아한 품성으로 보나 무엇 하나 수도사로서의 탈선 행위가 인정되기 않는데도 질투랄까 분개랄까, 아무튼 그를 무척 미워했다. 자기들과 마찬가지로 미움을 받는 존재가 아니었기 때문이리라. 간부들이 단결하여 그를 반대해, 그의 지위를 부러워하면서도 지금껏 그에게 무관심했던 햇병아리 수도사들까지 선동했다. 그는 무수한 모욕을 당하고 직책에서 물러나 검소하나마 취미를 살려 꾸며진 그의 방을 빼앗기고 내가 알지 못하는 곳으로 추방되었다. 요컨대 이런 비열한 것들이 제멋대로 모욕을 해오므로, 그의 성실한 영혼, 정의 편에 서서 의연하던 영혼도 마침내 버티질 못한 것이다. 그리하여 귀한 사교계의 총아가 된 다음, 독방이나 지하 감옥의 한구석에 있는 더럽고 찢어진 침대 위에서 오뇌에 찬 죽음으로 일생을 마친 것이다. 그를 아는 교양 있는 사람들은 모두 그를 애석하게 여겼고 슬퍼했으며, 결국 그에게는 수도사라는 사실 외에 잘못은 없었다고 생각하게끔 된 것이다.

이런 식의 생활이 단시일 내에 내게 들어맞게 되자, 완전히 음악에 빠져 버린 나에게 다른 일은 머리에 들어오지 않았다. 이젠 직장에 나가는 것도 시들해졌다. 일에 매여 있다거나 일에 온통 달라붙어 지내는 것이 참을 수 없는 고통이었다. 그리하여 마침내는 직장을 그만두고, 완전히 음악에 몸을 맡기고 싶다는 생각이 들었다. 이런 철없는 생각이 반대 없이 끝날 수 없었던 것은 쉽게 짐작이 가리라. 일정한 수입이 보장되는 확실한 직업을 버리고 기대도 걸 수 없는 제자를 가르치는 일에 악착같이 덤빈다는 것은 엄마의 마음에 들기에는 너무도 생각이 모자라는 방법이었다. 설사 생각대로 큰 발전을 앞으로 이룬다 해도 평생을 음악가의 신분으로 보낸다는 것은 자신의 야심을 형편없이 내리깎고 마는 것이 된다. 큰 계획만을 세우고 있는 엄마는 어느덧 나를 오본느 씨가 평한 대로 받아들이지 않고, 변변찮은 예능에 열중해 있는 나를 보다못해 파리에서는 좀 어울리지 않지만 시골에서 말하는 속담(노래나 춤으로 출세는 못한다)을 줄곧 내게 되풀이했다. 그러면서도 한편으로는 헤어날 수 없는 취미에 끌려가고 있는 나를 억지로 말리지는 않았다. 나의 음악열은 열병처럼 되어 갔다. 그래서 그대로 나가면 일에 태만하여 해고를 당하게 될 것이니 그럴 바에는 이쪽에서 그만두는 편이 낫다고 엄마를 설득시켰다.

'이 일은 오래 계속할 것 같지 않다. 살아가려면 무엇인가 재주가 없으면 안 된다. 남의 보호에만 의지하거나 또 배울 나이가 지나서 생활비도 나오지 않고 성공의 가능성도 없는 새로운 것을 시험하느니보다는 내 취미에도 맞고 엄마도 선택해 준 이 재능을 연습으로 완성하는 편이 확실한 것이다'

이렇게 해서 마침내 억지로 엄마의 동의를 얻었다. 엄마가 만족할 만한 이유를 설명드렸다기보다는 끈덕지게 보채며 달콤한 소리를 늘어놓은 결과였다. 곧 지적 조사의 총무부장인 코첼리 씨에게로 하늘의 별이라도 딴 것처럼 의기 양양하여 인사를 하러 갔다. 그리하여 아무런 원인도, 이유도, 구실도 없이 2년도 채 못되어 이 직업을 얻었을 때와 꼭 같은, 아니 그 이상으로 기뻐하며 사직을 했다.

철없는 짓이긴 했지만 이러한 행동을 취한 것이, 이 지방에서는 존경을 불러 일으켰다. 그것이 내게 도움이 되었다. 갖지도 못한 재산을 상상하는 사람도 있었고, 또 음악에 전념하게 된 것을 보고 직장을 그만둘 정도니 상당히 재주가 있는 것으로 판단하기도 하고, 그 정도로 그 방면에 열이 있다면 솜씨가 꽤 뛰어난 것이 틀림없다고 생각하는 사람도 있었다. 시각 장애인의 나라에선 외눈박이가 왕이다. 이 근처에는 변변한 선생도 없었으므로 나는 문제없이 훌륭한 선생 행세를 했다. 게다가 성악에 소질이 있고, 또 나이가 젊다는 것과 풍채의 혜택을 받고 있는 나는, 얼마 되지 않아 서기 봉급을 대신할 수 있는 정도 이상의 여자 제자들을 많이 가졌다.

생활을 즐기기 위해 이렇게 한쪽 극단에서 다른 극단으로 옮기는 예는 아마 별로 없었을 것이다. 지적 조사부에서는 하루 여덟 시간 동안 못 견디게 싫은 일을 가장 싫은 인간들과 같이 꼬박 해야 했고, 대부분이 머리에 빗도 대지 않는 불결하기 짝이 없는 촌놈들과 그들의 입김과 땀이 악취를 풍기는 음산한 사무소에 틀어박혀, 때로는 긴장과 악취와 구속과 권태로 현기증을 일으킬 정도의 고통을 느끼는 일도 있었다. 그것에 대신해서 이번엔 갑자기 상류 사회로 뛰어들어 훌륭한 가정에 드나들며, 호강을 하게 된 거나 다름없었다. 어디를 가나 내게 정중한 대우를 해주었고 잔칫집처럼 법석을 떨었다. 정장을 한 아가씨들이 기다리고 있다가 부랴부랴 나를 맞이했다. 눈에 비치는 것은 매혹적인 것뿐이고, 코를 찌르는 것은 장미와 오렌지꽃 향기 뿐이었으며, 노래하고 이야기하며 웃고 놀았다. 그곳을 나와도 다른 데서 기다리고 있는 것은 역시 같은 환락이었다. 수입면에서 차이는 없다 하더라도 어느 것을 택할 것인가 하는 문제에 당면하면 이쪽이 훨씬 좋다는 것은 여러분도 인정할 것이다. 따라서 나도 내가 선택한 것을 좋다고 생각했는데 그것을 후회하는 마음은 조금도 일어나지 않았다. 삶의 과정에서 행동을 이성의 저울로 달아보며 지금까지와 같이 깊은 생각도 해보지 않고 끌려가 버리는 일이 없게 된 지금에도 그 일을 후회하지는 않는다.

내 마음이 쏠리는 대로 따라 했다가 기대를 배반당하지 않은 것은 거의 이한 번뿐이었다. 이 지방 사람들의 흥허물없는 대접, 사교성, 정다운 마음씨 덕분에 나의 사교는 즐거웠다. 당시 내가 사교를 좋아했다는 사실은 뒷날에 사람들과 어울리는 생활을 내가 좋아하지 않았다 하더라도, 그것이 내 탓이라기보다는 세상 사람들의 탓이라는 것을 너무도 잘 증명해 주는 일이다.

사부아 사람들이 부유하지 못한 것은 섭섭한 일이다. 아니 그보다는 오히려 부자였더라면 좋지 않았을 것이라고 해야 할지 모른다. 왜냐하면 그렇기 때문에 내가 아는 한 가장 선량하고 사교를 좋아하는 인간들이니까 즐겁고 언제나 변함없는 교제 속에서 평온한 인생을 맛볼 수 있는 작은 도시가 이 세계에 있다고 한다면, 그것은 바로 샹베리일 것이다. 이 곳에 모여 있는 시골 귀족은 생활에 필요한 재산밖에 갖고 있지 않았다. 이름을 낼 정도의 여유는 없었다. 그래서 큰 희망을 품을 수는 없고, 하는 수 없이 시네아스의 충고에 따르고 있었다. 그들은 젊었을 때는 국방의 의무에 종사하고 그리고 나서 고향으로 돌아와 편안히 세월을 보냈다. 그러한 운명의 몫을 정하는 것은 명예와 이성이다. 여자들은 아름답다. 그러나 예쁘지 않더라도 상관없을 것이다. 미모일 경우는 그것을 더욱 아름답게 보이게 하는 것을 가지고 있고, 미모가 아니더라도 그것을 보충할 수 있는 무엇을 가지고 있었다. 직업상 나는 많은 젊은 여성과 만났는데, 샹베리에서는 아름답지 않은 사람을 한 명도 만난 기억이 없는 것이 신기하다. 내가 그렇게 생각했으니 그렇다고 할 사람도 있으리라. 당연한 이야기이다. 그러나 나로서는 그렇게까지 생각할 필요는 없었다. 지금도 사실상 나는 젊은 여자들을 기쁨 없이는 회상할 수 없을 정도다. 여기에서 가장 사랑스럽던 제자들의 이름을 들고, 즐겁고 천진스럽게 지낸 당시 우리들의 행복한 때를 어떻게 지나칠 수 있겠는가! 그 첫째는 말라레드 양이었다. 이웃 아가씨로 겜(제3권 참조) 씨의 제자와 오누이사이였다. 갈색 머리에 무척 쾌활하고 귀염성 있는 처녀였다. 그리고 모든 면에서 여성답고 경솔한 데가 없었다. 그 나이의 처녀가 대개 그러하듯이 약간 여위어 있었으나 그녀의 빛나는 눈, 날씬한 몸매, 사람을 이끄는 모습은 바라보고 있으면 기분이 좋았다. 그녀의 집으로 내가 가는 것은 아침이었다. 그러면 언제나 아직 갈아입지 않은 평상복 차림 그대로, 머리는 다듬지 않고 아무렇게나 묶은데다, 내가 왔다고 꽃 같은 것을 꽂고 있었다. 내가 돌아오면 그것을 뽑아 버리고 다시 머리를 손질했다. 내게 평상복을 입은 아름다운 여인처럼 이 세상에서 무서운 것은 없다. 차려 입은 사람이라면 그 1백분의 1도 무섭지 않을 것이다. 내가 오후에 찾아가는 망통 양이 언제나 그랬는데, 내게 주는 인상이 기분좋은 것임에는 변함이 없었으나 두 사람 사이에는 상당한 차이점이 있었다. 머리는 회색을 곁들인 금발로 무척 귀엽고 몹시 수줍어했으며, 살갗은 참으로 희었다. 목소리는 밝아 티가 없고 또렷또렷했으며 부드러웠으나, 성량이 풍부하지는 않았다. 가슴에 뜨거운 물로 화상을 입은 자국을 실로 뜬 푸른 단이 있는 네커치프로 감추고 있었다. 그것이 늘 감춰져 있는 것은 아니었다. 그것에도 가끔 주의가 끌렸지만 어느 틈엔가 상처보다 다른 것에 관심이 가게 되었다. 역시 이웃에 있는 샬르 양, 그녀는 이미 몸이 성숙해 있었다. 키가 크고 어깨도 아주 둥근 티가 나고 살집도 풍부해서 인물이 퍽 돋보였다. 이젠 용모의 아름다움이 아니라 여자다운 단정미, 조용한 기질, 얌전한 성격으로 보아 손꼽지 않으면 안될 여자다. 그녀의 언니인 샤를리 부인은 샹베리 제일의 미인이었다. 자신은 음악을 공부하지 않고 아직 어린아이인 딸에게 공부를 시키고 있었다. 머리만 빨갛지 않았더라면 이제 겨우 나타나기 시작한 그녀의 미모는 어머니 못지않게 보였으리라. 그리고 성모회(聖母會)의 수도원에 프랑스 아가씨가 한 사람 있었다. 이름은 잊었으나 좋아하는 제자 속에 넣어도 좋은 사람이다. 수녀들이 지닌 느릿하고 길게 뽑은 말투로 굉장히 기발한 말을 했다. 그것은 이 아가씨의 태도와는 조금도 어울리지 않는 것 같았다. 그녀는 될대로 되라는 태도로 자기의 재능을 나타내려는 노력을 하지 않았다. 그리고 그 태도를 다른 사람에게는 주지 않는 하나의 호의라고 생각하고 있었다. 한두 달 게으른 공부 끝에 겨우 자신의 그런 멋대로의 방법에 대해 깨달았다. 그렇게 하고 있으면 내가 더욱 열을 내어 다니게 되리라고 생각했던 것이다. 그러나 나는 도저히 자진해서 그런 일에 정력을 기울일 결심이 서지 않았다. 가르치고 있는 동안의 과정은 즐겁지만, 거기 가는 것을 강요당하거나 시간 제약을 받는 것은 싫었다. 무슨 일이든지 구속과 굴종에는 견디지 못했다. 그런 것이 있으면 즐거움 그 자체까지도 싫어지고 만다. 이슬람교를 믿는 나라에서는 새벽녘에 거리를 돌아다니는 사람이 있어, 아내에 대한 의무를 완수할 것을 남편에게 명령한다고 한다. 그런 시각에는 나는 좋지 못한 남편이 되리라.

  시민들 가운데도 몇 사람의 여자 제자가 있었다. 그 중의 한 사람은 엄마와의 관계가 일변해 버린 간접 원인이 되었다. 무엇이고 다 털어놓아야 하는 마당이니 그 이야기를 하겠다. 이 제자는 식료품 가게의 딸인 라르나주 양이다. 그야말로 그리스 조각을 닮은 모델과 같았는데, 생명도 영혼도 없는 참다운 아름다움이라는 것이 있다면, 내가 본 중에서 가장 아름다운 처녀로 이 여자를 꼽아도 좋을 것이다. 그 태연함과 냉담과 무감각은 믿어지지 않을 정도였다. 그녀의 마음에 들 수도, 기분을 상하게 할 수도 없었다. 어떤 유혹의 손에 걸리기라도 했다면 그것은 흥미 때문이 아니라 둔함 때문에 상대방이 하는 대로 내버려 둔 탓이리라. 그녀의 어머니는 위험하다고 여겨 한 발짝도 딸의 옆을 떠나지 않았다. 노래를 익히게 하는 젊은 선생을 붙여 될 수 있는 한 딸의 마음을 즐겁게 해주려고 해도 전혀 효과가 없었다. 선생은 딸에게 신경을 쓰는 반면, 어머니는 선생에게 신경을 썼다. 그래도 별로 두드러진 효과는 없었다. 라르나주 부인은 천성이 민첩한 데다가 딸이 당연히 가져야 할 쾌활함까지 혼자서 차지해 버리고 있었다. 소녀처럼 생기 있고 귀여운 얼굴은 균형이 잡혀 있지 않았으나 애교가 풍부했고, 약간 곰보 자국이 있었다. 작은 눈은 타는 듯한 열을 띠고 있었다. 그리고 약간 붉은 것은 자주 눈병을 앓기 때문이었다. 매일 아침 내가 가면 벌써 크림과 커피가 준비되어 있었다.

  늘 어머니 쪽에서 빠짐없이 마중을 나와, 내 입술에다 입술을 대고 정답게 입을 맞췄다. 이 입맞춤을 그대로 딸에게 돌려주면 어떤 식으로 받아 줄 것인지, 그렇게 해보고 싶은 호기심이 일어났다. 한데 그런 것들은 모두 아주 자연스럽게 별다른 깊은 뜻도 없이 행해지므로, 주인인 라르나주 씨가 옆에 있어도 마음 써주는 것이나 입맞춤을 해주는 것은 조금도 변함이 없었다. 그 아버지에 그 딸이라고 할 만큼 주인은 좋은 사람이었다. 그리고 그의 부인은 남편을 속이거나 하지는 않았다. 그럴 필요가 없었기 때문이다.

나는 원래 둔감한 성격이다. 그런 달콤한 친절을 예사로 받아들이며, 이것도 단순한 친절의 표시라고 생각하고 있었다. 그래도 가끔 귀찮게 느껴지는 것은 극성스런 라르나주 부인이 요구 비슷한 태도를 계속 보였기 때문이다. 낮에 가게 앞을 지나면서도 들르지 않았거나 하면 꼭 잔소리를 했다. 바쁠 때는 딴 길로 멀리 돌아가야만 했다. 그 집에 들어가는 것은 쉽지만 나오는 것은 그처럼 쉽지 않을 것이 뻔했으므로.

라르나주 부인의 대접하는 태도가 보통이 아니어서 당연히 나도 그녀에게 관심을 안 가질 수가 없었다. 그녀의 알뜰한 마음씨가 가슴에 울려 왔다. 그것을 아무것도 아닌 것처럼 엄마에게 말했다. 설사 비밀이 있다 해도 말했을 것이다. 무엇이든지 간에 엄마에게 비밀로 해둔다는 것은 불가능했으니까. 나의 마음은 하느님 앞에서처럼 그녀 앞에서는 열려 있었다. 그런데 엄마는 나처럼 그리 단순하게 생각하지 않았다. 내가 우정으로밖에 생각지 않았던 것을 엄마는 무엇인가의 예비 공작으로 보았다. 엄마의 생각은 이렇다. 라르나주 부인은 바보처럼 보이는 나를 차츰 영리한 사람으로 만들려고 열심히 지켜보는 동안, 어떤 방법으로든지 그녀의 속마음을 내가 알게끔 만들게 되리라는 것이다. 엄마 생각으로는 자신이 돌봐 키워 온 아들의 교육을 다른 여자가 떠맡는다는 것은 잘못된 일이었다. 그리고 내 나이나 처지에 빠지기 쉬운 유혹에서 나를 지키려는 이유는 엄마 쪽에 더 정당성이 있었다. 그 무렵보다 위험한 종류의 유혹이 또 하나 내게로 오고 있었다. 그 위험에서 벗어나기는 했는데, 내가 계속 위험에 내맡겨지고 있다는 두려움에서 어떻게 가능한 예방법을 생각해 둘 필요가 있다고 느꼈다.

망통 백작 부인은 내 여제자 중 한 사람의 엄마로 아주 재기가 풍부했지만 좋지 않은 여자로 알려졌다. 소문에 따르면 그녀가 여러 가지 불화의 원인이 되었는데, 그 중에서는 앙트레몽 집안을 참혹한 결과로 몰아넣은 일도 있었다. 엄마는 일찍부터 이 여자와 교제가 있었고, 그녀의 성격도 잘 알고 있었다. 망통 부인이 마음에 두고 있던 어떤 남자의 마음을 엄마가 아무런 사심 없이 움직여 놓은 일이 있었다. 엄마가 프로포즈를 받은 일도, 또 그것을 받아들인 일도 없었건만, 그 부인은 그 남자를 가로챘다는 누명을 엄마에게 뒤집어씌웠다. 그런 일이 있은 뒤부터 망통 부인은 이 얄미운 상대에게 온갖 모략을 다했지만 어느 하나 성공하지 못했다. 그 예로 가장 우스운 것을 하나 보이겠다. 이 두 귀부인이 근처에 있는 귀족 남자들과 어울려 시골로 간 적이 있었다. 그 중에는 엄마의 마음을 움직였던 문제의 사나이도 있었다. 어느 날 망통 부인은 이때 함께 간 귀족 남자 한 사람에게, 바랑 부인은 그저 뽐내는 데 불과하고 취미 같은 건 조금도 없으며, 옷차림도 형편 없고, 가슴은 촌계집 모양으로 보기 싫게 네커치프로 덮고 있다고 말했다.

'그 여자의 가슴에 두르고 있는 것 말씀인데' 하고 말을 꺼낸 그 사나이는 남 속이기를 좋아하는 사나이였다. '까닭이 있습니다. 나는 알고 있습니다만 그 여자의 가슴에는 큼직하고 보기싫은 쥐 모양의 자국이 박혀 있는데 그것이 금방이라도 튀어나올 것만 같지요'. 남을 미워하면 사랑할 때와 같이 쉽게 믿게 된다. 망통 부인은 새로운 이 사실을 이용하기로 결심했다. 그리고 엄마가 그 귀부인의 새침떼기 애인과 트럼프 놀이를 하고 있던 어느 날, 부인은 이때라는 듯 얄미운 사람의 뒤로 돌아가, 의자를 반쯤 뒤로 넘어 뜨리고 얼른 가슴의 네커치프를 잡아당겼다. 그런데 그 신사는 큰 쥐 대신에 전혀 다른 것을 보고 말았다. 그것은 정말 보는 것보다도 잊어버리기가 더 어려운 것이었다. 물론 부인의 기대는 여지없이 빗나가고 만 것이다.

나는 화려한 사람들만 주변에 두고 싶어하는 망통 부인의 마음을 끌 만한 사람은 아니었다. 그런데도 그녀가 약간이나마 내게 눈독을 들인 것은 얼굴이 아니라 내 재주에 대해서였다. 내 얼굴 따위는 그녀에게는 조금의 가치조차 없었다. 그러나 재주가 조금은 있을 것같이 보였으므로 그녀가 즐기는 좋지 못한 취미에 이용할 수 있을지도 모른다고 생각한 모양이었다. 그녀는 풍자시에 많은 흥미를 가지고 있었다. 보기 싫은 사람을 샹송이나 시로 만들고 좋아하곤 했다. 나의 재주가 그녀의 시 짓기를 도와주고 그녀의 시를 써 줄 만큼 친절하고 충분했더라면, 우리 둘은 샹베리를 뒤집어 놓고 말았을 것이다. 그러한 풍자의 출처를 조사하게 되면 망통 부인은 내게 뒤집어씌우고 깨끗이 빠져 버릴 것이다. 그리하여 아마 나는 평생 갇혀 사는 몸이 되어, 귀부인들에게 못된 짓을 한 것을 뼈저리게 느끼게 되었으리라.

그러나 다행히도 그런 일은 한 번도 일어나지 않았다. 망통 부인은 두세 번 나를 저녁상에 붙잡아 앉히고 이야기를 시켜 본 결과, 한낱 어리석은 자로 판단을 내렸다. 나도 그런 것을 알아차리고 분해서 눈물을 흘리며 친구인 방튀르의 재주를 부러워했다. 사실은 위험에서 구출해 준 내 우둔함에 감사할 일이었다. 망통 부인에 대해서는 그녀의 딸 노래 선생만으로 그치고 그 이상은 나아가지 않았다. 그 대신 나는 샹베리에서는 평화롭고 언제나 귀여움을 받으며 지냈다. 그것이 그녀의 인정을 받아 재주꾼이 되고, 이곳의 다른 사람들에게 뱀처럼 미움을 받는 것보다는 훨씬 나았다.

어찌됐든 엄마는 내 젊은 혈기 때문에 저지르기 쉬운 온갖 위험을 막기 위해, 마침내 당당한 사나이로 대접을 할 때가 왔다고 생각했다. 그리고 그것을 실행했는데, 그 방법은 그런 경우에 여자로서 생각해 낼 수 있는 가장 색다른 것이었다. 나는 평소보다 엄마의 태도가 무게 있게 되고 말도 진지해진 것을 느꼈다. 평소엔 교훈도 농담을 섞어 가며 명랑하게 말했는데, 갑작스레 말마다 진지해졌다. 정다운 것도 아니고 엄숙한 것도 아니었다. 그저 무언가 이유가 있는 것처럼 보일 뿐이었다. 그러한 변화의 이유를 내 마음속에서 찾아내고자 했으나 실패하고 마침내 엄마에게 물었다. 그렇게 되기를 그녀는 기다리고 있었던 것이다. 아침 일찍부터 우리들은 나갔다. 그녀는 준비를 해두고 있었으므로 그날 하루 동안은 두 사람만 있게 되었다. 나를 위한 엄마의 알뜰한 마음대로 서서히 나를 인도해 가려고 그만한 시간을 할애한 것이었다. 그것도 다른 여자처럼 자기 마음대로 다루거나 도발시켜서가 아니고, 애정과 분별로 가득 찬, 유혹하기보다는 가르쳐 주려는, 나의 육감보다는 마음에 호소하려는 이야기 방법에 의해서였다. 하지만 그녀의 설법이 아무리 훌륭하고 유익했다 하더라도, 그리고 냉혹한 점과 음산한 점이 조금도 없었음에도 나는 마땅히 해야 할 어떤 주의도 하지 않았고, 다른 때처럼 그것을 기억 속에 담지도 않았다. 처음 취한 태도, 무언가를 준비하고 있는 것 같은 태도, 그것이 완전히 내게 불안을 주고 만 것이다. 그 때문에 그녀가 말하는 동안에도 멍하니 엉뚱한 생각에 잠겨, 그녀가 말하는 것보다는 어떻게 하려는 것일까 억측하는 것에 마음을 빼앗겼다. 그런데 좀처럼 생각해 내지 못했던 그 결론을 알게 되자, 이번에는 그녀의 슬하에서 살게 된 이래 단 한 번도 머리에 떠오른 적이 없었던, 그 새로운 묘안 쪽에 완전히 마음이 쏠리고 말아서 그녀가 말하고 있는 내용을 생각할 겨를이 없어졌다. 엄마의 일만 생각하게 되었기 때문에 가만히 듣고 있을 수 없었던 것이다.

학생의 흥미를 강하게 끄는 어떤 대상을 바로 앞에 보이면서, 당장 말하려는 것에 그들의 주의를 끌려고 하는 것은 교사들에게 흔히 있는 잘못으로, 나도 《에밀》 속에서 이런 점을 피하지 못했다. 학생은 앞에 놓여진 그 대상에 정신을 빼앗겨, 그저 그것만을 생각한다. 그리고 이해할 수 있게끔 천천히 끌려가는 것이 답답해서 머리말과도 같은 설명을 한꺼번에 껑충 뛰어넘어 앞으로 가고 만다. 학생의 주의를 모으려고 할 때는 이쪽의 목표를 미리 알아차리게 해서는 안 된다. 엄마가 실수한 것은 바로 이 점이었다. 타고난 조직적인 사고방식에 얽매여 엄마는 기회를 만드는 데 헛된 수고를 했다. 그리고 나는 그것의 올바른 가치를 알아버리자, 그녀가 결정지으려고 하는 상황을 잘 듣지도 않고 서둘러 모든 것에 동의하고 말았다. 그리고 세상이 넓다지만 이런 경우 부르는 값을 깎을 만한 과감한 사나이, 심장이 강한 사나이가 어디 있겠는가. 또 값을 깎이고 잠자코 있을 여자가 어디 있겠는가. 이상하게도 엄마는 이 동의에 여러 가지 복잡한 형식을 가하여 그것을 잘 생각해 보도록 여드레 동안이란 여유를 주었다. 나는 그럴 필요는 없다고 우겼지만 사실은 그렇지가 않았다. 왜냐하면 너무도 기묘한 것이어서, 그만큼 시간 여유가 없는 편이 훨씬 편했던 것이다. 그만큼이나 그 신기한 착상은 충격을 주었다. 머릿속도 완전히 뒤범벅이 된 것 같은 느낌이어서, 그것을 본래대로 되돌리기에는 약간 시간이 걸렸다!

그 여드레 동안이 8백 년에 맞먹었을 것으로 생각되었다. 그런데 실지로는 8백 년동안 계속되어 주었으면 하고 바라기도 했다. 그 동안의 내 상태를 어떻게 표현하면 좋을지 모른다. 기다리기 안타까운, 무엇이 섞여 있는 까닭 모를 두려움이 가슴에 꽉 차, 자신의 무서운 욕구가 공연히 두려워져서, 이따금 이 행복을 피할 정당한 방법을 진심으로 생각하곤 했다. 내 열렬하고 분방한 기질, 끓어오르는 피, 사랑에 도취된 마음·체력·건강·나이 등을 생각해 주기 바란다.

그런 상태에서 이성에 대한 갈망에 몸부림치며, 아직 한 여성과도 접촉하지 않은 것을 생각해 주기 바란다. 공상과 욕구와 허영심과 호기심으로 송두리째 뒤흔들리며, 당당한 남자가 되고 싶었다. 당당한 남자로 인정을 받고 싶다는 무서운 욕망에 몸을 불사르고 있었던 것을 생각해 주기 바란다. 특히 그녀에 대한 참된 애정은 식기는커녕 날로 더해 가고 있었다는 점, 그녀의 옆에 있지 않으면 도저히 제대로 살아갈 수 없었던 일, 그녀를 위해서가 아니라면 그녀의 옆을 떠나지 못했던 사실, 그녀의 정다운 마음씨, 사랑스런 성격만이 아니라 그녀의 성별(性別)·얼굴 생김·신분, 즉 그녀 자체가 내게 정답다고 말할 수 있는 모든 것과 도저히 끊을 수 없는 관계를 가지고 내 가슴을 꽉 채우고 있었던 점, 그러한 모든 것을 생각해 주기 바란다. 또 한 가지, 열이나 열 둘쯤 나이가 어린 나라고 해서, 그녀가 늙었다든가 내가 그렇게 생각했다고는 상상하지 말기 바란다. 내가 그녀를 처음 만나 달콤한 환희를 맛본 지 5, 6년이나 지났는데도 얼굴의 변화는 거의 없었으며, 더군다나 그것이 내 눈에 뜨일 리도 없었다. 내게는 언제나 아름다웠고, 세상 사람에겐 더욱 그러했다. 다만 몸매가 약간 통통해져 있었다. 그래도 눈매·얼굴빛·젖가슴·얼굴 모습·아름다운 금발·쾌활한 성격, 그리고 그 목소리까지 어느 것 하나 변함없이 그대로였다. 특히 생기에 찬 은방울 같은 목소리는 언제나 내게 강한 인상을 주었으므로, 지금도 그 소녀 같은 아름다운 목소리를 감동 없이는 들을 수가 없는 것이다.

그런 사랑하는 사람이 마침내 내것이 된다는 사건을 앞에 놓고 내가 두려워한 것은, 먼저 손이 나가지는 않을까, 아무리 자제를 해도 욕망과 공상을 억제할 수 없게 되지는 않을까 하는 것이었다. 앞으로 알게 되듯이 나는 중년이 된 뒤로는 사랑하는 여자의 가벼운 호의가 나를 기다리고 있다는 생각만 해도 내게서 그 여자까지의 가까운 거리마저 무사히 갈 수 없었을 만큼 피가 끓어오른다. 그러한 내가 한창때, 그것도 처음으로 향락을 대하고도 어쩐 일인지 조금도 초조해하지 않은 것은 얼마나 이상한 일인가? 도대체 왜 그 시간이 가까워오는 것을 쾌락보다는 고통으로 바라보았을까? 왜 나를 도취시켰을 기분 좋은 환희 대신에 거의 혐오와 공포를 느낀 것일까? 실례가 안 되게끔 이 행복으로부터 도망칠 수가 있다면 그렇게 했을 것은 의심할 여지가 없다. 그녀에 대한 애착의 이야기 가운데 이상한 점이 없다고는 해두었지만, 이런 것은 분명 사람들이 예상도 못한 것이리라.

이렇게 말하면 벌써 독자들은 반항의 기세를 보이며, 다음과 같이 판단할 것이다. 그녀는 다른 남자(클로드 아네)에게도 몸을 허락하고 있었으니 그런 애정의 분배가 내 눈에 타락으로 보였으며, 지금까지 그녀에게 갖고 있던 따뜻한 감정도 그녀를 모멸하는 생각으로 냉각되었을 것이라고. 그러나 그것은 잘못이다. 그런 분배는 과연 내게는 참을 수 없는 고통이다. 그런 일은 그녀나 나에게는 어울리지 않은 것이라고 생각되며, 또 타고난 결벽으로 말하더라도 내게는 참을 수 없는 것이다. 그러나 그녀에 대한 나의 감정으로 말하면, 그 때문에 조금도 변화되지는 않았다. 그리고 그녀를 내것으로 삼고 싶지 않다고 생각한 때보다도 더 강하게 그녀를 사랑하지는 않았다고 맹세할 수 있다. 나는 그녀의 때묻지 않은 마음과 냉정한 기질을 지나칠 정도로 잘 알고 있었으므로, 몸을 맡긴다 해도 거기에 육체와 관련된 감정을 즐기는 기분이 더해진다는 것은 한순간일지라도 생각한 적이 없다. 내 마음으로 분명히 그렇다고 생각되는 것은, 이 방법에 의하지 않고는 거의 피할 수 없는 위험에서 나를 떼어내어, 내 본심과 의무를 남들이 더럽히지 못하게 하려는 고심, 오직 그것만이 그녀에게 자신이 지키지 않으면 안 될 의무의 하나를 어기게끔 하려는 것이라고 하는 사실이다. 그러한 자신의 의무에 대해 그녀가 다른 여성과 견해가 다르다는 것은 뒤에 설명하는 그대로다. 나는 그녀를 가엾게 생각하고 스스로 탄식했다. 나는 말해 주고 싶었다. '아니에요, 어머니, 그럴 필요는 없습니다. 그런 짓을 하지 않아도 저는 끄떡없습니다.' 그러나 과감하게 말을 못했다. 첫째, 그런 말은 입 밖에 낼 것이 아니고, 속으로도 그것은 사실상 불가능하다고 생각하는 한편, 역시 자신을 다른 여자로부터 지켜주고 유혹의 시련에 견디게끔 해줄 여성은 한 사람밖에 없다는 느낌이 들었기 때문이다. 그녀를 내것으로 만들고 싶다고는 생각하지 않고, 다만 다른 여자를 내것으로 만들고 싶다는 생각을 하지 않도록 할 수 있었으면 그것으로 만족했다. 그렇게까지 나는 그로부터 내 마음을 돌리는 모든 것을 불행한 것으로 보고 있었던 것이다.

함께 순진하게 살아 온 오랜 습관은 그녀에 대한 감정을 약화시키기는커녕 도리어 강하게 하는 동시에, 어느덧 그 감정은 육체의 감정과 관련된 것이 아닌 정답고 훈훈하며 따뜻한 감정으로 변하게 했다. 그녀를 엄마라고 불러 왔기 때문에, 또 아들처럼 그녀와 친하게 지내왔기 때문에, 자신이 정말 아들인 것처럼 생각하게끔 되었던 것이다. 그녀를 그토록 그립게 생각하면서 조금도 내것으로 만들 것을 서두르지 않았던 원인은 거기에 있다고 생각한다. 내 최초의 애정은 그토록 강하지는 않았으나, 꽤 욕정에 근거한 것이었다고 생각된다. 안느시에서는 완전히 도취되어 있었다. 샹베리에서는 이미 그렇지는 않았다. 여전히 있는 정열을 다해 사랑하고 있었다.

그러나 그 사랑은 이미 나를 위한 것이 아닌 그녀를 위한 사랑이었다. 적어도 내가 찾는 것은 그녀의 몸 가까이에 있어서 나의 쾌락이 아니고, 나의 행복이었다. 그녀는 내게 누님 이상의 것, 어머니 이상의 것, 여자 친구 이상의 것, 애인 이상의 것이기도 했다. 그러므로 그녀는 그저 애인이 아니었다. 한 마디로 말해서 그녀를 내가 너무도 사랑하고 있었기 때문에 탐을 낼 수가 없었다. 이것이 내 생각 속에 남아 있는 가장 명백한 점이다.

  기다렸다기보다는 두려워한 그 날이 마침내 왔다. 나는 약속을 받아들이고 그 약속대로 행동했다. 내 마음은 대가를 바라지 않고 굳게 그 계약을 지켰다. 그런데도 그 대가를 받았다. 처음으로 여자의, 더구나 경애하는 여성의 팔에 안긴 자신을 깨달았다. 과연 나는 행복했던가? 아니, 나는 그저 쾌락을 맛보았을 뿐이었다. 말로는 나타낼 수 없다. 누를 길 없는 슬픔이 그 쾌감 속에 독약처럼 스며 있었다. 나는 마치 근친상간의 죄를 지은 듯한 기분이었다. 두세 번 정신 없이 그녀를 팔로 껴안으면서 그녀의 가슴에 눈물의 홍수를 퍼부었다. 그녀는 슬픈 것 같지도 않았고, 쾌활하지도 않았다. 그저 정답고 조용했다. 육감적인 곳은 거의 없고, 또 조금도 욕정을 요구하지는 않았으므로 그녀에게는 환희도 후회도 없었다.

  되풀이해서 말하지만 그녀의 잘못은 모두 그녀의 착각에서 온 것이었지 결코 정열에서 온 것은 아니었다. 좋은 가정에서 태어나 마음이 깨끗하고 참된 것을 사랑하며, 비뚤어지고 부도덕한 경향이 없고 취미는 세련되어 있었다. 처신은 단정했고 품위있게 살도록 되어 있는 사람이었는데, 자신도 늘 그런 생활 방식을 좋아하면서도 실천을 못한 사람이다. 그렇게 된 것은 그녀를 올바로 인도하는 마음의 소리를 좇지 않고, 그릇되게 인도하는 이성의 소리를 좇았기 때문이다. 잘못된 주의에 끌려들 때마다 그같은 주의를 기울이지 않았던 것은 언제나 그녀의 진정한 감정이었다. 그러나 불행하게도 그녀는 철학이라는 것을 자랑으로 삼으며, 자신이 만들어낸 도덕으로 감정이 명령하는 도덕을 부숴버리고 있었다.

  최초의 애인인 타벨 씨는 그녀의 철학 선생이었는데, 그 선생이 가르쳐 준 주의(主義)는 그녀를 유혹하는 데 필요하다고 생각하는 것들이었다. 남편과 스스로의 의무에 얽매여 언제나 냉정하고 이성적이었던 그녀를 육감적인 것으로는 해치기 어렵다고 생각한 그는, 궤변으로 다음과 같은 것을 깨우치게 했다. 즉, 그녀가 그토록 얽매여 지내는 의무라는 것은 교리 문답처럼 시시한 것으로 어린아이의 속임수와 조금도 다를 것이 없고, 남녀의 결합은 지극히 보잘것

없는 행위이다. 부부간의 정절은 마지못한 겉치레로서 그러한 도덕관은 세상 체면을 존중하는 데서 온 것이다. 남편의 마음을 편하게 하는 것이 아내가 지켜야 할 의무의 유일한 잣대이다. 그러므로 남이 알지 못하는 부정이면 배신당한 남자에 대해서도, 양심에 대해서도 아무런 가책이 없다. 요컨대 일 그 자체는 아무것도 아니다. 다만 세상 풍문으로 그것이 존재하게 되는 것으로, 정숙한 여자로 보이기만 하면 누구나 그것만으로 사실상 정숙한 여자라고 설득시켰다. 이리하여 이 악한은 나이 어린 여인의 이성을 뒤흔들어 그의 목적을 달성했으나, 그녀의 소중한 마음마저 흔들어 놓지는 못했다. 그 때문에 그는 즉시 벌을 받았다. 남편에게 정숙한 것처럼 보이기만 하면 된다고 가르친 그대로, 이번엔 자신이 당해야 할 몸이 된 것을 생각하고는 무서운 질투심을 일으키게 되었다. 이 점이 그의 오해였는지 아닌지 모른다. 페레 신부가 그의 후임자가 되었다는 이야기였다. 어쨌든 내가 알고 있는 것은 이 젊은 여성의 냉정한 기질이 그런 철학 이론에 속아넘어갈 리는 없었다고 보지만, 뒷날까지 그것을 버리지는 못했다는 것이다. 그녀에게는 늘 아무것도 아닌 것을 왜 세상은 그렇게 소중하게 생각하는지 그녀는 이해할 수가 없었다. 별로 대단하게 보이지 않는 금욕 생활을 도덕이란 이름 때문에 소중하게 생각하는 그런 얌전한 척하는 것을 그녀는 절대로 하지 않았다.

그러므로 이 그릇된 주의를 자기에게는 악용하지 않았지만 남에게는 악용했다. 그리고 그것은 그녀의 갸륵한 심정과 잘 일치했다. 이것 또한 거의 똑같이 잘못된 하나의 주의 때문이었다. 그녀가 늘 생각해 온 것은, 육체의 소유만큼 남자를 여자에게 붙들어 두는 것은 없다는 생각이었다. 그녀는 남자 친구들을 단순한 우정만으로 사랑했다고 하지만, 그 우정은 어디까지나 섬세한 애정에서 우러난 것이어서 점점 강하게 자기에게로 끌어당기기 위하여 가능한 한 모든 방법을 썼다. 또 이상하게도 그것이 언제나 성공했다. 사실 이처럼 사랑스런 여자는 없고, 함께 살고 있으면서 정이 깊어지면 깊어질수록 더욱더 그녀를 사랑할 새로운 이유가 하나하나 나타났다. 또 하나 주의해야 할 점은 처음으로 몸을 허락한 뒤로 불행한 남자만을 사랑하게 되었다는 것이다. 위세가 당당한 사람들은 낚으려 해도 모두 헛수고로 끝났다. 그러나 처음엔 동정을 받았으면서 끝내 사랑을 받지 못한 사람이 있다면, 전혀 귀염성이 없는 사나이였다고 하지 않으면 안 된다. 때로 적당치 못한 사람을 택하는 일이 있어도 그것은 그녀의 고귀한 마음에는 어울리지도 않는 저속한 생각에서가 아니라, 오로지 충분한 분별심으로도 제약할 수 없는 너무도 관대하고, 인간미가 풍부하며 동정심 많은, 다감한 그 성격에 따른 것이었다.

몇 번인가 그릇된 주의에 빠져들었다 해도, 또한 얼마나 많은 훌륭한 주의를 따르고 있었던 것일까? 육체에 무관했던 그 과실까지 약점이라고 말할 수 있다면, 얼마나 많은 덕으로 그 약점을 보상하지 않으면 안 되었을까! 한 가지 점에서 그녀를 가르친 애인 타벨 씨도 다른 많은 점에서 훌륭한 교훈을 주었다. 또 그녀의 정열은 그렇게 강하고 심한 것은 아니고, 언제나 이성에 비쳐볼 여유를 주었으므로 자신의 궤변에 말려들지 않을 때의 행동은 단정했다. 잘못을 저질러도 그 동기만은 칭찬할 만했다. 잘못해서 바르지 못한 행동을 하는 일은 있다 할지라도 스스로의 의지로 나쁜 짓은 못하는 사람이었다. 그녀는 딴 마음을 품는 것과 거짓말을 싫어했다. 정당하고, 공평하며, 인간미가 있고, 욕심이 없으며, 자기의 말·친구, 당연하다고 인정되는 자신의 의무에는 어디까지나 충실했고, 복수를 한다든가 원한을 품거나 하진 못했으며, 남을 용서한다는 점을 두고서 조금도 뽐내려 하지도 않았다. 결국 그녀가 가장 비난받을 점이라고 하면 자신의 호의가 어느 정도의 가치를 가진 것인가는 생각지 않고, 그것을 야비한 계산으로 쓰지 않았다는 점이다.

그녀는 무턱대고 호의를 흩뿌렸다. 그러나 계속 쫓기는 생활을 하면서도 절대로 그 호의를 팔려고는 하지 않았다. 나는 이렇게 말해도 좋다. 아스파시아*2를 평가할 수 있었던 소크라테스라면 바랑 부인을 존경했을 것이라고.

그녀가 다감한 성격에 냉정한 기질이었다고 말하면, 사람들이 여느 때처럼 모순이라고 공격하리라는 것은 짐작이 된다. 무리도 아니다. 이것은 어쩌면 자연의 실수이고, 그러한 배합은 있을 수 없는 것인지도 모른다. 다만 나는 그것이 사실이었다는 것을 알고 있을 뿐이다. 바랑 부인과 가까이 지낸 사람들 다수는 아직 살아 있지만, 그 사람들도 다 그녀가 그랬다는 것을 알았을 것이다. 다시 덧붙여 말해도 좋다. 그녀는 이 세상의 생활에서 참다운 즐거움을 오직 한 가지밖에 몰랐으며, 그것은 사랑하는 사람을 기쁘게 만드는 것이었다. 그러나 이상 말한 점에 대해 따지는 것과 그것이 진실이 아니라고 그럴듯한 논증

---

*2 그리스 사교계의 여성이며 많은 학자와 문인들을 가까이 했는데, 그 중에서도 소크라테스가 유명하다.

을 하는 것은 저마다의 몫이다. 내가 할 일은 진실을 말하는 것이지 그것을 믿게 하는 것이 아니다.

지금 말한 것은 모두 두 사람이 정을 나눈 다음 주고받은 이야기 가운데서 조금씩 알게 된 것이었고, 그 이야기를 둘이서 주고받는 것만으로도 우리의 관계를 기분 좋은 것으로 만들었다. 그녀의 뜻있는 배려가 나에게 도움이 되리라 생각한 것은 옳았다. 나 자신의 교육을 위해 그것에서 커다란 이익을 가져왔다. 그때까지는 내게 말을 할 때에도 그녀는 마치 어린아이에게 말하듯 내 문제에 한해서만 이야기했다. 그러던 것이 이제는 나를 어른으로 대우하기 시작하여, 그녀의 일도 내게 말하게끔 되었다. 그녀가 하는 이야기는 무엇이든 내게 무척 흥미가 있고, 또 그것에서 큰 감동을 받게 되어 스스로를 깊이 반성했다. 일찍이 그녀로부터 받은 교훈보다도 이 숨김 없는 이야기 쪽이 훨씬 잘 새겨진 것이다. 진심으로 말하고 있다는 것을 진실로 느끼게 될 때, 우리의 마음은 상대방의 진정에서 우러나는 고백을 받아들이기 위해 열린다. 교육학자가 말하는 어떤 윤리도 우리의 활짝 열린, 사려 깊은 부인의 애정에 찬 정다운 이야기에는 미치지 못할 것이다.

친밀한 관계를 가지고 지내게끔 된 뒤로 더욱 나를 감싸주어야 할 위치에 놓인 그녀는 나의 몸가짐이 우둔했음에도 세상에 내보내기 위한 교양을 가르칠 가치가 있다고 생각하고, 세상에서 어떤 기반이라도 잡게 되면 출세의 길을 열 수 있으리라고 생각했다. 그런 배려에서 나의 판단력을 단련시키려 했을 뿐만 아니라 나의 모습이나 동작도 세련되게 하고, 기품과 애교가 있는 인간으로 만들어 보려고 마음을 쓰게 되었다. 세상의 성공은 덕과 결부되는 것이라고 하는 것이 진실이라면―나는 그렇게 생각하지 않지만―그녀가 택해서 내게 가르치려고 하는 이 길 외에 틀림없이 그 목적에 이르는 길은 없을 것이다. 아무튼 바랑 부인은 인간을 잘 알고 있어서, 거짓말을 하지 않고 경솔한 짓도 하지 않으며, 남을 속이거나 화나게 하지 않고, 사람을 대하는 재주를 아주 잘 터득하고 있었다. 그리고 그 재주는 그녀의 교훈보다는 오히려 성격 속에 있었다. 그것을 사람에게 가르치기보다는 실제로 해보이는 편이 장기였다. 그런데 나는 그 재주를 배우는 데 가장 서툰 인간이었다. 그러므로 그 점에서 그녀가 한 일은 모두 거의 헛수고였다. 댄스 선생과 검도 선생을 내게 붙여 준 것도 마찬가지로 헛일이었다. 가볍고 날씬한 몸이었는데도 미뉴에트의 춤 하나 배우지 못했다. 발의 티눈 때문에 발뒤꿈치로 걷는 버릇이 굳어져 버려서 로슈(댄스 교사)도 이것을 고칠 수는 없을 정도였다. 보기에는 꽤 경쾌한 것 같아도 조그만 도랑조차도 뛰어넘지 못했다. 검도 도장에서는 더욱 형편 없었다. 석 달을 배웠는데도 공격할 수가 없고, 아직도 벽찌르기 자세에 머물렀다. 그리고 교사가 칼을 쳐서 떨어뜨리려고 할 때는, 언제나 쥠새가 부드럽지 못하거나 팔이 꿋꿋하지 못하거나 해서 칼을 버텨낸 예가 없었다.

그리고 이런 것도 고려해 주기 바란다. 나는 이 검도와 이것을 가르치려고 애쓰고 있는 교사를 말할 수 없이 혐오하고 있었다는 점을. 사람을 죽이는 재주를 이처럼 뽐내고 있는 인간의 심리를 알 수가 없었다. 자기의 많은 재능을 내게 자랑하고 싶어, 이 교사는 알지도 못하는 음악 용어를 끌어와 그것과 비교하는 것으로 설명을 했다. 그는 검도에서 제3자세·제4자세라는 용어와 음정(音程)에서 제3도(度)·제4도라는 용어 사이에 아주 비슷한 것을 발견했다.*3 그는 치는 시늉(feinte)을 하려고 할 때는 이 샤프 기호(dièse—올림 기호)에 주의하라고 설명했다. 옛날에는 음악에서 dièse를 feinte라고 불렀기 때문이다. 내 손에서 칼을 놓치게 한 다음에는 언제나 빙그레 웃으며, 그것이 숨돌리기(pause—쉼표)라고 말했다. 어쨌든 그 잘난 마스크와 검도복으로 몸단장을 한 이 가엾은 사나이만큼 눈꼴사납게 교사인 체하는 인간을 나는 지금까지 본 적이 없다.

그러므로 검도는 전혀 진보가 없었고, 싫증이 나서 견딜 수 없었으므로 곧 그만두고 말았다. 그러나 보다 쓸모 있는 한 가지 재주에는 진보를 가져왔다. 즉, 자신의 운명에 만족하고, 그 이상 화려한 것은 바라지 않으려고 마음먹는 재주인데, 그런 화려한 운명으로는 태어나지 않은 것을 느끼게끔 된 것이었다. 엄마의 생애를 행복하게 해주고 싶다는 소망에 온몸을 바치고 있는 나는 그녀 옆에 있는 것이 점점 더 즐겁게 되었다. 그리고 시내를 돌아다니기 위해 그 옆을 떠나지 않으면 안 되었을 때, 음악에 정열을 지니고 있음에도 출장 교수의 번거로움을 느끼게끔 되었다.

클로드 아네가 우리의 친밀한 사이를 눈치챘는지 어쩐지는 모르나, 모를 리가 없었다고 생각되는 점은 있다. 무척 눈치가 빠른 사나이인데도 아주 신중했다. 자기 의사에 반대되는 말은 결코 지껄이지도 않지만, 평소에도 자기 마

---

*3 검도 용어로 제3자세를 뜻하는 tierce란 말은 음악 용어의 제3도라는 뜻으로, 검도 용어로 제4자세를 뜻하는 quarte란 말은 음악 용어의 제4도라는 뜻으로 쓰임.

음을 털어놓는 법이 없다. 눈치챈 티는 조금도 내게 보이지 않았으나 그의 태도로 보아 그런 것쯤 알고 있는 것 같았다. 그러한 태도는 물론 비열한 정신의 표현에서가 아니고, 여주인과 주의를 같이 하고 있어, 그녀가 하는 일을 거스를 수 없는 기분을 표현한 것이다. 여주인과 비슷한 나이였으나 무척 늙고 고지식해 보이는 느낌이었는데, 마치 우리를 너그럽게 보아 주지 않으면 안될 두 어린아이처럼 보고 있었다. 그리고 우리도 둘이 다 같이 그를 존경할 사람으로 보고 조심스런 경의를 보내야 된다고 생각하고 있었다. 엄마가 그에게 어느 정도로 애착을 품고 있는가를 내가 깨달은 것은 엄마가 그에게 좋지 못한 태도를 취한 뒤의 일이었다. 이 무렵은 또 내가 그녀만을 생각하고 느끼고 또 바라고 있음을 그녀도 알고 있었으므로, 엄마가 얼마나 그를 사랑하고 있는가를 내게 보여 주고, 내게도 마찬가지로 그를 사랑하게 하려고 했다. 그러나 그렇게 하려는 근거를 그에 대한 엄마의 우정보다는 존경에 두었으며, 그 감정 쪽이 내게는 가장 받아들이기 쉬웠다. 몇 번이나 엄마는 나와 아네의 마음을 감동시켰고, 우리 두 사람의 존재가 그녀의 생애를 행복하게 하는 데 없어서는 안될 존재라고 말했으며, 눈물로 우리를 포옹하게 했다. 이것을 읽는 여성들은 짓궂은 웃음을 웃지 마시기를. 그녀의 기질로 보아 이 요구는 아주 당연한 것이었다. 오로지 본심에서 비롯된 요구였다.

이렇게 우리들 세 사람 사이에는 모르긴 해도 지상에서 전례가 없는 친근한 관계가 이룩된 것이다. 세 사람의 희망도 배려도 심정도 모두 하나가 되었다. 무엇 하나 이 테두리를 벗어나는 것이 없었다. 함께 생활하며 다른 누구도 끼게 하지 않고 생활하는 습관이 강해져서, 식사 때 세 사람 중 하나라도 없거나 다른 사람이 끼거나 하면 모든 것이 뒤틀어지고 말았다. 엄마와는 특별한 관계가 있으면서도 둘만이 있는 것은, 세 사람이 같이 있는 것보다는 어딘가 어색한 기분을 느끼게 했다. 서로가 믿고 있기 때문에 우리 사이에 거북한 점이 없었고, 서로 몹시 바쁘므로 무료하지는 않았다.

엄마는 여전히 계획을 세워 쉴새없이 돌아다녔고, 우리 두 사람에게 거의 한가한 시간을 주지 않았으며, 두 사람은 또 저마다 자기 일을 가지고 있어 넉넉히 저마다의 시간을 채워 갈 수 있었다. 내 의견으로는 무료란 고독한 생활에도 해가 되지만, 사교 모임에도 그에 못지않은 해를 미친다. 사람들이 같은 방안에 처박혀 서로 마주 앉아서 쉴새없이 수다를 떨며 소일하는 일이 있는

데, 그것처럼 견식을 좁히고 헛소리·험담·비난·중상·거짓말 등이 하찮은 일들을 조장하는 것도 없다.

　모두 일을 하고 있으면 필요한 때 이외는 말을 하지 않는다. 그러나 아무것도 할 일이 없으면 자꾸만 지껄이게 마련이다. 이것이 무엇보다도 가장 곤란하고, 가장 위험한 정신적 방해가 된다. 나는 한 걸음 더 나아가 이렇게 생각한다고 해도 좋다. 즉, 모임을 참으로 즐겁게 하는 데는 저마다 무엇인가 일을, 그것도 단순한 일이 아니고 자신의 주의를 집중시킬 수 있는 일을 할 필요가 있다. 뜨개질 같은 것은 아무것도 안하는 거나 마찬가지다. 뜨개질하는 부인의 흥미를 끌어나가는 것은 팔짱을 끼고 있는 부인의 흥미를 끌어나가는 것과 마찬가지로 신경을 쓰지 않으면 안 된다.

　그러나 부인이 수(繡)를 놓고 있는 경우라면 사정이 다르다. 수를 놓게 되면 그것에 정신이 끌려 있으므로 그것으로 충분히 침묵의 시간이 오고 만다. 화도 나고 우습기도 한 것은, 그러할 때 10명이 넘는 방 안의 커다란 사내들이 얼빠진 듯한 모습으로 일어섰다 앉았다 하거나 왔다갔다하기도 하며, 발뒤꿈치로 빙글 돌기도 하고 난로 위에 놓인 도자기를 몇 번이고 만지작거리며, 이야기의 흐름을 출렁이는 바닷물 같은 상태로 유지하려고 끊임없이 머리를 짜내고 있는 꼴을 바라보는 것이다. 이 얼마나 훌륭한 꼴인가! 이런 인간들은 무엇을 하든지 남에게나 자기에게 늘 부담만 끼칠 것이다. 내가 모띠에에 있을 무렵 근처 여자들에게로 자주 뜨개질로 수를 놓은 편물을 짜러 갔었는데, 이번에 다시 사교계에 되돌아가는 일이 있으면 늘 호주머니에 죽방울(장난감의 일종)을 넣어 두고 아무것도 할 이야기가 없을 때, 지껄이지 않아도 괜찮고 온종일 이것을 만지작거리며 놀고 있어야겠다. 사람들이 모두 이렇게 된다면, 인간은 훨씬 착해지고, 교제가 훨씬 안전하게, 그리고 훨씬 즐겁게 될 것이다. 웃고 싶은 사람은 웃어도 좋으나, 내 생각으로는 현대의 도덕으로 손쉬운 유일한 방법은 죽방울의 도덕이다.

　그렇지만 우리끼리는 지루한 잔소리를 삼가려고 노력할 필요는 없었다. 귀찮은 방문객들이 밀려들어 지루한 잡담에 지긋지긋했기 때문에, 우리들만 있게 되면 그런 것은 자연스레 집어치우게 된다. 전에 내가 손님들에게 느낀 조바심이 줄어든 건 아니고 다만 달라진 것은 내가 초조하게 느끼는 그 시간이 짧아진 것이다. 엄마는 안타깝게도 옛날 그대로, 체계를 세우고 거기에 맞추어 계획하는 유별나고 해묵은 버릇을 버리지 않고 있었다. 아니, 오히려 살림에 쪼들리면 쪼들릴수록, 그것에 대비하기 위해 더욱 환상에 잠기게 되었다. 천재의 재원이 줄어들수록 그것을 보충할 것을 꿈꾸고 있었다. 나이가 들면서 그런 갈증은 그녀의 마음속에 더해만 갔다. 그리고 사교와 청춘의 즐거움에 흥미를 잃게 되면서 비밀스러운 방책을 생각해 내고, 계획을 세우는 흥미가, 그것을 대신하게 되었다. 집에는 온갖 종류의 사기꾼·연금사·기업가들의 출입이 끊일 사이가 없었다. 이 무리들은 일확천금을 호언장담하다가도 결국은 1에퀴(5프랑) 정도의 돈도 없어서 손을 내미는 자들이다. 누구 한 사람 빈손으로 이 집을 나가지는 않았다. 내가 이상하게 생각하는 한 가지는 재원에도 궁하지 않고 채권자를 기분 나쁘게 하지도 않으며, 이렇게 오랫동안 용케도 그런 낭비를 견뎌 나간 것이다.

지금 말하고 있는 이 무렵에 그녀가 착수하고 있던 계획은 이제껏 그녀가 계획한 것 중에서 가장 이치에 맞는 것이었는데, 유급의 주임 기사가 한 사람 딸린 왕립 식물원을 샹베리에 세우는 것이었다. 이 주임 기사 자리에 누가 앉을 것인가 하는 것은 짐작할 것이다. 알프스 지방의 중심이 되는 이 도시의 위치는 식물 연구에 아주 적합했다. 한 가지 계획을 언제나 다른 계획에 이용하는 어머니는 거기에 약학교를 부설하려고 했는데, 약제사가 단 한 명의 의사이다시피 한 가난한 지방에서는 그러한 시설도 매우 유익하리라. 빅토르 왕이 죽은 뒤(1732년 이후) 시의(侍醫) 그로시가 은퇴해 샹베리에 있었으므로, 이 착상은 무척 잘된 일이라고 그녀는 생각했다. 어쩌면 이 사람이 있어서 생각하게 된 것인지도 모른다. 어찌 됐든 그녀는 그로시를 설득하기 시작했다. 그러나 그는 그리 쉽게 설득될 인물은 아니었다. 아무튼 내가 아는 범위에서 가장 가혹하고 신랄한 사람이었으니까. 대표적인 예로 다음에 드는 두세 가지만 보아도 알게 될 것이다.

어느 날 다른 여러 의사들을 모아 놓고 협의회를 열었다. 그 가운데 보통 개업의로 안시에서 초청돼 온 사람이 있었다. 이 청년은 의사로서의 수업은 아직 부족한데도 주시의(主侍醫)의 의견에는 반대한다고 들고 나왔다. 그러자 이 사람은 청년에게 답변을 하는 대신, 언제 돌아가며 어디를 지나가느냐고 물었다. 청년은 하나하나 대답한 끝에, 무슨 볼일이라도 계십니까 하고 물었다. '아니, 아니, 별로 뭐!' 하고 그로시는 대답했다. '그저 말일세, 자네가 지나가는 길

어디에선가 창문에서 말을 탄 당나귀가 지나가는 것을 보고 즐기려고 말일세.' 그는 돈많고 무자비한 사람인 동시에 구두쇠이기도 했다. 친구 한 사람이 어느 날 믿을 수 있는 저당을 잡히고 돈을 빌리려고 했다. '이 사람, 나는 말인세' 하고 그는 친구의 팔을 잡고 이를 갈며 말했다. '성 베드로가 강림하여 삼위일체를 담보로 10피스톨(1백 프랑)만 빌려 달라고 해도 빌려 주지 않을걸세.' 어느 날 사부아 총독의 신임이 아주 두터운 삐꽁 백작 댁 만찬에 초대를 받아 시간보다 일찍 도착하였다. 때마침 묵주신공을 하고 있던 중이었으므로, 시간도 보낼 겸 당신도 함께 기도를 하자는 권고를 받았다. 그로시는 어떻게 대답을 해야 좋을지 몰라, 무섭게 찡그린 얼굴로 무릎을 꿇었다. 그러나 아베 마리아를 두 번 외었을까 말까 했는데, 더는 참을 수가 없어 벌떡 일어나 지팡이를 들고 아무 말 없이 나가 버렸다. 피콩 백작은 뒤를 쫓아가서 소리쳐 불렀다. '그로시 씨, 그로시 씨, 가지 마십시오. 썩 좋은 붉은 자고새를 굽고 있는 중이니.' 그러자 '백작님!' 하고 상대는 뒤돌아보며 대답했다. '천사의 불고기가 나와도 이런 데선 있을 수 없습니다.' 주시의 그로시는 이런 사람이었다.

　어머니는 이 사람을 손아귀에 넣고 완전히 당신의 사람으로 만들어 버린 것이다. 그는 무척 바쁜 사람이었지만 곧잘 어머니네 집으로 찾아오게 되었고, 아네와도 친하게 되어 그의 지식에 찬사를 보냈다. 아네의 일이라면 존경하는 마음으로 말했다. 이 퉁명스럽고 까다로운 사람이—정말 생각지도 못한 일이지만—아네를 정중히 대우하며 이 사나이의 과거의 인상을 없애려고 노력하는 것처럼 보였다. 그런 태도를 보인 것도, 아네가 지금은 하인의 지위에 있지 않으나, 누구의 머리에도 전에 그랬었다는 인상이 남아 있기 때문이므로 시의님쯤 되는 사람의 솔선수범과 권위있는 승인 없이는 사람들이 존경을 표시하지 않기 때문이었으리라. 클로드 아네는 검은 양복을 입고, 잘 빗은 가발을 쓰고, 무척 진실하고 단정해 보이는 태도, 총명하고 주의 깊은 동작, 약과 식물학에도 상당히 넓은 지식을 가지고 있었으며, 거기에 의사회장(그로시)의 신임도 놀라웠으므로 만일 계획대로 실현되기만 하면, 많은 이들의 찬성을 얻어 식물학의 왕실 주임 기사의 지위에 앉으리라는 것은 기대해도 좋은 것이었다. 사실 그로시도 이 안(案)에 찬성해서 이미 채용이 되어 있었고, 이것을 궁정에 제출하는 데는 평화가 회복되어 유익한 사업 계획을 세우고, 그것에 충당될 경비가 자유로워질 시기를 기다리고만 있었다.

그러나 이 계획은 무너졌다. 다듬고 다듬었던 계획마저 뒤집어엎은 것은 뜻밖의 한 가지 타격에 의해서였다. 그것이 실현되었더라면, 아마 나는 식물학에 몰두했을 것이다. 이 학문을 위해 태어났다고 생각해 온 나지만, 나는 한 걸음 한 걸음 불행한 인간의 한 예로 되게끔 정해져 있었던 것이다. 마치 하늘의 섭리가 나를 그 커다란 시련 아래로 불러들이려고, 그곳으로 보내지 않으려는 모든 것을 일일이 당신의 손으로 뿌리쳐 버리고 있는 것 같았다. 언젠가 아내는 알프스 산 속에서 만나는 신기한 식물 가운데 그로시 씨가 갖고 싶다고 하는 제니피(알프스 쑥)를 높은 산꼭대기까지 캐러 갔다가 가엾게도 등산 도중에 높은 열을 내며 앓게 되었는데, 그것이 마침내는 늑막염이 되었다. 제니피는 이 병에 특효약이라고 하지만 그것으로도 그를 살릴 수는 없었다. 물론 명의인 그로시는 있는 방법을 다했고 다정한 여주인과 나도 가능한 한 병간호를 했건만, 기어이 닷새만에 다시 없는 고통 끝에 우리들의 팔에 안겨 죽었다. 임종의 고통을 받는 동안 그가 받은 인도(引導 – 영혼의 안식을 위한)는 내가 해 준 것뿐이었다. 나는 넘쳐흐르는 슬픔과 열의에 채찍질당해 많은 말을 했다. 그 말귀를 알아들을 수 있는 상태였다면, 조금이라도 그에게 위안이 되었으리라. 이렇게 해서 나는 모든 생애를 통해 가장 친한 친구를 잃은 것이다. 존경할 수 있는, 세상에 드문 인간이었다. 모자라는 교육은 자연에 의해서 보충되고, 남에게 봉사하는 생활 속에 큰 인물로서의 덕을 길렀다. 그런 그가 세상에 이름을 알릴 수 없었던 것은 오로지 그가 수명과 지위를 얻지 못했기 때문이었으리라.

그 다음날, 거짓 없는 통절한 슬픔의 극한 속에서 엄마와 그에 대한 이야기를 하고 있었는데, 문득 이야기 도중 내게 비열하고 천박한 생각이 떠올랐다. 그의 옷, 특히 내 눈에 부드럽게 보였던 검은 양복이 내것이 되는 것이다. 나는 갑자기 그런 생각이 났다. 그래서 그 이야기를 입밖에 냈다. 왜냐하면 어머니 앞에서는 생각하는 것과 말하는 것이 같은 것이었으니까. 욕심이 없다는 것과 고귀한 정신이 고인의 특히 뛰어난 장점이었던만큼 이 천박하고 싫은 말만큼 죽은 사람을 그녀에게 강하게 느끼게 한 것은 없었다. 가엾은 여인은 아무 대답 없이 얼굴을 돌리고 울음을 터뜨렸다. 고맙고 고귀한 눈물! 활짝 열린 내 가슴에, 그것은 한 방울 한 방울 남김없이 흘러들어와 저급하고 부도덕한 감정을 흔적도 없이 씻어갔다. 그뒤로 그런 기분이 다시는 일어나지 않았다.

아내를 잃은 것은 어머니에게 비탄과 더불어 손해마저 가져오게 되었다. 이때부터 그녀의 살림은 줄어들기만 했다. 아내는 꼼꼼하고 건실한 사나이였으므로 여주인 집의 살림을 빈틈 없이 꾸려 나가고 있었다. 사람들은 그의 빈틈 없는 감시가 두려워 낭비를 덜하게 되었다. 어머니도 그의 비난이 두려워 역시 낭비를 조심하고 있었다. 그녀는 이 사나이의 애정만으로 만족하지 못하고, 그의 존경까지도 잃지 않고 싶어서 그녀가 자기 물건과 마찬가지로 남의 물건까지 마구 써버린다고 그가 가끔 과감하게 말하는 꾸중에 대해서 두려워하고 있었다. 나도 그와 같은 생각으로 때로는 그것을 말하기도 했다. 그러나 나는 그녀에게 아내와 같은 힘을 가지지 못했으므로 내가 하는 말은 아네만큼 효과가 없었다. 그가 이제 죽었으니 내가 그 대신을 해야 되었으나 그런 능력은 없었고, 또 그것은 내가 좋아하는 것도 아니었다. 나는 서툰 후계자에 지나지 않았다. 주의(注意)도 부족하고 무척 소심했다. 혼자 투덜거리면서 모든 것을 되는 대로 내버려 두었다. 게다가 같은 신용은 얻고 있었지만 같은 권위를 인정받지 못하고 있었다. 어려움을 적나라하게 바라보며 한숨을 내쉬고 불평을 늘어놓았으나, 아무도 귀를 기울이지는 않았다. 생각을 필요로 하는 지위에 앉기에는 너무 어렸고, 성급했다. 그래서 감시를 하고자 해도 엄마는 내 뺨을 귀여운 듯이 가볍게 토닥거리며 '나의 망토르 님'(상담역)이라고 부르며, 나를 본래의 지위로 밀어내고 마는 것이었다.

무질서한 지출 때문에 조만간 그녀가 겪지 않으면 안될 곤경을 내다볼 때, 이 집의 회계 감사가 된 나는 수입과 지출의 불균형을 잘 알고 있는 만큼 무언가 오싹한 느낌이 드는 것을 느끼지 않을 수 없었다. 나의 인색함이라는 성향은 이때부터 시작되었다. 그 뒤로 언제나 인색함을 내게서 느껴 왔다. 나는 오늘날까지 갑작스런 충격이라도 받지 않는 한, 불필요한 낭비는 거의 하지 않았다. 그러나 지금까지는 돈이 있든 없든 별로 관심이 없었다. 그러던 것이 이때부터 돈에 주의하기 시작하여, 내 주머니를 소중히 여기게끔 되었다. 나는 무척 고상한 동기로 돈에 좀스러운 인간이 되기 시작했다. 사실 눈에 보이는 파국을 앞에 두고, 어머니에게 조금이라도 생활 근거를 남겨 드리려는 생각뿐이었으니까. 채권자가 그녀의 연금을 압류하지나 않을까, 연금이 아주 정지되는 일은 없을까 걱정하며, 그렇게 되면 나의 얼마 안 되는 푼돈이나마 큰 도움이 될지 모른다고 좁은 소견으로 상상했다. 그러나 돈을 만드는 것, 그리고 특히 돈을 저축하는 것은 그녀 모르게 하지 않으면 안 되었다. 그녀가 돈에 궁해서 쩔쩔매고 있을 때, 내가 잔돈을 저축하고 있는 줄 알면 곤란하기 때문이었다. 그래서 여기저기 숨길 만한 장소를 물색해서는 몇 루이(1루이는 20프랑)를 넣어 두고, 그것을 계속 불려서 때가 오면 그녀의 발 밑에 던져 줄 속셈이었다. 그런데 감추는 곳을 서투르게 골랐기 때문에 자주 그녀에게 들키곤 했다. 그렇게 되면 발견한 표시로, 내가 넣어 둔 금화를 꺼내고 더 많은 액수의 다른 화폐를 넣어 둔다. 나는 그만 창피해서 그 얼마 안 되는 저축을 공동 금고에 도로 넣고 만다. 그러면 그녀는 그걸로 나를 위해 은으로 만든 단청이나 회중시계, 또는 그것과 비슷한 몸에 지니는 물건, 방을 장식할 물건 등을 사느라 써 버리고 만다.

저축은 도저히 성공할 것 같지도 않았고 해보았자 그것이 그녀에게 아무 보탬도 안 되는 잔돈푼이 되고 만다는 것을 알고 내가 결국 생각해낸 것은, 그녀가 내 생활을 지탱해 주지도 못하고 자신이 먹기에도 모자라는 경우가 왔을 때, 그 생활을 내 손으로 지탱해 나갈 만한 지위에 앉는 도리밖에 내가 두려워하고 있는 불행에 대비하는 길은 없다고 생각한 것이었다. 불행하게도 이 계획을 좋아하는 방향에서 찾은 나는, 음악 속에서 내 행복을 찾아내려는 터무니없는 생각에 몰두했다. 그리고 머릿속에 악상과 가곡이 솟아오르는 것을 느끼면서, 그것을 자꾸만 작곡에 옮겨갈 수 있게 되면, 어느덧 현대의 오르페우스와 같은 유명한 사람이 되어, 그 음악으로 페루의 금은보석이 몰려들 것이 틀림없다고 생각했다.

그럭저럭 악보도 볼 수 있게 된 나에게 남은 문제는 작곡법을 배우는 것이었다. 그런데 어려운 것은 그것을 가르쳐 줄 사람을 찾아내는 것이었다. 갖고 있는 라모의 책을 읽는 것만으로는 도저히 혼자서 익힐 수 있을 것 같지 않고, 르 메트르 씨가 가버린 뒤로 사부아에는 화성학(和聲學)의 초보조차 아는 사람이 없었기 때문이었다.

다음에 이야기하는 것도 내 생애를 채우고 있는 그 모순 가운데 하나로, 금방 손에 잡힐 것만 같이 생각될 때에, 그 모양으로 자주 내 목적을 빗나가게 만들었다. 전에 방튀르는 그의 작곡 선생인 블랑샤르 신부에 대해 굉장히 허풍을 떠는 때가 있었다. 그는 재능도 비상하고, 공적도 있는 사람으로 현재는 베르사유 예배당에서 악장직에 있으나, 그 당시는 브장송 대성당의 악장이었다. 브장송으로 가서 블랑샤르 신부에게 가르침을 받으리라고 나는 생각했다. 이 착상은 도리에 맞는다고 생각되었으므로 어머니의 동의도 얻을 수 있었다. 그녀는 부랴부랴 나의 이 사소한 여행 준비에 착수하였다. 엄마는 정성을 기울이며, 무슨 일에나 그렇게 해왔지만, 이번에도 비용을 많이 썼다. 파산에 대비해서 낭비를 일삼는 그녀의 버릇을 메울 계획을 갖고 있었으면서도 이번에도 8백 프랑이란 비용을 쓰게 하고 말았다. 나는 파산을 막을 사람이 되려고 하면서도 오히려 그 파산을 재촉하고 있었다. 너무나 바보 같은 짓을 해서 내게도 그녀에게도 빠져나올 길이 없었다. 어느 편이나 똑같이, 나는 그녀를 위해 도움이 될 일을 한다고 믿었고, 그녀는 자신이 나를 위해 도움이 되는 일을 하는 것으로 믿었던 것이다.

 방튀르가 아직 안느시에 있을 것으로 여겨 그에게 블랑샤르 신부에 대한 소개장을 부탁할 작정이었다. 그러나 그는 이미 그곳에 없었다. 사방팔방으로 알아 보았으나, 결국 그가 내게 남기고 간 자필의 자작 사부(四部) 미사곡으로 만족하지 않으면 안 되었다. 이것을 소개장 삼아서 브장송으로 향했다. 도중 제네바에서는 친척을 만났고, 리옹에서는 아버지를 만났다. 아버지는 전같이 나를 맞아 주고 짐 가방을 보내 주는 것을 책임져 주었다. 말로 갔으므로 짐 가방은 뒤늦게 도착하게 되었다. 브장송에 도착했다. 블랑샤르 신부는 친절히 나를 맞아 가르쳐 주겠다고 약속하고, 그 밖에도 도움이 될 일이 있으면 말하라고 했다. 마침내 공부를 시작하려 할 때 아버지의 편지로, 내 짐 가방이 스위스 국경의 프랑스 세관이 있는 루스에서 걸려 몰수당한 사실을 알게 되었다. 이 소식에 놀라 브장송에서 알게 된 사람들을 통해 그것이 몰수된 까닭을 알아보았다. 물론 금지된 물건은 들어 있지 않았으며 어떤 이유로 그리 되었는지 이해가 가지 않았다. 곧 그 까닭을 알게 됐다. 이상한 일이므로 해명하지 않을 수 없다.

 나는 샹베리에서 리옹 태생의 한 노인과 친했었다. 무척 마음씨 착한 그 사나이는 뒤비비에 씨라고 불리며 섭정시대(攝政時代)에는 사증(査證)의 사무를 보고 있었으나, 그뒤 직업이 없어 지적 조사부에 일하러 와 있었다. 사교계에 출입한 일이 있어서 재능도 지식도 있었고, 사귀기 쉬운 점잖은 인물이었다. 음악도 알고 있었다. 나와는 근무실이 같았으므로 주위의 돼먹잖은 사람들 중에서는 특히 친하게 지내고 있었다. 그는 파리와 가지가지 통신을 하고 있어 시시한 조그만 사건이나 한때의 유행을 알려 주곤 했다. 어느 것이나 까닭없이 퍼졌다가 모르는 사이에 없어져 버리고, 풍문이 사라지면 생각해 내는 사람도 없을 그런 일들뿐이었다. 가끔 나는 이 사나이를 점심 때 어머니가 있는 곳으로 데려가곤 했으므로 내 비위를 맞추는 편이었고, 그런 이유로 기분이 내키면 내게 풍자 섞인 노래에 취미를 갖도록 해주려고 애썼다. 그것이 나는 정말 싫었다. 옛날부터 그러했으므로 오늘까지 나 혼자서는 한 줄도 그런 것을 읽으려 한 일이 없을 정도다. 다만 그의 기분을 상하게 하지 않기 위해, 그런 조롱의 글귀가 적혀 있는 쪽지를 받아 호주머니에 넣어 둔 것으로서, 그것으로 끝나는 것이라고만 생각하고 있었다. 공교롭게도 그렇게 저주받을 종이 한 장이 새옷의 조끼 호주머니에 들어 있는 그대로였던 것이다. 이 옷은 새 것이라고는 해도, 출국 때 세관원에게 너저분하다는 잔소리를 듣지 않기 위해 두세 번 입은 것이었다. 그 종이쪽지란 것은 라신의 《미트리다트》의 아름다운 장면의 글귀들을 서투르게 모방한 장세니즘에 충실한 모방시(模倣詩)였다. 나는 그것을 열 줄도 다 못 읽고, 무심결에 양복 주머니에 넣은 채 잊고 있었다. 내 여행용품이 몰수된 것은 바로 이것 때문이었다. 관리들은 이 짐 가방의 물품 목록 첫머리에 거창한 조서를 붙여, 노래 원고(종잇조각)가 프랑스에서 인쇄 배포되기 위해 제네바에서 나온 것으로 추정하면서, 하느님과 가톨릭 교회의 적(敵)에 대한 성스런 비방과, 이 극악무도한 계획을 저지시킨 경건한 경계심을 스스로 칭찬하는 말을 그 조서에 길게 늘어놓았다.

그들은 내 속옷에서도 이교 냄새가 풍긴다고 생각한 것이 틀림없다. 왜냐하면 이 무서운 종이쪽지 덕택으로 내 가엾은 화물에 관해서는 내가 아무리 손을 써봐도, 이유도 소식도 들을 수 없이 모조리 몰수당하고 말았기 때문이다. 내가 세관원들에게 알아보았더니, 보고서, 조사서, 증명서, 각서 등등 성가시게 요구해 오므로, 나는 몇 번인가 곤경에 빠져 하는 수 없이 모든 것을 단념하고 말았다. 이 레 후스 세관의 조서를 보존해 두지 못한 것은 정말 애석한 일이다. 그것을 이 책에 뒤이어 출판할 문집(文集) 속에 싣는다면 한층 빛을 발할 수 있는 것이 되었을 텐데.

이 손해로 블랑샤르 신부로부터는 아무것도 얻지 못하고 곧 샹베리로 돌아가지 않으면 안 되었다. 그리고 생각 끝에 무엇을 계획해도 불행이 따라다닌다는 것을 깨닫고, 이제는 어머니에게만 붙어 있으리라, 어머니와 운명을 함께 하리라, 내 힘이 미치지 않는 장래 일로 걱정을 하는 것은 그만두자고 결심했다. 그녀는 내가 보물이라도 가지고 온 듯이 맞아 주었다. 그뿐 아니라 옷도 한 가지씩 채워 주었다. 내 불행은 두 사람 모두에게 상당히 큰 타격을 주었지만, 그것이 닥쳐올 때와 마찬가지로 쉽게 잊히고 말았다.

  이 불행으로 음악에 대한 계획에는 열이 식었지만 여전히 라모의 연구만은 쉬지 않았다. 그래서 노력을 거듭한 결과 그 이론을 알게 되고, 소품 작곡도 몇 개 만들게 되었다. 그 성공이 또 나에게 용기를 주었다. 앙트레몽 후작의 아들 벨가르드 백작이 아우구스트 왕의 사후에 드레스덴에서 돌아왔다. 이 백작은 파리에서 오래 생활한 사람으로 대단한 음악 애호가였다. 라모의 음악에 반해서 온 사람이다. 그의 동생 난지스 백작은 바이올린을 켜고, 여동생인 라 뚜르 백작 부인은 성악을 했다. 그래서 샹베리에 음악이 성행되고 공개 악단 같은 것도 생겨나, 처음에는 지휘를 내게 맡기려 했다. 그러나 곧 그것이 내 힘에 벅찬 것임이 알려져 다른 사람에게 돌아갔다. 그래도 나는 나름대로의 작은 작품 몇 곡을 그 음악회에 냈고, 그 중 한 칸타타는 굉장한 호평을 받았다. 그 곡은 잘된 편은 아니었지만, 사람들이 내게 기대하고 있지 않은 새로운 멜로디와 효과가 있는 요소로 가득차 있었다. 악보도 제대로 읽어내지 못하는 내가 제법 작곡을 하리라고는 믿지 않고 있었으므로, 내가 고스란히 남의 것을 베끼고 있다고 의심해 마지 않았다. 사실을 확인할 작정으로 어느 날 아침 난지스 백작이 클레랑보의 칸타타를 가지고 내게 찾아왔다. 이 곡을 목소리로 표현하기 위해 조옮김을 한 결과, 저음부는 원곡 그대로의 조옮김으로는 악기로 맞출 수가 없으므로, 다른 저음부를 만들지 않으면 안 된다는 것이었다.

  나는 그것은 쉽지 않은 일이라서 금방은 안 된다고 대답했다. 그런 소리로 내가 회피하려는 줄 안 상대방은 아쉬운 대로 레시터티브의 저음부만이라도 해달라고 졸랐다. 그래서 그 저음부를 만들어 보았다. 물론 서툴렀다. 무엇이고 잘하려면 천천히 마음놓고밖에 하지 못하는 나이니까. 그러나 적어도 정확히 규칙에 따라서 만들었다. 그것을 눈으로 본 그는 내가 작곡의 초보 정도는 알고 있다는 것을 의심하지 않았다. 이리하여 나는 여자 제자들을 잃게 되지는 않았지만, 음악회가 열릴 때 내가 참가하지 않아도 된다는 걸 알게 되어 음악에 대한 열의도 식어 갔다.

  이 무렵, 평화가 성립되어(1735년 10월 3일 폴란드 왕위 계승 전쟁의 평화 회의

가 빈에서 열렸다) 프랑스군이 알프스산을 넘어 파리로 돌아왔다. 많은 장교들이 어머니를 만나러 왔다. 그 중에서도 로트렉 백작은 오를레앙 연대장으로 뒷날 제네바 주재 전권 대사가 되고, 마지막으로 원수가 된 분이다. 어머니는 나를 이 사람에게 소개했다. 어머니의 설명을 듣고 그는 내게 흥미를 가진 듯 많은 약속을 해주었다. 하지만 그는 만년에 이르러서야 겨우 그 약속들을 생각해냈고, 그가 그 약속을 생각해냈을 때는 나도 그의 신세를 질 필요가 없었던 때였다. 세넥테르라는 젊은 후작—그의 아버지는 당시 토리노 주재 대사였다—이 샹베리에 들른 것도 바로 이때였다. 그는 망통 부인의 집에서 오찬을 가졌다. 나도 그 자리에 초대받았다. 오찬 후 음악이 화제에 올랐다. 그는 음악에 무척 조예가 깊었다. 오페라 《입다》(성서에서 제재를 딴 비극)가 새로 발표되었을 때였다. 그는 이 오페라 이야기를 하더니 책까지 가져오게 하였다. 그는 둘이서 그 오페라를 하자고 말해 나를 떨리게 만들었다. 그가 책을 펴자, 마침 2부 합창으로 된 유명한 부분이 나왔다.

지상, 연옥, 천당까지도
모두 주님 앞에 떨도다.

그는 말했다. '자네는 몇 음부쯤 부르겠는가? 나는 이곳 여섯 음부를 몽땅 맡지.' 나는 아직 프랑스 사람들의 그러한 조급성에 익숙하지 못했다. 가끔 악보를 어물어물 읽은 적이 있었지만 한 사람이 동시에 여섯 음부는커녕 두 음부를 부를 수 있다는 것도 이해할 수 없었다. 악보를 보고 노래를 부를 때 그토록 빠르게 한 부분에서 다른 부분으로 옮겨가며 악보 전체를 재빨리 훑어보는 것처럼 내게 어려운 일은 없었다. 해 보자는 것을 내가 교묘히 피했으므로 음악을 못하는 녀석인 줄 세넥테르 씨는 생각한 모양이다. 아마 그 진위를 시험할 생각이었으리라. 망통 양에게 보내고 싶은 노래를 하나 악보로 적어 달라고 청을 했다. 거절할 수도 없었다. 나는 악보에 옮겼다. 노래를 여러 번 되풀이하게 하지 않고 악보를 적었다. 그는 곧 악보를 읽으며, 정확하게 적혀 있다고 했다. 사실이 그러했다. 내가 당황해할 것으로 넘겨짚고 있었던 만큼, 이 작은 성공을 크게 칭찬했다. 그러나 이건 아주 간단한 일이었다. 요컨대 음악에 대해서는 너무나 잘 알고 있으면서, 금방 보고 아는 그런 재치가 없는 것뿐이다. 무엇에서나 나는 이런 점에 서툴렀다. 특히 음악에서는 웬만한 연습이 없으면 얻지 못하는 것이다. 그건 어찌 됐든, 그때까지의 내 계면쩍은 생각을 자리에 모인 사람들에게나 또 자신의 마음속에서 씻어내 준 그의 친절한 마음은 몸에 스미도록 고마웠다. 그로부터 12년 내지 15년 뒤, 파리에서 그와 만나 몇 번이고 이 일화를 그에게 상기시키려 한 적이 있었다. 내가 아직도 그것을 잊지 않고 있다는 것을 알려 주고 싶었다. 그러나 불행하게도 그는 그 이후에 시각 장애인이 되어 있었으므로, 볼 수 있었던 당시의 일을 상기시켜 회고의 정을 불러일으키는 것이 민망해서 입을 다물었다.

이 무렵부터 과거의 생활이 현재의 생활에 연결되기 시작한다. 그러한 시기가 언급되는 셈이다. 이때부터 오늘날까지 계속되어 온 우정은 매우 귀중한 것이 되었다. 그 우정은 이 무렵의 행복한 무명 시절을 가끔 그립게 회상시켜 준다. 당시 내 친구로 불린 사람들은 참다운 친구였고, 나를 위해 사랑해 준 사람들이었다. 순수한 호의에서 사랑해 주었다. 저명 인사들과 사귀려는 허영심에서도 아니고, 또 표면으로는 그렇게 가장하면서 괴롭혀 줄 기회를 조금이라도 더 발견하려는 숨은 욕망에서도 아니었다. 나의 오랜 친구인 고프쿠르와 처음 알게 된 것도 바로 이 무렵이다. 내게서 떼어 놓으려고 사람들이 온갖 농간을 부렸음에도 그는 변함 없는 나의 친구가 되어 주었다. 언제까지나! 그런데 그렇게는 안 되었다. 아! 나는 최근 그를 잃고 말았다(1766년). 그가 나를 사랑하지 않게 된 것은 그의 생애를 마침으로 인해서였다. 둘의 우정은 그와 함께 끝을 맺은 것이다.

고프쿠르 씨는 일찍이 내가 만난 가장 사랑스런 사람들 중 한 사람이었다. 만나면 사랑하지 않고는 못 배겼고, 함께 지내면 마음이 잘 어우러지는 사람이었다. 그 이상으로 개방적이고, 정다우며, 명랑함과 애정과 재치를 보여 주는, 또 신뢰감을 주는 얼굴을 나는 태어나서 지금까지 본 일이 없다. 아무리 조심스럽고 수줍은 사람이라도 그를 한번 보면, 금방 20년 지기인 것처럼 다정해지지 않고는 못 배긴다. 처음 만나는 사람에게 유난히 서먹해하는 내가 그와는 만나는 첫 시간부터 어울릴 수 있었다. 말하는 태도, 말투, 이야기도 그의 얼굴과 완전히 일치되어 있었다. 그의 음성은 분명하고 맑고 잘 울렸으며, 성량도 풍부하고 힘차 보이는 아름다운 저음이 귀에 넘쳤고, 가슴에 울렸다. 변함 없는 부드러운 쾌활성, 진심에서 우러나오는 소박한 애교, 천성적이면서 풍부한 취미에 세련된 재능을 그 사람 이상으로 가질 수는 없다. 게다가 누구라도 사랑할 수 있는 마음, 좀 지나칠 정도로 사랑할 수 있는 그런 마음, 사람을 가리지 않고 친절을 베푸는 성격까지 갖추고 있었다. 열심히 친구를 위해 힘쓴다기보다는 오히려 힘써 줌으로써 그 사람들을 친구로 만드는 것 같은, 그러면서도 남의 일에 열중하면서 자기 일은 빈틈없이 정확히 해내는 성격이다. 고프쿠르는 시계공의 아들로 그 자신도 처음엔 시계 기술자였다. 그러나 풍채와 재능이 그를 다른 사회로 불러내었고, 얼마 안 가서 그 사회의 사람이 되었다. 고프쿠르는 제네바의 프랑스 변리 공사(辨理公使) 라 클로쥐르 씨와 친해졌었다. 라 클로쥐르가 파리에서 여러 방면 사람들을 소개해 주었으며, 그것은 고프쿠르에게 퍽 도움이 되었다. 그 인연으로 해서 발레 주(州)에서 나오는 소금의 공급을 맡게끔 되어, 여기서 1년에 2만 리브르의 수입을 올렸다. 그가 남자 편에서 얻은 행운은 이것으로 충분한 것이었다. 한편 여자 편에서 그가 얻은 행운은 아직 또 한창이었다. 그는 그냥 골라잡기만 하면 되었다. 그러므로 그는 자기가 하고 싶은 대로 했다. 그에게 더 귀중하고 명예로운 것은 모든 계급의 사람들과 교제하며, 어디를 가나 사랑을 받고 누구에게나 인기가 있어서, 어느 누구에게도 질투나 미움을 한 번도 받은 적이 없었다는 점이다.

생각컨대 죽을 때까지 평생 한 사람의 적도 만들지 않았을 것이다. 행복한 사람이다. 매년 그는 엑스 온천으로 놀러 왔다. 거기에는 이웃 지방의 상류 인사들이 모였다. 사부아의 모든 귀족과 친하게 된 그는 엑스에서 샹베리로 와서 벨가르드 백작과 그의 아버지 앙트레몽 후작을 만났다. 이 후작 댁에서 어머니가 그와 친해지고, 나와 가깝게 지내도록 해준 것이다. 이 접근은 별로 깊은 관계까지는 들어가지 못한 듯 몇 해 끊어졌는데, 곧 이야기할 어떤 기회에 다시 회복되어 정말 떨어질 수 없는 사이가 되었다. 내가 그렇게까지 깊은 교제를 한 친구의 이야기를 하기 위한 서론은 이 정도로 충분하다. 그러나 그에 대한 기억에 이런 개인적인 관계를 내가 더하지 않더라도, 그는 정말 사랑스런 남자였고, 행복하게 태어난 사람이었다. 그러므로 인류의 명예를 위해 그의 이름을 소중히 하는 것이 좋다는 나의 생각은 영원히 변하지 않을 것이다. 이런 훌륭한 사나이에게도 다음에 알게 되듯이(제8권) 다른 사람과 마찬가지로 결점은 있었다. 그러나 그것이 없었던들 어쩌면 그는 그토록 사랑받는 인간이 못 되었을지도 모른다. 될 수 있는 한 그를 흥미 있는 인간으로 만드는 데는 대범하게 보아 줄 필요도 있었던 것이다.

그 무렵 또 다른 교우 관계는 지금도 끊어지지 않고 계속되어, 인간의 마음에서 쉽사리 떠나지 않는 세속적 행복을 바라는 마음을 새삼 불러일으킨다. 사부아 귀족 콩지에 씨는, 당시에는 아직 젊고 호감이 가는 사람으로 그 무렵 음악을 배우고 싶은 희망, 아니 차라리 음악을 가르치는 사람과 가까이 지내고 싶은 희망을 가졌다. 예술에 대한 재능과 지혜, 취미 위에 콩지에 씨는 정다운 성격인데다 붙임성이 있었다. 정다운 성격의 사람이라고 생각되자 나도 자진해서 그와 친해 보려고 한 편이었다. 관계는 곧 맺어졌다. 문학과 철학의 싹이 내 머릿속에 트려 하고 있어서 약간의 손질과 자극이 아쉬운 판이었는데, 바라고 있던 것을 그에게서 발견한 것이다. 콩지에 씨는 음악에 대한 소질은 별로 없었다. 그것이 내게는 오히려 다행이었다. 공부 시간에도 음계 발성 연습을 제쳐놓고 다른 것에 시간을 보냈다. 점심 식사를 같이 하고 잡담을 하며, 새로 나온 서적을 읽고 음악에는 전혀 손을 대지 않았다. 볼테르와 프러시아 황태자(프리드리히 2세)의 서신 왕래가 당시 자자하게 소문이 나 있었다. 우리는 고명한 두 사람을 가끔 화제에 올렸다. 한쪽은 얼마 안 가서 곧 즉위를 했는데, 이때부터 이미 뒷날의 유명한 임금이 될 것을 말해 주고 있었다. 다른 쪽은 오늘날 찬양을 받는 그 정도로 당시는 비난을 받고 있었으므로, 재능이 훌륭한 사람에게 언제나 따르기 마련인 불행이 이분에게도 따르고 있는 것만 같아, 우리는 진심으로 슬퍼했다. 프러시아 황태자도 젊은 시절에는 별로 행복하지는 못 했지만, 볼테르 쪽은 언제까지나 행복하게 될 수 없는 인간이 되어 있는 듯한 느낌이 들었다. 이 두 사람에 대한 관심은 그들에 대한 모든 일에까지 번져 갔다. 우리는 볼테르가 쓴 것은 하나도 놓치지 않았다. 이 독서 취미에서 내가 얻은 욕망은 우아하게 쓰는 것을 배우고 싶은, 내가 열중하는 이 작자처럼 다채로운 필치를 어떻게든 흉내내 보고 싶은 것이었다. 조금 지나서 그의 《철학서한》이 나왔다. 물론 그의 최고 작품은 아니었지만, 이것은 가장 나를 연구에 열을 올리게 한 것으로, 이때 생겨난 연구에 대한 흥미는 이 뒤로도 쉽사리 사라지는 일이 없었다.

그러나 진지하게 이것에 몰두할 시기는 아직 오지 않았다. 자칫하면 다른 곳으로 옮겨가는 기질, 여행을 동경하는 기질은 여전히 남아 있다. 없어졌다기보다는 차라리 억제되어 있었던 그런 기분의 움직임을, 고독을 즐기는 나의 버릇에 비해 너무나 야단스럽던 바랑 부인네 집 형편이 도리어 조장하게끔 되었다. 날마다 각 방면에서 밀려드는 알지 못하는 많은 사람들, 그리고 그런 인간들이 한결같이 그녀를 속이려고밖에 하지 않는다고 생각하는 나의 변함없는 생각, 그것이 내가 집에 있는 것을 힘든 것으로 만들었다. 여주인의 비밀에 관여하고 있던 클로드 아네의 뒤를 이어 살림을 한층 가까이에서 보게 된 뒤부터는 사태가 악화 일로를 걷고 있는 데 겁이 났다. 나는 수없이 말하고 부탁하고 조르고 탄원을 했으나, 늘 헛일이었다. 그녀의 발 아래 엎드려 눈에 보이는 파국을 역설한 적도 있고, 지출을 줄이도록, 그것도 내게 드는 비용부터 먼저 시작해 주도록, 그리고 채권자만 점점 더 많이 만들어 늘그막에 여러 사람에게 공격을 당해 비참한 생활에 떨어지는 것보다는, 아직 젊었을 때 조금 고생을 참고 나가도록 강하게 권고한 적도 있었다. 열심히 말하는 나의 진지함에 감동되어, 그녀도 나를 가엾게 생각하고 세상에 없는 훌륭한 온갖 약속을 했다. 하지만 거기에 반갑잖은 사람 하나가 들어오기라도 하면, 벌써 약속은 까맣게 잊고 마는 것이었다. 충고가 헛되다는 걸 몇 번이고 알게 되고 보면, 이제는 내 힘으로 막을 수 없는 불행으로부터 눈을 돌리는 수밖에 무슨 도리가 있겠는가? 나는 그 문(門)을 지킬 수 없는 집에서 멀리 떠났다. 제네바와 리옹을 향해 짧은 여행을 했다. 이리하여 남모를 안타까움을 잊었다고는 하지만, 한편 여행에 필요한 비용 문제로 안타까움은 더했다. 내가 절약한 것을 어머니가 정말 쓸모 있게 써준다면, 나는 어떤 궁핍한 생활이라도 견뎌 나갔으리라는 것은 맹세코 말할 수 있다. 그러나 내가 절약한 것이 악랄한 놈들의 손으로 들어가는 것이 확실하므로, 결국 나는 어머니의 낙천적인 성격을 기회로 이용한 놈들과 나눠 쓰게끔 되었다. 마치 도살장에서 돌아온 개 모양으로, 자기가 구해 줄 수 없었던 그 고깃덩이에서 자기가 가질 수 있는 것만큼을 물고 가는 격이었다.

   그러한 여행을 하고자 할 때 언제나 핑계에 막히지는 않았다. 또 그런 핑계라면 어머니 혼자서 얼마든지 만들어 줄 수 있었으리라. 그만큼 그녀는 여러 곳에 교섭이니 절충이니 해서, 믿을 수 있는 사람을 심부름 보낼 거리를 가지고 있었다. 그런 일에는 늘 나를 보내고 싶어하고, 나도 늘 가고 싶어했다. 그런 까닭으로 제법 방랑 비슷한 생활을 할 기회를 얻을 수 있었다. 그런 여행 덕분에 훌륭한 사람을 알게 되고, 즐거운 추억을 갖게 되며, 이익을 얻기도 했다.

그 중에서도 리옹에서 알게 된 페리숑 씨와 같은 이는, 그의 호의를 생각하면, 왜 좀더 깊은 교제를 못했던가 후회된다. 친절한 파리조에 관한 이야기는 다음 기회에 하겠다. 그르노블에서 알게 된 사람 가운데는 데방 부인과 바르도낭슈 재판소 소장 부인이 있었다. 이 소장 부인은 매우 재치가 있는 여인으로, 더 자주 만나러 갔으면 틀림없이 다정한 사이가 되었을 것이다. 제네바에서는 프랑스 변리공사 라 클로쥐르 씨를 만났는데, 이분은 자주 내 생모(生母) 이야기를 해준 분으로, 어머님이 죽은 뒤에도 어머님을 마음속에서 잊지 못했던 분이었다. 바리요 부자(父子)와도 알게 되었다. 아버지 바리요는 나를 손자라고 불렀다. 무척 귀염성 있는 사교인으로 내가 일찍이 알았던 가장 훌륭한 인물 중의 한 분이었다. 제네바 공화국의 소동이 일어났을 때, 이 두 사람은 서로 반대되는 당에 들어갔다. 아들은 시민당에, 아버지는 정부당에. 1737년 무력 충돌을 했을 때 나는 제네바에서 아버지와 아들이 같은 집에서 무장하고 나가는 것을 보았다. 두 시간 뒤면 서로가 서로를 죽이지 않으면 안 되는 위험에 놓이게 될 것을 알고 있으면서, 한 사람은 시 청사로, 한 사람은 자기 당 진영으로 달려갔다. 이 무서운 광경은 내게 무척 강한 인상을 주었으므로, 언젠가 내가 시의 공민권을 회복할 때가 있더라도, 결코 어느 내란에도 참가하지 않을 것이며, 결코 무력에 의한 자유에는 마음으로나 행동으로나 의견의 발표로나 간섭하지 않겠다고 맹세했다. 나는 어떤 다급한 경우에도 이 맹세를 지킨 것을 증명할 수 있다. 그리고 이 억제에 얼마만큼의 가치가 있었느냐 하는 것은 곧 알게 되리라. 적어도 그렇다고 나는 생각한다.

그러나 이때는 전쟁 중의 제네바가 내 마음에 처음으로 애국심을 들끓게 한 기분에까지는 아직 이르지 않았다. 내 일신에 관계되어 있던 중대한 한 가지 일만 놓고 보더라도, 얼마나 애국심과 거리가 있었던가 하는 것을 알게 되리라 믿는다. 오늘날까지 그것을 말할 기회가 없었는데 빼버릴 수도 없다.

베르나르 외숙부는 수년 동안 북아메리카의 캐롤라이나주로 건너가 자기가 설계한 찰스 타운의 도시 건설에 참여하고 있었는데, 얼마 뒤 그곳에서 죽었다. 내 외사촌은 프루시아 왕에게 몸을 바쳐 죽었으므로, 외숙모는 한꺼번에 아들과 남편을 잃어버린 셈이었다. 이 타격으로 외숙모는 살아 남은 친척 가운데 가장 가까운 내게 더욱 정을 붙이게 되었다. 제네바에 갈 때마다 나는 외숙모 집에서 잤으며, 외숙부가 남겨 둔 책과 서류를 심심풀이 삼아 찾아내어 마구 뒤적였다. 신기한 기록과 편지 같은 것이 많이 나왔지만, 물론 남이 알지 못하는 것들이었다. 그런 것을 휴지나 마찬가지로 생각하고 있는 외숙모는 원하기만 하면 얼마든지 주었을 것이다. 그러나 나는 선교사인 외할아버지가 친필로 쓴 두세 권의 책으로 만족했다. 그 중에서도 사절판(四折版)인 로의 《유작집》은 여백이 훌륭한 주석으로 채워져 있었다. 내가 수학을 좋아하게 된 것도 이 탁월한 주석 덕분이다. 이것은 바랑 부인의 장서로 남게 되었는데, 내가 따로 간수해 두지 못한 것이 나로서는 두고두고 한이 되었다. 그런 것들 외에 또 원고에 쓴 대여섯 편의 논문을 얻었다. 그 중 인쇄된 단 하나의 것이 유명한 미슐리 뒤크레의 것으로, 이 사람은 재능과 견식이 비상한 학자였으나, 지나친 정치적 활동 때문에 제네바 관헌이 그를 가혹하게 다루었고, 최근 아르베르크 요새 감옥에서 죽었다. 베른느의 음모에 관여한 혐의로 장기간 그곳에 감금돼 있었다.

이 논문은 제네바에서 일부 실행된 엄청난 규모의 요새 구축을 상당히 깊게 비판한 것으로, 의회가 이 화려한 사업을 실행하려는 그 이면의 목적을 알지 못하는 전문 기술자들은 그 계획을 크게 비웃었던 것이다. 미슐리 씨도 이 계획을 비난했기 때문에 요새 구축 위원회에서 제외되었는데, 그는 2백 명 의원의 한 사람으로서, 또 한 사람의 공민으로서 가장 상세하게 이에 관한 의견을 말해도 괜찮다는 확신 아래에 그것을 논문으로 만들어 무모하게도 인쇄했다.

그러나 세상의 반응을 보려는 것은 아니었고, 다만 2백 명의 의원에게 보낼 만한 부수만을 찍는 데 그쳤으나, 그것도 소위원회의 명령으로 전부 우체국에서 저지되고 말았다. 나는 이 논문을 외숙부의 서류 속에서 발견했는데, 거기에는 외숙부가 명령을 받아 만든 변론서(辯論書)가 붙어 있었다. 나는 그것을 둘 다 가지고 돌아온 것이다. 이 여행은 지적 조사부를 그만두고 난 직후에 계획한 것이므로, 부장인 코첼리 변호사와는 아직도 왕래가 있었다. 그 뒤 얼마 안 있어 세관장이 나에게 자기 아들의 교부(敎父)가 되기를 부탁한 일이 있다. 그런 명예에 정신이 팔린 나는 변호사님과 이런 연관을 맺는 것을 자랑으로 느끼고, 그 영광에 해당할 만한 인간다운 위엄을 갖추려고 생각했다.

그런 생각을 했을 때, 미슐리 씨의 인쇄된 그 논문을 그에게 보여 주는 것 외에 좋은 방법은 없다고 느꼈다. 그것이야말로 귀중한 자료이며 내가 국가의 비밀을 알고 있는 제네바 유명 인사와 관련이 있다는 것을 보여주는 증거가 되는 것이다. 그렇긴 하나, 무언지 모를 모호한 조심성에서 그 논문에 대한 내 외숙부의 변론서만은 보여 주지 않았다. 아마 변론서는 원고 그대로여서 변호사님에게는 인쇄물만이 필요했기 때문이었는지도 모른다. 그런데 내가 무심코 건네준 이 기록의 가치를 정확히 내다보고, 그는 다시는 이것을 되돌려 주려고 하지 않아서 나는 그것을 다시 되찾을 수도, 볼 수도 없게 되어버렸다. 되찾으려는 나의 노력이 헛된 것임을 알고, 그 물건을 자랑하며, 저쪽이 가로챈 것이지만 그대로 선물로 준 형식으로 해 두었다. 그렇지만 쓸모 있는 정도 이상으로 희귀한 그 자료를 그는 토리노 궁정에서 꽤 자랑삼았으리라는 점과, 그가 그것을 입수하는 데 사용했다는 핑계와 돈을 받아낼 방법을 두고서 무척 고심했을 것이라는 점은 의심할 여지가 없는 사실이다. 장차 어떤 일이 있더라도 사르디니아 왕이 제네바를 포위하여 공격할 가능성은 없을 것이다. 그러나 무슨 일이건 절대로 없다고는 단언할 수 없으며, 어리석은 내 허영심으로 제네바의 가장 오랜 적에게, 이 땅의 가장 큰 허술한 부분을 알려 준 나는 언제까지나 가책을 받지 않으면 안될 것이다.

 이런 식으로 음악과 특효약과 가지가지 계획과 여행으로 이삼 년을 보냈다. 한 가지 일에서 다른 일로 계속 옮겨다니며, 결정도 없이 몸을 정착시키려고는 하면서도, 문학을 즐기는 사람들을 만나 이야기도 듣고, 때로는 그 이야기에 가담하여 책 내용을 이해하기보다는 그 가운데 나오는 특수 계층들이 쓰는 말을 흉내내는 가운데 점점 학문으로 끌려갔다. 제네바를 여행할 때는 가끔 좋은 친구였던 시몽 씨를 찾아갔다. 그는 바이에나 콜로미에스를 읽어서 얻은 학계의 최근 새 소식으로 싹트기 시작한 내 경쟁심을 부채질했다. 또 샹베리에서는 도미니크 회원으로 물리학 교수를 하고 있는, 이름은 잊었으나 마음이 착한 수도사를 자주 찾았다. 이분은 가끔 조그만 실험들을 해서 나를 크게 기쁘게 해주었다. 한 번은 그를 본따 감응 잉크를 만들려 했다. 그래서 유리병에 생석회와 유황과 물을 반 이상 채운 다음 마개를 꽉 틀어막았다. 그러자 금방 야단스럽게 끓어오르기 시작했다. 나는 마개를 빼려고 유리병 가까이로 갔다. 그러나 이미 늦어 버렸다. 병이 폭탄처럼 얼굴로 날아왔다. 나는 유황과 석회를 삼키고 하마터면 죽을 뻔했다. 6주일 이상이나 시각 장애인처럼 지냈다. 원리도 잘 모르면서 물리학 실험 같은 것에 손을 대서는 안 된다는 것을 이렇게 해서 알았다.

얼마 전부터 건강을 크게 해치고 있던 터에, 공교롭게도 이런 재난이 일어난 것은 설상가상이라 아니할 수 없었다. 평소 몸이 튼튼한데다가 이렇다 할 무리도 하지 않은 내가, 눈에 띄게 쇠약해진 원인이 어디에 있었는지 알지 못하겠다. 어깨도 딱 벌어지고 가슴도 넓고 폐의 활동도 좋았을 텐데 숨이 차고 압박감을 느꼈으며, 한숨이 절로 나오고 심장이 두근거리며, 피를 토하게 되고 미열에 시달리게 되었다. 이 열은 좀처럼 가시지 않고 언제나 띵하니 남아 있었다. 내장의 결함도 없고 건강을 해칠 만한 일은 하나도 없었는데, 한창 젊었을 때 어떻게 이런 상태로 돼버린 것일까?

흔히들 칼날은 칼집을 해친다고 말한다. 그것이 내게 해당된다. 내 정열은 나를 살렸으나 또 나를 죽였다. 어떤 정열이라고 말하면 좋을까? 시시하고 완전히 어린애 같은, 흔해 빠진 정열이다. 그러나 그것이 내게 미치는 작용은 헬렌을 내 것으로 하는, 또는 전세계의 제왕이 되는 경우와 맞먹는 것이었다. 우선 첫째로 여성이다. 한 사람의 여성을 가졌을 때, 나의 관능은 안정되었으나 내 심정은 결코 안정되지 않았다. 사랑의 요구는 향락의 절정 속에서도 내 마음을 파고든 채 떠나지 않았다. 내게는 정다운 어머니와 친한 여자 친구들이 있었다. 그러나 역시 한 사람의 연인을 갖고 싶었다. 머릿속에서 어머니를 이 연인으로 바꿔 보았다. 또 여러 가지로 연인의 모습을 만들어 자신을 속여 보기도 했다. 어머니를 품에 안을 때, 어머니를 안고 있다고 의식하면, 나의 포옹하는 힘은 줄지 않더라도 욕정은 싹 가시고 말리라. 부드러운 마음으로 흐느껴 울면서도 쾌감을 느끼지는 못했으리라. 쾌락을 맛보는 게 인간을 위해 만들어진 운명일까? 아, 평생 단 한 번만이라도 사랑의 환희 속에 전부를 풍만하게 맛보았다면, 나의 약한 생명이 그것을 견뎌냈으리라고는 생각되지 않는다. 나는 그 자리에서 죽었을 것이다.

나는 결국 대상이 없는 사랑에 목말라하고 있었던 것이다. 이런 상태가 몸을 크게 갉아먹는 것이다. 그 위에 가엾은 어머니의 쪼들리는 살림과 이윽고 완전한 파산을 불러일으키고 말 그녀의 무모한 생활 태도를 괴로워하고 근심했다. 언제나 불행의 앞날을 내다보는 나의 잔혹한 상상력은 막판에 달한 불행한 결과를 끊임없이 그려 보았다. 내가 생애를 바친 사람, 그 사람 없이는 생활을 즐길 수 없는 사람과, 곤궁에 못이겨 억지로 떨어질 운명이 눈앞에 보였다. 그런 까닭으로 나는 언제나 마음이 어지러웠던 것이다. 욕정과 공포가 번갈아 나를 물어뜯었다.

음악은 내게 이미 하나의 정열이었다. 이것은 격정을 불러일으키는 점에서는 뒤져 있었지만, 체력을 갉아먹는 점에서는 뒤지지 않았다. 나를 잊고 몰두할 때 쏟는 그 열의, 라모의 어려운 책에 대한 끈덕진 연구, 언제까지 가도 알 수 없는 것을 기어코 머리에 집어넣으려는 꺾이지 않는 몸부림, 계속 돌아다녀야만 되는 출장 교수, 몇 번이나 밤을 새며 줄곧 베껴 대어 산처럼 쌓이게 된 악보의 편집 정리, 그런 것이 몸에 영향을 주었다. 그리고 어떻게 이런 일상적인 일만으로 끝날 수 있으랴. 동시에 내 변덕스러운 머릿속에 떠오르는 갖가지 철없는 장난, 하루만에 곧 사라져 버리는 흥미, 또 여행, 음악회, 만찬회, 산책, 소설 읽기, 연극 관람, 그 밖에 내 오락과 업무에 전혀 예상하지 못했던 가지가지 일들이 똑같이 뜨거운 정열로 바뀌어 나를 괴롭혔으니 말이다. 그리고 그런 정열에 우스울 정도로 들떠 있어 나로선 아주 진지하게 조바심을 한 것이다. 클레브랑(아베 프레보의 소설 《클레브랑의 메모》의 주인공)이 공상한 불행한 일들을 일하는 틈틈이 열심히 읽으면서, 그것을 내 불행 이상으로 눈물겨워했다.

바그레 씨라고 하는 제네바 사람이 있었다. 이 사람은 전에 러시아 궁전에서 표트르 대제 밑에 있었던 사람인데, 내가 본 가장 야비한 멍청이 가운데 하나로, 언제나 생긴 것과 똑같이 바보 같은 계획을 세워 알맹이는 텅 비었는데도 수백만 금을 비오듯 떨어지게 하겠다고 호언장담을 늘어놓았다. 이 사나이가 상원에 호소할 일이 있어 샹베리에 있었는데, 자연스레 어머니에게 매달렸다. 그가 가진 가치없는 것들을 어머니에게 후하게 뿌려놓고는 어머니로부터 그 알량한 금화를 한닢 한닢 빼내 갔다. 나는 도무지 이 사나이가 마음에 들지 않았다. 그도 그것을 잘 알고 있었다. 상대가 나니까 문제 없었다. 내 비위를 맞추기 위해 온갖 야비한 수단을 다 썼다. 그는 문득 생각이 떠올랐는지 내게 장기를 가르쳐 주겠다고 했다. 조금은 두는 모양이었다. 별로 기분이 내키지 않았지만 두어 보았다. 그리고 겨우 말 두는 것을 알게 되자, 그 뒤는 자꾸만 수가 늘어 처음 맞대결이 끝날 무렵 처음에 그에게서 받았던 탑(塔 : 서양 장기의 말)을 그에게 돌려주는 형편이었다. 더 이상 그에게서 배울 필요는 없었다. 이렇게 되자 장기에 열중하게 됐다. 장기판을 샀다. 칼라브리아의 말을 샀다. 내 방에 박혀 밤이고 낮이고 꼬박 새우며 갖은 묘수를 배우려고, 이런 것 저런 것 머릿속에 외며 혼자 계속 연습을 했다. 두서너 달 동안 억척스런 공부와 상상도 못할 정도의 노력을 했다. 바짝 여위어 얼굴은 노랗게 되고 거의 바보처럼 되어 카페로 갔다. 시험삼아 바그레 씨와 다시 두었다. 그는 나를 이겼다. 한 번, 두 번, 스무 번, 갖은 수가 머릿속에 어지럽게 떠올라 좋은 생각이 막혀 버렸고, 눈앞이 흐리멍텅하게밖에는 보이지 않았다. 필리도르나 스타마의 책으로 수를 연구하려고 했을 때도 언제나 같은 현상이 일어났다. 이렇게 해서 지쳐 버린 다음에는, 더욱더 몸이 쇠약해진 것을 느꼈다. 어찌됐든 여기서 장기를 그만두었더라도, 또 쉬었다가 다시 시작했더라도, 첫 대국에서 한 걸음도 진보를 보지 못하고 첫 대국이 끝났을 때와 같은 정도에서 빙빙 돌고 있었으리라. 몇 천 세기 동안 연습을 해보았자 바그레에게 탑을 줄 정도가 고작으로 그 이상은 되지 못했으리라. 정말 아까운 시간을 낭비했다고 독자들은 말하리라! 사실 적잖이 낭비를 했다. 나는 최초의 시도를 그 이상 계속할 힘이 없어질 때까지 멈추지 않았다. 방에서 나온 내 모습은 마치 무덤에서 파낸 죽은 사람 같았다. 그런 식으로 계속하고 있었다면 오래 남아 있지 못하고 영영 무덤에 들고 말았으리라. 그렇게 머리를 쓰면, 언제까지나 몸을 건강하게 유지할 수 있을 턱이 없다는 것을 누구나 알 수 있으리라. 특히 젊고 피가 끓어오를 때에는.

　몸의 이상은 기분에 영향을 주어 공상열도 식었다. 몸이 두드러지게 쇠약해져 조용히 움직이지 않게끔 되었고, 여행하고 싶은 기분도 점점 없어졌다. 한층 틀어박혀 있게만 된 나는 지루함이 아니라 우울증에 걸리게 되었다. 우울증이 정열을 대신했다. 번민이 비애로 변해 갔다. 아무것도 아닌 일에 한숨을 쉬고 울었다. 즐길 사이도 없이 생명이 달아나는 것을 느꼈다. 가엾게도 어머니 혼자 남게 되고, 그 어머니가 영락해 버리는 것이 환히 보이는 그런 상태를 한탄하며 슬퍼했다. 나는 말할 수 있다. 그녀를 못 본 체 버려 두고 비탄 속에서 지내게 하는 것이 내게 단 하나의 유감스러운 일이라고. 마침내 나는 완전히 병석에 누웠다. 친아들에 대한 친어머니의 간호도 그녀가 나에게 해준 간호에는 따르지 못하리라. 그리고 그것은 그녀의 이익도 되었다. 계획을 집어치우고 기업가를 멀리했기 때문이다. 이때 죽음이 찾아왔으면 그 얼마나 즐거운 죽음이었을까! 인생의 행복을 몸으로 느끼지는 못했다 해도, 이처럼 인생의 불행을 느끼지는 않았으리라. 평온한 내 영혼은 삶과 죽음을 해치는 인간의 불의에 마음을 크게 상하는 일도 없이 사라져 버릴 수 있었을 것이 틀림없다. 나의 가장 좋은 반신(半身) 속에 살아 남는다는 위안이 있었다. 그것은 곧 죽어도 죽음이 되지 않는 것이다. 그녀의 운명에 대한 불안이 없었다면 나는 잠자듯이 죽었으리라. 그러나 그 불안도 정답고 애정 어린 대상을 가지고 있어서, 싫은 뒷맛을 남기지는 않았다. 나는 그녀에게 말했다. '자, 맡기겠습니다. 나라는 것을 모두. 부디 행복하게 해주십시오.' 두 번인가 세 번 크게 악화되었을 때에 나는 밤중에 일어나 그녀의 방으로 들어가서 그녀의 처사에 대해 여러 가지로 충고를 했다. 그것은 모두가 바르고 도리에 맞는 것이었다고 해도 좋다. 그 중에서 특히 그녀의 운명에 대한 동정이 무엇보다도 강조되었다. 그녀의 침대 위에 그녀의 손을 잡고 붙어앉아 함께 흘리는 눈물은, 마치 나를 기르는 양식이요 내 병을 고치는 약인 것처럼 나를 생기있게 해주었다. 그러한 밤의 이야기에 시간은 흘렀고, 얼마 뒤 들어갔을 때보다도 좋아져서 내 침대로 돌아갔다. 그녀가 말해 준 약속과 희망에 만족하고 안심하며, 이윽고 마음의 평화와 섭리에 대한 인내 속에서 잠들었다. 바라건대 하느님이시여, 인생을 미워하는 이유를 그토록 많이 가르쳐 주고 내 인생을 뒤흔들어, 이제는 그것이 무거운 짐으로만 돼버린 그 많은 폭풍우 뒤에 곧 나의 생을 마치게 할 죽음을 옛날 그때의 죽음에 견주어 절대로 가혹한 것이 되지 않도록 해주시기를.

　알뜰한 간호와 빈틈 없는 주의와 믿어지지 않을 정도의 노력의 결과 그녀는 나를 구해냈다. 틀림없이 그녀만이 나를 구해낼 수 있었을 것이다. 나는 의사의 치료는 별로 믿지 않지만, 참다운 친구의 간호는 믿는다. 양쪽의 행복이 그 하나에 걸려 있을 경우에는 언제나 나는 어느 것보다도 빨리 호전된다. 둘의 생활에서 참으로 기꺼운 감정은 서로가 바로 상대편 몸이 될 수 있다고 느껴진 감정이다. 그렇다고 우리들 서로의 애착이 그러한 감정 때문에 더욱 강해진 것은 아니다. 그럴 턱이 없다. 단순함 속에서 무언가 더 친절한, 더 가깝게 마음으로 파고드는 것이 된 것이다. 나는 완전히 그녀가 만든 사람이 되고 그녀의 아들이 되고 그녀를 친어머니로 하는 아들 이상의 것이 되었다. 우리는 알지도 못하는 가운데 서로 절대로 떨어질 수 없다는 생각을 품게 되어, 말하자면 두 사람의 생명을 함께 하기 시작했다. 필요할 뿐 아니라 또 서로가 흡족하게 느끼며, 이제 우리들과 관계 없는 것은 생각하지 않고, 그리고 우리들의 행복과 모든 욕망을 두 사람의 것만으로, 아마 인류 가운데서는 예를 볼 수 없는 이런 절대적인 독점에만 얽매여 버리는 습관을 가졌다. 이 독점은 앞에서도 말했듯이 연애가 아니라 보다 본질직인 독점이다. 관능과 성과 나이와 용모와는 관계가 없는 것으로, 그것이 있음으로써 비로소 내가 존재한다. 내 존재가 없어짐으로써 그것을 잃을 수 있는 관계에 놓이게 되는 것이다.

이 귀중한 전기(轉機)가 그녀와 나의 그뒤의 생활에 행복을 가져다주지 못한 것은 무엇 때문이었을까? 그것은 내 죄가 아니었다. 그 점에는 스스로 위로할 만한 증거를 가지고 있다. 또 그녀의 죄도 아니었다. 적어도 그녀의 의지에 책임을 지울 일은 아니었다. 머잖아 또 본래의 이겨낼 수 없는 본성이 그 위력을 회복하게 되리란 것은 피할 수 없는 운명이었다. 그러나 이 운명과도 같은 반복은 갑자기 일어나지는 않았다. 고맙게도 그때까지는 여유가 있었다. 짧고 귀중한 여유! 그리고 그 여유는 내 잘못으로 끝난 것은 아니었다. 나는 그 기간을 어물어물 지낸 것은 아니어서, 그 점을 후회하지는 않는다. 큰 병에서는 회복되었으나 아직 원기를 회복하지는 못하였다. 가슴도 옛날 그대로가 아니었고, 미열이 여전히 계속되어 축 늘어진 채였다. 내가 바라는 것이라면, 그저 친한 사람 옆에서 내 생애를 마치는 것, 그녀의 기특한 결심 속에 그녀를 언제까지나 머무르게 하는 것, 행복한 생활의 참된 매력이 어디에 있는가를 그녀에게 느끼게 하는 것, 그것이 나라는 인간의 어깨에 걸려 있는 이상 그녀의 생활을 행복하게 해주고 싶었다.

그러나 어둡고 음울한 집 안에서 둘만의 고독한 생활을 계속하고 있으면 그 생활도 음울한 결과가 되고 말리라는 생각이 들며, 또 그렇게 느껴지기도 했다. 그것에서 구출되는 것이 나타났다. 어머니는 내게 우유를 권하면서 그것을 시골로 먹으러 갔으면 좋겠다고 말했다. 나는 어머니도 같이 간다면 그렇게 하겠다고 말했다.

그렇게 해서 어머니의 동의를 얻었다. 다음은 어디로 갈 것인지 정하느냐가 문제였다. 교외에 있는 그 정원은 진짜 시골이 될 수는 없었다. 남의 집과 정원에 둘러싸여 있어, 시골의 한적한 거처다운 풍치가 없었다. 게다가 아네가 죽은 뒤, 경제적인 이유로 이 정원은 버려진 채였다. 더 이상 나무를 심을 기분도 나지 않았고 다른 데로 생각이 옮겨가 버려 그 은신처 따위는 아깝게 생각되지 않았기 때문이다. 마침 어머니가 도시를 싫어하게 된 것을 좋은 기회로 나는 과장된 이런 생활을 집어치우고, 어딘가 먼 곳에 있는 조그만 집이라도 찾아내서 즐거운 고독 속에 파묻혀 귀찮은 녀석들로부터 숨어버리자고 권했다.

그녀도 그런 기분이 없지 않았고, 피차 가슴속에 들어 있는 천사의 암시에 따른 이 결심은, 이대로 갔더라면 죽음이 두 사람을 떼어놓을 그때까지 행복하고 조용한 나날을 보증받을 수 있었으리라. 그러나 그러한 경지는 결국 우리의 운명에는 허락되어 있지 않았다. 어머니는 넉넉한 생활을 해오던 끝에, 이윽고 궁핍과 뜻대로 되지 않는 온갖 고통을 맛보지 않으면 안 되었고, 결국은 이 세상에 미련이란 것이 없어지고 말았다. 나는 온갖 불행을 거듭한 끝에 사회의 복지와 정의의 사랑을 위해서만 움직이며, 음모에도 가담하지 않고 당파의 배경도 없이 청렴결백을 자부하면서 사람들을 향해 떳떳하게 진리를 토로하는 사람을 위해, 뒷날 하나의 모범이 되게끔 정해져 있었던 것이다.

그녀에게는 공교롭게도 한 가지 염려되는 점이 있어 그것에 걸려들고 말았다. 즉, 집주인의 비위를 상하게 할까 겁이 나서 그 더러운 집을 버릴 수가 없었던 것이다. 그녀는 '숨어 살자는 네 계획은 재미도 있고 나도 찬성이야. 하지만 그 비밀의 집에서도 머물러야 하는 거야. 누추한 집을 버리면 나는 빵을 잃지나 않을까 하는 생각이 들어. 숲속에서 빵을 찾아낼 수 없으면 도시로 찾으러 나오지 않으면 안될 것 아니야. 그렇게 되지 않기 위해서는 이 집을 아주 버리지 말아야 해. 집세라야 뻔하니 생 로랑 백작에게 치르고 내 연금을 안전히 해두자구. 그리고 한가하게 지낼 수 있을 만큼 도시에서 충분히 떨어져 살며, 필요할 때는 언제나 돌아갈 수 있을 만한 곳에 조그만 오막집을 구해 보자구' 하고 말했다.

그렇게 하기로 했다. 얼마간 찾아다니다가 레 샤르메트란 곳에 자리를 잡았다. 콩지에 씨의 땅인데, 샹베리와는 아주 가까운데도 천 리나 떨어져 있는 것같이 여겨질 정도로 사람 사는 마을과 떨어진 쓸쓸한 곳이다. 꽤 높은 언덕 사이에 북에서 남으로 뻗은 작은 계곡이 있고, 그 밑으로 작은 내(川)가 바위와 나무 사이를 누비며 흐르고 있었다. 이 계곡을 따라 언덕 중턱에 드문드문 집이 서 있었다. 마을과 떨어져 약간 허술한 외딴집을 좋아하는 사람이라면, 누구에게나 아주 마음에 들 집이었다. 두세 집 알아 보고 그 중에서 가장 깨끗한 집을 골랐다. 군인 귀족으로 누아레라고 부르는 사람의 집이었다.

꽤 살 만했다. 바로 앞은 조금 둔덕이 진 정원으로 위로는 포도밭이, 아래에는 과수원이 있었다. 저쪽 맞은편에 작은 밤나무 숲이, 그리고 적당한 곳에 샘이 있었다. 아득히 위에 있는 산 속에는 가축을 기를 풀밭도 있었다. 요컨대 사람이 해보고 싶은 아기자기한 시골 생활에 필요한 것은 모두 갖춰져 있었다. 시대와 날짜를 기억나는 대로 말하면 1736년 여름이 다 갈 무렵에 이곳에 자리잡은 것 같다. 처음 하룻밤을 밝힌 그날부터 나는 기뻐 날뛰었다. '아, 어머니!' 하고 나는 외쳤다. 이 정다운 여자 친구를 힘껏 껴안고 입을 맞추면서, 감격과 환희의 눈물로 그녀를 적시면서 말했다. '여기야말로 행복과 순진함이 살고 있는 곳이에요. 여기서 우리가 그것을 알지 못한다면 다시는 어디에서고 찾지 못할 겁니다.'

제6권

〔1736(8)년~1742년〕

이거야말로 내가 바라던 것
알맞은 넓이의 땅과 뜰이 있고
집 근처에는 맑은 샘과 작은 숲이 있는……

여기에 덧붙여 이렇게 말할 수는 없다. '신들은 내 바람을 보다 좋게 이뤄 주었다'인데, 그런 것은 상관없다. 그렇게 많이는 필요 없었다. 땅 같은 건 내 소유가 아니라도 좋았다. 거기에 살며 즐기는 것만으로 내게는 충분했다. 남편과 애인과의 경우는 잠시 접어 두더라도, 소유자와 점유자가 다른 인간일 경우가 많다는 것을 나는 전부터 말해 왔고, 실제로 그렇게 느끼고도 있었다.

내 생애의 짧은 행복이 여기에서 시작된다. 올바르게 살았다고 말할 수 있는 자격을 준, 평화롭지만 바쁜 시기가 이때 찾아들었다. 아쉬워하고도 남을 그 귀중한 시기, 아, 다시 한 번 그 정다운 세월의 흐름을 나를 위해 되풀이해 다오. 덧없이 지나간 현실보다는 될 수 있으면 내 추억에서 더 천천히 흘러가 다오. 이렇게도 감동을 주고, 이렇게도 단순한 이 이야기를 마음껏 잡아 늘이려면 어떻게 하면 좋겠는가? 계속 같은 일을 되풀이하면서도 스스로 지루하지 않았던 것처럼, 언제나 같은 이야기를 꺼내 되풀이하면서도 독자들을 지루하지 않게 하려면 어떻게 해야 좋을지? 또 그런 것이 모두 사실과 행동과 말로 존재한다면, 어떻게든가 그것을 전달할 수 있겠는데, 말한 적도, 생각한 적조차 없고, 맛본 것, 느낀 것에 불과한 것을 어떻게 말하면 좋을 것인가? 그리고 그 감정 이외에는 내 행복의 대상을 표현할 다른 방법을 알 수가 없다. 나는 태양과 함께 일어난다. 그리고 행복을 느낀다. 산책한다. 그리고 행복을 느낀다. 어머니와 얼굴을 맞댄다. 그리고 행복하다. 어머니 옆에서 떠난다. 그리고 행복하다. 숲과 언덕을 뛰어 돌고, 골짜기를 헤매며 독서하며, 여가를 즐기고, 정원 일을 하며, 과실을 따고, 집일을 돕는다. 그리고 행복은 어디서나 나를 따라다닌다. 그 행복이 어디에 있는가 꼬집어 말할 수는 없다. 완전히 내게 있기 때문에 한 순간도 나를 떠날 수가 없다.

이 그리운 시절에 내 몸에 일어났던 일, 그 기간 전부를 통해 내가 한 일, 말한 것, 생각한 것은 무엇 하나 기억에서 떠나지 않고 있다. 그 이전과 그 이후의 시기는 부분적으로밖에 되살아나지 않으며, 뒤죽박죽이 된 채 생각나는데, 이 시기만은 지금도 계속되듯이 고스란히 떠오른다. 내 상상력은 젊었던 때는 언제나 발전했는데 이제는 무척 퇴보하고 있어서, 영원히 잃어버린 희망을 이러한 달콤한 추억으로 메워 가게 된다. 미래 속에서 나는 이미 나 자신을 유혹할 아무것도 보지 못한다. 과거를 돌아보면서 기쁨을 자아낸다. 그리고 지금 말하는 그 시기에 대한 이토록 생생하고 진실한 회고는 온갖 불행 속에서도 가끔 나를 행복한 삶에 붙들어 주곤 한다.

그러한 추억에서 하나만 예를 들겠다. 이로써 추억의 하나하나가 얼마나 강한 것이며, 얼마나 진실이 들어 있는 것인가를 판단할 수 있으리라. 레 사르메트로 가서 자게 된 첫날, 어머니는 가마를 타고 가고 나는 걸어서 그 뒤를 따라갔다. 길은 오르막이었다. 어머니가 탄 가마는 상당히 무거웠다. 그래서 가마꾼을 지치게 할 수 없다는 생각으로 그녀는 길 중간쯤에서 내려서 걸었다. 걷는 동안 그녀는 울타리 안에서 무언가 푸른 것을 보고 말했다. '페르빈카가 아직도 피어 있구나.' 페르빈카라는 것을 본 일이 없는 나는, 들여다보려고도 하지 않았다. 게다가 나는 지독한 근시라 땅에 나 있는 식물은 선 채로는 분간하지 못한다. 그래서 지나치며 흘낏 한 번 보았을 뿐, 그뒤 30년 가까이 페르빈카란 것을 다시 보지도 못했고, 주의도 하지 않고 지냈다.

1764년 친구 뒤 페이루 씨와 같이 크레시에 있었을 때, 둘이서 나지막한 산에 올랐다. 그 꼭대기에 벨르뷔(아름다운 경관이란 뜻)라고 아주 그럴듯한 이름이 붙은 휴게소를 그는 가지고 있었다. 나는 약간의 식물 채집을 시작한 참이었다. 오르는 도중 덤불에 주의하고 있던 나는 환성을 올렸다. '야, 페르빈카다!' 과연 그것이었다. 뒤 페이루는 내가 기뻐 날뛰는 것은 알았으나 무슨 영문인지는 몰랐다. 언젠가 이 글을 읽게 될 때 그도 과연 하고 끄덕이게 될 것이다. 이런 하찮은 인상에서도 독자는 이같은 시절과 관계 있는 모든 것이 내게 준 인상을 짐작하시리라. 그러나 전원의 공기도 옛날의 건강을 되찾아 주지는 못했다. 나는 역시 쇠약했고 더욱 심해지기까지 했다. 우유도 계속 마시지 못하고 그만두어야만 했다. 그 무렵 만병통치라고 해서 물을 마시는 것이 유행했다. 나도 물 마시기를 시작했는데, 너무 도가 지나쳐서 병을 낫게 하기는커녕 하마터면 목숨을 잃을 뻔했다. 매일 아침 일어나면 큰 컵을 들고 샘으로 가서 두 병 정도 되는 양을 걸어가며 계속 들이켰다. 식사 때의 술은 완전히 끊어 버렸다. 마시는 물은 산악 지대의 물이 대개 그렇듯이 약간 센물이었다. 소화에 좋지 않은 것이다. 한 마디로 말하면 나는 이것을 고지식하게 받아들였으므로 매우 튼튼했던 위를 두 달이 못 가서 완전히 버리고 말았다. 이젠 소화시킬 힘도 없고, 이래서는 나을 희망조차 없다고 생각하게끔 되었다. 마침 그때 사건이 하나 일어났다. 그 자체도 색다른 것이지만, 결과도 마찬가지여서 내가 죽지 않으면 해결이 나지 않을 그런 재난을 남기게 되었다.

어느 날 아침, 어느 때보다 병의 상태가 나빴다고는 말할 수 없었지만, 작은 탁자 다리를 세우려고 했을 때, 온몸에 갑자기 까닭 모를 변화가 일어난 것을 알게 되었다. 핏속에 무슨 폭풍우 같은 것이 일어나 갑자기 온몸을 휘몰아 넣고 말았다고 할 수밖에는 적당한 비유가 생각나지 않는다. 동맥은 무서운 힘으로 뛰기 시작하여 그것을 느낄 뿐만 아니라, 그 소리가 들릴 정도였다. 특히 목동맥이 심하게 뛰었다. 심한 귀울림까지 겹쳤다. 게다가 이 귀울림은 이중, 아니 사중으로 울렸다. 즉, 무겁고 둔한 신음소리와 맑은 물이 좔좔 흐르는 것 같은 소리, 무척 날카로운 쇳소리 등 지금 말한 동맥 소리에 의해서였다. 이 고동은 손으로 맥이나 몸을 짚지 않더라도 쉽사리 셀 수 있었다. 이 내부의 소리가 너무도 심하므로, 그때까지 민감했던 청각이 방해를 받아 청각 장애인이 되지는 않았어도, 귀가 멀어져서 그뒤로 지금까지 이 모양이다.

나의 놀라움과 두려움은 짐작이 갈 것이다. 마침내 안 되겠다고 생각했다. 침대에 누워 의사를 불렀다. 나는 떨면서 의사에게 병에 대해 이것저것 늘어놓았지만 아무래도 고치지는 못하리라 생각되었다. 그도 그렇게 생각한 것 같았으나 할 일만은 다했다. 내가 전혀 알지 못하는 지루한 이유를 늘어놓은 다음, 그 고매한 이론에 근거를 두고 즐겨하는 실험 치료를(동물에게처럼) 시험했다. 치료는 몹시 괴롭고 불쾌한 것이었는데 조금도 효과가 없었으므로 곧 싫증이 나버렸다. 몇 주일이 지나도 좋아지지도 나빠지지도 않았으므로 침대에서 일어나 다시 본래의 생활로 돌아갔는데, 여전히 고동과 귀울림은 그치지 않았다. 이때부터 벌써 30년이 지났는데 단 1분도 그것이 내게서 떠난 일은 없다.

그때까지 나는 심한 잠꾸러기였다. 그런데 증상에 따라 일어난 불면증은—이것도 오늘날까지 계속되고 있지만—당시의 내게 남은 목숨이 길지 않을 것으로 믿게 하였다. 그런 확신은 내게 침착함을 주고, 고쳐 보겠다고 애쓰던 기분을 가라앉혀 주었다. 목숨을 연장할 수 없으므로, 남은 짧은 기간을 될 수 있는 한 유리하게 쓰려고 결심했다. 그리고 그것은 자연의 이상한 혜택 덕분에 가능하게 되었다. 그 때문에 언제 죽을지도 모르는 상태에 대해, 으레 끌려 들어가게 마련인 고뇌에서 벗어난 것이다. 예의 고동과 귀울림은 귀찮게 따라다녔지만 나는 그것을 괴로워하지 않았다. 불면과 계속되는 숨찬 증세 외에는 습관처럼 따라다니는 병도 별로 없었고, 숨찬 것도 천식증까지로는 나빠지지 않았다. 달리거나 조금 심하게 움직이려 할 때가 아니면 느끼지 못했다.

이 일은 내 육신을 죽여야 했을 텐데 내 정열을 죽인 데 불과했다. 그것이 내 정신에 안겨 준 다행한 결과에 대해 나는 매일 하늘에 감사하고 있다. 자신을 죽은 인간으로 여겼을 때, 겨우 살아나게 해 준 것이라고 분명히 말할 수 있다. 지금까지 돌아보지 않고 버리려던 것에 참다운 가치를 인정하고, 다시 고귀한 정신 문제에 관심을 가지기 시작했다. 지금까지 전혀 무관심하게 지내 온 문제에 대한 이 관심은 곧 꼭 해야만 할 일을 예견하는 것으로도 여겨졌다. 나는 이때까지 가끔 종교를 나름대로 잘못 이해하고 있었으나, 무신론자였던 것은 아니다. 그러므로 그 문제로 선뜻 되돌아갈 수 있었다. 종교라고 하면 많은 사람들에게 무척 따분한 느낌을 주게 되지만, 자기 위안이나 희망으로 삼는 사람에게는 정말 즐거운 것이다. 그 경우 내게 어머니는 어느 신학자보다도 한결 더 필요한 존재였다. 무엇이든 격식을 차리려는 그녀인지라, 종교도 그 예에서 벗어나지는 않았다. 이 격식은 아주 빈틈없는 것인가 하면, 한편으로는 어리석기 짝이 없는 엉성한 사상과, 그녀의 성격에 연결된 감정과 그 교육에서 온 편견으로 이루어져 있었다. 일반적으로 신자들은 자기처럼 신을 만든다. 착한 사람은 착한 신을 만들고, 악한 사람은 악한 신을 만든다. 원한이 길고 화를 잘 내는 신자는 모든 사람을 지옥에 떨어뜨리려 하기 때문에 눈에 지옥밖에 보이지 않는다. 인정 많고 마음이 부드러운 사람은 거의 그런 것을 믿지 않는다. 내가 이상히 여기는 것은 그 마음씨 고운 페늘롱[*1]이 그의 《텔레마크》 속에서 지옥을 믿고 있는 것처럼 쓴 대목이다. 그러나 그 대목은 그의 거짓이기를 바라고 싶다. 어쨌든 아무리 진실을 말하는 사람이라도 주교쯤 되면, 때로는 어쩔 수 없이 거짓말을 해야 했을 테니까. 어머니는 내게는 거짓말을 안 했다. 증오라는 것을 갖지 않은 영혼, 복수에 불타는 영원한 분노 같은 형상을 신으로 상상할 수 없는 이 영혼은 열렬한 신자가 심판이나 형벌만을 생각하는 경우에도 자비와 사면밖에는 생각나지 않는다. 그녀는 이런 말을 잘했다. 우리에 대한 정의의 심판권은 천주님에게는 있을 수 없다. 왜냐하면 바르게 되기 위해 필요한 것들을 우리에게 주지 않았으니, 그것은 무리한 요구라는 것이다. 그녀의 생각 속에 있는 이상한 점은 지옥을 믿지 않으면서도 연옥은 믿고 있는 것이다. 그것은 나쁜 사람을 지옥에 떨어뜨릴 수도 없고, 그렇다고 해서 착한 사람이 될 때까지 착한 사람과 같이 놓아 둘 수도 없고, 결국 나쁜 사람의 영혼을 어떻게 처치하면 좋을지를 그녀가 모른다는 점에서 온 것이다. 어쨌든 이 세상에든, 저 세상에든 나쁜 사람이란 언제나 골칫덩어리라 하지 않을 수 없다.

그녀는 또 하나 이상한 생각을 가지고 있었다. 그녀의 이 이론에 의하면 원죄설도 속죄설도 깨지고 통속화된 그리스도교의 근본 사상이 그 때문에 흔들리게 되고, 적어도 가톨릭교는 성립될 수 없게 된다. 그런데 어머니는 선량한 가톨릭 신자였다. 적어도 자신은 그렇게 생각하고 있었다. 분명히 굳은 신념으로 그렇게 자부하고 있었다. 그녀는 성경이 글자에 얽매여 딱딱하게 풀이되고 있다고 생각했다. 그 가운데 영원한 벌(罰)의 고통에 대해 씌어 있는 것은 모두 위협이거나 비유처럼 생각했다. 그리스도의 죽음은 신을 사랑하고 또 인간 서로가 사랑하는 것을 사람들에게 가르쳐 주기 위한, 참으로 신선한 자애의 한 예라고 생각했다. 한 마디로 말하면 자기가 믿는 종교에 충실한 그녀는, 진심으로 그 종교의 신앙 조문 전체를 받아들이고 있었다. 그러나 그 하나하나의 신조에 대한 이야기를 해보면 늘 믿고는 있으면서도, 그 믿고 있는 교회와는 전혀 다른 신앙을 가지고 있다는 것을 알게 된다. 그 점에 대해서는 순진한 마음, 즉 엉터리 이론보다는 조리가 있고 당당한 솔직함을 가지고 있으므

[*1] 1651~1715. 루이 14세의 손자 부르고뉴 공자의 스승. 《텔레마크》는 왕손의 교육을 위해 쓴 것이다.

로, 그녀의 고해 신부까지도 가끔 당황하게 된다. 그녀는 고해 신부에게 무엇 하나 감추지 않았다. 그녀는 신부에게 말했다. '저는 선량한 가톨릭 교도예요. 언제나 그렇게 되려고 노력해요. 저는 마음을 다하여 성모님의 교회 규칙을 지키고 있어요. 저는 신앙의 주인이 아니라 제 의지의 주인입니다. 이 의지를 엄격하게 규칙에 복종시켜 모든 것을 믿도록 하고 있습니다. 신부님은 이 이상 저에게 무엇을 바라고 계십니까?'

설사 그리스도교의 도덕이 아니더라도 그녀는 그대로 따랐을 것이다. 명령받은 일은 무엇이든 했다. 그러나 명령하지 않은 것도 마찬가지로 했을 것이다. 안 해도 괜찮은 일도 곧잘 복종했다. 금식일에 육식이 허락되어도 아니, 육식을 하라고 명해도 자신과 하느님만은 고기를 먹지 않았을 것이다. 그것도 신중히 고려해서가 아니고 자연스럽게 그렇게 했으리라. 그러나 이러한 도덕은 따벨 씨의 주의(主義)에 근거를 둔 것이었다. 그보다도 그녀 쪽에서 이 주의와 반대되는 견해를 하나라도 가지려 하지 않았다. 매일 스무 명의 남자와 같이 자도 양심의 가책은 느끼지 않았을 것이며, 욕정에 조롱당하지 않는 만큼 망설이는 마음도 없었을 것이다. 열렬한 여자 신도들의 대부분도 그런 점에서는 주저하지 않으나, 다만 다른 점은 열렬한 여자 신도들이 자신의 정열에 끌리는 데 반해, 그녀는 자신의 궤변 철학에 끌리는 것이라고 생각한다. 다시없는 교훈을 주는 이야기라고 해도 좋을 이야기 도중에 가끔 이야기가 그런 방향으로 흘러가는 일이 있어도, 얼굴빛은 고사하고 말투 하나 바꾸지 않았을 것이고 모순을 느끼는 일도 없었으리라. 애깃거리의 성질상 어쩔 수 없이 말을 중단하는 일은 있어도, 다시 전과 같이 조용한 말투로 이야기를 계속했을 것이다. 이처럼 그녀의 마음속에서 이런 문제를 시끄럽게 떠들어대는 까닭은 사회가 단속하기 위한 규정에 불과하며, 지각 있는 사람이면 누구나 이 규정을 될 수 있는 대로 하느님께 거역하지 않게끔 경우를 잘 분간하여 해석하고, 응용하며, 예외를 두기도 한다는 생각이 뿌리 깊이 박혀 있었다. 그 점에 대해서야 물론 그녀와 같은 의견은 아니지만, 솔직히 그런 것 때문에 어리석은 짓을 사서 하는 것도 부끄러워 감히 말을 꺼낼 용기도 없었다. 그 점을 단속할 규칙을 될 수 있는 대로 나만은 예외로 하고 다른 남자들을 위해 세워 볼까 했다. 그러나 그녀의 기질상 자기 주장을 남용하는 것을 충분히 조심하고 있는데다 사내들에게 속아 넘어갈 여자는 아니라는 것을 나는 알고 있었다. 또 나만 예외로 할 것을 요구한다면 그녀는 호의를 품은 모든 남자들에게도 그 예외를 허락하게 될 것은 뻔한 일이었다. 나는 여기에서 가끔 그녀가 경솔하다는 점을 들어왔는데, 그녀의 경솔함이란 그녀의 행위에는 거의 영향을 미치지 못하는 것이었고, 특히 그때는 전혀 그런 기미조차도 없었던 시대였다. 다만, 나는 그녀의 주의를 충실하게 설명할 것을 약속했다. 그러므로 그 약속을 지키려는 것뿐이다. 그럼 내 이야기로 돌아가자.

　죽음의 공포, 죽음에 가깝게 다가가는 상태를 두려워하는 것에서 정신을 안정시키기 위해 내가 필요로 하는 교훈을 그녀에게서 발견한 나는, 안심하고 이 신뢰의 샘물을 퍼올렸다. 지금까지보다 한결 더 그녀에게 사랑을 쏟고, 가능하면 지금 나를 떠나려 하고 있는 이 생명을 고스란히 그녀에게로 옮겨 버리고 싶었다. 그녀에 대한 애착의 증대와 목숨이 얼마 남지 않았다는 확신, 오고 말 운명에 대한 안심에서 하나의 습관과도 같은 상태가 나타났다. 그것은 무척 안정되고 관능에 충실한 것이라고 해도 좋은 것이었다. 우리의 두려움과 희망을 지나치게 크게 만드는 정념(情念)이란 것을 완전히 가라앉히고, 내게 남아 있는 얼마 안 되는 나날을 불만도 걱정도 없이 아주 즐겁게 만들어 주었기 때문이다. 한 가지 일이 그러한 나날을 한층 즐겁게 하는 데 도움이 되었다. 그것은 내 힘으로 짜낼 수 있는 즐거운 일과를 전부 짜내어 그녀의 전원 취미를 길러 주려는 것이었다. 밭과 가축 사육장, 비둘기와 젖소를 그녀가 사랑할 수 있도록 하려고 나 자신이 그런 것들에 애정을 기울였다. 그런 자질구레한 것은 나의 안정을 고스란히 유지시키며 하루를 채워 주었으며, 그것이 내 빈약한 몸뚱이를 보존하고, 어떻게든지 회복시키기 위한 우유나 어떤 치료법보다도 훨씬 효력이 있었다.

　우리는 이 해의 마지막 나날을 포도따기와 과실을 수확하며 즐겼다. 선량한 주위 사람들과의 관계가 깊어져 우리는 시골에 정이 들었다. 우리는 겨울이 오는 것을 정말 원망스럽게 생각하였다. 그리고 마치 귀양살이를 떠나듯 도시로 돌아왔다. 특히 나는 다시 봄을 맞이하지 못할 것 같기에 겨울이 온다는 사실은 그것으로 레 샤르메트와 영원히 작별을 하는 것으로 생각되었다. 나는 땅바닥과 나무들에게 입맞춤을 하지 않고는 그곳을 떠날 수 없었고, 그 고장에서 멀어지면서 몇 번이고 뒤돌아보지 않고는 못배겼다. 이미 훨씬 전에 내게 음악을 배우던 제자들도 없어지고 도시의 오락과 사교의 취미에 흥미를 잃고 있었으므로, 나는 외출도 하지 않고 어머니와 살로몽 씨 외에는 누구도 만나지 않았다. 이 사람은 얼마 전부터 어머니와 나의 의사가 된 예의 바르고 재치 있는 사람이었다. 데카르트 숭배자로 우주의 체계라는 말을 곧잘 쓰곤 했는데, 꽤 착실한 사람이었으며 그의 얘기는 유쾌하고 유익하여 그의 다른 어떤 처방보다도 내게는 잘 들었다. 되는 대로 지껄이는 그 돼먹잖은 답답하고 속된 대화는 내게 다시없을 큰 고역이었지만, 유익하고 실속이 있는 대화는 언제나 내게 커다란 기쁨을 주었고, 결코 그것을 물리치는 일은 없었다.

살로몽 씨의 이야기는 무척 내 흥미를 끌었다. 그와 이야기하고 있으면, 내 정신에서 장애물이 제거되면 그때 배우겠다고 마음먹은 고상한 지식을 미리 맛보게 되는 것 같았다. 그의 인품에 대한 흥미는 그가 주장하는 주제로까지 번져 가서, 나는 그가 말하는 것을 더 잘 이해하는데 도움이 될 만한 책을 구하기 시작했다. 과학과 신앙을 섞어 다룬 서적이 내게는 가장 적합했다. 오라투아르회(會)*² 와 포르 루아얄 데 샹 수도원에서 나온 서적들이 특히 그러했다. 나는 그런 책들을 탐독하기 시작했다. 우연히 이때 손에 들어온 것은 라미 신부의 것으로 《과학강화(科學講話)》라는 책이었다. 이것은 과학을 다룬 갖가지 책들을 알기 위한 일종의 입문서였다. 그것을 수없이 되풀이해 읽었다. 그것을 나의 길잡이로 할 결심이었다. 결국 그 사이에 내가 현재의 상태 속에 있음에도, 아니 오히려 그런 상태였기 때문에 막을 수 없는 힘으로 조금씩 연구하는 방향으로 끌려가는 나 자신을 느끼게 됐다. 그리고 하루하루를 이것이 내 마지막 날이라 생각하면서도 마치 언제까지나 살아갈 것처럼 열심히 공부했다. 모두들 이런 공부가 내 몸에 좋지 않다고 충고했지만, 나는 오히려 그것이 내 건강에 좋았다고 생각한다. 정신적으로만이 아니고, 몸에도 좋았던 것이다. 왜냐하면 그렇듯 열심히 한 공부가 무척 유쾌했고, 병 같은 것이 완전히 염두에서 사라져 버려, 기분에는 거의 영향을 주지 않았기 때문이다. 그러나 사실 병의 고통을 줄여 주는 것이 아무것도 없었던 것은 말할 것도 없다. 다만 심한 고통이 없어지고 차츰 쇠약과 불면과 활동을 대신하는 사색에 빠져 들어, 마침내는 몸이 천천히 쇠약해지는 것을 피할 수 없는 과정으로 여기게 되어, 그것을 그치게 할 수 있는 것은 죽음뿐이라고 생각하는 버릇이 생겼다.

---

*2 1594년 로마에 설립된 재속 수도회(在俗修道會)로 프랑스에는 1611년에 설립됨.

이 생각은 생명에 대한 부질없는 걱정에서 나를 벗어나게 했을 뿐만 아니라, 또 그때까지 억지로 받아 온 귀찮은 치료로부터도 나를 해방시켰다. 살로몽도 자기 약으로는 나를 고칠 수 없다는 것을 알고는 내게 그 지긋지긋한 약을 주지 않았고, 환자의 기대를 저버리지 않으려고 의사로서 신뢰를 유지하는 정도의 먹으나마나한 처방을 가엾은 어머니를 안심시키는 것으로 만족했다. 나는 옹졸한 식이요법을 버렸다. 다시 술을 마셨고, 체력이 허락하는 범위 안에서 모든 것을 조심했지만 어느 것에도 구애받지 않는, 건강한 사람 그대로의 생활로 되돌아갔다. 외출도 하고 친구를 찾아가기도 했다. 특히 콩지에 씨와의 교제는 무척 즐거웠다. 요컨대 숨을 거둔 마지막까지 공부를 하는 것이 훌륭하다고 생각한 것인지, 아니면 살아 보려는 희망이 마음속에 약간 숨어 있었던 것인지, 죽는다는 예감은 학문에 대한 흥미를 감퇴시키기는커녕 오히려 왕성하게 해주는 것 같았다. 그리고 마치 이 세상에서 가지고 간 것밖에는 저 세상에서는 가질 것이 없다고 생각하고 있는 것처럼, 저 세상에 가기 위해 작은 지식이나마 긁어모으려고 마음이 바빴다. 나는 부샤르라는 책방을 좋아했다. 문인들이 잘 가는 곳이었다. 이리하여 다시는 볼 수 없다고 여겼던 봄이 다가옴에 따라 다행히 레 샤르메트로 돌아가게 될 경우에 대비하여 거기서 읽을 몇 권의 책을 갖추었다.

그 행운이 찾아왔다. 나는 최선을 다해서 그 행운을 헛되이 하지 않으려 했다. 처음 새싹을 보았을 때의 기쁨은 말로 표현할 수 없었다. 다시 봄을 만난 것은 내게는 천국에서 부활한 것이나 다름없었다. 눈이 녹기 시작하자마자 우리는 감옥 같은 집을 떠나 밤꾀꼬리의 첫울음 소리를 들을 수 있을 만큼 알맞게 레 샤르메트에 왔다. 그때부터 나는 이제 죽을 것이라고는 생각하지 않았다. 사실 오늘에 이르기까지 내가 시골에서는 결코 중병을 앓은 일이 없는 것이 신기하다. 무척 기분이 상한 일은 있어도, 거기서 병을 앓은 일은 없었다. 평소보다 몸이 나쁘다고 느껴지면 나는 곧잘 말했다. '내가 죽을 것같이 보이거든 적갈나무 그늘에 옮겨다 주십시오. 틀림없이 나을 겁니다.'

약해지기는 했어도, 다시 전원 생활에 착수했다. 물론 힘에 알맞은 정도로. 밭을 혼자 못 가꾸는 것이 몹시 안타까웠지만 말이다. 열 번쯤 삽질을 해도 벌써 숨이 찼고, 땀이 흘러 그 이상은 팔 수가 없었다. 몸을 굽히면 심장의 고동이 빨라지며 피가 왈칵 머리로 솟구쳤기 때문에, 얼른 몸을 일으키지 않으면 안 되었다. 하는 수 없이 힘이 덜 드는 일을 하려고 먼저 비둘기 집을 보살폈다. 그건 꽤 재미가 있어 몇 시간을 계속해도 조금도 지루하지 않았다. 비둘기는 무척 겁이 많아 사람과 친해지기 어려운데, 나는 비둘기에게 절대적인 신뢰감을 불어넣어 줄 수 있었으므로, 어디라도 따라오게 되고 아무 때고 잡을 수 있게 되었다. 밭으로 나가도, 마당 가운데로 나가도, 금방 두세 마리는 팔이나 머리 위에 와서 앉았다. 그렇지만 아무리 즐거워도 그렇게 매달리면 방해가 되므로 너무 가까이 달라붙지 못하도록 해야만 했다. 나는 동물, 특히 겁이 많은 동물이나 야생 동물을 정붙이는 데 전부터 특별한 취미를 갖고 있었다. 그것에게 신뢰감을 불어넣는 것이 재미있긴 했지만, 내가 결코 그 신뢰를 배반한 적이 없었다. 그들에게도 나를 자유롭게 사랑하도록 해주고 싶었다.

책을 가져온 것은 이미 말했다. 그것을 읽었다. 그러나 읽으면서 자꾸 기억해 나갔다기보다는 자꾸 읽어서 걸리는 데가 많았다는 편이 옳다. 사물에 대한 잘못된 관념 때문에 나는 이렇게 믿고 있었다. 한 권의 책을 효과 있게 읽으려면 그 책에 들어 있는 모든 지식을 자신이 가지고 있지 않으면 안 된다고. 그 책의 지은이들도 그 지식을 모두 갖추고 있는 것이 아니라 필요에 따라 다른 책에서 인용해 온다는 것을 미처 생각하지 못했었다. 그런 이상한 관념 때문에 읽어가다 막히면 줄곧 이 책 저 책을 찾아볼 수 밖에 없었다. 그래서 내가 연구하려는 책을 열 쪽도 못 읽고, 서고를 온통 뒤져야만 할 정도였다. 이 터무니없는 방법에 지나치게 얽매어 공연한 시간만 허비했다. 마지막에는 금방 머릿속이 뒤흔들리는 것만 같아, 아무것도 보이지 않고 아무것도 할 수 없게 되었다. 이런 곳에 어물어물하고 있으면 끝도 없는 미궁 속에 빠져들고 말 것만 같은 생각이 다행히도 들었다. 그래서 나는 완전히 빠져들기 전에 거기에서 도망쳐 나왔다.

학문에 조금이라도 참다운 흥미를 가진 사람이라면 그것에 전념해서 처음 느끼게 되는 것은, 학문은 서로가 서로를 이끌어 주고 도와주며 비춰주고, 하나가 다른 것 없이는 완성될 수 없는, 각 부문이 서로 연관되어 있다는 것을 알게 될 것이다. 물론 인간의 정신은 모든 학문에 통할 수는 없고, 어느 것인가 하나를 주로 선택하지 않으면 안 되는 것이 보통이지만, 다른 부분에 대한 관념이 얼마간이라도 없으면 자기 부분에서까지 분명치 못하게 되는 경우가 흔하다. 나는 내가 계획한 일 자체가 좋기도 하고 유익하므로, 다만 그 방법을 바꾸기만 하면 된다고 느꼈다. 나는 먼저 백과사전을 골라잡고 전체를 각 부문별로 분류해 갔다. 그런데 그것과는 반대로, 각 부문을 하나하나 떼어 내어 따로따로 조사하면서 전체와 서로 연관시켜 가야만 한다는 것을 알게 되었다. 그렇게 해서 결국 흔한 종합법으로 돌아간 셈이지만, 나로서는 자신이 하고 있는 것이 어떤 것인가를 깨달은 사람으로서 그 점으로 돌아간 것이다. 명상은 이 경우 내게 지식을 보충해 주었고 아주 자연스런 반성은 나를 바르게 인도하는 데 도움이 되어 주었다. 살든 죽든 시간을 낭비해서는 안 된다. 25살이 다 될 때까지 아무것도 모르고 있다가, 갑자기 모든 것을 배우려면 시간을 아주 잘 이용해서 시작하지 않으면 안 된다. 운명 또는 죽음이 어떤 재주로 이 열을 그치게 할지는 모르지만, 온갖 난관을 물리치고 모든 사물의 개념을 얻으리라. 타고난 소질을 알아내기 위해서도, 또 무엇이 가장 길러서 갖출 가치가 있는지를 스스로 판단하기 위해서도.

   이 계획의 실천으로 또 하나 뜻밖의 이익을 발견했다. 많은 시간을 효과적으로 쓰는 것이다. 나는 원래 연구를 위해서 태어나지는 않은 듯, 오랜 공부 끝엔 무척 지친다. 같은 문제에 반 시간을 계속 힘들여 전념하지 못할 정도로. 특히 남의 사상을 더듬을 경우에 그러하다. 나의 사상이라면 훨씬 오랫동안 생각에 빠지는 일도 가끔 있었고, 그것으로 꽤 성공도 했다. 몰두해서 읽어야 할 책을 몇 쪽 읽었는가 하면 어느덧 내 정신은 그 책을 떠나 구름 속을 헤맨다. 억지로 책을 붙들고 있어도 공연히 지치기만 하고 현기증이 나서 아무것도 안 보이게 된다. 그러나 다른 문제가 잇따라 나오게 되면, 중단하지 않더라도 변하는 대목에서 기분이 전환되므로 비교적 쉽게 계속해 나아갈 수 있다. 이런 발견을 내 연구 계획에 이용하여 연구 제목을 잘 골라 갖추었으므로, 종일 공부에 몰두해도 결코 지치는 일이 없었다. 하기야 마당 손질이나 집안일도 좋은 기분 전환이 되기는 했다. 그러나 나의 정열이 더해가자 연구를 위해서 집안일에 필요한 시간을 더욱 줄이기로 하고, 양쪽에 똑같이 몰두할 수 있는 방법을 찾아냈다. 그래서는 어느 쪽도 제대로 진행이 안 된다는 것을 깨닫지 못하고.

   내게는 매력이 있어도 독자에게는 더러 지루한 내용이 되는 하찮은 것들을 너절하게 늘어놓은 것 같은데, 그래도 조심을 하고 있다는 점을 미리 말해 두지 않으면 독자들은 알지 못하리라. 여기서도 나는 될 수 있는 대로 쾌적하면서도 유익하도록 시간표를 만들려고 여러 가지로 시도해 본 것을 참으로 즐거운 마음으로 회상한다. 속세를 떠나 계속 병으로 보낸 이 시기가 내 평생에서 가장 여가가 없는, 가장 지루하지 않은 시기였다고 할 수 있다. 두세 달 이렇게 지내는 동안 내 정신적 경향을 타진하며, 1년 중 가장 아름다운 계절에 그 매혹에 싸여 있는 계절의 땅에서 생명의 매력을 맛보았고, 삶의 고귀함을 뼈저리게 느꼈다. 또 그토록 완전한 결합을 사회라고 이름지을 수 있다면, 자유롭고 상쾌한 사회의 매력도 맛보았다. 내것으로 만들고 싶은 학문과 예술의 매력을 맛본 것이었다. 그도 그럴 것이 나는 이미 학문과 예술을 내것으로 만든 것 같은 기분이었기 때문이며, 배우는 기분이 내 행복의 대부분을 점령하고 있었으므로 학문과 예술을 내것으로 만든 것 이상의 매력을 맛보았다고 말해도 좋다. 그러한 시도가 내게는 모두 즐거움이었지만 아주 단순한 것으로 일일이 설명할 수는 없다. 다시 되풀이되는 것 같지만 참다운 행복은 글로 표현할 수 없고, 오로지 느껴질 뿐이다. 글로 표현하기 어려운 만큼 더 잘 느껴진다. 그것은 사실을 긁어 모은 것이 아니고, 계속되는 어떤 상태이기 때문이다. 나는 자주 되풀이해서 말한다. 그러나 마음에 떠오를 때마다 같은 말을 되풀이한다면 더욱더 되풀이하게 되었을 것이다. 자주 변화를 겪게 되는 이곳의 내 생활이 마침내 일정한 궤도를 달리게 되었는데, 나의 시간은 대충 다음과 같이 할당되었다.

  매일 아침 해뜨기 전에 일어난다. 근처 과수원을 지나 꽤 아름다운 오르막길로 나선다. 그 길은 포도밭 위로 나서 산허리를 타고 샹베리까지 이어져 있다. 그 길을 거닐면서 기도를 올린다. 그것은 공연히 입만으로 중얼거리는 것이 아니고, 눈 아래에 아름답게 펼쳐져 있는 사랑스런 자연의 창조주에게로 향하는, 진지하게 북돋우어진 마음이라고 해도 좋은 것이다. 방 안에서 기도를 올리고 싶은 적은 한 번도 없었다. 벽과 인간이 만든 그 자질구레한 것들 전부가 하느님과 나 사이로 끼어드는 것만 같이 생각되기 때문이다. 나는 하느님이 만드신 것 속에서 하느님을 생각하기를 좋아한다. 그때 마음은 하느님을 향해서 높아져 간다. 내 기도는 순수한 것이었다. 그렇게 나는 말할 수 있다. 그리고 그런 만큼 하느님께 드릴 만한 가치가 있었다. 나를 위해 그리고 나의 염원으로부터 잠시도 떠날 수 없는 그녀를 위해, 오로지 악덕과 고뇌와 궁핍이 없는 깨끗하고 조용한 생활을, 올바른 인간으로서의 죽음을, 내세에서 올바른 인간이 될 수 있는 운명을 빌었다. 빌었다기보다는 차라리 찬미하고 보며 생각하는 가운데 이루어진 행동이었다. 참다운 행복을 나눠 주시는 하느님께 매달려 우리가 필요로 하는 것을 믿는 최선의 방법은 그것을 비는 것보다도 그것을 받을 만한 값을 지니는 것이라는 것을 나는 알고 있었다. 꽤 멀리 도는 길을 걸어 돌아오기 시작한다. 자신을 둘러싼 전원 풍경—이것만은 눈이고 마음이고 영원히 싫증을 모르는 풍경—을 흥미롭고 관능에 잠기듯이 욕심스럽게 바라보며 돌아오는 길에 들어서는 것이다. 어머니의 방에 기척이 있나 없나를 멀리에서 본다. 덧문이 열려 있는 것을 보게 되면 기쁨에 떨면서 달려간다. 닫혀 있으면 잠깨기를 기다리면서 마당을 돌아다니며 전날 알아 두었던 것을 복습하기도 하고 마당을 손질하기도 하며 기분을 달랜다. 덧문이 열린다. 침대 위 어머니에게 입을 맞추러 간다. 아직 잠에 취해 있을 때가 많다. 그리고 이 정답고도 순결한 포옹의 입맞춤은 천진하기 짝이 없었기 때문에 결코 관능에 충실한 욕망과는 연결되지 않는 매혹을 은근히 풍겨 주고 있었다.

우리는 대개 우유를 탄 커피로 아침 식사를 했다. 이때는 하루 동안에서 우리가 가장 안정된, 또 가장 마음의 간격 없이 말할 수 있는 시간이었다. 아침 식사 시간을 상당히 오래 잡았으므로 이 시간이 여간 즐겁지 않았다. 아침 식사에 여럿이 다 모이는 영국이나 스위스의 습관이 프랑스의 것보다 내게는 얼마나 좋은지 모른다. 프랑스에서는 아침 식사는 각자 자기 방에서 먹거나, 아니면 대개의 경우 먹지 않거나 한다. 한 두 시간 잡담을 하다가 나는 점심 때까지 책을 읽었다. 포르 루아얄의 《논리학》, 로크의 《오성론》, 말 브랑슈·라이프니츠·데카르트 등과 같은 철학 서적부터 읽기 시작했다. 곧 이 지은이들이 거의 끝이 없다고 해도 좋을 만큼 서로 반대의 위치에 놓여 있음을 알고, 그것을 일치시키려는 꿈같은 계획을 세웠다. 그 때문에 무척 피로하고, 시간을 꽤 잡아먹었다. 머리는 어지러워지고 조금도 진척이 없었다. 결국 이 방법은 집어치우고 훨씬 좋은 방법을 썼다. 능력이 모자란 나—확실히 연구에는 무능했다—그런 내가 그래도 어떻게 해서 진보를 보게 된 것은 전적으로 이 방법에 의해서였다. 즉, 한 사람의 지은이가 쓴 작품을 읽을 때, 그의 사상 전부에 귀를 잘 기울여 이것을 받아들이고, 거기에 나나 다른 사람의 사상을 섞거나 지은이와의 논쟁을 결코 하지 않는 법칙을 세운 것이다. 나는 스스로에게 말했다. '처음엔 참과 거짓을 문제삼지 않고, 다만 그 안의 사상을 그대로 내게 저장하기로 하자. 그러는 동안 지식이 풍부해져서, 비교도 선택도 하게끔 되리라.' 이 방법에도 불합리한 것이 있다는 것을 나는 잘 알고 있었다. 그러나 배운다는 목적을 위해서는 아무래도 좋았다. 거의 성찰하거나 추론하지 않았다고 해도 좋을 정도로 정확히 남의 말만을 생각하며 지낸 몇 해 뒤, 남의 힘을 빌지 않고 나 혼자만의 생각으로 만족할 수 있을 만한 상당한 지식이 들어 있는 것을 알 수 있었다. 그로부터는 여행이나 볼일로 도저히 책을 참고할 수 없을 때에도 전에 읽은 것을 회상하며 비교도 하고 하나하나 추리의 저울에 달기도 하며, 때로는 나의 스승들을 비판도 하며 마음을 위로했다. 비판력을 활동시키기 시작한 것이 그렇게 늦었다고 해서, 그 비판력이 생기가 없다고는 생각하지 않았다. 그리고 나 자신의 사상을 공개했을 때도 옛날 사람들의 것을 그대로 물려받은 것이라거나 스승의 입 흉내라는 조롱은 받지 않았다.

철학 다음에 기하학을 배웠다. 초보부터 한 것은, 언제까지나 앞으로 나아가지 않고, 몇 번이고 처음으로 되돌아가서 계속 제자리걸음을 하며, 모자란 기억을 이겨 나가려고 애썼지만 조금도 더 나아가지 못했기 때문이다. 유클리드 기하학은 좋아하지 않았다. 이것은 관념의 연합보다도 증명의 연결을 추구하고 있었다. 나는 라미 신부의 기하학 쪽이 좋았다. 이분은 그뒤 내가 좋아하는 지은이의 한 사람이 되었고, 오늘날도 그의 저작은 즐겨 되풀이해서 읽는다. 계속해서 대수학을 공부했다. 그리고 이에 길잡이가 되어 준 것 역시 라미 신부였다. 나아가서 레이노 신부의 《계수학(計數學)》을 하고, 다음에는 역시 그의 《입증 해석학(立證解析學)》을 했지만, 이것은 한 번 죽 훑어본 데 불과했다. 대수를 기하에 응용하는 방법을 이해할 만큼 나아가지는 못했다. 무엇을 하는 것인지 모르고 그저 계산만 하는 그런 풀이 방법을 좋아하지 않았으며, 기하 문제를 방정식으로 푸는 것은 핸들을 돌려 재주를 부리는 것과 같은 것이라고 생각했다. 이항식(二項式)의 제곱은, 그 각 항의 제곱과 그 두 항의 상승의 두 배로 성립된다는 것을 처음 계산해 냈을 때, 나의 곱셈이 바른데도 도형을 만들어 볼 때까지는 조금도 그것이 믿어지지 않았다. 추상적인 수량만을 다루는 경우 대수에 대해서도 커다란 흥미를 가졌지만, 면적에 응용된 대수를 할 경우에는 아무래도 선(線) 위에서 풀어 보지 않고는 전혀 알 수가 없었다.

그 다음은 라틴어였다. 이것은 내게 가장 힘든 것이었다. 이 연구에서는 끝내 별 진전을 보지 못하고 말았다. 처음에는 포르 루아얄의 라틴어 연구법에 따랐으나 효과가 없었다. 그 야만스러운 암기법에는 가슴이 답답해져서 도저히 귀에 들어오지 않았다. 너무나 많은 규칙에 완전히 갈피를 잃어버렸고 다음 것을 배우는 동안 앞의 것을 완전히 잊어버리고 말았다. 단어를 익히는 공부는 기억력이 없는 인간은 할 것이 아니다. 그러면서도 끈기있게 이것을 한 것은 기억력을 민활히 하기 위해서였다. 그러나 결국 이런 공부 방법을 버리지 않으면 안 되었다. 문장의 구조는 제법 알게 되었고, 사전의 도움을 받아 지은 이가 쉽게 쓴 작품이라면 읽을 수 있을 정도였다. 이 방법을 택해서 무사히 진행했다. 번역도 열심히 했는데, 쓴 것이 아니고 머릿속에서 했으므로 그것은 그 정도에 머무르고 말았다. 많은 시간의 연습 덕분으로 그뒤 꽤 수월하게 라틴어 작가가 쓴 책을 읽을 수 있게 되었으나, 라틴어로 쓸 수 있거나 말할 수는 없었다. 그래서 뒷날 어쩌다가 문학자들 틈에 끼게 되었을 때 가끔 당황하곤 했다. 그러한 학습 방식의 결과로 또 한 가지 불리한 점은 내가 끝내 운율법을 몰랐다는 점과 시를 짓는 규칙을 몰랐다는 점이다. 그러나 운문과 산문에 있는 언어의 해조(諧調)를 맛볼 생각으로 꽤 노력을 기울여 왔다. 그러나 교사가 없어 거의 불가능하다고 절실히 느꼈다. 시구(詩句) 중에서도 가장 쉬운 육각시구(六脚詩句)의 구조만은 알았으므로, 끈기있게 베르길리우스의 거의 모든 시구의 운율에 맞춰 보아, 그것에 음각(音脚)과 장단(長短)을 표시해 두었다. 그 이후로 어느 음절의 장단이 이상하면, 내가 표시를 해 둔 베르길리우스와 대조해 보았다. 물론 그것만으로는 작시법에는 변칙이란 것이 허용된다는 것을 잘 몰랐으므로 나는 많은 잘못을 저질렀을 것으로 안다. 어쨌든 독학에는 얻는 점도 있으나 또 불리한 점도 있다. 게다가 남모르는 고초도 있다는 것을 나는 누구보다도 잘 알고 있다.

점심 전에 아직 점심 식사가 준비되어 있지 않으면 기다리는 동안에 나는 책을 덮어 놓고, 친구인 비둘기를 찾아가기도 하고 마당 일을 하기도 했다. 그러다가 나를 부르는 소리가 나면 왕성한 식욕을 품고 즐겁게 달려갔다. 왜냐하면—이것도 미리 말해두어야겠는데—아무리 병을 앓아도 식욕을 잃어본 일은 별로 없기 때문이다. 어머니가 식사할 때까지는 신변에 관한 이야기를 했다. 한 주에 두세 번 날씨가 좋을 때는 집 뒤 시원한 그늘 밑 정자로 가서 커피를 마셨다. 여기에는 내가 홉의 덩굴을 길러 두었으므로 더운 한낮에도 기분이 무척 좋았다.

우리는 여기서 잠시 채소와 꽃들을 둘러 보거나 살림살이 얘기를 하며 보냈다. 그런 얘기가 도리어 한결 이런 생활의 즐거움을 느끼게 했다. 정원가에는 또 다른 조그만 가족이 있었다. 꿀벌이다. 나는 거의 빼지 않고 문안을 가지만, 어머니는 가끔 나를 따라왔다. 나는 꿀벌의 활동에 비상한 흥미를 가졌다. 꿀을 모아 돌아오는 것을 보고 있으면 상당히 재미있었다. 가끔 나를 수 없을 정도로 무거운 짐을 다리에 달고 돌아오는 놈이 있었다. 처음엔 너무 재미가 있어 무심코 있다가 두세 번 벌에게 쏘였지만, 그 뒤론 완전히 나와 친해져서 아무리 가까이 가도 해치려고 하지 않았다. 당장 휙 날아갈 것만 같은 벌떼들로 벌통이 꽉 차 있어도, 가끔 나를 둘러싸기도 하고 손과 얼굴에 앉기도 하지만 한 놈도 나를 쏘지는 않았다. 모든 동물이 인간을 두려워한다는 것은 거짓이 아니다. 그러나 일단 인간이 자기네들에게 해를 주지 않는다고 확인만 하면 그들의 신뢰는 대단해서 야만인이 아니고서는 그 신뢰를 악용할 수가 없게 된다.

다시 책으로 돌아간다. 그러나 오후에 하는 것은 공부나 연주 같은 것이 아니고 오히려 휴양이나 오락이라고 하는 편이 좋다. 점심 식사 뒤에는 서재에서 몰두하는 일을 견뎌내지 못했다. 무엇보다 어떤 일을 하든지 한낮의 더운 동안은 질색이었다. 그렇다고는 하지만, 연구가 아닌 독서 정도는 했다. 그것도 한가롭고 불규칙적으로였다. 가장 꼼꼼하게 한 것은 역사와 지리였다. 이것은 머리를 많이 써야 하는 과목이 아니므로, 내 부족한 기억력이 허락하는 한의 진보는 했다. 뻬또 신부의 것을 연구할 생각으로 연대사(年代史)의 어둠 속으로 파고 들어갔다. 그러나 의론(議論) 부분에는 질려 버렸다. 뭐가 뭔지 알 수 없었다. 그것보다도 시간의 정확한 측정이나 천체의 운행 같은 데 흥미가 끌렸다. 기계를 가지고 있었으면 천문학에 취미를 갖게 되었을 것이다. 그러나 책에서 배운 얼마간의 지식과 망원경에 의한 얼마간의 조잡한 관찰로 만족해야만 했다. 망원경이라고 해도 하늘의 일반적인 상황을 알기 위한 것에 불과한 것으로 근시인 나는 맨눈으로는 똑똑히 천체를 분간할 수 없었기 때문이었다. 이것에 대해 터무니없는 소동을 일으킨 일이 생각이 난다. 생각날 때마다 웃음이 터지곤 하는 사건이다. 별자리를 연구할 작정으로 평면 천체도를 사두었었다. 그 도면을 틀에 끼워 두었다. 그리고 밤마다 마당으로 나가 내 키만한 네 개의 말뚝 위에 이 틀을 천체도가 아래로 보이게끔 뒤집어 놓았다. 또 그것을 보기 위한 촛불이 바람에 꺼지지 않도록 네 개의 말뚝 한가운데 놓여 있는 들통 속에 세웠다. 그러고 나서 눈으로는 천체도를, 망원경으로는 천체를 번갈아 바꿔보면서, 별을 보고 별자리를 분간하는 연습을 했다. 앞에서 말했다고 생각되는데, 이 땅의 임자인 누아레 씨의 정원은 조금 높은 곳에 있었으므로 큰길에서는 마당에서 하고 있는 일들이 환히 보였다. 어느 날 밤, 농부들 여럿이 꽤 늦게 이곳을 지나다가 이상한 도구를 벌여 놓고 열심히 관측을 하고 있는 나를 보았다. 천체도에 반사되기는 하나 들통에 가려져서 출처를 알 수 없는 불빛, 네 개의 말뚝, 도형을 사방에 그린 커다란 종이, 틀, 그리고 계속 이리저리 움직이는 망원경, 이런 것들이 얼른 보아 마술책에 나오는 광경과 비슷했으므로 그들은 깜짝 놀랐다. 내 옷차림도 그들을 안심시킬 만한 것이 못 되었다. 사냥개 귀처럼 차양이 늘어진 모자를 나이트캡 위에 눌러 쓰고, 어머니가 억지로 입으라고 해서 입은, 방안에서 입는 솜으로 누빈 자켓을 입은 모양은 어디로 보나 마술사 같았으리라. 게다가 한밤중에 가까웠으므로 틀림없이 악마의 향연이 시작되는 것으로 생각했을 것이다. 그들은 이 광경을 좀더 두고 볼 겨를도 없이 허겁지겁 달아나서, 근처 사람들을 불러 방금 본 것을 이야기했다. 다음날부터 그 동네에서는 누아레 씨 집에서 악마들의 모임이 있었다는 소문이 퍼지게 되었다. 이 소문이 결국 어떤 결과를 가져왔는가를, 내 요술을 실제로 목격한 농부 한 사람이 자주 집에 오는 예수회의 두 수도사에게 말하지 않았더라면 나는 지금까지 알지 못할 뻔했다. 두 수도사는 무슨 영문인지도 모르면서 괜찮다고 농부들을 달래 놓고, 일의 자초지종을 내게 말했다. 내가 이유를 설명하자 그 자리에서 폭소가 터졌다. 그러나 두 번 다시 잘못을 저지르지 않으려고 그 뒤로는 불을 켜두지 않고 관측하기로 하고, 천체도를 집 안에서 참조하기로 했다. 《산에서 온 편지》(1764년에 씀)에서 베네치아의 마술을 읽은 사람은 내가 마술사가 될 소질을 일찍부터 많이 가지고 있었다고 생각했을 것이 틀림없다.

    이런 것들이 밭일에 시간을 뺏기지 않을 때의 레 샤르메트에서의 나의 일과였다. 그러나 여전히 밭일은 내 일과에서 가장 중요했으며, 나는 내 힘에 부치지 않을 정도로 농부처럼 일했다. 그러나 몸이 몹시 쇠약했으므로 실제로는 일을 했다고 해도 그것에 대한 마음만 가졌을 뿐 별로 한 일이 없었다. 게다가 공부 쪽과 일을 다같이 하려는 욕심에 어느 쪽도 제대로 하지 못했다. 내게는 억지로 기억력을 좋게 해서 무엇을 배워 보려는 생각이 머리에서 떠나지 않았다. 그래서 무엇이고 무턱대고 암기하려고 했다. 그 때문에 언제나 무슨 책이고 놓아본 적이 없고, 무척 힘들여 일을 하는 중에도 그것을 연구하며 복습하곤 했다. 그렇게 집요하게 헛된 노력을 계속했는데도 어떻게 멍청이가 되지 않았는지 이해할 수 없다. 베르길리우스의 《목가(牧歌)》를 스무 번이나 되풀이해 외웠는데도 지금은 그 중의 한 마디도 기억하지 못한다. 비둘기 집이건, 정원이건, 과수원이건, 포도밭이건, 어디건 책을 가지고 다니는 습관 때문에 많은 책을 잃어버렸는데, 그 중에는 한 질(帙)에서 잃어버린 권(卷)도 많았다. 그리고 다시 그것을 집어드는 것을 잊어버렸다. 흔히 두어 주일 지나서 발견하는 일이 있는데, 그 때는 이미 썩거나 개미가 먹거나, 달팽이가 형편없이 만들어 버렸거나 했다. 그런 학구열은 일종의 광증이었다. 나는 멍청이가 된 것 같았다. 다만 멍하니 있지 않고, 무언지 알아듣지도 못하는 소리를 계속해서 바쁘게 중얼거리고 있었다. 포르 루아얄이나 오라투아르 교단에서 나온 저작을 많이 읽었기 때문에, 나는 반은 얀센주의자가 되어 확신을 잃지 않으면서도 그 엄격한 신학에 때로는 두려움을 품게끔 되었다. 그때까지 별로 마음에 두지 않았던 지옥의 두려움이 차츰 내 마음을 불안하게 만들었다. 어머니가 내 정신을 안정시켜 주지 않았던들 이 무서운 교리는 완전히 나를 혼란스럽게 만들었으리라. 내 고해 신부는 어머니를 담당한 사람으로, 이분 또한 마음을 평정시키는 데 도움이 되어 주었다. 예수회의 에메 신부라는 선량하고 총명한 노인으로 내가 늘 존경하는 마음으로 회상하는 분이 바로 그 분이었다. 예수회 수도사이면서도 어린아이처럼 단순하고 그의 도덕은 방만(放漫)하기보다는 온전한 편으로, 얀센주의에서 받은 음울한 인상을 상쇄시키는 데는 정말 안성맞춤이었다. 이 노인과 그의 친구인 코피에 신부는 그 나이의 늙은 사람들에게는 무척 험하고 먼 길이었는데도 줄곧 레 샤르메트로 우리를 찾아 주었다. 이 두 사람의 방문은 우리에게 큰 도움이 되었다. 부디 하느님이 이 두 사람의 영혼에 좋은 보답을 주시기를 하고 비는 것은 당시 무척 고령이었으므로 오늘날까지 살아 있으리라고는 생각되지 않기 때문이다. 나도 가끔 샹베리로 두 분을 찾아갔다. 그와 점점 친해져서 그는 내게 그의 서고도 이용하게 해주었다. 행복한 이 시기의 추억은, 예수회원들의 추억과 연결되어 있어 하나를 생각하면 다른 하나도 그리워진다. 나는 그들의 교리를 늘 위험하게 생각했지만, 이 두 사람은 미워할 수가 없었다.
　가끔 내 마음속에 솟아나는 참으로 어린애 같은 생각, 그런 것들이 다른 사람의 마음에도 종종 생기는지 알고 싶다. 연구에 골몰하며 인간으로서 지낼 수 있는 한 죄 없는 생활을 하면서 이미 남들로부터 여러 가지 조언을 들은 바 있지만, 지옥에 대한 공포심은 여전히 내 마음을 자주 불안 속으로 몰아넣었다. 나는 스스로 물었다. '나는 어떤 상태에 있는가? 지금 당장 죽으면 지옥에 떨어지는 것일까?' 내가 읽은 얀센주의자들에 따르면 그것은 의심할 여지가 없었다. 그러나 내 양심에 비추어 볼 때 그렇지는 않은 것 같았다. 무서운 불안 속에서 계속 두려워 동요했던 나는 거기에서 벗어나기 위해 세상에도 없는 우스운 방법을 짜냈다. 그러나 내가 다른 사람이 그런 것을 하고 있는 것을 보았다면, 자진해서 그 사나이를 방에 가둬 버렸을 것이다. 어느 날 이 음울한 제목을 생각하면서 기계처럼 돌을 나무 줄기에 던지고 있었다. 언제나와 마찬가지로 다시 없이 훌륭한 솜씨였다. 이 말을 하는 것은 거의 한 개도 잘 맞지 않았다는 뜻이다. 그 멋진 연기(演技)를 하는 동안 나는 문득 불안을 가라앉히기 위해, 이것으로 점이라도 쳐봐야겠다고 생각했다. 나는 스스로에게 일렀다. '이 정면의 나무에 이 돌을 던져 보자. 그래서 맞히면 구원되는 거고, 빗나가면 지옥으로 간다.' 그렇게 말하면서 떨리는 손으로 무섭게 가슴을 두근거려 가며, 돌을 던졌다. 그런데 운좋게도 그 나무 한 가운데를 맞추었다. 사실은 문제가 없었던 것이다. 일부러 엄청나게 굵은 데다가 가까운 놈을 골랐으므로. 이때부터 더는 나의 영원한 구원을 의심하지 않게 되었다. 그때의 일을 생각하면 스스로에게 웃어야 좋을지 슬퍼해야 좋을지 모르겠다. 틀림없이 폭소를 터뜨릴 위대한 여러분들이여, 여러분은 자신의 행복을 기뻐하시라. 그러나 참혹한 내 불행을 비웃지는 마시라. 나는 이 불행을 뼈에 사무치게 느끼고 있었으니까.
　그러나 지금 말한 번민, 걱정은 신앙과 분리시킬 수 없는 것이지만, 끊임없이 그런 상태가 계속된 것은 아니다. 한 마디로 말하면 꽤 편안하고 죽음이 가깝다는 관념이 마음에 주는 인상은 슬픔이라기보다는 편안한 쇠약감으로 도리어 쾌감을 느끼게 할 정도였다. 최근 오래된 서류 가운데서 나 자신에게 말한 인도(引導)라고 할 수 있는 것을 발견했는데, 그 내용에 따르면 죽음에 직면할 수 있는 충분한 용기를 자신에게서 찾을 수 있는 연령에 이르러서 육체도 정신도 커다란 불행에 시달리지 않고 죽는 것을 기쁨으로 삼고 있는 것 같았다. 그 판단이 얼마나 옳았던 것일까. 내게는 예감이 있었으므로 괴롭게 살 미래를 두려워하고 있었던 것이다. 내게는 노후에 나를 기다리고 있는 운명이 그때부터 미리 보인 것같이 생각된다. 이 행복한 시기만큼 예지에 가까이 갔던 적은 없었다.

과거에 대한 큰 회한도 없고, 미래에 대한 걱정에서 벗어나 내 마음을 끊임없이 점령하고 있는 감정은 현재를 즐기는 것이었다. 독신자들에게도 얼마간의 욕정이 있는 것은 보통으로서, 허락된 죄없는 즐거움을 기분좋게 누려 보려는 욕망 같은 것이 무척 강하다. 속인들은 그것을 죄로 인정하고 만다. 나는 이것을 알 수 없다. 아니, 잘 알고 있다고나 할까. 속인들은 자신이 잃어버린 소박한 기쁨을 다른 사람들이 맛보는 것을 부러워한다. 나는 그것을 맛본 것이다. 그 소박한 기쁨을, 그리고 양심의 가책 없이 그것을 맛보는 유쾌함을 안 것이다. 내 마음은 아직도 신선하여 무슨 일에든지 열중했다. 어린아이의 기쁨을 가지고. 아니 그보다는 천사와 같은 기쁨을 가지고 라고 해야 마땅할 것이다. 왜냐하면 이 조용한 기쁨은 완전히 천국의 것처럼 깨끗한 것이었기 때문이다.

몽타뇰(작은 산)의 잔디 위에서 하는 점심 식사, 정자 밑에서 하는 저녁 식사, 과일 수확, 포도 수확, 일꾼들과 함께 삼 껍질을 벗기는 밤일, 그 모두가 우리에게는 축하 잔치와 같았다. 어머니도 나도 함께 그것을 즐겼다. 산책은 사람 수가 적을수록 매력이 컸다. 그편이 마음을 자유롭게 털어놓을 수 있으니까. 그 중에서도 우리가 가졌던 산책이 내 기억 속에 생생하게 남아 있다. '루이즈'라는 그녀의 이름과 똑같은 루이절(節, 루이의 여성 이름이 루이즈)이었다. 우리는 아침 일찍 우리끼리만 집을 나섰다. 집과 인접한 성당에서 새벽에 카르멜회 수도사를 모시고 미사를 마친 바로 직후였다. 나는 우리가 사는 반대 쪽의, 아직 내가 가본 적이 없는 산 중턱을 돌아 보자고 제안했다. 이 산책이 하루 종일 걸릴 것이므로 음식물은 미리 보내 두었다. 어머니는 약간 살이 쪘으나, 걸음이 곤란할 정도는 아니었다. 우리는 언덕에서 언덕으로, 숲에서 숲으로, 대부분은 나무 그늘을 택하고 때로는 햇빛으로도 나가며, 쉬엄쉬엄 몇 시간인지 시간마저 잊고 걸어갔다. 우리 자신, 우리 사이, 우리 운명의 즐거움을 이야기하며, 그것이 언제까지고 계속되도록—끝내 이뤄지지는 않았지만—기원했다. 모든 것은 이날의 행복을 위해 존재하고 있는 것처럼 보였다. 비가 온 뒤라 먼지는 일지 않았고 작은 내는 한가히 흐르고 있었다. 산들바람이 시원스레 나뭇잎을 흔들고, 공기는 맑게 개어 구름 한 점 보이지 않았다. 새파란 하늘은 그대로 우리의 마음이었다. 점심은 어느 농부의 집에서 먹고, 그 집 식구들에게도 나눠 주었다. 그들은 진심으로 우리를 축복해 주었다. 그 가난한 사부아 사람들의 말할 수 없는 착한 성품이란! 식사가 끝난 후 큰 나무 밑으로 가 그늘을 찾았다. 거기에서 내가 커피를 끓이기 위해 마른 가지를 주워모으는 동안, 어머니는 풀잎 사이로 다니며 식물 채집을 즐겼다. 내가 그녀를 위해 길을 가다 따 만든 꽃다발의 꽃에서도 그 기묘한 여러 가지 구조의 사항들을 내게 차근차근히 가르쳐 주었다. 그것이 어찌나 재미가 있던지, 나는 곧 식물학에 흥미를 갖게 됐다. 그러나 이때는 아직 시기가 일러 다른 연구에 마음을 빼앗기고 있었다. 게다가 우연히 내 마음을 일깨운 한 가지 생각이 초목과 꽃에 대한 관심을 다른 데로 돌려 버렸다. 이때의 내 정신 상태, 이날 우리가 말하고 행한 모든 일, 또 내 마음에 강하게 스쳐간 모든 대상, 그것들이 7, 8년 전 안느시에서 경험한, 완전히 깨어 버린 상태에 있던 한 가지 꿈을 문득 떠올리게 만든 것이다. 그 꿈에 대한 것은 그 대목(제3권)에서 이미 말한 바 있다. 그것과 이 장면과의 관계가 너무도 잘 들어맞았으므로, 그것을 생각만 해도 나는 눈물이 나올 정도로 감격했다. 너무도 감동한 나머지, 나는 그리운 사람을 끌어안고 입을 맞췄다. '어머니, 어머니' 하고 나는 정열에 넘쳐 말했다. '오늘 이 날은 오래전부터 저에게 약속되어 있던 날입니다. 이 이상의 소원은 아무것도 없습니다. 저의 행복은 당신 덕분으로 그 절정에 달했습니다. 오래오래 이 행복이 시들지 말았으면! 제가 이 기분을 간직하고 있는 한, 언제까지고 계속되었으면! 이 행복은 저의 생명과 더불어 있는 것입니다.'

　이렇게 나의 행복한 나날은 흘렀다. 그 무엇도 그것을 흔들지는 못하리라고 생각되고, 또 실제로 자신의 최후가 오기까지 그 행복은 사라지지 않으리라고 생각했던 만큼 나는 한결 더 행복했다. 고통의 샘이 완전히 다 말라 버린 것은 아니고, 흐르는 방향이 바뀐 것을 나는 알게 되었다. 나는 한결같은 괴로움을 유익한 목적의 방향으로 이끌어 가며, 그러는 동안 저절로 치료법을 발견할 수 있도록 했다. 어머니는 천성적으로 전원을 좋아했는데, 그런 기분은 나와 같이 있어도 사라지지 않았다. 차츰 밭 손질에 흥미를 갖게끔 되었다. 그녀는 땅에서 소득을 올리고 싶어했다. 그것에 대해서는 지식도 있었으므로 자진해서 나섰다. 빈집에 딸린 토지만으로는 만족하지 못하고, 따로 밭을 빌리기도 하고 목장을 빌리기도 했다. 마침내는 농사에도 계획을 좋아하는 그녀의 본성을 나타내며, 집 안에서만 빈둥거리지 않고, 단시일 안에 착실한 농사꾼 여자가 되려는 계획을 꾸준히 진행해 나갔다. 그녀가 그런 식으로 손을 뻗쳐 나가는 것을 보는 것이 나로서는 그다지 탐탁지 않았다. 가능한 한 반대하려 했다. 항상 남에게 속을 것이 뻔한 일이었고, 그녀는 분별 없이 돈을 헤프게 쓰는 기질이므로 늘 지출이 실수입을 넘을 것은 의심할 여지가 없기 때문이었다. 하나 한편으로 생각해 보면 이번 일로 실수입이 전혀 없을 것은 아니겠고, 그녀의 생활에도 보탬은 된다는 위안을 얻을 수는 있었다. 이모저모로 세워 보는 그녀의 계획 중에서도 이번 것은 그래도 가장 손해가 적으리라고 생각되었다. 그녀처럼 그것을 이익 대상으로 생각할 것이 아니라 좋지 못한 사업이나 사기꾼들로부터 그녀를 지키는 것에 신경을 쓰지 않아도 좋은 것이라고 생각하면 좋은 것이다. 그렇게 생각하고 나는 그 일을 감독했으며, 노동자들의 감독, 또는 반장(班長)이 되어 활동하는 데 필요한 체력과 건강을 회복하려고 애를 썼다. 물론 이렇게 일하는 습관을 들이면 자주 책과 멀어지게 되고, 병에도 신경을 쓰지 않게 되어, 몸도 훨씬 좋아질 것이 틀림없었다.

그 해 겨울 바리요가 이탈리아에서 돌아오는 길에 책을 몇 권 내게 가져다 주었다. 그 중에도 반키에리 신부의 《악기》와 《악전(樂典)》은 음악사와 음악 예술의 이론적 고찰에 대한 흥미를 불러일으켰다. 바리요는 잠시 우리와 같이 지냈다. 나는 몇 달 전에 성년이 되었으므로(제네바의 관습에 따라 루소는 27년 6월 28일에 성년이 되었다), 내년 봄에는 제네바로 서 적어도 행방을 모르는 형의 소식이 알려질 때까지, 내 생모의 유산 중에서 내 명의로 된 몫만이라도 청구하기로 이야기가 되었다. 이 일은 정한 대로 진행되었다. 나는 제네바로 갔다. 아버지도 그곳으로 찾아왔다. 아버지는 꽤 오래 전부터 그곳으로 자주 오곤 했는데, 앞서 내려진 판결이 취소된 것은 아니었지만 이젠 누구도 시비를 일으키려는 사람은 없었다. 게다가 아버지의 용기는 높이 인정되어 있고, 성실한 점이 존경을 받고 있었으므로, 세상 사람들은 아버지의 사건을 모르는 체하고 있었다. 관헌들도 그뒤 곧 터져나온 사건(1738년 5월 제네바의 관헌과 시민 사이에 일어났던 충돌 사건)으로 뒤숭숭하던 판이라 옛날의 불공평한 처분을 새삼 들추어 시민들의 감정을 거스르고 싶지 않았던 것이다.

개종했으므로 귀찮은 일이 생기지 않을까 걱정하고 있었으나 아무 일도 없었다. 제네바 법률은 그런 점에서 베른보다 덜 엄격했다. 베른에서는 개종하는 사람이면 누구든 시민권뿐만 아니라 재산권까지 잃었다. 내 재산은 별 말은 없었지만 어찌된 건지 형편없이 줄어 있었다. 형이 죽은 것은 거의 확실한 것 같았으나 법률상 증거가 있는 것은 아니었다. 나에겐 형의 몫까지 요구할 충분한 이유가 없었다. 그래서 이 몫은 아버지의 생활에 도움이 되도록 깨끗이 양보해 버렸다. 아버지는 살아 계시는 동안 그것으로 편안히 지냈다. 정식 수속이 끝나 돈을 받아 들자, 곧 그 중 얼마로 책을 사고, 나머지를 가지고 어머니 곁으로 달려갔다. 가는 내내 기쁨으로 가슴이 울렁거렸다. 그리고 그 돈을 그녀에게 건네주는 순간은 그 돈이 내 손에 들어왔을 때보다 천 배나 더 기분이 좋았다. 그녀는 훌륭한 정신의 소유자가 지닌, 어디까지나 천연스럽고 욕심이라고는 하나도 없는 냉담한 표정으로 그것을 받았다. 그녀는 그 돈을 거의 전부 담백한 마음씨로 나를 위해 썼다. 설혹 그 돈이 다른 데서 들어왔더라도 그 돈의 쓰임새는 조금도 다르지 않았을 것이다. 그러는 동안에도 내 건강은 회복이 안 되었다. 오히려 눈에 뜨일 정도로 쇠약해 갔다. 죽은 사람처럼 창백하고 해골처럼 여위었다. 맥박은 굉장했고, 심장의 박동도 한결 높아졌다. 늘 숨이 찼고 쇠약한 나머지 마침내 운동도 할 수 없게 되었다. 빨리 걸으면 숨이 찼다. 구부리면 현기증이 일었다. 가벼운 짐도 들어올리지 못했다. 나처럼 언제나 움직이는 사람에게는 아무것도 하지 않고 있는 것처럼 괴로운 일은 없었다. 게다가 우울증까지 심해진 게 틀림없었다. 우울증이란 편안히 지내는 사람들의 병이다. 내 우울증이 바로 그랬다. 울어야 할 아무런 이유도 없이 가끔 흘리는 눈물, 나뭇잎과 새소리에도 깜짝 놀라는 겁쟁이, 다시 없이 평온한 생활이어서 어지러운 일도 없는데 일어나는 변덕, 그런 것들은 모두 안일에서 오는 권태의 증거였다. 말하자면 안일이 신경을 과민하게 한 것이다. 우리는 이 세상에선 행복할 수 없도록 만들어져 있다. 정신과 육체 양쪽이 다 고통을 받지 않으면 어느 쪽이고 한 쪽이 고통을 받게끔 되고, 다른 한쪽이 좋아지면 거의 언제나 나머지 한쪽이 나빠진다는 식이다. 내가 유쾌하게 생활을 즐길 수 있을 때에는 쇠약해진 육신이 그것을 방해했다. 게다가 그 병이 어디에 뿌리박고 있는지도 알지 못했다. 나중에는 나이도 들고 현실에 부대끼면서도, 중대한 병에 걸렸음에도 내 육체는 병의 뿌리로 불행을 더 잘 맛보도록 오히려 힘을 되찾은 듯했다. 그리고 지금 이것을 쓰고 있는 나는 예순이나 되고, 허약한 채 온갖 종류의 고통에 시달리면서, 한창 젊을 때 다시 없이 참된 행복 속에서 즐길 수 있을 적에도 가질 수 없었던 체력과 생활을 이번엔 고생하기 위해 가지고 있는 것처럼 느껴진다.

연구를 깊이 하기 위해 생리학 책을 읽은 뒤로는 재빨리 해부학에 착수하고 있었다. 자신의 육체를 구성하고 있는 각 부분의 다양성과 기능을 조사하고 있노라니 하루에 스무 번이나 그 기관들의 전체 상태가 뒤틀린 듯한 느낌에 사로잡히게 되었다. 자신이 죽어가고 있는 데 놀라기보다 오히려 아직도 살아 있는 데 놀랐다. 병의 설명을 읽으면 모든 병을 내가 갖고 있는 것만 같았다. 하기야 병이 없었다 하더라도 이런 무시무시한 책을 읽고 있으면 병에 걸리고 말 것이다. 하나하나의 병에서 내 증세와 비슷한 것을 찾아 내고는, 그 병을 전부 내가 가지고 있는 것처럼 생각해 버렸다. 게다가 한층 심한 것은 완전히 단념해 버린 줄 알고 있었던 기분마저 불러일으킨 것이다. 바로 낫고 싶다는 몸부림이었다. 의학 서적을 읽기 시작하면 그것은 불가피한 일이다. 나는 탐구하고 고찰하며 비교한 결과, 내 병의 근원은 심장의 육종(肉腫)인 것으로 상상하게 되었다. 살로몽도 이 짐작에는 감탄하는 눈치였다. 이치상 이러한 견해에 도달하면 결국 지금까지의 결심을 굽히는 방향으로 나아갔어야 했을 것이다. 그런데 나는 그렇게 하지 않았다. 갖은 지혜를 짜내 어떻게 하면 심장의 육종을 고칠 수 있는가를 조사하여 진기한 치료에 착수하려고 결심했다. 일찍이 아내가 몽펠리에로 여행해서 그곳 식물원과 주임 기사인 소바즈 씨를 방문했을 때, 아내는 몽펠리에의 의과 대학 교수인 피즈 씨가 이것과 비슷한 육종을 고친 일이 있었다고 했다. 어머니가 그 말을 나에게 하는 순간 당장 달려 가서 피즈 씨에게 내 몸을 보였으면 싶었다. 고치고 싶은 희망이 이 여행을 계획할 용기와 힘을 내게 주었다. 당장 제네바에서 가지고 온 돈으로 그것에 충당했다. 어머니도 말리기는커녕 열심히 가보라고 권했다. 그래서 나는 몽펠리에를 향해 출발했다.

내게 필요한 의사를 찾는데 구태여 멀리까지 갈 필요는 없었다. 말을 타면 피로해 그르노블에서 마차를 세냈는데, 무아랑에서 내가 탄 마차 위로 대여섯 대의 마차가 쭉 열을 지어 따라왔다. 이건 마치 저 《들것 사건(擔架事件)》과도 비슷했다. 그 대부분은 콜롱비에 부인이라는 신부(新婦) 일행이었다. 이 부인과 함께 또 한 사람 라르나즈 부인이란 사람이 있었다. 이 여자는 콜롱비에 부인만큼 젊지도 예쁘지도 않지만, 애교만은 손색이 없었다. 콜롱비에 부인은 로망에서 내리지만, 라르나즈 부인은 거기서 퐁 생 테스프리 근처의 생 탕디올 마을까지 가기로 되어 있었다. 언제나 겁많은 내가 이렇듯 화려한 부인들이나 그 동행들과 금방 친해질 턱이 없다고 생각되시리라. 그런데 같은 길인데다가 한 여관에 묵게 되었으므로, 외톨이로 지내는 쓸쓸함 때문에 결국 같은 식탁에 얼굴을 내밀지 않을 수 없었다. 그렇게 되면 아무래도 친하게 된다. 그래서 결국 친하게 지내게 되었고, 그것은 예상 외로 빨랐다. 아직 내가 그럴 기분이 나기도 전이었다. 이렇게 말하는 까닭은 그러한 소란이 병자에게 좋지 않고, 특히 나같은 기질의 병자에게는 더욱더 좋지 않으리라는 마음이 들었기 때문이다. 그러나 대체로 그런 장난기 있는 여성들이란 호기심 때문에 곧잘 접촉해 오는 법이어서, 남자와 친하게 지내기 위해 먼저 그 남자의 넋을 빼놓는다. 내가 그 꼴을 당했다. 콜롱비에 부인은 젊은 아첨꾼들에게 잔뜩 둘러싸여, 내 마음을 끌 겨를이 없었다. 게다가 금방 헤어지게 되므로 그럴 필요도 없었다. 그러나 라르나즈 부인은 그러한 사람들에게 둘러싸여 있지 않았으므로 도중의 말동무를 만들어 둘 필요가 있었다. 그래서 라르나즈 부인이 나를 유혹할 생각을 했다. 이렇게 되니 가엾은 장 자크는 그만 사라져 버렸다. 오히려 그 신열과 우울증과 육종이 자취를 감춰 버린 것이다. 그런 것들은 그녀 옆에서는 모두 어디론가 날아가 버렸다. 오직 심장의 박동만이 남았을 뿐인데, 그것만은 그녀도 고쳐 줄 수 없었다. 내 건강이 좋지 못한 것이 두 사람의 입을 열게 한 동기였다. 몸이 나쁘다는 것은 누구나가 안다. 몽펠리에로 가는 것도 안다. 게다가 용모나 태도가 탕아로는 보이지 않았음에 틀림없다. 뒤에 확실히 알게 되었지만 내가 성병을 고치러 가는 사나이로는 보이지 않았다는 것이다. 병상을 버젓이 귀부인들에게 소개할 사나이는 없다. 그러나 그것이 도리어 이 부인들에게 내게 대한 흥미를 심어 주었다. 아침이 되면 그녀들은 내 용태를 물으러 사람을 보내고, 같이 초콜렛을 마시자고 부르러 보냈다. 간밤에는 좀 어떠했느냐고 물어 주었다. 한 번은 생각 없이 떠드는 버릇이 튀어나와, 몰라요 하고 대답했다. 이 대답은 그녀들에게 나를 바보로 생각하게 만들었다. 그녀들은 많은 점에서 나를 이모저모로 시험해 보려 했다. 이 시험은 내게 불리하지 않았다. 한 번은 콜롱비에 부인이 그녀의 여자 친구들에게 이렇게 말하는 것을 들었다. '교제할 줄을 모르는 거야. 그렇지만 참 귀염성이 있어.' 이 말에 아주 안심을 하고 실제로 그러려고 노력했다.

서로 친해지면서, 자신의 이야기, 어디 있는 누구라는 것을 말하지 않으면 안 되었다. 그것은 난처했다. 상류 사회 사람들에게, 더구나 예쁜 부인들에게 새로 개종했다고 털어놓는 것은 자살과 같다는 생각에 조마조마했다. 나는 무슨 변덕스러운 생각에서인지 영국인 행세를 하기로 하고, 자코바이트(영국의 제임스 2세와 그 자손을 지지하는 사람들)라고 했다. 사람들도 그렇게 대했다. 더딩이라고 이름을 대자 모두가 더딩이라 불렀다. 마침 토리냥 후작이라는 꼴사나운 사나이가 자리에 있었다. 나처럼 병약하고 거기에 나이까지 먹고 꽤 심술궂어 보였다. 이 사나이가 더딩 씨와 정답게 이야기가 하고 싶다고 나섰다. 제임스 왕(제임스 2세)이니 그 아들이니 생 제르맹의 옛 궁정에 대해 지껄여 댔다. 나는 가시방석에 앉은 기분이었다. 이 모든 것에 대해서 아일랜드의 귀족인 해밀턴 백작의 저서나 신문으로 조금 읽었을 뿐으로 아무것도 몰랐다. 그래도 이 얼마 안 되는 지식 덕분으로 무사히 난처한 상황에서 벗어났다. 상대가 영어에 관한 질문을 하려 하지 않는 것이 천만다행이었다. 사실 나는 영어를 한 마디도 몰랐기 때문이다.

일행은 마음이 맞았으므로 헤어지는 것이 섭섭할 정도였다. 우리는 매일 달팽이 같은 일정을 보냈다. 생 마르슬랭에 도착했을 때는 마침 일요일이었다. 라르나즈 부인은 미사에 가고 싶어했다. 나는 그녀와 함께 미사에 참석했다. 이것이 나의 교제를 하마터면 망칠 뻔했다. 나는 늘 하던 식으로 기도했다. 경건하게 명상하는 내 태도를 보고 그녀는 나를 독실한 신자로 알고 이틀 후에 내게 대해 터무니없이 그릇된 견해를 가졌었다고 고백했다. 그런 달갑잖은 독신자의 인상을 씻어 버리기 위해, 나는 즉시 그녀의 비위를 맞춰 주어야만 했다. 그보다도 라르나즈 부인 쪽이 대인 관계가 넓은 여자라, 그 정도로 실망하지 않고 내가 어떻게 뚫고 나가는가를 보기 위해 선수를 쳐서 위험한 재주를 부리려 했다고 해야 옳다. 그녀는 부지런히 여러 가지 방법을 썼다. 그 결과 나는 내가 지닌 사내다운 점을 자랑으로 알기는커녕, 오히려 남의 조롱거리가 된 듯한 기분이었다. 이러한 일에 얼이 빠져서 갖은 바보 흉내를 다 냈다.《유산》(마리보의 작품)에 나오는 후작보다 더 형편없었다. 라르나즈 부인의 수그러질 줄 모르는 온갖 미태(媚態)와 쉴새없는 달콤한 말에는, 아무리 약은 사내라도 전부를 진실하게 받아들이기는 힘이 들었을 것이다. 그녀가 그런 식으로 나오면 나올수록 나의 어리석은 생각은 더해만 갔다. 게다가 더욱 난처해진 것은 내가 그녀에게 아주 반해 버린 것이었다. 나는 혼자서도 이런 것을 생각했고, 또 한숨을 내쉬며 그녀에게 말했다. '아! 어째서 이것이 모두 현실이 아니란 말인가요! 나는 가장 행복한 사나이가 될 텐데.' 나의 이러한 순진성이 오히려 그녀의 바람기를 부채질했다고 생각된다. 그녀로서도 여기까지 와서 실패로 끝나기는 싫었던 것 같다.

로망에서 콜롱비에 부인을 비롯한 그 일행과 작별했다. 그때부터는 라르나즈 부인과 토리냥 후작, 나, 세 사람이 천천히 유쾌한 기분으로 계속 길을 걸어갔다. 토리냥 씨는 건강도 좋지 않았고 투덜 투덜 잔소리를 하기도 했으나, 무던하고 사람 좋은 구석도 있었다. 그러나 불고기의 좋은 냄새가 나는데도 자신은 빵만 씹고 있다는 건 그리 좋은 일이 못된다. 라르나즈 부인은 나에게 관심을 가지고 있는 것을 별로 감추지 않고 있었으므로, 후작이 오히려 나보다도 빨리 눈치를 챌 정도였다. 전 같으면 귀부인들의 친절 같은 것에 기대를 걸 용기도 없고, 오히려 이 늙은 후작의 신랄한 익살을 신뢰하게 되었을 것이다. 그러나 이번만은 내 독특하고 비뚤어진 생각에서 둘이 짜고 나를 놀리는 걸로 생각했다. 이 터무니없는 생각은 내 기분을 망쳐 놓고 말았다. 그리하여 정말 반해 버린 기분으로 한다면 제법 그럴듯한 연기라도 보여 줄 수 있는 마당이었는데, 그 실없는 생각이 나를 그만 아주 평범한 엉터리 배우로 만들어 버렸다. 어째서 라르나즈 부인이 그런 내 우둔함에 정이 떨어져 완전히 나를 무시해 버리지 않았는지 이해가 안 간다. 그러나 주위 사람들의 마음을 떠보는 재치 있는 여자인지라, 내 태도가 덜 돼먹은 것이 아니고 하는 것이 서투르다는 것을 완전히 꿰뚫어보고 있었다.

끝내 그녀는 목적을 달성하고 말았다. 그러나 거기까지 가는 데는 그리 간단하지 않았다. 우리는 점심 식사를 위해 발랑스에 머물렀는데, 평소의 훌륭한 습관대로 그날의 나머지 시간을 거기에서 보냈다. 여관은 교외인 생 자끄에 정해 두었다. 나는 이 여관을 라르나즈 부인이 정해 둔 방과 함께 영원히 잊지 못할 것이다. 점심 후, 그녀는 산책을 하고 싶다고 했다. 후작이 돌아다니지 못하는 것을 그녀는 잘 알고 있었다. 그것을 노려 두 사람만 만날 기회를 만들자는 것이었다. 이번에야말로 제대로 해보리라 배짱을 정하고 있었다. 왜냐하면 이제 시일도 얼마 남지 않아 빨리 효과를 거두어야만 했기 때문이다. 우리 두 사람은 도랑을 따라 읍내 근처를 서성거리며 다녔다. 그러는 동안 나는 자신의 한심스런 신세 한탄을 길게 늘어놓았다. 그녀는 잡고 있던 내 손을 이따금 가슴에 대고 꼬옥 누르면서 무척 부드러운 말로 대꾸했으므로 진심으로 하는 소린지 똑똑히 느낄 수 없었는데, 그것은 나 같은 얼간이에게는 있음직한 일이었다. 그러면서도 정말 이상한 것은 나 자신이 크게 감동하고 있었다는 것이다. 그녀가 애교 있는 여자라는 것은 앞에서 말했다. 바로 그 연정이 그녀를 매혹스러운 존재로 만들었다. 그녀는 청춘의 싱싱함으로 빛나 보였다. 어찌나 능숙한 솜씨로 교태를 부리는지 아무리 세상 물정에 익숙한 사나이라도 끌려들지 않고는 못 배길 정도였다. 그 바람에 나도 더 이상 참고 견딜 수 없어 그만 당장 그녀에게 사랑 고백을 하고 싶었다. 그러나 상대를 부끄럽게 만들지나 않을까, 불쾌하게 만들지나 않을까 하는 염려, 아니 그보다도 냉소를 받고, 비난을 받으며, 조롱을 받고, 식탁에서 웃음거리가 되며, 무자비한 후작에게 제대로 잘 진행이 돼서 축하한다는 소리를 듣는, 그런 큰 공포에 휩싸여, 자신의 어리석은 치욕에 스스로 화가 치밀어올랐다. 마치 벌을 받고 있는 기분이었다. 나는 이젠 사랑에 빠진 심약한 사나이의 따분한 넋두리 같은 건 말하지 않게 되었다. 여기까지 일이 진행되어 있는데 그런 말을 한다는 것은 쑥스럽기 한이 없을 것만 같았다. 이제는 어떤 체모를 가장해야 할지 무슨 말을 해야 좋을지 말을 못하고 시무룩해 있었다. 결국 두려워한 대접을 자신에게 불러들이는 것 같은 짓만을 하고 있는 셈이었다. 다행히도 라르나즈 부인은 한결 정다운 태도를 보여 주었다. 그녀는 급히 그런 침묵을 깨뜨리고 한쪽 팔을 내 몸에 감아 돌리며 갑작스레 그녀의 입술을 내 입술 위로 덮어 눌러, 오해의 여지가 없을 정도로 분명히 그녀의 사랑을 고백했다. 이토록 무사히 벗어난 위기가 있을 수 있을까. 나는 상냥해졌다. 그렇게 할 때가 온 것이다. 그녀는 그것으로 내게 자신감을 주었다. 이런 자신감이 없었기 때문에 거의 언제나 내 몸이 내 것이 아니었었다. 이때 나는 나라는 것을 찾았다. 나의 눈, 나의 관능, 내 마음, 내 입이 이때처럼 훌륭하게 말한 적은 없었다. 내 잘못을 이때처럼 완전히 고쳐 본 적은 없었다. 그리고 이 작은 정복은 라르나즈 부인에게는 무척 힘든 일이었지만, 그녀가 후회하지 않으리라는 것을 나는 확신했다.

 백 년을 살더라도 이 매력있는 부인의 일을, 기쁨 없이 회상하지는 못할 것이다. 매력이 있다고 나는 말했다. 사실 미인도 아니고 젊은 편도 아니었지만 보기 싫지는 않았으며, 나이가 많은 축도 아니어서 그녀의 재기와 애교를 유감없이 발휘하는 것을 방해할 만한 것이라고는 그녀의 자태에는 하나도 없었다. 다른 여성들과는 정반대로 그녀의 아름다움이 가장 부족한 것은 얼굴이었는데, 그렇게 만든 것은 아마 연지를 발랐기 때문이었으리라 생각된다. 몸가짐이 경쾌해 보이는 것도 이유가 있었는데, 그것은 그녀가 지닌 모든 가치를 그것으로 나타내려는 수단이었다. 그녀를 보는 것만으로는 사랑하고 싶은 기분이 나지 않을지도 모르나, 그녀의 몸을 껴안는 순간은 이미 뜨거운 사랑을 하지 않고는 못 배긴다. 그것을 절실히 느끼는 것은 내게 보여 준 친절이 아무에게나 뿌려진 것이 아니었기 때문이다. 그녀는 뭐라고 변명의 여지가 없을 정도로 성급하게, 또 격렬하게 자기 욕정의 포로가 되고 말았지만, 그것에는 적어도 관능과 같은 정도의 진심이 들어 있었다. 그리고 그녀와 함께 보낸 즐거운 며칠 동안, 내게 대해 엄격한 절제를 지키도록 한 점으로 보아, 관능과 육감에 충실하면서도 자신의 쾌락보다 내 건강을 중요하게 여기고 있었다고 생각한다.

두 사람의 사이를 토리냥 후작은 무심히 보아 넘기지 않았다. 그런데도 그는 여전히 나를 신랄하게 공격했다. 아니 도리어 이전보다도 한층 나를 겁 많고 가엾은 연인, 가혹한 여인의 희생자인 것처럼 대했다. 두 사람이 배가 맞은 것을 넘겨다보고 있는 듯한 그의 속마음을 내게 느끼게 할 만한 눈치는 말에도, 미소 속에도, 눈에도, 전혀 엿볼 수 없었다. 나보다 훨씬 눈치 빠른 라르나즈 부인이, '후작은 잘 알고 있으면서도 저런다. 그는 그 계통의 전문가다' 하고 말해 주지 않았던들 나는 후작이 우리에게 감쪽같이 속아넘어갔다고 생각했으리라. 사실 그 이상으로 언제나 사려 깊은 주의를 하며, 품위 있게 행동할 수 있는 사람은 없었을 것이다. 내게도 그러했다.

그런데 그의 농담, 특히 내가 무사히 성공했을 때의 농담은 달랐다. 아마 그는 이 성공의 명예를 내게 지워 준 것이리라. 그리고 눈으로 보기보다 이 녀석이 바보는 아니구나 하고 생각했으리라. 그 점은 그의 지나친 생각이며 독자들도 알듯이 그의 잘못이지만, 거기까지 상관할 것은 없다. 이번엔 이쪽이 그의 착오를 이용하는 것이다. 그리고 물론 이렇게 된 이상 주도권은 이쪽에 있는 것이므로 기꺼이 그의 신랄한 익살에 공격의 기틀을 만들어, 일부러 수비하는 자세를 취하고, 이따금 기회를 보아 가볍고 멋있게 반격했다. 라르나즈 부인이 보고 있는 앞에서, 그녀에게 지혜를 나타내 보이는 것이 무척 자랑스러웠다. 나는 이제 전과 같은 사람은 아니었다.

맛있는 것이 많은 고장이었고 철도 그러했다. 또 후작의 배려도 있고 해서 어디를 가나 맛있는 음식이 나왔다. 그러나 우리의 방까지 배려를 해주는 것만은 마다하고 싶었다. 그런데 그는 방을 정할 때마다 그의 하인을 도착지로 먼저 보내었다. 이 녀석이 언제나 자기 생각에선지 아니면 주인의 명령에선지 후작의 방을 꼭 라르나즈 부인 옆에 정하고, 나는 그 방의 반대쪽 끝편에 처넣어 두었다. 그러나 그 때문에 내가 곤란을 겪은 일은 없었다. 오히려 두 사람의 밀회를 더욱 자극시킬 뿐이었다. 그러한 즐거운 생활이 사오 일 계속됐다. 그동안 나는 달콤한 욕정에 취해 있었다. 아무 고통도 곁들이지 않았다. 순수하고 강렬한 육욕을 맛보았다. 그런 식으로 맛본 최초의, 그리고 유일한 욕정이었다. 내가 쾌락을 알지 못하고 죽는 운명이 되지 않은 것은 라르나즈 부인의 덕택이라고 할 수도 있다.

그녀에게 느낀 것이 정확히 사랑은 아니더라도 적어도 그녀가 보여 준 사랑에 대한 부드러운 응수였고, 쾌락 속에 존재하는 타는 듯한 욕망이었으며, 화기애애한 이야기 속에 있는 감미로운 친밀이었다. 따라서 거기에는 정열의 온갖 매력은 있었지만, 앞뒤를 분간 못해 향락마저 누리지 못하는 제정신을 잃는 일은 없었다. 또 하나는 바랑 부인을 사랑한 것처럼 그녀를 사랑하지는 않았다. 그러나 그 때문에 도리어 1백 배나 강하게 그녀를 내 것으로 만들 수 있었다. 어머니 옆에서 나의 쾌락은 언제나 고통 없이는 극복할 수 없는 슬픈 감정의 방해를 받았다. 그녀를 내 것으로 하는 기쁨은커녕, 그녀를 천하게 만드는 것 같은 가책을 받았다. 라르나즈 부인 옆에서는 반대로 내가 남자요 행복하다는 자랑을 품고서 마음놓고 즐기며, 자신의 관능에 몸을 맡겼다. 그녀의 관능 위에 내가 주는 인상을 그녀와 함께 맛보았다. 자신의 승리를 욕정과 허영심의 양면으로 바라보며, 거기에서 승리를 배로 만들 만한 기쁨을 얻게 되었다. 그만큼 나는 침착성을 잃지 않을 수 있었던 것이다.

이 지방 사람이었던 후작과는 어디서 헤어졌는지 모른다. 어쨌든 몽텔리마르에 도착하게 되었을 때는 우리 둘뿐이었다. 그때부터 라르나즈 부인은 그녀의 시녀를 내 마차에 태우고, 나는 그녀의 마차로 옮겨가서 그녀와 함께 탔다. 그러니 도중에도 지루할 리가 없었고, 지나온 것이 어떠했는지 내게 말하라고 해도 곤란한 것이다. 몽텔리마르에 볼일이 있어서 그녀는 사흘을 쉬었다. 그러나 그 동안에 사람을 찾아간 것은 꼭 한 번뿐이므로, 15분 정도밖에 내 옆을 안 떠난 셈이다. 그 방문에는 여러 가지 귀찮은 부탁을 받기도 하고, 초대가 있기도 했으나 그녀는 그것들을 전혀 받아들이지 않았다. 몸이 불편하다는 것이 구실이었지만, 그것은 두 사람이 세상에서도 아름다운 이 고장을 아름다운 하늘 밑에서 매일 산책하는 것을 막지는 않았다. 아, 이 사흘 간! 이따금 그때가 그리워 못 견딜 정도가 된다. 그런 날은 두 번 다시 돌아오지 않을 것이다.

여행중의 사랑은 오래 계속되지 못한다. 우리는 헤어지지 않으면 안 되었다. 그리고 지금이 바로 알맞은 시기라고 말할 수 있었다. 결코 내가 싫어진 것도, 싫어지려고 한 것도 아니다. 나의 애착은 더욱 더해만 갈 뿐이었다. 게다가 그녀가 숙녀로서의 조심성을 잃지 않은 데 반해, 나는 이렇게 된 이상 무슨 짓이라도 할 수 있다는 기분이 들 뿐이었다. 그리고 헤어지기 전에 과감한 짓을 해서 이런 안타까움을 확 쓸어 버리고 싶었다. 그녀는 몽펠리에의 천한 계집들에 대비할 조심스러운 준비를 함으로써 그것을 참고 견뎠다. 우리는 다시 만날 계획으로 이별의 쓰라림을 달랬다. 즉, 이렇게 정한 것이다. 라르나즈 부인의 감독 밑에 내가 생 탕디올 마을에서 이 겨울을 보낸다. 식이요법으로도 좋으므로 일거양득이다. 몽펠리에는 5, 6주간만 머물러도 된다. 그동안 그녀는 이상한 소문이 퍼지지 않게끔 예방하는 데 손을 썼다. 내가 알아 둘 것, 해야 할 말, 취할 태도 등에 대해서도 상세한 지시를 해주었다. 그때까지는 편지로 연락할 것과 건강에 대해서도 여러모로 정성껏 주의를 해주고, 용한 사람에게 진찰을 받아 그의 지시를 하나에서 열까지 잘 지키도록 권했다. 이번에 함께 있게 될 때는, 의사의 어떤 가혹한 명령이라도 그녀가 힘을 써서라도 내가 지키도록 해보인다고 장담했다. 이것은 진심에서 말한 것으로 보인다. 왜냐하면 나를 사랑하고 있었으니까. 그런 증거는 얼마든지 있었고, 단순한 염려라고 생각되는 것보다는 훨씬 확실성이 있었다. 내 차림으로 보아 유복한 생활은 하고 있지 않다고 본 그녀는, 자신도 부자가 아니면서 헤어질 무렵 그르노블에서 가지고 온 꽤 묵직한 지갑 속의 돈을 나눠 나에 억지로 쥐어 주려 했다. 그것을 거절하는 데는 무척 힘이 들었다. 마침내 그녀와 작별했다. 그러나 마음은 그녀의 생각으로 꽉 차 있었다. 아마 그녀도 내게 대한 애착이 사라지지 않을 것으로 생각된다.

내가 기억을 더듬어 올라가며 시작한 이 여행도 마침내 끝낼 무렵이 다가왔다. 그때부터는 지극히 만족스럽게 마차를 타고 앉아, 지금까지 맛본 쾌락과 약속된 쾌락을 한층 여유롭게 꿈꾸었다. 생 탕디올 마을과 그 곳에서 기다리고 있을 즐거운 생활밖에 생각하지 않았다. 오직 라르나즈 부인과 그 주위의 것만이 눈에 떠올랐다. 그 이외의 세계는 내게 모두 없는 것이나 다름 없었다. 어머니마저 잊고 있었다. 머릿속에서 이런 것 저런 것, 세밀하게 꾸며나가는 것은 라르나즈 부인을 중심으로 한 무대였고, 이렇듯이 그녀의 집과 이웃, 그녀가 가까이 지내는 집단, 그녀의 생활 방법을 미리부터 공상했다. 그녀에게는 딸이 하나 있었다. 그 딸 이야기를 정 깊은 부모 같은 말투로 곧잘 내게 이야기했다. 벌써 열 다섯 살이 넘었는데, 활발하고 귀엽고 마음씨가 착했다. 그 아이에게는 틀림없이 사랑받게 되리라는 약속이었다. 그 약속은 지금도 잊히지 않는다. 당사자인 라르나즈 양이 그녀 어머니의 좋은 친구를 어떻게 대할는지 생각할 때마다 큰 흥미가 생겼다. 그런 것들이 퐁 생 테스프리에서 르물랭까지 가는 동안 내 몽상의 씨앗이 되었다. 나는 가르 다리를 구경하라는 권유를 받았다. 그것은 잊지 않았다. 맛있는 무화과로 아침을 마치고, 길라잡이 한 사람 고용해서 가르 다리를 구경하러 떠났다. 이것은 내가 처음 보는 로마 사람들의 대공사였다. 유물이라 해도 그것을 만든 솜씨만 보게 될 것으로 생각했다. 그런데 그게 아니었다. 실물은 예상 이상이었다. 이런 것은 평생에 꼭 한 번뿐이었다. 이만한 효과를 냈다는 것은 정말 로마 사람이 아니면 안 된다. 이 단순하고 숭고한 대공사의 광경은 사방이 황량한 가운데에 있어 정적과 고독으로 한층 두드러져 보였고, 경탄을 한결 강하게 해준 만큼 내 마음의 감동이 더했다. 다리라고는 해도, 그것은 거대한 수로에 걸린 것이었다. 도대체 어떤 힘이 이 거대한 돌을 채석장으로부터 멀리 떨어진 이런 곳으로 운반하여, 몇만 명이라는 인간의 노력을 아무도 살지 않는 이런 곳으로 모았단 말인가. 나는 이 장대한(높이 49미터, 길이 2백 69미터) 건조물의 세 층을 돌아왔는데, 존경하는 나머지 그 위를 발로 밟기조차 황송했다. 발소리가 커다란 아치형 난간에 울릴 때, 나는 이것을 만드는 데 종사한 사람들의 힘찬 목소리를 듣는 기분이었다. 이 광대하고 끝이 보이지 않는 속에서 내 존재는 벌레처럼 작아 보였다. 그토록 작은 자신을 의식하면서도 한 편으로 무엇인가가 내 영혼을 드높여 주는 것 같았다. 나는 한숨을 쉬면서 중얼거렸다. '어째서 나는 로마 사람으로 태어나지 않았던가!' 몇 시간은 그렇게 황홀히 바라보며 서 있었다. 그리고는 멍하니 몽상에 잠긴 채 돌아왔다. 이 몽상은 라르나즈 부인에게 좋은 것은 못된다. 그녀는 몽펠리에의 천한 여자들에 대한 주의는 게을리하지 않았으나, 가르 다리에 대해서는 미처 생각이 미치지 못한 것이다. 인간은 모든 면에 다 생각이 미치지는 못하는 법이다.

님므에서는 원형 경기장을 보러 갔다. 이것은 가르 다리보다 훨씬 규모가 큰 공사였으나 맨 처음에 본 것(가르 다리)에서 너무 감동을 해 버린 때문었는지, 아니면 이것이 도시 한복판에 있어서 감탄을 불러일으키는 데 적당하지가 못했기 때문인지 가르 다리보다 인상이 훨씬 약했다. 이 어마어마하게 큰 경기장은 더러운 작은 집들로 둘러싸여 있고, 그보다도 훨씬 작고 훨씬 더러운 집이 안에도 꽉 차 있어, 그 때문에 전체가 조화가 안 되고 눈을 어지럽히는 효과밖에 내지 못했다. 따라서 안타까움과 노여움이 쾌감과 경탄을 눌러버리고 말았다. 그뒤 이 님므의 원형 경기장과는 비교도 안 되게 작고 외관도 떨어지는 베로나의 원형 경기장을 보았을 때, 그것은 될 수 있는 대로 따로 소중하고 깨끗하게 유지되고 보존되어 있어서, 오직 그것만으로도 한결 강하고, 한결 기분 좋은 인상을 받았다. 프랑스 사람은 무엇이든 대단하게 여기지 않고, 어떤 기념물도 존경하지 않았다. 그들은 일을 계획할 때는 아주 열중하지만, 어느 것 하나 완성하고 유지할 줄을 모른다.

나는 아주 사람이 변하고 감각도 단련이 되어 이 방면의 욕망이 왕성해졌으므로, 어느 날 퐁 드 뤼넬에 머물러, 거기 모인 사람들과 맛있는 음식을 함께 먹게 되었다. 이 카바레는 유럽에서 가장 유명했고 또 당시는 그 명성이 헛되지 않았다. 가게 사람들은 그 좋은 위치를 이용하여, 가장 좋은 재료들을 준비해 둘 줄 알고 있었다. 이런 들 복판에 우뚝 서 있는 외딴 집에서 바다의 생선이나 민물고기, 맛있는 산짐승 고기에 고급 술이 나오고, 고관과 부자들 집에서나 볼 수 있는 흠잡을 데 없는 정성 어린 대접인데도, 모두 합해서 35수라니 정말 신기할 정도였다. 그러나 이 퐁 드 뤼넬도 이런 식의 경영을 오래 계속할 수는 없었다. 소문이 너무 좋아졌기 때문에 끝내는 그 명성을 완전히 떨어뜨리고 말았다.

여행중에 나는 병을 잊고 있었다. 그런데 몽펠리에에 도착하자 다시 생각났다. 우울증은 나았지만 다른 병은 그대로였다. 습관상 그다지 느껴지지는 않았지만, 그래도 한꺼번에 몰아닥치게 되면, 누구든지 이젠 죽는다고 생각할 정도였다. 사실 이 병은 괴로움보다도 무서움이 앞서 있어, 파멸을 이야기하는 것처럼 생각되는 육체보다도 정신을 훨씬 더 괴롭히고 있었다. 그런 까닭에 심한 정열에 마음이 끌린 나는 이미 몸의 병은 생각하지 않았다. 그러나 그것은 마음에서 온 병이 아니므로 마음이 가라앉으면 금방 몸에 느껴졌다. 그래서 라르나즈 부인의 충고와 이 여행의 목적을 진지하게 생각했다. 가장 유명한 의사로 알려진 사람들, 특히 피즈 씨에게 진찰을 받으러 갔다. 그리고는 완벽을 기하려고 어느 의사의 집에 하숙을 했다. 그는 피트 모리스라는 아일랜드 사람으로, 꽤 많은 의과 학생을 집에 두고 돌봐주고 있었다. 이 집이 환자에게 좋은 점으로는 피트 모리스는 하숙비로 식비만 받을 뿐, 의사로서의 치료비는 전혀 받지 않는 것이었다.

그는 피즈 씨의 처방을 조제하는 것과 내 건강을 보살피는 것을 맡아 주었다. 그는 식이요법에 관해서는 정성껏 책임을 다해 주었다. 이 하숙집에서는 소화불량에 걸리는 일은 없었다. 나는 원래 이런 부자유를 그다지 심하게 느끼지 않지만 비교할 대상이 너무도 가까웠으므로, 피트 모리스 씨보다는 토리냥 씨 쪽이 훨씬 좋은 것을 먹여 주었다는 생각이 가끔 들곤 했다. 그러나 아직은 굶주려 죽을 정도는 아니었고, 이곳 청년들이 모두 무척 쾌활했으므로 이런 생활 방법은 실지로 퍽 도움이 되어, 다시 신경쇠약에 걸리는 일은 없었다.

아침에는 먼저 약을 먹었다. 내가 알지 못하는 물약이었다. 아마 발의 약수이거나 그런 따위이리라. 그리고 나서 라르나즈 부인에게 편지를 쓰며 시간을 보냈다. 편지 왕래는 계속되고 있었다. 친구 더딩의 편지 연락을 맡아 하는 셈이었다. 정오에는 젊은 하숙생들 중 아무나하고 같이 라 카느르그(시내에 있는 광장)를 한바퀴 돌러 갔다. 다 무척 좋은 젊은이들이었다. 그리고 나서 또 모여 점심 식사를 하러 갔다. 점심 뒤에는 중요한 일들이 있어 대부분은 저녁까지 그 일에 열중했다. 그것은 교외로 나가 간식 내기로 마이유 놀이(공놀이)를 두세 판 하는 것이었다. 힘도 기술도 없기 때문에 나는 하지 않았다. 그러나 내기는 했다. 승부가 재미있고, 돌이 많은 울퉁불퉁한 길을 경기자와 공을 따라다니는 것도 재미있으며, 몸에도 좋은 운동이어서 마음에 꼭 들었다.

일행은 교외의 카바레에서 간식을 먹었다. 그 식사가 유쾌했던 것은 말할 것도 없다. 덧붙여 말해 두고 싶은 것은 카바레의 여자들이 예뻤는데도 식사만은 꽤 얌전히 잘했다는 점이다. 마이유의 명수인 피트 모리스 씨는 우리의 회장이었다. 학생이라면 대개 평판이 좋지 못한 법인데, 이들 젊은이 사이에는 같은 수의 어른들이 모여도 보기 힘든 예의범절이 있었다고 할 수 있다. 그들은 잘 떠들지만 음담을 하지는 않았고, 쾌활하게 놀기는 해도 방종으로 흐르지는 않았다. 무엇이든지 좀 색다른 생활 방법이고, 게다가 마음대로 할 수 있게 되면 금방 열을 올리는 나인지라, 이러한 생활이 언제까지고 계속되어 주었으면 그보다 좋은 일은 없다고 생각했을 정도이다. 학생들 중에는 아일랜드 사람이 꽤 있었다. 생 탕디올 마을로 갈 준비로(더딩으로 행세해야 하므로) 그들에게서 영어를 좀 배웠다. 그리고 출발할 날도 가까워지고 있었기 때문이다. 라르나즈 부인은 내게 편지할 때마다 독촉을 해왔다. 나도 그것에 응할 마음을 먹고 있었다. 분명히 의사들은 내 병에 대해서는 아무것도 모르는 것 같았고, 정신질환에 걸린 병자로 보고 청미래덩굴 뿌리나 약수, 기름기 뺀 우유를 주고 있었다. 신학자와는 반대로 의사니 철학자니 하는 사람들은 자신이 설명할 수 있는 것 외에는 진리로 보지 않고 자신의 이해력을 진리의 잣대로 삼고 있었다. 이들은 내 병에 대해서는 아무것도 몰랐다. 그러므로 나는 병이 없었다. 그렇지 않다면 훌륭한 의사들이 몇 사람이나 있는데도 그것이 무엇인지 모르고 있는 것을 어떻게 생각해야 좋을 것인가? 나는 그들이 내가 마음을 놓도록 안심시키고 내게 있는 돈을 우려내려고 한다고 생각했다. 생 탕디올 마을에서 그들에 대신할 사람들도 마찬가지겠지만, 여기보다는 훨씬 유쾌하게 해줄 것이라 생각하고, 단연코 그 쪽을 택할 생각이 들었다. 나는 그런 약삭빠른 생각을 품고 몽펠리에를 떠났다.

  출발한 것은 11월 그믐께로, 이 도시에서 6주간 내지 두 달쯤 머무른 뒤였다. 루비 금화를 열두 개나 내던지고도, 결국 건강에도 수양에도 무엇 하나 얻은 것이 없었다. 얻었다고 한다면 겨우 피트 모리스 씨가 지도하는 해부학 강의를 조금 듣기 시작한 정도로, 그것도 해부되는 시체의 지독한 냄새에 견디다 못해 단념하지 않으면 안 되었다.

  그런 결심도 마음속에서 동요를 일으켜 퐁 생 테스프리로 향해 가던 도중 나는 생각을 다시 하였다. 생 탕디올 마을은 바로 앞에 있고, 그 길은 다시 샹베리로 통해 있다. 어머니의 추억, 그리고 어머니의 편지, 비록 그것이 라즈나즈 부인의 편지만큼 자주 오지는 않았지만, 그것을 생각하자 여행하는 동안 억압되어 왔던 회한이 마음속에 되살아났다. 그런 기분이 돌아가는 길에는 심해져서 즐거운 사랑을 저울에 달아 가며, 오로지 이성의 소리에만 귀를 기울이게 되었다. 첫째 이제부터 다시 시작하려는 엽기가(獵奇家)의 역할도 처음처럼 잘 진행될 가능성은 낮았다. 생 탕디올 마을에 단 한 사람이라도 영국에 갔다 와서, 영국 사람이나 영국 말을 아는 아는 사람이 있다면, 금방 내 속임수가 탄로나고 말 것이기 때문이다. 라르나즈 부인의 가족들이 내게 기분을 상해서 기대하고 있는 만큼 대우를 하지 않을지도 모른다. 게다가 그녀에게는 딸이 있다. 그 생각이 자꾸만 떠올라서 견딜 수 없는데, 그 딸이 자꾸 내게 불안을 안겨 주었다. 그녀를 사랑하게 될까봐 몸이 떨렸다. 이 두려움은 일이 반쯤 성사되고 있는 것이나 마찬가지였다. 그녀 어머니의 호의에 보답하기 위해, 딸을 타락시키고 불미스런 관계를 맺어, 그 집에 불화와 불명예와 추문과 지옥을 가져다주려 하고 있는 것인가 생각하니 소름이 끼쳤다. 만일 그런 불안한 조짐이 나타나면 그것과 싸우고 이겨내야만 한다고 굳게 결심했다. 그렇다 하더라도 도대체 그런 싸움에 무엇 때문에 몸을 내던지러 가는 것인가? 함께 사는 그녀의 어머니에게는 싫증이 나고 딸에게는 속마음을 털어 보이지도 못하고 가슴을 태운다는 것은 얼마나 불행한 처지인가? 그런 처지를 찾아가서 재난과 치욕과 회한에 몸을 내던질 필요가 어디에 있겠는가.

 내가 목적으로 하는 쾌락도, 이미 그 최대한의 매력을 실컷 맛보고 난 뒤였다. 그 증거로 내 공상 속에는 분명 처음의 생기는 사라지고 없었다. 쾌락의 뒷맛은 아직 남아 있으나 정열은 이미 사라졌다. 거기에 다시 내 지위, 의무, 그 정답고 너그러운 어머니에 대한 반성이 겹쳤다. 특히 어머니는 지금까지의 빚에다 터무니없는 내 낭비를 더 짊어지게 되어, 나 때문에 그만 지칠 대로 지쳐 버렸다. 그런 어머니를 이렇게 매정스레 배반한 것이다. 그러한 가책이 몹시 강해져서 나는 드디어 단호한 결심을 하게 되었다. 그 결심은 퐁 생 테스프리 가까이 오자, 생 탕디올 마을에 들르지 않고 곧잘 지나가 버리려는 것이었다. 나는 용기를 내서 그것을 실행했다. 솔직히 말해, 몇 번이나 나는 탄식했다. 그러나 '자신을 칭찬해도 좋다. 쾌락보다는 의무를 택할 수 있었다' 하고 자신에게 말했을 때, 그 마음속의 만족은 생애에서 처음 맛보는 것이었다. 이것이야말로 내가 연구로부터 얻은 처음으로 받는 참다운 선물이었다. 내게 반성과 비교를 가르쳐 준 것은 이것이었다. 얼마 안 되는 시간에 이같이 결백한 방침을 취하여 절도와 도덕의 규정을 만들어 그것에 따르는 자랑스러움을 느끼고 나자, 이제 그 뒤로는 자기 모순을 일으키거나 자신의 신조를 공공연하게 배반하는 부끄러움이 관능의 즐거움을 누르고 말았다. 자존심이 아마 도덕과 같은 정도로 내 결심을 도왔을 것이다. 물론 이 자존심이 도덕 자체는 아니지만 그 효과는 아주 닮은 데가 있다. 그러니 그 두 가지를 혼동했다 해도 받아들여질 줄 안다.

착한 행동을 해서 이익이 되는 한 가지는 정신이 드높아지는 것, 더 한층 좋은 행동을 할 수 있는 상태로 정신 자세가 놓여지게 되는 것이다. 나쁜 짓을 하려는 마음의 유혹을 물리치는 것도 착한 행동으로 간주하지 않으면 안 된다고 하는, 그 정도로 인간은 약점에 빠지기 쉬운 법이다. 결심을 해버리자 나는 다른 인간이 되었다. 그보다도 본래의 인간, 즉 그 도취로 한 번 잃어버렸던 인간을 되찾은 것이다. 훌륭한 감정과 결심에 가득 차, 자신의 잘못을 보상하겠다는 의도 속에 나는 길을 계속했다. 앞으로는 도덕의 법칙에 따라 자신의 행위를 규제할 것, 많은 어머니들 가운데서 가장 좋은 어머니에게 충성하며 모실 것, 그녀에 대한 애착과 같은 정도의 충성을 맹세할 것, 그리고 자신의 의무를 위한 사랑 이외는 어떠한 사랑에도 귀를 기울이지 않을 것 등 그런 것만을 생각했다. 아! 이 진지한 선을 향한 복귀는 또 다른 운명을 약속해 줄 것처럼 느껴졌는데, 내 운명은 이미 정해져 있어서 그것이 벌써 시작되고 있었다. 그리하여 내 마음이 바르고 착한 것에 대한 사랑으로 차 있고, 그의 인생에 순결과 행복만을 생각했을 때, 때를 같이하여 나는 불행의 긴 쇠사슬을 뒤로 늘이고 있는 지긋지긋한 순간에 부닥치고 있었다.

빨리 도착해야겠다는 마음 때문에 생각한 것보다 걸음이 빨라졌다. 도착할 날짜와 시간은 발랑스(현재 드롬므 현의 수도)에서 그녀에게 알려 두었었다. 예정보다 반나절쯤 일찍 도착했으므로 샤파리앙에서 반나절을 머물러 있다가 써 보낸 시각에 맞춰 도착하도록 했다. 그녀와 다시 만나는 즐거움을 충분히 맛보고 싶었다. 기다리는 즐거움을 더하기 위해서는 조금 늦게 도착하는 것이 좋을지 모른다. 그러한 배려는 지금까지 늘 성공해 왔다. 집에 도착할 때는 언제나 작은 축하 잔치 같은 것을 베풀어 주었다. 이번에도 그것을 기대했다. 그리고 나를 그토록 기쁘게 하는 그 환대는 충분히 준비를 한 보람이 있었다.

나는 정확히 그 시간에 도착했다. 훨씬 멀리서 그녀가 길 위에 나타나지 않나 하고 주의해 바라보았다. 가까이 감에 따라 점점 심장의 고동이 심해졌다. 마침내 숨을 헐떡이며 집에 도착했다. 왜냐하면 시내에서 마차를 내려 걸었으므로. 가운데 마당에도, 문간에도, 창문에도, 사람의 모습은 보이지 않았다. 가슴이 설레이기 시작했다. 무슨 일이라도 있었나 하는 걱정에 마음이 불안했다. 안으로 들어왔으나 쥐죽은 듯이 조용했다. 일하러 온 사람들이 부엌에서 쉬며 무엇인가를 먹고 있었다. 그러나 내게 대해선 아무런 준비도 없었다. 하녀는 나를 보고 깜짝 놀라는 것 같았다. 내가 도착하는 것을 모르고 있었던 것이다. 계단을 올라갔다. 마침내 그녀가 눈에 띄었다. 그토록 깊이, 그토록 강하게, 그토록 순수하게 사랑하던 어머니. 나는 달려가 그 발 아래 몸을 던졌다. '이제 돌아오는군. 도련님이!' 그녀는 내게 입을 맞추며 말했다. '도중에 별 일 없었어? 몸은 어때?' 이런 꾸중은 뜻밖이었다. 나는 편지를 받지 못했는지를 물었다. 받았다고 했다. '난 또 못 받은 줄 알았어요' 하고 나는 말했다. 오가는 인사는 그것뿐이었다. 한 사람의 젊은 사나이가 그녀와 같이 있었다. 출발하기 전에 집에서 만났었으므로, 나는 이미 그를 알고 있었다. 지금은 그가 이 집에서 자리를 잡은 모양이었다. 과연 그러했다. 결국 나는 자리를 빼앗기고 만 것이다.

이 젊은 사나이는 보 지방 사람이고 부친은 뱅상리드라하며 시용 성(城) 옥리(獄吏)—세상에서 흔히 교감(矯監)이라 부른다—로 있었다. 이 교감의 아들은 가발 회사의 영업 사원이었다. 그래서 일을 하기 위해 여기저기 돌아다니다가 바랑 부인을 알게 되었다. 나그네에게 언제나 하듯이 그를 따뜻하게 맞아 주었다. 특히 같은 고향 사람이라는 바람에 그녀는 후히 대접을 했다. 키가 크고 멋이 없는 금발의 사나이인데, 그런 대로 허우대는 제대로 갖추고 있었으나 얼굴은 평범했고, 재치도 그저 그런 정도였으며, 같잖게 레앙도르(몰리에르의 《엉터리》에 나오는 젊은 연인)와 비슷한 말투로 지껄였다. 그의 염복담(艶福談)을 길게 늘어 놓는데, 그런 직업의 사내들이 갖는 말투와 취미가 송두리째 드러났다. 자기와 동침했다는 후작 부인이란 사람의 이름을 반쯤밖에 알지 못하면서도 자기가 가지고 논 아름다운 귀부인 가운데 그 주인까지 동시에 쥐고 놀지 않은 적이 없다는 둥 우쭐댔다. 건방지고 얼간이였는데다가 무식하고 버릇이 없었다. 요컨대 세상에 저밖에 없는 듯이 잘난 체했다. 이 녀석이 나 없는 동안 들어앉은 내 후임자였고 내가 돌아오자 맞부딪치게 된 상대였다.

아, 지상의 속박을 벗어난 영혼이 영원의 광채 속에서 인간 세계에서 일어나는 일들을 지금도 보고 있다면, 친애하고 존경하는 망령(亡靈—바랑 부인)이여, 내가 자신의 잘못처럼 당신의 잘못도 사정없이 모두 독자의 눈 앞에 드러내 놓는 것을 부디 용서해 주시라. 나는 자신에게처럼 당신에게도 참되지 않아서는 안 되며, 또 그렇게 하고 싶다고 생각합니다. 그래도 당신이 잃은 것은 내가 잃은 것보다는 훨씬 적은 것입니다. 아니! 당신의 사랑스럽고 부드러운 성격, 끝없는 친절, 솔직함, 그리고 당신의 뛰어난 그 모든 덕성은 얼마만큼 약점을 메워주고 있는지 알 수 없습니다. 약점이라고 해도 겨우 당신의 이성에서 생겨난 잘못만을 그렇게 부를 수 있을 뿐입니다. 당신에게는 잘못이 있었습니다. 그러나 죄악은 없었습니다. 당신의 행동은 나무랄 데가 있었으나 당신의 마음은 언제나 순결했습니다. 사람들은 선과 악을 저울질하면서 언제나 공평하게 하려고 합니다. 다른 여성이 그 비밀 생활을 당신처럼 공표했을 경우, 감히 당신과 비교될 수 있겠습니까.

새로 온 자는 늘 자질구레한 집안 일들을 열심히, 부지런히, 꼼꼼하게 처리했다. 그리고 스스로 노동자들의 감독이 되었다. 내가 조용한 데 비해 떠들썩한 그는 밭이나 건초장이나 장작 패는 곳이나 마구간이나 가축 사육장 여기 저기 나타나서, 그의 떠벌리는 소리가 특히 잘 들렸다. 손을 대지 않은 곳은 정원뿐이었다. 그곳의 일은 조용하고 눈에 띄지 않기 때문이었다. 그가 좋아하는 일은 수레에 짐을 싣고 운반하거나 나무를 베거나 패는 일이며, 언제 보아도 도끼나 곡괭이를 들고 있었고, 뛰어 돌아다니거나 물건을 때려 부수거나 고함을 치는 소리가 들렸다. 몇 사람 몫을 했는지는 몰라도 언제나 열 사람이나 스무 사람 몫의 소란을 혼자 피우고 다녔다. 가엾게도 어머니는 이 소란에 속아 넘어갔다. 어머니는 이 젊은이를 살림살이의 보물처럼 생각했다. 그래서 이 사내를 자기 옆에 붙들어 두려고 했다. 그러기 위해 필요한 모든 수단을 썼다. 특히 자기가 가장 자신 있어 하는 수단을 쓰는 것을 잊지 않았다.

독자는 내 진심을 알아주시리라. 진심에서 나오는 가장 떳떳하고 진실한 감정, 특히 이때 그녀의 집으로 나를 되돌아가게 한 감정을. 그러나 지금 나의 존재에 얼마나 급격하며 완전한 변화가 생긴 것일까! 나의 처지가 되어 생각해 보시라. 내가 그려 본 모든 행복한 미래가 한 순간에 영원히 사라지는 것을 보았다. 그토록 애정을 가지고 길러 온 감미로운 배려는 모두 헛일이었다. 소년 시절부터 자기의 존재를 그녀의 것과 분리해서 생각하지 못했던 나는 처음으로 고독한 나 자신을 보았다. 그 순간 몸서리가 쳐졌다. 그것에 이어지는 순간도 암흑이었다. 나는 아직 젊었다. 그러나 젊음을 생기있게 만드는 그 기쁨과 희망에 찬 즐거운 감정은 영원히 나를 떠나 버렸다. 이때부터 내 속의 다감한 넋은 반쯤 죽고 말았다. 나는 이미 나의 앞날에서 무미 건조한 생활의 꺼림칙한 찌꺼기밖에 보지 못했다. 때로 여전히 행복의 환상이 욕망 속에 선뜻 그림자를 던지는 일은 있어도, 그 행복은 내게만 붙어 있는 것은 아니었다. 그런 행복을 얻는다손 치더라도 진정으로 행복할 수는 없으리라고 느꼈다.

 나는 무척 어리석어서 무턱대고 사람을 믿어 버리는 성질이라 새로온 녀석의 다정한 말버릇도 누구에게나 가까이하는 어머니의 경솔한 성격이 그렇게 만든 줄로만 생각했다. 그러므로 어머니가 그 원인을 말하지 않았다면, 나는 그 진정한 원인을 의심할 생각조차 하지 않았을 것이다. 그런데 그녀는 내게 그것을 솔직히 털어놓았던 것이다. 내 마음이 진지하게 그것을 받아들였더라면, 그녀의 솔직함은 나의 심한 분노를 부채질했을 것이다. 그녀로서는 일을 아주 단순하게 생각했다. 집안일에 대한 나의 게으름을 나무라고, 내가 집을 잘 비운다고 핀잔을 주었다. 마치 그녀는 성미가 급해 나같은 게으름뱅이의 뒷자리를 메울 사람으로 그를 끌어들인 것처럼 생각했다. '아, 어머니' 하고 나는 슬픔에 가슴이 터질 것만 같은 생각으로 말했다. '무슨 말을 그렇게 하십니까? 지금까지 몇 번이나 제 목숨을 구해 주신 것도 결국, 살아 남아서 다행이었다고 생각되는 것을 몽땅 제게서 앗아 버리기 위한 것이었습니까? 그렇게 되면 저는 죽고 맙니다. 제가 죽으면 틀림없이 후회하실 겁니다.' 그녀는 나를 어이없게 할 정도로 침착한 어조로 대답했다. '너는 아직도 어린애다. 사람은 그 정도 일로 죽는 것이 아니다. 너는 아무것도 잃은 것이 없다. 어느 의미에서나 두 사람의 다정한 사이는 변함이 없을 것이다. 너에 대한 깊은 애착은 살아 있는 한, 덜하게도 그치게도 될 수는 없을 것이다.' 결국 내 권리는 모두 그대로이며 그것을 또 한 사람에게 나눠주었지만, 그 때문에 내 권리가 없어진 것은 아니라는 것을 이해시키려고 한 것이다.

 그녀에게 바친 내 정신의 깨끗함과 진실함과 강력함, 또 내 정신의 참되고 바른 것 등을 이때보다 더 강하게 느낀 적은 없었다. 와락 그녀의 발치로 몸을 던지며, 눈물을 흘리면서 그녀의 무릎을 껴안았다. '안돼요, 어머니' 하고 나는 발광하듯 말했다. '제 사랑은 너무도 강한 것이어서, 도저히 당신을 그런 천한 인간으로는 만들 수 없습니다. 당신을 제 것으로 만든 제게는, 당신은 어느 것과도 바꿀 수 없는 소중한 것입니다. 도저히 남에게 나눠 줄 수 없습니다. 당신을 내 것으로 했을 때, 그것에 따른 후회의 생각은 나의 사랑과 함께 점점 커져가고 있습니다. 아니, 지금은 제 것으로 소중하게 소유하고 있는 당신이란 사람의 가치는 이제 그때와는 다릅니다. 저는 당신을 영원히 숭배하고자 합니다. 부디 언제까지고 그만한 가치가 있는 사랑이 되어 주십시오. 제게는 당신을 제 것으로 하기 보다도 존경하는 편이 훨씬 더 필요합니다. 아, 어머니, 저는 당신을 당신에게 맡기겠습니다. 두 사람의 마음의 결합을 위해서는 제 쾌락을 모두 희생하겠습니다. 사랑하는 사람의 품위를 깎는 쾌락을 맛볼 정도라면, 그 이전에 천 번 죽어도 사양치 않겠습니다.' 나는 이 결심을 끈기 있게 지켜 나갔다. 그러한 인내는 이 결심을 굳게 만든 감정이 얼마나 강했던가 하는 것을 잘 나타냈다고 할 수 있다. 이때부터 나는 이제 친아들의 눈으로 친애하는 어머니를 볼 수밖에 없었다. 그런데 여기서 말해 두지 않으면 안될 것은, 나의 그런 결심을 어머니가 마음속으로 승낙하지 않고 있는 것이 내게는 뻔히 보였는 데도, 그런 내 결심을 번복시키려고 그녀가 아무런 방법도 쓰려 하지 않았다는 것이다. 여자가 그런 수단을 써서 몸을 위험에서 건져내고, 또 대개는 무사히 성공을 하는 그 의미심장한 언사와 애무와 교묘한 교태, 그런 것들을 어머니는 쓰려 하지 않은 것이다.

그녀로부터 독립된 운명을 찾지 않으면 안 되게 된 나는, 그런 가능성마저 없이 곧 독립의 처지와는 반대의 극단으로 달려갔고, 그것을 모두 그녀 안에서 찾아내려 했다. 완전히 그녀 속에서 찾게 되었으므로, 나는 내 자신을 거의 잊어버리게 되었다. 어떤 희생을 치르고라도 그녀를 행복 속에 두고 바라보고 싶다는 욕망에 내 모든 애정이 집중되었으므로 그녀가 아무리 그녀의 행복을 내 행복과 분리시키려 해도 헛일이었다. 그녀가 뭐라고 하든 그녀의 행복을 내 행복으로 보아 왔었던 것이다.

이렇게 해서 내 영혼 속에 뿌려진 도덕이 나의 불행과 더불어 싹트기 시작했다. 이러한 덕성은 일찍이 독서에 의한 연구를 통해 길러진 것으로, 그 꽃을 피우기 위한 유인(誘引)이 될 역경을 기다리고 있었을 뿐이었다. 타산을 떠난 이때 마음가짐의 첫 성과는 내 지위를 앗아간 사나이에 대한 증오와 질투를 내 마음속에서 깨끗이 없애 버리는 것이었다. 그뿐인가. 내가 바란 것, 더구나 마음으로 바란 것은 이 젊은이와 친해지고, 이 인간을 도야하며, 그의 교육에 진력하여 그의 행복을 자각하게 하고, 가능하면 그 행복에 값할 만큼 만들고 싶은, 일찍이 클로드 아네가 내게 해준 것과 같은 일을 이 젊은이에게 해주고 싶은 그런 것이었다. 그러나 인물의 비교가 된다면 이번 경우는 이야기가 안 되었다. 상냥한 면과 지식면에서 아네보다 나은 나는 냉정과 끈기 면에선 못했다. 또 무사히 끝을 마치기 위해서는 꼭 필요한 그 사람을 위압하는 힘이란 것이 내게는 없었다. 또한 아네가 내게서 발견한 가지가지 장점을 이 젊은이에게선 거의 찾아볼 수 없었다. 예를 들면 유순함, 애착, 감사, 특히 신세지겠다는 감정, 그 신세를 훌륭히 살리고 싶어하는 열망, 그런 것들이 이 사나이에게는 없었다. 인간을 도야시켜 주려 하고 있는 바로 그 상대에게는 내가 헛소리만 지껄이는 귀찮은 현학자로밖에 보이지 않았다. 그뿐인가. 도리어 자신은 이 집에 없어서는 안될 중요한 인물이라고 자부하고 있었다. 그리고 떠들어대는 것이 살림에 도움이 된다고 믿고, 내 너절한 책들이 아무리 무더기로 있어도, 그의 도끼나 곡괭이의 효력에는 미치지 못한다고 생각하고 있었다. 어느 점에서는 그것이 틀린 것은 아니다. 그러나 그의 태도는 같잖아서 웃음이 터질 지경이었다. 농부들에게는 거드름 피우는 시골 귀족으로 자처하고 있었다. 오래지 않아 내게도 그것을 하게 되고, 끝판에는 어머니에게까지도 하게 되었다. 뱅상리드라는 이름은 그다지 귀족답지 못하다고 생각하고, 그것 대신 쿠르티유 씨로 행세했다. 그가 결혼한 사부아의 남쪽에 있는 모리엔느 지방에서도 그는 이 새로운 이름으로 알려지게 되었다.

마침내 이 명사가 집안을 혼자 휘두르게 되어, 그는 집안의 가장격이었고 사실 나는 존재도 없었다. 내가 잘못해서 그의 기분을 상하게 하면, 그로부터 잔소리를 듣는 것은 어머니였지 내가 아니었다. 그래서 어머니를 욕보이지 않으려는 염려 때문에, 나는 더욱 얌전해져서 그가 무슨 소리를 하든 고분고분했다. 그가 그의 일 가운데서 가장 자랑으로 아는 장작을 패는 일을 하고 있는 동안, 나는 묵묵히 장승처럼 서서 한가한 듯이 구경을 하며 그의 사내다운 솜씨를 칭찬할 수밖에 없었다. 이 사내는 그래도 형편없는 악당은 아니었다. 그도 어머니를 사랑하고 있었다. 사랑하지 않을 수가 없었기 때문이다. 내게도 반감은 갖고 있지 않았다. 독불장군처럼 설치는 기회를 틈타 이야기를 걸면, 자기는 쓸모없는 바보라고 솔직히 시인하며, 꽤 온순하게 내가 하는 말에 귀를 기울이기도 했다. 그러나 그 뒤라고 해서 바보짓을 안 하는 것은 아니었다. 게다가 식견이 매우 좁고 취미가 저속해서 그에게 도리를 설명해 주기도 곤란했고, 게다가 즐거움을 같이 나누는 것은 더욱더 불가능에 가까웠다. 그는 매력에 넘치는 여성을 소유하고 있는데도 나이 먹고 붉은 빛깔의 머리에 이가 빠진 하녀에게 손을 댔다. 어머니는 이 여자의 일하는 것이 지저분한데도 속을 썩여 가면서 잠자코 참고 있었다. 나는 그런 새로운 사실을 눈치채고 몹시 화가 치밀었다. 그러나 또 한 가지 달리 눈치챈 것이 한층 강한 충격을 주어, 지금까지 있었던 어느 것보다도 더 깊은 절망과 낙담 속에 나를 떨어뜨렸다. 그것은 나를 차갑게 대하는 어머니의 태도였다.

내가 스스로 밀고 나갔고 그녀가 동의한 것처럼 돼버린 금욕은, 여성으로서는 비록 겉으로는 나타내지 않았지만 내심으로는 도저히 견딜 수 없는 것의 하나이다. 자신이 금욕해야 한다는 결과보다도, 오히려 여자를 소유하는 것에 남자들이 무관심하게 된다는 것이 여자로서는 참을 수 없는 것이다. 가장 사려 깊고, 철학적인, 가장 육감에 담담한 여성을 예로 들어 보자. 남자에게 아주 관심 없는 여자의 경우라도 그 여자에게 가장 용서할 수 없는 남자의 죄는, 그 여자와 놀고 즐길 수 있는 기회를 가졌는데도 남자가 잠자코 팔짱만 끼고 있는 것이다. 여기에는 예외가 없는 것 같다. 왜냐하면 그토록 자연스럽고 그토록 강렬했던 그녀의 공감도, 미덕과 애착과 존경의 동기에서 나온 내 금욕 때문에 그녀의 마음에서 완전히 냉각돼 버렸을 정도니까. 이때부터 나는 언제나 내 마음에 가장 유쾌한 즐거움이었던, 그 마음과 마음의 친밀을 그녀에게서 발견할 수 없게 되었다. 새로운 녀석에게 무언가 불평이라도 있기 전에는 그녀는 내게 와서 흉금을 털어놓는 일이 없었다. 그들 둘 사이가 원만할 때는 나는 거의 그녀 속에 있는 말을 들을 수가 없었다. 그렇게 해서 그녀는 점점 나를 도외시하는 듯한 태도를 취하게 되었다. 내가 그 자리로 가면, 싫은 얼굴은 하지 않으나 이제는 나의 필요성을 인정해 주지 않았다. 그녀를 만나지 않고 며칠을 지낸다 해도 역시 그녀는 그걸 마음에 두지도 않았을 것이다.

어느 사이에 이 집에서 고립되어 외톨박이가 되어 있는 자신을 느끼게 되었다. 전에는 내가 이 집의 넋이었다. 말하자면 나는 나와 집의 이중 생활을 하고 있었다. 그런 내가 점점 집 안에 있는 모든 것에서, 또 집에 사는 사람들로부터도 떨어져 나가려는 습관이 들게 됐다. 끊일 줄 모르는 슬픔을 달래기 위해 책과 함께 틀어박히기도 하고, 숲속으로 가서 실컷 한숨을 지으며 울기도 했다. 곧 그런 생활이 도저히 견딜 수 없게 되었다. 그처럼 정다웠던 사람의 얼굴을 눈 앞에 보면서도, 마음은 멀리 떨어져 있다는 그 사실이 내 고뇌를 부채질하는 것으로 느껴졌다. 차라리 그녀의 얼굴을 안 보기로 한다면, 떨어져 있는 것도 그다지 고통스럽게는 느껴지지 않으리라 생각되었다. 나는 그녀의 집을 떠날 계획을 세우고 그녀에게 말했다. 그러자 그녀는 반대하기는커녕 오히려 내가 떠나는 것에 대한 편의를 보아 주었다. 그르노블에 데방 부인이라는 그녀의 친구가 있었다. 그녀의 남편은 리옹의 대법관인 마블리 씨의 친구였다. 데방 씨는 내가 마블리 씨의 어린애들의 교육을 돌봐 줄 것을 권했다. 나는 승낙하고 리옹으로 떠났다(1740년 4월 말). 전 같으면 헤어진다고 생각만 해도 죽을 것만 같이 괴로웠는데, 지금은 미련도 남지 않거니와 섭섭한 느낌마저 거의 없었다.

　나는 가정 교사에게 필요한 지식은 대개 갖춰져 있었다. 그러나 재주도 있다고 생각하고 있었다. 마블리 씨의 집에서 보낸 1년(대충 1741년 5월까지) 동안에, 그런 오만한 생각에서 완전히 깨어나고 말았다. 만일 분통이 터지는 것만 없었던들 온순한 성질을 타고난 내게는 이 직업이 어울렸으리라. 만사가 순조로워 수고와 노력을 아끼지 않고 가르친 보람을 느끼는 동안은 나도 천사와 같았지만, 여러 가지 일이 역경에 처하면 나는 악마같이 되어 버렸다. 학생들이 내가 하는 말을 잘 이해하지 못하면 무심중 화가 치밀었다. 상대가 악의라도 품었다면 죽였을지도 모른다. 이래서는 그들을 학문이나 절제 있는 인간으로 만들 수 없었다. 내가 맡은 학생은 두 사람으로, 아주 다른 성격의 소유자였다. 하나는 여덟 살에서 아홉 살이 되는 사내아이로 생트마리라고 불리며 얼굴이 귀여웠다. 장난꾸러기로 곧잘 재미있는 장난을 쳤다. 이보다 나이가 아래인 아이는 콩디야크라고 하며, 좀 지능이 모자라는 아이로 쓸데없는 장난만 하였다. 노새처럼 외고집쟁이인데다 무엇 하나 알지 못했다. 이런 두 골칫덩이를 놓고 가르쳐야 하는 내 일이 쉽지 않았다는 것은 짐작이 가리라. 참을성 있게 냉정히 대처했더라면 성공했을지도 모른다. 그러나 참을성도 없고 침착하지도 못해서 조금도 성과가 오르지 못했다. 아이들은 버릇이 몹시 나빠져

가고 있었다. 나로서는 정성을 다해 가르쳐 주었건만, 기분에 기복이 있었다. 특히 신중한 마음 자세가 되어 있지 않았다. 나는 그 둘에게는 세 가지 무기밖에 쓸 줄 몰랐다. 그 세 가지는 아이들에게 무익하고 해로운 감정과 잔소리와 성급함이었다. 어떤 때는 생트마리에 대해 나 스스로 감동한 나머지 울어 버리고 말았다. 실은 이 아이를 감동시키고 싶었던 것이다. 마치 어린애들에게 참다운 감동을 이해할 힘이 있는 것처럼, 어떤 때는 이 아이에게 이론적으로 이야기하려고 무척 고심을 했다. 그는 가끔씩은 집요하게 이유를 따지며 말을 하므로 그런 말을 할 수 있다면 판단력이 좋을 거라고 그대로 믿어 버렸다. 어린 콩디야크는 한층 더 골칫거리였다. 아무것도 알아듣지 못하고, 아무 대답도 못하며, 아무것에도 감동을 받지 않고, 어지간해서 꼼짝도 않는 고집쟁이였다. 그가 가장 의기양양한 때는 나를 발끈하게 만들었을 때였다. 이때는 그가 오히려 어른처럼 보이고, 나는 거꾸로 어린애가 되었다. 나는 자신의 결점 모두를 인정하고 그것을 통감했다. 학생의 심정을 연구하고, 그것을 아주 잘 터득했다. 그들의 함정에는 한 번도 걸려든 일이 없는 것으로 생각된다. 그러나 바로잡을 줄도 모르면서 나쁜 점만을 보는 것이 무슨 소용이 있겠는가. 무엇이고 다 알고 있으면서 무엇 하나 막아 내지 못했고, 무엇 하나 성공하지 못했다. 내가 하고 있던 것은 그렇게 해서는 안 되는 것이었다.

　제자의 경우도 그렇지만 내 자신의 일에도 성공을 거두지 못했다. 마블리 부인에게는 데방 부인이 소개를 했다. 내게 예법을 가르치고 사교 사회의 풍습이 몸에 배도록 해주었으면 하는 부탁이었다. 마블리 부인은 그 점에 마음을 쓰며, 내게 손님 접대의 예법을 가르쳐 주려 했다. 그러나 내 태도가 너무 어색하고, 게다가 심한 수줍음과 얼빠진 데가 있었으므로 실망한 나머지 부인은 두 손을 들고 집어치우게 되었다. 그러나 그것은 언제나 하는 내 습관대로 그녀를 사랑하는 데 방해가 되지 않았다. 나는 상대가 그걸 눈치챌 만큼 그런 태도를 보였으나 도저히 고백할 수는 없었다. 부인은 먼저 추파를 던질 그런 여자는 아니었으므로 나만 공연한 추파를 던지고, 한숨만 내쉴 뿐이었다. 결국 소용 없는 일인 걸로 보고, 곧 이것에도 흥미를 잃고 말았다.

　자질구레한 것을 훔치는 내 도벽은 어머니 밑에서 지내고 있는 동안에 완전히 없어졌다. 무엇이든 내 것이었으므로 훔칠 필요가 없었던 것이다. 게다가 내가 세운 고상한 주의로서도, 그 뒤로는 그런 비열한 행동에서 초연해 있지 않으면 안 되었고, 또 틀림없이 그 이후에는 초연해 있는 것이 보통이었다. 그러나 그 뿌리는 끊어 버렸는데도 그 유혹을 이겨 내는 방법은 배우지 못했다. 그러니까 만일 그런 욕망에 사로잡히기 쉬운 상황에 있으면 소년 시절과 같이 물건을 훔치는 자신의 버릇에 비상한 경계를 하지 않으면 안 되는 것이다. 그것을 마블리 씨 댁에서 입증하게 되었다. 훔치기 쉬운 작은 물건들은 주위에 있었지만 눈길도 보내지 않았다.

다만 욕심을 느끼는 것은 아주 산뜻한 맛이 나는 아르부아에서 생산되는 백포도주였다. 초대받은 자리에서 조금씩 마셔 본 것이 무척 내 입맛을 당기게 했다. 그것은 다소 탁한 술이었다. 나는 술을 맑게 할 수 있기 때문에 그 기술을 자랑했다. 그 술이 내게 맡겨졌다. 맑게 해보았으나 빛이 좋지 못했다. 그러나 보기에 그럴 뿐, 마시는 맛만은 변함이 없었다. 그 기회에 가끔 몇 개씩 손에 넣은 다음 내 작은 방에서 천천히 마셨다. 이상하게 나는 안주 없이는 마시지 못한다. 빵을 손에 넣으려면 어떻게 하면 좋을까? 먹다 남은 것을 놓아 둘 수도 없었다. 하인에게 사오라고 했다가는 발각될 것이며, 이 집 주인을 모욕하는 처사가 된다. 내가 직접 사러 갈 용기는 도저히 안 났다. 훌륭한 신사가 칼을 차고 빵 집으로 빵을 한 쪽 사러 간다는 일을 할 수 있겠는가?

마침내 어느 공주가 난처한 경우를 모면한 이야기가 생각났다. 백성들에게는 먹을 빵이 없는 말을 듣자 '그러면 브리오슈(빵 과자)를 먹게 하라'하고 대답했다는 이야기다. 그래서 나도 브리오슈를 샀다. 그러나 그렇게 하기까지에 얼마나 많은 시간이 걸렸던가! 그것을 위해 혼자 나가서 때로 온 시내를 돌아다녔다. 서른 집의 과자가게 앞을 돌아다닌 끝에 어느 가게로 들어간다. 가게에 사람이 혼자 있고, 그 얼굴 모양이 내 마음에 들어, 선뜻 가게 문턱을 넘는 수가 있다. 그런 과자집이 아니면 안 되는 것이다. 그러나 일단 그렇게 애써서 브리오슈를 손에 넣었을 때, 그리고 남몰래 내 방에 들어와 벽장 구석에서 술을 찾아 내었을 때, 그리고 혼자서 거기에 앉아 소설책 쪽을 넘겨가며 홀짝홀짝 마시는 즐거움이란!

사람 대신에 책을 앞에 놓고, 먹어 가면서 읽는다는 것이 예의 내 변덕스런 즐거움이었다. 그것이 내게 모자라는 사교를 대신하는 셈이다. 번갈아 책을 한 장 읽고 과자를 한 개 먹었다. 마치 책이 나와 회식이라도 하고 있는 것처럼.

나는 결코 방종하지도 않고 음탕하지도 않으며 지금까지 술에 취해 본 적은 한 번도 없다. 따라서 이 작은 도둑질은 그다지 실없는 것은 아니었다. 그러나 그것은 발각되었다. 술병이 나를 배신한 것이다. 아무도 그런 티를 내지는 않았으나 다시는 술 창고에 간섭을 못하게 했다. 그 점에 대해서는 마블리 씨가 신사적으로 조심스럽게 처리를 했다. 이 사람은 참으로 세상 물정에 밝은 사람으로, 겉모양은 그의 직업과 마찬가지로 엄격해 보였으나, 아주 부드러운 성격과 드물게 보는 깊은 동정심을 가지고 있었다. 판단이 올바르고 공평해서, 대법관으로서는 생각조차 할 수 없는 대단히 인정많은 사람이기도 했다.

나는 그의 관대함이 너무도 고마워 한층 그에게 끌렸다. 그래서 그가 아니었으면 견뎌내지 못했을 이 집에 그럭저럭 오래 머물러 있게 되었다. 그러나 결국은 적응하기에도 힘든 직업과 아무 재미도 없으면서 거북하기만 한 위치 등에 싫증이 나서 1년을 해본 다음—그동안에라도 수고를 아끼는 일은 조금도 없었지만—제자들의 교육을 훌륭하게 완수할 힘이 없는 것으로 단념하고 떠날 결심을 했다. 마블리 씨도 나와 견해가 같았다. 그렇지만 내가 그를 위해 수고를 아끼지 않겠다고 말했더라면 그 역시 나를 내보낼 결심은 하지 않았을 것으로 본다. 그렇다고 해서 그런 경우 그의 지나친 너그러움을 물론 내가 솔직하게 받아들일 리는 없다.

그런 처지가 한층 견딜 수 없었던 것은 버리고 온 신분과 늘 비교하기 때문이었다. 생각나는 것은 그리운 레샤르메트와 정든 정원, 나무들과 샘과 과수원이었고, 또 특히 그 모든 것에 영기(靈氣)를 넣어 준 사람, 그 사람 때문에 내가 태어났다고 생각되는 그 사람의 일이었다. 그것을 생각하고 또 두 사람의 즐거움, 두 사람의 깨끗한 생활을 생각하면 치밀어오르는 추억에 가슴이 막혀 아무것도 할 용기가 나지 않았다.

지금 당장 이곳을 뛰쳐나가 이대로 그녀에게로 달려가고 싶은 충동에 몇 번이나 사로잡혔던가. 아쉬운 대로 단 한 번만 더 만날 수 있다면, 그 순간에 죽어도 한이 없을 것 같았다. 그런 간절한 추억에 끝내는 견뎌낼 수 없게 되었다. 그것이 나를 어떤 희생을 치르더라도 그녀의 곁으로 달려가고 싶게 만든 것이다.

나는 스스로에게 말하는 것이었다. '아, 전엔 참을성이 모자랐다. 그녀의 기분을 맞추는 것도, 귀여움을 받으려는 노력도 모자랐다. 그러나 이제라도 분발하면 다시 한 번 따뜻한 우정 속에 행복하게 살 수 있는 것이 아닐까.' 그래서 세상에서도 아름다운 계획을 세워 그것의 실천을 위해 열중했다. 모든 걸 버리고 모든 걸 체념하고 뛰쳐나갔다. 소년 시절의 열광 그대로, 단숨에 그곳에 도착하여 그녀의 무릎으로 달려갔다.

아, 그녀가 나를 맞이하는 말 가운데, 그녀의 마음 가운데, 일찍이 내가 발견했던 그리고 아직도 그립게 회상되는 것, 그것의 4분의 1이라도 다시 찾아볼 수 있었다면 기쁜 나머지 나는 죽고 말았으리라.

인간사(人間事)의 엄청난 환영(幻影)! 그녀는 친절한 마음씨로 변함 없이 맞아주기는 했다. 그 점은 그녀가 이 세상에 살아 있는 한 영원히 변할 수 없는 것이었다. 그러나 나는 이미 거기에는 없는 과거, 되살아날 수 없는 과거를 찾아 돌아간 것이었다.

그녀와 한 시간도 채 못 되어 내 옛날의 행복이 영원히 죽어 버리고 만 것을 느꼈다. 도망쳐 나가지 않으면 안 되었던 전날의 슬픈 처지에 있는 것과 조금도 다름없는 자신을 다시 발견했다. 그리고 그것은 누구의 죄라고도 할 수 없었다. 쿠르티유로 말해도 원래가 나쁜 사람은 아니었고 불쾌한 기색도 없이 인사하는 것으로 보아 오히려 반가워하는 것 같았다. 그러나 예전에 나를 자기의 모두로 생각해 준 사람, 지금도 내게는 나의 모두일 수밖에 없는 사람, 그 사람 옆에서 어떻게 군식구 노릇 하는 것을 참을 수 있겠는가? 내가 아들 노릇을 하던 이 집에서 어떻게 남으로 지낼 수 있겠는가?

지난날의 행복의 증인인 온갖 물건들을 바라보면 그 대조가 더욱 가혹하게 느껴졌다. 차라리 다른 집이라면 고통이 훨씬 덜하리라. 어찌되었든 이처럼 감미로운 추억이 꼬리를 물고 나타나는 것을 본다는 것은 잃어버린 것에 공연히 애정을 불러일으킬 뿐이었다. 헛된 회한에 시달리며 다시 없이 어두운 우울 속에 잠긴 나는, 식사 때 이외에는 혼자 틀어박혀 있는 생활에 다시금 빠져들었다. 방에 들어앉아 책을 보며 거기서 위안을 찾았다. 전날 그토록 무서워했던 가계의 위급함을 다시 몸으로 느끼며, 어머니가 무일푼이 되었을 때에 대비할 방법을 나 혼자 강구해 보려고 새삼 궁리를 했다. 내가 있을 때는 살림이 엉망이 안 되게끔 정돈해 두었는데, 내가 나온 뒤에는 완전히 형편이 변해 있었다.

그녀의 회계 책임자는 돈을 헤프게 썼다. 지나치게 사치를 했다. 좋은 술과 좋은 마차로 근처 사람들에게 귀족처럼 보이고 싶어했다. 아무것도 모르는 주제에 이런 저런 계획들을 꾸준히 세웠다. 연금은 미리 타먹은데다 4분기까지

저당에 잡혀 있고, 집세는 밀렸으며 빚은 자꾸 불어 갔다. 그녀의 연금은 머지 않아 압류되고, 아마 정지되어 버릴 것이 뻔했다. 결국 내가 직면하고 있는 것은 파멸과 재앙 뿐이었다. 게다가 그 때는 곧 눈앞에 닥칠 것으로 보여, 이미 그 공포를 남김 없이 몸으로 느끼고 있었다.

정든 서재는 단 하나의 위안이었다. 정신적 고뇌를 잊기 위한 수단을 여기에서 찾으려던 나머지, 마침내는 눈 앞의 재난을 구해낼 방법까지도 여기에서 찾자는 생각이 들었다. 그리고 옛날의 사고방식으로 돌아가 또다시 공중누각을 쌓으면서, 가엾은 어머니를 지금 내 눈 앞에서 빠져들어 가고 있는 참혹한 궁지에서 끌어내려 했다. 문단에 화려하게 이름을 날려 그 길로 행운을 차지할 만큼 나 스스로 학문을 가졌다거나 재주가 있다고 생각하지는 않았다. 다만 문득 떠오른 생각이 재능이 없어서 가지지 못했던 자신감을 불어넣어 주었다. 음악 교수를 그만두었어도, 음악을 버린 것은 아니었다. 오히려 이론 연구는 깊어져서, 이 방면에서는 적어도 자신을 학자로 인정할 수 있었다. 음표 읽는 법을 배울 때까지 맛보았던 노고, 아직도 악보를 보고 즉석에서 노래하기 어려운 것, 그런 것을 곰곰이 생각했을 때, 일반적으로 음악을 배우는 것이 누구에게나 어렵다는 것을 알고 있으나, 그 어려운 원인은 자신에게 있음과 동시에 그 악보에도 있다는 것을 생각하기에 이르렀다. 음표의 조직을 조사해 보고, 그 체계가 아주 엉망이라고 느낀 적이 종종 있었다. 훨씬 전부터 나는 숫자로 음계를 표시하는 것을 생각해 왔는데, 그렇게 되면 얼마 안 되는 노래를 베끼는 데 언제나 줄을 긋고 음표를 써넣는 것 같은 수고를 덜 수 있으리라고 생각했다. 다만 옥타브, 박자음의 장단 문제에 부딪쳐 고민하고 있었다. 전부터의 이 착상이 다시 머리에 떠올랐다.

그리하여 다시 생각한 결과 그러한 어려움을 이겨내지 못할 것도 없다는 것을 알았다. 나는 용케 그것을 생각해냈다.

그리하여 어떤 악보든 내 숫자로 간단하게 베끼기 시작했다. 그렇게 되자 벌써 내 행운이 손에 잡힌 줄로 생각했다. 그 행운을 모든 일에 은혜만 지고 있는 사람에게 빨리 나눠 주고 싶은 열망 속에서, 나는 파리로 떠나는 것밖에 생각하지 않았다. 이 안을 아카데미에 제출하면 일대 변혁을 일으킬 것이 틀림없다고 생각했다. 리옹에서 얼마인가 돈을 가지고 왔었다. 책을 팔았다. 두 주일 만에 결심은 서고 실행하게 되었다. 이리하여 마침내 언제나와 마찬가지로 이 결심을 불어넣어 준 화려한 생각에 벅차, 옛날 에롱 분수기를 가지고 토리노를 떠났던 것처럼(제3권) 나는 내 악보 기록을 가지고 사부아를 떠났다(1742년 7월).

이상이 내 청년기의 착오와 잘못이었다. 나는 그 역사를 내 마음이 흡족할 만큼 충실히 이야기했다. 그 뒤 내 장년기를 어느 정도의 덕을 가지고 부끄럽지 않은 것으로 했다고 하더라도, 마찬가지로 솔직하게 그 덕을 이야기했을 것이다. 그렇게 하는 것이 내 의도였다.

그러나 나는 일단 여기서 멈추지 않으면 안 된다. 시간은 많은 장막을 벗겨 준다. 만일 내 기억의 자료들이 후세에까지 남게 되면, 아마 언젠가는 사람들이 내가 무엇을 말하려 하고 있었는가를 알게 되리라. 그때 사람들은 왜 내가 지금 여기에서 침묵했는가를 알게 될 것이다.

제2부

　이 노트는 다시 읽어 볼 틈도 없고 가지가지 과오투성이이기는 하지만, 진실이라는 것의 완전한 친구였던 인간을, 그가 걸어온 길 위로 자취를 밟아가는 데는 충분하며, 그 자신의 손에 의한 보고로 그가 바른 길을 걸었다고 하는 확신의 실마리를 그에게 주기에는 충분하다. 불행히도 이 기록이 나의 적들의 경계의 눈을 벗어나기는 어려울 줄로 안다. 아니 불가능하다고까지 나는 생각한다. 만일 이것이 누군가 성실한 사람의 손으로 들어간다면 (이하는 루소가 삭제한 부분) 그것은 슈아죌 씨의 친구들 손이라도 좋으나 혹시 슈아죌 씨 자신의 손에 들어간다면, 내가 잠긴 기억의 명예는 반드시 구원될 가능성이 없다고는 생각지 않는다. 그러나 결백의 수호자, 오, 하느님이시여, 내 기억을 남긴 마지막 이 자료를, 부플레르와 베르들랭의 두 귀부인의 (박해자) 손으로부터, 또 그녀들의 친구의 손으로부터 지켜 주십시오. 적어도 이 두 미치광이 여신(女神)의 손으로부터 불행한 사나이의 기억의 유물을 구해 주십시오. 이 불행한 사나이를, 살아 있는 동안 그녀들에게 내맡긴 것은 당신(하늘)이옵니다.

제7권

〔1742년 7월~1749년 7월〕

두 해 동안 잠자코 참았으나 결심을 뒤엎고 다시 붓을 든다. 독자들이여, 어쩔 수 없는 그 이유를 비난하는 일은 그만두어 달라. 읽은 뒤에 비평해 주기 바란다.

내 청춘은 조용하고 평탄했으며 꽤 유쾌한 생활 속에 대단한 장애도, 대단한 행복도 없이 흘러간 것은 이미 보아 온 그대로다. 이 평범함은 과격하면서도 약해빠진, 타고난 성격이 그렇게 만든 것이었다. 내 성격은 성급하게 계획을 하다가도 쉽사리 낙담을 하고 만다. 충동에 이끌려 정지 상태에서 튀어나오나, 건강이나 기분에 따라 다시 본래 모양으로 돌아간다. 그런 식으로 큰 미덕에서 벗어나고 큰 악덕에서는 더욱 멀어져서 한산하고 평온한 생활로 되돌아가게 되었다. 그런 생활을 위해 태어난 것이라고 느꼈던 것 중에 선이든 악이든 큰 일이라고는 어느 것 하나 끝까지 밀고 나가 본 적이 없었다. 어떠한 다른 광경이 곧 펼쳐질 것인지? 30년 동안 마음이 기우는 대로 따랐던 운명이 다음 30년 동안에는 그것을 거슬렀다. 그리하여 환경과 성격의 끊임없는 대립에서 큰 잘못과 깊은 불행과 운명의 역행을 오히려 영광인 것처럼 받아들일 수 있는 미덕, 다만 용기만은 제외된 미덕이 생겨나는 것을 보게 되리라.

제1부는 단지 기억만으로 쓴 것이어서 많은 실수를 저질렀을 것이 틀림없다. 제2부 또한 기억으로 쓰는 도리밖에 없으므로 사실과 다른 점이 어쩌면 제1부보다 훨씬 많을지도 모른다. 천진함과 평온 속에서 보낸 청춘 시절의 감미로운 추억은 무수히 즐거운 인상을 남겼으며, 지금도 즐겨 이것을 회상한다. 내 인생 후반기가 얼마나 달랐나 하는 것은 곧 알게 되리라. 그것을 생각한다는 것은 쓰디쓴 맛을 다시 맛보는 것과 같다. 그런 달갑지 않은 회고로 지금과 같은 쓰라림을 되새길 바엔 될 수 있는 대로 기억을 더듬는 것을 피하겠다. 그러면 가끔 그것이 효과가 있어, 필요한 경우에 이미 그런 것이 생각나지 않게 된

다. 이렇게 해서 무사히 불행을 잊는다는 것은 운명이 내게 지워 주려 하는 불행을 하느님께서 위로하시는 것이 된다. 유쾌한 것만 회상하게 해주는 나의 기억은 잔혹한 미래만을 예견하는, 겁에 질린 내 공상을 보상하는 데 안성맞춤이다.

　이런 저술을 계획할 경우 기억을 보충시키고 길잡이가 되어 줄 수 있게 모아 두었던 서류는 모두 남의 손으로 넘어가 다시는 내 손으로 돌아오지 못 할 것이다. 다만 한 가지 믿을 수 있는 충실한 길잡이가 있다. 그것은 내 존재를 분명히 해온 계속된 감정의 사슬이다. 또 계속되어 온 감정의 원인, 또는 결과가 되는 사건도 내 존재를 분명히 해준다. 나는 불행은 금방 잊는다. 그러나 잘못은 잊을 수가 없다. 좋은 감정은 보다 더 잊지 않는다. 그러한 감정의 추억들은 마음에서 사라지기에는 너무 귀중하다. 사실을 빼고 적거나, 날짜를 뒤바꾸거나 틀리게 쓰는 일은 있어도 내가 느낀 것, 나의 감정으로 했던 일에 대해서는 틀림이 없다. 그것이 중요한 것이다. 내 참회록의 본래 목적은 지금까지 겪어 왔던 모든 처지의 내면을 정확하게 알리는 것이다. 내가 쓰려고 한 것은 내 영혼의 역사다. 그러니 그것을 충실히 쓰는 데는 다른 메모가 필요치 않다.

　지금까지 그렇게 해 온 것처럼 자신의 내부로 돌아가는 것만으로 충분한 것이다.

　한데 무척 다행하게도 어떤 한 기간에 있었던 일, 그 6,7년 동안에 걸친 확실한 자료를 가지고 있다. 뒤 페루 씨가 가진 원고에서 베낀 한 묶음이 그것이다. 이 편지는 1760년으로 끝나 있으나, 내가 에르미타쥬(은둔하는 이가 사는 오두막)에 머물고 있던 기간과, 내 친구라는 사람들과 나의 대논쟁 시대 전부가 들어 있다. 그것은 내 생애 중 기억할 만한 시기로서 다른 모든 불행의 근원이 된 것 같다. 그 보다도 훨씬 새로운 것으로, 수는 아주 적지만 내 손에 남게 될 편지 원고는 그 편지 다발에는 베껴서 넣지 않겠다. 다발은 그것만으로도 분량이 너무 많아서 감시인들의 주의 깊은 눈을 벗어날 가능성은 있을 것 같지도 않으므로. 그것을 베끼는 대신 이 책 속에 직접 싣기로 하겠다. 그로써 조금이나마 진실을 밝히는 데 도움이 된다고 생각된다면 비록 내게 이익이 되든 해가 되든 상관없다. 내가 고백을 하고 있다는 것을 독자들이 잊고, 변명을 하고 있다고 여길 걱정은 하지 않아도 될 것이기 때문이다. 그러나 독자는 진실이 내게 유리한 말을 할 때도, 그러한 진실에 내가 입을 다물기를 기대해서는 안 된다.

    그리고 제2부는 이 진실이라는 점만이 제1부와 공통되며, 사실의 중요성이란 점에서는 제1부보다 낫다. 그 점을 제외하면 모든 점에서 떨어질 뿐이다. 제1부는 우튼에서 또는 트리 성에서 유쾌하고 즐겁게 쉬어 가면서 썼으므로, 되살리지 않으면 안 되었던 회상의 전부는 그것과 같은 정도의 새로운 즐거움이었다. 나는 계속 새로운 기쁨을 맛보면서 옛날로 돌아가고 마음 내키는 대로 몸을 움직일 수 있었다. 오늘날은 나의 기억력도 머리도 둔해져서 변변한 일은 거의 아무것도 할 수 있을 것 같지가 않다. 슬픔으로 가슴을 조여 가면서 억지로 이 일에 착수를 한 데 지나지 않는다. 이 일은 불행과 사람들의 배신, 불신과 비통한 회상만을 내게 안겨 줄 뿐이다. 앞으로 이야기하지 않으면 안될 것을 시간의 어둠 속으로 묻어 버릴 수가 있다면, 세상에서 아낄 것이 아무것도 없다. 이리하여 마음에도 없는 말을 어쩔 수 없이 하게 된데다 나는 몸을 숨기고, 갖은 수단을 써서 사람의 눈을 가릴 연구를 하며, 게다가 내 천성과는 거리가 먼 일들에 몸을 담지 않으면 안 되게 되었다. 그 밑에 내가 살고 있는 이 천장에는 눈이 있고, 나를 에워싼 벽에는 귀가 있다. 악의에 차서 잠시도 눈을 떼지 않는 밀정과 감시원에게 포위되어, 불만스럽고 마음이 들떠 있는 나는 재빨리 종이에 토막친 몇 마디를 아무렇게나 써 갈긴다. 정리는커녕 다시 읽어 볼 여유도 없다. 내 주위로 계속 대규모의 방책(防柵)을 둘러치면서 여전히 어느 틈으로 진실이 새어나가지 않을까 하고 줄곧 겁을 내고 있다는 것을 안다. 그런 진실을 세상에 털어놓으려면 어떻게 하면 좋은가? 성공한다는 희망은 거의 없지만 나는 그것을 시도해 본다. 이런 상태로 상쾌한 그림이 그려질 것인지 사람을 끌어당기기에 충분한 색을 칠할 수 있을 것인지, 판단해 주기 바란다! 이것을 읽으려는 사람에게 일러두고 싶다. 만일 한 인간을 완전히 알고 싶은 욕망과, 정의와 진지한 사랑이 없으면 이것을 읽어도 심심풀이가 될 만한 것은 하나도 없다고.

    제1부에서는 레 샤르메트에서 마지막으로 헛된 꿈을 쌓고, 내 악보 기록법을 확실한 행운인 것처럼 생각했기 때문에, 바로 보배를 얻어서 본심으로 돌아선 어머니 앞으로 가지고 돌아올 생각으로, 미련을 남기고 내키지 않는 마음으로 파리로 떠나는 데(1742년 7월)에서 붓을 놓았다.

    나는 잠시 리옹에서 머무르며 친구를 찾기도 하고 파리에 소개장을 얻기도 하고, 또 가지고 온 기하학 책을 팔기도 했다. 누구나 다 기쁘게 접대해 주었다. 마블리 씨 부처는 나를 다시 만난 것을 크게 기뻐하여 여러 차례 식사에 초대해 주었다. 콩디야크 신부와는 이미 안면이 있었는데, 이번에는 이 집에서 마블리 신부와도 사귀게 되었다. 이 두 사람은 그의 형뻘이 되는 이 집 주인을 찾아보러 와 있었던 것이다. 마블리 신부는 내가 파리로 가지고 갈 편지를 여러 장 써 주었는데, 그 중에는 퐁트넬 씨에게로 가는 한 통과 케일뤼스 백작에게 가는 한 통이 있었다. 이 두 사람은 어느 쪽이나 매우 내 마음에 맞는 친구가 되었지만, 특히 퐁트넬 씨는 그가 죽을 때까지 내게 우정을 저버린 일이 없으며 단둘이 만나면 반드시 좋은 충고를 해주었다. 나는 그 충고를 잘 지켜 내 인생에 이용했어야 했을 것이다.

　보르드 씨와도 다시 만났다. 오랜 친구인 그는 진심으로 기꺼이 나를 돌봐 주었었다. 이번에도 평소와 다름없는 그를 볼 수 있었다. 가지고 온 책을 팔아준 사람도 그였다. 그리고 자신은 물론 남에게 부탁해서 파리에 훌륭한 소개장을 주었다. 이 보르드 씨 덕택으로 진작부터 얼굴을 알고 있던 장관님(팔뤼 씨)을 다시 방문했다. 그리고 이분 덕택으로 이때 리옹을 지나게 된 리슐리외 공작님을 뵙게 되었다. 팔뤼 씨가 나를 공작에게 소개했다. 리슐리외 씨는 정중히 나를 맞으며, 파리로 찾아와 달라고 말했다. 그 말대로 몇 번이나 찾아갔지만, 뒤에 가끔 나오듯이, 이 신분 높은 친구는 무엇 하나 내게 도움이 되어주지를 않았다.

　음악가 다비드도 다시 만났다. 언젠가 한 번 여기에서 큰 어려움을 당했을 때, 나는 그의 신세를 진 일이 있다. 그는 모자와 긴 양말을 빌려 주었다. 빌려 주었다기보다 아주 준 것이었는데, 그 뒤로도 가끔 그런 일이 있었지만 돌려 준 일도 없고 그쪽에서도 독촉한 일이 없었다. 하지만 뒤에 이에 어울리는 선물을 나는 그에게 보냈다. 의무를 지킨 데 대한 걸 말하는 것이라면 좋게 말할 수도 있겠는데, 다만 내가 한 것만을 이야기하는 것이므로 유감스럽게도 그렇게 쉽게 말이 나오지 않는다.

　귀족적이고 관대한 페리숑도 다시 만났는데 언제나 변함없는 그의 후덕함에 새삼 감탄하지 않을 수 없었다. 승합 마차의 삯을 치르고 좋은 자리를 잡아 주었으며, 전날 그 다정한 베르나르(다정한 베르나르라고 볼테르가 불러준 시인 피에르 조제프 베르나르. 《사랑의 기교》란 작품이 있다)에게 그가 해준 것과 똑같은 선물을 내게도 해준 것이다. 의사 파리조도 다시 만났다. 그는 무척 착한 사람으로 또 선행가이다. 그가 사랑하는 고드프루아라는 여자도 만났다. 이 여자는 그와 같이 산 지가 10년이나 되었다. 상냥한 태도와 선량한 마음씨가 그녀의 장점이었다. 그녀를 만나면 불쌍한 생각을 안하는 사람이 없었고, 헤어지면 슬퍼하지 않는 사람이 없었다. 그 이유는 그녀가 폐병 말기에 있었기 때문이다. 얼마 후 그녀는 그 병으로 세상을 떠났다. 인간의 참다운 천성은 그 사람이 사랑하는 사람들을 보면 가장 잘 알게 된다.*1 얌전한 고드프루아를 보면 선량한 파리조의 사람됨이 그럴듯하게 느껴지는 것이었다.

  나는 이런 친절한 사람들 모두에게 은혜를 입었다. 그런데 그 뒤 이들을 모두 등한히 해버렸다. 물론 배은망덕에서는 아니고, 자주 망은처럼 보였던 어찌할 수 없는 나의 게으름 때문이었다. 다만 그 고마움을 몸으로 꼼꼼하게 써서 나타내기보다는, 실제로 보여 주는 편이 나로서는 보다 수월했다. 꼼꼼하게 편지를 쓴다는 것은 언제나 내 힘이 미치지 못하는 것이었다. 편지를 쓰고 싶은 기분이 들자마자 자신의 죄를 갚는다는 부끄러움과 당황 때문에 더욱 죄를 무겁게 느끼며, 결국 아무것도 쓰지 못하고 만다. 그래서 침묵으로 일관한 것이지만, 그것으로 나는 그들을 잊어버리고 있는 것처럼 남들에게 보이는 것이다. 파리조와 페리숑은 그런 것을 마음에 두지 않았었다. 때문에 언제 만나도 변함없는 그들을 볼 수 있었다. 그러나 푸대접을 받았다고 생각될 때에 훌륭한 재능을 가진 사람이라도 그의 자존심이 어디까지 복수심을 일으키게 되는 것인지는 20년 뒤, 보르드 씨를 통해 보게 되리라.

  리옹을 떠나기 전에, 난생 처음 맛보는 기쁨으로 다시 만나 내게 참으로 그리운 추억을 남겨 준 한 사람의 사랑스런 여성을 잊을 수가 없다. 제1부에서 말한 세르 양으로, 내가 마블리 씨 댁에 있는 동안 친분을 새롭게 한 일이 있었다. 이번 여행에서는 더 여유가 있었으므로 더 자주 그녀와 만났다. 내 마음은 그녀에게 매혹되었다. 아주 미칠 듯이. 그녀도 나를 싫어하지 않는 것 같

---

*1 다만 맨 처음에 그 사람이 잘못 선택했거나 또는 결합된 상태가 비정상적인 원인 때문에 그 뒤 성격이 변했을 경우는 예외다. 따라서 이처럼 불공평한, 또 이처럼 잘못된 판단도 없을 것이다. 그리고 여기에서 나의 처(테레즈)에 대한 부당한 적용은 말아 주기 바란다. 그녀는 내가 생각한 것보다도 지식이 모자라고 태연히 남을 속이곤 했다. 그러나 그녀의 순진하고 뛰어난, 악의 없는 성격은 아주 존경할 만한 것으로, 내가 살아 있는 한 존경을 받으리라. 〔원주〕

았다. 그러나 그녀가 내게 보낸 신뢰감을 보면서, 상대의 그런 기분을 나쁘게 이용하고 싶은 유혹은 오히려 줄어들었다. 그녀는 한 푼 없는 나와 마찬가지로 아무것도 갖고 있지 않았다. 두 사람의 처지는 너무도 비슷해서 이렇게 해서는 두 사람이 같이 되어도 도저히 살아갈 수가 없었다. 또 나는 어떤 계획에 열중하고 있어서 결혼을 생각할 형편이 못 되었다. 그녀의 말에 의하면 젊은 장사꾼으로 쥐에네브 씨라는 사람이 그녀와 살고 싶어하고 있는 모양이었다. 그 사내와는 그녀의 집에서 한두 차례 만난 적이 있었다. 그는 내게 진실한 사내로 보였다. 세상 사람들도 그렇게 보고 있는 듯했다. 이 사내라면 틀림없이 그녀를 행복하게 해주리라 생각되어, 나는 그녀가 그와 결혼하기를 무척 바랐다. 과연 그 뒤 그는 그녀와 결혼했다. 나는 그들의 순결한 결혼을 방해해서는 안 되겠다 싶은 생각에 이 귀여운 여인의 행복을 기원하면서 출발을 서둘렀다. 그러나 이 바람은 슬프게도 아주 짧은 동안밖에 이 세상에서 이루어지지 않았다. 왜냐하면 그 뒤 결혼해서 2년인가 3년 만에 그녀가 죽었다는 말을 들었기 때문이다. 여행 도중 애통함에 사로잡혀서 내가 느낀 것은 의무와 덕행에 대해서 치르는 희생은 무척 고통스러운 것이기는 하지만 마음속에 남겨 주는 감미로운 추억으로 충분히 보상된다는 것이었다. 그 뒤로도 이때의 일을 생각하면 자주 그러한 감동을 받게 된다.

　나는 지난 여행에서 좋지 않은 면에서 파리를 본 것처럼, 이번엔 화려한 면에서 파리를 보았다. 그러나 내 숙소는 그렇지 않았다. 왜냐하면 보르드 씨가 가르쳐 준 주소를 찾아가 소르본느 대학에 못 미쳐 코르디에 거리의 여관 생 캉탱에 묵게 되었는데, 그곳은 지저분한 거리, 너절한 건물, 깨끗하지 못한 방이었기 때문이다. 그러나 이 꼴이었지만 그레세·보르드·마블리·콩디아크 등의 신부들과 그 밖의 많은 훌륭한 사람들이 묵었던 곳이었다. 공교롭게도 이때는 그런 훌륭한 사람들은 없었다. 다만 한 사람, 본느퐁 씨라는 절름발이 시골 신사를 발견했다. 소송을 좋아하며 엄격한 말씨를 뽐내려는 사람이었으나, 이 사람 덕으로 현재 내 친구 중에 가장 나이 많은 로갱 씨를 알게 되었고, 또한 그의 덕으로 철학자 디드로와 알게 된 것이다. 디드로에 대한 이야기는 앞으로 하게 될 것이다.

　나는 파리에 1741년 가을(1742년 8월)에 도착했다. 현금 15루이와 자작 희극 《나르시스》와 기보법이 나의 밑천이었으므로, 그것으로 이익을 끌어내기 위해서 잠시도 어물어물하고 있을 수 없었다. 빨리 소개장을 활용하기로 했다. 풍채가 그럴듯하고 재능이 있고 볼품이 있는 청년이 파리로 나오면 대개는 발탁되게 마련이었다. 나도 이 축에 들었다. 그런 점에서는 대단한 출세까지는 못했어도 여러 가지 편의를 얻게 되었다. 소개된 많은 사람들 가운데서 세 사람만이 도움이 되었다. 사부아의 귀족으로 당시 시종장관이었던 다므장 씨―이 사람은 카리냥 대공비(大公妃)의 총신이었다고 생각한다―와 고고학 아카데미 서기관으로 왕실 상훈(賞勳) 국장인 보즈 씨, 그리고 《눈으로 보는 클라브생》의 지은이이며 예수회파인 카스텔 신부 등이었다. 이들의 소개는 다므장 씨를 제외하고는 모두 마블리 신부에게서 받은 것이다.

다므장 씨는 일단 급한 대로 두 사람을 소개해 주었다. 한 사람은 보르도 고등법원 재판장으로 바이올린을 아주 잘 켜는 가스크 씨였고, 또 한 사람은 당시 소르본느에서 기숙하고 있던 책임성 있는 젊은 귀공자 레옹 신부였다. 이 사람은 로앙 기사님이라는 이름이 붙여져 한동안 사교계에 이름을 떨쳤으나 한창 젊은 나이에 죽었다. 이 두 사람은 내게서 작곡을 배우려 했다. 그래서 나는 몇 달 동안 두 사람을 가르쳐 주었다. 빈털터리가 될 뻔한 내 주머니가 그것으로 어느 정도 유지되었다. 레옹 신부는 내게 우정을 품고 나를 그의 비서로 두려 했다. 그러나 넉넉한 편이 아니었으므로 고작 8백 프랑밖에 내놓을 수가 없었다. 그 정도로는 생활비도 되지 못했기 때문에 하는 수 없이 이를 거절했다.

보즈 씨는 극진히 나를 대해 주었다. 이 사람은 학문을 사랑하고 학식이 있었으나 다소 그것을 자랑하는 듯싶었다. 보즈 부인은 그의 딸이라 해도 좋을 만큼 젊었다. 부인은 사치스럽고 좀 우쭐대는 편이었다. 나는 가끔 그의 성에서 식사를 했다. 부인 앞에 나갔을 때의 내 태도처럼 어색하고 얼빠진 꼴은 세상에 없을 것이다. 그녀의 세련된 태도는 나를 위압했고, 내 태도를 점점 우습게 만들었다. 그녀가 요리를 권해 오면, 그녀가 권한 것 가운데서 겨우 작은 한 조각만을 부끄러운 듯이 포크로 쿡 찌를 뿐이었다. 그러면 그녀는 내게 권하던 접시를 하인에게 돌려주고, 내가 보지 않게끔 얼굴을 돌리며 킥킥거렸다. 이 시골뜨기의 머릿속에도 조금의 재치가 있으리라고는 생각조차 안했다.

보즈 씨는 그의 친구 레오뮈르 씨에게 나를 소개했다. 이 사람은 과학 아카데미의 모임인 금요일마다 이리로 식사를 하러 왔다. 보즈 씨는 이 사람에게 나의 계획과 그것을 아카데미 심사에 붙여 보았으면 하는 내 희망을 이야기해 주었다. 레오뮈르 씨가 그의 부탁을 받아들여 그것을 접수했다. 정해진 날짜에 레오뮈르 씨가 나를 안내하여 그 자리에 소개했다. 그리고 그날 1742년 8월 22일, 나는 영광스럽게도 일찍부터 그를 위해 준비해 뒀던 논문 《새 기보법에 관한 안》을 아카데미에서 읽게 되었다. 이 이름 있는 모임은 물론 무척 엄숙한 것이었지만 보즈 부인의 앞에서보다는 훨씬 덜 두려웠고, 낭독도 답변도 웬만큼 해냈다. 논문이 합격되었고 찬사를 받게 되는 덕분에 기쁘기도 했고 뜻밖이기도 했다. 아카데미에서 회원도 아닌 사람이 당황하지 않을 줄은 상상도 못했던 일이다. 나를 위해 구성된 심사위원은 물리학자 메랑, 화학자 엘로, 천문학자 푸쉬 등이었다. 세 분 모두 재능이 훌륭하고 유명한 분들임에는 틀림이 없으나, 한 사람도 음악을 알지는 못했고, 적어도 내 안(案)을 심사할 만한 지식은 없었다.

이들과 토론을 거듭해 가는 동안, 뜻밖이라는 느낌이 들면서도 내가 확실히 믿게 된 것은 학자라는 사람들은 다른 사람에 비해 편견이 적기는 하지만 자신이 갖는 편견에는 도리어 강한 고집을 부린다는 것이었다. 그들이 반박하는 대부분이 근거가 약하고 잘못된 것이었음에도, 하긴 내 답변이 소심하고 용어도 서툴렀지만 단호한 논거를 가지고 있었음에도, 결국 나는 한 번도 그들을 설복시키고 만족시킬 수 없었다. 무언가 그럴듯한 문구로 덮어 놓고 나를 반박해 왔다. 너무 경솔한 말투에 나는 그저 어이가 없을 뿐이었다. 어디서 캐낸 건지는 모르나 수에티 신부인가 하는 수도사가 전에 숫자로 음계를 기록하는 방법을 고안해 냈다는 것이다. 내 방법이 새로운 것이 아니라고 주장하는 데는 그것으로 충분했다. 그것은 그렇다고 해두자. 왜냐하면 내가 수에티 신부의 이야기를 들은 기억이 없는 것과, 또 옥타브를 고려하지 않고 평조의 일곱 음을 표기하는 수에티의 방법이 모든 악보, 즉 그가 미처 생각지 못한 음표·휴지부·옥타브·소절·박자·음의 장단에 이르기까지 모두 숫자로 표기할 수 있는 간단하고도 편리한 내 발명과 전혀 비교도 안 된다는 사실이다. 또 그러한 것이 있다고 하더라도 일곱 음표라는 아주 단순한 표기법에 관해서는, 그가 최초의 고안자가 된다고 해서 조금도 틀린 것은 아니기 때문이다. 그러나 위원들은 이 유치한 고안을 지나치게 중요시하고, 또 그것에만 그치지 않고 방법의 근본 문제로 들어가자 그때는 이치에 맞지 않는 소리만 하고 있었다. 내 방법의 최대 장점은 조옮김과 음표를 폐지하는 것이었다. 즉, 곡의 첫머리에 있는 오직 하나의 첫 글자를 바꾼 것으로 가정만 하면, 동일한 악보가 무슨 조로든지 마음대로 기록되며 조옮김을 할 수 있게끔 되어 있는 것이다. 위원들은 파리의 시시한 음악가들로부터 조옮김을 통한 연주 방법은 아무런 가치도 없는 걸로 듣고 있었다. 그래서 그들은 그 주장에서 출발해서 내 방식의 가장 큰 특색으로 되어 있는 장점을 항변할 여지가 없는 난점으로 만들어 버렸다. 때문에 그들은 내 악보는 성악에는 좋으나 기악에는 좋지 않다는 결론을 내렸다. 사실 성악에 좋고 기악에는 더욱 좋다는 결론을 내렸어야 했다. 그들의 보고에 근거하여 아카데미는 무척 훌륭한 찬사로 가득 찬 증명서를 내게 주었으나, 좋은 말을 늘어 놓은 그 밑바닥에는 아카데미가 내 방법을 새로운 것으로도 쓸모 있는 것으로도 판단하지 않고 있다는 것이 뻔히 들여다보였다. 나는 《현대음악론》라는 제목을 붙인 저술로 이것을 세상에 호소하기로 했으나, 이 저술을 그런 종잇조각으로 장식해야 한다고는 생각하지 않았다.

  이 기회에 내가 확실히 알게 된 것은, 비록 견해는 좁더라도 그 일에 전념하여 깊이 연구하는 것이 모든 학문에 대한 교양이 넓고 모든 지식에 밝아도 문제점에 특별한 연구를 안 했을 경우에 비해 훨씬 올바른 판단을 할 수 있다는 것이었다. 라모는 내 방법에 대해 딱 하나 야무지게 반박했다. 내가 설명을 하자 그는 금방 그 약점을 간파했다.

  '당신의 기호는' 하고 그는 말했다. '음의 장단을 간단명료하게 구별하고 있고, 음정을 똑똑히 표시하며, 단일 기호의 반복으로 높낮이를 나타내는 등 보통 음표로써는 나타내지 못하는 여러 가지를 보여 주고 있는 점은 대단히 훌륭합니다. 그러나 이 기호는 하나하나 머리를 활동시키지 않으면 안 되는 점이 좋지 않다고 생각됩니다. 이래서는 머리가 연주의 속도를 따라가지 못합니다. 종래 음표의 위치는' 하고 그는 이어 말했다. '이렇게 머리를 쓰지 않더라도 저절로 눈으로 읽어집니다. 두 음표가 있어서 하나는 너무 높고, 하나는 너무 낮아, 그것이 중간 일련의 음표를 넣어 연결되어 있을 경우, 나는 단번에 그 음표의 연속에서 한쪽에서 다른 쪽으로 나아가는 것을 읽을 수 있습니다. 그러나 당신의 경우라면 이 연속을 머리에 넣기 위해서는 아무래도 당신의 숫자를 하나하나 읽어 가야만 됩니다. 단번에 눈으로 훑어서는 전혀 알아 볼 수가 없습니다.' 이 논박에는 반박할 여지가 없는 것처럼 생각해서 나는 즉시 그의 논박을 시인했다. 이 논박은 매우 간단하고 분명한 것이지만, 이 정도의 것을 선뜻 말할 수 있다는 것은 상당히 그 계통에 숙련되지 않으면 안 되는 것이며, 아카데미 회원 중 그 누구에게도 이런 생각이 떠오르지 않은 것은 별로 이상할 것이 없다. 이상한 것은 오히려 무척 많은 것을 알고 있는 이들 대학자가 자기들의 전문 분야를 비판해야 한다는 것을 전혀 모르고 있었다는 점이다.

이 위원들과 또 다른 아카데미 회원을 종종 방문했으므로, 파리 문학계의 가장 저명한 사람들과 사귀게 되었다. 그래서 뒷날 내가 그들 틈에 끼었을 때는, 그들과 이미 낯이 익어 있는 나를 발견하게 됐다. 다만 이 당시로 말하면 기보법에 주의를 집중시켜 그것으로 음악에 하나의 혁명을 일으키고, 그렇게 해서 한 사람의 유명인사가 되어 보겠다는 생각뿐이었다. 예술계 명사라면, 파리에서는 언제나 많은 재산이 붙기 마련이다. 내 저술을 세상에 내놓기 위해 나는 방에 틀어박혀 두세 달 동안 비할 것이 없을 만큼 열심히 아카데미에서 읽은 논문을 고쳐 쓰기 시작했다. 곤란한 것은 내 원고를 맡아 줄 출판사를 찾는 것이었다. 새로운 활자를 만드는 데는 돈도 들게 되고, 출판사도 풋내기에게 그런 돈을 쏟을 턱이 없었으며, 게다가 또 집필 중의 빵값은 이 저작물이 치르는 것이 당연한 것처럼 생각했기 때문이었다.

본느퐁이 출판사 사장 키요 르 페르를 설득시켜 주었으므로 타협한 결과 이익은 반반, 다만 출판 특허권은 별도로 하기로 정하고, 이 특허권료는 내가 단독으로 치렀다. 이것은 감쪽같이 이 키요라는 사나이의 작전에 걸려든 것으로, 결국 나는 특허권료만 손해를 보고 출판에서는 단 한 푼도 들어오지 않았다. 문학자인 퐁텐느 신부는 내게 책을 보급시켜 보겠다고 약속을 했고, 다른 언론인들의 평판도 꽤 좋았으나 판매는 역시 별로 신통치 않았던 모양이었다.

내 방법을 시험하는 데 가장 큰 장애는 이것이 일반에게 인정을 받지 못하게 되면 결국 이것을 배우는 데 걸린 시간만 손해 보는 것이 아닌가 하는 것이었다. 그것에 대한 나의 주장은 내 악보로 연습하면, 머리에 똑똑히 들어오기 때문에 지금까지의 보통 악보로 음악을 배우는 것보다도 많은 시간이 절약되리라는 것이었다. 그래서 그것을 실례로 보여 주기로 하여, 로갱 씨가 소개해 준 루랭 양이라는 미국 태생의 여자에게 무보수로 음악을 가르쳤다. 석 달 뒤에 그녀는 내 악보로 어떤 곡이든지 읽게 되었고, 그렇게 어렵지 않은 곡이면, 책을 펴면 곧 나보다도 수월하게 노래를 부를 수 있게 되었다. 이 성공은 사람들을 놀라게 할 만한 것이었으나 널리 알려지지는 않았다. 다른 사람에게 이런 일이 있었다면 어느 신문이고 그것으로 꽉 찼을 것이다. 그러나 나는 도움이 될 만한 것을 발견하는 재능은 가지고 있어도 그것을 퍼뜨리는 재능을 가지고 있지 않았다.

이리하여 나의 에롱 분수기는 또 다시 깨지고 말았다. 그러나 두 번째인 이번에는 내 나이도 서른 살, 어느 누구도 일없이 살아가지 않는 파리의 거리 위에 내팽개쳐져 있는 것이다. 그런데 그런 궁지에 있는 내가 품은 결심, 그것에 놀라는 사람이 있다면 그것은 이 《참회록》의 제1부를 잘 읽지 못한 사람이리라. 어쨌든 여기까지 스스로를 격려하며 해온 활동은 헛일이긴 했지만 크기도 했다. 나는 휴식이 필요했다. 나는 절망에 몸을 내맡기지 않고 예의 게으름과 하늘의 섭리에 조용히 몸을 맡겼다. 그리고 운명에게 그 일을 할 여유를 주기 위해 아직 남아 있는 얼마 안 되는 금화를 천천히 까먹기로 하고, 한가한 오락을 위한 비용은 아주 없애 버리지는 않고 제한했다. 카페에는 이틀에 한 번만 가고, 극장에는 일주일에 두 번만 간다는 식으로 정했다. 논다니에게 치를 돈 때문에 절약을 할 필요는 없었다. 그런 것에는 평생 한 푼도 써 본 일이 없었다. 다만 꼭 한 번만은 예외가 있었는데, 그 점에 대해 나는 곧 이야기하게 될 것이다.

단 석 달의 생활을 계속할 돈도 없으면서 이 게을러빠진 고독한 생활에 몸을 맡기고 있던 동안의 안심·쾌락·신뢰는 생애 중에 이례적인 일이며 내 변덕스런 기질의 한 예다. 모두들 대강 짐작이 갈 것으로 생각되는 이 심한 궁핍 때문에 사람들 틈에 얼굴을 내밀 용기를 내지 못하고 있었다. 그리고 사람을 찾아가야 한다는 필요성이 나를 못 견디게 만들어 버렸다. 그래서 전에 잘 사귀어 두었던 아카데미 회원이나 다른 문학자들을 만나는 일조차도 그만두어 버렸다. 마리보, 마블리 신부, 퐁트넬…… 걸음이 끊어지지 않게끔 내가 찾아가는 사람은 이 세 사람뿐이었다. 마리보에게는 내 희극인 《나르시스》를 보이기까지 했다. 그것이 마음에 들어 그는 친절하게도 수정해 주었다. 디드로는 이 사람보다도 젊고 거의 나와 같은 연배였다. 음악을 즐기고 그 이론에도 밝았다. 우리는 같이 음악에 대해 이야기하기도 했다. 그는 또 갖가지 저작 계획을 내게 들려 주었다. 그런 일로 곧 두 사람 사이에는 다른 사람의 경우보다 훨씬 친밀한 관계가 맺어졌다. 그것은 15년 동안이나 계속되었다. 그리고 불행하게도 분명 그 때문에 그렇게 된 것이지만, 내가 그와 같은 직업에 몸을 담지 않았던들 아마 이 친교는 지금도 계속되고 있을 것이다.

남에게 빵을 빌리지 않으면 안될 때까지 아직 여유가 남아 있는 이 짧고 귀중한 기간을 무엇에 쓰고 있었는지는 상상이 가지 않을 것이다. 내가 백 번을 외우고, 백 번을 잊어버린 여러 시인들의 명구를 암기하는 데 썼다. 매일 아침 10시경, 베르길리우스나 장 바티스트 루소 중 한 권을 호주머니에 넣고, 뤽상부르 공원으로 산책을 떠났다. 거기에서 점심 때까지 성가나 목가 등의 기억을 새로이 살렸다. 오늘의 것을 외는 동안에, 어제 것은 반드시 잊어버리고 말아도 별로 낙담하지 않았다. 나는 시러큐스에서 니키아스가 패배한 다음 포로가 된 아테네 사람들이 호메로스의 시를 외며 그 목숨을 이어가고 있던 것을 떠올렸다. 생활고에 대비하기 위한 수단으로서의 이 공부에서 얻은 이익을 말한다면, 모든 시인을 암기할 수 있을 만큼 훌륭한 기억력을 단련하는 것이었다.

그것에 못지않은 또 한 가지의 확실한 수단은 한 번 배웠던 서양장기이다. 연극을 보러 가지 않는 날 오후에는 반드시 모지네 집(카페 이름)으로 갔다. 거기서 레갈 씨, 위송 씨, 필리도르 씨 등 당시의 유명한 기사들과 알게 되었는데, 크게 솜씨가 늘지는 않았지만 나중에 그들 누구보다도 잘 두게 될 것을 의심하지 않았다. 그렇게 되면 충분히 생활의 밑천이 된다고 내 나름대로 생각하고 있었다. 어떤 어리석은 일에 넋을 잃고 있어도 언제나 이와 똑같은 평계를 대는 것이었다. 나는 자신에게 이렇게 말하는 것이었다. '무엇이든지 뛰어나기만 하면 누구든지 틀림없이 귀하게 대우받는다. 그렇다. 무엇이고 좋다. 어느 것 한 가지에만 뛰어나 보자. 나는 틀림없이 귀한 존재가 된다. 기회가 찾아오면, 다음은 수단에 달렸다.' 그런 유치한 생각은 내 이성의 궤변이 아니라 게으름의 궤변이었다. 기술을 갈고 닦는 데 필요한, 크고 급격한 노력에 겁을 먹은 나는 자신의 게으름에 아첨하기를 일삼고, 그것에 알맞는 이유를 만들어 게으름의 치욕을 숨기고 있었다.

이렇게 나는 가만히 돈이 떨어지기를 바라고 있었다. 만일 카스텔 신부가 이런 옅은 잠을 자는 상태에서 나를 끌어내 주지 않았던들 마지막 한 푼까지 다 써 버리고 여전히 태평으로 있었을지도 모른다. 나는 가끔 카페에 가는 도중 이 사람의 집에 들르곤 했다. 카스텔 신부는 괴짜였지만 근본은 선량한 사람으로 내가 아무것도 하지 않고 그런 식으로 돈을 써 버리는 것을 보고 딱하게 생각하고 있었다. '음악가도 학자도 말이야' 하고 그는 내게 말했다. '자네 기분을 맞춰 주지는 않으니, 한 번 길을 바꾸어 여자들과 부딪쳐 보게. 그 방면이면 성공할지도 몰라. 자네 이야기는 부장발 부인에게 말해 두었으니 내 이야기를 하고 그 부인을 찾아가 보게. 좋은 분이야. 아들이나 남편의 고향 사람은 반겨 맞아 줄 걸세. 거기 가면 그 부인의 따님 되는 브로이 부인도 만나게 될 걸세. 브로이 부인은 아주 재주 있는 여자일세. 또 한 사람 뒤팽 부인에게도 자네 이야기를 해두었어. 이 사람에겐 자네가 지은 책을 가지고 가게. 만나고 싶어하고 있으니까, 반가이 맞아 줄 걸세. 파리란 곳은 여자에게 의지하지 않으면 아무것도 안 되네. 여자란 것은 쌍곡선 같은 것으로, 현명한 남자는 그 점근선(漸近線)이야. 계속 접근해 가지만 절대로 닿을 수는 없지.'

하루하루 이 무섭고 힘든 일을 연장시킨 끝에, 마침내 용기를 내어 부장발 부인을 찾아갔다. 부인은 친절히 나를 맞았다. 브로이 부인이 방으로 들어오자 이렇게 말했다. '아가야, 루소 씨다. 카스텔 신부께서 말씀하신.' 브로이 부인은 내 책에 대해 칭찬을 하고, 그녀의 클라브생이 있는 곳으로 나를 데리고 가서, 내 방법을 연구하고 있다는 것을 보여 주었다. 그곳에 있는 괘종 시계를 보니 벌써 1시가 가까웠으므로 작별 인사를 하려 했다. 그러자 부장발 부인이 말했다. '댁까지는 무척 멀테니 천천히 노시다가 식사는 여기에서 드세요.' 나는 마다하지 않았다. 15분쯤 지나 대화 끝에, 그녀가 초대한 식사가 부엌에서의 점심 식사라는 것을 알게 되었다. 부장발 부인은 무척 좋은 사람이기는 하지만 생각이 좁고 폴란드의 유서 깊은 귀족 출신이란 것을 뽐내고 있었다. 재주있는 신사에게 당연히 베풀어야 할 존경에는 관심이 없었다. 부인은 이번 경우에도 옷차림보다는 태도로 나를 판단하고 있었다. 내 차림은 아주 간소했으나 단정하게 차려 입어 부엌에서 대접을 받아도 좋은 그런 사나이로는 보이지 않았을 것이다. 부엌에서 대접을 받던 것은 벌써 아득한 옛날 일이었으므로 새삼 그런 대접을 받고 싶지는 않았다. 화가 불끈 치밀었지만 내색도 않으며, 이 근처에 잠깐 볼일이 있는 것이 지금 갑자기 생각나서 돌아가 보아야겠다고 부장발 부인에게 말했다. 브로이 부인은 어머니 옆으로 가서 뭐라고 귀엣말을 했다. 그 효과가 나타났다. 부장발 부인은 일어서서 나를 붙들며 말했다. '저희들과 함께 식사를 해주셨으면 하고 준비를 하고 있는데요.' 거만을 부리는 것은 어리석다는 생각을 하며 나는 주저앉았다. 거기에 브로이 부인의 호의가 나를 움직여, 이 사람에게 마음이 끌리기 시작했다. 이 사람과 같이 식사를 하는 것은 어쩐지 무척 기쁜 생각이 들었다. 그리고 그녀가 좀더 깊이 나라는 인간을 알아준다면, 이 자리를 나를 위해 베풀어 준 것을 후회하지 않으리라는 생각이 들었다. 이 집의 귀한 친구인 라무아뇽 법원장님도 이 집에서 같이 식사를 했다. 이 사람도, 브로이 부인도 다 같이 파리의 상류 사회가 사용하는 말을 쓰며, 세련된 품위를 지닌 은어로 표현을 했다. 이런 자리에서는 장자크가 빛을 낼 여지가 없었다. 나는 애써 재주꾼 티를 안 내려고, 지식을 감추고 분별을 지켜 입을 다물었다. 얼마나 다행이었을까! 언제나 이렇게 영리했더라면, 오늘날 내가 처한 이런 깊은 늪에는 빠지지 않았을 것을.

나는 자신의 우둔함에 기가 죽어 브로이 부인 앞에서, 그녀가 조금 전에 베푼 효과가 정당했다는 것을 보여주지 못한 것이 말할 수 없이 안타까웠다. 식사 뒤 문득 내 묘기에 생각이 미쳤다. 리옹에 머물러 있는 동안 파리조에게 써 보낸 서간시가 호주머니에 있었다. 이 한 편의 서간시는 정열이 담겨 있는 데다가 낭독법에도 손색이 없어 세 사람은 감격의 눈물을 흘렸다. 자기 도취인지 진실인지는 모르나, 내 짐작으로는 브로이 부인의 시선이 그녀의 어머니에게 이렇게 말하고 있는 듯이 생각되었다. '어머니! 이분은 하녀들과 같이 식사하는 것보다 우리들과 함께 해야 할 분이라고 말씀드린 것은 잘못이 아니었죠?' 그때까지는 어딘지 모르게 가슴이 답답했는데, 이렇게 속을 풀고 나니 후련했다. 브로이 부인은 나를 좀 과대평가한 나머지 머잖아 내가 파리에서 큰 인기를 불러일으켜 여성들에게 크게 환영을 받게 될 것으로 보았다. 그녀는 미숙한 내게 참고가 될까 하고 《어느 백작의 참회록》(샤를 피노 뒤클로 지음)을 주었다. '이 책은' 하고 그녀가 말했다. '사교계에 나가시는 데 필요한 길라잡이요. 가끔 보시면 좋을 거예요.' 나는 이 책을 손수 준 사람에 대한 감사한 마음에서 20년 이상이나 소중히 지니고 있다. 그러나 내가 여자를 잘 다룰 줄 아는 재능을 지녔다고 생각한 듯한 이 부인의 견해에는 가끔 웃음이 나온다. 이 작품을 읽은 순간부터, 나는 지은이와 친교를 갖고 싶었다. 나의 이런 마음은 무척 좋은 생각이었다. 왜냐하면, 그는 문학자들 중에서 내가 사귄 단 한 사람의 참다운 친구였으니까.[*2]

[*2] 나는 꽤 오래, 그리고 완전히 그를 내 참다운 친구라고 믿어 왔다. 그래서 파리로 돌아와서 내가 쓴 《참회록》의 원고를 그에게 의탁하였다. (원주)

이때부터 나는 부장발 남작 부인과 브로이 후작 부인이 나를 동정해서 언제까지나 무일푼 상태로는 내버려두지 않으리라고 든든히 여기게 되었다. 그것은 틀린 생각이 아니었다. 자, 이제 뒤팽 부인 댁으로 들어간 이야기를 하자. 이쪽은 좀더 오랜 결과를 갖게 되었던 것이다.

　뒤팽 부인은 알다시피 사뮈엘 베르나르와 퐁텐느 부인 사이에서 태어난 딸이었다. 뒤팽 부인의 세 자매는 카리테스의 세 여신이라고 해도 좋았다. 투슈 부인은 킹스턴 공작과 눈이 맞아 영국으로 도망했다. 둘째 딸 아르티 부인은 콩티 대공의 애인이며 단 한 명의 진정한 여자 친구였고, 빛나는 재치와 언제나 변함없는 명랑한 기질, 그에 못지 않게 유순하고 친절하며 호감이 가는 성격 덕분에 존경받을 만한 여성이었다. 끝으로 뒤팽 부인은 세 사람 가운데서 가장 아름다웠고, 품행면에서도 이러니저러니 비난을 받지 않은 단 한 사람이었다. 뒤팽 씨가 시골에서 이분의 어머니를 극진히 대우한 답례로서, 그 어머니는 세금징수 업무를 도맡는 사람의 지위와 막대한 재산을 붙여 딸을 그에게 주었다. 부인은 뒤팽 씨의 후한 대접에 대한 포상이었던 것이다. 내가 처음 그녀를 만났을 때 그녀는 여전히 파리 최고의 미인들 가운데 한 사람이었다. 그녀는 화장하던 도중 나를 맞았다. 두 팔이 드러나 보이고, 머리는 흐트러진 채 화장복도 풀어져 있었다. 이러한 만남은 내게는 매우 신기했다. 나는 완전히 어리둥절해서 당황하고 말았다. 말하자면 벌써 나는 뒤팽 부인에게 반해 버린 것이었다.

　나의 당황한 모습은 그녀와 딱 마주치자 그렇게 눈에 뜨일 정도로 보기 싫지는 않게 되었다. 그녀도 그것을 눈치채지는 못했다. 그녀는 저작물과 그 지은이를 존중하고, 교양이 있는 여성으로서 내 계획을 화제로 삼으며, 클라브생으로 반주를 하며 노래를 부르고, 식사를 하도록 붙들으며, 식탁에서는 나를 자기 옆에 앉혔다. 그렇게까지 하지 않아도 금방 들떠 버리는 나인지라 완전히 기분이 좋아지고 말았다. 그녀가 찾아와도 좋다고 말했으므로 나는 곧 그 권리를 남용했다. 거의 날마다 그녀를 찾아갔다. 매주 두세 차례는 식사를 함께 했다. 말이 하고 싶어 못 견딜 지경이었지만 감히 엄두가 나지 않았다. 여러 가지 이유들 때문에 조심 또 조심할 수밖에 없었다. 부자의 집을 출입하는 것은 행운으로 들어가는 문이었다. 내 처지에서 지금 이 문에서 물러나는 위험한 짓은 하고 싶지 않았다.

뒤팽 부인은 애교는 있었지만 어딘지 엄격하고 차가운 데가 있었다. 그녀에게서 도전하는 듯한 태도를 전혀 보이지 않았으므로 이쪽에서도 대담해질 수는 없었다. 그 저택은 당시 파리의 어느 저택에 못지 않게 화려했고, 사교계의 집합 장소로 되어 있었다. 수에서는 다소 미치지 못했으나, 모이는 사람들은 각 방면의 일류들이었다. 뒤팽 부인은 고관·학자·미인 등 화려한 평판이 있는 각 방면의 명사들과 만나기를 좋아했다.

그녀의 집에서는 공작이나 대사 등 훈장을 단 사람밖에는 볼 수 없었다. 로앙 대공 부인, 포르칼키에 백작 부인, 미르푸아 부인, 브리뇰 부인, 에르베 경(卿)의 부인 등은 그녀의 여자 친구라고 해도 좋을 분들이었다. 퐁트넬 씨, 생 피에르 신부, 살띠에 신부, 푸르몽 씨, 베르니 씨, 뷔퐁 씨, 볼테르 씨 등은 그녀의 측근들이며 식사 손님들이었다. 그녀의 신중한 태도는 젊은이들을 많이 끌지 못했으나, 그만큼 정선된 사교 범위 덕분에 한층 무게가 있는 것으로, 이 빈약한 장 자크 따위는 그 틈에서 크게 빛을 내볼 자부심을 품을 수조차 없었다. 그래서 대담하게 입을 열지 못했는데, 언제까지나 잠자코 있을 수도 없어 용기를 내어 편지를 썼다. 그녀는 그것에 대해 아무런 언급 없이 이틀이나 내 편지를 지니고 있었다. 사흘째 되는 날, 그녀는 그 편지를 내게 돌려주며 무언가 설교 비슷한 말을 했는데, 그 차디찬 말씨에 나는 몸이 얼어붙는 것 같았다. 하려던 말도 도중에 막혀 버렸다. 순간적인 정열도 희망과 함께 사라졌다. 그리하여 형식적으로 몇 마디 변명을 한 다음 전처럼 교제를 계속했으나, 이제는 아무것도 말로 전하지 못했고 표정으로도 나타내지 않았다.

나는 내 경솔한 짓을 잊힌 것으로 생각했다.

뒤팽 씨의 아들로, 부인에게는 전실 자식이 되는 프랑쾨유 씨는, 부인과 나와 거의 같은 연배였다. 재치도 있고 풍채도 좋았으므로 여자에게는 자부심이 대단했다. 그의 상대가 뒤팽 부인이라는 것인데, 그런 소문이 생긴 것은 부인이 얼굴이 못났지만 마음씨 착한 여자를 그와 짝지어 주고, 이들 부부와 아주 사이좋게 지내는 데서 나온 모양이었다. 프랑쾨유 씨는 재주있는 이들을 사랑하며, 그들과 친교를 맺었다. 음악에 조예가 깊었고, 이것이 우리를 이어주는 인연이 되었다. 나는 상당히 자주 그와 만났으며 우리는 서로 친해졌다. 그런데 갑자기 그는 내가 찾아오는 횟수가 너무 잦으니 조금 사이를 띄어 주었으면 하고 뒤팽 부인이 말하더라고 내게 전했다. 그런 인사라면 먼젓번 편지를 내게 돌려 줄 때 했으면 좋았을 것이었다. 일주일인가 열흘인가 지나서 별로 이렇다 할 이유도 없이 남의 입을 통해 전한다는 것은 전혀 이유가 되지 않는다고 생각되었다. 프랑쾨유 씨 부처가 전과 다름없이 환영해 주었으므로 나는 더 묘한 처지에 놓이게 된 것이었다. 어찌 됐든 훨씬 사이를 두고 찾아 가기로 했다. 그대로 가면 아주 발을 끊게 될 것이었지만, 뒤팽 부인의 뜻하지 않은 변덕으로 일주일이나 열흘 동안만 자기 아들의 감독으로 와주었으면 하고 청해 왔다. 아들이 가정교사가 바뀌어서 그 동안 혼자 있게 된다는 것이었다. 이 일주일 동안을 나는 뒤팽 부인의 명령에 따른다는 즐거움으로 겨우 견뎌냈지만, 마치 벌을 받는 기분으로 지냈다. 이유인즉 가엾은 슈농소(그녀의 아들)는 이미 그때부터 성질이 고약해져서 하마터면 집안의 명예를 손상시킬 짓을 저지를 뻔했고, 마침내는 부르봉 섬에서 목숨을 마치지 않으면 안 되었다. 내가 옆에 붙어 있는 동안은 그가 자신에게나 남들에게 해를 입히지 않도록 했는데, 그런 정도의 일이 내가 한 일의 모두였다. 그러나 이것도 여간 힘드는 일이 아니었으므로, 이를테면 뒤팽 부인이 보수로 내게 몸을 맡긴다 하더라도, 일주일도 더 그 일을 할 수는 없었을 것이다.

프랑쾨유 씨는 내게 우정으로 대해 주었고, 나도 그와 공부를 같이 하였다. 우리는 같이 루엘의 집에서 화학을 배우게 되었다. 그와 가까이 지내기 위해 나는 생 캉탱 하숙을 나와 뒤팽 씨가 살고 있는 플라티에르 거리로 빠지는 베르들레 거리의 주드 폼에 숙소를 정하였다. 나는 이곳에서 가벼운 감기를 등한히 했기 때문에, 그것이 폐렴이 되어 하마터면 죽을 뻔했다. 나는 젊었을 때 그런 염증 늑막염이나 특히 후두염 같은 것에 잘 걸렸다. 그런 병에 아주 잘 걸리는 체질이라 일일이 여기 기록돼 있지는 않지만, 이 병은 나에게 죽음을 생각하게 했다. 회복기의 따분한 여가에 마음 약함과 내 처지를 돌아보며 소심과 게으름을 한탄했는데, 그런 것 때문에 속에는 타오르는 정열의 불길이 있는데도 언제나 무일푼이 되기 직전에야 아무런 작용도 하지 않는 정신에 대해 막연하게 고민했다. 병에 걸리기 전날 밤 제목은 잊었으나, 그때 상연되고 있던 루아이에의 어떤 오페라를 보러 갔다. 남의 재능을 과대평가하며 자신의 재능을 같잖게 보는 나였지만, 그래도 그 음악은 박력과 정열이 없고 창의성이 없다는 생각을 안할 수가 없었다. 가끔 혼자 이렇게 말하기까지 했다. '이것보다는 내가 더 잘 만들 것 같아.' 그러나 오페라 작곡은 생각만 해도 겁이 났고, 또 그 예술에 종사하는 사람들에게서 그러한 기획이 여간 힘들지 않다는 것도 들어 왔으므로, 금방 용기가 꺾였고, 그런 용기를 냈던 대담함에 얼굴이 붉어졌다. 그 위에 내게 가사를 써주고 게다가 내가 생각하는 대로 편곡까지 해줄 수고를 아끼지 않을 사람을 어디서 찾아낸단 말인가? 작곡과 오페라에 대한 생각이 병을 앓는 동안에 되살아났다. 열에 시달리면서 나는 독창·이중창·합창곡 등을 작곡해 갔다. 나는 대가들이 그 연주를 듣는다면 틀림없이 놀라리라 생각되는 '즉흥곡' 두세 곡을 만들었다.

아, 만일 열병에 걸린 사람의 환상을 적을 수 있는 사람이 있다면, 그 사람의 헛소리에서 때로는 얼마나 위대하고 숭고한 것이 나오는가를 알게 되리라.

그러한 작곡과 오페라에 관한 정열이 점점 가라앉기는 했으나, 회복 기간 중에도 여전히 마음에서 떠나지 않았다. 그것만을 생각한 나머지, 애당초 강한 의지도 없이 그저 어떤 것인가를 알아볼 생각으로 가사도 작곡도 모두 나 혼자서 만든 오페라를 만들어 볼 계획을 세웠다. 그것은 분명 첫 습작은 아니었다. 샹베리에서 이미 《이피스와 아나크사레트》라는 제목의 오페라 비극을 만들었으나, 현명하게도 나는 이것을 불 속에 던지고 말았다. 리옹에서 또 하나 《신세계의 발견》이란 것을 만들었다. 이것도 보르드 씨, 마블리 신부, 트뤼블레 신부, 그 밖의 사람들에게 읽어 준 다음 똑같은 처분을 하고 말았다. 하기야 그것에는 서곡과 제1막의 작곡이 되어 있었고, 다비드는 그 곡을 보고 부오논치니의 작품과 맞먹을 만한 데가 있다고 말해 주기도 했다.

이번엔 작품에 착수하기에 앞서 계획을 짤 시간을 가졌다. 서사를 중시하는 발레의 형식인데 세 개의 다른 주제를 따로따로 세 막으로 꾸며, 한 막마다 음악의 성질을 바꿨다. 그리고 각 주제로 한 시인의 연애를 택하기로 하고, 그 오페라의 제목을 《우아한 시(詩)의 여신(女神)들》이라고 붙였다. 제1막은 강렬한 음악 형식으로 타소가 나온다. 제2막은 조용한 음악 형식으로 오비드가 나온다. 그리고 제3막은 아나크레옹이란 제목으로 디튀랑보의 명랑한 분위기를 풍기게 하였다. 우선 제1막부터 시험했다. 시작하자 골몰하게 되고 열성이 생겨서 작곡의 감흥에서 오는 쾌감을 처음으로 맛보았다. 어느 날 저녁 오페라 극장으로 들어가려고 했을 때, 생각이 가슴 벅차게 끓어올라 견딜 수 없었으므로 돈을 호주머니에 도로 집어넣었다. 급히 돌아와 내 방에 틀어박혔다. 빛이 못 들어오게 가림막을 모두 친 다음 침대에 누웠다. 그리고 거기에서 시와, 음악에서 느끼는 충동에 몸을 내맡기면서, 시작한 막 내용들 가운데 가장 뛰어난 부분을 여덟 시간만에 완성시켰다. 페라라 공주에 대한 나의 사랑(이 경우에 내가 타소였으므로)과 부정한 오빠에 대한 나의 고귀하고 자랑스런 감정을, 내가 실제로 공주의 팔에 안겨 느꼈으리라고 생각되는 것보다 1백 배나 더 유쾌한 하룻밤을 내게 준 것이었다. 날이 새자 머릿속에는 어젯밤 구상했던 것들 가운데 겨우 약간의 것만이 남아 있을 뿐이었다. 그러나 그 얼마 안 되는 부분은 피로와 잠으로 거의 사라져 버렸는데도 여전히 간직하고 있는 여운으로 곡의 힘참을 말해 주고 있었다.

그런데 이번에는 또 다른 사건에 정신이 팔려 버려, 이 일을 추진시키지 못했다. 뒤팽 집안과 친하게 지내는 동안에도 부장발 부인과 브로이 부인을 가끔 만나러 가는 일을 계속하고 있었으므로 그들은 나를 잊지 않고 있었다. 때마침 근위대위(近衛大尉) 몽테귀 백작님이 베네치아 대사로 임명되었다. 이 백작이 자주 접촉해 온 바르작의 주선으로 대사가 된 것이다. 백작의 형인 몽테귀 기사는 황태자 전하의 교육을 맡고 있는 귀족으로 예의 두 귀부인과도, 또 내가 가끔 방문하는 아카데미 프랑세즈의 알라리 신부와도 잘 아는 사이였다. 브로이 부인은 대사가 비서를 한 사람 구하고 있는 것을 알고 나를 추천했다. 우리들은 의논하기 시작했다. 나는 봉급으로 50루이를 요구했는데, 격식을 차려야만 되는 지위로서는 그것으로도 퍽 적은 편이었다. 그 쪽에서는 40루이밖에 더 못 내겠으며 여비도 스스로 알아서 마련하라고 했다. 이런 제의는 우스웠다. 서로 타협이 잘 안 되었다. 프랑쾨유 씨가 나를 붙들어 두려고 애를 써서 결국 나는 주저앉고, 몽테귀 씨는 외무부에서 배당해 준 폴로라는 딴 비서를 데리고 떠났다. 베네치아에 도착하자 금방 두 사람은 싸움을 했다. 폴로는 난데없는 미친 증세를 일으킨 듯, 백작을 그대로 두고 떠나 버렸다. 몽테귀 씨에게는 비서 밑에 서기 노릇을 하는 비니스라는 젊은 재속 신부만 있었는데, 그는 후임이 될 사람은 못 되었으므로 다시 내게로 부탁이 왔다. 대사의 형 되는 기사는 재치가 있는 사람이라 비서의 지위에는 여러 가지 특권이 따른다고 말하면서 나를 교묘히 움직여서, 끝내는 내가 처음 말한 봉급 50루이로 승낙을 하게 만들었다. 나는 20루이를 여비로 타서 떠났다(1743년 7월 10일).

리옹에서부터는 몽스니 고개로 접어들어 지나는 길에 가엾은 어머니를 만나보고 싶었다. 그러나 론느 강을 따라 내려가 툴롱에서 배를 타기로 작정했다. 그것은 전쟁 때문이기도 했고, 경제적인 이유 때문이기도 했으며, 또 당시 프로방스 사령관으로, 내가 소개되어 있는 미르푸아 씨에게서 여권을 얻기 위해서 때문이기도 했다. 몽테귀 씨는 나 없이는 견디지 못해 계속되는 편지로 내 여행길을 재촉해 왔다. 그런데 뜻밖의 일로 그것이 늦어졌다.

때마침 메시나에 흑사병이 발생한 때였다. 영국 함대가 바로 전에 이 항구에 정박해 있어, 내가 타고 있는 돛단배를 순찰했다. 그 때문에 길고도 고된 항해 끝에 제노아에 도착하자, 21일 동안의 격리 처분을 받아야만 했다.

승객에게는 그 동안을 배에서 지내든가 격리된 저택에서 보내든가, 선택권이 주어졌다. 격리된 저택은 내부를 꾸미지 못해 그저 벽만 있을 뿐이었다. 모두들 배를 택했다. 견딜 수 없는 더위, 비좁은 장소, 산책을 할 수 없는 점, 고약한 벌레, 그런 것 때문에 나는 격리된 저택 쪽을 택했다. 나는 속이 텅 빈 2층의 커다란 건물 안으로 안내되었다. 창문도, 이불도, 침대도, 의자도, 앉을 걸상도, 몸을 눕힐 한 다발의 짚조차 없었다. 내 외투와 잠옷을 넣은 자루와 두 개의 짐 가방이 운반되었다. 출입문이 튼튼한 자물쇠로 나를 가둬 버렸다. 나는 그곳에 남게 되었다. 방에서 방으로, 계단에서 계단으로 마음껏 내 집인 양 돌아다녔으나 어디를 가도 한결같이 쓸쓸하고 살풍경했다.

그래도 돛단배보다도 격리된 저택을 택한 것을 후회하지 않았다. 그리고 신판(新版) 로빈슨 크루소처럼 스무하루 동안을 위해 평생을 지낼 사람처럼 준비에 들어갔다. 먼저 돛단배에서 얻어 온 이를 없애는 즐거움을 가졌다. 속옷과 평상복을 모두 갈아 입고, 말끔한 차림으로 내가 택한 방안 설비에 착수했다. 조끼와 셔츠를 합쳐 고급 요를 만들고, 냅킨을 여러 장 꿰매서 깔개를 만들고 방에서 입는 덧옷을 이불로, 외투를 둘둘 말아 베개로 삼았다. 한 개의 짐 가방을 눕혀 놓아 앉는 자리를, 또 하나의 짐 가방을 세워서 탁자를 만들었다. 종이와 잉크병도 꺼냈다. 가지고 온 책을 서고 대신 늘어 놓았다. 어쨌든 정말 근사하게 차려졌으므로 가림막과 창문은 없었으나, 이 텅 빈 격리된 저택에 있는 것이 베르들레 거리에 있는 주 드 폼 저택 내 방에 있는 것과 자유로운 점에선 거의 다름이 없었다. 먹을 것을 가져오는 것은 정말 볼만했다. 두 사람의 척탄병(擲彈兵)이 칼을 찬 채 호위하여 오는 것이었다. 계단이 내 식당이었고, 층계참이 식탁이었고 나는 한 계단 아래 계단에 앉는 식이었다. 요리가 차려지면 그들은 물러가면서 식사를 하라는 종을 울린다. 식사와 식사 사이, 읽지도 쓰지도 않고 방안 정리도 안할 때는 신교도의 묘지를 안뜰 대신으로 산책하거나, 항구를 굽어볼 수 있는 옥상 전망대로 올라가 배가 드나드는 것을 보았다. 이런 식으로 두 주일을 지냈다. 온 기간을 다 보내도 조금도 지루하지 않았으리라. 그러나 프랑스의 제노아 주재 사절인 쥬앵빌 씨에게 소독하는 유황불에 반쯤 누렇게 타고 산(酸)에 집어 넣었던 편지를 보였더니, 일주일이 단축되었다. 이 동안을 나는 그의 집에 가서 보냈는데, 격리된 저택에 있는 것보다는 그의 집에 묵는 편이 솔직히 말해서 지내기가 편했다. 그는 나를 무척 환대해 주었다. 그의 비서 뒤뽕은 마음 좋은 청년으로서 제노아의 거리와, 즐겁게 놀 수 있는 시골의 많은 가정으로 나를 안내하여 주었다. 그와는 이렇게 해서 오랫동안 친하게 지냈고, 편지 왕래가 있었다. 나는 롬바르디아를 지나 유쾌한 여행을 계속했다. 밀라노·베로나·브레시아·파두아를 구경하고 마침내 베네치아에 도착했는데, 대사님은 나를 꽤나 기다리고 있는 중이었다.

프랑스 중앙정보부로부터도, 각지의 다른 대사에게서도 산더미처럼 공문서가 와 있었는데, 판독에 필요한 암호가 모두 갖춰져 있었지만, 암호로 되어 있는 것은 대사 나리께서 읽을 수 없었다. 나는 어느 관청에서도 근무한 적이 없고, 관청 암호를 지금까지 본 일도 없었으므로, 처음은 쩔쩔맬 것이라고 걱정했었는데, 해보니 이보다 더 간단한 것은 없어서 일주일도 지나지 않아 암호로 쓴 것을 모두 읽을 수 있게 되었다. 사실 그것은 일삼아 읽을 만한 것도 아니었다. 왜냐하면 베네치아 대사관은 늘 한산한데다가 이 대사 같은 인물에게는 어떤 교섭이나 부탁도 해 올 눈치가 없었기 때문이다.

그는 입으로 말하는 것을 읽을 수 있도록 쓰지도 못했으므로, 내가 도착할 때까지 무척 애를 먹었었다. 그 전에 나는 매우 쓸모가 있었다. 그도 그것을 알고 있었으므로 나를 소중히 대해 주었다. 거기에는 또 한 가지 이유가 있었다. 전임인 프룰레 씨가 머리가 돌아 버린 뒤로 르 블롱 씨라는 프랑스 영사가 대사관 업무를 대신 보고 있었다. 그가 몽테귀 씨가 도착한 뒤에도 사정을 알게 되기까지 일을 계속하고 있었다. 몽테귀 씨는 자신이 못하는 주제에 남이 자기 일을 하는 것을 샘내고 미워해서 영사를 떼어 버리려 했다. 그래서 내가 도착하자 즉시 영사로부터 대사관 비서의 직무를 빼앗아 내게 주었다. 이 직무는 관직과 떨어질 수 없는 것이었다. 대사는 내게 비서의 직함을 갖도록 말했다. 그의 밑에 있는 동안, 상원에도, 상원과의 협의에서도 언제나 나만 그

직함으로 파견했다. 그가 영사나 궁정에서 임명된 관리보다도, 자기가 데리고 있는 사람을 대사관 비서로 쓰는 편이 좋다고 생각한 것은 아주 당연한 일이었다.

그래서 내 지위도 꽤 재미있는 것이 되고, 또 그 때문에 대사의 수행원들이나 대부분의 허드렛일꾼들과 마찬가지로 이탈리아 사람인 시종들도, 이 집에서 나와 윗자리를 다투는 일이 없게 되었다. 그런 지위에 따른 권력을 나는 제대로 사용해서, 대사가 가진 관리권, 즉 관할 구역의 치외법권을 유지할 수 있었다. 이에 대해서는 가끔 침해하려는 외부의 공작이 있어도 베네치아 사람인 관원들은 일부러 모른 척했다. 그러나 나는 도둑들이 관할 구역 안으로 도피해 오는 것을 결코 용서하지 않았다. 용서해 주면 내게 상당한 이익이 돌아왔을 것이고, 각하도 돌아오는 몫을 가볍게는 보지 않았을 것이다.

각하는 사무국이라 불리는 비서과의 권한에까지 그 몫을 요구하는 것을 감히 마다하지 않았다. 때마침 전쟁 중이었지만, 그래도 비서과에서는 여권 발급은 언제든지 해도 좋았다. 그런 여권에서는 그것을 발급하고 부서하는 비서의 손으로, 한 통에 1스캥(약 12프랑)의 수수료가 들어왔다. 내 전임자들은 프랑스 사람이건 외국 사람이건 차별 없이 이 요금을 치르게 했다. 그런 방식이 부당하다고 생각한 나는, 비록 프랑스 사람이 아니지만, 프랑스 사람에 대해서는 그것을 폐지했다. 그러나 다른 나라 사람에 대한 나의 권리는 매우 엄격했다. 그래서 스페인 여왕의 총신의 형제뻘이 되는 스코치 후작이 수수료 없이 여권을 청해온 데 대해서도, 그 수수료를 나에게 내게 했다. 과감한 처사로서, 물론 복수심이 강한 이탈리아 사람들이 그 일을 잊을 리가 없었다. 여권 수수료에 대한 나의 이런 규정이 알려지자, 여권을 얻으러 밀려드는 것은 가짜 프랑스 사람들뿐이었다. 아주 서투른 말로 프로방스 사람이니, 피카르디 사람이니, 부르고뉴 사람이니 하며 떠들어 댔다. 나는 귀가 예민했으므로 그리 쉽게 속지는 않았다. 그러므로 나는 한 명의 이탈리아 사람일지라도 내게 요금을 속이거나, 한 명의 프랑스 사람에게도 수수료를 내게 한 일이 있었다고는 생각하지 않는다. 그런 것을 전혀 모르고 있는 몽테귀 씨에게 어리석게도 나는 내가 한 일을 지껄여 버렸다. 이 수수료란 말이 그의 귀를 열어 주었다. 그리하여 프랑스 사람에 대한 수수료 면제에 관해서는 의견을 말하지 않고, 다른 사람들에 대해서는 일일이 자기와 상의해서 하도록 주장을 하며, 이익을 나눠먹을 것을 요구했다. 나는 내 이해에 관련된 일이라기보다 그의 비루한 점에 분개해서 그 요구를 거절했다. 상대는 고집을 부렸다. 나는 발끈해서 '안됩니다' 하고 몹시 과격하게 말했다. '각하께선 각하의 권한을 지켜 주십시오. 제 권한은 저에게 맡겨 주시기 바랍니다. 저는 절대로 단 한 푼이라도 각하께 드릴 수는 없습니다.' 이런 방법으로는 생기는 것이 없으리라고 본 그는 다른 방법으로 물고 늘어지며 뻔뻔스럽게도 이런 말을 했다. 내가 그의 사무국 수입을 독점하는 이상 그 지출 비용도 스스로 책임을 지는 것이 당연하다고 말이다. 나는 이런 문제로 다투고 싶지 않았다. 그래서 이때부터 잉크도, 종이도, 봉랍(封蠟)도, 초도, 철끈도, 도장까지도 내 돈으로 갖췄는데, 그는 단 한 푼도 갚아 주지 않았다. 그런 나였지만 그래도 그 사람 좋고, 또 이런 일에는 전혀 욕심을 부리지 않는 비니스 신부에게는 여권 관련 업무에서 생기는 수입의 일부를 나눠 주었다. 그가 나에게 호의를 베풀어 주면 나도 그에게 그만한 의리는 지켜 주었다. 그리하여 우리들은 훨씬 뒷날까지 사이 좋게 지냈다.

일 자체에 대해서는 걱정한 것처럼 곤란하지 않은 것을 알게 됐다. 풋내기라고는 하지만 모시고 있는 대사도 그 점에서는 나와 꼭 같았다. 게다가 무지하고 고집이 세어, 내가 양식(良識)과 다소 밝은 지식을 가지고 그와 국왕을 위해 도움이 되는 일을 하려고 하면 기를 쓰고 반대했다. 그가 한 가장 잘한 일이라면 스페인 대사 마리 후작과 손잡은 것이었다. 이 대사는 흥정을 잘 하는 괴짜였는데, 여차하면 몽테귀 씨의 코를 잡고 휘두를 만한 재주와 솜씨가 있는 사람이지만, 양쪽 국왕의 일치되는 이해관계를 생각해서 평상시에는 꽤 유익한 조언을 해 주었다. 그러나 몽테귀 씨 쪽에서는 그것을 실행할 단계가 되면 언제나 자기 의견을 내세워 그 조언을 아깝게도 쓸모 없이 만들어 버렸다. 다만 한 가지 두 사람이 협력하지 않으면 되는 것은, 베네치아 사람들을 오스트리아 계승 전쟁 중에는 국외 중립의 태도를 유지하도록 조치하는 것이었다. 베네치아 사람들은 중립을 지키는 데 충실하다는 것을 빠짐없이 분명히 밝히면서도, 한쪽으로는 공공연하게 오스트리아군에게 탄약을 공급할 뿐만 아니라, 탈주병이라는 구실 아래에 신병을 공급하기까지 했다. 몽테귀 씨는 몽테귀 씨대로 베네치아 공화국의 비위를 맞추려 하고 있는 듯, 나의 충고에도 아랑곳하지 않고 공화국은 중립에 위반하지 않는다는 것을 온갖 공문서에서 언제나 내게 증언시키려 했다. 이 가련한 인간의 고집과 어리석음은 줄곧 나에게 부조리한 것을 쓰게도 했고 시키기도 했다. 그가 기를 쓰고 원하는 만큼 나는 강제적으로 그의 대변자가 되지 않을 수 없었다. 그러나 그렇게 되자 내 직무가 더는 견딜 수 없는 것, 거의 이행할 수 없는 것으로까지 생각되는 경우가 있었다. 예를 들면, 국왕이나 대신에 대한 문서의 대부분은 어느 쪽이고 그렇게 경계가 필요한 일은 절대로 포함돼 있지도 않은데 암호로 쓸 것을 그는 끝내 고집했다. 궁정의 공문서가 도착하는 금요일과 이쪽 것을 발송하는 토요일 사이에 그토록 많은 암호를 쓰고, 게다가 같은 편에 부칠 내 책임에 관계되는 많은 양의 통신문을 쓰려면 아무래도 시간이 부족하다고 나는 항의했다. 그것에 대해 그는 기막힌 명안을 발견했다. 목요일부터 시작해서 그 이튿날 도착할 문서의 회답을 만들어 놓으라는 것이었다. 이것이 꽤 좋은 착상이라고 자신도 생각한 듯, 내가 그런 터무니없는 일은 실제로 되지 않는다고 아무리 말해도 그대로 밀고 나가지 않으면 마음이 가라앉지 않았다. 그래서 내가 그의 밑에 머물러 있는 동안은 그 주일 안으로 그가 아무렇게나 지껄여대는 말과, 내가 여기저기 주워 모으러 다니는 너절한 정보들을 적어 두고 그 자료만으로 목요일에는 반드시 초안을 만들어 그에게 가져가야 했다. 이것은 토요일 밤에 발송할 서류의 초안이므로 금요일에 가서 저쪽에서 보내오는 공문서와 대조해 보아, 이쪽 것에 그쪽 회답에 도움이 될 수 있는 것이 있으면, 부리나케 적당히 가필하거나 정정하는 것이었다.

또 하나 그에게는 아주 재미있는 버릇이 있었는데, 그것이 그의 통신을 상상조차 못할 정도의 웃음거리로 만들었다. 그것은 하나하나 보내온 내부 정보를 다음 곳으로 보내지 않고 보내온 곳으로 되보내는 것이었다. 궁정에서 온 통보를 아믈로 씨에게 적어 보냈다. 파리에서 온 것을 모르파 씨에게, 스웨덴에서 온 것을 아브랭쿠르 씨(당시 스웨덴 주재 대사는 아브랭쿠르가 아니고 랑말리 후작이었다)에게, 페테르스부르크에서 온 것을 라 슈타르디 씨에게 보냈다. 때로는 보내온 것을 내게 문장의 체제만 약간 바꾸게 해서 그 사람에게로 돌려보냈다. 결재를 맡으러 내가 가지고 가는 것 중에 궁정으로 가는 문서만 한번 슬쩍 보아 넘기고, 다른 대사들에게 보내는 것은 읽지도 않고 서명을 하므로, 나는 멋대로 내 나름의 것을 써서 아쉬운 대로 정보를 교환하기도 했다. 그러나 중요 서류에 적당히 손을 대는 일은 나로서는 할 수 없었다. 그가 기분나는 대로 지껄여 대는 몇 마디의 망언(妄言)을 즉흥으로 써 넣으려고 생각하지 않으면 천만다행이었다. 만일 그런 기분이 일어나기라도 한다면, 이 새롭고 멋대로 장식된 문서를 말끔히 다시 쓰기 위해 부랴부랴 되돌아서지 않으면 안 된다. 게다가 또 그로서는 그런 엉터리 문서에 암호를 쓰지 않으면 만족하지 못했으며, 그렇지 않으면 절대로 서명을 하지 않았다. 나는 그의 명예를 존중한 나머지, 말해 준 것과는 다른 것을 암호문으로 하고 싶은 생각이 몇 번이고 일어났다. 그러나 그런 불충실한 일을 한다는 것은 도저히 받아들일 수 없는 것이라고 생각하고, 그의 미친 짓을 그의 책임에 맡기고 말았다. 그리하여 나는 솔직히 그에게 말하는 것, 그에 대한 의무를 나의 책임으로 완수하는 것으로 만족했다.

내가 계속 정직하고 열심히, 용감히 한 것은 이런 일들에 대한 그러한 마음가짐이야말로 내가 마지막으로 그에게서 받은 보수와는 다른 하나의 보수였다. 하느님이 주신 복된 성질, 가장 훌륭한 여성에게서 받은 교육, 스스로 노력한 수양, 그런 것들로 만들어져 있는 나라는 인간이 당연히 여기에서 드러나야만 했고, 또 사실 그것이 드러나게 된 것이다. 나만을 의지하고, 친구도 없으며, 조언도 없고, 경험도 없이 외국에서 외국 사람을 돌보며, 사기꾼들에게 시달리며, 그들의 이익에만 쏠려 선행을 악한 경우라고 생각하고 그것을 방해하기 위해 계속 자기 편에 끌어들이려는 그 간사하고 교활한 계책 속에 있었다. 그러면서도 그 흉내를 내기는커녕 내가 아무런 혜택도 입지 않은 프랑스를 위해 성의를 다했고, 다시 그 대사에 대해서는 당연한 일로 알고, 내게 주어진 책임 모두를 완수한 것이었다. 꽤 눈에 띄기 쉬운 지위에 있으면서 비난을 받지 않고, 이 공화국에서도, 문서를 교환한 모든 대사들로부터도 존경을 받으며, 베네치아에 있는 프랑스 사람들로부터도 호감을 받았으며, 또 나도 그것에 상당할 만한 일을 했다. 그리고 영사(領事)도 예외는 아니었다. 나는 생각에도 없는 영사의 후임자 노릇을 했지만, 이 일은 당연히 영사의 권한에 속하는 일이라는 것을 잘 알고 있었으며, 그것이 내게 즐거움이 되기보다는 오히려 귀찮기만 했다.

몽테귀 씨는 염치없이 마리 후작에게만 의지하고 있었다. 후작으로 말하면 남의 세세한 의무에까지는 간섭하지 않았으므로 자연스레 본인도 자신의 의무를 소홀히 하였기 때문에, 만약 내가 없었더라면 베네치아의 프랑스 사람들은 자기 나라 대사가 있는지조차 몰랐을 것이다. 그들이 대사의 보호가 필요할 때에도 대사는 그들의 말은 들으려 하지도 않고 언제나 퇴짜만 놓았으므로 그들은 대사라면 아주 질색이었다. 그리고 대사가 그들을 초대하는 일이 전혀 없었으므로, 대사의 수행(隨行)에도, 식탁에도 어느 한 사람 교포의 얼굴은 볼 수 없었다. 나는 종종 그가 할 일을 가끔 내 독단으로 해버렸다. 프랑스 사람들이 그나 내게 부탁해 오는 일은, 내 힘이 미치는 한은 빠짐없이 돌봐 주었다. 이것이 다른 나라에서의 경우라면, 나는 보다 많은 일을 했으리라. 그러나 여기에서는 내가 대리를 하고 있는 통에 자연적으로 그런 지위에서 상의를 해줄 사람은 아무도 없는지라, 나는 어쩔 수 없이 영사에게로 부탁차 가끔 가곤 했으나, 그 영사도 이곳에 안착하여 가정을 가지고 있고, 집안 일을 즐기고 있어서, 마음은 있어도 좀처럼 기대한 만큼 도와 주지는 못했다. 때로는 그 영사가 우유부단해서 그다지 참견하고 싶어하지 않을 때는 내가 위험을 무릅쓰고 대담하게 일을 저질렀으며, 그것은 몇 번인가 성공했다. 지금 생각하니 웃음이 나올 것만 같은 일이 하나 있었다. 파리의 연극광들이 코랄린느와 그의 여동생 카미유를 보게 된 것을 내 덕으로 아는 사람은 거의 없을 것이다. 그러나 그것은 틀림없는 사실이었다. 그녀의 아버지인 베로네즈는 딸들과 함께 옛날부터 이탈리아 극단에 고용되어 있었다. 그런데 2천 프랑의 여비를 받고서도, 파리로 출발하지 않고 그대로 베네치아의 성 누가 극장[*3]에 나가고 있었다. 이 극장에서 코랄린느는 아직 어린 나이였지만 대단한 인기를 모으고 있었다. 그레브 공작은 국왕의 시종장 자격으로 대사에게 서면으로 베로네즈 부녀를 보내라고 했다. 몽테귀 씨는 그 편지를 내게 주며 '이걸 보게'라고 말할 뿐이었다. 나는 영사인 르 블롱 씨에게 가서, 국왕을 위해 고용되어 있는 베로네즈를 돌려보내도록 성 누가 극장의 소유주인 귀족 추스티니아니에게 말해 달라고 부탁했다. 르 블롱은 부탁을 받고도 별로 힘을 안 썼으므로 일이 잘 되지 않았다. 추스티니아니는 쓸데없는 변명을 하며 베로네즈를 되돌려 보내지 않았다. 나는 화가 치밀어 견딜 수 없었다. 마침 사육제였다. 나는 도미노 가장복에 가면을 쓰고 추스티니아니의 별관으로 안내를 받았다. 내 곤돌라가 대사의 수행원들을 잔뜩 태우고 들어오는 것을 본 사람들은 모두 놀랐다. 그들은 베네치아에서는 일찍이 이런 광경을 본 일이 없었던 것이다. 나는 들어가서 '가면을

[*3] 어쩌면 성 사무엘 극장이 아니었는지 분명치 않다. 고유 명사는 잘 잊어버린다.(원주)

쓴 어떤 부인'의 이름으로 찾아온 뜻을 전했다. 안으로 들어가자 가면을 벗고 이름을 밝혔다. 원로원 의원들도 새파랗게 질려서 멍해 있었다. '각하' 하고 나는 베네치아 말을 썼다. '갑자기 방해를 해서 죄송하오나 당신의 성 누가 극장에 베로네즈라는 사람이 있습니다. 그 사람은 국왕을 위해 고용되어 있는 몸이라, 사람을 보내 넘겨 주십사고 청원을 했습니다만 허락하지 않으신다고 하기에, 저는 폐하의 이름으로 그를 인수하러 왔습니다.' 내가 한바탕 떠든 것이 효과를 나타냈다. 내가 그곳을 나오자, 이 사내는 재빨리 이 사건을 검찰 당국에 보고하러 달려갔으나 반대로 실컷 야단만 맞았다. 베로네즈는 그날로 해고를 당했다. 나는 일주일 안으로 떠나지 않으면 체포된다고 전하기까지 했다. 그래서 그는 출발한 것이었다.

또 어떤 기회에 나 혼자서 거의 누구의 도움도 받지 않고, 상선의 한 선장을 구해 준 일이 있다. 그 선장은 마르세유에서 온 올리베라는 선장이었는데, 배 이름은 잊었다. 그의 선원이 베네치아 공화국에 일을 하러 와 있는 슬라브 사람들과 싸움을 했는데, 폭행을 했다고 그의 상선이 엄격한 억류를 당했다. 선장 한 사람을 빼놓고는 누구도 허가 없이 배가 있는 곳에 가까이 가는 것도, 배에서 나오는 것도 금지되어 있었다. 선장은 대사에게 애원했으나 대사는 쫓아 돌려보냈다. 영사에게로 갔더니 통상(通商)과 관련된 사건이 아니므로 간섭할 수 없다고 거절을 당했다.

그는 어찌할 바를 몰라 내게로 돌아왔다. 나는 몽테귀 씨에게 이 사건에 관한 청원서를 상원에 제출하는 것을 꼭 내게 허락해 주십사고 건의를 했다. 그가 승낙을 했는지, 또 내가 청원서를 냈는지 지금은 기억에 없다. 다만 내가 쫓아다녀야 아무런 효과도 없고, 출항 정지가 여전히 계속되고 있었으므로 나는 어떤 수단을 쓰게 되었고, 그것이 성공을 한 것으로 기억하고 있다. 나는 모르파 씨에게로 보내는 한 공문서에 이 사건을 기재했다. 이 항목을 그대로 보내는 것을 몽테귀 씨에게 승낙받는 데는 무척 힘이 들었다. 나는 이쪽에서 낸 서류는 뜯어 봐야 별 가치는 없었지만 베네치아 쪽에서 뜯어 보는 것을 미리부터 알고 있었다. 신문 기사에 그대로 나와 있으므로 내게는 증거가 확실했다. 돼먹지 않은 짓이라고 대사에게 몇 번이나 항의하도록 했으나 허사였다. 내버려 두고 있었다. 그래서 내가 생각한 것은 공문서 속에 그 상선이 받고 있는 고초를 써 넣음으로써 베네치아 쪽에 주의를 환기시켜 그들에게 공포심을 일으켜 주고 상선을 무사히 풀어 주게 하자는 것이었다. 그렇게라도 하지 않고 궁정에서 회답이 오는 것을 기다리고만 있다가는 그것이 도착하기 전에 선장이 파산할 것이 불보듯 뻔한 일이었기 때문이다. 나는 다시 수단을 다했다. 선원을 심문하기 위해 배로 향한 것이다. 영사관 서기 파티첼을 데리고 갔는데, 그는 싫은 것을 억지로 참고 따라왔다. 그처럼 이 가련한 사람들은 선원의 감정을 해칠까봐 두려워하고 있는 것이었다. 금지령 때문에 배에 올라갈 수가 없었으므로 나는 내 곤돌라에 탄 채, 큰 소리로 차례로 승무원 한 사람씩을 심문하고, 그들에게 유리한 답변을 하도록 질문을 돌리면서 구술서를 만들었다. 나는 이런 심문이나 특히 구술서는 파티첼에게 시키려 했다. 실은 그것은 나보다도 그의 직무였던 것이다. 그러나 그는 도무지 응하려 하지 않고, 한 마디도 입을 떼지 않았으며, 내가 서명한 다음에도 구술서에 쉽사리 서명하려 들지 않았다. 이 방법은 좀 대담했는데도 무사히 성공하여, 대신의 회답보다 훨씬 먼저 배가 풀렸다. 선장은 내게 선물을 하려 했다. 나는 화도 내지 않고 그의 어깨를 두드리며 이렇게 말했다.

'올리베 선장, 규정이라고는 하지만 프랑스 사람에게 여권 수수료를 받지 않는 사나이가 국왕의 보호를 돈으로 팔리라고 생각하오?' 그러자 그는 배에서 식사 대접이라도 하겠다고 했다. 나는 그것은 받아들여 스페인 대사관의 비서인 카리오라는 재치가 있고 무척 붙임성 있는 사람을 데리고 갔다. 이 사나이는 뒷날 파리 주재 대사관 비서관 겸 참사관이 되었는데, 우리는 이때 이미 두 대사의 친분을 본받아 무척 친하게 사귀고 있었다.

이처럼 이기심이라는 것을 완전히 떠나서, 내가 할 수 있는 좋다고 생각되는 일을 무엇이든지 하고 있었다. 그 경우에 그런 자질구레한 일에는 순서와 주의를 잘 분간해서 조심스럽게 움직이며, 남에게 속거나 남의 일에 내 돈을 쓰거나 하지만 않았더라면 얼마나 다행이었을까. 원래 내가 가지고 있는 지위로는 사소한 잘못으로 중대한 결과를 초래하게 되므로, 나는 온갖 주의를 다 기울여 근무상의 과실을 저지르지 않도록 주의하고 있었다. 내 본래의 의무에 관한 일에 대해서는 모두 마지막까지 다시 없이 규칙에 충실했고 엄밀했다. 무리한 독촉을 받아 암호문에 실수를 저질러서 본국의 아믈로 씨의 서기들로부터 한 번 불평을 들어 본 적 이외에는 대사에게서도, 누구에게서도 직무상 태만하다는 책망을 들은 적은 없었다. 이것은 나같이 태만하고 경솔한 인간으로서는 특기할 만한 일이었다. 그대신 내가 맡은 사사로운 일은 깜박 잊어버리고 내버려 두는 경우가 자주 있었다. 그리하여 정의를 사랑하는 뜻에서 그 일로 시비가 생기기 전에 언제나 스스로 손해를 부담했다. 그런 예를 하나만 들겠다. 이것은 내가 베네치아를 떠나게 되는 것과 관계가 있는 것으로, 그 영향은 뒷날 파리에 돌아와서 가슴 깊이 느끼게 되었다.

루슬로라는 우리의 요리사가 프랑스에서 2백 프랑의 묵은 차용 증서를 한 장 가지고 있었다. 그것은 그의 친구 중 한 사람인 가발사가 가발을 납품했다는 표시로 자네트 나니라는 베네치아 귀족에게서 받은 것이었다. 루슬로는 그 증서를 내게로 가져와서, 교섭을 해서 얼마라도 받아 내도록 수고해 주었으면 하고 부탁했다. 베네치아 귀족의 관례로서 외국에서 진 빚은 자기 나라로 돌아오면 결코 갚지 않는다는 것을 나도 알고 있었고 루슬로도 알고 있었다. 소송이라도 걸어서 받아 내려 해도 시간만 오래 걸리고 소송 비용만 들게 되어 불행한 채권자를 곤란하게 하므로, 채권자는 지쳐서 결국은 포기를 하든가, 거의 턱도 없는 액수로 타협을 짓고 마는 수밖에 없다. 나는 르 블롱 씨에게 부탁해서 자네트에게 말해 주도록 했다. 자네트는 증서는 시인했으나 상환은 거절했다. 옥신각신하던 끝에 결국 그는 3스캥만을 약속하였다. 르 블롱이 증서를 가지고 갔을 때, 3스캥이란 돈은 마련되어 있지 않았다. 기다려야만 했다. 기다리고 있는 동안에 나와 대사 사이에 싸움이 일어나, 나는 대사관을 나오고 말았다.

대사관의 서류는 다시 없이 잘 정돈이 되어 넘겨받았다. 그러나 루슬로의 증서만은 눈에 띄지 않았다. 르 블롱 씨는 틀림없이 내게 주었다고 하였다. 그가 지나칠 정도로 정직한 사람이란 것을 나도 잘 알고 있었으므로 그 점은 의심할 여지가 없었다. 그러나 그 증서가 어떻게 되었는지 나는 아무래도 생각이 나지 않았다. 자네트가 부채를 인정한 것이니까, 영수증을 써 주고 3스캥을 받아 내든가 복사본으로 증서를 다시 써 받든가, 어느 쪽을 해주도록 하는 교섭을 나는 르 블롱 씨에게 부탁했다. 자네트는 증서가 분실된 것을 알자 그 어느 쪽도 받아들이지 않았다. 나는 내 주머니에서 3스캥을 루슬로에게 주며, 그것으로 증서를 돌려 준 것으로 하려 했다. 그는 그 돈을 거절하며, 파리에서 채권자와 타협하라고 하면서, 내게 그의 주소를 주었다. 가발사는 경과를 알고 있어서 예의 증서를 돌려주든가, 돈으로 그 전액을 갚으라고 했다.

분개한 나는 그 몸서리나는 증서를 발견하기 위해서는 무슨 짓이라도 다 했으리라! 나는 2백 프랑을 치렀다. 게다가 그것은 내가 가장 곤경에 처했을 때였다. 이것이 증서의 분실에서, 그 채권자가 전액을 돌려받게 된 자초지종이다. 반대로 공교롭게 이 사나이에게 그 증서가 발견되었더라면 자네토 나니가 약속한 10에퀴나마 좀처럼 손에 들어오지는 못했으리라.

근무에 대한 재간에 자신을 얻은 나는 흥미를 가지고 임무를 수행했다. 그리고 친구인 카리오, 곧 이야기할 덕이 있는 학자 알투나와의 교제와 산 마르코 광장, 극장, 거의 언제나 사람들과 같이 어울려 다니는 여러 집들의 방문 등등 아주 사소한 기분 전환 외에는 내 의무를 단 하나의 즐거움으로 삼았다. 일이 몹시 고된 편도 아니고 거기에 비니스 신부의 도움도 있었지만, 문서 교환의 범위가 무척 넓고 전시 중이기도 했으므로, 역시 그만큼 나는 바빴다. 매일 오전중 대부분은 일에 매달렸다. 우편물이 도착하는 날은 때로 밤중까지 걸리는 수도 있었다. 남은 시간은 새로 맡게 된 이 직무의 연구에 충당했다. 이 직무에서 첫 출발이 순조로웠으므로 곧 보다 유리한 지위에 임용될 것으로 기대하고 있었다. 사실 누구도 내게 잔소리를 하지 않았다. 먼저 대사부터 처음엔 내 근무 태도를 공공연히 칭찬해 주었고, 조금도 불평하지 않았다. 대사가 노발대발하게 된 것은 결국 내가 스스로 무익한 불평을 터뜨려 끝내 그만두겠다고 말했기 때문이었다. 우리가 문서를 교환하는 각국 대사나 본국 대신들은 그에게 그의 비서의 공적을 칭찬했다. 그것을 그는 기뻐해야 할 텐데, 그 모자라는 머릿속에는 전혀 반대의 결과가 생겨나는 것이었다. 특히 어느 중요한 사건으로, 나를 칭찬하는 말을 두고서 그는 용납하지 않았다. 그것은 꼭 설명을 해야만 된다.

그는 꾹 참고 있지는 못하는 사람으로, 거의 모든 방면으로 가는 우편물이 발송되는 매주 토요일에도 일이 끝날 때까지 기다리지 못하고 외출을 서둘렀다. 그리고 국왕이나 여러 대신들에게 보내는 공문서 발송을 줄곧 독촉하면서, 정신없이 그것에다 서명하고는 대부분의 다른 편지에는 서명도 하지 않은 채, 어디론지 내가 알지 못하는 곳으로 뛰쳐나가 버렸다. 그런데 단순한 정보 정도라면 하는 수 없이 공보부로 돌려 버리고 말지만, 문제가 국왕과 관계되는 사무일 경우에는 아무래도 누군가가 서명해야 했다. 그럴 때는 내가 서명했다. 마침 비엔나 주재 국왕 대리 공사 뱅상 씨로부터 막 들어온 중요 통첩(1743년

10월 26일이라 기록)이 있었는데, 바로 오스트리아군의 로브코비츠 대공이 나폴리로 진출해 와서, 스페인 군의 가쥬 백작이 그 기념할 만한 퇴각(1744년 3월 7일에 있었으므로 루소의 기억 착오)을 했을 때였다. 현 세기 중에 가장 훌륭한 군사 행동이었으나 유럽에서는 그다지 호평을 받지 못했다. 이 통첩에 따르면 한 사내가 비엔나를 출발해서 베네치아를 거쳐 아브루초의 산골로 몰래 숨어들어갔는데, 그는 오스트리아군의 접근에 따라 그 지방의 백성들을 선동할 임무를 띠고 있다고 적혀 있었다. 뺑상 씨는 생김새와 옷차림까지 보내왔다. 모든 것에 무관심한 몽테귀 백작님이 마침 부재중인라, 나는 이 통첩을 빠른 시간내에 로피탈 후작에게 돌려보냈다. 부르봉 왕가가 나폴리 왕국의 안전을 보증할 수 있는 것은, 그러니까 여지없이 우롱을 당하고 있는 이 가련한 장 자크의 덕인지도 모른다.

로피탈 후작은 당연히 자기 동료인 몽테귀 백작에게 감사를 표시했고, 이쪽 비서의 이야기와 서로의 제휴에 공헌한 비서의 노력에 대해 썼다. 이 한 사건으로 자기의 게으름에 책임의식을 느꼈어야 할 몽테귀 백작은 후작의 인사 속에 무언가 비난이 숨어 있는 것으로 생각하고, 불쾌한 말투로 내게 이야기 했다. 그다지 중요하지는 않은 일이지만, 로피탈 후작에게 취했던 것과 꼭 같은 처사를 콘스탄티노플 주재 대사 카스텔란느 백작에게도 취한 적이 있었다. 콘스탄티노플에는 이곳 상원에서 가끔 외국에 나가 있는 대사들에게 우편물을 보내는 편 이외는 달리 편이 없었으므로, 그 우편들이 나갈 때에는 프랑스 대사에게도 필요하면 그 편으로 그쪽 동료들에게 편지를 내라는 통지가 왔다. 이런 통지는 하루나 이틀쯤 전에 오는 것이 보통이다. 그런데 몽테귀 씨는 무시를 당하고 있었으므로 우편물이 나가게 되는 겨우 한 시간이나 두 시간 전에 연락하는 사람이 형식적으로 들르는 데 불과했다. 그런 까닭에 대사가 없는 동안, 내가 문서를 만들지 않으면 안 되는 경우가 몇 번 있었다. 카스텔란느 씨는 그의 회답에서 언제나 정중한 말로 내게 안부를 써 보냈다. 마찬가지로 제노아의 종빌 씨로부터도 그렇게 말해 왔다. 그만큼 새로운 불만이 더해 간 셈이다.

정직히 말해서, 물론 나도 인정을 받게 될 기회를 스스로 피하지는 않았다. 그러나 또 덮어놓고 그런 것을 바라지도 않았다. 다만 근무를 잘하고, 거기에 따르는 자연스러운 보상으로써, 그 근무를 올바로 판단하고 정당히 갚아 주는 사람들의 존경을 얻으려는 것은 아주 당연한 일이라고 생각되었다. 나의 엄밀한 직무 수행이 대사에게는 불행의 정당한 이유였는지 어떤지는 말할 수 없다. 그러나 두 사람이 헤어지는 날에도, 그것만이 그가 확실히 말한 유일한 불행의 이유였다는 것만은 말할 수 있다.

그는 대사관을 전혀 단속하지 않기 때문에 거기에는 언제나 무뢰한들이 우글거리고 있었다. 여기에선 프랑스 사람은 싸늘한 대접은 받았고, 이탈리아 사람들이 판을 치고 있었다. 그리고 그 중에서도 오랫동안 대사관 소속으로 근무해 온 선량한 관원들은 불법으로 모두 쫓겨났다. 특히 대사의 시종장으로, 전직 대사 프룰레 백작 때에도 시종장이었던 페아티 백작이라든가 그와 아주 비슷한 이름이었던 사람도 쫓겨났다. 특히 시종은 몽테귀 씨가 택한 사나이로 도미니크 비탈리라는 만토바 출신의 악한이었는데, 그는 대사관 살림을 모두 맡았다. 이 사내는 지독한 아부와 인색으로 대사의 신용을 얻어 특별한 총애를 받았다. 그 때문에 아직 남아 있는 아주 작은 수의 정직한 사람들과 그 우두머리인 비서가 얼마나 손해를 입었는지 모른다. 정직한 인간의 공명정대한 눈은 교활한 놈들에게는 언제나 불안을 느끼게 한다. 비탈리가 나를 미워하기엔 그것만으로 충분했으리라. 그러나 그의 증오는 또 다른 한 가지 원인에서 더욱 맹렬해져 갔다. 만일 내 쪽이 잘못한 것이라면 그 벌을 받기 위해 여기에서 원인을 말하지 않으면 안 된다.

대사는 관례에 따라 다섯 극장에 각각 특별석을 가지고 있었다. 매일 점심 때에 그는 그날 가고 싶은 극장을 지정했다. 그 다음에는 내가 좋아하는 극장을 선택했다. 그리고 시종들이 나머지 다른 극장을 각각 정했다. 나는 나갈 때 내가 택한 특별석의 열쇠를 가지고 가는데, 어느 날 비탈리가 그 자리에 없었기 때문에, 나는 내가 부리고 있는 하인에게 내가 갈 극장으로 열쇠를 가져오도록 부탁을 했다. 비탈리는 내 열쇠를 보내기는커녕 내 특별석에서 구경하기로 했노라고 일러서 보냈다. 그런 대답을 여러 사람이 있는 앞에서, 내가 부리는 하인의 입을 통해서 들은 것이 나로서는 더욱 화가 치밀었다. 비탈리는 그날 밤 사과를 하겠다고 했으나 나는 단호히 그의 사과를 받아들이지 않았다. '사과라면' 하고 나는 말했다. '내일 그 시간에 내가 모욕을 당한 그 집으로 와서, 그곳에 모여 있는 사람들 앞에서 받겠다. 그렇지 않으면 모레, 어떤 일이 있든지 우리 중의 하나가 이곳에서 나가게 되리라는 것을 네게 말해 둔다.' 이 결연한 말투가 그를 위압했다. 그는 내가 얘기한 그 장소로 그 시간에 찾아와서 여러 사람들 앞에서 비굴한 사죄를 했다. 그 대신 그는 천천히 그 보복 수단을 짰다. 그리고 내게는 공공연히 굽실거리면서, 이탈리아 사람다운 잔재주를 부려 대사를 설득시켜 나를 그만두게 하는 데 실패했으므로, 내 쪽에서 먼저 그만두지 않을 수 없도록 만든 것이었다.

이와 같이 천한 인간에게 처음부터 내가 이해될 턱이 없었다. 그러나 나에 대해 자기의 목적에 도움이 될 만한 점만은 이해하고 있었다. 모르는 사이에 저지른 사람들의 잘못을 용서하는 점에서는 지나칠 정도로 부드럽다는 것과, 계획적으로 이뤄진 모욕에 대해서는 격분해서 조금도 참지를 못하는 것, 필요한 경우에는 예의와 위엄을 중하게 여기는 것, 남에게 치를 존경에 주의를 게을리하지 않는 것과 같이 자기가 받아야 할 존경은 당연히 그것을 요구하는 것 등, 이러한 내 성격을 잘 알고 있었다. 그가 노린 점은 바로 그것이었다. 그리하여 결국 나를 견뎌내지 못하도록 만들고 말았다. 그는 집 안을 엉망으로 만들었다. 내가 애써서 만든 규칙과 복종, 청결과 질서를 헛것으로 만들어 버렸다. 여자가 없는 집은 엄격할 정도로 규칙을 세우지 않으면 위엄을 유지하는 데 필요한 절도란 것이 행해질 수 없다. 그는 머지않아 우리 집을 음란과 방종의 집, 사기꾼과 건달의 소굴로 만들어 버렸다. 그는 각하의 차석 시종을 내쫓고, 말타 기사회 십자장(十字章)을 단 유곽을 경영하는 사나이로 그와 꼭 같은 뚜쟁이를 후임으로 데려왔다. 제대로 어울린 이들 두 건달의 파렴치한 행동은 철면피 바로 그 자체였다. 대사의 방 하나를 제외하고는, 그렇다고 해서 그 방도 그다지 정돈되어 있는 편은 아니었지만 집 안의 어느 구석을 찾아보아도 참된 인간이 견딜 만한 곳은 없었다.

각하는 집에서 저녁을 먹지 않으므로 저녁에는 시종들도 나도 다른 식탁으로 가서 비니스 신부와 하인들과 같이 식사를 했다. 아무리 누추한 선술집이라도 식탁 위는 이보다 깨끗하고 더 잘 정돈되어 있으며, 이렇게 식탁보가 더럽지도 않고, 보다 나은 것을 먹을 수 있으리라. 시커멓고 조그만 초 한 자루, 주석 접시, 쇠 포크가 나왔다. 집 안에서 받는 이런 푸대접쯤은 아무래도 좋았다. 그런데 나는 내가 쓰는 곤돌라까지 빼앗겼다. 각국 대사의 전체 비서 중에 오직 한 사람 나만이 곤돌라를 빌리지 않으면 안 되었다. 그렇지 않으면 걸어가야만 했다. 각하의 시종도 내가 상원에 갈 때 이외에는 딸리지 않게 되었다. 거기에 또 참을 수 없는 일은 집 안에서 일어날 일 가운데 어느 것 하나 시종에게 전해지지 않는 소문이 없었다. 대사관 직원들은 모두가 고함을 질러 가며 떠들어 댔다. 도미니크는 그러한 불평의 모든 원인임에도 자신이 가장 큰 소리로 떠들어 댔다. 그러한 세상에서 체면이 서지 않는 형편없는 대우를 받고 있다는 것을 알게 되면, 다른 누구보다도 내가 고통스러워한다는 것을 그는 잘 알고 있었기 때문이다. 이 집 사람 중 나만이 외부로 나가 아무 말도 하지 않았으나, 대사에게는 다른 일에 대해서나 대사의 일에 대해서나 심한 불평을 말했다. 그러면 그 숨은 도깨비에게 홀린 대사는 매일 뭐라고 새로운 모욕을 내게 가해 왔다. 다른 동직자들과의 균형을 유지하며 내 신분에 맞게끔 하려면, 나대로 꽤 비용을 들여야만 하는데도, 봉급이란 것은 한 푼도 받지 못했다. 대사에게 돈을 요구하면, 마치 그것이 내 지갑을 채워 주고, 모든 비용을 보충할 수 있는 것처럼 나에 대한 그의 존경과 신뢰에 관한 이야기만 할 뿐이었다.

원래가 바로 박히지도 못한 주인의 머리를 두 악당은 마침내 완전히 돌게 만든 다음, 가짜 물건을 안겨 주고 벼락부자가 된다고 설득을 시키고 그런 끊임없는 고물 매매로 주인을 파산으로 이끌어 갔다. 두 사람은 대사에게 브렌타 강가의 별장을 세들게 했는데, 그 요금을 배로 치르게 만들고 나머지를 집 주인과 나누어 먹었다. 각 방은 모자이크 식으로 꾸며졌고, 이 나라의 양식에 따라 굉장히 훌륭한 대리석의 둥근 기둥과 모난 기둥들이 있었다. 몽테귀 씨는 그것을 모두 전나무 판자로 말끔히 둘러치고 말았다. 달리 그런 것이 아니라 파리에서는 어떤 방이고 그런 식으로 판자를 붙인다는, 오직 그 하나의 이유에서였다. 이것과 같은 이유에서 베네치아에 주재해 있는 모든 대사 가운데 오직 한 사람, 그만이 몸종에게 칼 차는 것을 금하고, 하인들에게도 지팡이 짚는 것을 금했다. 이런 인간이었으니 내가 충실하게 근무하고 있다는 그것만으로 내게 반감을 품은 것도 아마 동기는 비슷한 데에 있었으리라.

나는 그의 경멸·폭언·냉대가 불쾌감에서 오는 것이지 증오감에서 오는 것이 아니라고 생각하는 동안에는 끈기 있게 참았다. 그러나 훌륭한 근무에 해당하는 명예를 내게서 앗아 버리려는 계획이 있는 줄 알자, 바로 나는 이런 일을 그만두기로 결심했다. 그러한 악의의 증거를 맨 처음 알게 된 것은, 그때 베네치아에 있던 모데나 공작과 그 일가를 그가 오찬에 초대하기로 되었을 때였다. 그 자리에 나를 초청하지 않을 것이라는 것을 그는 내게 통고해 왔다. 나는 발끈했으나 성질을 부리지 않고, 대사와는 매일 오찬을 같이하는 영광을 누리는 만큼, 설혹 모데나 공작이 나와 동석하지 않기를 요구한다 해도 각하의 위엄과 내 의무로 그것에 동의할 수는 없다고 대답했다. '무슨 소리냐!' 분연히 그는 말했다. '시종의 신분도 아닌 비서가 내 시종도 참석하지 않는데, 한 나라의 군주와 식탁을 함께 하겠다는 건가?' '그렇습니다' 하고 나는 대답했다. '각하께서 주신 내 지위는 내가 현직에 있는 이상은 매우 높은 것이므로, 각하의 시종, 아니 시종이라고 불리는 사람들보다는 윗자리에 서게 되므로, 그들에게 허락되지 않는 곳에도 나가게 되는 것입니다. 각하께서 공식 석상에 나가시는 날에는 예의상으로도, 오랜 관례로서도, 나는 예복을 갖추고 함께 하라는 명령을 받았고, 또 산마르코 궁에서는 영광스럽게도 각하와 함께 오찬을 대접받은 일을 모르실 리가 없습니다. 베네치아 대통령이나 의원들과도 공식 회식이 되며, 또 회식을 하지 않으면 안될 사람이 모데나 공작님과 개인 회식에서 동석할 수 없는 이유를 알 수 없습니다.' 이 논증에는 반박할 여지가 없었지만, 대사는 끝내 굽히지 않았다. 그러나 우리는 이런 말다툼을 다시 되풀이할 기회를 갖지 못했다. 모데나 공작은 대사에게로 회식을 하러 오지 않았기 때문이었다.

　이때부터 그는 불쾌한 행동과 불공평한 처사를 계속하며, 내 지위에 따른 하찮은 특권까지도 빼앗아 그가 좋아하는 비탈리에게 주려고 애썼다. 나 대신 비탈리를 상원으로 보낼 수만 있었으면 그는 틀림없이 그렇게 했으리라 생각한다. 대사는 어느덧 대개의 경우 비니스 신부를 시켜 그의 방에서 개인 서신을 쓰게 했다. 올리베 선장 사건의 보고도 비니스 신부를 시켜서 쓴 다음 모르파 씨에게 보냈다. 그 보고에는, 그 사건을 교섭한 단 한 사람인 내 이야기는 한 마디도 적지 않았을 뿐 아니라 그 구술서 작성의 명예까지 내게서 앗아가 버리고, 말 한마디 지껄이지 않은 파티첼의 공으로 돌리는 식으로 복사본을 보내고 있었다. 대사는 나에게 고통을 주어 그의 마음에 든 비탈리를 기쁘게 만들려는 것이었으나, 나를 쫓아내려고는 하지 않았다. 전임자인 폴로 씨는 대사의 사람됨을 퍼뜨려 버렸고, 어쨌든 이 폴로의 후임(루소)을 찾아냈을 때처럼 내 후임을 그리 쉽게 찾아낼 수 없다는 것을 대사도 알고 있는 것이었다. 상원에서 받게 되는 회답을 위해서는 이탈리아 말에 능하고, 대사가 간섭하지 않고도 공문서와 모든 사무를 처리하고 대사의 충성스런 하인 노릇에다가 돼먹잖은 시종놈들의 비위까지 맞출 수 있는, 간도 쓸개도 없는 비서가 꼭 필요한 것이었다.

그러니 나를 붙들어 놓고, 내 나라에서도 그의 나라에서도 멀리 떨어진 곳에 잡아매어, 돌아가려 해도 돈은 없고, 결국 울며 겨자먹기로 굴복하게 만들 속셈인 것이었다. 그의 방법이 온건했더라면 그래도 성공했을지 모른다. 그러나 비탈리는 또 다른 생각에서 내게 결심을 시키려고 극단까지 일을 밀고 나갔다. 지금까지의 모든 노력이 헛일이 되었고, 집 안에서는 불쾌한 처사, 집 밖에서는 부당한 대우밖에 더 기대할 것이 없고, 그가 스스로의 악평을 드러낸 세상에서 그의 악행이 내게 영향을 미치고, 좋은 일은 내게 도움이 되지 않는다는 것을 알자, 나는 결심을 하고 후임자가 나타날 때까지의 기간을 남기고 그에게 사직의 뜻을 밝혔다. 그는 그것에 대해 승낙한다거나 안한다는 말 없이 언제나와 같은 투로 받아넘겼다. 무엇 하나 잘되는 것이 없고, 또 대신할 사람을 구하는 기색도 보이지 않으므로 나는 그의 형에게 편지를 보내 내 이유를 상세히 밝히고, 대사 각하가 내 뜻을 받아들이도록 손을 좀 써달라고 부탁한 다음, 어떤 일이 있더라도 여기에 있을 수 없다는 내용을 덧붙였다. 오랫동안 기다렸으나 도무지 회답이 없었다. 매우 곤란한 터에 대사는 마침내 그의 형이 보낸 편지를 받았다. 무척 과격한 내용이었던 것 같았다. 왜냐하면 무엇이고 금방 무섭게 발끈하는 대사였지만, 아직 이처럼 성난 그를 본 일은 없었기 때문이다. 차마 듣지 못할 욕설과 잡소리를 마구 퍼붓고는 할 말이 없어지자 내가 그의 암호를 남에게 팔아먹었다는 비난까지 했다. 나는 어이가 없어 껄껄 웃으며 '그런 것을 단돈 한 푼이라도 주고 살 바보가 이 베네치아 안에 한 사람이라도 있다고 생각하십니까?' 하고 조롱 비슷한 말투로 되물었다. 이 대답에 그는 거품을 내뿜으며 미쳐 날뛰었다. 나를 창 밖으로 내던지겠다면서 사람을 부르려는 기세였다. 그때까지 나는 아주 냉정했으나 그의 이런 위협으로 이번엔 내가 분노와 울화 속에 끌려들고 말았다. 나는 문으로 달려가 사람이 들어오지 못하도록 안에서 고리를 내려 버리고 '안됩니다, 백작' 하고는 엄숙한 걸음걸이로 그가 있는 곳으로 되돌아오면서 말했다. '당신의 고용인들이 간섭할 문제가 아닙니다. 단둘이서 해결하면 될 것 아닙니까.' 내 동작과 표정이 즉시 그를 안정시켰다. 놀라움과 두려움의 표정이 그의 태도에 뚜렷이 나타났다. 그의 격노가 가라앉은 것을 보았을 때, 나는 완전히 그에게 작별을 고했다. 그러고는 그의 대답을 기다리지 않고 문으로 가서 고리를 벗기고 방을 나와, 대기실에 있는 하인들 사이를 유유히 지나갔다. 그들은 언제나와 마찬가지로 늘어서 있었으나, 만일 이때 그들이 편을 들었다면 그것은 대사 편이 아니고 오히려 내 편이었으리라고 생각된다. 내 방으로는 가지 않고 나는 곧장 계단을 내려와, 두 번 다시 돌아오지 않을 작정으로 그대로 대사관을 나왔다(1744년 8월 6일).

나는 곧장 르 블롱 씨 집으로 가서 이 사건을 그에게 이야기했다. 그는 대사의 사람됨은 알고 있었기 때문에 별로 놀라지 않았다. 나는 그에게 붙들려 식사에 참석했다. 이 회식은 갑자기 열렸는데도 호화로웠다. 베네치아에 있는 유명한 사람들은 거의 다 모였다. 대사 쪽에서는 고양이 한 마리 오지 않았다. 영사는 온 손님들에게 내 사정 이야기를 했다. 손님들은 그 이야기를 듣자 일제히 대사에게 비난을 퍼부었는데, 대사의 편을 드는 사람은 하나도 없었다. 대사는 내게 지급을 끝내지 않고 있었고, 한 푼도 준 일이 없었으므로 가지고 있는 몇 루이 외에는 아무런 저축도 없어 나는 귀국을 한다 해도 곤란했다. 갑자기 모두 나를 위해 지갑을 털려고 했다. 나는 르 블롱 씨의 지갑에서 20스캥 정도를, 생 시르에게서 같은 정도의 액수를 빌렸다. 이 생 시르 씨는 르 블롱 씨 다음으로 나와 친하게 지냈던 사람이다. 그 밖의 다른 사람들의 호의는 마다하였다. 그리고 출발하기 전, 같은 나라 사람들이 대사의 부정에 편들지 않는다는 것을 세상에 똑똑히 증명하기 위해 영사관 서기들 집에 가서 묵었다. 대사는 내가 불행에 빠져 있으면서 후한 대접을 받고, 자신은 대사인데도 무시를 당하고 있음을 알고는 노발대발하며, 완전히 정신을 잃고 미치광이처럼 날뛰었다. 마침내 이성을 잃고서 나를 체포하게끔 상원에 청원서를 냈다. 비니스 신부가 그것을 알려 주었기 때문에 예정하고 있던 그 다음날에 출발하지 않고, 다시 두 주일 동안 머물러 있기로 했다. 내가 취한 행동은 이미 다들 알며 정당하다고 인정받고 있었으므로, 나는 가는 곳마다 존경을 받았다. 베네치아 당국은 대사의 부조리한 청원서에는 회답조차 보내려 하지 않고, 도리어 영사를 통해 내게 미친 놈이 하는 짓에는 신경쓰지 말고 마음 편한 대로 언제까지고 베네치아에 머물러도 좋다고 말해 왔다. 나는 계속해서 친구들을 방문했다. 스페인 대사님에게 작별 인사차 갔다가 무척 후대를 받았다. 그리고 나

폴리 공사인 피노키에티 백작에게 하직 인사차 갔을 때는 그가 집에 없어서 편지만 써놓고 왔더니 다시 없이 친절한 회답을 보내 왔다. 마침내 나는 베네치아를 떠났다. 모자라긴 했지만, 앞에 말한 두 사람에게서 빌린 것과 모랑디라는 장사꾼에게서 50에퀴를 빌린 것 외에는 빚을 내지 않았다. 모랑디 쪽은 카리오가 맡아 처러 주었다. 카리오와는 그뒤로 종종 만났지만 여태껏 그의 돈을 갚지 못했다. 그러나 앞의 두 사람에게서 빌린 것은 형편이 피었을 때, 곧 깨끗이 갚아 주었다.

이 도시의 유명한 오락. 잠시 이곳에 머무르고 있는 동안, 내가 조금이나마 즐겼던 오락에 대해 한 마디 이야기하지 않을 수 없다. 내가 청춘 시절을 통해 그 나름의 쾌락, 아니 적어도 그렇게 불리는 것을 거의 찾지 않았다는 것은 이미 보아온 터다. 베네치아에서도 그런 점에 대한 취미는 변함이 없었다. 그리고 내 직책이—하기야 이 직책이 내가 누릴 수 있는 온갖 쾌락을 방해했을 테지만—내게 허용되는 아주 단순한 휴식을 도리어 재미있게 느끼게 해주었다. 첫째로, 가장 유쾌했던 것은 훌륭한 재주꾼들과의 교제였다. 르 블롱·생 시르·카리오·알투나, 거기에 또 한 사람 있었다. 유감스럽게도 이름을 잊었으나, 프리올리의 귀족으로 그 분의 그리운 추억은 지금도 감동 없이는 생각할 수 없다. 평생에 내가 알게 된 모든 사람들 가운데에서, 심정이 나와 가장 비슷한 사람이었다. 우리의 교제에는 그 밖에도 두세 사람의 영국인이 있었다. 재주도 지식도 풍부하고, 우리와 마찬가지로 음악에 열광해 있었다. 이들에게는 모두가 아내라든가 여자 친구, 애인이 있었다. 이 애인들이란 패들은 거의가 예능을 하는 아가씨들로 그들 집에서 음악을 하기도 하고 무도회를 열기도 했다. 거기에서는 노름도 했는데, 그리 자주 하지는 않은 편이었다. 발랄한 취미·예능·연극 구경 등은 내기 같은 놀이를 재미없게 만들었다. 내기라는 것은 지루한 인간들이 찾는 수단에 불과했다. 나는 파리에 있을 때부터 이탈리아 음악에 대한 파리 사람의 편견을 가지고 있었다. 그러나 나는 타고난 감수성이 예민해서 편견에 얽매이지 않았다. 그러므로 이 나라의 음악을 올바로 판단하기 위해 태어난 사람들에게만 감흥을 불러일으키는 정열을 곧 가지게 되었다. 곤돌라의 뱃노래를 들으면서, 지금까지 이런 식으로 부르는 것을 들은 적이 없는 것처럼 느꼈다. 또 오페라에도 금방 심취해 버렸다. 그래서 나는 오페라를 듣고 싶을 때는 칸막이 좌석에서 저마다 지껄이며 먹으며 노름을 하는 것이 귀찮아서 가끔 무리에서 벗어나 조금 떨어진 곳으로 가곤 했다. 거기서 혼자 내 자리에 틀어박혀, 상연 시간이 아무리 길어도 끝까지 조용히 즐겁게 감상하였다. 어느 날 나는 성 크리소스토모 극장에서 그대로 잠이 들었는데, 내 침대에서 자는 것보다도 깊이 잠들었다. 날카롭고 화려한 아리아도 내 잠을 깨우지 못했다. 그러나 나의 잠을 홀연히 깨운 아리아의 고요한 화성과 천사의 목소리 같은 선율이 내게 준 그 유쾌한 감각을 누가 말로 표현할 수 있겠는가. 귀와 눈을 한꺼번에 뜨게 했을 때의 그 맑은 정신! 그 황홀함! 그 도취! 잠을 깬 그 순간, 나는 처음에 천국에 있는 줄로 착각했다. 이 황홀한 곡은 지금도 생각이 나며 평생 잊지 못할 것이다. 이 곡은 이렇게 시작된다.

나를 구해 줄 이는 저 아름다운 사람
아, 이토록 내 마음을 타게 한다.

나는 이 곡을 손에 넣고 싶었다. 그래서 그것을 손에 넣었다. 그리하여 오랫동안 보존하고 있었으나, 종이 위에 남은 것은 내 기억 속에 것과 같지는 않았다. 틀림없이 같은 악보인데도 같은 것은 아니었다. 이 신성한 아리아가 나를 일깨운 그날과 꼭 같이 그대로 연주되는 것은, 내 머릿속에서뿐이다.
생각컨대 오페라의 음악보다도 훨씬 뛰어나며, 이탈리아에서는 물론 세계 어느 곳에서도 볼 수 없는 것은 스쿠올레의 음악이다. 스쿠올레는 가난한 소녀들에게 교육을 시키기 위해 설립된 자선학교인데, 공화국 정부는 장차 그녀들이 결혼을 하거나 수도원에 들어갈 때에 자금을 대주게 되어 있었다. 이런 소녀들에게 배우도록 하는 예능 가운데, 음악은 첫 번째 자리를 차지했다. 매주 일요일, 이 네 군데 스쿠올레의 각 교회당에서는 저녁 기도를 하는 동안 대합창과 대관현악을 곁들여 모테토를 불렀다. 작곡과 지휘는 이탈리아의 가장 뛰어난 대가들, 연주는 창살이 있는 연단에서 최고 연령이라도 스무 살을 넘지 않는 소녀들만으로 했다. 이 음악처럼 관능에 충실하고 감격스러운 것은 없다고 생각한다. 멋진 기교, 노래의 교묘한 맛, 아름다운 소리, 정확한 연주, 그 모든 것이 이 유쾌한 합주 속에 어우러져 독특한 인상을 낳았다. 물론 그것은 교회라는 장소에서 상상할 수 있는 엄숙한 것은 아니고, 오히려 모든 인간의 마음을 편안히 쉬게 하는 듯한 인상이었다. 카리오와 나는 이 '가난한 사람들'의 저녁 기도에 가는 것을 거른 적이 없었다. 거기에 나가는 것은 우리들만이 아니었다. 교회는 언제나 애호가들로 꽉 찼다. 오페라 극장의 배우들도 찾아와서 이들 뛰어난 모델을 따라, 노래라는 것의 참된 취미를 몸에 붙이려 했던 것이다. 다만 유감스런 것은 그 무시무시한 창살 문으로 소리만은 통하나, 노래만큼이나 아름다운 천사들의 모습은 우리에게 숨기고 있는 것이었다. 나는 누구에게나 그것을 되풀이해서 말했다. 어느 날 르 블롱 씨의 집에서 그걸 말하자 '그렇게도 그 소녀들이 보고 싶으면' 하고 그는 말했다. '내가 문제 없이 그 소원을 이루도록 해주지. 나는 그 자선학교 임원의 한 사람이니까, 소녀들과 같이 차라도 마시게끔 해 드리지.' 그가 그 약속을 이행해 주기까지 나는 그를 귀찮게 굴었다. 그렇게도 그리워 못견디던 미녀들이 갇혀 있는 살롱에 들어갔을 때, 나는 지금까지 느낀 적이 없는 사랑의 전율을 느꼈다. 르 블롱 씨는 내가 그 목소리와 이름만을 알고 있는 노래하는 유명한 여자들을 한 사람씩 소개해 주었다. '소피, 이리 와요……' 소름이 오싹 끼치는 여자였다. '카티나, 이리 와요……' 애꾸눈이었다. '베티나, 이리 와요……' 곰보에다 얼굴 모양도 이지러졌다. 어느 한 사람도 어딘가 유별나게 결점이 없는 여자는 거의 없었다. 영사는 나를 호된 꼴을 당하게 만들어 놓고는, 내가 몹시 놀란 것을 보며 싱글싱글 웃고 있었다. 그러나 둘인가 셋은 그런대로 괜찮다고 볼 수 있었는데, 합창에 끼어서나 겨우 노래를 불렀다. 나는 기가 찼다. 차 마시는 동안 그녀들을 놀려주었더니 왁자하게 떠들어 댔다. 못났다고 해서 반드시 애교가 없는 것은 아니다. 그것을 나는 그녀들에게서 보았다. 나는 혼자 이렇게 생각했다. '영혼이 없이 그렇게 부르지는 못한다. 이 소녀들에게는 영혼이 있는 것이다.' 마침내 그녀들을 보는 견해가 싹 바뀌고 돌아올 때는 이런 못생긴 소녀들 전부에게 애정을 느끼기까지 했다. 다시는 그녀들의 저녁 기도에 참석할 기분이 나지 않았다. 그러나 이것으로 어쩐지 마음이 놓였다. 나는 여전히 그녀들의 노래를 아름답다고 생각했다. 소리가 그녀들의 얼굴을 화장해 주므로 노래를 부르고 있는 동안에는 내게 눈이 있어도, 그녀들을 미인으로 생각하는 것이었다.

이탈리아에서는 음악을 듣는 데 그토록 돈이 들지 않으므로 음악에 취미가 있는 사람은 음악을 듣고 싶을 때 주저할 필요가 없다. 나는 클라브생을 한 대 빌렸다. 그리고 겨우 1에퀴로 집에 네댓 명의 연주자를 불러, 매주 한 번은 오페라 극장에서 듣고 가장 좋았던 곡목을 그들을 상대로 나 스스로 해보았다.

내가 지은 《우아한 시의 여신들》이란 교향곡의 부분을 시험삼아 연주해 보기도 했다. 이 곡이 마음에 들었던지, 아니면 나를 놀리느라고 그랬던지, 성 장 크리소스토모 극장의 발레 주임 교사가 그 중에서 두 곡을 요청해 왔다. 나는 이 어마어마한 관현악단의 연주로 그것을 들을 수가 있었고, 또 이 곡에 맞추어 베띠나라는 여자가 춤추는 것을 볼 수 있었다. 아름답고 특히 애교가 있는 이 여자는 파고아가라는 우리들의 친구인 스페인 사람의 신세를 지고 있었기 때문에, 우리는 그녀의 집으로 자주 밤을 새러 가곤 했다.

여자에 관한 이야기이지만 베네치아와 같은 도시에서는 여자 없이는 지낼 수 없다. 그 점에 대해서 고백할 것은 아무것도 없느냐고 할 사람이 있으리라. 그렇다. 사실 말할 것이 조금은 있다. 이것도 다른 이야기와 마찬가지로 솔직하게 고백하기로 하겠다.

나는 언제나 논다니들을 혐오해 왔다. 그러나 베네치아에서는 논다니 이외에 다른 여자에겐 내 손이 미치지 않았다. 이 나라의 많은 집들이 내 신분상 출입이 금지되어 있는 탓도 있었다. 르 블롱 씨의 딸들은 말할 수 없이 귀여웠지만 가까이 하기가 어려웠다. 게다가 그녀의 아버지와 어머니를 존경한 나머지 딸들에게 침을 삼킨다는 것은 생각조차 못했다. 차라리 나는 프러시아왕의 관리 딸로 카타네오 양이라는 젊은 여자에게 흥미를 가졌을 것이다. 그러나 카리오가 이 아가씨를 사랑하고 있어서 그들 사이엔 결혼 문제에 대한 말까지 있었다. 그는 편히 살아 갈 수 있지만 나는 빈털터리였다. 그에게는 1백 루이의 연봉이 있지만, 내게는 40루이 밖에 없었다. 또 친구와 경쟁하는 짓은 하고 싶지 않았고, 어디에 있든, 특히 이 베네치아에서는 이런 텅 빈 지갑으로 여색에 몸을 내맡길 수 없다는 것을 알고 있었다. 나는 자신의 육체적 욕망을 전환시키는 달갑잖은 습관을 여전히 지니고 있었고, 게다가 일이 바빠서 풍토가 자극하는 욕망도 그다지 강하게 느끼지는 않았다. 1년 가까이 이 도시에서 지내면서, 파리에 있을 때와 마찬가지로 품행은 단정하게 지켰다. 그리고 열여덟 달(열두 달)을 보내고 이곳을 떠날 때까지 이성을 접한 것은 단 두 번밖에 없었다. 그 기묘한 기회를 다음에 이야기하겠다.

처음 기회는 예의 정직한 체하는 시종 비탈리가 주었다. 그것은 내가 그를 공박하여 여러 가지 방식으로 강제로 사과를 하게 만든 그 사건이 있고 나서 얼마 뒤였다. 식탁에서 베네치아의 유흥 이야기가 나왔다. 모두들 베네치아 논다니들의 얌전함을 칭찬하며, 이들을 따를 만한 것은 어디에도 없다면서, 이런 두드러진 흥미에 무관심한 나를 놀리는 것이었다. 도미니크(비탈리)는 '당신에게는 기어코 정말로 귀여운 여자를 알도록 해 드리지 않으면 안 된다. 내가 안내를 해 드리겠소. 반드시 만족하실 거요' 하고 말했다. 나는 이 친절한 제안을 일소에 부쳤다. 그러자 벌써 나이 든 존경할 만한 피아티(페아티) 백작이 이탈리아 사람으로 보이지 않을 정도로 솔직하게, '당신 같은 신중한 사람이 여자에게 가는데, 적이 안내하도록 한다는 것은 생각할 수 없는 일'이라고 했다. 사실 나는 그런 곳에 갈 생각은 없었고, 유혹도 느끼지 않았음에도 나 자신도 알 수 없는 모순에서 취미도, 심정도, 이성도, 의지까지도 거슬러 가며, 오로지 약한 탓으로 못 믿는다는 것을 보이는 것이 쑥스러워서, 그리고 이 나라에서 흔히 말하는 '너무 배짱 없어 보이지 않기 위해서' 결국 이끄는 대로 되고 말았다. 우리들이 간 집의 라 파도아나는 미인이라고도 할 수 있는 제법 예쁜 얼굴의 여자였는데, 내 마음에 드는 미녀는 아니었다. 도미니크는 나를 그 집에 남겨 두고 가버렸다. 나는 소르베티를 가져오게 해서, 그녀에게 노래를 부르게 했다. 그리고는 반 시간쯤 지나서 탁자 위에 뒤까 금화 한 닢(약 10프랑)을 놓고 나오려 했다. 그런데 여자는 이상할 만큼 마다하며 일도 하지 않고 돈을 받을 수는 없다고 했다. 나도 어리석게 이상야릇한 생각에서 그녀의 뜻을 받아들였다. 영락없이 성병에 걸렸을 것으로 생각한 나는 관에 돌아오자 부랴부랴 곧 외과 의사를 불러 약을 청했다. 사실 아무런 이상도 없었고 그럴 만한 아무런 징후도 없었는데, 세 주일 동안 나의 괴로운 정신적 불안은 말할 수 없을 정도였다. 라 파도아나의 팔에서 탈없이 빠져나올 수 있으리라고는 생각하지 못했던 것이다. 의사도 나를 안심시키려고 이리저리 꽤 애를 썼다. 의사가 당신은 그런 병에 감염되지 않는 특수한 체질이라는 것을 보증해 주고 나서야 겨우 마음이 가라앉았다. 이 방면의 경험은 아마 다른 사람보다도 적었을 터이지만, 이 병에 걸리지 않은 것을 보면 의사의 말이 옳았다고 또 생각된다. 이러한 의견에 안심이 되었다고 해서 결코 나는 무모한 짓은 하지 않았다. 단지 날 때부터 그런 혜택을 받고 있다고 하더라도 나는 그것을 남용한 일은 없다고 단언할 수 있다.

또 다른 하나의 엽기담도 논다니에 관한 것이지만, 그 사건의 시작이나 결과가 앞의 것과는 전혀 다른 것이었다. 올리베 선장이 배에서의 연회에 초대해 주어서 스페인인 비서와 같이 가게 된 것은 앞에서 이미 말한 바 있다. 나는 예포(禮砲)를 기대하고 있었다. 선원들이 쭉 늘어서서 우리 둘을 맞아 주었으나 예포는 한 발도 쏘지 않았다. 카리오가 어리둥절하게 생각하는 것을 보고 나는 몹시 화가 났다. 보아하니 카리오도 못마땅한 눈치였다. 우리들 같은 지위에 있지 않은 사람에게도 상선에서는 예포를 보게 되는 것이 관례였다. 게다가 나는 선장에게서 당연히 특별 대우를 받아야 한다고 믿고 있었다. 나는 태연을 가장하고 있을 수가 없었다. 그렇게 하지 못하는 것이 나의 평상시의 버릇이니까. 그러나 연회는 상당히 훌륭했고, 올리베의 접대 또한 아주 정중했는데도 나는 처음부터 기분이 상해 별로 먹지도 않았고, 말도 별반 하지 않았다. 적어도 첫 축배가 있을 때도 예포가 있을 것으로 기대를 걸고 있었지만 아무것도 없었다. 내 마음속을 알아차린 카리오는 어린애처럼 입 속으로 투덜투덜하는 나를 보고 싱글싱글 웃고 있었다. 연회가 한창일 때, 곤돌라 한 척이 가까이 다가오는 것이 보였다. '이봐요, 당신' 하고 선장이 내게 말했다. '주의해 주십시오. 적이 나타났습니다.' 무슨 뜻이냐고 물어도 대답은 않고 농담만 하려 했다. 곤돌라가 배 옆에 앉았다. 눈이 부시도록 요염한 옷차림에 아주 날씬한 젊은 여자가 그 배에서 나와, 서너 걸음 뛰더니 벌써 선실로 들어와 있었다.

그녀는 요리 그릇이 앞에 모두 놓이기도 전에, 내 옆에 와 앉았다. 귀엽고, 쾌활하며, 아무리 보아야 스무 살을 넘지 않았을 브뤼네트(갈색 머리) 여자였다. 그녀는 이탈리아 말밖에 못했는데, 그 억양을 듣기만 해도 나는 그녀에게 그만 녹아 버리고 말 것 같았다. 그녀는 음식을 먹으면서도, 지껄이면서도 나만 빤히 바라보았다. 한참 나를 치켜보더니 '아니! 이거, 브레몽 씨 아니세요? 오래간만이네요!' 하고 소리를 높이며 내 품에 몸을 던지고, 내 입술에 자기의 입술을 비벼대며 숨이 막힐 정도로 나를 끌어안았다. 동양풍의 검고 큰 눈이 내 가슴에 정열의 불꽃의 화살을 쏘았다. 처음엔 너무 놀라 어리둥절하게 생각하고 있었지만, 갑자기 정욕의 포로가 되어 사람들이 보고 있는데도, 여자 쪽에서 나를 막지 않으면 안될 정도로 나는 걷잡을 수 없었다. 나의 흥분은 도취라기보다는 오히려 열광에 가까웠던 것이다. 그녀는 내가 자기 뜻대로 된 것을 알자 애무를 약간 늦추었으나, 쾌활한 것은 여전했다. 그러고 나서야 그렇게 급히 과격하게 나오게 된, 참 같기도 하고 거짓말 같기도 한 이유를 설명했다. 나는 토스카나 세관장 브레몽 씨와 꼭 닮았고, 그녀는 진작부터 이 브레몽 씨에게 반했고 지금도 그러하지만, 좀 사정이 있어서 헤어지고 말았다고 한다. 그래서 그 사람 대신 나를 사랑하고 싶은데, 그것은 내가 자기 마음에 들기 때문이라고 한다. 마찬가지로 그녀가 내 마음에 드는 동안은 나도 그녀를 사랑해야 하는데, 그 대신 그녀가 나를 버리고 가도, 브레몽 씨가 한 대로 나도 참지 않으면 안 된다는 것이었다. 과연 말한 대로 되었다. 그녀는 마치 몸종에게라도 하듯 나를 완전히 소유했다. 내게 장갑·부채·허리띠·모자를 들도록 했다. 내게 이리로 가, 저리로 가, 이걸 해라, 저걸 해라 명령했고, 나는 그것에 복종했다. 내 곤돌라를 타고 싶으니 그녀의 곤돌라는 돌려 보내 달라고 했다. 그 말도 들어 주었다. 카리오와 할 이야기가 있으니 나더러 자리를 비키고 카리오를 거기에 와 앉게 하라고 그녀는 말했다. 그것도 들어 주었다. 두 사람은 무척 오랫동안 함께 소곤거렸다. 나는 두 사람을 그대로 내버려 두었다. 그녀가 부르기에 옆으로 갔다. '잘 들어요, 자네트 씨' 하고 그녀는 내게 말했다. '나는 프랑스식 사랑은 질색이에요. 그것엔 전혀 흥미가 없어요. 따분해지시거든 그 즉시 가세요. 미적지근하게는 말아요. 알았죠?' 연회 뒤에 우리들은 무라노의 유리 구슬 공장을 구경하러 갔다. 그녀는 조그만 장식물들을 잔뜩 사고는 그 돈은 태연히 우리에게 치르게 했다. 그러나 그녀는 우리에게 쓰게 한 돈보다 훨씬 많은 돈을 곳곳에 뿌렸다. 그녀가 무관심하리만큼 자기 돈도 물 쓰듯 쓰고 우리 돈도 함부로 쓰게 하는 것을 보면, 그녀에게 돈은 아무 가치도 없는 것처럼 보였다. 그녀가 우리에게 돈을 치르게 한 것은 그녀가 다랍다기보다는 허영에 들뜬 마음에서 비롯된 것이라고 생각했다. 그녀는 남이 그녀를 위해 치르는 희생을 자랑으로 생각하고 있는 것이다.

  저녁때 우리들은 그녀를 배웅하여 그녀의 집까지 갔다. 이야기하는 동안 나는 그녀의 경대 위에 권총이 두 자루 있는 것을 보았다. '허!'하고 나는 그 중 한 자루를 집으면서 말했다. '이놈은 신식 원거리 무기로군. 어떻게 다루는지 가르쳐 주지 않겠어? 당신에겐 이런 것보다도 훨씬 잘 쓸 수 있는 무기가 있을 것 아니야.' 이런 식의 농담 끝에 그녀는 매력을 훨씬 돋우는 솔직한 긍지를 품고 우리에게 말했다. '조금도 명랑하지 않은 남자들을 위해 친절을 베푼 때는 그 지루한 대가를 치르게 해 주는 거예요. 그건 너무나 당연한 일이죠. 놀림을 당하는 것은 참을 수 있지한 모욕을 당하는 건 참지 못해요. 나를 모욕하는 사내는 어느 누구라도 무조건 혼을 내주는 거예요.'

헤어질 때, 나는 이튿날의 약속 시간을 정해 두었다. 기다리지 않게끔 갔다. 그녀는 이른바 '허물없는 실내복' 차림이어서 요염하다 못해 엉뚱한 옷 차림, 남쪽 나라가 아니면 정말 볼 수 없는 꼴을 하고 있었다. 지금도 기억에 생생하지만 그것을 구질구질하게 묘사하고 싶은 생각은 없다. 다만 그 소매와 깃이 장미색 명주실 레이스로 단을 둘렀다는 것만 말해 둔다. 그것이 베네치아의 유행이란 것은 나중에야 알았다. 그 효과는 매우 매혹적이어서 이 유행이 왜 프랑스로 들어오지 않았는지, 지금도 이상하게 생각될 정도다. 나는 이런 쾌락이 나를 기다리고 있다는 것은 꿈에도 생각지 못했다. 앞에서 라르나즈 부인의 이야기를 한 적이 있다. 지금도 그 황홀한 기분은 가끔 그녀를 생각할 때마다 되살아난다. 그러나 그녀는 이번의 이 줄리에타와 비교하면 무척 늙고, 보기 싫으며, 또 냉담하게 느껴지는 여자였다. 이 신기한 마력을 지닌 논다니에게서 귀여움이라든가 정숙함을 상상하려 한다면, 그것은 너무도 힘든 일이다. 그러나 수도원의 젊은 처녀들도 이처럼 신선하지는 못할 것이며, 터키 후궁에 있는 미녀들도 이처럼 아름답지는 못하며, 이슬람교를 믿는 나라에서 말하는 천국의 시녀들도 이처럼 강한 자극은 주지 못할 것이다. 이다지도 감미로운 즐거움이 이 세상 인간들의 심정이나 관능에 주어진다는 것은 그리 흔치 않으리라. 아, 적으나마, 한 순간이나마 내가 이 열락을 완전하고 충분히 맛볼 수 있는 방법을 잘 알고 있었더라면! 나는 맛보았다. 그러나 매혹은 없이 말이다. 나는 거기서 느낄 수 있는 법열(法悅)을 남김없이 약화시키고 말았다. 그것들을 일부러 죽여 버렸다. 아니 원래 자연은 향락에 맞도록 나를 만들어 두지는 않았다. 자연은 향락에 대한 욕망만을 내 마음에 심어 두고, 형언할 수 없는 행복의 그 독(毒)을 잘못 만들어진 내 머릿속에 넣어 왔던 것이다.

내 천성을 잘 드러낸 사건이 생애에 있다고 하면, 다음의 이야기가 그것이다. 이 책의 목적을 새삼 강하게 떠올린다면, 그 목적을 수행하는 데 방해가 될 만한 거짓된 꾸밈은 이 기회에 단호히 물리쳐야만 될 것이다. 여러분은 누구든, 적어도 한 사람의 인간을 알려고 하거든, 부디 다음 두세 쪽을 읽어 주기 바란다. 여러분은 장 자크 루소라는 인간을 속속들이 알게 될 것이다.

나는 마치 사랑과 미의 성전으로 들어가듯, 한 사람의 논다니의 방으로 들어갔다. 그녀의 몸뚱이 속에 사랑과 미의 신이 살고 있는 것을 볼 수 있으리라고 믿었다. 존경과 귀의가 없었으면, 누구든 그녀가 내게 느끼게 한 것과 같은 기분이 될 수는 없었으리라고 생각한다. 이내 친해져서 그녀의 매혹과 애무의 가치를 알게 되자, 나는 미리 그것들의 성과를 잃게 될 것을 겁내어, 성급히 그것을 꺾어 가지려 했다. 그러자 몸을 태울 듯한 불꽃 대신에 갑자기 오싹 소름이 끼칠 것 같은 차디찬 것이 혈관에 흐르는 것을 느꼈다. 다리가 후들거렸다. 그리고 금방 정신이 달아나는 것만 같아, 그 자리에 주저앉아 어린애처럼 울었다.

내가 무엇 때문에 울었고, 또 이때 내가 무엇을 생각했는가를 누가 알아 주랴? 나는 이렇게 혼자 생각하고 있었다. 내가 지금 내 맘대로 하려 하고 있는 이 여인은 자연과 사랑의 걸작품이다. 그녀의 정신과 육체는 모두 완전한 것이다. 그녀는 사랑스럽고 아름다우며 게다가 착하고 너그럽기까지 하다. 위인도 임금도 그녀의 노예가 되고야 만다. 왕자의 홀(笏)이라도 그녀의 발 아래 놓여진다. 그런데 그녀는 이렇게 천한 논다니로서 뭇사람의 손에 희롱을 당하고, 상선의 선장도 그녀를 맘대로 한다. 무일푼인 줄 알고 있는 내게—그녀가 그 가치를 알 턱이 없으며 알아도 그 가치가 그녀에게 아무것도 아닌 이 나에게—까지 몸을 맡기는 것이다. 도무지 이해가 안 가는 것은 이 점이었다. 내 마음이 나를 속이고, 내 판단력을 앗아가 천한 논다니에게 속아넘어가는 인간으로 나를 만들어 버렸는지도 모른다. 아니면 내가 알지 못하는 어떤 비밀스러운 결점이 매력의 효과를 깨뜨리고, 보통 같으면 다투어 그녀를 찾게 될 사람들에게도 그녀를 싫은 여자로 느끼게 하는 것이 틀림없다. 이렇게 생각한 나는 열심히 이 결점을 찾아내려 했다. 그것이 매독과 관련되어 있으리라는 것은 생각조차 할 수 없었다. 싱싱하고 윤기 있는 피부, 새하얀 이와 부드러운 숨결, 온몸에 넘쳐흐르는 청결감 때문에 아예 그런 생각을 하지 못했던 것이다. 파도아나와 접촉한 뒤로 자신의 몸뚱이를 아직도 의심하고 있었던 나는 오히려 내가 상대에 비해 충분히 건강하지 않았던 것이 아닌가 염려스러울 정도였다. 분명 그 점에 대해 그렇게 내가 생각한 것은 틀림이 없었다.

그러한 반성이 마침 이때 일어나 드디어 격해서 울고 말았다. 줄리에타는 이제까지 이런 광경을 본 일이 없었기 때문에 약간 어리둥절해했다. 그러나 방을 한 바퀴 돌고 거울 앞에 섰을 때, 그녀는 자기 몸을 혐오하는 것이 아님을 깨달았다. 그리고 내 눈에서도 그것을 확인했다. 그녀는 쉽게 내 마음을 가라앉히고 어색함을 씻어 주었다. 그러나 사나이의 입과 손을 처음 대게 하는 것 같은 느낌을 주는 젖가슴 위에 넋잃은 듯 희롱을 하려는 순간, 나는 그녀의 한쪽 젖통에 젖꼭지가 없는 것을 보았다. 깜짝 놀라 찬찬히 보니 그 젖통은 다른 쪽처럼 불룩 솟아 있지 않은 것처럼 보였다. 곧 나는 왜 젖통이 병신이 되었는가를 생각해 보았다. 그것은 선천적인 심한 기형에서 온 것이라고 생각한 나는 그 생각을 자꾸만 되풀이한 결과, 내가 상상으로 그릴 수 있는 가장 매력 있는 미인이라고 생각하고 팔에 안고 있는 것은, 자연과 인간과 사랑의 패배자인 일종의 괴물에 지나지 않는다는 것을 분명히 깨달았다. 견딜 수 없어진 나는 고지식하게도 그 이지러진 젖통에 대해 말을 꺼내고 말았다. 그녀는 처음에는 그것을 농담으로 얼버무리며, 호들갑을 떨면서 나를 녹여 버릴 작정으로 이런 것, 저런 것을 지껄이기도 하고 몸짓도 했다.

그러나 내 마음속에 불안이 가시지 않았으므로 마침내 그녀는 얼굴을 붉히며 옷을 여미고 일어나 아무 말 없이 창가로 가서 기대어 섰다. 내가 옆으로 다가가려 하자 획 피해 다른 침대로 가 앉더니, 곧 또 일어서서 부채를 흔들면서 방안을 빙빙 돌며 차디차고 경멸하는 듯한 말투로 내게 말했다. '자네트 씨, 여자 따위는 상관 말고 수학이라도 공부하시는 것이 좋을 거예요.'

헤어지기 전에 내일 또 만나 달라고 부탁하자, 그녀는 그것을 모레로 연기하고 비웃는 듯한 미소를 띠며 '당신은 좀 쉬는 편이 좋을 거예요' 하는 말을 덧붙였다. 그동안 나는 들뜨고 초조한 마음으로 보냈다. 내 마음은 그녀의 매혹과 애교로 가득차 있었다. 나의 비상식을 깨닫고 그것을 자책하며, 나의 태도 하나로 일생에서 가장 달콤해질 수 있는 그 시간을 그런 식으로 섣불리 망쳐 버린 것을 후회했다. 그 손해를 보충할 시기를 못 견디게 기다리면서, 그래도 이 숭배할 만한 애인의 완전한 아름다움을, 그 천한 신분에 어떻게 일치시키느냐 하는 점에선 무어라고 해도 여전히 불안이 남아 있었다. 약속 시간에 나는 부랴부랴 여자의 집으로 달려갔다. 그녀의 열렬한 기질이 이 방문으로 그만큼 채워질지 어쩔는지는 모르지만, 적어도 긍지만은 채워지리라. 그리고는 나도 어떻게든지 내 부족함을 보충할 수 있도록 성의껏 해보리라는 생각으로 미리부터 가슴이 설레었다. 그러나 그러한 수고는 여자 쪽에서 덜어 주었다. 곤돌라가 도착하자 재빨리 사공을 여자들 집으로 보냈는데, 그녀는 저녁에 피렌체로 떠나고 없다는 회답을 가지고 돌아왔다. 여자를 내것으로 만들었던들, 그리움에 애타는 일도 없었으리라. 그러나 놓쳐 버리자 맹렬한 그리움이 가슴에 치밀어 올랐다. 어리석은 미련은 그 뒤로 좀처럼 가시지 않았다. 내 눈에 그토록 사랑스럽고 아름답게 보인 여자이기는 했지만, 그녀를 잃은 것은 그럭저럭 스스로를 위로할 수도 있었다. 그러나 그 뒤로 위안을 받을 수 없었던 것은 솔직히 말해서 그녀가 나에게서 경멸스런 추억밖에 가져가지 않았다는 점이다.

이상이 나의 두 가지 고백이다. 열여덟 달 동안 베네치아에서 지냈지만 이것 외에는 말할 만한 일이 일어나지 않았다. 고작 간단한 계획이 하나 있었을 뿐이다. 카리오는 여자를 밝히는 놈이었다. 가기만 하면 언제나 다른 사람과 약속이 있는 여자들 집만 가게 되므로, 짜증이 나버린 그는 이번엔 자기만 가질 수 있는 여자를 둘 생각이 났다. 그런데 그와 나는 떨어질 수 없는 사이였으므로, 그는 우리 둘이 한 여자를 갖자는 제의를 해왔다. 그런 예는 베네치아에서는 보통이다. 나는 그것에 동의했다. 일단 안심할 수 있는 여자를 찾아내는 것이 문제였다. 두루 찾아다닌 끝에 그가 겨우 구해 낸 것은 열하나나 열두 살쯤 된 계집아이로, 비정한 어머니가 팔려고 하고 있다는 것이었다. 우리는 함께 그녀를 보러 갔다. 나는 그 아이를 보고 측은한 생각이 들었다. 금발에 어진 양처럼 순해서, 이탈리아 여자라고는 믿어지지 않을 정도였다. 베네치아에서는 생활비라고 해야 얼마 안 들었다. 우리들은 어머니에게 약간의 돈을 주어 딸의 양육비로 쓰게 했다. 소녀는 목청이 좋았으므로 예능을 가르치기 위해 우리는 스피네트(악기)와 성악 교사를 구해 주었다. 그 비용이라야 각자가 한 달에 2스캥을 채 안 내도 됐다. 그 정도는 다른 비용을 절약하면 됐다. 그러나 그 애가 클 때까지 기다리지 않으면 안 되므로, 수확할 때까지 씨를 뿌려 두는 셈이었다. 그런데도 밤이면 그리로 가서 그애와 천진스레 이야기도 하고 놀기도 하는 것이 재미 있어, 오히려 그애를 점유하는 것보다도 훨씬 유쾌했다고 해도 좋을 것이다. 우리를 가장 강력하게 여자에게로 끌어붙이는 것은, 난잡한 행동보다 여자 옆에서 지내는 즐거움이라는 것은 당연한 일이다. 모르는 사이에 내 마음은 이 어린 앙졸레타에게로 끌려갔다. 그러나 그것은 아버지 같은 애착 때문이었고 정욕은 거의 섞여 있지 않았으므로 애착심이 더해감에 따라 더욱더 정욕을 개입시킬 수 없게 되는 것 같았다.

그래서 이 소녀가 다 큰 뒤에라도 만일 그녀와 관계한다면, 근친간의 불륜 행위를 하는 것 같은 혐오를 느끼게 될 것 같은 기분이었다. 마음씨 착한 카리오의 기분도 암암리에 같은 방향으로 흐르는 것이 눈에 보였다. 우리 둘은 처음 생각한 것과는 매우 다른, 그러면서도 그것에 못지 않은 즐거움을 무의식 중에 키워 갔다. 이 가련한 소녀가 어떤 미인이 되더라도 우리는 그 순결을 더럽히기는커녕 오히려 굳세게 지켜 주었으리라고 나는 확신한다. 얼마 후 내 형편에 변동이 일어났으므로 이 자선 행위에 매달릴 수가 없게 되어, 다만 이 사건에 대해서는 내 마음의 그러한 경향만을 자랑하는 수밖에 없다. 이제 나의 여행담으로 이야기를 돌리자.

몽테귀 씨의 관저를 나올 때의 처음 계획은 먼저 제네바에 틀어박혀 가지가지 장애를 없애고 가엾은 어머니와 다시 맺어질 수 있는 좋은 기회를 기다린다는 것이었다. 그런데 몽테귀 씨와 나의 싸움이 어마어마하게 전해져서 어리석게도 그가 그 점만을 궁정에 적어 보내곤 했으므로 나도 자신의 행동을 보고하고, 상대의 미친 짓을 호소하러 갈 결심을 해야만 하게 되었다. 이런 결심을 베네치아에서 뒤 테유 씨에게 알렸다. 뒤 테유 씨는 아믈로 씨가 죽은 뒤, 외무대신 대리를 맡고 있었던 것이다. 이 편지를 내는 즉시로 나는 떠났다. 베르가모·코모·도모 도솔라를 거쳐 생 플롱 고개를 넘었다. 시옹에서는 프랑스 대리 공사 세농 씨가 매우 친절히 대해 주었다. 제네바에서는 라 클로쥐르 씨가 역시 친절히 대해 주었다. 여기서는 고프쿠르 씨와 옛정을 나누었다. 이 사람에게는 받을 돈도 조금 있었다. 리옹을 지나기는 했으나 아버지를 만나지는 않았다. 그럴 필요가 없었던 것은 아니고 이러한 실패 끝에 내가 하는 말은 제대로 듣지도 않고, 나를 이러니저러니 할 것이 뻔한 계모 앞에 모습을 내놓을 결심이 서지 않아서였다.

아버지의 옛 친구인 뒤 비야르 책방 주인은, 나의 그런 잘못된 생각을 몹시 나무랐다. 나는 그 이유를 말했다. 그 뒤 계모에게는 얼굴을 내밀지 않기로 하고, 이 잘못된 생각을 고치기 위해 내가 마차를 세내고 둘이서 같이 리옹까지 가서 주막집에 들었다. 뒤 비야르는 아버지를 부르러 가주었다. 아버지는 숨이 가쁘게 달려와 나를 부둥켜안고 입맞춤을 했다. 우리들은 저녁을 같이 했다. 그리고 가슴에 사무치는 그리운 하룻밤을 지낸 다음, 나는 그 다음날 아침 뒤 비야르와 함께 제네바로 돌아왔다. 이때의 친절은 언제까지나 뒤 비야르에게 감사하고 있다.

가장 가까운 길을 택하면 리옹을 지나지 않지만, 몽테귀 씨의 비열한 부정 행위를 실제로 확인하기 위해 그곳에 들르기로 했다. 나는 전에 파리에서 금실로 수놓은 조끼 한 벌, 커프스 몇 쌍, 흰 비단의 긴 양말 여섯 켤레를 넣은 작은 상자 하나를 보낸 일이 있었다. 그것뿐으로 다른 건 아무것도 없었다. 몽테귀 씨의 권고에 따라 그 상자를 그의 짐과 함께 부치도록 했다. 봉급을 지급할 때 내게 내놓을 작정으로 그가 손수 써둔, 터무니없는 높은 액수의 계산서를 보니 그 작은 상자를 큰 고리짝이란 명목으로 무게를 11쿠엥탈(1쿠엥탈은 50킬로그램)로 만들어 굉장한 운임은 내게로 돌리고 말았다. 로갱 씨의 소개로 그의 조카 부아 드 라 투르 씨의 수고를 빌어 리옹과 마르세유의 세관 장부를 조사해 본즉, 그 큰 고리짝이란 것은 45리브르(1리브르는 5백 그램)밖에 무게가 안 나가고, 그 무게에 해당된 운임밖에 지급하지 않은 것이 증명되었다.

나는 이 확실한 증명서를 몽테귀 씨의 계산서에 첨부하고, 그 서류와 그 밖에 그것과 비슷한 많은 서류를 가지고 본때를 보여 주어야겠다고 초조해하며 파리로 향했다. 이긴 여행중에는 코무아 발레 주(스위스의 주)와 그 밖의 곳에서 약간의 엽기담이 있었다. 온갖 것도 구경했다. 그 중에서도 보로메 섬(마조레 호수에 있음)에 대한 것은 써둘 가치가 있으리라. 그러나 지금은 그럴 여유가 없고, 스파이들이 나를 따르고 있으므로 여가와 안정이 필요한 일들을 여의치 못한 대로 서둘러 불완전하게나마 해치워야만 한다. 나를 지켜 주시는 하느님의 가호로 언젠가 보다 평온한 나날이 돌아오게 되면, 가능한 한 그런 나날을 이 책을 쓰는 데 충당하고 싶다. 그것이 안 되면 아쉬운 대로 그 필요를 통감하는 보유(補遺)만이라도 여기에 더하려 한다.

이 사건에 대한 소문은 내가 그곳에 도착하기도 전에 이미 파리에 퍼져 있었다. 그래서 내가 도착했을 때는 관청에서도 세관에서도 모두 대사의 미친 것을 분개하고 미워하고 있었다. 그런 형편이었음에도, 또 내가 제출한 항변의 여지가 없는 증거가 있었음에도, 나는 아무런 정당한 권리를 인정받지 못했다. 만족도 배상도 얻지 못할 뿐 아니라, 봉급에 대한 것도 대사에게 모두 다 맡긴다는 기막힌 결과로까지 되었다. 그리고 그것은 다만 내가 프랑스 사람이 아니라 국가의 보호를 받을 권리가 없다는 것과, 이 건이 대사와 나 사이의 개인적인 문제라는 이유에서였다. 누구나 내가 모욕을 당하고 권리를 침해당해 불행에 빠져 있다는 것, 대사가 잔혹하고 무도하며 무분별한 사람이라는 것, 이 사건 전체가 영구히 그의 치부를 드러낸 것이 된다는 것을 인정했다. 그러나 뭐니뭐니해도 그는 대사요, 나는 한낱 비서가 아닌가. 좋은 질서라고 할까, 어쨌든 그렇게 불리고 있는 것이 내가 아무런 정당한 권리도 인정받지 못하게끔 만드는 것이었다. 그래서 그것은 전혀 인정받지 않았던 것이다. 시끄럽게 떠들어 대며 그 미치광이를 그에 알맞게 공공연하고도 악착같이 미치광이라고 부른다면, 나는 입을 다물라는 명령을 받게 되리라고 상상했다. 그거야말로 내가 기뻐하는 바였다. 판결이 내릴 때까지는 결코 복종치 않을 결심이었다. 그러나 때마침 외무 대신이 부재중이었다. 나를 멋대로 짖어 대고 다니게 내버려 뒀다. 나를 부추기는 사람까지 있었다. 같이 떠들어 대는 사람도 있었다. 그러나 사건은 여전히 원상태 그대로였다. 결국 정당성은 내게 있는데, 아무리 해도 정당권이 인정되지 않는 데 실망하여 나는 마침내 용기를 잃고 모든 것을 포기해 버렸다.

　나를 반겨 맞지 않은 오직 한 사람, 그리고 그런 부당한 대우를 받으리라고는 내가 전혀 생각도 못했던 사람은 바로 부장발 부인이었다. 계급과 귀족의 특권 의식으로 가득 차 있는 그녀에게, 대사쯤 되는 사람이 그의 비서에게 부당한 짓을 한다는 것은 도저히 생각될 수 없는 일이었다. 나에 대한 태도는 그런 편견에서 나온 것이었다. 나는 몹시 화가 치밀어 그녀의 집을 나오자, 내가 쓴 몇몇 개의 과격한 편지의 하나로 손꼽힐 수 있는 것을 보내고, 두번 다시 그 집에 출입하지 않았다. 카스텔 신부는 훨씬 부드러운 태도였으나, 나는 그가 언제나 약자를 그럴듯한 궤변으로 구슬려서 강자의 희생물로 삼는 사회의 대원칙을 충실하게 지키고 있는 것을 알았다. 내 주장이 정당하다고 믿는 강한 마음과 타고난 자존심 때문에 그런 불공평을 언제까지나 가만히 참고 있을 수 없었다. 나는 카스텔 신부를 찾아 가는 것을 그만두었다. 따라서 그 이외에 아는 사람이 없었던 예수회 사람들 집으로 가는 것을 그만둘 셈이었다. 게다가 그의 교우들의 전제와 책략을 중시하는 정신은 선량한 에메 신부의 곧은 마음과는 전혀 딴판인 것으로, 그 때문에도 그들과의 내왕이 거의 없었으므로 그때부터 그들 누구와도 만나지 않게 되었다. 다만 베르티에 신부만은 예외여서, 이분은 뒤팽 씨 댁에서 두세 번 만났는데, 뒤팽 씨와 함께 몽테귀 씨에게 반박하는데 갖은 애를 다 써준 사람이었다.

　몽테귀 씨에 관해서 미처 말하지 못한 것은 나중에 되풀이하지 않게 말끔히 해치우자. 우리들이 말다툼을 했을 때, 내가 몽테귀 씨에게 그에게는 비서관 같은 것은 필요없으니 소송 대리인이나 한 명 쓰라고 말한 일이 있었다. 그는 이 의견에 따라 실제로 나의 후임으로 진짜 소송 대리인을 구했는데, 이 사내는 1년도 채 못 되어, 대사의 돈을 이삼 만 리브르나 훔쳤다. 대사는 그자를 쫓아내어 감옥에 처넣고 다른 시중들도 마구 내쫓아 추문을 퍼뜨렸다. 자신도 곳곳에서 싸움을 일으켜 하인들이라도 참을 수 없는 모욕을 당하고, 마침내는 그런 미친 짓이 심해져서 본국으로 소환되어 시골로 쫓겨나고 말았다. 궁정에서 내려진 징계에는 나와 관련된 사건도 영향을 미쳤을 것이 분명하다. 그 때문인지 그가 귀국하고 얼마 안 되어 그의 수석 사환을 내게로 보내, 지급하지 못했던 것을 청산해서 돈을 처러 주었다. 마침 돈에 궁할 때였다. 베네치아에서 진 빚, 명예와 관련된 그 기묘한 빚이 무겁게 마음을 누르고 있을 때였다. 나는 그것을 갚고, 또 자네트 나니의 차용 증서의 지급도 한꺼번에 청산하기 위해서 이 기회를 놓치지 않았다. 내게 그 돈을 주겠다기에 나는 그것을 받았다. 그 돈으로 내 빚은 모두 갚았다. 그리고 다시 전과 마찬가지로 무일푼이 되었다. 그러나 힘들고 무거운 짐을 벗은 듯 마음이 홀가분했다. 그 뒤로 몽테귀 씨에 대해서는 그의 죽음을 소문으로 들을 때까지 전혀 들은 것이 없었다.

하느님이시여, 이 가엾은 사나이에게 휴식을 주십시오. 내가 어릴 때, 마구잡이 직업(소송 대리인)에 어울리지 않았던 것처럼, 그는 대사라는 직업이 어울리지 않았던 것이다. 그래도 내가 충실했던 덕택으로 겨우 체면을 유지한 것과, 일찍이 구봉 백작이 소년인 나의 장래를 위해 말해 준 길로 재빨리 나를 밀어 준 것은 오로지 그의 힘이었다. 다만 후에 내가 이 방면에 능숙하게 된 것은, 그때에 비해 훨씬 성장한 나 혼자 힘에 의한 것이었다.

내 고소가 정당함에도 무효가 되었다는 것은 우리의 민사 제도에 대한 의분의 싹을 내 영혼에 심었다. 이런 제도로는 참다운 사회복지도, 참다운 정의도 언제나 무엇인지 까닭 모를 외면적인 질서의 희생양이 된다. 이런 외면적인 질서야말로 실제로 모든 참다운 질서를 파괴하는 것이며, 약자를 억압하고 강자가 부정한 짓을 저지르는 것이 공공연하게 허용되는 것을 더욱 승인하는 데 지나지 않는 것이다. 그러나 그 당시 이 싹의 성장은 그 뒤에 있었던 것 같은 두 가지 이유에서 방해당했다. 그 하나는 나 자신이 이 사건의 관계자였다는 것이었다.

사리사욕은 결코 위대하고 고귀한 것을 낳게 한 전례가 없다. 따라서 내 마음에서 신성한 감정의 비약을 낳는 것은 정의와 미를 보다 순수하게 사랑하는 것이 아니면 안 된다. 또 하나는 아름다운 인정에 끌렸다는 것이었다. 이것 때문에 보다 평화로운 감정이 기세를 얻어 내 노여움을 완화시키고 가라앉혔다. 나는 베네치아에서 한 사람의 비스카야 태생의 사나이와 친하게 되었다. 그는 내 친구인 카리오의 친구로, 어떤 선량한 사람의 친구가 되어도 부끄럽지 않을 인물이었다. 모든 재능과 미덕을 겸비한 이 사랑스런 청년은 미술에 취미를 갖게 되어 이탈리아를 돌아보러 왔던 것이다. 그래서 그는 더 이상 얻을 것이 없다고 생각했으므로 곧장 고향으로 돌아가려 하고 있었다. 나는 그에게 말했다. 그와 같이 여러 가지 과학적인 학문을 연구하기 위해 태어난 듯한 천재에게 미술 같은 것은 심심풀이에 불과하다고 말이다. 그리고 나는 학문에 흥미를 갖게끔 파리로 가서 여섯 달 정도만 있으라고 권했다. 그는 나를 믿고 파리로 갔다. 그는 먼저 파리로 가서 내가 도착할 때를 기다리고 있었다. 그의 숙소는 그에게는 너무 넓었으므로 그 절반을 내게 제공하겠다고 했다. 나는 그의 제안을 받아들였다. 나는 그가 수준 높은 과학 연구에 몰두하고 있음을 발견했다. 그가 이해하지 못하는 것은 아무것도 없었다. 놀랄 만한 속도로 모든 지식을 받아 삼키며 소화했다. 그는 자신의 지식욕을 깨닫지 못하고 내버려 둔 채 헛되이 보내고 있었던 것을 나의 권고로 정신의 양식을 얻게 되었다고 내게 얼마나 감사했는지 모른다! 이 강렬한 영혼 속에서 나는 얼마나 많은 빛과 미덕의 보물을 발견했던가! 이 사람이야말로 내게 필요한 친구라고 느꼈다. 우리 둘은 친해졌다. 취미는 같지 않았다. 언제나 논쟁이 끊일 새가 없었다. 둘 다 완고해서 어느 일에고 일치한 적이 없었다. 그러면서도 서로 떨어질 수 없었다. 계속 반대해 가면서도 두 사람 다 상대가 그 태도를 바꾸기를 원치 않았다.

그 이그나티오 엠마누엘 데 알투나는 스페인만이 낳을 수 있는 드물게 보는 인물의 하나였다. 스페인의 명예라는 점에서 그런 인물은 드물었다. 그는 그 나라 사람들에게 공통된 격렬한 국민성을 가지지 못했다. 복수심 같은 것도 그런 욕망이 마음에 생기지 않으므로 그의 정신 속에 있을 리 없었다. 복수심을 품기에는 너무도 고결했다. 나는 그가 인간은 자신의 영혼을 배반할 수는 없다고 아주 냉정하게 말하는 것을 들은 적이 있다. 여성들에게는 은근하면서도 유혹에 빠지지는 않았다. 여자들과 놀아도 귀여운 아이들과 놀듯이 어울렸다. 친구들의 애인과는 흥허물 없이 대했지만 나는 그가 애인을 갖거나,

가지려 하는 것을 한 번도 본 적이 없다. 가슴에 타오르는 도덕의 불길이 정욕의 불이 타오르는 것을 용서하지 않았던 것이다. 이 여행을 마친 뒤 그는 결혼을 했다. 그리고 젊은 나이로 아이들을 남기고 일찍 죽었다. 그의 아내는 그에게 사랑의 쾌락을 가르쳐 준 최초이자 단 한 명의 여성이었음을 나는 내 자신의 일인 것처럼 확신할 수 있다. 외면적으로는 그도 스페인 사람의 예에 빠지지 않는 독실한 신자였으나, 내면은 천사같이 경건한 마음을 지녔다. 내 평생에 자유 사상을 관용했던 사람은 그를 제외하고는 한 사람도 보지 못했다. 그는 한 번도 종교에 대해서 다른 사람들이 어떻게 생각하고 있는지 묻는 일이 없었다. 그의 친구가 유대인이건 신교도이건 터키인이건, 맹신자이건 무신론자이건, 그가 올바른 교양을 지닌 사람이기만 하면 그에게는 조금도 문제되지 않았다. 종교와 관계가 없는 의견에 대해서는 고집세고 완고한 그도, 일단 종교나 도덕일 경우에는 생각에 잠기며 입을 다물든가 단순히 '나는 내 것밖에는 모르기 때문에' 하고 말할 뿐이었다. 그토록 넓은 영혼을 소유하고 동시에 세밀한 데까지 골고루 미치는 치밀한 정신을 함께 가질 수 있다는 것은 믿기지 않을 정도였다. 그는 하루의 일과를 몇 시간, 몇 십 분, 몇 분 하는 식으로 미리 시간표를 정해 놓고는, 그 배합된 것을 정확하게 지키고 있었다. 그러니까 한 문장을 읽다가도 그 시간이 되면 그대로 탁 책을 덮고 말았으리라. 이렇게 정확히 구분한 시간 안에, 이런 연구 시간도 있고 저런 연구 시간도 있다. 반성, 담화, 거룩한 의무의 일과, 로크(존 로크) 연구, 기도, 방문, 음악, 회화(繪畵)의 시간이 있다. 오락도, 유혹도, 기쁨도 이 순서를 바꾸는 데는 용납되지 않는다. 그것이 용납되는 것은 오직 절박하고 어쩔 수 없는 의무뿐이었으리라. 그가 내게 그를 본받으라면서 그러한 시간표를 만들어 주었을 때, 처음엔 웃음으로 얼버무렸던 나였지만, 나중엔 감격해서 눈물이 글썽해지고 말았다. 결코 남을 속박하는 일이 없는 반면 또 속박을 받는 일도 견디지 못했다. 예의로 그를 속박하려 하는 사람들에게는 짐짓 퉁명스럽게 대했다. 감격하는 일은 있어도 시무룩해지는 일은 없었다. 발끈하고 화를 내는 것은 흔히 볼 수 있어도 반감을 가진 얼굴은 한 번도 본 적이 없었다. 그의 기질만큼 명랑한 사람은 없었다. 놀림을 당해도 태연한 만큼 자신도 즐겨 남을 놀렸다. 그 점이 정말 그의 멋있는 성격 가운데 하나였다. 풍자의 재능도 있었다. 남이 그를 추켜세우면, 더욱더 수다를 떨었다. 그래서 그의 목소리가 멀리까지 들렸다. 그러나 호통을 칠 때도 미소가 깃들고, 흥분한 가운데에도 가끔 익살이 끼여 사람들을 까르르 웃게 만들었다. 기질과 마찬가지로 얼굴도 스페인 사람다운 데가 없었다. 피부가 희고, 볼이 붉으며, 머리색은 금발에 가까운 밤색이었다. 키도 크고 몸집도 좋았다. 그의 정신이 깃들기에는 알맞은 육체였다.

인간이란 것을 잘 알고 있는, 이러한 두뇌와 심장을 가진 현자, 그가 나의 친구였다. 이것이 나의 친구가 아닌 사람에게 주는 내 대답의 전부이다. 우리는 정말 굳게 맺어져서 마침내 둘이서 함께 지내려는 계획을 짰다. 몇 해 후에는 그의 소유지에서 그와 같이 살기 위해 나는 아스코이티아로 가게 되어 있었다. 이 계획의 모든 부분에 대해서는 그가 출발하기 전날, 둘 사이에 합의를 보았다. 충분히 합의를 본 이 계획에 부족한 점이 있었다면 인간의 힘에 의존할 수 없다는 점뿐이었다. 그 뒤의 사건, 나의 재난, 그의 결혼, 그리고 마침내 그의 죽음이 영원히 두 사람을 떼어 놓고 말았다. 잘돼 가는 것은 사악한 인간들의 속 검은 계획뿐이라고도 할 수 있으리라. 착한 사람의 때묻지 않은 계획은 거의가 언제나 이룩된 예가 없다.

남의 힘에 의존한다는 것이 불편하다고 느낀 나는 다시는 그런 짓을 하지 않겠다고 굳게 자신에게 약속했다. 기회에 따라 품었던 야심찬 계획도 그것이 이루어지자마자 허물어지거나 모처럼 잘 찾아들었다고 생각하면 어느덧 내동댕이쳐지는 그런 생계의 길로 다시 어슬렁어슬렁 돌아가야만 하는 무기력한 나는, 다시는 누구에게도 의지하지 말고, 자신의 재능을 토대로 독립해 걸어갈 것을 결심했다. 지금까지 너무도 자신의 재능을 과소평가해 왔지만, 지금은 그런 역량을 알게끔 되었다. 나는 베네치아에 가기 위해 잠시 중단되었던 오페라 일에 다시 착수하였다. 그리하여 좀더 조용히 이것에 전력할 생각으로 알투나가 떠난 뒤에는 다시 전의 생 캉탱 하숙으로 돌아갔다. 이 지역은 조용했고 뤽상부르에서도 멀지 않으며, 마음껏 일을 하기 위해서는 시끄러운 생 토노레 거리보다 훨씬 형편이 좋았다. 여기야말로 내가 불행할 때에도 하늘이 내게 맛보게 해준, 유일하고 진실한 위안이 나를 기다리고 있던 곳이었다. 그리고 이 위안만이 내게 불행을 견디게 해 주는 것이었다. 이것은 그저 잠시 알게 된 것은 아니다. 어떻게 해서 그런 정이 들었는가를 좀 구체적으로 이야기하지 않으면 안 된다.

이번의 새 안주인은 오를레앙 태생의 여자였다. 그녀는 집안 일을 시키려고 스물 두세 살 되는 같은 고향의 처녀를 한 사람 고용했다. 이 처녀는 안 주인과 마찬가지로 우리와 함께 식사를 했다. 테레즈 르 바쇠르라고 불리는 좋은 가정의 처녀로 아버지는 오를레앙 조폐국의 관리였고, 어머니는 장사를 하고 있었다. 그들에게는 아이가 많았다. 오를레앙의 조폐국이 잘 안 되어 아버지는 실직했다. 어머니도 몇 번이나 파산을 당해 움직일 수 없자 장사를 그만두고, 남편과 딸을 따라 파리로 나왔다. 그리하여 딸이 그 일을 해서 세 사람이 살아가고 있었다.

이 처녀가 식탁에 있는 것을 처음 보았을 때, 나는 그녀의 공손한 태도에, 또 그 싱싱하고 부드러운 눈길에 감동을 받았다. 그 눈은 내가 지금까지 보지 못한 눈이었다. 식탁에 모이는 사람은 본느퐁 씨 외에 아일랜드와 가스코뉴의 재속 신부들이 몇 사람, 그 밖에 역시 그런 종류의 사람들이 몇 사람 있었다. 안주인이 그 방면에서는 상당히 타락된 생활을 해온, 보통내기가 아니었으므로 말씨나 행동이 단정한 것은 나뿐이었다. 여럿이 상소리를 하며 처녀를 놀려대므로 나는 그녀의 편을 들었다. 당장 나는 야유를 받았다. 처음부터 이 가엾은 처녀에게 무엇 하나 끌리는 점이 없었다 하더라도 동정과 반발심에서 이 처녀에게 흥미를 느꼈을 것이다. 나는 언제나 행동과 단어가 단정한 것을 좋아했는데, 특히 여성에 대해서 더욱 그러했다. 나는 공공연히 그녀의 변호인이 되었다. 그녀도 내가 마음을 쓰고 있는 줄 알아차린 듯했다. 그녀의 눈길은 말로는 표현할 수 없는 고마움에 빛났으며, 그 때문에 더욱더 강하게 내게로 쏠리게 되었다.

그녀는 몹시 수줍어했다. 나 또한 마찬가지였다. 그런 공통된 기질은 두 사람의 관계를 떼어 버릴 것 같이 보이면서도 오히려 우리의 관계를 촉진시켜 주었다. 안주인은 이것을 눈치채고 극성을 부렸다. 그리고 그녀의 거친 태도가 처녀와 나의 관계를 한층 가깝게 만들었다. 그 처녀가 집안에서 의지할 수 있는 사람이라고는 늘 나밖에 없으므로 내가 외출하는 것을 안타깝게 배웅했으며, 또 보호자가 돌아오기를 애타게 기다렸다. 두 사람의 마음의 조화와 기분의 일치는 이윽고 그 필연적인 결과를 가져왔다. 그녀는 내게서 성실한 인간을 본 것으로 믿었다. 그녀는 잘못 보지 않았다. 나는 그녀에게서 예민한 감수성과 소박하고 아첨없는 처녀를 발견한 것으로 믿었다. 나도 잘못 보지는 않았다. 나는 결코 그녀를 버리지는 않겠지만, 또 결코 그녀와 결혼도 하지 않으리라는 것을 미리 일러두었다. 사랑과 존경과 소박한 성질이 나의 승리를 지배했다. 내가 그녀를 감히 어떻게 하지 않고서도 행복하게 지내게 된 것은 그녀의 마음과 애정이 깊고 성실했기 때문이었다.

상대가 자기에게서 찾고 있는 것이 발견되지 않아 실망하고 있는 것은 아닐까 하고 그녀는 염려하고 있었다. 그 염려가 내 행복을 오래 끌었다. 그녀가 자기 마음을 알아주기를 바라면서도 감히 입 밖에 내지 못하고 망설이며 우물쭈물하고 있는 것을 나는 보았다. 그러한 망설임의 참된 원인이 좀처럼 상상이 안 되어, 나는 그녀의 품행에 대해서 아주 잘못된 모욕적인 원인을 상상했다. 나와 가까이 하면 당신의 몸은 망치게 된다고 그녀가 경고하고 있는 것만 같아 나는 어떻게 할까 망설였다. 그렇다고 해서 그 때문에 단념을 한 건 아니지만 며칠 동안 내 행복은 해를 입었다. 서로 의사소통이 안 되었으므로 그 문제에 대해 두 사람이 주고받는 이야기는 우스꽝스러운 한편, 더욱 수수께끼처럼 횡설수설 지껄이게 돼버렸다. 그녀는 나를 완전히 돈 사람으로 알게 되고, 나는 그녀를 어떻게 생각해야 좋을지를 모르게 될 판이었다. 마침내 두 사람은 서로가 속을 털어놓고 이야기를 했다. 그녀는 자신의 무지와 어느 사나이의 유혹으로 철이 들 무렵 꼭 한 번 잘못을 저지른 것을 울면서 내게 고백했다. 나는 그녀가 말하는 뜻을 알게 되자 나도 모르게 환성을 올렸다. '처녀다!' 하고 나는 외쳤다. '파리에서, 더군다나 스무 살이나 된 숫처녀, 그런 것을 얻다니! 아, 나의 테레즈여! 나는 너무도 행복에 겹다. 내가 바라지 않는 이상한 사람이 걸리지 않고 정숙하고 건강한 그런 너를 손에 넣다니!'

처음에는 그저 기분 전환의 상대 정도로 생각했었다. 그런데 그 이상의 것에 부딪치게 된 것, 한 사람의 반려자를 얻었다는 것을 깨달았다. 이 훌륭한 처녀에게 좀 익숙해지고, 내 처지라는 것도 조금 고려해 생각하자, 단순히 즐겁다는 점 만으로도 내 행복이라는 관점에서 보면 많은 수확이 있었음을 깨닫게 되었다. 사라져 버린 야심 대신 내 마음을 채워 주는 강한 감정이 필요했다. 다시 말해서 어머니의 후계자가 필요했던 것이다. 이미 어머니와 지낼 수 없게 되었으니, 어머니에게 교육을 받은 나와 같이 살아줄 사람, 어머니가 일찍이 내게서 발견한 소박함과 순진함을 이번에는 내가 발견할 수 있는 그런 누군가가 필요했다. 가정에서의 사생활의 평온함이 내가 단념하고 있는 빛나는 운명의 보충이 되었으면 했다. 순전히 외톨박이였을 때, 내 마음은 정말 공허했다. 그러나 그것을 메우는 데는 단 한 가지 마음만 있으면 되었다. 그런 마음에 꼭 들어맞도록 자연은 나를 만들어 주었는데, 운명은 적어도 그 얼마인가를 내게서 앗아가 이토록 멀리 떨어지게 하고 만 것이었다. 그로부터 나는 계속 외톨박이였다. 왜냐하면 내게는 전체와 무(無) 사이에 중간값이라는 것이 없었기 때문이다. 나는 테레즈에게서 내가 필요로 하는 보충점을 발견하고 있었다. 그녀 때문에 나는 행복하게 산 것이다. 갖가지 사건에 부딪치면서도, 행복했다고 말할 수 있는 범위 안에서는.

나는 일단 그녀를 교육시키려고 애를 썼다. 하지만 그것은 헛수고였다. 그녀의 지식은 자연이 만든 그대로여서, 아무리 정성껏 가르쳐도 잘 안 되었다. 솔직하게 말한다면, 글자는 그럭저럭 볼 수 있었지만 읽는 것은 끝내 안 되었다. 뇌브 데 프티 샹 거리로 이사했을 때, 내 창 맞은편의 퐁샤르트랭 저택에 큰 시계가 있었는데, 그 시간을 가르치는 데 한 달 이상이나 고심을 했다. 지금도 잘 모르는 상황이다. 아직도 1년 열두 달을 순서대로 부르지 못한다. 온갖 방법을 다해 숫자를 가르쳐 보았으나 단 한 글자도 알지 못했다. 금전 계산도 물건 값도 전혀 모른다. 이야기를 하면서 입으로 나오는 말이, 하려는 말과 반대인 경우가 많다. 언젠가 내가 뤽상부르 부인의 홍을 돋우기 위해 테레즈가 쓰는 말 사전을 만든 적이 있었다. 그녀의 우둔함은 내가 출입하는 사교계의 어디서고 유명해져 있었다. 그러나 그렇게 지식이 모자라는, 정확히 말하면 우둔한 여자도 곤란에 처했을 때는 훌륭한 조언자가 되는 것이다. 스위스나 영국이나 프랑스에서 내가 막다른 처지에 놓여 있을 때면, 그녀는 가끔 내가 꿰뚫어보지 못하는 것을 꿰뚫어보고 따라야 할 가장 좋은 충고를 해주었다. 내가 무턱대고 뛰어드는 위험에서 나를 구출해 주었다. 다시 없이 높은 계급의 부인 앞에서도, 권력 있는 집안의 귀인 앞에서도, 사람들은 그녀의 감정과 판단, 대답과 행동을 존경했고, 또 내게는 그녀의 좋은 점에 대한 참으로 진실된 찬사가 쏟아지는 것이었다.

사랑하는 사람에게 가까이 접해 있으면, 감정은 마음을 살찌우는 한편 지식도 살찌운다. 사상을 다른 곳에서 찾을 필요는 거의 없다. 나는 세계에서 가장 뛰어난 천재와 함께 있는 듯한 즐거움으로 테레즈와 같이 살고 있었다. 그녀의 어머니는 옛날 몽피포 후작 부인의 밑에서 자랐다는 것을 내세워 잘난 체하며 자기 딸에게도 그런 태도를 가르치려 하여, 교활한 수단으로 우리 두 사람의 순진한 관계를 방해해 왔다. 그런 참견에 견디다 못한 나는 테레즈와 함께 남의 앞에 나가려 하지 않았던 내 어리석고 소심한 성격에서 벗어나, 과감히 한 걸음 앞으로 내딛고 그녀와 함께 가까운 야외 산책을 하기도 하고 찻집으로 가기도 했는데, 그것이 내게는 정말 즐거운 일이었다. 나를 진심으로 사랑하고 있는 그녀의 태도가 나의 애정을 더해 주었다. 그러한 달콤한 친밀감이 나를 완전히 사로잡고 말았다. 이제는 미래도 생각지 않으며, 생각한다 해도 현재의 연장 정도로밖에 생각되지 않았다. 바라는 것은 그저 그것이 확실하게 계속돼 가는 것뿐이었다.

이 애착은 내게 다른 어떤 놀이든지 부질없고 의미없는 것으로 느껴지게 했다. 나는 이미 테레즈에게로 가는 것 이외에는 외출하지 않게 되었고, 그녀의 집은 거의 내 집이 되었다. 이 외딴 생활은 내 일에 무척 도움이 되었고, 석 달이 채 못되어 내 오페라 《우아한 시의 여신들》의 가사와 작곡이 완전히 끝났다. 남은 것은 약간의 반주와 완성시키는 가필뿐이었다. 이 진땀나는 일은 좀처럼 혼자서는 안됐다. 나는 필리도르에게 부탁하여 오페라에서 나오는 이익의 분배를 약속하고 그의 도움을 받았다. 그는 두 번 와서 오비드의 막(幕)에 얼마간 가필을 해 주었다. 그러나 그도 앞이 아득한 수입, 그것도 확실치 못한 수입을 목표로 이런 귀찮은 일에 매달려 있지는 못했다. 그래서 그는 더 이상 오지 않게 되었으므로 결국 나는 혼자서 이것을 완성시켜야 했다.

오페라는 완성되었지만 이것을 어떻게 활용하느냐가 문제였다. 이 일이 오페라를 만드는 것보다 어려울 것 같았다. 파리에서는 혼자만으로는 되는 일이 없다. 나는 라 포플리니에르 씨를 통해서 활로를 뚫으려 했다. 이분 집에는 제네바에서 돌아왔을 때 고프쿠르가 데려가 준 적이 있었다. 라 포플리니에르 씨는 라모의 보호자였고, 라 포플리니에르 부인은 라모의 아주 겸손한 제자였다. 말하자면 라모는 이 집의 모든 지배권을 쥐고 있는 형편이었다. 그의 이론을 공부한 사람이 만든 작품이라면 기꺼이 주선을 해주리라 생각한 나는 내 작품을 그에게 보여 주려 했다. 그는 악보를 읽을 줄 모르므로 그런 것은 보는 것이 몹시 귀찮다면서 읽기를 거절했다. 그러자 라 포플리니에르는 라모가 들을 수는 있을 테니 음악가를 불러 작곡의 일부분을 연주하게끔 내게 권했다. 나는 더 이상 부탁할 수 없었다. 라모는 투덜투덜하면서 승낙하고, 음악과 인연이 없는 집에서 태어난 독학자의 작곡이라면 틀림없이 훌륭한 것이겠지 하고 몇 번씩이나 되풀이해서 말했다. 나는 재빨리 대여섯 곳을 뽑아 부(部)를 나눴다. 열 명 가량의 합주자와 가수로는 알베르·베라르·부르본네 양이 왔다. 라모는 서곡에서 벌써 도를 넘는 찬사로 그것이 내 작품일 리 없다는 뜻을 비치기 시작했다. 그는 참을 수 없는 듯한 몸짓을 하지 않고는 어느 한 곡도 들어 넘기지 못했다. 그러나 남성 알토의 아리아에서, 노래가 울렁차고 맑게 울리며 반주가 몹시 화려하게 울려 퍼졌을 때, 그는 더 참을 수 없었던지 모두가 이맛살을 찌푸릴 정도로 내게 폭언을 퍼부었다. 그가 분통을 터뜨린 곡의 일부분은 예술에 꽤 조예가 있는 사람의 작품이지만, 나머지 부분은 음악이 무엇인지를 모르는 무식한 사람의 것이라고 주장하는 것이었다. 하기는 내 작품은 기복이 심하고 규칙에 벗어나서 어느 곳은 숭고하나 어느 곳은 너무 평범하며, 천재의 영감만으로 만들었을 뿐, 학문적 지식의 기초가 없는 사람의 작품과 비슷한 것이었음이 틀림없다. 라모는 내게 재능도 취미도 없는 풋내기 표절가에 불과하다고 말했다.

그러나 자리에 모였던 사람들, 특히 이 집 주인은 그렇게는 생각하지 않았다. 당시 라 포플리니에르 씨와, 그리고 다 알고 있듯이 라 포플리니에르 부인을 자주 찾아오던 리슐리외 씨는 내 작품 이야기를 듣고 자기 마음에 들면 궁정에서 연주케 할 생각도 있으니 한 번 전부를 자기가 직접 듣고 싶다고 청했다. 작품은 왕실 기예 부장 본느발 씨의 집에서 국왕의 비용을 써서 대합창과 대관현악으로 연주되었다. 프랑쾨유가 연주의 지휘를 맡았다. 결과는 예상 외로 좋았다. 리슐리외 공작님은 환성을 올리며 갈채를 그치지 않았다. 그리고 타소의 막에서 어느 합창이 끝나자, 그는 일어나 내게로 와서 손을 잡으며 '루소 씨' 하고 말했다. '이 화성에는 황홀했습니다. 이렇게 아름다운 곡은 한 번도 들은 일이 없습니다. 이 작품을 베르사유에서 연주하고 싶습니다.' 그 자리에 있던 라 포플리니에르 부인은 한 마디 말도 없었다. 라모는 초대를 했으나 일부러 안 왔다. 이튿날 라 포플리니에르 부인은 몹시 부드럽지 못한 태도로 나를 과장실로 오게 하여 내 곡을 깎아내리는 투로 말했다. 리슐리외 씨도 처음엔 곡의 현란한 것에 눈이 어두웠을지는 모르지만 뒤에 곧 알게 되었으니, 그 오페라에 너무 기대를 걸지 말라고 말씀드리고 싶다고 내게 말했다. 바로 그때 공작님이 찾아왔다. 그의 말은 부인과는 전혀 다른 것이었다. 열심히 내 재능을 칭찬할 뿐만 아니라 국왕 앞에서 내 곡을 연주시켜 보고 싶다고 말했다. '다만' 하고 그는 말했다. '타소의 막만은 궁정에는 내놓을 수 없소. 그것은 딴 것으로 다시 써야만 되겠소.' 이 한 마디로 나는 내 방으로 들어가 틀어박혔다. 그리하여 삼주일 동안 타소 대신에 시신에게 영감을 받은 헤시오도스를 주제로 한 다른 막 하나를 썼다. 나는 이 막 가운데서 나의 재능과 그 재능 때문에 받은 라모의 질투를 이야기의 일부로 몰래 끼워 넣었다. 이 새로운 막은 타소의 경우처럼 거창하지는 않았지만 보다 품위있고 숭고했다. 그 곡도 고귀하여 작품 수준은 훨씬 좋았다. 다른 두 막도 이것에 필적할 만한 것이었더라면, 곡 전체가 시연을 유리하게 이끌어 주었으리라. 그런데 그것이 거의 완성되었을 무렵, 다른 또 하나의 계획이 그 실현을 중단시키고 말았다.

퐁트누아 전투(1745년 11월)에 이어 온 겨울엔 베르사유에서 자주 축하 연회가 벌어졌다. 특히 프티트 에퀴리 극장에서는 수많은 오페라가 상연되었다. 그 중 볼테르의 극 《나바르 공주》가 끼어 있었다. 이것은 라모의 작곡으로 《라미르의 향연》이라는 제목으로 개작되었다. 주제를 새로 고치는 데는 원작의 막간에 있는 각 곡의 작사 작곡을 상당히 개작하지 않으면 안 되었다. 문제는 이 양쪽을 해낼 수 있는 누군가를 물색하는 일이었다. 라모도, 또 마침 로렌 주에 가 있는 볼테르도, 두 사람 다 이때 《영광의 전당》이라는 오페라에 착수하고 있는 중이라, 이쪽 일에 관여할 수가 없었다. 리슐리외 씨는 나를 생각해 내고 내게 맡아 주지 않겠느냐고 말해 왔다. 그리고 어느 정도 고치면 좋을지를 검토하도록 시와 악보를 따로따로 보내 왔다. 무엇보다도 먼저 나는 원작자의 동의를 얻지 않는 한 작사에 손대고 싶지 않았으므로, 이 건에 관해 매우 정중하고 그에 어울릴 만한 존경을 다한 편지를 작자에게 써서 보냈다. 다음이 내게로 온 답장으로 원문은 서간집 A호 1호에 있다.

1745년 12월 15일

귀하는 지금까지 흔히 분리되어 왔던 두 재능을 아울러 가지고 계십니다. 이 점이 벌써 제가 귀하를 존경하고 사랑하려는 두 가지 이유입니다. 그런 양면의 재능을 너무도 하찮은 작품에 번거롭게 해 주십사고 청하는 것이 너무나 황송합니다. 실은 수개월 전 리슐리외 공작님으로부터 짧은 시일 안에 만들라는 중한 명령을 이행한 것이 아취도 없고 통일성도 없는 몇 장면의 허술하고 짧은 줄거리였는데, 이것에 본 줄거리와는 아무런 관계도 없는 막간의 곡을 각각 연결하지 않으면 안 되었습니다. 저는 너무도 엄한 명령에 따라 너무 조급히, 너무 졸렬하게 만든 것입니다. 아무래도 그대로 쓸 수는 없으므로 수정을 피할 수 없다는 각오 아래 이 서툰 초고를 리슐리외 공작님께 보냈습니다. 다행히도 그것이 귀하의 수중으로 들어간 이상 절대적으로 귀하의 자유에 맡기겠습니다. 저는 지금 그것을 완전히 잊어버리고 있습니다. 간단한 작품이지만 빨리 쓰는 바람에 생긴 잘못들은 이미 수정해 주시고 모두 보충해 주셨으리라 믿어마지않습니다.

많은 실수 가운데서도 그르나딘느 공주가 갑자기 감옥에서 왕의 뜰이나 왕궁에 나타나는 대목은 막간의 곡을 연결하는 어느 장면에도 설명이 안 되어 있는 걸로 기억합니다. 공주에게 향연을 베푸는 것은 마술사가 아니고 스페인의 영주이므로, 모두 요술로 행해지는 것처럼 보여서는 좋지 않을 것으로 생각됩니다. 아무쪼록 귀하께서는 소생이 그저 어렴풋이 넘겨 버렸던 이 점을 특히 다시 보아 주시기를 바랍니다. 감옥이 저절로 열리며 그곳에서 미리 만들어 놓은 황금과 광채로 빛나는 아름다운 왕궁으로 공주를 등장시키는 것이 필요한 것인지 보아 주시기 바랍니다. 이런 것들은 전혀 가치가 없는 것이므로, 점잖은 인사가 이런 하찮은 것까지 중요시한다는 것은 체면에 관계될 것입니다. 그러나 되도록 재미없는 부분을 삭제함으로써 비록 조잡한 오페라의 간주곡일망정 되도록 조리 있게 곡을 만들어야겠기 때문입니다.

저는 모든 것을 귀하와 발로 씨에게 맡깁니다. 가까운 장래에 다시 귀하에게 감사의 뜻을 표하고 그후에 보답할 영광을 갖고자 합니다.

볼테르 씨의 승인도 얻었고, 나를 헐뜯으려는 라모에 대한 염려도 할 필요가 없게 된 나는 일을 착수한 지 두 달만에 그것을 완성시켰다. 가사는 약간의 손질로 끝냈다. 다만 문체가 다르다는 점이 눈에 띄지 않게끔 노력했을 뿐이었다. 그리고 그것이 순조롭게 되었다는 자부심을 가졌다. 그러나 곡을 손질하는 데는 훨씬 시간이 걸렸고 훨씬 힘이 들었다. 몇 개의 개막 준비곡, 특히 서곡을 만들지 않으면 안 되는데다가 내가 맡은 서창조(叙唱調)는 무척 힘들었다. 그 부분은 짧은 시구가 많은데다가 매우 **빠른** 전조로 가락이 전혀 동떨어진 교향곡과 합창을 연결시키지 않으면 안 되는 것이었다. 왜냐하면 라모가 그의 작곡을 망쳐 놓았다고 나를 책망하지 못하도록 어느 곳에도 변경이나 조(調)옮김을 하지 않으려 했기 때문이다. 이 서창조도 순조롭게 됐다. 악센트가 살고 힘이 있으며, 특히 전조가 훌륭했다. 두 대가의 작품에 협력한다는 생각이 나의 참다운 가치를 높이 발휘시켜 준 것이었다.

이 악곡은 내가 손질한 그대로 오페라 극장의 무대에서 연습을 하게 되었다. 세 사람의 작자 가운데 나 혼자만 참관했다. 볼테르는 부재중이고 라모는 오지 않았는데, 일부러 피했는지도 모른다.

처음에 나오는 독백은 가사가 꽤나 애조를 띠었다. 첫 구절은 이렇다.

오, 죽음이여! 빨리 와서 내 삶의 불행을 끝내 다오.

작곡도 물론 그것에 어울리지 않으면 안 되었다. 그런데 라 포플리니에르 부인은 무척 악의를 품고 그것을 트집잡아, 장송곡 같다면서 나를 비난했다. 리슐리외 씨는 이 독백 시구가 누가 만든 것인가를 알려고 했다. 나는 전에 그가 내게 보내 온 원고를 그에게 보였다. 그것을 보면 볼테르 지음이란 것을 똑똑히 알게 된다. '그렇다면' 하고 그는 말했다. '볼테르뿐이야, 잘못된 것은.' 연습 중에도 내가 만든 부분은 모조리 라 포플리니에르 부인의 비난을 받았다. 그것을 하나하나 리슐리외 씨는 변호를 했지만 결국 나로서는 감당할 수 없는 상대였다. 그리하여 내가 만든 것에는 라모 씨와 상의해서 고쳐야만 될 곳이 꽤 많이 있다는 듯한 말을 듣게 되었다.

라 포플리니에르 부인이 지시한 수정을 인수받게 된 라모는, 내가 만든 이번 서곡 대신 나의 그랜드 오페라의 서곡을 쓰고 싶다고 청해 왔다. 나는 그의 청이 사람을 실각시키기 위한 수단임을 알아채고 거절했다. 상연까지는 대엿새밖에 남지 않았으므로 라모도 서곡을 만들 여유가 없었다. 결국 내것을 그대로 두는 수밖에 없었다. 이 서곡은 이탈리아조(調)로 당시 프랑스에서 무척 새로운 양식이었다. 그러나 그것은 평이 좋았다. 그리하여 그 방면의 애호가들도 내 작품에 매우 만족했고 청중들도 라모의 것과 구별하지 못한다는 것을 국왕의 수석 시종인 발말레트 씨로부터 들었다. 이 사람은 나의 친척이며 친구도 되는 뮈사르 씨의 사위다. 그러나 라모는 라 포플리니에르 부인과 공모하여 내가 이 작품에 손을 댔다는 것마저 사람들에게 알리지 못하게끔 손을 썼다. 관중에게 나눠 주는 책자에는 작자의 이름이 실리는데, 그 안에는 볼테르의 이름밖에 없었다. 라모는 자신의 이름이 내 이름과 나란히 있는 것을 보느니 차라리 없애 버리는 것이 좋다고 생각한 것이다.

외출을 할 수 있게 되자, 나는 곧 리슐리외 씨의 집으로 가볼까 하고 생각했다. 그러나 그는 스코틀랜드에 보낼 상륙군을 지휘하지 않으면 안 되어 벌써 됭케르크로 떠난 뒤였다. 그가 돌아온 뒤에도 나는 자신의 게으름을 정당화시켜, 이제는 이미 늦었다고 자신에게 타일렀다. 그 뒤로 그를 만나지 못했으므로 문제의 작품에 주어질 명예도, 거기에서 얻게 될 보수도 잃고 말았다. 이리하여 시간, 노력, 고통, 병으로 인한 비용, 이러한 모든 것이 내 부담이 되어 한 푼의 이익, 아니 한 푼의 보상조차 들어오지 않았다. 그런데도, 리슐리외 씨는 어딘가 내게 호감을 품고 있었고, 내 재능에 대해서도 어떻게든 키워 주려 하고 있는 것처럼 생각되었다. 다만 나의 불운과 라 포플리니에르 부인이 그의 호의를 모조리 짓밟아 버린 것이었다.

나는 이 부인에게 미움을 받는 까닭을 도무지 알 수 없었다. 애써 마음에 들려 했고, 제법 얌전히 비위도 맞추었다. 고프쿠르가 그 부인을 설명해 주었다. '첫째는' 그는 내게 말했다. '그녀의 라모에 대한 친분 때문일세. 부인은 그의 공공연한 찬미자이니 경쟁자는 누구든 용납하지 않네. 그리고 또 하나는 일종의 원죄 같은 것이지. 그래서 그녀 옆으로 가면 자네까지 화를 입게 되고, 그녀도 그 점만은 영구히 자네를 용서할 수 없는 거네. 자네가 제네바 사람이라는 점 말이야.' 그렇게 말하고 그는 이런 설명을 들려 주었다. 제네바 사람인 유베르 신부라는 라 포플리니에르 씨의 친구가 그녀의 사람됨을 잘 알고 있어, 라 포플리니에르 씨와 그녀의 결혼을 극력 방해한 적이 있었다. 그래서 그녀는 결혼 뒤 신부에게 끈질긴 원한을 품었는데, 그것이 제네바 사람 모두에게까지 미쳤다는 것이다. '라 포플리니에르 씨는' 하고 그는 덧붙였다. '자네에게 친밀감을 품고 있고, 그것은 나도 잘 알고 있지만 그의 지지를 기대해서는 안 되네. 그는 아내에게 반했어. 그의 아내가 자네를 싫어하고 있단 말이야. 그녀는 심술궂은 데다가 수단이 교묘하기 때문에, 그 집에서 사는 동안은 자네는 아무것도 못할 걸세.' 나도 틀림없이 그렇다고 생각했다.

바로 이 고프쿠르가 거의 같은 시기에 내게 아주 대단한 일을 맡아 해주었다. 그것은 바로 자신의 행동에 충실했던 내 아버지가 60살 가량으로 돌아가신(1747년 3월 7일 75세로 죽음) 직후였다. 나는 아버지를 잃은 것을 그리 슬퍼하지 않았다. 내가 돈에 궁하지 않은 처지였다면, 이런 기분은 아니였으리라. 어머니가 남긴 재산에서 나오는 얼마 가량의 이자를 아버지가 몸에 지니고 있었지만, 아버지가 살아 계신 동안은 나는 한 푼도 요구할 생각이 없었다. 아버지가 죽은 뒤에는 그 점에 대해 이미 염려할 것이 없었다. 그러나 친형이 죽었다는 법적 증거가 없다는 데 약간 곤란한 문제가 있었다. 고프쿠르가 그것을 맡아 해결해 주기로 하여, 롤르므 변호사의 주선으로 문제는 겨우 해결되었다. 그런 하찮은 돈이라도 필요한 형편이었으므로 일의 진행이 어떻게 되고 있는지도 모른 채 결정 통지를 초조하게 기다리고 있었다. 어느 날 밤 집에 돌아오자 그 통지인 듯한 편지를 발견했다. 초조해서 편지를 뜯어 보면서도 몸이 떨렸다. 나는 이런 내 자신을 몹시 부끄럽게 느꼈다. '뭐야! 이 꼴이!' 하고 조롱하듯 나는 중얼거렸다. '이렇게까지 장 자크가 이해나 호기심에 좌우된단 말인가?' 즉시 편지를 벽난로 위에 놓아 두었다. 옷을 벗고 조용히 침대로 들어가 다른 때보다도 잠을 푹 자고, 이튿날 아침엔 이미 편지 같은 것은 생각지도 않고 꽤 늦게 침대에서 일어났다.

옷을 갈아 입는데 편지가 눈에 띄었다. 천천히 뜯어 보았다. 안에서 수표가 나왔다. 나는 한꺼번에 온갖 기쁨을 느꼈다. 그런데 그 중에서도 가장 강했던 것은 자신을 억제할 수 있었다는 쾌감이었다고 맹세코 말할 수 있다. 내 생애에 이와 비슷한 사실은 스무 가지라도 예를 들 수 있으리라. 그러나 지금은 쫓기고 있는 중이라서 일일이 말할 수는 없다. 나는 이 돈의 얼마 안 되는 일부를 가엾은 어머니, 바랑 부인에게 보냈다. 전액을 그녀의 발뿌리에 던져 주었으면 좋았을 텐데, 그런 행복한 시간을 갖지 못하는 것을 한스럽게 생각했다. 그녀가 보내는 편지는 어느 것이나 곤궁한 모습이 뚜렷이 보였다. 약 처방이라든가 비법이라든가를 잔뜩 적어 보내고는 그것으로 내게도 그녀에게도 재간이 되리라고 생각하고 있는 것이다. 이미 몸으로 느끼고 있는 궁핍은 그녀의 마음을 옹졸하게 만들고 정신을 위축시켜 가고 있었다. 그러나 내가 그녀에게 보낸 얼마 안 되는 돈도, 그녀 주위에 있는 사기꾼들의 밥이 되었다.

시간은 흘러갔다. 그리고 시간과 함께 돈도 흘러갔다. 우리는 두 사람, 아니 네 사람, 아니 상세히 따지면 일고여덟 사람의 가족이었다. 왜냐하면 테레즈는 보기 드물게 욕심이 없는 사람이었지만, 그 어머니는 그렇지 못했다. 내 도움으로 조금 지내기가 좋아졌다고 보자 재빨리 그녀의 가족을 불러들여 내

덕을 보려 했다. 자매도, 아들들도, 딸들도, 손녀까지 모두 들이닥쳤다. 예외는 큰 딸뿐으로, 그녀는 앙제의 마차 감독관과 결혼했던 것이다. 내가 테레즈에게 주는 것은 모조리 그 어머니의 손으로 들어가 이들 굶주린 무리들을 위해 쓰이는 것이었다. 나는 탐욕스런 인간과는 상대를 하지 않았고, 또 지나친 감정의 포로가 되는 일도 없었으므로, 쓸데없는 짓은 전혀 하지 않았다. 테레즈는 생활을 적당히 유지해 나가는 것으로 만족했고, 사치를 하는 편도 아니어서 당장 곤란을 당하는 일만은 면하고 있었으므로, 그녀가 일해서 버는 것은 몽땅 그녀의 어머니를 위해 쓰는 것에 찬성해 왔다. 내가 그들을 도와준 것은 그것만이 아니었다. 그러나 내게 붙어다니는 숙명이라고나 할까. 어머니가 돼 먹잖은 것들의 밥이 되어 있는 판에 이번엔 테레즈도 친정 식구들의 밥이 되어 있었다. 결국 내가 위하는 당사자에게는 아무것도 해줄 수가 없었다. 르 바쇠르 부인의 막내딸 하나만은 이상하게도 지참금을 못 받고 게다가 아버지와 어머니를 봉양하고, 오빠들과 언니들, 심지어는 그 조카들에게까지 오랫동안 시달려 온 것이다. 가엾게도 이제는 그들이 때려도 아무 말 못하고, 물건을 뺏겨도 그것을 막을 길이 없어서 지금도 약탈을 면하지 못하고 있다. 고통르 뒤크라는 조카 하나만은 다른 인간들처럼 다소 못된 버릇이 있기는 했지만, 마음씨가 좋은 편이었다. 나는 그녀들과 얼굴을 자주 대하게 되므로 테레즈와 이 조카에게 각각 이름을 붙여 주었는데, 그것을 그녀들끼리도 서로 부르게 되었다. 나는 그 조카를 '우리 조카님'이라고 부르고, 테레즈를 그 조카가 부르는 대로 '우리 아줌마'라고 불렀다. 그들은 둘 다 나를 '아저씨'라고 부르게 되었고, 내 친구들도 나를 가끔 농담으로 그렇게 부르는 버릇이 생겼다.

　이런 처지에 있으면서 거기에서 벗어나려는 노력을 내가 잠시도 소홀히 하지 않은 것은 말할 것도 없다. 리슐리외 씨도 이미 나를 잊어버렸을 것 같고, 궁정에 대해서도 아무런 희망을 걸지 않았던 나는 내 오페라를 파리 시내에서 상연시키려고 온갖 궁리를 다했다. 그러나 여러 가지 어려움에 부딪쳐 그것을 헤치고 나가는 데는 꽤 오랜 시간이 걸렸다. 그래서 나는 하루하루가 더욱 절박해졌다. 드디어 나는 내 희극 《나르시스》를 이탈리아 극장에서 공연할 것을 계획하게 되었다. 그것이 무사히 채택되어, 나는 공짜 입장권을 얻고 무척 기분이 좋았지만 그것으로 그만이었다. 나로서는 아무리 해도 각본을 상연시키는 데까지 밀고 들어갈 용기가 없었다. 배우들의 비위를 맞추기에 싫증이 나서 결국 그들에게 체념을 하고 말았다. 급기야 내게 남아 있는 마지막의, 그리고 당연히 취했어야 했을 단 하나의 수단에 호소하게 되었다. 나는 라 포플리니에르 씨 집에 자주 드나드는 동안 뒤팽 씨 집과는 멀어져 있었다. 두 집의 부인들은 친척간이었지만 사이가 나빠서 서로 얼굴을 대하는 일이 없었다. 두 집 사이에는 아무런 교제도 없고, 그저 티에리오 혼자 양쪽 집을 왔다갔다하고 있었다. 이 사내는 나를 뒤팽 집안으로 다시 끌어가려고 애를 썼다. 프랑쾨유 씨는 그 무렵 박물학과 화학 연구에 종사하고 있어 실험실을 차려 놓고 있었다. 그는 과학 학술원에 꽤나 들어가고 싶어하는 것 같았다. 그는 그것을 위해 논문을 하나 쓰려고 했다. 그는 이번에 내가 자기의 도움이 될 수 있다고 생각하고 있었다.

뒤팽 부인도 어떤 논문을 구상하고 있어, 내게 거의 같은 기대를 걸고 있었다. 가능하면 일종의 비서격으로 공동으로 나를 쓰고 싶었던 것이다. 띠에리오가 나를 불러들이려는 목적도 바로 거기에 있었다. 나는 이에 앞서 프랑쾨유 씨에게 그의 신용과 즐리오뜨의 신용으로 오페라 극장에서 내 작품의 예행연습을 하게 해달라고 무리한 부탁을 했다. 프랑쾨유 씨는 그것을 승낙했다. 《우아한 시의 여신들》은 몇 번이고 연습장에서 연습을 하고, 다음에 대극장에서 예행연습을 하였다. 대시연(大試演) 때는 초만원이었으며 여러 장면에서 갈채를 받았다. 그러나 그 연주 중에 나는 르벨르의 지휘가 몹시 나쁘기도 했지만, 이 곡은 도저히 그냥 보아 넘기기가 힘들며, 크게 수정하지 않으면 안 되겠다는 것을 느꼈다. 그래서 아무 말 없이 배격당할 위험에 자신을 빠뜨리지 않고 그것을 철회하였다. 그러나 비록 작품이 완벽했다 해도 그대로 통과되지 않았으리라는 것은 여러 가지 징조로 분명히 알 수 있었다. 프랑쾨유 씨는 내게 연습을 하도록 해준다는 것은 확실히 약속해 주었지만, 채택하는 것까지는 약속하지 않았다. 그는 그 약속만을 정확히 지켰다. 이 경우에나 다른 많은 경우에나, 그나 뒤팽 부인이 내가 세상에서 어떤 명성을 얻게 되는 것을 별로 달갑게 여기지 않았다는 것을 알 수 있었다. 그것은 세상 사람들이 그들의 저술을 보고 그들의 재능을 나의 것에 접목(接木)한 것으로 보지나 않을까 하는 염려 때문이었을 것이다. 그렇긴 하나 뒤팽 부인은 언제나 내 재능을 몹시 평범한 것으로 보고 자신이 말하는 것을 나에게 글로 쓰도록 한다든가, 단순한 고증을 알아 보게 하는 정도밖에는 시키지 않았으므로, 부인에 관한 한 앞에 말한 이런 비난이 어쩌면 해당되지 않았으리라.

　이 마지막 수단의 실패는 완전히 내 용기를 꺾었다. 나는 출세나 명예를 위한 모든 계획을 포기했다. 그리고 나의 영화에 아무런 소용도 없는 그런 재능은 진실한 것이든 공허한 것이든 다시는 생각하지 않기로 하고, 오로지 나와 테레즈의 생활비를 벌기 위해 시간과 주의를 기울였다. 이것은 우리의 생활비를 공급해 주어야 했던 사람들에게도 기꺼운 일이었다. 그래서 나는 뒤팽 부인과 프랑쾨유 씨에게 완전히 매인 몸이 되었다. 그렇다고 해서 그리 사치스런 생활을 한 것은 아니었다. 왜냐하면 처음 두 해 동안은 2년에 8,9백 프랑씩 받았기 때문이다. 그들의 이웃에, 더구나 물가가 상당히 높은 구역에 가구 딸린 방을 세내어 살지 않으면 안 되었고, 한편 파리 변두리의 생 자크 거리의 언덕배기에도 따로 얻은 방세를 치르면서 어떤 날씨이든 거의 매일 저녁 식사는 그곳으로 하러 갔으므로, 보수는 필요한 생활을 위해 쓰기에도 빠듯했다. 얼마 안가 새로운 일도 궤도에 오르고 흥미까지 생겼다. 나는 화학에 이끌렸다. 루엘 씨 댁에서 프랑쾨유 씨와 함께 몇 번인가 강의를 들었다. 그리고 그 원리를 겨우 알게 되었을까 할 때 이 학문에 관한 것을 덮어놓고 복잡하게 적어 갔다. 1747년에 우리는 가을을 보내기 위해 투렌느 주 셰르 강가에 있는, 원래 이궁(離宮)이던 슈농소 성으로 떠났다. 이것은 일찍이 앙리 2세가 사랑하던 디앤느 드 푸아티에를 위해 세운 것으로, 거기엔 아직도 그녀의 머릿글자가 보이지만 지금은 세금징수 업무를 도맡는 뒤팽 씨의 소유로 되어 있는 것이다. 우리는 이 아름다운 곳에서 마음껏 즐겼다. 식사는 참으로 사치스러운 것이었다. 나는 마치 사제처럼 둥글둥글 살이 쪘다. 음악 연주 모임도 빈번히 있었다. 여기서 나는 여러 개의 3부 합창을 작곡했다. 그것은 꽤 힘찬 화성에 차 있는 것으로, 이 책의 부록을 쓰게 되면 아마 그 속에서 언급하게 될 것이다. 희극도 상연되었다. 나도 그것을 하나 만들었다. 두 주일 동안에 3막짜리를 끝내고 《무모한 약혼》이란 제목을 붙였다. 이것은 내 문집 속에서 보게 되리라. 다만 아주 쾌활한 것일 뿐 달리 가치는 없었다. 이밖에 소품들도 작곡했다. 그 중에서 《실비의 오솔길》이라는 운문극 한편은, 셰르 강가에 있는 공원에 난 작은 길의 이름에서 제목을 따온 것이었다. 이런 것들을 하면서도 나는 화학 공부와 뒤팽 부인의 옆에서 하는 일들은 끊임없이 계속할 수 있었다.

　내가 슈농소에서 살이 찌고 있는 동안, 가엾게도 테레즈는 파리에서 다른 의미에서 살쪄 가고 있었다. 돌아와서 나는 내가 내팽개쳤던 대가가 생각 밖으로 커져 가고 있음을 발견했다. 회식(會食)을 하는 동료들이 뚫고 나가는 단 하나의 방법을 가르쳐 주지 않았던들 이대로는 그야말로 대단한 궁지에 빠지고 말았으리라. 이것은 그리 가볍게 넘길 수 없는 대단한 이야기 중의 하나다. 왜냐하면 상세한 설명을 더하면 변명을 하든가 내가 죄를 떠맡든가 하지 않으면 안 되기 때문이며, 또 여기서 나는 그 어느 쪽도 해서는 안 되기 때문이다.

알투나가 파리에 머물러 있는 동안, 우리는 식사를 하러 음식점으로 가는 대신 근처 오페라 극장의 막다른 골목 맞은편 재봉사의 처, 라 셀 부인 집으로 갔다. 음식은 좋지 않았으나 그 대신 소문이 좋았다. 거기에 모이는 패들이 선량하고 착실한 사람들이었으므로, 역시 그런 손님들이 그 집을 찾았다. 낯선 사람은 들이지 않았으므로 반드시 단골 손님 소개가 필요했다. 그곳에 그라빌 3등 기사가 묵고 있었는데, 그는 유흥깨나 해본 영감으로 예절도 재치도 풍부했거니와, 잡담이 장기로서 근위 사관이나 근위 기병대의 멋있고 떠들기 좋아하는 젊은 장교들을 끌어들였다. 노낭 3등 기사는 또 오페라 극장의 아가씨들을 모두 쥐고 있어서 무대 뒷방의 오만 가지 소식들을 매일같이 가지고 왔다. 선량하고 사리에 밝은 늙은 퇴역 육군 중령 뒤플레시 씨와 근위 기병대 장교 앙슬레 씨*4가 이 젊은이들 사이의 질서를 유지하고 있었다. 상인과 은행가와 군량을 도거리로 납품하는 상인들도 왔었는데, 모두 예의바르고 진실하고 당당하며 그 직업 분야에서 다 알려진 사람들이었다. 베쓰 씨도 있었고 포르카드 씨도 있었다. 그 외의 다른 사람들의 이름은 잊어버렸다. 어쨌든 여러 직업에서 한창 날리는 패들이 여기에 나타나는 것이었다. 신부와 법관들만은 거기에 끌어들이지 않기로 협약이 되어서 한 번도 나타난 것을 보지 못했다. 회식을 할 때면 그 수도 상당했고 꽤나 흥청거리기는 했지만 시끄럽지는 않았고, 아슬아슬한 이야기가 튀어나오기는 했지만 야비하게 흘러가지는 않았다. 그라빌 3등 기사 영감의 이야기는 모두가 외설스러운 것이었지만, 몸에 밴 옛날 궁정의 예법을 결코 잃지 않았고, 부인이 들어도 웃고 넘길 정도의 재미있는 것이 아닌 한 야비한 말은 한 마디도 입 밖에 내지 않았다. 그가 말하

---

*4 내 독특한 수법으로 엮은 《전쟁의 포로》란 제목의 짧은 희극을 나는 바로 이 앙슬레 씨에게 주었다. 이것은 바바리아와 보헤미아의 프랑스 군대가 패배한 뒤에 만든 것으로, 이 작품은 남에게 이야기하거나 보이거나 한 적은 없었다.(원주)

는 말투는 자신의 규범으로 되어 있었다. 젊은 패들도 모두 조심성 없기는 했지만, 품위를 떨어뜨리는 일이 없이, 저마다 연애 모험담들을 늘어놓았다. 처녀의 이야기가 나오면 바로 문턱에 그 도매집(오페라 극장)이 있었던 만큼 조금도 불편할 것이 없었다. 그럴 것이 라 셀 부인 집에 가는 길에 라 뒤샤프트라는 유명한 유행품을 파는 상점이 생겼는데, 당시 굉장히 예쁜 처녀들이 있었기 때문에 모이는 사람들은 식사를 전후해서 곧잘 그리로 얘기하러 가곤 했던 것이다. 나도 좀더 대담했더라면 그들처럼 즐겁게 기분풀이를 했을 것이다. 내게는 도저히 그런 용기가 안 났다. 라 셀 부인 집에는 알투나가 떠난 뒤에도 계속 식사하러 갔다. 여기서 무척 재미있는 일화들을 많이 들었고, 동시에 또 이 패들 사이에 불문율로 되어 있는 도덕이 아니라 인생의 교훈을 눈으로 보고 배우게끔 되었다. 궁지에 빠지게 된 인간, 배반당한 남편, 유혹을 받은 아내, 남이 알아서는 안될 출산 등 그러한 것들이 여기서 나오는 화제였고, 고아원에 아이를 가장 많이 맡긴 사람이 언제나 가장 칭찬을 받았다. 그 이야기에 나도 마음이 끌렸다. 가장 사랑스런 사람들, 그런 사람들 사이에 행해지고 있는 사고방식을 토대로 나의 사고방식을 정했다. 그리고 내게 일렀다. '그것이 이 나라의 관례니 이곳에 사는 이상 그것에 따르면 되는 거다.' 이것이 내가 찾고 있는 뒷갈망을 위한 계책이었다. 나는 조금도 거리낌없이 기분 좋게 그렇게 하기로 결심했다. 다만 한 가지 정복하지 않으면 안 되는 것은 테레즈에 대한 걱정이었다. 그녀의 명예를 구해 주는 이 단 하나의 수단을 이해시키기 위해 온갖 고심을 다했다. 그녀의 어머니는 어린애가 생기면 거기에 따르는 새로운 곤란을 걱정하고 있었으므로 나의 대책에 동의했다. 그래서 테레즈도 겨우 양보를 했다. 생 튀스타슈의 모퉁이에 살고 있는 구앵 양이라는 신중하고 확실한 출산도우미를 골라 그녀에게 그 기탁물(寄託物)을 맡기기로 했다. 달이 차오자 테레즈는 그녀의 어머니를 따라 출산을 위해 구앵 양 집으로 갔다. 나는 가끔 그녀를 보러 갔다. 그리고 두 장의 카드에 한 조가 되게끔 만든 머릿글자의 합친 것을 그녀에게 전했다. 그 한 장은 어린아이의 배내옷에 꿰매 달았다. 갓난아기는 보통 하는 식대로 출산도우미의 손에서 고아원 사무소로 위탁되었다. 이듬해도 같은 불편을 같은 방법으로 해결했지만 머릿글자의 카드만은 빼놓았다. 이제 나는 걱정할 필요가 없었고 테레즈에게도 동의를 구할 필요가 없었다. 그녀는 투덜투덜하면서도 복종했다. 이 숙명과도 같은 행위가 나의 사고방식과 운명에 끼친 변화는 앞으로 차례로 드러나게 될 것이다. 일단 지금은 이 최초의 시기에서 머물러 두기로 하겠다. 생각하지도 않은, 그리고 또 엄숙한 그 결과는 싫어도 그것으로 되돌아갈 것을 내게 강요하고야 마는 것이다.

에피네 부인과 처음 알게 된 시기는 이 무렵이었다. 그녀의 이름은 앞으로 종종 《참회록》 속에 나오게 될 것이다. 에스클라벨르 양이라고 불렸고, 세금징수 업무를 도맡는 랄리브 드 벨가르드 씨의 아들 에피네 씨와 막 결혼했을 때였다. 이 남편은 프랑쾨유 씨와 마찬가지로 음악가였다. 그녀도 또 음악가였으므로, 예술에 대한 정열이 세 사람 사이를 무척 친밀하게 만들었다. 프랑쾨유 씨는 나를 에피네 부인의 집으로 데리고 갔다. 나는 가끔 여기에서 프랑쾨유 씨와 함께 만찬을 대접받곤 했다. 그녀는 상냥하고 재치가 있으며, 모든 예술에 능했다. 틀림없이 친하게 지내도 좋을 훌륭한 사람이었다. 그러나 그녀에게는 에트 양이라는 여자 친구가 있었다. 그녀는 심술궂기로 이름나 있었고, 소문이 좋지 못한 발로리 기사(騎士)와 동거하고 있었다.

이 두 남녀와의 교제가 에피네 부인에게 나쁜 영향을 준 것이라고 나는 생각한다. 원래 에피네 부인은 성격이 꽤나 까다로웠으나, 자연은 그런 결정을 조절하고 보충할 수 있는 온갖 이점을 그녀에게 주고 있었다. 프랑쾨유 씨는 나에 대한 우정의 일부분을 그녀에게 전하고, 또 부인과 자기의 관계를 내게 털어 놓았다. 이 관계가 남편인 에피네 씨에게 감출 수 없을 정도로 세상에 널리 알려져 있지 않았다면, 나도 그런 정도의 일을 가지고 여기에 쓰지는 않을 것이다. 프랑쾨유 씨는 그 밖에 이 부인에 대해 이상한 내막 이야기까지 내게 들려주었다. 그 이야기는 그녀 자신이 내게 한 번도 한 적이 없었고, 또 부인도 내가 그 이야기를 알고 있으리라고는 꿈에도 생각하지 않고 있었다. 왜냐하면 나는 이 일을 그녀에게도 다른 어느 누구에게도 말하지 않았으며, 앞으로도 절대로 말하지 않을 작정이기 때문이다. 이렇게 양쪽의 신용을 잃지 않으려는 처지에 놓여 있는 나는 처신하기가 매우 곤란했다. 특히 프랑쾨유 부인에 대한 경우가 그러했다. 그녀는 내 기질을 잘 알고 있어 그녀의 경쟁자 에피네 부인과 내가 친하게 지내도 나를 의심하지는 않았다. 나는 될 수 있는 한 이 가엾은 부인을 위로해 주려고 했다. 그 남편은 아내가 품고 있는 애정에 분명히 보답하는 바는 있었으므로. 나는 이 세 사람이 하는 이야기를 따로따로 듣고 있었다. 나는 그들의 비밀을 다시 없이 충실히 지켜 갔으므로, 세 사람 중 누구 한 사람이라도 다른 두 사람의 비밀을 절대로 내게서 찾아내려고는 하지 않았다. 나는 나대로 이 두 부인의 어느 쪽에 대해서도 내가 저마다의 경쟁 상대와 친하게 지내는 것을 숨기지는 않았다. 프랑쾨유 부인은 갖가지 일을 내게 부탁하려 했지만, 나는 단호히 거절했다. 에피네 부인도 한 번 프랑쾨유 씨에게 보내는 편지를 내게 부탁하려 했으나, 그때도 나는 전과 마찬가지로 거절했을 뿐만 아니라, 만일 당신이 댁에서 영원히 나를 쫓아내려거든 다시 한 번 이런 것을 내게 부탁하시면 될 거라고 딱 잘라 큰소리를 치기까지 했다. 에피네 부인의 장점으로 인정해야만 할 점은 그런 나의 태도에 기분이 상하기는 커녕 오히려 프랑쾨유 씨에게 그 일을 칭찬하고 나를 전과 다름없이 좋게 대해 주었다는 것이다. 이렇게 해서 나는 내가 신세를 지고 있고, 또 친하게 지내는 이 세 사람의 폭풍우를 안은 관계 가운데 있으면서 조용히 상대방의 뜻을 받들고, 그러면서 언제나 공정하고 굳게 예절을 지켜, 마지막까지 그들의 우정과 존경과 신용을 잃지 않았던 것이다. 얼빠지고 침착하지 못한 나였지만, 그래도 에피네 부인은 벨가르드 씨 소유의 생 드니 가까이 있는 별장 라 슈브레트의 오락 모임에 나를 참가시켜 주었다. 거기에는 무대가 있어서 연극 같은 걸 자주 공연했다. 나도 한 배역을 부탁받아 여섯 달을 쉬지 않고 연습했으나, 공연하는 동안 하나에서 열까지 옆에서 대사를 읽어 주어야만 하는 실정이었다. 이러한 시련을 치른 뒤부터 다시는 어느 누구도 내게 배역을 맡기는 사람이 없었다. 에피네 부인과 알게 되자, 또 그 시누이 벨가르드 양과도 알게 되었다. 그녀는 얼마 안 있어 우드토 백작 부인이 되었다. 내가 그녀를 처음 만났을 때는 결혼하기 직전이었다. 그녀는 자기의 천성인 매력 있는 친절로 오랫동안 나와 잡담을 했다. 나는 그녀도 무척 상냥한 여자라고 생각했다. 그러나 이 젊은 여성 때문에 뒷날 나의 운명이 좌우되어, 그녀에겐 죄가 없다 치더라도, 오늘날 내가 처하고 있는 이 심연 속으로 끌려들어갈 줄이야 꿈에도 생각지 못했다.

   베네치아에서 돌아온 뒤로, 디드로나 친구인 로갱 씨에 대해 생각을 소홀히 했던 것은 아니다. 더욱이 디드로와 나는 나날이 친분이 두터워졌다. 내게 테레즈가 있듯이 그에게는 나네트라는 여자가 있었다. 이것이 또한 우리 두 사람의 비슷한 점이었다. 그러나 테레즈와 나네트는 차이가 있었다. 균형 잡힌 얼굴만은 서로 같았지만 테레즈는 상냥한 마음씨로 붙임성 있는 성격이라 진실한 남자의 마음을 끌만했는 데 반해, 나네트는 때까치처럼 사납고 청어 장수처럼 상스러워 그릇된 교육을 보충할 만한 것은 무엇 하나 눈에 띄지 않았다. 그렇지만 디드로는 이 여자와 결혼했다. 그런 약속을 해두었다면야 당연한 결과였다. 나는 그런 약속은 전혀 해두지 않았기 때문에 서둘러 그를 흉내낼 필요는 없었다. 나는 또 콩디야크 신부와도 친교를 맺었다. 그나 나나 문단에서는 이름이 없었지만, 오늘의 지위에 있을 만한 사람됨을 그때 벌써 지니고 있었다. 아마 내가 그의 실력을 알아 보고 그에 어울릴 만한 존경을 보냈던 첫 번째 사람이었을 것이다. 그도 나를 좋아하는 것 같았다. 오페라 극장 근처의 장 생 드니 거리의 내 방에 틀어박혀 헤시오도스의 막을 쓰고 있었을 때, 그는 자주 내게 찾아와서 서로 비용을 나누어 점심을 먹곤 했었다. 당시 그는 그의 첫 저작인《인간 지식의 기원론》을 집필하는 중이었다. 다 쓰고 난 뒤 곤란한 것은 그것을 인수할 서점을 발견하는 것이었다. 파리의 서점들은 거의 무명 저자에게는 거만하고 냉담했다. 게다가 형이상학과도 같은 학문은 당시 거의 유행하고 있지 않았으므로, 일반의 주의를 끌 수가 없었다. 나는 콩디야크와 그의 저서 이야기를 디드로에게 하고 이 두 사람을 서로 알게 했다. 둘은 성격이 맞아 의기가 서로 통했다. 디드로는 뒤랑 서점 주인에게 신부의 원고를 채택하도록 권하여, 이 위대한 철학자는 그의 첫 저술에서 동냥하듯 2백 에퀴를 받았다. 그 돈이나마 내가 아니었던들 아마 받지 못했을 것이다. 우리들은 서로 멀리 떨어진 구역에 살고 있었으므로 일주일에 한 번 팔레 루아얄에서 세 사람이 모여, 거기서 나란히 오텔 뒤 파니에 플뢰리로 점심을 먹으러 갔다. 한 주일에 한 번 있는 조촐한 이 회식이 디드로에게는 다시 없이 즐거웠던 것이 틀림없다. 왜냐하면 어떤 모임에도 거의 참석하지 않는 그가 이것만은 결코 빠진 일이 없었으니까. 여기서 나는 '르 페르시플뢰르'라는 정기 간행지 계획을 세우고, 디드로와 내가 번갈아 쓰기로 했다. 제1호는 내가 초고를 만들었다. 그 일로 달랑베르와 알게 되었다. 디드로가 그에게 그 일을 말한 것이 동기가 되었다. 그러나 뜻밖의 사건으로 갖가지 방해를 받아 이 계획은 중단되고 말았다.

   이 두 저작가는《백과사전》을 계획하고 있던 참이었다. 그것은 처음엔 체임버스의 번역 같은 것이 될 참이었다. 이 체임버스 사전은 디드로가 번역을 막 끝낸《의학사전》과 거의 같은 것이었다. 디드로는 이번 계획의 어떤 일에 나를 가입시키고 싶어, 음악 부분은 어떠냐고 물어 왔다. 나는 그것을 승낙했다. 나는 이 사업에 협력하게 된 다른 집필가와 마찬가지로 주어진 석 달이란 기간 안에 끝내려고 너무 서둘러서 했으므로 성과가 아주 나빴다. 그러나 기한까지 끝낸 것은 나 혼자뿐이었다. 나는 이 원고를 그전에 프랑쾨유 씨의 하인인 뒤퐁이라는 글씨를 잘 쓰는 사내에게 다시 깨끗하게 쓰도록 해서 그에게 넘겨주었다. 나는 그 대가로 10에퀴를 치렀다. 그 돈은 영영 돌아오지 않고 말았다. 디드로의 처음 약속으로는 서점 주인이 보수를 주기로 했다고 했지만, 그나 나나 그뒤 이에 대해서 다시는 말이 없었다. 《백과사전》 계획은 디드로의 감금으로 중단되었다. 이보다 앞서 그는 《철학사상》으로 조금 피해를 보았으나 뒤탈은 없었다. 《시각 장애인들에 관한 편지》는 그렇게 간단히 끝나지 않았다. 이것은 뒤 프레 생 모르 부인과 드 로뮈르 씨에 대한 인신 공격이었으므로, 두 사람을 격분시켜 그는 방센느 감옥에 갇힌 것이다. 친구의 불행 때문에 내가 겪은 고통은 필설로는 표현할 수가 없었다. 언제나 불행을 최악의 경우까지 끌고 가는 불길한 나의 상상력은 두려워서 떨었다. 나는 디드로가 그곳에서 여생을 보낸다고 생각했다. 이런 생각에 나는 미칠 것만 같았다. 그를 석방하든가 아니면 나도 함께 감금시켜 달라고 하는 탄원서를 퐁파두르 부인에게 보냈다. 답장은 없었다. 이런 이치에 닿지 않는 편지에 효과가 있을 리는 없으므로, 그 뒤 얼마 뒤 가엾은 디드로의 연금(軟禁)이 완화된 데는 내 편지가 힘이 되었다고 자부하지는 않는다. 그러나 똑같은 학대가 여전히 계속되었더라면, 나는 절망한 나머지 그 저주할 감옥에서 죽고 말았을 것이다. 그리고 내 편지가 약간의 효과를 냈다 하더라도, 그로 인해 별로 자신에게 자랑할 마음은 없었다. 사실 나는 겨우 몇몇 사람에게만 이 일을 말했고 디드로에게는 말하지 않았던 것이다.

제8권

〔1749년 10월~1756년 4월〕

앞권 끝에서 나는 잠시 쉬지 않으면 안 되었다. 이 제8권에서부터 나의 연속된 긴 불행이 최초의 실마리와 함께 시작된다.

파리에서 가장 화려한 두 집에 드나들고 있던 나는 사교가 서투르기는 했지만 그래도 몇 명의 사람을 사귀었다. 그 중에서도 뒤팽 부인의 집에서는 작센 고타 대공의 젊은 세자와 그의 교육관 퉁 남작과 알게 되었다. 라 포플리니에르 씨 집에서는 퉁 남작의 친구로 루소(시인)의 호화판 책을 출판하여 문학계에 이름이 알려져 있는 세기 씨와 알게 되었다. 남작은 세기 씨와 나를 퐁트네 수 부아에 있는 세자의 저택에서 하루나 이틀 쉬어 가라고 초청해 주었다. 우리는 그곳으로 떠났다. 방센느 성 앞을 지날 때 그 감옥을 바라보자 나는 가슴이 터질 것만 같았다. 남작은 내 얼굴에 나타난 기색을 알아챘다. 만찬 때, 세자는 디드로의 감금 건에 대한 이야기를 꺼냈다. 남작은 내게 말을 시키려고 감금당한 자의 근신(謹愼)하지 못함을 비난했다. 그 말을 듣자 나는 격분해서 디드로를 열렬하게 변호했다. 이 과격한 열정은 친구의 불행에 자극된 것으로 보여져서 그럭저럭 관대하게 용서를 받고 이야기를 딴 데로 옮겨갔다. 그곳에는 세자를 보좌하는 독일인 둘이 있었다. 하나는 클룹셀 씨라고 해서 재치에 뛰어난 대공의 전속 신부로, 남작의 대리를 하다가 뒤에 세자의 교육관이 되었다.

다른 사람은 그림 씨라는 청년으로 지위가 정해질 때까지 스승으로서 세자를 섬기고 있었는데, 그의 지나치게 초라한 차림은 하루 빨리 지위를 구해야 할 것처럼 절박해 보였다. 그날 밤부터 클룹셀과 나는 알게 되어 곧 친해졌다.

그림 씨와의 교제는 그렇게 빨리 이루어지지는 않았다. 그는 별로 나서지 않았다. 나중에 그가 출세해서 거들먹거리던 오만한 태도와는 판이하였다. 다음날 점심 때 음악 이야기가 나왔다. 그림은 자신 있는 이야기를 했다. 그가 클라브생으로 반주를 할 수 있다는 말에 나는 기뻐 어쩔 줄을 몰랐다. 식후에 악보를 가져오게 했다. 우리는 종일 세자의 클라브생을 치며 놀았다. 그림 씨와의 우정은 이렇게 시작됐다. 이 우정은 즐겁게 시작되었으나 무척 비참하게 끝났다. 그 점은 앞으로 충분히 이야기하게 될 것이다.

파리에 돌아와서 기쁜 소식을 들었다. 디드로가 임시 석방이 되고 선서를 한 뒤에 지하 감옥에서 나와서 방센느 성과 정원에 연금되었고 친구들과의 면회도 허락되었다는 것이었다. 그 소식을 듣는 순간 즉시 달려가지 못한 나는 얼마나 괴로웠던가! 2, 3일 동안 뒤펭 부인 집에 어쩔 수 없는 일로 붙들려 있으며 3, 4세기를 기다리는 것 같은 초조함을 맛본 뒤에 나는 친구의 품으로 달려갈 수 있었다. 뭐라고 말로 나타낼 수 없는 그 순간 디드로는 혼자가 아니었다. 달랑베르와 생트 샤펠(파리에 있는 예배당)의 경리 담당이 그를 만나러 와 있었다. 그러나 내가 갔을 때는 디드로밖에 눈에 보이지 않았다. 나는 소리치고 단숨에 달려가 말도 못 하고 뺨과 뺨을 비비며 눈물과 흐느낌으로 힘껏 끌어안을 뿐이었다. 나는 그리움과 기쁨으로 그저 숨이 차 있었다. 내 팔에서 벗어난 그는 갑자기 어떤 충동에 사로잡힌 듯 성직자를 돌아보며 이렇게 말했다. "어떻소, 나는 친구들에게 무척 사랑을 받지요." 나는 몹시 감격했으므로 그때는 그가 이런 것으로 일을 꾀한다고는 생각하지 못했다. 그러나 그 뒤로 가끔 이 일을 생각할 때, 만일 내가 디드로였다면, 갑자기 그런 생각은 떠오르지 않았으리라고 늘 생각했다.

나는 그가 감옥에서 무척 충격을 받았음을 알 수 있었다. 감옥은 그에게 무서운 인상을 주었다. 그러므로 이 성 안에서 해방되어 편해졌고, 벽에 둘러싸이지 않은 정원 안을 자유롭게 걷는 몸이 되었어도, 어두운 기분에 잠기지 않기 위해 친구들과 함께 있으면서 이야기를 나누고 싶어했다. 물론 나는 그의 고통을 누구보다도 깊이 느끼고 있었으므로 그에겐 내 얼굴을 보는 것이 또한 가장 위안이 되리라고 생각했다. 그래서 일에 무척 잔소리를 들어가면서도 적어도 하루 걸러만큼 나 혼자라든가, 그의 부인과 함께 오후를 보내러 갔다.

그해 1749년 여름은 몹시 더웠다. 파리에서 방센느까지는 꽤 멀다. 마차를 세내려 해도 돈이 없는 신세인지라 나 혼자일 때는 오후 2시 즈음에 걸어서 갔다. 조금이라도 일찍 도착하려고 부리나케 걸었다. 가로수는 이 고장 풍습에 따라 가지가 잘려 있었기 때문에 거의 그늘이라고는 없었다.

그래서 가끔 더위에 지쳐, 기진맥진해져서 땅바닥에 큰 대자로 누워 버릴 때가 있었다. 나는 천천히 걷기 위해 책이라도 들고 갈 것을 생각해 냈다. 어느 날 〈메르퀴르 드 프랑스〉지를 들고 읽으면서 걷고 있는데, 디종의 학술원에서 다음 해의 현상(懸賞)을 위해서 발표한 다음과 같은 논제에 부딪쳤다. 《학문과 예술의 진보는 풍속을 퇴폐시켰는가, 순화시켰는가?》

이것을 읽는 순간 내 눈앞에는 다른 세계가 펼쳐졌고, 나는 다른 인간이 되었다. 이것에서 받은 연상의 생생한 추억은 지금도 지니고 있지만, 상세한 것은 말쉐르브 씨에게 보낸 네 통의 편지 중 한 통에 적어 보낸 뒤로는 잊고 말았다. 이것은 내 기억력의 특이한 성질들 가운데 하나로 이야기할 가치가 있다. 기억이 도움되는 것은 기억에 의지할 때이며, 종이에 옮겨 놓고 나면 내게서 도망쳐 버린다. 한 번 무엇인가를 적어 두면 다시는 생각이 안 난다. 이 특이한 성질은 음악에까지도 미쳤다. 악보 공부를 할 때까지는 수없는 노래들을 암기하여 기억하고 있었으나, 악보로 노래 부르는 것을 알고는 어느 곡, 하나도 기억할 수 없었다. 가장 좋아했던 곡 가운데 단 하나라도 지금 끝까지 부를 수 있는 게 있는지 의심스럽다.

이때 일로 분명히 생각나는 것은 방센느에 도착했을 때 거의 헛소리를 할 정도로 흥분해 있었다는 것뿐이다. 디드로는 그것을 알아챘다. 나는 까닭을 말했다. 그리고는 어느 떡갈나무 밑에서 연필로 쓴 파브리시우스의 변론을 그에게 읽어 주었다. 그는 나의 사상을 한층 비약시키고 발전시켜 현상에 응하도록 권했다. 나는 그렇게 하기로 했다. 그리하여 순간부터 나는 돌이킬 수 없는 일을 하고 말았다. 이로부터 비롯된, 나의 삶에서 내가 겪은 나머지 모든 불행들은 이런 잘못된 순간의 피할 수 없는 결과였다. 나의 감정은 생각할 수 없을 정도의 비상한 속력으로 드높아져 내 사상과 일치해 갔다. 내 조그마한 정념은 진리와 자유와 도덕에서 비롯된 감각으로 억눌리고 말았다. 그리고 가장 놀라운 것은 그때까지 다른 어느 사람의 마음속에도 없었을 만큼 이 감격이 내 마음속에 4,5년 이상이나 높은 정도로 계속 유지된 것이다.

이 논문은 몹시 색다른 방법으로 씌었다. 그것은 다른 저작 때에도 취해 온 방법이다. 즉, 잠이 오지 않는 밤에 그 일을 하는 것이었다. 침대에서 눈을 감고 명상에 잠겼으며 한 구절 머릿속에서 되풀이하고서는 애를 썼다. 그리고 만족할 정도에 이르면 기억 속에 넣어두고 종이에 쓸 수 있게 되기를 기다렸다.

그러나 일어나 옷을 갈아 입을 때 완전히 잊어버리기도 했다. 그리하여 종이를 대하고 앉아도 머릿속에서 구상하던 것은 하나도 떠오르지 않았다. 나는 르 바쇠르 부인을 비서로 쓸 것을 생각해 냈다. 나는 일찍부터 그녀를 딸과 남편과 함께 내 가까이에 살게 하고 있었다. 그래서 내가 하인을 고용하지 않아도 되게끔 그녀가 매일 아침 찾아와서 불을 피워 주고 잔심부름을 하기로 되어 있었다. 그녀가 오면, 나는 침대에서 밤에 정리한 것을 받아쓰게 했다. 이런 방법은 그 뒤로도 오랫동안 채택한 것인데, 이 덕분에 나는 망각에서 자신을 구할 수 있었다.

이 논문이 완성되자, 나는 디드로에게 이것을 보였다. 그는 이만하면 좋다고 하며 두세 군데 고칠 데를 지적해 주었다. 그러나 이 작품은 정열과 박력은 있었으나, 논리와 체계가 전혀 서 있지 않았다. 내가 쓴 것 중에서 이론이 가장 형편없는 것이며, 율동(律動)과 조화가 가장 모자란 것이었다. 그러나 인간은 아무리 혜택받은 재능을 가지고 태어나도, 문장을 쓰는 기술이란 그렇게 빨리 배울 수 있는 것이 아니다.

나는 이 원고를 다른 누구에게도 말하지 않고 발송했다. 다만 그림에게만은 예외였던 것 같다. 그와는 그가 프리즈 백작 집으로 들어가고 난 뒤에 다시 없이 친하게 사귀며 지내 왔기 때문이었다. 그는 클라브생을 한 대 가지고 있어서, 그것이 인연을 맺는 동기가 되어 나는 돈이 생기면 언제나 그와 함께 이 악기 옆에서 아침부터 저녁까지, 아니 오히려 저녁 때부터 아침까지 쉴새없이 이탈리아의 아리아와 뱃노래를 불렀다. 그리하여 내가 뒤팽 부인 집에 있지 않을 때면 정해진 일정처럼 그림의 집이거나 아니면 적어도 그와 함께 산책이나 연극 구경을 하였다. 나는 코메디 이탈리엔느 극장은 공짜로 입장이 되었지만, 그가 마음에 들어하지 않았으므로 그가 잘 가는 코메디 프랑세즈 극장으로 돈을 치르고 그와 함께 갔다. 마침내 어떤 매력에 끌려 나는 이 청년과 아주 가까이 지내게 되었고, 결국 떨어질 수 없는 사이가 되어 가엾게도 '아줌마'마저 잊기가 일쑤였다. 이 말의 뜻은 만날 기회가 적어졌다는 것이다. 그녀에 대한 나의 애착은 일생 동안 한 번도 식어 본 예가 없었기 때문이다.

이런 식으로 자유 시간이 줄어들었기 때문에, 그것을 애정 쪽으로 나눌 수 없게 되자, 도리어 테레즈와 살림을 합치고 싶은 일찍부터의 욕망이 한결 강하게 일어났다. 어쨌든 많은 가족의 번거로움과, 그 중에서도 가재도구를 사들일 돈이 없기 때문에 지금까지 엄두를 못내고 있었던 것이다. 이제 결단을 내릴 기회가 생긴 셈이어서 나도 그렇게 해볼 마음이 생겼다. 프랑쾨유 씨와 뒤팽 부인은 내가 연봉 8백이나 9백 프랑으로는 도저히 살아가지 못할 것을 알고 자진하여 연봉을 50루이까지 올려 주었다. 그 밖에 뒤팽 부인은 내가 내 살림을 장만하고 싶어하는 것을 알고 그것을 위한 도움도 주었다. 테레즈가 지금까지 가지고 있던 세간을 합쳐서 우리는 모든 것을 공동 소유로 하여 마음씨 고운 사람들만이 살고 있는 그르넬 생 또노레 거리의 랑그도끄 저택에 작은 방 하나를 빌어, 둘의 손으로 준비할 수 있는 범위 안에서 모든 준비를 했다. 그리하여 내가 에르미타주로 옮겨갈 때까지 7년 동안 우리 둘은 그곳에서 평화롭고 즐겁게 지냈다.

테레즈의 아버지는 무척 순하고, 마음씨 고운 노인으로, 그의 처를 아주 겁내어 그녀에게 '경감'이란 별명을 지어 올렸는데, 그럼은 그 뒤 농담으로 이 이름을 그녀의 딸에게 주고 말았다. 어머니인 르 바쇠르 부인은 제법 재치가 있었다. 다시 말하면 영리했다. 게다가 상류 사회의 예절과 풍습도 알고 있어서 이를 뽐내고 있었다. 그러나 이상스럽게도 아첨을 부리는 그녀의 성격이 나로서는 견딜 수 없었다. 딸에게 아주 좋지 못한 지혜를 넣어 주어 나를 속이려는 태도를 갖도록 했다. 나와 내 친구의 험담을 번갈아 하고 다니면서 친구들을 한 사람씩 꾀어 친구들에게, 또 내게 해를 끼쳤다. 그래도 그건 그렇다 치더라도 그런대로 좋은 어머니였다. 좋은 어머니가 되는 것이 자신을 위해서도 좋다고 생각했기 때문이다. 딸의 잘못을 숨기려고 한 것도 결국은 자신을 위해서였다. 이 장모에게는 나도 주의하며 뒤를 보살펴 자질구레한 선물 같은 것도 보내는 등 할 수 있는 한도 안에서 일을 하며 내게 호감을 갖도록 갖은 애를 썼다. 그러나 도무지 헛일이어서 그것이 나의 가정 생활에서의 단 하나의 하찮은 고통거리였다. 그건 그렇다치고, 나는 이 6, 7년 동안, 약한 인간으로서 느낄 수 있는 가장 완전한 가정의 행복을 맛보았다고 할 수 있다. 테레즈의 마음은 천사와 같았다. 두 사람의 애정은 물샐틈없는 친밀감과 함께 더해만 갔고 그야말로 서로를 위해서 태어났다는 것을 갈수록 강하게 느끼게끔 되었다. 우리의 쾌락이 그것을 잘 표현한다 해도, 그 단순함에 절로 웃음이 나올 것이다. 함께 교외 산책을 나가 어느 변두리의 선술집에서 8수나 10수를 쓰면 많이 쓰는 편이었다. 저녁 식사도 창가에 창문 너비만한 큰 가방 위에다 조그만

의자를 둘 놓고 마주 앉아서 했다. 이렇게 하면 창문이 식탁 대신이 되어, 바깥 공기를 마시며, 주위의 풍경과 길 가는 사람들을 내다볼 수 있었다. 5층에 서라도 무엇을 먹으면서 바깥 거리를 내려다볼 수가 있다. 식사라고 해야 넷으로 쪼갠 식빵이 한 조각, 설탕에 절인 버찌 약간, 조그만 치즈 한 조각, 둘이서 나눠 마시는 두 홉 반짜리 포도주 한 병이었다. 이런 식사의 매력을 누가 글로 표현하며 누가 그것을 느낄 수 있겠는가. 애정, 신뢰, 친밀감, 완전히 하나된 영혼, 뭐라고 표현할 수 없는 풍미를 돕는 이들 조미료, 때로는 밤중까지 그대로 시간 가는 것과 모든 것을 다 잊고, 노모가 일깨워 줄 때까지 가만히 앉아 있었다. 그러나 이런 자질구레한 이야기들은 그만두자. 시시하다고 웃을 것만 같다. 늘 내가 말해 왔고 느껴 온 것처럼 진정한 즐거움이란 것은 글로 표현할 수 없는 것이다.

 거의 이와 같은 무렵, 나는 훨씬 야비한 취미를 하나 갖게 되었다. 이런 종류의 것으로는 이것이 스스로를 꾸짖지 않으면 안 되었던 마지막 것이었다. 앞에서 조금 언급했지만, 클룹셀 신부는 정다운 사나이였다. 그와는 그림에 못지 않을 만큼 친밀해졌고 또 격의 없는 사이가 되었다. 그들 둘은 자주 우리 집에서 식사를 했다. 그 식탁이란 초라하다기보다 오히려 그 이상의 것이었지만, 클룹셀의 묘하고 우스운 익살과 또 까다로운 어학자가 아니었던 그림의 우스운 독일식의 능숙한 말 덕분에 유쾌했다. 우리들의 이 작은 연회는 관능에 충실한 쾌락 대신에 순수한 환희로 가득 차 있었다. 그리고 서로가 마음이 맞았으므로 언제까지고 멀어질 수 없었다. 클룹셀은 젊은 여자를 한 사람 데리고 살았는데, 자기 혼자서 부담할 수가 없었으므로 이 여자는 아무나 마음대로 할 수 있었다. 어느 날 저녁 우리는 카페에 들어가다가 여자와 함께 저녁을 먹으러 나오는 클룹셀과 마주쳤다. 우리는 그를 놀렸다. 그는 우리를 같이 저녁 식사에 끼게 하고 나서 이번엔 이쪽을 놀려 대며 아주 풍류객이나 되는 듯이 조금 전의 복수를 했다. 그 여자는 내게는 제법 순진하게 굴어 무척 얌전하게 보였으며, 그런 직업을 가진 여자로는 거의 생각되지 않았다. 함께 살아온 포주 할미가 자꾸만 그런 직업으로 끌어넣었던 것이다. 이야기와 술로 흥이 돌고 명랑하게 떠든 바람에 우리는 정신을 잃었다. 사람 좋은 클룹셀은 그가 내는 한턱을 중간쯤에서 끝내고 싶지 않았다. 그래서 우리 세 사람은 차례로 이 가련한 여자를 데리고 옆방으로 들어갔다. 여자는 웃어야 좋을지 울어야 좋을지 모르는 모양이었다. 그림은 이때 여자를 건드리지 않았다고 그 뒤로 계속 주장했는데, 그렇다면 그가 그토록 오래 여자와 같이 방에 남아 있은 것은 우리가 애를 태우는 꼴을 즐기기 위해서였을 것이다. 그러나 그가 이때 몸을 조심했다 하더라도 그것이 그의 신중함 때문이었다고는 도저히 생각되지 않는다. 왜냐하면 프리즈 백작 집으로 들어가기 전만 해도 바로 그 생 로크 구내에 있는 유곽의 여자들 집에 묵고 있었으니까.

나는 《신 엘로이즈》의 생 프르가 잔뜩 취한 끝에 그 집을 나온 것과 똑같은 부끄러움으로, 이 여자가 살고 있는 무아노 거리에서 나왔다. 다시 말해 생 프르의 그 이야기를 썼을 때, 나는 이때의 경험을 생생히 생각했던 것이다. 테레즈는 어떤 기미로, 특히 나의 안정되지 못한 태도에서 무언가 마음에 거리끼는 것이 있다는 걸 알아챘다. 나는 이 가계의 무거운 짐을 덜기 위해 재빨리 솔직하게 그대로 털어 놓았다. 그것은 다행이었다. 왜냐하면 바로 그 이튿날, 그림이 의기양양하게 찾아와서 나의 나쁜 짓을 무척 과장해서 테레즈에게 말했기 때문이었다. 그리고 그 뒤로도 그는 심술궂게 그녀에게 이 기억을 되살려 주기를 게을리하지 않았다.

나는 그림에게는 격의 없이 무엇이고 털어놓았으므로 아차 실수했다 하고 나중에 후회하게 하는 일은 절대로 없을 것이라고 그에게 기대를 거는 것은 당연했다. 그런 만큼 뒷덜미를 치는 짓을 하는 것은 그로서는 죄스러운 일인 것이다. 나는 이때처럼 테레즈의 마음이 상한 것을 느낀 적이 없었다. 왜냐하면 나의 불성실을 나무라기보다는 그림이 하는 짓에 오히려 분개했기 때문이다. 그리고 나는 그녀에게서 눈물이 글썽해지는 상냥한 잔소리를 들었을 뿐으로 거기에서 원망스러운 모습은 조금도 찾아볼 수 없었다.

이 기특한 여자의 단순한 성격은 그 상냥한 마음씨와 일치해 있었다. 그렇게 말하면 그만이겠지만, 다음의 이야기는 역시 겸사겸사 말해 둘 가치가 있다. 미리부터 나는 그녀에게, 클룹셀은 신부로서 작센 고타 대공의 전속 성직자라는 것을 일러 두었다. 신부라고 하면, 그녀에게는 아주 특별한 사람처럼 생각되었고, 우습게도 터무니없는 생각이 뒤범벅이 되어 클룹셀을 교황인 줄로 생각하고 있었다. 밖에서 돌아온 내게 "아까 교황께서 오셨어요"하고 말했을 때는 그녀가 돌았나 싶었다. 까닭을 듣고 당장 그림과 클룹셀에게 그 이야기를 하러 갔었는데, 그렇게 마구 뛰어간 일은 아직까지 없었다. 그 뒤로 클룹셀에게는 교황이란 이름이 붙어 버렸다. 무아노 거리의 여자에게는 교황비(敎皇妃) 잔느란 이름을 바쳤다. 웃음이 멎지 않아서 우리는 숨이 막힐 지경이었다. 장난삼아 내 이름을 빌려 써 보낸 어느 편지 속에 내가 평생에 두 번밖에 웃지 않았다고 내 이야기를 적은 녀석들은, 이 무렵의 나도, 또 젊었을 때의 나도 알지 못했던 것이다. 그렇지 않다면 그런 생각이 떠오를 리가 없다.

이듬해인 1750년, 벌써 현상 논문 건은 생각하지도 않고 있던 무렵에, 그것이 디종에서 상을 타게 됐다는 것을 알았다. 이 소식은 그 논문을 내게 쓰게끔 강요했던 모든 사상을 눈뜨게 했고, 그 사상에 새로운 힘으로 활기를 불어넣었으며, 어릴 때 아버지와 조국과 플루타르크가 심어 주었던 영웅 숭배와 덕성(德性)의 첫 효모(酵母)를 내 마음속에서 발효시키게 만들었다. 재산이나 세상의 평을 초월한 자유롭고, 유덕하며, 자기를 충실케 할 만큼 위대하고 아름다운 아무것도 발견하지 못했다. 먼저 공연한 수치감, 비난에 대한 두려움이 그러한 주의에 따라서 행동한다는 것을 방해하고, 당시의 처세훈에 갑자기 정면으로 반대하는 것을 방해해 왔으나, 이제부터는 그 일로 인해 내 의지가 확고히 정해졌다. 그리고 그 결의를 실천하는 것이 늦었다 하더라도 그것은 다만, 그 결의를 자극시켜 승리를 얻게 하기 위해 일어나는 가지가지 모순 때문에 시간이 걸렸을 뿐이었다.

인간의 의무에 대해 철학적인 고찰을 하는 한편 나 자신의 의무에 대해 새삼 깊이 반성하게 만든 사건이 하나 생겼다. 테레즈가 세 번째 임신을 한 것이다. 자신에게 너무도 성실하고 마음속으로 너무도 자랑스러웠던 결과, 나의 주의를 행동으로 배반하고 싶지 않았던 나는, 내 어린 것들의 앞길과 그 어머니와 나의 관계를 자연과 정의와 이성의 법칙, 또 종교의 법칙에 비추어 검토하기 시작했다. 여기서 말하는 종교라는 것은 그것의 창조자처럼 순수하고 신성하며 영원하지 않으면 안 되는데, 인간이 이것을 순수한 것으로 만들려는 듯이 가장을 하여 더럽혀 온 것이며, 멋대로의 형식으로 굳혀 버린 것이라서 결국 되지 않는 것을 지정해서 명령을 해도, 그것을 실천하려 하지 않을 땐 아무것도 되지 않으므로 이미 단순히 말만 앞세우는 종교로 변질되어 버린 것이다.

결과적으로 나는 잘못을 저질렀지만, 어쨌든 염려 없다는 자신을 가지고 그 결과에 따랐던 그 정신만큼 이상한 것은 없다. 만일 내가 자연의 정다운 목소리에 귀를 기울이지 않는 것 같은, 정의와 인도의 그 어떤 참된 감정도 그 마음속에 싹트지 않는 것 같은 불행한 인간으로 태어났다면, 그러한 냉혹도 아주 당연한 것이리라. 그러나 이 불타는 심정이 격렬한 감수성, 쉽사리 맺어지고 강하게 매달리는 애착, 그것을 끊지 않으면 안될 때의 이 지독한 고통, 동포에 대한 날 때부터의 애정, 위대한 것과 진실한 것, 아름다운 것, 바른 것을 뜨겁게 사랑하는 것, 모든 종류의 악을 혐오하는 것, 미워하는 것, 헐뜯는 것, 아니 그러한 기분마저 일으킬 수조차 없는 이 성격, 무엇이든지간에 고상하고 애정이 풍부하며 진정이 서려 있는 것만 보면 금방 치밀어 오르는 감격, 이 격심하고도 부드러운 감동, 이러한 모든 것이 무릇 인간의 의무 중에서도 가장 애정에 뿌리박은 의무를 인정사정 없이 짓밟아 버리는 배덕(背德)의 마음과 한 영혼 속에서 과연 마찰없이 병존해 나갈 수 있을 것인지? 아니, 나는 느낀다. 그리고 크게 외친다. 그것은 불가능하다고. 장 자크는 일생의 한 순간이라도 무정한 인간, 무자비한 인간, 무도한 아비가 될 수는 없었다. 나는 실수를 저질렀다. 그러나 냉혹할 수는 없었다. 내가 옳다고 생각한 이유를 말하려면 얼마든지 말할 수 있다. 그러나 그 이유가 나를 유혹하게 된 것이므로, 그것을 말한다면 또 많은 사람을 유혹하게 되리라. 이것을 읽는 젊은 사람들에 똑같은 잘못으로 몸을 해치는 일이 없도록 하고 싶다. 나는 다만 그 잘못이라는 것이 이런 것이었다고 말하는 것으로 마치겠다. 나는 어린 것들을 내 손으로 기를 수 없기 때문에 공교육(公敎育) 고아원에 맡겨 방랑자의 협잡꾼보다도 노동자나 농민이 되게끔 해주면 그것으로 어버이로서의 행위에 배반되지 않는다고 믿고, 자신을 플라톤 공화국의 일원이라고 생각한 것이다. 그 뒤로 몇 번이고 내 마음에 끓어오른 후회가 나의 잘못을 가르쳐 주었다.

그러나 이성은 그러한 경고를 하지 않았다. 그뿐인가, 도리어 나는 그렇게 한 것으로 말미암아 아이들을 그들 아비의 운명에서 지켜 주었고, 또 내가 그들을 버리지 않으면 안 되었던 궁지에 빠지게 될 운명에서 그들을 지키게 된 것을 가끔 하늘에 감사를 드렸다. 우정과 동정, 또는 다른 동기에서 에피네 부인과 뤽상부르 부인이 그 뒤에 아이들을 맡아 주겠다고 했으나, 설사 그런 사람들에게 맡겨 보았자 그만큼 그들이 행복하게 되었을 것인지? 적어도 부끄럽지 않을 만큼 훌륭한 인간으로 자라나게 될 것인지? 그것은 알 수 없다. 다만 그들이 자신들의 부모를 싫어하도록, 그리고 어쩌면 그들이 자라서 부모의 뜻을 거스르는 짓을 하게 될 것이라는 점은 확실하다. 그렇다면 차라리 자신의 부모를 모르는 편이 훨씬 좋을 것이다.

그래서 셋째 아이도 처음 둘과 마찬가지로 고아원으로 데려갔다. 다음에 생긴 두 아이도 마찬가지였다. 나는 모두 다섯 아이를 가졌던 것이다. 나는 이러한 처리를 아주 좋은 일이요, 생각도 깊고, 정당하다고도 생각했지만, 널리 자랑하지 않은 것은 아이의 어머니를 배려했기 때문이었다. 그러나 우리 두 사람 사이를 알고 있는 친한 친구들에게는 그 이야기를 했다. 그 뒤 에피네 부인에게도, 다시 그 뒤에는 뤽상부르 부인에게도 말했다. 그것도 무슨 필요에 쫓기어 한 것이 아니라 그저 숨길 것이 없어서 터놓고 이야기했다. 숨기려면 누구에게나 문제없이 숨길 수 있었던 것이다. 구앵도 정직한 여자이며 매우 입이 무거웠으므로 그 점은 충분히 믿을 수 있었다. 솔직히 얼마간 도움을 받은 친구라면, 오직 한 사람 의사인 티에리뿐으로, 이 사람에게는 나의 가엾은 아줌마가 한 번 난산했을 때 신세를 졌다. 요컨대 나는 자신의 행위를 조금도 비밀로 숨기지 않았다. 이것은 내가 친구들에게 무엇 하나 숨길 줄 몰랐기 때문이 아니라 사실 자신의 행위를 조금도 잘못이라고 생각하지 않았기 때문이었다. 모든 것을 따져 본 뒤에, 아이들에게 가장 좋은 길, 또는 내가 가장 좋다고 믿은 길을 택한 것이었다. 나도 이 아이들처럼 양육됐으면 좋았을걸 하고 생각했던 것이다. 지금도 그렇게 생각하고 있다.

내가 그런 식으로 집안 일을 사람들에게 이야기하는 동안, 르 바쇠르 부인은 부인대로 비밀을 이야기하고 다녔다. 그러나 르 바쇠르 부인은 덕을 보려는 목적에서였다. 나는 이들 모녀를 뒤팽 부인의 집으로 데리고 가서 소개를 시킨 일이 있었는데, 그 뒤로부터 뒤팽 부인은 나를 생각하는 우정으로 이들 둘에게 여러 모로 편의를 보아주었다. 그렇게 되어 어머니는 딸의 비밀을 부인에게 알렸다. 뒤팽 부인은 사람이 좋아서 아낄 줄을 모르는 성격이었다. 장모는 내가 부족한 가운데서도 마음을 써서 이런 것 저런 것을 보내 주고 있는 것은 부인에게 말하지 않았기 때문에, 부인은 부인대로 아낌없이 물건을 보태주었다. 이러한 일을 내가 파리에 있는 동안 딸은 어머니의 명령으로 숨겨 왔고, 에르미타주로 옮기고 나서야 겨우 다른 여러 가지 실토 끝에 겸해서 고백했다. 나는 뒤팽 부인이 전혀 그런 티를 보이지 않았으므로, 그토록 사정에 환할 줄은 꿈에도 몰랐다. 부인의 며느리인 슈농소 부인도 그러했는지는 아직 모른다.

그러나 부인의 전실 자식 며느리인 프랑쾨유 부인은 상세히 알고 있어서, 그것을 잠자코 있지 못했다. 그녀는 다음 해에 그것을 내게 얘기했다. 그때 나는 이미 뒤팽 집에서 나와 있었다. 그래서 나는 이 일에 대해 그녀에게 편지를 쓰게 되었다. 이 편지는 내 문집에서 볼 수 있을 것이다. 그 속에 르 바쇠르 부인과 그 집안을 헐뜯지 않는 범위에서 내가 말할 수 있는 이유만을 말했다. 가장 결정적인 이유는, 사실 이 어머니와 그의 집안에서 나온 것이지만 그 점은 언급하지 않은 셈이다.

뒤팽 부인의 신중함과 슈농소 부인의 우정을 나는 믿고 있었다. 프랑쾨유 부인의 우정도 물론 믿고 있었다. 그러나 이 분은 내 비밀이 퍼지기 훨씬 전에 죽었다. 그 비밀은 내가 그것을 실토한 사람들과 나의 관계가 어그러지고 난 다음부터 퍼져나가기 시작했다. 이 사실만으로도 그들의 사람됨을 알 수 있었다. 나는 내가 받아야 할 당연한 비난을 변호하려고는 하지 않는다. 그들의 악의가 받아야 할 정당한 비난을 생각하면 차라리 나에 대한 비난을 달게 받고 싶다. 나의 잘못은 크다. 그러나 그것은 실수다. 나는 의무를 게을리했다. 그러나 남을 해치려는 의도는 없었다. 또 아비로서의 애정이 본 일도 없는 아이들을 위해 그렇게 강하게 움직일 리도 없었으리라. 그러나 우정의 신뢰를 배반하는 것, 갖은 약속 가운데서 가장 신성한 것을 깨뜨리는 것, 가슴속을 털어 놓은 비밀을 폭로하는 것, 속아가면서 여전히 버림받은 뒤에까지 계속 존경하고 있는 친구를 취미삼아 모욕하는 것, 그런 것은 이미 실수가 아니다. 그것은 영혼의 비열함이며 음험함이다.

나는 고백은 약속했으나 자기 변호를 약속하지는 않았다. 그러니 이 점에 대해서는 여기에서 그치겠다. 나는 진실을 말하기만 하면 된다. 공평하게 판단해야 할 사람은 독자. 그 이상의 아무것도 나는 독자에게서 구하지 않을 것이다.

슈농소 씨가 결혼하고부터는 그 어머니의 저택이 신부의 솜씨와 재기로 인해 내게는 한층 즐거운 곳이 되었다. 젊은 신부는 매우 사랑스러웠는 데, 뒤팽 씨의 서기들 중에서도 나를 특히 주목하는 것처럼 보였다. 그녀는 로슈슈아르 자작 부인의 외딸이었다. 자작 부인은 프리즈 백작과 친했으므로, 그 결과 그림과도 친하게 지내게 되어 그림은 부인에게 의지하고 있었다. 그러나 그를 부인 딸의 집으로 데리고 간 것은 아니었다. 그런데 이들은 기질이 맞지 않았으므로 교제가 계속되지 못했고, 그 무렵부터 취직 자리를 찾고 있던 그림은 오히려 그 딸보다도 사교계의 부인인 어머니 쪽을 택했다. 딸은 마음 맞는 확실한 친구를 구하여 어떤 음모에도 가담하지 않았거니와 권세 있는 집안의 세력을 얻으려고도 하지 않았다. 뒤팽 부인은 자기가 기대하고 있었던 것처럼 슈농소 부인이 마음대로 되지 않았으므로, 자기 집에 있기 거북하도록 몹시 쌀쌀하게 굴었다. 슈농소 부인은 예능, 또 그의 친정 집안을 대단히 자랑하고 있어서, 자신의 마음에 맞지 않는 일에 얽매이는 것보다는 사교계의 즐거움을 끊고 혼자 자기 방에 들어앉아 있는 편이 낫다고 생각했다. 그러한 귀양살이 같은 신세는 불행한 사람들에게 이끌리는 타고 난 경향에서 그녀에 대한 나의 애착을 키워 줬다. 나는 그녀에게서 때로는 조금 궤변 같기는 하지만 형이상학에 근거하여 사색하고자 하는 정신이 있음을 발견했다. 그녀의 화제는 수도원을 갓 졸업한 젊은 여자들의 것과는 전혀 달라 내게는 무척 흥미가 있었다. 그렇지만 그녀의 나이는 스무 살도 안됐다. 얼굴빛은 눈부실 정도로 희었고, 자세를 좀 바로 잡았으면 키도 크고 훌륭했으리라. 회색을 띤 금발의, 보기 드문 아름다운 머리는 내 가엾은 어머니의 꽃다운 시절의 모습을 연상시켜 내 가슴을 몹시 설레게 했다. 그러나 이 무렵, 내가 갓 세운, 그리고 어떠한 일이 있더라도 지켜 나갈 결심을 하고 있었던 엄격한 주의가 그녀와 그녀의 매력으로부터 나를 지켰다. 한여름 동안 하루에 서너 시간이나 그녀와 마주 앉아 지내며, 열심히 산수를 설명하며 기다랗게 숫자를 늘어놓음으로써 그녀를 지루하게는 만들었어도, 은근한 말을 하거나 추파를 던지거나 한 일은 한 번도 없었다. 5, 6년 뒤만 같아도 도저히 그렇게 점잖은 흉내, 다시 말해 그런 바보짓은 하지 않았을 것이다. 그러나 이제 생각하면 나는 일생에 한 번만 연애를 해야 한다는 것, 그녀 아닌 다른 누군가가 내 가슴의 처음이요 마지막 하소연을 받게 된다는 것이 이때 이미 예정되어 있었던 것이다(제9권 참조).

뒤팽 부인의 집에서 생활하게 된 뒤로는 언제나 내 운명에 만족하여 그것이 더 좋아지기를 바라는 욕망은 일어나지 않았다. 그녀와 프랑쾨유 씨가 상의한 끝에 내 봉급을 올려 준 것도 오로지 그들의 자발적인 생각에서였다. 이 해, 날마다 우정을 더해 가고 있던 프랑쾨유 씨는 나를 훨씬 여유 있는, 보다 안정된 지위에 두려고 했다. 그는 재무부의 수세국장이었다. 그 밑에 있는 출납 담당의 뒤두아이에 씨가 나이도 많고 돈도 있으므로 퇴직을 원하고 있었다. 프랑쾨유 씨는 그 자리를 내게 주었다. 그 일을 배우기 위해 몇 주 동안 뒤두아이에 씨에게 필요한 교육을 받으러 갔다. 그런데 그런 직무에 소질이 없어선지, 아니면 뒤두아이에 씨에게 마음에 드는 후임자가 있어 내게 충실히 가르쳐 주지 않아선지, 꼭 알고 싶은 지식도 좀처럼 머릿속에 들어오지 않았다. 게다가 그의 계산 방법은 일부러 복잡하게 만든 것이어서 내 머릿속에 들어오지 않았다. 그러나 그 직무의 요령은 파악하지 못했어도 그런대로 어떻게 척척 정리해 나가는 순서만은 알았다. 그래서 재빨리 일을 하기 시작했다. 장부와 금고를 다루고 현금과 영수증을 주고 받는 일을 했다. 그런 직업에 소질도 취미도 없었으나 나이 덕으로 분별이란 것이 생겨 났으므로, 그 직업에 전념할 생각으로 싫은 것을 참을 결심으로 있었다. 궤도에 오를 만했을 때, 공교롭게도 프랑쾨유 씨가 잠시 여행을 떠났다. 그 동안 내가 그의 금고 책임을 맡게 되었다. 거기에는 그때 2만 5천에서 3만 프랑밖에 없었다. 그러나 그 정도의 것을 맡는 동안에 생기는 고민과 염려 때문에 나는 도저히 출납 담당 같은 것에는 소질이 없다는 것을 절실히 느꼈다. 그가 돌아온 뒤 내가 병이 난 것은 틀림없이 그가 없는 동안에 고민을 한 때문이었다고 생각된다.

  제1부에서 나는 거의 죽은 상태로 태어났다고 말했다. 방광의 기능 장애로 유년기에는 계속 요폐증으로 고생했다. 그래서 나를 돌보던 쉬종 고모는 내 건강을 위해 얼마나 고생을 했는지 모른다. 그런데도 고모는 끝내 그것을 해냈다. 나의 튼튼한 체격이 마침내는 승리를 거두어 내 건강은 소년, 청년기 사이에 완전히 회복되었으므로 앞서 말한 신경 쇠약, 그리고 조금만 더위에 시달려도 몸이 이상해지며 수도 없이 작은 볼일을 보고 싶은 증세, 그 두 가지를 빼놓고서는 서른이 될 때까지 유년기의 허약함은 거의 느끼지 않게 되었다. 그것이 다시 처음 나타나게 된 것은, 내가 베네치아에 도착했을 때였다. 여행 중의 피로와 심한 더위에 시달린 탓으로 요도염과 허리 통증이 생겨 겨울로 접어들 때까지 완쾌되지 않았다. 예의 라 파두아나와 접촉한 뒤에는 죽을 것만 같은 기분이었는데, 몸에는 별탈이 없었다. 또 그 줄리에타에게 육체보다는 상상을 완전히 소모시킨 뒤로는 지금까지보다 훨씬 튼튼해졌다. 그것이 지금과 같이 이토록 본래의 건강을 회복할 수 없게 돼버린 것은 디드로가 감금되고 난 다음, 그 심한 더위 속에서 멀리 방센느로 이동할 때 먹은 더위로 심한 신장염을 일으킨 뒤부터였다.

그런데 이번에는 이 저주받을 금고 보관인가 하는 우울한 일에서 얻은 약간의 과로에서 온 것이리라. 지금까지보다 한결 자주 재발을 하며 5,6주 동안은 상상할 수 없는 염려스러운 용태로 병상에 눕게 됐다. 뒤팽 부인은 유명한 모랑을 불러 주었으나, 이 용한 의사의 손으로도 말할 수 없는 고통뿐, 아무리 해도 소식자(消息子)를 넣어 볼 수 없었다. 모랑의 권고로 다랑을 청해서 보였던 바, 다랑은 결국 소식자를 부드럽게 살그머니 집어넣었다. 그러나 모랑은 나의 병세를 뒤팽 부친에게 보고하며 여섯 달을 넘기지 못한다고 단정을 내렸다. 이 말이 내 귀에 들어왔으므로 내 처지와 또 그 넌덜머리나는 직책에 얽매여 이 얼마 남지 않은 삶의 안식과 위로를 희생시키는 어리석음도 깊이 생각해 보았다. 그것만이 아니고, 또 내가 최근에 정한 그 엄격한 주의를 그것과 아무 관련도 없는 직업에 어떻게 조화시키면 좋을지도 생각했다. 재무부 수세국장의 출납 담당인 내가 욕심이 없음과 가난함을 논한다는 것은 이치에 안 맞는 것이 아닐까? 그러한 생각이 신열과 함께 머릿속에서 부글부글 끓어 강력히 결합되어 버려, 그 뒤로는 무엇으로도 떼어놓을 수 없게 되었다. 회복기에 들어서면서부터 열 때문에 생겼던 병 중의 결심이 냉정히 굳어져 갔다. 재물 축적과 승진의 계획도 나는 영구히 포기하기로 했다. 얼마 안 되는 여생을 자유로운 독립과 빈궁 속에서 지내기로 결심한 나는, 세상의 논쟁이라는 쇠사슬을 끊고 조금도 남의 판단에 좌우되는 일 없이 내가 좋다고 생각되는 것이면 무엇이고 용감히 해나가기 위해 모든 정신을 기울였다. 맞부딪쳐야만 했던 장애, 그것을 극복하기 위한 노력은 이루 다 설명할 수가 없다. 나는 가능한 한 그리고 또 기대하고 있는 이상의 성과를 거두었다. 만일 내가 여론의 굴레를 벗은 것과 마찬가지로 우정의 굴레도 벗어나 있었다면, 인류가 일찍이 상상한, 어쩌면 최대의, 아니 적으나마 도덕에 가장 유익한 나의 계획을 성취시켰을 것이다. 그러나 한편으로 대가(大家), 이른바 학식 있는 이라고 하는 속된 무리들의 어리석은 논리를 발 아래에 짓밟으면서, 한편으로는 친구라는 무리인 '백과전서파'에게 마치 어린애처럼 짓눌리며 마구 끌려다녔다. 이 무리들은 새로운 길을 혼자서 걸어가는 나를 보고 질투에 불타, 나를 행복하게 해주려고 무척 애를 쓰는 것처럼 보이면서 실제로는 나를 조롱거리로 만들려고밖에 하지 않았고, 마침내는 내 명예를 손상시키기 위해 나를 헐뜯기 시작했다. 그들이 질투하게 되었던 것은, 내 문학상의 명성보다도 그 무렵을 기해 눈에 뜨이게 된 나의 자기 개혁이었다. 문장의 기술면에서 명성을 빛내게 된 것뿐이라면 그들은 아마 나를 관대하게 봐줬으리라. 그러나 내가 행동면에서 그들을 초조하게 만들 수 있는 실례를 보이자 더는 용납하지 않았다. 나는 우정을 위해 태어났다. 쉽게 친해지는 상냥한 기질은 쉽사리 우정을 길러 왔다. 일반에게 알려지지 않고 살아오는 동안은 아는 사람 전부에게 귀여움을 받았고, 단 한 사람의 적도 없었다. 그러나 이름이 알려지기 시작하자 이제 친구라는 것이 없어져 버렸다. 그것은 너무나 큰 불행 가운데 하나였다. 그것보다 더 큰 불행은 이름만의 친구들이 잔뜩 모여들어, 친구라는 이름으로 그들에게 부여된 특권을 단지 나를 파멸로 끌어들이기 위해서만 이용하는 것이었다. 나의 이 기록은 계속 그런 저주스런 음모를 발전시켜 나가리라. 여기에서는 단지 그 기원만을 적어 둔다. 곧 그 맨 처음의 간계가 어떻게 꾸며졌는지 알게 될 것이다.

 독립해 살아가려 해도 먹지 않으면 안 된다. 나는 바로 이것을 위한 아주 간단한 방법을 생각해 냈다. 그것은 악보를 한 쪽에 얼마씩 받고 베끼는 일이었다. 무엇인가 보다 확실한 일로 같은 목적을 달성할 수 있다면 그것을 했겠지만, 이 재주를 살리는 쪽이 내 취미이기도 했고, 개인적으로 얽매이지도 않고 그날그날 빵을 얻을 수 있는 단 하나의 길이었으므로 그 길로 견디었다. 이미 장래를 걱정할 필요는 없다고 생각되어 허영심을 버린 나는, 재무부 수세국장의 출납 담당에서 악보 베끼는 일로 직업을 바꾸었다. 결국 나는 이 길을 택해서 큰 덕을 보았다고 생각한다. 그리고 그 뒤로도 거의 이를 후회한 적은 없었고, 어쩔 수 없는 경우가 아니면 그 일을 그만둔 적이 없었으며, 또 그만뒀다가도 될 수 있는 한 빨리 다시 그 일로 되돌아가는 형편이었다. 첫 논문의 성공은 이 결심의 실행을 한층 쉽게 했다. 논문으로 상금을 받게 되자, 디드로는 당장 출판의 편의를 맡아 주었다. 내가 병으로 누워 있는 동안 그는 편지를 보내 그것의 출판과 결과를 알려 왔다. 그 편지에는 이렇게 씌어 있었다. '예상외로 평판이 좋아 유례 없는 성공을 거두었다.' 아무런 책략도 꾀하지 않고 무명 작가에게 주어진 일반의 호평은 내심 그것을 느끼면서도 그때까지 언제나 의심을 버리지 못했던 나 자신의 재능을 비로소 올바르게 보증해준 것이었다. 이제부터 하려는 일에 대해서도 여러 가지 이익을 주게 되는 것을 알았다. 그리고 문학계에 다소 알려진 악보 베끼는 사람이라면, 아마 그에게 일거리가 떨어지는 일은 없으리라고 판단했다.

마침내 결심이 서고 굳은 각오가 서자, 곧 프랑쾨유 씨에게 편지를 써 이러한 내용을 알리고 뒤팽 부인과 함께 극진히 돌봐준 지금까지의 온갖 호의에 감사하고 이번에도 부디 단골이 되어 주도록 부탁했다. 프랑쾨유는 이 편지의 뜻을 전혀 이해하지 못하고, 내가 또 열에 시달리고 있는가 하여 달려왔다. 그러나 내 결심이 그의 힘으로 누그러질 수 없을 만큼 굳은 것임을 알아차렸다. 그는 뒤팽 부인을 비롯한 모든 사람들에게로 가서, 내가 미쳐 버렸다고 지껄여댔다. 그들이 뭐라고 말하든 상관하지 않고 나는 내 길을 갔다. 자기 개혁은 먼저 나 자신의 주변부터 시작했다. 금테 두른 복장과 희고 긴 양말을 버리고 가발도 둥근 것으로 하고, 칼도 차지 않았다. '그렇다, 다행히도 이제는 시간을 알 필요도 없다.' 이렇게 생각하자 즐거운 기분이 되어 시계도 팔아 버렸다.

프랑쾨유 씨는 친절하게도 그로부터 꽤 오랫동안 출납 담당 자리를 그대로 두고 있었다. 도저히 내 결심이 움직이지 않는 것을 보고 그는 알리바르 씨를 후임으로 넣었다. 그는 슈농소 씨가 어렸을 때의 가정 교사로 《파리 식물지(植物誌)》로 식물학계에서 유명한 사람이었다.[*1]

사치에 대한 나의 개혁이 아무리 엄격하다고 해도 처음에는 속옷까지는 미치지 못했다. 그것들은 베네치아 시대에 입었던 것의 나머지로서 질이 좋고 수도 제법 많아 나는 유달리 그것들에게 애착이 갔다. 깨끗하게 하려다가 결국 사치스럽게 돼버려 꽤 비용이 들었다. 그런 골치 아픈 물건들의 손질이 어느 사나이 덕택으로 무사히 끝났다. 성탄절 전날 밤, '가정부들'(테레즈 모녀)이 저녁 기도 모임에 나가고 내가 성악 연주 모임에 나가 있는 동안, 다락방 문을 비틀어 따고 들어온 도둑이 거기에 세탁해서 널어 두었던 우리의 속옷을 몽땅 훔쳐갔다. 그 중에는 고급지로 된 내 셔츠가 마흔 두 벌이나 있었는데 그것들은 내 속옷의 대부분이었다. 그 시각에 보퉁이를 몇 개인가 가진 사나이가 이 집에서 나오는 것을 보았다는 근처 사람들의 이야기로 보아, 테레즈도 나도 못된 놈으로 세상에 알려진 그녀의 오빠를 의심했다. 모친은 이런 혐의를 극구 부인했지만 확실한 증거가 많았으므로 모친이 뭐라고 하든 우리들의 의심은

[*1] 이 무렵의 일을 프랑쾨유나 그 일당들은 지금은 꽤 다르게 이야기하고 있을 것이 뻔하다. 그러나 여기에 대해서는 그 즈음 그가 직접 말한 것이며, 그 뒤로 음모를 계획하기까지 오랫동안 그가 누구에게나 말한 사실로서, 나는 그것에 따르고 있으므로 양식과 성의가 있는 사람이라면 이 일을 잘 알고 있을 것이다.(원주)

풀리지 않았다. 다만 나는 긁어 부스럼을 만들 것이 두려워 캐묻지는 않았다. 그녀의 오빠는 그 뒤로 내 집에는 얼굴을 보이지 않았고 끝내는 아주 행방을 알 수 없게 되어 버렸다. 나는 그렇게 복잡한 가정에 얽매여 있는 테레즈와 내 운명을 한탄했다. 그리고 그 위험스런 얽매임에서 벗어나기를 어느 때보다도 강하게 그녀에게 권했다. 이 사건으로 나의 사치스런 속옷에 대한 애착을 고친 셈이다. 그 뒤로는 아주 검소하고 다른 의복들과 어울리는 것 이외에는 입지 않기로 했다.

이리하여 나의 개혁이 완전해진 뒤로는 그저 외곬으로 그것을 꿋꿋이 지속시키는 것만 생각했다. 그를 위해서는 또 세상 사람들의 판단에 얽매이든가 남의 비난을 겁낸 나머지, 그 자체가 착하고 정당한 것을 피한다든가 하는 경향은 모두 마음에서 뿌리를 뽑아 버리도록 힘썼다. 저술의 호평에 도움을 받고, 나의 결심도 소문이나 계속 단골을 끌어들이게 되었다. 그래서 내 장사도 처음엔 성공리에 진행되었다. 그러나 여러 가지 원인이 이것을 방해해서 다른 경우 내가 성공을 거둘 수 있었던 만큼의 성공을 거두지는 못했다. 첫째는 내가 건강하지 못했기 때문이었다. 이번에 걸린 병이 그 뒤로도 가끔 도져서 이제는 전같이 건강할 수는 없게 되었다. 생각해 보면 병을 보는 의사들이 병을 잘못 다스린 것 같았다. 모랑·다랑·엘베시우스·말루앵·티에리 같은 사람들이 차례로 나를 치료하였다. 모두 훌륭한 의사이자 나의 친구이기도 해서 저마다의 방법으로 치료를 해주었건만, 조금도 병세는 가벼워지지 않고 오히려 나를 몹시 쇠약하게 만들었다. 그들의 지시에 따르면 따를수록 안색은 노래지며, 여위고 쇠약해졌다. 나는 내 용태와 그들이 권하는 약의 효험을 비교해 보고 죽을 때까지 이러한 고통과 요폐(尿閉)와 콩팥돌과 결석(結石)의 연속일 거라고 상상하게 되었다. 다른 사람에게는 효과 있는 탕약도, 온천도, 사혈(瀉血) 같은 요법도 도리어 내 병을 악화시킬 뿐이었다. 다랑의 소식자만은 조금 효과가 있어, 이것 없이는 살아갈 수 없는 기분이어서 일시적인 것인 줄 알면서도, 다랑이 못 오게 되는 경우라도 일생 동안 그것을 떨어뜨리지 않으려고 많은 비용을 들여 잔뜩 비축해 두었다. 그 뒤로 8년인가 10년 동안을 줄곧 이것을 사용했고, 지금 남아 있는 것까지 모두 합치면 50루이쯤 돈이 들었을 것이다. 그토록 치료비가 비싸고 아프고 어려운데, 한눈 한 번 팔지 않고 일만 하고 있을 수는 없다는 점, 또 죽어가는 병자가 그날 그날의 빵값을 버는 데 그렇게 힘을 쏟을 수 없다는 것은 짐작하리라.

　문학상의 일이 또 하나의 외도로서, 이것이 또한 일과에 지장을 주었다. 내 논문《학문 예술론》이 세상에 나가자 문예 옹호자들은 마치 약속이나 한 듯이 나를 덮치려 들었다. 문제도 이해를 못하는 아니꼬운 조스(몰리에르의《사랑의 의사》에 나오는 인물)의 무리들이 대가인 체하며 앞을 다투어 문제를 다루는 것을 보고, 나는 분연히 붓을 들어 그 중 몇 사람을, 한 사람의 동조자도 남지 못하도록 공박했다. 낭시의 고띠에란 녀석이 맨 처음으로 내 펜에 걸려 쓰러졌다. 나는 그림 씨에게 보내는 한 편지에서 여지없이 그를 혼내었다. 다음은 나와 끝까지 싸우려 한 폴란드의 스타니스와프 왕(王)이었다. 나도 영광으로 알고 그의 답변에는 일부러 태도를 바꾸었다. 즉, 보다 정중하면서도 예리하게 대답했다. 평자에게 실례가 되지 않게끔 완전히 그의 소견을 반박했다. 나는 예수회 회원인 무느 신부가 왕의 손에 글을 빌려준 것을 알고 있었다. 왕의 펜으로 된 부분과 신부가 손을 댄 부분을 분간할 만한 민감성이 내 특기이기도 했다. 그래서 예수회다운 구절은 모조리 여지없이 공격하는 한편으로 신부의 소치라고 생각되는 시대착오를 지적했다. 이 한편은 웬일인지 나의 다른 저술만큼 호평을 받지 못했으나, 오늘날까지도 이런 류의 글 가운데서는 유일한 작품이다. 나는 이것으로 한 개인이 임금을 상대로 싸워 어떻게 진리를 옹호할 수 있는가를 민중에게 가르쳐 주기 위해 내게 주어진 기회를 잡은 셈이다. 내가 왕에게 대답한 것처럼, 그만큼 자존심도 강하고 동시에 큰 존경심을 포함시키기란 어려운 일이다. 아첨에 흐르지 않고 가슴 속 가득찬 경의를 나타낼 수 있는 적수를 만나게 된 것은 다행한 일이었다. 나는 충분히 성공하면서도 품위를 잃지 않았다. 친구들은 나 때문에 두려워 떨며 벌써 내가 바스티유 감옥에 들어간 줄로 생각하고 있었다. 나는 단 한 순간도 그런 염려하고 두려워하는 마음은 품지 않았다. 그리고 나의 육감은 정확했다. 이 선량한 군주는 내 답변을 읽고 이렇게 말했다. "이젠 그만, 나는 이 이상 간섭하지 않겠다." 그 뒤 나는 왕으로부터 온갖 경의와 후의를 받았다. 그 중 몇 가지는 증거로 제시할 때도 있으리라. 이리하여 내 저술은 누구의 비난도 받지 않고 무사히 프랑스와 모든 유럽으로 퍼졌다.

　얼마 뒤 예기치 않았던 다른 적을 한 사람 만나게 되었다. 10년 전에 무척 호의를 가지고 여러 모로 돌봐준 리옹의 보르드 씨였다. 그를 잊은 것은 아니였지만 게으른 버릇으로 등한히 지내며, 써둔 편지를 보낼 적당한 기회를 얻지 못한 채 그대로 두고 있었던 것이 잘못이었다. 그는 정중하게 공격을 해 왔다. 그래서 나는 정중하게 대답했다. 그러자 그는 다시 과감한 투로 항변해 왔다. 그래서 나도 마지막 답변을 보냈다. 다시는 아무 말도 없었다. 그러나 그는 가장 과격한 적이 되어, 내 불행의 시기를 노려 내게 무서운 비난의 화살을 던졌다. 그리고 일부러 런던까지 여행을 하면서 나를 헐뜯었다.

이러한 논쟁에 몹시 바빠져서 악보를 쓸 시간도 빼앗겨, 진리의 진보가 있을 리도 없거니와 주머니로 들어 오는 것도 있을 턱이 없었다. 그 무렵 내 책의 출판자였던 피소는 내 책에 대해서 늘 겨우 얼마 주었을까 말았을까 하는 정도로, 거의 아무것도 주지 않았다. 예를 들면 내 첫 논문 같은 건 한 푼도 안 주었다. 이것은 디드로가 그에게 거저 준 것이었다. 돈을 주어도 실컷 기다리게 하고 그것도 조금씩 독촉을 해가며 받지 않으면 안됐다. 한편 악보 쪽은 전혀 발전이 없었다. 두 가지 일을 했지만 결국 어느 쪽도 신통치가 못했다.

이 두 가지 일은 내게 강요된 별다른 생활 방식으로 말미암아 다른 의미에서 서로 방해가 되었다. 처음 쓴 책의 성공은 나를 인기인으로 만들었다. 내가 택한 생활 방식이 사람들의 호기심을 끌었다. 누구와의 교제도 편하지 않고 자기 생각대로 자유롭고 행복하게 사는 것 외에 아무것도 바라지 않는다는 이 괴상한 자를 모두 알고 싶어했다. 그래서 나는 전혀 자유롭지도 행복하지도 못하게 되었다. 방은 멋대로 구실을 만들어 내 시간을 빼앗으러 오는 무리들로 말미암아 비어 있을 때가 없었다. 부인들은 온갖 수단을 써서 나를 그들의 회식에 끌어냈다. 내가 소탈하게 대하면 대할수록 끈덕지게 덤볐다. 어느 누구도 거절할 수 없는 노릇이었다. 거절해서 많은 적을 만들면, 줄곧 비위를 맞춰 주지 않으면 안 되었다. 아무리 방법을 강구해도 하루 한 시간도 내 시간을 가질 수 없게 되었다.

그래서 나는 가난하게 혼자 살아가는 것이 상상한 것처럼 그렇게 쉽지 않다는 것을 알게 되었다. 내 멋대로 일을 하며 살아가려고 해도 세상 사람들이 가만 두지 않았다. 세상은 나에게 빌려준 시간을 보상받으려고 여러 가지 귀찮은 수단들을 생각해 냈다. 그러면 나는 어릿광대처럼 무슨 노릇이라도 하지 않으면 안 되리라. 그것처럼 천하고 심한 종을 나는 알지 못한다. 이것의 해결책으로는 누가 보냈든 크고 작은 물건들을 거절하는 길밖에 없었다. 그러자 그것이 더욱더 보내는 사람들의 마음을 끌게 되어 그 쪽에서 나의 거절을 이겼다는 명예를 갖고 싶어, 무턱대고 내게 고맙다는 인사를 받으려 했다. 지금까지 내가 부탁해도 한 푼 빌려 주었을까 말까 생각되는 녀석들까지 계속 귀찮게 제공할 것을 자청해 오고, 그것을 거절당하면 기분 풀이로 내가 거절하는 것을 거만하다는 둥 가식이라는 둥 험담을 하고 다녔다.

이번의 내 결심과 앞으로 해나갈 방침이 르 바쇠르 부인의 마음에 들지 않은 것은 말할 것도 없다. 딸은 아무리 욕심이 없다고 해도 그의 어머니의 지시에 따르지 않으면 안됐다. 그래서 고프쿠르의 이 '가정부'들은 남의 선물을 나처럼 완고하게 거절하지는 않았다. 그들은 내게 많은 것을 숨기고 있었는데도 내 눈에 꽤 띈 것으로 보아 내 눈에 안 띈 것이 아직도 있을 것이 틀림없다. 나도 쉽게 짐작이 가는 일로서 공모라는 비난도 비난이지만, 그보다 내 집에 대해서나 나에 대해서 도저히 내가 내 마음대로 할 수 없다는 심각한 생각에 한층 마음이 괴로웠다. 부탁도 하고, 사정도 해보며, 화도 내보고 별의별 짓을 다해 보았으나 헛일이었다. 장모는 내게 불평 거사(不平居士)니 외고집쟁이니 하는 딱지를 붙여 버렸다. 내 친구들을 붙들고는 연방 소곤거렸다. 집안일은 모두 내게 알리지 않았다. 그것은 비밀에 싸여 있었다. 그래서 나는 그런 시끄러운 일에 부닥치지 않기 위해 집 안에서 일어나는 일은 숫제 모른 체해야 했다. 그런 모든 옥신각신을 벗어나려면 단호한 결심이 필요했을 것이다. 그것을 나는 할 수 없었다. 나는 호통만 쳤지 실행은 못했다. 내가 화내는 말을 하면 실컷 지껄이게 내버려 두고 자기네들은 자기네들대로 일을 저질렀다.

그런 끊임없는 알력과 매일 그것에 얽매이는 귀찮은 방문객으로 정말 파리의 생활이나 머물러 있는 것이 불쾌해졌다. 병이 조금 나아 외출할 수 있을 때, 그리고 아는 사람에게 이리저리 끌려다니지 않을 때는 혼자 산책을 나갔다. 나의 위대한 방침을 꿈꾸며 언제나 호주머니에 넣어 두고 있는 흰 수첩과 연필로 머리에 떠오르는 것을 적었다. 내가 택한 생활에서 오는 생각하지도 않았던 불쾌함을 잊기 위해 완전히 문학에 몰두했다. 또 초기 내 작품 가운데, 내가 주체할 수 없었던 울분과 짜증이 나타나 있는 것도 이 때문이다.

또 하나 다른 원인이 있었다. 사교계의 분위기가 몸에 배지 않고 스스로 능란하게 굴 수도, 남의 흉내를 낼 수도 없으면서 본의 아니게 사교계로 끌려나가게 된 나는, 별로 눈에 띄지 않는 나름대로의 인식을 가지고 밀고 나가려

했다. 자신이 이겨 낼 수 없는 어리석고 음울한 조심성은, 사회의 예의범절에 벗어나지나 않을까 하는 두려움에 원인이 있는 것이므로, 대담하게 되기 위해 단호히 그런 예의범절을 짓밟아 버리기로 결심했다. 나는 부끄러움 때문에 신랄한 파렴치한이 되어 내가 행할 수 없는 예절을 짐짓 경멸하는 체했다. 과연 그러한 냉혹함은 나의 새 주의와 일치하는 것으로 정신적으로는 향상을 보여 주고, 도덕적으로는 용기를 보여 주는 것처럼 보였다. 또 말하자면 그 냉혹함은 그러한 엄숙한 기초 위에 서 있음으로 해서 의외로 확고히, 그리고 오래 견디어 나갈 수 있었다. 그렇지 않았더라면 내 본성과 반대되는 노력에서 그런 기대를 가질 수 있을 리 없다. 그렇지만 나의 외양이나 어느 정도 재치 있는 말 때문에 사교계에서는 염세가라는 평판을 얻었음에도 사생활에서는 그런 역할을 언제나 지켜 나갈 수 없었고, 친구들은 이 길들여지지 않은 야성의 곰을 어린 양처럼 끌고 다녔다. 신랄한 야유만 하더라도 딱딱한, 그리고 일반적인 진리에서만 퍼부을 뿐 누구에게도 불친절한 말 한 마디 못하는 나였던 것은 틀림없다.

《마을의 점쟁이》는 나를 완전히 인기인으로 만들었다. 파리에서 나만큼 인기 있는 사람은 없게 되었다. 이 극은 내 생애에 한 시기를 긋는 것으로, 그 유래는 당시 교우관계의 이야기와 관련이 있다. 상세하게 알지 못하면 그 뒤의 일은 이해하지 못하리라.

내게는 많은 친구들이 있었지만 진정한 친구는 디드로와 그림 두 사람뿐이었다. 나와 친한 사람은 누구든 서로 친한 사이로 이어주고 싶어하는 내 기분 때문에 나는 이 둘을 서로 친한 사이로 이어주지 않고는 못배겼다. 나는 그들을 친한 사이로 이어주었다. 그들은 서로 마음이 맞았다. 그리고 나와의 사이보다 그들 둘 사이가 한층 가까운 사이가 되었다. 디드로에게는 여러 친구들이 있었지만, 그림은 외국인이었고 처음 온 사람이라 친구가 그리웠다. 나는 그림에게 그런 편의를 보아 줄 생각만을 하고 있었다. 이미 디드로를 소개했지만 이번에는 고프쿠르를 그에게 소개했다. 나는 그를 슈농소 부인, 에피네 부인, 또 내가 본의 아니게 사귀어 온 올바크 남작들 집으로 데리고 갔다. 내 친구들은 모두 그림의 친구가 되었다. 그것은 너무도 당연한 일이었다. 그런데 그의 친구는 한 사람도 내 친구가 되지 않았다. 그림은 내 경우처럼 간단하지가 않았다. 그림이 프리즈 백작 댁에 살고 있는 동안 그는 자주 우리를 그 집의 회식에 초대했다. 그렇지만 나는 프리즈 백작은 물론 그림과 매우 가까웠던 같은 집안의 송베르 백작이나, 그 밖에 그림이 그들을 통해 교제하고 있던 남녀의 그 누구에게서도 친밀한 후의를 받은 일이 없었다. 레날 신부만은 예외였다. 이 사람은 그림의 친구였지만 오히려 나의 친구로서 대해 주었다. 때로는 놀라운 선심으로 가지고 있는 돈까지 내게 준 일이 있었다. 그러나 이 레날 신부를, 그림이 신부를 알기 훨씬 전부터 나는 알고 있었다. 우연한 기회이긴 하나 내가 그 뒤 도저히 잊을 수 없었던 기회에, 나를 위해 세심한 주의와 진심이 넘치는 주선을 해준 뒤부터는 줄곧 이 사람에게 마음이 끌리고 있었던 것이다.

레날 신부는 확실히 정열이 있는 친구였다. 이 점은 내가 이야기하는 거의 같은 무렵, 그가 깊이 사귀고 있던 그림을 대하는 태도만 보아도 알 수 있었다. 그림은 한동안 펠 양과 가까이 지내다 갑자기 불타는 사랑에 빠지게 되어 까유자크 대신 그녀를 차지할 생각이 났다. 변함없는 마음을 자랑으로 알고 있는 아름다운 배우는 추근대는 햇병아리를 보기 좋게 차버렸다. 그림은 이것을 비관하고 죽으려고까지 했다. 그는 갑작스레 이제까지 들어본 적도 없는 이상한 병으로 누워 버렸다. 밤이나 낮이나 혼수 상태의 연속으로 두 눈을 멀쩡히 뜨고 맥박은 정상인 채 말도 못하고 먹지도 못하며, 몸을 꼼짝하지도 못했다. 가끔 이쪽에서 하는 소리는 들리는 듯했지만 대답도 없이 몸짓도 하지 못했다. 그 위에 흥분도, 고통도, 열도 없이 그저 죽은 사람처럼 가만히 있을 뿐이었다. 레날 신부와 나는 번갈아 그를 간호했다. 나보다 힘세고 건강한 신부는 거기에서 밤을 지내고 나는 낮에만 거기서 지냈다. 그러나 둘이 다 병자의 옆을 떠난 적은 없었다. 하나가 와야만 다른 쪽이 떠났다. 프리즈 백작은 깜짝 놀라 세나크를 불러왔다. 이 사람은 병자를 세밀히 진찰한 뒤, 별일 없다고 하며 아무런 처방도 주지 않았다. 나는 친구가 걱정이 되어 의사의 얼굴빛을 조심스럽게 살폈으나, 의사는 웃으면서 가 버렸다. 그렇지만 환자는 여전히 며칠을 꼼짝달싹 못했으며 가끔 내가 혀 위에 놓아 주는 앵두 잼을 꿀꺽 삼키는 외에는, 수프는 물론 무엇 하나 넘기지 못했다. 어느 날 아침 그는 벌떡 일어나 옷을 갈아 입고 평상시의 생활을 되찾았다. 그러고는 내게, 또 내가 아는 한 레날 신부에게도, 누구에게도 그 이상한 모양의 혼수 상태에 대해서나, 또 그 동안 우리 둘이 정성을 다해 간호한 것에 대해서나 도통 말이 없었다.

이 사건이 소문이 나지 않을 리 없었다. 사실 오페라 극장 여배우에게 실연을 당한 한 사나이가 비관 끝에 죽으려 했다는 것은 좋은 화젯거리이기도 했다. 이런 아름다운 정열은 그림을 인기인으로 만들었다. 곧 그는 사랑과 우정, 모든 종류의 애정의 화신처럼 보이게 되었다. 그러한 세평 때문에 그는 상류 사회에서 인기와 환대를 독차지했다. 그가 내게서 멀어진 것은 이 때문이었다. 나는 그에게 결국 이용의 대상밖에 안 되었다. 나는 그가 완전히 내게서 떠나 버리려는 눈치를 챘다. 나는 그에게 말없이 진실한 우정을 품고 있었으나 그의 모든 열렬한 우정은 겉치레에 불과했던 것이다. 그가 사교계에서 성공하는 것은 나로서는 정말 기쁜 일이었다. 그러나 그가 친구마저 잊어버리면서까지 성공하기를 나는 바라지 않았을 것이다. 어느날 나는 그에게 말했다. "그림, 자네는 나를 버렸네. 그래도 좋아, 야단법석을 떠는 화려한 도취에서 서서히 깨어나서 공허가 몸에 스미거든 부디 다시 내게로 와 주게. 나는 언제나 그대로니까. 지금은 자네 마음대로 하게. 간섭하지 않을 테니. 하지만 나는 자네를 기다리겠네." 그는 그 말에는 반대도 하지 않고, 결국 내 말대로 자기 생각대로 행동하기 시작했으므로, 다시는 같이 사귀는 친구들과 함께가 아니면 그를 만날 수 없게 되었다.

그가 그뒤 에피네 부인과 친하기 전까지 우리가 잘 모이는 곳은 올바크 남작 집이었다. 이 남작이란 분은 벼락부자의 아들로 상당히 큰 재산을 가졌고, 그것을 고상하게 이용하여 자기 집으로 문학자와 예능인들을 초대했으며, 그에게도 문학과 지식이 있었으므로 그런 인사들과 어울려도 손색은 없었다. 훨씬 전부터 디드로와 사귀어 온 그는 내 이름이 알려지기 전부터 디드로를 통해 내게 교제를 청해 왔다. 나는 천성이 교제를 싫어하기 때문에 오래도록 그 청에 응하지 않았다. 어느 날 그 이유를 물어 왔으므로 이렇게 대답했다. "당신이 너무 부자이기 때문이오." 끈덕지게 조르므로 끝내 나는 지고 말았다. 나의 큰 불행은 언제나 달콤한 말에 저항하지 못하는 것이었다. 내가 그런 것에 지고 만 것을 씁쓰레하게 생각하지 않은 적은 없었다.

또 한 사람의 친구는 뒤클로 씨였다. 내가 그와 사귈 수 있는 자격이 생기자 그와 곧 친해졌다. 내가 그를 처음 만난 것은 수년 전에 라 슈브레트에 있는 에피네 부인의 집에서였다. 부인과 그는 무척 다정한 사이였다. 우리와 함께 식사를 하고 그는 그날로 돌아갔다. 그러나 식사 후에 나와 그는 잠시 대화를 나누었다. 에피네 부인은 그 자리에서 나와 《우아한 시의 여신들》이란 나의 오페라에 대해서 그에게 이야기한 적이 있었다. 뒤클로는 무척 재능이 많은 사람이었으므로 나는 그런 사람을 알게 되어 친밀감을 느끼지 않을 수 없었으며, 그는 내게 호의를 가지고 자기 집에 놀러 오라고 청했다. 그를 알게 되어 나는 예전의 취미가 되살아났으나, 이젠 수줍음을 타고 게을러져서 그에게 호의는 있어도 즉시 가까이하지 못했다. 그러나 이번에 나의 저술이 성공했고, 그도 칭찬하고 있다는 말이 들리므로 겨우 용기를 내서 그를 만나러 갔다. 그도 나를 찾아 주었다. 이리하여 우리 사이에 교제가 시작되었다. 그리고 나는 그를 항상 아끼게 되었다. 때로는 공정함과 성실함이 문학적 교양과 결부된다는 것을 스스로 마음속으로 인정하고 있었지만 이 사람 덕분에도 그것을 깨닫게 되었다.

이 밖에도 대단찮은 교제가 많이 있지만 여기에서는 일일이 들지 않겠다. 그것은 내 이름이 알려진 결과로 생긴 것이어서, 그들의 호기심이 만족될 때까지만 계속됐다. 나 같은 사람은 금방 속이 들여다보여, 이튿날은 벌써 신기한 것이라곤 아무것도 없는 인간이 돼버린다. 그렇지만 당시 나를 찾아와서 어느 누구보다도 굳은 우정을 맺은 한 여자가 있었다. 그는 몰타 대사 프룰레 대법관의 조카인 크레키 후작 부인이었다. 프룰레 씨의 동생은 베네치아 대사 몽테귀 씨의 전임자였으므로, 내가 그곳에서 돌아왔을 때 그를 만나러 간 일도 있었다. 크레키 부인은 내게 길라잡이를 보냈다. 나는 그녀의 집으로 갔다. 그녀는 나를 친절히 대해 주었다. 나는 가끔 그 집으로 식사하러 갔다. 거기서 여러 문인들과도 만났다. 그 중에서도 《스파르타쿠스》(바르네펠트) 등의 지은이인 소랭 씨는 그후 나의 가장 잔인한 적이 되었다. 그의 아버지가 비열하게 박해를 가했던 사나이(장 바티스트 루소)와 내가 성이 같다는 이외에 그와 적이 될 다른 이유를 나는 생각할 수 없었다.

다른 일에 정신을 팔다보니 아침부터 밤까지 일에 전념해야 하는 악보 베끼기로는 그날그날 돈벌이도 되지 않았고, 그것을 잘 만들 만큼 충분히 주의도 집중할 수 없었다. 그래서 잘못 쓴 것을 지우거나, 깎아 내거나, 새 종이에 옮겨 쓰거나 하는 것으로 남은 시간의 대부분을 보냈다. 이런 것이 귀찮아서 날이 갈수록 파리가 견딜 수 없었고 시골이 못견디게 그리워졌다. 그러므로 나는 여러 차례 마르쿠시로 가서 며칠을 보냈다. 르 바쇠르 부인이 그곳 보좌 신부를 알고 있으므로 그다지 폐를 끼치지 않고, 그 집에 여럿이서 묵을 수 있었

다. 그럼도 한 번 우리와 함께 그곳에 갔었다.*²

보좌 신부는 성량이 풍부하고 노래를 잘했다. 악보는 모르지만 자기가 맡은 부분은 재빨리 정확히 익혔다. 우리는 내가 슈농소에서 만든 3부 합창곡을 부르며 시간을 보냈다. 그림과 보좌 신부가 힘들여 만든 가사에 내 곡을 붙여 두세 곡을 새로 지었다. 그러한 무척 순수하고 즐거운 시간에 지어 부른 이 3부 합창곡을 내 다른 악보와 함께 우튼에 두고 온 것은 정말 유감스러운 일이다. 다벤포르트 양은 아마 그 악보를 컬페이퍼(곱슬머리를 만드는 데 쓰는 종이)로 써버렸을지도 모른다. 그러나 그것은 대부분이 아주 멋있는 대위법으로 되어 있어 보존해 둘 만한 가치가 있는 것이다. 이렇게 이따금 나가게 된 가까운 여행—그럴 때는 '아줌마'도 즐거워했으므로 그것을 보는 나도 즐거웠고 아주 유쾌했지만—그런 여행에서 돌아와 언젠가 아주 서투르지만 빨리 쓰는 글씨로 운문 서간 하나를 써서 보좌 신부 앞으로 보냈다. 이것은 내 초고 속에 들어 있을 것이다.

파리에서 더 가깝고, 아주 마음에 드는 휴식처가 또 하나 있었다. 뮈사르 씨의 집으로, 이 사람은 나와 같은 고향 출신이며 친척이 되는 친구인데, 파시에 아담한 은거처를 만들어 두어서 여기에서 나는 평화로운 시간을 보냈다. 뮈사르 씨는 보석상으로 상당한 분별을 가진 사람이었다. 장사로 많은 재산을 모았고, 외동딸을 어음 중개인의 아들이며 국왕의 수석 요리사인 발말레트 씨에게 출가시킨 뒤, 늘그막에 장사와 중개를 집어치우고 생활의 걱정과 죽음 사이에 휴식과 향락의 시간을 갖자는 현명한 결심을 실천했다. 참다운 실천 철학자인 이 사람 좋은 뮈사르 씨는 자기가 지은 안락한 집에서 손수 가꾼 아름다운 정원을 가지고 여유 있게 지내고 있었다. 그 정원의 땅바닥을 팔 때 화석의 조개 껍데기가 나왔다. 그곳에서 막대한 양을 발견하고 그의 상상력은 여기에 자극을 받아 자연계가 모두 조개 껍데기로 보였으며, 마지막엔 우주는 조개 껍데기나 조개 껍데기의 잔해일 뿐이고, 지구 전체는 그 덩어리에 불과하다고 진지하게 믿게끔 되었다. 자나깨나 이 조개 껍데기와 이 기묘한 발견에

---

*2 여기에서 앞에서 서술한 그림 씨와 같이 사소하나마 잊히지 않는 사건을 일으켰는데, 그것은 우리끼리 생 방드리 샘까지 식사하러 가기로 되어 있던 날 아침에 일어난 일이었다. 그 이야기를 빠뜨렸으므로 더 말하진 않겠지만 그뒤 이때 일을 생각해 보니, 그가 그토록 교묘하게 실행한 음모를 벌써 이때부터 가슴속에 품고 있었다는 것을 알 수 있었다.

몰두한 그는 완전히 이러한 새 학설에 열중했다. 어느덧 그의 머릿속에는 새 학설, 즉 망상이 자리를 잡게끔 되었다. 그의 이론을 위해서는 퍽 다행한 일이었으나, 그를 따르고 그가 숨어 사는 집을 세상에 없는 낙원으로 생각하고 있던 그의 친구들에게는 무척 불행하게도, 죽음이 찾아와서 다시 없이 기묘하고 잔혹한 병으로 그에게서 이 새 학설을 앗아가 버렸다. 그 병은 위에 종양이 생겨 점점 악화되어 음식도 먹을 수 없는 것이었다. 오랫동안 원인도 모른 채 수년 동안 고생한 끝에 마침내 굶어죽고 말았다. 이 훌륭한 사람의 가엾은 마지막을 생각하면 가슴이 뻐근해지는 듯하다. 그가 병으로 괴로워하는 것을 바라보면서 마지막까지 그의 곁을 떠나지 않았던 두 사람의 친구, 나와 르니에를 그는 그런 중에도 여전히 즐겁게 대해 주었다. 그리고 두세 방울의 아주 묽은 차마저도 목구멍으로 넘어가지 않아, 마시면 금새 토하므로 우리에게 내놓은 요리를 묵묵히 바라볼 뿐이었다. 그러나 나는 이런 고통의 시기가 오기 전에 그의 절친한 친구들과 아주 즐거운 시간을 그의 집에서 보냈다. 그의 친구들 중에서 내가 첫손가락을 꼽는 사람은 프레보 신부였다. 붙임성 있는 참으로 솔직한 사람으로 그의 감정은 그의 불후의 작품에 생기를 주었으며, 그것의 가치를 부끄럽지 않게 해 주었다. 그의 저술에 엿보이는 음울한 색채는 그의 기질에도, 그의 사교면에서도 전혀 나타나 있지 않았다. 프로코프 의사는 여자복이 있는 작은 이솝이라고 불리는 사람이었다. 그리고 불랑제는 《동양의 전제 정치》라는 유저(遺著)로 유명한 사람이었다. 이 사람은 어쩌면 뮈사르의 그 대계(大系)를 이 세계의 지속(持續)이라는 점에까지 넓혀 가고 있었던 것 같다. 여성으로는 볼테르의 조카 드니 부인이 있었다. 당시는 아직 훌륭한 부인이었을 뿐 뛰어난 재주를 발휘하지는 않았다. 방루 부인은 미인은 아니지만 귀여웠고 노래도 천사같이 불렀다. 뮈사르의 딸인 발말레트 부인도 노래를 잘 불렀다. 이 사람은 아주 마르긴 했지만 너무 잘난 체만 하지 않았으면 더 애교 있게 보였을 것이다. 뮈사르 씨의 사교계는 대충 이런 것으로, 그의 조개 껍데기 연구열에 내가 흥미를 느끼지 않았던들 그의 사교계는 충분히 나를 즐겁게 해 주었으리라. 그런데 사실 6개월 이상이나 나와 그는 같은 흥미를 가지고 그의 서재에서 연구를 했었다.

훨씬 전에 그는 파시의 물이 내 몸에 좋다고 말하며 자기 집으로 와서 물을 먹도록 권해 왔다. 나도 잠시 도시의 소란에서 벗어나고 싶었으므로 결국 그의 권고를 따라 일주일이나 열흘쯤 파시에서 지내기 위해 그곳에 갔다. 정말 기분이 좋았다. 그곳 물을 먹었기 때문이라기보다도 시골에 간 것이 좋았던 것이다. 뮈사르는 첼로를 켤 줄 알았다. 그리고 이탈리아 음악이라면 정신을 못차렸다. 어느 날 밤 우리는 자기 전에 오랫동안 그것에 대해서 토론했다. 주로 둘이 다 그것을 이탈리아에서 본 적이 있었고, 두 사람 다 완전히 마음에 들었던 '희가극'에 관한 것이었다. 그날 밤 잠을 못 이룬 채, 어떻게 하면 프랑스에 이런 종류의 극의 아이디어를 줄 수 있을까 하고 줄곧 생각했다. 이유인즉 《라공드의 사랑》(당시 오페라 극장에서 상연중이었다)같은 것은 이것과 전혀 비슷하지 않았기 때문이다. 그날 아침 산책을 하거나 물을 마시는 동안에 갑자기 시구 같은 것이 떠올랐다. 그것을 그때 마침 머리에 떠오른 곡에 맞춰 보았다. 정원 위쪽의 지붕이 둥근 살롱 같은 곳에서 그것을 정리해서 단숨에 써두었다. 이 곡을 차를 마실 때 뮈사르와 가정 부인 뒤 베르누아 양에게 보이지 않고는 견딜 수 없었다. 이 가정부가 또 아주 마음씨 착하고 귀여운 아가씨였다. 갈겨 쓴 3절은, 제1독백의 《나는 종복(從僕)을 잃었다》와 점쟁이의 아리아 《불안에 사랑은 더욱 자라고》, 마지막 이중창 《영원히 꼴랭이여, 나는 약속한다》 등이었다. 뒤를 계속할 만한 가치가 있다고는 전혀 생각하지 않았으므로 두 사람의 칭찬과 격려가 없었으면, 적어도 이 정도의 것은 매번 그래 왔던 것처럼 휴지로 여겨 불 속에 던져 버리고 생각조차 안했을 것이었다. 그런데 그들이 이것을 크게 추켜세웠으므로 약간의 시구를 제외한 나머지는 엿새 동안 걸려 극을 꾸미고, 악보도 모두 첫 안을 잡았으므로 파리에서는 서창조 일부와 전체의 수정만 해도 좋도록 되었다. 이리하여 전체를 꽤나 빨리 완성했으므로 3주일 동안에 대본의 첫 안을 깨끗이 베껴 쓸 수 있었으며, 어느 때고 상연할 수 있게 되었다. 다만 빠진 것은 간주곡뿐이었는데 이것은 훨씬 뒤에 만들어졌다.

  나는 이 작곡에 미쳐 그것을 한 번 꼭 들어보고 싶어서 견딜 수가 없었다. 루이 14세를 섬겼던 오페라 작곡의 권위자인 륄리가 자기 한 사람을 위해 《아르미드》를 상연한 것처럼, 극장 문을 닫아 걸고 내 기분 나는 대로 상연시킬 수 있다면 모든 것을 다 버려도 아깝지 않았을 것이다. 그러나 대중들과 함께가 아니면 그 기분을 맛볼 수 없는 나로서는 내 작품을 즐기기 위해서는 아무래도 오페라 극장에 부탁하는 수밖에 없었다. 그러나 공교롭게도 이것은 전혀 새로운 종류의 것이어서 누구의 귀에나 낯설었다. 게다가 《우아한 시의 여신들》이 실패했으므로 이번 《마을의 점쟁이》도 내 이름으로 내면 실패할 것이 뻔했다. 뒤클로가 그런 나의 걱정을 없애 주고자, 지은이를 알리지 않고 시연할 것을 책임졌다. 나는 자신을 드러내지 않게끔 연습에도 나가지 않았다. 그것을 지휘한 '프티 비올롱'*3까지도 일반인들의 칭찬이 작품의 진가를 입증할 때까지 그 지은이가 누구인지 몰랐다. 이것을 들은 사람들은 모두 매혹되어, 그 이튿날부터 어느 사교계에서나 이것이 화제에 올랐다. 시연에 와 있던 궁중 관리인 퀴리 씨는 이것을 궁정에서 상연할 것을 요청했다. 내 의도를 알고 있던 뒤클로는 궁정에서는 파리 시내에서 하듯이 내 멋대로는 되지 않으리라 짐작하고 거절했다. 퀴리는 직권으로 그 연주를 요구했다. 뒤클로는 완강히 버티었다. 이리하여 둘 사이에 꽤나 거친 말다툼이 벌어졌다. 어느 날 오페라 극장에서 사람들이 말리지 않았더라면 둘은 같이 밖으로 나갈 뻔했었다. 내게도 직접 와서 간청했지만 나는 그 결정을 뒤클로에게 맡겼다. 그래서 교섭은 다시 뒤클로에게 되돌아가야만 했다. 오몽 공작님이 중간에 끼어들었다. 결국 뒤클로도 권력 앞에 굴복하는 수밖에 없다고 생각하고, 그 곡을 퐁텐블로에서 연주할 수 있도록 넘겨주었다.

내가 가장 공들이고, 가장 기성 수법에서 벗어난 부분은 서창조였다. 이 부분의 억양은 전혀 새로운 것으로, 대사에 따라 진행된다. 이런 놀라운 혁신을 과감히 통과시킬 리는 없었다. 이것은 사람들의 평범한 귀에 거슬릴 염려가 있었다. 나는 프랑쾨유와 줄리오트가 다른 서창조를 만드는 것에 동의했다. 그러나 나는 거기에 관여하고 싶지 않았다.

모든 준비가 끝나고 상연 날짜가 정해졌을 때, 나는 마지막 연습만이라도 보러 퐁텐블로로 가자는 권고를 받았다. 나는 펠 양과 그림, 그리고 아마 레날 신부였다고 생각되는 사람들과 함께 궁정 마차로 그곳으로 갔다. 마지막 연습은 그런대로 괜찮았다. 나는 예상 외로 만족했다. 관현악단은 오페라 극장과 궁중 음악부의 혼성으로 규모가 컸다. 줄리오트가 콜랭, 펠 양이 콜레트, 퀴빌리에는 점쟁이 역, 합창은 오페라 극장의 단원들이었다. 나는 잠자코 보고만 있었다. 총지휘는 줄리오트가 하고 있었다. 나는 그가 하는 일에 간섭하고 싶

---

*3 르벨르와 프랑쾨유를 이렇게 불렀다. 둘은 언제나 함께 여러 집으로 바이올린을 켜며 돌아다녔으므로 잘 알려져 있었다.(원주)

지 않았다. 로마 사람처럼 버티고 있었지만 많은 사람들 가운데서 초등학생처럼 수줍어하고 있었다.

  그 다음날 상연일에, 나는 카페 뒤 그랑 코망으로 아침을 먹으러 갔다. 거기에는 많은 사람들이 있었다. 어젯밤에 본 총연습 이야기와 입장하기 힘들었던 이야기가 나왔다. 같이 있던 한 장교가 자기는 문제 없이 입장했다면서, 그날 밤의 모습을 장황하게 늘어놓으며 지은이의 옷차림을 말하고, 그 사나이가 무엇을 했다느니, 무엇을 말했다느니 하고 보고를 했다. 이 무던히 긴 이야기를 듣고 놀란 것은 아주 확신이 있는 듯한 솔직한 말투였지만, 그 속엔 단 한 마디의 진실도 찾아 볼 수 없었던 일이었다. 그렇게 똑똑히 보고 왔다고 말하면서 지은이가 눈 앞에 있는 것도 모르는 것을 보면, 그 총연습을 아주 잘 알고 있는 것처럼 떠들어 대는 그 사나이가 사실은 거기 가지 않았었다는 것이 내게는 너무도 확실했다. 이 자리에서 더욱이 이상한 것은 이 장난이 내게 미친 영향이었다. 그 사나이는 상당한 나이로, 뻔뻔스럽거나 거만한 티는 모습이나 태도에 없었고, 그 얼굴만 보아도 유능한 사람 같았으며, 생 루이 십자훈장이 틀림없이 옛날에 장교였음을 말해 주고 있었다. 나는 그의 경솔한 이야기에도 본의 아니게 그가 하는 말에 흥미가 끌렸다. 그가 거짓말을 늘어놓고 있는 동안, 나는 얼굴이 빨개져서 눈을 내리감고, 마치 가시방석 위에 앉은 듯한 기분이었다. 나는 그의 말이 거짓인 줄 알면서도 곧이곧대로 그를 믿는 방법은 없을까 하고 생각해 보았다. 결국 나는 누가 곧 나를 알아보고 그에게 모욕을 주지나 않을까 하는 두려움에 사로잡혀 말도 못하고 허둥지둥 코코아를 마저 마신 뒤 고개를 숙인 채 그의 앞을 지나 재빨리 그 자리를 빠져 나왔다. 그때 그곳 사람들은 그의 이야기에 끌려 한창 열을 올려 지껄이고 있었다. 나는 거리에 나오자, 몸이 땀으로 흠뻑 젖어 있음을 깨달았다. 내가 뛰어나오기까지 누군가가 나를 알아보고 이름이라도 불렀다면 이 사나이는 거짓말이 탄로나 난처해할 것이라는 그 생각만으로 무슨 죄나 지은 것처럼 민망하고 당황한 꼴을 보였던 것이다.

  여기에서부터 나는 생애에 여러 차례 있었던 위험한 시기의 하나로 접어든다. 이것에 대해서 있는 그대로만 말한다는 것은 어려운 일이다. 서술 그 자체에 비관이니 변명이니 하는 흔적을 남기지 않는다는 것은 거의 불가능하기 때문이다. 그렇더라도 이제부터 나는 내가 어떻게 해서, 또 어떤 동기에서 행동했는가를 칭찬도 비난도 더하지 않고 보고해 보려 한다.

그날(1752년 10월 18일) 나는 보통 때같이 아무렇게나 차리고 있었다. 수염은 길게 자라 있고, 가발은 제대로 빗질도 되어 있지 않았다. 이런 실례를 도리어 군센 의지의 표현이라고 생각한 나는 그런 모습으로, 잠시 뒤에 국왕과 왕비와 왕족들을 비롯한 궁정의 전원이 도착한다는 회장으로 들어갔다. 퀴리 씨는 나를 안내해서 자신의 좌석인 칸막이로 가 앉았다. 그것은 무대 위쪽의 큼직한 자리로 맞은편 한 단 높은 작은 칸막이에는 국왕이 퐁파두르 부인과 나란히 앉아 있었다. 귀부인들에게 둘러싸여 칸막이 맨 앞에 있는 남자라고는 나 혼자였으므로, 이건 나를 모든 사람의 눈에 띄게 하기 위해 이곳에 앉힌 것이라 생각되었다. 불이 켜지자, 모두 화려하게 정장 차림을 한 사람들 속에 이런 차림으로 있는 자신을 보고 나는 불안해지기 시작했다. 여기가 내가 앉는 자리일까. 이런 옷차림으로 앉아 있어도 괜찮은 것일까 스스로에게 물어보았다. 그러나 이런 불안이 잠시 계속된 뒤 괜찮다고 나는 자신에게 대답했다. 이 심정은 아마 추리의 힘에서 나온 것이 아니고 결심을 굽힐 수 없는 데서 나온 것이리라. 나는 자신에게 말했다. '나는 내 자리에 앉은 거다. 내 곡을 상연하는 것을 보고 초대받아 왔으니까. 그 때문에 애써서 만들었고 게다가 뭐니뭐니해도 내 작품과 재능의 결과를 즐기는 데 나 이상으로 권리를 가진 사람은 아무도 없을 테니까. 나의 평소대로의 옷차림은 보통이며 더 좋지도 않고 나쁘지도 않다. 지금 만일 무엇인가로 세상 여론에 굴종하기 시작하면, 이내 무엇이고 모조리 굴종하게끔 돼버린다. 언제나 자신을 지키기 위해서는 어디까지나 내가 택한 생활 방법에 따른 차림을 하는 것을 부끄러워해서는 안 된다. 겉모양은 거칠고 허술하지만 때가 묻거나 불결하지는 않다. 수염으로 말해도 조금도 더럽지 않다. 원래가 자연이 준 것이고 시대와 유행에 따라서는 때로 장식이 될 수도 있다. 사람들은 나를 상스럽고 무례하다고 생각하겠지. 그렇지만 그게 어떻단 말이냐? 상스럽다고 하든, 무례하다고 비난하든, 실제가 그렇지 않으면 멸시나 비난쯤 참고 견뎌야만 한다.' 이런 잘난 체하는 독백을 하며 굳은 결심을 한 나는, 만일 이런 장소에서 대담무쌍해질 필요가 있다면 그런 태도로 일관했을 것이다.

그러나 한 나라의 왕 앞이라 그런지, 사람들의 마음 자세가 자연스럽게 그렇게 되어 있었는지 나는 나를 살펴보고 있는 사람들의 시선 속에서 호감과 친절 외에는 아무것도 찾아볼 수 없었다. 나는 감동을 받았다. 그러나 곧 나와 나의, 작품이 시험을 받고 있다는 사실에 불안을 느끼기 시작했다. 나를 칭찬할 생각만을 가지고 있는 이 사람들의 호의에 찬 기대를 곧 내 작품이 짓밟아 버리지나 않을까 하는 걱정 때문이었다. 나는 그들의 비웃음에서 수긍할 태세를 갖추고 있었다. 그러나 생각과는 달리 그들의 부드럽고 정다운 얼굴 모습에 그만 송구스러워서, 마침내 연주가 시작됐을 때는 마치 어린애처럼 떨고 있었다.

나는 곧 기운을 차렸다. 극에서는 배우의 연기가 아주 서툴렀으나 음악은 노래도 연주도 훌륭했다. 제1장부터 사람의 마음은 그 순진함에 감동되어 지금까지 이런 종류의 곡에서 들어보지 못한 경탄과 찬탄의 속삭임이 여기저기서 들려왔다. 물끓듯 번져 가는 찬탄은 어느덧 회장 전체에 넘치게끔 되어 몽테스퀴 식으로 말하면 그 효과를 증대시킬 정도로 되었다. 두 사람의 천진스런 남녀가 나오는 장면(제6장)에 이르자 그 효과는 절정에 이르렀다. 국왕의 앞이라 박수를 칠 수가 없었다. 그 때문에 말하는 소리가 모두 들려왔다. 이 극과 지은이에 대한 이야기로 차 있었다. 내 주위에서 천사처럼 아름답게 보이는 부인들의 속삭임이 들렸다.

"얼마나 아름다운 음색이에요! 얼마나 황홀한 음악이에요! 노래마다 가슴을 파고드는 것 같군요."

이처럼 많은 훌륭한 미인들을 감동시켰다는 기쁨으로 나 자신도 눈물이 날 정도로 감동했다. 그리고 울고 있는 것은 나뿐만이 아니라는 것을 깨닫자 첫 이중창에서는 더 이상 눈물을 억누를 수가 없게 되었다. 문득 그 트레토랑 씨의 연주회(제4권)가 생각나서 나는 정신을 차렸다. 이 회상은 승리자들의 머리 위에 월계관을 바치는 노예와 같은 효과를 주었다. 그러나 그것은 잠시였다. 곧 또 자신의 영광을 맛보는 쾌락에 마음이 쏠려 정신없이 빠져들어갔다. 그런데도 이때의 쾌락 속에는 지은이로서의 허영심보다는 이성에 대한 육감이 더 많이 들어 있었던 것이 분명했다. 만일 이 자리에 남자들밖에 없었다면 내가 계속 그렇게 했듯이 틀림없이 내가 흘리는 유쾌한 눈물을 입술로 받는 그러한 쾌감에까지는 이르지 못했을 것이다. 나는 이 이상으로 강한 감동의 폭풍우를 일으킨 작품을 대한 적이 있기는 했다. 그러나 공연을 하는 동안 줄곧, 더구나 공연 첫날, 특히 궁정 사람들의 가슴속에 이토록 완전하고 달콤하며 눈물겨운 도취가 공연이 시작해서 끝날 때까지 충만된 경우는 알지 못한다. 이 공연을 본 사람들은 틀림없이 이것을 기억하고 있을 것이다. 왜냐하면 공연의 성과란 그 유례를 찾아 볼 수 없는 것이었기 때문이다.

그날 저녁, 오몽 공작에게서 내일 11시경 퐁텐블로의 별궁에 오면 공작이 내가 왕을 찾아가 뵐 수 있도록 하겠다는 전갈이 왔다. 이 심부름을 해준 퀴리 씨에 따르면 아마 연금 건에 대해서 왕께서 내게 친히 내리실 말씀이 있으시리라는 것이었다.

그처럼 빛났던 낮에 이은 그 밤이 내게는 고민과 망설임의 하룻밤이었다는 것을 누가 믿겠는가. 찾아가 뵙는다고 생각하니 먼저 머리에 떠오른 생각은 앞으로 수없이 외출을 해야만 된다는 것이었다. 그렇잖아도 외출이라고 하면 오페라 관람마저도 나에게는 큰 고통거리가 되었다. 그리고 내일도 별궁의 회랑이니 거실이니 하는 데서 혁혁한 고관들 틈에 끼여 폐하가 나오시기를 기다려야 한다는 것은 얼마나 고통스러운 일일지 모른다. 그러한 고통을 겁내는 병약함 때문에 남자들의 모임을 멀리하고, 부인들의 모임에 참석하지 못하게 되었던 것이다. 외출의 필요 때문에 끌려들 경우를 생각해 보니 내가 죽음보다도 싫어하는 야비한 악평에 시달리거나, 아니면 틀림없이 큰 병에 시달리게 될 가능성이 충분히 있었다. 그런 처지를 잘 아는 사람이 아니면 그런 위험으로 들어가는 공포를 잘 모른다.

뒤이어 나는 폐하를 뵙는 나를 상상했다. 폐하는 걸음을 멈추고 말을 건다. 그때만은 적절하고 침착하게 대답해야만 한다. 잠시라도 모르는 사람 앞에 나가면 얼떨떨해지는 나의 얄미운 소심증이 프랑스 국왕 앞에선들 없어질지, 또 수줍음으로 그 순간에 적절한 말을 못하지는 않을지? 나는 자신이 지닌 엄숙한 모습과 태도를 간직한 채 이 대군주가 주는 영광에 감격하는 나를 상상해 보았다. 그를 위해서는 무언가 위대하고 도움이 되는 진리를 그에 어울리는 훌륭한 찬사 속에 포함시키지 않으면 안 된다. 어울리는 답변을 미리 준비하려면 내게 할 말을 정확히 알아두지 않으면 안 되리라. 그래 보았자 정작 그 앞에 나가면, 생각해 둔 말이 하나도 나오지 않을 것이 뻔했다. 그럴 경우 모든 신하들 앞에서 엉겁결에 평소의 서툰 말버릇이 튀어나오기라도 한다면 나는 어떻게 될 것인가? 이런 위험을 생각하니 불안하고 무섭고 떨려서 어떤 일이 있더라도 그런 위험한 짓은 하지 않겠다고 결심하게 되었다.

물론, 그렇게 되면 눈앞에 와 있는 연금을 놓치게 된다. 그러나 또 그것으로 연금 때문에 짊어져야 될 얽매임에서 벗어나게 된다. 진리, 자유, 용기와 결별. 그렇게 되면 어찌 감히 그후 독립과 무사(無私)를 말할 수 있겠는가? 연금을 받으면 이제는 추종하든가 아니면 입을 다무는 수밖에 없다. 더구나 그 연금이 내게 지급된다는 것을 누가 보증해 준다는 건가? 몇 번이고 찾아다니며 누구에겐가 간청을 해야만 되리라! 연금을 확보하기 위해서는 그런 것 없이 지냈던 경우보다도 훨씬 더 필요 이상의 주의와 불쾌한 생각들을 가져야만 되리라! 그래서 나는 그런 것을 단념하는 것만이 내 주의와 제대로 일치하는 수단이 되고 실상(實相)을 위해 겉치레를 희생하는 것이 된다는 것을 믿었다. 나는 이 결심을 그림에게 전했다. 그는 아무 반대도 하지 않았다. 다른 사람에게는 나의 건강을 핑계로 그날 아침 나는 집을 떠나 버렸다.

나의 출발은 소문이 나서 일반인에게 비난을 받았다. 내가 떠난 이유는 누구도 알 리가 없었다. 오히려 오만한 바보 녀석이라는 탄핵의 소리만이 나왔고, 자기라면 그렇게는 하지 않는다고 내심으로 생각하는 무리들이 누구나 갖는 질투를 만족시키게 되었다. 이튿날 줄리오트에게서 편지가 왔는데, 내 공연의 성공과 왕의 열광에 대해 상세히 쓰여 있었다. 또 '폐하께선 종일 왕국 제일가는 기분 좋으신 옥음(玉音)으로, "나는 종을 잃었노라, 나의 행복을 다 잃었노라"고 계속 노래를 부르고 계십니다'라고 쓰여 있었다. 다시 덧붙여서, 두 주일 뒤에는 《마을의 점쟁이》의 제2회 공연이 있을 예정이며 그것으로 제1회의 완전한 성공을 이번엔 모든 대중들 앞에서 확인하게 될 것이라고 쓰여 있었다.

그로부터 이틀이 지나서 오후 9시경, 에피네 부인의 집으로 언제나와 마찬가지로 만찬에 참석하러 갔는데, 바로 문앞에서 한 대의 마차와 엇갈렸다. 그 마차에서 누군가가 타라고 손짓을 했다. 타고 보니 그것은 디드로였다. 그는 연금에 대해서 열을 올리며 말했다. 그런 문제에 철학자가 그토록까지 열을 올리리라고는 생각하지 못했다. 내가 왕을 찾아가 뵙고자 하지 않는 점에 대해서는 한 마디도 탓하지 않았다. 그러나 연금에 관심이 없는 것을 무서운 태도로 꾸짖었다. 그의 말인즉, 내가 스스로를 위해서 담백한 것은 좋지만 르 바쇠르 모녀를 위해서는 용서될 수 없고 이 둘에게 빵을 주기 위해서는 가능한 한 정당한 수단이라도 게을리해서는 안되며, 그 연금을 딱 잘라 거절한 것도 아니고, 기왕에 주려고 했던 것이니 어떻게 사정을 해서 그것을 얻어내지 않으면 안 된다고 주장했다. 그의 성의에는 감동했으나 나는 그의 처세술을 받아들일 수가 없었다. 그리하여 두 사람은 이 문제로 크게 격론을 벌였다. 이것이 그와 처음으로 한 싸움이었다. 우리 둘 사이의 싸움은 언제나 이런 식이었다. 너는 이렇게 해야 한다고 주장하며 저쪽에서 강요해 온다. 그럴 리 없다고 나는 정면으로 튕겨 버린다.

우리 둘은 꽤 늦게 헤어졌다. 나는 그를 에피네 부인의 만찬에 데리고 가려 했으나 그는 거절했다. 나와 친한 사람들은 누구나 서로 가깝게 만들려는 나의 염원 때문에 기회가 있을 때마다 나는 그에게 권유해 부인과 만나게 해주려 했다. 또 어떤 때는 부인을 데리고 그의 집 문턱까지 갔으나 그는 끝내 받아들이지 않았으며, 부인의 일이라면 무척 경멸하는 말을 쓰고 있었다. 이들이 서로 친하게 되고, 그가 부인의 이야기를 정중한 말로 하기 시작한 것은 내가 부인과 또 디드로와도 사이가 나빠진 뒤였다.

이때부터 디드로와 그림은 나와 '가정부'들의 사이를 갈라 놓으려고 한 것처럼 생각된다. 그녀들이 여전히 편하게 지내지 못하는 것은 내게 적극성이 없기 때문이며, 그러한 나와 같이 살아 보았자 도저히 가망이 없다고 그녀들을 꾀었다. 아직까지도 왜 그랬는지는 모르지만 소금 소매점이나, 담배 가게 등을, 에피네 부인이 돈을 대서 내주겠다는 약속을 내세워 그녀들에게 나와 헤어지기를 권했다. 디드로와 그림은 다시 뒤클로와 올바크까지 자기네들의 동맹에 끌어들이려 했다. 그러나 뒤클로는 그것을 거절했다. 이 당시 나는 그런 책략을 얼핏 눈치채긴 했으나 그것을 확실히 안 것은 오랜 뒤의 일이었다. 그리고 나 같이 몸이 건강하지 못하고 자유롭지 못한 사람을 더욱 우울한 고독 속에 떨어뜨리면서도 나를 행복하게 해 준다는 제멋대로의 생각으로, 사실은 나를 불행하게 만드는 가장 적당한 수단을 쓰고 있는 친구들의 맹목적이고 지나친 열성을 나는 가끔 슬퍼하지 않으면 안 되었다.

다음해 1753년 사육제에 《마을의 점쟁이》가 파리에서 상연되었는데, 그동안에 서곡과 간주곡을 만들 여가를 가졌다. 이 간주곡은 피소에게 만들게 한 판(版)에도 있는 그대로, 처음부터 끝까지 행동으로 일관되며 줄거리와 연결이 되어 있어, 나로서는 무척 즐거운 장면을 보여 줄 작정이었다. 그러나 내가 이런 생각을 오페라 극장측에 제시했으나 전혀 상대도 해주지 않았으므로, 노래와 무용도 평범한 것으로 메워 나가야만 되었다. 그래서 이 간주곡은 무대의 분위기를 깨뜨리지 않는 화려한 착상으로 가득차 있었는데, 결과는 아주 평범하게 끝났다. 나는 줄리오트가 개작한 서창조를 없애고 내가 처음에 만들어 두었던 판에 있는 내 서창조를 부활시켰다. 사실 이 부분은 프랑스 냄새가 다소 풍겼다. 왜냐하면 배우가 길다랗게 너무 늘여 버린 탓인데, 불쾌감을 사기는커녕 독창곡에 못지 않게 성공을 거둬, 청중들에게는 적어도 독창곡과 같은 정도의 인기를 얻었다. 나는 이 일을 위해 애써 준 뒤클로에게 작품을 바치고, 이것은 나의 단 하나의 선물이 될 거라고 말했다. 하지만 그의 동의를 얻어 두 번째의 선물을 바친 일이 있다. 그러나 그는 내가 아무것도 주지 않았다는 것보다는 오히려 이런 예외의 증정으로 한층 나의 존경을 받은 것이라고 생각해야 할 것이다.

이 작품에 대해서 나는 많은 일화를 가지고 있으나, 보다 중대한 일을 말해야 되기 때문에 지금은 말할 여유가 없다. 어느 때고 추가로 한 번 언급하리라. 다만 한 가지만은 뒤에 나오는 전체와 관계가 있을지도 모르므로 빼놓을 수가 없다. 어느 날 올바크 남작의 서재에서 그의 악보를 보고 있었다. 내가 많은 종류를 대충 보고 나자 그는 한 권의 클라브생 악곡집을 보이면서 말했다. "이것이 모두 나를 위해서 작곡된 거요. 훌륭하고 아름다운 것뿐이오. 나 이외에는 아무도 이것을 모르며, 또 누구에게도 보이지 않을 것이오. 어느 곡이고 하나 골라서 꼭 당신의 간주곡에 넣어 주시오." 내 머릿속에는 독창곡과 교향곡의 주제가 넘칠 정도로 많이 있었으므로 그의 것에 신세지고 싶은 생각은 조금도 없었다. 그러나 그가 하도 졸라대는 바람에 그의 기분을 상하게 하지 않기 위해 목가(牧歌)를 한곡 골라 간추려 콜레트 무리들이 등장하는 삼중창에 썼다. 그 뒤 몇 달이 지나서 《마을의 점쟁이》가 공연되고 있었을 때였다. 하루는 그림의 집에 들어가니 그의 클라브생 주위에 많은 사람이 모여 있었다. 내가 들어왔으므로 그는 급히 그 자리에서 일어났다. 무심중 악보를 바라보니 예의 올바크 남작의 악곡집이 눈에 띄었다. 전에 남작이 결코 자기 손에서 나가는 일이 싫다고 하면서 억지로 골라 잡게 했던 똑같은 곡목이 있는 곳이 펼쳐져 있었다. 얼마 뒤에, 또 에피네 씨 집에서 음악회가 있었던 날에도 똑같은 곡목이 남작의 클라브생 위에 펼쳐져 있는 것을 보았다.

그림도 그 밖의 아무도 이 노래에 대해서는 그 뒤 아무 말도 꺼내지 않았다. 이 일을 여기서 이런 식으로 언급하는 것은 다름이 아니라 얼마 뒤《마을의 점쟁이》의 지은이가 내가 아니라는 소문이 퍼졌기 때문이다. 나는 결코 이름 난 작곡가는 아니었으므로, 만일 《악전》이라도 만들어 내놓지 않았더라면, 작곡 같은 것은 못할 사람으로 간주되었을 것이다.[*4]

《마을의 점쟁이》가 공연되기 얼마 전 이탈리아의 오페라 부파 배우들이 파리에 와 있었다(52년 8월). 이들은 오페라 극장에서 공연하게 되었다. 그러나 이 공연이 어떠한 성과를 거둘지는 예상할 수 없었다. 그들은 정말 서툴렀고, 또 이때는 관현악단이 너무나도 격식이 없었기 때문에 공연 곡목을 엉망으로 망쳐 놓는 듯한 연주를 했다. 역시 그 곡목은 프랑스 오페라에 영원히 돌이킬 수 없는 타격을 주게 되었다. 두 가지 음악을 같은 날, 한 무대에서 듣고 비교한 프랑스 사람들의 귀가 얼마쯤 열리게 됐다. 이탈리아 음악의 날카롭고 뚜렷한 억양을 들은 뒤, 자기 나라 음악의 느릿느릿한 격조에 견뎌낼 사람은 없었다. 이탈리아 가극이 끝나자, 모두가 돌아가 버렸다. 하는 수 없이 순서를 바꾸어 이탈리아 쪽을 마지막으로 미뤘다. 《에글레》《피그말리옹》《공기의 요정》같은 것을 공연해 보았으나 어느 것 하나 상대가 안됐다. 다만 《마을의 점쟁이》 하나만이 버틸 수 있었다. 다시 《마님이 된 하녀》 다음에 연주했는데도 인기가 있었다. 내가 나의 막간극 《마을의 점쟁이》를 작곡하고 있을 때 내 머릿속은 그런 이탈리아 곡으로 가득차 있었다. 내가 나의 막간극을 착상하게 된 것은 그런 것에서였다. 그리고 내 작곡이 그런 것들과 함께 심사에 오르리라고는 생각도 못했던 일이었다. 내가 표절가였다면, 이때 얼마나 많은 것이 드러났을 것이며 사람들은 그것을 찾아내기에 얼마나 열심이었을까. 그런데 무엇 하나 드러난 것은 없었고, 사람들은 내 작곡에서 다른 것에서 따온 추상(追想)을 하나도 발견하지 못해 헛수고만 했다. 그리고 나의 모든 가곡은 사람들이 억지로 끌어다 붙인 원곡과 비교해 보아도 내가 발명한 음표와 마찬가지로 아예 새로운 것이었다. 몽동빌과 라모를 이와 꼭 같은 시련에 올려놓으면 두 사람 다 갈기갈기 찢긴 몸이 되지 않고는 배겨나지 못했을 것이다.

오페라 부파 배우들은 무척 열렬한 이탈리아 음악의 신봉자들을 낳았다. 파리 전체가 정치나 종교와 관련된 문제보다도 더 열광하는 두 개의 당파로 갈라졌다. 한쪽은 세력과 숫자면에서 우세한 권력가, 부호, 부인들로 구성되어 프

[*4] 이 '사전'이 있었음에도 끝내 그런 말을 하게 되리라고는 그 무렵에는 꿈에도 생각하지 못할 일이었다.〔원주〕

랑스 음악을 지지했다. 다른 쪽은 발랄한 의기와 긍지와 정열면에서 우세한 진정한 감상가, 예술의 수재와 천재들로 구성되어 있다. 이 소수파는 오페라 극장의 왕비가 앉는 칸막이 밑에 모였고, 다수파들은 보통 좌석과 그 밖 좌석의 나머지 모두를 차지했다. 그러나 그들의 본부는 국왕이 앉는 칸막이 바로 밑에 두었다. 그 당시 유명했던 두 당파의 명칭이던 국왕파, 왕비파는 이런 데서 온 것이다. 논쟁은 격렬해져서 가지가지 작은 책자들이 쏟아졌다. 국왕파가 놀리려 들면 상대편에서는 《소예언자(小豫言者)》라는 작은 책자를 내어 국왕파를 놀려댔다. 또 국왕파가 따지려 들면 상대편에서는 《프랑스 음악에 관한 편지》로 이를 논박해 버렸다. 이 두 권의 작은 책자들은 하나는 그림이 쓰고 하나는 내가 쓴 것인데, 이 두 작은 책자들만이 이 논쟁 뒤에 지금껏 남아 있으며, 다른 것은 모두 없어지고 말았다.

그런데 사람들은 《소예언자》는 아무리 내가 부인을 해도 오랫동안 내가 쓴 것이라고 믿어 왔는데, 이것은 농담 정도로 생각되어 필자에겐 아무런 화도 미치지 않았다. 그러나 《프랑스 음악에 관한 편지》는 진정으로 받아들여져 모든 국민이 내게 맞서 일어났다. 자기 나라 음악이 모욕을 당했다고 생각한 것이었다. 이 작은 책자가 일으킨 뜻하지 않은 반응을 다 쓰려면 타키투스의 붓이라야만 할 것이다. 때마침 고등 법원과 성직자 사이에서 한바탕 큰 논쟁이 있을 때였다. 고등 법원은 해산된 직후여서 내분이 절정에 달해 있었고, 모든 정세는 다가오는 폭동의 징조를 말하고 있었다. 이런 때에 나의 작은 책자가 나온 것이다. 그러자 갑자기 다른 싸움은 잊히고 사람들은 프랑스 음악이 위기에 놓여 있는 것만을 생각하게 되어 폭동은 나에 대해서만 일어나게 되어 버렸다. 이때의 맹렬한 기세로 말하면 국민의 감정은 언제까지라도 가라앉을 것 같지 않았다. 궁정에서는 오로지 바스티유 감옥이냐, 유형(流刑)이냐 하는 것이 문제가 되어 있었다. 만일 그 당시 재상인 부아이에 씨가 그 어리석음을 일반인들이 깨닫도록 하지 않았던들 왕의 봉인장(封印狀-처형 명령서)이 나오게 될 판이었다. 이 작은 책자가 나라의 혁명을 방해했다고 말하면 그것을 잠꼬대 같은 소리라고 생각할 사람이 있을는지 모른다. 그러나 그것은 틀림없는 사실이다. 이 기묘한 일화로부터 오늘까지 15년이 채 못되니, 파리 사람이라면 누구나 아직도 사실을 증언할 수 있을 것이다.

내 자유는 침해되지 않았지만 모욕만은 사정없이 가해졌다. 생명까지도 위험했다. 오페라 극장의 관현악단 단원들은 내가 극장에서 나갈 때 나를 암살할 음모를 진지하게 계획하고 있었다. 나는 그 말을 듣고 더욱더 자주 오페라 극장에 출입했다. 훨씬 뒤에야 안 일이지만 내게 우정을 가지고 있는 근위 기병대 장교 앙슬레 씨가 구경하고 돌아가는 내게 은밀히 호위를 딸려, 이 음모를 미리 방지한 것이었다. 마침 시에서 오페라 극장을 경영하게 된 직후였다. 파리 시장(市長)이 내휘두른 맨 처음의 솜씨는 내 무료 입장권을 앗아 버리는 것이었다. 그 일은 무례하기 짝이 없는 방법으로 행해졌다. 내가 극장에 들어가려고 할 때에 공공연히 나의 입장을 거절하는 것이었다. 그래서 그날은 돌아오기도 창피하고 해서 하는 수 없이 무대 정면의 칸막이 좌석표를 한 장 사 가지고 들어갔다.

　내가 내 작품을 그들에게 양보해 주었을 때 받은 유일한 보수가 종신 무료 입장권이었으므로, 이 부당한 처사는 정말 어처구니가 없는 것이었다. 무료 입장은 지은이는 누구나 갖는 특권이다. 그러므로 나는 이 특권을 이중의 자격으로 얻은 셈이었고, 그 위에 또 일부러 뒤클로 씨까지 참관시키고 이 약속을 정한 터였다. 하긴 오페라 극장의 회계가 보수라고 하며 내가 요구하지도 않은 50루이를 보내오기는 했다. 그러나 이 50루이는 규정대로의 보수액에도 미치지 못할 뿐만 아니라, 이 지급은 정식으로 약속한 입장권과는 아무런 관계도 없는 것이었다. 입장권은 그것과는 아예 별개의 것이었다. 이러한 부당한 처사의 이면에는 불법과 난폭성이 숨어 있었다. 그래서 당시만 해도 내게 극도의 격분을 품고 있던 대중들까지도 분개해 마지 않았다. 그런 이유로 전날 나를 욕했던 사람들도 이튿날은 관람석에서 큰 소리로, 입장권을 빼앗는 것은 참으로 부끄러운 짓거리이며 충분한 자격을 가진 사람이니 두 몫을 요구해도 좋다고 호통을 치는 형편이었다. '누구나 남의 일에는 정의를 사랑한다'는 이탈리아 격언은 참으로 지당한 말이었다.

　이런 처사에 대해 내가 선택할 방법은 하나밖에 없었다. 상대가 규정된 보수를 치르지 않았으므로 이쪽에서는 그 작품을 도로 거두어들이는 것뿐이었다. 이 건에 대해 오페라 극장 관리를 맡고 있는 아르장송 씨에게 편지를 쓰고 그 편지에 첨부해서 항변의 여지가 없는 각서를 보냈는데, 편지에도 각서에도 회답은 오지 않았고 효과도 없었다. 이 사나이의 부당한 침묵에 울분이 끓어올라, 그의 성격과 재능에 늘 품었던 하찮은 존경은 다시는 더해질 수 없었다. 이리하여 작품을 넘겨준 보수를 횡령하면서 그 작품마저 오페라 극장의 것으로 만들고 돌려주지 않았던 것이다. 약자가 강자에게 이런 짓을 했다면 도둑놈이 되겠지만, 강자가 약자에게 이런 짓을 했을 때에는 단순히 남의 것을 내 것으로 만들었다는 것뿐이다.

지은이로서의 금전 수입은 다른 사람이면 당연히 받을 수 있는 액수의 반도 못 되었지만, 그래도 몇 해 동안의 생활을 지탱하며, 늘 부진했던 악보 베끼기로 인한 수입 부족을 보충하기에는 충분했다. 국왕으로부터 1백 루이, 퐁파두르 부인에게서 50루이, 이것은 그녀가 콜랭 역을 맡았던 벨르뷔에서의 공연에 대한 것이었다. 그리고 오페라 극장에서 50루이, 피소로부터 판각료로 5백 프랑을 받았다. 그러니 5, 6주 동안의 노력을 들인 데 불과했던 이 막간극은 내게 불행과 실책이 있었음에도 그것이 가져다 준 금액은 20년 동안의 명상과 3년 동안의 노력을 기울인 《에밀》에서 벌어들인 수입과 거의 맞먹는 것이었다. 그러나 이 극에서 얻은 금전상의 위안은, 이 작품에서 겪어야 했던 한없는 슬픔과 바꾸고도 모자랐다.

이 작품 때문에 음산한 질투의 싹이 텄다. 이것이 성공한 뒤로는 그림에게서도 디드로에게서도, 내가 아는 문학하는 모든 사람에게서도 그 친절과 솔직함과 나를 대하는 기쁨을 찾아볼 수 없었다. 내가 올바크 남작 집에 나타나면 사람들은 함께 어울려 대화를 하지 않았다. 서로 작은 무리를 지어 앉아 귀엣말로 소곤거리므로 나는 누구에게 말을 걸어야 좋을지 모르고 혼자 멍하니 있었다. 나는 오랫동안 이 불쾌한 따돌림을 견뎌냈다. 그리고 상냥하고 애교 있는 올바크 부인의 변함 없는 대우를 생각해서 그 남편의 무례를 참는 데까지는 참고 있었다. 그런데 어느 날 그는 아무 이유도 구실도 없이 내게 덤벼들었다. 그 태도가 하도 난폭해서 나는 다시는 그 집엔 발을 들여놓지 않았다. 디드로는 거기 있었으면서도 아무 말도 하지 않았고, 마찬가지로 거기 있었던 마르장시는 뒤에 내 대답이 점잖고 온당한 데 깊이 감탄했다고 자주 내게 이야기하곤 했다. 그런 일이 있었지만 나는 그나 그 집에 대해서는 언제나 실례가 안 되게끔 말을 삼갔다. 반면에 남작은 내게 관해서 무엇인가 말을 할 때는 모욕과 경멸의 말밖에는 쓰지 않았고, 나를 지적할 때는 '그 서생 출신의 건방진 녀석'이라고 말했다. 그렇긴 해도 그와 그의 흥미를 끌고 있는 인물에 대해 내가 중상을 했다든가, 어떻게 했다든가 하는 종류의 말은 그로서도 말하는 적이 없었다. 그런 말은 내가 절대로 하지 않았기 때문이다. 이런 식으로 결국은 내 예언과 두려움은 실증돼 버린 것이다. 생각컨대 나의 친구들은 내가 책을 내고, 훌륭한 책을 내는 것이라면 나를 대범하게 보았으리라. 왜냐하면 그런 명성은 그들에게도 인연이 없는 건 아니었으니까. 그러나 내가 오페라를 만든 것, 그리고 그 작품이 가져온 빛나는 성공, 그것은 그들로서는 대범하게 볼 수가 없었다. 왜냐하면 그들 중 어느 한 사람도 그러한 앞날을 가질 수 없었고, 그런 명예를 바라볼 수 있는 사람도 없었기 때문이다. 뒤클로 한 사람만이 그런 질투에서 초연해 있으면서 오히려 나에 대한 우정을 더욱 두터이 한 듯하다. 그는 나를 끼노 양에게 데리고 가서 소개해 주었다. 거기에는 올바크 씨 댁에서 찾아볼 수 없었던 친절과 정중한 대우와 애정이 있었다.

《마을의 점쟁이》가 오페라 극장에서 공연되고 있는 한편, 코메디 프랑세스에서도 이 지은이의 것이 문제가 되어 있었다. 그러나 이쪽은 그리 순조롭지는 못했다. 내 《수선화》는 벌써 7, 8년이나 되는데도 아직 이탈리아 극장에서 공연되지 못했기 때문에, 연기가 서투른 그 극장의 배우들에게 프랑스 말을 시키는 것도 싫고 해서 이곳보다는 차라리 프랑스 극장으로 돌렸으면 좋았을 것을 하고 생각하고 있었다. 그런 희망을 이 극장 배우인 라 농에게 말했다. 라 농으로 말하면 나와 잘 아는 사이로 정평 있는 유능한 연기자였으며, 또 저술가이기도 했다. 《수선화》는 그의 마음에 들어서, 이름을 숨긴 채 공연할 것을 맡아 주었다. 그리고 내게 무료 입장권도 얻어 주었다. 이것은 정말 기뻤다. 나는 늘 프랑스 극장을 다른 두 극장보다 좋아했기 때문에 이것이 무척 기뻤다. 각본은 호평과 함께 인수되었으며 지은이의 이름을 밝히지 않고 공연되었다. 물론 이곳 배우들도, 다른 많은 사람들도, 지은이의 이름을 몰랐을 리가 없다고 생각한다. 고팽 양과 그랑발 양 두 사람이 애인 역할을 맡았다. 내가 보기엔 작품 전체에 대한 그들의 이해가 부족한 것 같았으나, 그렇다고 아주 서투른 연출이라고만은 할 수 없었다. 그렇지만 나는 처음부터 끝까지 끈기있게 조용히 귀를 기울이며 두 번째 되풀이하는데도 조금도 초조해 하는 기색을 보이지 않고 끝끝내 참아내는 대중의 관대함에 놀라기도 했고 또 감동도 했다. 나는 1회 때에 벌써 완전히 질려 버려서, 끝날 때까지 견디내지 못한 채 극장을 나와서 뒤 카페 프로코프로 들어갔다. 그곳엔 부아시와 다른 무리들이 있었다. 아마 그들도 나처럼 싫증을 느꼈던 모양이었다. 나는 공공연히 "나의 잘못이오"

라고 말하고, 내가 지은이라는 것을 공손히, 그보다도 오히려 자랑스럽게 자백하여, 모두들 그렇게 생각하고 있는 것처럼 말했다. 실패작을 낸 지은이가 그런 식으로 분명히 여러 사람 앞에서 자백한 것이 무척 감탄을 받았는데, 나로서는 별로 고통스럽게 생각되지 않았다. 그것을 과감히 자백했기 때문에 그 용기로 자존심이 보상을 받은 느낌마저 들었다. 그런 경우에는 못난 소심증에서 침묵하고 있는 것보다도 과감하게 털어놓는 편이 훨씬 홀가분해진다고 생각됐다.

어쨌든 분명히 이 작품이 공연으로서는 재미가 없었지만 읽는 데는 재미가 있을 것 같아서 그것을 인쇄에 붙였다. 그리고 그 머리글—이것은 내가 쓴 잘 된 문장 중의 하나인데—속에서 나는 지금까지보다도 좀더 세밀하게 내 주의(主義)를 밝히기로 했다.

뒤이어 그 주의를 보다 중요한 저작에서 전면적으로 주장하는 기회를 갖게 됐다. 그것은 1753년이라고 생각되는데, 그 해에 디종의 아카데미가《인간 불평등의 기원》이라는 논제를 발표했기 때문이다. 나는 이 문제에 감동을 받았고 아카데미가 감히 그런 문제를 출제했다는 데 놀랐다. 하지만 아카데미가 그런 용기를 낸 이상 나에게도 그것을 다뤄 볼 용기가 있어야 할 것이 아닌가 하고 생각한 나는 현상에 응모하기로 했다.

일단 이 큰 문제를 천천히 생각하기 위해 생 제르맹으로 일주일 동안 여행하였다. 테레즈와 우리 아파트의 상냥한 안주인, 그녀의 여자 친구 한 사람과 함께 여행하였다. 이것은 내 생애에서 가장 상쾌하고 먼 여행 중의 하나였다. 날씨도 대단히 좋았으며 상냥한 여자들이 여러 가지 수고와 비용까지 도맡아 주었다. 테레즈는 그녀들과 즐겁게 놀았고, 나도 아무런 걱정없이 식사 시간마다 거리낌없이 흥겹게 보냈다. 그 밖의 시간은 온종일 숲 속으로 들어가, 거기에서 원시 시대의 모습을 발견하고 자랑스럽게 그 시대 역사의 자취를 더듬었다. 인간의 짜증스런 거짓들을 모조리 부숴 버렸다. 아무 거리낌없이 인간과 본성을 적나라하게 파헤치며, 본성을 그르쳐 온 시대와 사물의 진보를 추구하고, 인간이 만든 인간과 자연인을 비교함으로써 인간 본성의 이른바 완성이라는 것 속에 그 불행의 참 근원이 있다는 것을 사람들에게 보이려 했다. 내 영혼은 그러한 숭고한 관상에 고조되어 신 가까이 올라갔다. 그리고 거기에서 동포가 편견·착오·불행·범죄 등의 길을 맹목적으로 걸어가고 있는 것을 보고,

나는 그들에게 들리지 않게끔 가는 목소리로 이렇게 외쳤다. '끊임없이 자연에 대해 불평을 말하고 있는 어리석은 사람들아, 너희들의 모든 불행은 너희 자신에게서 온 것임을 알라.'

그러한 명상에서 《불평등론》이 나왔다.*5 내가 쓴 다른 어느 것보다도 디드로가 좋아한 저술로, 이것에 대한 그의 조언은 내게 가장 유익했다. 그러나 이것을 이해할 만한 자는 유럽에서는 거의 찾아 볼 수 없었고, 이 점에 대해 무언가 말해 보려는 독자는 한 사람도 없었다. 나는 이것을 현상에 응모하기 위해 쓴 것이었으므로 보내기는 보냈지만, 당선될 리가 없는 것은 미리부터 예상한 일이었고, 아카데미 현상이란 것이 이런 종류의 작품을 위해 만들어진 것이 아님을 잘 알고 있었다.

먼 여행과 이 일은 나의 기분과 건강에 무척 좋았다. 벌써 몇 해나 요폐증으로 고생을 하며, 의사에게 완전히 몸을 맡기고 있었다. 하지만 의사들은 나의 고통을 덜어주기는커녕 오히려 체력만 감퇴시켜 기운을 잃고 말았다. 그것이 생 제르맹에서 돌아온 뒤에는 체력도 많이 회복되고 기운도 나기 시작했다. 그러므로 이제는 이런 방침에 따르기로 한 나는 좋아지든 악화되든 의사와 약은 쓰지 않기로 작정하고, 그런 것들과는 영원히 작별을 했다. 외출할 수 없을 때는 가만히 집에 들어앉아 있고, 기운이 나면 곧 밖으로 걸어나오는 식으로 하루를 보내기 시작했다. 잘난 체하는 무리들과 어울리던 파리 생활은 도저히 내 취향에 맞지 않았다. 문학자들의 책동, 수치스런 알력, 무성의한 저술, 사교계에서의 설치는 꼴들은 정말 진절머리가 나서 내 성격과는 맞지 않았다. 친구 사이의 교제도 조용한 분위기라든가 흉허물없는 감정, 솔직함 등

---

*5 내가 이것을 쓰고 있을 때에는 디드로와 그림의 음모를 전혀 모르고 있었다. 알고 있었으면 디드로가 나의 신뢰를 악용하여, 내 저술에 냉혹하고 그토록 음험한 태도를 취한 까닭을 눈치채기 쉬웠으리라. 내 논문이 그의 지도를 받지 않게 된 뒤로는 그런 투와 태도는 내 저술에서 볼 수 없게 되었다. 불행한 인간의 가련한 호소에 냉혹하게 대하기 위해서 귀를 막으면서 의론을 전개하는 철학자의 대목 《불평등론》 제1부)과 같은 구절은 그가 문장을 쓰는 방법이었다. 그 밖에 보다 더 가혹한 것을 제공해 주었지만 도저히 쓸 기분이 나지 않았다. 그러나 그 음험한 기질도 방센느 감옥에서 그가 얻어 온 것으로 생각하고—그의 《클레발론(論)》에는 그것이 적지 않게 눈에 띄지만—이때는 아직 그 속에 조그마한 악의도 찾아내고 싶지는 않았다.(원주)

은 거의 볼 수가 없었으므로, 그런 번거로운 생활에 지긋지긋해진 나는 시골 생활을 해보고 싶어 견딜 수 없었다. 그렇긴 하나 내 일이 나를 시골에 머물러 있게 해주지 않았으므로 아쉬운 대로 한가한 시간만이라도 시골로 나가 지내기로 했다. 몇 달인가는 먼저 점심 식사가 끝나면 혼자서 볼로뉴 숲으로 산책을 나갔고, 저술의 주제 같은 것을 구상하느라고 밤이 되어야 돌아오곤 했다.

그즈음 나와 절친하게 지내던 고프쿠르가 일 때문에 제네바에 갈 일이 생겼을 때 내게도 함께 가자고 권했다. 나는 동의했다. 건강이 아직 좋지 못했으므로 '가사도우미'의 도움이 필요했다. 그래서 그녀가 같이 가기로 하고 그 어머니가 집을 보기로 했다. 준비가 완전히 끝나자 1754년 6월 1일 세 사람은 같이 여행을 떠났다.

이 여행에 대해 적어 두어야만 할 일은, 당시 마흔 두 살인 내가 그 나이가 되도록 언제나 원활하고 격의 없이 남을 믿는 나의 천성이 처음으로 상처를 입게 된 것이었다. 우리는 한 대의 초라한 마차를 타고 천천히 갔다. 나는 가끔 마차에서 내려 곧잘 걸었다. 길을 반쯤 왔을 즈음에 테레즈는 고프쿠르와 단둘이 차에 남아 있는 것이 죽어도 싫다고 했다. 그녀는 같이 있으라는 부탁도 안 듣고 내가 내리려고 하면 따라 내려와서 같이 걸었다. 그때마다 나는 그녀의 변덕을 꾸짖고, 마지막엔 덮어놓고 그렇게 못하도록 하였으므로 그녀도 하는 수 없이 까닭을 밝히지 않으면 안될 궁지에 몰렸다. 그 이유를 들었을 때 나는 깜짝 놀라서 꿈이라도 꾸는 것이 아닌가 생각했다. 60이 넘어서 통풍(痛風)으로 다리도 제대로 못 쓰고 여색에 빠져 몸을 망친 고프쿠르가 친구의 아내이며 이젠 아름답지도 젊지도 않은 여자를 농락해 보려고, 떠나 온 뒤로 잠시도 가만 있지 않았다는 것이다. 그것도 가장 비열하고 가장 수치스런 수단으로 지갑을 내보이기도 하고, 심지어는 천박한 책을 읽어 주고 거기에 가득 실려 있는 추잡한 그림을 보이며 그녀의 마음을 부추기려 했다는 것이었다. 테레즈는 발끈해서, 한 번은 그 저속한 책을 마차 문 밖으로 내던진 일도 있었다고 했다. 나는 그를 진실한 사람이라고 믿고 나와 나의 아내를 맡겼건만 첫날은 심한 편두통으로 내가 저녁도 안 먹고 자러 갔더니 그녀와 함께 있는 시간을 이용하여 교양있는 인간으로서는 할 수 없는, 마치 색마나 산양처럼 유혹과 술책의 손을 뻗쳤던 것이다. 이 얼마나 놀라운 일인가! 나에게는 전혀 새로운 슬픔이 아니었겠는가! 지금까지 우정만은 사랑과 고귀한 감정이 하나가 되어 매력을 자아내는 것으로 믿어 온 내가, 처음으로 우정을 경멸과 결부시키고, 또 사랑하고 사랑받고 있다고 생각하는 사람에게서 신뢰와 존경을 떼어 버리지 않으면 안 되게 되었다는 것을 깨달았다. 이 천박한 사나이는 자신의 비열한 행위를 내게 숨기고 있었다. 나도 테레즈의 몸을 위태롭게 만들지 않기 위해서 나의 경멸을 숨겼고 그가 눈치채지 않도록 나의 감정을 마음속 깊이 감추었다. 그립고도 깨끗했던 우정이라는 환영이여! 그대의 쓰개를 처음으로 내 앞에서 걷어올린 것은 고프쿠르였다. 그 뒤로 얼마나 많은 잔혹한 손들이 그 쓰개를 다시 내리려는 것을 방해했는지!

사부아로 가는 길로 접어들기 위해 나는 리옹에서 고프쿠르와 헤어졌다. 어머니가 있는 곳을 지나면서 엄마를 만나지 않고 그냥 지나가기란 어려웠다. 나는 어머니를 다시 만났다…… 아, 그 처지가 얼마나 비참했는가? 이 무슨 품위의 전락인가? 그 옛날의 아름다운 모습 중에 무엇이 남아 있었던가? 이 사람이 퐁베르 신부가 소개해 줬던 옛날의 그 눈이 부시던 바랑 부인이란 말인가! 나는 가슴이 미어질 듯 슬펐다. 이젠 이곳을 떠나는 길밖에 그녀가 택할 길은 없다고 생각되었다. 이제까지 종종 편지로 권고한 것처럼 나는 그녀의 남은 생을 행복하게 하기 위해 나의 남은 생과 테레즈의 남은 생을 바치고 싶으니 내게로 와서 같이 평화롭게 지내자고 새삼 사정했으나 아무런 효과가 없었다. 연금이 정확히 지급되긴 했으나 이미 오랫동안 그녀의 수중에는 들어오지 않았는데도, 아직도 그녀는 그것에 집착해서 내가 하는 소리엔 귀를 기울이지 않았다. 그래도 나는 내 주머니의 얼마간의 돈을 그녀에게 주었다. 그 돈을 부인이 마음대로 쓸 수 없다는 것을 모르고 있었다면 더 많은 돈을 주는 것이 당연했고, 또 더 내놨을 것이다. 내가 제네바에 있는 동안, 그녀는 샤블레 지방으로 여행하는 길에 그랑즈 카날까지 나를 만나러 왔다. 그녀는 여행을 예정대로 마치기에는 여비가 모자랐다. 나도 공교롭게 그만한 돈을 가지고 있지 않았던 때였으므로, 한 시간 뒤에 테레즈를 시켜 그 돈을 부인에게 보냈다. 가엾은 어머니! 나는 어머니의 착한 마음씨를 좀더 말하고 싶다. 그녀의 몸에는 마지막 보석으로 작은 반지가 하나 남았을 뿐이었다. 그런데 그녀는 그것을 아낌없이 손가락에서 빼서 테레즈에게 끼워 주었다. 테레즈는 곧 그것을 어머니의 손가락에 돌려 주었다. 그리고 그 고귀한 손을 눈물로 적시며 입을 맞췄다. 아! 이때야말로 내 빚을 갚아야 할 때였다. 모든 것을 내던지고 그녀의 뒤를 따라, 마지막 날까지 어머니를 모시며 어떠한 운명이라도 같이 했어야 했다. 그러나 나는 아무것도 하지 못했다. 나는 다른 것에 마음이 끌려 있었으므로 그렇게 한다 해도 그녀에게 아무 도움이 될 것같이 보이지 않고 오히려 그녀에 대한 애착의 고삐를 늦추는 것이라고 생각하였다. 그녀의 처지를 슬퍼하면서도 그녀의 뒤를 따라가지 못했다. 내 생애의 후회 가운데서 가장 강하게, 또 영원히 떠나지 않는 것이 바로 그것이었다. 그러니 그뒤 나를 끝내 괴롭혀 온 무서운 징벌도 지당한 것이었다. 이 징벌로 나의 배은(背恩)이 보상될 수 있다면 고마운 일이다! 내 행위야 말로 배은망덕이었다. 그러나 내 마음까지 배은망덕한 자의 그것이었다면, 내 마음이 그토록 아프지는 않았을 것이다.

파리를 떠나기 전에 《불평등론》 헌사의 초벌 원고를 써 두었다. 그리고 샹베리에서 완성했다. 여러 가지 말썽을 피하기 위해 프랑스나 제네바에서의 날짜를 쓰지 않고 샹베리의 날짜를 썼다. 제네바에 도착하자 나는 나를 이곳에 끌어당기고 있던 공화주의에 갑자기 열을 올리기 시작했다. 이 정열은 이곳에 와서 받은 환영으로 더욱 고조되었다. 어느 좌석엘 가도 칭찬을 받고 사랑을 받게 된 나는 완전히 애국심에 들뜨고 말았다. 그리고 내가 나의 조상들이 받들었던 종교와는 다른 종교를 믿고 있었기 때문에 이 나라 공민의 모든 권리를 갖지 못하는 것을 부끄럽게 생각하고, 공공연하게 본래의 종파로 되돌아갈 결심을 했다. 나는 이렇게 생각하고 있었다. 복음은 모든 기독교도들에게 똑같은 것인데, 교리의 밑바탕이 다르다는 것은 알지도 못하는 것을 이러니저러니 설명하려는 데서 온 것에 불과하다. 종파도, 이 이해하기 어려운 교리도 그것을 정하는 것은 어느 나라든 오직 한 사람, 그 나라 주권자가 하는 것이다. 따라서 법률에 의해 규정된 종파에 따라 그 교리를 시인하는 것은 공민의 의무라고. 백과전서 학자들과의 교제는 내 신념을 흔들기는커녕 논쟁과 당파에 대한 날 때부터의 혐오에서 이 신념을 한층 굳게 만든 것이었다. 인간과 우주 연구는 궁극적인 원인과 그 원인을 유도하는 예지를 곳곳에서 내게 보여 주었다. 나는 성서, 특히 복음서를 몇 해전부터 열심히 읽고 난 뒤, 그것을 이해하지 못하는 사람들이 예수 그리스도에 대해 저속하고 어리석은 해석을 내리는 것을 경멸하게 되었다.

요컨대 철학이 종교의 본질에 나를 연결시켰고, 그렇게 함으로써 철학은 인간이 종교의 본질을 뒤집어엎은 그 너절하고 자질구레한 형식에서 나를 끌어

내 준 것이었다. 이성이 있는 인간에게는 그리스도교도가 되는 데 두 가지 길은 없다고 판단한 나는, 마찬가지로 또 의식과 계율에 관한 모든 것은 제각기 나라에서 만든 그 법률의 권한 안에 있는 것이라고 판단했다. 이렇게 도리에 맞고 사교성이 있으며 평화로웠음에도 그처럼 잔혹한 박해를 내게 가져다준 이 원리로부터 나온 결론은, 공민이 될 바엔 차라리 신교도가 되어, 네 조국이 정한 종파로 돌아가지 않으면 안 된다는 것이었다. 나는 그렇게 하기로 결심하고 자진해서 내가 살고 있는 교구 목사의 설교를 들었다. 다만 장로회만은 나가지 않아도 괜찮았으면 했다. 그러나 교회의 법규에는 거기에도 출석하도록 되어 있었다. 그렇건만 나를 위해 그 법규의 적용을 제한해 주기로 하고, 특별히 내 신앙 고백을 듣기 위해 5, 6명의 위원으로 구성된 위원회가 만들어졌다. 그런데 공교롭게도 나와 친하게 지내고 있는 친절하고 상냥한 페르드리오 목사가 규모가 작은 이번 집회에서 내 연설을 모두들 듣고 싶어한다는 의견을 내놓았다. 이런 기대에 나는 크게 떨려서 미리 준비해 두었던 짧은 연설을 3주 동안 밤낮 없이 연습했으나, 막상 그것을 말할 단계가 되었을 때는 단 한마디도 할 수 없을 정도로 흥분해 버렸다. 결국 나는 이 강연에서 마치 못난 어린 학생 같은 역할을 하게 됐다. 위원들이 내게 말을 걸면 그저 '그렇습니다'와 '아니오'라고 바보처럼 대답할 뿐이었다. 뒤이어 나는 성찬식에 나가게 됐고 공민권도 되찾았다. 나는 공민과 시민들만으로 조직된 국방대원의 명부에 기재되었고, 시 행정 집행 위원장 뮈사르로부터 맹세말을 받기 위해 의회의 임시 총회에 출석했다. 이때 총회와 장로회가 내게 베푼 호의, 또 관리와 목사와 공민 등 모든 사람들의 친절하고 간곡한 대우에 나는 큰 감동을 받았다. 그래서 언제나 나와 떨어지지 않는 드 뤼크라는 친절한 사나이의 끊임없는 권유와 또 나 자신에게도 그런 바람이 있었으므로 파리에는 다시 돌아갈 생각을 하지 않았다. 만약 파리에 간다면 집안 일을 청산하거나 자질구레한 잡무를 처리하러 갈 뿐이었다. 그리고 르 바쇠르 부인과 그 남편의 처신이라든가 생계를 마련해 주게 되면, 곧 테레즈와 함께 제네바에 되돌아와 이곳에 정착해서 남은 생을 마칠 생각을 하게 되었다.

 이런 결심이 서자 중요한 일을 일시 중단하고 출발하기 전까지 친구들과 놀면서 지냈다. 그렇게 노는 가운데 가장 재미있었던 것은 아버지인 드 뤼끄, 그 며느리, 두 아들, 그리고 테레즈와 같이 작은 배로 호수 위를 돌아다닌 것이었다. 다시 없는 좋은 날씨에 일주일 내내 뱃놀이를 즐겼다. 호수 건너편 언덕의 감명 깊던 그 경치는 깊은 인상으로 내 기억에 남았다. 그래서 몇 해 뒤 나는 《신 엘로이즈》 속에 그것을 묘사했다.

제네바에서 친한 사람들로는 앞에서 말한 드 뤼크 외에 젊은 목사 베르느가 있었다. 나는 그를 파리에서부터 알고 있었다. 뒤에는 보잘것없이 되었지만 처음에는 장래성이 있는 사람으로 보였다. 그리고 페르드리오 씨, 이 사람은 당시 시골 목사였는데 현재는 문학 교수이다. 나중에는 점잔을 부리며 나를 피하는 기미가 보였지만, 참으로 조용하고 차분했던 교제 분위기를 언제나 정답게 생각한다. 잘라베르 씨는 당시 물리학 교수로 나중에는 국회 의원과 행정 집행 위원이 되었다. 나는 이 사람에게 《불평등론》을 읽어 주었는데, 그는 크게 탄복하는 듯했다. 륄랭 교수와는 죽을 때까지 편지 왕래가 있었다. 그는 도서관의 서적 구입을 내게 부탁한 일도 있었다. 베르네 교수에게는 호감과 신뢰를 보냈었는데, 곧 일반 사람들과 마찬가지로 나를 배신하고 말았다. 신학자라도 무엇인가 마음에 감동을 받을 수 있는 것이라면 그도 내 신뢰와 경의에는 약간 감동을 받았을 텐데. 샤펭은 고프쿠르의 비서였고 그 후계자였는데, 고프쿠르를 밀어 내려다가 결국 자신이 쫓겨나고 말았다. 마르세 드 메지에르는 아버지의 옛 친구로서 내게도 각별히 친절하게 대해 주었다. 일찍이 조국을 위해 훌륭한 활동을 했고 극작가이기도 했으나, 제네바 의회의 2백인 의회의 후보자가 되어 연설하였기 때문에 죽기 전부터 남의 조롱거리가 되었다. 그러나 많은 사람들 가운데 내가 기대를 걸었던 사람은 물투(《참회록》 원고 보관자)였다. 재능과 타는 듯한 기지로 가장 유망한 청년이었는데, 그 뒤 계속 나는 그를 귀여워하고 있었다. 비록 나에 대한 그의 행동에 가끔 의심스런 점이 있었고 현재도 나의 가장 가혹한 적들과 사귀고 있기는 하지만, 그래도 언젠가 내 죽은 뒤의 변호인이 되어 옛 친구(나 자신)의 복수를 해줄 운명을 가지게 될 것으로 생각하지 않을 수 없다.

그런 놀이를 하고 있는 동안에도 고독한 산책이라는 취미와 습관만은 잃지 않아서 가끔 호숫가를 따라 꽤 멀리까지 나가곤 했다. 이런 동안에도 일하는 습관에 젖은 내 머리는 멍하게 있지 않았다. 이미 구상해 놓은 《정치 제도론》도 정리해 보았다. 이것에 대해선 뒤에 언급하겠다. 또 《발레 주(州)의 역사》와 어느 산문 비극의 줄거리도 생각했다. 이 극은 루크레티아를 주제로 한 것으로, 프랑스의 어느 극장에서도 공연시켜 주지 않았을 때도—나는 과감하게 이 불행한 여자를 다시 무대에 나타나게 했지만—반대파 사람들을 깜짝 놀라게 하고 싶은 희망에 내게서 떠나지 않았다. 같은 무렵, 또 타키투스에도 손을 대고 있어서 그의 《역사》의 제1권을 번역했다. 이것은 내 초벌 원고 속에 들어 있을 것이다.

나는 제네바에서 넉 달 동안 머무르다가 10월에 파리로 돌아왔다. 도중 고프쿠르를 다시 만날까봐 리옹을 거쳐 오는 것을 피했다. 이듬해 봄에라야 제네바로 돌아갈 예정이었으므로 겨울 동안은 다시 본래의 습관과 일로 돌아갔는데, 그 중 중요한 일은 《불평등론》의 교정을 보는 것이었다. 이것은 이번 제네바에서 알게 된 레이 서점 주인의 손으로 네덜란드에서 출판하도록 되어 있었다. 이 논문은 제네바 공화국에 바친 것으로, 그 헌사(獻辭)가 의회에서 환영을 받을지 몰라서, 그것이 제네바에서 어떤 반응을 일으키는가를 보고 나서 그곳으로 돌아갈 생각이었다. 반응은 탐탁지 않았다. 가장 순수한 애국심에서 쓴 헌사도 의회에 내 적을 만들고 시민 계급 속에 나를 시기하는 사람들을 만들었을 뿐이었다. 당시의 행정 집행 위원장 슈에 씨는 정중하기는 하나 냉담한 편지를 내게 보냈다. 이것은 나의 잡문집 속에 있는 서간집 A 제3호에 들어 있다. 개인에게서는 특히 드 뤼크와 잘라베르에게서 인사 편지를 받았다. 그것뿐이었다. 제네바 사람 치고 누구 한 사람 이 논문을 읽고 열정적이고도 진정한 마음을 알아 주는 사람은 없었다. 이런 냉담을 안 사람은 모두 분개했다. 지금도 생각나는 것은 어느 날 클리쉬의 뒤팽 부인 집에서 공화국 변리공사(辨理公使)인 크롬랭(뒤팽 부인의 조카)과 미랑 씨와 식사를 하고 있을 때, 미랑 씨가 의회는 내 저서에 대해 선물과 공적인 명예를 주어야 마땅하며, 그것을 게을리하는 것은 의회의 체면을 손상시키는 일이라고 말했다. 크롬랭은 뱃속이 검고 비열한 소인이어서, 내 앞에서는 무엇 하나 대답하지 못했다. 그러나 무섭게 찡그린 얼굴을 하고 있었으므로 뒤팽 부인은 그것을 보고 웃었다. 이 책이 내게 가져다 준 유일한 이익은 내 마음의 만족을 제외하고는 단지 공민의 자격을 얻은 것뿐이었다. 이 자격도 처음 내 친구들이 인정해 주었으므로 그 다음에 군중들이 그것에 따라서 인정하게 된 것이다. 그 뒤 내가 그 자격에 너무 충실했다고 해서 그것마저 잃고 말았다(《에밀》 때문에 제네바에서 처벌되자 1763년 3월 루소는 제네바의 공민권을 포기했다).

내 저작은 실패했지만 달리 감정상의 보다 깊은 원인이 그것에 따르지 않았다면, 나의 제네바 은둔 계획을 뒤엎는 일은 없었으리라. 에피네 부인은 라 슈브레트 별장의 한쪽 날개면(面)이 없었기 때문에 막대한 비용을 들여 그것을 증축하고 있었다. 어느 날 에피네 부인과 함께 이 공사를 보러 가서 거기에서 다시 18킬로나 되는 먼 곳인 몽모랑시 숲 옆에 있는 공원 저수지까지 산책 삼아 갔다. 거기에는 아담한 채소밭과 에르미타주라고 불리는 아주 황폐한 작은 오두막집이 한 채 있었다. 제네바로 여행하기 전에 이 한적하고 마음에 드는 곳을 처음 보았을 때, 나는 깊은 감동을 받았다. 나는 황홀해서 이런 말이 입에서 새어 나왔다.

"아, 부인, 얼마나 호젓한 집입니까! 이것은 내게 안성맞춤의 피난처군요." 에피네 부인은 그때는 그다지 내가 하는 말을 주의해 듣지 않는 것 같았다. 그러나 두 번째로 가 보았을 때, 낡고 황폐한 집 대신에 거의 새로 세운 것 같은 작은 집을 발견하고 나는 깜짝 놀라고 말았다. 세 사람 정도의 단출한 가족이 살기에는 더할 나위 없이 흡족하고 아담한 집이었다. 에피네 부인은 아무 말 없이 별장에 있는 얼마간의 자재와 일꾼들을 써서 얼마 안 되는 비용으로 이 공사를 한 것이었다. 내가 놀라는 것을 보고 부인은 이렇게 말했다. "보세요, 자, 이곳이 당신의 피난처예요. 이곳을 고른 것은 당신이고 이곳을 당신에게 쓰도록 하는 것은 나의 우정이에요. 이것으로 내게서 떨어지려는 생각을 버리시기 바랍니다." 내 생각에 이때처럼 강하고 유쾌한 감동을 받은 기억은 없었다. 이 여자 친구의 우정 어린 손을 나는 눈물로 적시었다. 그렇다고 그 순간, 기가 죽은 것은 아니었지만 그래도 마음만은 크게 흔들렸다. 에피네 부인은 행여 내가 마다할까봐 갖은 수단을 다 쓰고, 많은 사람들을 시켜서 르 바쇠르 모녀의 동의까지 얻어, 결국은 내 결심을 꺾고 말았다. 조국으로 가서 살 것을 단념한 나는 에르미타주에 살기로 작정하고 그렇게 하겠다고 약속했다. 이리하여 건물이 마르는 동안, 부인은 이것저것을 살피며 세간을 장만해서 새 봄에는 이사할 수 있게끔 완전히 준비를 마쳐 주었다.

나의 이러한 결정에 큰 역할을 한 것은 볼테르가 제네바 바로 근처에 집을 장만한 것이었다. 나는 이렇게 생각했다. '그 사내는 거기에서 혁명을 일으킬 것이 틀림없다. 나는 내 나라(제네바)로 돌아가도, 결국 나를 파리에서 쫓아내던 그 얄미운 기풍과 풍습에 맞부딪치게 될 것 같다. 그렇게 되면 나는 계속 그와 싸우지 않으면 안 된다. 그리고 견딜 수 없는 현학자나 비겁하고 부도덕한 공민이 되는 도리 밖에 나로서는 취할 길은 없을 것이다. 볼테르가 이번 나의 저술에 대한 편지를 보내왔으므로, 나는 답장으로 나의 염려를 간접적으로 써 보냈다. 그 답장의 결과는 과연 내 염려와 들어맞았다. 그때부터 나는 제네바에 대해 실망하게 되었다. 과연 틀림없었다. 아마 내가 내 재능을 뽐내고 있었더라면 그것은 폭풍우에 대항하러 가는 것이나 마찬가지였을 것이다. 도대체 이 고독하고 겁쟁이이며 말재주가 없는 루소가 거만하고 유복한 세도가들의 명망에 올라 있고, 변론이 능숙할 뿐 아니라 벌써 부인들과 청년들 사이에 우상처럼 되어 있는 사나이와 대항한다면 무엇이 되겠는가? 나는 자신의 용기를 쓸데 없는 모험에 내맡기기를 꺼렸다. 나는 타고난 그대로 평화스런 기질과 안식을 사랑하는 마음에만 귀를 기울였다. 만약 성격이 나를 속였다고 한다면 오늘날도 그것에 속고 있는 셈이다. 제네바에 틀어박혔다고 해서 내게 대단한 불행은 오지 않았을지도 모른다. 그러나 나라를 사랑하는 불타는 정열을 쏟았다 해도, 내 고국을 위해 위대하고 유익한 무엇이 이루어졌을까는 의문이다.

거의 이와 때를 같이 하여 제네바에 정착해 있던 의사 트롱상이 얼마 뒤에 협잡을 하러 파리에 와서 많은 돈을 모아 돌아갔다. 그는 도착하자 조쿠르 기사와 함께 나를 만나러 왔다. 에피네 부인은 남몰래 그에게 진찰을 와 달라고 자주 부탁을 하고 있었으나 바빠서 좀처럼 오지 못했다. 그녀는 내게 부탁을 하러 왔다. 나는 부인을 만나러 가자고 트롱상에게 권유했다. 이렇게 나의 주선으로 두 사람은 교제를 시작하고, 나중에는 나를 희생시키며 자기들의 친밀도를 더해 갔다. 내 운명은 언제나 이러했다. 저마다 다른 두 친구를 서로 가깝게 해주면 금방 두 사람은 내게 반항해 한 패가 되었다.

그 무렵, 다시 올바크 씨 댁에 드나들게 되었다. 내가 제네바에 머물러 있는 동안 그의 아내도 프랑쾨유 부인도 차례차례 세상을 떠난 것이 계기가 되었다. 디드로가 그 소식을 알려 온 편지에는 그가 몹시 슬퍼하고 있다고 씌어 있었다. 그의 슬픔이 내 마음을 움직였다. 나 자신도 그 사랑스런 부인의 죽음을 크게 애석하게 생각했다. 그래서 나는 그 내용을 올바크 씨에게 써 보냈다. 이 슬픈 사건으로 나는 그의 모든 잘못을 잊어버렸다. 그림과 내가 친구들이 같이 떠났던 프랑스 국내 여행에서 돌아왔던 때였으므로, 나는 그를 위로하러 갔다.

그리하여 나는 에르미타주로 옮길 때까지 계속 그의 집을 드나들었다. 에피네 부인이 나를 위해 그런 집을 마련해 주었다는 것이 부인을 아직 모르는 그들 무리에게 알려지자 신랄한 야유가 우박처럼 내게로 쏟아졌다. 도시의 향락과 오락이 그리울 것이므로 그런 쓸쓸한 곳에서 내가 두 주일도 견뎌내지 못하리라는 그들의 예상에서였다. 나는 내 처지를 생각하고 남들이 뭐라든 개의치 않고 할 일만 하였다. 올바크 씨는 그래도 내게 조금은 도움이 되는 일을 해주었다.[*6] 여든 살이 넘은 사람 좋은 르 바쇠르 노인의 처리를 해준 것이다. 일찍부터 그의 아내가 늙은 남편을 짐스러워하며 어떻게 좀 처치해 달라고 내게 부탁하고 있었다. 노인은 자선 병원으로 들어가게 되었다. 그런데 그리로 들어가자 워낙 나이가 많은데다 가족들로부터 떨어져 있는 고독감 때문에 입원하자마자 곧 묘지로 옮겨졌다. 아내나 그의 아들들은 별로 슬퍼하지 않았다. 그러나 늙은 아버지를 사랑하고 있던, 마음씨가 상냥한 테레즈는 그의 죽음을 못내 슬퍼해서 다 죽게 된 노인을 자기와 멀리 떨어져 남은 생을 마치게 한 것을 무척 애석하게 생각했다.

거의 같은 무렵, 꽤 오랜 친구이긴 하지만 거의 생각조차 못했던 사람이 찾아왔다. 친구인 방튀르였다. 그가 어느 날 아침 전혀 생각도 못한 때에 우연히 찾아온 것이다. 그에게는 함께 온 사람이 하나 있었다. 그도 참 많이 변했다. 옛날의 우아한 모습은 사라지고 떠돌이 같아서 나는 그와 정담을 나누기도 서먹서먹했다. 내 눈이 변한 것일까, 방탕이 그의 정신을 마비시켜 버린 것일까. 처음 만났을 때의 그 광채는 지금은 이미 사라져 버린 청춘이었을까. 나는 거의 무관심하게 그를 대했고, 헤어질 때도 우리는 꽤 냉담했다. 그러나 그가 떠나고 나자 우리가 처음 만났던 옛 추억이 생생하게 나의 젊은 시절을 생각나게 했다. 그 천사 같은 여성, 지금은 그 사나이에 못지 않게 변해 버렸지만, 그 여성에게 그토록 상냥하게, 그토록 얌전하게 바쳤던 내 청춘, 그 행복한 시절의 가지가지 작은 변화들, 그 사랑스런 두 소녀 사이에서 그토록 즐겁게

[*6] 이 점은 내 기억에 따른 장난의 한 예라고도 할 수 있다. 이것을 쓰고 나서 꽤 오랜 뒤, 바로 최근의 일이다. 이 사람 좋은 늙은 아버지에 관해 아내와 이야기했을 때, 그를 처리해 준 것은 올바크 씨가 아니고 당시 시립 병원(자선 병원) 이사 중 한 사람이었던 슈농소 씨였다는 것을 들었다. 나는 이 일은 잊어버리고 올바크 씨라고만 생각하고 있었으므로 그대로 단정해 버릴 뻔했다.(원주)

보냈던 툰느의 소설과도 같은 하루, 그때는 단 한 번 한 손에 입맞춤이 유일한 사랑의 표시였지만, 그래도 내게는 그것이 강하게 그토록 가슴에 벅차올랐으며, 그토록 사라지지 않는 그리움을 남겨 주었다. 젊은 마음의 미칠 듯한 열광을 그 즈음은 마음껏 느꼈지만 그런 시절은 영원히 가 버렸다. 그런 사무치는 온갖 회상들이 흘러가 버린 청춘 위에, 지금은 잃어버린 청춘의 기쁨 위에 눈물을 흘리게 했다. 아! 청춘과 기쁨이 뒤늦게 되살아와서 곧 내게 일어나려 하는 불행을 이때 미리 내다볼 수 있었다면, 청춘 위에 나는 얼마나 많은 눈물을 뿌렸을 것인가.

파리를 떠나기 전, 은거하기 전 해 겨울 동안 나는 마음에 흡족한 기쁨을 아주 순수하게 맛보았다. 두세 편의 희극으로 유명한 당시 학술원 회원 파리조가, 마침 그 한 편을 폴란드 왕이 참석한 가운데 뤼네빌에서 공연한 직후였다. 파리조는 펜을 들고 감히 왕과 싸움을 했던 인물(루소)을 이 희곡에 등장시킴으로써 왕의 환심을 사려 한 것이 틀림없었다. 관대하지만 풍자를 좋아하지 않는 스타니스와프 왕은 면전에서 감히 그런 식으로 인신 공격을 하는 데 분개했다. 트레상 백작은 이 왕의 명령으로 달랑베르와 내게, 폐하께선 팔리조를 학술원에서 추방할 생각이라고 써 보냈다. 내 대답은 부디 트레상 씨가 파리조의 사면을 얻도록 폴란드 왕에게 교섭해 줄 것을 두손 모아 빈다는 것이었다. 사면은 채택되었다. 그리고 트레상 씨는 왕의 이름으로 그것을 알려 주는 동시에, 이 사건은 학술원 기록에 실리게 되리라고 붙였다. 나는 그렇게 되면 벌은 영구히 남게 되므로 모처럼의 사면이 보람없이 된다고 항변했다. 나는 계속 탄원을 해서 마침내 기록에도 남기지 않고, 이 사건에 관한 한 공적 증거는 전혀 남기지 않는다는 결과에까지 이르게 되었다. 그렇게 된 것은 왕도 트레상 씨도 나를 존경하고 배려한다는 표시가 있었던 덕분이므로, 나는 이 일을 다시 없이 만족하게 생각했다. 나는 이때 이렇게 존경할 만한 사람으로부터 존경받는다는 것은 허영의 감정보다 유쾌하고 고귀한 감정을 인간의 마음속에 낳게 해준다는 것을 느꼈다. 트레상 씨의 편지는 내 답장과 함께 내 문집 속에 베껴 두었다. 원문은 서간집 A의 제9, 제10, 제11호이다.

지금 이 기록들이 언젠가 세상에 나가게 되면 내가 그 증거를 없애려 했던 사실을 도리어 내 자신이 영원히 전하는 것이 된다. 물론 그것은 나도 잘 알고 있다. 나는 그 밖에도 본뜻은 아니지만 많은 것을 전하고 있다. 늘 눈 앞에 놓여 있는 내 계획의 커다란 목적, 이 계획을 전면적으로 수행하지 않으면 안 되는 피할 수 없는 의무, 그것을 위해서는 사소한 것은 적당히 해두고 왜곡하는 것 따위는 용인될 수 없다. 그런 것은 내 목표에서 벗어나는 것이다. 내가 처해 있는 이상하고 특수한 처지에서 내가 의지할 것은 진실뿐, 그 외에 아무 것도 없다. 나를 잘 알기 위해서는 선악을 가리지 않고 나의 모든 점에 대해 알지 않으면 안 된다. 나의 고백은 필연적으로 많은 사람들에 대한 고백과 연결되어 있다. 그래서 나는 나와 관계가 있는 일은 그 어느 것도 자신의 고백과 똑같이 솔직하게 쓴다. 내게는 물론, 누구에게든지 조심할 의무가 있다고는 생각하지 않는다. 그러나 그래도 꽤 관대하게 쓰려 하고 있다. 나는 언제나 공평하고 진실하게 쓰려 하고 있다. 다른 사람에게는 될 수 있는 한 좋은 것을 말하고, 내게 관계되는 것으로 다른 사람에게 나쁜 것은 말하지 않으면 안 되는 것 외에는 말하지 않는다. 이런 형편으로 나를 몰아넣어 두고, 도대체 누가 이 이상의 선심을 내게 요구할 권리가 있겠는가? 내 《참회록》은 내 생전에 관계된 사람들이 살아 있는 동안에 세상에 내놓으려고 쓴 것은 아니다. 만일 내가 내 운명과 이 책의 운명을 자유로이 할 수 있다면, 이 책은 내가 죽고 관계자들이 모두 죽고 나서 오랜 시간이 지난 뒤에라야 세상에 나가게 될 것이다. 다만 진실을 두려워해 나의 강력한 탄압자가 증거를 없애려고 기를 쓰고 있으므로, 나도 이것을 남기기 위해 가장 정확한 권리, 가장 엄격한 정의가 허용하는 한 모든 일은 하지 않을 수 없다. 만약 내 이름이 나의 죽음과 함께 사람들의 기억에 남지 않는다면, 누구에게 누를 끼치는 것보다 차라리 부당하고 잠깐 동안의 오욕(汚辱)이라고 생각하고 말없이 참으리라. 그러나 이래저래 내 이름이 남게 될 것이고 보면, 그 이름과 함께 그 이름을 가졌던 불행한 인간에 대한 기억도 진실 그대로, 무도한 적들이 끊임없이 날조하고 있는 것과는 다르게 전하려고 노력하지 않으면 안 된다.

제9권

〔1756년 4월~1757년 12월〕

하루라도 빨리 에르미타주에서 살고 싶어 아름다운 계절이 오기를 기다리지 못하고, 이사할 준비가 끝나자 서둘러 이사를 했다. 올바크 패거리들은 신나게 조롱을 퍼부으며 "고독 때문에 석달도 채 견뎌내지 못 할 거다. 이제 두고 봐라. 부끄러운 듯이 몰래 되돌아와 빠리에서 남들처럼 살게 될 테니" 하고 잘난 듯이 큰소리치고 있었다. 나로 말하면 15년이나 내 본래의 영역을 떠나 있다가 겨우 그곳으로 되돌아가려는 것이었으므로 그들의 냉소에 주의를 기울이지 않았다. 본의 아니게 사교계에 발을 들여놓은 뒤로 그 정다운 레 샤르메트와, 거기에서 보냈던 평온한 생활을 그리워하지 않은 적이 없었다. 나는 사교계 같은 곳을 떠나서 한적한 시골에 살도록 되어 있다고 느꼈고, 그 이외의 곳에서는 행복한 생활을 꾸려 나갈 수가 없었다. 베네치아에서 공무 집행 중에도, 명사로서 위엄을 가장하고 있을 때도, 승진을 꿈꾸며 가슴이 부풀어올랐을 때도, 또 파리에서 사교계의 소용돌이 속에 휩쓸려 만찬의 맛있는 음식에 취하고 화려한 극장 구경 속에 파묻혀 허영에 들떠 있을 때도, 언제나 내 무성한 숲과 작은 시내의 속삭임과 고독한 산책들이 추억에 되살아 마음을 흔들고 향수를 일깨워 덧없는 동경이나 욕망으로부터 나를 끌어내는 것이었다. 지금까지 그럭저럭 복종해 온 온갖 일, 가끔 발작하듯이 정열을 불러일으키던 야심찬 계획, 그런 모든 것도 언젠가는 여유 있고 행복한 전원 생활로 찾아들려는 이외에 다른 목적은 없었던 것이다. 아마도 이제야 그 전원 생활로 들어가게 되나 보다고 기뻐했다. 그 목적을 달성할 수 있는 유일한 방법이라고 생각되는 충분한 여유가 없었지만, 나 같은 특수한 경우에서는 그런 여유가 없어도 해나갈 수 있으며, 정반대의 수단으로도 같은 목적을 달성할 수 있다고 생각했다. 고정 수입은 없었으나 명성과 재능이 있었다. 검소한 생활에 익숙하고, 비싼 물건을 사거나 겉치레 같은 것은 전혀 하지 않았다. 그리고 게으르기는 하지만 마음만 내키면 열심히 일했다. 내 게으름은 놀고 먹는 그런 게으름이라기보다는 남에게 구속받기를 싫어하는 게으름으로, 내 기분이 내키는 시간에만 일을 하고 싶어하는 것이다. 악보 베끼기 직업은 화려하지도 못했고 대단한 벌이도 안됐지만, 착실한 직업이었다. 이런 직업을 택한 내 용기에 일반 사람들도 호감을 갖고 있었다. 일거리가 떨어질 염려도 없었고, 착실히 일만 하면 충분히 그걸로 먹고 살 수 있었다. 《마을의 점쟁이》와 그 밖의 저술로부터의 수입이 2천 프랑 정도 남아 있어서 당분간 생활에 곤란은 받지 않을 것이고, 또 지금 계획중인 여러 가지 저술로 서점에 신세질 필요도 없어, 과로하지 않고 산책의 여가도 즐기면서 여유 있게 일할 것을 기대할 수 있었다. 가족도 셋밖에 안되고 저마다 자기 맡은 일이 있었으므로 생활비도 그리 많이 들지 않았다. 요컨대 나의 필요와 욕구에 알맞는 재력은, 내 성격이 택한 이 생활을 당연히 행복하고 오래 계속되는 것으로 해줄 수 있었다.

오로지 돈만 벌려고 하면 얼마든지 벌 수 있었다. 그리고 내 펜을 악보 베끼는 데 예속시키는 대신, 전적으로 책을 쓰는 일에 바칠 수도 있었으리라. 이미 명성은 높아져 있었고 그것을 유지할 만한 자신도 있었으므로, 오로지 좋은 책을 내는 데만 마음을 쓰고 거기에 작가로서의 잔꾀를 쓸 생각만 있었으면 책을 써서 유복하고 호사로운 생활을 할 수도 있었으리라. 그러나 빵을 얻기 위해 글을 쓴다는 것은 머잖아 하늘이 주신 자신의 재능을 질식시키며 죽이는 것이었다. 재능은 펜끝에 있다기보다는 마음속에 있는 것으로서, 고상하고 자랑스런 사고방식만이 재능을 길러 주는 것이다. 어떤 참신하고 위대한 작품도 돈벌이만을 위주로 하는 펜에서는 결코 나올 수 없는 법이다. 돈의 필요 때문에, 또는 돈 욕심 때문에 펜을 든다면 아마 좋은 작품을 쓴다기 보다는 빨리 쓰게 될 것이다. 빨리 쓴 작품으로 성공을 바란다면 나는 여러 가지 음모에 빠지거나, 아니면 유익하고 참된 작품보다는 애써 대중의 인기를 끄는 작품들을 쓰게 될 것이다. 그랬다면 나는 뛰어난 작가보다는 삼류 작가밖에 되지 못했을 것이다. 그것은 안될 말이다. 작가란 글쓰기를 직업으로 여기지 않을 때만 환영을 받고 존경을 받을 수 있는 것이라고 나는 생각해 왔다. 살아가는 것만을 생각할 때 고상한 사고방식을 갖는다는 것은 어려운 일이다. 위대한 진리를 말하는 힘과 용기를 갖기 위해서는 성공을 무시하지 않으면 안된다. 나는 다른 것은 전혀 생각하지 않고 다만 공공의 복지를 위해 말했다는 확신을 가지고 내 책을 대중 앞에 내놓았다. 그 책이 환영을 받지 못하게 된다면, 그것을 이용하지 않을 사람들에게 그만큼 손실이 될 뿐이다. 그러므로 나로서는 먹고 살기 위해서 그들의 칭찬이 필요하지 않았다. 책이 안 팔려도 내 직업으로 먹고 살아갈 수 있었던 것이다. 또 바로 그 때문에 내 책은 팔린 것이다.

다시는 도시에서 살지 않으려고 도시를 떠난 것은 1756년 4월 9일이었다. 그 뒤로 파리나 런던, 그 밖의 도시에서 몇 번인가 잠시 머문 일은 있어도 언제나 지나던 길에 들르거나 타의에 의해 머물렀던 것이었다. 에피네 부인은 우리 세 사람을 그녀의 마차로 태우러 왔다. 부인의 소작인이 내 짐을 날라 주어서, 나는 그날로 그곳에 기거했다. 이 아담한 은신처는 설비와 가구가 간소하긴 했지만 깔끔해서 오히려 예스럽고 아담한 정취가 있었다. 이 설비에 대해서 손수 여러 가지 지시를 해준 사람을 나는 더없이 고맙게 생각했다. 그리고 부인이 나를 위해 일부러 지어 준, 내 마음에 드는 집에서 그런 다정한 사람의 손님이 되는 것은 말할 수 없이 흐뭇한 일이었다.

날씨가 추워 아직 눈이 남아 있었지만 땅에는 새로운 움이 트고 있었다. 오랑캐꽃과 앵초가 눈에 띄었고 나뭇가지에는 눈이 트기 시작했다. 도착하던 그날 밤 나는 밤꾀꼬리의 울음소리를 퍽 인상 깊게 들었다. 그 소리는 내 창문 바로 옆 숲속에서 들렸다. 잠깐 눈을 붙이고 나서 잠에서 깨었을 때 나는 이사 온 것을 깜박 잊고 아직도 그르넬 거리에 있는 것처럼 착각했다. 그때 갑자기 꾀꼬리가 지저귀는 소리를 듣고 부르르 몸을 떨며 "드디어 모든 소원이 이루어졌다!" 하고 소리쳤다. 나는 우선 내 주위의 전원 풍경에 심신을 내맡기려 했다. 방안을 정리하는 대신 먼저 산책 갈 준비를 시작했다. 그 이튿날엔 작은 길이며 잡목 숲이며 구석진 어느 곳도 돌아보지 않은 곳이 없었다. 내 마음을 끄는 이 에르미타주는 살피면 살필수록 내게는 안성맞춤이라고 느껴졌다. 황량하기보다는 적막한 느낌이 드는 이곳은 마치 이 세상 끝으로 온 것 같이 상상되었다. 도시 근처에서는 볼 수 없는 매력 있는 아름다움이 그곳에 있었다. 갑자기 이곳에 끌려온 사람이라면 자기가 파리에서 40리밖에 안되는 곳에 와 있다고는 도저히 생각할 수 없었을 것이다.

며칠 동안 전원의 기쁨에 잠긴 뒤에야 비로소 초고를 정리하기도 하고 일의 순서를 정하기도 해야겠다는 생각이 났다. 지금까지 언제나 해온 것처럼 오전에는 악보를 베끼고 오후에는 회고 작은 수첩과 연필을 가지고 산책을 하기로 했다. 하늘 아래가 아니고서는 마음대로 생각하고 쓰고 할 수 없었으므로 이 방법을 바꿀 생각이 들지 않았다. 그리고 바로 저 문 앞의 가까운 몽모랑시 숲이 앞으로는 나의 서재가 될 예정이었다. 이미 착수하고 있던 몇몇의 저술을 대강 한번 훑어보았다. 계획으로서는 훌륭한 것이었지만, 도시의 시끄러움 때문에 그 실행이 부진했었다. 방해받는 일만 줄어든다면 앞으로 좀더 열렬하게 할 예정이었다. 또 이 기대대로 충분히 이행했다고 생각된다. 가끔 병을 앓거나 라 슈브레트나, 에피네, 오본느, 몽모랑시의 집으로 끌려 다녔고, 설령 집에 있었다 해도 일없이 놀기 좋아하는 무리들에게 가끔 시달렸으며, 또 하루의 반은 언제나 악보 베끼기로 보냈건만, 에르미타주와 몽모랑시에서 보낸 6년 사이에 쓴 저술의 수를 헤아려 본다면, 그 동안에 보낸 시간이 적어도 일없이 보낸 것이 아니라는 것쯤은 알 수 있다.

 내가 이미 착수하였던 몇 개의 원고 가운데 오래 전부터 구상하고 있었고, 가장 관심을 가지고 전념해 왔으며, 필생의 사업으로 생각했고, 또 자신의 명성을 확인할 수 있다고 자처했던 것은 《정치 제도론》이었다. 이것을 내가 처음으로 시작한 것은 14년 전이었다. 베네치아에 있을 때 나는 그토록 칭찬받고 있는 그 정부에도 여러 가지 결함이 있는 것을 실제로 보고 들을 기회를 가졌다. 그뒤로 내 시야는 인간 윤리의 역사적 연구에 의해서 크게 넓어졌다. 나는 모든 것이 근본적으로 정치에 연결되어 있다는 것, 어떤 방법을 쓰건 모든 국민은 그 정부의 성격에서 벗어나지 못한다는 것을 알았다. 따라서 가능한 최선의 정부란 어떤 것인가 하는 문제는 다음의 물음에 귀착한다고 생각하게 되었다. 즉, 가장 도덕에 충실하고 견식이 있는, 또 가장 현명한, 요컨대 가장 넓은 의미에서 최선의 국민을 양성하는 데 가장 적당한 정치란 어떤 것일까? 이 물음은 표현은 다르지만, 다음 물음과 긴밀한 관계를 갖는 것으로 생각했다. 그 성격상 언제나 법률과 가장 긴밀히 연결되는 정부란 어떤 것일까? 여기에서 법률이란 무엇인가? 그 밖에 여기에 관련된 중요한 문제가 얼마든지 나올 수 있다. 그러한 문제는 어느 것이나 인류의 행복, 그 중에서도 내 조국의 행복에 대해 여러 가지 유용하고 위대한 진리로 나를 이끌어 준다고 생각했다. 최근 제네바 여행에서 나는 내 마음에 드는 법률이나 자유에 관한 만족할 만한, 충분히 바르고 정확한 어떠한 관념도 발견할 수 없었다. 그래서 그러한 관념을 내 조국 사람들에게 주는 이 간접적인 방법이야말로 그들의 자존심을 건드리지 않는 가장 적당한 방법이며, 또 내가 그들보다도 조금 진보적인 견해를 가진다는 것을 조용히 인정하게 만드는 최선의 방법이라고 생각했다.

이 저술을 시작한 지 벌써 5,6년이나 되는데도 여지껏 아무런 진척이 없었다. 이런 종류의 책은 숙고와 여가와 안정이 필요했다. 그리고 나는 이 계획을 아무에게도, 심지어 디드로에게도 알리지 않았다. 이것을 쓰고 있는 그 시대나 그 나라에 대해 이 저서가 너무 대담하게 보이지나 않을까 하는 생각, 또 친구들이 겁을 먹고 내 집필을 방해하지나 않을까 하는 생각, 나는 그런 염려를 하고 있었다.[*1] 또 이것이 제때에, 또는 내가 살아 있는 동안에 발표할 수 있게 완성될지도 몰랐다. 어느 것에도 구속받지 않고 필요하다고 생각되는 것은 모조리 주제에 담을 수 있게 하고 싶었다. 물론 풍자하고자 하는 나쁜 뜻은 전혀 없었고, 또 당장 적용시키려는 생각도 없었으므로, 공평 무사한 태도에는 조금도 지장이 없었다. 태어날 때부터 지녀 온 사상의 자유는 물론 마음껏 행사할 예정이었지만, 지금까지 내가 그 지배 아래에 생활하고 있는 정부를 언제나 존경하고, 결코 그 법률을 어기는 일은 하지 않았다. 그리고 국제법, 이것을 어기지 않도록 아주 주의하지만 그렇다고 이 법률로 얻어지는 이익을 포기할 필요는 없다고 생각하고 있었다.

솔직히 말해서 외국인으로서 프랑스에 살고 있는 나로서는, 진실을 과감하게 말하기에는 형편이 유리했다. 허가 없이는 내가 하고 싶은 대로 조국에서는 출판할 수 없게 된다면, 그것을 어디에서 발표를 하건 나의 주의에 대하여 본국의 그 누구에게도 변명할 필요가 없다는 것을 나는 잘 알고 있었기 때문이다. 제네바에서는 그만큼 자유가 없었을 것이다. 거기에서는 어디에서 내 책이 출판되든, 관리는 그 내용에 대해 간섭할 권리를 갖고 있었다. 에피네 부인의 간청을 받아 들여 제네바 이주 계획을 버린 것도 이런 고려가 크게 영향을 미친 결과였다. 《에밀》에서 내가 말하고 있는 것처럼, 그 누구든 음모가가 아닌 이상 책을 조국의 참된 행복을 위해 바치려 한다면, 결코 국내에서 그것을 써

[*1] 내가 이런 염려를 갖게끔 된 것은 특히 뒤클로의 현명하고 엄정한 판단 때문이었다. 이유인즉, 디드로와 상의를 하여 쓰는 것은 모두가 웬일인지, 언제나 내 성격상 그렇게 될 수 있다고 생각되는 이상으로 신랄하게 풍자하는 것이 되어 버리는 것이다. 오로지 이성의 힘을 움직여 짜증이나 불공평 같은 흔적을 남기지 않으려는 계획으로, 디드로와 상의하려는 내 생각을 그만두게 한 것은 그런 이유에서였다. 이 작품을 내가 어떤 태도로 썼나 하는 것은, 이것에서 나오게 될 《사회계약론》의 태도로 판단할 수 있다고 생각한다.

서는 안 된다고 생각하고 있었기 때문이었다.

　내 형편이 더욱 유리하다고 생각된 것은, 프랑스 정부가 그리 대단한 호의의 눈으로 보고 있지는 않으나, 나를 보호까지는 못해 주어도 최소한 가만히 내 버려두리라는 확신이 서 있었기 때문이었다. 금지할 수 없을 바엔 묵인해 두는 것이 사실 무척 간단하고 가장 영리한 정책인 것처럼 생각되었다. 설령 프랑스 정부가 강권을 발동해서 나를 프랑스에서 추방해 보았자 내 책이 나오지 않을 리 없었고, 내용은 도리어 더 신랄하게 쓰였을지도 모른다. 그렇지 않고 그를 조용히 내버려두면 지은이가 그 저술에 책임을 질 것이다. 게다가 프랑스는 국제법을 존중하는 나라라는 평판을 얻게 되고, 유럽의 다른 나라에 깊이 뿌리박혀 있는 갖가지 편견을 씻어 버리게 되는 것이다.

　이러한 나의 신뢰가 뒷날 사건으로 보아 헛된 것이었다고 판단하는 사람들은 그렇게 말하는 자신이 틀린 것이리라. 내가 받은 박해가 내 책 때문이라고 하지만, 사실 그들이 나쁜 뜻을 품고 있었던 것은 나 개인에 대해서였다. 책의 지은이로는 거의 문제가 안 되었고, 다만 장 자크라는 인간만을 파멸시키려고 했던 것이다. 그들이 내 저서에서 생각해 낸 큰 죄악 가운데 하나는 그 저서가 내게 명예를 가져다 줄지도 모른다는 것이었다. 이야기를 미래로 건너뛰게 하지 말자. 아직도 내게는 하나의 수수께끼인 이 점이 앞으로 독자에게 명백하게 이해될지 모르겠다. 다만 내가 아는 것은, 내가 표명한 이론이 내가 받은 박해의 직접적 원인이었다면 나는 보다 일찍 박해의 희생물이 되었을 것이라는 점이다. 현재 내가 지은 모든 저술들 가운데서, 그 이론이 노골적이라고까지 할 수는 없어도 가장 대담하게 표명되어 있는 것《불평등 기원론》이 뚜렷하게 좋은 효과를 나타내고 있었다. 게다가 이것은 에르미타주에 은둔하기 이전(1755년)이었는데, 누구 한 사람 그 저서에 대해 내게 도전한 일은 물론 프랑스 국내에서의 발행을 방해하려고도 하지 않았다. 이는 네덜란드에서도 마찬가지였으며 프랑스에서는 공공연히 팔리고 있었던 것이다. 그뒤《신 엘로이즈》가 나왔으나(1761년), 이것 또한 마찬가지로 아무 일 없었으며 오히려 호평을 받았다고 해도 과언이 아니었다. 더욱이 알 수 없는 것은《신 엘로이즈》에 나오는 임종의 신앙 고백이 사부아 보좌 신부의 신앙 고백(《에밀》)과 완전히 같다는 점이다.《사회계약론》에서의 대담한 이론들은 모두 그 이전에《불평등 기원론》가운데 있었고,《에밀》에서의 대담한 이론은 모두 그 이전에《쥘리》속에 있었다.

그런데 그들 대담한 이론은 앞에 나온 두 저서 《불평등 기원론》과 《신 엘로이즈》에는 아무런 물의도 일으키지 않았다. 때문에 뒤에 나온 두 저서에 대해서 물의를 일으킨 것은 그것들의 대담한 이론 때문이 아닌 것이 분명하다.

이 무렵 《정치 제도론》과 거의 같은 종류의 것으로 훨씬 새로운 복안을 세운 또 하나의 계획에 한층 관심을 뺏기고 있었다. 그것은 생 피에르 신부의 저술에서 발췌하는 것으로서, 이에 대해서는 다른 얘기에 쫓기어 지금껏 언급하지 못했다. 착상을 한 것은 제네바에서 돌아온 뒤부터였는데, 마블리 신부의 암시에 따른 것으로, 그것도 직접이 아니라 뒤팽 부인의 주선에 의한 것이었다. 부인은 이것을 내게 맡기고 싶어했다. 부인은 파리에서 손꼽히는 서너 명의 미인 중의 한 사람이었다. 나이 많은 생 피에르 신부는 그런 그녀에게 귀여움을 받고 그 호의에 들떠 있었다. 그녀는 이 나이 많은 신부를 독점하지 않고 에귀용 부인과 공유하고 있었다. 뒤팽 부인은 이 늙은 신부가 죽은 뒤에도 존경과 애정을 품고 있어, 세상에서는 두 사람의 훌륭한 교제에 칭찬을 보내고 있었다. 그러므로 자기의 비서(루소)를 통해 부인 친구의 사산아(死産兒)라고도 할 수 있는 저술이 되살아나는 것을 본다면, 그녀의 자부심은 만족을 느꼈을 것이다. 그러나 그 표현이 무척 서툴러서 도저히 읽어 내려갈 수 없었다. 게다가 놀라운 것은 생 피에르 신부가 그 책의 독자를 성장하는 아이들에게 두고 있으면서도 그런 청소년들은 이해를 할 수 없는, 마치 어른을 상대로 한 필치로 썼다는 점이었다. 이 일이 내게 추천된 것도 그 때문이었다. 이것은 일 자체가 유익하기도 했고, 또 사색에 시달리는 것은 몹시 피로한 일이므로 자신이 창작하기보다 남의 사상을 자신이 좋은 대로 해석하고 부연해 가는 편이 수월하다고 생각하는, 지은이가 되기는 귀찮아도 남의 것을 옮겨쓰는 수고는 아끼지 않는다는 그런 사람에게는 정말 안성맞춤이었다. 게다가 번역하는 것뿐만 아니라 필요에 따라 자신의 생각을 보태도 상관없었으므로 이 저서 속에 여러 가지 중대한 진리를 내 이름이 아닌, 생 피에르 신부의 이름으로 써 넣을 수 있었다. 그렇지만 이 일은 그리 간단하지 않았다. 어쨌든 스물세 권이라는 산만하고 착잡하며, 공연히 길기만 하고, 중복과 좁은 소견, 그릇된 견해로 가득찬 저술을 모두 읽고 생각하고 요약한다는 것은 그리 간단한 일은 아니었다. 그 중에서 이 고통스런 일을 견뎌 나갈 수 있는 용기를 북돋워 주는, 무언가 위대하고 아름다운 데를 찾아내야만 했다. 무난히 약속을 취소할 수만 있다면 일을 집어치우려고 혼자 몇 번이나 생각했는지 모른다. 그러나 생 랑베르에게서 부탁을 받고, 신부의 조카인 생 피에르 백작이 내게 보낸 이 원고를 받았을 때는 어떻게든지 해보겠다는 약속을 미리 했던 것이다. 그러니 그때 결심하고 돌려 주든가, 아니면 어떻게든 물건을 만들어 내도록 노력하든가 결정을 지어야만 했었다. 나는 후자를 택하고 이 원고를 에르미타주로 가지고 온 것이었다. 그래서 이것을 여기서의 첫 일거리로 삼아 내 여가를 바치기로 했다.

나는 또 세 번째 일을 계획하고 있었다. 이 착상은 나 자신을 관찰해서 얻은 것으로, 이것을 내가 세운 계획대로 실천할 수 있다면 사람들을 위해 참으로 유익한 책, 사람들에게 이바지할 수 있는 유익한 것 가운데 하나일 수도 있는 책을 만들 수 있으리라 생각하고 있었던 만큼, 더 그것을 써 보려는 용기를 갖게 되었던 것이다. 대부분의 사람들은 일생 동안 자신과는 전혀 닮지도 않거나 전혀 다른 인간으로 변해 버리는 수가 있음을 우리는 분명히 보아 왔다. 그런 누구나 아는 사실을 증명하기 위해 한 권의 책을 만들려는 것은 아니었다. 보다 새롭고 중요한 목적이 있었다. 그것은 그런 변화의 원인을 탐구하고, 우리 속에서 비롯되는 원인에 주목하여 보다 나은 인간, 보다 자기에게 충실할 수 있는 인간이 되기 위해 그러한 원인을 우리 손으로 해결할 수 있는 방법을 보여 주려는 것이었다. 까닭인즉, 내가 이겨내지 않으면 안될 욕망이 이미 형태를 갖추고 난 다음에 그것에 대항하는 것은, 진실한 사람에게도 여간 어렵지 않으며, 이 점에는 이론이 있을 수 없지만, 만약 그러한 욕망의 근원을 거슬러 올라갈 수 있을 경우, 그 근원에서 욕망을 예방하고 변경하며 수정하는 것은 그리 어렵지 않기 때문이다. 인간이 유혹을 당해도 그가 강하다면 한 번쯤은 저항한다. 그러나 그 사람이 약하다면 두 번째는 지고 만다. 그가 만약 처음과 마찬가지였다면 지지는 않았을 것이다.

나는 이런 여러 태도를 자신 속에서 찾아내고, 또 다른 사람 속에서 찾아낸 결과 그런 태도의 대부분이 외부의 대상에서 받기 이전의 낡은 인상에서 비롯된다는 것, 또 우리는 감각이나 기관을 통해 끊임없이 수정되며, 알지 못하는 사이에 사상, 감정, 행위까지 변화되고 수정된다는 것을 깨달았다. 내가 수집한 뚜렷하고 많은 관찰들은 이론의 여지가 없는 것이었다. 그리고 그 관찰들을 물리적 원칙에 근거하여 상황에 따라 변화하면서, 정신을 도덕적으로 가장 바람직한 상태에 놓아 둘 수 있고, 또 가장 바람직한 상태로 유지할 수 있는 외적 기준을 제공해 주는 것으로 생각했다. 정신적 질서를 어지럽히는 육체의 동물적 기능을 정신적 질서를 돕는 방향으로 움직이게 할 수 있다면, 이성은 얼마나 많은 잘못에서 벗어날 수 있고, 얼마나 많은 악덕을 미리 방지했을 것인가! 기후, 계절, 소리와 빛깔, 어둠과 빛, 원소, 식물, 시끄러움과 조용함, 운동과 휴식, 그런 모든 것은 우리의 육체에 작용하고 정신에 영향을 끼친다. 따라서 그런 모든 것들은 우리를 지배하는 감정을 그 뿌리에서부터 막아내도록 거의 확실한 많은 방법들을 우리에게 제공하고 있다. 이것이 이미 초고에 써 두었던 근본 사상이었다. 그리고 그것을 표현하는 것이 재미있듯이, 읽기에도 더 재미있는 책을 쉽사리 만들 수 있을 것 같아서, 참되게 도덕을 사랑하면서도 자신의 약한 것에 자신감을 잃고 있는, 천성이 선량한 사람들에게는 특히 이 사상이 확실한 효과를 주게 되리라는 기대를 가지고 있었다. 표제는 《감각적 도덕, 또는 철인의 유물주의》였다. 그러나 이 저작에는 그 뒤에 거의 손을 댈 여지가 없었다. 곧 그 원인을 알게 되겠지만, 여러 가지 장애 때문에 그 일에 전념할 수 없게 되었다. 이 초고의 운명이—그것은 예상보다도 나의 운명과 밀접하게 결합되어 있는—어떻게 되었는가도 곧 알게 될 것이다.

위에 말한 것 외에, 나는 얼마 전부터 계통이 선 하나의 교육법을 생각하고 있었다. 슈농소 부인이 자기 아들에 대한 남편의 교육법이 염려가 되어 그 연구를 내게 부탁했던 것이다. 이 일(《에밀》)에는 흥미가 없었지만 강한 우정에 끌려 다른 주제보다도 이 일에 마음이 끌리게 되었다. 그래서 지금까지 말해 온 주제들 중에서 이것만이 그 목적을 달성하게 되었다. 이 일을 할 때 내가 세운 목적으로 본다면, 당연히 나에게 보다 다른 운명을 가져다 주었어야 했다고 생각한다. 그러나 이 불길한 제목에 대해서는 여기에서 미리 말하지 않겠다. 앞으로 두고 두고 싫증나도록 이야기를 하게 되리라.

이런 온갖 계획이 산책 중 사색의 주제였다. 이미 말한 바와 같이 나는 걸어갈 때에만 사색할 수 있다. 걸음을 멈추면 생각은 그 즉시 사라진다. 즉 뇌가 발과 함께 하지 않으면 전진을 못하는 것이다. 그렇지만 비오는 날을 위해 서재에서 할 일을 미리 마련해 두었다. 그것은 《악전》이었다. 자료가 흩어져 달아나고, 뒤죽박죽 제대로 돼 있지 않았으므로 거의 새로 다시 시작해야만 했다. 그 일에 도움이 될까 해서 책을 몇 권 가지고 왔다. 왕립 도서관에서도 많은 책을 빌렸고, 두 달이나 걸려 발췌를 해두었다. 그리고 왕립 도서관에서 빌린 책 중 몇 권은 허가를 받아 에르미타주로 가져왔다. 날씨 때문에 밖에 나올 수 없을 때나 악보 베끼기에 진력이 났을 때, 집 안에서 정리하기 위한 자료는 그런 식으로 갖춰져 있었다. 이 일이 배열에 아주 적절하였으므로 에르미타주에서도 몽모랑시에서도, 그리고 나중에 모티에에서도 이런 방법이 도움이 되었다. 모티에에서는 다른 일은 하면서 이 사전 일은 완성했는데, (1767년 출판) 일을 번갈아 하는 것이 피로 해소가 된다는 사실을 나는 늘 생각하게 되었다.

한동안 제법 예정된 시간표에 정확히 따라가서 만족을 느낄 수 있었다. 그런데 아름다운 계절이 되어 에피네 부인이 에피네와 라 슈브레트로 자주 다니게 되자, 처음에는 대수롭지 않던 상대하는 시간이 예정에 들어 있지 않았던 만큼 나의 다른 계획을 뒤틀리게 만들었다. 이미 말했듯이 에피네 부인은 매우 싹싹한 성격이어서 많은 친구들을 사랑하고, 그들을 위해 열심히 뒤를 보살펴 주었다. 친구들을 위해서라면 시간도 봉사도 아끼지 않았다. 친구들도 그 은혜로 그녀를 마땅히 극진하게 대해 주었다. 지금까지 나는 별로 의무라고 생각하지도 않고 그 의무를 다해 왔다. 그러나 결국 우정 때문에 그 부담을 느끼지 못하고 있었지만, 내가 하나의 쇠사슬에 매여 있었다는 것을 알았다. 수없이 많은 사교계에 대한 혐오에서 나는 이 부담을 절실히 느꼈다. 에피네 부인은 그러한 나의 기분을 교묘히 이용해서 나를 만족시켜 주는 것 같지만, 실은 자신을 위한 제안을 하나 해 왔다. 앞으로는 그녀 혼자일 때나 거의 혼자나 다름 없을 때는 그때마다 미리 내게 알려 준다는 것이었다. 나는 내가 얼마나 구속받을까도 생각하지 못하고 그것에 동의했다. 그 결과 나는 내가 좋을 때 그녀를 방문하지 못하고 그녀가 좋을 때만 찾아가게 되었다. 또 단 하루도 내가 자유로이 지낼 수 있는 날을 확정할 수 없게 되었다. 이 속박으로 부인을 찾아가는 지금까지의 즐거움이 확 줄어 버렸다.

그녀가 그렇게 약속한 내 자유도, 내가 그 자유를 결코 이용하지 않는다는 조건으로 내게 주어진 데 불과한 것임을 알았다. 한두 번 내 마음대로 해보려 했으나 심부름이다, 편지다, 건강에 대한 주의다 하고 부리는 형편이어서, 병석에 누워 있다는 핑계라도 대지 않는 한은 그쪽의 말 한 마디로 달려가야만 된다는 것을 똑똑히 알게 되었다. 이 고된 일에는 아무래도 복종해야만 되었다. 나는 복종했다. 예속을 그토록 적대시해 온 내가, 오히려 자진해서 그것에 복종하게 되었다는 것은 그녀에 대한 참다운 애정이 그것과 연결되어 있는 고삐를 고삐로 느끼지 않게 했기 때문이었다. 부인은 그렇게 해서 단골 친구들이 없을 때의 적적함을 그럭저럭 넘기는 것이었다. 그런 것이 그녀에게는 별다른 도움이 되지 못했지만, 그래도 고독을 도저히 견뎌내지 못하는 그녀에게는 고독보다는 나았던 것이다. 하기야 그러한 고독은 문학에 취미를 붙여 소설·서간문·희극·산문, 그밖에 그것과 비슷한 너절한 것들을 좋든 나쁘든 그녀가 직접 만들어 보려고 마음을 쓰게 된 뒤부터는 전보다 수월하게 기분을 달랠 수 있었다. 그러나 부인의 마음을 위로하는 것은 그런 것을 자신이 쓰는 것보다는 오히려 남이 읽는 것을 듣는 것이어서, 가끔 두세 쪽 휘갈기는 정도이긴 하지만, 그러한 일을 하고 난 뒤는, 적어도 그것을 경청하는 두서너 명의 청강자가 꼭 있어야만 했다.

내가 그 두서너 명 청강자 중에 뽑히는 명예를 가지려면 다른 사람의 특별한 추천을 받아야만 했다. 나 혼자서는 거의 언제나 모든 일에서 대단찮은 존재였다. 그 점은 에피네 부인의 사교계에 국한하지 않고, 올바크 씨의 집에서도 그러했고 그림이 주동이 되는 곳이면 어디나 그러했다.

어느 곳에서든지 그러한 군더더기 대접을 받는 것은 내게 당연한 일이었지만, 마주 대할 때만은 당황해서 어떤 태도를 취해야 할지 몰랐다. 소질도 없는 문학 이야기를 할 용기도 없었고, 염담(艶談) 같은 것은 너무 쑥스러워 그 계통의 늙다리들의 비웃음거리가 된다는 것이 죽기 보다 싫었으므로 입 밖에 낼 수도 없었다. 게다가 또 에피네 부인 옆으로 가면 그런 생각은 일어나지 않았다. 평생을 그녀 옆에서 지냈더라도 그런 생각은 단 한 번도 일어나지 않았을 것이다. 그녀의 인품을 혐오했던 것은 아니다. 반대로 그녀의 친구로서 그녀를 너무나 사랑했기 때문에, 애인으로서 그녀를 사랑할 수는 없는 때문인 것 같았다. 그녀와 만나고 같이 이야기를 나누는 것이 나는 정말로 기뻤다. 그녀의 이야기는 여럿이 모여 있는 가운데서 들으면 꽤 재미있었지만 혼자서 들으면 운치가 없었다. 내 이야기 또한 뛰어나지 못했으므로 그녀에게 그다지 위안은 되지 않았다. 나는 너무 오래 잠자코 있는 것이 어색하여 지혜를 짜서 화제를 꺼내려 했다. 그 때문에 가끔 피로하기는 했지만 지루하지는 않았다. 인사로 간단한 염려를 해주기도 하고, 형제의 입맞춤을 하기도 했다. 그것이 내게는 무척 즐거웠다. 그런 입맞춤을 하더라도 그녀를 육체의 욕망을 채워주는 대상으로 생각해 본 적이 없었다. 그것이 모두였다. 그녀는 너무 야위었고, 창백했으며 가슴도 전혀 없는 거나 마찬가지였다. 그런 결함만으로도 나를 냉각시키기에는 충분했다. 내 마음도, 내 감각도, 유방이 불룩 솟아 있지 않은 여자는 여자로 인정할 수 없었다. 대수롭지 않은 여러 가지 원인으로 해서, 그녀 옆에 있어도 나는 언제나 상대가 이성이라는 것을 잊어버리는 형편이었다.

그리하여 어쩔 수 없는 복종을 각오하고는 아무 저항 없이 그것에 몸을 맡겼다. 그리고 적어도 최초의 1년 동안은 그런 복종이 생각보다는 큰 부담이 안 되는 것임을 깨달았다. 에피네 부인은 거의 시골에서 여름을 지내는 것이 보통이었는데, 그해는 파리에서 볼일이 더 많았는지, 아니면 그림이 없어서 라 슈브레트에 머무는 것이 재미 없었는지, 시골 생활은 그저 잠시뿐이었다. 나는 부인이 찾아오지 않는 동안과 찾아와도 손님이 많은 동안을 이용해서, 상냥한 테레즈와 그 어머니뿐인 나의 고독한 생활을 즐기며 그 고마움을 속속들이 맛보았다. 나는 과거 몇 해 동안 시골에는 꽤 자주 갔지만 그런 것을 맛볼 기회는 거의 없었다. 또 그런 여행에서는 언제나 잘난 체하는 무리들과 어울리거나, 언제나 불안한 생각에 사로잡혀 전원의 즐거움을 맛보고 싶은 마음만을 공연히 자극시킬 뿐, 눈 앞에 즐거운 풍경이 보일 때마다 그것을 즐길 수 없다는 안타까움만이 더욱 강하게 느껴지는 것이었다. 나는 살롱과 분수, 정원수와 화단 같은 것에는 권태를 느꼈다. 그리고 이런 모든 것들을 남에게 보여 주려는 사람은 더욱 질색이었다. 작은 책자, 클라브생, 세 사람이 하는 카드 놀이, 심심풀이의 뜨개질, 어리석은 농담, 얼빠진 애교, 시시한 만담, 소란스런 만찬회에는 이젠 지쳐 있었다. 그래서 보잘것없는 가시덤불, 울타리, 헛간, 목장 같은 것을 흘깃 보거나 작은 마을을 지나면서 사양채 잎을 썰어 넣은 맛있어 보이는 오믈렛의 냄새를 맡거나, 편물 뜨개질을 하며 부르는 시골 처녀의 촌스런 노래의 후렴을 멀리서 들을 때는 루즈도, 치맛단의 편물도, 호박(琥珀)도 악마에게 주어 버렸으면 싶었고, 농촌 아낙네가 만든 음식과 토박이 술을 그리워하면서 내가 저녁을 먹을 시간에 점심을 가져다 주기도 하고, 내가 잘 시간에 저녁을 내오곤 하는 수석 요리사 녀석이나 수석 종업원 녀석의 뺨을 후려갈기고 싶은 생각이 간절했다. 특히 갈겨주고 싶은 것은 종업원 녀석들이었다. 내가 먹는 것을 똑바로 바라보거나 목이 말라 못 견딜 지경이면 저희들 주인의 가짜 술을 카바레의 좋은 술보다 열 배나 더 비싸게 내게 강제로 팔았다.

드디어 나는 내 집으로—쾌적하고 한적한 에르미타주로—돌아왔다. 마치 그것을 위해 태어난 듯한 기분이 드는, 독립되고, 조용하며 평화로운 생활 가운데 자유로이 하루하루를 보낼 수 있는 몸이 되었다. 이토록 새로운 이 환경이 내 마음에 준 영향을 말하기 전에 내 마음의 숨은 애정을 다시 간단히 이야기해 두는 편이 좋겠다. 그리하면 독자는 이 새로운 변화의 과정을 그 원인에까지 거슬러 올라가 더 상세한 것을 알게 되리라.

나는 언제나 테레즈와 결합한 날을 나의 도덕적 존재를 결정한 날로 생각해 왔다. 나를 만족시켜 주는 것 같은 애정이 잔혹하게 깨지고 말았기 때문에 내게는 애착이 아쉬웠다. 행복에 대한 갈망은 인간의 마음속에서 영원히 사라지지 않을 것이다. 어머니는 이제 늙고 점점 천박해져 가고 있었다. 이젠 어머니가 이 세상에서 행복하지 못한 것을 나는 똑똑히 보아 왔다. 어머니의 행복을 둘이서 나눠 가질 희망이 완전히 없어진 이상은 나만의 행복을 구하는 길밖에 없었다. 나는 얼마 동안 이 생각 저 생각, 이런 계획 저런 계획으로 마음이 들떠 있었다. 베네치아로의 여행만 해도 그곳에 가서 종사했던 상사인 상대가 상식만 있었으면, 나를 관리 생활로 끌어들였을 수도 있었다. 나는 쉽게 낙담하는 인간이다. 힘들고 오래 걸리는 계획에는 특히 더했다. 그러한 실패로 다른 계획조차 싫어졌다. 그리고 내 옛날의 주의에 따라 먼 장래를 대비하는 계획은 그럴듯해서 유혹에 빠지기 쉽다고 생각하고, 그 뒤로는 그날그날 살아가기로 결정했다. 그러므로 이 세상에서 나의 노력을 유혹하는 것은 이제 하나도 보이지 않았다.

테레즈와 내가 알게 된 것은 바로 그러한 시기였다. 이 처녀의 상냥한 성격은 내 성격과 무척 비슷하게 생각되었다. 그래서 나는 세월이나 장애라는 시련 속에서도 애착을 가지고 그녀와 결합했다. 이 애착을 방해하는 것은 도리어 나의 애착심을 키웠을 뿐이었다. 이 애착이 앞으로 어떻게 깊어져 가는가는, 내 불행의 밑바닥에서 그녀가 얼마나 내 마음을 상하게 했는가, 그 고통과 슬픔을 말할 때 알게 될 것이다. 그러나 내가 이것을 쓰고 있는 지금까지 나는 아무에게도 그것에 대한 불평을 한 일이 없다.

테레즈와 떨어지지 않기 위해 모든 것을 다 하고, 모든 것에 용감하게 맞서며, 그리고 운명에도, 다른 사람들에게도 얽매이지 않고 25년(정확히는 22년 반)을 함께 지낸 다음, 그녀가 그런 기대와 간청을 한 것도 아니고 내가 그런 결정이나 약속을 한 것도 아닌데, 만년에 마침내 내가 그녀와 결혼했다는 것을 알게 될 때, 독자는 첫날부터 내 머리를 미치게 만든 매혹된 사랑이 쌓이고 쌓여 결국은 이런 이상스런 결과에까지 이끈 것이라고 생각할 것이며, 또 이런 결과가 되는 것을 방해하는 것으로도 생각되었던 특수하고 강력한 이유를 알게 되면, 그때는 더욱 그런 확신을 굳히게 되리라. 그렇다면 지금이야말로 나에 관해 알지 않으면 안될 모든 진실을 털어놓고, 즉 그녀와 만난 첫 순간부터 오늘날에 이르기까지 그녀에 대한 사랑의 불꽃을 조금도 느낀 일이 없고, 바랑 부인의 경우와 마찬가지로 테레즈를 내것으로 만들고 싶다고 바란 적은 없으며, 테레즈와 접촉해서 채워진 관능의 욕구가 내게는 단순한 성욕에 지나지 않는 것으로, 상대방의 개성과는 아무런 관계도 없다고 이렇게 말한다면, 독자는 어떻게 생각할 것인가? 이 사나이는 다른 인간과는 다른 체질로서 사랑을 느낄 수가 없는 모양이다라고 생각할 것이다. 아무튼 이 사나이는 친했던 여자들과 결합되는 감정 가운데는 연모의 정이 내포돼 있지 않았으려니 하고 생각하게 될 것이다. 조금만 참아 주시라, 독자여! 슬픈 순간이 곧 와서 여러분의 오해를 풀어 줄 것이다.

　독자들도 아시다시피 나는 같은 말을 되풀이한다. 그런데 그것은 어쩔 수 없는 일이다. 내 욕구 가운데 으뜸가는 것, 가장 크고 가장 강하며 가장 억제할 수 없는 것, 그것은 오로지 내 마음 안에 있었다. 그것은 격의없고 진심 어린 사귐, 가능한 한 격의없는 마음으로 가까이 지내고자 하는 욕구였다. 남자보다는 여자, 남자 친구보다는 여자 친구가 필요했던 것은 특히 그 때문이었다. 이 욕구는 육체만의 어떤 긴밀한 결합으로 그것을 만족시키기에는 불충분한 욕구였다. 하나의 육체에 두 개의 영혼이 깃들지 않으면 안 되었던 것이다. 그렇지 못하면 나는 언제나 허전함을 느끼는 것이다. 나는 그런 허전함을 이제 느끼지 않아도 될 때가 왔다고 생각했다. 이 젊은 여자는 여러 가지 뛰어난 성향이 태도에 나타나 있고, 또 그때에는 그 모습에서 받는 느낌도 좋고 귀여웠으며, 기교나 아첨 같은 것이 전혀 없었다. 이 여자라면 일찍이 내가 바라고 있는 것처럼, 내가 그녀의 존재만을 마음속에 간직할 수 있으면 상대는 내 존재만을 마음속에 간직해 주겠지 하고 생각했다. 다른 남자들에 대해선 아무것도 걱정할 필요가 없었다. 그녀가 참으로 사랑한 것은 틀림없이 나 한 사람뿐이었다고 지금도 믿고 있다. 그리고 그녀의 조용한 관능은 다른 남자들을 요구하지 않았던 것으로, 이 점에 관해서는 내가 그녀에게 욕정의 대상이 되는 것을 그만 둔 뒤로도 변함이 없었다. 내게는 가족이 없었지만, 그녀에게는 가족이 있었다. 그리고 그녀의 가족들은 모두 성향이 그녀와는 너무도 딴판이어서, 도저히 내 가족이 될 수 없었다. 이것이 내 첫 불행의 원인이었다.

나는 테레즈 어머니의 아들이 되어 보려고 얼마나 애를 썼던가! 그렇게 되기 위해서 나는 온갖 수단을 다했으나 결국 목적을 달성하지 못했다. 나는 우리의 이해관계를 하나로 묶어 보려고 했으나 그렇게 할 수가 없었다. 장모는 언제나 나와는 이해관계가 달랐으며, 오히려 상반되는 이해관계를 만들었다. 그것은 이미 나와 떨어질 수 없는 그 딸의 이해관계와도 상반되는 것이었다. 이 어머니와 테레즈 이외의 그녀의 자식들, 또 그 손자들은 마치 거머리처럼 테레즈에게 달라붙었다. 그들이 테레즈에게 끼치는 가장 가벼운 죄는 그녀의 물건을 훔치는 것이었다. 테레즈는 가엾게도 거머리들이 하자는 대로 하기까지에 이르러, 닥치는 대로 집어가든 살림살이를 뒤집어 놓은 잠자코 있었다. 나는 주머니를 털어 주고 온갖 충고를 다 했다. 그러나 이런 것은 테레즈에게 아무런 도움도 되지 않았으므로 그녀가 불쌍해서 견딜 수 없었다. 그녀를 그 어머니에게서 떼어놓으려고도 했다. 이것은 언제나 그녀가 반대했다. 나는 이 반대를 존중했고, 그 때문에 도리어 그녀의 인품을 높이 평가했다. 그렇다고는 하나 테레즈의 거절은 그녀의 손해나 나의 손해를 없애 주지는 못했다. 어머니와 그 가족들에게 얽매여 있는 그녀의 몸뚱이는 내것이거나 그녀 자신의 것이라기보다는 모친의 것이었다. 그들의 꾐이 그녀에게 한결 더 위험한 해독을 끼치는 것과 마찬가지로 그들의 탐욕은 그녀를 무일푼으로 만들었다. 어쨌든 나에 대한 사랑과 그 선량한 성격 덕분에 무조건 그들의 말에 따르지는 않았지만, 적어도 그 꾐은 내가 애써 불어넣어 주려는 훌륭한 교훈의 효과를 거의 없애 버리기에 충분했다. 또 이 때문에 내가 어떤 방법을 취하든 테레즈와 나는 언제까지나 두 사람이 따로 있지 않으면 안 되었다.

이런 까닭으로 내가 마음에서 모든 애정을 기울였고 서로 진지하게 애착을 느꼈지만, 역시 내 마음의 허전함은 충분히 채워질 수가 없었다. 어린애 그 자체만으로 허전함이 채워질 수 있었을 어린애들이 생겼다. 그러나 그것은 더욱 나쁜 결과를 가져왔다. 나는 이런 돼먹잖은 가족들에게 어린 것들이 맡겨져 더 나쁜 인간으로 양육되리라는 것에 치가 떨렸다. 차라리 고아원 교육이 훨씬 위험이 적었다. 이것이 내 결심의 이유로서, 프랑쾨유 부인에게 보낸 편지에 밝힌 어느 이유보다도 강한 이유였지만, 이것만은 도저히 부인에게 밝힐 수 없었다. 그것이 중대한 비난을 충분하게 변명하는 것이 되지 않는다는 것은 이미 알고 있었던 것이며, 다만 내가 사랑하는 사람의 가족의 결점을 드러내고 싶지 않았던 것이다. 그러나 테레즈 형제의 소행을 본 사람이면 나로서 이런 사람들이 받은 것 같은 교육을, 남이야 뭐라고 하든 내 자식에게 받도록 할 수 있었을지 판단이 설 줄 안다.

갈망하고 있던 그 마음으로부터 어우러진 교제, 그것을 충분히 맛보지 못한 나는 그것에 대신할 것을 찾게끔 되었다. 그것은 공허감을 채워주지는 못했으며 다소 달래주는 정도였다. 내게 모든 것을 바치는 친구란 없으므로, 자극으로 내 무기력함을 이겨내게 해주는 친구를 찾았다. 그리하여 디드로와 콩디야크 신부와 교제해 가며 그 친밀도를 더해갔다. 또 그림과도 더욱 친근하게 새로운 교우 관계를 맺게 되었다. 그리고 마침내 앞에서 말한 바 있는 그 불행한 논문 《학문예술론》으로 영구히 거기에서 빠져나올 작정이었던 문학 세계로 어느 틈엔가 다시 발을 들여놓게 되었다.

내가 뛰어든 새 길은 지금과는 다른 지적인 세계로 나를 끌어들였다. 나는 이 세계의 단순하고 자랑스러운 조직을 살펴보고 감격하지 않을 수 없었다. 그러나 이 세계로 들어와 보니, 우리 석학들의 학설의 오류와 어리석음, 우리 사회 조직의 압제와 비참함만이 눈에 띄게 되었다. 어리석은 자부심의 환상에 사로잡힌 나는 그러한 모든 허위를 없애기 위해 자신이 태어난 것처럼 믿게 되었다. 그리고 내 주장을 듣도록 하기 위해서 내 행위를 내 이론에 일치시키지 않으면 안된다고 생각하고, 남과는 다른 특수한 태도로 나갔다. 그러나 그런 태도는 모든 사람들이 용납하지 않았다. 내 친구라는 무리들은 그런 나의 실천을 그냥 지나쳐 보지 않았다.

이 실례에서 처음에는 나도 우스꽝스럽게 보였겠지만, 내가 그것을 끈기 있게 밀고 나갈 수 있었다면 결국에는 존경을 받게 되었을지도 모른다.

그전까지 나는 그저 선량하기만 하였다. 그때부터 도덕에 충실한 인간이 되었다. 적어도 덕이라는 것에 심취해 있었다. 이 심취는 처음엔 머릿속에서 뿐이었는데, 그것이 마음으로 옮겨졌다. 고귀한 자부심이 마음속에서, 허영심이 송두리째 뽑힌 부서진 조각 위에서 움텄다. 나는 아무것도 꾸미지 않았다. 실제로 있는 그대로의 인간이 되었다. 그리고 그 감정의 흔들림이 가장 강력히 이어진 적어도 4년 동안은, 인간의 마음이 지닐 수 있는 아름답고 위대한 것으로 내 힘이 미치지 못하는 것은 하늘과 나 사이에 하나도 없었다. 내가 갑자기 웅변가로 변한 것은 이 때문이며, 내 초기의 작품 가운데 나를 불태워 버린, 참으로 하늘의 불과 같은 것이 넘쳐 있는 것도 그 때문이다. 이 불이 40년 동안 미미한 불꽃조차 나타내지 못한 것은 아직 불이 붙지 못했기 때문이었다.

나는 완전히 변해 있었다. 친구도 아는 사람들도 나를 몰라볼 정도였다. 겁쟁이에 온순하다기보다는 부끄럼쟁이로서 과감히 사람 앞에 나서지도 못하고, 말도 못하며, 누구에게 조금만 놀림을 받아도 쩔쩔매고, 여자들이 흘끔 바라보기만 해도 얼굴을 붉히던 그런 인간은 아니었다. 대담하고 거만하며, 대중을 겁내지 않고, 어디를 가도 자신을 잃지 않았다. 그리고 그러한 자신감은 단순한 것으로, 동작보다는 정신 속에 들어 있었으므로 한층 단단했다. 깊은 성찰에서 나온 당시의 풍습이나 처세훈이나 편견에 대한 경멸감은, 그런 것을 가지고 있는 인간들의 비웃음에 부딪혀도 나를 무감각하게 했고, 그들의 약삭빠른 말재주도 나의 정정당당한 명언 앞에서는 마치 손가락 끝에 짓눌린 벌레나 마찬가지였다. 얼마나 달라진 것인가! 그 2년 전만 해도, 또 20년 뒤에도 무엇을 말해야 좋을지를 모르고 어떤 말을 해야 좋을지를 몰랐던, 그 똑같은 사나이의 가혹하고 신랄한 풍자를 파리 사람들은 저마다 지껄여댔던 것이다. 내 성질과 정반대의 상태를 여러분이 생각하신다면, 이때의 상태를 곧 알 수 있을 것이다. 내가 전혀 다른 사람이 되었던 내 생애의 그 짧은 한 기간을 생각해 보신다면, 지금 말하고 있는 이 시기에도 그것을 발견할 수 있으리라. 그런데 이 시기는 엿새나 6주 동안이라는 짧은 기간이 아니라 약 6년 가까이(1750년~1756년) 계속됐다. 그것도 특별한 사정으로 그때까지 일부러 멀리 떨어져 버렸던 자연으로 다시 돌아가지 않았던들, 아마 이 상태는 훨씬 오래 이어졌을지도 모른다.

파리를 떠나자 곧 새로운 변화가 시작되었다. 이 큰 도시의 악덕을 직접 눈으로 보지 않게 되자 격분할 일이 없어진 것이다. 사람을 대하지 않게 되자 그들을 경멸할 생각도 없어졌다. 사악한 인간들을 대하지 않게 되자 그들을 미워하지도 않게 되었다. 별로 남을 미워한 줄 모르는 내 마음은 이제 그들의 비참함을 동정하고 악의까지도 구별하지 않았다. 인간의 사악함도 요컨대 인간의 비참함과 분리해서 생각할 수는 없었다. 이리하여 성격은 아주 평온해지고, 그 대신 숭고하지는 못했지만, 이것이 곧 오랫동안 마음을 차지하고 있던 무서운 열광을 가라앉혔다. 그리하여 사람들도 모르고 나도 거의 모르는 사이 나는 다시금 소심하고, 남의 기분을 살피는 겁쟁이가 되고 말았다. 한 마디로 말해서 옛날의 그 장 자크처럼 된 것이다. 만약 이 변화가 단순히 내 자신에게 그치는 정도로 끝났으면 모든 것은 순조로웠을 것이다. 그런데 불행하게도, 이 변화는 더욱 진전되어 급격히 나를 다른 극단으로 끌고 갔다. 이때부터 내 영혼은 계속 흔들리고, 휴식의 경계를 완전히 뛰어넘고 말았다. 그리고 그 흔들림은 끊임없이 새로워져서 절대로 영혼을 휴식 상태로 놓아 두는 일이 없었다. 이제 그 변화에 대한 이야기를 상세하게 하겠다. 이 세상에 전례가 없는 운명을 가진 한 인간이 겪게 된 숙명과도 같은 무서운 시기였다.

  나의 에르미타주에는 세 사람이 살고 있었으므로 한가롭고 적적해서, 자연히 우리는 친밀하게 지내게 되었다. 테레즈와 나 사이가 그러했다. 둘은 나무 그늘에 마주 앉아 유쾌한 시간을 보냈다. 내가 이토록 평온함을 느낀 일은 없었다. 테레즈도 지금까지와는 달리 황홀하게 그것을 즐기는 것 같이 보였다. 그녀는 거리낌없이 흉금을 열어 놓고, 어머니와 가족에 대해 오랫동안 내게 숨겨야 했던 것들을 이것저것 털어 놓았다. 그 말에 따르면 어머니도, 그 가족도 뒤팽 부인이 내게 보내온 많은 선물을 가로채고 있었다. 이 교활하고 늙은 어미는 내 노여움을 사지 않게끔 선물을 몰래 그 자식들과 나누어 가졌고 테레즈에게는 하나도 주지 않았다. 게다가 내게는 말을 하지 말도록 그녀에게 다짐을 받은 것이었다. 그 가엾은 딸은 명령에 절대 복종하고 있었다.

  그런데 더욱 나를 놀라게 한 것은 디드로와 그림이 테레즈와 모친을 내게서 떼어 놓으려다가 테레즈의 반대로 성공하지 못했다는 것이다. 그 뒤로도 이 두 사람과 테레즈의 어머니 사이에 자주 밀담이 있었으나, 테레즈는 그들 사이에 어떤 일이 계획되었는지 아무것도 몰랐다. 비밀리에 선물을 주고받고 계속 몰래 오고가고한 것만은 알고 있으나, 애써 남 모르게 오고가고 있어 무엇 때문이었는지 전혀 알지 못했다는 것이다. 우리들이 파리를 떠날 당시에도 훨씬 전부터 르 바쇠르 부인은 매달 습관처럼 두세 차례 그림 씨를 만나러 가서 몇 시간씩 밀담을 했으므로, 그때마다 그림의 하인들은 언제나 밖으로 나와 있어야 했다.

이것은 분명 그 계획, 즉 에피네 부인의 힘으로 소금 소매점이나 담배 가게를 테레즈 모녀에게 내 준다는 약속으로, 결국 돈벌이를 미끼로 테레즈까지 포섭하려는 계획이 틀림없다고 나는 판단했다. 내가 장모를 위해 아무것도 해주지 못할 뿐만 아니라, 두 사람이 딸려 있기 때문에 나 자신을 위해서도 아무것도 못한다는 사정을 그들은 두 여자에게 이해시키려 했던 것이었다. 그것만이라면 좋은 뜻으로 해석해 절대로 그들에게 나쁜 감정은 갖지 않았을 것이다. 다만 내가 괘씸하게 생각한 것은 그 비밀이었다. 특히 노모의 비밀이었다. 노모는 날이 갈수록 내게 아첨을 떨며 알랑거리는 것이었다. 그러면서도 나 없는 데서는 딸을 보고, 나를 너무 지나치게 사랑을 한다느니, 뭣이고 내게 일러바친다느니, 어떻게 할 수도 없는 바보라느니, 이제 그러다가 배반당할 테니 두고 보라느니 하며 계속 책망을 했다.

이 여자는 하나에서 열까지 이득을 만들어 내고, 갑에게서 얻은 것을 을에게 숨기며, 다른 사람에게서 얻은 것을 내게 숨기는 그런 수법에 관한 한 최고의 솜씨를 가지고 있었다. 나는 그 탐욕을 용서할 수는 있으나 속임수만은 도저히 용서할 수 없었다. 내가 그녀와 그녀 딸의 행복을 유일한 행복으로 삼고 있다는 것을 잘 알고 있으면서, 내게 숨기지 않으면 안될 무엇이 있단 말인가? 내가 그 딸을 위해 한 일은 곧 나를 위해 한 일이었다. 그러나 그 어머니에게 해준 일은 어머니로서는 조금이라도 감사해야 할 일이었다. 적어도 그 덕분에 딸에게 감사하고 나를 사랑하고 있는 딸을 위해서도 내게 호의를 가질 일이었다. 나는 이 여자를 가난의 밑바닥에서 끌어내 주었다. 그녀는 내 부양을 받고 있으며, 그녀가 이득을 얻고 있는 친지들도 다 내 덕으로 생긴 것이다. 테레즈는 오랫동안 자기가 벌어서 어머니를 봉양해 왔고, 지금은 내 빵으로 어머니를 봉양하고 있다. 그 어머니는 아무것도 해주지 못한 딸에게 온갖 신세를 지고 있다. 그 어머니가 파산을 해가면서까지 결혼 비용을 만들어 준 다른 자식들은, 어머니의 생활을 돕기는커녕 오히려 어머니와 함께 생활비를 파먹고 있었다. 그런 관점에서 본다면 당연히 나를 둘도 없는 의지할 곳, 가장 믿음직한 보호자로 생각해야 옳으며, 나와 관계되는 일을 내게 비밀로 한다든가, 이 집에서 나에 대해 일을 꾸민다든가 하는 것은 말할 것도 없고, 나와 이해관계가 있는 것을 나보다 먼저 알았을 때는 무엇이고 곧바로 알려 주어야만 했다고 생각한다. 그러고 보면 이 그릇되고 이해할 수 없는 어머니의 행동을 어떤 눈으로 보아야 좋을 것인가? 특히 그 딸에게 강요하는 성향을 어떻게 생각해야만 할 것인가? 그런 성향을 자기 딸에게도 불어넣어 주려고 했으니 얼마나 배은망덕한 일인가!

그런 일을 곰곰 생각하면 내 마음은 그녀에게서 차츰 멀어져 그녀의 얼굴을 보기만 해도 혐오감이 일 정도였다. 그렇다고 장모에 대한 존경을 잃지는 않았으며 자식으로서의 정중한 배려를 잃지도 않았다. 그러나 이런 여자와 오래 같이 살고 싶지 않아진 것은 사실이었으며 거북스러워서 견딜 수가 없었다.

이것도 내 생애 중 짧은 시기의 하나로서, 행복을 아주 가까이 보면서도 그것을 얻지 못했는데 행복을 놓치게 된 것은 나의 잘못이 아니었다. 만일 이 여자의 성격이 선량했다면 우리 셋은 모두 생애를 마칠 때까지 행복했을 것이다. 그리하여 다만 마지막까지 살아 남은 사람만이 뒤에 남아 한탄하게 되었으리라. 그런데 그렇게 되지 못했다. 독자들은 일이 어떻게 되었는가를 곧 알게 될 것이다. 그때 여러분은 내가 그 사태 진전을 변경시킬 수 있었는지 어떤지도 판단하게 될 것이다.

르 바쇠르 부인은 내가 그 딸의 마음을 독점하였고 자기는 그것을 잃었음을 깨닫고 되찾으려고 애를 썼다. 그리고 테레즈를 통해 나와 가까이 하려는 대신에 테레즈를 완전히 내게서 떼어 버리려고 했다. 그녀가 이 목적을 위해 꾸며낸 방법 가운데 하나는 가족들을 자기 편으로 불러들이는 것이었다. 나는 미리부터 테레즈에게 가족들 중 누구도 에르미타주에는 오지 못하도록 당부하고 테레즈도 내게 그걸 약속했었다. 그런데 내가 없는 사이 어머니는 테레즈와 상의도 없이 가족을 불러 들였다. 그리고 나서 어머니는 이 일에 대해 내게 아무 말도 않을 것을 테레즈에게 약속받았다. 첫걸음을 내디디니 나머지 일은 쉬웠다. 한 번 자기가 사랑하는 사람에게 무엇인가를 비밀로 해버리면 그 뒤는 무엇을 숨겨도 가책을 받지 않게 된다. 내가 라 슈브레트로 떠나자마자 에르미타주에는 많은 사람들이 와서 제멋대로 놀아났다. 어머니는 순진한 딸에게는 언제나 강한 존재로 군림하는 법이다. 그러나 이 어머니는 온갖 수단을 써도 테레즈를 자기 편으로 끌어들여 나에 대한 음모에 가담시키지는 못했다. 어머니로서는 새삼 결심을 굽힐 수는 없었다. 이쪽의 딸과 나로 말하면 여기에서 그런 대로 먹고 살아는 가겠지만 희망이란 전혀 없었다. 다른 쪽의 디드로·그림·올바크·에피네 부인은 크게 앞날의 보장을 해주고 있었고, 늘 무엇인가 혜택을 주고 있었다. 그러고 보면 어머니는 세금 징수를 도맡아 하는 사람의 마님이나 남작님의 편을 들어서 결코 나쁠 것은 없다고 생각되었다. 내 눈치가 좀더 빨랐던들 그때 나는 집에 뱀을 기르고 있다는 것을 알아챘을 것이다. 그러나 아직 해를 입지 않은 맹목적인 나의 신뢰 때문에, 마땅히 사랑을 받을 수 있는 사람에게서 해를 입는다는 것은 상상도 못했다. 나는 내 주위에서 수많은 음모를 꾸미고 있는 것을 보고, 내가 친구로 부르고 있는 사람들이, 내가 선택한 생활 방식을 무시하고 그들의 방법으로 나를 억지로 행복하게 만들려 하는 그 독단적인 행위에 불평을 가졌을 뿐이었다.

테레즈는 어머니와 공모하는 것은 거절했으나 여전히 비밀을 밝히지 않았다. 그녀의 마음씨는 칭찬할 만한 것이었다. 그것이 좋았다거나 나쁘다고는 말하지 않았다. 비밀을 지닌 두 여자는 속삭이기를 좋아하는 법이다. 그것이 둘을 가깝게 만들었다. 그렇게 테레즈는 양다리를 걸치게 되어 때로는 내게 고독한 느낌을 갖게 했다. 나는 우리 셋이 이루고 있는 사회를 더 이상 사회로 볼 수 없었기 때문이다. 이렇게 되고 보니 우리가 결합되었을 당초에, 나에 대한 사랑에서 나온 그녀의 유순함을 이용해서 테레즈에게 예능이나 지식을 착실히 닦아 주지 못했던 나 자신의 실수를 통절히 느꼈다. 그렇게만 해두었더라면 이곳에서 우리는 한결 긴밀히 결합되어, 마주 앉아도 지루함을 느끼는 일없이 둘의 시간을 즐거움으로 차게 했을 것이다. 그렇다고 해서 둘 사이에 이야기하는 일이 없다거나 둘의 산책길에 그녀가 지루해 보였다는 것은 아니다. 결국은 둘 사이에 공통된 사랑이 없었기 때문에 둘이 하나의 커다란 지식의 창고를 만들 수 없었다는 것이다. 이제 우리는 유쾌하게 지낼 일을 이야기하는 외에는 온갖 계획에 대해서 끊임없이 이야기할 수 없게 되었다. 눈에 보이는 것들은 나의 생각을 일깨웠지만 그것은 테레즈가 이해할 수 있는 경지는 아니었다. 12년 동안의 애정도 이젠 더 이야기할 필요가 없었다. 우리는 상대를 잘 알고 있었기 때문에 더 이상 알아야 할 것은 아무것도 없었던 것이다. 남은 것이라고는 천박한 여자의 수다 속에 있는 험담이나 농담뿐이었다. 사색할 줄 아는 사람과 같이 지낸다면 얼마나 좋을까 하고 절실히 느껴지는 때는 특히 고독에 잠겨 있게 되었다. 테레즈와 함께 기분 전환을 하는 데 그런 시시한 잔소리들이 없는 게 좋았지만, 테레즈로서는 나와 시간을 보내는 데 언제나 그런 것이 필요했으리라. 거기에 가장 난처한 것은 두 사람만이 있는 것을 비밀로 하지 않으면 안되는 것이었다. 장모가 내게는 어찌나 귀찮은 존재였던지, 나는 둘이 되는 기회마저 엿보지 않으면 안됐다. 나는 내 집에서 살면서도 속박을 받게 되었다. 사랑의 겉치레가 참다운 애정을 해쳤다. 우리는 친밀하게 교제했으나 친밀하게 살지는 못했다.

테레즈는 내가 권하는 산책을 피하기 위해, 가끔 무언가 구실을 찾게 된 것 같았다. 그때부터 나는 다시는 그녀에게 그런 말을 하지 않게 되었지만, 나와 함께 그렇게 하기를 원치 않는다고 해서 그녀를 나쁘게 생각하지는 않았다. 쾌락은 결코 의지에 좌우되는 것은 아니다. 나는 그녀의 마음을 믿고 있었다. 그것만으로 충분했다. 내 즐거움이 테레즈의 즐거움과 같았을 동안은 그녀와 함께 즐거움을 맛보았으나, 그렇지 못할 때엔 나의 만족보다는 그녀의 만족을 생각해 주고 싶었다.

이런 사정으로 나의 기대는 반쯤 빗나갔다. 내가 사랑하는 여자와 내가 택한 거주지에서 내 취미에 맞는 생활을 하면서도 나는 여전히 고독을 느끼며 살게 되었다. 무언가 내게 결핍된 것이 내가 갖고 있는 것을 충분히 즐기지 못하게 방해하였다. 행복과 쾌락이라는 관점에서 나는 도 아니면 모, 둘 중의 하나가 필요했다. 이 점을 상세히 말하는 것이 왜 내게 필요하게 생각되었는가는 곧 알게 되리라. 이젠 내 이야기의 본 줄거리로 돌아가자.

생 피에르 백작이 보낸 원고 속에는 귀중한 것이 있다고 생각했다. 그러나 그것은 백작 숙부의 인쇄된 저작에 백작이 주석을 달고 정정한 것과, 아직 발표 안된 다른 몇 권 뿐이었다. 나는 일찍이 크레키 부인이 보여 준 그의 편지로 내가 생각한 것보다는 그를 훨씬 재능이 있는 사람으로 알고 있었는데, 그의 도덕에 관한 저작을 읽고 더욱 그렇게 생각하게 됐다. 그러나 정치에 관한 저작은 깊이 검토해 본 결과, 피상적인 견해와 유익하긴 하나 실천 불가능한 계획만이 들어 있을 뿐이었다. 이것은 지은이가 인간을 정열보다는 이성의 빛에 의해 인도되어 왔다고 하는 사상에서 조금도 벗어나지 못했기 때문이다. 현대의 지식을 높이 평가한다는 견해가 이 지은이에게, 그가 제창하는 제도 전반에 관한 기초와 그 정치적 궤변 전반의 논리적 근거로서, 완전 이성의 원리라는 것을 잘못 받아들이게 한 것이었다. 그러나 이 흔하지 않은 인물, 그 시대와 인류의 명예라고 해도 좋을 사람이며, 인류가 존재해 온 뒤로 이성에 대한 정열 이외에는 아무런 정열도 갖지 않았던 오직 한 사람인 이 지은이는 인간을 현재 있는 그대로, 되어 가는 그대로 보지 않고 인간을 모두 자신과 같은 것으로 해석하려 하며, 모든 학설을 다루면서도 오류에서 오류로 방황하고 있을 뿐이었다. 그는 같은 시대의 사람들을 위해 노력하고 있다고 생각하면서도 실은 허공에 뜬 인류를 위해서 노력하였을 뿐이었다.

이렇게 생각하니 이 일을 어떤 형식으로 끝마쳐야 좋을지 망설이게 되었다. 지은이의 공상을 그대로 둔다면 아무 소용도 없는 것이 될 것이고, 공상을 엄밀히 반박한다면 실례가 될 것이다. 원고 청탁도 내가 승낙했고 내가 부탁해서 받은 것이기 때문에 싫어도 본디 지은이를 신중히 대할 의무가 있다. 결국 나는 가장 정중하면서도 가장 정곡을 찌를, 가장 유익하다고 생각되는 방법을 취하기로 했다. 그것은 지은이의 사상과 나의 사상을 분리해서 쓰는 것이었다. 그러기 위해서는 그의 견해에 깊이 파고들어가 그것을 설명하고 부연하며, 본래의 가치를 나타내는 데 노력을 조금도 아끼지 않는 것이었다.

그래서 내 저술은 완전히 따로 구분된 두 부분으로 만들어지게 되었다. 제1부는 먼저 말한 방법으로 본디 지은이의 여러 가지 방책을 서술하기로 하고, 제2부에서—이것은 제1부의 반응이 있은 뒤에라야 발표하기로 하고—제1부에 서술된 방책을 비판하는 나의 생각을 전하려 한 것이다. 솔직히 말해서, 이 같은 나의 의견은 그가 논한 것을 《인간 혐오자》(몰리에르의 작품)의 소네트처럼 혹평을 받는 운명에 내맡길 가능성이 있었다. 책머리에는 본디 지은이의 전기를 실을 예정으로, 그를 위해 미리부터 좋은 자료를 모아 두고 있어서, 그것을 이용하여 훌륭한 것을 만들어낼 수 있을 것으로 생각하여 기뻐하고 있었다. 나는 생 피에르 신부와는 그의 만년에 약간 면식이 있었다. 그래서 생전에 만났던 그 당시의 존경심에서도, 내가 그분을 소재로 삼는 펜에 백작이 불만을 갖는 일은 없으리라고 안심하고 있었다.

나는 먼저 《영구 평화론》에 손을 댔다. 이것은 이 문집의 작품 가운데 가장 귀중한 것이었고 가장 힘들여 쓴 것이었다. 나는 자신의 고찰에 몰두하기 전에, 신부가 이러한 훌륭한 주제에 대해 쓴 것을 끈기 있게 다 읽었는데, 그렇게 장황하고 중복된 것이 많았음에도 조금도 싫증은 느끼지 않았다. 이 발췌본은 이미 발표되어 독자들이 보았을 것이므로 거기에 대해서는 아무것도 할 말이 없다. 이것에 대한 나의 《비판》은 아직 출판되지 않았고 앞으로 출판될지 모르겠으나 그것은 발췌와 동시에 쓴 것이었다. 이어 《복수 의회론》, 즉 다원 의회 제도의 이론으로 옮겼다. 이 저술은 섭정 시대에 쓴 것으로 그 목적은 신부가 지지한 정부의 이익을 위해서였다. 그것이 전(前) 내각을 비난했다는 이유로 생 피에르 신부는 르 멘느 공작 부인과 폴리냐크 추기경의 노여움을 사서 아카데미 프랑세즈에서 제명되었다. 나는 이 일도 앞의 초본이나 비판과 마찬가지로 완성했다. 그러나 신부의 저술에 관한 일은 이것으로 끝냈다. 애초부터 내가 손댈 일이 아니었던 이런 종류의 계획을 더 이상 계속할 기분이 나지 않았던 것이다. 이를 포기하게 된 생각에 대해선 다음에 자연히 이해될 줄 안다. 좀더 일찍 그런 생각이 나지 않았던 것이 이상할 정도였다. 생 피에르 신부의 저작 대부분은 주로 프랑스 정부의 어떤 부문을 비판하는 고찰이거나 아니면 그것을 내포한 것이어서, 개중에는 아주 대담한 것도 있었으므로 무사히 그것을 쓰게 된 것은 다행한 일이었다. 그러나 정부에서는 생 피에르 신부를 진정한 정치가보다도 일종의 설교가로 여겨 왔다. 그래서 신부의 학설을 경청할 사람은 아무도 없다고 생각하고 있었으므로 그가 말하고 싶은 대로 하게 내버려 둔 것이다. 하지만 내가 사람들에게 그의 글에 주의를 기울이게 만들었다면 형편은 달라졌을 것이다. 신부는 프랑스 사람이지만 나는 그렇지 않았다. 만약 내가 신부가 한 비난을 되풀이한다면 설사 신부의 이름으로 한다 해도, 왜 그런 주제넘은 소리를 하느냐고 엄중하면서도 정당한 힐문을 받을 염려가 있었다. 다행히도 너무 깊이 들어가기 전에 나는 나에게 던져질 비난을 깨닫고 재빨리 손을 씻었다. 나보다 모두 강한 사람들 속에서 혼자 살아가는 데 내가 그들에게 밉게 보인다면, 그들이 내게 가하려는 위해(危害)에서 빠져나가지 못한다는 것을 나는 알고 있었다. 그런 가운데서 내가 취할 태도는 하나밖에 없었다. 그것은 적어도 그들이 내게 위해를 가하려면 반드시 부당한 방법이 아니고는 그것이 가능하지 않게 해두는 것이었다. 이런 처세 방침에서 생 피에르 신부를 단념한 것인데, 그 뒤로도 또 많은 귀중한 계획을 이렇게 해서 종종 단념했다. 남의 역경을 언제나 무슨 인과응보인 것처럼 생각하려 드는 사람들에게, 내가 불행에 빠져 '그것은 너의 자업자득이다'라고 정면으로 질책당하는 일이 없게끔 내가 모든 생애를 통해서 얼마나 고심해 왔는가를 알게 된다면 무척 놀랄 것이다.

  이 일을 그만둔 잠시 동안은 계속할 일거리가 정해지지 않았다. 아무것도 할 일이 없어 따분할 때는 관심을 끄는 색다른 대상이 없으므로 생각은 자연스레 자신의 일에 집착하기 마련인데, 그것이 내게 파멸이 되었다. 내게는 상상을 즐겁게 할 수 있는 미래 계획이 이제 아무 것도 없었다. 더욱이 그런 계획은 세우는 것조차 불가능하기도 했다. 왜냐하면 나는 모든 소원이 하나에 집중된 그런 처지에 있었기 때문이다. 이제는 아무것도 생각해 낼 것이 없었으나 내 마음은 여전히 공허했다. 이런 처지 외에 선택할 만한 것이 아무것도 없었으므로 그만큼 이 처지는 비참한 것이었다. 나는 마음에 맞는 한 여성에게 나의 가장 깊은 애정을 쏟고 있었다. 그리고 상대도 나를 사랑하고 있었다. 나는 그 여자와 아무 염려도 없이 마음 내키는 대로 살고 있었다. 그런데도 알 수 없는 마음의 번민은 그녀가 옆에 있을 때나 멀리 있을 때나 내게서 떠나지 않았다. 그녀를 껴안으면서도 그녀가 내게서 빠져나가고 있는 것처럼 느껴졌다. 그녀에게 내가 모두가 아니라고 생각만해도 그녀는 내게 거의 아무것도 아닌 것같이 생각되었다.

내게는 남녀 친구들이 여럿 있었다. 나는 가장 순수한 우정과 완전한 존경으로 그들과 친했다. 나도 그들의 진지한 우정을 기대하고 있었다. 나는 한 번도 그들의 성의를 의심하지 않았다. 그러나 이 우정은 나의 취미와 성격, 생활 방법에 반대하는 그들의 집요하고 주제넘은 생각 때문에 내게는 즐겁기보다 오히려 귀찮은 것이었다. 심지어는 오로지 나와 관계되는 일이고 그들에겐 아무런 보상도 없는 일을 내가 하려고만 해도, 그들은 그것을 알고 곧 동맹을 맺어 억지로 내게 그것을 단념시키려고 했던 것이다. 그들은 내가 생각하는 모든 일에 간섭하려 하였으나, 나는 그들의 생각에 간섭하기는커녕 알려고도 하지 않았다. 그러므로 그들의 집요한 행위는 더욱 무리한 것이었다. 그 완고한 태도는 점점 강제성을 띠게 되어서 마침내는 그들로부터 편지만 하나 받아도 일종의 염려하고 두려워하는 마음을 느끼지 않고는 겉봉을 뜯을 수 없었다. 또 그것을 읽어 보면 그 마음이 결코 쓸데없는 걱정이 아니었음을 알게 된다. 나는 나보다도 젊은 사람에게 어린아이 대접을 받는 기분이 들었다. 그들이 내게 함부로 주는 교훈은 오히려 그들에게 필요한 것이었다. 나는 그들에게 이렇게 말했다. "내가 그대들을 사랑하듯이 나를 사랑해 주게. 그리고 또 내가 그대들 일에 필요없는 말을 하지 않는 것처럼 그대들도 내 일에 필요없는 말을 말아 주게. 내가 부탁하는 것은 이 두 가지뿐일세." 만약 그들이 이 두 가지 중 어느 것 하나를 받아들였다면 그것은 적어도 후자는 아니었다.

　나는 마을에서 멀리 떨어진 곳에서 고독을 즐기며 살고 있었다. 한 집의 주인으로서 누구의 간섭도 받지 않고 내 멋대로 살 수 있었다. 그러나 여기에 살아도 온갖 의무가 있었다. 고통스런 의무는 아니나, 역시 면할 수는 없었다. 나의 자유는 덧없는 것이었다. 남의 명령을 받고 있진 않았으나 그보다 더 내 의지에 복종하지 않으면 안되는 나는, 아침에 일어나면서 "오늘은 하루를 내 맘대로 보내자"하고 말할 수 있었던 적이 단 하루도 없었다. 게다가 에피네 부인의 계획에 따르는 것 외에도 한층 더 귀찮은 세상 사람들이라든가, 뜻밖의 방문객이라든가 하는 사람들과도 상종하지 않으면 안 되었다. 파리에서 떨어져 있다고는 해도 한가한 무리들이 너나 할 것 없이 매일같이 몰려오는 것을 못하게 할 정도의 먼 거리는 아니었다. 그런 무리들은 시간이 남아 돌아가므로 아무 거리낌없이 내 시간을 방해하였다. 뜻하지 않은 때에도 나는 뜻밖의 습격을 받았다. 모처럼 하루를 알차게 지내려고 계획을 세워도 번번이 방문객 때문에 수포로 돌아가지 않으면 안 되었다.

　요컨대 나는 가장 갈망하였던 행복 가운데서도 순수한 즐거움에 잠기지 못했으므로 느닷없이 청춘 시절의 안정되고 조용했던 나날을 다시 회상하게 되었다. 이따금 "아, 여기도 레 샤르메트만은 못하구나!"하고 한숨 섞인 소리로 중얼거릴 때도 있었다.

　일생 동안의 온갖 시절을 회상하다 보면 급기야는 지금 처해 있는 내 처지에까지 생각이 미쳤다. 그리고 수많은 비참한 불행의 연속 속에서 어느덧 늘그막에 접어들고 있는 자신을 발견하였다. 오늘날까지 내 마음이 갈망해 온 쾌락은 거의 무엇 하나 만족스럽게 맛보지 못하고, 마음속 깊이 간직한 발랄한 감정은 아직도 마음껏 발산해 보지 못하고, 또 내 영혼 속에 축적된 정욕을 충분히 맛보기는커녕 아직 현실에서 경험조차 못해 본 채 벌써 생애의 마지막에 가까이 다가와 있는 나 자신을 발견했다. 이러한 욕망은 그 대상을 갖지 못하고 언제나 정신 속에 억제되어서 다만 탄식으로 발산될 뿐이었다.

　천성적으로 다정다감하고, 산다는 것이 곧 사랑하는 것이라고 생각하고 있는 내가 지금까지 완전히 내게 온 마음을 바치는 참다운 친구를 발견할 수 없었던 것은 무엇 때문이었을까? 나는 스스로를 진정한 친구가 되기 위해 태어났다고 느끼고 있었다. 이토록 불타기 쉬운 감정과 따뜻한 애정을 가지고 있는 내가 단 한 번도 '이거다'하고 결정된 한 사람을 위해 사랑을 불태워 보지 못한 것은 무엇 때문이었을까? 사랑하고 싶은 욕구에 몸을 불태우면서도 결코 그것이 채워질 수 없었던 나는 늘그막이 시작되는 즈음의 문턱에 도달하여 참담게 살아 보지도 못하고 죽어 가는 내 모습이 생생히 눈에 보이는 것이었다.

그런 서글프고도 절실하게 가슴에 밀어닥치는 성찰은, 조금의 감미가 섞인 회한과 더불어 자신을 반성하는 기회가 되었다. 운명은 지금까지 내게 주지 않았던 무엇인가를 이제부터 주려고 하는 것은 아닐까. 탁월한 재능을 타고 났으면서도 마지막까지 그것을 발휘하지 못한다면 무슨 소용이 있겠는가! 그러한 부당성을 스스로 느끼면서 내 내면의 가치를 의식하면 조금 위로가 되었다. 그리고 눈물이 났다. 나는 눈물이 흐르도록 내버려 두었다.

1년 중 가장 아름다운 계절인 6월에, 시원한 숲 그늘에서 밤 꾀꼬리의 노래와 작은 내의 물소리를 들으면서 나는 명상에 잠겨 있었다. 모든 것이 크나큰 매혹 그 자체인 안일 속으로 다시금 나를 이끌어 넣으려고 했다. 원래가 그런 안일을 위해 태어난 나였지만, 심한 흔들림 속에 오래 시달려 온 결과 딱딱하고 엄숙한 태도를 꾸미게끔 되어, 이제 그런 안일과는 영원히 인연이 없는 줄 알고 있었다. 그런데 공교롭게도 나는 현재 내가 거처하고 있는 이 장소와 비슷한 툰느 별장에서, 바로 이 계절에 귀여운 두 처녀를 만났던 일이 생각났다. 이 추억은 천진한 것이었던 만큼 내게는 한결 그리웠고, 다시 그러한 다른 여러 가지 추억들을 연상하게 했다. 갑자기 나는 내 주위에서 젊은 시절에 나에게 감동을 주었던 여자들을 다시 보는 듯 했다. 갈레 양, 그라팡리드 양, 브레유 양, 바질 부인, 라르나즈 부인, 귀여운 여제자들, 그리고 마음에서 잊히지 않는 자극적인 줄리에타까지 그러했다. 나는 마치 극락의 궁전 안에 있는 궁녀들에게 둘러싸인 듯한 기분이 들었다. 모두 옛날에 친하게 지냈던 사람들이고, 모두 내가 한 번은 열을 올렸던 상대들이었다. 내 머리는 벌써 회색으로 변했으나 피는 끓어 흥분하고, 머리는 나를 돌게 했다. 이리하여 제네바의 성실한 공민, 마흔다섯 살에 가까운 근엄한 장 자크는 갑자기 사랑에 빠진 연인이 되었다. 나를 사로잡은 이 도취는 갑작스럽고 광기를 띤 것이었지만 무척 완강하고 오랫동안 이어진 것이었으므로, 만일 내가 생각지 않은 무서운 불행의 밑바닥으로 떨어지지 않았더라면 도저히 정신을 차릴 수 없을 정도였다.

이 도취는 그토록 아주 격렬했다고는 하나, 나의 나이나 처지를 잊을 정도까지는 이르지 못했다. 또한 이런 처지에서 연애를 할 수 있다고 자부하거나 젊은 시절부터 가슴을 태우던 정열의 불길을 새삼 남의 가슴에 태워 옮기려고 시도하기까지에는 이르지 않았다. 그런 것은 바라지도 않았다. 나는 이미 연애할 시기는 지난 것으로 알고 있었으며, 때늦은 정사(情事)가 얼마나 우스꽝스러운지를 너무도 잘 알고 있었다. 또 청춘 시절부터 실패만 거듭하던 내가 늘그막에 이르러 그렇게 할 수도 없었다. 무엇보다도 평온을 사랑하는 나는 가정의 풍파를 생각하면 겁이 났다. 테레즈를 사랑하는 내가 이 여자로부터 받은 이상으로 강한 애정을 다른 여자들에게 느끼고 있다는 것을 그녀에게 보여, 그녀를 슬픔으로 몰아넣을 수는 없는 것이었다.

그럼 이 경우 나는 어떻게 했던가? 적어도 여기까지 읽어 온 독자라면 벌써 짐작이 갈 것이다. 현실의 존재에 도달할 수 없으므로 나는 공상의 세계에 뛰어들었다. 자신이 열중하기에 적당한 어떤 존재도 발견할 수 없었던 나는, 그것을 이상 세계 속에서 키워 나갔다. 그러자 곧 창조력이 풍부한 나의 상상력은 그 세계에 내 뜻이 맞는 존재를 살게 해주었다. 이것만큼 편리하고도 풍부한 자원은 없었다. 나는 계속된 황홀감 속에서, 일찍이 인간의 마음속에 깃들었던 가장 유쾌한 정서 속에 잠겨 있었다. 지상의 인간을 말끔히 잊어 버리고, 완전 무결한 피조물과 사귀었다. 그 피조물은 덕과 미로 오롯이 천상의 존재가 되어, 이 세상에서 내가 만난 일이 없는 확실하고도 정답고 충실한 친구가 되었다. 나를 둘러싼 아름다운 대상물과 사귀면서 하늘나라를 돌아다닐 것을 꿈꾸며, 나는 세월이 흐르는 것도 잊고 즐거운 생활을 그곳에서 보내고 있었다. 다른 모든 추억은 잊고 빵 한 조각을 얼른 먹고 나서는 당장 늘 가는 그 숲 속으로 달려가려고 서둘렀다. 그런 마술의 세계로 떠나려 하고 있을 때, 나를 이 지상에 붙들어 놓으려고 되지못한 인간들이 찾아오는 것을 보면, 짜증을 참거나 숨기거나 할 수가 없었다. 그래서 난폭자란 비난을 무릅쓰고 불친절하게 응접할 수밖에 없었다. 그래서 인간 혐오자라는 평판이 퍼졌지만, 내 마음을 좀더 알아 주었다면 정반대의 평판이 나돌았을 것이다.

열광이 절정에 달했을 때, 나는 마치 연이 실에 끌려오듯 심한 병의 재발과 계절로 인해서 원래의 위치로 되돌아오게 되었다. 나는 내 고통을 가라앉혀 주는 유일한 치료법, 즉 소식자를 사용했다. 그래서 천사와의 사랑은 중지되었다. 그럴 것이 병으로 고통스러워하면서 연애할 여유가 있을 리 없으며, 게다가 나의 상상력은 야외에서는 활발해지지만 방 안에서는 사그라져 버리기 때문이었다. 나는 가끔 이 세상에 드리아데스(나무의 요정)가 없는 것을 애석히 여겼다. 내가 바라는 사랑의 상대는 그들 중에는 틀림없이 있었을 것이다.

동시에 가정 풍파가 일어나 내 마음은 한결 괴로웠다. 르 바쇠르 부인은 나에게 세상에도 없는 교묘한 아첨을 늘어놓으면서, 가능한 한 그 딸을 내게서 떼어놓으려 하고 있었다. 전에 이웃에 살던 사람의 편지로 나는 이 사람 좋은 얼굴을 한 할머니가 내가 모르는 사이에 테레즈의 이름으로 여러 번 돈을 빚낸 것을 알게 되었다. 테레즈는 그것을 알면서도 내게 아무 이야기도 하지 않았다. 빚을 갚아야 한다는 사실보다도 지금껏 비밀로 해왔다는 것에 더 화가 치밀었다. 이거 정말! 무엇 하나 비밀로 한 일이 없는 내게 어떻게 그럴 수가 있단 말인가? 도대체 사람으로서 사랑하는 대상에게 속임수를 쓸 수 있는 것일까? 올바크 일당은 내가 아예 파리에 나타나지 않으므로 시골이 마음에 들어 거기에서 눌러앉을 만큼 미치광이가 되어 버렸나 하고 생각하기 시작했다. 그래서 나를 파리로 불러내려고 온갖 술책을 꾸몄다. 디드로는 당장은 정체를 드리내려 하지 않았으나, 먼저 들레이레(백과전서가)를 내게서 떼어 놓으려 했다. 이 사나이는 내 주선으로 디드로와 사귀게 되었는데, 디드로에게서 받은 인상을 영문도 모르고 그대로 내게 전해 주는 것이었다.

이 모든 것이 나를 이 태평스런 미치광이의 몽상에서 끌어내려 하는 것 같았다. 리스본의 황폐를 노래한 시집을 한 권 받았을 때, 나는 아직 병이 충분히 회복되지 못했었다. 이 책은 지은이(볼테르)가 내게 보낸 것인 줄 알았다. 그래서 지은이에게 인사 겸 작품에 대해 한 마디 할 의무가 있다고 생각하고 편지를 띄웠다. 이 편지는 나중에 설명하겠지만 훨씬 뒤에 가서 나의 승낙도 없이 출판되었다.

혁혁한 세도와 영광에 압도되다시피한 볼테르가, 그래도 여전히 이 세상의 비참함을 통렬히 비난하고 모든 것이 악이라고 생각하고 있는 것을 보고 감동한 나는, 가엾은 이 사람을 본래의 그 자신으로 돌아가게 하고, 모든 것이 선이라고 그에게 증명해 주려는 무분별한 계획을 세웠다. 볼테르는 언제나 신을 믿고 있는 체했지만, 실제로는 악마만을 믿고 있었다. 왜냐하면 그가 말하는 신이란 파괴하는 것에만 흥미를 갖는 간사하고 악독한 존재에 불과한 것이었기 때문이다. 이 말의 부조리는 언뜻 보면 분명한 것이지만, 모든 행운을 타고

난 사나이가 그 행복 속에서 그만 모면한 모든 재앙의 무섭고도 참혹한 양상을 그려냄으로써 동포를 절망시키려 할 경우에는 반발을 불러일으키게 된다. 인간의 불행을 열거하고 그것을 음미하는 점에서는 그보다 내가 능숙한 편이었으므로, 나는 그것을 공정히 검토했다. 그리하여 그 모든 불행의 원인은 자연 그 자체보다는 인간이 능력을 남용하는 가운데서 발견할 수 있음을 볼테르에게 증명했다. 이 편지에서 나는 그를 최대의 경의와 신중으로 대했다. 나로서는 정중을 다한 셈이다.

더욱이 그의 자존심은 정말 상하기 쉽다는 것을 잘 알고 있었으므로, 나는 이 편지를 직접 당사자에게 보내지 않고 그의 주치의이며 친구인 트롱상 의사에게 보내, 그것을 전해 주든 없애든 좋을 대로 하라고 했다. 트롱상은 편지를 전했다. 볼테르는 아주 짧은 답장을 보내, 자기는 병중이기도 한데다 또 병자의 간호도 해야 하므로 답장은 뒷날로 미룬다고 하고, 문제점에 대해선 한 마디도 언급하지 않았다. 트롱상은 이 편지에 자기 편지도 함께 보내 왔는데, 그 속에는 편지를 부탁한 사람에 대한 경의는 거의 나타나 있지 않았다. 이런 자잘한 승리를 자랑하고 싶지 않았으므로, 이 편지는 두 통 다 아직 출판한 적도 없지만 남에게 보인 적도 없다. 그러나 그것은 직필(直筆) 그대로 다 내 잡문 모음 속에 간수되어 있다(서간집 A 제20호와 제21호). 그 뒤 볼테르는 내게 약속했던 회답을 보내지 않은 채 저서를 출판하였다. 그것은 다름 아닌 《캉디드》란 소설인데, 나는 읽지 않았으므로 그것에 대해서는 말할 수 없다.

이런 일들이 기묘하고도 환상과도 같은 연애를 생각하지 못하게 한 것 같다. 아마도 이 연애의 불행한 결과를 피하도록 하늘이 보내 주신 구원의 손길이었는지도 모른다. 그러나 나의 불운은 그보다 강했다. 다시 바깥 출입을 하게 되자, 곧 이전의 생활로 되돌아갔다. 전과 같다고는 해도 어느 점만 같을 뿐이고, 이번에는 내 상념이 흥분에서 깨어나 지상에만 머물렀다. 그 대신, 이 지상에서 발견할 수 있는 모든 바람직한 것 중에서 깨끗하게 고른 지상의 것은, 앞서 버렸던 상상 속의 천상계에 못지 않은 공상 같은 것이 되었다.

나는 마음속의 연애와 우정을 가장 매혹적인 심상으로 그려 냈다. 이 심상을 내가 늘 숭배해 온 여성의 모든 매력으로 장식하며 즐겼다. 나는 남성보다는 여성의 두 친구를 상상했다. 왜냐하면 그러한 여성 친구는 예가 드물 만큼 한결 정다웠기 때문이다. 나는 비슷하지만 다른 점도 있는 두 가지 특징을 이 두 여자 친구에게 주었다. 얼굴 모양은 양쪽 다 완전무결하지는 못했으나 내 취향에 맞아, 보기에도 호의와 감수성이 넘쳐 흐른다. 한쪽은 갈색 머리, 다른 쪽은 금발이다. 한쪽은 활발하고 다른 쪽은 얌전하다. 한쪽은 도도한데 다른 쪽은 연약하다. 연약하다고 해도 애처로운 마음씨여서 부덕은 있어 보인다. 그 중 하나에게는 애인을 붙여 주었다. 이 애인과 또 한 여자는 흥허물없는 친구, 아니 오히려 그 이상의 사이인 것처럼 해준다. 그러나 경쟁이나 싸움이나 질투 같은 것은 볼 수가 없었다. 왜냐하면 괴로운 감정이란 차마 상상할 수 없고, 이 화려한 그림에 품위를 떨어뜨리는 그 어떤 어두운 그림자도 원하지 않았기 때문이었다. 이 두 아름다운 모델에 마음을 빼앗긴 나는, 자신을 될 수 있는 대로 그 애인이자 친구인 남자와 똑같은 존재로 간주하려 했다. 그러나 그것은 나보다도 인상 좋은 젊은 남자로 꾸며 거기에 내게서 느낄 수 있는 미덕과 결점을 부여했다.

나는 이 인물들에게 어울리는 고장을 마련해 주려고, 지금까지 여행에서 보아 온 곳들 가운데 가장 아름다운 곳을 그려 보았다. 그러나 만족할 만한 숲도, 마음을 황홀케 하는 풍경도 떠오르지 않았다. 그리스의 테살리아 골짜기를 내가 실제로 보았다면 마음에 들었을지도 모른다. 그러나 나의 상상력은 실재의 장소를 구하고 싶었다. 그곳을 상상의 근거지로 삼는다면, 거주할 인물들도 현실성이 우러나오게 될 것 같았다. 전에 내가 그 상쾌한 경치에 마음을 빼앗겼던 보로메오 섬들도 오래 생각했으나, 그곳은 허식과 기교가 너무 많은 것 같았고, 또 호수가 필요할 것 같았다. 그래서 결국 내 마음이 그 주위를 줄곧 헤매던 호수를 택했다. 이 호숫가의 어느 한쪽에 장소를 정했다. 그곳이야말로 운명으로 좁혀진 행복을 공상할 때 언제나 살고 싶었던 내 숙원의 땅이었다. 가엾은 어머니가 태어난 고향이란 점도 특히 그곳을 택하게 만든 동기가 되었다.

지형의 대조(對照), 변화가 많은 경치, 감각을 매혹시키고 감동을 주며 영혼을 높여 주는 장엄하고 웅대한 풍경, 그러한 것들이 마침내 내 마음을 결정짓게 만들어, 나는 브베에 내 젊은 제자들을 안주시켰다. 이상이 처음 내가 착상한 것이었고, 나머지는 뒤에 첨가한 것에 불과했다.

오랫동안 그런 막연한 복안(소설 《신 엘로이즈》)을 짜는 데만 그쳤다. 왜냐하면 그것만으로도 내 공허를 채우기엔 충분했기 때문이다. 그러한 허구의 줄

거리는 여러 번 되풀이되는 가운데 머릿속에 명확한 형태를 갖추게 되었다. 생각나는 대로 몇 개의 정경을 적어 보고, 그리하여 젊었을 때 느꼈던 온갖 것을 회상하면서, 마음 졸이며 만족할 수 없었던 사랑하고 싶은 염원을 표현하는 수단을 주자는 생각이 떠오른 것은 이때였다.

먼저 종이 위에 순서도 관계도 없는 몇 통의 편지를 되는 대로 썼다. 그렇기 때문에 이것을 연관지으려니 몹시 어려웠다. 잘 믿어지지 않을 이야기지만 솔직히 말하면, 처음의 두 부(部)는 거의 모두 그런 식으로 쓴 것으로, 정리된 계획은 하나도 없었으므로 언젠가 이것을 작품으로 만들 계획을 세운다는 것은 예상도 못했었다. 그러므로 보시다시피 처음의 두 부는 현재 들어 있는 장소에는 어울리지 않은 자료들로 아무렇게나 만들어져 있어서, 다른 부에서는 볼 수 없는 구차스런 땜질로 가득차 있다.

몽상의 절정기에 우드토 부인이 찾아왔다. 부인의 방문은 이번이 처음인데, 불행하게도 다음에서 볼 수 있듯이 이것이 처음이자 마지막이 되지는 않았다. 우드토 백작 부인은 세금을 징수하던 고(故) 벨가르드 씨의 딸로, 에피네 씨 및 뒷날 함께 외국 사절들의 국왕 알현 접대관이 되었던 랄리부아 라 브리슈양 씨의 여동생이 된다. 처녀 때 그녀와의 만남에 대해서는 앞에서 이야기한 적이 있다. 결혼한 뒤로는 올케인 에피네 부인 댁에서나 라 슈브레트에서 며칠씩 같이 지낸 일이 가끔 있었는데, 그때마다 아주 인상이 좋은 여자라고 여겼고, 그녀 또한 내게 호감을 갖는 듯했다. 나와 함께 산책하는 것을 좋아하며, 도중에 화제가 끊어지는 일이 없었다. 그런데도 내가 파리에서 그녀를 만난 적은 없었다. 그쪽에서는 몇 번이나 와달라고 했지만 가지 않았다. 내가 사귀기 시작했던 생 랑베르 씨와 그녀가 친하기 때문에 그녀에 대한 관심은 한결 깊어졌다. 에르미타주로 나를 찾아온 것도 그 무렵 마농에 정원사로 갔던 그녀의 친구 생 랑베르의 소식을 내게 전해주기 위해서였다.

이 방문은 소설의 첫머리 같은 느낌이 있었다. 그녀는 길을 잃었다. 마부는 도는 길로 안 오고 클레르보의 방앗간에서 곧장 에르미타주로 오려 했다. 마차는 골짜기의 진흙 속에 빠져 꼼짝을 못 했다. 그녀는 내려서 남은 길을 걷기로 했다. 그녀의 예쁜 구두는 금세 구멍이 났고, 진구렁에 빠져 동행하는 사람들은 죽을 고생을 하며 그녀를 끌어 내지 않으면 안 되었다. 그런 식으로 마침내 에르미타주에 도착했지만, 장화를 신은 채 커다랗게 웃음을 터뜨리며 찾아온 모습에 나도 무심결에 마구 웃음을 터뜨리지 않을 수 없었다. 그녀는 옷을 모두 갈아입어야만 했다. 테레즈는 그 준비를 했다. 나는 시골 식사를 하자면 격식을 잊어야 한다고 했더니, 그녀도 무척 만족해했다. 이미 시간이 늦어 잠시 동안밖에 있지 못했으나, 이 만남은 매우 유쾌했었으므로 그녀는 흐뭇해하고, 또 찾아오고 싶은 듯했다. 그런데 그녀가 그 뜻을 이룬 것은 다음해에나 가능했다. 그러나, 아! 이 연기된 만남이 나를 지켜 주는 일이 되지는 못했다.

그해 가을을 에피네 씨의 정원사라는, 누구나 좀 뜻밖으로 생각될 일로 보냈다. 그곳에는 울타리가 쳐진 밭이 있고, 과일나무와 그 밖의 나무들이 심어져 있었는데, 에피네 씨에게는 라 슈브레트의 과수원보다도 많은 수확이 있었다. 하나 4분의 3은 도둑을 맞는 형편이었다. 손님으로만 있기는 싫었으므로, 나는 과수원의 관리와 정원사의 감시를 맡았다. 열매를 맺을 때까지는 모든 것이 잘 되어 나갔으나, 익어감에 따라 과일은 원인도 모르게 눈에 띄게 줄어들었다. 정원사의 이야기로는 들쥐가 모두 먹어 버렸다고 했다. 나는 들쥐 사냥을 해서 꽤 그것들을 퇴치했는데도 과일은 여전히 없어졌다. 주의하여 감시를 한 결과 정원사라는 놈이 큰 들쥐인 것을 알았다. 이 사내는 몽모랑시에 살고 있었는데, 밤마다 마누라와 아이들을 데리고 와서는 자기가 낮에 따서 모아두었던 과일을 꺼내 마치 자기 과수원이라도 되는 듯이 공공연하게 파리 시장에다 내다 판 것이다. 나는 이 사나이를 여러 모로 보살펴 주고 테레즈도 아이들의 옷 걱정을 해주며, 거지 노릇하는 그의 아버지까지 거의 먹여 주고 있는데도, 그런 은혜도 모르고 아주 태연한 얼굴로 뻔뻔스럽게도 도둑질을 했다. 이쪽은 세 사람이 다 눈치를 못 채서 단속을 못했던 것이다. 이 사내는 하룻밤에 지하 창고를 텅 비워 버려, 이튿날 아침에 보면 아무것도 남아 있지 않았다. 나 혼자 알고 있으면 된다고 생각되는 동안은 모든 걸 참아 주었지만, 에피네 부인에게 과일에 대한 보고를 해야 할 단계에 이르자 훔친 녀석의 이름을 밝혀야만 했다. 에피네 부인이 부디 월급을 주어 내쫓고 다른 사람을 구해 달라고 부탁해 왔으므로 나는 그대로 했다. 이 못된 녀석이 밤마다 뾰족한 쇠붙이가 달린 굵은 몽둥이를 들고 한 무리의 무뢰한들을 이끌고 에르미타주 주위를 어슬렁거리고 있었으므로, 크게 겁을 먹은 '가정부들'을 안심시키기 위하여 후임자로 온 사내를 매일 에르미타주에서 재우기로 했다. 그래도 여전히 여자들을 안심시킬 수가 없었으므로 에피네 부인에게서 빌린 소총을 정원사 방에 비치해 두고, 악한이 문을 비틀어 따려고 하든가 담을 넘어 정원으로 들어오려고 하든가 하는 어쩔 수 없는 경우 이외는 이 소총을 쓰지 않게끔, 그리고 쓸 경우에도 도둑들을 놀래 줄 정도로 공포를 쏘도록 단단히 일러 주었다. 물론 이것은 숲속에서 겁쟁이 두 여자를 거느리고 혼자 겨울을 지내야 하는 병약한 인간이 서로의 안전을 위해 취할 수 있었던 최소한의 경계였다. 이윽고 나는 작은 개 한 마리를 구해 파수를 세웠다. 이 무렵 들레이르가 찾아왔으므로 이런 나의 무장을 나는 이 사건과 이야기하며, 그와 함께 웃었다.

파리에 돌아가자, 이번에는 들레이르가 이 이야기로 디드로를 즐겁게 하려고 했다. 그 결과 올바크 패거리는 내가 정말 에르미타주에서 겨울을 나려는 것을 알았다. 이런 굳은 결심은 뜻밖이어서 모두 놀랐다. 그래서 나의 이곳에서의 머무름을 불쾌하게 만들 무슨 좋은 방법을 생각해내는 동안, 디드로는 들레이르를 내게서 떼어 놓고 말았다.*² 들레이르는 처음엔 나의 경계를 아주 당연한 것이라고 말했지만, 끝내는 그것이 내 주의에 어울리지 않는 우습기 짝이 없는 짓이라고 편지에 써 보냈다. 거기에는 감정에 거슬리는 가혹하고 신랄한 야유도 늘어 놓았지만, 내 마음은 이미 달라져 있었다. 그때는 부드러운 애정이 가슴에 가득차 있었으므로 다른 감정을 받아들일 여유가 없어, 들레이르의 날카로운 조롱도 그저 농담으로 넘기고, 남이 읽으면 몰상식한 사내라고 생각될 만한 글귀도 나는 그저 가볍게 넘겼다.

경계와 주의를 게을리하지 않았으므로 과수원 관리는 잘 되어, 그 해는 흉년인데도 수확은 종래의 세 배나 되었다. 사실, 수확의 실적을 올리기 위해 나는 몸을 아끼지 않았다. 나는 라 슈브레트와 에피네로 실어 보낼 때는 따라가고, 직접 바구니를 지기도 할 정도였다. 지금도 생각이 나지만 '아줌마'와 내가 무척 무거운 짐을 지고 갔는데, 무거워 쓰러질 것만 같아 열 걸음마다 쉬어야 했고, 도착했을 때는 두 사람 다 땀에 흠뻑 젖어 있었다.

---

*2 내가 이것을 쓰고 있을 때, 올바크 패거리가 내가 시골에 가 있는 것을 못마땅하게 여긴 것은, 주로 테레즈의 어머니인 르 바쇠르 때문이라는 것을 눈치채지 못한 내 우둔함을 지금에 와서 생각하면 놀랍다. 때와 장소가 정해진 지점에서 그들 기만책의 길잡이를 해줄 르 바쇠르 부인을 수중에 넣을 수 없었기 때문이다. 이렇게 늦게야 떠오른 이 생각은, 다른 어떤 추정으로도 설명이 안되는 그들의 행동의 기괴함을 완전히 설명해준다.

일기가 고르지 못한 계절이 돌아와 집에만 들어 앉게 되자, 나는 다시금 방 안 일에 착수할 생각이 났지만, 그것은 불가능했다. 그 아름다운 두 여자 친구, 그녀들의 남자 친구, 그녀들의 주위를 둘러 싸고 있는 것, 그녀들이 사는 나라, 내 상상으로 그녀들을 위해 만들고 아름답게 꾸민 온갖 것, 그런 것이 그저 눈에 어른거릴 뿐이었다. 이젠 잠시도 나 혼자는 있을 수 없고, 망상이 나를 떠나지 않았다. 그런 가공의 것들을 모두 떨어 버리려 애를 썼지만 결국 그들의 유혹에 빠지고 말았다. 그리하여 이제는 그것에 어떤 상호간의 연관성을 주어 소설을 만들어 내려고 노력할 뿐이었다.

가장 난처한 것은, 소설을 쓰기 위해 자신을 속이는 부끄러움이었다. 그토록 세상을 시끄럽게 하며 엄격한 주의를 내세운 직후, 그처럼 강력히 엄숙한 방침을 설명한 직후, 연애나 안일을 조장하는 나약한 책들을 그토록 심하게 매도한 직후에 맹렬히 비난한 그런 책의 지은이 명부에 금방 자기 손으로 자기 이름을 써넣는다는 것은 뜻밖의 불쾌한 일이 아닐 수 없었다. 나는 이 모순을 강하게 느끼며 스스로 그것을 꾸짖고 얼굴을 붉히고 안타까워했다. 그러나 이성으로 자신을 돌이킬 수는 없었다. 완전히 진 나는 이제는 모든 위험을 무릅쓰고, 남의 풍문에 얽매이지 않고 해나갈 결심을 하는 수밖에 없었다. 다만 이 작품을 남에게 보일 것이냐 하는 문제는 나중에 천천히 생각하기로 했다. 이때는 아직 이것을 출판하게 되리라고는 생각조차 못했기 때문이었다.

그렇게 결심이 서자 과감히 몽상 속으로 뛰어들었다. 그리하여 머릿속에서 되풀이하는 동안 마침내 구상이 짜여져 오늘날 보는 것과 같은 것이 되었다. 이것은 분명히 내 광기에서 끌어내 온 최상의 것이었다. 줄곧 마음에 지녀온 선에 대한 사랑이 이 광기를 유익한 곳으로 인도하고, 동시에 그것에 포함되어 있는 도덕 또한 살리게 되는 목적으로 향하게 만든 것이다. 그 속에 육감에 충실한 장면도, 천진스럽고 정다운 색채가 없었다면 전체의 아름다움을 잃었을 것이 틀림없다. 마음 약한 처녀는 연민의 대상이 되고, 연애를 해도 독자의 관심을 끌 수 있으며, 무엇보다도 가련한 데가 많았다. 그러나 현대적 품행을 그대로 보게 되면 분개하지 않고 견딜 독자가 있을 것인가? 더구나 부정한 아내가 자기의 의무를 발 밑에 짓밟아 버리면서도 현장을 들키지 않도록 자신이 베푸는 호의를 남편이 감사해야 된다고 주장하게 되면, 그것처럼 여자에게 반감을 느끼게 하는 오만이 있을 수 있을까? 완전한 존재물이란 자연체에는 없으며, 그것을 가르쳐 줄 만한 표본도 우리들 주위에는 흔하지 않다. 그러나 여기 천성적으로 마음씨 착하고 진실한 젊은 여자가 있어, 처녀 때에는 사랑의 포로가 되어 버리지만 남의 아내가 된 뒤로는 그 사랑을 이겨내기 위해, 그리고 정숙한 여자로 되돌아가기 위해 용기를 되찾는다고 하자. 그 묘사를 전체적으로 보아 파렴치하고 무익하다고 하는 사람이 있다면, 그 사람은 거짓말쟁이고 위선자임이 틀림없다. 그런 사람이 하는 말에 귀를 기울여서는 안된다.

근본적으로 사회 질서 전반에 연결되는 품행이나 부부의 정조 같은 문제 외에, 일반 사회의 일치 화합이란 것도 나는 은근히 하나의 문제로 해둔 것이었다. 이것은 그 자체로서도 그렇지만, 적어도 그 당시의 현상으로는 어쩌면 보다 크고 보다 중대한 문제였다. 당시 《백과사전》이 일으킨 회오리바람은 조용해지기는커녕 오히려 그 맹위의 절정에 있었다. 두 파는 서로 처절한 기세로 격앙되어 서로 물어뜯으려고 미쳐 날뛰는 늑대와도 같았다. 이들이 서로 계발하고, 설득하며, 손잡고서 진리의 길로 나아가려는 그리스도 교도와 철학자라고는 도저히 생각할 수 없었다. 여기에 신망이 두터운 활동적인 지도자가 양쪽에 있었다면 결국 내란으로 변했을 것이다. 철저한 배타주의를 근본으로 삼는 두 파 사이의 종교 내란이 어떤 결과를 가져왔을까는 하느님만이 안다. 천성적으로 나는 당파 근성을 용납하지 않았으므로 양쪽에게 다 솔직하고 엄숙한 진리를 말해 주었지만, 그들은 그것에 귀를 기울이지 않았다. 그래서 나는 다른 수단을 생각해 냈다. 이것은 나의 단순함으로선 굉장한 것처럼 생각됐다. 이것은 그들의 편견을 타파함으로써 서로의 증오를 완화하고 한쪽에 다른 쪽의 공적과 장점을 보여 주어, 그것이 일반 사회와 전 인류의 존경을 받을 만한 것임을 알려 주는 것이었다. 이 계획은 깊은 사려에서 나온 것은 아니었으며, 다만 인간에게 성실이란 것을 가정하고 있기 때문에 그 결과는 일찍이 생 피에르 신부를 비난한 오류와 똑같은 것에 빠져 버린 것이어서 당연히 성과 없이 끝났다. 이 계획은 두 파를 가깝게 만들지 못하고 결국 나를 공박할 때에만 그들을 일치시키는 데 불과했다. 경험으로써 나의 어리석음을 깨달을 때까지 나는 이 계획에 몰두했다. 게다가 이 계획을 꾸미게 한 동기에 해당되는 열성을 가지고 거기에 전력을 기울였다. 볼마르와 쥘리 두 사람의 성격은 그 어느 쪽이나 사랑스러운 것으로 하고 싶었다. 더구나 한쪽을 사랑스러운 것으로 만듦으로 해서 다른 쪽도 사랑스러운 것으로 되게끔 하고 싶다는 희망 속에 황홀히 그린 것이었다.
 대충 세운 구상에 만족하자 앞서 써둔 세세한 장면에 다시 착수했다. 그것을 정리하여 《쥘리》의 처음 두 부를 완성했다. 그해 겨울 동안은 말할 수 없는 기쁨 속에서 이 부분을 완성하고 깨끗이 베껴 썼다. 특히 금테 두른 고급 종이를 썼고, 쓴 글자를 말리는 데는 하늘색과 은색 가루를, 원고를 모아 꿰매는 데는 푸른 도투락을 썼다. 요컨대 피그말리온처럼 나는 내가 연모하는 아름다운 두 여성을 위해서라면, 아무리 사치스럽고 귀엽게 해도 여전히 부족한 느낌이었다. 매일 밤 나는 화롯가에서 이 두 부를 '가정부들'에게 되풀이해서 읽어 주었다. 딸은 아무 말도 없이 감격해서 나와 함께 흐느껴 울었다. 장모는 칭찬할 줄도 몰랐고, 아무것도 이해하지 못했으므로 그대로 얌전히 있다가 낭독이 멎을 때마다 "정말 아름답군"하고 그저 되풀이할 뿐이었다.
 에피네 부인은 숲 한가운데 있는 외딴 집에서 쓸쓸히 겨울을 지내는 나를 염려해서 빈번히 사람을 보내 소식을 물어 왔다. 나에 대한 우정의 표시를 이토록 진실하게 보여 준 적은 없었다. 또 내 우정이 그녀의 우정에 그토록 열렬하게 보답한 적도 없었다. 그 중에서 특기할 만한 것은 그녀의 초상화를 내게 보내 준 것과, 살롱에 전시된 라 투르가 그린 초상화를 어떻게 하면 손에 넣을 수 있느냐고 물어온 것이다. 그리고 또 하나 빼 놓을 수 없는 것이 있다. 이것은 웃음거리처럼 보일지도 모르나, 내가 받은 감명으로 말하면 하나의 사건이 된다.
 무척 추웠던 어느 날 아침, 배달된 소포를 뜯어보니 전에 부탁해 두었던 여러 가지 주문품 가운데서 영국에서 만든 작은 플란넬 속치마가 나왔다. 그녀가 입던 것인데, 조끼를 만들어 입으라고 보냈다. 편지 사연이 단정하고 순진하여 자못 매혹하게 하는 데다, 우정 이상으로 나온 이 마음씨는 내게 입히려고 그녀가 살가죽을 벗긴 것처럼 생각되어, 감격한 나머지 나는 울면서 스무 번이나 이 편지와 속치마에 입을 맞췄다. 내 머리가 돌았나 하고 테레즈가 생각할 정도였다. 에피네 부인이 아낌없이 보여 준 우정 가운데, 이상스럽게도 이처럼 나를 감동시킨 적은 없었다. 부인과 헤어진 뒤로 지금에 와서도 이것만은 기묘하게도 생각만 하면 눈물이 글썽해진다. 이때의 그녀가 보낸 짧은 편지는 오랫동안 보존해 왔다. 그때 그 편지가 다른 편지들과 같은 운명에 처해지지만 않았더라면 지금도 내 수중에 남았을 것이다.

그해 겨울 동안은 요폐증이 거의 끊일 사이가 없을 정도여서 얼마 동안은 소식자를 사용해야 했지만, 그래도 내가 프랑스에서 살아온 이래 가장 조용하고 또 가장 안정된 생활을 한 겨울이었다. 기후가 나빴으므로 뜻밖의 손님이 찾아오지 않았던 4, 5개월 동안, 현실의 두 '가정부'와 공상 속의 두 사촌 자매만을 상대로 이전에도, 또 이후에도 가지지 못한 자유로운 생활을 한껏 즐겼다. 단조롭고 소박한 생활이긴 하나 정말 가치 있는 생활이었다. 친구들의 분노에도 아랑곳없이 그 고압과도 같은 속박에서 빠져나갈 결심을 한 자신의 생각이 깊었음을 날이 갈수록 기뻐하게 된 것도 그 무렵이었다. 그리하여 들레이르와 에피네 부인의 편지로, 한 미치광이의 흉칙한 행위로 파리 전체가 뒤집힐 듯한 혼란 상태(루이 15세의 암살 미수 사건)에 있다는 것을 알았을 때, 그런 공포와 죄악의 광경에서 나를 멀리 있게 해준 것을 얼마나 하늘에 감사했는지 모른다. 그런 광경을 보았더라면, 지금까지 사회의 무질서가 내게 심어준 노하기 쉬운 기질이 심해지고 더욱더 강하게 들끓어 올랐을 뿐이었을 것이다. 그에 비해 이 조용한 숙소 주위에는 정답고 유쾌한 것만이 눈에 띄어 마음엔 정다운 감흥만 일었다. 나는 내게 주어진 마지막 평화스런 세월의 흐름을 정말 기쁜 마음으로 여기에 적어 둔다. 이 조용한 겨울에 뒤이은 봄은, 이제부터 써나갈 온갖 불행의 싹을 트게 했다. 그리하여 그 불행에 휩쓸려 들자, 어느덧 그 이전과 같은 조용하고 안락한 여가는 누릴 수 없게 되었다.

그러나 이 평화스러운 기간 중에도 철저한 고독 속에 있으면서, 올바크 패거리의 간섭 없이 아주 평온했던 것은 아닌 듯싶다. 디드로가 내게 싸움을 걸어 왔다. 《사생아》(디드로의 산문 희곡)가 나온 것은 분명 이 겨울의 일이 아닌가 생각한다. 이 작품에 대해서는 곧 언급하게 된다. 어쨌든 이 시기부터는 다음에 말하는 것과 같은 이유로, 확실한 추억거리가 거의 없을 뿐만 아니라 있는 것도 날짜가 아주 모호하다. 디드로는 편지에 날짜를 쓰는 일이 없었다. 에피네 부인도, 우드토 부인도 요일밖에 안 쓰고, 들레이르도 마찬가지였다. 그러니 그 뒤로 이런 편지를 순서대로 정리하려 해도 짐작으로 적당히, 나도 믿을 수 없는 날짜를 편의상 적어두는 형편이었다. 그런 까닭으로 나는 이 일을 생각나는 대로 일괄해서 보고하겠다.

봄이 되자 나의 망상은 한결 힘차게 되살아났다. 연애에 가까운 도취 속에서 이미 《쥘리》의 마지막 부분을 위한 몇 통의 편지를 작성했다. 지금도 당시의 황홀감이 느껴진다. 그 중에서도 엘리제가 보낸 편지와 호수 위의 뱃놀이 편지를 들 수 있다. 이것들은 기억에 착오가 없다면 《쥘리》의 제4부 끝에 있을 것이다. 이 두 편지를 읽고, 내가 집필 당시에 느낀 그 감동에 마음의 화평과 위안을 공감하지 않는 사람이라면, 이 책을 덮어 버려야 한다. 그러한 사람은 감정 문제를 운위할 자격이 없기 때문이다.

마침 그런 시기에 우드토 부인의 생각지도 않은 두 번째 방문을 받았다. 헌병 대장인 그녀의 남편도, 군무에 종사하고 있는 그녀의 애인도 다 집에 없었으므로 몽모랑시의 골짜기에 있는 오본느에 와 있었다. 그곳에 아담한 집을 빌려 살고 있어서 거기서 산책삼아 에르미타주를 찾아온 것이다. 이번 여행에는 남자처럼 차려입고는 말을 타고 있었다. 본디 그런 차림새를 좋아하지 않는 나였지만, 낭만을 좇는 이 부인의 모습에는 마음을 빼앗겼다. 그리고 이번에는 사랑을 하였다. 이 연애는 내 전생에서 처음이자 유일한 것이었으며, 그 결과 내 추억으로는 이 연애가 영원히 잊지 못할 무서운 것이 됐지만, 이 점에 대해 조금 상세한 내용으로 들어가는 것을 양해해 주기 바란다.

우드토 백작 부인은 서른이 가까운, 미인이랄 수는 없는 여자였다. 얼굴에는 곰보자국이 있고 살결도 곱지 않았다. 졸보기눈인데 그 눈은 좀 지나치게 동그랬다. 그렇지만 젊어 보이며 발랄한 얼굴에 애교가 있고, 숱이 많은 검은 머리는 자연스럽게 물결치며 무릎까지 내려왔다. 작은 몸매가 귀엽고, 태도는 어색한 면과 세련된 면을 함께 갖추었다. 마음씨는 무척 순진하고 쾌활해서, 명랑하고 가벼우며 솔직한 기분이 그것과 잘 어우러져 있었다. 재치있는 농담을 곧잘 했는데, 그것은 생각해서 하는 것이 아니라 무심중 튀어나오는 경우가 많았다. 취미는 다양하고 재주가 여러 가지라 클라브생도 연주하고 무용도 잘했으며, 제법 아름다운 시도 썼다. 성격은 꼭 천사와 같아서 유순한 정신이 근본을 이루고 있었다. 신중함과 용기가 부족한 것을 제외하면 다른 미덕은 전부 갖추고 있었다. 개인 차원의 교제나 사교 수준의 교제에도 성의가 있었으므로, 그 적들마저 그녀 앞에서는 아무것도 숨길 필요가 없을 정도였다. 적이라고 해야 그것은 그녀를 미워하는 남자들, 아니 오히려 여자들로서, 부인은 남을 미워할 수 있는 마음마저 갖지 못했다. 나와 일치된 그런 점들이 내 마음을 움직이게 한 요인이라고 생각된다. 절친한 친구끼리 흉허물 없는 집안 이야기를 할 때도 그녀는 그곳에 없는 사람이나 그 올케(에피네 부인)의 험담을 한 적이 없었다. 그녀는 자기가 생각하고 있는 일을 누구에게도 숨기지 못했다. 또 자신의 감정을 억제할 수도 없었다. 그녀는 자기 애인에 대한 이야기를 친구나 아는 사람이나 그 밖의 누구에게도 터놓고 말했는데, 그런 식으로 틀림없이 그 남편에게도 말했을 것으로 짐작된다. 요컨대 그녀의 순진함과 성실함이 그 뛰어난 천성에서 온 것임은, 그녀가 남달리 부주의하고 소홀하여 곧잘 실수를 하는 일은 있어도 결코 남에게 불쾌감을 주지 않는다는 것으로 알 수 있다.

그녀는 아주 젊었을 때 마음에도 없는 결혼을 하게 됐다. 상대인 우드토 백작은 신분이 높고 훌륭한 군인이었으나, 도박을 즐기고 따지기를 좋아하며, 붙임성이라고는 눈곱만큼도 없는 사람이었으므로 그녀는 조금도 그를 사랑하지 않았다. 그녀는 남편이 가지고 있는 그러한 장점 외에도 한편 더 쾌활한 성격과 기지와 덕과 재능을 생 랑베르 씨에게서 발견했다. 이 시대의 풍습에 용납할 만한 점이 있다면, 아마 그것은 시간이 지나감에 따라 명예를 얻고 오로지 상호간의 존경으로 굳게 맺어진 이러한 애착일 것이다.

그녀가 나를 만나러 오는 것은 자신의 흥미도 일부는 있었다고 생각되지만, 대부분은 생 랑베르를 기쁘게 해주기 위해서였다. 생 랑베르는 예전부터 나를 찾아가도록 그녀에게 권고해 두었었다. 그와 나 사이에 우정이 맺어져 가고 있을 무렵의 일이라, 셋이 어울리게 되면 교제가 더욱 재미있게 되리라고 그는 생각했던 것이다. 내가 그들의 관계를 잘 알고 있다는 것은 그녀도 알고 있었다. 그렇게 그에 대한 말을 죄다 나에게 이야기할 수 있으므로 나와 만나는 것이 그녀로선 즐거웠던 것이다. 그렇게 그녀는 찾아왔다. 나는 그녀를 만났다. 마침 나는 대상이 없는 사랑에 도취되어 있을 때였다. 이 도취가 내 눈을 현혹시켜 대상이 그녀로 정해지자, 나는 쥘리를 우드토 부인에게서 보았다. 갑자기 나는 우드토 부인 외에는 눈에 보이지 않게 되었다. 더욱이 그녀는 평소 내 마음의 우상을 스스로 다듬어 온 완벽함을 갖춘 부인이었다. 그 부인이 마치 내게 불을 붙이듯이 너무도 정열에 불타는 연민의 말투로 생 랑베르의 이야기를 했다. 사랑의 전파력! 나는 부인의 말에 귀를 기울이고 부인 옆에 있다고 느끼는 것만으로 지금까지 누구의 옆에서도 느끼지 못했던 유쾌한 전율에 사로잡혔다. 그녀는 말하고 있었다. 나는 금방 감동했다. 상대와 같은 감정을 품게 될 때는, 상대의 그 감정에 관심을 가질 뿐이라고 자신은 생각하지만, 그것으로 서서히 독이 든 잔을 기울이고 있는 셈이었다. 그리고 그 단맛 밖의 것은 느끼지 못했다. 결국 나도 그녀도 모르는 사이에 그녀는 애인에 대한 모든 감정과 동작을 내게 불어넣었던 것이다. 아! 그 마음이 다른 사람으로 꽉 차 있는 여성을 향해, 그것은 얼마나 때늦은 일이며, 얼마나 참혹하고 격렬하며 불행한 정열에 몸을 태우는 것이었던가.

그녀 옆에서 이상한 충동을 느꼈지만, 처음에는 자신에게 무슨 일이 일어났는지 의식조차 못했다. 그러나 그녀가 돌아간 뒤, 쥘리를 생각하려고 하면 어느덧 우드토 부인밖에 생각나지 않는 것을 알고 나는 그때서야 비로소 놀랐다. 이때야 눈이 번쩍 뜨였다. 자신의 불행을 느끼고 한숨을 쉬었다. 그러나 아직 그 결과를 예측할 수는 없었다.

그녀에 대해 어떻게 행동해야 좋을지 몰라 오랫동안 고민했다. 진정한 사랑은 깊이 생각할 만한 충분한 까닭을 남기는 것이라고 생각했기 때문이다. 그녀가 느닷없이 다시 찾아왔을 때, 내 결심은 아직 정해져 있지 않았다. 그러나 이번엔 나도 자각하고 있었다. 악에는 언제나 따르는 수치심이 나를 잠자코 있게 했고, 그녀 앞에서 몸을 떨게 만들었다. 도저히 말을 할 수도, 눈을 바로 뜨고 쳐다볼 수도 없었다. 형언할 수 없는 마음속의 당황, 그것을 눈치채지 않게 하는 것은 불가능했다. 나는 자신의 괴로움을 고백하고 그 원인을 상대의 상상에 맡기기로 결심했다. 그것은 그 원인을 꽤 분명하게 상대에게 말하는 것과 같은 것이었다.

이때 내가 아직 젊고 호감이 가는 사내여서, 그 결과 우드토 부인의 마음이 약해졌다면, 나는 지금 여기에서 그녀의 행동을 비난할 것이다. 그러나 사실은 그렇지가 않았다. 나는 그녀를 찬미하고 찬양할 수밖에 없었다. 그녀가 한 결심은 관대하고 신중했다. 지금 여기에서 급히 내게서 떠나 버린다면, 그녀에게 나를 만나도록 권고한 생 랑베르에게 그 까닭을 말하지 않을 수 없다. 그것은 두 친구를 갈라 놓을 위험이 있다. 그녀로서는 그런 분열은 어떻게든지 피하고 싶었으리라. 그녀는 나를 존경하고 좋게 생각하고 있었다. 그녀는 나의 광기를 가엾게 여겼다. 내 광기에 동조하지는 않고 그것을 한탄하여, 빨리 나를 여기에서 회복시키려 애썼다. 자신이 존경하는 친구를, 연인(생 랑베르)을 위해서도, 자신을 위해서도 잃고 싶지 않았던 것이다. 내가 이성을 되찾은 다음 세 사람 사이에 형성될 친밀하고 즐거운 접촉, 그것만을 무엇보다 즐겨 이야기했다. 하지만 언제나 이런 우정에 근거한 충고만을 할 수는 없었고, 필요하면 내게 너무도 당연할 정도의 무서운 비난도 아끼지 않았다.

 나도 이에 못지 않게 자신을 비난하고 있었다. 나는 혼자 남게 되자 금세 나 자신으로 돌아왔다. 고백하고 나자 마음이 훨씬 평온해졌다. 사랑은 그 상대에게 인정받고 나면 마음이 가라앉기 마련이다. 나는 자신의 사랑을 몹시 책망했다. 그랬으니, 나을 수 있는 것이라면 당연히 병이 나았어야 했을 일이었다. 이 사랑을 죽이려고 얼마나 강력한 여러 가지 동기로 도움을 호소했던가! 나의 윤리관, 식견, 주의, 그리고 수치심, 불신, 죄, 우정에 대한 배신, 더욱이 나잇값도 못하고 정열에 애태우는 어리석음, 그리고 마지막으로 상대의 마음은 다른 사람에게 매여 있고, 내게는 아무런 반응도, 희망도 없는 그런 종류의 정열, 뿐만 아니라 이대로 아무리 견뎌 봤자 아무런 소득도 없는 정열, 그러면서도 주체할 수 없는 정열, 바로 그것이었다.

 이 마지막 사고 방식은 다른 까닭에 힘을 더해 줄 수 있는 것이었는데, 오히려 다른 까닭을 밀어내고 그 자리를 차지하고 말았다는 것을 누가 믿어 줄 것인가? 나는 생각했다. '나 혼자 해를 입는 광기라면 무슨 염려가 필요한가? 나는 도대체 우드토 부인에게 걱정거리가 될 만큼 젊고 씩씩한 기사일까? 내가 잘난 듯이 공연한 걱정을 하고 있듯이, 내 맵시나 풍채나 옷차림이 그녀를 유혹할 만하다고 세상에서 그 누가 말할 것인가? 이봐, 겁쟁이 장 자크, 우물쭈물하지 말고 안심하고 연애를 해라. 네 사랑의 탄식이 생 랑베르에게 폐를 끼칠까 하는 공연한 걱정은 말아라.'

 이미 보아온 것처럼, 젊었을 때에도 나는 결코 철면피한 인간은 아니었다. 위에 말한 사고방식은 일시적인 기분에서 나온 것으로, 그것이 내 사랑의 정열에 용케 맞아떨어진 것이다. 이걸로 이제는 거리낌없이 사랑에 몰두하여 격에 맞지 않는 염려 따위는 이성보다도 허영에서 오는 것으로 생각하고 일소에 부쳐 버릴 수 있었다. 악덕은 저절로 사람을 정면으로 습격하지 않고, 언제나 어떤 궤변이나 미덕의 가면을 쓰고 기습한다는 것은 진실한 영혼의 소유자에겐 커다란 교훈이 된다.

 뉘우침을 모르는 죄인, 결국 나는 그런 죄인이 되었다. 내 사랑의 정열이 나를 심연으로 빠뜨리기 위해 어떻게 나의 천성을 쫓아갔는지, 부디 제대로 보아 주기 바란다. 처음에 그 정열은 나를 안심시키기 위해 신중을 가장하게끔 했는데, 이윽고 나를 점점 대담하게 만들었고, 그런 겸손으로 말미암아 상대의 호의를 믿지 않게 되었다. 우드토 부인은 계속 나의 의무와 이성을 환기시키며 잠시도 내 광기에 영합하지 않았으나, 다른 점에서는 다시없이 상냥하게 나를 대해 주고 더할 나위 없이 친절한 우정을 보여 주었다. 이 우정을 내가 진실하게 받아들이면 그것으로 아무 일 없었으리라는 것을 나는 분명히 말해 둔다. 그러나 나는 이 우정을 진실이기에는 너무나 지나치게 강하다고 생각했다. '이 나이와 이 풍채로 격에도 안 맞는 사랑을 하려는 나를 우드토 부인은 분명히 멸시하였을 것이다. 이 장난꾸러기 젊은 여자는 나의 때늦은 사랑을 조롱하고 있는 데 불과하다. 그녀는 이것을 생 랑베르에게 털어놓고 말았을 것이다. 그래서 나의 불륜에 분개한 그녀의 애인이 그녀와 공모해서 내 머리를 돌게 하여 나를 조롱하려는 것이다. 스물여섯 살 때 잘 알지도 못하던 라르나즈 부인에게 그런 당돌한 짓을 한 것도 그러한 어리석음에서였다. 그런 나이고 보면, 45살에 그런 생각을 품어도 우드토 부인이 받아들일 수 있는 것이며, 게다가 내가 우드토 부인과 그 애인이 다 같이 진실한 사람들이어서 도저히 그런 야만스러운 짓을 할 사람이 아님을 몰랐다면 무리한 일이 아니었을 것이다.

우드토 부인은 계속해서 나를 찾아왔다. 나도 곧 그 답례로 방문했다. 그녀도 나처럼 걷기를 좋아했으므로 우리는 황홀한 시골길을 오랫동안 걸었다. 내가 그녀를 사랑하고 또 그것을 대담하게 고백한 것에 만족했다면, 나는 더없이 감미로운 경지에 놓이게 되었을 것이다. 그녀는 처음에는 그녀의 상냥한 접대를 받을 때의 나의 못난 불쾌감이 무엇 때문인지 제대로 몰랐다. 그러나 무엇이든 감추지 못하는 내 성미는 그 이유를 실토하고 말았다. 그녀는 그것을 웃어넘기려 했지만 하마터면 내 분노를 터뜨릴 뻔했다. 그녀는 갑자기 태도를 바꾸었다. 남의 마음을 깊이 이해하는 그녀의 상냥함에는 이겨낼 수 없었다. 그녀는 나를 여러모로 꾸짖었다. 그것은 하나하나가 내 마음에 파고들었다. 나의 부당한 위구심에 그녀는 초조한 기색이었다. 나는 이 기회에 그녀에게 나를 우롱하고 있지 않다는 증거를 보여 달라고 요구했다. 그녀는 나를 안심시킬 다른 방법이 없음을 깨달았다. 나는 줄곧 그녀를 몰아댔다. 절박한 순간이었다. 궁지에 몰린 여자가 이처럼 교묘히 그것을 뚫고 나간 것은 놀라운 일로서, 아마 그 유례가 없을 것이다. 그녀는 친밀한 우정의 범위 안에서 허락되는, 부정이 개입되지 않는 일은 하나도 거절하지 않았다. 이리하여 그녀의 하찮은 동정에도 내 관능은 불타올랐지만, 그 불이 그녀의 관능에는 붙지 않는 것을 보고 나는 굴욕을 느꼈다.

관능을 물리치려면 관능을 부추기는 요소를 주어서는 안 된다고 어디에선가 쓴 기억이 난다. 그런 처세훈이 우드토 부인에게는 얼마나 맞지 않는 것이었던가. 또 부인이 자신에게 의지한 것이 얼마나 옳았던가. 그것을 잘 이해하기 위해서는 우리 둘이서 장시간 자주 얘기했던 그 모임의 내용을 언급해야 하며, 이성 친구 사이에서 거의 이례적으로 친밀하되, 어디까지나 일정한 한계를 넘는 일없이 함께 지낸 넉 달에 걸친 그 모임의 모습을 생생하게 더듬어 나가지 않으면 안될 것이다. 아! 나는 지금까지 참다운 사랑을 느끼지 못했는데, 그때야 비로소 마음과 관능은 실컷 연체료를 낼 수가 있었다. 짝사랑의 환희가 이럴진대 서로 사랑하는 상대끼리 마주 대하게 되었을 때 몸을 뒤흔드는 기쁨이란 어떤 것일까?

아니, 내가 짝사랑이라고 말하지만 그것은 옳지 않다. 내 사랑은 어느 의미에선 그러했을지 모르나, 우리가 둘 다 사랑의 감정을 품고 있는 것만은 틀림없었다. 두 사람 다 사랑에 도취되어 있었다. 그녀는 그녀의 애인에 대해서, 나는 그녀에 대해서 두 사람이 내쉬는 한숨, 즐거운 눈물은 서로 어우러져 있었다. 서로 가슴속을 터놓는 두 사람의 감정은 매우 비슷해서 완전히 어우러지지 않을 수 없었다. 그러나 그녀는 이 위험한 도취 가운데서 잠시도 이성을 잃지 않았다. 사실 나도 때때로 관능에 쫓기어 그녀를 성폭행하려 한 일이 있기는 했었지만, 결코 그것을 진심으로 원한 것이 아니었다고 여기에서 분명히 밝히고 맹세할 수 있다. 내 정열의 격렬함은 억제된 격정이었다. 자제의 의무가 내 영혼을 드높인 것이었다. 모든 덕에서 나오는 빛이 내 마음이 그리워하는 우상을 내 눈앞에 아름답게 꾸미고 있어서, 그 거룩한 심상을 더럽히는 것은 그것을 파괴하는 것과 같은 것이었다. 죄를 지으려면 지었을지도 모른다. 나는 마음속으로는 몇백 년이나 죄를 지어 왔다. 내가 소피(우드토 부인)를 어찌 타락시키랴! 아, 그런 짓을 어찌 할 수 있겠는가! 그럴 수 없다. 그럴 수 없어. 나는 그녀에게 여러 번 그렇게 말했다. 설혹 내가 마음대로 내 욕망을 만족시킬 수 있었다 해도, 그리고 그녀가 내게 몸을 맡겼다 해도 착란의 흥분된 그 순간에는 모르지만 그런 희생을 치러가며 행복하게 되는 것은 거절했을 것이다. 그녀를 내것으로 만들기에는 너무도 깊이 그녀를 사랑하고 있었다.

에르미타주에서 오본느까지는 그럭저럭 4킬로미터가 된다. 자주 오고 가고 하는 동안은 거기서 묵은 일도 가끔 있었다. 어느 날 저녁 식사를 마친 뒤, 매우 아름다운 달빛 아래 둘이서 정원을 산책했다. 나는 그녀에게 권유해 그 정원 안쪽에 있는 꽤 넓은 벌채림을 빠져나가서, 그녀가 만든 폭포가 있는 아름다운 덤불을 찾아갔다. 순결과 열락의 영원한 추억이여! 꽃이 만발한 아카시아 나무 밑, 잔디밭 비탈에 그녀와 나란히 앉아 고동치는 감각을 나타내기에 가장 어울리는 말을 찾아낸 것은 바로 이 덤불 속에서였다. 그것은 내 생애에 처음이었고 오직 한 번이었다. 그러나 가장 상냥하고 열렬한 사랑이 사람의 마음에 안겨주는 사랑스러운 것, 그리운 것—그러한 것을 포함하여 숭고하다고 한 마디로 부를 수 있다면 실로 나는 숭고했었다. 도취의 눈물을 그녀의 무릎에 얼마나 흘렸던 것일까? 자기도 모르게 끌려 그녀도 얼마나 같은 눈물을 흘렸던 것일까! 마침내 그녀는 자신을 잊어버린 황홀감 속에서 외쳤다. "참으로 이렇게까지 정다운 분은 없어요. 이렇게 사랑해준 애인은 없어요. 당신만큼! 하지만 당신 친구인 생 랑베르 씨가 우리의 이야기를 듣고 있습니다. 게다가 제 마음은 두 분씩이나 사랑을 할 수는 없어요." 나는 한숨을 쉴 뿐 아무 말없이 그녀를 끌어안고 입맞춤을 했다. 아, 그 포옹이야말로! 그러나 그것뿐이었다. 그녀는 이때 이미 6개월 동안이나 혼자 살고 있었다. 남편과 애인에게서 떨어져 있었다. 나는 석 달 전부터 거의 매일 그녀와 만나고 언제나 그녀와 나 사이의 사랑을 제삼자처럼 대했다. 둘은 마주 앉아 저녁을 같이 하고 단둘이 덤불 속에서 밤을 보냈다. 그리고 생생하고 다시없이 애정이 넘치는 이야기를 두 시간쯤 주고받은 다음, 밤중이 가까워지면 그녀는 이 덤불과 그 친구의 팔에서, 몸도 마음도 그녀가 이리로 들어왔을 때의 순결을 그대로 간직한 채 나오는 것이었다. 독자여, 이런 상황을 잘 생각해 주기 바란다. 나는 더이상 아무것도 말하지 않겠다.

그러나 이때의 내 관능이 테레즈나 어머니 옆에 있을 때처럼 나를 평온하게 놓아 두었다고는 상상하지 말기 바란다. 앞에서 말했듯이 이런 경우는 분명히 연애였다. 더구나 몸과 마음을 다 바친 맹렬한 연애였다. 연달아 느낀 흥분, 전율, 심장의 고동, 경련, 실신 따위를 모두 쓰진 않겠다. 그녀의 모습이 눈앞에 떠오르기만 하면 어떤 결과가 일어나는가만 알아 주시면 된다. 에르미타주에서 오본느까지 약간의 거리가 있다는 것은 앞에서 이미 말했다. 나는 언제나 앙디 언덕을 넘어서 갔다. 걸으면서 이제 만날 사람, 애무할 듯 인정에 넘치는 마중, 나의 방문을 반기는 입맞춤을 꿈꾼다. 이 단 한 번의 입맞춤, 사람을 괴롭히는 이 입맞춤은 상상만으로도 벌써 내 피를 들끓게 하므로 머리는 어지럽고 눈앞은 캄캄하며 무릎은 떨려 서 있을 수가 없어 그곳에 주저앉지 않으면 안 되었다. 온몸이 이상해지고 금방 실신할 것만 같았다. 이래서는 안 되겠다고 생각하고 다시 걸으며 다른 것들을 생각하려 애썼다. 그러나 스무 걸음도 채 못 가서 전과 같은 상태가 되어, 거기에서 도저히 헤어날 수가 없었다. 어떤 방법을 써 보아도 한 번도 무사히 이 행로를 마친 적이 없었던 것 같다. 오본느에 도착하면 피로에 지쳐 축 늘어져 몸을 지탱하기조차 힘들었다. 그러나 그녀의 모습을 보는 순간 기운이 절로 났다. 그녀 옆에서는 피로하기는커녕 왕성한 원기를 주체하기 어려울 정도였다. 가는 도중 오본느가 바라보이는 몽트 올랭프(올림퍼스 언덕)라는 전망 좋은 언덕이 있는데, 우리는 자주 거기에서 만났다. 언제나 내가 먼저 가서 그녀를 기다리기로 되어 있었다. 그러나 이 기다리는 동안이 얼마나 고통스러운 것이었던지! 심심풀이로 몇 장의 편지를 써 본다. 아주 참신한 기분으로 쓰긴 하지만, 어느 것 하나 읽을 수 있을 만큼 정리된 예는 없다. 미리 약속한 바위틈에서 그 편지 한 통을 그녀가 찾아내어 읽어 보아도, 단지 그것을 썼을 때의 나의 가엾은 상태를 알 수 있을 따름이었다. 이 상태, 특히 석 달에 걸친 끊임없는 초조와 자제는 나를 완전히 지치게 만들었다. 그뒤 몇 년에 걸쳐도 나는 그러한 피로 상태에서 회복되지 못한 채 끝내는 탈장(脫腸)이 되고 말았다. 나는 이 병을 지니고 무덤으로 가게 될 것이다. 또는 그것이 나를 무덤으로 데리고 갈지도 모른다. 이것이 가장 열성적이며 동시에 가장 겁쟁이인 나의 유일한 사랑의 기쁨과 즐거움이었다. 이것이 이 세상에서 내게 돌려진 마지막 즐거운 나날이기도 했다. 이로부터 머잖아 내 생애의 거의 끊일 새 없는 긴 불행이 이어지게 된다.

지금까지의 나의 생애를 통해, 이미 독자들이 아는 바와 같이 수정처럼 투명한 내 마음은 단 1분도 마음속에 그다지 강렬하지 않은 감정이라고는 숨겨 둘 수가 없었다. 우드토 부인에 대한 나의 사랑을 오랫동안 숨길 수 있었을까는 여러분이 판단해 주기 바란다. 우리가 친하게 지내는 것이 모든 사람의 눈에 띄었다. 우리는 그것을 비밀에 부치거나 숨기려 하지 않았다. 그것은 남의 눈을 피할 그런 성질의 것도 아니었다. 우드토 부인은 내게 무척 가까운 우정을 보내고 있어, 그것을 조금도 꺼림칙하게는 생각하지 않았고, 나는 나대로 누구보다도 부인의 정당성을 이해하고 있는 신념으로 그녀를 존경하였다. 하나 솔직하고 언제나 무관심해서 별로 경계하지 않는 그녀와, 거짓말을 않고 민첩하지 못하며 오만하고 성급하며 노염을 잘 타는 나는, 안전하다고 생각해도 실은 위험한 것이어서 실제로 죄를 지은 경우보다 더 많은 실마리가 우리를 붙어다녔다. 우리는 보통 라 슈브레트에서 만났는데, 때로는 약속하고 만난 적도 있었다. 거기에서는 둘이 평소 생활하듯 생활하며, 우리 둘의 사랑과 의무와 친구와 순진한 계획을 이야기하면서, 에피네 부인의 거실 창밑 정원을 매일같이 함께 산책했다. 에피네 부인은 그 창에서 줄곧 우리들을 지켜보며 자기가 비웃음거리가 되고 있다고 생각했는지 잔뜩 화가 나게 되었다.

여성은 분노를 숨기는 재주를 가지고 있다. 분노가 강할 경우에 특히 그러하다. 에피네 부인은 과격한 성격이었으나 분별 있는 사람이라 특히 그런 일에 뛰어났다. 그녀는 보고도 못 본 체, 의심하면서도 그렇지 않은 체했다. 나에게는 전보다 더한 관심을 보이며 보살펴 주고 거의 아첨까지 했으나, 그 시누이에게는 실례되는 행동과 경멸의 표시를 대놓고 내보이며 내게도 그런 눈치를 보이려고 했다. 에피네 부인의 뜻대로 안된 것은 잘 아실 줄 안다. 그러나 나는 괴로웠다. 에피네 부인의 마음씨에 감동하는 동시에 그와 상반되는 감정에 고민했다. 에피네 부인이 우드토 부인에게 매정하게 대하는 것을 보니 화가 치미는 것을 견딜 수가 없었다. 우드토 부인은 천사처럼 얌전하므로 불평도 하지 않고, 상대를 나쁘게도 생각하지 않고 모든 걸 참고 견디었다. 게다가 원래 그녀는 그런 일엔 무관심하고 그다지 민감하지 못하여 대개는 그것을 눈치채지 못했다.

나는 정열에 사로잡혀 있었으므로 소피 이외에는 아무것도 눈에 들어오지 않았고, 자신이 라 슈브레트 별장 사람들이나 방문객들에게 웃음거리가 되어 있는 것도 전혀 몰랐다. 내가 알기로 지금까지 라 슈브레트에 온 적이 없는 올바크 남작도, 이 뜻밖의 손님 가운데 끼어 있었다. 뒤에 그렇게 되었듯이 내가 이때 이미 의심이 많은 사람이었더라면, 에피네 부인이 사랑의 공민(루소)을 재미있는 토산물로 보여 주려고 일부러 남작을 오도록 계획했다고 의심을 품었을 텐데, 그때의 나는 전혀 그것을 몰랐다. 그러나 아무리 얼간이라도 남작의 전에 없이 기쁜 듯이 떠들어 대는 모습에는 역시 주의가 끌렸다. 평상시의 험악한 눈으로 나를 보지 않고 실없는 농담을 마구 늘어 놓는 것이었다. 이쪽은 아무 대답도 못하고 그저 눈만 깜박거렸더니, 에피네 부인은 배를 쥐고 웃었다. 나는 이 두 사람의 심경 변화를 눈치채지 못했다. 하기야 모든 것이 아직 농담의 영역을 벗어나지 않았으므로, 설혹 내가 눈치를 챘다 해도 그저 흘려듣는 것이 상책이었을 것이다. 그러나 사람을 놀리는 듯한 남작의 그 쾌활함을 통해서, 그의 눈에 어떤 심술궂은 기쁨이 빛나는 것은 알 수 있었다. 뒷날 그것을 생각해 냈을 때처럼, 그때 그것을 알아챘다면 나는 아마 불안에 떨었을 것이다.

어느 날 오본느로 우드토 부인을 찾아갔다. 파리에서 막 돌아온 참이라고 했다. 나는 슬픈 듯한 그녀를 보았다. 지금까지 울고 있었던 얼굴이었다. 그녀의 시누이인 블랑빌 부인이 그 자리에 있었으므로, 나는 걱정을 하면서도 잠자코 있어야만 했다. 그러다가 틈을 타서 우드토 부인에게 내 불안한 마음을 호소했다. "아!"하고 한숨을 쉬면서 그녀는 말했다. "당신의 무분별로 앞으로 저는 편안히 살 수 없게 되지 않나 걱정이에요. 종군 중인 생 랑베르 씨에게 무슨 이상한 말을 한 사람이 있나봐요. 제게 그런 일은 없다고 믿어 주시겠지만 아마 감정은 상했을 거예요. 그런데 그 불쾌감을 제게 숨기려 하는 것이 기분 나빠요. 다행히 당신과 저의 교제는 그분의 주선으로 맺어진 것이므로 모든 일을 숨기지 않고 알려 주었어요. 그 분의 편지 내용은 제 마음처럼 언제나 당신 걱정으로 가득차 있었어요. 다만 당신의 무분별한 사랑만은 제가 가라앉힐 작정으로 그분에겐 숨겨 왔어요. 그런 당신의 무분별에 대해서 그 분은 제게 아무 말도 하지 않고 있지만 제 죄로 알고 있는 것 같아요. 누가 우리를 중상하고, 저를 해치려는 거예요. 하지만 그것은 아무래도 좋아요. 이렇게 된 이상 깨끗이 헤어집시다. 그렇지 않으면 본래의 올바른 당신으로 되돌아가 주세요. 저는 더이상 사랑하는 그분에게 아무것도 숨겨 두고 싶지 않으니까요."

제자뻘되는 한 젊은 여성 앞에서 정당한 책임 추궁을 받고, 자신의 잘못을 깨달으면서 송구해하고 있는 자신에게 창피를 느낀 것은 이번이 처음이었다. 희생이 된 상대 여성이 따뜻한 동정을 기울여 그런 내 마음을 달래 주지만 않았던들, 이때 내가 자신에게 느낀 분노는 아마 억제할 수 없었으리라. 그러나 아! 눈물이 마음의 구석구석까지 넘쳐흐를 때 마음을 굳게 먹을 수 있겠는가? 이 감동은 곧 비열한 밀고자들에 대한 분노로 변했다. 그들은 무의식중에 솟아난 감정까지도 똑같이 나쁜 것으로밖에 생각하지 않았던 것이며, 그것을 보상하고도 남는 마음의 참다운 성실함을 믿는 것은 물론 상상조차 못했던 것이었다. 우리는 고자질한 사람을 곧 알아냈다.

에피네 부인이 생 랑베르와 편지를 주고 받는 것은 우리가 다 알고 있는 바였다. 에피네 부인이 우드토 부인에게 풍파를 일으키려 한 것은 이번이 처음은 아니었다. 그녀는 우드토 부인과 생 랑베르 사이를 떼어놓으려 애써 왔는데, 그 노력이 조금 성공하여 그 결과 우드토 부인을 공포에 떨게 했다. 게다가 카스트리 장군 휘하에 종군한 그림은 생 랑베르와 같이 베스트팔렌에 있으므로 거기에서 종종 만났다. 그림은 전에 우드토 부인에게 유혹의 손을 내밀었다가 실패한 일이 있었다. 그것이 몹시 불쾌했던 그림은 그뒤로 부인을 만나지 않게 되었다. 사교계에 드나들게 된 뒤로 자기 부하로밖엔 보지 않았다. 더구나 저보다 나이 먹은 사나이를 우드토 부인이 애인으로 삼은 것을 보고, 소심한 그림이지만 아주 냉정해졌다.

에피네 부인에 대한 나의 의심은, 내가 없는 동안 집에서 일어났던 일을 들었을 때 확신으로 변했다. 내가 라 슈브레트에 있었을 때 테레즈는 편지를 전해 주느라고, 또는 몸이 불편한 나를 간호하려 거기에 자주 왔었다. 에피네 부인은 테레즈에게 우드토 부인과 나 사이에 편지 내왕이 있는가를 물었던 것이다. 테레즈가 사실대로 말하자, 에피네 부인은 감쪽같이 겉봉을 붙여 놓을 테니 우드토 부인의 편지를 자기에게 보여 달라고 졸랐다.

테레즈는 이 요구에 아연실색했으나, 그런 기색은 보이지 않고 내게도 알리지 않고, 내게로 가져오는 편지를 단단히 단속했다. 빈틈없이 조심스럽게 했다. 왜냐하면 에피네 부인은 테레즈가 오는 것을 지켜 보고 도중에서 기다리고 있다가, 그녀의 가슴속까지 뒤지는 염치없는 짓까지 여러 차례 했기 때문이다. 어느 날 내가 에르미타주에 머물게 된 뒤 처음으로, 원하는 대로 에르미타주로 부인을 마르장시 씨와 함께 오찬에 초대한 일이 있었는데, 내가 마르장시와 함께 산책나간 틈을 타서 부인은 테레즈, 장모와 함께 내 서재로 들어갔으며, 두 여자에게 우드토 부인에게서 온 편지를 보여 달라고 졸랐다. 장모가 편지 있는 곳을 알았더라면 물론 보여주었을 것이지만, 다행히 그녀만 알고 있었기에 그녀는 내가 한 통도 남김없이 모두 없앴다고 핑계를 댔다. 이것은 확실히 용의주도한 거짓말이었다. 만일 진실을 말했더라면 배신 행위밖에 되지 않았을 것이다. 에피네 부인은 테레즈를 유혹할 수 없다고 보자, 태연히 주인을 믿는 통에 눈이 어둡다고 테레즈를 나무라며 애써 그 질투심을 부채질하려 했다. 부인은 테레즈에게 말했다. "도대체 당신에겐 두 사람의 죄 많은 교제가 눈에 띄지 않는단 말예요? 이제까지 보아온 것보다 더한 증거를 보시려거든 내 말대로 해요. 주인은 우드토 부인의 편지를 읽고 금방 찢어 버린다고 했지요. 그럼 찢은 조각을 내게 갖다 줘요. 내가 맞춰 드릴테니." 이것이 내 여자 친구가 아내에게 준 교훈이었다.

　그러한 유혹을 모두 테레즈는 꽤 오랫동안 주의 깊게 내게 숨기고 말하지 않았다. 그러나 내가 당황하는 것을 보고 그녀는 모든 것을 내게 말해야만 되겠다고 결심했다. 문제의 상대가 누구인가를 알면, 이간질에 대처하는 계책을 내가 세울 수 있다고 생각했기 때문이었다. 그것을 들은 나의 분노와 흥분은 이루 말할 수 없었다. 나는 에피네 부인의 술책처럼 부인에게는 모르는 체하며 상대의 속을 태우는 그런 일을 생각조차 할 수 없었고, 타고난 성급한 성질에 경솔함까지 곁들여 정면으로 대들고 말았다. 나의 무모함은 이때의 쌍방의 태도가 여실히 나타나 있는 다음 몇 통의 편지로 판단할 수 있을 것이다.

　에피네 부인의 편지(서간집 A 제44호)
　한동안 못 뵈었는데 다정한 친구여, 어찌 된 일입니니까? 참으로 걱정이 됩니다. 에르미타주에서 이곳까지 왕래만은 하시겠다고 약속하지 않으셨나요! 한주일이 지나도록 소식도 없고 오시지도 않는군요. 건강하시단 말을 인편으로 전해 듣지 못했더라면, 병환이 나셨나 했을 거예요. 그래도 어제도 당신을 기다리고 있었습니다. 그런데 아직도 모습을 볼 수 없군요. 도대체 어찌된 일입니까? 별일도, 걱정거리도 없으신 모양이군요. 그런 일이 생기면 당장 오셔서 상의해 주실 것으로 믿고 있으니까요. 그럼 병환중이신가요? 한시바삐 저를 불안에서 구해 주십시오. 부탁입니다. 안녕, 다정한 벗이여, 부디 이 안녕히가 당신이 제게 보내는 인사가 되기를 빌며.

　답장 수요일 아침
　아직 뭐라고 말씀드릴 수는 없습니다. 좀더 상세한 사정을 알게 되기를 기다리고 있습니다. 곧 알게 되겠죠. 어찌됐든 결백한 자는 비난을 받더라도 열렬한 지지자를 얻게 되며, 비난하는 자는 누구를 막론하고 반드시 후회할 것이라는 것을 알아 두십시오.

　에피네 부인의 두 번째 편지(서간집 A 제45호)
　당신의 편지가 얼마나 저를 놀랬는지 모릅니다. 대체 당신은 무슨 말씀을 하시려는 것입니까? 스무 번 이상이나 되풀이해 읽었습니다만, 무슨 소린지 전혀 알 수 없군요. 다만 무언가 불안과 걱정이 있다는 것, 그것이 없어질 때까지 제게 말해 주는 것을 보류하고 계신다는 것, 그것밖에 알 수 없군요. 다정한 벗이여, 이것이 우리의 약속이었던가요? 그 우정, 그 신뢰는 도대체 어찌된 일입니까? 왜 저는 그것을 잃게 되었을까요? 무언가 저에게, 아니면 무언가 저 때문에 화나신 일이라도 있는 것일까! 어쨌든 오늘 저녁엔 꼭 와주시기 바랍니다. 어떤 괴로움도 그 자리에서 제게 털어 놓겠다던 1주일 전 약속을 설마 잊지는 않으셨겠죠. 정다운 벗이여, 저는 그 신뢰 속에 살고 있는 겁니다…… 그런데 지금 또 편지를 다시 읽었습니다만, 역시 무슨 뜻인지 모르겠고 두려운 생각만 앞섭니다. 아주 흥분하고 계신 것 같군요.
　위로를 드리고 싶어도 무엇 때문에 불안해하시는지 모르므로, 저도 당신을 뵐 때까지는 당신처럼 불행하다는 것밖에는 말씀드릴 수 없군요. 만일 오늘 저녁 6시까지 이곳에 오시지 않으면, 내일은 날씨가 어떠하든, 제 기분이 어떠하든, 에르미타주까지 가겠습니다. 이런 답답함은 도저히 견뎌낼 수 없으니까요. 안녕히, 다정하고 좋은 벗이여, 이런 충고는 건방지오나, 부디부디 마음을 가라앉히셔서 고독한 가운데 불안을 불러일으키지 말기를. 파리도 괴물이 된다는 비유는 제가 가끔 경험한 것입니다.

　답장 수요일 저녁
　지금과 같은 나의 불안이 계속되는 한, 찾아뵙는 것도 방문을 허락할 수도 없습니다. 당신이 말씀하신 바와 같은 신뢰는 이미 존재하지 않으며, 또 당신이 그것을 회복한다는 것도 쉽지는 않을 겁니다. 현재의 나로서는 당신의 그 열의 가운데, 남의 고백에서 자신의 생각에 맞는 유리한 점을 찾아내려는 의도밖에 알 수 없군요. 나는 마음속을 털어 놓고 맞아 주는 사람에게는 즐겨 토론할 상대이지만, 계략과 기만에 대해서는 그럴 수가 없습니다. 내 편지가 어려워서 알 수 없다고 하신 바로 그 점에서 나는 당신의 평소 기교를 인정합니다. 당신이 해석하지 못했다고 믿을 만큼 내가 어리석은 줄 아십니까? 천만에요. 하나 나는 솔직하므로 당신의 교묘한 지혜를 이겨낼 수 있다고 생각하고 있습니다. 제가 드리는 말을 더욱 모르시도록 좀더 명백히 내 생각을 말해 보겠습니다.

서로 사랑하기에 어울리는, 굳게 결합된 두 연인이 나와 다정하게 지냅니다. 그 이름을 밝히지 않으면 누군지 모르겠다고 하시겠지요. 그러나 이 둘 사이를 이간시키려고 계획한 사람이 있어 그 사람이 연인의 한쪽, 즉 사랑하는 남자를 질투하는 상대 역할을 내게 맡게 한 셈입니다. 나를 택했다는 것은 정말 서투르기 짝이 없지만, 그러나 심술궂은 면으로 말하면 어쨌든 안성맞춤입니다. 이런 심술궂은 일을 한 분이 바로 당신이라고 나는 보고 있습니다.

이것은 앞으로 더욱 명백해지리라 생각합니다.

내가 가장 존경하는 여성이 두 남자를 사랑하여 그 마음과 몸을 이 둘에게 다 바친다는 오명을 뒤집어 썼으며, 나도 염치없는 두 사나이들 가운데 한 사람이라는 오명을 뒤집어 쓰게 되었습니다. 비록 잠시라도 당신이 그런 식으로 그 여성과 나를 생각하셨다는 것을 안다면, 나는 당신을 죽도록 미워할 겁니다. 그러나 내가 책망하는 것은 그런 식으로 생각했다는 점보다도 그것을 발설하신 점입니다. 그런 경우 세 사람들 가운데 누구를 해치려 하신 것인지 나로서는 알지 못합니다. 그러나 당신이 평온을 사랑하고 계신다면 불행하게도 그것이 성공했을 경우를 두려워해 주십시오. 나는 지금까지 어떤 종류의 교제 관계에서도 나쁘다고 생각되는 점을 거리낌없이 당신에게도, 문제의 여성에게도 말해 왔습니다. 왜냐하면 그러한 교제 관계가, 그 동기처럼 성실한 쪽으로 마무리되는 것, 또 설혹 불륜의 사랑일지라도 영원한 우정으로 바뀌는 것을 언제나 바라기 때문입니다. 지금까지 결코 남을 해친 일이 없는 내가 아무리 어리석다고 한들 친구들을 해치는 역할을 태연히 맡을 수 있겠습니까? 그럴 수는 없습니다. 이 점도 도저히 당신을 용서할 수 없습니다. 나는 절대로 화해할 수 없는 당신의 적이 될 것입니다. 다만 당신의 비밀만은 존중하겠습니다. 나는 결코 배신자는 될 수 없으니까요. 지금 같은 나의 곤혹스러움이 그리 오래 계속되리라고는 생각하지 않습니다. 내 오해였는지 어쩐지는 머잖아 알게 되겠지요. 만일 오해라면 아마 큰 실수를 보상하지 않으면 안 되겠지요. 그리고 평생의 다시 없는 기쁨으로 보상할 것입니다. 당신 옆에서 지낼 얼마 남지 않은 시일에 내가 어떻게 해서 그 죄를 보상할지 아시겠습니까? 나 이외의 어느 누구도 할 수 없는 일을 하는 것입니다. 세상이 당신에 대해 생각하고 있는 것, 당신의 평판에 대해 당신이 고쳐야만 될 결점, 그것을 솔직히 말씀드리는 것을 통해서입니다. 당신 주위에 이른바 친구란 무리들이 많이 있어도, 내가 떠나고 난 뒤 당신은 영원히 진실과 작별하게 되는 것입니다. 그리고 당신에게 진실을 말하는 인간을 당신은 더이상 발견하지 못할 것입니다.

에피네 부인의 세 번째 편지(서간집 A 제46호)
오늘 아침 편지는 이해가 잘 가지 않습니다. 그래서 그렇게 말씀드린 것입니다. 오늘 저녁 편지로 비로소 이해가 갔습니다. 그것에 대한 회답은 드리지 않습니다만 걱정하지 마십시오. 저는 당신이 주신 편지를 빨리 잊어버리려고 애쓰고 있습니다. 당신의 처지도 딱하다고는 생각합니다만, 저는 편지를 받고 가슴에 치미는 슬픔을 이기지 못하는 형편입니다. 제가 당신을 상대로 계략과 간책을 꾸몄다니! 이 제가 세상에서도 얄미운 파렴치한 행동으로 비난당할 줄이야! 이젠 이별이에요. 그래도 유감스러운 것은 당신이 그러한…… 아니, 이젠 이별입니다.
하루 빨리 당신을 용서해 드리려고 애쓰고 있을 뿐입니다. 언제든지 마음이 내키실 때 와 주십시오. 당신의 의심이 요구하는 것보다 더 알뜰히 당신을 맞아드리겠습니다. 다만 제 평판은 부디 걱정을 마십시오. 세상 사람들이 뭐라고 말해도 저는 조금도 상관하지 않습니다. 저는 올바른 길을 가고 있으니까 그것으로 충분합니다. 그리고 당신과 마찬가지로 제게도 소중한 그 두 분에게 어떤 일이 있었는지 저는 전혀 모르고 있었습니다.

이 마지막 편지로 겨우 심한 곤혹에서 벗어났으나, 이어 그것에 못지않은 다른 곤혹에 빠져들었다. 이러한 편지와 그 회답은 모두 급히 하루 동안에 오고 갔지만 그 짧은 시간에는 자제심을 잃은 분노 속에, 나의 어처구니없는 무모한 짓을 반성하게 하는 때도 없진 않았다. 우드토 부인은 내가 그저 잠자코 참고 있을 것과, 자기 혼자 해결할 테니 이 문제 처리는 자기에게 맡겨 줄 것, 특히 이 경우 절교나 논쟁 같은 것은 피할 것을 줄곧 부탁했다. 그런데 나는 아주 대놓고 심한 모욕으로, 충분한 각오가 되어 있는 상대 부인의 마음을 격분으로 내닫게 하고 말았다. 비열한 사나이가 아닌 한, 당장 그분의 집을 떠나지 않고는 배기지 못할 거만하고 횡포하며 경멸스러운 회답이 그쪽에서 올 것으로 기대하고 있었던 것은 당연했다. 그런데 다행히도 격분해 있는 나보다는 훨씬 영리한 그녀가 능란한 표현으로 내가 그런 극단에 이르는 것은 피하게 했다. 그러나 그녀의 집을 나가든지, 아니면 당장 그녀를 찾아가야만 했다. 그 어느 쪽이든 선택하지 않으면 안된다. 나는 그녀를 만나러 가기로 했다. 그러나 해명을 하려면 나의 태도가 몹시 난처할 것 같았다. 왜냐하면 우드토 부인에게도 테레즈에게도 누를 끼치지 않고 해결할 방법이 문제였다. 또 실제로 내가 이름이라도 말해 버리면 그 여자야말로 난처하게 된다. 집념이 강하고 음모에도 능란한 여자의 복수보다도 그 대상에게 무슨 짓을 더 할지 모른다는 것이 불안했다. 내가 편지로 증거를 제시하지 않고 혐의만 말해 둔 것은 다른 사람에게 미치는 폐를 피하기 위해서였다. 그런 염려로 해서 내 격분이 한층 부당하게 보인 것도 사실이다. 단순한 혐의만으로 어떤 여자, 그것도 한 여자 친구를 내가 에피네 부인에게 한 것과 같은 방법으로 상대할 권한은 절대로 내게 허락되어 있지 않았다. 그러나 내가 저지를 수도 없거니와 저지른 적도 없었던 큰 잘못을 떠맡음으로써 자신의 숨은 잘못과 약점을 보상하려는 위대하고 고귀한 노력이 이때부터 시작되며, 나는 또 그것을 훌륭히 완수했던 것이다.

부인의 공격을 예상했던 것은 나의 쓸데없는 걱정이었다. 내가 에피네 부인 댁으로 가자, 그녀는 내 목을 끌어안고 울기 시작했다. 뜻밖의 이런 영접에 나는 크게 감동해서 울었다. 나는 그녀에게 별로 뜻도 없는 말을 두세 마디 중얼거렸다. 그녀도 내 말을 듣고서 뭐라고 중얼거렸지만 그것은 더욱 의미없는 말이었다. 그것으로 모든 것이 끝났다. 식사가 준비되어 있었으므로 우리는 식탁으로 갔다. 저녁 식사 뒤로 미뤄졌다고 짐작되는 해명을 기다리면서, 나는 시무룩하게 앉아 있었다. 나는 사소한 일에도 신경을 썼으므로 아무리 눈치 없는 사람이라도 그것을 알아챌 만했다. 나의 당황한 모습은 상대의 용기를 북돋아 주었지만, 그래도 그녀는 모험을 하려 들지 않았다. 저녁 뒤에도 저녁 전과 마찬가지로 변명은 조금도 하지 않았다.

이튿날에도 마찬가지였다. 둘은 별말 없이 마주앉아 사건과 관계없는 일을 이야기하기도 하고, 내가 진지한 화제를 끄집어내거나 했을 뿐이었다. 나는 그런 화제에 곁들여, 나의 이번 의심의 근거에 대해서는 아직 아무것도 말할 수 없다고 전제하고, 만일 그것이 근거없는 것이었다면, 내 일생을 걸고라도 그 잘못의 보상을 하겠노라고 그녀에게 다짐했다. 그녀는 그 혐의가 도대체 무엇이며, 어떻게 그런 혐의가 생기게 되었는가를 확실히 알고 싶어하는 눈치가 조금도 없었다. 우리의 화해는, 그녀 편에서나 내 편에서나 처음에 서로 포옹했을 때 이미 성립된 것이었다. 적어도 형식상으로는 그녀만이 모욕당한 것이므로, 부인이 원하지도 않는 변명을 이쪽에서 늘어놓을 필요는 없다고 생각되었다. 그리하여 결국 나는 갈 때처럼 그대로 돌아와 버렸다. 전과 마찬가지로 그녀와 교제를 계속하는 동안, 어느덧 나는 이 다툼에 대해서는 거의 완전히 잊어버리고 말았다. 그녀도 무엇 하나 마음에 두고 있는듯 보이지 않았으므로, 나는 그녀도 이젠 그 일을 잊고 있다고 믿었다. 그러나 그것은 나의 어리석은 생각이었다.

　이제 곧 알게 되겠지만, 그때의 내 고민은 단순히 내 약점이 불러일으킨 것만은 아니었다. 그밖에 그것에 못지 않은 온갖 고민이 있었다. 그것은 요컨대 나를 고독한 생활속에서 괴롭힘으로써 거기에서 나를 끌어내려는 사람들의 참견이 원인이 되었다.*3 바로 디드로와 올바크 패거리가 가져다 준 고민이었다. 내가 에르미타주에 안착한 뒤로 디드로는 스스로 또는 들레이르를 통해서 계속 나를 괴롭혀 왔다. 이윽고 나는 숲을 산책하는 나에 관해서 쓴 들레이르의 희필(戱筆)로 그들이 나를 사랑의 밀회자로 얼마나 희롱하고 있는가를 알았다. 그러나 디드로와 나의 싸움에서는 이것이 문제가 안되었다. 보다 중대한 원인이 여러 가지 있었다. 《사생아》를 출판하고 나서 그 하나를 그가 보내 주었는데, 나는 그것을 친구의 저작에 대한 흥미와 관심을 가지고 읽고 있었다. 그런데 그 속에 곁들여 있는 대화체의 연극론을 읽다가 깜짝 놀랐다. 비분을 느낀 것은 고독한 사람에 대한 무례한 온갖 말—그것은 용서한다 하더라도—가운데서 아무런 거리낌도 없는 다음과 같은 신랄하고 가혹한 글귀를 발견했을 때였다. '홀로 있는 것은 나쁜 사람밖에 없다.' 이 글귀는 모호해서 두 가지 뜻을 나타내고 있는 듯하다는 생각이 들었다. 하나는 과연 그럴듯하나, 또 하나는 아주 잘못된 것이다. 왜냐하면 혼자 사는 사람, 또 혼자 지내려는

---

*3 다시 말하면 이 음모를 꾸미기 위해 필요한 노파를 내 고독한 생활에서 끌어내려는 것이었다. 그들이 파리로 불러내려고 생각하고 있던 것은 내가 아니라 노파였다는 것을 이 긴 소란 동안 깨닫지 못한 나의 우둔한 신뢰에는 내 자신도 놀랍다.

사람에겐 남을 해치거나 해치려고 할 수도 없으니, 그 사람은 나쁜 사람이 될 수 없기 때문이다. 그러므로 이 글귀는 그 자체로서도 주석이 필요했다. 지은이는 이 글귀를 출판할 즈음 고독에 잠겨 있는 한 친구를 두고 있었기 때문이었다. 내가 불쾌하달까 무례하다고 여긴 것은 이 글귀를 발표할 때, 지은이가 그런 고독한 친구를 잊고 있었다는 것, 만일 기억하고 있었다면 이 친구에 대해서만이 아니라, 또 모든 시대를 통해 은둔 속에 정적과 평화를 구해 온 존경할 만한 많은 착한 이들에 대해서, 적어도 일반 처세훈이 마땅히 만들어 두어야 할 명예롭고 정당한 예외를 고려하지 않은 점이었다. 그런 착한 이들을 지은이가 분별도 없이 붓끝 하나로 나쁜 사람으로 만들려 했다는 것은 이 세계가 시작된 뒤로 처음 있는 일인 것이다.

나는 디드로를 깊이 사랑하고 마음에서 존경하고 있었다. 그리고 그도 마찬가지일 거라고 믿고 있었다. 그런데 나의 취미·경향·생활 방법, 그 밖에 나 개인의 문제에까지 언제나 끈덕지게 간섭하므로 귀찮아서 견딜 수 없고, 나보다 젊은(한 살 아래) 사람이 나를 어린애처럼 다루려고 기를 쓰는 것을 보면 괘씸한 생각이 들었다. 게다가 약속을 해놓고 전혀 이행을 하지않는 데는 정나미가 떨어졌다. 또한 줄곧 새로운 약속을 다시 하고는 그것을 또 어긴다. 그 변덕에는 견뎌낼 수가 없었고, 더구나 한 달에 서너 번이나 그가 정한 날에 공연히 기다리다 허탕만 치고, 6킬로미터나 되는 생 드니까지 마중나가 온종일 기다리던 끝에, 저녁 때 나 혼자서 식사를 하는 꼴이 되었다. 그러니 내 마음은 이미 그에게서 받은 수많은 피해 의식으로 가득차 있었다. 이 마지막 예를 든 것은 가장 심한 피해로, 내 마음은 더욱더 심한 상처를 입었다. 그래서 나는 그 불만을 호소하기 위해 그에게 편지를 썼으나, 쓰면 쓸수록 애정과 감동에 벅차 눈물이 종이에 마구 떨어졌다. 이 편지에는 그도 눈물을 자아낼 것이 틀림없다고 생각될 만큼 정성어린 것이었다. 이것에 대한 그의 회답이 어떤 것이었나를 도저히 독자들은 상상할 수 없을 것이다. 다음의 것이 그 원문대로의 회답(1757년 3월 10일)이다. (서간집 A 제33호)

내 작품이 당신의 뜻에 맞아 당신의 마음을 감동시킨 것을 매우 기쁘게 생각합니다. 당신은 은둔자에 관해서는 나와 의견이 다른 모양인데, 부디 당신께선 그것을 마음에 좋도록 변호해 주십시오. 어쨌든 당신은 이 세상에서 언제까지나 내 머리를 떠나지 않는 단 한 분의 은둔자입니다. 이 점에 대해 말하고 싶은 것은 많지만 당신의 감정을 상할까봐 그만두겠습니다. '여든 살이나 된 노부인을, 운운' 이것은 에피네 부인의 아들 편지의 글귀지만, 오죽이나 마음이 아팠겠습니까. 그렇잖다면 나는 당신의 마음속을 잘못 들여다본 셈이 됩니다.

 이 편지의 마지막 두 구절은 설명이 필요하다. 에르미타주에 살게 되자 처음부터 르 바쇠르 부인은 그곳이 조금도 마음에 들지 않는 것 같았다. 그런 불평이 내 귀에 들어왔다. 나는 그녀에게 파리가 좋으면 돌아가도 되며 집세도 치러 주겠고, 여기에서 같이 있는 것과 똑같은 편의를 보아 주겠다고 권했다. 그녀는 내 제안을 거절하고, 에르미타주는 무척 마음에 들고 시골 공기는 내게 정말 좋다고 분명히 말했다. 그것은 사실인 것 같았다. 그도 그럴 것이, 그녀는 이곳에 온 뒤부터 파리에서보다는 훨씬 젊어지고 기운 차 보였기 때문이다. 딸인 테레즈도 그 어머니가 마음속으로는 우리가 에르미타주를 떠나는 것을 원치 않는다는 것, 여기에 있는 것은 정말 즐겁고, 정원이나 과수원 가꾸기가 재미있어 어머니는 그것을 혼자 맡고 있다는 것, 다만 나를 파리로 불러들이려는 사람들의 조종으로 마음에도 없는 소리를 하고 있는 데 불과하다는 말을 하여 나를 안심시켰다.
 그런 계획을 성공시키지 못했으므로, 패거리들은 친절을 미끼로 낚는 것보다도 걱정을 안겨 주어 바라던 바의 성과를 얻으려고, 이 노부인을 고령에 필요한 구급 수단을 쓸 수도 없는 먼 곳에 붙들어 두었다면서 나를 나무랐다. 그러나 그들은 시골의 좋은 공기를 마셔 수명을 연장하고 있는 이 노파나 그 밖의 많은 노인들이 응급상태라면, 내 손이 미치는 데 있는 몽모랑시에서 그 도움을 얻을 수 있었다는 것을 생각하지 못하고 있는 것 같았고, 노인이라면 파리에만 있어야지 다른 곳에서는 어디에서고 살아갈 수 없다고 생각하고 있는 것 같았다. 르 바쇠르 부인은 식욕이 대단하고 또 매우 많이 먹기 때문에 언제나 쓸개즙 배설이나 심한 설사를 일으켜 그것이 며칠씩 계속되었으므로 약의 역할을 하였다. 파리에 있었을 때, 그녀는 아무런 치료도 받지 않고 그대로 내버려 두었다. 에르미타주에 와서도 같은 방법을 취했다. 그보다 나은 방법이 없는 것을 알고 있었기 때문이었다. 그런 까닭에, 시골에는 의사도 약제사도 없으므로 아무리 그녀가 튼튼해도 시골에 두는 것은 죽기를 바라는 것이라고 사람들이 말하더라도 상관은 없다. 그보다도 디드로는 몇 살 이상의 노인은 파리 이외의 곳에서 살게 해서는 안 되며, 이것을 위반하는 자는 살인범이라고 정해 두었어야만 했을 것이다.

이것이 예의 '혼자 있는 것은 나쁜 사람밖에 없다'라는 글귀에서 나도 예외가 되지 않은 두 가지 가혹한 비난 가운데 하나였던 것이다. 또 비장한 감탄조로 '여든 살이나 된 노부인을, 운운' 하고, 친절하게도 '여러 말'을 덧붙인 것도 그것이었다.

이 비난에 대한 회답은 르 바쇠르 부인에게 맡기는 것이 가장 좋다고 생각되었다. 그래서 나는 그녀에게 부탁해서 아주 자연스럽게 그녀의 기분을 에피네 부인에게 써 보내도록 했다. 그녀에게 더욱 자유롭게 쓰도록 하려고 그 편지를 나는 보지 않기로 했다. 그리고 다음에 옮겨쓴 것 같은, 에피네 부인에게 보내려고 쓴 내 편지도 그녀에게 보여주었다. 이 편지는 디드로에게서 온 지난번 편지보다 더 심한 편지에 답장을 쓰려다가 에피네 부인이 말렸기 때문에 그 점에 대해 그 부인에게 써 보낸 것이다.

목요일

정다운 벗이여, 르 바쇠르 부인이 당신에게 편지를 드릴 겁니다. 나는 생각하고 있는 대로 써 달라고 그녀에게 부탁해 두었습니다. 그녀가 마음대로 쓸 수 있도록 그 편지를 나는 보지 않겠다고 말해 두었습니다. 그러니 당신도 그 편지 내용에 대해서 내게는 아무것도 말씀하시지 않기를 바랍니다.

당신이 반대하시기에 편지를 보내지 않기로 했습니다. 그러나 심한 모욕을 받으면서 스스로 자기를 그르다고 하는 것은 참을 수 없는 비굴이거나 허위일 것입니다. 복음서에는 오른쪽 뺨을 맞거든 왼쪽 뺨을 돌려대라고 했으나 용서를 구하라고는 씌어 있지 않습니다. 지팡이로 사람을 두들기면서, '이것이 철학자의 할 일'이라고 외치는 그 희극(몰리에르의 《스카팽의 음모》) 속 인물은 기억하고 계신지요?

이처럼 나쁜 날씨에, 그 사내가 올 리 없다고 방심하시면 안 됩니다. 그의 분노는 그 우정이 그에게 거부한 시간과 용기를 줄 것입니다. 그리고 그의 인생

중 처음으로 자기가 약속한 날짜에 나타날 것입니다. 그는 이미 수차에 걸친 편지로 나를 모욕했지만, 그것도 모자라서 나의 면전에서 독설을 반복하려고 무진 애를 쓰고 있을 것입니다. 나는 도저히 그것을 끈기있게 참고 들을 수는 없을 겁니다. 결국 그는 파리로 돌아가서 병을 앓게 될 것이며, 나는 전례에 의해 아주 얄미운 사내가 되겠지요. 도대체 어떻게 하면 좋겠습니까? 참는 수밖엔 도리가 없습니다.

생 드니에서의 회식에 나를, 전세 마차로 마중 나와 전세 마차로 보내 주겠다고까지 말한 사내가(서간집 A 제33호) 1주일 뒤에는(서간집 A 제34호) 주머니 사정으로 이젠 에르미타주에 도보로밖에는 방문할 수 없다고 말하는 그 교묘한 지혜에 감탄하시지 않으십니까? 그의 말에 따르면 그것은 거짓이나 속임이 없는 변명이라고 말할 수도 있습니다. 그러나 그렇다면 1주일 사이에 그의 주머니에 이상한 변동이 일어났어야만 했을 겁니다.

자당(慈堂)께서 병환중이시라니 무척 걱정이 되시겠습니다. 그러나 당신의 걱정은 나와는 비교도 안 된다는 것을 알아 주시겠지요. 사랑하는 사람의 병을 대하는 것보다도, 그 사람의 부당하고 잔혹한 처사에 부딪치는 편이 훨씬 괴로운 것입니다.

안녕히, 다정한 벗이여. 이 불행한 사건에 대해 말씀드리는 것도 이것이 마지막입니다. 파리로 떠나신다는 말씀, 무심코 그렇게 하시는 말씀도 다른 때 같으면 기쁘게 들렸을 터인데.

에피네 부인의 제안으로, 나는 르 바르쇠 부인을 위해 내가 얼마만큼 일해 왔는가를 디드로에게 써 보냈다. 누구나 생각할 수 있었듯이 르 바르쇠 부인은 에르미타주에 머무르기로 결정하였다. 이곳에서 그녀는 건강도 좋았고, 에르미타주에는 언제나 말동무가 있어서 즐겁게 지낼 수 있었다. 그래서 디드로도 내게 죄를 씌울 방법이 없어지고 말았으므로, 이번에는 내가 전부터 염려하고 있던 것을 그대로 나의 죄로 돌려 버렸다. 그리고 르 바쇠르 부인이 계속해서 에르미타주에 머물러 있게 된 것도 나의 죄로 돌려 버렸다. 그러나 이 계속 눌러 있는 것도 노모가 택한 것으로서, 파리로 돌아가서 사는 것도 노모만 좋다면 마음대로 하도록 되어 있었고 앞으로도 마음대로 하도록 말해 두었으며, 그럴 경우 여기에서 내 옆에 있는 것과 똑같은 정도의 도움을 주기로 되어 있었던 것이다.

 이상이 디드로의 서간 제33호의 첫째 비난에 대한 설명이다. 둘째 비난에 대한 것은 그의 서간 제34호를 보면 알 수 있다.

 '학자님(에피네 부인의 아들)'이 파리 성벽에는 굶주림과 추위로 죽어가고 있는 수십 명의 빈민들이 있어서, 당신이 주시는 동정금(同情金)을 기다리고 있다는 것을 편지로 전해 드렸을 것입니다. 이것은 우리의 허물없는 한 이야기의 표본에 지나지 않지만…… 다음 이야기도 들어 주시면 틀림없이 이것과 마찬가지로 재미있을 것입니다.

 이런 가혹한 논법으로 대드는 디드로는 무척 득의양양해 보였다. 그 논법에 대한 나의 회답은 다음과 같다.

 답장은 이미 '학자님', 즉 세금 징수 담당관의 아드님에게 올렸다고 생각되는데, 내가 대답할 것은 선생이 성벽 근처에서 보셨다는 내 동정금을 기다리고 있는 빈민을 나는 그다지 딱하게는 생각하지 않는다는 것, 분명 선생 쪽에서 그 빈민에게 충분한 동정은 해 주셨으리라는 것, 나의 대리로 선생을 정했다는 것, 파리 빈민들은 이렇게 대신하는 것에 이의가 없으리라는 것, 더 절박한 이곳 몽모랑시의 빈민에게는 그토록 인정 많은 사람은 좀처럼 볼 수 없으리라는 것입니다. 지금 이곳에는 존경할 만한 선량한 노인이 한 사람 있는데, 일생 계속 일해 온 끝에 이젠 그것도 할 수 없어 만년(晩年)에 굶어 죽어가고 있습니다. 내 양심은 파리 성벽의 거지들에게 동정금 1백 수를 뿌려 주는 것보다는 이 노인에게 월요일마다 2수씩 주는 데 더 만족을 느끼게 됩니다. 당신들 철학자들이 도시 주민에게만 자기들의 의무가 연결되어 있다고 생각하는 것은 아무래도 우스운 일입니다. 시골에 있어야만 인류를 사랑하는 것을 배우고, 인류를 위해 힘쓰는 방법을 배우게 됩니다. 도시에서는 그것을 경멸하는 것밖에 배우지 못합니다.

 이상이 내가 파리를 떠나온 것을 진정한 죄악으로 만들려는 어리석은 수작을 하고, 또 나쁜 인간이 아니면 수도(首都) 이외의 곳에서 살 수 없다는 것을 나 자신을 예로 들어 내게 증명해 보이려고 한, 재간 있는 어떤 사람의 기발한 의심이었다. 지금 생각해 보면 해답 대신 코웃음이나 쳐줄 걸 무엇하러 답장을 보내고 화를 내고 했는지 그런 나 자신의 어리석음이 도저히 이해가 안 간다. 그러나 에피네 부인도 그렇게 단정을 하였고 올바크 패거리도 그렇게 떠들어 대는 바람에 의구심이 정말처럼 들려서 세상 사람들은 대부분 내가 나쁘다고 생각하게 되었다. 디드로의 대단한 숭배자인 우드토 부인까지도, 나에게 파리에 가서 디드로와 만나 어떻게 해서든지 화해하라고 권했다. 그 화해는 나로서는 진실하고 완전한 것이었지만 오래 지속되지는 못했다. 부인이 내 마음을 설득시킬 수 있었던 것은 디드로가 당시 불행에 빠져 있다는 것을 내세웠기 때문이다. 《백과사전》으로 해서 일어난 폭풍우 외에 디드로는 그의 극작 《사생아》에 대해 매우 과격한 비난을 받고 있었다. 이 작품 첫머리에는 짤막한 해명이 붙어 있었는데도, 그것이 완전히 골도니의 표절이라고 공격을 당하고 있었다. 볼테르 이상으로 세상의 평판에 신경을 쓰는 디드로는, 마침 이 일로 고통을 당하고 있는 때였다. 그라피니 부인(문인)은 내가 이것을 계기로 그와 충돌한 것이라고 심술궂게 소문을 퍼뜨리고 있었을 정도였다. 나는 그렇지 않다는 증거를 세상에 증명하는 것이 정당하고 관대한 일이라고 생각했으므로, 그저 그와 같이 지낼 뿐만 아니라 그의 집에 머물러 있기 위해 이틀 예정으로 나섰다. 그것은 에르미타주에 안착한 뒤로 두 번째의 파리행이었다. 첫 번째는 가엾은 고프쿠르가 뇌일혈로 쓰러졌을 때 달려갔던 것으로, 결국 그는 완쾌하지는 못했으나 우선 위험을 벗어날 때까지 나는 그의 머리맡을 떠나지 않았었다.

디드로는 나를 반갑게 맞았다. 친구와 얼싸안자 상대의 허물도 다 사라졌다. 그 후에 무슨 원한이 마음속에 남겠는가? 서로가 변명도 별로 하지 않았다. 서로의 욕설에 변명은 필요도 없었다. 단지 그것을 잊기만 하면 되는 것이다. 적어도 내가 아는 한에서는 이때까지 숨은 공작같은 것은 없었다. 에피네 부인의 경우와는 달랐다. 그는 내게 한 집안의 아버지의 줄거리를 보였다.

"이것이면 《사생아》 변호에 안성맞춤일세. 이 작품에 온 힘을 기울이게. 그러고 나서 그것을 대답 대신에 자네 적들의 코앞에 들이대게."

그는 그대로 했다. 그리고 그 결과에 만족해하는 것 같았다. 6개월쯤 전에 《쥘리》의 처음 두 부를 그에게 보내고 의견을 부탁했는데, 그는 그때까지도 그것을 다 읽지 않았다. 그래서 우리는 그 원고의 한 권을 함께 읽었다. 그는 대체로 '잔가지가 너무 많다'고 말했다. 이것은 그의 독특한 용어로, 쓸데없이 과장된 말이 많다는 뜻이었다. 나도 그 점은 전부터 느끼고 있었다. 그러나 흥분에서 오는 말이라서 좀처럼 수긍할 수 없었다. 마지막 몇 부는 그렇지 않았다. 특히 제4부와 제6부는 어휘 선택이라는 면에서 걸작이었다.

도착한 이튿날 그는 기어코 나를 올바크 씨네 집 만찬에 데리고 가겠다면서 고집을 부렸다. 우리의 의견은 좀처럼 일치되지 않았다. 왜냐하면 나는 화학에 관한 원고를 그와 계약하고 있었지만, 이 사나이의 신세를 지기가 싫어서 그 계약조차 해약하려고 생각하고 있었기 때문이다. 그러나 디드로가 결국 모든 일에 이겼다. 그는 올바크 씨가 진심으로 나를 좋아하고 있으며, 그는 모든 사람을 그런 태도로 대하므로 특히 친구들에게는 불쾌감을 주는 것이니 나쁘게 생각하지 말고 그를 용서해야만 한다고 내게 말했다. 또 그는 그 원고에서 생기는 수입을 거절한다고 해도, 그 수입에 대한 것은 2년 전부터 승낙해 둔 것이며, 그런 거절은 상대가 약속 이행을 하지 않고 애타게 기다리게 한 것을 비난하는 것이라고 오해 받을 염려도 없지 않다고 내게 타일러 주었다.

"나는 매일 올바크를 만나고 있기 때문에 그 친구의 기분은 자네보다 더 잘 알고 있네. 자네가 그 친구에게 불만이 있다고 해서 자네 친구인 내가 천박한 충고를 할 수 있을 것으로 생각하는가?"

요컨대 나는 언제나 마음이 약해서 그가 하자는 대로 하는 수밖에 없었다. 그래서 우리는 남작의 만찬 모임에 나갔다. 남작은 여느때처럼 나를 맞았다. 그러나 그 부인의 응접은 쌀쌀했고, 거의 실례라 생각될 정도로 불친절했다. 그리고 처녀 시절에 그토록 내게 호의를 보여 주었던 그 상냥한 카롤린느의 모습은 다시는 찾아볼 수 없었다. 그림이 엔느 집(카롤린느의 친정)에 자주 출입하게끔 된 뒤로 이 집에서는 나를 더는 좋게 맞아 주지 않는다는 것을 나는 오래 전부터 느껴 왔다.

내가 파리에 있는 동안, 생 랑베르는 종군에서 돌아와 파리에 도착했다. 그러나 그것을 전혀 몰랐던 나는 시골에 돌아와서야 그를 만났다. 처음에는 라 슈브레트에서였고 두 번째는 에르미타주에서였다. 그때 그는 우드토 부인과 함께 와서 식사를 하였다. 얼마나 기뻐하며 내가 그들을 맞이했을까는 짐작이 가시리라! 더구나 두 사람이 완전히 화해한 것을 보고 더욱 즐거웠다. 둘의 행복을 해치지 않게 되어서 잘됐다고 생각하며, 나 자신도 무척 행복했다. 그리고 열광 같은 격정 속에서도, 또 이 순간에도 설혹 내가 생 랑베르로부터 우드토 부인을 빼앗을 수 있다고 해도 나는 그런 것을 원치 않았을 것이며, 그런 기분이 나지도 않았으리라는 것은 확언할 수 있다. 생 랑베르를 사랑하고 있는 우드토 부인을 정말 사랑스럽게 생각했다. 그래서 그녀가 나를 사랑한다고 해도 결코 그 정도로는 보이지 않으리라고 상상했다. 나는 두 사람의 결합을 방해할 생각은 없이 단지 흥분한 가운데 진심으로 바란 것은 내가 마음대로 그녀에게 사랑을 바치게 해주었으면 하는 것이었다. 결국 내가 그녀와 어떤 격렬한 정열을 불태운다 하더라도 그녀의 다른 남자와의 연애 이야기 상대가 되는 것을, 그녀의 연애 대상이 되는 것과 마찬가지로 나는 즐겁게 생각했다. 나는 잠시라도 그녀의 애인을 내 경쟁자로 본 적이 없었고, 언제나 그를 내 친구로 보아왔다. 그것은 이미 연애가 아니라고 사람들은 말할 것이다. 그럴는지 모른다. 그러나 그렇기 때문에 사랑 이상의 것이었다.

생 랑베르로 말하면, 그는 교양이 있는 사람으로 분별력을 잃지 않았다. 내게만 죄가 있으니 나만이 벌을 받아야 했지만, 그 벌은 오히려 관대했다. 그의 태도는 엄숙하면서도 우정이 깃들어 있었다. 그래서 나는 어느 정도 그로부터 존경은 잃었지만 우정은 조금도 잃지 않았다는 것을 알았다. 나는 존경을 되찾는 것은 우정을 되찾는 것보다 쉽다는 것을 알고 있었다. 내가 무의식중에 저지른 일시적인 실책을 성격의 부덕함과 혼동할 정도로 상대가 몰지각한 사람이 아니라는 것도 알고 있었으므로 나는 자신을 위로했다. 내게 잘못이 있다고 해도 그것은 아주 사소한 것이었다. 내가 그의 애인을 쫓아다녔던가? 그녀를 내게로 보낸 것은 그가 아니었던가? 나를 찾아다닌 것도 그녀가 아니었던가? 내가 그녀를 맞아들이지 않을 수 있었을까? 내가 무엇을 할 수 있었단 말인가? 그쪽 둘이 가해자이며, 나는 오히려 피해자이다. 내 처지였다면 그도 나와 같은 정도의 일을, 경우에 따라서는 보다 심한 짓을 했을 것이다. 어쨌든 아무리 정숙하고 아무리 존경할 만한 사람이라 하더라도 우드토 부인은 여자였다. 애인은 부재중인 때가 많고, 유혹 또한 강하다. 그러므로 나보다 더 대담한 남자에게라도 걸렸다면 그토록 몸을 잘 지켜 나가기는 어려웠을 것이 틀림없다. 그러한 상황에서 우리 둘 사이에 한계를 정해 놓고 결코 그것을 넘으려 하지 않았다는 것은 부인에게나 내게 분명 자랑스러운 일이었다.

나는 마음속으로 제법 떳떳한 변명을 가지고 있었지만, 겉으로는 온갖 생각이 나를 지배했다. 언제나 나를 지배하고 있던 수치심 때문에 생 랑베르 앞에서는 마치 죄인처럼 보였다. 그는 이런 약점을 잡아 이따금 나를 비굴하게 만들었다. 예를 들어 그러한 상호간의 관계를 그려내 보자. 점심 식사 뒤 나는 그에게 편지를 읽어 주었다. 그 편지는 그 전 해에 내가 볼테르에게 써 보냈던 것으로 생 랑베르도 풍문으로 듣고 알고 있었다. 낭독하고 있는 동안 그는 잠들고 말았다. 지난 해에는 그토록 자존심이 강했던 나도 그날은 너무 패기가 없어, 그가 계속 코를 골고 있는 동안에도 결코 읽기를 중단하지 않았다. 이런 것은 내 권위의 상실이었고 그의 복수였다. 그러나 그의 관용은 그러한 분위기를 결코 우리들 셋 사이가 아니고는 풍기지 않았다.

그가 군대로 다시 출발해 버리자, 우드토 부인이 나를 대하는 태도가 아주 달라져 버린 것을 알 수 있었다. 나는 어이가 없었다. 정말 생각도 못한 일이었다. 그만큼 나는 뜻밖의 충격을 받았다. 커다란 상처였다. 이 상처를 고쳐 주리라고 기대했던 사람이 오히려 더욱 깊이 내 가슴에 화살을 찔렀다. 마침내 그 화살은 뽑히지 않고, 꺾인 듯 싶었다.

나는 자신을 극복하고, 무엇보다도 그 미친 정열을 순수하고 영원히 이어지는 우정으로 바꾸지 않으면 안 된다고 굳게 결심하고 있었다. 그 때문에 기상천외의 훌륭한 계획을 세우고 있었는데, 그것을 실천에 옮기려면 우드토 부인의 협력이 필요했다. 내가 그것을 이야기하려고 했을 때, 나는 그녀가 흥미를 느끼지 않고 달갑잖게 생각하는 것을 보았다. 나를 상대하는 것이 싫어진 것이라고 느꼈다. 무슨 일이 일어났구나 하는 것은 분명히 알아차렸으나, 그녀는 내게 그것을 말하려 하지 않았고, 나 또한 짐작이 가지 않았다. (그림이 생 랑베르에게 보낸 익명의 편지 때문임). 그러한 변화를 눈치는 챘으나 설명을 요구할 수는 없었으므로 나는 마음이 아팠다. 그녀는 편지를 돌려주었으면 하고 부탁해 왔다. 결국 나는 부탁대로 정직하게 모두 돌려주었는데, 한때는 이쪽의 정직함을 의심하고 치욕스러운 말을 퍼부어 왔다. 이 의심으로 나는 고민하게 되었다. 그녀는 내 마음을 너무도 잘 알고 있을 텐데 그런다 싶었다. 이윽고 그녀는 내 마음을 바르게 이해했으나 그것은 꽤 오랜 뒤였다. 내가 보낸 소포를 조사해 보고 비로소 그녀가 자신의 잘못을 깨달았다고 나는 생각했다. 자신의 잘못을 후회하고 있는 것을 알게 되자 나는 다소 안심했다. 자기 편지를 돌려받았으면 내 편지도 돌려주지 않을 수 없다. 그런데 그녀는 내것은 태워 버렸다고 말했다. 이번에는 내가 그녀를 의심하게 되었다. 아니 솔직히 말해 지금도 의심하고 있다. 설마 그런 편지를 불에 넣을 수 있을까.《쥘리》의 편지를 독자들은 불타는 듯하다고 말했다. 아! 그렇다면 부인에게 준 편지를 사람들은 뭐라고 말했을 것인가! 아니, 아니다. 그만한 정열을 불어넣을 정도의 사람에게 결코 그 정열의 증거를 태워 버릴 용기가 있을 리 없다. 그렇다고 해서 설마 그 편지를 악용했다고는 생각하지 않는다. 그녀가 그런 짓을 할 사람으로는 생각하지 않는다. 게다가 그 편지에는 악용할 수 없도록 예방책을 강구해 두었다. 세상의 놀림감이 되지 않을까 하는 어처구니없는 염려 때문에, 편지 첫머리부터 남에게 보일 수 없는 말투로 썼다. 한창 그녀에게 열중하고 있을 때라 나는 털어놓고 그대라고 부르기까지 했다. 그것이 또 얼마나 허물없는 말투였던가! 그러므로 그대라고 부르는 것을 굴욕으로 생각할 리가 없었다. 그녀는 몇 번인가 지나치다고 불평을 했지만 말투는 바뀌지 않았다. 그녀의 불평은 도리어 내 의심을 더할 뿐이었다. 나도 이제 와서 새삼 물러날 생각은 없었다. 그 편지들이 지금도 보존되어 있어 언젠가 햇볕을 보게 되면, 내가 얼마나 사랑했던가를 사람들은 알게 되리라.

우드토 부인의 냉담함에서 비롯된 고뇌와 그것을 감당할 자신이 없다는 확신이 들자 나는 직접 생 랑베르에게 호소하려는 기묘한 방법을 쓰기로 결심했다. 그리하여 그런 내용을 써 보낸 편지의 결과를 기다리고 있는 동안에, 뒤늦게도 기분 전환에 몰두했다. 라 슈브레트에서 축제가 열리게 되어, 그녀를 위해 작곡을 했다. 우드토 부인의 취미에 맞는 재능을 그녀 앞에서 피력할 수 있다는 희망이 나의 착상을 자극했다. 또 하나, 그 열을 자극한 것이 있었다. 즉《마을의 점쟁이》의 지은이가 작곡하는 능력도 갖추고 있다는 것을 보이고 싶은 희망이었다. 왜냐하면 훨씬 전부터 내가 하는 일은 수상하며, 적어도 작곡 방면은 그렇다는 소문을 몰래 퍼뜨리는 자가 있다는 것을 눈치채고 있었기 때문이다. 파리에서의 나의 첫 등장, 뒤팽 씨나 라 포플리니에르 씨 집에서 수없이 겪었던 시련, 유명한 예술가들과 어울려 그들의 주시 속에 14년에 걸쳐 작곡한 온갖 음악 또는 그《우아한 시의 여신들》《점쟁이》의 오페라, 펠 양을 위해 만들어 그녀가 성악 연주회에서 노래했던 성가, 가장 뛰어난 거장들과 예술에 관해 주고받은 갖가지 강연들, 그것들은 단연코 이런 의심들을 일소해

줄 것으로 생각했다. 그런데도 라 슈브레트에까지 그런 의심이 퍼져 에피네 씨도 의심하고 있음을 알았다. 그러나 나는 그런 것을 눈치챈 기색을 보이지 않고, 라 슈브레트 성당에 바칠 성가 작곡을 맡았다. 그리고 에피네 씨에게 적당한 노랫말을 골라서 보내 달라고 부탁했다. 에피네 씨는 아들의 가정 교사인 리낭에게 노랫말을 부탁했다. 리낭은 주제에 맞는 노랫말을 지어 주었다. 나는 그것을 받자 일주일 동안에 성가를 완성시켰다. 이번에는 괘씸한 생각이 나의 아폴로가 되었지만, 어찌 됐든 더이상 짜임새 있는 성곡은 내 작품으로선 처음이었다. 노랫말은 다음 말로 시작된다. '보라, 이 토낭티스가 주둔한 땅을.'*4 웅장하고 화려한 서곡은 가사와 잘 어우러지고, 계속되는 성가도 전부 아름다운 멜로디에 넘쳐 사람들의 마음을 감동시켰다. 나는 이것을 대관현악곡으로 작곡했다. 에피네 씨는 가장 뛰어난 연주가들을 모았다. 이탈리아의 여가수 브루나 부인이 성가를 불렀는데, 반주가 썩 좋았다. 이 성가는 대성공이었으므로, 뒤에 성가 연주회에서도 연주되었다. 그때는 은근한 음모가 꾸며지고 있었고 곡에 맞지 않는 연주였는데도 두 번이나 청중의 갈채를 받았다. 나는 또 에피네 씨의 생일을 축하하기 위해 반은 보통 연극으로, 반은 무언극으로 된 일종의 극작을 생각해 냈다. 대본은 에피네 부인이 쓰고, 작곡은 내가 했다. 그림은 도착하자마자 내 작곡이 성공했다는 소문을 들었다. 그러나 한 시간 뒤에는 아무도 더는 그 이야기를 하지 않았다. 그러나 적어도 나의 작곡 가능성 여부가 더이상 문제되지는 않았다.

라 슈브레트도 이미 내게는 흥미가 사라져 가고 있던 차에 그곳을 찾아온 그림이 내가 누구에게서도 결코 본 일이 없고 생각조차 해본 적이 없는 태도로 거만을 피우는 바람에 그곳에 머물러 있기가 더욱 싫어졌다. 에피네 부인의 옆방인 특별실에 묵고 있던 나는, 그가 도착하는 전날밤에 거기에서 쫓겨났다. 그 방은 그림을 위해 준비되고 내게는 훨씬 떨어져 있는 방을 배당했다. "이건 신구 교체로군요." 나는 에피네 부인에게 웃으며 말했다. 그녀는 역시 거북한 듯이 보였다. 거북한 이유는 그날 밤 이해가 되었다. 그녀의 방과 내가 지금 비우는 방 사이에 드나들 수 있는 비밀문이 있는 것을 알았기 때문이었다.

---

*4 뒤에 이 노랫말이 상튀유의 것임을 알았다. 리낭 씨는 이것을 살짝 자기 것으로 한 셈이었다.

내게는 그 문을 알릴 필요가 없다고 생각되었던 것이다. 에피네 부인과 그림의 교제는 누구나 알고 있었다. 그녀의 집에서도, 일반 사회에서도, 그 남편까지도 알고 있었다. 그런데 그녀에게 훨씬 더 중대한 온갖 비밀의 의논 상대가 되고, 그 비밀에 대해서는 절대로 신용을 지키는 내게, 그녀는 그림과의 관계만은 털어놓기는커녕 아주 딱 잡아떼고 있었다. 그림이 그렇게 시켰다는 것을 나는 알았다. 이 녀석에 대한 비밀은 모조리 알고 있으면서 제 비밀은 전혀 내게 말하려 하지 않았던 것이다.

  옛날의 정분과 인물의 가치에 마음이 끌려 그를 위해 아무리 호의를 보내도 그 호의를 모조리 배척하려 들므로, 나로서도 언제까지나 호의를 지속시킬 수는 없는 일이었다. 그의 응접은 마치 튀피에르 백작(데투슈의 《거만한 사람》의 주인공) 같이 인사 한 번 제대로 받아 본 적이 없었다. 한 번도 말을 걸어온 적이 없고, 이쪽에서 말을 걸어도 전혀 대답을 하지 않으므로 말을 건다는 것도 다시 생각해 볼 문제였다. 어디를 가도 맨 먼저 들어가고 어디에서나 가장 좋은 자리에 앉으며 나 같은 것은 전혀 염두에도 없었다. 그것도 아니꼽게 우쭐대지 않으면 그런대로 대범하게 볼 수 있었을 것이다. 실제 사정은 여러 사례 중 다음 한 예로 판단할 수 있다.

  어느 날 밤 에피네 부인은 기분이 좀 좋지 않아서 식사를 거실로 나르도록 이르고, 자기 난로 옆에서 저녁을 먹으러 올라갔다. 같이 먹자고 하기에 나도 올라갔다. 그림이 뒤따라 왔지만 작은 식탁엔 두 사람 몫 밖에 준비되어 있지 않았다. 요리가 나왔다. 에피네 부인은 난로 옆 늘 앉던 자리를 차지했다. 그림은 안락의자를 차지하고 난로의 다른 한쪽에 앉아 작은 식탁을 자기들 둘 사이로 끌어당겨 냅킨을 펴고, 내게는 한 마디 말도 없이 마구 먹기 시작했다. 에피네 부인은 얼굴을 붉히고, 그의 무례함을 변명하는 듯이 자기 자리를 내게 권했다. 그는 아무 말이 없었고, 나는 내 식사가 나올 때까지 방안을 왔다갔다했다. 그는 내게 아무런 인사도 없이, 난로에서 먼 식탁 끝에서 내가 식사하는 것을 내버려 두었다. 병약하고, 그보다 나이가 위며, 이 집에서는 그보다 낯익은 나, 그를 이 집에 소개해 준 나였다. 그런 나에게, 귀부인이 좋아하는 나에게 그는 존경하는 뜻을 나타내야 마땅할 것이었다. 나에 대한 그의 태도는 이 일례에서만도 잘 드러난다. 물론 그는 나를 부하로는 대하지 않았지만 나를 무시하고 있었다. 거기에는 벌써 저 작쎈 고타의 태자궁에서 나를 잠시 만난 것을 영광으로 알고 황송해하던 옛날의 모습은 찾아볼 수 없었다. 그는 내게 우정을 가지고 있는 것이 분명한 사람들 옆에서는 스스로 자랑스러운 듯이 나에 대한 깊은 우정을 드러내 보이므로, 나는 그러한 그의 우정과 이 깊은 침묵이나 사람을 무시하는 오만불손한 행위를 결부시키는 것은 꽤 힘든 일이었다. 하기는 그가 남에게 말하는 나에 대한 우정이란 것은, 실제로는 내가 조금도 괴로워하지 않는 내 주머니 사정을 딱하게 여긴다든가, 내가 감수하고 있는 가혹한 운명을 동정한다든가, 얼마든지 해주고 싶어하고 있다고 그가 떠벌리고 있는 친절한 보살핌이 나의 완강한 거절에 부딪혀 난처한 경우라든가 하는, 그러한 때가 아니면 거의 보이지 않는다. 그런 수법을 가지고, 그는 언제나 자기 마음이 넓고 인정이 많음을 남에게 칭찬하게 만들고, 은혜도 모르고 사교성이 없는 나의 기질을 사람들이 비난토록 하고, 또 자기와 같은 보호자와 나 같은 불우한 자 사이에는 은혜와 의무의 관계밖에는 없으며, 대등한 우정이란 아무리 생각해도 있을 수 없다는 것을 사람들에게 알지 못하는 사이에 심어 주려 하고 있는 것이다. 나로서는 이 새로운 보호자에게 어떤 신세를 져왔는지 아무리 생각해도 알 수 없었다. 언젠가 내가 그에게 돈을 빌려 준 적은 있어도 그가 나에게 빌려 준 적은 한 번도 없었다. 그가 앓고 있을 때 간호해 주었지만, 내가 아플 때 그가 문병 온 적은 거의 없었다.

  내 친구들은 모두 그에게 소개해 주었으나 그는 친구들 중 누구 한 사람 내게 소개해 주지 않았다. 나는 있는 힘껏 그를 칭찬했다. 그는 나를 칭찬한다 해도 나처럼 공공연하게 하지 않고, 칭찬하는 방법도 달랐다. 결코 어떤 종류의 힘도 써 주지 않았고, 해주겠다고 말한 적도 없었다. 이래서야 어떻게 나를 보호하겠다는 것인가? 어떻게 내가 그를 보호를 받을 수 있다는 것인가? 나는 도무지 알 수 없었고, 지금도 모르겠다.

  나를 대하는 것처럼 심하지는 않지만 일반적으로 그가 누구에나 조금 건방진 것은 사실이다. 하루는 회식중에 생 랑베르가 한 말을 부정하며 "그런 바보 같은 소리가 어디 있어!" 여러 사람들이 있는 가운데 이렇게 쏘아붙였으므로, 생 랑베르가 하마터면 그림의 머리 위에 접시를 던질 뻔한 것을 기억하고 있다. 천성적으로 활발한 성격에 벼락출세로 우쭐대는 버릇이 겹쳐, 그 방약무인은 오히려 우스꽝스럽기까지 했다. 대사교계의 사람들과의 교제에 익숙해진 결과, 그런 사회에서도 어지간히 분별력이 없는 사람으로밖에 보이지 않는 태도를 몸에 익히고 말았다. 자기 하인을 부를 때는 언제나 정해놓고 "여봐라!"로 마치 영주가 많은 부하들 중에 누가 당번인지를 몰랐을 때 부르는 것과 같았다. 심부름을 보낼 때도 돈을 손에 건네주지 않고 마룻바닥에 내던진다. 나중에는 그의 하인들을 인간 이하로, 보기에도 민망할 정도로 심한 경멸과 도저히 참을 수 없는 모멸로 혹사했으므로, 에피네 부인이 구해준 사내는 가엾게도 무척 착한 사람이었는데도, 그러한 대우에 견뎌낼 수 없다는 이유로 그만두고 말았다. 이건 정말 이 새 《거만한 사람》의 라 플뢰르(희극 《거만한 사람》의 하인)라 할 만했다.

흐리멍덩한 둥근 눈, 어색한 몸매, 건방지고 우쭐대며 여자에게는 자신 있는 체했다. 그래도 펠 양을 꾀어 손에 넣은 쑥스러운 일이 있은 뒤로, 그는 많은 여성들 사이에 감정이 풍부한 사람으로 통하고 있었다. 그래서 일약 유행의 총아가 되어 그뒤로부터는 여자의 몸치장에 흥미를 갖게 되었고, 멋을 부리기 시작했다. 그가 분을 바르는 것을 모르는 사람이 없었다. 나는 처음에는 그걸 곧이듣지 않았으나, 얼굴이 고와지고 화장대 위에 분첩이 있는 것을 보았을 뿐만 아니라, 어느 날 아침 그의 방에 들어가자 손수 만든 작은 솔로 손톱을 다듬고 있는 것을 보았다. 그런데 그것을 내 앞에서 자랑스런 듯이 계속하기에 그제서야 믿게 되었다. 매일 밤 손톱 다듬기에 두 시간이나 소비하는 사내고 보면, 분을 바르는 데 적지 않은 시간을 잡아먹을 것은 당연하다고 생각했다. 멋져 보이긴 해도 이런 괴물이 아닌 유쾌한 고프쿠르는 일찍부터 그림에게 티랑르 블랑(《돈키호테》의 등장인물)이라는 익살스런 별명을 붙여 주었다.

정말 우스운 노릇이었지만, 이런 일은 내 성격에 어울리지 않는 것이었다. 이것으로 완전히 그의 성격을 의심하게 되었다. 그런 일에 머리를 쓰고 있는 녀석이 마음을 올바르게 가지고 있으리라고는 믿어지지 않았다. 무엇보다도 그는 정신의 민감성과 감정의 우아함을 자랑으로 하고 있는 사내였다. 그런 것이 소인들에게 특유한 결점과 어떻게 잘 어우러졌을 것인가? 민감한 마음이 외부로 약동시키는 끊임없는 강렬한 생명력이 어떻게 그런 구질구질한 신변의 작은 일에 얽매이게 되는 것일까? 아! 그렇고말고, 그의 마음이 저 거룩한 천상의 불로 타오르는 것을 느끼는 사람은 그 불을 밖으로 드러내며 그 내심을 보여 주려고 애쓴다. 그 속마음을 얼굴에까지 드러내려 한다. 그 이외의 연지나 분을 생각하는 일은 절대 없는 것이다.

나는 그의 도덕 개요를 생각해 보았다. 이것은 전에 에피네 부인에게서 들은 것인데, 부인도 채택하고 있었다. 이 개요는 오직 한 조항으로 되어 있었다. 인간의 유일한 의무는 모든 일에서 마음이 가는 대로 따른다는 것이었다. 처음에는 이 도덕률을 농담으로밖에 받아들이지 않았지만, 이내 깊은 고찰을 하게 됐다. 그리고 곧 이 진리가 실제로 그의 행동을 지배하는 법칙이란 것을 알게 되었다. 그리하여 그 뒤로는 그 증거를 내 손해를 통해 싫증이 날 정도로 보게 되었다. 이것은 디드로도 자주 내게 말한 내적 신조였는데, 디드로가 이것을 한 번도 구체적으로 설명한 적이 없었다.

나는 몇 해 전, '그 그림이란 사내는 믿을 수가 없다. 감정을 숨긴다. 그리고 무엇보다도 나를 사랑하지 않는다' 하고 자주 충고를 받은 적이 생각났다. 그리고 그것에 대해 프랑쾨유 씨와 슈농소 부인이 들려 준 몇 개의 짧은 일화가 생각났다. 이들 두 사람은 그를 존경하지는 않았으나 그의 인물됨을 잘 알고 있는 터였다. 왜냐하면 슈농소 부인은 죽은 프리즈 백작(그림의 후원자)의 절친한 친구였던 로슈슈아르 부인의 딸이며, 프랑쾨유 씨는 당시 폴리냐크 자작과 아주 친한 사이로 자주 왕궁에 드나들었는데, 그것은 바로 그림이 왕궁 출입을 하기 시작했을 시기였다. 프리즈 백작이 죽은 뒤에 그림의 실망은 온 파리 사람들이 알 정도였다. 펠 양에게 실연당한 뒤, 그로 인해 생긴 세상의 평판을 어떻게든지 유지하는 것이 그로서는 중대한 문제였기 때문이었다. 그때 내가 좀더 눈이 떴었더라면 그가 허풍을 떨어 호평을 받으려 하는 것을 누구보다도 잘 간파했을 것이다. 그는 어쨌든 카스트리 저택으로 따라가야만 했다. 거기서 그는 큰 슬픔에 잠긴 사람처럼 아주 멋있는 연극을 해보였다. 저택 안에서는 매일 아침 뜰로 나가 사람들이 그의 모습을 바라보고 있을 동안만, 눈에 댄 손수건으로 눈물을 닦으면서 마냥 울었다. 그러나 길모퉁이로 접어들면 '이젠 보이지 않겠지' 하고 얼른 손수건을 호주머니에 넣어 버리고 책을 꺼냈다. 그가 그러는 것을 마침내 집안 사람들이 보게 되었다. 그런 장면을 보았다는 이야기가 퍼져나가 금방 파리 시내가 다 알게 되었다. 그러나 그것은 곧 잊히고 말았다. 나도 잊고 있었다. 그런데 내게 관계된 어떤 일로 문득 또 그것이 생각난 것이다. 나는 그르넬르 거리에서 병상에 누워 죽어 가고 있었다. 그때 그는 시골에 있었다. 어느 날 아침 숨을 헐떡이며 찾아와서, 지금 막 도착하는 길이라고 했다. 조금 뒤, 그가 전날 도착했으며 그 전날 극장에서 그를 본 사람이 있다는 것을 알게 됐다.

  이런 일들은 얼마든지 있었다. 그러나 다음의 한 가지 사실은 그 어느 것보다 나를 놀라게 했는데, 나는 그것을 퍽 뒤늦게 알아챘다. 생각해 보면 나는 내 친구를 모두 그림에게 소개해 주어 모두 그의 친구가 되었다. 그와는 거의 떨어질 수 없는 사이였던 나는, 그가 출입하지 않는 집을 나혼자 출입할 생각은 없었다. 그를 집으로 맞아들이기를 거부한 것은 크레끼 부인뿐이었지만, 나도 그때부터는 거의 부인을 찾아가지 않았다. 그림은 그림대로 그 밖에도 프리즈 백작의 관계나 그 자신의 관계에서 친구를 만들었다. 그 친구 중 내 친구가 된 사람은 아무도 없었다. 적어도 그들과의 교제를 내게 권하는 말 한 마디도 그는 입 밖에 내지 않았다. 또 그의 집에서 가끔 만난 사람들 중 어느 누구도 내게 호의를 보이지 않았다. 그림은 프리즈 백작 댁에 살고 있었으므로 나는 이분과 어떤 관계를 맺고 있는 것이 퍽 편리할 것이라고 생각하고 있었는데, 프리즈 백작마저 그러했다. 이분의 친척으로 그림이 가장 친하게 지냈던 숑베르 백작도 그러했다.

  보다 지독한 일은 내 친구 가운데 그림에게 소개해서 그의 친구가 된 사람들이 그와 알기 전에는 모두 나와 친밀히 사귀고 있었는데도, 일단 그와 친해지면 나를 대하는 태도가 눈에 띄게 달라지는 것이었다. 그는 한 사람도 그의 친구를 내게 소개한 일이 없지만, 나는 모두 소개해 주어 결과적으로 그에게 내 친구를 모두 빼앗기고 만 셈이다. 이것이 우정의 결과라면, 증오의 결과는 과연 어떤 것일까. 디드로도 처음에는 몇 번이나 내게 충고하며, 내가 그렇게 신뢰하고 있는 그림은 내 친구가 될 사람이 아니라고 했지만, 결국 디드로도 나와 사이가 멀어진 뒤로는 다르게 말했다.

  내가 자식들을 처리하는 데는 누구의 도움도 필요하지 않았다. 그런데도 나는 그것을 친구들에게 알렸다. 그것은 단순히 그것을 알리기 위해서였고, 과대평가되지 않기 위해서였다. 그 친구란 디드로, 그림, 에피네 부인의 세 사람이었다. 뒤클로는 가장 흥허물없는 사람이었으나 그에게만은 실토하지 않았다. 그런데 바로 그가 그것을 알고 말았다. 누가 알려 주었는지 나는 모른다. 이 배신이 에피네 부인의 수작이라고는 도저히 생각되지 않는다. 부인은 그런 일을 하면, 경우에 따라서는 나로부터 호된 보복을 당하게 될 자신의 약점을 잘 알고 있었기 때문이었다. 남는 것은 그림과 디드로였다. 당시 두 사람은 굳게 뭉쳐 있었다. 특히 내게 그러했던 두 사람이므로, 이 일에서는 두 사람의 죄가 똑같다고 보아도 무방할 것이다. 뒤클로는 내게서 비밀을 들은 것이 아니므로 그것을 남에게 누설하는 것은 자유였지만, 이 사람이야말로 내 비밀을 지켜 준 유일한 사람이었음을 단언할 수 있다.

그림과 디드로는 내게서 '가정부들'을 떼어내려 획책하며 그 계획에 뒤클로를 끌어넣으려 애썼으나, 뒤클로는 그것을 못마땅해하며 언제나 거절했다. 이 문제에 관해서 그들 셋 사이에 어떤 말썽이 있었는가를 뒤클로에게서 들은 것은 훨씬 뒤였다. 그러나 나도 이 무렵부터 테레즈를 통해 그런 사정은 꽤 듣고 있었으므로, 무언가 거기에 비밀 계획이 있다는 것, 의사를 거슬러서까지는 아니더라도 적어도 내가 모르는 사이에 어떻게 나를 처치해 버리려 하고 있다는 것, 또 이 두 여자를 그 음모의 도구로 사용하려 하고 있다는 것을 눈치챘다. 그것은 물론 정당한 방법은 아니었다. 뒤클로의 반대가 그것을 뚜렷이 증명하고 있다. 그것이 뒤클로의 우정이었다고 생각하고 싶은 사람은 그렇게 믿어도 좋다.

그런 표면상의 우정은 외면적으로나 내면적으로나 내겐 치명적이었다. 르바쇠르 부인과 그들의 수년에 걸친 길고 잦은 밀담은 나를 대하는 이 여인의 태도를 눈에 띄게 바꿔 놓았다. 이 변화는 물론 내게 좋은 것이 못 되었다. 그러한 이상스런 회의에서 그들은 대관절 무엇을 상의하고 있었을까? 그 깊은 비밀은 무엇 때문이었을까? 그 노파와의 이야기가 그렇게도 밀회처럼 즐겁고, 그렇게 내밀히 할 만큼 중대한 것이었을까? 3, 4년이나 이런 밀담이 계속된 것을 나는 정말 가소롭게 생각했다. 그러나 이때 그것을 되새겨 보자 갑자기 가슴이 섬뜩해졌다. 만일 이때 이 여자가 내게 무엇을 획책하고 있는가를 알았다면, 그 놀라움은 불안으로 번져 갔을 것이다.

그림이 밖에선 마치 나를 위해 있는 힘을 다하는 듯 과시하고 다녔지만, 나와 단 둘이 대면을 할 때 그가 보인 태도는 아주 어색해서 나는 어떤 면에서나 그가 나에게 도움되었다는 말을 들은 일은 없었다. 나를 위하는 척하는 그 동정도, 내게 도움을 준다기보다도 오히려 나를 무시하는 데 목적이 있었다. 게다가 또 엉터리로 악보를 베낀다고 나를 깎아내림으로써 내가 택한 생활 수단을 빼앗으려고 애쓰고 있었다. 그가 말한 것은 사실일지도 모른다. 그러나 그의 취지는 사실을 말하는 데 있지 않았다. 그는 다른 사람을 시켜 악보를 베끼도록 하고, 될 수 있는 대로 단골을 앗아가 버려 내게는 한 사람도 돌려주지 않음으로써 그의 말이 농담이 아니라는 증거를 굳혀갔다. 그의 계획이란, 내가 입에 풀칠을 하기 위해 자기에게 굽힐 때까지 생활 근거를 고갈시키려는 것이었다.

이제까지 말한 모든 것을 종합해서 생각한 결과, 마침내 나의 이성은 아직도 불평을 늘어놓는 나의 속마음을 꾸짖어 입다물게 했다. 나는 그림의 성격으로 미루어 그의 우정이 거짓이라고 단정하고 다시는 그와 안 만나기로 결정하여 그 뜻을 에피네 부인에게 전했다. 물론 그 결심을 뒷받침할 수 있는 몇 개의 뚜렷한 사실을 들었는데, 그 내용을 지금은 잊어버렸다.

에피네 부인은 강하게 반박했으나, 이 결심의 근거가 되는 이유에 대해서는 그녀도 꼬집어서 항의할 수가 없었다. 그녀는 아직 그림과 타협이 되어 있지 않았던 것이다. 그러나 그 이튿날 구두로 변명하는 대신 아주 교묘한 편지를 내게 주었다. 이것은 그림과 둘이서 쓴 것으로, 그것에 따르면 세부적인 사실에는 언급이 없고 내성적인 그림의 성격을 내세워 그를 변호하며, 친구를 배신했다고 그를 비난하는 것은 내 잘못이라고 책망하고, 화해를 하도록 권했다. 이 편지는 서간집 A 제48호에서 볼 수 있을 테지만, 이것 때문에 나는 마음이 뒤숭숭했다. 나중에 부인과 이야기했을 때는 그녀에게는 전보다 훨씬 마음의 준비가 되어 있어서 나는 결국 설복당했다. 내가 잘못 판단했는지도 모른다. 그렇다면 사실상 친구에게 큰 잘못을 저지른 것이니 사과를 해야겠다고 생각했다. 결국 한 마디로 말하면, 지금까지도 호의 반 여리고 약한 마음 반으로 디드로와 올바크 남작에게 여러 번 그러했듯이 상대가 할 사과를 이쪽에서 했던 것이다.

나는 조르주 당댕(몰리에르 희극의 주인공) 격으로 그림에게 사과하러 갔다. 온건한 수단과 선의의 태도에 풀리지 않는 증오는 없다는 그릇된 확신을 여전히 가지고 있었지만, 그 때문에 일생동안 나는 엉터리 친구들에게 얼마나 비굴하게 머리를 숙였는지 모른다. 그러나 악인의 증오는 그런 것으로 누그러지기는커녕 도리어 트집잡을 것이 없으니까 덮어놓고 설치며, 악인이 느끼는 가책감이 증오의 대상인 내게로 또 하나의 불만이 되어 밀어닥쳤다. 내 자신의 경험만 두고 보더라도, 이 원칙을 증명하는 아주 유력한 예를 그림에게서, 또 뜨롱샹에게서 볼 수 있었다. 이들 둘은 단지 자신의 흥미, 취미, 변덕으로 나의 불구대천의 원수가 된 자들인데, 그들은 일찍이 내가 그들에게 어떤 손해를 입혔다는 증거를 대지도 못하면서 그저 상상으로 그렇게 원수가 된 것이다.*5 그 횡포는 날로 더해 가서 제멋대로 설치는 품이 마치 사나운 호랑이와도 같았다.

나는 그림이 나의 겸양과 화해 신청을 송구하게 여기고, 팔을 벌려 맞아줄 줄 알았다. 그런데 그는 마치 로마 황제라도 되는 것처럼, 여태까지 누구에게서도 볼 수 없었던 거만한 태도로 나를 맞았다. 그런 식으로 맞을 줄은 전혀 예기치 못했었다. 가당치도 않은 일을 하러 온 데 당황해하면서 내가 떠듬떠듬 수줍어하면서 일부러 찾아온 취지를 말하자, 그는 사과를 받아들이기 전에 위엄이 넘치는 소리로 미리 준비해 둔 장광설을 늘어놓으며, 보기 드문 미덕, 특히 우정이라는 관점에서 그의 미덕에 대한 장광설을 자꾸 늘어놓았다. 그가 길다랗게 역설한 것 중에 먼저 내가 놀란 것은, 그가 언제나 같은 친구들과 교제하고 있는 것은 다 아는 사실이라고 주장한 것이다. 그가 그것을 자랑스럽게 늘어놓고 있는 동안, 나는 그런 규정에서 나만을 제외하는 것은 너무 가혹하지 않느냐고 들릴 듯 말 듯 중얼거리고 있었다. 그걸 너무 내세우고 너무 자랑스럽게 되풀이하기에 만일 그가 그 일로 기분나는 대로 행동한다면, 그런 방침에 그토록 감탄할 것도 없으리라. 결국 나는 그가 그런 방침을 출세의 목적에 필요한 수단으로 삼고 있는 것이라고 생각했다. 나도 그때까지는 한결같이 모든 친구들과의 교제를 계속해 왔다. 어릴 때부터 죽은 사람이 아니면 누구 한 사람 친구로 잃은 사람이 없었다. 그것은 내가 정한 방침이랄 것도 없었다. 당시에 그것은 그에게나 내게나 공통된 장점이었던 만큼 그림이 미리 내게서 이 장점을 앗으려고 생각하고 있던 것이 아니라면 무엇 때문에 일부러 그런 것을 자랑했을까? 그는 다음으로, 친구들은 나보다도 그를 좋아하고 있다는 증거를 들어 나를 모욕하려 했다. 그림이 사람들에게 환영을 받는 것은 나도 그만큼 잘 알고 있었다. 문제는 무엇으로 그가 그런 인기를 얻게 되었느냐 하는

---

*5 그 뒤 내가 이 트롱상에게 '곡예사'라는 별명을 붙인 것은, 분명히 내게 적의를 보이며 제네바와 그 밖의 지방에서 내게 피비린내 나는 박해를 선동한 훨씬 뒤였다. 그나마 완전히 그의 희생이 된 것을 내가 알게 된 뒤 곧 이 별명을 취소하기까지 했다. 비열한 복수는 내 기분에 맞지 않는다. 증오는 내 마음속에 결코 뿌리를 내리지 못한다.

것이었다. 자연히 인정을 받게 되었는지, 아니면 교묘한 술책으로써인지, 자신을 향상시킴으로써인지, 아니면 나를 깎아내리려고 노력한 탓인지. 마지막으로 그는 자기와 나 사이에 거리를 두고 나를 용서하는 데 가능한 체면을 살려 가면서, 왕이 새로운 공로자에게 베푸는 예법과도 비슷한 가벼운 포옹을 하고 내게 화해의 입맞춤을 해주었다. 갑자기 당하는 일이라 나는 그저 아연해서 무슨 말을 해야 좋을지 몰라, 한 마디도 입밖에 내지 못했다. 이 광경은 마치 교사가 매는 때리지 않고 제자를 꾸짖는 것과 같았다. 이때 일을 생각할 때마다 일반 사회에서 그렇게 중히 여기는 표면상의 판단이 얼마나 사람들을 그르치고 있는가 하는 것을, 또 죄 있는 놈이 대담하게 거드름을 피우고, 죄 없는 사람이 부끄러움과 곤혹 속에 빠져 있는 경우가 얼마나 흔한가를 느끼지 않을 수 없었다.

　우리는 화해했다. 나는 조금만 말다툼을 해도 미칠 것 같은 고민에 빠지게 되므로, 화해하고 나니 조금 위로는 되었다. 이런 화해 정도로 그의 태도가 달라질 리 없다는 것은 말할 필요도 없었다. 도리어 상대의 태도를 나무랄 나의 권리만 없어질 뿐이었다. 이로써 마침내 나는 모든 것을 참고 견디며 아무 말도 하지 않기로 결심하게 됐다.

　이토록이나 많은 고뇌들에 계속 시달려 온 나는 완전히 의기소침해져서 다시는 내 마음을 다잡을 힘마저 없어진 것 같았다. 생 랑베르에게서는 답장이 없었고 우드토 부인은 상대를 해주지 않았으며, 이젠 누구에게도 마음을 토로할 용기를 잃어버려, 결국 나는 우정을 마음의 우상으로 삼으면서 지금까지의 생활을 망령된 생각에다 바쳤나 하고 느끼기 시작했다. 그쪽에서도 나에게 대한 존경을 잃지 않고 나도 진심에서 신뢰를 보낼 수 있는 사람이란 지금까지의 증거로 보아 내가 교제하고 있는 이들 가운데 두 사람 밖에 없었다. 그것은 뒤클로와 생 랑베르로, 뒤클로는 에르미타주에 숨어 산 뒤로 아주 못 만나게 돼버렸다. 생 랑베르에게 자신의 잘못을 보상하는 것은 내 마음을 말끔히 털어놓는 길 밖에 없다고 생각했다. 그래서 그의 애인인 우드토 부인에게 누를 끼치지 않는 범위 내에서 남김없이 고백하기로 결심했다. 이 결심이 그녀의 옆으로 조금이라도 가깝게 가려는 정념의 함정이었음은 의심할 여지가 없다. 그러나 나는, 곧 그가 만나자고 하면 그녀의 애인인 생 랑베르의 팔 안에 뛰어들어 완전히 몸을 내맡기고 솔직하게 속마음을 털어놓았을 것이다. 그런데 만일을 몰라 회답을 확인하는 두 번째 편지를 쓰려고 했을 때, 첫 번째 편지에 그가 침묵을 지킨 비통한 이유를 알게 됐다. 그는 끝까지 종군의 고달픔을 견뎌 낼 수가 없었던 것이다. 에피네 부인은 생 랑베르(독일에 종군 중)가 최근 중풍에 걸렸다는 것을 전해 주었다. 또 우드토 부인도 걱정 끝에 병이 들어 바로 내게 편지를 쓸 수 없는 형편이었지만, 2, 3일 지나자 당시 그녀가 있던 파리에서 소식을 보내, 생 랑베르가 온천 치료를 위해 엑스 라 샤펠로 이송되었다는 소식을 알려왔다. 이 비통한 소식에 우드토 부인은 나보다 더 슬퍼했지만, 그것을 들은 내 마음의 서글픔이 그녀의 한숨이나 눈물보다 견디기 쉬웠다고는 생각하지 않는다. 생 랑베르가 그런 병에 걸린 것을 안 나의 고뇌는 상대에게 끼친 걱정 탓이 아닐까 하는 두려움이 더해, 그때까지 일어났던 어떤 사건보다도 내 가슴을 아프게 했다. 그리고 이토록 많은 고통을 참아 나가는 데 필요한 힘이 내게는 없다는 것을 통감했다. 다행히도 마음씨 넓은 이 친구는 언제까지나 나를 그러한 괴로움 속에 내버려 두지 않았다. 그는 병중에도 나를 잊지 않았다. 이윽고 자신의 편지로, 내가 그의 기분과 병세를 너무 지나치게 생각하고 있었다는 것을 알았다. 그러나 이로써 내 운명의 대혁명에 대해 언급할 때가 왔다. 이 파국은 원인은 아주 사소했지만, 실로 무서운 결과를 가져와 내 생애를 아예 다른 두 부분으로 갈라 놓았다.

어느 날 뜻밖에 에피네 부인에게서 사람이 왔다. 들어가자마자 나는 그녀의 눈과 태도에서 불안스런 기색을 볼 수 있었다. 좀처럼 표정이나 태도에 내색을 않는 그녀였으므로, 그녀의 심상찮은 태도는 그만큼 나를 몹시 놀라게 했다. "이제 제네바로 갑니다." 하고 그녀는 말했다. "폐병에 걸렸답니다. 완전히 몸을 버려서, 결국 모든 걸 내던지고 트롱상 선생에게 진찰을 받으러 가야만 하게 되었어요." 갑자기, 그것도 나쁜 계절로 접어 들려는 참에 그런 결심을 한 것은, 35시간 전에 헤어질 때만 해도 아무 말이 없었던 만큼 나는 크게 놀랐다. 나는 누구를 같이 데리고 가느냐고 물었다. 그녀는 아들을 리낭 씨와 함께 데리고 갈 예정이라고 했다. 그리고는 지나는 말로, "어떠세요, 곰 선생. 당신도 같이 가주시지 않겠어요?"하고 덧붙였다. 이런 계절에는 거의 방에서 나오지 못하는 나의 형편을 상대도 알고 있었으므로 물론 진심으로 한 말이 아닌 것으로 알고, 나도 농담으로 병자가 병자의 시중을 들면 오죽이나 도움이 되겠느냐고 대답했다. 그녀도 진정으로 한 말이 아닌 듯 더 이상 말이 없었다. 그리고 그녀의 여행 준비에 대한 이야기만 했다. 두 주일 뒤에는 떠날 예정이었으므로 그녀는 꽤나 서두르는 표정으로 준비에 몰두하고 있었다.

이 여행에는 남에게는 말할 수 없는 어떤 내밀한 동기가 있다는 것을 나는 알게 되었다. 그 비밀이란 것은 사실 나만 모르고 있었으므로 그 다음날 테레즈의 입을 통해 금방 알게 되었다. 하녀에게서 알게 된 수석 비서관인 테시에가 테레즈에게 일러준 것이었다. 나는 이 비밀을 에피네 부인에게서 들은 것이 아니었으므로 그것을 부인에게 지킬 의무는 없었지만, 직접 들은 다른 많은 비밀과 너무도 밀접한 관계가 있었으므로 이것만을 떼어낼 수는 없었다. 따라서 이에 관해서는 여기에서는 침묵을 지키기로 하겠다. 그러나 내 입이나 펜으로도 결코 누설되지 않았고, 또 앞으로도 샐 리가 없는 이런 비밀도 많은 고용인들이 다 알게 되었으므로, 에피네 부인을 둘러싼 사람들은 자연히 알게 되었을 것이다.

이 여행의 참 동기를 알아낸 나로서는 에피네 부인이 동반자로 나를 끌어내려고 한 계획 가운데 적의 은밀한 부추김이 있다고도 볼 수 있었다. 그러나 부인은 조금도 강요를 하지 않았으므로, 내가 고지식하게 이 계획을 진귀한 것으로 받아들여 어리석게도 그것을 떠맡았더라면 얼마나 훌륭한 역할을 했을까 하고 너털웃음을 웃었을 뿐이었다. 게다가 또 내가 거절함으로써 그녀는 득을 보게 됐다. 왜냐하면 마침내 그 남편을 설복시켜 동행하도록 만들었기 때문이다.

며칠 뒤 나는 디드로에게서 다음에 실린 것과 같은 편지를 받았다. 이것은 반으로 접기만 하여 내용을 쉽게 읽을 수 있게끔 되어 있었는데, 실은 에피네 부인이 아들의 가정교사이자 부인의 심복인 리낭 씨 편에 나에게 보낸 것이었다.

디드로의 편지(서간집 A 제52호)
나는 당신을 사랑하고 동시에 괴로움을 주게끔 태어난 것 같소. 에피네 부인이 제네바로 간다는 말은 들었지만 당신과 함께 간다는 말은 듣지 못했소. 친구여, 만일 당신이 에피네 부인에게 불만이 없으면 함께 떠나셔야 하며, 만일 또 불만이 있으면 더욱 빨리 떠나셔야 하오. 당신은 부인에게 과중한 은혜를 입고 계신 터이므로, 지금이야말로 그 일부를 갚아 짐을 가볍게 할 기회입니다. 당신이 감사의 뜻을 나타낼 기회가 당신의 일생에 달리 또 있겠습니까? 부인은 전혀 낯선 고장에 갑자기 가는 데다 병중이니 위로와 기분 전환이 필요하리라 생각됩니다. 친구여, 겨울이라고 말씀하시겠지요. 물론 당신의 건강상의 지장은 내가 생각하는 이상으로 클 것입니다. 그러나 한 달 전 상태보다 지금이 더 나쁘며, 봄이 되면 지금보다 더 나아진다는 말씀입니까? 앞으로 석 달 뒤면 지금보다 훨씬 편하게 여행할 수 있는 것일까요? 나 같으면 솔직히 말해서 마차에 견딜 수 없으면 지팡이를 짚고서라도 부인을 따라갈 겁니다. 그리고 당신은 남들이 당신의 행동을 오해하는 것을 두려워하지 않습니까? 은혜를 모른다는 둥, 무언가 달리 비밀스러운 동기가 있다는 둥 하고 사람들은 당신을 의심할 겁니다. 나는 물론 당신이 무얼 하시든, 자신을 위해 언제나 양심의 보장을 받고 있다는 것은 잘 알고 있습니다. 그러나 그런 보장만으로 충분할까요? 어느 정도 다른 사람의 보장도 필요함을 소홀히 할 수 있겠습니까? 친구여, 이런 편지를 보내는 것은 당신에게, 또 내게 주어진 의무를 다하기 위해서입니다. 언짢으시더라도 이것을 너그러이 보아 주십시오. 그리고 이 편지가 없었던 걸로 생각하시고 문제삼지 말아주십시오. 그럼 안녕히, 당신을 사랑하고 포옹하며 그만 붓을 놓습니다.

　이 편지를 읽으며 나는 분노로 몸이 떨리고 눈이 침침해 끝까지 읽기도 힘들었지만, 그래도 종래의 다른 편지에 비해 이것만은 짐짓 온건하고 부드럽고 정중한 말투로 쓴 디드로의 교활함을 지나쳐 보지는 않았다. 지금까지는 내게 '친구여'하고 불러 준 일이 없었고 고작 '친애하는' 정도에 불과했다. 나는 이 편지가 내게로 돌아온 경로를 쉽게 알 수 있었다. 겉봉이며 형식이며 배달 방식이 아주 서툰 계획을 드러내고 있었다.
　왜냐하면 우리는 보통 우편이나 몽모랑시의 속달 편으로 편지 내왕을 하고 있었는데, 디드로가 이번과 같은 방법을 택한 것은 처음이자 마지막이었으니 말이다.
　분노가 다소 가라앉자 나는 다음과 같은 답장을 얼떨결에 쓴 다음, 에피네 부인에게 보여 주려고 부랴부랴 라 슈브레트로 달려갔다. 나는 분하고 원통하여 이것을 디드로의 편지와 함께 직접 에피네 부인에게 읽어 줄 생각이었다.

친애하는 벗이여, 당신은 모르고 있소. 내가 에피네 부인에게 입은 은혜를 얼마나 강하게 느끼고 있는지, 그 은혜가 얼마나 나를 얽어매고 있는지, 부인이 그 여행에서 실제로 내가 필요한지, 나와 함께 가는 것을 바라고 있는지, 내가 그 여행을 할 수 있는지, 왜 내가 그 여행을 뒤로 미루고 있는지 말이오. 이런 점에 대해 당신과 의논하는 것을 감히 마다하는 것은 아니지만, 먼저 알아두실 것은 내가 하는 일을 이러쿵저러쿵 비판할 처지가 아닌 분이 그처럼 덮어놓고 명령하는 것만은, 친애하는 철학자여, 그것은 아주 경솔한 사람이 하는 짓이란 것입니다. 내가 가장 나쁘다고 생각하는 것은 당신의 의견이란 것이 자신의 의견이 아니라는 것입니다. 나는 당신의 이름으로, 제3자, 제4자에 의해, 내가 좌우되는 것을 좋게 생각하지 않을 뿐만 아니라, 그런 식으로 여러 경로를 거치는 것에선 당신의 솔직함과는 일치하지 않는 계략 같은 것을 찾아볼 수 있습니다. 이런 방법은 당신을 위해서나 나를 위해서나 앞으로는 그만두는 편이 좋을 줄로 압니다.

당신은 남이 내 행동을 오해한다고 걱정하고 있는데, 다른 녀석들이라면 또 모르겠지만, 당신 같은 마음을 가진 사람이 내 마음을 굳이 곡해할 것으로는 믿지 않습니다. 다른 녀석들은 내가 그들에게 좀더 보조만 맞춰 준다면 아마 나를 보다 좋게 평가해 줄 것입니다. 하느님이시여, 그런 녀석들에게 칭찬받지 않게끔 저를 지켜 주십시오. 나쁜 사람들이 어떻게 나를 노리고 어떻게 나를 해석하든, 루소는 그것을 무서워할 사람이 아니며 그것에 귀를 기울일 사람도 아닙니다.

편지가 마음에 거슬리면 불에 넣어 버리고 다시는 문제삼지 말라 하셨지만, 당신이 보낸 편지를 그렇게 간단히 잊을 것으로 생각하십니까? 친애하는 당신이여, 당신이 내게 권하신 병 조리에서 내 생명과 건강을 헐값으로 보는 바와 같이, 내게 주는 고통 속에 흘리는 눈물도 값싸게 보고 있소. 만일 이 점을 고쳐 주신다면, 당신의 우정은 보다 유익한 것이 되고, 그것에 대한 나의 불만도 줄어들 것입니다.

에피네 부인의 방에 들어갔을 때 그림이 와 있는 것을 보고 마침 잘됐다고 생각했다. 나는 나도 믿을 수 없을 만큼 대담하게 크고 똑똑한 목소리로 두 통의 편지를 두 사람에게 읽어 주고, 마지막엔 이 대담함을 뒷받침하는 설명을 약간 덧붙였다. 평소에 그렇게 겁 많던 사람이 의외로 대담하게 나오므로 두 사람은 깜짝 놀라 한 마디도 대답을 하지 못했다. 나는 특히 이 거만한 사나이가 눈을 내리깔고, 나의 불꽃튀는 시선을 감당하지 못하는 모습을 볼 수 있었다. 그러나 바로 이 순간에 그는 마음속으로 나를 파멸시킬 것을 맹세하고 있었던 것이다. 그와 에피네 부인은 헤어지기 전에 분명 이 문제를 상의한 것이 틀림없었다.

겨우 이때에야 우드토 부인을 통해, 생 랑베르에게서 온 답장(서간집 A 제57호)을 받았다. 병이 발작했던 며칠 뒤에 그가 볼펜뷔텔에서 부친 것으로 도중에 오래 배달이 지연되었던 내 편지에 대한 답장이었다. 이 답장은 이때 내게 무엇보다 필요했던 위안을 주었고, 존경과 우정의 표시로 가득차 있었으므로 내게 그것에 보답하려는 용기와 힘을 주었다. 이 순간부터 곧 나는 내 의무를 다했다. 그러나 생 랑베르가 만일 이해심도 부족하고 관대하지도 못하며 훌륭한 인간이 아니었더라면, 내가 돌이킬 수 없는 파멸로 빠져들어갔을 것은 의심할 여지가 없다.

계절이 나빠지자 사람들은 시골을 떠나기 시작했다. 우드토 부인은 오본느 골짜기에서 작별 인사를 할 날짜를 내게 알리고, 그곳에서 만날 것을 약속했다. 그날은 우연히도 에피네 부인이 여행 준비를 끝내기 위해 라 슈브레트를 떠나 파리로 가는 날이었다. 다행히 에피네 부인은 아침에 떠났으므로 그녀와 헤어지고 나서도 그 시누이(우드토 부인)의 집으로 점심을 먹으러 갈 시간이 있었다. 호주머니에 생 랑베르의 편지를 넣고 걸으면서 몇 번이고 되풀이해서 읽었다. 이 편지는 나의 약점을 막는 방패 역할을 했다. 나는 앞으로는 우드토 부인을 여자 친구로서, 내 친구의 애인으로 생각하기로 결심하고, 이 결심을 굳게 지켰다. 그리고 그녀와 마주 앉은 네댓 시간을 유쾌한 평정 속에서 보냈다. 이 평정은 그때까지 그녀의 곁에서 느낀 그 격렬한 정열의 발작보다 훨씬 좋았다. 내 마음이 변하지 않은 것을 그녀는 너무도 잘 알고 있었으므로, 내가 자기 억제를 위해 애쓴 것에 감사했다. 그런 나를 그녀는 한층 존경했고 나도 그녀의 우정이 사라지지 않은 것을 보고 기뻐했다. 그녀는 생 랑베르가 머지않아 돌아온다는 것을 알려 주었다. 병에서는 꽤 회복되었으나 전쟁의 괴로움에는 견딜 수 없었으므로, 군대 보직에서 물러나 그녀 곁에서 평화롭게 지내기 위해 돌아온다는 것이었다. 우드토 부인과 나는 생 랑베르를 포함한 우리

세 사람만의 친밀한 교제를 위한 즐거운 계획을 세웠다. 이 계획의 실천은 분명 오래 지속되리라는 희망을 가질 수 있었다. 다감하고 정직한 마음을 서로 연결할 수 있는 감정이 그 기초가 되고, 세 사람이 다른 보충점이 필요하지 않을 만큼 재능과 지식이 충분했기 때문이었다. 아! 나는 그런 감미로운 생활의 희망 속에 잠겨 있다보니 현실에서 나를 기다리고 있는 생활에 관해서는 전혀 생각하지 않고 있었다.

그리고 우리는 나와 에피네 부인 두 사람이 서로 얽힌 상황을 이야기했다. 나는 디드로의 편지를 내가 쓴 답장과 함께 우드토 부인에게 내보이고, 사건의 자초지종을 하나 남기지 않고 모조리 이야기했다. 그리고 내가 에르미타주를 떠날 결심을 하고 있는 것도 분명히 말했다. 이 점에 대해서 그녀는 극력 반대하며 그 이유를 여러 가지 들었는데, 그 모두가 내 마음에 걸렸다. 내가 제네바로 여행하는 것을 그녀는 얼마나 바랐는지 모른다는 것도 분명히 말했다. 디드로의 편지가 미리 암시한 것처럼, 그녀는 나의 거절이 자기에게 폐가 되리라고 짐작하고 있었기 때문이다. 그러나 한편으로, 나의 이유도 나만큼 잘 알고 있었으므로 이 점에 대해 그녀는 그리 강요는 하지 않았다. 다만 어떤 희생이라도 꾹 참고 모든 소동을 피할 것, 나의 거절을 충분히 시인할 만한 그럴 듯한 이유를 붙여 그녀가 이 사건에 관련된 것 같은 부당한 혐의를 피할 것, 이 두 가지를 내게 부탁했다. 이 부탁이 쉽지 않았지만 내 명예를 희생해서라도 내 잘못을 보상하기로 결심한 나였으므로, 나의 염치가 허락하는 한은 당신의 명예를 가장 존중하겠다고 말했다. 이 약속을 내가 완수했는지 못했는지는 곧 알게 될 것이다.

나의 불행한 정열은 조금도 그 힘을 잃지 않았을 뿐만 아니라, 이날처럼 나의 소피(우드토 부인)를 강하게, 또 깊게 사랑한 적은 없었다고 맹세코 말할 수 있다. 그러나 생 랑베르의 편지가 가져다 준 인상, 즉 의무의 감정과 부실에 대한 공포가 너무도 강했기 때문에, 이 만남의 처음부터 끝까지 내 관능은 그녀 옆에서도 완전히 평정을 유지하고 그녀의 손에 입맞춤을 하고 싶은 기분마저 일지 않았다. 떠날 때 그녀는 하인들 앞에서 나를 껴안고 입맞춤을 했다. 이 입맞춤은 이전에 나무 그늘 밑에서 가끔 내가 그녀에게 강요한 것과는 아주 달라서, 이미 내가 자제력을 되찾았다는 것을 증명하는 것이었다. 평정 가운데 아무 방해도 받지 않고 마음을 가다듬을 시간 여유만 있다면 원래 상태로 되돌아오는데 석 달도 필요하지 않았으리라는 것을 나는 확신한다.

우드토 부인과의 개인적인 관계는 여기에서 끝난다. 이 관계의 외면적인 것에 대해서는 각자가 멋대로 판단할 수 있겠지만, 이 사랑스런 여성 덕분에 내 마음속에서 느꼈던 정열, 아마 어떤 사람도 결코 느껴 보지 못했을 세상에 다시없는 이 정열은, 두 사람이 서로 의무와 염치, 사랑과 우정을 바친 보기 드문 괴로운 희생을, 하늘과 우리 사이에 영원히 자랑할 수 있을 것이다. 둘은 서로가 너무도 숭고하게 보였으므로, 함부로 경솔한 행동은 할 수 없었다. 아주 천한 인간으로 전락하지 않는 한, 이렇듯 고귀한 존경을 잃어버리고 싶지 않았다. 우리를 죄인으로 만들었을지도 모르는 감정의 강력한 힘 자체가 죄인이 되는 것을 방해한 것이었다.

이리하여 나의 이 두 여성 가운데 한 사람에겐 오랜 우정 끝에, 다른 한 사람에겐 열렬한 사랑 끝에 같은 날 따로따로 작별을 고하고, 그 중 한 사람과는 평생 다시 만나지 못하고, 또 한 사람과는 다음에 말할 기회가 있겠지만, 오직 단 한 번 만났다.

그들이 떠나버린 다음, 나는 말이나 행동을 삼가고 조심하지 않은 나의 태도가 낳은 절박하고 모순된 많은 의무를 완수하는 데 곤란을 겪었다. 제네바 여행을 권유받고 이것을 거절한 다음, 만약 내가 자연스런 위치에 있었다면 가만히 있기만 해도 되었다. 그리고 그것으로 모든 것의 변명이 되었다. 그런데 어리석게도 나는 물러날 수 밖에 없는 사건을 일으켜 버렸다. 에르미타주를 떠나지 않으면 뒷날의 변명을 못할 그런 위치에 놓이게 되었다. 그러나 우드토 부인에게는, 적어도 당장 지금은 이곳을 떠나지 않는다고 약속한 뒤였다. 게다가 그녀는 내가 여행을 거절한 것을 스스로 내 친구라고 일컫는 자들에게 일일이 해명하여, 내 거절이 그녀의 책임이 되지 않도록 해달라고 부탁하고 있었다. 그러나 이 거절의 참된 원인을 말하게 되면, 에피네 부인을 다치지 않게 할 수는 없었다. 에피네 부인에게는 지금까지 많은 신세를 졌으므로 나로서는 어디까지나 감사하지 않으면 안됐다. 아무리 생각해도 에피네 부인이나 우드토 부인을 배신해야만 될, 괴롭고도 피할 수 없는 선택을 해야 한다는 것을 깨달았다. 그래서 이 마지막 선택을 하기로 했다. 당당히 전면적으로, 주저함 없이, 그리고 이런 궁지로 나를 몰아넣은 잘못을 씻어내는 데 꼭 필요하다고 생각되는 관대한 마음으로 나는 이렇게 결정했다. 그러한 희생은 내 적들이 고대하고 있던 것이어서, 재빨리 그들에게 이용되어 내 명예를 파괴하고, 그들의 신중한 책략과 더불어 세간의 존경을 내게서 앗아 버리게 되었다. 그러나 나는 그러한 희생으로 자신에 대한 존경을 회복하며, 불행한 가운데 자신을 위로했다. 그러한 희생을 치른 것은 곧 알게 되겠지만, 그것이 마지막은 아니며, 다른 사람이 그것을 방패 삼아 나를 괴롭힌 것도 그것이 마지막은 아니다.

그림은 이 사건에 관계가 되지 않은 듯한 유일한 사람이었으므로 나는 그와 상의해 볼까 생각했다. 그에게 보내는 긴 편지를 쓰고, 이번 제네바 여행을 내 의무로 생각하는 것이 어리석다는 점, 내가 가 보았자 에피네 부인에게 도움이 안될 뿐 아니라 도리어 방해가 되리라는 점, 내 자신에게는 그런 무리한 여행으로 엉뚱한 일이 생기게 되었으리라는 점을 이야기했다. 이 편지에서 나는 내가 이 내막을 잘 안다는 것과, 그림보다 내가 가야 한다고 사람들이 주장하며 그림의 이름이 들먹거려지지 않는 것을 이상하게 생각한다는 것들을 은연중 상대에게 알려 주고 싶은 유혹을 이겨내지 못했다.

이 편지는, 자신의 이유를 분명히 말할 수 없는 탓으로 핵심을 여기저기 흐려 놓았으므로 일반 사람들에게 내보였으면 내게 더 많은 결점만 있는 것처럼 보였을 것이다. 그러나 입을 다물고 있는 사정을 그림만큼 알고 있는 사람들이나 내 행동을 완전히 인정하고 있는 사람들에게는 이 편지가 염려와 조심의 좋은 표본이었다. 나는 디드로의 의견을 다른 내 친구들의 의견처럼 제기함으로써 나에 대한 또 하나의 편견을 낳는다는 것도 두려워하지 않았다. 그 이유는 우드토 부인도 디드로 등과 같은 생각이었다는 것을 비치기 위해서였다. 사실 우드토 부인은 처음에는 그러했으므로, 그뒤 내 이유를 알고 나서 의견을 바꾼 것이지만, 나는 그 점을 쓰지 않고 넘어갔다. 우드토 부인이 나와 함께 일을 꾸몄다는 의심을 풀기 위해서는 그 점에 대해 내가 그녀에게 불만이 있는 것처럼 보이는 것 외에 좋은 방법은 없었던 것이다.

이 편지는 다른 사람이라면 누구나 감동받았을 만한 신뢰의 표현으로 마무리되어 있었다. 그림에게 내 이유를 잘 생각한 뒤에 의견을 알려 달라고 부탁하고, 그 의견이 어떻든 그것에 따르겠다는 내용을 적은 것이다. 설혹 내가 떠나야 한다는 의견일 경우에도 나는 그것에 따를 각오였다. 왜냐하면 에피네 씨가 이 여행에 아내의 길라잡이가 된 지금은, 나와 함께 가게 되면 양상이 아예 달라지게 되었기 때문이다. 원래 처음에는 그 길라잡이를 내게 부탁했었지만, 내가 거절한 뒤 비로소 에피네 씨가 문제가 되었다.

   그림의 답장은 나를 오래 기다리게 한 다음에 왔다. 그것은 이상한 내용이었다. 여기에 그것을 적어 둔다. (서간집 A 제59호)

   에피네 부인의 출발은 연기되었습니다. 아드님이 병환중이므로, 그가 회복될 때까지 기다려야만 됩니다. 당신의 편지 건은 다시 잘 생각할 작정입니다. 에르미타주에 조용히 계시기 바랍니다. 내 의견은 다음 시기를 보아서 전하겠습니다. 부인은 며칠 안으로 떠날 수 없는 것이 확실하니 조금도 서두를 필요가 없습니다. 그 동안 당신이 적당하다고 생각이 드시면 부인에게 함께 가자고 청하는 것도 좋겠지요. 하기야 나로서는 그 일에 별반 드릴 말이 없는 것 같습니다. 이유인즉 당신의 형편을 당신만큼이나 잘 알고 있는 나로서는, 부인이 그 점을 잘 알아서 당신의 신청에 적절한 회답을 해줄 것을 믿어 의심하지 않기 때문입니다. 그러나 일단 당신께서 신청을 하셔도 손해가 되지 않으리라고 내가 생각하는 것은, 당신을 책망하는 사람들에게 당신이 함께 가지 않은 것이 자신이 신청을 안했기 때문이 아니라는 변명이 통한다는 점입니다. 그리고 나로서 잘 알 수 없는 것은, 왜 당신이 그 철학자(디드로)에게 억지로 세상 사람들의 대변자 노릇을 시키지 않으면 안되었는가, 또 그가 당신이 함께 가야한다는 것을 주장한다고 해서, 어떻게 당신의 모든 친구가 그러한 주장을 했다고 생각하느냐 하는 점입니다. 당신은 모든 친구의 답변을 바라고 계시는 것 같은데, 에피네 부인에게 편지를 쓰시면, 부인의 회답은 반드시 모든 친구들이 당신에게 보낼 회답에 틀림없이 도움이 될 것입니다. 그럼 안녕히, 르 바쇠르 부인과 경감*6에게 안부를.

   이 편지를 읽고 나는 크게 놀라, 이 내용이 무엇을 뜻하는 것인지 불안한 기분으로 곰곰이 따져 보았으나 아무것도 알 수 없었다. 도대체 어찌된 일인가! 내 편지에 솔직하게 답장을 보내는 대신에 지금까지 곰곰이 잘 생각한 시간으로도 아직 부족한 것처럼 더 시간을 두고 곰곰이 잘 생각해 보겠다는 것이다.

＊6 부인이 다소 거칠게 상대하던 르 바쇠르 씨는 부인을 '경감 각하'라고 부르고 있었다. 그림 씨는 농담으로 그 별명을 테레즈에게 붙였다. 그리고 나중에는 그것을 줄여 '경감'이라고 불렀다.

마치 무슨 심각한 문제라도 해결하려는 듯이, 또는 자신의 감정을 자신이 발표하려 할 때까지 그것을 통찰하는 것을 내게 금하는 것이 자신의 대단한 의견이나 되는 것처럼, 한동안 내게 판단을 맡겨 둔다고 언도하는 것 같았다. 도대체 이러한 신중함과 자연스러움, 그리고 침묵은 무엇을 뜻하는 것일까? 이것이 신뢰에 보답하는 길이란 말인가? 이 태도는 공정하고 진실한 것일까? 나는 그러한 태도에 무엇인가 선의의 해석을 내리려 했으나 헛일이었다. 아무런 해석도 얻지 못했다. 그림의 의도가, 어떤 것이든 설사 그것이 내게 불리한 것이라 할지라도 그의 처지로서는 그 의도대로 하는 것은 쉬운 일이고, 내 처지로서는 실행을 방해할 수는 없는 일이었다. 대공자(大公子)의 저택에서 사랑을 받고, 사교계에 이름이 알려져 있으며, 우리들 친구 사이에 우두머리나 다름없는 그림은 그의 평소의 수완으로 보아서 모든 가능성을 유감없이 발휘할 수 있는 것이다. 그러나 나는 모든 것에서 멀어져, 에르미타주에 홀로 남아 누구의 조언도 없고, 사교계와는 아무런 연락도 없었다. 잠자코 기다리는 수밖에 없었다. 그저 나는 에피네 부인에게 가능한 한 정중한 편지를 써서 그 아들을 문병했다. 그러나 그 편지로 그녀에게 함께 갈 것을 청해서 함정에 떨어지는 짓은 하지 않았다.

이 난폭한 사내 때문에 나는 극심한 불안에 빠져 하루를 100년처럼 기다리다가 겨우 1주일인가 열흘 뒤에야 에피네 부인이 출발했다는 소식을 듣고, 또 이 사내로부터 두 번째 편지를 받았다. 그것은 일고여덟 줄밖에 안되는 것이었는데, 나는 끝까지 읽지 않았다…… 관계를 끊자는 글발이었다. 그것도 아주 무서운 증오를 표현하는 글귀들의 나열이어서, 모욕하고자 하는 의도가 지나쳐 도리어 우습게 되어 버렸다. 마치 입국 금지라도 하는 것처럼 자기와의 만남을 금지했다. 좀더 차근차근히 읽었더라면 더욱 포복절도했을 것이다. 이 편지는 베껴 두지도 않았거니와 다 읽지도 않고, 곧 다음 편지와 함께 그에게로 돌려보냈다.

나는 당신에 대한 당연한 불신감을 지금도 거부해 왔었습니다만, 뒤늦게 당신의 사람됨을 완전히 알았소. 당신이 시간을 두고 곰곰이 생각하시고서 쓰신 편지라는 것이 이것이었군요. 이따위 것은 돌려드리겠소. 내가 받을 것이 못되오. 내 편지를 모든 사람들에게 공개하여 나를 미워해 주십시오. 그 편이 당신으로선 기만을 줄이는 것일 겁니다.

　나의 그전 편지를 공표해도 좋다고 쓴 것은 그의 편지 한 대목에 관계가 있는 것으로, 그것을 읽으면 이 사건에 대한 그의 용의주도한 면모를 판단할 수 있을 것이기 때문이다.
　사정에 어두운 사람들에게는, 내 편지가 도리어 내 처지를 더 난처하게 만들지도 모른다고 앞에서 말했다. 그림은 이것을 알아차리고 기뻐했다. 그러나 이 점을 이용하는 사람이 어떻게 자신을 끌고 들어가지 않을 수 있겠는가? 이 편지를 보여 줌으로써 그가 친구를 배신했다는 비난을 받을지도 모르는 일이다.
　그런 까다로운 문제의 해결을 위해 그가 생각해 낸 것은, 가능한 한 신랄한 방법으로 나와 절교하는 한편 내 편지를 남에게 보이지 않겠다는 뜻을 적어 보내서, 일단 자신의 온건한 태도를 보이는 것이었다. 물론 그로서는 내가 홧김에 그의 표면상의 염려를 물리치고 편지를 세상에 공표할 것임을 확신하고 있었다. 그거야말로 바로 그가 바라는 것이었다. 그런데 모든 것은 그의 계획대로 되었다. 그는 온 파리 장안에 내 편지를 보이고 다니며 멋대로 주석을 붙였다. 그런데도 그런 것은 기대한 만큼 전혀 성공을 거두지 못했다. 개인적인 편지를 공개하는 허가를 강제로 얻은 데다가 상대를 해치기 위해 너무도 경솔하게 상대방의 말을 받아들였다는 비방을 면할 것으로는 아무도 생각할 수 없었다. 세상에선 그토록 무서운 증오를 살 만큼 내가 개인적으로 무슨 부당한 짓을 그에게 저지르지 않았을까 하고 의심하고 있었다. 그러나 사람들은 이윽고 내 잘못이 어떤 것일지라도, 또 우정을 저버렸다 하더라도 그림은 우정을 존중해야 마땅하다고들 했다. 그러나 공교롭게도 파리라는 곳은 변덕스러워서, 그런 일시적인 풍문도 금새 사라지고 만다. 그곳에 없는 불행한 사람은 소홀히 여긴다. 득세한 사람은 우쭐대며 존경을 받는다. 음모와 간악한 계획들은 서로도 끊임없이 새로운 결과를 낳고, 곧 그전 것을 소멸시키곤 한다.
　그런 까닭에 그는 오랫동안 나를 속여 오다가 사태를 여기까지 끌고와서 이제는 가면을 쓸 필요가 없다고 확신하고, 마침내 내 앞에서 가면을 벗은 것이다. 나도 이 비열한 인간에 대한 값싼 의리를 갚을 필요가 없어졌으므로 그가 하는 대로 내버려두고 그를 염두에 두는 것조차 그만두었다. 편지를 받은 1주일 뒤에 에피네 부인에게서 제네바 발신으로 앞서 내가 보낸 편지(서간집 A 제 10호)의 답장을 받았다. 그녀로서는 처음인 이 편지의 문체로 보아, 나는 두 사람이 서로 짜고 꾸민 일의 성공을 위해 협력해 왔다는 것, 나를 이미 다시는 일어설 수 없을 것으로 생각하고 이번에는 철저하게 때려눕히는 재미에 마음 놓고 설치고 있다는 것을 알게 됐다.

내 처지는 정말 뭐라고 말할 수 없을 정도로 비참하게 되었다. 친구들이 모두 내게서 떠나는 것을 바라보면서, 그 이유도, 동향도 알 수 없었다. 내 편에 혼자만이라도 남겠다고 큰 소리치던 디드로마저 석 달 전부터 찾아온다고 약속을 해놓고는 도무지 찾아오지 않았다. 겨울철이 다가옴에 따라 차츰 지병이 재발하였다. 내 체질은 강인하기는 하지만 이렇게 여러 가지 상반된 감정과 싸우면서는 도저히 지탱해 낼 수 없었다. 극도로 쇠약해져서 사소한 일에 견딜 만한 힘도, 용기도 없었다. 전에 내가 한 약속과 디드로와 우드토 부인의 한결같은 의견이 이때 에르미타주를 떠날 결심을 재촉하고는 있었으나, 이 몸을 끌고 어디로 가야할지 눈앞이 캄캄했다. 무엇을 행하고 무엇을 생각한다는 것도 없이 나는 속수무책에, 얼빠진 사람처럼 가만히 지냈다. 한 걸음 내딛고, 편지를 쓰고, 한 마디 지껄인다고 생각만 해도 소름이 끼쳤다. 하나 에피네 부인과 그 친구(그림)의 가혹한 처사에 울고만 있을 수 없는 이상, 부인의 편지에 답장을 내야 했다. 대담하게 내 기분과 결심을 그녀에게 알리기로 했다. 그녀의 인간성, 관용, 예절, 그리고 악의 가운데도 아직 남아 있을 것으로 생각되는 선의로 그녀가 곧 회답을 주리라 확신하고 다음과 같은 편지를 썼다.

에르미타주 1757년 11월 23일

사람이 슬픔으로도 죽는다면, 저는 이미 죽었을 것입니다. 그러나 겨우 어떻게 붓을 들 결심을 했습니다. 부인이여, 우정은 이미 사라졌지만 아직 그 권리는 남아 있습니다. 저는 그것을 존중할 작정입니다. 저에게 보내 주신 친절한 마음씀씀이는 조금도 잊지 않았습니다. 사랑할 의무가 없어진 상대에게도 감사해야 할 일은 어디까지나 감사해야 합니다. 그 점은 기대해 주셔도 좋을 줄 압니다. 다른 변명은 필요없겠지요. 저는 자신을 위해 양심을 가지고 있습니다. 당신도 당신의 양심으로 돌아가 주십시오. 저는 에르미타주를 떠나려 했습니다. 또 당연히 떠나야 한다고 생각하고 있었습니다. 그러나 어쨌든 봄까지 머물러 있으라고 모두들 말하고 있고, 친구들도 그것을 바라고 있으므로 당신만 허락해 주신다면 봄까지 머무를 작정입니다.

　이 편지를 써서 보내고 나니, 이제는 에르미타주에서 조용히 살며, 건강에 주의하고 체력을 회복하여, 봄에는 결렬이다 뭐다 떠들지 말고 떠날 수 있게끔 준비에 착수할 것만을 생각하게끔 되었다. 그러나 곧 다음에 알게 되듯이 그림 씨나 에피네 부인의 생각은 그런 것이 아니었다.
　마침내 며칠 뒤, 기쁘게도 디드로의 방문을 받았다. 지금까지 가끔 약속을 하고도 실현이 안된 방문이었다. 그러나 더이상 더 좋은 시기도 없었다. 그는 가장 오랜 친구였고, 내게 남은 유일한 친구였다. 이런 상황에서 그를 만난 나의 기쁨을 독자는 쉽사리 상상할 수 있으리라. 나는 가슴이 벅차오름을 그에게 털어놓았다. 다른 사람들이 그에게 침묵을 지키고 있거나 거짓을 말하거나 속이거나 하는 많은 사실들을 나는 그에게 터놓고 이야기했다.
　지금까지 일어난 일 가운데 그에게 말해도 좋을 것은 모조리 이야기했다. 무분별하기도 하고, 불행하기도 했던 연애가 내 파멸의 원인이 되었다는 것에 대해서도, 그가 너무도 잘 알고 있더라도 짐짓 잠자코 있을 수는 없었다. 그러나 우드토 부인이 내 사랑을 알았다든가 또는 내가 사랑을 고백했다든가 하는 이야기는 입 밖에 내지 않았다. 에피네 부인이 그 시누이가 내게로 보낸 아주 결백한 편지를 가로채려고 비열한 수단을 썼다는 것도 이야기했다. 에피네 부인이 포섭하려고 했던 사람들의 입을 통해 이런 내용을 그가 들었으면 싶었다. 테레즈는 그것을 그에게 정확히 말해 주었다. 그런데 장모의 차례가 되었을 때, 이 노파가 아무것도 모른다고 딱 잡아떼는 걸 보았을 때 나의 심정은 어떠하였겠는가. 그러나 그것이 이 노인의 입버릇이었으며 그녀는 그것을 결코 취소하지 않았다. 그녀는 에피네 부인의 수작을 나에게 말한 지 나흘도 못돼, 내 친구 앞에서 그것을 부인하는 것이었다. 이것으로 내 마음은 결정된 것 같았다. 나는 이렇게 오랫동안 이런 여자를 부양해 온 무모함을 이때 통절히 느꼈다. 새삼 이 여자를 욕할 수도 없는 일이고 그저 경멸하는 몇 마디 말을 내뱉었을 뿐이었다. 장모의 얄미운 비열함과는 대조되는 빈틈없고 정직한 태도를 보여 준 딸에게는 진정 고마움을 느꼈다. 그러나 이때부터 장모를 어떻게 상대해야 하는 가에 대한 내 결심은 정해졌다. 그리고 다만 그 실행 시기만을 기다리게 되었다.

그 시기는 생각한 것보다 빨리 왔다. 12월 10일, 예전에 보냈던 편지에 에피네 부인이 보낸 답장을 받게 된 것이다. 다음이 그 내용이다.

제네바 1757년 12월 1일(서간집 제11호)
수년 동안 가능한 한의 우정을 표시해 왔습니다만, 지금은 그저 당신을 동정할 따름입니다. 당신도 정말 불행한 분입니다. 부디 당신의 양심이 내 양심과 마찬가지로 평온해지기를 바랍니다. 생활의 안정에는 그것이 필요할 줄 압니다.
당신이 에르미타주를 떠나고 싶다고 생각하시고 또 당연히 떠나야 한다고 생각하고 계시는데, 친구분들이 말린다는 건 뜻밖의 일입니다. 저라면 자신의 의무를 친구들과 상의하지 않습니다.
따라서 당신의 의무에 대해서 나로서는 이 이상 드릴 말이 없습니다.

뜻밖에도 이렇게 분명한 퇴거 명령을 받고 나니 이젠 한시도 주저할 수 없었다. 날씨가 어떻든, 내 건강이 어떻든, 숲 속이나 눈 위에서 자는 일이 있더라도, 또 우드토 부인이 뭐라고 하든 당장 떠나지 않으면 안 되었다. 모든 일을 우드토 부인의 의견에 따르던 나였지만 이런 모욕에는 참을 수 없었다. 나는 평생 이러한 곤경에 빠진 적은 없었다.
그러나 결심은 되어 있었다. 어떤 일이 일어날지라도 일주일 뒤에는 결코 하루도 에르미타주에서 자지 않겠다고 맹세했다. 일주일 뒤에 열쇠를 돌려 주지 못하면 뭐든지 닥치는 대로 밭 가운데 내던질 각오로 살림살이를 꾸리기 시작했다. 왜냐하면 누군가가 제네바로 편지를 보내서 그 회답이 오기 전에 일을 끝내 버리고 싶었기 때문이다. 지금까지 느껴 본 적이 없는 용기가 솟았고, 모든 힘이 되살아났다. 에피네 부인의 예상하지 못한 염치와 분노가 그런 힘을 내게 회복시켜 준 것이었고, 행운이 다시 나의 결단을 도와 주었다. 콩데 대공의 토지 관리를 맡고 있는 마타 씨가 내 곤경을 전해 듣고, 몽모랑시의 몽루이에 있는 그의 작은 집 한 채를 내게 제공하겠다고 말해 왔다. 나는 즉시 그것을 받아들여 계약은 곧 성립되었다. 나는 테레즈와 내가 거처하는 데 필요한 가구를 급히 사들여 지금까지 가지고 있던 물건들 옆에 놓았다. 가재도

구는 많은 노력과 비용을 들인 끝에 짐마차로 운반되었다. 얼음과 눈을 무릅쓰고 이사는 이틀로 끝났다. 집세는 치를 수가 없었으므로 정원사의 급료를 대신 치른 다음, 12월 15일 에르미타주를 내주었다.

르 바쇠르 부인에게는 우리와 별거해야만 될 이유를 말했다. 테레즈가 나의 결심을 돌리려 했지만 나는 굽히지 않았다. 테레즈와 같이 쓰던 가재도구는 모조리 어머니에게 주어 우편마차에 실어 파리로 보냈다.

돈도 얼만가 주고 자식들 집이건 어디건 숙박비를 지급하고 힘닿는 데까지 생활비를 보내, 내가 먹고 살 수 있는 한 결코 끼니를 거르게 하지는 않겠다고 약속했다. 마침내 몽 루이에 도착한 다음 다음날, 부인에게 다음과 같은 편지를 썼다.

몽모랑시 1757년 12월 17일
부인이 제가 당신 집에 머물러 있는 것을 허용하지 않는 이상, 그곳을 떠나는 것은 당연하고도 필요한 일입니다. 나는 남은 겨울 동안을 에르미타주에서 지내는 것에 동의를 얻을 수 없었으므로 12월 15일 그곳을 나왔습니다. 본의 아니게 그곳에 입주했다가 본의 아니게 나오게 됨도 제 운명인가 봅니다. 여태 머무르게 해주신 데 감사 드립니다. 이 대사가 좀더 가벼웠던들 보다 깊은 감사를 드렸을 것입니다. 그리고 나를 불행하다고 생각하신 점은 정말 그대로입니다. 내가 얼마나 불행한가를 당신보다 더 잘 아는 사람은 아마 이 세상에 없을 겁니다. 친구를 제대로 선택하지 못한 것이 하나의 불행이었다면, 그러한 유쾌한 꿈에서 깨어나는 것도 그것에 못지않는 비통한 불행입니다.
추신—정원사의 급료는 1월 1일분까지 지급했습니다.

이상은 내가 에르미타주에 머문 동안의 일과 거기에서 나오지 않으면 안되었던 이유를 말한 것이다. 이런 이야기는 덮어 두고 싶은 것이었지만, 실은 이 시기의 영향은 그뒤 현재에 이르기까지 계속되어 왔으므로 될 수 있는 대로 상세히 말해 둘 필요가 있다.

제10권

〔1758년 1월~1760년 10월〕

  일시적 흥분으로 뜻밖의 힘이 솟아나 에르미타주를 떠나 왔으나, 그 힘도 그곳을 나오자 금방 내게서 떠나 버렸다. 새 집에 채 자리가 잡히기도 전에 고질인 요폐증이 자주 심한 발작을 일으키고, 탈장까지 일어났다. 이것으로 오래 전부터 시달려 왔으나 그것이 탈장인 줄은 몰랐었다. 나는 말할 수 없는 중태에 빠졌다. 옛 친구인 티에리 의사가 진찰을 와서, 전부터 가지고 있었던 내 병명을 일러 주었다. 소식자, 탈장대 등 노환에 쓰이는 의료기구가 내 주위에 늘 어선 것을 보니, 육체가 젊음을 잃으면 마음도 젊을 수 없음을 절실히 느끼게 되었다. 봄이 와도 기력은 회복되지 않았다. 그리하여 1758년은 내내 쇠약한 상태로 넘기고 말았다. 그것은 내게 생애의 마지막에 접어들었다는 느낌을 주었다. 나는 마지막 시기가 다가오는 것을 다소 지루한 듯이 기다리고 있었다. 우정의 환상에서 깨어나 인생을 사랑하게 해주었던 모든 것에서 저버림을 받은 나는 인생을 즐겁게 할 아무것도 찾을 수 없게 되었다. 오직 자신의 즐거움을 방해하는 병과 고뇌밖에 볼 수 없었다. 나는 자유의 몸이 될 때를, 적의 손에서 벗어나게 될 때만을 안타깝게 기다렸다. 그건 어찌됐든 사건을 계속 이야기하기로 하자.

  몽모랑시로 내가 퇴거하자 에피네 부인은 몹시 당황했던 모양이었다. 아마 그녀는 거기까지 예측하지는 못했던 모양이었다. 비참한 상태, 혹심한 계절, 모든 사람에게 버림받고 있는 점, 그런 상태에서 그림과 그녀가 나를 거의 절벽으로 몰아붙이면, 그녀는 내가 소리 높여 자비를 애원하며 비굴한 태도로, 자존심을 굽힐 것을 명령받으면서도 이 편안한 곳에 그대로 있게 해 달라고 사정하지 않고는 못 배기리라 생각하고 있었던 것이다. 내가 갑자기 이사해 버렸으므로 그들은 대책을 강구할 틈도 없었다. 이제 그들에게 남은 것은, 여기에서 결전을 벌여 여지없이 나를 파멸시키느냐, 아니면 나를 도로 데려가느냐

둘 중 하나를 택하는 문제였다. 그림은 첫째 안을 택했으나 에피네 부인은 아마 둘째 안을 택한 것 같았다.

그 점은 내 마지막 편지에 그녀가 보낸 답장으로도 알 수 있었다. 그 편지 속에서 그녀는 그때까지의 편지에서 보여 준 것 같은 태도를 다소 누그러뜨리고 있어 화해를 향한 길을 열어놓고 있는 듯이 보였다.

꼬박 한 달이나 기다리게 한 이 답장은 적당한 구실을 어떻게 붙일까 하고 그녀가 고민하고 있던 모습을 잘 말해 주고 있다. 또 답장을 쓰기 전에 얼마나 연구를 했는가도 충분히 말해 주고 있다. 그녀는 스스로 자기 몸을 위태롭게 만들지 않고는 그 이상 앞으로 나갈 수가 없었던 것이다. 그러나 나는 내가 갑자기 그녀의 집을 떠난 뒤 그녀가 전과 같은 편지를 보냈다는 것, 편지 속에 한 마디도 불쾌한 말을 비치지 않은 그녀의 조심성에는 실로 놀라지 않을 수 없었다. 다음에 그 편지의 전문을 베껴 독자의 판단을 빌리겠다.

제네바 1758년 1월 17일(서간집 A 제23호)
12월 17일 보내신 편지를 겨우 어제야 받았습니다. 그것을 여러 가지 물건들과 함께 상자 속에 넣어 보냈기 때문에 그렇게 도중에 시간이 걸린 겁니다. 저는 추신으로 쓰신 것에 대해서만 말씀드리겠습니다. 본문은 저로서는 이해가 잘 안 갑니다만, 만일 우리가 서로 무언가 해명할 기회라도 갖게 된다면 지나간 일은 모두 오해로 돌릴 수 있다고 생각합니다. 그럼 추신에 대해 말씀드리겠습니다.

당신도 알고 계시듯이, 우리는 에르미타주 정원사의 급료는 당신을 통해 주기로 정했었습니다. 그것은 정원사가 당신에게 고용되어 있는 몸이란 것을 충분히 알게 하기 위해서이며, 또 전에 있던 정원사가 한 것과 같은 엉뚱하고 나쁜 짓을 하지 못하도록 하기 위해서였습니다. 그 증거로는 급료의 전 2기분은 당신에게 드렸고, 제가 이리로 오기 2,3일 전에 당신이 먼저 지급하신 것을 돌려드리기로 당신과 합의가 된 것 등입니다. 처음에 당신이 거절하신 것은 잘 알고 있습니다. 그래도 그 지급은 제 부탁이었으므로 제가 당연히 치러야 할 일로서, 우리 둘 사이에는 그것으로 양해했던 것입니다. 카우에의 말에 따르면 당신은 그 돈을 받지 않으려 하셨다고 합니다. 거기에는 확실히 무슨 오해가 있는 것 같습니다. 저는 다시 한번 당신에게 돈을 드리도록 일러두었습니다. 우리 둘 사이에 결정한 것인데, 어째서 당신이 우리 집 정원사에게 급료를 지급하려고 하시는지, 더구나 에르미타주에 거주하신 기간 외의 것까지 치르려 하시는 건지 저로서는 이해가 안갑니다. 그러니 지금까지 드린 말을 잘 생각하셔서, 저를 위해 대신 치러 주신 급료분을 거절하시지 말기 바랍니다.

지금까지의 경우를 모두 돌이켜 볼 때, 더는 에피네 부인을 신뢰할 수 없었으므로 나는 그녀와 화해할 생각이 나지 않았다. 나는 이 편지에 답장도 하지 않았으며, 우리의 편지 왕래도 끊겼다. 나의 굳은 결심을 알자 부인도 그녀대로 결심을 했다. 그래서 그 뒤로 그림과 올바크 일당의 모든 계획에 참가한 그녀는 그들과 힘을 합해 나를 철저히 매장시키려 했다. 그들이 파리에서 책동하고 있는 동안 그녀는 제네바에서 공작을 하고 있었다. 이윽고 그녀의 뒤를 따라 제네바로 간 그림은 그녀가 거기에서 하고 있던 일을 완성시켰다. 그들이 쉽사리 자기 편으로 끌어넣은 트롱상은 힘껏 그들을 도와 나의 박해자들 중에서도 가장 극렬한 자가 되었지만, 그 또한 그림과 마찬가지로 나를 미워할 아무런 이유도 없었다. 세 사람이 힘을 모아 제네바에서 몰래 뿌려 두었던 씨는 4년 뒤 꽃을 피우게 되었다.

그들도 파리에서는 매우 힘이 들었다. 제네바에서보다도 파리에서 나는 더 잘 알려져 있었고, 내게 증오감을 가질 이유가 별로 없는 사람들의 마음은 그리 쉽사리 흔들리지 않았기 때문이었다. 그들은 한층 교묘한 수단으로 공격을 시작하기 위해 내가 그들을 배반했다는 말은 퍼뜨리기 시작했다. 들레이르의 편지를 보시라(서간집 A 제30호). 그러한 방법으로 언제나 내 친구인 체하면서 내가 친구들을 배반했다고 책망하는 형식으로 교묘하고도 엉뚱한 비난을 하고 다녔다. 그 때문에 사람들은 별반 의심도 않고 그들이 말하는 소리에 귀를 기울이며 나를 비난하게끔 되었다. 비열, 망은이라는 은밀한 비난이 조심스럽게 퍼졌으므로 그만큼 영향도 컸다. 나는 그들이 대단한 죄를 내게 씌우고 있는 줄은 알았으나 그것이 어떤 것인지는 알지 못했다. 일반적인 소문에서 짐작할 수 있는 것으로는 다음의 네 가지 큰 죄목이었다. 첫째 내가 시골에 은둔한 것, 둘째 우드토 부인을 사랑한 것, 셋째 에피네 부인을 따라 제네바로 가기를 거부한 것, 넷째 에르미타주를 떠난 것으로, 그 밖에도 불만이 있었는지 모르지만 그것이 어떤 것인지는 전혀 알 수 없었다. 그토록 그들이 취한 방법은 교묘했다.

그러므로 그들이 일정한 계획을 세울 수 있었던 것은 바로 이때였다고 나는 생각한다. 그 조직은 빠른 속도로 성공적으로 발전했다. 무릇 인간의 악의를 돕는 것이 얼마나 쉬운가를 모르는 사람들은 정말 경이로 생각할 정도였다. 음침하고 전모를 헤아릴 수 없는 계획 중 내 눈에 띈 것만을 간단히 설명하겠다.

내 이름은 벌써 유명해져서 유럽 전체에 알려져 있었지만, 나는 여전히 젊었을 때의 소박한 취미를 계속 가지고 있었다. 당파나 파벌 같은 것에 질색인 나는 자유롭게 독립해서 그저 내 마음이 끌리는 대로만 살아왔다. 고독한 이방인으로서 사람들과 떨어져서, 가족도 없이, 그저 내 주의와 의무에 매달려 용감히 바른 길로 나아갔다. 정의와 진리를 거슬러 가면서까지 남에게 아첨하거나 남을 용서하는 일은 어느 누구에게도 절대로 하지 않았다. 게다가 2년 전부터는 쓸쓸한 시골에서 지냈다. 편지를 주고받을 사람도 없고, 사교계와도 아무런 상관이 없이, 소식조차 듣는 일 없이, 또 알고 싶은 흥미도 없이 파리에서 16킬로미터 떨어진 곳에 살면서도 나는 게으름 때문에 마치 멀리 바다 저쪽의 테니앙 섬에라도 있는 것처럼 이 도시와 떨어져 살고 있었다.

그림·디드로·올바크는 나와는 달리 소용돌이의 한 가운데서 언제나 상류사회의 총아가 되어, 거의 셋이서 모든 사교계를 주름잡고 있었다. 그들이 합작하면 귀족·재사·문인·법조인·부인들까지 어디서고 자기들 말에 귀를 기울이게 할 수 있었다. 이미 독자들도 아시다시피, 세 사람의 굳게 단결된 지위는 내가 처해 있는 제4자의 지위에 비하면 문제도 안될 정도로 유리했다. 특히 디드로와 올바크는 뱃속 검은 음모를 꾸밀 수 없는 인간이었다.—적어도 나는 그렇게 믿고 있었다—디드로는 악의가 없었으며[*1] 올바크에게는 그럴 능력이 없었다. 그러나 그렇기 때문에 단결이 잘 되었다. 그림은 혼자 계획하여 디드로나 올바크에게 실천에 필요한 부분만을 알려 주었다.

그림이 그들에게 미친 영향력은 그런 협력을 쉽게 했고 모든 결과는 그림의 뛰어난 재능을 보여 주고 있었다.

자기와 나의 지위에서 어떤 이익을 끌어낼 수 있는가를 알고 있는 그림은,

[*1] 이것을 쓰고 난 다음 나를 둘러싼 비밀 음모에서 새어나온 사실에 따르면, 나는 디드로를 잘못 본 것 같다.(원주)

그의 뛰어난 재능을 가지고 자신은 위태롭게 되지 않은 채 내 명성을 완전히 뒤엎어, 내게 전혀 반대의 악명을 씌울 계획이었다. 그리하여 그는 내 주위에 어둠의 장벽을 둘러쳐 내가 그것을 부수고 그의 행동을 밝히며, 그의 가면을 벗기지 못하도록 하는 일을 시작한 것이다.

그 계획은 어려웠다. 왜냐하면 그것에 협력하는 사람들의 눈에 그것이 옳지 못한 것으로 비치지 않게끔 하지 않으면 안 되었기 때문이었다. 무엇보다도 성실한 사람을 속이지 않으면 안 되었다. 내게서 모든 사람을 멀리하지 않으면 안 되었다. 아니 그것만이 아니고, 한 마디라도 진실된 말을 내 귀에 들어가게 해서도 안 되었다. 만일 한 사람이라도 누군가 너그러운 사람이 있어 나를 찾아와서 "당신은 지조가 있는 사람으로 자처하는데 세상에서는 이런 식으로 당신을 대접하며, 또 이런 식으로 생각하고 있소. 무슨 하실 말은 없소?" 이렇게 말했다고 하자. 그렇게 되면 진실은 승리를 거두게 되고 그림은 실패할 것이 틀림없다. 그는 그것을 잘 알고 있었다. 그러나 그는 스스로가 잘 아는 잣대에서 남을 평가했지 함부로 남을 과대평가하지는 않았다. 나는 인류의 명예를 위하여 그의 계산이 참으로 정확했음을 슬퍼한다.

그러한 지하도를 파며 걷고 있었으므로, 그는 확실한 걸음을 걷기 위해 천천히 발을 옮겨야만 했다. 12년 전부터 그는 자신의 계획을 추구해 왔는데, 가장 어려운 부분은 아직 이룩하지 못하고 있었다. 그것은 온 세상을 속이는 것이었다. 그가 생각하고 있는 이상으로 그의 행동을 지켜보는 사람의 눈이 아직 남아 있었다. 그는 그것을 무서워하고 있었으므로 자신의 음모를 아직 온 세상에 뚜렷하게 드러내지 못하고 있는 것이다.*2 그런데 그는 그 일에 권력자를 끌어들이는 그다지 어렵잖는 방법을 발견했다. 그리하여 그 권력자가 내 운명을 좌우하게 된 것이다. 그런 배경을 믿고 그는 그다지 위험을 느끼지 않고 일을 추진시킬 수 있었다. 권력자의 주위 사람들이란 것은 보통 정의를 자랑으로 아는 사람들은 아니며, 더구나 솔직한 것을 좋아하는 사람들도 아니므로, 그는 누군가 정직한 사람이 경솔한 짓을 하지나 않을까 하고 두려워할 필요가 없었다. 그에게 무엇보다 중요한 것은 내가 내다볼 수 없는 암흑 속에 둘러싸여 있는 것으로, 그의 음모가 끝까지 내게 알려지지 않는 것이었다. 왜냐하면

---

*2 이것을 쓰고 난 다음의 일인데, 그는 완전하고도 또 예상 외의 성공을 거두어 비약을 시도했다. 그에게 그런 용기와 수단을 준 것은 트롱샹일 것으로 생각된다.〔원주〕

아무리 교묘하게 꾸며진 음모라도 내가 알게 되면 도저히 성공하지 못한다는 것을 알고 있었기 때문이다. 그의 뛰어난 수완은 나를 헐뜯으면서 오히려 나를 두둔하는 것처럼 보이게 하는 것과 또 그의 비열한 행동이 관대한 행동인 것처럼 보이게 하는 데 있었다.

그런 조직의 최초의 움직임을 올바크 패거리의 음험한 비난을 통해 느낄 수 있었으나 그 비난이 무엇에 근거한 것인지는 알 수도 없었고, 추측할 수도 없었다. 들레이르는 모두 나를 막된 인간으로 알고 있다고 편지로 전했다. 디드로도 같은 말을 보다 의미심장하게 말해 왔다. 더구나 내가 이들 두 사람에게 설명을 요구하자, 모든 것을 앞에서 말한 네 가지 죄목에 귀결시켰다. 나는 우드토 부인의 편지 속에서, 그녀가 차츰 냉정해져 가는 것을 느꼈다. 이 냉정함을 생 랑베르의 탓으로 돌릴 수는 없었다. 그는 변함없는 우정으로 내게 편지를 보내왔을 뿐만 아니라 파리로 돌아온 뒤로는 나를 찾아와 주기까지 했다. 나는 그것을 나의 잘못으로 볼 수도 없었다. 왜냐하면 나와 우드토 부인은 서로 기분 좋게 헤어졌고, 나로 말하면 그뒤 에르미타주를 떠나기는 했지만 그것은 그녀도 필요성을 느끼고 있었던 것이다. 그래서 이런 냉정함이 어디에서 온 것인지를 몰라—그녀는 그런 일은 없다고 했지만 나는 냉정하다고 생각했으므로—나는 공연히 불안해졌다. 그녀는 그 올케인 에피네 부인과 그림이 생 랑베르와 친하기 때문에, 올케와 그림을 꽤나 조심하고 있다는 것을 나는 잘 알고 있었다. 나는 이들 둘의 음모가 두려웠다. 그런 초조한 심정은 또다시 내 묵은 상처를 건드려, 내 편지를 거친 것으로 만들고 마침내는 완전히 우드토 부인의 기분을 상하게 하고 말았다. 나는 여러 가지 가혹한 일들을 예상했으나 무엇 하나 뚜렷이 규명하지 못했다. 툭 하면 상상이 불붙어 오르는 인간인 나는 참으로 견딜 수 없는 상태에 놓여 있었다. 내가 완전히 사람들과 격리되어 있었다면, 내가 아예 아무것도 모르고 있었다면, 보다 안정되어 있었을 것이다. 그래도 나는 여전히 애착에 이끌렸고 적들은 그것을 빌미로 삼아 온갖 기회를 잡아 나를 내리누르는 것이었다. 나의 은신처에 새어드는 희미한 광선은 내게 가려져 있는 비밀의 어둠을 내게 어렴풋이 알려 줄 뿐이었다.

그대로 지냈으면 너무도 잔혹한, 그리고 너무도 견딜 수 없는 그런 괴로움에 나는 아마 굴복하고 말았을 것이다. 개방적이고 솔직한 성격인 나는 자신의 감정을 숨길 수 없었고, 따라서 또 남이 내게 감추고 있는 감정도 못견디게 알고 싶어했다. 그러나 다행히도 내게 꽤 흥미 있는 사건이 생겨, 뜻밖에도 골몰하고 있던 걱정거리에 유익한 전환을 가져다 주었다. 디드로가 마지막으로 에르미타주를 방문했을 때 그는 달랑베르가 《백과전서》에 쓴 '제네바'란 항목을 일러 주었다. 이 글을 쓴 목적은 제네바의 상류 계급 사람들과 협조해서 제네바에 극장을 설립하자는 것이었다. 그뒤 모든 준비가 진행되어 머지않아 설립되리라는 것이었다. 디드로는 무조건 그런 것을 아주 잘하는 것으로 생각하며 성공을 의심하지 않는 것 같았다. 나도 이 논문에 대해 논쟁을 벌이기보다는, 달리 또 의논할 일이 있었으므로 그에게는 아무 말도 하지 않았다. 그러나 내 조국에 그러한 무법천지와도 같은 시도가 진행되고 있는 것에 분개한 나는 그 논문이 실려 있는 《백과전서》이 책이 되어 나오기를 초조하게 기다리며, 그러한 돼먹잖은 움직임을 물리치기 위해 그 항목에 관한 논문에 반박할 방법이 없을까 생각하고 있었다. 몽 루이로 옮겨오고 얼마 안 되어 나는 그 책을 한 권 받았다. 나는 그 논문이 기교가 풍부하고 뛰어난 솜씨로 엮어져 있어 그의 필치에 손색이 없다고 생각했다. 그러나 어찌 됐든 그것을 반박하려는 생각을 버리게 할 정도는 아니었다. 좌절된 상태 속에서 병과 고민에 시달리면서도 무서운 열의를 가지고 일에 착수했다.

 꽤 추운 2월, 여전히 앞에 말한 것과 같은 상태에 있으면서 나는 매일 오전 중의 두 시간, 그리고 점심 뒤의 두 시간을 집 정원 한구석에 있는 작은 정자로 가서 보냈다. 이 작은 정자는 높은 언덕으로 되어 있는 작은 길이 끝나는 곳에 있어서 몽모랑시의 골짜기와 못이 내려다 보이고 다시 멀리 저쪽으로 덕망 높은 카티나(루이 14세에게 등용되었던 스승)의 은신처였던 간소하고도 위엄 있는 생 그라띠엥 성이 보였다. 나는 그때 얼어붙은 이곳에서, 눈이 휘몰아쳐도 피할 곳 하나 없이 가슴에 타오르는 불 이외에 아무런 온기도 없이 3주일에 걸쳐 《달랑베르에게 보내는 연극에 관한 편지》(1758년 3월 20일 암스테르담, 레이 서점에서 출간)를 썼다. 이것은 사실 나 스스로 내 문장에 매력을 느끼며 붓을 잡은 첫 작품이었다. 왜냐하면 《쥘리》를 절반밖에 쓰지 못했을 때였기 때문이다. 지금까지는 도의적인 분노가 내게 시신(詩神) 노릇을 했으나, 이번에는 정답고 조용한 영혼이 내 시신이 되었다. 방관자로서 바라본 부정에 나는 분개했다. 내가 그 희생이 된 부정에 나는 슬펐다. 그리고 원한이 없는 이 슬픔은 너무도 사람을 사랑하는 마음, 너무도 상냥한 마음이 나와 똑같은 기질을 가졌으리라 생각했던 사람들에게 배반을 당하여, 내 내부로 숨어 버리고 만 그런 슬픔이었다. 내게 일어난 모든 재난에 대한 생각으로 가득 차 있어 심한 동요에 흔들리고 있는 내 마음은, 내 주제의 고찰에서 생겨난 관념 속에 자신의 고통스런 감정을 불어넣었다. 이 문제를 깊이 생각하면서 가지게 된 사상에도 그런 비통한 감정이 뒤섞여 있었다. 무의식중에 나는 자신의 현재 처지를 그 속에 그려 넣었다. 나는 그림과 에피네 부인, 우드토 부인과 생랑베르, 나를 그렸다. 그걸 쓰면서 나는 얼마나 달콤한 눈물을 흘렸는지 모른다. 아! 체념하려고 애썼던 사랑, 그 숙명적인 사랑이 아직도 내 마음에서 떠나지 않았음을 똑똑히 느꼈다. 거기에는 또 내 처지에 대한 어떤 막연한 감동이 섞여 있었다. 그것은 죽음이 가까워옴을 느끼고 있는 자신, 세상과 마지막 이별을 고하려 하고 있는 자신을 생각하는 감동이었다. 나는 죽음을 무서워하지 않고 그것이 다가오는 것을 기쁨으로 바라보고 있었다. 내가 어떤 사람이었던가를 내 나라 사람들이 알지 못하고, 만일 나를 좀더 잘 알고 있었다면 내가 얼마나 사랑받을 수 있는 사람이었던가를 알게 하지 못하고 그들과 헤어지는 것이 내게는 유감이었다. 그것이 이 작품을 지배하고 있는 특이한 논조의 숨은 원인으로, 그것은 이 먼젓번 저작[*3]의 논조와는 신기할 정도로 딴판인 것이다.

나는 이 편지(《달랑베르에게 보내는 연극에 관한 편지》)를 수정하고 깨끗이 베껴 쓴 다음 인쇄에 부치려고 했을 즈음, 오랜 침묵 끝에 우드토 부인에게서 한 통의 편지를 받았는데, 그것은 일찍이 본 기억이 없을 정도로 과격한 것이었다. 그리하여 그것은 새로운 고뇌 속에 나를 밀어넣었다. 그녀는 그 편지(서간집 B 제34호)에서 내가 자신을 사랑한다는 것이 파리 전체에 널리 알려져 있다는 것을 말하고 내가 누군가에게 이야기해서 그 사람이 그것을 세상에 퍼뜨렸다는 것, 이 소문이 연인의 귀에까지 들어가서 자신은 하마터면 목숨마저 잃을 뻔했다는 것, 그러나 지금은 연인도 자신을 용서해 주어 화해가 되었다는 것, 그렇지만 자신으로서는 연인을 위해, 또 자신과 그 명예를 지키기 위해

[*3] 《인간 불평등 기원론》(원주)

나와 모든 교제를 끊을 필요가 있다는 것, 그렇더라도 자신과 연인은 다 같이 앞으로 계속해서 내게 관심을 가지며, 세상을 상대로 나를 변호해 주고, 때로는 내 소식을 물으러 사람을 보낼 작정이라고 썼다. "디드로, 자네마저! 이 실없는 친구야!……" 나는 그렇게 외쳤다. 그러나 나는 그것을 그의 소행이라고 단정할 마음은 나지 않았다. 내 약점은 다른 사람들도 다 알고 있었으므로 그들의 입을 통해서 소문이 퍼졌는지도 알 수 없었다. 의심을 할 바엔 그렇게 하고 싶었다…… 그러나 곧 의심할 여지가 없게 되었다. 생 랑베르는 그뒤 얼마 안되어 관대한 사람답게 처신했다. 그는 내 기분과 잘 통하고 있었으므로 어느 친구에게는 배신을 당하고 어느 친구에게는 이미 버림을 받은 내가 어떤 상태에 있을까를 이해해 준 것이다. 그는 나를 만나러 왔다. 첫 번째는 내 사정으로 잠깐 이야기하다가 갔다. 그는 다시 찾아왔다. 공교롭게 예기치 못했던 일이라 내가 집에 없었다. 집에 있던 테레즈는 그와 두 시간 이상이나 이야기했는데, 그 자리에서 둘은 그나 내가 알아 둘 필요가 있는 많은 사실에 대해 이야기를 나눴다. 현재 그림이 그렇듯이 이전에 내가 에피네 부인과 동거하고 있었다는 것을 사교계에서는 아무도 의심치 않는다는 것을 그에게 들었을 때의 놀라움은, 이 소문이 얼마나 터무니없는 것이었나를 알았을 때의 그의 놀라움 만큼이나 컸다. 생 랑베르도 나와 같은 처지로 에피네 부인에게 무척 노여움을 사고 있었다. 두 사람의 이야기에서 모든 사실이 뚜렷해지자 나는 에피네 부인과 완전히 교제를 끊었다. 섭섭했던 마음도 내게서 완전히 사라져 버렸다. 우드토 부인에 관해서 그가 상세하게 이야기한 많은 사정들은 테레즈도 모르고, 우드토 자신도 모르고 나 혼자만 알고 있는 것으로, 내가 우정의 맹세 아래에 디드로에게만 말했던 것이었다. 그런데 디드로는 통사정할 상대를 고르는 데 하필이면 다른 사람도 아닌 생 랑베르를 골랐던 것이다. 이 일로 나는 마음속으로 디드로와 영구히 절교할 것을 결심하고 그 방법만을 궁리했다. 잠자코 절교한다면 내 잔혹한 적들에게 우정이란 가면을 남겨 두는 것이 되므로 내게 불리하다고 생각했기 때문이다.

그럴 경우 일반 사회의 예절이란 허위와 배신에서 성립된 것으로 여겨졌다. 이미 친구가 아닌 사람에게 아직 친구인 척하고 있는 것은 아무것도 모르는 정직한 일반 사람들을 속이고, 친구였던 상대에게 해를 끼치려는 것밖에 안된다. 나는 이런 걸 생각해 냈다. 유명한 몽테스키외가 투르느민느 신부와 절교했을 때, 그는 세상에 다음과 같은 사실을 재빨리 공표했다. '우리들 두 사람이 서로 상대에 대해 말할 때, 투른느민느 신부가 하는 말이고, 내가 하는 말이고 곧이들어서는 안된다. 우리 둘은 이젠 친구가 아니기 때문이다.' 이 태도는 찬양을 받았고, 사람들은 그의 솔직함과 고결한 태도를 칭찬했다. 나는 디드로에 대해 이 전례를 따르기로 결심했다. 그러나 이 은신처에서 절교한 것을 똑똑히 알도록, 그리고 공공연한 소문을 퍼뜨리지 않고 공표하려면 어떻게 하면 좋을까? 나는 내 저서《달랑베르에게 보내는 연극에 관한 편지》속에 주석 형식으로 '에클레시아스틱스'*4 (《집회서》, 경외서)의 한 글귀를 끼워넣을 생각을 하였다. 그 글귀는 이 절교를 선언할 때 그것이 무엇 때문인가를 사실을 아는 사람이면 누구나 충분히 알 수 있게 할 것이다. 사정을 모르는 사람에게는 아무런 의미도 없는 것이었다. 또 저서 안에서는 절교한 친구의 이름을 쓸 경우, 사라져 버린 우정에 대해서도 지켜야할 존경만은 잊지 않도록 힘썼다. 모든 것은 이런 저서를 보면 알 수 있다.

행과 불행은 시간의 운명에 달렸다. 어떤 용감한 행동도 역경에서는 죄악시되기 쉽다. 몽테스키외의 경우에는 칭찬을 받았던 행동이 내게는 비난과 조롱을 가져왔을 뿐이었다. 책이 인쇄되어 그 판본이 내게 들어오자 나는 즉시 한 부를 생 랑베르에게 기증했다. 그는 그 전날 우드토 부인과 그의 이름으로 정다운 우정에 찬 편지(서간집 B 제37호)를 보내 주었다. 그런 그가 책을 돌려보내면서 함께 보낸 편지에 이렇게 씌어 있었다.

오본느 1758년 10월 10일(서간집 B 제38호)

솔직히 말씀드리지만, 이번에 당신께서 보내 주신 선물을 나는 받을 수 없습니다. 디드로에 대해 '에클레시아스틱스의 한 글귀가 인용되어 있는 머리말을 읽으니 책이 절로 내 손에서 미끄러져 나갔습니다. 지난 여름 이야기한 뒤로, 디드로를 책망하던 당신의 삼가고 조심하지 않는 태도에 대해서는 그에게 죄가 없다는 것을 알았을 줄로 믿고 있었습니다. 그가 당신에게 무언가 나쁜 짓을 했을지도 모릅니다. 그러나 그것이 어떤 것이 되었든 당신이 그를 공공연히 모욕할 권리가 없다고 봅니다. 그가 현재 당하고 있는 《백과전서》에 대한) 박

---

*4 랑베르의 착오이다. 그것은 '에클레시아스틱스'이다.〔원주〕

해를 당신이 모를 리 없습니다. 그런데도 당신은 그의 첫 친구이면서도 질투에서 나온 세상 사람들의 규탄에 가담하려 하고 있습니다. 그러한 잔혹한 태도가 얼마나 불쾌한 것인가를 나는 숨겨 둘 수가 없습니다. 나는 디드로와 함께 지내지는 않습니다. 그러나 나는 그를 존경하고 있습니다. 때문에 저의 면전에서는 다만 사소한 약점밖에 책망하시지 않던 당신이 지금 그에게 주실 슬픔을 저는 통절하게 느낍니다. 실례지만 우리 두 사람은 너무 주장이 맞지 않으므로 서로 이야기하여 이해할 수도 없을 것입니다. 내가 이 세상에 있다는 것을 잊어 주십시오. 그것은 그리 어려운 일이 아니겠지요. 나는 이제까지 남에게 좋은 일이나 나쁜 일이나 오래 기억할 만한 일은 하지 않았습니다. 실례지만 저로서는 당신이라는 인물을 잊어버리고 다만 당신의 재능만을 기억할 것을 약속합니다.

이 편지를 읽고 나는 분개하여 가슴이 찢어질 것만 같았다. 심한 고뇌 속에서도 곧 정신을 차려 다음과 같은 답장을 그에게 보냈다.

몽모랑시 1758년 10월 11일
편지를 읽고 영광스럽게도 저는 놀라움을 느꼈고, 또 어리석게도 감동을 받았습니다. 그러나 그 점에 대해서는 쓸 필요가 없는 줄 압니다.
저는 오늘 밤은 우드토 부인의 악보 베끼기를 계속하고 싶지가 않습니다. 그 분이 가지고 있는 것을 보관하기가 어려우시면 그것을 돌려보내도 좋습니다. 제가 돈을 돌려 드릴 테니까요. 설혹 그분이 그것을 보관하시더라도 어쨌든 여기 남아 있는 종이와 돈을 가지러 사람을 보내 주시기 바랍니다. 동시에 그분이 맡으신 취지서(계약 조건)도 돌려보내 주시기 바랍니다. 그럼 안녕히 계십시오.

불행한 가운데서 용기를 내보이면 비열한 인간은 화를 내지만 관대한 사람은 기뻐하는 법이다. 이 편지에 생 랑베르는 깊이 반성한 듯, 그는 자신이 한 일을 후회하고 있는 듯 보였다. 그러나 그것을 명백히 시인하기에는 너무도 자존심이 강한 그는 내게 가한 공격을 늦출 기회를 만들었다. 아니 그보다 그런 기회를 준비한 것이다. 2주일 뒤, 나는 에피네 씨로부터 다음과 같은 편지를 받았다.

26일, 목요일(서간집 B 제10호)
　보내 주신 귀하의 저서를 받아, 정말 흥미 있게 읽었습니다. 저는 귀하가 쓰신 책을 읽을 때마다 언제나 그러한 느낌을 받습니다. 저의 감사한 마음을 받아 주십시오. 잠시 댁 근처로 갈 일이 생기면 볼일이 끝나는 대로 직접 뵙고 인사를 드리려 했으나, 금년은 라 슈브레트에 들를 기회도 없었습니다. 다음 일요일에는 뒤팽 씨 내외가 오찬에 참석키로 되어 있습니다. 생 랑베르, 프랑쾨유 양씨와 우드토 부인도 올 줄 압니다. 귀하께서도 와 주시면 저로서는 이보다 기쁜 일이 없겠습니다.
　그때 오시게 될 분들 또한 모두 귀하를 고대하고 있으니 함께 하루의 몇 시간을 즐겁게 보낼 수 있다면, 그분들이나 저에게나 무척 다행한 일이 될 줄 압니다.

　이 편지를 읽고 나는 가슴이 뛰었다. 1년 동안 파리를 떠들썩하게 만들어 놓고, 이제 다시 우드토 부인을 만날 생각을 하니 몸이 떨렸다. 그리고 이 시련에 견딜 용기를 찾아내기란 거의 불가능했다. 그러나 그녀도 생 랑베르도 그것을 원하고 있고, 에피네 씨는 오는 사람 전체의 이름으로 나를 초대하고 있으며, 그가 이름을 밝힌 사람 가운데에는 내가 만나기 싫어하는 사람은 아무도 없었으므로, 말하자면 일동이 초대한 오찬 모임에 참석할 것을 승낙해도 문제가 없을 것 같았다. 그래서 나는 그 초대에 응했다. 일요일에는 날씨가 좋지 않았다. 나는 에피네 씨가 보낸 마차를 타고 떠났다.
　내가 도착하니 사람들은 흥분했다. 내가 이토록 도타운 대접을 받은 적은 여태껏 없었다. 그곳에 모인 사람들은 내가 얼마나 위안받을 필요가 있는가를 잘 알고 있는 것 같았다. 이런 섬세한 마음씨를 가진 것은 프랑스 사람들뿐이다. 그런데 거기에는 내가 예기치 못했던 사람들이 보였다. 특히 그때까지 전혀 얼굴을 대한 적이 없었던 우드토 백작이 있었다. 그리고 내가 만나고 싶지 않은 그의 누이 동생 블랭빌 부인도 있었다. 지난해 그녀는 몇 번 오본느에 들렀었는데, 그녀의 올케인 우드토 부인은 나와 산책하는 동안 가끔 블랭빌 부인을 혼자 내버려두곤 했었다. 그 일로 블랭빌 부인은 나를 원망하고 있었는데, 이 오찬 모임에서 그녀는 실컷 그 앙갚음을 했다. 왜냐하면 우드토 백작이나 생 랑베르 앞에서는 내 편을 들어 줄 사람도 없거니와 아주 평범한 대화에도 쩔쩔매는 내가 이런 경우에는 더욱 제대로 이야기가 나오지 않을 것은 뻔한 일이기 때문이었다. 나는 이러한 거북한 생각과 어색한 태도를 가져 본 적이 없었고, 또 그처럼 뜻하지 않은 공격을 당한 적도 없었다. 이윽고 사람들이 식탁에서 떠났을 때, 나는 이 심술궂은 여자를 멀리했다. 나는 생 랑베르와 우드토 부인이 다가오는 것을 보고 마음이 놓였다. 우리 세 사람은 함께 비록 잡담이긴 했지만, 나의 오해가 있기 전이나 다를 바 없이 친밀하게 이야기를 나누며 오후의 한때를 보냈다. 그만한 예의는 내 마음속에 아직도 있었다. 그러니 만일 생 랑베르가 내 마음속을 알 수 있었다면 그는 틀림없이 만족했을 것이다. 나는 그 곳에 도착하여 우드토 부인을 보았을 때는 기절할 것 같이 가슴이 설렜지만, 돌아올 때는 거의 그녀를 잊고 있었다. 나는 생 랑베르만을 생각하고 있었다고 맹세할 수 있다.

블랭빌 부인의 독설이 있긴 했으나 이 오찬은 매우 유쾌한 것이었다. 초대를 거절하지 않은 것이 정말 다행이었다. 여기에서 나는 그림과 올바크 패거리의 모략이 내게서 옛 친구들을 떼어 놓지 못했을 뿐만 아니라, 그것이 내게는 한층 기쁜 일이었지만, 우드토 부인과 생 랑베르의 마음이 생각한 만큼 변하지 않고 있다는 것도 알았다. 그리고 생 랑베르가 그녀로 하여금 나를 멀리하게 한 것은 나를 경멸해서라기보다는 질투에서 나온 것임을 깨달았다. 이 점은 내 마음을 위로해주고 평정하게 해주었다. 나는 존경하는 사람들로부터 경멸을 받고 있지 않다는 확신을 가지고 지금까지 보다 한층 굳은 결심으로 내 마음을 억제하기에 힘을 기울였으며 또 그것에 성공했다. 비록 죄스럽고 불행한 정열을 마음속에서 완전히 없애 버릴 수는 없었다 하더라도, 어쨌든 그 남은 욕정의 불길은 충분히 억제할 수 있었으므로, 그뒤 나는 단 한 가지 잘못도 저지르지 않았다. 우드토 부인의 악보 베끼는 일도 부인의 권유로 다시 시작하게 되었다. 나는 저서가 나올 때마다 언제나 그녀에게 보냈다. 다시 그녀에게서도 때때로 전갈이 오기도 하고 중요한 사연은 아니었지만 친절한 편지가 오기도 했다. 그 밖에 그녀가 한 일들은 뒤에 다시 말하겠다. 우리의 관계가 끝났을 때 우리 세 사람이 취한 태도는, 교양 있는 사람들이 서로 헤어진 뒤 다시 만나지 않기로 했을 때 취하는 행동의 표본이 될 만한 것이었다.

이 오찬 모임에서 내가 얻은 또 하나의 이익은, 그날의 광경이 파리 사람들의 화제에 올랐다는 것이며, 또 내 적들이 여기저기 퍼뜨리고 있던 풍문, 즉 내가 에피네 씨와 아주 사이가 나쁘다는 풍문을 완전히 뒤엎은 것이었다. 에르미타주를 떠날 때, 나는 에피네 씨에게 정중한 감사의 편지를 보냈고, 그것에 대해 그도 똑같이 정중한 답장을 보내 주었다. 그리하여 벗으로서 사귀어 가까워진 우리의 정(情)은 이어졌다. 그의 형 랄리브 씨와의 사이도 좋아서 그가 몽모랑시로 나를 방문해 준 일도 있었으며, 그의 판화(版畵)를 보내 준 일도 있었다. 우드토 부인의 올케와 시누이를 빼고는 나는 에피네 씨 집의 누구와도 사이가 나쁘지 않았다.

　내가 쓴 《달랑베르에게 보내는 연극에 관한 편지》는 커다란 성공을 거두었다. 내 책은 어느 것이나 다 성공했지만 이번 성공은 내게 한층 더 도움이 되었다. 그것은 올바크 일당의 선전을 경계하지 않으면 안 된다는 것을 세상 사람들에게 알려 주었다. 내가 에르미타주로 옮겨 갔을 때 올바크 일당은 자신만만한 태도로 아마 내가 석 달도 견뎌내지 못할 것이라고 예언했었다. 거기서 내가 20개월을 머물러 있다가 어쩔 수 없이 물러나게 된 뒤에도 시골에 거처를 정하는 것을 보고, 그것이 순전히 나의 고집 때문이라고 그들은 떠들어 댔다. 그리고 내가 이 은밀한 곳에 사는 것은 사실은 그것이 죽도록 싫지만 자존심 때문에, 전에 한 말을 취소하고 파리로 나오기보다는 차라리 제 고집에 희생되기를 더 좋아하기 때문이라고 떠들어 댔다. 《달랑베르에게 보내는 연극에 관한 편지》에는 의도된 꾸밈새라곤 생각할 수 없는 마음의 평화가 넘쳐 흐르고 있다. 만일 내가 은신처에서 지내는 동안 답답한 기분에 사로잡혀 있었다면, 그 심정이 자연히 풍겼을 것이다. 그러한 경향은 파리에서 쓴 모든 저서에도 나타나 있었다. 시골에 있으면서 가장 처음 쓴 책은 그렇지 않았다. 사물을 잘 관찰할 수 있는 사람에게는 이 점이 결정적인 것이 되었다. 사람들은 내가 스스로의 힘으로써 온전한 나 자신이 되는 경지에 접어든 것을 알았던 것이다.

　그러나 지극히 온건한 기분으로 씌어 있는 이 책이 평소의 우둔함과 번번이 당하는 불운으로 문학자들 사이에 한 사람의 새로운 적을 만들어 냈다. 나는 라 포플리니에르 씨 댁에서 마르몽텔과 알게 되었는데, 이 교제는 남작(올바크를 일반적으로 일컫는 명칭) 댁에서까지 계속되었다. 마르몽텔은 그 무렵

〈메르퀴르 드 프랑스〉지(誌)의 편집을 맡고 있었다. 나는 내 책을 잡지 편집자에게는 기증하지 않는 것을 자랑으로 알고 있었으나, 이번 책만은 그에게 보내고 싶었다. 그러나 그것도 〈메르퀴르 드 프랑스〉에 소개되기 위해 잡지의 편집자로서의 그에게 보냈다는 오해를 받지 않으려고 그 책에 '메르퀴르 편집인에게'라고 쓰지 않고 '마르몽텔 씨에게'라고 써주었다. 그리고 나로서는 무척 훌륭한 인사를 차렸다고 생각했다. 그런데 그것을 그는 심한 실례로 받아들였다. 그리하여 화해할 수 없는 나의 적이 되었다. 그는 내가 보낸 편지에 대해 정중한 답장을 주었으나, 거기에는 쉽게 알아챌 수 있는 원한이 깃들어 있었다. 그 뒤로 그는 기회만 있으면 동료들 사이에서 나를 헐뜯고 씹었으며, 그의 저서 속에서도 은근히 나를 나쁘게 평가했다. 문인들의 툭 하면 화를 내는 자존심만큼 다루기 힘든 것은 없다. 그러므로 그들에게 인사를 할 때에도 조금이라도 모호하게 보이지 않도록 주의하지 않으면 안된다.

주위가 안정되자 나는 한가한 시간과 자유로움을 이용하여 쉴새없이 다시 일을 시작했다. 그해 겨울, 나는 《쥘리》의 원고 쓰기를 마치고 레이에게 보냈다. 그는 이듬해 그것을 인쇄했다. 그런데 이 일은 대단치는 않았으나 꽤 불쾌한 방해가 있어서 일시 중단된 적이 있었다. 나는 오페라 극장에서 새로 《마을의 점쟁이》의 재상연을 준비하고 있다는 것을 들었다. 나는 그곳 사람들이 내 것을 자기들 것인 양 다루고 있는 것을 보고 분개했다. 나는 전에 아르장송 씨에게 보냈다가 회답도 받지 못했던 각서를 꺼내서 손질한 다음, 제네바 공화국 변리공사 셀롱 씨를 통해 그가 맡기로 한 편지와 함께 아르장송 씨 후임으로 오페라 극장 관리를 맡고 있는 생 플로랑탱 백작에게 보내게 했다. 생 플로랑탱 씨는 회답을 약속했는데도 그것을 실천하지 않았다. 그런 경위를 뒤클로에게 써보냈더니, 그는 '프티 비올롱'들에게 이야기했다. 그러자 그들은 내 오페라 저작권을 예전대로 인정해주겠다는 것이 아니라, 이제 내게는 소용도 없는 입장권을 예전대로 받아 주겠다고 말해 왔다. 어디를 가나 올바른 해결을 바랄 수 없는 것을 안 나는 그걸 단념하고 말았다. 그리하여 오페라 극장 경영자는 내 항의에 대답은커녕 귀도 기울이려 하지 않고, 어느 면으로 보나 내것인 《마을의 점쟁이》의 저작권을 여전히 제것인 양 다루며 그것으로 이익을 얻었다.

포악한 친구들의 사슬을 끊어 버린 뒤로 나는 꽤 평탄하고 조용한 생활을 보내고 있었다. 지나치게 강렬한 애착의 매력은 잃고 말았지만 동시에 그 무거운 쇠사슬로부터 자유로운 몸이 되었다. 내 운명을 쥐고 흔들려는 친구들, 생각이야 어떻든 저희 멋대로 은혜에 나를 굴복시키려는 친구들, 그런 보호자인 체하는 친구들이 싫어진 나는 앞으로는 자유를 해치는 일 없이 삶의 기쁨이 될 수 있는, 그리고 평등한 신분에 기초를 두는 단순한 인간끼리 서로 좋게 생각해 주는 교제만을 하기로 결심했다.

나는 속박을 받지 않고 쾌적한 자유를 누리는 데 필요한 만큼의 친구를 가지고 있었다. 그런 생활을 시작하게 되자 나는 그것이 내 나이에 알맞는 생활이며 지금까지 내가 휩쓸려 들어갈 뻔했던 사나운 폭풍이나 갖가지 재앙으로부터 멀리 떨어져, 평화 속에서 내 여생을 보내는 데 필요한 생활임을 곧 깨달았다.

에르미타주에 있을 때나 몽모랑시에 정착한 뒤로도 나는 그 근처에 친구를 얻었다. 나에게 그들은 재미있는 사람들이었고 조금도 나를 얽어매지 않았다. 그들 중 먼저 들 만한 사람으로 루아조 드 몰레옹이란 청년이 있었다. 그는 당시 갓 변호사가 되었으므로 앞으로 어떤 지위를 얻게 될지 자기도 짐작을 못하고 있었다. 그러나 나는 그처럼 그런 의문은 갖지 않았다. 나는 그가 오늘날 누리고 있는 명예로운 생애를 그때 이미 예상하고 있었다. 나는 그에게 예언했다. 사건의 선택을 은밀히 하고 오로지 정의와 도덕을 위해서만 변호한다면 그의 재능은 숭고한 감정으로 높여질 것이며, 재능 있는 최고 변호사들과 어깨를 나란히 할 수 있을 것이라고. 그는 나의 충고를 따랐다. 결국 그렇게 되리라는 것을 나는 알았다. 포르트 씨를 위한 그의 변호는 데모스테네스의 웅변에 필적할 만했다. 그는 해마다 에르미타주에서 1킬로미터쯤 떨어진 생 브리스의 모친 소유인 몰레옹 영지에 휴가를 보내러 가곤 했다. 이 고장은 옛날 위대한 보쉬에가 살고 있던 곳이다. 이처럼 영지의 주인이 바뀌는 것을 보면 귀족이란 그 지위를 유지해 가기가 어렵다는 것을 알 수 있다.

같은 생 브리스 마을에서 나는 서점 주인인 게랭을 알게 되었다. 그는 유능하고 교양이 있으며, 친절하고 그 방면에서는 일급으로 손꼽히는 사람이었다. 그는 나에게 암스테르담의 서점 주인이며 그와 편지 내왕도 있는 친구인 장 네옴므를 소개해 주었다. 그가 뒤에 《에밀》을 출판한 사람이다.

생 브리스보다도 더 가까운 그로슬레의 말토르 주임 사제와도 알게 되었다. 마을의 주임 사제라기보다는 차라리 정치가나 외교관이라고 할 만한 사람으로, 만약 재능에 따라 지위가 정해진다면 적어도 사교구(司敎區)를 맡아도 좋을 인물이었다. 그는 뒤 뤼크 백작의 비서로, 특히 장 바티스트 루소와 친했다. 이 유명한 추방자의 회상에 대한 존경심에서 악랄한 짓거리를 꽤나 미워하고 있던 그는 이들 둘에 대한 많은 재미있는 일화를 알고 있었다. 그런 일화들은 세귀르라는 사람이 아직 출판하지 않고 원고 대로 갖고 있는 장 바티스트 루소의 전기에도 써 있지 않은 것들이다. 말토르 씨는 뒤 뤼크 백작이 루소에 대해 불평하지 않았을 뿐만 아니라, 그의 생애의 마지막까지 열렬한 우정을 지니고 있었음을 내게 말해 주었다. 말토르 씨는 그의 보호자였던 백작이 죽은 뒤 뱅티밀 씨로부터 좋은 거처를 물려받고 여기서 일을 해왔다. 그는 늙긴 했지만 그것에 대해서 생생한 기억을 가지고 있었고 또 아주 정확한 비판을 내리고 있었다.

그의 이야기는 교훈을 주는 것이면서도 재미가 있어서 마을의 주임 사제 같은 점이 없었다. 그는 서재에서 배운 지식과 아울러 사교계 인사로서의 세련된 점도 가지고 있었다. 그는 오랫동안 같이 지낸 이웃 사람들 가운데서 가장 재미 있게 사귈 수 있어서, 나로선 그와 헤어지는 것이 가장 섭섭했다.

몽모랑시에서는 예배소 회원들과도 알게 되었다. 특히 베르티에 신부는 물리학 교수로 다소 학식이 있음을 자랑하는 듯한 기풍이 있기는 했지만, 나는 어딘지 모르게 사람 좋은 그의 모습에 끌렸다. 하나 그는 귀족이나 부인들, 독실한 신자, 철학자들을 가리지 않고 언제나 뛰어들어 간섭하려는 성격과 또 그런 기교도 가졌으므로, 나는 그러한 그의 성격과 순박함을 조화시키는 데 어려움을 느꼈다. 그는 누구와도 잘 어울릴 수 있었다. 나는 그와 같이 있는 것이 퍽 유쾌하여 누구에게나 그런 말을 했다. 내가 한 말이 그의 귀에 들어간 모양이었다. 어느 날 웃음을 띠며 자기를 좋은 사람으로 생각해 주어서 고맙다고 인사를 했다. 그의 넓은 웃음 속에는 무언지 모를 비웃는 빛이 보였다. 이 비웃음 때문에 내 눈앞에서 그의 인상이 완전히 변해 버렸다.

이런 표정은 그 뒤로도 가끔 내 기억에 떠올랐다. 그의 미소는 댕드노의 양(羊)을 샀을 때의 파뉘르주의 미소와 같다면 가장 어울리는 말이리라. 우리가 처음 알게 된 것은 내가 에르미타주에 살게 되고나서 얼마 뒤였는데, 그는 계속 나를 만나러 왔었다. 내가 몽모랑시로 옮긴 직후 그는 거기를 떠나 파리로 가서 살았다. 파리에서 그는 가끔 르 바쇠르 부인과 만나고 있었다. 어느 날 뜻밖에 그가 그녀 대신 내게 편지를 보내, 그림 씨가 그녀의 생활을 보살펴 주겠다고 청해 온 것을 알리고, 이 청을 받아들이도록 허가를 요구해 왔다. 그가 말해 온 내용은 3백 리브르의 연금 건이었고, 나는 또 르 바쇠르 부인이 라 슈브레트와 몽모랑시 사이에 있는 뒤유에 살게 된다는 것을 알게 되었다. 이 소식이 내게 준 인상이 어떤 것이었냐는 말할 필요도 없을 것이다. 그림이 1만 리브르의 연금을 가지고 있다거나, 이 여자와 보다 뚜렷한 어떤 관계라도 있다면, 그리고 또 이 여자를 시골로 데리고 왔다고 내게 그토록 책망을 해놓고 마치 그녀가 그때보다도 젊어진 것처럼 그림이 다시 시골로 데려가려 하지만 않았다면, 이 소식은 그리 놀랄 것도 아니었다. 내가 거절해 보았자 그 쪽에선 상관하지 않을 것이다. 이 할머니가 그런 허가를 내게 요구한 것은 내가 보내 주는 돈을 앞으로도 잃지 않으려는 생각 때문이라는 것을 나는 알고 있었다. 그림의 이런 자선이 내게는 뜻밖이었지만, 그 당시는 그래도 그 뒤만큼 놀라지는 않았다. 그러나 그뒤 알아챈 모든 것을 당시에 알았다 하더라도, 그림의 신청액 이상을 내가 노파에게 지급할 수 없는 한, 나 또한 동의하지 않을 수 없었을 것이다. 그때부터 나는 베르티에 신부가 좋은 사람이라는 인식을 고쳤다. 이 좋은 사람이란 평을 그는 무척 좋아했고, 나도 정말 그렇게 믿어 왔다.

이 베르티에 신부에게는 친구 두 사람이 있었는데, 그들은 나와 취미가 맞지 않았는데도 웬일인지 나와 가까이 하려고 했다. 그 두 사람은 멜기세덱 집안의 자손들이라 했으나, 국적도 집안도, 또 그들의 본명까지도 잘 알려져 있지 않았다. 그들은 얀센주의를 신봉하는 교파로서 '복면 사제'라는 별명으로 통하고 있었다. 아마 긴 칼을 허리에 찬 모습이 도리어 칼에 매달려 있는 것처럼 우습게 보였기 때문이리라. 그들의 행동거지에서 볼 수 있는 이상하고 신비스런 태도 때문에 그들이 당파의 우두머리처럼 보였는데, 나는 틀림없이 그들이 '교회 신문'의 저술가일 거라고 생각했었다. 그 중 한 사람인 페랑은 키가 크고 순하며 알랑거리는 편이었고, 또 한 사람은 키가 작고 뚱뚱하며 비웃기 잘하고 따지기 좋아하는 미나르란 자였다. 파리에서 달랑베르와 함께 달랑베르의 유모인 루소 부인이란 여자 집에 살고 있었는데, 여름을 보내러 온 몽모랑시에서는 조그만 방을 빌려 자취를 했다. 그들은 집안일을 직접 하며 하인도 심부름꾼도 두지 않았다. 매주 번갈아 가며 식료품을 사러 가기도 하고 부엌일도 하며 집안 청소도 하고 아무 탈 없이 살아갔다. 우리는 가끔 서로 왕래하며 식사도 같이 했다. 그들이 왜 내게 관심을 가지는지는 모르나 나는 다만 그들이 장기를 두기 때문에 어울렸을 뿐이다. 그래서 하찮은 승부를 겨루기 위해 나는 네 시간 동안 지루한 것을 참아야 했다. 그들은 어디든지 가서 무슨 일에나 간섭하려 들었으므로 테레즈는 그들을 '동네 시어머니'라고 불렀다. 이 별명은 그뒤에도 몽모랑시에서 즐겨 불렀다.

그런 무리들이 사람 좋은 우리 집주인 마타 씨와 함께 시골에 사는 내 친구들이었다. 파리에 가 산다고 해도 문학하는 무리들 말고도 유쾌하게 지낼 만한 친구들은 있었다. 문학하는 친구로는 뒤클로 하나 뿐이었다. 실은 들레이르도 있었지만 그는 그때 너무 젊었고, 또 내게 반대하는 철학자 일당의 모략을 목격하고는 그들과는 아주 멀어진 듯했지만—적어도 나는 그렇게 믿고 있는데—그보다 훨씬 전에 그가 내 곁에서 그자들의 대변인 노릇을 한 경솔한 짓은 뒷날까지도 잊을 수가 없었다.

첫째로 내게는 존경할 만한 옛 친구 로갱 씨가 있었다. 그는 내 책이 아니라 내 자신에 의해 얻은 친구라 언제까지나 우정이 변하지 않았다. 나와 고향이 같은 사람 좋은 르니에 씨와 그 즈음 아직 살아 있었던 그의 딸 랑베르 부인도 있었다. 젊은 제네바 사람으로 쿠앵데라 부르는 마음씨 착한 청년—나는 그렇게 생각하고 있었는데—도 있었다. 꼼꼼하고 친절하며 열성적인 사람이었으나, 무식하고 고집이 센데다 밥벌레이고 뻔뻔스러워 내가 에르미타주에 살게 된 때부터 누구의 소개도 없이 찾아와서, 나의 승낙도 없이 우물쭈물하다가 그대로 내 집에 눌러앉게 되었다. 그는 데생에 다소 취미를 가져 예술가들을 알고 있었으므로 《쥘리》의 삽화에 도움이 되었다. 그는 데생 원화와 판화를 맡아 일을 충실하게 해 주었다.

뒤팽 씨 집안도 나와 친한 사이였다. 그 댁은 뒤팽 부인이 한창 잘나가던 때에 비하면 그다지 화려하지는 못했지만, 그래도 아직 집주인들의 뛰어난 자질과 그곳으로 몰려드는 일류 명사들로 파리 명문 가운데 하나임에 틀림없었다. 나는 그들을 달리 본 적은 없었다. 이 집과 떨어진 것은 어디 다른 데가 있어서가 아니라 자유롭게 생활하려는 데 불과했으므로, 그들도 나를 만나면 전처럼 다정히 대해 줄 듯했고, 특히 뒤팽 부인에게 환대받을 자신마저 있었다. 그들이 클리쉬에서 살게 된 뒤로는 그녀를 시골의 이웃이라 해도 좋았다. 나는 가끔 그곳으로 하루 이틀을 지내려고 갔었는데, 만일 뒤팽 부인과 슈농소 부인이 좀더 사이가 좋았더라면 더 자주 갔을 것이다. 한집에서 그렇게 뜻이 맞지 않는 두 부인 틈에 끼어 양쪽을 다 상대하는 것이 어려웠으므로 내게는 클리쉬가 무척 고통스런 곳이었다. 그러나 슈농소 부인과는 한결같은 정다운 우정으로 결합되어 있었으므로, 부인이 우리 집에서 아주 가까운 뒤유에 작은 셋집을 들어 살 때는 이쪽에서도 자주 만나러 갔고, 부인도 우리 집으로 찾아오곤 했다.

나는 크레키 부인과도 친했다. 그녀는 신앙에 열렬히 몸을 바쳐서 달랑베르와 마르몽텔과 그 밖의 많은 문학자들과 더 이상 교제를 하지 않고 있었다. 내 경우는 그쪽에서 교제를 청해 온 것이므로 그녀의 호의도, 편지 내왕도 계속되고 있었다. 그녀는 새해 선물로 르망에서 난 살진 암탉을 보내 주었고 이듬해에는 나를 찾아올 계획이었으나, 그 여행만은 마침 뤽상부르 부인의 여행 때문에 중지되어 엇갈리고 말았다. 나는 여기에서 그녀를 위해 특별히 말해 둘 의무가 있다. 그녀는 내 기억 속에서 언제나 뚜렷한 위치를 차지하게 될 것이다.

로갱을 제외하고는 내가 여기에서 가장 먼저 말해야 할 사람이 있다. 바로 나의 옛 동료이자 친구인 카리오로, 그는 베네치아 주재 스페인 대사관의 서기관 대리로 근무하다가 다음에는 스웨덴으로 소속을 바꾸는 운동을 해서 대리 공사가 되었고, 마지막에는 파리 주재 스페인 대사관의 정식 서기관으로 임명되었다. 내가 전혀 예기치도 않았을 때 그가 갑자기 몽모랑시로 찾아왔다. 그 훈장의 이름은 잊었는데 보석을 박은 멋있는 십자가가 붙은 스페인 훈장을 달고 있었다. 그는 자기 신문의 표시로 카리오라는 그의 이름에 한 자를 더 붙여서 카리옹 기사라는 이름을 가지고 있었다. 나는 언제나 변함없는 그의 인품, 전과 꼭 같은 다정한 마음씨, 더 훌륭해진 그의 재기를 발견했다. 그와의 친교를 회복하는 것은 아무것도 아니었지만, 쿠앵데가 하던 버릇으로 우리 사이에 끼어들었다. 그는 내가 도시에서 멀리 떨어져 있는 것을 기회로, 내 대신 또는 나의 이름으로 카리오의 신뢰를 얻어 나를 위해 진력한다는 노릇이 그만 이 친구를 내게서 빼앗고 말았다.

카리오를 떠올리면 나의 시골 이웃 중의 한 분이 기억난다. 그 사람에 대해 이야기를 하지 않는다면 그에 대해서는 정말 용서받을 수 없는 죄를 고백하지 않으면 안되는 만큼 한층 죄를 짓게 될 것이다. 그 사람은 성실한 르 블롱 씨다. 그는 베네치아에서 내가 신세진 사람으로, 가족과 함께 프랑스로 여행을 나와 몽모랑시에서 그리 멀지 않은 라 비르슈의 별장에 세를 들었다.[*5] 그가 가까이 있는 것을 알자 가슴이 울렁거릴 정도로 기뻤으며, 그를 방문하는 것을 의무라기보다는 오히려 즐거움이라고 생각했다. 그래서 나는 이튿날 곧 떠났다. 그런데 도중에 나를 찾아오는 사람들을 만나 그들과 함께 집으로 되돌아와야만 했다. 이틀 뒤 다시 그의 집으로 갔다. 그는 가족 동반으로 파리로 식사를 하러 떠나고 없었다. 세 번째는 집에 있었다. 그러나 부인들의 목소리가 들리고 문간에 마차가 있는 것을 보자 나는 두려워졌다. 나는 적어도 처음이니 자유롭게 만나서 같이 회포라도 풀고 싶었다. 결국 나는 차일피일 방문을 연기하다가 결국은 너무 늦어 버려 그만 방문을 하지 못하고만 결과가 되었다. 벼르고 벼르다 지친 나머지 얼굴을 내놓을 생각이 없어지고 만 것이다. 이런 게으름에 르 블롱 씨가 화를 낸 것은 너무나 당연한 일로, 그에게 은혜를 모르는 태도라고 지적을 당해도 하는 수 없었다. 그러나 나는 마음속으로 조금도 죄를 느끼지 않았다. 비록 그가 모르는 사이라도 만약 내가 르 블롱 씨에게 뭔가 참다운 기쁨을 줄 기회가 있었다면 그는 나를 게으름뱅이로 생각하지는 않았을 것으로 믿는다. 그러나 이런 게으름과 무관심, 그리고 사소한 의무 이행의 지연은 악덕보다 더 커다란 손해를 끼쳤다. 나의 가장 나쁜 결점은 일을 등한시하는 것이었다. 해서 안될 일은 별로 하지 않았지만, 불행하게도 하지 않으면 안될 일도 별로 하지 않았던 것이다.

화제가 베네치아의 친구들에게로 돌아온 이상 베네치아와 관계 있는 한 인물을 잊어서는 안 된다. 그와도 다른 사람들과 마찬가지로 얼마 전까지도 교제가 끊어지지 않았다. 그는 다름아닌 주앵빌 씨로, 그는 제노바에서 돌아온 후에도 내게 무척 두터운 우정을 보였다. 그는 나를 만나 이야기하기를 무척 좋아했고, 또 즐겨 나와 함께 이탈리아에서 겪었던 사건과 몽테귀 씨의 추태에 대해 이야기했다. 몽테귀 씨에 대해서는 그와 밀접한 관계가 있는 외무국을

[*5] 이것을 쓰고 있을 때는 예전의 맹목적인 신뢰를 보내고 있었으므로, 이 파리 여행의 참 동기와 그 결과에 나는 아무런 의심도 갖고 있지 않았다.(원주)

통해 여러 가지 일화들을 알고 있었다. 나는 또 그의 집에서 옛날 동료였던 뒤퐁과 다시 만나서 기뻤는데, 그는 고향에서 어떤 관직을 사서 그 볼일로 가끔 파리에 들렀다. 주앵빌 씨는 자주 나를 찾아왔으므로 오히려 짐이 되기까지 했다. 우리는 상당히 떨어진 거리에 살고 있었으나 내가 일주일만 그의 집으로 점심을 먹으러 가지 않으면 우리 사이엔 말썽이 생길 정도였다. 그가 고향인 주앵빌로 떠날 때는 언제나 나를 데리고 가려 했다. 그러나 나는 한 번 거기에서 보낸 일주일 동안 심한 무료함을 느꼈기 때문에 다시 가고 싶은 생각이 나지 않았다. 주앵빌 씨는 확실히 성실한데다가 세련된 멋쟁이였고 어떤 점에서는 훌륭한 사람이기도 했지만, 재치가 없고 미남이라는 것에 다소 자부심이 강하여, 아무래도 내가 감당하지 못할 때가 있었다. 그는 기묘하다고 할까, 아무튼 세계에서도 유일한 수집을 하고 있었는데, 그것에 무척 열심이어서 손님을 그 이야기로 붙들곤 했다. 그러나 때로는 손님이 흥미를 갖지 않는 수도 있었다. 그것은 50년 동안 궁정과 파리에서 행해진 완전무결한 보드빌(풍자성을 띤 통속 희극) 수집이었다. 그 중에는 다른 데서 도저히 구할 수 없는 많은 기이한 이야기들을 볼 수 있었다. 그 어느 것이나 프랑스 역사 자료로선 다른 나라에서는 거의 구할 수 없는 것들이었다.

  우리가 무척 정답게 지내고 있을 무렵, 어느 날 그는 몹시 냉정하게 나를 맞았다. 평소의 그와는 아주 달리 너무도 냉담했기 때문에 그에게 그 까닭을 변명할 기회를 주고, 또 그에게 변명을 요청하고 나서 이젠 두 번 다시 그의 집에 발을 들여놓지 않을 결심을 하고 그의 집을 나왔다. 왜냐하면 나는 한 번이라도 냉대를 받은 집에는 거의 가는 일이 없었고, 게다가 이 경우는 주앵빌 씨를 위해 변호해 줄 디드로 같은 사람도 없었기 때문이었다. 내가 그에게 무엇을 잘못했을까 기억을 더듬어 보았으나 아무것도 떠오르는 것이 없었다. 나는 그나 그의 주위에 있는 사람들에 대해 말할 때 언제나 최대의 경의를 표하였다. 그것은 내가 그를 진심으로 좋아하고 있었기 때문이었다. 나는 그의 좋은 점밖에는 말할 것이 없었을 뿐 아니라 나의 변함없는 신조는 내가 자주 출입하는 집에 대해서는 언제나 결코 나쁘게 말하지 않는다는 것이었다.

  곰곰이 생각한 끝에 마침내 다음과 같이 추측하였다. 우리가 마지막으로 만났을 때, 그는 그가 아는 색주가로 나를 초대하여 두세 명의 외무부 직원들과 저녁을 같이 했다. 그들은 퍽 상냥했으며, 난봉꾼으로는 보이지 않는 사람들이었다. 맹세코 말하지만 그날 밤 나는 거기 여자들의 불행한 운명을 우울한 심정으로 생각하면서 지냈다. 나중에 나는 내 몫의 돈은 물론 해웃값도 주지 않았다. 왜냐하면 주앵빌 씨가 우리를 만찬 모임에 초대했으므로 나는 파도바에서 한 것처럼 그녀들에게 팁을 주지 않은 것이다. 우리는 모두 기분 좋게 그곳을 나왔다. 그뒤 그녀들의 집에 가지 않고 사나흘 지난 뒤에, 나는 그 뒤론 만나지 못한 주앵빌 씨 집에 점심을 먹으러 갔다. 그때 앞에 말한 냉대를 받은 것이다. 그날 만찬과 관련된 오해 외에는 다른 이유가 생각나지 않았고 그도 이유를 설명하지 않았으므로 나는 그와 만나지 않기로 결심했다. 그러나 그에게는 그 뒤로도 계속 내 책을 보내 주었다. 그는 가끔 치하의 인사를 보냈는데, 어느 날 코메디 프랑세즈의 난방 휴게실에서 만났더니, 그는 왜 요즈음 오지 않느냐고 친절히 나를 책망했으나 나는 역시 가지 않았다. 그러니 이 시간은 싸움으로 헤어졌다기 보다는 차라리 어색한 이별이라 할 수 있는 것이었다. 그 뒤 그를 만나지 않았고 그의 소문도 못 들었고 몇 해 동안이나 소식이 막혔던 끝에 다시 그의 집을 찾는 것도 너무 늦은 감이 없지 않았다. 그런 이유로 주앵빌 씨 집에는 꽤 오랫동안 드나들었지만, 여기 나의 친구 목록에는 빠진 것이다.

그리 친하지 않았던 그 밖의 다른 많은 친지, 혹은 내가 없는 관계로 거리가 멀어졌던 사람들로, 가끔 내 시골집이나 그 근처에서 만날 기회가 있었던 사람들의 이름은 지금 이 친구 목록에 올리고 싶지는 않다. 예를 들면 콩디야크 신부, 말비 신부, 메랑 씨, 랄리브 씨, 부아즐르 씨, 바틀레 씨, 앙슬레 씨, 그 밖에 또 있지만 그 이름을 들면 너무 장황해진다. 마르장시 씨와의 관계에 대해서도 잠깐 언급하겠다. 그는 왕의 시종으로 올바크 패거리의 예전 구성원이었으나 나처럼 탈퇴하였고, 또 에피네 부인의 옛 친구였으나 역시 나처럼 그녀와도 헤어졌다. 그의 친구 데마이는 《무례한 자》란 희극을 써서 한때 유명했었다. 마르장시 씨는 내 시골 이웃으로 그의 마르장시 영지는 몽모랑시 가까이 있었다. 우리는 옛날부터 아는 사이인 데다가 집이 가깝고 과거의 경험도 비슷하여 더욱 가까워졌다. 데마이 씨는 얼마 뒤 세상을 떠났다. 그는 재능과 기지가 있었고 어딘가 그의 희극 모델과 비슷한 사나이였다. 부인들에겐 자부심이 강한 편이었지만, 부인들은 그의 죽음을 애석하게 여기지는 않았다.

그 무렵의 새로운 교우 관계로 빼놓을 수 없는 것이 하나 있다. 그것은 내 후반생에 많은 영향을 끼쳤으므로 그 유래를 소홀히 할 수는 없다. 그것은 징세 검사원장인 라무아뇽 드 말쉐르브 씨의 이야기이다. 그는 당시 도서국장으로 있었는데, 직무를 공명정대하게 수행하여 문학자들로부터 무척 환영을 받고 있었다. 파리에서는 한 번도 만날 기회가 없었지만, 나의 검열에 관해서는 늘 최대한의 편의를 봐주었고 또 나를 중상하는 작자들을 몇 번이나 문책했다는 것을 알고 있었다. 《쥘리》의 출판에 대해서도 그는 또 호의를 보여 주었다. 이와 같은 방대한 작품의 교정지를 우송하려면 비용이 많이 드는데, 그는 자기 물건은 우편료가 안 붙으므로 그 교정지를 자기 앞으로 보낼 것을 승낙해 주고, 그것을 또 그의 아버지인 대법관의 서명을 얻어 세금 없이 내게로 보내 준 것이다. 책의 인쇄가 끝났을 때, 내가 사양했는데도 그는 내 소득으로 해준 별쇄판이 다 팔리기 전에는 왕국 안에서의 일반 판매를 허락하지 않았다. 이미 원고는 레이 서점에 팔아 버렸으니 이 소득은 레이에 대한 횡령 행위가 되는 것이므로, 레이의 승낙 없이는 말쉐르브의 호의를 받아들일 수 없었다. 그런데 레이는 무척 관대하게 그것을 허락해 주었다. 그래서 나는 1백 피스톨이나 되는 이 선물을 레이와 나누려 했으나 레이는 결코 받지 않았다. 바로 이 돈 때문에 나는 거북하게 되었는데, 말쉐르브 씨도 거기까지 예측하지 못한 것 같았다. 그것은 이 초판에 커다란 실수가 있었는데도, 그 파본이 매진되기까지는 완본을 발매하지 못하게 된 일이었다.

  나는 언제나 말쉐르브 씨를 어떤 어려움에도 굽히지 않는 꿋꿋한 사람으로 보아 왔다. 나에게 어떤 일이 생겨도 나는 그의 성실함을 잠시라도 의심할 수 없었다. 그러나 성실한 반면에 마음이 약한 그는 때로 자신이 관심을 갖는 사람들을 보호한다는 것이 도리어 그에게 해를 끼치는 일이 있었다. 그는 파리 판(版)에서 1백 쪽 넘게 삭제했을 뿐만 아니라, 그가 퐁파두르 부인에게 기증한 판본에서는 터무니없는 삭제를 했다. 이 책의 한 대목에 '숯장수의 아내는 왕자의 애인보다 존경할 만하다'라는 구절이 있다. 이 구절은 특정 인물을 지적한 것이 아니라 정신없이 써 내려가다가 머리에 떠오른 것이었다. 작품을 거듭 읽어 보니, 독자들이 이것을 누구에게 적용할 수도 있으리라 생각되었다. 그렇지만 그것을 쓸 때 결코 누구에게 적용하려던 것이 아니었으므로, 한 자도 삭제하지 않겠다는 단호한 방침에서 나는 이 구절을 삭제하려고 하지는 않았다. 그래서 처음에 '왕'이라 쓴 것을 '왕자'로만 바꿨다. 그러나 말쉐르브 씨는 그 정도의 정성으로는 만족하지 않는 것 같았다.

그래서 그는 이 구절을 아주 삭제한 것을 특별히 따로 한 장 인쇄를 시켜, 퐁파두르 부인에게 기증하는 책에 감쪽같이 붙이게 했다. 부인이 이런 요술을 모를 리가 없었고, 게다가 부인에게 친절히 알려 준 사람이 있었다. 내가 그것을 안 것은 훨씬 뒤의 일로, 그것을 알았을 때 나는 그 결과까지도 이미 짐작했다.

이와 동일한 경우의 어떤 귀부인(콩티 대공의 애인 부플레르 백작 부인)이 끈덕지게 나를 미워한 원인이 여기에 있는 것이 아닐까? 그러나 나는 그 부인의 처지에 대해서는 아무것도 몰랐고, 그 구절을 썼을 때는 그녀를 미처 알지도 못했던 것이다. 책이 출판된 뒤에 그녀들과 알게 된 나는 마음이 크게 불안했다. 내가 로랑지 기사에게 그런 이야기를 했더니, 그는 나를 비웃으면서 그 부인은 그 일로 화가 나기는 했었지만 이미 그런 건 잊어버린 지 오래라고 말하며 나를 안심시켰다. 나는 아무래도 좀 경솔하게 그의 말을 믿어 버렸던 모양으로 아무 근거도 없이 안심하고 있었다.

초겨울에 나는 말쉐르브 씨로부터 또다시 새로운 호의를 받았는데, 그것에는 무척 감격했다. 그러나 그 호의를 이용하기에 때가 적당치 않다고 생각했다. '주르날 데 사방' 편집부에 빈 자리가 생겼는데, 마르장시는 자기 제안인 것처럼 하여 그 자리를 내게 추천한다는 편지를 보냈다. 그러나 그의 편지(서간집 C 제31호) 사연으로 그것이 다른 사람의 지시로 승인을 얻은 뒤에 한 것임을 쉽게 알 수 있었다. 그도 다음 편지(서간집 C 제47호)에서 내게 그것을 제의할 것을 부탁받았다고 밝혔다. 이 지위에 따르는 일은 대단한 것은 아니었다. 다만 내게로 보내오는 신간(新刊) 중에서 매달 두 권씩 발췌하는 것으로, 파리에 나갈 필요도 없거니와 장관에게 인사를 갈 필요도 없었다. 그렇게 되면 나는 메랑 씨, 클레로 씨, 기뉘 씨, 그리고 바흐뗄레미 신부 같은 일류급 문학자 집단에 끼게 되는 것이었다. 이 중 처음 말한 두 사람과는 이미 아는 사이였고, 나머지 두 사람과 알게 된다는 것도 정말 근사한 일이었다. 게다가 그렇게 힘이 안 드는 쉬운 일거리를 갖는 그 지위에는 팔백 프랑의 보수가 따르고 있었다. 나는 결정하기까지 마르장시 씨나 말쉐르브 씨의 마음을 다칠까봐 몇 시간을 곰곰이 생각했다. 그러나 결국 일하고 싶을 때 일을 못하고 시간에 얽매이는 것도 견딜 수 없는 속박이었다. 더구나 내가 책임진 일을 잘 해내지 못하리라는 확신이 무엇보다도 우세하여, 나는 내게 어울리지 않는 지위를 사양하기로 결심했다. 내 재능은 오로지 내가 다른 주제에 관한 높이 날아오르는 어떤 마음에 근거를 두고 있어, 타고난 내 자질을 움직이는 것은 다만 위대한 것, 참된 것, 아름다운 것 등에 대한 사랑임을 나는 알고 있었다. 그런데 내가 발췌해야 될 대부분의 책 제목, 아니 책 그 자체가 내게 무슨 의미가 있을 것인가? 그런 것에 대한 내 무관심은 아예 나의 붓의 기세를 꺾을 것이고 나의 재능을 우둔하게 만들 것이다. 사람들은 내가 다른 모든 문학자들처럼 직업으로 글을 쓸 수 있는 줄로 알고 있으나, 나는 원래 오직 정열에 의해서만 글을 쓸 수 있었다. '주르날 데 사방'에서 필요로 하는 것은 분명 그런 정열이 아니었다. 그래서 나는 마르장시에게 가능한 한 정중한 감사의 편지를 써 보냈다. 그 편지에는 나의 이유를 더할 나위 없이 상세하게 썼으므로, 그나 말쉐르브 씨나 내가 변덕이나 거만한 생각에서 사양했으리라고 생각하지는 않았을 것이다. 그래서 그들 두 사람은 그것을 이해하고 별로 기분 나빠하지도 않았다. 그 문제에 대해서는 완전히 비밀이 유지되었으므로 그 소문은 세상에 조금도 퍼지지 않았다.

또 이 제의는 동의하기에 때가 유리하지 못했다. 왜냐하면 얼마 전부터 나는 문학에서, 특히 저술가라는 직업에서 완전히 떠나려는 계획을 세우고 있었기 때문이었다. 내가 겪은 일들은 나에게 문학자들을 싫어하게 만들었다. 그리고 나의 경험에 따르면 그들과 어떤 관계를 유지하지 않고서는 그 길을 갈 수는 없었다. 사교계 사람들에 대해서도 마찬가지여서 일반적으로 내가 지금까지 지내 온, 반은 내 자신의 것이요, 반은 내 성격에 맞지 않는 사교계의 것이었던 얼치기 생활에 싫증이 나 있었다. 나는 내 오랜 경험을 통해 불평등한 교제란 언제나 약한 편이 손해보기 마련이란 것을 깨달았다. 남부럽지 않게 집을 꾸며 놓지도 못한 내가 속해 있는 계급과는 다른, 부유한 계급의 사람들과 같이 지내려면 여러 가지 점에서 그들의 흉내를 내야만 했다. 그들에게는 하찮은 비용도 내게는 없어선 안될 금액이요, 더구나 써버리면 파멸을 초래하는 돈이었다. 그들 돈 많은 사람들은 남의 별장에 초대를 받아 가더라도 식탁이나 실내에서 자기 시종에게 시중을 들게 하고 필요한 것이 있으면 하녀를 보냈다. 그래서 그 집의 하인들을 직접 부리는 일도 없고, 그들을 보지도 않으므로 선물도 그때그때 기분 내키는 대로 주면 그만이다. 그러나 하인이 없는 나로서는 그 집 하인들의 눈치만 살피게 마련이다. 욕먹지 않으려면 그들의 비위를 맞춰야 했다. 그들의 주인과 똑같은 대우를 받으면 받을수록, 그들에게 주인이 하는 것만큼의 대접을 나도 해주지 않으면 안되고, 게다가 나는 그들의 시중이 더 많이 필요했으므로 다른 사람이 해주는 것 이상으로 해주지 않으면 안된다. 하인이 적을 경우에는 그래도 괜찮다. 그러나 내가 출입하던 집에는 많은 하인들이 있었다. 모두가 몹시 몰염치하고 교활하며 민첩한, 물론 그들의 이익이 되는 일에 한해서지만, 그런 녀석들이었다. 이놈들은 내가 자기네들을 모두 차례차례로 필요로 하도록 만들 줄을 알고 있었다. 그토록 재치가 있는 부인들도 이런 일에 대해서는 전혀 알지 못했다. 그래서 내 주머니를 절약하려다 오히려 내 돈을 털게 만든다. 내 집에서 좀 멀리 떨어진 곳에서 저녁을 먹게 될 경우, 내가 승합 마차를 부르러 보내려 하면 그 집 부인은 이를 말리고 자기 집 마차를 준비시켜 나를 태워 준다. 그리고는 내게 24수의 마차 삯을 절약시켜 주었다고 몹시 만족해하지만, 내가 하인과 마부에게 주는 1에퀴의 돈에 대해서는 전혀 생각지도 못하고 있었다. 어느 부인이 파리에서 에르미타주나 몽모랑시로 내게 편지를 보내고 있었다. 그 부인은 4수의 우편료를 내가 내는 것을 아깝게 여겨 편지를 자기 하인 중의 한 사람을 시켜 내게 보냈다. 하인은 땀투성이가 된 채 걸어서 왔다. 그러면 나는 그에게 저녁 식사를 대접하고 1에퀴의 돈을 주었다. 그는 확실히 그 돈을 벌었다. 그 부인은 한두 주일 자기네 시골로 가서 지내자고 나를 초청한 적이 있었다. 부인은 이렇게 생각했을 것이다. '이렇게 데리고 가면 이 사나이로서는 결국 절약이 될 것이다. 그동안 그의 식비가 한 푼도 들지 않을 테니.' 그러나 그 동안 내가 일을 아예 못하게 된다는 것과 가족의 생활비, 집세, 옷값은 절약이 안된다는 것, 이발비가 갑절이 드는 것 등을 부인은 생각도 못하고 있다. 봉사료 같은 것은 내가 평소에 자주 출입하는 집에서만 주기로 한정했지만, 그것만 해도 나를 파산시킬 지경이었다. 겨우 네댓 번밖에 묵은 일이 없는 오본느의 우드토 부인의 집에서는 25에퀴나 썼고, 에피네나 라 슈브레트는 4, 5년 부지런히 드나들었으니 1백 피스톨 이상을 쓴 셈이다. 이런 지출은 나같은 성격에는 어쩔 수 없는 면이 있었다. 자신을 위해 아무런 대책도 없이, 또 그런 궁리도 못하는 주제에 하인이 투덜대고 찡그리며 시중드는 꼴을 보면 견디지 못했다. 내가 한 집안 식구처럼 지내 왔고, 또 하인들을 여러 모로 돌봐 준 뒤팽 부인 댁에서도 돈을 주지 않고는 그들의 시중을 받을 수 없었다. 이런 일은 완전히 폐지해야 했다. 나로서는 그런 선심을 쓸 처지가 못되었다. 그때 나는 신분이 다른 사람들과 교제하는 것이 지독한 고통임을 뼈저리게 느끼게 되었다.

그런 대로 이런 생활이 취미에 맞는 것이었다면, 많은 비용도 환락의 대가라고 스스로를 위로할 수 있었을 것이다. 그러나 권태를 사기 위해 파산한다는 것은 정말 견딜 수 없는 일이었다. 그래서 나는 그러한 생활 방식에 중압감을 절실히 느꼈으므로, 때마침 자유의 몸이 된 것을 기회로 이 생활을 언제까지고 계속하며, 완전히 상류 사회와 손을 끊고 저술도 문학적인 모든 관계도 끊은 다음, 남은 생을 내게 어울린다고 생각되는 평화롭고 한정된 영역 안에서 보낼 것을 결심했다.

《달랑베르에게 보내는 연극에 관한 편지》와 《신 엘로이즈》의 수입은 에르미타주에 와서 몹시 달리던 내 주머니를 여유있게 해주었다. 수중에 거의 1천 에퀴의 돈이 들어 왔다. 《신 엘로이즈》를 완성하고 나서 《에밀》에 전력을 기울여 많은 진척을 보았다. 이것이 출판되면 적어도 그 수입은 현재 금액의 갑절은 될 것이다. 나는 이 돈을 예금할 계획과 또 악보 베끼는 일에서 나오는 수입(收入)을 한 해 동안 벌어들이는 수입으로 하여, 앞으로는 글을 쓰지 않더라도 살아나갈 수 있도록 계획을 세워 보았다. 그 밖에 또 집필하고 있는 두 권의 저서가 있었다. 그 하나는 《정치제도론》이었다. 나는 이 책의 진척 상황을 검토해 본 끝에 아직도 몇 해는 더 애써야 된다는 것을 알았다. 앞서 말한 결심을 실천하기 위해서는 이 일을 계속하여 완성될 날을 기다릴 용기가 없었다. 그래서 이 저술은 단념하고, 그 원고 중에서 잘라낼 수 있는 부분만을 따로 간직해 두고 나머지는 모조리 태워 버리기로 결심했다. 《에밀》의 저술을 중단하지 않고 열심히 추진해서 2년이 채 못 되어 마지막 손질을 한 것이 《사회계약론》이었다.

또 하나는 《악전》이었다. 이것은 언제든지 할 수 있는 잔손이 가는 일이었다. 그 목적도 오로지 돈을 버는 데 있었다. 나는 다른 수입을 합쳐 보아서 그것에서 나오는 수입이 필요한가에 따라, 그 일을 그만두든가 아니면 완성시키든가 천천히 생각해 보기로 했다. 《감각적 도덕론》은 계획만 되어 있었으므로 완전히 포기하고 말았다.

만일 악보 베끼는 일을 하지 않아도 될 수 있다면, 내 마지막 계획은 파리를 떠나는 것이었다. 왜냐하면 파리에서는 많은 손님들이 밀어닥쳐서 내 생활비도 많이 들었고 돈벌이할 시간도 빼앗겼기 때문이었다. 그래서 은거하여 붓을 놓았을 때 권태에 빠지지 않기 위해 소일거리를 하나 남겨 두었다. 그렇더라도 그것은 고독의 공백을 메우기 위한 것일 뿐, 결코 내 생전에 출판할 생각은 없었다. 무슨 엉뚱한 생각인지는 몰라도 레이는 오래 전부터 내게 자서전을 쓰라고 졸라 댔다. 지금까지의 생애를 돌이켜본다면 그다지 흥미로울 것도 없지만, 내가 그것을 쓸 경우에 솔직한 태도를 취한다면, 그것은 재미있는 것이 될지도 모른다는 생각이 들었다. 그리하여 나는 그 자서전에 유례 없는 진실을 기록함으로써 유일무이한 저작을 만들 결심을 했다.

그래서 적어도 한 번은 인간의 내면을 있는 그대로 볼 수 있게 하려고 했다. 나는 늘 몽테뉴의 가식적인 순진함을 비웃어 왔다. 그는 자기 잘못을 고백하는 척하면서 가소로운 결점만을 털어놓았다. 그러나 나는 자신을 여러 가지로 생각해 본 결과 가장 선량한 인간이라고 늘 믿어 왔고 지금도 여전히 믿고 있지만, 인간의 내면은 설혹 그가 아무리 순수한 사람일지라도 반드시 무엇인가 악덕을 지니는 법이라고 생각해 왔다. 세상에서는 나를 실제의 나와는 얼토당토않은, 때로는 아주 기형적인 인간으로 생각한다는 것을 나는 잘 알고 있었다. 따라서 나는 잘못이 있다 하더라도 그것에 대하여 조금도 잠자코 있기를 원치 않으며, 있는 그대로의 나를 내보이는 것이 더욱 이익이 될 것이라고 생각했다. 나는 그뿐 아니라 자신을 드러내 보이기 위해서 다른 사람도 있는 그대로 보이게 하지 않을 수 없었다. 따라서 이 저서는 내가 죽은 뒤, 또 다른 많은 사람들이 죽고 난 뒤가 아니면 세상에 나오지 않게 할 것이므로 나는 더욱 대담하게 자기 고백을 할 수 있으며, 이 고백에 대해서는 어떤 사람의 앞에서고 결코 얼굴을 붉힐 필요가 없다고 생각했다. 그래서 나는 여가를 이 계획의 실천에 바치기로 결심하고, 내 기억을 더듬고 불러 일으킬 수 있는 편지와 서류들을 모으기 시작했다. 그때까지 내가 찢고 태우며 없애 버린 것들이 다 아쉽게 생각되었다.

지금까지 내가 세운 계획 중에 가장 현명한 것이라고 할 수 있는 이 완전한 은둔 계획은 내 마음속에 깊이 새겨져 있어 이미 그 실천에 착수하고 있었다. 그때 또 하나의 다른 내 운명을 마련하고 있었던 신은 새 소용돌이 속으로 나를 던져 버렸던 것이다.

몽모랑시는 같은 이름을 지닌 유명한 집안의 유서 깊고 아름다운 세습 영지였으나 몰수된 뒤에는 그 집안 소유가 아니었다. 그것은 앙리 공(公)의 자매인 콩데 집안의 소유가 되었고, 몽모랑시의 이름은 앙기앵으로 바뀌었는데, 이 공작의 영지에는 성이라고는 오직 낡은 누각이 하나 있어 그곳에 기록이 보존되어 있고, 또 거기서 가신들을 접견하곤 했다. 그러나 몽모랑시, 즉 앙기앵에는 '포브르(초라하다는 뜻)'라고 불리는 크루아자(공유지 안 정원 소유자)가 세운 별관이 하나 있었다. 그 별관은 보기에도 당당한 성관(城館)의 위용을 지니고 있어 성관이라 부를 만했고, 사실 그러한 이름으로 불리고 있었다. 그 아름다운 건물의 무게 있는 모양, 그것이 서 있는 높은 언덕, 아마 세계에서도 유례가 없을 전망, 뛰어난 명장의 손으로 꾸며진 넓은 객실, 유명한 르 노트르가 꾸며 놓은 정원, 이 모두가 기발하고 위엄 있는 하나로 종합되어 있으며, 그러면서도 어딘가 소박한 멋이 있어서 한층 경탄을 자아내고 있었다. 당시 이 저택을 소유하고 있던 뤽상부르 원수는 일찍이 그의 조상들이 주인이었던 이 고장에 매년 두 차례 찾아와서 대여섯 주일씩 묵고 갔다. 그저 주인으로서 다녀갔지만 옛 집안이 무색하지 않을 만큼 호화로운 나들이였다. 내가 몽모랑시에 살게 된 뒤 그가 처음 이곳에 머물렀을 때, 원수 내외는 시종을 보내 내게 인사를 전하고 언제든 나 좋을 때 만찬에 와 달라고 초대했다. 그뒤로도 나는 그들이 올 때마다 이런 인사와 초대를 받곤 하였다. 그것은 나를 하인들 방에서 식사를 하게 한 부장발 부인을 연상케 했다. 시대는 바뀌었지만, 나는 조금도 바뀌지 않았다. 나는 하인 방에서 식사 대접을 받기는 싫었지만, 귀족과 겸상하는 것도 바라지 않았다. 나는 환대도 받지 않고, 천대도 받지 않으며, 있는 그대로의 나로 내버려 두는 편이 좋았다. 나는 뤽상부르 내외의 정중한 인사에는 예의 바르고 정중하게 회답을 보냈으나 그들의 청은 받아들이지 않았다. 게다가 몸도 불편하고 수줍은 성격에다 말주변도 없었으므로 궁정 사람들의 모임에 간다는 생각만 해도 몸서리가 쳐졌다. 물론 그들이 구하고 있는 것이 단순한 답례뿐임을 알고 있었으나, 이 모든 후대는 호의에서라기보다 차라리 호기심에서 나온 것이라는 것도 충분히 알고 있었으므로, 나는 그 성으로 답례를 하러 가지는 않았다.

그런데도 초대는 그치지 않았을 뿐 아니라 간청까지 해왔다. 원수 부인과 아주 친밀한 사이인 부플레르 백작 부인은 몽모랑시로 찾아와서 나의 안부를 알려고 사람을 보냈고, 또 자기 집에 놀러오라고 했다. 나는 의무적으로 회답은 보냈으나 직접 찾아가지는 않았다. 이듬해 1759년의 부활절 휴가를 겸해 콩티 공(公)의 궁신(宮臣)이며 뤽상부르 부인의 친구 가운데 한 사람인 로랑지 기사가 여러 차례 나를 만나러 왔다. 우리는 친해졌다. 그는 성에 가자고 졸랐지만 나는 가지 않았다. 드디어 어느 날 오후 뜻밖에 뤽상부르 원수가 5, 6명의 부하들을 거느리고 나를 찾아왔다. 이때에는 핑계할 더 이상의 방법이 없었다. 불손하고 무례한 사람이라는 말을 듣지 않기 위해서는 그 방문에 답례를 하고 원수 부인에게도 인사를 차리러 가는 것이 불가피했다. 원수는 주인의 이름으로 나에게 여러 가지 극진한 호의를 베풀어 주었다. 그런 식으로 불행한 보호 밑에 내가 언제까지나 사양만 하고 있을 수 없는 교제가 시작된 것이다. 그러나 너무도 뿌리 깊은 예감이 그 관계에 내가 말려들어갈 때까지 내가 그 관계를 무서워하게 했다.

나는 뤽상부르 부인을 몹시 두려워하고 있었다. 그러나 부인이 친절한 분이라는 것은 알고 있었다. 10년인가 12년 전에 나는 부플레르 공작 부인으로서, 젊고 아름답고 화려했던 무렵의 그녀를 극장에서도 뒤팽 부인 댁에서도 여러 차례 만났다. 그러나 그 무렵 그녀는 심술쟁이로 알려져 있었으므로 그런 신분 높은 부인의 그러한 평판은 나를 떨게 했다. 그러던 것이 이번에 그 부인을 보자마자 그만 반해 버렸다. 나는 그 부인이 아름답다고 느꼈다. 매력은 세월의 시련에도 바뀌지 않았고 내 마음을 사로잡았다. 나는 그녀에게서 야유로 가득차 있고 신랄할 이야기가 나오려니 예상하고 있었다. 그러나 조금도 그렇지 않았다. 예상보다 훌륭한 이야기였다. 그녀의 이야기에는 재치가 번득이지는 않았다. 지혜가 엿보이지도 않았다. 엄밀한 의미에서 세련되지도 않았다. 그러나 결코 사람을 놀라게 하지 않고 늘 마음을 즐겁게 하는 것이었다. 그녀의 인사말은 자연스러워서 그만큼 더 사람의 마음을 취하게 했다. 그것은 저절로 그녀의 입에서 새어나왔다고 할 수 있고, 너무도 가득차 있었기 때문에 저절로 넘쳐 흘렀다고 할 수도 있을 것이다. 내 태도와 말투가 서툴렀음에도 처음 방문했을 때부터 나는 그녀에게 불쾌한 인상을 준 것 같지는 않았다. 궁정 부인들은 거짓이든 참이든, 자기가 원할 때는 상대방이 그렇게 믿도록 만들 수 있지만, 뤽상부르 부인처럼 자연스럽고도 순수하게 믿도록 하기는 힘든 일이다. 부인의 며느리가 되는 젊고 장난꾸러기이며 무척 심술궂고, 게다가 약간 신경질적으로 보이는 몽모랑시 공작 부인은, 시어머니가 나를 극구 칭찬하고 있을 때도 나를 골려 줄 생각을 하고 있었고, 또 자신을 위해 교태를 꾸미고 있을 때도 내가 놀림을 당하는 것이나 아닌지 의심이 들었다. 그렇지 않았다면 뤽상부르 부인에 대한 나의 신뢰는 첫날부터 아주 절대적인 것이 되었으리라.

두 부인을 의심하는 마음은 좀처럼 사라지지 않았다. 그러나 원수의 극진한 호의로 미루어, 나는 두 부인의 호의도 진심이라는 것을 확인하였다. 내 수줍은 성격으로 보아, 나와 대등한 처지에서 사귀고 싶다는 원수의 말을 내가 그토록 빨리 믿어 버렸다는 것은 놀라운 일이었다. 그것은 내가 완전히 자유롭고 독립된 생활을 하고 싶다고 한 내 말을, 원수가 그대로 받아들인 신속한 태도와 일치하는 것이었다. 원수도 뤽상부르 부인도 내가 내 처지에 만족하여 그것을 바꾸려 하지 않는 것을 당연한 것으로 생각하고 있어서, 두 사람 다 한 번도 내 주머니 사정이나 재산 같은 것을 염려하는 기색은 없었던 것 같다. 그들 둘이 내게 품고 있는 고마운 관심은 의심할 여지가 없었지만, 한 번도 내게 지위를 주선해 주겠다든가 후원자가 되어 주겠다고 말한 적은 없었다. 꼭 한 번 뤽상부르 부인이 나에게 아카데미 프랑세즈의 회원이 되기를 바랐던 일이 있었던 것 같다. 나는 내 종교에 대한 이야기를 했다. 그녀는 그런 건 장애가 되지 않으며 장애가 되더라도 자기가 그것을 제거시켜 주겠다고 했다. 나는 그러한 명예로운 단체의 일원이 되는 것은 너무도 영광스런 일이지만, 이미 당시의 아카데미 회원이 되겠다는 것을 트레상 씨에게나, 폴란드 왕에게도 거절했으므로, 의리상으로 이젠 아카데미 회원이 될 수 없다고 대답하였다. 뤽상부르 부인도 고집하지는 않았다. 그리하여 이에 대해서는 다시 논의되지 않았다. 뤽상부르 씨는 국왕과는 특별한 사이였고, 또 그럴 자격이 충분한 사람이었으므로 나를 위해서 무엇이고 할 수 있었다. 그렇지만 이 고귀한 인물과 나의 교제는 아주 담백한 것이었다. 나를 멸시하려고 드는 보호자라는 친구들, 그리고 친절하기보다는 귀찮게도 두고두고 못살게 구는 친구들과의 교제와는 아주 기묘한 대조를 이루고 있었다.

원수가 나를 찾아 몽 루이로 왔을 때, 나는 단 하나밖에 없는 내 방에서 그와 시종들을 접대하기가 고통스러웠다. 지저분한 식기, 깨진 화분 따위, 너절한 것들 한가운데 앉게 해야만 되었기 때문이 아니라, 내려앉을 듯한 방바닥에 같이 온 시종들이 올라서면, 그 무게로 아주 무너지지나 않을까 하는 염려 때문이었다. 나 자신의 위험보다도 이 정다운 귀빈이 당하게 될지도 모르는 위험을 생각하고, 나는 급히 그를 밖으로 데리고 나와 아직 추운 때였지만, 사방이 틔어 있고 난로도 없는 정자로 안내했다. 그리고 내가 왜 그를 이곳으로 데려오지 않으면 안 되었는가를 설명했다. 원수는 부인에게 그 이야기를 전했다. 그리고 두 사람은 내 방 마룻바닥을 고칠 때까지 성 안에 있는 본관 방을 쓰던가, 또는 내가 좋다면 정원 안에 있는 별관 방 하나를 쓰라고 나에게 간청했다. 그 별관은 프티 샤토(작은 성)라고 불리고 있었다. 이 아름다운 집에 대해서는 충분히 이야기해 둘 만한 가치가 있다.

공원이기도 하고 정원이기도 한 그곳은 라 슈브레트의 정원처럼 평탄한 곳에 있지는 않았다. 언덕과 골짜기가 있어 울퉁불퉁하고 기복이 심했다. 뛰어난 원예가가 이것을 이용하여 작은 숲과 장식과 분수와 경치에 변화를 주었다. 말하자면 그의 재능과 기교로 원래는 좁았던 공간을 몇 배 넓게 만들었다. 이 정원 위쪽에는 언덕과 저택이 있고 아래쪽은 골짜기를 향해 널리 펼쳐진 낮은 지대를 형성하고, 그 한 귀퉁이에는 넓은 못이 있었다. 이 낮은 지대에 있는 오렌지 밭과 숲과 나무들로 꾸며진 언덕에 둘러싸인 못 사이에 앞에 말한 프티 샤토가 서 있었다. 이 건물과 그 주위의 땅은 옛날에는 유명한 르 브렁의 것이었다. 이 위대한 화가는 장식과 건축에 취미를 가지고 있었으므로 자기 취미에 맞게 그 건물을 짓고 장식을 꾸몄다. 이 별관은 그뒤 개축되었지만 설계는 여전히 처음의 장인이 한 그대로였다.

그것은 아담하고 간소하긴 하지만, 멋이 있는 건물이었다. 오렌지 밭과 못 사이의 저지대에 있었으므로 습기가 차기 쉬웠다. 그래서 그 중앙에 두 줄의 원기둥을 쭉 세워 주랑(柱廊)을 만들어 두어 그것으로 공기가 건물 전체에 골고루 통하게 되게 해서, 위치는 좋지 않음에도 언제나 건조하였다. 이 건물을 맞은편 높은 지대에서 바라보면 마치 물로 둘러싸여 있는 것처럼 보여 환상의 작은 섬, 또는 마마조레 호수 가운데 있는 세 개의 보로메 성 가운데 가장 아름다운 이졸라 벨라 섬을 보는 듯한 기분이었다.

이 한적한 집에 있는 네 개의 방 가운데 하나를 내 마음대로 선택하라고 말하는 것이었다. 그 밖에도 아래층에는 무도실과 당구장과 부엌이 있었다. 나는 부엌과 함께 부엌 바로 위에 있는 가장 작고 간소한 방을 골랐다. 그 방은 기분 좋고 깨끗하며, 실내가 흰색과 푸른색으로 조화되어 있었다. 이 아늑하고 유쾌하며 조용한 집에서, 숲과 물의 한 가운데서 온갖 새들의 노랫소리와 오렌지꽃 향기 속에 묻혀 있던 나는 한결같은 도취 가운데서 《에밀》의 제5권을 집필하였다. 이 책의 참신한 색채는 주로 그것을 쓴 이곳의 생생한 인상에서 온 것이다.

매일 아침 태양이 떠오를 때, 향기 그윽한 공기를 마시기 위해 얼마나 성급히 주랑으로 뛰어갔었던가! 거기서 테레즈와 마주 앉아 얼마나 맛있는 밀크커피를 마셨던가! 내 암코양이와 수캐가 우리의 친구가 되었다. 이만한 수행원만으로 나는 조금도 권태를 느끼지 않고 한 평생을 보내기에 충분하였다. 내게는 거기가 지상 낙원이었다. 나는 그만큼 거기에서 깨끗한 생활을 했으며, 그만큼 행복을 맛보았다.

뤽상부르 부부는 7월에 여행을 왔을 때 극진히 나를 보살펴 주었고 염려해 주었다. 그래서 그들 저택에 머물러 있고, 넘칠 듯한 그들의 호의를 받고 있는 나로서는 그들을 꾸준히 만나는 것으로 이에 보답하는 수밖에 없었다. 나는 거의 그들의 곁을 떠나지 않았다. 아침에는 부인에게 인사를 하러 갔다가 거기서 점심을 먹었다. 오후에는 원수와 함께 산책을 하는 것이 보통이었다. 그러나 저녁은 거기에서 먹지 않았다. 손님들이 많고, 또 내게는 만찬 시간이 너무 늦었기 때문이었다. 여기까지는 모든 것이 순조롭게 되어 갔다. 그러므로 내가 그 정도로 그쳤더라면 역시 아무 일도 없었을 것이다. 그런데 나는 언제나 애정의 중용을 지킬 줄 몰랐으며, 교제의 의무만을 간단히 이행할 줄도 몰랐다. 도 아니면 모, 이것이 언제나 나였다. 이윽고 나는 모두였다. 그래서 이런 신분 높은 사람들의 환심을 사고 호의를 받게 되자, 나는 도를 넘어 오직 자기와 대등한 사람에게만 허용되는 우정을 이 부부에게 느끼기 시작했다. 그들은 결코 예절에 벗어난 태도를 취하지 않았으나 나의 태도는 아주 허물없이 되어갔다. 그리고 나는 원수 부인과 함께 있을 때는 언제나 기분이 들떠 있었다. 그녀의 성격을 완전히 파악하지 못했으나 그것보다 더 두려운 것은 그녀의 재기였다. 특히 부인이 나를 위압하는 것도 그 때문이었다. 나는 그녀가 대화를 할 때 까다롭다는 것을 알고 있었으며, 또 그녀가 그러한 권리를 갖고 있다는 것도 알고 있었다. 나는 여자들이, 특히 신분이 높은 부인들이 무조건 재미있기를 바라는 것과 그녀들을 지루하게 만들 바엔 차라리 화를 내게끔 해주는 편이 좋다는 것을 알고 있었다. 또 나는 부인이 지금 막 자리를 뜬 사람을 비평하는 것을 듣고, 나의 우둔한 말에 대해 그녀가 어떻게 생각하고 있을까를 판단했다. 나는 부인과의 대화에서 그 어려움을 면하기 위해 어떤 대책을 생각해냈다. 그것은 책을 읽는 것이었다. 그녀는 《쥘리》가 인쇄중이라는 것을 들었다. 그녀는 이 작품이 보고 싶다고 자주 말했었다. 내가 부인을 위해 그것을 읽어드리겠다고 했더니 그녀는 승낙하였다.

나는 매일 아침 10시에 그녀에게로 갔다. 뤽상부르 원수도 거기에 와 있었다. 문은 잠가 두었다. 나는 그녀의 침대 옆에서 읽었다. 그 낭독을 요령 있게 계산해 두었으므로 머무르는 기간이 중단되지 않았더라면[*6] 그 동안은 죽 계속하도록 되어 있었다. 이 방법은 예상 외의 성공을 거두었다. 뤽상부르 부인은 《쥘리》와 그 작자에 열중해서 나에 관한 이야기밖에 하지 않았으며 나만을 생각했고, 온종일 내게 정다운 말을 들려 주며 하루에도 열 번씩 나를 껴안으며 입을 맞추었다. 식탁에서 그녀는 반드시 내가 그녀 옆에 앉기를 바랐고, 어떤 귀족이 그 자리에 앉으려고 하면, 그것은 내 자리라면서 다른 자리에 앉게 했다. 하찮은 애정 표시에도 마음이 움직이는 내게, 그처럼 매혹에 찬 태도가 어떤 인상을 주었겠는가 판단해 주기 바란다. 나는 부인이 나에게 보여 준 애정과 비례하여 진정으로 부인에게 애착을 느끼고 있었다. 부인이 사랑을 느끼고 또 내가 그것을 간직할 여력이 너무도 모자란다고 느꼈기 때문에, 이윽고 부인의 정열이 미움으로 바뀌지나 않을까 하고 염려하였다. 불행하게도 나의 이런 염려는 너무도 잘 들어맞았다.

그녀의 기질과 나의 기질 사이에는 천성적인 대립이 있었던 것이 틀림없다. 왜냐하면 대화하거나 편지를 쓸 때 번번이 튀어나오는 나의 무수히 많은 우둔한 언사는 고사하고, 내가 부인과 더할 나위 없이 즐겁게 이야기를 나눌 때에도 무슨 까닭인지 부인의 감정을 상하게 하는 일이 있었기 때문이다. 그런 실례를 한 가지 들어 보겠다. 예를 들자면 스물이라도 들 수 있을 정도다. 부인은 내가 우드토 부인에게 한 쪽에 얼마씩 받고 《신 엘로이즈》의 사본을 쓰고 있는 것을 알았다. 그녀도 그러한 사본을 갖기를 원했다. 나는 그것을 부인에게 약속했다. 그리고 그런 의미에서 부인을 내 고객의 한 사람으로 생각하고 이에

[*6] 국왕을 몹시 슬프게 한 중대한 패전으로 (1759년) 뤽상부르 원수는 황급히 궁정으로 돌아갔다. [원주]

관해 공손하고 정중한 편지를 보냈다. 적어도 나의 의도는 그러했다. 그러나 다음과 같은 부인의 답장은 나를 아연케 했다.

베르사유 화요일(서간집 C 제43호)
저는 기쁘고 만족합니다. 귀하의 편지는 제게 무한한 기쁨을 주었습니다. 저는 귀하에게 이 기쁨을 알리고 감사드리려고 서두르고 있습니다.
귀하의 편지에는 다음과 같은 말씀이 있습니다. '분명 당신은 대단히 훌륭한 고객이십니다. 그러나 당신에게 돈을 받는 것은 제게 너무도 마음 괴로운 일입니다. 정확히 말씀드리자면 저야말로 당신을 위해 일을 하는 기쁨에 대한 대가를 치르지 않으면 안 됩니다.' 이에 대해서는 더 이상 말씀 드리지 않겠습니다. 다만 저로서는 귀하의 건강이 어떠하신지 아무런 언급이 없는 것이 원망스럽습니다. 그 이상 저에게는 아무런 관심도 없습니다. 귀하를 저는 진심으로 사모하고 있습니다. 사실 그런 것을 직접 말씀드리면 기쁘겠사오나 편지로 말씀을 전하게 되어 무척 슬프게 생각합니다. 뢰상부르 씨도 귀하에게 진심으로 포옹을 보냅니다.

이 편지를 받고 나는 모든 불쾌한 해석에 이의를 제기하기 위한 신중한 검토를 다음으로 미루고, 답장을 먼저 보냈다. 그리고 불안한 마음으로 그것을 검토하는 데 며칠을 보냈으나 여전히 아무것도 이해할 수가 없었다. 결국 이에 대한 나의 마지막 답장은 다음과 같았다.

몽모랑시. 1758년 12월 8일
마지막 편지를 드리고 나서 저는 몇 번이나 되풀이해 문제의 편지를 생각해 보았습니다. 저는 그 글자와 그 본래의 뜻도 생각해 보았고, 또 글자에서 나올 수 있는 여러 가지 변화된 뜻도 생각해 보았습니다. 그러나 원수 부인이시여, 저는 솔직히 말씀 드리옵건대, 부인에게 사과해야 할 사람이 저인지, 또는 저에게 사과해야 할 사람이 부인인지 잘 모르겠습니다.

이런 편지들을 쓴 것은 지금부터 10년 전의 일이었다. 그뒤에도 이따금 그것에 대해 거듭 생각해 보았지만, 오늘날에도 아직 이 점에 관한 나의 우둔함이 그 글귀 속에 그녀를 화나게 할, 아니 기분을 상하게 할 말이 들었다고는 도저히 생각할 수 없다.

뤽상부르 부인이 가지고 싶어한 《신 엘로이즈》의 사본에 대해 나는 부인에게 보내는 사본을 다른 것과 구별하기 위한 어떤 특징을 주려고 생각했던 것을 여기 말해 두지 않으면 안된다. 나는 에드워드 경의 연애 모험담을 《신 엘로이즈》에는 넣지 않고 따로 써두었다. 나는 《신 엘로이즈》에는 이것이 없어선 안된다고 생각해서 그것을 그대로 모두, 또는 발췌해서 《신 엘로이즈》에 넣을 것인가 어쩔 것인가 오랫동안 망설였다. 그러나 결국 그것을 모두 넣지 않기로 결정했다. 왜냐하면 이 모험담의 문장이 본문의 뜻과는 달랐으므로 그것을 넣는다면 본문의 소박함이 손상될 우려가 있기 때문이었다. 그런데 뤽상부르 부인을 알게 된 뒤로는, 거기에 또 다른 보다 큰 이유가 생겼다. 그것은 이 이야기 속에 몹시 마땅찮은 성격의 한 로마 후작 부인이 등장하는데, 그 중 어떤 점은 뤽상부르 부인에게 비유한 것은 아니지만, 부인의 평판만 듣고 있는 사람들은 부인을 떠올릴 가능성이 충분히 있었기 때문이다.

그래서 나는 그것을 넣지 않기로 한 나의 결정을 아주 잘했다고 생각했다. 그랬는데 부인에게 줄 사본에는 다른 데 없는 무엇으로 좀더 풍부하게 할 생각으로 일단 빼려던 그 불행한 험담을 생각해 내어 그 발췌한 것을 본문에 넣을 계획이 아니었던가? 어리석은 계획이었다. 이러한 어리석은 짓은 나를 파멸로 이끄는 맹목적인 운명 탓이라고밖에 설명할 수가 없다.

　　　주피터는 사랑을 파멸시키려 할 때 먼저 그 이성(理性)을 앗아간다.

어리석게도 나는 공들여 정성껏 이 발췌를 만들어, 그것을 세상에도 아름다운 작품이라 하며 부인에게 보냈던 것이다. 단 그 원문은 태워 버렸으므로 이 발췌는 부인 혼자만이 가진 것으로, 그녀가 그것을 남에게 보이지 않으면 전혀 남이 알지 못하는 것이라는 것, 그 두 가지 점을 나는 그녀에게 말해 두었다. 그러나 그것은 신중함과 조심성을 내가 다했다고 믿었던 대로 증명하기는커녕, 작품 속 인물의 특징이 부인과 같으므로 혹시 그녀가 화라도 내지 않을까 하는 내 자신의 생각을 그녀에게 알려 준 것에 불과했다. 게다가 내가 취한 이 방법을 그녀가 기뻐할 것이 틀림없다는 것을 조금도 의심치 않을 정도로 나는 정말 어리석었다. 그녀는 그것을 예상한 듯이 대단한 찬사는커녕 뜻밖에도 내가 적어 보낸 내용에 대해 언급한 일조차 없었다. 나는 이것에 대해 자신이 한 일에 아주 만족했으며, 거기에서 생겨난 결과를 다른 징후로 알게 된 것은 훨씬 뒤의 일이었다.

나는 또 그녀에게 보낸 책에 대해 보다 분별 있는 생각을 갖고 있었다. 그러나 이 생각은 전보다 더욱 의외의 결과로 앞의 것에 못지않게 내게 해로웠다. 운명이 인간을 불행으로 이끌어 넣을 때는 모든 것이 운명의 장난에 협력하는 법이다. 나는 사본과 같은 판형으로 된 《쥘리》의 판화 도안으로 책을 장식할 생각이었다. 나는 쿠앵데에게 그 도안을 부탁했다. 그것은 어떤 의미에서나 내 소유였고, 게다가 이미 그 원고의 막대한 수입금은 저쪽에 양보했으므로 더욱 그러했다. 그러나 쿠앵데는 내가 고지식했던 만큼이나 교활한 사나이였다. 그는 내가 이 도안을 찾으러 온 것을 보고 내가 그것을 무엇에 쓸 것인지를 알아차렸다. 그래서 그는 그 도안에 좀 더 손질을 한다는 구실로 그것을 못 가져가게 하더니, 마침내 자기가 그것을 부인에게 증정하고 말았다.

시는 내가 쓰고 그 명예는 남이 얻는다.

그리하여 그는 어떤 자격을 얻어 뤽상부르 저택에 드나들게 되었다. 내가 프티 샤토에 살게 된 뒤로 그는 자주 나를 만나러 왔다. 특히 뤽상부르 부부가 몽모랑시에 와 있을 때는 늘 아침부터 찾아 왔다. 그가 찾아오면 나는 하루 종일 그와 함께 보내게 되므로 저택에 좀처럼 가지 못하게 되었다. 나는 찾아오지 않는다고 책망을 들었다. 나는 그 이유를 말했다. 그러자 그들은 쿠앵데 씨도 꼭 데리고 오라고 부탁했다. 나는 데리고 갔다. 그거야말로 이 사나이가 원하는 것이었다. 이리하여 텔뤼종 씨가 부리는 직원으로, 주인이 식사를 같이하는 상대가 아무도 없을 때만 식사를 같이하던 녀석이 나를 대하는 원수 부부의 지나친 호의 덕분에 일약 대공들과 공작부인들, 또는 궁정의 가장 지위 높은 분들과 함께 프랑스 원수의 식탁에 자리를 같이하게 되었다. 어느 날 아직 이른 시간에 그가 파리로 돌아가야만 했을 때, 원수가 오찬을 마치고 일동에게 한 말을 나는 결코 잊을 수가 없다. "생 드니까지 산책이나 합시다. 쿠앵데 군을 바래다줄 겸." 이 가엾은 사내는 어쩔 줄 몰랐다. 그는 머리가 아찔했다. 나 또한 감격해서 말 한 마디 하지 못했다. 마치 어린애처럼 감격의 눈물을 머금고 나는 일행의 뒤를 따랐다. 친절한 공작의 발자국에 입이라도 맞추고 싶어 죽을 지경이었다. 그렇지만 사본에 관한 이야기를 먼저 시작했으니, 기억이 허락하는 한 순서를 따라 말하기로 하자.

몽 루이의 작은 수리가 끝나자 나는 곧 조촐하게 가구를 장만해 두고 돌아가 자리를 잡았다. 에르미타주를 떠날 때 집만은 언제나 내것이어야 한다고 다짐한 그 원칙을 버릴 수가 없었기 때문이었다. 그러나 나는 프티 샤토의 내 방을 떠날 결심이 서지 않았다. 나는 방 열쇠를 가지고 있었다. 그리하여 주랑에서의 즐거운 아침 식사에 강한 애착을 느끼며 가끔 그리로 자러 갔고, 별장에 와 있는 기분으로 때로는 이틀 사흘을 보내는 일도 있었다. 아마 그때 나는 개인으로서 유럽에서는 가장 좋은, 가장 즐거운 별장을 갖고 있었을 것이다. 집주인 마타 씨는 비할 데 없는 마음씨가 훌륭한 사람으로, 몽 루이의 집수리는 전적으로 내게 맡겼고 일꾼도 내 뜻대로 써달라고 하여 자기는 아예 간섭을 하지 않았다. 그래서 나는 2층을 침실과 응접실, 화장실로 꾸며 아파르트망으로 만들고 아래층에는 부엌과 테레즈의 방을 꾸몄다. 정자는 유리로 훌륭하게 칸막이를 하고 거기에 특별히 난로를 놓아 서재로 사용했다. 나는 그 집에 입주하자 즐겨 테라스를 꾸몄다. 이미 두 그루의 싱싱한 보리수가 녹음을 이루고 있었다. 거기다 다시 두 그루의 보리수를 더 심어 서재를 녹색으로 만들었다. 거기에 탁자와 돌로 된 긴 의자를 놓았다. 그 주위로 리라와 고광나무와 인동덩굴을 심었다. 두 그루의 보리수와 나란히 아름다운 화단을 만들었는데, 저택의 테라스보다도 한층 높은 곳에 있어서, 적어도 같은 정도로 전망이 아름다운 이 테라스 위에 나는 수많은 작은 새들을 깃들게 했다. 그것은 내 응접실로 사용되었고, 이 응접실에서 뤽상부르 원수와 부인, 빌르루아 공작, 탱그리 대공, 아르망티에르 후작, 몽모랑시 공작 부인, 부플레르 공작 부인, 발랑티누아 백작 부인, 부플레르 백작 부인, 그밖의 신분 높은 분들을 맞았는데, 그런 분들은 언덕 길의 피로를 무릅쓰고 성에서 이곳 몽 루이까지의 순례를 사양치 않았다. 이 사람들이 이곳을 방문하는 것은 뤽상부르 공작 부부의 덕택이었다. 나는 그렇게 믿고 진심으로 경의를 표했다. 그러한 감격에 차 있었을 때, 나는 뤽상부르 원수를 부둥켜안고 이렇게 말한 일이 있다.

"원수 각하! 저는 각하를 알기 전까지는 신분 높은 사람들을 미워하고 있었습니다. 지금은 더욱 그들이 싫어졌습니다. 그분들이 얼마나 쉽게 사람들로부터 존경을 받는가를 원수님께서 분명히 보여 주었기 때문입니다."

그렇긴 하나 이 무렵 나를 만난 일이 있는 모든 사람들에게 묻고 싶다. 그러한 영광이 단 한때라도 나를 현혹시키고, 그러한 향기가 내 마음을 미치게 해버린 일이 있었던가를. 내 태도가 보통 때와 달라지고, 솔직하지 못한 데가 있거나, 평민들과 어울리지 않고 이웃 사람들과 멀어진 일이 있었던가를. 수없이 밀어닥치는 일에 부대끼면서도, 짓눌리면서도 대개는 내가 할 수 있을 때에는 거절하는 일 없이, 모든 사람들에게 봉사하기를 주저하지 않지 않았던가. 내 마음이 그 주인들을 진정으로 사랑하기 때문에 몽모랑시 저택에 이끌리기도 했지만, 동시에 또 시골 사람들의 변함없는 소박한 생활의 평온함에도 이끌려, 그것을 맛볼 생각으로 이웃 사람들에게로 되돌아오게 되었다. 이런 생활을 떠나서는 내게는 행복이 없었다. 테레즈는 피유라는 이웃 석공의 딸과 친했고, 나는 그의 아버지와 친하게 지냈다. 오전에는 원수 부인의 말벗이 되기 위해 저택에서 조심스레 오찬을 함께 한 다음, 사람 좋은 피유 씨의 가족들과 같이 때로는 그의 집에서, 때로는 나의 집에서 저녁 식사를 하려고 얼마나 서둘러 돌아왔는지 모른다.

이윽고 이 두 집 외에 나는 파리의 뤽상부르 공작 저택에 제3의 집을 마련하게 되었다. 그것은 집 주인들이 가끔 그리로도 찾아와 달라고 열심히 부탁을 해오므로, 파리를 혐오했음에도 나는 그것에 동의했던 것이다. 에르미타주에 은거하게 된 뒤로, 나는 파리에 가기 싫어서 이미 말한 바와 같이 단 두 번밖에 다녀오지 않았다. 그러나 가긴 갔어도 약속한 날에 저녁을 함께 하고는 이튿날 아침 돌아왔을 뿐이었다. 게다가 나는 큰길로 향한 그 정원을 통해 출입하였다. 엄밀히 따지면 사실 파리의 포장된 도로를 밟지 않았다고도 할 수 있었다.

그러한 일시적인 행복 속에, 그 행복의 종말을 알리는 파국이 멀리에서 다가오고 있었다. 몽 루이로 돌아온 직후, 나는 늘 그렇듯이 본의 아니게 한 사람의 새로운 친구가 생겼다. 이 사람도 내 생애에 또 하나의 시기를 그었다. 그것이 좋은 의미에서인지 나쁜 의미에서인지는 곧 알게 될 것이다. 친구란 내 이웃인 베르들랭 후작 부인이었다. 그 남편은 몽모랑시 근처인 수아지에 별장을 산 지 얼마 되지 않았다. 귀족 출신이었으나 가난했던 아르스 백작의 딸 아르스 양은 베르들랭 씨와 결혼을 했다. 남편은 늙고 못났으며 귀머거리에 고집 쟁이로, 난폭하고 질투가 심하며 얼굴에는 흉터가 있고 애꾸눈이었다. 그래도 선량한 사나이였고, 1년 수입이 1만 5천에서 2만 프랑이나 되었다. 말하자면 그녀는 이 돈 때문에 결혼한 셈이었다. 이 가련한 사나이는 온종일 상소리를 늘어놓고 소리를 지르며 꾸짖고 화를 내며 아내를 울리지만, 결국에는 언제나 아내가 원하는 대로 해주고 말았다. 그것을 들어 주어서 또 아내를 노하게 했다. 왜냐하면 아내는 그것을 원한 것이 남편이지, 자기가 아니라는 것을 그에게 겨우 이해시킬 수 있었기 때문이다. 앞에서 내가 말한 마르장시 씨는 이 부인의 친구였으므로 후작과도 친구가 되었다.

몇 해 전 그는 오본느와 앙디 근처에 있는 마르장시 저택을 그들에게 빌려준 적이 있었다. 내가 마침 우드토 부인에게 공을 들이고 있었을 무렵, 그 부부는 거기에서 살고 있었다. 우드토 부인과 베르들랭 부인은 오브테르 부인의 소개로 서로 사귀게 되었다. 오브테르 부인은 양쪽의 친구였다. 그런데 마르장시 공원은 우드토 부인 몽 톨랭쁘로 즐겨 산책하는 통로에 있었으므로, 베르들랭 부인은 우드토 부인에게 열쇠를 주어 그 정원을 통행하게 해주었다. 그 열쇠 덕택으로 나는 그녀와 함께 자주 그 공원을 지나다녔다. 그러나 나는 뜻하지 않게 사람을 만나는 것이 싫었으므로, 우연히 베르들랭 부인이 나타나게 되면 부인에게 아무 말도 하지 않고 둘을 남겨 둔 채 늘 혼자 와버렸다. 이 무례한 태도를 부인이 좋게 생각했을 리가 없었다. 그러나 부인이 수아지에 있었을 때 부인은 역시 나와 친하려고 했다. 부인은 몇 번이나 몽 루이로 나를 찾아왔으나 내가 마침 집에 없었고 또 그 답례로 찾아가지도 않았으므로, 그녀는 내가 답례로 찾아가지 않을 수 없게끔 화분을 몇 개 보내 테라스를 꾸며주었다. 그래서 부인에게 감사하러 가지 않으면 안 되었다. 그것만으로 충분했다. 우리는 이렇게 해서 교제를 맺었다.

내 마음에도 없는 모든 교제가 그러했듯이 이 교제도 처음부터 파탄이 있었다. 두 사람 사이에 참다운 평화란 조금도 보이지 않았다. 베르들랭 부인의 기질과 나의 기질은 전혀 달랐다. 그녀의 입에서는 독설과 경구(警句)가 마구 튀어 나오므로, 언제 조롱을 당할지 몰라 늘 주의하고 있어야 했다. 그러므로 내게는 정말 힘든 일이었다. 지금도 생각하면 싱거운 일이 하나 있는데, 그것으로 충분히 이해가 될 것이다. 그녀의 오빠가 2등 군함의 함장이 되어 영국으로 출항할 무렵이었다. 나는 뜨는 힘을 줄이지 않으면서 전함을 무장하는 방법을 이야기하고 있었다. 그랬더니 그녀는 얼토당토 않게 이렇게 말참견을 했다. "그럼요, 전투에 필요하니 대포를 싣는 거예요!" 자리에 없는 친구 이야기란 늘 험담뿐이었다. 악의 아니면 멸시하고 말하는 것이 그녀의 버릇이었는데, 그 점은 그녀의 친구인 마르장시도 예외는 아니었다. 또 부인은 성가시게도 심부름꾼이나 선물이나 편지로 끊임없이 나를 못 살게 굴었다. 거기에 일일이 회답을 하자니 쉬운 일이 아니었고, 감사하다거나 사과하는 일도 정말 귀찮았다. 그러나 자주 만나고 있는 동안에 나도 그녀에게 마음이 끌리게 되었다. 부인은 부인대로, 나는 나대로의 슬픔이 있었다. 흉금을 터놓고 이야기하게 되니 마주 대하기도 즐거웠다. 함께 눈물을 흘리는 정다움만큼 마음을 결합시키는 것은 없다. 우리는 위로를 받기 위해 서로 만나려고 하였다. 이런 필요성 때문에 나는 많은 일을 소홀히 하였다. 그녀에 대한 나의 솔직함에는 무척 비정한 데가 있었다. 그 때문에 때로는 그녀의 성격을 그다지 존중하지 않는 듯한 태도를 보이게 되어, 그러고 나면 으레 그녀가 진심으로 용서해 줄 것을 바라다 보니 오히려 더 많은 존경을 실제로 표현하지 않으면 안되게 되었다. 다음에 실린 것은 내가 가끔 그녀에게 보낸 편지들 가운데 하나이다. 그리고 부인에게서 온 답장의 어느 것에도 조금도 부인이 기분을 상한 점이 보이지 않는다는 것은 주목할 만하다.

몽모랑시 1760년 11월 5일
부인이여, 당신은 내가 성의를 다하지 않는 것을 깨우쳐 주려고, 당신이 성의를 다하지 못했다고 말씀하십니다. 당신은 내게 부인의 우둔함에 대해 말씀하셨지만, 그것 또한 저의 어리석음을 알려 주시는 것으로 알고 있습니다. 당신은 마치 내가 당신의 말씀을 그대로 받아들이지 않을까 두려워하시는 것처럼 선량한 부녀자일 뿐이라는 것을 과시하고 계십니다. 내가 사과를 해야만 된다는 것을 가르쳐 주기 위해 당신은 내게 사과를 하고 계십니다. 그렇습니다. 부인, 나는 잘 알고 있습니다. 저야말로 우둔한 사나이로 평범한 사람일 뿐입니다. 아니 오히려 그만도 못할 것입니다. 당신처럼 말에 세심한 주의를 기울이고 언변도 좋은 아름다운 프랑스 부인들의 눈으로 본다면, 저야말로 어울리는 말을 사용할 줄 모르고 있습니다. 그러나 저는 그 말을 언어의 상식적인 용법으로 사용한 것이며, 파리의 이름난 사교계가 어떤 정당한 의미를 거기에 부여하고 있는지 알지 못하며 마음에 두지도 않습니다. 만약 제 표현에 모호한 것이 있다면, 나의 행위로 그 언어의 의미를 똑똑히 나타내려고 노력하고 있습니다.

이 편지의 나머지 부분도 거의 같은 투로 써져 있다. 그것에 대한 회답(서간집 D 제41호)을 읽어 보고, 여자의 마음의 놀라운 자제심을 판단해 주기 바란다. 부인은 앞서 보낸 편지에도 별로 분개하지 않고, 그 회답에도 그다지 불평을 드러내지 않았으며, 또 내게 그런 증거를 보이지도 않았다. 한편 당돌해진 쿠앵데는 안하무인격으로 대담해졌고, 내 모든 친구들에게도 파고들어갈 기회를 노렸다. 이윽고 내 이름을 팔아서 베르들랭 부인들 집으로 드나들기 시작하여 어느새 나보다도 더 친해지게 되었다. 쿠앵데는 정말 괴상한 놈이었다. 그는 내 이름을 팔아 내 친구들을 모조리 찾아가 거기에서 묵으면서 체면을 따지지 않고 식객 노릇을 했다. 나를 위한 일이라면 성의를 다했고 나에 대한 말을 할 때는 눈물을 글썽거렸다. 그러나 나를 만나러 왔을 때는 그러한 갖가지 관계에, 내 흥미를 불러일으킬 것이 틀림없다고 생각되는 모든 일에 침묵을 지켰다. 그는 나와 관계되는 일로 자기가 듣고 말하며 본 것을 나에게 말해 주지는 않고, 내 말에 조용히 귀를 기울이기만 하며 내게 이것저것 질문을 하기만 했다. 그가 파리에 대해 알고 있는 이야기는 모두 내가 알려 준 것이었다. 요컨대 사람들은 내게 그에 대한 이야기를 들려 주었지만, 그는 남의 이야기를 내게 들려 주는 일이 없었다. 그는 내 친구들 사이에서 알 수 없는 인물이었다. 그러나 현재로서는 쿠앵데와 베르들랭 부인의 이야기는 이만 해두자. 다음에 다시 그 이야기를 하게 될 것이다.

내가 몽 루이로 온 지 얼마 뒤에, 라 투르라는 화가가 나를 찾아왔다. 그는 내게 몇 해 전에 살롱에 출품했던 파스텔 그림의 내 초상화를 가져왔다. 전부터 그가 이 초상화를 내게 주겠다고 했는데 나는 받지 않았던 것이다. 에피네 부인이 자기 초상화를 내게 주고, 그 대신 내 초상화를 갖고 싶어 라 투르에게서 그것을 얻어 달라고 부탁을 한 일이 있었다. 라 투르는 그것을 다시 손질하는 데 시일이 필요하였다. 그러는 동안에 나는 에피네 부인과 절교하게 된 것이다. 그래서 나는 그녀에게 그녀의 초상화를 돌려 보냈고 새삼스럽게 내것을 그녀에게 보낼 필요도 없었으므로 그것을 프티 샤토의 내 방에 걸어 놓았다. 이 그림을 뤽상부르 원수가 와 보고서 좋다고 하기에 내가 그에게 증정하겠다고 했더니 그는 받겠다고 했다. 나는 그에게 그것을 보내 주었다. 원수 부부는 나도 그들의 초상화를 갖고 싶어하리라 짐작하고, 그것을 아주 뛰어난 화가에게 그리게 하여 금박의 수정으로 된 봉봉 상자에 넣어 정중한 선물로 나에게 보냈다. 나는 이것을 무척 좋아했다. 뤽상부르 부인은 자기 초상화가 상자 위쪽에 놓이는 것을 찬성하지 않았다. 또 부인은 내가 부인의 것보다 뤽상부르 원수의 것을 더 좋아한다고 나를 여러 번 나무라기도 했다. 그것이 사실이었으므로 나는 아무런 변명도 하지 않았다. 부인은 자기의 초상화를 놓는 식에 따라서 내 기호를 그녀가 잊지 않고 있었다는 것을 능란하게, 명백히 나에게 보여 주었다.

거의 이와 같은 시기에 나는 한 가지 서툰 짓을 했다. 그것이 또 그녀의 유지를 간직하는 데 도움이 되지 못했다. 나는 실루엣(1759년의 재무대신) 씨를 전혀 알지 못했고 또 그를 그다지 좋아하는 것도 아니었지만, 그의 정책만은 절대 지지했다. 그가 금융 관계자들을 탄압하기 시작했을 때, 나는 그가 그러한 정책을 시도하는 것은 시기상으로 좋지 않다고 보았다. 그러나 그의 성공을 열렬히 바라고 있었던 나는 그가 파면당한 것을 알았을 때, 대담하고도 경솔하게도 그에게 다음과 같은 편지를 보냈다. 나는 조금도 이것을 정당화하려는 생각은 없다.

몽모랑시 1759년 2월 2일

각하, 부디 한낱 은둔 생활을 하는 사람의 변변치 못한 작은 정성스러운 뜻을 받아 주시기 바랍니다. 저는 당신을 알지 못하지만, 당신의 재능을 존경하고 당신의 시정 방침에 탄복하여, 특히 그 시정 방침을 끝까지 추진하지 못하시리라 보고 그것이 당신의 명예라 생각해 왔습니다. 나라를 파멸로 몰아넣으려는 수도를 희생물로 삼지 않는 한 나라를 구출할 수 없다고 한 당신의 외침은 돈벌이에 미쳐 날뛰는 사람들이 떠들어 대는 소리를 과감히 물리쳤습니다. 당신이 그 야비한 무리들을 쳐부수는 것을 보고, 저는 당신의 지위가 부러웠습니다. 그리고 스스로를 기만하는 일 없이 그 지위를 떠나시는 것을 보고, 저는 당신을 찬탄해 마지않습니다. 각하, 부디 만족스럽게 여기십시오. 당신이 남긴 그 명예는 당신과 더불어 길이 빛날 것입니다. 비열한 무리들의 저주는 올바른 사람들의 영광이 됩니다.

뤽상부르 부인이 내가 그런 편지를 쓴 것을 알고 있어 부활절에 찾아왔을 때, 나에게 이에 관한 이야기를 했다. 나는 그녀에게 편지를 보였다. 그녀는 그 사본을 갖기를 원했으므로 나는 부인에게 사본을 만들어 주었다. 그러나 나는 그녀에게 사본을 만들어 주면서도, 그녀가 그런 돈벌이에 관심이 있어서 실루엣 씨를 파면시키려는 모리배의 한 사람이라는 것을 모르고 있었다. 어쩌면 사람들은 얼빠진 내 행동을 보고, 내가 날이 갈수록 더욱 애착을 느끼고 있는 권세 있고 훌륭한 부인의 증오심을 일부러 자극시켰다고 할는지도 모른다. 비록 내 서투름 때문에 부인의 총애를 잃을 여러 가지 짓을 하기는 하였지만, 결코 부인과 거리가 멀어지기를 원한 적은 없었다. 제1부에서 말한 트롱상 씨의 아편으로 만든 약제 이야기도 그녀와 관련이 있었던 것은 새삼스럽게 말할 필요도 없을 것으로 생각한다. 또 다른 귀부인이란 미르푸아 부인이었다. 그녀들은 그것에 대해서는 두 번 다시 말을 꺼내지 않았으며 그것을 기억하지 못하는 체했다. 그러나 뤽상부르 부인이 그 일을 완전히 잊었으리라고는 상상할 수가 없다. 비록 그것에 관련된 사건에 대해 아무런 이야기도 없었지만, 그것을 잊는다는 것이 나로서는 어려운 일로 생각된다. 나로서는 그녀를 화나게 만들 속셈으로 얼빠진 소리를 한 기억은 없다고 확신할 수 있었으므로 나의 실수로 빚어진 결과를 잊어버리려고 했다. 마치 여자는 그러한 것을 용서해 줄 수 있으며, 거기에는 직접적인 의도가 조금도 들어 있지 않았다는 절대적인 확신마저 가지고 용서해 줄 수 있으리라고 생각했다.

그러나 한편으로 그녀는 못 본 체, 모르는 체했고, 나는 그녀의 정열이 식은 것도, 그녀의 태도가 변한 것도 눈치채지 못했으나, 너무도 근거가 뚜렷한 예감이 계속 커져가, 머잖아 이 도취가 이윽고 허탈감으로 바뀌지나 않을까 늘 두려운 생각이 들었다. 그런 귀부인들로부터 언제나 변함 없는 마음을 기대하는 것이, 그것을 간직할 만한 재능이 모자란 나에게 과연 가능할 것인지? 내 마음을 불안하게 하며, 나를 한층 우울하게 만들어 버리는 이 불안한 예감을 나는 도저히 그녀에게 숨길 수 없었다. 다음 편지를 읽으면 그것을 알 수 있겠지만, 이 편지에는 아주 기묘한 예감이 드러나 있다.

비고—이 편지 초고에는 날짜가 없지만 늦어도 1760년 10월의 것이다.

부인의 호의가 얼마나 잔인한지 모르겠습니다. 이 이상 인생의 쓰라림을 느끼지 않기 위해, 생의 향락을 단념하고 있던 고독한 사람의 평화를 왜 흔들어 버리시려는 것입니까. 저는 생애를 바쳐 변함없는 애정을 찾아 보았으나 허사였습니다. 제 손에 닿는 경우에서는 그런 애정은 이룰 수 없었습니다. 저는 그것을 당신처럼 신분 높은 분에게서 찾아야만 했던 것일까요? 야심도 이해도 제 마음을 끌지 못합니다. 저는 오만하지도 않고 비겁하지도 않습니다. 저는 애무를 제외하고는 모든 것을 이겨낼 수 있습니다. 당신들 두 분과 저와의 사이처럼 신분의 차이가 우리를 갈라 놓는 경우, 다감한 심정의 고백만이 제 마음을 당신들에게 전해 줄 텐데, 왜 당신들은 극복해야 할 제 약점을 들어 저를 나무라십니까. 마음을 바칠 두 가지 방법을 모르고 우정 밖에 바칠 수 없다고 느끼는 마음에 대해서는 감사만으로 충분할까요? 우정이라고 했습니다. 원수 부인! 아! 그것이 저의 불행입니다. 부인께서나 원수 각하께서는 이 말을 예의상 쓰고 계십니까? 그러나 저는 그것을 말 그대로 받아들이는 어리석은 사람입니다. 당신은 장난삼아 하지만 저는 죽기를 각오하고서 하는 것입니다. 그리고 그 희롱의 마지막은 제게 새로운 후회를 가져다 줍니다. 당신의 모든 칭호들을 내가 얼마나 미워했는지, 그리고 그것들을 가지고 계신 당신을 얼마나 딱하게 여겼는지 모릅니다! 저는 이렇게 생각합니다. '당신은 사생활의 매력을 즐기는 데 정말 알맞은 분이다.' 어째서 당신은 클라랑(《신 엘로이즈》의 무대인 제네바 호숫가의 마을)에서 살지 않으십니까? 저라면 생애의 행복을 찾아 그 곳으로 갔을 것입니다. 그러나 당신이 살고 계시는 곳은 몽모랑시의 저택, 뤽상부르의 저택입니다. 장 자크의 모습이 그런 곳에 보여서야 되겠습니까? 평등을 좋아하는 인간이 자기에게 보여 준 존경에 보답하여, 자기가 받은 만큼의 것을 갚으려는 그러한 다감한 마음의 애정을 길러 가는 곳은 이런 곳일까요? 당신은 마음씨가 훌륭하고 다감한 분입니다. 저는 그것을 알고 있으며 보아 왔습니다. 오히려 그것을 보다 일찍부터 믿을 수 없었던 것을 안타깝게 느낄 정도입니다. 그러나 당신이 차지하고 있는 계급에서나 당신의 생활 방식에서는 아무것도 영원한 듯한 인상을 주는 것이 없습니다. 새로 나타나는 많은 사물들은 서로 지워져서 어느 것 하나 뒤에 남는 것이 없습니다. 부인, 제가 당신을 흉내낼 수 없는 처지에 놓인다면 부인은 저를 잊어버리시겠지요. 당신은 저를 불행하게 만들기 위해 용서할 수 없을 정도로 많은 일을 하셨습니다.

내가 이 편지에 뤽상부르 원수의 이름까지 써넣은 것은 이 인사말이 그녀에게 너무 심하게 군 것 같은 인상을 주지 않기 위해서였다. 왜냐하면 원수는 내가 완전히 믿으며 그 영원한 우정을 한 번도 염려한 적이 없었기 때문이었다. 위협하는 듯한 부인의 언사가 원수와 관계 있으리라고는 꿈에도 생각하지 않았다. 원수는 마음이 약하지만 신용할 수 있는 성격이란 것을 알고 있는 나는 그 성격을 아직껏 조금이라도 의심한 적이 없었다. 원수에게서 그의 우정이 식을 것을 두려워하기는커녕, 오히려 나는 그의 힘찬 애정을 기대하고 있었다. 서로의 솔직한 태도는 서로의 신뢰도를 보여준다. 우리는 둘 다 옳았던 것이다. 나는 살아 있는 한, 이 고귀한 분의 회상을 소중히 생각하고 싶다. 내게서 그를 떼어내기 위해 어떤 일들이 행해지고 있었는지는 모르나, 어쨌든 내 팔에 안겨 최후의 숨을 거둔 거나 다름없이, 그뒤로 그는 내 친구로 세상을 떠났다고 나는 확신하고 있다.

1760년 몽모랑시로 두 번째 찾아갔을 때, 《쥘리》는 다 읽었으므로 계속해서 뤽상부르 부인에게 《에밀》을 읽어 주기로 했다. 그러나 이것은 그다지 성공하지 못했다. 그 소재가 그녀의 취미에 맞지 않았는지, 또 책에는 싫증이 났는지 모르겠다. 그러나 부인은 내가 출판할 때마다 속는 것을 딱하게 생각하고 이 저서의 출판 주선을 자기에게 맡겨 주기를 요구하며, 보다 많은 이익을 얻게 해주려 했다. 나는 프랑스에서 인쇄하지 않는다는 특별한 조건을 붙여 그것에 동의했는데, 그 조건을 두고서 우리는 오랫동안 상의했다. 나는 검열 없이 출판 허가를 얻을 수 없으며, 허가를 신청하는 것마저 경솔한 일이라고 했다. 그래서 왕국 밖에서만 인쇄를 시키겠다고 했다. 부인은 정부가 취하고 있는 방침으로는 검열에 아무런 어려움도 없다고 주장했다. 그녀는 자기의 견해에 말쉐르브 씨를 동조하게 만들었다. 말쉐르브 씨는 이 문제에 대해 손수 긴 편지를 보내 《사부아 보좌 신부의 신앙 고백》은 곳곳에서 사람들의 호평을 받을 작품이며 또 궁정의 찬사도 받을 작품이라고 증언했다. 나는 그렇게도 겁 많던 관리가 이 문제에 나름의 대단한 견해를 갖고 있는 데 놀랐다. 그가 용인하는 책을 인쇄하는 것만으로도 합법이었으므로, 나는 이 책의 인쇄에 더는 반대할 근거가 없었다. 그러나 노파심에서 역시 이 책은 네덜란드에서 인쇄되어야 하며, 그것도 네옴므 서점에 의해 할 것을 요망했다. 그러나 네옴므의 이름을 지정한 것만으로는 만족하지 못하고 그 사실을 미리 서점에 알려 주었다. 나는 거기에 출판 이익을 한 프랑스 서점에 주기로 승인하고, 출판 판매는 나와 관계가 없으므로, 파리나 그 밖의 다른 곳에서 판매되어도 좋다고 동의했다. 정확히 말해서 룩상부르 부인과 나 사이에 약속된 것은 이상과 같았다. 이 약속 하에 나는 그녀에게 원고를 넘겨 주었다.

부인은 이번 시골 여행에 손녀인 부플레르 양을 데리고 왔다. 지금은 로횡 공작 부인이다. 전에는 그녀를 아멜리아 불렀다. 귀여운 소녀였다. 정말 품위가 있었고 정숙한데다 처녀다운 수줍음을 지니고 있었다. 그녀의 용모보다 더 귀엽고 사랑스러운 것은 없었다. 그녀가 불어넣는 감정만큼 사랑스럽고 순결한 것은 없었다. 물론 그녀는 아직 어린아이였다. 11살도 채 안 되었다. 원수 부인은 손녀가 너무 수줍어하는 것을 보고, 그녀를 활발하게 만들려고 애썼다. 부인은 내게도 몇 번인가 그 귀여운 소녀에게 입맞춤할 것을 허락해 주었다. 나는 그런 입맞춤을 할 때도 언제나처럼 멋없이 했다. 다른 사람 같으면 그런 경우 가지가지 상냥한 말을 했으련만, 나는 아무 말도 못하고 당황하고 있었으니, 나로서는 이 귀여운 소녀와 나 사이에 어느 편이 더 수줍어했는지 모를 일이었다.

어느 날 나는 프티 샤토의 계단에 혼자 있는 그녀와 마주쳤다. 그녀는 테레즈를 만나러 왔다. 그녀의 가정 교사가 아직 테레즈와 이야기를 하고 있었다. 나는 그녀에게 무슨 말을 해야 할지 몰라서 그녀에게 입맞춤을 하였다. 순진한 마음에서 그녀는 그것을 거절하지 않았다. 그날 아침에는 할머니의 명령으로 할머니가 보고 있는 앞에서 입맞춤을 했던 것이다. 그 다음날 원수 부인의 머리맡에서 《에밀》을 읽다가, 나는 바로 그 전날 한 것과 같은 일을 냉정히 비판하는 대목에 이르렀다. 부인은 나의 의견을 매우 정당하다고 생각하였고, 또 그것에 관해 아주 도리에 맞는다고까지 했으므로 나는 얼굴이 붉어졌다. 나는 자신의 이런 터무니 없는 추태를 얼마나 저주했는지 모른다. 그 때문에 내가 단지 어리석고 당황하였을 때라도 나는 흔히 비굴하고 죄인 같은 모습을 하였다. 그런 소홀함은 내가 재치가 없지 않다고 알고 있기 때문에 거짓 변명으로도 해석될 수 있다. 이 돼먹잖은 입맞춤의 경우에서 다른 여러 경우와 마찬가지로 내 마음과 관능은 아멜리 양에 못지 않게 순결했다고 맹세할 수 있다. 또 이 경우 그녀와 만나는 것을 피할 수 있었다면 나는 꼭 그렇게 했으리라고 맹세할 수 있다. 내가 그녀를 만나는 것이 즐겁지 않아서가 아니라 만나자마자 무엇인가 그녀를 기쁘게 해줄 말이 잘 생각나지 않기 때문이었다. 국왕의 권력에도 겁을 내는 일이 없었던 사나이를 귀여운 어린아이가 겁나게 했다니 어찌된 일일까? 그러면 어떤 태도를 취하면 좋을 것인가? 임기응변에 서투른 내가 어떻게 행동하면 좋을까? 만약 만나는 사람에게 억지로 말을 하려고 하면, 내게서는 틀림없이 쑥스러운 말이 튀어나온다. 그렇다고 아무 말도 안하게 되면 염세가, 야수, 곰이 된다. 차라리 완전한 백치가 훨씬 나을 것이다. 그러나 이 세상에서 내가 갖추지 못한 재능은 나와 내가 타고난 특유한 재능을 파멸하는 도구가 되었다.

이 여행이 끝날 무렵, 뤽상부르 부인은 한 가지 좋은 일을 했다. 나도 여기에 다소 협력했다. 디드로가 너무도 경솔하게 뤽상부르 원수의 딸 로베크 대공 부인을 모욕했으므로 로베크 부인의 후원을 받고 있던 파리조는 《철학자들》이란 희극을 써서 이에 응수했다.

이 희극에서 나도 우롱을 당했지만 디드로는 심하게 조롱을 당했다. 그러나 그 지은이는 나를 다소 두둔해 주었다. 그것은 내게 은혜를 입고 있기 때문이 아니라 내가 각별한 총애를 받고 있는 그의 보호자인 부인의 아버지가 노여워하지 않을까 하는 두려움에서였다. 그 작품이 출판되었을 때, 그 당시는 나와 안면도 없던 서점 주인인 뒤쉐느가 그 희곡을 내게 보내 주었다. 그것도 파리조의 요청에 따른 것이라고 추측된다. 아마 파리조는 나와 절교한 사나이가 근거 없는 비난을 받는 것을 보고 내가 기뻐할 줄로 생각했던 모양이다. 그는 대단한 잘못을 저질렀다.

나는 디드로를 나쁜 사람으로 생각하기보다는 무례하고 무력한 사람이라고 생각하였다. 그와 절교는 했어도 그에 대한 애정은 내 마음속에 여전히 남아 있었다. 더욱이 오랫동안 서로가 성실하였던 우리의 옛 우정에 대한 존경과 경의도 잃지 않았다. 그러나 그림에 대해서는 전혀 그렇지가 못했다. 성격만 하더라도 거짓이 많은 인간으로 그는 나를 조금도 사랑하지 않았다. 사랑할 능력마저 없는 사나이로 나를 원망할 어떤 이유도 없이 오로지 그의 시커먼 질투심을 만족시키기 위해 가면을 쓰고 가장 잔인하게도 중상했다. 이런 녀석은 이제 내게는 아무 것도 아니다. 그러나 디드로는 언제까지나 나의 옛 친구임에 변함이 없을 것이다. 이런 기분 나쁜 작품을 읽노라니 오장육부가 뒤틀릴 지경이었다. 그래서 더는 그것을 참고 읽을 수 없었다. 읽다 말고 다음과 같은 편지와 함께 그 작품을 뒤쉐느에게 돌려보냈다.

몽모랑시 1760년 5월 21일
 보내 주신 작품을 읽다가 저를 칭찬하신 것을 보고 전율을 금치 못했습니다. 저는 이 무서운 선물을 받을 수 없습니다. 모욕을 줄 생각으로 보내신 것이 아닌 것은 잘 압니다만, 이 작은 책자 속에서 부당하게도 나쁜 사람으로 조롱을 받고 있는 사람이 저의 존경하는 친구라는 것을 당신은 모르시거나, 아니면 잊으신 모양입니다.

 뒤쉐느는 이 편지를 여러 사람에게 보였다. 디드로는 이 편지에 감격해야 했을 텐데 도리어 화를 냈다. 자존심이 강한 그는 관대하고 우월한 듯한 내 태도를 용서할 수 없었던 것이다. 그리고 그의 부인은 가는 곳마다 나에 대한 불평을 늘어놓았으나, 나는 그런 불평에 그다지 마음을 쓰지 않았다. 그녀가 떠벌이라는 것은 세상이 다 알고 있다는 것을 나는 알고 있었기 때문이다.
 디드로 측에서는 모렐레 신부를 복수자로 내세웠는데, 이 사나이는 《작은 예언자》(디드로가 쓴 작은 책자 제8권에 나옴)를 흉내낸 《환상》이란 소품을 써서 파리조와 대결하였다. 모렐레 신부는 이 소품 가운데서 로베크 부인을 아주 경솔하게 모욕했으므로 부인의 친구들은 그를 바스티유 감옥에 처넣었다. 이것을 친구들의 짓이라고 말할 수 있는 것은, 부인은 원래 복수심 같은 것이 없는 사람이고, 또 당시 부인은 죽음을 눈앞에 두고 있었으므로 이런 일에 개입하지 않았다는 것을 내가 확신하기 때문이다.
 모렐레 신부와 아주 친한 사이였던 달랑베르는 내게 편지를 보내, 뤽상부르 부인을 통해 모렐레 신부의 석방을 간청해 달라고 부탁하고, 감사의 표시로 《백과사전》 속에 그녀에 대한 찬사를 쓰겠다고 약속했다. 다음이 내 답장이다.

 당신의 편지를 받기 전에 모렐레 신부의 구금에 제가 마음 아파하고 있는 것을 뤽상부르 부인에게 전했습니다. 부인은 그러한 저의 관심을 잘 알고 계시므로 당신의 관심도 알게 될 것입니다. 그리고 모렐레 신부가 훌륭한 인물이란 것을 알게 되면 부인 스스로 동정을 갖기에 충분할 것입니다. 게다가 부인과 원수 각하가 비록 저의 생애에 위안이 되는 호의를 베풀어 주시더라도, 또 당신 친구의 이름이 원수 부부에게 모렐레 신부를 위한 추천이 될 것이라고 하더라도, 저는 이 경우 두 분의 신분에 따르게 되는 명성과 그 인격에 대한 존경심을 어느 정도까지 이용하면 좋을지 모르겠습니다. 당신이 그렇게 생각하시는 것처럼 문제의 복수 행위가 로베크 부인과 관계 있다는 점을 저는 이해할 수가 없습니다. 설혹 그렇다 하더라도 보복의 기쁨은 오로지 철학자들만이 누리는 것이라고 기대해서는 안되며, 또 그들이 여자이기를 바랄 때 여자를 철학자로 기대해서도 안될 것입니다.

당신의 편지를 뤽상부르 부인께 보여서 부인이 저에게 무슨 말씀이 있으면 당신께 알려 드리겠습니다. 그렇지만 미리 귀하에게 단정할 수 있을 만큼 부인을 잘 안다고 믿는 저로서는 부인이 모렐레 신부의 석방에 기꺼이 협력한다 하더라도, 당신이 《백과사전》 속에 부인을 소개하기로 언약한 사례는 절대로 받지 않을 것입니다. 비록 부인이 그것을 명예로 생각하더라도. 부인이 착한 일을 하는 것은 찬사를 받기 위해서가 아니라 마음의 만족을 위해서이기 때문입니다.

나는 감옥에 갇힌 한 가엾은 이를 위해 뤽상부르 부인의 열의와 동정을 불러 일으키려고 있는 힘을 다 했다. 그 결과 마침내 성공했다. 그녀는 그 일로 특별히 생 플로랑탱 백작을 만나기 위해 베르사유로 떠났다. 이 여행 때문에 몽모랑시에 머무르는 기간이 단축되었다. 이와 때를 같이하여 원수도 어쩔 수 없이 그곳을 떠나게 되어 루앙으로 갔다. 그 밖에 법원에서의 불온한 운동을 진압하기 위해 왕은 원수를 노르망디 총독으로 파견했다. 뤽상부르 부인이 출발한 다음 다음 날에 내게 보낸 편지는 다음과 같다.

베르사유 수요일(서간집 D 제23호)
원수께서는 어제 아침 6시에 출발했습니다. 제가 가게 될지 어떨지는 아직 알 수 없습니다. 저는 그분의 소식을 기다리고 있습니다. 왜냐하면 원수도 얼마 동안 그곳에 머물러 계실지 모르고 있기 때문입니다. 저는 생 플로랑탱 씨를 만났는데, 플로랑탱 씨는 모렐레 신부에 대해 대단한 호의를 갖고 있었습니다. 다만 플로랑탱 씨가 보는 견해로는 조금의 장애가 있기는 하나, 다음 주에 있을 국왕과의 최초의 협의 석상에서 그것을 무사히 결말 짓겠다고 말했습니다. 저는 또 모렐레 신부의 낭시 추방설을 들었으므로 추방되지 않도록 관대한 조치를 탄원했습니다. 이상 제가 힘쓴 결과입니다.

하지만 귀하가 바라는 대로 이 사건이 해결될 때까지 생 플로랑탱 씨가 계속해서 노력하도록 하겠다는 것을 약속드립니다. 그렇게도 일찍 귀하와 헤어져야만 했던 제 슬픔을 지금 어떻게 말씀드려야 좋을지 모르겠습니다. 그러나 귀하께서 이해해 주실 줄로 믿습니다. 저는 귀하를 진심으로, 그리고 이 생명 다하도록 사랑하겠습니다.

며칠 뒤 나는 다음과 같은 달랑베르의 편지를 받았는데, 그것은 나에게 커다란 기쁨을 주었다.

8월 1일(서간집 D 제26호)
친애하는 철학자여! 당신의 배려로 신부는 바스티유에서 나왔습니다. 다시는 그를 감금하는 일이 없을 테지요. 그는 시골로 떠납니다. 그리고 나와 함께 당신께 거듭 감사를 드립니다. 잘 있어요, 그리고 나를 사랑해 주십시오(Vale, et me ama).

신부도 며칠 뒤 내게 감사의 편지를 보냈다(서간집 D 제29호). 하지만 거기에 그의 진심이 담겨 있다는 생각은 들지 않았다. 그리고 내가 그를 위해 애쓴 것을 하찮게 보고 있는 것 같았다. 그리고 얼마 뒤에, 나는 달랑베르와 그가 뤽상부르 부인 댁에서의 나의 지위를 빼앗았다고까지는 할 수 없지만 나의 뒤를 이었다고는 할 수 있으며, 그들이 부인에게서 얻은 것만큼 내가 잃었다는 것을 알았다. 그러나 나는 부인의 총애를 잃은 것이 모렐레 신부 때문이라고는 생각하지 않는다. 달랑베르에 대해서는 여기에서는 아무 말도 않겠다. 다음에 다시 언급할 생각이다.

같은 무렵 또 하나의 사건이 일어났다. 볼테르에게 보낸 내 마지막 편지가 그 사건의 원인이었다. 그는 이 편지를 대단한 모욕으로 여기고 크게 노해서 던져 버렸으나 아무에게도 보이지 않았다. 그가 하고 싶지 않았던 것을 내가 여기에서 대신하겠다.

  트뤼블레 신부를 나는 알고 있었지만, 만난 일은 거의 없었다. 그런데 1760년 6월 13일 날짜로(서간집 D 제11호) 내게 편지를 보내, 그의 친구요, 서신 내왕이 있는 포르메 씨가 그의 신문에, 리스본의 재난에 관해 볼테르 씨에게 보낸 내 편지(제9권 참조)를 실었다는 것을 알려 왔다. 트뤼블레 신부는 어떻게 그것이 다시 인쇄되게 되었는지 알고 싶어했다. 그는 교활하고 음험한 기질대로 자기 의견은 말하려 하지 않고, 이 편지의 인쇄에 관한 나의 의견만을 물어 왔다. 나는 이런 종류의 책략가를 아주 싫어했으므로 적당히 고맙다는 인사말을 해두었지만, 그가 알아챌 만큼 냉담한 태도를 보였다. 그럼에도 그는 두 번 세 번 편지로 나를 꾀서 그가 원하는 것은 모두 알아냈다.

  트뤼블레는 재인쇄니 뭐니 하고 말하고 있지만, 포르메는 이 편지가 전에 인쇄된 일이 없는 것을 알고, 그가 처음으로 인쇄했다는 것을 나는 잘 알고 있었다. 포르메는 이미 발행된 책에서 지은이의 이름을 삭제하고 자기 이름으로 고쳐 그것을 팔아 이익을 보는 지독한 파렴치한 노릇을 그때까지는 하지 않았지만, 낯짝 두꺼운 표절가이며 염치하곤 상관없이 남의 작품으로 돈벌이를 꾀하는 자라는 것은 나도 알고 있었다. 그러나 그 원고가 어떻게 그의 손으로 들어갔는지, 그 점이 문제였다. 그것은 풀기 어려운 것도 아니었는데, 고지식하기만 한 나는 깊이 생각도 않고 당황해 버렸다. 볼테르는 이 편지에서 지나치게 존경을 받았으나 만약 내가 그의 허가 없이 이 편지를 인쇄시켰더라면 그로서는 자기의 무례한 태도는 제쳐놓고 내게 불평을 할 만한 근거가 되었을 것이다. 나는 이 문제에 대해 그에게 편지를 쓰기로 결심했다. 이 두 번째 편지는 다음과 같다. 그는 이에 아무런 회답도 보내지 않았다. 그리고 그의 잔인성을 한층 유감없이 발휘할 수 있도록, 내 편지에 크게 분개하는 태도를 보였다.

  몽모랑시 1760년 6월 17일
  당신과 다시 편지를 하게 되리라고는 생각조차 못했습니다. 그러나 1756년에 당신에게 보낸 내 편지가 베를린에서 인쇄되었다는 말을 듣고, 이 점에 관한 제 행동은 당신에게 보고할 의무가 있다고 생각되어, 진실과 솔직함으로 그 의무를 다하려는 바입니다.

사실 그 편지는 당신에게 보낸 것으로 인쇄할 것은 아니었습니다. 저는 그 편지를 조건부로 세 사람에게 보냈습니다. 그분들에게는 의리상 거절할 수 없었습니다만, 그분들도 의리상 약속을 저버리고 신용을 악용하는 일은 있을 수 없었던 것입니다. 그 세 사람이란 뒤팽 부인의 며느님인 슈농소 부인, 우드토 백작 부인, 그리고 그림이라는 독일 사람입니다. 슈농소 부인은 그 편지의 인쇄를 희망하여 그 점에 대해 저의 동의를 요청했습니다. 저는 부인에게 그 점은 당신의 동의에 달렸다고 말씀드렸습니다. 그래서 그녀는 당신에게 동의를 요청하였던 것이며 당신은 그것을 거절하셨습니다. 그뒤로 그것은 문제가 되지 않았습니다.

한편 트뤼블레 신부는—저는 신부와 아무 관계도 없지만—요즘 저에게 정성어린 편지를 보내, 포르메 씨가 발행하는 신문을 받아 그 지면에서 이 편지를 읽었다고 합니다. 1759년 10월 23일자의 이 신문 발행인은 이 편지를 몇 주일 전에 베를린 서점에서 발견하였으며, 닳아 떨어져 곧 소실되어 버릴 염려가 있으므로 자기 신문의 지면을 거기에 할애하지 않을 수 없었다는 편집자의 주(註)가 붙어 있었습니다.

제가 알고 있는 것은 이것뿐입니다. 파리에서는 지금까지 이 편지가 사람들의 입에 오른 일이 없었다는 것은 아주 확실합니다. 또 이 편지가 원고이건 인쇄물이건 포르메 씨의 수중에 들어간 것은 당신에게서 나온 것이거나—그런 일을 믿을 수는 없지만—아니면 내가 전에 준 세 분 가운데 한 사람에게서 나온 것이 확실합니다. 끝으로 또 앞에 말한 두 부인들은 이런 배신을 할 수 없다는 것도 확실합니다. 세상을 피해 숨어서 살고 있는 저로서는 그 일에 대해서 더 이상 알 수가 없습니다. 당신은 여러분과 서신 왕래가 있으시므로 번거로움을 무릅쓰신다면, 그 일의 진상을 밝히기는 쉬운 일일 듯 생각됩니다.

트뤼블레 신부는 또 그의 편지에서 이 인쇄물을 깊이 보관하여 제 동의 없이는 다른 사람에게 빌려 주지 않겠다고 다짐하였습니다. 물론 저도 그것에 절대로 동의하지 않겠습니다. 저는 이 편지가 인쇄되지 않기를 바라고 있으며 이를 위해서는 최선을 다할 생각입니다. 그러나 만약 인쇄가 불가피하고, 적당한 때에 제가 우선권을 가질 수 있다면, 그때는 주저하지 않고 저 자신이 인쇄할 작정입니다. 저는 그편이 적당하고 자연스럽다고 생각합니다.

그 편지에 대한 당신의 회답은 아무에게도 알려지지 않았습니다. 당신의 승낙 없이 인쇄하는 일은 없을 테니 안심하십시오. 한 개인이 다른 개인에게 보낸 편지는 대중을 상대로 쓴 것이 아님을 충분히 알고 있으므로, 그것을 인쇄하는 허가를 요구하는 경솔한 짓은 결코 하지 않을 생각입니다. 그러나 당신이 공개해도 좋을 편지를 제게로 보내 주시기를 원하신다면, 저는 그것을 충실하게 제 편지에 첨부하고 또 한 마디도 항변하지 않을 것을 약속드립니다.

저는 당신을 조금도 사랑하지 않습니다. 당신은 제자요, 숭배자인 저에게 가장 뼈에 사무치는 갖가지 고통을 주었습니다. 당신은 제네바에서 당신이 받을 보호의 대가로 제네바를 파멸시켰습니다. 그리고 제가 저와 고향이 같은 사람들에게 아낌없이 당신을 찬양한 대가로 당신은 저와 고향이 같은 사람들의 사이를 서먹서먹하게 만들었습니다. 그렇게 해서 저를 고국에서 살지 못하게 한 사람이 당신이었습니다. 죽어 가는 자로서의 모든 위안을 박탈당하고, 명예 대신에 길가에 버려진 저를 먼 나라 땅에서 죽게 하려는 것도 당신입니다. 그래도 사람으로서 받을 수 있는 온갖 명예를 당신은 제 고향에서 받으시겠지요. 어쨌든 저는 당신을 미워합니다. 그것을 당신은 바라고 있었으니까. 하나 당신의 희망에 따라 더욱 당신을 존경하고 사랑할 수도 있는 자로서 당신을 증오합니다.

당신에 대해 오래 전부터 내 마음에 충만했던 감정 가운데 아직 남아 있는 것은, 오직 당신의 아름답고 하늘이 주신 재능에 대한 거역할 수 없는 찬탄이며, 당신의 저술에 대한 사랑뿐입니다. 제가 당신에게서 재능만을 존경할 수 있다고 하더라도 그것은 제 잘못이 아닙니다. 저는 결코 존경을 잃지 않을 것이며 이 존경이 요구하는 예의를 결코 잃지 않을 것입니다.

이러한 문학상의 사소한 분쟁들은 내 결심을 더욱 굳게 만들었지만 그 가운데에서 나는 최대의 명예를 얻었다. 이 명예는 편지가 나에게 가져온 것이다. 그리고 이 명예에 나는 다시 없는 감격을 느꼈다. 그것은 콩티 대공이 두 차례나 나를 방문해 준 것이다. 한 번은 프티 샤토로, 두 번째는 몽 루이로. 대공은 두 번 다 뤽상부르 부인이 몽모랑시에 없는 때를 택했다. 그것은 나를 만나기 위해서만 왔다는 것을 분명히 하기 위해서였다. 대공의 호의란 것이 원래 뤽상부르 부인과 부플레르 부인의 덕이란 것을 나는 결코 의심치 않았다. 그러나 영광스럽게도 그뒤로 계속해 내게 베풀어진 호의는 대공의 감정과 내 힘에서 비롯된 것이라는 것도 나는 믿어 의심치 않았다.

몽 루이의 내 집은 아주 아담하고 정자의 위치가 마음에 들었으므로 나는 대공을 그곳으로 안내하였다. 그는 황송하게도 나와 체스를 두었으면 했다. 나는 그가 체스를 나보다 더 잘 두는 로랑지 기사를 이긴 것을 알고 있었다. 그런데 기사를 비롯해 자리에 있는 사람들의 눈짓이나 찌푸린 표정을 못 본 체하고 나는 두 번을 두어 두 번 다 이겼다. 체스 놀이가 끝나고 나서 나는 대공에게 공손히, 그러나 엄숙한 태도로 말했다. "각하, 각하를 지극히 존경한 나머지 승리를 사양할 수 없었습니다." 재기와 예지에 차 있어서 달갑잖은 추종을 받기에는 적합하지 않은 이 위대한 대공은, 그 자리에서 대공을 인간으로 대우하고 있는 것은 나뿐이라는 것을 깨달았을 것이라고, 적어도 나는 그렇게 생각했다. 그리하여 나는 대공이 이 말에 진심으로 나에게 감사하였으리라고 믿어 무방하리라 생각했다.

설사 기뻐하지 않는다 하더라도, 내겐 대공을 속일 생각이 조금도 없었으므로 나 자신을 나무랄 생각은 없었다. 또 대공의 호의에 충분히 보답하지 못한 것은 나로서 어쩔 수 없는 일이었지만, 때때로 버릇없이 대한 것만은 사실 나 자신을 나무라야 한다. 대공은 다시 없는 우아한 태도로 호의를 보여 주었다. 이삼 일 뒤에 대공은 내게 사냥에서 잡은 것을 한 바구니 보내 주었다. 나는 고맙게 그걸 받았다. 그리고 조금 지나 또 한 광주리를 보내 왔는데, 사냥을 맡아하는 관리 한 사람이 대공의 분부를 받고 그것이 대공이 사냥에서 직접 쏘아 잡은 것이라고 편지에 써 보냈다. 나는 그것도 받았다. 그러나 나는 부플레르 부인에게 편지를 보내 더 이상은 받지 않겠다고 했다. 이 편지는 일반에게 비난을 받았는데 그것은 당연한 일이었다. 왕가의 귀한 분이 사냥에서 잡은 선물을 아주 정중하게 보내 준 것을 거절한다는 것은, 자신의 자유와 독립을 지키려는 긍지 높은 사나이의 세심한 처사라기보다는 분수를 모르고 버릇없이 자란 사나이의 거친 태도라고 말할 수 있다. 내 서간집 가운데 있는 이 편지를 다시 읽을 때마다 나는 얼굴이 달아오르며, 그것을 쓴 자신을 나무라지 않을 수 없었다. 그러나 어쨌든 내가 이 고백을 계획한 것은 나의 어리석은 짓을 덮어두기 위한 것은 아니었다. 더욱이 그런 것을 숨겨두기에는 자신이 너무도 불쾌하게 느껴진다.

나는 대공의 연적이 될 어리석은 짓은 하지 않았지만 하마터면 그렇게 될 뻔했다. 왜냐하면 그 당시 부플레르 부인은 아직도 대공의 총애를 받고 있었는데, 나는 그것을 전혀 몰랐던 것이다. 그녀는 자주 로랑지 기사와 어울려 나를 찾아왔다. 그리고 아름답고 아직 젊었다. 그녀는 로마 기풍의 정신을 가진 체했다. 그리고 나로 말하면 언제나 공상에 빠진 정신의 소유자였다. 거기에는 꽤 비슷한 데가 있었다. 하마터면 나는 그녀에게 반할 뻔했다. 그녀도 그것을 눈치챈 것 같았다. 로랑지 기사도 그것을 알았다. 적어도 그는 나에게 그것쯤은 말해 주었다. 그것도 내가 낙심하지 않게끔 말했던 것이다. 그러나 이제는 나도 분별이 있었다. 게다가 나이도 쉰이나 된 때였다. 앞서 《달랑베르에게 보내는 연극에 관한 편지》에서 늙은이들에게 준 교훈이 머리에 가득차 있는 나는 스스로 그 교훈을 지키지 못한다는 것을 부끄럽게 생각하였다. 게다가 그 때까지 내가 모르고 있었던 일을 알고 보니, 내 머리가 돌지 않는다면 그런 신분 높은 사람과 경쟁할 필요가 없었다. 요컨대 아직도 우드토 부인에 대한 정열에서 완전히 깨어나지 못하고 있는 나로서는, 내 마음속에 그녀를 대신할 사람은 다시는 없다는 것을 느끼며 앞으로의 생애에서는 영구히 사랑을 단념하기로 했다. 지금 이것을 쓰고 있는 이 순간에도, 나는 야심을 품을 젊은 부인(베르티에 백작 부인)의 불안한 시선으로 지켜보는 위험하고 교태스런 유혹을 받고 있다. 그러나 비록 그녀가 예순이란 나이를 잊어버린 듯한 행동을 보였다 하더라도 나는 그것을 잘 알고 있다. 이런 위험한 데서 발을 뺀 이상, 다시는 실수할 염려는 없다. 나의 여생 동안 나는 자신에 대해 책임을 진다.

    부플레르 부인은 자기가 내 마음에 동요를 주었다는 것을 알았으나, 내가 그것을 억제해 버린 것도 안 것 같았다. 나는 이 나이에 그녀의 흥미를 이끌 수 있으리라고 믿을 정도로 미치지도 않았고 오만하지도 않았다. 그러나 그녀가 테레즈에게 말한 여러 가지로 미루어 볼 때, 아무래도 내가 그녀의 호기심을 불러일으킨 것 같은 기분이 들었다. 만일 그렇다면, 그리고 그녀의 그런 호기심을 내가 실망시킨 데 대하여 나를 용서하지 않았다면, 나는 내 약점의 희생이 되기 위하여 태어났다는 것을 고백하지 않으면 안된다. 왜냐하면 나에게는 승리자의 사랑은 그토록 불행한 것이었으며, 또 패배자의 사랑은 더 불행한 것이었기 때문이다.

    지금까지 이 두 권에서 내게 길잡이를 했던 서간집은 이것으로 끝이다. 이제부터는 내 추억의 흔적만을 더듬어 나가는 수밖에 없을 것이다. 그러나 그 추억들은 이 가혹한 시기에 얻은 것으로 그 인상이 아주 뚜렷하게 내 머릿속에 남아 있어서, 불행의 바다 속에 버려진 나는 최초의 난파의 상세한 모습을 잊을 수가 없다. 그러나 그 뒤의 일들은 혼돈된 기억만을 내게 줄 뿐이다. 따라서 나는 다음 권에서는 아직도 확신을 가지고 이야기를 진행시킬 수 있다. 그러나 이야기가 좀 더 앞으로 나가면 그때부터는 더듬어 찾아 나가는 도리밖에 없을 것이다.

제11권

〔1760년 10월~1762년 6월〕

　오래 전에 인쇄에 부쳤던 《쥘리》는 1760년 말이 되어도 아직 출판되지 못했으나 소문만은 요란히 떠돌기 시작했다. 이미 뤽상부르 부인은 궁정에서, 우드토 부인은 파리에서 그 소문을 냈다. 한편 우드토 부인은 생 랑베르를 위해 폴란드 왕에게 이 원고를 그대로 낭독해 올리겠다는 허락까지도 받아 갔다. 왕은 이 작품이 아주 마음에 들었던 모양이다. 나는 뒤클로에게도 이것을 읽어 보게 했는데, 그는 이것을 아카데미에 이야기했다. 온 파리는 이 소설이 나오기를 학수고대하였다. 생 자크 거리의 각 서점과 팔레 루아얄의 서점은 그 소식을 물으러 오는 사람들로 문전성시를 이루었다. 마침내 그것이 출판되었는데(1761년 1월 말) 그 성공은 이례적이었으므로 기다린 보람이 있었다. 이 책을 가장 먼저 읽은 사람들 가운데 하나인 왕자비는 마음을 매혹시킬 만한 훌륭한 작품이라고 뤽상부르 원수에게 말했다. 문학자들 사이에서는 이 작품에 대한 평이 구구했지만 일반 독자들 사이에서는 일치했다. 특히 부인들은 그 작품에도 지은이에게도 도취되어 있었으므로 내가 바라기만 했다면 상류 사회의 부인들이라도 거의 전부 내 손아귀에 넣었을 것이다. 그 점에 대해선 나는 여기에 기록할 생각은 없지만 증거는 가지고 있다.
　그것들은 실제로 시험해 보지 않더라도 내 말을 증명하기에 족한 것들이었다. 이 작품 속에서 프랑스 사람은 여자건 남자건 간에 그리 좋게 다루어지지 않았음에도 유럽의 다른 어느 나라에서 보다도 프랑스에서 더 큰 성공을 거뒀다는 것은 이상한 일이다. 나의 기대와는 정반대로 스위스에선 환영을 별로 못 받았고 파리에서 가장 평이 좋았다. 그렇다면 우정이니 사랑이니 도덕이니 하는 것은 다른 어느 곳보다도 파리에서 행해지고 있다는 것일까? 물론 그럴 리는 없다. 그러나 거기에는 그들의 마음을 결합시키고 우리가 이미 잃어버린 순수하고 정다우며 성실한 감정을 다른 사람 속에서 찾아내어 이것을 소중히 하는 섬세한 감각이 아직도 지배하고 있다. 풍속의 퇴폐가 심한 것은 어디에서나 마찬가지다. 유럽에는 이미 미풍양속도 도덕도 존재하지 않는다. 그러나 아직 그런 것에 대한 사랑이 존재한다면 파리에서나 그것을 찾아보아야 할 것이다.[*1] 그 많은 편견과 거짓된 정념 가운데서 참다운 자연의 감정을 분간해 내려면 인간의 마음을 분석할 줄 알아야 한다. 이 작품에 가득차 있는 심리의 묘미—만약 내가 감히 이렇게 말할 수 있다면—를 느끼기 위해서는 상류 사회의 교육으로만 얻을 수 있는 섬세한 감정이 필요하다. 나는 이 작품의 제4부를 거리낌없이 《클레브 공작부인》(라 파예트 부인의 소설)에 비유함을 주저하지 않는다. 그리고 말하려 한다. 만일 이 두 작품이 지방에서만 읽혔다면 그 참다운 가치는 결코 발견될 수 없으리라고. 그러므로 이 작품이 특히 궁정에서 큰 성공을 거두었다고 해서 놀랄 것은 없다. 이 작품에는 희미하면서도 예리한 표현이 넘쳐 흐르고 있는데, 그것을 속속들이 이해하는 데 익숙한 궁정 사람들 마음에 들었다는 것은 당연한 일이다. 그러나 여기서 구별하여야 할 것이 있다. 교활한 두뇌의 작용만을 가지고 악을 통찰할 수는 있어도 선을 보아야 할 경우에 아무것도 보지 못하는 재능 있는 사람들에게는 이 작품을 읽는 것은 어울리지 않는다. 예를 들어 만일 《쥘리》가 내가 생각하고 있는 어떤 나라에서 출판되었다면, 정녕 끝까지 읽을 사람이 없어 출판되자마자 죽어 버리고 말았을 것이다.

　나는 이 작품에 대해 보내 온 대부분의 편지를 한데 묶어 나디야크 부인에게 맡겨 두었다. 이 서간집이 세상에 나온다면 아주 기교한 사실들이 알려질 것이다. 이 편지에는 민중과 관계된 이론도 있다. 독자들이 별로 주의하지 않지만, 결국 이 책을 독특한 작품으로 만드는 점은 주제의 단순성과 흥미의 일관성인데, 그것을 세 인물에게 집중시켜 삽화나 공상적인 모험이 적으면서도 등장인물이나 그 행동에는 아무 악의 없이 여섯 권을 흥미 진진하게 엮어 나갔다. 디드로는 리처드슨의 소설이 놀랄 만큼 변화가 풍부하고 등장인물이 많은 데 대하여 찬사를 보냈다. 사실 리처드슨이 인물의 성격 묘사에 뛰어난 솜씨를 보여 주고 있는 점에서는 그런 찬사를 받을 만하다. 그러나 등장인물이 많다는 점에서 그는 아주 평범한 소설가들과 공통점을 가지고 있다. 그들은 사

[*1] 나는 이 구절을 1769년에 썼다.〔원주〕

상의 빈약함을 보충하기 위해 인물이나 사건에 의지하고 있는 것이다. 주마등처럼 전개되는 새로운 인물들과 묘한 사건들을 등장시켜 주의를 끌게 하는 것은 쉬운 일이다. 그러나 놀랄 만한 사건도 없이 똑같은 대상에 주의를 집중시킨다는 것은 분명 그 이상으로 어려운 일이다. 그리고 만일 다른 모든 점에서 똑같다고 해도 주제의 단순성이 작품의 아름다움을 더하는 것이라면, 리처드슨의 여러 작품이 다른 면에서 뛰어나다 할지라도 이 점에서는 나의 작품과는 비교도 할 수 없다. 그럼에도 이 작품은 죽어 있다. 나는 그것을 잘 안다. 그리고 그 원인이 어디에 있는지도 알고 있다. 그러나 이 작품은 되살아날 것이다.

내가 염려한 것은 사건이 단순하기 때문에 진행이 지루하게 되지 않을까, 또 끝까지 읽어 나갈 흥미를 줄 수가 있을까 하는 점이었다. 한데 어떤 한 가지 사실이 이 작품으로 내가 받은 모든 찬사보다도 더 나를 만족시켰다.

이 작품은 사육제가 시작될 무렵에 출판되었다. 어떤 책장수가 오페라 극장의 무도회 날 탈몽 대공 부인[*2]에게 책을 가지고 갔다. 만찬 뒤 부인은 무도회에 가기 위해 옷을 갈아입고, 시간을 기다리는 동안에 그 새 소설을 읽기 시작했다. 12시가 되어 그녀는 마차에 말을 매도록 명령하고는 또 그것을 읽기 시작했다. 그녀는 마차 준비가 끝났다는 보고를 받았다. 그녀는 대답을 하지 않았다. 하인들은 부인이 시간을 잊고 있다고 생각하고 벌써 새벽 2시가 되었다는 것을 다시 그녀에게 알렸다. 아직 서두를 건 없다고 하면서 그녀는 여전히 책을 읽었다. 얼마 뒤에 자기 시계가 멈춰 버린 것을 알고 부인은 벨을 울려 몇 시냐고 물었다. 4시가 되었다는 말을 듣고 그녀는 무도회에 가기에는 너무 늦었으니 말을 풀어 놓으라고 하였다. 그녀는 다시 옷을 갈아입고 책을 읽으면서 밤을 새웠다.

이 이야기를 듣고 나서 나는 늘 탈몽 부인을 만나보았으면 했는데, 그것은 그녀로부터 그 말이 참인가를 알기 위해서 뿐만이 아니라 《신 엘로이즈》를 그처럼 깊은 관심을 가지고 읽자면 육감(六感) 같은 것, 도덕적 감각을 가지고 있지 않으면 안된다고 늘 믿어 왔기 때문이다. 이 감각은 아주 소수의 사람들만이 가지고 있는 것이며, 그것 없이는 누구도 나의 작품을 이해할 수가 없다.

[*2] 실은 이 부인이 아니고 이름을 알지 못하는 다른 부인이다.(원주)

내가 이처럼 부인들의 인기를 얻게 된 것은 내가 자신의 이야기를 썼기 때문이며, 나 자신이 이 소설의 주인공이라고 그녀들이 믿고 있기 때문이다. 이러한 신념은 매우 확고한 것이어서 뽈리냐끄 부인은 베르들랭 부인에게 편지를 보내, 쥘리의 초상화를 보여 달라고까지 부탁했다. 이처럼 생생한 감정을 표현할 정도라면 그것을 경험했을 것이 틀림없고, 이처럼 연애의 격정을 그릴 수 있을 정도라면 자신의 심정에서 비롯된 것이 틀림 없다고 모두들 생각하고 있었다. 그것은 타당한 생각이었다. 그리고 내가 이 소설을 격렬한 기쁨 속에서 썼다는 것도 사실이다. 그러나 그것을 쓰는 데 현실적인 체험을 해야 한다고 사람들이 생각하는 것은 잘못이다. 그들은 내가 가상적인 인물에게 얼마나 열중할 수 있었는지 미처 이해하지 못한 것이다. 청춘 시절의 가지가지 추억이나 우드토 부인이 없었더라면 내가 느끼고 그려낸 사랑은 공기의 요정과의 사랑에 지나지 않을 것이다. 나에게 유리한 그런 세상의 오류를 시인하려고도 부인하려고도 하지 않았다. 따로 인쇄한 대화체의 머리말을 보면, 내가 얼마나 그 일로 해서 독자들을 어리둥절하게 만들어 놓았는가를 알 수 있을 것이다. 까다로운 사람들은 내가 솔직히 말했어야 했을 것이라고 한다. 하지만 나로서는 자신에게 그것을 강요할 이유도 필요도 없으며, 그것을 밝힌다는 것은 솔직함보다는 차라리 쑥스러움을 드러내는 것이라고 생각하고 있다.

거의 같은 때에 《영구 평화론》(생 피에르 신부의 논문)이 간행되었는데, 나는 그 원고를 그 전 해에 바스티드라는 사람에게 넘겨 주었다. 그는 〈르몽드〉의 편집인으로서 좋건 나쁘건 내 작품은 무엇이고 그의 신문에 싣고 싶다고 하였다. 그는 뒤클로 씨의 친구로서 그의 소개로 찾아와서 〈르몽드〉에 글을 보내줄 것을 간청하였다. 그는 《쥘리》에 관한 이야기를 듣고는 그것을 신문에 싣게 해달라고 하였고, 또 《에밀》도 싣고 싶다고 말했다. 만약 그가 《사회계약론》이 있다는 것을 알았다면 그것도 싣고 싶다고 했을 것이다. 그의 강권에 못 이겨 《영구 평화론》의 발췌문을 240프랑에 그에게 넘겨 주기로 결심했다. 우리의 처음 약속은 그것을 그가 만드는 잡지에 싣는다는 것이었다. 그러나 그는 이 원고를 손에 넣자마자 검열관이 요구하는 몇 군데를 삭제하고 단행본으로 출판하려고 생각했다. 만약 내가 이 저술에 대한 나의 비평을 거기에 첨부했더라면 어떻게 되었을 것인가. 다행히 나는 그것에 대해 바스티드 씨에게 말해 두지 않았고, 또 그것은 우리의 계약에도 들어 있지 않았다. 이 비평은 아직 원고 그대로 내 서류 속에 남아 있다. 만일 뒷날에 이것이 출판된다면 사람들은 이 문제에 대한 볼테르의 비웃음이나 자신만만한 어조에 어처구니없어 하던 내가 얼마나 실없이 웃었을지 알 수 있으리라. 나는 이 가엾은 사나이가 정치 문제에 정말로 어울리지 않는다는 것을 알고 있었다.

독자들 사이에서의 성공 한가운데서도, 부인들 사이에서의 인기 한가운데서도 나는 뤽상부르 저택에서는 냉대를 받게 되었다고 느꼈다. 그러나 그것은 나에 대한 호의와 우정이 날이 갈수록 두터워지는 원수에게서가 아니라 원수 부인에게서 받은 것이다. 나는 부인에게 읽어 줄 것이 없어진 뒤로는 그전처럼 그녀의 방에 드나들지 않았다. 그녀가 몽모랑시에 머무르는 동안에도 나는 거르지 않고 문안을 가고 있었지만, 식탁 이외의 곳에서는 거의 부인의 모습을 볼 수 없었다. 게다가 식탁에서의 내 자리조차 더는 그녀 곁에 마련해 주지 않았다. 그녀는 내게 자리를 권하지도 않았고, 거의 내게 말을 걸지도 않았으며, 나도 그녀에게 특별히 할 이야기가 없었으므로 아무 데나 더 편한 자리에 앉게 되었다. 특히 저녁이면 그러했다. 모르는 사이에 나는 원수 가까이 자리를 잡는 버릇이 들었기 때문이다.

저녁이라는 말에서 기억나는 것은, 내가 저택에서는 만찬을 들지 않았다는 것이다. 사귀기 시작한 초기에는 그랬던 것이 사실이다. 그러나 뤽상부르 원수는 오찬을 전혀 들지 않고 식탁에도 앉지 않았으므로, 몇 달이 지나 이미 그들과 친해진 뒤에도 나는 원수와 식탁을 같이 한 적이 없었다. 원수는 친절하게도 그것을 지적하여 주었다. 그래서 나는 가끔 손님이 그리 많지 않을 때에는 저택에서 저녁 식사를 하기로 하였다. 그리고 오찬은 거의 집밖에서, 말하자면 긴 의자에서 먹었지만 대접은 아주 잘 받았다. 만찬은 긴 산책에서 돌아와서, 여기에서 휴식하면서 들게 되었으므로 오랜 시간이 걸렸다. 뤽상부르 원수가 미식가였으므로 음식을 잘 차렸고, 뤽상부르 부인이 정답게 대해 주어 퍽 유쾌했다. 이 설명 없이는 뤽상부르 원수의 편지(서간집 C 제36호) 끝 부분이 잘 이해가 안될 것이다. 그 대목에서 원수는 우리들의 산책을 그립게 회상한다고 말하고, '특히'하고 그것에 덧붙여 '저녁 무렵 안뜰로 돌아올 때, 마차의 바퀴 자국이 보이지 않았을 경우를' 하고 말하고 있는 것이다(루소에게 보내는 1759년 11월 20일 편지). 즉, 매일 아침 마차의 바퀴 자국을 지워 버리기 위해 안뜰의 모래 위를 비로 쓸었으므로 그 바퀴 자국의 수를 헤아려보고 오후에 손님이 얼마나 다녀갔는가를 나는 판단했던 것이다.

이 1761년이란 해는 내가 이 훌륭한 원수를 알게 된 영광을 가진 뒤로, 원수가 입게 된 끊임없는 타격이 절정에 이른 해였다. 마치 운명이 내게 준비하였던 재난을 내가 가장 존경하는 이 사람이 대신해서 받기 시작한 것 같았다. 첫해에는 그의 누이동생인 빌르루아 공작 부인을 잃었고, 2년째에는 딸 로베크 대공 부인을, 3년째에는 몽모랑시 공작이라 부르는 그의 외아들을, 또 뤽상부르 백작이라 부르는 그의 손자를 잃었다. 이 아들과 손자 두 사람은 그의 집안의 유일한, 그리고 마지막 후계자들이었다. 그러한 온갖 타격을 그는 겉으로는 나타내지 않은 채 참고 견디었다. 그러나 만년에 가서는 줄곧 피를 토하는 듯한 슬픔을 금할 수가 없어 건강이 나빠지기만 했다. 예상 못 한 비극인 아들의 죽음은 그를 더욱 슬프게 했다. 국왕이 아들에게는 대대로 잇는 근위대장이라는 작위를 내려 주셨고 손자에게는 그 뒤를 약속한 것이 바로 그 무렵이었기 때문이다. 그는 둘도 없는 커다란 희망을 걸고 있던 손자가 점점 쇠약해지는 모습을 보고 무척 걱정을 하였다. 그 어머니는 의사를 맹목적으로 신뢰하였고, 그 의사는 음식 대신에 약만을 주어 이 가엾은 어린이를 영양부족으로 말라 죽게 하였다. 아! 만일 내 충고를 받아들였더라면, 할아버지도 손자도 둘 다 살았을 텐데. 맹목적으로 엄격한 음식의 절제와 의사를 신뢰하는 데 대해 몽모랑시 부인에게도 충고하였건만, 내가 원수에게 말로, 또 편지로도 그토록 부탁하였건만! 나와 같은 생각을 가진 뤽상부르 부인은 어머니의 권위를 침해하는 것을 원치 않았다. 점잖고 마음씨 고운 뤽상부르 원수는 조금도 반대하려 하지 않았다. 몽모랑시 부인은 보르드를 신용했고 그의 아들은 희생을 당하고 만 셈이다. 이 가엾은 아기가 부플레르 부인과 함께 몽 루이로 오는 허락을 얻어 테레즈에게 간식을 받아 주렸던 뱃속을 채웠을 때 얼마나 기뻐했던가! 그토록 많은 재산, 그토록 위대한 집안, 그토록 많은 칭호와 지위를 가진 집안의 유일한 이 상속자가 작은 빵 한 조각을 마치 거지처럼 먹는 것을 보고, 나는 마음속으로 그 비참한 꼴을 얼마나 가엾게 여겼던가. 결국 내가 뭐라고 하든, 무슨 짓을 하든 헛일이었다. 의사가 승리하여 어린아이는 굶어 죽고 말았던 것이다.

손자를 죽게 한 엉터리 의사에 대한 신뢰는 마찬가지로 할아버지의 무덤을 파게 만들었다. 뤽상부르 원수는 가끔 엄지손가락에 통증을 느꼈다. 그는 몽모랑시에서 그런 통증에 시달려 밤에도 자지 못했고, 또 약한 열도 있었다. 내가 감히 중풍이란 말을 입 밖에 냈더니 뤽상부르 부인이 나를 나무랐다. 원수의 시의(侍醫)인 외과 의사는 중풍이 아니라고 우기며, 아픈 데다 진통제를 발랐다. 다행인지 불행인지 통증이 멎었다. 다시 아플 때는 똑같은 약을 바르곤 했다. 병세는 더하고 아픔은 심해졌으나 치료법은 언제나 마찬가지였다. 뤽상부르 부인도 마침내 그것이 중풍이란 것을 알고 그런 터무니없는 치료법에 반대했다. 그러자 의사는 그녀에게 그런 증상을 보이지 않도록 했다. 그리하여 몇 해 뒤에 뤽상부르 원수는 그가 완강하게 자기 병을 그것으로 고친다고 고집한 결과, 자신의 잘못으로 죽고 말았다. 그러나 온갖 불행을 지금 여기에서 말해서는 안된다. 이런 불행을 말하기 전에 내게는 말해야 할 불행이 얼마든지 있지 않은가!

　뤽상부르 부인의 사랑을 잃지 않으려고 가장 마음을 쓰고 있을 때마저, 내가 한 말이나 행동이 어떤 숙명처럼 그녀의 불쾌감을 사게 된 것 같아서 이상하게 느껴졌다. 연달아 일어나는 뤽상부르 원수의 재난 때문에 나는 그에게 더욱 더 애착을 느끼게 되었다. 그리고 자연히 뤽상부르 부인에게도 그러했다. 왜냐하면 그들은 언제나 무척 굳게 결합되어 있는 것처럼 보였으므로, 한쪽이 품고 있는 감정은 필연적으로 다른 한쪽에까지 영향을 미쳤기 때문이다. 원수는 늙어 갔다. 궁정에서의 충실한 근무, 그것에 따르는 심려, 계속 되는 사냥, 특히 현지 근무에서 오는 군사 의무의 피로는 젊은 사람 같은 정력이 아니고는 감당해 나갈 수가 없었다. 내가 보는 바로는 그러한 직무에서 원수의 기력이 지탱될 만하다고 생각되지 않았다. 그의 직위는 다른 사람에게 양보되지 않으면 안되고, 집안의 명예는 그의 죽음과 함께 끊어지는 것이므로 그토록 힘든 생활을 계속한다는 것은 그에게는 의미없는 것이었다.

　어느 날 우리 세 사람 외에 아무도 없었을 때, 그는 그가 받은 타격으로 무척 낙심한 태도로 궁정 생활의 고통스러움을 한탄했다. 이때 나는 서슴지 않고 그에게 은퇴할 것을 권하고, 시네아스가 피로스에게 준 것 같은 충고(제5권 참조)를 그에게 주었다. 그는 탄식만 할 뿐 확답은 하지 않았다. 그러나 내가 부인과 단둘이 있게 되자, 그녀는 내가 한 충고에 대해 크게 나를 책망했다. 이 충고는 그녀의 마음을 두렵게 만들었던 것 같다. 부인은 내게 어떤 사정을 말했는데 나도 그 말에 수긍이 갔다. 그래서 다시는 이 문제에 대해 언급하는 것을 삼갔다. 그 이유는 궁정 생활의 오랜 습관을 버릴 수 없게 돼버렸다는 점, 뤽상부르 원수로서는 지금 같은 경우 오히려 고통을 잊게 되는 것이기도 하다는 점, 내가 충고한 은퇴는 그에게는 휴식이 되기보다는 차라리 귀양살이가 되어 일 없는 생활, 권태, 슬픔으로 완전히 원기를 잃게 되리라는 것이었다. 부인은 나를 설득했다고 믿고 있었고, 내가 그녀에게 말로 약속하고 실제로 지켜온 그 약속을 틀림없다고 믿는 것 같았지만, 그녀는 이 점에 대해선 충분히 안심이 안 되었던 것 같다. 그리고 그 뒤부터 원수와 내가 마주 앉을 기회는 전보다 줄어 들었고, 기회가 있다고 해도 거의 언제나 방해를 받은 것으로 생각된다. 나의 우둔함과 불운이 한데 어울려 부인의 감정을 상하게 하고 있을 때, 부인이 가장 많이 만나고 가장 좋아하는 사람들은 내게 도움이 되지 않았다. 특히 훌륭하고 유망한 부플레르 신부 같은 청년은 내게 전혀 호의를 갖고 있지 않은 것 같았다. 그리고 원수 부인의 주위 사람들 가운데서, 그만이 내게 아무런 관심도 갖지 않았을 뿐만 아니라 그가 몽모랑시로 찾아올 적마다 나는 조금씩 그녀의 신뢰를 잃어 가는 것을 느끼게 되었다. 그리고 그가 그러지 않으려 해도, 거기에 그가 있다는 것만으로 충분히 그렇게 되는 일이었다.

그의 우아한 모습과 재치있는 상냥함은 나의 촌스런 어색함을 더한층 꼴사납게 만들었다. 처음 두 해 동안 그는 거의 몽모랑시에 오지 않았다. 그리고 원수 부인의 관대한 태도로 나는 그럭저럭 그녀의 총애를 잃지 않고 지냈다. 그러나 그가 자주 나타나게 된 이후부터 나는 돌이킬 수 없이 짓밟혀 버렸다. 나는 그의 날개 밑으로 숨어서 그의 환심을 사려고 하였다. 그러나 그를 기쁘게 하려다 도리어 실패하고 말았다. 내가 저지른 실수로 부인의 총애도 잃었고, 그에게서도 무엇 하나 얻은 것이 없었다. 그에게는 비상한 재주가 있었으나 끈기가 부족하고 도락에 맛을 들여서 무슨 일에나 재능을 끝까지 발휘하지 못했다. 그대신 여러 가지 재주를 가지고 있었다. 그리고 그것이야말로 상류 사회에서 가장 필요한 것이었다. 그는 간단한 시도 지었고, 짤막한 편지를 아주 멋있게 썼으며, 손풍금도 조금은 칠 줄 알고 파스텔화도 조금은 그릴 줄 알았다. 그는 뤽상부르 부인의 초상화를 그리려고 했다. 그 초상화는 형편없었다. 부인은 전혀 닮지 않았다고 했는데 그것은 사실이었다. 계략을 가진 이 신부는 내 의견을 물었다. 나는 바보처럼, 또 아첨꾼처럼 닮았다고 말했다. 나는 신부의 비위를 맞추려 하다가 원수 부인의 비위를 상하게 만들었다. 부인은 나의 이 말을 기억하고 있었다. 신부는 자기 계략이 성공했으므로 나를 비웃었다. 처음으로 해본 아첨이 실패하고 나서, 나는 앞으로 재능을 무시하고 아첨하거나 남을 칭찬하는 일은 피해야겠다고 생각했다.

내 장점은 유익하고 엄격한 진실을 충분한 힘과 용기로 사람들에게 알리는 데 있다. 나는 그러한 장점을 언제나 지니고 있어야만 했다. 나는 원래 아첨은커녕 남을 칭찬할 줄도 모르는 사람이다. 나의 이 어색한 칭찬의 말은 신랄한 비판이 초래하는 결과보다도 한층 더 불리한 결과를 내게 가져다주었다. 한 가지 예를 들면 그 결과가 너무도 커서 후환이 앞으로의 운명을 좌우하고, 뿐만 아니라 아마 그것은 후세의 내 평판까지도 결정짓게 될 것이다.

몽모랑시에 머무르는 동안, 슈아죌(외무대신) 씨가 종종 저택으로 만찬을 하러 왔다. 어느 날 내가 없는 사이에 와서 나에 대한 이야기를 했다. 뤽상부르 원수는 베네치아에서의 몽테귀 씨와 나의 사정을 슈아죌 씨에게 말했다. 슈아죌 씨는 내가 그 자리를 포기한 것은 애석한 일이었다고 하면서, 만일 내가 다시 들어가겠다면 기꺼이 주선을 하겠노라고 했다. 뤽상부르 원수는 그 이야기를 내게 전했다. 나는 슈아죌 씨 같은 대신들의 총애를 받아 보지 못했으므로 더욱 감격했다. 그러므로 만일 내 건강 상태가 그것을 고려해 보도록 허락했더라면, 다시 한 번 어리석은 짓을 벌이지 않았으리라고는 장담할 수 없다. 다른 모든 정열이 불타고 있는 짧은 동안이 아니고는 내게 야심이 생기지 않았다. 그러나 이런 순간이 한 번만 있어도 넉넉히 다시 한 번 해보았을 것이다. 슈아죌 씨의 이 친절한 권유에 나는 그에게 호의를 갖게 되고, 행정과 관련된 어떤 정책에 대해 내가 느끼고 있던 그의 재능을 더욱 존경하게 되었다. 특히 가족 협정(1761년 8월의 프랑스와 스페인의 두 부르봉 왕가 사이에 맺어진 동맹 조약)은 그가 일류 정치가인 것을 보여 주는 듯이 생각되었다. 그의 전임자들, 물론 내가 일종의 총리로 보고 있었던 퐁파두르 부인도 그 속에 포함시켜서지만, 그런 사람들을 나는 그다지 존중하지 않았으므로, 슈아죌 씨는 더욱 내 마음을 사로잡았던 것이다. 그래서 퐁파두르 부인이나 이분이나 둘 중 누군가가 상대를 밀어내게 되리라는 소문이 들려 왔을 때, 슈아죌 씨가 승리를 차지하도록 비는 것이 프랑스의 명예를 위해 비는 것이기도 하다고 믿었다. 나는 언제나 퐁파두르 부인에게 반감을 가지고 있었다. 그것은 그녀가 출세하기 전에 에티올 부인이라는 이름을 가지고 있을 무렵, 라 포플리니에르 부인 댁에서 그녀를 만났을 때부터였다. 그뒤로 그녀가 디드로의 문제에 침묵을 지켰다는 것도, 나와 관련된 그녀의 모든 행동도 나로서는 모두 불쾌했다. 즉《라미르의 향연》과《우아한 시의 여신들》과《마을의 점쟁이》를 대하는 그녀의 태도도 불쾌했다. 나는 이《마을의 점쟁이》의 성공에 따른 이익을 조금도 받지 못했다. 게다가 또 어떤 기회에서도 나를 도와 주려는 태도를 부인이 전혀 보이지 않았음을 언제나 느끼고 있었다. 그런데도 로랑지 기사는 이 부인을 칭찬하기 위해 무슨 일이든 하라고 내게 권하며, 그것이 내게 도움이 되리라고 말했던 것이다. 이 권고에 나는 분개했다. 그것이 기사 자신의 생각에서 나온 것이 아님을 알았기 때문에 더욱 그러했다. 이 사람은 해로울 것도 이로울 것도 없는 사람이라 오직 남의 압력에 의해서만 생각하고 행동하는 데 지나지 않는 것을 알고 있었기 때문이다. 나는 참고 견딜 수 없어 그의 권고를 대놓고 경멸했으며, 또 퐁파두르 부인에게 내가 거의 관심을 갖고 있지 않음을 누구에게나 숨기지 않았다. 그녀는 그것을 알고 있었다. 그것은 분명했다. 그런 모든 것은 나 스스로를 향한 울분에 자신의 이해 관계까지 겹쳐서 슈아죌 씨에게 희망을 거는 형식으로 나타났다. 그에 대해 아는 것이라고는 그의 재능뿐이었지만, 그것에 감탄해서, 또 그의 친절한 의향에 감사해서, 한편 숨어 살기 때문에 그의 취미라든가 생활 태도는 전혀 모른 채 무조건 그를 국민과 나를 위한 복수자로 생각하고 있던 나는, 당시《사회계약론》을 고치고 다듬기에 여념이 없던 때였으므로, 그 가운데 전임 대신들과 그 사람들을 능가하려는 현 대신 슈아죌 씨를 보는 견해를 한 마디 써넣었다. 이런 경우 나는 늘 정해 놓은 방침을 어겼으며, 또 같은 논문 가운데서 사람의 이름을 밝히지 않고 칭찬하거나 비방할 경우에는 아무리 의심이 많고 자존심이 강한 사람이라도 대상을 잘못 보지 않도록 그 찬사가 누구를 가리키는가를 분명히 하지 않으면 안된다는 생각을 미처 못했다. 나는 이 점에 대해 어리석게도 안심을 하고 있었으므로, 누가 오해하리라고는 생각조차 못했다. 그것이 옳았는지 어떤지는 나중에 알게 될 것이다.

내가 언제나 여성 작가들과 관련을 가졌다는 것은 나에게는 하나의 불행이 되어 왔었다. 나는 적어도 고귀한 사람들 사이에서는 이런 귀찮은 일은 없을 것으로 알고 있었다. 그러나 결코 그렇지 못했다. 이 경우에도 불행은 나를 따라다니고 있었다. 하나 뤽상부르 부인은 내가 아는 한 결코 그러한 정열에 사로잡히는 일은 없었다. 그러나 부플레르 백작 부인은 그러했다. 그녀는 한 편의 산문 비극을 썼다. 그것은 먼저 콩티 대공의 주위 사람들에게 읽힌 다음 칭찬을 받았지만, 그런 칭찬에 만족하지 않은 부인은 나의 찬사도 받고 싶어 그것을 평가한 내 의견을 요구해 왔다. 그녀는 나의 칭찬을 받기는 했으나, 그것은 꼭 그 작품에 어울리게 사소한 것이었다. 그리고 《기특한 노예》라는 작품은 《오루노코》라는, 별로 유명하지는 않으나 번역이 된 어떤 영국 희곡과 매우 비슷하다는 말을 그녀에게 했다. 그런 주의는 당연한 것이라고 생각했다. 부플레르 부인은 내게 감사하며 주의의 말씀은 고마우나 자기 작품은 그 영국 작품과 조금도 비슷한 데가 없다고 단언했다. 이 표절에 대해서는 부인 외에는 아무에게도 말하지 않았다. 그녀에게 말한 것도 단지 내게 주어진 의무를 다하기 위해서였다. 그런데도 그뒤 가끔 나는 질블라스가 대사교의 설교에 대해 이행한 의무(솔직한 충고로 피해받는다)란 것을 생각하지 않을 수 없었다.

    나를 좋아하지 않았다는 부플레르 신부나 또 나 때문에 작가로서 참기 어려운 피해를 입은 부플레르 부인을 제외하더라도, 원수 부인의 친구들은 모두 나와 친하게 사귀는데 마음이 썩 내키지 않는 모양이었다. 그 중에는 에노 법원장도 있다. 그는 작가 대접을 받았지만, 그들의 공통된 결점을 벗어나지 못했다. 그들 가운데에는 또 데팡 부인과 레스피나스 양도 있었다. 이들 둘은 모두 볼테르와 친하며 달랑베르의 친구이기도 했다. 이윽고 레스피나스 양은 달랑베르와 동거 생활까지 하게 되었다. 물론 그 일은 떳떳한 일로 거기에 대해 특별나게 이러니저러니 할 무엇이 없다. 나는 처음에 데팡 부인에게 큰 관심을 가졌다. 그녀가 시력을 잃은 것은 내 눈에 동정의 대상으로 비쳤다. 그러나 생활 방식이 나와는 딴판이어서 내가 일어나는 시간은 거의 그녀가 자는 시간이었다. 시시한 재사들에 대한 끝없는 정열, 좋든 나쁘든 출판된 것은 휴지 조각 같은 것이라도 소중하게 여기는 점, 완고하고 상식을 벗어난 신탁 비슷한 말, 찬성이고 반대고 모든 일에 지나치게 열중하여 경련을 일으키지 않고는 아무 말도 못하는, 믿어지지 않을 정도의 편견, 꺾을 수 없는 고집, 정열에서 비롯된 그릇된 판단을 하는 데서 오는 부조리한 열광, 그런 모든 것들에 부인을 위로하려는 나는 실망하였다. 그녀도 그것을 눈치챘다. 그래서 그녀는 울화가 치밀었다. 그러한 성격의 여자가 얼마나 무서운가를 충분히 알고는 있었지만, 나는 우정에 괴로워하기 보다는 그녀의 증오를 괴로워하는 편이 더 낫다고 생각했다.

 뤽상부르 부인의 친구들 중에 내 친구는 별로 없었다. 그녀의 가족 중에 나의 적이 꼭 한 사람 있었다. 그것은 한 사람일 뿐이었지만 오늘날 내가 처해 있는 위치로 볼 때, 1백 명의 적에 해당되는 것이었다. 물론 그것은 부인의 오빠인 빌르루아 공작은 아니었다. 왜냐하면 공작은 나를 찾아왔을 뿐만 아니라, 여러 번 빌르루아로 나를 초대해 주었기 때문이다. 나는 그 초대에 가능한 한 정중히 회답을 썼으므로 그 모호한 대답을 승낙인 줄로 알고 공작은 뤽상부르 부부와 함께 두 주일 정도의 여행을 계획하여, 나의 동행을 권해 왔다. 그 무렵 나는 건강을 위해 몸조리를 해야 했으므로 당시로서는 여행에 위험이 따르지 않을 수 없었다. 뤽상부르 원수에게 나를 그 여행에서 빼 달라고 부탁했다. 원수가 다시 없는 호의로 그 부탁을 들어 준 것은 원수의 답장(서간집 D 제3호)으로 알 수 있다. 빌르루아 공작은 그런 일이 있었는데도 전과 다름 없는 친절을 내게 베풀었다. 공작의 조카이며 그의 후계자였던 젊은 빌르루아 후작은 숙부가 내게 보여준 그런 호의를 갖지 않았을 뿐만 아니라, 감히 말하지만 내가 그에게 보여 준 존경마저 못 본 체했다. 경솔한 그의 태도를 나는 참을 수 없었고, 나의 냉담한 태도 또한 그의 반감을 샀다. 어느 날 저녁 식탁에서 그는 나에게 기분 나쁘고 무례한 행동까지 했다. 나는 우둔하기도 하고 임기응변에 아주 서툴렀으며, 게다가 분노 때문에 얼마간의 분별력마저도 예민해지기는커녕 아주 사라져서 그 난관을 돌파해 나갈 수가 없었다.

 나는 개를 한 마리 기르고 있었다. 그것은 내가 에르미타주로 돌아온 직후 누가 아주 어린 강아지 하나를 선물로 준 것인데, 나는 그놈을 뒤크(공작)라고 불렀다. 귀엽지는 않았으나 귀한 종류여서, 친구같이 데리고 있었다. 그 개는 친구라고 불리는 대부분의 인간들보다는 확실히 그런 명칭을 받을 만했다. 그 개는 사람을 잘 따르고 영리하여, 우리는 서로 사랑했으므로 몽모랑시 저택에서는 인기였다. 그러나 나는 쓸데없는 걱정 때문에 그 개의 이름을 튀르크(터키 사람)로 고쳐 버렸다. 물론 '마르키' 후작으로 불리는 개는 많이 있었지만, 그것에 분개하는 후작은 한 사람도 없다는 것을 모르는 바는 아니었다. 이 개의 이름을 바꾼 것을 알게 된 빌르루아 후작은 그 경위를 끈덕지게 추궁해 왔으므로, 나는 많은 사람들 앞에서 내가 한 일을 말하지 않으면 안되었다. 그 얘기 가운데서 공작이란 이름에 모욕감을 주게 된 것은 그것을 개에게 붙였다는 것보다 그것을 다시 개에게서 뗐다는 점이었다. 더욱 난처했던 일은 그 자리에 많은 공작이 있었다는 것이다. 뤽상부르 원수가 그러하였고, 그의 아들도 그러했다. 빌르루아 후작도 언젠가는 공작이 될 사람이었다. 그렇게 될 사람이 나를 난처하게 만들어 놓고는 그것에서 생긴 결과에 잔인한 흥미와 기쁨을 느끼고 있었다. 이튿날 내가 들은 바로는 그의 숙모가 그 일로 그를 크게 꾸짖었다고 한다. 비록 그것이 사실이라 하더라도 그것이 그와 내가 화해하는 데 얼마나 도움이 되었는지는 쉽게 상상할 수 있으리라.

이런 모든 점에서 뤽상부르 저택에서나 또 탕플(파리의 콩티 대공의 저택)에서나 나의 지지자가 되어 준 것은, 내 친구로 자처하고 있는 로랑지 기사뿐이었다. 그러나 그는 나보다도 달랑베르의 친구였고, 그 덕택으로 그는 부인들 사이에 수학의 대가로 알려지게 되었다. 그는 그 밖에도 부플레르 백작 부인의 비위를 맞추면서 그녀의 환심을 사기에 여념이 없었다. 부인이 또 달랑베르와 아주 친한 사이였으므로 로랑지 기사는 오로지 그녀를 통해서만 삶을 생각하게까지 되었다. 이렇게 해서 내가 뤽상부르 부인의 총애를 잃게 되자 바깥에서 나를 돕는 사람이 없을 뿐 아니라 부인을 가까이하던 모든 사람들은 한마음으로 부인에게 나를 헐뜯으려는 것처럼 생각되었다. 그런데도 부인은《에밀》의 출판을 맡아 주었을 뿐만 아니라 때를 같이하여 또 다른 일로 내게 관심과 친절을 베풀어 주었다. 부인은 내게 싫증을 느끼면서도 몇 번이고 평생을 걸고 약속한 우정을 지금도 잊지 않고 있으며, 앞으로도 영원히 잊지 않으리라는 것을 나는 믿고 있었다.

부인의 그러한 감정을 믿을 수 있다고 생각하자, 나는 모든 잘못을 고백하고 그녀를 만날 때마다 느끼는 내 마음의 무거운 짐을 가볍게 하려 했다. 친구에게 나를 좋게도 나쁘게도 말고, 있는 그대로 정확히 보여 주는 것을 나의 확고한 주의로 삼아 왔다. 나는 부인에게 테레즈와의 관계와 그것에 관련된 모든 일과 아이들을 어떻게 했는지도 죄다 숨김없이 말했다. 부인은 나의 고백을 아주 친절히 들어 주었다. 내가 마땅히 받아야 할 비난도 하지 않고 오히려 지나칠 정도로 나를 친절하게 대해 주었다. 무엇보다도 내 마음을 감동시킨 것은 그녀가 테레즈를 여러 모로 친절하게 위로해 준 것이었다. 그녀에게 크고 작은 선물을 보내 주고, 그녀를 데리러 사람을 보내거나 초대하거나 하여 따뜻이 맞아 주고, 많은 사람들 앞에서 포옹까지 해주었다. 이 가엾은 테레즈는 기쁨과 감격에 자신조차 잊을 정도였는데, 감사한 마음은 나도 마찬가지였다. 뤽상부르 부인이 테레즈에게 베푼 우정의 표시는 나에게 직접 보여 준 우정 이상으로 나를 감동시켰다.

꽤 오랫동안 모든 일이 이 상태를 유지하였다. 이윽고 원수 부인은 고아원에서 내 자식들 가운데 하나를 데려오겠다고 할 만큼 호의를 베풀었다. 부인은 내가 장남의 속옷에 머리글자를 붙여 놓았다는 것을 알고 내게 그 글자의 사본을 달라고 했다. 나는 그것을 내주었다. 부인은 그녀의 시종이요 심복인 라 로슈를 시켜 그 아이를 찾게 했지만 끝내 찾아내지 못했다. 겨우 12,3년밖에 지나지 않았지만 고아원의 기록을 찾지 못했다. 잘 정리되었거나 주의깊게 찾아 보았더라면 그 글자를 발견하지 못하는 일은 없었을 텐데. 어쨌든 찾는 일에 실패한 데는 그다지 섭섭하게 생각하지 않았다. 만약 내가 이 아이를 낳아서 계속 돌보아 왔더라면 이런 심정으로 끝나지는 않았을 것이다. 만일 증거가 있어서 누가 내 아이라고 어떤 아이를 데리고 온다면 정말 내 자식일지, 다른 아이를 바꿔 놓은 것은 아닐까 하는 생각이 내 마음을 괴롭혔을 것이므로 아버지로서의 거짓 없는 자연스러운 감정은 생기지 않았을 것이다. 그러한 감정을 유지하기 위해서는 적어도 어린 시절부터 같이 살면서 습관을 익혀 둘 필요가 있다. 부모를 모르는 아이를 오랫동안 부모에게서 떨어트리면 부모로서의 감정은 약화되고 끝내는 그 감정이 아주 사라지게 된다. 그러므로 젖어미에게 맡겨 기른 아이는 결코 부모가 직접 기른 아이만큼 사랑을 받을 수는 없을 것이다. 나의 이런 고백은 그 결과로 보아서는 내 잘못을 가볍게 할 수는 있지만, 그 원인의 면에서 보면 더욱 더 무겁게 하는 것이었다.

라 로슈가 테레즈를 통해 테레즈의 모친인 르 바쇠르 부인을 알게 되었다. 이것을 지적해 두는 것이 의미 없는 일은 아닐 것이다. 르 바쇠르 부인으로 말하면, 그림이 그 뒤 계속 뒤를 돌봐 주어 몽모랑시에서 멀지 않은 라 슈브레트의 근처 되유에 살고 있었다. 나는 에르미타주를 떠난 뒤에도 라 로슈 씨를 통해 이 여인에게 빠짐없이 돈을 보내 주고 있었다. 그리고 그는 가끔 원수 부인의 선물도 그녀에게 전해 주고 있었던 것 같다. 그러므로 그녀는 별로 불평할 일도 없었는데도 여전히 곤란하다는 이야기만 했다. 나는 내가 미워하는 사람에 관해 말하기 꺼리므로, 그림에 대해서 뤽상부르 부인에게 말한 일은 어쩔 수 없는 경우 이외에는 없었다. 그러나 부인은 몇 번이나 그에 관해서 내게 물었다. 부인은 그를 어떻게 생각하고 있다는 것을 내게 말하지는 않았다. 그림과 어떤 사이라는 것도 내색조차 하지 않았다. 자기 편에서도 좋아하고 있고, 상대도 자기에게 심금을 터놓는 사람들에게 거리를 두는 것은 내가 좋아하는 바가 아니며 특히, 그들에 관한 일에 대해서는 더욱 그러했으므로, 나는 그때부터 부인의 그 점에 대해서 자주 생각해 보았다. 그러나 단지 다른 사건 때문에 자연히 그 일을 생각했을 뿐이다.

나는 《에밀》의 원고를 뤽상부르 부인에게 넘겨준 이래 오랫동안 그 원고에 대한 말을 못 들었는데, 마침내 파리에 있는 뒤쉐느 서점과 계약이 성립돼 이 서점을 통해 암스테르담에 있는 네옴므 서점과도 계약이 성립된 것을 알게 되었다. 뤽상부르 부인은 뒤쉐느와의 계약서를 두 통 보내와서 서명을 청했다. 나는 그 필적이 말쉐르브 씨가 대필로 보낸 그 편지의 필적과 같다는 것을 알았다. 그래서 그 계약서가 검열관의 동의를 얻어 그가 보는 앞에서 작성된 것이라는 확신을 얻게 되었으므로 안심하고 그것에 서명했다. 뒤쉐느는 이 원고에 대해 6천 프랑을 내게 보내왔다. 그 가운데 반은 현금이었다. 그리고 책도 1백 권인가 2백 권인가를 보내 온 것으로 기억한다. 두 통의 계약서에 서명을 하자, 나는 두 통을 다 뤽상부르 부인의 요청대로 그녀에게 보냈다. 그녀는 한 통은 뒤쉐느에게 주고, 다른 한 통은 내게 돌려주지 않은 채 그녀가 가지고 있었다. 그리고 나는 그 뒤 그것을 두 번 다시 보지 못했다.

뤽상부르 부부와 교제하면서 나는 은둔 계획을 잠시 보류했을 뿐 단념하지는 않았다. 부인의 사랑을 가장 많이 받던 때라 내가 공작 댁의 많은 손님도 별로 고통스럽게 생각하지 않은 것은 틀림없이 나도 원수와 부인에게 깊은 애착을 가졌기 때문이라고 늘 생각했다. 그리하여 이 애착을 어떻게 하면 내 성격에 더욱 적합한, 그리고 내 건강에 지장이 없는 생활 방식과 일치시킬 수 있을까 고심했다. 사람들은 그 거북스런 생활과 만찬 때문에, 내 건강을 해치지 않으려고 여러 모로 염려를 해주었음에도 건강은 악화되어 갔다. 다른 점에서도 그렇지만 내 건강에 대해서는 더할 나위 없는 친절한 대우를 받았다. 예를 들면 매일 저녁 만찬이 끝나면 원수는 언제나 일찍 취침을 했는데, 싫어하든 좋아하든 나도 자게 하려고 데리고 가는 것을 잊지 않았다. 그러나 나와 헤어지기 조금 전부터 웬일인지 그는 이런 친절을 베풀지 않았다.

원수 부인의 마음이 식은 것을 눈치채기 전에도 이런 일이 생기지 않도록 하려고 나는 앞서의 계획을 실행해 보려고 했다. 그러나 그것에 대한 방법이 없었으므로 《에밀》의 계약이 성립될 때까지 기다렸다. 그동안 《사회계약론》을 마무리하고 레이에게 원고료를 1천 프랑으로 정해서 보냈다. 레이는 내게 그 1천 프랑을 보내 주었다. 이 원고에 대한 한 가지 작은 사실을 빠뜨릴 수는 없다. 나는 이 원고를 잘 봉한 다음 보 지방의 목사로 네덜란드 대사관 성당의 사제인 뒤 부아쟁에게 보냈다. 그는 가끔 나를 만나러 왔으며 또 그와 친한 사이인 레이에게 원고를 보내는 역할을 맡아 주었다. 원고는 아주 작은 글씨로 썼으므로 부피가 작아서 주머니를 불룩하게 하지도 못했다. 그러나 정문으로 통과하다가 어떻게 해서인지 세관 관리의 손에 들어가 검열을 받게 되었다. 나중에 대사의 이름으로 반환을 요구했더니 돌려주기는 하였다. 그로 인해 그는 직접 원고를 읽을 수 있었다. 그는 읽고 나서 솔직한 말로 비평이나 비난은 한 마디도 않고 크게 칭찬을 해주었다. 그리고 이 작품은 출판되면 틀림없이 기독교를 향한 복수가 될 것이라고 생각했을 것이다. 그는 원고를 다시 봉한 다음 레이에게 보냈다. 이것이 그가 편지로 알려 준 사건의 대략적인 내용이며 내가 알게 된 전부이다. 앞의 두 작품과 계속해서 써 왔던 《악전》 외에도 그리 중요하지 않은 몇 편의 글이 있었다. 그것은 모두 출판할 수 있는 것으로, 나는 그것을 단행본으로 내든지 나중에 전집을 계획하게 될 경우 그 속에 실으리라 생각하고 있었다. 지금도 그 대부분이 초고로 뒤 뻬루의 수중에 남아 있는데, 그 가운데 중요한 것은 《언어 기원론》(1781년 제네바 간행)으로, 그것을 말쉐르브 씨와 로랑지 기사에게 읽어 보게 했더니 기사는 칭찬의 말을 했다. 나는 이 작품들을 전부 모으면 모든 비용을 빼고 적어도 8천 프랑 내지 1만 프랑의 몫돈을 가져다 줄 것으로 기대하고 있었다. 이것을 나와 테레즈의 종신 연금으로 삼고자 하였다. 내가 이미 말했듯이 그것이 준비되면 우리는 함께 어느 시골 구석에 가서 조용히 살며, 다시는 '나'라는 것으로 세상을 번거롭게 하지도 않고 나도 다른 일에 간섭하지 않으면서, 남은 생을 평화롭게 보내는 것 이외에는 한가한 시간을 이용하여 내가 생각해 온 회상록이나 쓸 예정이었다.

그것이 나의 계획이었다. 레이의 관대한 호의는—그것을 나는 잠자코 있어서는 안 될 것이다—그 실행을 더욱 수월하게 해주었다. 이 서점 주인은 파리에서는 모든 사람에게서 나쁜 평을 듣지만 내가 관계한 사람들 중에서는 내가 항상 만족스럽게 생각했던 유일한 한 사람이었다.*³ 우리는 내 작품의 출판에 관하여 자주 다투었다. 그는 경솔하고 나는 성급하였다. 그러나 이해 관계에서는 정식으로 계약서를 한 번도 교환하지 않았는데도, 그는 언제나 정확과 공정을 지켜 주었다. 그뿐만 아니라 내 덕분에 사업이 잘 되고 있다는 것을 솔직히 시인한 유일한 사람이기도 했다. 가끔 내 덕분에 재산을 모았다면서 그 일부를 나에게 주기도 했다. 그는 직접 내게 고마운 뜻을 나타낼 수 없을 때에는 우리 '가정부'에게 나타내려 하였다. 그는 그녀에게 3백 프랑의 종신 연금을 주면서, 내 덕분으로 이익을 얻은 감사의 표시라고 증서 속에 써 넣었다. 그는 그것을 자랑하지도 뽐내지도 않았다. 내가 만일 사람들에게 말하지 않았더라면 아무도 그것을 몰랐을 것이다. 나는 이런 태도에 크게 감동되어 그 뒤로 진실한 우정으로 레이와 친하게 되었다. 얼마 뒤에 그는 나에게 자기 아이의 대부가 되어 달라고 간청했다. 나는 쾌히 승낙했다.

지금 나의 처지에서 유감스러운 것들 가운데 하나는 내가 그 아이나 그의 양친을 위해 뒷날에 그 관계를 보람되게 해줄 수 있는 모든 방법을 박탈당했다는 것이다. 이 서점 주인의 겸손하고 관대한 행위에 이토록 감격한 내가 어째서 그처럼 고귀하고 혁혁한 분들의 야단스런 친절에는 별로 감격하지 않는 것일까? 그들은 내게 베풀어 주려고 했던 그 은혜를 세상에 번지르르하게 선전하고 있지만, 그것에 대해서 나는 아무런 느낌도 없었다. 그것은 그들의 잘못일까, 나의 잘못일까? 그들이 너무 허세를 부리는 것일까, 내가 배은망덕한 것일까? 현명한 독자들이여, 잘 판단하기 바란다. 나는 아무 말도 하지 않겠다.

이 연금은 테레즈의 생활에 크게 도움이 되었고, 나에게도 큰 위안이 되었다. 그러나 나는 직접적인 이익을 거기에서 들어낼 생각은 꿈에도 없었다. 그것은 그녀에게 주어지는 선물과 마찬가지였다. 그녀는 언제나 모든 것을 자신이 처리했다. 내가 그녀의 돈을 맡으면 깨끗이 계산을 해주었다. 한 푼도 공동 비용에 쓴 일이 없었다. 그녀가 나보다 부유할 경우에도 그러했다. "내것은 우리들 둘의 것이다"라고 나는 말했다. "그러나 그대 것은 그대 것이다." 나는 이 주의(主義)와 다르게 행동한 적이 한 번도 없다. 그리고 그것을 그녀에게 가끔 되

---

*³ 내가 이것을 쓸 때에는 사기 행위를 알아채지 못했으나 나중에 나의 작품을 출판할 때에야 알았다. 그는 결국 자기 비행을 시인하지 않을 수 없었다.(원주)

풀이해 말했다. 자기가 거절한 것을 그녀를 통해 받았다고 나를 비판한 비열한 사람들은 자기들의 마음으로 내 마음을 판단한 사람들이지 나를 이해하고 있는 사람들은 아니다. 나는 테레즈가 벌어온 빵이라면 기꺼이 같이 먹었을 것이지만, 남에게 얻어온 것이라면 결코 먹지 않았을 것이다. 이 점에 대해서는 지금이나, 또 자연의 섭리대로 그녀가 내 뒤에 살아 남을 장래라도, 나는 그녀를 증인으로 부르고 싶다. 불행하게도 그녀는 절약이란 것을 도무지 몰랐다. 규모가 없고 낭비가 심했다. 그것은 허영심이나 미식가여서가 아니라 다만 무관심 때문이었다. 이 세상에 완전한 사람은 아무도 없다. 그리고 그녀의 훌륭한 성품에도 결점은 있을 것이므로 이 결점이 우리 두 사람에게 손해를 끼쳤는지도 모르지만, 그래도 그녀에게 악덕보다는 결점이 있는 것이 낫다고 생각하고 있었다. 전날 어머니(바랑 부인)를 위해서 한 것처럼 테레즈를 위해 뒷날의 준비로 얼마간의 돈을 예금하려고 얼마나 노력했는지 모른다. 그러나 그런 노력은 언제나 수포로 돌아갔다. 어머니도 테레즈도 확실히 계산할 줄을 몰랐다. 그래서 갖은 노력을 다 했음에도 모든 것은 언제나 손에 들어오기가 무섭게 나갔다. 테레즈는 옷차림이 아주 검소했지만 레이의 연금도 그녀의 옷값에는 부족했다. 그래서 매년 내 수입에서 그것을 보충해 주지 않으면 안되었다. 그녀나 나나 부자가 되도록 태어나지는 못하였다. 그러나 나는 결단코 그것을 우리의 불행이라고는 생각하지 않았다.

《사회계약론》은 제법 빨리 인쇄되었다. 내가 은둔 계획을 실천하기 위해 출판을 고대하고 있던 《에밀》의 경우와는 달랐다. 뒤쉐느는 가끔 인쇄 본보기를 보내와 선택을 요청했다. 내가 선택해 주어도 그는 인쇄는 않고 또 다른 본보기를 보내왔다. 마침내 책의 판형과 활자가 결정되고 이미 몇 쪽이 인쇄되었을 때 내가 교정을 보다가 몇 군데를 수정하자, 그는 다시 개정판으로 하여 여섯 달이 지나도 처음이나 별다른 진척없이 그대로였다. 이렇게 하는 동안, 나는 내 책이 네덜란드에서도 프랑스에서도 인쇄되고 있음을 알았다. 그는 동시에 두 종류의 판을 내려는 것이었다. 나는 어떻게 하면 좋았을 것인가? 나는 이미 원고의 소유자가 아니었다. 프랑스의 출판에는 계속 반대해 왔는데, 결국 내 뜻과는 상관없이 이 판은 기어이 나오게 된 데다가, 네델란드 판의 본보기가 된다 하므로 어쨌든 주의해서 교정을 보고, 내 책이 만신창이가 되거나 왜곡되는 일이 없도록 살피지 않으면 안 되었다. 하기는 이 저서의 인쇄는 검열관의 충분한 허가를 받고 있었다. 어떤 의미에서는 일을 추천하고 있는 것이 검열관이었으므로 그는 자주 내게 편지를 보냈고 이 문제로 나를 직접 찾아오기까지 했다. 다음 기회에 곧 그 이야기를 하겠다.

뒤쉐느가 거북이 걸음으로 지지부진하고 있는 동안, 그의 방해를 받은 네옴므는 더욱 지지부진했다. 인쇄가 되면서 네옴므에게는 인쇄된 것도 정확히 보내오지 않았다. 네옴므는 뒤쉐느의 지배인인 기의 태도에 성의가 없다고 생각했다. 그리하여 계약대로 이행하지 않는 것을 보고 계속 내게 편지를 보내 우는 소리로 고충을 말해 왔지만, 나는 자신의 일 때문에 거기에 마음을 쓸 수 없었다. 당시 그의 친구인 게랑이 찾아와서 틈만 있으면 그 책에 대한 이야기를 했다. 그러나 언제나 마음을 털어놓고 이야기하지 않았다. 그는 책이 프랑스에서도 인쇄되고 있는 것을 아는 것 같기도 하고 모르는 것 같기도 했다. 검열관이 그 일에 관여하고 있다는 것에 대해서도 그러하였다. 그는 이 책으로 인한 나의 곤경을 동정하면서도 나의 무분별함을 비난하였다. 그러나 그 무분별하다는 것이 무엇을 뜻하는지는 절대로 말하려 하지 않았다. 그는 언제나 구실을 마련해 두고 빠져나가려고 하면서도 그 이야기가 듣고 싶어 여러 가지 농간을 부리는 것 같았다. 나는 당시 확고한 태도를 취하고 있었으므로 이 건에 대한 그의 조심스럽고 비밀스런 태도를 비웃으며, 그가 꽤 자주 관청에서 만나고 있는 대신들이나 관리들에게서 옮아온 나쁜 버릇의 하나로 보았다. 이 저서에 관해서는 모든 점에서 법규대로 되어 있다고 믿었고, 그것은 검열관의 승인과 비호를 받고 있을 뿐만 아니라 정부의 호의를 받을 가치가 있고, 또 받고 있다고 굳게 확신하고 있었다. 나는 아무것에도 주저하지 않는 자신의 용기를 기뻐하며, 내게 불만을 느끼고 있는 듯이 보이는 겁많은 친구들을 비웃고 있었다. 뒤클로도 그러한 친구들 가운데 한 사람이었다. 만일 이 저서의 유익함과 그 보호자들의 성의에 그토록 신뢰를 갖지 않았더라면, 그의 올바른 태도와 영민한 두뇌에 대한 믿음 때문에 나도 그처럼 불안해졌을지도 모른다. 뒤클로는 《에밀》이 인쇄되고 있을 때, 바유 씨 집으로 나를 만나러 왔다. 그는 내게 이 책에 관한 이야기를 했다. 나는 그에게 《사부아 보좌 신부의 신앙 고백》을 읽어 주었다. 그는 조용히 듣고 만족하는 듯 했다. 내가 읽기를 마치자 그는 나에게 말했다. "그런데 여보게, 그건 파리에서 인쇄되고 있는 책의 일부인가?" "그렇지." 하고 나는 말했다. "국왕의 명령으로 루브르 궁(왕립 인쇄소가 있었다)에서 인쇄해도 좋은 책이네." "나도 동감이네. 그러나 부탁이니 자네가 이 작품을 내게 읽어 주었다는 것을 아무에게도 말하지 말게." 이 뜻밖의 태도에 나는 크게 놀랐다. 나는 뒤클로가 말쉐르브 씨와 자주 만난다는 것을 알고 있었다. 같은 문제에 대해 어떻게 그가 말쉐르브 씨와 그토록 의견이 다른지 나로서는 이해하기 어려웠다.

나는 이미 4년 넘게 몽모랑시에 살고 있었으나, 그동안 건강이 좋은 날은 단 하루도 없었다. 그곳은 공기는 좋았으나 물이 나빴다. 그 점이 틀림없이 나의 지병을 악화시킨 원인의 하나였을 것이다. 1767년 늦가을 나는 완전히 병석에 눕게 되었으며, 겨울 내내 끊임없는 고통 속에서 보냈다. 육체적인 병에 다시 셀 수 없는 불안이 더해져, 고통은 한결 심해졌다. 얼마 전부터 웬일인지 음울한 예감이 엄습해 왔는데 이유는 없었다. 나는 아주 긴 사연을 담은 익명 편지를 몇 통 받았다. 또 서명은 있어도 이상한 사연이 적힌 편지를 받았다. 그 중 한 통은 파리 고등법원 평의관에서 보내온 것이었는데, 그는 현 제도에 불만을 품고 좋지 못한 결과가 올 것을 예상하여, 가족과 함께 은퇴할 생각으로 제네바나 스위스에 안주할 곳을 택하기 위해 내게 상의하려고 보낸 것이었다. 고등법원의 재판장 모(某)씨로부터도 편지를 받았는데, 그것은 당시 궁정과 사이가 나빴던 고등법원을 위해 각서와 건의서의 초안을 내게 부탁해 온 것으로 그것에 필요한 모든 기록과 자료를 제공하겠다고 말했다.

나는 병으로 고생하고 있을 때는 기분이 나빠지기 일쑤였다. 이런 편지들을 받았을 때에도 나는 짜증이 나 있었으므로 답장에도 그런 기분이 드러나, 요구해 온 것을 무조건 거절해 버렸다. 물론 나는 이 거절을 잘못으로 생각하지 않는다. 왜냐하면 그런 편지들은 적의 함정[*4]이었는지도 모르고, 또 내게 청해 온 일이 내 주의와 상반되었으므로 나는 그 주의를 버릴 생각이 없었던 것이다. 다만 부드럽게 거절하면 좋았을 것을 과격하게 거절한 것은 내 잘못이었다.

지금 말한 두 통의 편지는 내 문집 속에서 찾아 볼 수 있을 것이다. 나는 평의관의 편지에 조금도 놀라지 않았다. 왜냐하면 다른 사람과 마찬가지로 오늘의 제도는 몰락하고 있어 머잖아 프랑스가 붕괴될 위기에 처하게 되리라고 생각하고 있었기 때문이다. 정부의 실수로 빚어진 모든 불행한 전쟁(7년 전쟁)의

[*4] 예를 들면 ×× 고등법원의 재판장이 백과전서파들이나 올바크 패거리와 친교가 있는 사람이었던 것을 나는 알고 있었다.(원주)

재난, 믿어지지 않을 정도의 재정 문란, 지금까지 공공연한 투쟁으로 서로 해치기 위해서만 왕국을 운영해 온 두세 명의 대신들 때문에 분열된 정부 내의 끊임없는 갈등, 평민은 물론 국가의 모든 계급이 갖고 있는 전반적인 불만, 조금이라도 이성을 지니고 있다면 그 이성을 언제나 자기의 편애하는 감정을 위해 희생시키고, 언제나 유능한 인재를 멀리하면서 자기 마음에 꼭 드는 사람에게 지위를 주려는 집념 강한 한 여성(퐁파두르 부인)의 미숙한 분별력, 그러한 모든 것들은 그 평의관의 예상과 대중과 나의 예상을 증명하여 주는 것이다. 그러한 예상은 왕국을 위협하고 있는 듯이 보이는 동란이 있기 전에 나도 달리 안주할 땅을 찾아야 하지 않나 하고 여러 번 나를 고심하게 했던 것이다. 그러나 자신의 비천한 신분과 평화를 사랑하는 기질에 안심한 나는 내가 살고 싶어하는 고독 속에는 어떤 폭풍도 불어 닥치지 않으리라고 믿었다. 다만 그러한 상태에서 뤽상부르 원수가 그의 관할 지방에서 그리 달갑지 않는 직책을 떠맡았다는 것은 유감이었다. 현실의 정세는 큰 기관들이 언제 무너질지 모르므로, 만일에 대비해서 나는 원수가 은둔처를 마련해 두기를 바랐다. 정부의 모든 실권이 어느 한 사람(슈아쥘)의 손에 쥐어지지 않았더라면, 프랑스 왕국은 지금쯤 틀림없이 궁지에 빠져 있으리라는 것은 지금도 의심할 여지가 없다.

  내 병이 악화됨에 따라 《에밀》의 인쇄는 지지부진하다가 마침내 중단되어 버렸는데, 그 이유는 알 수 없었다. 기는 소식도 없었고 희망을 보내 주지도 않았다. 마침 말쉐르브 씨가 그 무렵 시골에 가 있었으므로, 나는 누구에게서도 소식을 들을 수 없었으며, 어떻게 되어 가는지 전혀 알 수가 없었다. 아무리 나쁜 일이라 하더라도 어떻게 된 일인지 알기만 하면 나는 결코 고민하거나 낙심하지 않는다. 그러나 내 타고난 성격은 어둠을 무서워하고 그 어두운 그림자를 무서워하고 증오했으므로, 비밀은 언제나 나를 불안하게 만들었다. 이것은 무분별할 정도로 개방적인 내 천성과 너무도 상반된다. 아무리 흉악한 괴물을 보아도 그다지 무서워하지 않을 것 같으나, 밤중에 하얗게 옷을 입은 어떤 모습을 흘끗 본다면 그만 공포에 떨고 만다. 그러므로 이 오랜 기간의 침묵으로 불붙기 시작한 내 상상은 내게 유령의 모습을 그려내게 했다. 나의 마지막이며 최고의 저서를 출판할 생각을 하면 할수록, 그것을 중지시킨 원인이 무엇인가를 알고 싶어 더욱 조바심이 났다. 그리고 언제나 무엇이든 극단으로 생각하는 나로서는 이 책의 인쇄가 중단된 것을 책을 탄압하는 것이라고 짐작했다. 한편 그 원인도 과정도 상상할 수 없었기 때문에 나는 세상에서 가장 참혹한 불안 속으로 빠져 들었다. 나는 기에게도 말쉐르브 씨에게도 거듭 편지를 보냈다. 그런데도 답장은 오지 않았다. 적어도 내가 편지를 기다리고 있는 동안은 오지 않았으므로, 아주 초조해진 나머지 혼란에 빠졌고 미칠 지경이었다. 불행하게도 그때, 예수회의 그리페 신부가 《에밀》에 대해 이야기하며, 그 중의 몇 구절을 인용했다는 것을 알게 되었다. 상상은 즉각 내 머리에 번개처럼 떠오르고 그 간악한 비밀의 정체가 환히 내다보였다. 마치 나에게 계시나 된 듯 명백하고 확실하게 나는 그 악의가 커가는 것을 보았다.

나는 상상했다. 예수회는 그들 학교에 대해 내가 말한 모멸스러운 논조에 격분하여 내 저술을 탈취했고, 바로 그들이 출판을 정지시킨 것이다. 그들은 친구인 게랑에게서 내 근황을 전해 듣고, 내가 머지않아 죽으리라는 것—그것은 나도 의심치 않았다—을 예상하고 인쇄를 지연시켜 내가 죽은 뒤 내 저술을 삭제하고 뜯어고쳐 그들의 목적에 알맞게끔 내 의견과는 다른 의견을 집어넣을 계획을 하고 있는 것이라고. 이 망상으로 놀라울 만큼 복잡한 사실과 상황이 머릿속에 떠올랐다. 또 있음직한 일과 그밖에 거기에 증거를 제시하고 보강하기 위한 사실과 상황들이 연이어 머릿속에 떠올랐다. 내가 알기에 게랑은 완전히 예수회 손안에 있었다. 그가 지금껏 내게 보여 준 우정은 모두 그들을 위한 것이었다고 생각되었다. 그들의 부추김으로 게랑은 네옴므와 계약할 것을 내게 강요했던 것이다. 그 네옴므를 통해서 그들은 내 저서의 첫 인쇄 표본을 손에 넣었던 것이다. 뒤이어 그들은 뒤쉐느의 인쇄를 중지시키고 내가 죽은 다음 그들이 원하는 대로 뜯어고쳐 출판해도 될 때까지 저희들 멋대로 가필하려고 내 원고를 탈취하려는 수단을 모색한 것이라고 생각하였다. 내게 알랑거리는 베르티에 신부 같은 사람도 있었지만, 예수회 회원들이 나를 좋아하지 않는다는 것을 나는 언제나 느끼고 있었다. 그것은 내가 백과전서파의 한 사람일 뿐만 아니라, 내 주의는 어느 것이나 내 동료들(백과전서파)의 무신앙에 비해 훨씬 예수회의 방침과 그 세력 확장에 상반되는 것이었기 때문이다. 요컨대 무신론과 완고한 광신은 이단 배척이라는 공통점에서 맞닿아 서로 통할 수도 있는 것이다. 그 실례는 중국에도 있고 또 그들이 내게 한 것도 그것이다. 이에 반해 이성과 도덕에 충실한 종교는 양심에 대한 인간의 구속력을 배제하고, 그러한 구속을 가진 절대 지배자들로부터 그 힘을 제거해 버리는 것이다. 나는 대법관님(말쉐르브 씨의 아버지)도 예수회 회원들과 친한 친구인 것을 알고 있었다. 나는 말쉐르브 씨가 아버지로부터 위협을 받아 그가 보관하고 있던 저서를 그들에게 할 수 없이 넘겨 주지나 않았나 하고 걱정했다. 또 아무 이유 없이 최초의 두 권에 가하기 시작한 간섭이 이미 결과가 나타난 것이라고 생각했다. 그 두 권에서는 사소한 일로 수정이 요구되었는데, 나중 두 권은 누구나 알다시피 참으로 대담한 말로 가득차 있었으므로, 그것이 최초의 두 권처럼 검열을 받았다면 모두 다시 고쳐써야만 했을 것이다. 게다가 이것은 말쉐르브 씨가 내게 말한 것이지만, 이 출판의 감독을 위촉받은 그라브 신부도 예수회의 일파라는 것이다.

나는 어느 쪽을 바라보나 예수회 회원들뿐이므로 그들이 탄압 때문에 멸망하게 되어, 자기들의 몸을 옹호하기에도 바빠서 자기들과 상관없는 책의 인쇄에까지 간섭할 여유가 없으리라는 것을 미처 생각하지 못했다. 그러나 그 점에 생각이 미치지 못했다고 말하는 것은 잘못이다. 왜냐하면 나는 그 점도 잘 생각해 보았으며 더욱이 말쉐르브 씨도 내 망상을 사람들에게서 듣고 곧 그런 사실이 없다고 부인해 주었기 때문이다. 그러나 중대한 비밀을, 그것에 대해서는 아무것도 모르면서 멀리서 판단하려고 하는 인간의 삐딱한 사고방식 때문에, 나는 예수회가 위기에 놓여 있다는 것을 결코 믿으려 하지 않고, 그에 대한 떠도는 풍설은 적을 잠재워 두기 위해 그들이 꾸민 간사한 꾀로 보고 있었다. 나는 지금까지 실패한 적이 없는, 그들이 과거에 거둔 성공 때문에 그 세력을 정말 무서운 것으로 알고 있었다. 그래서 고등법원의 권위가 떨어져 있는 것을 한탄하고 있었을 정도였다. 슈아쾰 씨가 예수회의 교육을 받았다는 사실도, 퐁파두르 부인이 그들과 사이가 나쁘지 않다는 것도, 총신과 대신들의 동맹이 서로 공동의 적에 대항하는 데 유리했던 점도 모두 나는 알고 있었다. 그래서 이 예수회가 언젠가 심한 타격을 받는다 해도 고등법원이 그러한 타격을 가할 만큼 강력하지는 못하다고 생각하고 있던 나는, 이 궁정의 불간섭에서 그들의 자신만만한 근거와 승리의 징후를 예상했다. 요컨대 나는 당시의 모든 풍문을 오로지 그들 쪽에서 만들어 낸 속임수이며 함정이라고 생각하고, 그들이 마음놓고 무엇이든 해치울 수 있는 좋은 기회에 있는 것으로 믿고 있었다. 그래서 그들이 곧 얀센주의자, 고등법원, 백과전서파 등, 그들의 속박을 받기를 원치 않는 모든 것을 타도해 버릴 것을, 그리고 최후로 그들이 내 책을 세상에 내놓게 한다면, 그것은 그들의 무기로 사용할 수 있도록 뜯어고친 다음, 내 독자들을 속이기 위해 내 이름을 이용하는 데 지나지 않을 것이란 점을 믿어 의심치 않았던 것이다.

나는 내가 이대로 죽어 버리지는 않을까 싶었다. 어떻게 그러한 부조리가 나를 죽여 버리지 않았는지 이해하기 어려울 정도였다. 가장 가치 있고 가장 좋은 내 책 때문에 내가 죽은 뒤 이 불명예스러운 자취가 남겨진다는 생각이 끔찍스러웠기 때문이다. 이토록 죽음을 무서워한 적은 지금껏 없었다. 따라서 만일 그런 처지에서 죽는다면 나는 절망 속에서 죽었으리라 생각된다. 한 인간의 추억을 해치기 위해 전례 없는 음모를 아무런 방해도 없이 순조롭게 진행시키고 있음을 모르는 바 아닌 나는, 어쩌면 훨씬 안정된 기분으로 죽어 갈 수 있을 것이다. 지금은 머잖아 음모를 이겨낼 나라는 인간의 증거를 많은 저술 속에 남겼다는 확신이 섰기 때문이다.

내 초조한 마음의 증인도 되고 통사정의 상대이기도 했던 말쉐르브 씨는 나를 위로하려고 온갖 힘을 다했다. 뤽상부르 부인도 이 훌륭한 일에 협력해 주었다. 그리고 몇 번인가 뒤쉐느로 가서 출판이 어떻게 되었는가를 알아봐 주었다. 마침내 인쇄는 다시 시작되고 지금까지보다 원활하게 진행되었는데, 왜 중지되었던가는 나로서는 전혀 알 수 없었다. 말쉐르브 씨는 나를 안심시키기 위해 일부러 몽모랑시로 찾아왔다. 마침내 나는 마음의 안정을 얻게 되었다. 말쉐르브 씨의 성실성을 확신하게 되었으므로 그로서는 초췌한 내 머릿속의 혼란을 씻어 주려는 노력에 효과를 거둔 셈이었다. 내가 너무도 고민하여 착란을 일으키는 것을 보고 그가 나를 측은하게 여긴 것도 무리가 아니다. 그러므로 이렇게 보살펴 준 것이다.

그를 둘러싼 철학자들이 늘 떠들어 대던 말이 그의 마음속에 떠올랐다. 내가 에르미타주에서 지내려 했을 때, 이미 말한 바와 같이 그들은 내가 오래 있지 못하리라고 떠들어 댔다. 내가 계속해서 눌러 있는 것을 보자, '그것은 외고집 때문이다. 자기가 한 말을 취소하기가 부끄러워서다. 심심해서 죽을 정도로 답답해하고 있다. 참으로 불행한 생활을 하고 있다.' 하고 그들은 말했다. 말쉐르브 씨는 그들의 말을 믿고, 내게 편지로 그 일을 알려 주었다. 그토록 내가 존경하는 사람이 그런 객설을 믿고 있다는 데 깊이 느낀 바 있어, 나는 거듭 네 통의 편지를 써 보냈다. 거기에서 나는 내 행동의 참된 동기를 말하고, 내 취미·성향·성격, 내 심중에 생각하는 것 모두를 숨김없이 표현하였다. 초안도 잡지 않고, 성급히 아무렇게나 휘갈겨 다시 읽어 보지도 않은 이 네 통의 편지는 아마 내 생애를 통해 힘 안들이고 쓴 유일한 편지일 것이다. 특히 놀라운 것은 이것을 그때 고뇌와 극도의 상상 속에서 썼다는 것이다. 쇠약해 지고 있는 몸을 실감하면서 성실한 사람들의 마음속에 나에 대한 부당한 의견을 남겨 주고 갈 것을 생각하면, 나는 정말 소리쳐 울고 싶은 기분이었다. 나로서는 그런 네 통의 편지 가운데 서둘러 적은 요약글로 일찍이 내가 계획하고 있던 고백록을 어느 의미에서 보충할 셈이었다. 말쉐르브 씨를 기쁘게 하고 그가 파리에서 사람들에게 보여 준 그 편지는, 지금 여기에서 내가 그보다도 훨씬 상세하게 이야기하는 것의 개요라고 할 수 있는 것으로, 그런 의미에서 보존할 가치가 있는 것이다. 내 부탁으로 사본을 만들어 둔 것을 그가 몇 년 뒤에 보내주었으므로 그 편지들은 내 문집 속에서 볼 수 있을 것이다.

  그 뒤부터 죽음이 멀지 않다는 생각과 함께 나를 슬프게 한 단 한 가지 일은, 내가 죽은 뒤에 내 원고를 맡아 정리해 줄 믿을 만한 지식인이 한 사람도 없다는 것이었다. 제네바로 여행한 뒤로 나는 물투와 우정을 맺게 되었다. 나는 이 청년이 마음에 들었다. 그리하여 나의 임종시 그의 참석을 바랐다. 나는 그에게 이 소원을 알렸다. 만일 그의 직무와 가족들이 그것을 허락했더라면, 그는 기꺼이 그런 일을 해주었으리라 생각한다. 그러한 위안을 갖지 못했던 나는 적어도 그에게 내 신뢰를 보여 주려고 출판에 앞서서 《사부아 보좌 신부의 신앙 고백》을 그에게 보내 주었다. 그는 그것에 만족했다. 그러나 그의 회답 속에는 당시 내가 그것의 성공을 기대하고 있었던 것과 같은 확신을 가지고 있다는 내용은 찾을 수 없었다. 그는 뭐든지 다른 사람이 갖고 있지 않은 작품을 얻고 싶다고 말해왔다. 나는 그에게 《고(故) 오를레앙 공에게 보내는 조사(弔辭)》를 보내 주었다. 그것은 다르티 신부를 위해 쓴 것인데 결국은 읽히지 않았다. 왜냐하면 신부의 기대와는 달리 조사를 읽게 된 것은 이 신부가 아니었기 때문이다.

  중단되었던 인쇄는 무사히 진행되어 완료되었다. 또 여기서 알게 된 것은, 이상하게도 처음 두 권에는 엄중한 수정을 요구한 반면 나중 두 권은 아무 이상 없이 끝나, 그 내용이 출판에 아무런 지장도 주지 않았다는 것이다. 그래도 아직 내게는 약간의 불안이 남아 있었다. 그 점은 잠자코 지나갈 수도 없는 것이었다. 예수회 일을 걱정했던 나는 이번에는 얀센주의자와 철학자들이 걱정되었다. 모든 당파니 결사니 도당이니 하는 사람들의 적이었던 나는, 지금껏 그런 부류의 사람들에게 무엇 하나 좋은 일을 기대하지 않았다. '동네 시어머니들'(10권 첫 머리에 나오는 얀센주의자들)은 어느 틈에 전에 살던 곳을 떠나 바로 이웃에 와 살았는데, 그들의 방에서는 내 방이나 테라스에서 말하는 소리가 다 들렸고, 또 그들의 마당에서는 내 정원의 정자 사이에 있는 낮은 담을 쉽게 넘을 수 있었다.

나는 이 정자를 서재로 쓰고 있었으므로, 거기에 책상을 놓고 그 위에 《에밀》과 《사회계약론》의 교정지와 인쇄 표본을 쌓아 두었다. 이 인쇄 표본은 보내 오는 대로 철해 두었으므로, 거기서는 내 책이 간행되기 훨씬 전에 이미 책이 되어 있는 셈이었다. 나의 소홀함과 무관심, 그리고 나를 둘러싸고 있는 정원의 소유자인 마타 씨를 믿은 것이 탈이었다. 흔히 밤에 정자 문을 잠그는 걸 잊고 아침에 문이 활짝 열려 있는 것을 보곤 했는데, 그래도 누가 내 서류를 뒤헝클어 놓지나 않았나 하는 의심이 들지 않았으면 별로 관심을 두지 않았을 것이다. 그러나 몇 번이나 그런 일이 생겼으므로 나는 보다 조심해서 정자 문단속을 잘 했다. 자물쇠가 좋지 못해 쇠는 반밖에 걸리지 않았다. 더욱 주의를 하게 된 나는 활짝 열어 놓았을 때보다 훨씬 더 심하게 뒤헝클어져 있는 것을 알게 됐다. 마지막엔 내 책의 모든 권(卷)들 가운데 한 권이 하루 이틀 밤사이에 감쪽같이 없어져 간 곳을 알 수 없었는데, 사흘째 되는 날 아침에 고스란히 책상 위에 있었다. 나는 그때부터 지금까지 마타 씨나 그의 조카 물랭 씨를 결코 의심한 일이 없다. 두 사람 다 나를 존경한다고 알고 있었고, 그들을 오롯이 믿었기 때문이었다. 나는 '동네 시어머니들'을 경계하게 되었다. 그들은 얀센주의자였지만 달랑베르와는 여러 가지로 관계를 맺고 한집에 살고 있었던 것을 나는 알고 있었다.

이런 일로 해서 나는 조금 불안해졌으며 전보다도 더 자주 조심하게 되었다. 나는 서류를 방으로 옮겨 놓고, 이들과 전혀 만나지 않기로 했다. 내가 경솔하게 그들에게 빌려준 《에밀》의 제1부를 그들이 자랑삼아 여러 집으로 내돌렸던 것을 알고 있었기 때문이다.

《사회계약론》은 《에밀》보다도 한두 달 일찍 나왔다(1762년 4월 4일 암스테르담에서 출판). 나는 레이에게 내 책은 한 권도 프랑스로 몰래 수입해서는 안 된다고 신신당부를 해두었다. 하지만 그는 이 《사회계약론》을 배편으로 루앙에 보내 거기에서 프랑스로 들여보낼 허가를 얻기 위해 당국에 문의를 했다. 레이는 아무 회답도 받지 못했다. 그 짐은 몇 달이나 루앙에 머물러 있던 끝에 그에게로 되돌아갔다. 실은 몰수를 당할 것이었지만 그가 하도 법석을 떨었기 때문에 돌려주게 된 것이다. 호기심 많은 사람들은 암스테르담에서 《사회계약론》을 몇 부 빼내어 슬금슬금 내돌렸지만 별로 소문을 내지 않았다. 그런 이야기를 전해 들었을 뿐만 아니라 그 중의 어떤 것을 읽어 보았던 몰리옹은 그것을 내게 말해 주었는데, 그의 의미심장한 말투는 나를 놀라게 했다. 그것은 내게 불안감마저 느끼게 해주었다. 그러나 나는 모든 점에서 규칙대로 했다. 책망을 받을 것은 아무것도 하지 않았다고 확신하며, 내 근본 방침에 따라 태연히 지냈다. 게다가 슈아죌 씨가 전부터 내게 호감을 갖고 있었고, 또 내가 그를 존경하는 마음으로 쓴 찬사에 그는 고마워하고 있었으므로 이 기회에 퐁파두르 부인의 악의에 대해 나를 지지해 줄 것을 의심치 않았다.

그 무렵 확실히 나는 이제까지보다도 더욱 뤽상부르 원수의 호의에 기대며, 필요에 따라서는 그의 보호를 부탁할 수도 있었다. 왜냐하면 원수는 그때보다 더 자주 감격에 찬 우정을 보여 준 적이 없었기 때문이다. 그가 부활절에 내 집에 왔을 때에, 내 병세가 심해져서 저택으로 문안을 갈 수 없었다. 그는 하루도 빠짐없이 나를 찾아왔는데, 줄곧 고통스러워하고 있는 나를 보고, 콤므 수도사(외과에 능했다)의 진찰을 받아 보도록 권했다. 그는 콤므 수도사를 불러오게 하고 몸소 내게로 데리고 왔다. 그리고 괴로운 일인데도 수술 받는 동안 꼬박 내 옆에 끈기 있게 지키고 있었다. 이런 일은 그런 귀족에게는 드문 일로 기뻐할 만한 일이었다. 그러나 의사가 한 일은 그저 소식자(消息子)로 검사하는 것뿐이었다. 그때까지 나는 몇 번인가 그것을 시험했지만 언제나 성공하지 못했다. 모랑의 의술로도 잘 되지 않던 일이었다. 콤므 수도사는 둘도 없는 능숙하고 경쾌한 솜씨로 마침내 아주 작은 방광 소식자를 들여보내는 데 성공했다. 그러나 그 때문에 나는 두 시간 이상이나 괴로워하며, 착한 원수님의 다감한 심정에 슬픔을 주지 않으려고 가능한 한 신음소리를 억제해야만 했다. 첫 번째 검사에서 콤므 수도사는 커다란 결석을 발견한 것 같다고 말했지만, 두 번째 검사에서는 보이지 않았다. 다시 두 번 세 번씩 오랜 시간을 정성껏 정확하게 진찰하고 나서, 결석은 없으나 전립선이 악성부종(惡性浮腫)으로 말미암아 지나치게 커져 있는 상태라고 선언했다. 방광은 크고 상태는 양호했다. 그는 내게 앞으로도 큰 고통을 받을 것이나 오래 살 것이라는 진단을 내렸다. 만일 대단한 고통을 받을 것이라고 한 첫 번째 예언처럼, 오래 살 것이라고 한 두 번째 예언도 들어맞게 된다면 내 불행은 좀처럼 끝날 것 같지 않다.

이처럼 여러 해에 걸쳐 내가 갖고 있지도 않은 20여 종류에 이르는 병의 치료를 계속해서 받은 끝에, 마침내 나는 내 병이 생명에는 관계가 없으나 죽을 때까지 계속될 고칠 수 없는 병이라는 것을 알았다. 이것을 알게 되자 내 상상력도 억제되어 결석으로 오는 고통 때문에 괴로운 죽음을 맞게 되는 앞날을 예상하는 일은 없게 되었다. 그리고 훨씬 전에 오줌길 속에서 부러져 버린 소식자 끝이 결석의 씨앗이 된 것은 아닐까 하는 걱정도 하지 않게 되었다. 현실의 병보다도 한층 고통스런 상상의 병에서 해방된 나는 지금까지보다는 안정된 기분으로 현실의 병을 견뎌 나갔다. 확실한 것은 이때부터는 내 병이 전보다 훨씬 가벼워졌다는 사실이다. 이 구원이 뤽상부르 원수의 덕택인 것을 생각할 때마다, 원수와의 추억을 새로이 하며 감격하지 않은 적이 없다.

말하자면 죽었다가 다시 살아났고, 나의 남은 생을 바치려는 계획에 이제까지보다도 한층 더 열중하게 된 나는 이 계획을 실행하기 위해 오직 《에밀》의 출판만을 기다릴 뿐이었다. 나는 투렌느를 생각하였다. 이미 가본 적이 있고, 그곳의 기후나 사람들의 온화함에 무척 마음이 끌렸기 때문이다.

  귀엽고 정다운 살기 좋은 곳,
  아름다운 자연을 닮은 이 고장 사람들.

나는 내 계획을 뤽상부르 원수에게 말한 적이 있었는데 그는 그것을 단념시키려고 하였다. 그뒤 나는 굳게 그것을 결심했다고 되풀이해서 원수에게 말했다. 그래서 원수는 내게 적당하다고 생각되는 안주지로, 다리에서 25킬로미터쯤 떨어져 있는 메를롱 성을 권했다. 그곳은 내 마음에 들테니까 자기도 부인도 기꺼이 내가 거기에 자리잡도록 도와주겠노라고 하였다. 이런 말에 나는 감격했고, 전혀 내 마음에 없는 것도 아니었다. 먼저 그 장소를 보아 둘 필요가 있었다. 원수는 나를 그곳으로 안내하기 위해 마차와 함께 시종을 보내 줄 날짜도 함께 정했다. 그러나 그날따라 나는 몸이 너무 편치 않아 출발을 미루어야만 했다. 그 뒤로도 온갖 변고가 일어나 그곳에 가보지 못하고 말았다. 나중에 그곳이 원수님이 아닌 부인의 것이란 사실을 알고, 나는 그곳에 못 가게 되어 다행이라고 생각하였다.

마침내 《에밀》이 나왔다(1762년 5월 간행, 22일 뒤쉔느가 뤽상부르 댁으로 가져왔다). 수정하라는 말도 없었고 어려움도 없었다. 그것이 간행되기 앞서 원수는 그 저서와 관계 있는 말쉐르브 씨의 편지를 모두 돌려보내 달라고 요청해 왔다. 나는 이 두 분을 굳게 신뢰하고 마음을 놓고 있었으므로, 이 요구가 뭔가 이상하다고는 생각하고 싶지 않았다. 잊어버리고 책 속에 끼워둔 하나인가 둘인가의 편지를 제외하고 나는 그 편지를 모두 되돌려보냈다. 이보다 얼마 전에 말쉐르브는 예수회에 대해 내가 불안을 느끼고 있을 무렵 내가 뒤쉔느에게 쓴 편지들을 자기가 맡아 두겠다고 말해 온 적이 있었다. 솔직히 말하면 이 편지들은 나의 이성이라는 관점에서 보면 별로 명예가 되는 것은 아니었다. 그러나 나는 그 답장에서, 무슨 일에서든 사람들에게 나 자신이 내가 쓴 것 이상으로 훌륭한 사람처럼 보이고 싶지는 않다는 것, 편지는 뒤쉔느의 수중에 그냥 두어도 좋다는 것을 알렸다. 나는 말쉐르브 씨가 그것을 어떻게 했는지 모른다.

이 책의 출판은 내 모든 저술의 간행과 같은 요란스런 갈채는 받지 못했다. 이처럼 학식 있는 이들로부터 개인적으로 대단한 칭찬을 받으면서도 일반 독자들에게는 아무 반응이 없는 책도 없을 것이다. 이 책에 관하여 가장 올바르게 평을 할 수 있는 사람들은 말로나 서신으로 그것이 내 저술 가운데서 가장 중요한 것인 동시에 가장 훌륭한 것이라는 점을 확인해 주었다. 그리고 모든 것들은 정말 이상하다 싶을 정도로 조심스럽게 이야기되었고, 마치 사람들이 이 책에 대해 생각하고 있는 훌륭한 점을 비밀로 해둘 필요가 있는 것 같았다. 부플레르 부인은 이 책의 지은이는 조각상을 세워 전 인류의 존경을 받아 마땅하다고 알려왔으나, 그 편지 끝에 이 편지를 되돌려 달라고 대놓고 부탁하고 있었다. 달랑베르는 이 저서가 나의 뛰어남을 판가름했고 모든 문학자의 선두에 서게 했다고 말했으나 그때까지 내게 써보낸 편지에는 어느 것이나 서명을 했는데 이 편지에는 서명이 없었다. 뒤클로는 신뢰할 수 있는 친구이고 거짓이 없는 인간이기는 했으나 조심성이 많은 사람이어서, 이 책을 높이 평가하긴 했으나 그것을 내게 편지로 쓰기를 피했다. 라 콩도민느는 '신앙 고백'을 평하면서 헛수작만 늘어놓았다. 클레로도 그의 편지에서 이 한 대목만을 언급했는데, 그는 그것을 읽고 느낀 감격을 거리낌없이 말했다. 그가 한 말에 따르면, 그것을 읽고 그의 늙은 영혼이 다시 젊어졌다는 것이다. 내가 책을 보내 준 사람들 가운데 오직 클레로 한 사람만이 좋다고 생각한 점을 당당하고 자유롭게 세상에 공언하였다.

나는 마타에게도 책이 발매되기 전에 한 권을 보내 주었다. 그는 그것을 스트라스부르 지사의 아버지로, 고등법원 평의관인 블레르 씨에게 빌려주었다. 블레르 씨는 생 그라티엥에 별장을 가지고 있어서, 그의 옛 친구인 마타는 그리로 갈 기회가 있으면 가끔 그를 찾아가곤 했다. 그는 블레르 씨에게 아직 발행되지 않은 《에밀》을 읽게 하였다. 책을 돌려 주면서 블레르 씨는 그에게 다음과 같은 말을 하였고, 그는 또 그날로 그 말을 내게 전하러 왔다. "마타 씨, 이건 정말 훌륭한 책입니다. 그러나 지나치게 평판이 높아서 지은이를 위해서는 불리할지도 모르겠소." 그가 이 말을 내게 전했을 때 나는 그것을 웃어넘기고 말았다. 그리고 이 말에서 무엇이건 뜻이 있는 체하는 법조인들의 과대망상을 느꼈을 뿐이었다. 내가 듣게 된 모든 불안감을 주는 말도, 그 이상의 인상을 주지 않았고, 내게 다가오고 있는 파국을 어느 의미에서도 예감을 못한 데다가 내 저서가 유익하다는 것과 훌륭하다는 것을 믿고 또 어디로 보나 합법이라는 것을 믿었다. 게다가 당시 생각으로는 뤽상부르 부인의 세력과 정부의 호의까지도 기대하고 있었으므로, 시기하는 모든 자들을 분쇄해 버린 다음에는 곧 승리의 절정에서 은거한다는 계획에 마음속으로 기뻐하고 있었던 것이다.

이 책을 펴낼 때 내 마음에 걸리는 것이 단 한 가지 있었다. 그것은 내 한몸의 안전보다도 오히려 마음의 안정에 대해서였다. 에르미타주와 몽모랑시에서 귀족들이 사냥을 즐기는 데 몰두한 나머지, 불행한 농민들이 고통받는 것을 직접 목격하고 나는 분개했다. 그들 농민은 짐승들이 밭을 망치는 것을 잠자코 보고 있어야만 했고, 다만 소리를 내서 그것을 쫓는 도리밖에 없었다. 멧돼지를 쫓기 위해 냄비니 북이니 종 등을 울리며 콩밭에서 매일 밤을 새워야만 했다. 나는 샤롤루아 백작이 그런 불쌍한 사람들을 얼마나 심하고 난폭하게 대했는가를 실제로 목격했으므로 《에밀》의 마지막 부분에서 그의 잔인한 행동을 비난했다. 내가 지켜야 했을 내 주의를 깨뜨린 한 실례이기도 한데, 그것은 벌을 받지 않으면 안될 것이었다. 나는 콩티 대공의 부하가 그의 영지에서 이것에 못지않은 가혹한 행동을 하고 있는 것을 알았다. 내가 늘 존경하고 감사하고 있는 대공이, 내가 인도적인 분노에서 대공의 숙부를 공격한 것을 자신을 공격한 것으로 알고 모욕을 느끼지나 않을까 하고 겁이 났다. 그러나 이 점에 관해서는 내 양심은 절대로 거리낌이 없었으므로 그것을 믿고 마음을 안정시켰다. 또 그렇게 하기를 잘했다. 어쨌든 나는 이 위대한 대공이 그의 총애를 받기 훨씬 전에 쓴 대목에 조금이라도 관심을 가졌다는 말을 한 번도 듣지 못했다.

시일은 확실하지 않지만 이 책이 간행되기 얼마 전인가 뒤인가 같은 문제를 논한 다른 한 권의 책이 세상에 나왔다. 그것은 여기저기에서 뽑아 놓은 쓸데없는 문장을 빼고 나면 한 마디 한 마디가 내 저서 첫 권을 표절한 것이었다. 이 책은 발렉세르라는 제네바 사람의 이름으로 되어 있었다. 그리고 그 표지에는 그가 할렘의 학술원상을 받은 것이라고 씌어 있었다. 이 학술원이란 것도, 상을 받았다는 것도 모두 조작한 것으로, 세상 사람들에게 표절이란 것을 숨기기 위한 것임을 당장 알 수 있었다. 그러나 그전부터 거기에 음모가 있었다는 짐작은 갔으나 그것이 무엇인가는 전혀 알지 못했다. 내 원고가 남의 손에 넘어갔기 때문인지도 모른다. 그렇지 않았으면 이렇게 표절할 수는 없었을 테니까. 또는 이 학술원상을 받았네 어쩌네 하는 것을 날조하기 위해서였는지도 모른다. 날조를 하는 데는 어쨌든 무언가 근거가 있어야만 했을 테니까. 몇 해인가 지나서 마침내 나는 디베르누아에게서 우연히 들은 말에 의해 비밀의 단서를 파악하고, 발렉세르 선생이란 이름을 생각해 낸 사람들이 누구인가도 짐작이 갔다.

폭풍에 앞서 멀리서 은은하지만 성내어 지르는 소리가 들려 오고 있었다. 아무라도 조금만 선견지명이 있는 사람들이라면 내 책과 내게 무엇인가 음모가 꾸며지고, 이윽고 그것이 폭발하게 되리라는 것을 분명히 알아차릴 수 있었을 것이다. 그런데도 나는 무심하게 바보처럼 자신의 불행을 예견하기는커녕, 그 결과를 알게 된 뒤에도 원인을 짐작하지 못할 정도였다. 예수회를 탄압할 바에는 종교를 공격하는 책이나 지은이에게 불공평한 관용을 베풀 수는 없다는 말이 교묘한 방법으로 나돌았다. 나의 다른 저서에는 내가 이름을 밝히지 않기라도 한 것처럼, 나는 내 이름을 《에밀》에 밝혔다고 반대자들에게 비난당했다. 나는 다른 저술에도 모두 그렇게 했는데 그것에 대해서는 아무 말도 없었던 것이다. 무분별한 내 태도가 불러 온 상황에 대비해서 하는 수 없이 마음에도 없는 수단을 취해야만 할 것을 사람들은 걱정하고 있는 것 같았다. 그러한 풍설이 내 귀로 들어왔으나 나는 거의 불안을 느끼지 않았다. 이 사건에 개인적으로 내가 조금이라도 관련이 있을 줄은 생각조차 하지 못했다. 자신은 아주 결백하다고 생각하고 있었고, 충분한 후원자도 있으며, 모든 점에서 충분히 규칙에 따라 했으니, 그런데도 잘못된 점이 있다면 모든 것이 뤽상부르 부인 한 사람에게 책임이 있으므로, 그 때문에 부인이 나를 난처하게 만들리라는 걱정은 하지 않았다. 그러나 이 경우에는 어떻게 된다는 것을, 그리고 보통 관례로는 출판자에게 엄격하고 지은이에게는 후하다는 것을 알고 있었으므로, 나는 만일에 말쉐르브 씨가 뒤쉐느를 버리지나 않을까 하고, 가엾은 그를 염려하지 않을 수 없었다.

　나는 가만히 있었다. 소문은 점점 퍼져 갔다. 게다가 이윽고 사태는 변해 갔다. 일반 사람들은, 특히 고등법원은 내가 태연자약한 것에 분노를 터뜨린 것 같았다. 며칠이 지나자, 요란스런 비난이 격심해지며 위협은 상대를 바꾸어 직접 내게로 향해 왔다. 고등법원 사람들은 대놓고 책을 불사르는 것만으로는 아무것도 아니며, 지은이도 함께 태워죽여야만 한다고 말하는 것이었다. 서점에 대해서는 아무 말도 없었다. 법원 참사관들이 하는 말이라기보다는 차라리 고아의 종교 재판관의 말처럼 이 말이 처음으로 내 귀에 들어왔을 때, 나는 그것이 올바크의 수작으로 나를 위협해서 도망치게 만들려는 것임을 의심치 않았다. 나는 그런 치졸한 책략을 비웃고 그들을 조롱하며, 만일 진상을 알고 있었다면 그들이 나를 위협하는 데 무언가 다른 수단을 썼을 것이 틀림없다고 생각했다. 그런데 결국 소문은 소문에 그치지 않고 그것이 사실이라는 것이 밝혀졌다. 뤽상부르 부부의 그해 두 번째의 몽 모랑시 여행은 앞당겨져 6월 초에 여기에 와 있게 되었다. 파리에서는 내 책이 비상한 소란을 일으켰으나 여기에서는 내 새 책에 대해서는 어쩌다가 소문이 들릴 뿐이었고, 특히 저택의 주인들은 내게 그것에 대한 이야기를 전혀 하지 않았다.

　그런데 어느 날 아침, 내가 뤽상부르 원수와 단둘이 있었을 때, 그가 말했다. "당신은《사회계약론》가운데에서 슈아쥘 씨에게 좋지 않은 말을 했습니까?"

"제가?"하고 나는 뜻밖의 물음에 한 걸음 물러서면서 말했다. "아뇨, 절대로 없습니다. 도리어 그 반대입니다. 찬사를 모르는 내 펜으로 어느 대신이 이제까지 받은 것보다도 더 아름다운 찬사를 보냈습니다." 그렇게 말하고 곧 그 대목을 원수에게 보였다. "그럼 《에밀》에서는?" 그는 다시 물었다. "한 마디도 안 했습니다."하고 나는 대답했다. "단 한 마디도 그에 대해서는 쓰지 않았습니다." "아!" 그는 평소에 볼 수 없었던 빠른 어조로 말했다. "다른 책에서도 그렇게 했겠죠. 그 이상을 분명히 했음이 틀림없겠군요." "그렇다고 생각합니다."하고 나는 말했다. "그만큼 나는 그분을 충분히 존경하고 있으니까요." 원수는 다시 무엇인가 말하게 했다. 나는 원수가 속마음을 털어놓으려는 것을 눈치챘으나 원수는 단념하고서 잠자코 있었다. 가장 훌륭한 사람들 가운데서도 우정을 억제하고 마는 궁정인들의 정치성이란 얼마나 가엾은가!

짧은 시간이긴 했지만 이 대화는 내 처지를 적어도 어느 점까지 명백히 해 주었다. 그리고 나는 사람들이 악의를 품고 있는 것은 바로 나라는 것을 깨달았다. 사람들을 위해 도움이 되도록 선을 운운하고 행하는 모든 일들이 나에게 화근이 되고 만 이 터무니없는 불행한 운명을 나는 한탄했다. 그렇더라도 이 사건에서는 뤽상부르 부인과 말쉐르브 씨가 나의 방패가 되어 나를 옹호해 주리라고 생각하고 있었으므로, 정작 나에게 박해가 다가왔을 때, 어떻게 해서 그들을 밀어내고 그 박해가 나에게까지 닥쳐왔는지 알 수가 없었다. 게다가 그때부터 나는 이 문제가 공평한 재판이라든가 법의 제재라든가 하는 것의 문제가 될 수 없을 것이며, 내가 실제로 잘못이 있든 없든 그것을 조사하는 귀찮은 일은 하지 않으리라는 것을 잘 알았기 때문이다. 그 동안에도 폭풍은 더욱 위세를 떨치고 있었다. 네옴므마저 잔소리를 늘어놓으며 이 저서에 관계한 것을 후회하고 있었으며, 그 책과 지은이에게 밀어닥칠 운명을 잘 알고 있는 체했다.

그러나 한 가지 일이 언제나 나를 안심시켰다. 바로 뤽상부르 부인이 아주 침착하고 만족해하며, 또 명랑하기까지 한 것이었다. 마치 그 일에 자기는 아무런 관계도 없으며, 나와는 아무런 이해 관계도 없는 것처럼 나의 문제에 아무런 불안도 느끼지 않고, 단 한 마디의 동정도 변명도 하지 않으며, 그렇듯 냉정하게 사건의 진전을 주시하는 데는 분명히 그녀가 한 일에 각오한 바가 있는 것이 틀림없었다. 나를 놀라게 한 것은 부인이 내게 아무 말도 하지 않는 것이었다. 내게는 무언가 말을 해도 좋을 것으로 느껴졌다. 부플레르 부인은 그녀보다 훨씬 불안해 보였다. 그녀는 흥분한 표정으로 들락날락하면서 몹시 애타는 빛을 띠고 있었다. 그녀는 콩티 대공도 내게 닥쳐올 공격을 막으려고 대단한 노력을 하고 있다고 말하며 나를 안심시키려 했다. 그녀는 이번 공격은 현재의 정치 상황에서 오는 것으로, 고등법원이 예수회로부터 종교에 관심이 없다는 책망을 듣지 않으려고 애쓰고 있다는 것도 나에게 분명히 알려 주었다. 그런데도 그녀는 대공이나 자기의 노력에 대한 결과에는 별로 기대를 걸지 않는 것 같았다. 그녀의 이야기는 내게 안심을 주기보다는 불안을 주는 것이어서 내게 도망칠 생각을 갖게 하는 것이었다. 그녀는 줄곧 내게 영국으로 갈 것을 권하였으며, 그곳에 있는 자기 친구들을 많이 소개해 주었다. 그중에 오래 전부터 그녀와 친한 유명한 흄도 있었다. 내가 조용히 여기에 머물겠다며 고집하는 것을 보고, 그녀는 내 결심을 흔들어 놓을 보다 효과 있는 방책을 썼다. 만일 내가 붙잡혀 심문을 당할 경우, 뤽상부르 부인의 이름을 말하지 않을 수 없게 되고, 그러면 부인이 내게 베푼 우정을 생각할 때 부인을 궁지로 끌어들일 수는 없을 것이라고 하였다. 그런 경우 나는 부인을 궁지로 끌어들이지는 않을 테니 부인은 안심하고 있을 수 있다고 대답했다. 그녀는 그런 결심을 하기는 쉽지만 실천은 하기 어렵다고 반박했다. 그녀의 말은 너무도 당연한 것이었다. 진실을 말하는 것이 어떤 위험을 가져다 줄 경우에도 재판관 앞에서 서약을 깨뜨리거나 거짓말을 하지 않겠다고 굳을 결심을 한 나에게는 분명 너무나 당연한 일이었다.

 이러한 충고는 내 마음을 움직이기는 했지만 내가 여전히 망명을 결심하지 않고 있는 것을 보자, 그녀는 내게 2,3주일쯤 바스티유 감옥에 들어가 있는 게 어떠냐고 말했다. 그것은 정치범에 관여하지 못하는 고등법원의 재판권에서 벗어나기 위한 한 방편이었다. 나는 이 기묘한 은혜가 내 이름으로 청원된 것이 아니었으므로 굳이 반대할 필요가 없었다. 그녀는 더는 이에 대해 말이 없었으므로, 그녀가 그런 제안을 제시한 것은 다만 마음을 떠보기 위한 것일 뿐이며, 모든 것을 끝장내 버리는 하나의 방법을 강구하고자 한 것은 아니라고 판단했다.

 그리고 얼마 지나지 않은 어느 날, 원수는 그림과 에피네 부인의 친구인 되유 주임 사제로부터 한 통의 편지를 받았다. 그 편지를 읽어 보니 정통한 소식에 따르면 고등법원이 나에게 아주 엄중한 조처를 강구하려 하고 있으며, 머지않아 나에게 구속 영장이 발부되리라는 것이었다. 나는 이 소식을 올바크 일당이 날조했다고 생각했다. 내가 아는 바로는 고등법원은 수속 절차에 비상한 주의를 기울이고 있었으며, 이 경우 내가 그 저서의 지은이임을 인정하고 또 법적으로 조사하여 편지로 내가 지은이인지 아닌지를 알기도 전에 처음부터 구속 영장을 발부한다는 것은 명백히 절차를 어기는 것이었다. 나는 부플레르 부인에게 다음과 같이 말했다. 공안을 해치는 죄가 아니면 단순한 혐의만으로 피고에게 구속 영장을 내보내, 그들이 처벌을 면하려하는 것을 막는 그런 일은 하지 않으며, 또 내 경우와 같은 가벼운 범죄—그것은 명예와 포상을 받아도 좋은 것이었지만—를 처벌한 경우에는 저술은 고발할지라도 되도록 지은이에게는 책임을 묻지 않는다라고. 무엇이었는지 잊고 말았지만, 그녀는 그 말에 대해 기묘한 이유를 붙여 내가 소환 심문을 당하지 않고 구속 영장이 발부되는 것은 특별한 호의에서 비롯되었음 증명하려 했다. 그 이튿날 나는 기에게서 편지 한 통을 받았다. 그가 알려 준 바에 따르면, 그날 그가 검찰청장에게 갔을 때 그 책상 위에서 《에밀》과 그 지은이에 대한 공소장의 초안을 보았다는 것이다. 여기에서 독자는 기가 뒤쉐느의 사원으로 이 책을 인쇄한 사람임을 유의해 주기 바란다. 그러나 자신의 이해에는 상관하지 않고 인정상 지은이에게 이런 소식을 보낸 것이다. 잘 아실 줄 알지만 이런 모든 것들이 내게 얼마나 믿음직스럽게 보였겠는가! 검찰청장에게 면회를 허락받은 한 사람의 책장수가 사법관의 책상 위에 흩어져 있는 문서며 논고의 초안을 유심히 읽었다고 하는 것은 아주 당연하고 있을 법한 일이다. 부플레르 부인도 그 밖의 사람들도 내게 그런 일은 틀림없이 있을 법하다고 말했다. 그러한 상식에서 벗어난 일을 계속 귀가 아프도록 듣고 나니, 나는 누구나 할 것 없이 모두 정신이 나갔다고 여기게 생각되었다.

    그런 모든 것들의 밑바닥에 무언가 내게 알리고 싶지 않은 비밀이 있는 것을 통찰한 나는, 이 사건에서의 나의 공정함과 무죄에 마음을 굳게 먹고 조용히 그 결과를 지켜보고 있었다. 그리고 앞날에 어떤 박해가 기다리고 있든 진리를 위해 고난을 당하는 영광의 길로 부름을 받은 것을 분에 넘치는 행복으로 삼고 있었다. 두려워하거나 숨기는커녕, 나는 매일 저택에도 갔고 오후에는 언제나와 마찬가지로 산책을 나갔다. 영장이 발부되기 전날인 6월 8일, 나는 성가극회 교수인 알라망니 신부와 망다르 신부와 같이 산책길에 나섰다. 우리는 샹포로 점심을 가지고 가서 맛있게 먹었다. 컵을 가지고 가는 것을 잊었기 때문에 밀짚을 이용해서 병 속의 포도주를 빨아 마셨다. 우리는 되도록 굵은 밀짚을 골라 누가 가장 잘 빨아들이는가를 겨루었다. 내 생애에 그토록 유쾌했던 적은 없었다.

내가 젊었을 때 불면증에 걸리게 된 얘기는 이미 했었다. 그 뒤로 나는 버릇처럼 매일 밤 침대 속에서 눈꺼풀이 무거워지는 것을 느낄 때까지 책을 읽었다. 눈꺼풀이 무거워지면 촛불을 끄고 잠을 청하지만, 오래 잘 수 있는 것은 아니었다. 이런 날 밤에 흔히 읽는 것은 성경이었다. 난 이렇게 해서 성경을 대여섯 번이나 읽었다. 그날 밤은 여느 때보다 잠이 오지 않아서 나는 더 오랫동안 독서를 계속하여 에브라임의 레위 사람 얘기로 끝나는 한 권을 모두 읽었다. 그 뒤로 성경을 다시 읽은 일이 없기 때문에 잘 모르겠으나 내 기억이 틀림이 없다면 그것은 <판관기>였을 것이다. 이 얘기에 크게 감격한 나는 일종의 몽환 상태로 그 생각에 잠겨 있었다. 그때 문득 인기척이 나고 등불이 비쳐 퍼뜩 정신이 났다. 등불을 든 것은 테레즈였고, 그 등불에 비쳐 라 로슈 씨가 보였다. 급히 침대 위에 일어나 앉는 나를 보고 그는 이렇게 말했다. "놀라지 마십시오. 원수 부인 댁에서 부인과 콩티 대공이 보낸 편지를 가져왔습니다." 과연 뤽상부르 부인의 편지 속에는 대공이 그녀에게 막 전한 편지가 들어 있었다. 그것은 대공이 모든 노력을 기울였음에도 나에게 엄중한 조치가 내려졌다는 소식이었다. 부인에게 보낸 대공의 편지는 이러하였다. '소란은 극심하여 도저히 그 공격을 피할 수가 없습니다. 궁정에서도 그것을 요구하고 고등법원도 바라고 있습니다. 내일 아침 7시에 그의 구속 영장이 발부되면서 곧바로 체포하러 갈 것입니다. 그가 피신한다면 추격하지 않도록 내가 해보겠으나, 끝까지 버티고 있으면 체포되는 것은 틀림없습니다.' 라 로슈는 원수 부인의 전갈이라면서 일어나 부인과 상의하러 가자는 것이었다. 2시였다. 부인은 막 잠자리에 누웠을 것이다. "부인은 당신을 기다리고 계십니다." 하고 라 로슈는 덧붙였다. "당신을 보시기 전에는 주무시지 않을 겁니다." 나는 급히 옷을 갈아 입고 부인에게로 달려갔다.

그녀는 꽤나 불안해 보였다. 그렇게 보이기는 처음이었다. 그녀의 불안이 나를 자극했다. 이 심야에 일어난 뜻밖의 놀라운 사건을 접한 나도 불안하지 않을 수 없었다 그러나 어찌 됐든 부인을 보자 나는 자신의 일은 잊은 채 오로지 그녀가 처할 형편을 생각하고, 만일 내가 체포된다면 그녀가 겪어야 할 일을 염려했다. 왜냐하면 나로서는 설혹 그것이 나 한 사람에게 닥친 재난이 되어 몸을 망치더라도 단연코 진실만을 말하겠다는 용기를 충분히 자각하고 있다고는 하지만, 심한 추궁을 당할 경우 그녀에게 누를 끼치는 것을 피하기 위한 충분한 마음의 준비도, 기략도, 또 각오도 장담할 수가 없었기 때문이다. 그래서 나는 그녀의 안전을 위해 자신의 명예를 희생시키면서, 자신을 위해서라면 결코 하지 않았을 일을 그녀를 위해 하기로 결심했다. 이러한 결심이 서자 내 희생을 높이 사 주기를 바라는 마음에서 나는 곧 그것을 그녀에게 이야기했다.

그녀는 내 결심의 동기를 잘못 보지는 않았다고 확신하고 있다. 그런데도 그것에 감격을 표시하는 말은 한 마디도 하지 않았다. 이런 무관심한 태도에 나는 기분이 상해서, 먼저 한 말을 취소해 버릴까 망설일 정도였다. 때마침 원수가 들어오고 잠시 뒤에 부플레르 부인이 파리에서 도착하여 그들이 뤽상부르 부인이 해야 할 역할을 맡아 주었다. 나는 간곡한 부탁 인사를 잠자코 들었다. 부인에게 먼저 한 약속을 취소할까 망설인 것을 부끄럽게 생각했다. 다음엔 오직 내가 망명할 장소와 떠나는 시간만이 문제가 되었다. 원수는 2, 3일 동안 이름을 바꾸고 자기 집에 머물러 좀더 침착하게 생각도 하고 대책도 세우자고 권했다. 나는 이 말에도, 또 몰래 탕플로 가라는 권유에도 동의하지 않았다. 나는 어디든 숨어서 살 바엔 차라리 그날로 떠나고 싶다고 고집을 부렸다.

왕국 안에는 내가 모르는 강력한 적이 있다는 것을 알고 있었으므로, 나는 프랑스에 대한 애착심이 있음에도 나 자신의 안전을 확보하기 위해서는 그곳을 떠나야 한다고 생각했다. 처음 생각은 제네바로 가서 은거하려는 것이었다. 그러나 잠시 생각해 보니, 그런 어리석은 행동은 단념하는 편이 좋을 것 같았다. 제네바에서는 파리 이상으로 프랑스 정부가 세력이 있었으므로 나를 방해하려고 결심만 한다면 이들 어느 도시로 가나 내가 평화를 즐기는 일은 없을 것으로 생각이 들었다.《인간 불평등론》이 제네바 의회에서 나에 대한 반감을 불러일으킨 것을 나는 알고 있었다. 그 반감을 명확하게 표명하지 않았던 만큼 더욱더 위험했다. 끝으로《신 엘로이즈》가 세상에 나왔을 때, 국회는 트롱상 의사의 요청에 따라 성급히 그것을 판매 금지한 것을 나는 알고 있었다. 그러나 다른 곳에서는, 심지어 파리에서까지도 그런 예가 없는 것을 보고, 의회는 그런 경솔한 행동에 무색해져서 판매 금지를 철회했다는 것도 알고 있었다. 이런 절호의 기회를 만나 의회가 이것을 이용하기란 그다지 힘들지 않으리라는 것을 믿어 의심치 않았다. 표면상으로는 조용한 것 같지만 제네바 사람들의 마음에는 모두 나에 대한 숨은 질투심이 지배하고 있어, 오로지 그 갈증을 풀 기회만을 노리고 있는 것을 나는 알고 있었다. 그런데도 고국에 대한 애정은 나를 그곳으로 불러들이고 있었다. 그러므로 평화롭게 그곳에서 지낼 수 있는 꿈을 그릴 수 있었다면 나는 아무것도 준비할 것이 없었으리라. 그러나 추방자로 그곳에 도망간다는 것은 내 명예도 이성도 허락하지 않았으므로, 나는 그저 그 근처로 가리라 결심하고 당분간 스위스에 머무르면서, 제네바의 결정을 기다리기로 했다. 그러나 이러한 망설임도 오래 가지는 않았음을 곧 알게 된 것이다.

부플레르 부인은 이런 결심을 극력 반대하며 여전히 나를 설득시켜 영국으로 보내려고 했다. 내 결심은 흔들리지 않았다. 나는 이때까지 영국도, 영국 사람도 좋아하지 않았으므로 아무리 부플레르 부인이 장광설을 늘어놓아도, 그것은 내 혐오감을 이겨내지 못했을 뿐만 아니라 이렇다 할 이유도 없이 더욱 더 내 혐오를 더해 주는 것만 같았다.

그날(1972년 6월 9일) 바로 출발을 결정한 나는 남들에겐 아침에 떠난 것으로 해두었다. 그리하여 내 서류를 가지러 보냈던 라 로슈는 테레즈에게까지 내가 출발했는지 않았는지를 말하려 하지 않았다. 언젠가는 내 《참회록》을 쓰리라 결심한 뒤로, 나는 많은 편지와 그 밖의 서류들을 모으고 있었으므로 몇 번이고 그것을 날라와야만 했다. 이미 분류되어 있는 이 서류들의 일부분은 따로 놓여져 있었으므로, 나는 오전 중 여유 있는 시간을 이용해서 남은 것을 간추리기로 했는데, 나에게 소용될 만한 것은 가져가고 그 나머지는 불태워 버리기로 했다. 뤽상부르 씨는 고맙게도 이 일을 도와주겠다고 했지만 일은 시간이 매우 오래 걸려서 오전 중에는 끝내지도 못했으며, 그것을 불태울 시간조차 없었다. 원수는 나머지를 간추려 주겠다고 하며, 못 쓸 것들은 누구에게도 맡기지 않고 손수 불태우고 간추린 것은 모두 내게로 보내 주겠노라고 했다. 나는 그런 귀찮은 일에서 해방되어 얼마 남지 않은 시간을 영원히 이별해야 할, 그렇게도 다정했던 사람들과 함께 보낼 수 있는 것이 무척 기쁘게 생각되어 그의 호의를 수락했다. 그런 서류들을 쌓아 두게 된 방 열쇠는 원수가 맡았다. 그리고 내 간절한 부탁으로 그는 나의 가엾은 '아줌마'를 불러다 주었다. 그녀는 내 처지와 장차 일어날 자신의 신세에 대해 극도로 당황하여 체포하는 사람들이 당장 밀어닥칠 것만 같은 생각에서 어떻게 말을 해야 할 것인지 격정이 되어 어찌할 바를 모르고 있었다. 라 로슈는 아무 말 없이 그녀를 저택으로 데리고 왔다. 그녀는 내가 이미 멀리 떠나 버린 줄로 알고 있었던 터에 나를 보자 소리를 지르며 와락 내 품안으로 뛰어들었다.

아, 이 애정, 마음과 마음의 결합, 오랜 습관, 친밀! 이 즐겁고도 잔인한 순간에, 함께 살아 온 많은 날의 행복과 애무와 평화가 한꺼번에 회상되었다. 17년 가까운 동안 거의 하루도 떨어진 적이 없었던 우리에게 찾아온 첫 이별의 애절함이 한층 더 가슴 아프게 느껴졌다. 이 포옹을 본 원수도 눈물이 글썽거렸다. 그는 우리를 그대로 두고 나갔다. 테레즈는 다시는 내게서 떨어지려 하지 않았다. 나는 그녀에게 이러한 때에 그녀가 따라오면 지장이 있다는 것, 또 그녀가 남아서 살림살이를 정리하고 돈을 받아들여야만 한다는 걸 이해시켰다. 사람을 체포할 때는 으레 그의 서류를 압수하고, 재산을 압류하거나 재산 목록을 작성하든가 하여, 이에 관리인을 임명하는 것이 관례였다. 그러므로 그녀는 남아 있으면서 일이 되어가는 것을 잘 살펴 모든 일에 되도록 유리한 조치를 취하지 않으면 안되었다. 나는 그녀와 머지않아 다시 만날 것을 약속했다. 원수도 이 약속을 보증해 주었다. 그러나 나는 그녀에게 내가 어디로 갈 것인가를 말해 두고 싶지 않았다. 그것은 나를 체포하러 온 사람들이 그녀를 심문할 때, 그녀가 이 점에 대해 모른다고 할 수 있도록 하기 위해서였다. 마침내 떠나야 할 시각에 그녀를 포옹했을 때 나는 아주 야릇한 마음의 동요를 느꼈다. 격정에 사로잡힌 나는 그녀에게 마치 예언을 하듯 외쳤다.

"자, 여보, 용기를 내요. 당신은 내 즐겁던 시절의 기쁨을 같이 했고, 당신이 바라는 대로 지금은 나와 고통을 같이 해야 되는 것이오. 나를 따라간다 해도 치욕과 재난이 있을 뿐이오. 이 슬픈 날로부터 내게 시작되는 운명이야말로 내 최후의 시각까지 나를 떠나지 않을 거요."

이제는 출발만이 남아 있었다. 10시에는 나를 체포하러 오기로 되어 있었다. 내가 떠난 것은 오후 4시였는데 그들은 아직 오지 않았다. 나는 역마차로 여행하기로 되어 있었다. 나는 내 마차를 가지고 있지 않았으므로 원수가 내게 바퀴가 두 개 달린 마차를 내주고 또 가까운 역까지 말과 한 명의 마부도 빌려 주었다. 원수의 주선으로 그 역에서 말을 세내는 데 아무런 어려움이 없었다.

나는 식탁에서 식사도 하지 않았고, 저택 안에도 모습을 나타내지 않았으므로 부인들이 2층으로 찾아와서 이별의 정을 나눴다. 원수 부인도 슬픈 얼굴로 몇 번이나 나를 포옹했지만 2,3년 전에 그녀가 아낌없이 쏟아 준 정성어린 정은 이미 느껴지지 않았다. 부플레르 부인도 나를 포옹하고 무언가 정다운 말을 해주었다. 그러나 나를 놀라게 한 것은 미르푸아 부인의 포옹이었다. 그녀까지도 거기에 와 주었다. 미르푸아 원수 부인은 아주 냉정하고 단정하며 겸손한 여인으로, 내가 보기에는 로렌느 집안 특유의 거만한 티를 벗지 못하는 것 같았다. 그녀는 이전에 내게 큰 관심을 가진 적이 있었다. 그러한 사람의 뜻하지 않은 친절을 내가 반갑게 생각하고 그것을 과대평가한 때문인지, 아니면 실제로 그녀의 관대한 마음에 절로 일게 된 나에 대한 연민이 포옹 속에 포함되어 있었던 때문인지, 나는 그녀의 동작과 눈빛 속에서 무엇인지 모르게 내 가슴을 파고드는 것을 느꼈다. 그뒤 나는 가끔 그것을 회상하며, 어떤 운명의 손에 내가 맡겨지는가를 전혀 모르고 있는 것도 아닌 그녀가 내 숙명에 일시적이나마 감동할 수 밖에 없었던 것이 아닐까 하고 생각했다.

원수는 말이 없었다. 그는 죽은 사람처럼 창백했다. 그는 급수장(給水場)에서 대기하고 있는 마차까지 기어이 같이 가겠다고 했다. 우리는 한 마디 말도 없이 정원을 지나갔다. 나는 가지고 있던 정원 열쇠로 문을 열었다. 문을 연 뒤 열쇠를 호주머니에 넣지 않고 말없이 원수에게 내밀었다. 그는 의외로 민첩하게 그것을 받았다. 그뒤 나는 가끔 그때 일을 회상하곤 했다. 생애를 통해 이때의 작별만큼 가슴 아팠던 때는 별로 없었다. 우리는 오랫동안 말없이 포옹했다. 우리는 다같이 이 포옹을 마지막 결별로 느꼈다.

라 바르와 몽모랑시 사이에서 나는 전세 마차에 탄 검은 옷차림의 사나이 네 사람과 마주쳤다. 그들은 미소를 지으며 내게 인사를 보냈다. 그 뒤 테레즈가 경리(警吏)들의 얼굴 모습과 도착 시각, 그 행동에 대해 내게 전한 것으로, 나는 그것이 그들이었음을 의심치 않았다. 특히 그 뒤 체포령은 내게 예고한 대로 7시에 내리지 않고 정오에야 내렸다는 것을 알고는 한층 그런 생각을 굳히게 됐다. 나는 파리를 통과하지 않으면 안 되었다. 포장이 없는 마차로는 얼굴을 잘 가릴 수가 없었다. 길 위에 많은 사람들을 보았고 그들은 아는 체하며 내게 인사를 보냈으나 나는 누구 하나도 본 기억이 없었다. 그날 저녁 나는 방향을 돌려서, 빌르루아로 가는 길에 접어들었다. 리옹에서는 역마차 여객은 검문을 받아야 한다. 그것은 거짓말을 하거나 거짓 이름을 대고 싶지 않은 사람에게는 성가신 일이었다. 나는 룩상부르 부인의 편지를 가지고 빌르루아 씨에게로 가서 빌르루아 씨에게 그런 귀찮은 일이 없도록 해달라고 부탁했다. 빌르루아 씨는 한 통의 편지를 주었는데 나는 그것을 사용하지 않았다. 왜냐하면 나는 리옹을 통과하지 않았기 때문이다. 그 편지는 아직도 봉한 그대로 내 서류 속에 남아 있다. 공작은 빌르루아에서 자고 가라고 강제로 권했으나 나는 그보다도 여행을 계속하는 편이 좋았으므로 그날 안으로 두 역이나 더 갔다.

마차는 꽤나 덜커거렸다. 그 때문에 나는 하룻길을 다 가기에는 너무도 지쳐 있었다. 게다가 또 나는 그리 위엄있는 차림을 하고 있지 않았으므로 좋은 대접을 받지 못했다. 그리고 알다시피 프랑스에서는 역마차의 말이란 오로지 마부의 채찍에 달려 있다. 나는 그들에게 술값이라도 톡톡히 쥐어줌으로써 그들의 욕구 불만이 해소될 것이라고 생각했으나, 그것은 더욱 역효과를 내고 말았다. 마부들은 나를 난생 처음으로 역마차를 타고 심부름 여행을 하는 촌뜨기쯤으로 보았던 모양이다. 그뒤로는 비루먹은 말만 타서 길은 느리기만 하고 나는 마부들의 놀림감이 되고 말았다. 마지막엔—처음부터 그랬어야만 했을 텐데—참을성이 생겨 꾹 참고 그들이 하는 대로 내버려두기로 했다.

도중에서는 나에게 최근에 일어난 일들을 모두 회고하기에 골몰해서 지루한 줄 모르고 지냈다. 그러나 그것은 하고 싶어서 하는 것도 아니고 마음이 그리 쏠려서 하는 것도 아니었다. 지나간 불행은 비록 최근의 것이라 할지라도 쉽사리 잊히는 데 놀랄 정도였다. 불행이 다가온다고 생각하는 동안 그 불행을 예측하는 것은 나를 놀라게 하고 괴롭히지만, 그 대신 일단 당하고 나면, 그 생각은 곧 고통도 없이 사라져 버린다. 아직 오지 않은 불행을 미리 피하고자 끊임없이 괴로워하는 잔인한 나의 상상력은 내 기억을 억눌러 이미 지나간 불행을 회상하지 못하게 한다. 당해버린 것에는 새삼 걱정을 해도 소용이 없고, 그것을 안타까워하는 것도 헛수고일 뿐이다. 나는 말하자면 내 불행을 미리 실컷 맛보아 버린 것이다. 그것을 미리 알고 괴로워하면 한 만큼 쉽게 그것을 잊어버린다.

  그런데 반대로 내 지난날의 행복은 끊임없이 내게 그것을 회상하게 하고 상기하도록 함으로써, 말하자면 내가 원할 때는 언제든지 적당한 때 또다시 그것을 즐길 수도 있다. 받은 모욕에 대한 끊임없는 추억으로 복수심 강한 사람의 마음에 끓어오르는 그 원한, 적에게 안겨 주려는 모든 불행으로 자신을 괴롭히게 되는 그 앙심, 내가 그런 기분에 사로잡히지 않는 것은 위에 말한 행복한 기질의 덕택이라는 생각이 든다. 나는 천성적으로 격하기 쉬워, 첫 충동에서 울분과 광포함까지도 느낀다. 그러나 복수할 생각은 조금도 마음 속에 남아 있지 않았다. 나는 모욕을 염두에 두는 일이 별로 없었으므로 자연히 모욕을 한 사람도 그다지 마음에 두지 않았다. 내가 받은 고통을 돌이켜 생각하는 것도 단순히 또다시 그러한 고통을 받을지도 모른다는 생각 때문이다. 그러나 더이상 내게 고통을 주지 않는다는 것이 확실하면, 그가 내게 한 짓을 나는 금방 잊고 만다. 우리는 흔히 모욕당하거든 용서해 주라는 설교를 자주 듣는다. 그것은 매우 훌륭한 미덕임에는 틀림이 없으나 내게는 소용이 없는 것이다. 나는 내가 증오심을 억제할 수 있을지 어떨지를 모른다. 왜냐하면 나는 증오란 것을 느낀 적이 없기 때문이며, 또 나는 그다지 적에 대해 생각지 않으므로 적을 용서하는 선행을 자랑하는 일도 없다. 나의 적은 나를 괴롭히기 위해 오히려 얼마나 고생을 하는 것일까. 나는 상대의 마음에 달려 있는 것이다. 상대는 모든 권능을 가지고 있으며 그 권능을 행사하고 있다. 나의 기질은 그러한 적의 힘을 능가하는 단 한 가지였다. 나는 그것으로 그들에게 도전한다. 그것은 나를 적개심으로 괴롭혀 주려다가 도리어 나로 인해 적이 자신을 괴롭히고 마는 것이다.

  출발한 다음날부터 나는 그때까지 있었던 일을 완전히 잊어버렸다. 고등법원도, 퐁파두르 부인도, 슈아죌 씨도, 그림도, 달랑베르도, 그들의 음모와 그 공모자들도 깨끗이 잊고 있었다. 본의 아닌 경계심을 늦출 필요만 없었더라면 여행중 그런 것들을 회상하는 일조차 없었을 것이다. 이 모두를 대신하여 나에게 남은 하나의 기억은 출발 전날 밤의 마지막 독서였다. 나는 또 얼마 전 유베르가 번역해서 보내 준 게스네르의 《목가(牧歌)》를 생각해 냈다. 이 두 개의 관념이 뚜렷하게 머릿속에서 되살아 움직였으므로 나는 두 가지를 합쳐 게스네르식으로 '에브라임의 레위 사람'이라는 주제를 다루어 보았으면 했다.

이 전원 풍경의 소박한 양식은 그처럼 잔인한 주제에는 어울리지 않아 보였고, 또 현재 내가 처한 형편도 그것을 즐거운 것으로 만들 만큼 유쾌한 사상을 제공해 준다고도 생각할 수 없었다. 나는 다만 마차 안에서 지루하지 않으려고 시도했던 것으로, 성공해 보려는 어떤 희망이 있는 것은 아니었다. 쓰기 시작하자마자 착상이 무럭무럭 솟아나는 즐거움과 그것을 표현하기가 수월한 데 놀랐다. 나는 사흘 동안에 이 짧은 시(詩)의 서두(序頭) 세 절을 끝냈다. 그뒤 모티에서 이것을 완성했다.

감동을 불러일으키는 즐거운 생활, 생생한 색채, 더 소박한 필치, 더 정확한 표현, 더 원시적인 소박함이 이렇게 시문 전체에 넘쳐 흐르는 시를 쓴 적이 없다.

원래 싫어하는 주제를 좋아하지도 않으면서 지은 것이다. 그러나 다른 장점은 그만두고라도 어려움을 극복하였다는 것만으로도 나의 공적은 있다. 나는 '에브라임의 레위 사람'을 비록 내 저작 가운데 가장 훌륭한 것은 아니라고 하더라도, 언제나 애독할 만한 것이라고 생각한다. 나는 일찍이 원한을 모르는 마음, 자신의 불행을 초조해 하지 않고 도리어 혼자서 위로하며 자신에게서 보상할 것을 찾아내는 마음에 감탄하지 않고는 그것을 다시 읽은 적이 없고 앞으로도 다시 읽지 못할 것이다. 지금 만약 그 책 가운데서 지금껏 경험한 일이 없는 고난 위에 초연할 수 있는 대철학자들을 불러모아 나와 똑같은 경우에 세워 두고, 그들이 그 명예를 손상당해 분개하고 있을 때에 그들에게 이러한 작품을 쓰게 한다면, 그들은 과연 어떻게 될 것인가.

몽모랑시를 떠나 스위스를 향한 나는 이베르동으로 가서, 내 옛 친구 로갱 씨 집에 머물 작정이었다. 로갱 씨는 수년 전부터 그곳에 은둔해 있었으며, 놀러 오라고 나를 초청한 일까지 있다. 도중에서 나는 리옹을 거치면 돌게 된다고 들었으므로 리옹을 거치지 않기로 했다. 그러나 그 대신 브장송을 지나가야만 했다. 그곳은 요새 도시였으므로 역시 리옹과 같은 불편을 겪어야만 했다. 나는 뒤팽 씨의 조카로 돌소금 관리직에 있으며 전부터 가끔 나더러 놀러오라고 한 마리앙 씨를 찾아갈 생각으로 옆길로 들어서 살랭을 거쳐갈 계획을 했다. 이 계획은 잘 들어맞았지만 마리앙 씨는 자리에 없었다. 나는 묵지 않게 된 것을 다행으로 여기며 그대로 계속 길을 갔는데, 누구 한 사람도 나에게 잔소리하지 않았다.

베른느 국경을 넘었을 때 나는 마차를 멈추게 했다. 마차에서 내린 내가 그곳에 엎드려 포옹하듯 팔을 벌리고 흙에 입을 맞추었다. 그리고 환호성을 올렸다.

"신이여, 덕의 수호자시여, 저는 당신을 찬미합니다. 저는 지금 자유의 땅을 밟았습니다."

그런 식으로 나는 언제나 자신의 희망에 대하여 맹목적으로 기대하고 있었으므로 자기 불행의 원천이 되는 것에 감격하고 마는 것이었다. 마부는 깜짝 놀라 나를 미친 사람으로 생각했다. 나는 다시 마차에 올랐다.

그리고 몇 시간 뒤에는 존경하는 로갱의 팔에 안겨 순수하고 강렬한 기쁨을 맛보았다. '아, 이 믿음직한 주인 집에서 잠시 숨을 돌리자! 여기에서 기력을 회복해야 한다. 머잖아 힘과 용기를 쓸 일이 있을 것이다.'

회상할 수 있는 모든 일들을 지금까지 빠짐없이 길게 늘어놓은 이유가 없지는 않다. 그런 사정들은 아주 명백하다고는 볼 수 없지만 한 번 음모의 단서가 잡히기만 하면 진행을 똑똑히 밝혀낼 수가 있어서, 비록 다음에 제시되는 문제도 그 최초의 생각은 모른다고 하더라도 그것을 해결하는데 무척 도움이 되는 것이다.

나를 목표로 둔 음모를 수행할 때 나를 멀리하는 것이 절대로 필요했다고 가정한다면, 그것을 해치우는 데는 모든 것을 거의 지금까지 행해진 것처럼 계속해서 끌고 나오지 않으면 안되었던 것이다.

그러나 만일 내가 뤽상부르 부인이 한밤중에 사람을 보내어 알려 준 그 소식에 놀라지 않고, 그녀의 슬픔에 마음이 흔들리지도 않았으며, 처음처럼 여전히 태연자약하게 성에 머물러 있는 대신 내 침실로 들어가서 상쾌한 아침 시간을 조용히 잠을 자며 보냈다고 한다면, 그래도 체포령이 내렸을까?

이것은 중대한 문제다. 그 밖의 많은 문제들의 해답도 여기에 달려 있다.

이것을 검토하기 위하여 체포령이 내린다고 위협하던 시각과 실제로 체포령이 내린 시각을 주목하는 것도 쓸모없는 일은 아닐 것이다. 사실이 숨겨져 있는 원인을 캐고 귀납법으로 그것을 찾아내려 할 경우, 그 사실의 서술 가운데 사소한 내용이 중요한 의미를 갖는다는 평범하고 두드러진 예증이 될 것이다.

제12권

〔1762년 6월~1765년 10월〕

　여기서부터 지옥의 나날이 시작된다. 최근 8년 동안 나는 이 어둠에 둘러싸여 있어서, 어떤 방법으로도 그 무서운 어둠을 뚫고 나갈 수가 없었다. 불행의 깊은 연못 속으로 빠져들어간 나는 내게 가해진 타격을 몸으로 느끼며, 또 그 타격을 가하는 직접적인 수단을 보면서도 누구의 손이 이것을 조종하고 있는지, 어떤 수단으로 이것이 행해지고 있는지 알 수가 없었다. 오욕과 불행은 마치 저절로 떨어지는 것처럼 모습도 나타내지 않고 내게로 쏟아져 내렸다. 갈가리 찢긴 내 가슴에 탄식이 새어나올 때면 나는 하염없이 슬픔에 잠긴 사람 같았다. 나의 멸망을 꾀한 사람들은 뭇사람들을 공범자로 만드는 상상할 수 없는 재주를 발견했다. 그러나 사람들은 전혀 이것을 알아차리지도 못하고 그 결과도 짐작하지 못하고 있다. 그리하여 나와 관계된 사건, 내가 받은 박해, 내게 일어났던 모든 것을 이야기하면서도, 나는 주동적 역할을 하고 있는 손에까지 거슬러 올라갈 수도 없고, 사실을 말하면서도 그 원인을 끄집어낼 수도 없다. 근본적인 원인들은 앞의 세 권에 걸쳐 밝혀 놓았다. 나 개인에 관한 이해관계, 모든 비밀의 동기는 거기에서 설명해 두었다. 그러나 그 원인들이 내 생애에 불가사의한 종말을 가져오기 위하여 어떻게 서로 얽혀졌는가를 설명할 수 없으며 추측조차도 할 수 없다. 나의 독자 가운데 그러한 비밀을 캐내고 진실을 밝혀 내려는 데 열심인 분이 있다면, 앞의 세 권을 모두 주의 깊게 다시 읽기 바란다. 순서대로 읽고 나면 알게 될 하나하나의 사실에서 중요한 것이 될 수 있는 정보를 모아, 하나의 음모에서 또 다른 음모로, 그리고 한 사람의 하수인에서 또 다른 하수인으로 올라가 마침내는 이 사건 전체의 주모자를 찾아내게 된다면, 그러한 탐색이 마지막에는 어디까지 이르게 될지! 그것을 나는 물론 잘 알고 있다. 그러나 나는 그러한 탐색자를 이끌고 가는 갱도의 어둡고 험한 미로에서 마침내 길을 잃고 만다.

이베르동에 머무르는 동안, 나는 로갱 씨 집안 사람들, 그 중에서도 로갱씨의 조카인 부아 드 라 투르 부인과 그 딸들과 친하게 되었다. 이미 앞에서 말한 바와 같이 그 딸들의 아버지를 나는 이미 리옹에서 알게 되었다. 부인은 숙부와 형제들을 만나러 이베르동에 와 있었다. 그녀의 맏딸은 열 다섯 살쯤으로 보이는 아주 총명하고 훌륭한 성격의 소녀로 꽤나 마음에 들었다. 나는 이 모녀에게 다시 없는 따뜻한 우정을 가지고 애착을 느끼게 되었다. 로갱 씨는 이 딸을 그의 조카 가운데 나이 차이가 많이 나는 대령의 처로 정혼하였다. 그 대령도 나에게 다시 없는 친밀감을 보여 주었다.

그러나 숙부인 로갱 씨가 이 혼담에 열중해 있고 조카도 그것을 열망하고 있어, 나도 이들 둘을 만족시키는 데 커다란 관심을 갖고 있었으나, 나이 차이가 많이 나고 게다가 어린 딸의 강력한 반대를 보고, 나는 모친과 한편이 되어 이 혼담을 중지시키려 했다. 결혼은 결국 성립되지 못했다. 그뒤 대령은 내 마음에 드는 성격과 미를 지닌 친척뻘 되는 디양 양과 결혼했으며, 그녀는 대령을 행복한 남편이 되게 하고 아버지가 되게 했다. 그럼에도 로갱 씨는 나 때문에 그의 소원을 이루지 못한 것을 잊지 않고 있었다. 나로서는 그에게나 그 집안 사람들에게나 다시 없는 깨끗한 우정의 사명을 다했다는 확신으로 자신을 위로하고 있었다. 우정의 사명이란 언제나 상대에게 환영받을 일만을 하는 것이 아니고 언제나 최선의 길을 걷는 데 있는 것이다.

제네바로 돌아가게 될 경우, 그곳에서 나를 기다리고 있을 대우가 어떤 것인가는 오래 두고 생각할 필요도 없었다. 그곳에서 내 저서는 불에 태워져 버렸고(6월 18일) 나를 체포하라는 명령이 내려져 있었다. 파리에서 영장이 발부되고서 아흐레가 지난 뒤였다. 이 두 번째 영장에는 믿기 어려운 많은 부조리가 나열되었고 또 교회 법령이 거기에 너무도 명백하게 짓밟혀 있었으므로, 처음에 그 소식을 들었을 때 나는 그것을 믿을 수 없었을 정도였다. 그뒤 사실이란 것을 확실히 알았을 때, 양식의 판단은 물론 모든 법의 이토록 명백하고 심한 위반은 제네바를 뒤집어 놓는 혼란 속으로 몰아넣지 않을까 하고 소름이 오싹 끼쳤다. 그러나 나에게는 안심할 만한 것이 있었다. 모든 것은 평정 그대로였다. 어떤 불온한 움직임이 하류층에서 보인다 하더라도 그것은 모두 나에 대한 것이었으며, 나는 공공연하게 모든 요설가와 현학자들로부터 교리 문답에서 대답을 잘못했다고 채찍으로 위협을 당하는 어린 학생들 같은 대접을 받았다.

위에 말한 두 번째 영장이 신호가 되어 유럽에서는 일찍이 나에 대한 유례가 없는 광포하고 저주에 찬 외침이 일어났다. 모든 신문, 잡지, 책자들이 더할 나위 없는 무서운 경종을 울렸다. 특히 프랑스 사람, 그토록 온화하고 정중하며 관대한 국민들이며, 예절과 불행한 사람들에 대한 동정을 그토록 큰 자랑으로 알고 있는 그들이건만, 하루 아침에 그 사랑하는 미덕을 내던지고 솔선해서 뒤질세라 온갖 가혹한 모욕을 내게 퍼부었다.

'부도덕한 놈이다. 무신론자다. 미친 놈이다. 미친 개에게 물린 놈이다. 야수다. 늑대다.'라고 외쳤다. 〈주르날 드 트레보〉(예수회 문예지)의 계승자들은 이른바 미친 것에 관한 상식에 벗어난 글을 썼는데, 그것은 오히려 그들이 미쳤음을 증명하는 것 같았다. 결국 파리에서는 어떤 내용이 됐든 저술을 발표할 경우 그 글로 나를 신랄하게 모욕하는 것을 게을리 한다면 경찰에 걸려들 염려가 있다고 해도 좋을 형편이었다. 이 모든 사람이 증오하게 된 원인을 찾다가 지친 나는 세상 사람들이 모조리 미쳐 버렸다고 믿고 싶었다. 이 무슨 일이냐! 《영구 평화론》의 편찬자가 불화(不和)를 선동하다니, 《사부아 보좌 신부의 신앙 고백》 간행자가 불량배가 되다니, 《신 엘로이즈》의 신앙 고백의 지은이가 늑대라니, 《에밀》의 지은이가 공수병자(恐水病者)라니! 아, 그렇다면 만일 내가 《정신론》(엘베시우스가 지은 것, 금서)이나 그것과 비슷한 저서를 출판했다면 도대체 얼마나 무서운 일이 벌어졌을까? 더구나 또 그 책의 지은이에 대해 일어났던 분노의 폭풍 속에서 대중은 박해자들이 외치는 소리에 어울리기는커녕 반대로 찬양의 소리를 보내 지은이의 앙갚음을 해주었던 것이다. 그들의 책과 내 책을 비교하고, 그것이 각각 받은 다른 대우와, 유럽 각국에서의 두 사람의 저서에 대한 대접을 비교해 주기 바란다. 그리고 분별이 있는 사람을 만족시켜 줄 수 있는 이 서로 다른 원인을 발견해 주기 바란다. 그것만이 나의 소원이다. 나는 더 말하지 않겠다.

이베르동에서 머문 것은 참으로 마음에 들었으므로, 나는 로갱 씨와 그 집안 사람들의 간곡한 부탁으로 거기에 머물 결심을 했다. 이곳의 시장인 무아리 드 장장 씨도 또 호의로 나를 격려하고 그의 관할 내에 머무르도록 내게 권했다. 앞에서 말한 대령은 그의 저택 안뜰과 정원 사이에 있는 아담한 정자에 거처하기를 줄곧 권해 왔으므로 나도 그렇게 하기로 했다. 그는 서둘러 내 생활에 필요한 가구를 갖추는 등 모든 설비를 준비하여 주었다. 영주 기사(군기 아래에 부하를 거느리고 출진할 수 있는 봉건 제후) 로갱은 가장 열심으로 내 신변을 보살펴 준 사람으로, 온종일 내 곁을 떠나지 않았다. 그러한 환대에는 언제나 쉽게 감격하는 나였지만, 때로는 꽤 성가시게 느끼기도 했다. 이미 새 집으로 옮길 날을 정했으므로 나는 테레즈에게 이리로 오도록 편지를 했다. 그때 갑자기 베른에서도 나를 공격하기 시작했다는 말을 듣고 위선자들의 소행으로 돌렸으나, 나로서는 근본 원인을 도저히 알 수 없었다. 누구의 발의인지는 알 수 없어도 흥분한 상원이 나를 이 은신처에 가만 놓아둘 것 같지는 않았다. 시장은 이런 소동에 대한 소식을 듣자, 곧 나를 변호하기 위해 여러 정부 요인에게 서신을 보내서 그런 너그럽지 못한 맹목적인 태도를 책망하고, 국내에는 많은 악인들까지 편안히 살고 있는데, 탄압을 받은 공로 있는 사람들에게 그것을 못하게 하려는 것은 부끄러운 일이라고 경고했다. 지각 있는 사람들이 추측한 바로는 시장의 그같은 과격한 비난은 상대의 마음을 가라앉히기보다는 도리어 들쑤시는 것이었다. 결국 그의 세력도 웅변도 공격을 막을 수는 없었다. 내게 전달될 명령에 접하자 그는 미리 주의를 주었으므로 나는 그 명령을 기다리지 않고 이튿날이라도 출발할 결심을 했다. 곤란한 것은 어디로 갈지를 정하는 것이었다. 제네바에서도 프랑스에서도 나를 밀어내고 있는 것을 알았고, 이 사건에 대해서는 각국이 서둘러 이웃 나라를 본받으려 하고 있는 것을 충분히 예견했기 때문이다.

　부아 드 라 투르 부인은 뇌샤텔 백작령 발 드 트라베르에 있는 모티에 마을에 그녀의 아들 소유로 비어 있으나 가구는 다 갖추어져 있는 집에 가 있으라고 내게 권했다. 산 하나만 넘으면 그곳에 갈 수 있었다. 프러시아 왕령이었으므로 자연히 박해를 피할 수 있고, 또 적으나마 종교를 구실로 삼을 수는 없었으므로 그만큼 이 원고는 안성맞춤이라 해도 좋았다. 그러나 말하기 거북한 한 가지 남모르는 어려움 때문에 잠시 망설였다. 언제나 내 가슴을 파고드는 타고난 정의에 대한 사랑이 프랑스에 대한 숨은 애착과 결합되어 프러시아 왕(프리드리히 대왕)에 대한 반감을 나에게 일깨웠다. 프러시아 왕은 그의 주의나 행동으로 보아 자연법칙이나 인간의 모든 의무에 대한 존경을 모조리 짓밟고 있는 사람처럼 생각되었다. 몽모랑시의 내 정자에 장식으로 걸어 놓은 판화 사이에는 이 임금의 초상화도 하나 있었다. 그 밑에는 다음과 같이 끝나는 2행시가 있었다.

그는 철학자처럼 생각하고,
임금처럼 행동한다.

이 시구가 다른 사람의 초상화 밑에 있었다면 충분히 아름다운 찬사가 될 수 있었겠지만, 그의 초상 밑에 있는 다른 해석을 허락할 수 없는 어떤 의미를 가질 뿐만 아니라, 더구나 앞에 있는 글귀(영광과 이해는 그의 신이요 그의 법이다)가 지나치게 명백할 만큼 그 뜻을 설명해 주고 있었다. 나를 찾아온 사람들은 그리 많지 않았지만 모두들 이 2행시를 보았다. 로랑지 기사는 또 그것을 베껴서 달랑베르에게 보내기까지 했다. 달랑베르가 이 시구를 가지고 나를 이 임금에게 소개하려는 노고를 아끼지 않았으리라는 것은 의심할 여지가 없었다.

나는 《에밀》의 한 구절에서 이 첫 실수를 더욱 무겁게 했다. 그 일절에서 다우니 족(族)의 왕 아드라스트라는 이름을 썼는데, 그것이 누구를 두고 하는 말인지는 너무도 명백한 것이었다. 부플레르 부인이 몇 번이고 이 점에 대해 내게 물어 온 것으로 보더라도 그것은 트집을 잡으려는 녀석들의 주의를 벗어날 수 없었을 것이다. 그러므로 프러시아 왕의 명부에는 내 이름이 붉은 잉크로 적혀 있을 것이 틀림없었다. 거기에 또 내가 감히 그의 주의라고 인정해 버린 것을 그가 정말로 주의로 삼고 있었다고 한다면, 내 저술과 그 지은이인 나는 단순히 그것만으로도 그의 노여움을 사게 된다. 왜냐하면 사악한 인간이나 전제 군주는 그들이 나라는 인간을 알지 못한다 하더라도 단지 내 저술을 읽은 것만으로, 언제나 나를 지독하게도 증오하기 때문이다.

그런데도 감히 나는 그의 자비심에 매달리려 하며, 그렇더라도 대단한 위험을 저지르는 것이 되지는 않으리라 믿었다. 비겁한 감정은 다만 약한 인간을 사로잡을 뿐으로, 내가 늘 그에게 인정해 온 굳세고 단련된 정신에는 거의 영향력을 미치지 못한다는 것을 알고 있었다. 그의 군주로서의 정책 속에는 이러한 기회에 자기의 도량을 보여 준다는 것이 포함되어 있을 것이며, 실제로 그렇게 하는 것도 그의 성격상의 능력을 초월하는 것은 아니라고 나는 생각했던 것이다. 비열하고 지각없는 복수심이 순간이나마 그의 명예심을 흔들지는 못할 것이라고 생각하고, 또 나를 그의 위치와 바꿔 놓고 생각할 때 그는 불손하게도 자신을 못마땅하게 생각한 사람을 관대한 처우로 굴복시키는 좋은 기회를 놓치지 않을 것이라고 생각했다. 그래서 나는 확신을 가지고 모티에로 갔다. 나는 왕이 이 신뢰의 가치를 알아 줄 사람이라고 믿었다. 그리고 장 자크가 코리올라누스의 지위에 설 때 프리드리히 왕은 볼스키 족의 장군에게 머리를 굽힐 것인가를 생각해 보았다.

로갱 대령은 기어코 나와 함께 산을 넘어 모티에에 나를 안내해 주려고 했다. 부아 드 라 투르 부인과 시누이 올케 사이인 지라르디에 부인은 내가 살려는 집을 탐내고 있었으므로 내가 오는 것을 별로 반가워하지 않았다. 그러나 부인은 싫은 내색도 하지 않고 그 숙소를 내가 쓰도록 해주었다. 테레즈가 와서 나의 보잘것없는 생활이 안정될 때까지 나는 부인 집에서 식사를 했다 (1762년 7월 초에서 65년 9월 8일까지 머물렀다).

몽모랑시를 떠난 뒤로, 나는 떠돌이 신세가 되었다. 나는 테레즈와 방랑생활을 같이 하는 것이 과연 옳은 일인지 망설여졌다. 이런 파국에서 우리의 관계는 달라지리라는 것, 그때까지는 내가 호의와 은혜를 주는 처지이던 것이 앞으로는 그녀가 내게 그런 은혜를 주게 된다는 것을 느꼈다. 비록 그녀의 애정이 내 불행한 시련을 견디어 왔다고 하더라도 그녀는 그로 말미암아 고통을 받게 될 것이고, 그 고통이 다시 내 고통에 더할 것이다. 만일에 내 불운이 그녀의 애정을 식게 한다면 그녀의 지조는 나에게 하나의 희생처럼 보일 것이다. 그리하여 내 마지막 빵 한 조각을 그녀와 더불어 나누는 즐거움을 느끼는 대신에, 그녀는 운명이 나를 쫓는 곳으로 어디든지 따라오는 것만을 값지게 느낄 터다.

모든 것을 다 말해 버려야겠다. 나는 가엾은 어머니의 결점도, 나의 결점도 숨기지 않았다. 테레즈라고 그 점을 묵과해 버릴 수는 없다. 내게 이처럼 다정한 여자를 칭찬하는 것은 즐거운 일이지만, 마음속에서 애정이 부지불식간에 변해 가는 것이 진정 잘못이라고 한다면, 나는 그녀의 잘못 또한 감춰 주고 싶지 않은 것이다. 훨씬 전부터 나는 그녀의 애정이 식어가는 것을 느끼고 있었다. 그녀는 이미 우리의 즐거웠던 시절의 그녀가 아니라는 것을 느끼고 있었다. 그런 느낌은 내가 그녀에 대해 조금도 변하지 않았던 만큼 더욱 통절했다. 나는 이미 어머니 곁에서 그런 불쾌한 결과에 빠져들어 고통을 당했는데, 그것은 테레즈에게도 마찬가지였다. 자연 속에서 찾을 수 없는 완전을 좇아서는 안된다. 어떤 여자이건 다 마찬가지이다. 아이들에 대해 내가 취한 태도는 그것이 아무리 사리에 맞는다고 생각되더라도, 내 마음이 편안한 때는 없었다. 《교육론》을 구상하고 있었을 때, 나는 어떤 이유를 들더라도 피할 수 없는 의무를 게을리했다는 것을 스스로 깨달았다. 회한은 더해져서 마침내 나는 《에밀》의 머리글에서 내 잘못을 솔직히 고백해야만 했다. 그 표현까지도 아주 뚜렷한 것이었건만, 나중에 그 문장에 대해 내 잘못을 비난하는 용기를 가진 사람까지 나타났다는 것은 놀라운 일이었다. 그렇다 해도 내 처지는 그 무렵과 다를 것이 없었다. 오히려 한결같이 내 잘못을 캐고드는 적의 박해 때문에 더한층 불리하게 되었다. 나는 또다시 잘못을 저지를 것을 겁냈다. 그런 위험에 부닥치기를 원치 않았으므로 나는 그뒤로 테레즈를 전과 같은 곤경에 빠지게 하기보다는 차라리 스스로 욕망을 억제하기로 했다. 게다가 나는 여자와 동거하면 눈에 띄게 건강이 나빠진다는 점에 주목했다. 그런 이유에서 나는 결심을 굳혔다. 때로는 실천이 잘 되지 않기도 했지만, 그래도 최근 2,3년은 전보다도 성실하게 그 결심을 지켜왔다. 사실 내가 테레즈에게 쌀쌀함을 느끼기 시작한 것도 그 무렵부터였다. 의무적으로 그녀는 내게 변함없는 애정을 품고 있었으나 이미 그것은 사랑 때문이 아니었다. 그러므로 자연스럽게 우리의 동거생활에는 전과 같은 즐거움이 사라졌다. 그녀로서는 어디에 있든 내가 계속 돌봐줄 수만 있다면 나와 함께 떠돌이 생활을 하느니보다는 아마 파리에 머물러 있기를 더 원할 것이다. 그러나 그녀는 이별을 대단히 괴로워했고 내게 다시 만날 확실한 약속을 요구하였으며, 내가 떠나온 뒤로도 콩티 대공이나 뤽상부르 원수에게 열심히 그런 소원을 표명하고 있었으므로 나는 헤어지자는 말을 꺼낼 용기가 나지 않았을 뿐만 아니라, 그것을 생각할 용기마저 잃었다. 나는 도저히 그녀 곁을 떠날 수 없다 생각하고 되도록 빨리 그녀를 불러올 것만 생각했다. 그래서 떠나오라는 나의 편지를 보고 그녀가 오게 된 것이다. 헤어진 지 겨우 두 달밖에 안 되었으나 그것은 첫 별거였고 서로 그것을 못 견디도록 괴롭게 느끼고 있었다. 얼마나 감격스러운 포옹이었나, 오, 애무와 환희에 넘쳐흐르는 눈물의 달콤함이여! 내 가슴은 얼마나 눈물로 젖어 있었던가! 왜 눈물을 더 흘리지 못했을까?

모티에에 도착하자(1762년 7월 10일) 나는 뇌샤텔 총독인 스코틀랜드의 원수 키스 경에게 내가 폐하(프리드리히 대왕)의 영내로 망명해 온 소식을 알리고 폐하의 보호를 요청하기 위해 편지를 보냈다. 그는 기대했던 바와 같이 관대함으로 그것에 답했다. 경은 자기를 방문하도록 나를 초대했다. 나는 발 드 트라베르의 성주로 경의 총애를 받고 있던 마르티네 씨와 같이 그에게 갔다. 이 명망 높은 스코틀랜드인의 고귀한 풍채에 내 마음은 크게 감동을 받았다. 이윽고 그와 나 사이에는 깊은 관계가 시작되었다. 나는 언제나 이러한 마음에 변함이 없었고, 그도 배신자들이 내 생활의 모든 위안을 빼앗고 내게서 멀리 떨어져 있는 것을 기회로 나이 많은 경을 속여, 경의 눈에 나를 그릇 보이게끔 하는 일이 없었더라면 언제까지나 변함이 없었을 것이다.

스코틀랜드의 세습 원수인 조지 키스는 영광스런 생애를 마치고 싸움터에서 명예롭게 죽었던 유명한 키스 장군의 형이었다. 그는 청년 시절에 고국을 떠나 스튜어트 왕가로 들어갔기 때문에 고국에서는 추방자가 되었으나, 곧 스튜어트 왕가의 불의와 포학한 정신을 인정하게 되어 결국 그 왕가를 떠나고 말았다. 그런데 불의와 포학한 정신은 오랫동안 스튜어트 왕가를 지배해 온 성격이었다. 그는 스페인의 풍토가 대단히 마음에 들어 오래 그곳에 머물러 있었다. 그러다 마침내는 동생 키스 장군처럼 프로시아 왕의 신하가 되었다. 왕은 인재를 잘 알아보는 눈이 있어, 자기에게 필요한 사람이라면 쓸 줄 알았다. 왕이 이렇게 사람을 기용한 덕택으로 키스 원수는 왕에게 큰 충성을 바쳤다. 그보다도 더 귀중한 것으로는 원수가 성실한 우정을 보여주었다는 점이다. 이 훌륭한 분의 위대한 정신은 공화주의 성격이 강하고 고결해서, 우정의 멍에 외에 아무것에도 굴할 수가 없었다. 그리고 그의 정신은 완전히 그 고삐에 묶여, 프리드리히 왕과 결합한 뒤로는 그 주의가 아주 달랐음에도 이 왕 이외에 아무도 섬기지 않았다. 왕은 그에게 중요한 임무를 맡겨 파리나 스페인에 파견하기로 했다. 이윽고 그가 늘그막에 이르러 휴식을 필요로 하게 되자, 왕은 뇌샤텔 지사라는 한직을 맡겨 주었다. 그는 기꺼이 그곳에서 적은 백성들을 행복하게 다스리며 남은 생을 즐기고 있었다.

뇌샤텔 사람들은 허식과 화려한 것만을 좋아하고, 진실한 내면의 가치는 이해하지 못했다. 길게 잔소리만 늘어놓으면 재치가 있는 것으로 생각하고, 형식을 찾지 않는 사람을 냉담하다고 보며, 그 소박함을 거만함으로 알았다. 또 솔직함을 무례함으로 알며, 간결한 말씨를 무식한 탓이라고 생각하여, 그분의 백성들을 위한 호의를 받아들이지 않았다. 왜냐하면 그분은 비위를 맞추기보다는 도움이 되는 일을 하려 했고, 자기가 존경하지 않는 사람들에게 아첨할 수 없었기 때문이다. 사람들이 영원히 지옥에 떨어진다는 것에 이의를 말했기 때문에, 그 동료에게서 추방을 당한 목사 프티 피에르에 관한 우스운 사건에서, 목사들의 횡포에 반대한 경은 민중 편에 서 있었음에도 온 민중이 그에게 반항하는 꼴을 당했다. 내가 그곳에 도착했을 때에도 이 무지한 난동은 아직 가라앉지 않았다. 그는 적어도 선견지명이 있는 사람으로 보였다. 이런 것은 그가 받은 비난 가운데 아마 가장 불공평한 비난이었을 것이다. 이 존경할 만한 노인을 보고 먼저 내가 느낀 감동은 나이를 먹어감에 따라 그의 몸이 여위어가는 것이었다. 그러나 그의 생기 있고 온화하며 품위 있는 얼굴을 보았을 때, 나는 신뢰와 함께 존경심에 사로잡히고 말았다. 그리고 이런 감정은 다른 감정을 압도해 버렸다.

그에게 가까이 가며 내가 말한 아주 간단한 인사말에, 그는 내가 마치 일주일 전부터 거기에 있었던 것처럼 전혀 딴 말로 대답했다. 그는 우리에게 앉으란 말을 하지 않았다. 어색해진 성주는 그냥 서 있었다. 나는 경의 찌를 듯이 날카로운 눈빛 속에서 어딘가 아주 상냥한 빛을 볼 수 있었으므로, 곧 기분이 유쾌해져서 거침없이 그가 앉아 있는 긴 의자로 가서 옆에 앉았다. 곧 그가 정다운 태도를 보였으므로 나의 이 거침없는 태도가 그의 마음에 든 것을, 그리고 그가 이렇게 중얼거리고 있는 것을 알았다.

"이 녀석은 뇌샤텔 사람이 아니로군."

성격이 서로 맞는다는 것은 얼마나 이상한 결과를 낳게 하는 것일까! 마음의 타고난 정열을 잃고 말 나이인데도 이 선량한 노인의 마음은 모든 사람들을 놀라게 할 만큼 나에 대해 다시 정열을 회복하였다. 그는 메추리 사냥이란 구실로 모티에로 나를 찾아와, 총 한 번 잡아 보지 않고 거기에서 이틀을 보냈다. 우리 둘 사이에는 서로 상대 없이는 살 수 없을 정도의 우정—그것은 우정이라고밖에 달리 표현할 수가 없다—이 시작되었다. 그가 여름이면 피서하려고 머무르는 콜롱비에 별장은 모티에에서 24킬로미터 떨어진 곳에 있었다. 나는 아무리 늦어도 2주일에 한 번은 그리로 가서 꼬박 하루 밤 낮을 보내고, 마음속으로 그만을 생각하면서 갈 때와 마찬가지로 걸어서 돌아왔다. 이전에 에르미타주에서 오본느로 가는 도중에 경험했던 감동과는 다른 것이었다. 그 당시의 감동은 콜롱비에를 향해 걸어가면서 느낀 것만큼 기분 좋은 것은 아니었다. 존경할 만한 노인의 아버지 같은 온정과 마음 끌리는 덕행, 인간미 넘치는 사상을 생각하며, 가끔 도중에서 얼마나 감격의 눈물을 흘렸던가. 나는 그를 아버지라 부르고 그는 나를 아들이라 불렀다. 이 정다운 호칭은 우리를 결합시킨 애정의 일부분을 나타내는 것이었다. 그러나 우리는 얼마나 서로를 필요로 하고 있었던가, 그리고 우리들이 얼마나 만나고 싶어했나 하는 희망도 아직 충분히 나타내고 있지 않았다. 그는 무조건 내가 콜롱비에 별장으로 와서 살기를 바라며, 내가 언제나 있던 방을 숙소로 정하도록 오랫동안 내게 권했다. 결국 나는 내 집에 있는 것이 마음 편하고, 그를 만나러 다니면서 삶을 보내는 편이 좋다고 말했다. 그는 내 솔직한 말에 고개를 끄덕이고, 그 뒤로 다시는 그것에 대한 말이 없었다. 오, 정다운 경이여! 오, 나의 뛰어나신 아버지여! 지금도 당신을 생각할 때 내 마음은 감동을 느끼게 됩니다. 아, 잔인한 자들이여, 내게서 당신을 떼어 놓은 그들은 얼마나 내게 타격을 주었던 것인가! 아니, 아니, 위대한 분이여, 언제나 내가 변함이 없는 것처럼 당신도 나에게는 영원히 변함이 없었습니다. 그들은 당신을 속이기는 했으나 당신의 마음을 변하게는 하지 못했습니다.

　원수도 결점이 없지는 않았다. 착한 분이기는 하나 그도 인간이었다. 가장 예리한 정신과 모든 가능한 한의 날카로운 감각, 인간에 대한 깊은 이해력을 갖추었으면서도 때로는 사람에게 유혹을 받고 그 유혹에서 헤어나지 못하는 일도 있었다. 그의 기질에는 특이한 성질, 즉 이상야릇한 무엇이 있었다. 그는 날마다 보는 사람을 잊은 듯이 보일 때가 있었는데, 그러다가도 이쪽에서 미처 생각을 못할 때에 그가 이쪽 사람들을 먼저 기억해 내기도 했다. 이와 같이 그의 주의력이 산만해지는 때도 있었다. 선물 같은 것도 그때 그때 기분에 따르는 것이지 꼭 알맞게 하지는 않았다. 당장 머릿속에 스쳐 가는 것을, 값이 비싸고 싼 것에는 상관없이 기분 내키는 대로 주기도 하고 보내기도 했다. 제네바 태생의 어떤 청년이 프러시아 왕의 신하가 되려고 그에게 찾아왔다. 경은 청년에게 소개장 대신 완두콩이 가득 든 작은 자루 하나를 주며 왕에게 바치라고 했다. 이상한 추천을 받은 왕은 그것을 가지고 온 사람에게 당장 어떤 지위를 주었다. 그런 기량이 넓은 위인들 사이에는 평범한 사람으로서는 도저히 이해할 수 없는 일종의 표현법이 있다. 아름다운 부인들의 변덕과도 같은 그런 기묘한 일들은 나에게 원수를 한층 흥미 있는 인물로 만들 뿐이었다. 그런 버릇도 그의 감정에, 또 중대한 시기에 우정으로 기대할 배려에 전혀 영향을 미치지 못했다는 것을 나는 처음에도 확신하고 있었고, 그뒤에도 분명히 그것을 인정하고 있었다. 그런데도 그가 친절을 보여 주는 방법에는 그의 태도에서 보는 것과 같은 기묘한 점이 보이곤 했다. 그 점에 대해서는 사소한 사건과 관련된 일화 하나를 드는 것으로 그치기로 하겠다.

모티에에서 콜롱비에로 가는 하룻길은 내게는 너무도 힘겨웠으므로, 나는 보통 이틀로 나눠 점심 뒤에 집을 나와 도중 브로에서 하룻밤을 묵었다. 산도즈라는 여관 주인은 베를린에서 아주 중대한 어떤 청원을 해야 할 필요가 생겼으므로, 경에게 사정해서 경이 직접 그것을 요청해 주도록 내게 부탁했다. "좋소."하고 나는 그를 함께 데리고 가서 대기실에서 기다리게 하고, 그 이야기를 경에게 했으나 아무 대답도 없었다. 아침나절은 이렇게 지나가 버렸다. 오찬을 하러 가려고 그 방을 지날 때에 나는 산도즈가 안타깝게 기다리다 지쳐 있는 것을 보았다. 경이 그의 일을 잊고 있는 줄 알고 식탁에 앉기 전에 또 한 번 그 이야기를 했다. 경은 여전히 한 마디도 하지 않았다. 나는 그를 좀 난처하게 괴롭혔다는 생각이 들어서, 가엾은 산도즈를 딱하게 여기면서 입을 다물었다. 이튿날 돌아 오는 도중, 산도즈가 경의 집에서 받은 후한 대우와 훌륭한 점심 식사에 대한 이야기를 하며 내게 인사를 하는 것이었다. 게다가 경이 산도즈의 서류까지 받아 주었다는 것은 나로서도 정말 뜻밖의 일이었다. 3주일 뒤에 경은 대신이 보내온, 왕의 서명을 한 칙서를 그에게 보내 주었다. 이 건에 관해서 경이 나에게는 물론 산도즈에게도 말 한 마디 하지 않았으므로, 나는 경이 그것을 받아들이지 않으려는 줄로 생각하고 있었던 것이다.

조지 키스에 대해서 하고 싶은 이야기는 한이 없다. 내 마지막 행복의 추억은 바로 그와 함께한 것이기 때문이다. 나의 남은 생은 고뇌와 우수 뿐이었다. 그것을 회상하면 너무나 슬프고, 그 기억은 아주 어수선하므로 순서에 맞춰 말할 수가 없다. 앞으로는 그저 생각나는 대로 적어 나가는 도리밖에 없겠다.

이윽고 국왕께서 원수 각하에게 회답을 내리셔서, 내 안식처에 대한 염려는 없어졌다. 누구나 생각할 수 있는 바와 같이 원수 각하는 나의 좋은 변호인이 되어 주었던 것이다. 폐하는 각하의 처사를 시인한 것만이 아니고 각하에게 12루이란 돈을 내게 주도록 분부를 내렸다. 정직한 각하는 그런 분부에 당황해서, 어떻게 실례가 되지 않게 그것을 실천해야 할지 몰라하며, 모욕이 되지 않게 하려고 이 돈을 필수품 형식으로 바꾸어 내 하찮은 살림을 시작하는 데 필요한 땔감을 공급해 주도록 말씀했다고 전해 주었다. 거기에 덧붙여 아마 각하의 생각이겠지만, 내가 터를 잡으면 국왕은 나를 위해 기꺼이 조그만 집을 한 채 세워 주겠다고 했다고 전했다. 나중의 제의에 나도 크게 감격하여 땔감 운운하는 먼젓번의 치사스런 제의는 개의치 않았다. 어느 제안도 받아들이지는 않았지만, 나는 프리드리히를 내 은인이나 보호자로 여겼다. 그래서 나는 진심으로 그에게 애착을 갖게 되어 그때까지는 국왕의 성공을 모두 옳지 못한 것으로 보아 왔던 만큼, 이때부터는 국왕의 성공에 커다란 관심을 갖게 되었다. 그 뒤 얼마 안되어 평화 조약(후베르투스 부르크 조약)이 맺어졌을 때, 나는 아름답게 장식을 만들어 축하의 뜻을 전했다. 꽃을 엮은 줄로 내가 사는 집을 장식했는데, 이에 국왕이 주려고 한 돈과 거의 같은 비용을 들여 자랑스럽게 복수를 한 셈이었다. 평화 조약이 맺어지고, 바야흐로 군사적 정치적 영광의 절정에 선 국왕은, 이제 다른 방면에서 영광을 얻으려고 했다. 즉, 왕국의 부흥을 꾀하며 사업과 상업을 장려하고 새로운 토지를 개척하여 거기에 새로운 백성들을 살게 하고 이웃 여러 나라와 평화를 도모하여, 유럽에 공포를 주던 군주가 이제는 유럽의 절대자가 됨으로써 그러한 영광을 얻으려는 것 같았다. 아무도 그에게 칼을 잡게 하지 않는 것은 확실하므로, 그는 안심하고 칼을 놓아 둘 수가 있었다. 그런데도 국왕이 무장을 해제하지 않는 것을 보고 나는 국왕이 지금까지 얻은 이익을 악용하지나 않을까, 그 위대함이 반감되지나 않을까 염려하였다. 그 점에 대해 나는 자진해서 국왕에게 편지를 보내, 국왕과 같은 기질의 사람들 마음에 들도록 친근한 말투로, 아주 소수의 국왕만이 할 수 있는 신성한 진리의 소리를 그에게 감히 전했다. 내가 이런 자유를 얻은 것은 국왕과 나 사이의 비밀로 되어 있었다. 나는 원수 각하에게까지 그것을 알리지 않고, 국왕에게 보내는 편지를 밀봉해서 그에게 건네주었다. 각하는 편지 내용을 알아 보지도 않고 그것을 국왕에게 보냈다. 국왕에게서는 아무런 대답도 없었다. 얼마 뒤 원수 각하가 베를린에 갔을 때, 국왕은 그에게 단지 내가 자기를 책망하였다고만 말했다는 것이다. 그것을 듣고 나는 국왕이 내 편지를 반갑게 생각하지 않았다는 것, 나의 솔직한 성의를 무례한 현학자의 태도로 생각했음을 알았다. 사실 그것은 당연히 그러했는지도 모른다. 아마 나는 말해야 할 것을 말하지 않았고 취했어야 할 태도를 취하지 않았는지도 모른다. 나는 단지 내게 붓을 들게 한 감정에 대해서만 책임을 질 수가 있었다.

모티에 트라베르에 거처를 정한 뒤 얼마 안 되어 그곳에서는 편히 지낼 수 있으리라고 확신하고 나는 아르미니아식 옷을 입기로 했다. 그것은 새로운 착상은 아니었다. 지금까지 살아 오는 동안 몇 번인가 생각했던 일로, 몽모랑시에서는 가끔 그런 것을 생각하고 있었다. 그 무렵은 소식자(消息子)를 사용하고 있었기 때문에 어쩔 수 없이 방에 틀어박혀 있어야만 했다. 그래서 자락이 긴 옷의 편리함을 더욱 절실히 느끼게 되었다. 아르미니아 사람인 재봉사 하나가 몽모랑시에 있는 친척을 자주 찾아왔는데, 그가 입은 옷이 간편해 보여서 남이야 뭐라고 하든 그런 것에는 개의치 않고 이 옷을 입어 보고 싶었다. 게다가 이 새 옷을 채택하기 전에 뤽상부르 부인의 의견을 들어 보려고 했더니 부인도 그 옷을 입어 보라고 내게 권했다. 그래서 나는 간단한 아르미니아 복장을 한 벌 지었다. 그러나 나에게 밀어닥친 소동 때문에 그 옷을 입는 것을 좀더 조용한 시기가 올 때까지 미루지 않으면 안되었다. 몇 달이 지나 새로운 발작 때문에 소식자를 써야 했던 나는 모티에에서는 안심하고 이 새 옷을 입을 수 있으리라고 생각했다. 그래서 이 지방 목사에게 상의하였더니 목사는 교회에 그것을 입고 와도 비난받는 일은 없을 것이라고 했다. 그래서 나는 조끼와 덧저고리를 입고, 털모자를 쓰고, 띠를 맨 복장으로 예배에 참석한 뒤에 원수 각하 댁에도 입고 갔으나 조금도 불편을 느끼지 않았다. 각하는 내 차림을 보고 "살라말레키"("아무런 일이 없기를 바랍니다"라는 터키 인사말)하고 인사할 뿐이었다. 이것으로 일단락이 되었다. 그뒤로 나는 다른 옷을 입지 않았다.

문학을 아주 그만두어 버린 나는 내 힘이 미치는 한은 한결같이 안정되고 조용한 생활을 보내려 하고 있었다. 나는 혼자 있으면서 권태를 느낀 적이 없었다. 완전히 아무것도 하지 않는 상태로 있을 때도 그러했다. 내 상상력은 모든 공허를 메워 주고 그것만으로 충분히 마음을 만족시켜 주었다. 방 안에서 남과 얼굴을 맞대고 그저 혀를 움직일 뿐인 무기력하고 객쩍은 이야기만이 언제나 나를 못 견디게 만들었다. 외출을 하든가 산책을 할 때는 그래도 낫다. 발과 눈은 적으나마 무엇인가를 하고 있기 때문이었다. 그러나 방 안에 가만히 앉아서 팔짱을 끼고 오늘 날씨가 어떻다는 둥, 날아다니는 파리가 어떻다는 둥 하는 이야기, 그리고 보다 곤란한 것은 서로 점잖게 인사를 주고받는 것인데, 이것이야말로 나에게는 참기 어려운 고통이었다. 나는 붙임성없는 인간이 되지 않기 위해서 끈 짜는 것을 배우기로 했다. 남을 찾아 갈 때는 내 방석을 가지고 갔고, 때로는 여자들처럼 문간으로 일거리를 가지고 나가서 지나가는 사람들과 이야기를 나누기도 하였다. 이렇게 함으로써 부질없는 잡담을 참고 견딜 수도 있었고, 이웃 부인들과도 지루함을 느끼지 않고 시간을 보낼 수 있었다. 이 이웃 여자들 중에는 친절한 여자들도 꽤 많았고 재기가 있는 여자도 적지 않았다. 특히 뇌샤텔 검사장의 딸로 이자벨 디베르누아라고 하는 여자는 각별히 우정을 맺어도 충분할 사람인 것처럼 보였다. 그래서 그녀와 남다른 우정을 품고 어울리게 되었는데, 그것은 그녀에게도 좋은 결과를 가져다 주어, 나는 그녀에게 유익한 충고를 주기도 하고 그녀에게 중대한 시기에 도움을 주기도 했다. 지금은 한 집안의 현모양처가 되었는데, 그녀의 지혜나 남편이나 생활이나 또 행복은 아마 내 덕분일 것이다. 나도 그녀에게서 가지가지 따뜻한 위안을 받았다. 더욱이 침울한 겨울 동안, 내 병과 고통이 심했을 때 그녀는 이곳에 와서 테레즈와 나와 함께 긴 겨울 밤을 지내 주었다. 그녀는 자기의 아름다운 마음씨와 서로의 진정 어린 이야기로 지리한 밤도 얼마든지 빨리 지나가게 할 수 있었다. 그녀는 나를 아버지라 불렀고 나는 그녀를 딸이라 부르고 있었다. 지금도 여전히 우리가 서로 부르고 있는 이 호칭은 나와 그녀에게 언제까지나 그리운 것으로 남게 될 것이다. 나는 그러기를 바란다. 내가 짠 끈은 유용하게 쓰도록 젊은 여자 친구들에게 혼례 선물로 주었다. 거기에는 그녀들이 자기네 자녀들을 스스로 기른다는 조건이 붙어 있다. 그런 조건으로 이자벨의 언니도 내게서 그 끈을 받았고 그 조건을 이행하였다. 이자벨도 똑같이 그 선물을 받고 그 조건을 이행할 작정이었으나, 그녀는 자기 의사를 지킬 수 있는 행복을 얻지 못했다. 그녀들에게 내가 짠 끈을 줄 때, 나는 두 사람에게 각각 편지를 보냈는데 언니에게 보낸 편지는 세상이 다 알아 버렸다. 그러나 동생에게 보낸 편지는 그런 소문은 나지 않았다. 우정이란 그토록 큰 소문이 나면 순조롭지가 못 하다.

   나의 이웃과 맺은 친교에 대해 나는 세세한 데까지 언급하고 싶지 않으나, 퓌리 대령과의 우정에 대해서는 기록해 두지 않을 수 없다. 대령은 산꼭대기에 집을 한 채 가지고 있어서, 그리로 여름을 보내러 오곤 했다. 나는 애써 그와 사귀려 하지 않았다. 왜냐하면 그는 궁정이나 원수 각하의 집에서 매우 평판이 나빴으며, 또 원수 각하는 만난 일이 없다는 것을 알고 있었기 때문이다. 그런데도 그는 나를 찾아와서 무척 여러 가지로 호의를 보여 주었으므로 나로서는 그를 찾아가지 않을 수 없었다. 왕래가 계속되었고 우리는 가끔 서로 식사 대접도 하였다. 나는 대령의 집에서 뒤 페루 씨와 알게 되었고, 곧이어 그와 매우 친밀한 우정을 갖기에 이르렀다. 그러므로 그에 대해서도 말하지 않을 수가 없다.

뒤 페루 씨는 미국 사람으로 수리남(네델란드 령 기아나) 사령관의 아들이었다. 그의 후임자인 뇌샤텔 출신의 르 샹브리에 씨는 세상 떠난 뒤 페루 아버지의 아내와 결혼했다. 두 번째로 과부가 된 그 부인은 아들과 함께 두 번째 남편의 고국으로 와서 정착하게 되었다. 외아들로 부자요, 어머니의 극진한 사랑을 받아 온 뒤 페루는 정성껏 키워졌고, 그가 받은 교육도 그에게 보람이 있었다. 그의 지식은 불완전하였지만 예술에 대한 얼마간의 취미가 있었다. 그는 특히 이성을 연마한 것을 자랑으로 삼고 있었다. 네덜란드 사람 같은 냉정한 철학자의 풍모에 약간 검은 피부, 말이 없고 겸손한 성격은 그러한 그의 자부심을 크게 뒷받침하였다. 그는 아직 젊은 데도 귀가 먹고 통풍으로 고생하고 있었다. 그 때문에 그의 동작은 매우 침착하고 무게 있어 보였다. 논쟁을 좋아하였지만, 때로는 좀 지루하게도 느끼고, 알아듣지 못하는 경우도 있었기에 대개는 말이 적었다. 그러한 그의 외모에 나는 위압감을 느꼈다. 나는 이렇게 생각했다. 이 사람이야말로 사상가요, 현자요, 친구로 삼아도 좋을 사람이라고. 그는 내게 곧잘 말을 걸지만 절대로 아부는 하지 않았다. 그래서 나는 그가 아주 좋아졌다. 그는 나에 대해서, 내 책에 대해서 거의 말이 없었고, 자신에 대해서는 더욱 말이 없었다. 그러나 사상이 빈곤해서 그런 것은 아니었다. 그가 말한 것은 모두 대체로 적절하고 확실한 것이었다. 이런 적합성과 그의 변함없는 태도에 나는 이끌렸다. 그의 재능과 지혜에는 원수 각하처럼 숭고하다거나 예리하지는 않았지만 소박한 데가 있었다. 바로 이것이 어떤 점에서는 언제나 그를 돋보이게 했다. 나는 도취되지는 않았으나 존경하는 마음으로 그와 가까워졌다. 나는 일찍이 올바크 남작이 너무 부자라고 교제를 거절한 적이 있었으나, 뒤 페루에 대해서는 그런 반감을 갖는 것을 완전히 잊고 있었다. 그런 짓은 내가 잘못했다고 생각한다. 어떤 사람이고 막대한 재산을 가지고 있는 사람은 나의 주의(主義)와 그 주의의 창시자인 나를 진정으로 좋아할 수 없음을 알게 된 것이다.

꽤 오랫동안 나는 뒤 페루와 거의 만나지 못했다. 왜냐하면 뇌샤텔에 가는 일이 거의 없었고, 그는 1년에 한 번밖에 뛰리 대령의 산장에 오지 않았기 때문이었다. 왜 나는 뇌샤텔에 가지 않았던가? 유치한 이야기지만 말해 보기로 하자.

프로이센 왕과 원수 각하의 보호를 받아 내 안식처에서 박해를 피할 수는 있었지만, 대중이나 시의 관리들이나 목사들의 불평은 피할 수가 없었다. 프랑스에서 소동이 일어난 뒤로 나에 대해 하다못해 무엇인가 모욕이라도 가하지 않고 있는 것은 체면이 서지 않는 일이었다. 나를 박해하는 사람들의 흉내를 내지 않으면 그들의 행위를 반대하는 것으로 인정될 염려가 있었는지 모른다. 뇌샤텔의 특수 계급, 즉 이 도시의 선교사 단체는 의회를 움직여 나를 박해하도록 소동을 일으켰다. 그런 시도가 실패로 돌아가자 목사들은 시 관리에게 호소했다.

시 관리는 즉시 내 책의 판매를 금지하고 기회 있을 때마다 무례한 행동을 했으며, 내가 이 시에서 살고 싶어도 그것을 허락할 수 없다는 것을 암시하였고 또 그런 말까지도 하였다. 그들은 그 '메르퀴르' 잡지를 형편없고 진부하기 짝이 없는 말로 가득 채웠다. 그것은 분별 있는 사람들의 비웃음거리가 되기는 했지만, 대중을 선동시켜 이런 여러 가지 일을 고취시키는 데는 충분했다. 그들은 모티에에서는 아무런 권한이 없으면서도 내가 거기에서 살고 있는 것은 그들의 과분한 은혜 덕분이며, 나는 그것에 크게 감사해야 한다는 것이었다. 그들은 내게 비싼 대가를 치르게 하기 위해서는 제멋대로 공기를 되로 되어 팔기라도 하였을 것이다. 국왕이 자기들의 뜻을 어기고 나를 보호해준 것을 두고서 그들은 나에게 감사를 받으려고 하였고, 또 줄곧 나에게서 그 보호를 빼앗으려고 책동하고 있었다. 그들은 될 수 있는 대로 내게 해를 끼치고, 전력을 기울여 나를 헐뜯고 깎아 내리려고 하였다. 그러나 결국 성공할 수가 없어서 그들의 땅에 나를 살도록 한 호의를 자랑함으로써 자기네들의 무능을 스스로 위로하였다. 나는 그런 일에 대해서는 그저 코웃음만 치고 있으면 좋았을 것을, 어리석게도 화를 내기도 하고 뇌샤텔에 다시는 가지 않겠다고 결심을 했다. 이 결심은 2년 가까이 계속되었다. 그런 녀석들이 하는 짓에 관심을 기울인다는 것은 필요 이상으로 그들을 존중하는 일이란 것을 미처 생각하지 못했던 것이다. 그들이 하는 짓은 좋든 나쁘든 그들의 책임으로 돌아갈 수는 없었던 것이다. 왜냐하면 그들은 외부 자극을 받아 행동하는 데 불과했으므로. 원래 세도니 권력이니 돈이니 하는 것 외에는 존중할 줄을 모르는, 교양도 지식도 없는 사람들에게는 재능이란 것에 어느 정도의 관심을 보내야 하며, 그것을 모욕하는 것은 불명예가 된다는 것은 전혀 생각조차 할 수 없는 것이다.

직권 남용 사건으로 파면된 어느 마을의 촌장 한 사람은 앞에 말한 이자벨의 남편이자 발 드 트라베르에 주재하는 부관에게 이렇게 말했다고 한다. "그 루소라는 사람은 무척 재주가 있다는데 그를 내게 데려와 보게. 과연 평판대로인지 좀 봐야겠네." 확실히 이런 말투를 가진 사람의 불만은 그 대상자를 그다지 불쾌하게 하지 않는다.

파리·제네바·베른, 그리고 뇌샤텔에서까지도 나는 그러한 학대를 받아 왔으므로, 그 고장의 목사로부터 그 이상으로 관대한 대우를 받으리란 것은 기대하지 않았다. 그러나 부아 드 라 투르 부인이 나를 그에게 소개했으므로 그는 나를 후하게 대해 주었다. 그러나 이 고장에서는 누구라 할 것 없이 남의 비위를 잘 맞추기 때문에 이런 좋은 대접을 받는다는 것은 아무런 의미도 없다. 그렇지만 엄숙히 신교에 복귀를 맹세했고 신교 나라에 살고 있는 것이므로, 내가 복귀한 신앙을 공적으로 인정받기를 게을리 하는 것은 내가 한 맹세와 공민으로서의 의무를 어기는 셈이다. 그러므로 나는 예배에 참석했다. 성찬식에 나갔을 경우 거부를 당하여 모욕을 받을 염려가 있었고, 제네바에서는 의회가 소동을 일으켰고, 뇌샤텔에서는 목사들이 소동을 벌인 뒤이기도 해서, 목사가 그의 교회에서 나를 위해 무사히 성찬식을 집행해 주리라는 것은 도무지 생각할 수 없었다. 그래서 성찬식 시기가 가까왔을 때 나는 결심을 하고 목사 몽몰랑 씨에게 편지를 보내, 신자로서의 의무를 다하고 싶다는 내용을 말하고, 또 내가 언제나 신교를 진심으로 신봉하고 있다는 점을 표명했다. 동시에 나는 신앙 개조에 관한 궤변을 피하기 위해, 교리에 관해서는 아무런 특별한 해석을 원하지 않는다는 것을 그에게 말해 두었다. 이 점에서는 이렇게 규정에 맞도록 하여 놓고 나는 조용히 있었다. 몽몰랑 씨는 내가 원하지 않는다고 예비 심사를 거치지 않고 나를 받아들이는 것을 거절하리라는 것, 그렇게 되면 내 잘못이 되지 않고 모든 일이 무사히 끝나리라는 것을 의심치 않았다. 그런

데 전혀 그렇지 않았다. 내가 전혀 예기치 않았던 때에 몽몰랑 씨가 찾아와서 내가 요구한 대로 성찬식을 허락한다고 전했을 뿐만 아니라, 다시 자기나 교회의 장로들, 신도 가운데 내가 들어 있다는 것을 큰 자랑으로 여긴다고 말했다.

평생에 나는 이러한 놀라움과 기쁨을 경험한 일이 없다. 나는 언제나 나 자신을, 더욱이 지상에서 역경으로 말미암아 고립되어 있고, 슬픈 운명을 짊어졌다고 생각하여 왔었다. 거듭되는 추방과 박해 속에서 나는 다시 없는 위안을 발견하고, 적어도 나는 교우들 가운데 끼게 되었다고 생각할 수 있었다. 그리하여 나는 성찬식에 나갔다. 이 감동과 감격의 눈물은 아마 인간이 신에게 바칠 수 있는 가장 즐거운 각오였을 것이다.

얼마 뒤 원수 각하가 내게 부플레르 부인의 편지를 보내왔다. 내 추측으로는 원수 각하를 알고 있는 달랑베르의 손을 거쳐서 온 것으로 생각된다. 몽모랑시를 떠나온 뒤 처음으로 부인이 보낸 이 편지(이미 네 통의 편지를 받고 있었다) 속에서, 그녀는 몽몰랑 씨에게 편지를 쓴 것과 특히 성찬식을 한 것으로 나를 심하게 책망했다. 도대체 그녀가 누구에게 그러한 책망을 하는 것인지 나는 이해가 가지 않았다.

제네바에 다녀온 뒤로, 나는 신교도임을 늘 공언하였고 공공연하게 네덜란드 대사관 교회당에 나가고 있었으나 그것을 나쁘다고 말하는 사람은 한 사람도 없었으므로, 부인의 책망은 더욱 이해가 안 갔다. 부플레르 백작 부인이 종교에 관한 나의 신앙까지 제멋대로 하려는 것이 우습게 생각되었다. 그러나 부인의 뜻이 무엇인지는 몰라도 그 뜻이 둘도 없는 성의에서 나왔음을 의심치 않았으므로, 나는 이 기묘한 비난에 화를 내거나 불쾌하게 생각지 않고 이유를 써서 회답을 보냈다.

그러는 동안에도 나에 대한 비방은 인쇄되어 퍼져갔다. 그런 악착스런 필자들은 나를 너무 온건하게 다루고 있다고 권력자들을 비난하였다. 이 서로 짖어 대는 개소리는—주모자가 여전히 그 막후에서 움직이고 있었지만—무언지 모르게 기분 나쁜 공포감을 느끼게 했다. 나는 조금도 동요되지 않고 지껄이도록 내버려두었다. 소르본느 대학의 비난도 있다는 확실한 말을 들었다. 이에 대해서 아무것도 믿지 않았다. 어떻게 소르본느가 이 사건에 개입할 수 있었을까? 내가 가톨릭이 아님을 확증하려는 것일까? 그것은 세상이 다 알고 있는 사실이다. 내가 충실한 칼빈 교도가 아님을 증명하려는 것일까? 그것이 소르본느와 무슨 관련이 있단 말인가? 그건 쓸데없는 걱정이다. 그것은 선교사들의 대리역을 하는 것이다. 나는 그 비방문을 보기 전에 이것은 소르본느를 우롱하려고 이름을 남용하여 세상에 퍼뜨린 것이라고 생각했다. 그것을 보고 나서는 더욱 그런 생각이 들었다. 그러나 결국 더는 그 신빙성을 의심할 수 없게 되었을 때, 나는 소르본느 신학부를 정신병원에 입원시키지 않으면 안 되겠다고 믿을 수밖에 없었다.

다른 또 하나의 비방문은 그 이상으로 내 마음을 아프게 했다. 왜냐하면 내가 늘 존경하고 있던 사람으로, 그의 완고함을 안타깝게 여기면서도 그의 지조는 찬양해 왔던 사람이 보낸 것이기 때문이다. 여기서 내가 말하고 있는 것은 나를 공격한 파리 대사교가 내린 교서에 대한 것이다. 그것에는 회답할 의무가 있다고 생각했다. 나는 품위를 떨어뜨리지 않고도 답변할 수 있었다. 이것은 그전에 폴란드 왕에게 답변한 경우와 비슷한 것이었다. 나는 난폭한 볼테르 식의 논쟁을 결코 좋아하지 않는다. 품위 없는 논쟁은 할 수가 없고, 상대가 이쪽의 공격을 모욕으로 생각하는 일 없이 스스로 변명할 수 있게 되기를 바라고 있다. 나는 그 교서가 예수회 식인 것을 의심치 않았다. 그때는 비록 그들도 역경에 처해 있기는 했으나, 그 글 속에는 역시 불우한 사람을 학대한다는 그들의 오래된 주의가 엿보였다. 그러므로 나도 자연스레 옛날 방침에 따라 비방자에게 경의를 표하면서 인쇄물은 없애 버리기로 했다. 이것은 충분한 성공을 거두었다고 생각한다.

모티에에 머무르는 것이 즐거웠으므로 여기서 남은 생을 바칠 결심을 굳히는 데 문제가 되는 것은 그저 확실한 생활비 걱정뿐이었다. 거기에서는 적잖은 생활비가 들었다. 한편 지금까지의 살림을 집어치우고 새로 시작하지 않으면 안 되었던 점, 가재 도구를 팔아 버리기로 하고 없애 버리기도 한 점, 그 밖에 몽모랑시를 떠나온 이래 쓴 비용 때문에, 전날의 내 계획은 완전히 허물어지고 말았다. 내가 가지고 있던 얼마 안되는 돈은 날마다 눈에 띄게 줄어 갔다. 나머지를 다 써버리려면 2년이나 3년이면 충분했다. 이미 단념해 버린 저술이라도 다시 시작하지 않는다면 회복할 방법이 없었다.

이윽고 나의 모든 사정이 달라질 것이며 대중은 열광에서 깨어나고, 권력자들도 그것을 부끄럽게 생각하게 될 것이라고 확신한 나는, 이 호전되는 시기가 올 때까지 내 생계를 유지해 나가기만을 위해 노력했다. 그러나 그 고달픈 일은 포기해 버렸다. 그 때문에 나는 《악전》을 다시 꺼냈다.

이것은 10년 간의 노력으로 꽤 진척되어 있었다. 거기에 마지막 손질을 하고 깨끗이 베껴 쓰기만 하면 되었다. 최근에 몇 권의 책이 도착해 이 사전을 완성할 수단을 얻게 되었다. 동시에 도착한 서류들 덕분으로 《참회록》의 계획에도 손을 댈 수 있게 되었다. 앞으로는 오로지 이것에만 전념할 생각이었다.

먼저 편지 같은 것을 베껴 하나로 묶고, 사실과 시대 순서로 내 기억을 이끌어 나갈 수 있게 하려 했다. 그것을 위해 간직해 두고 싶었던 편지는 이미 분류해 두었다. 거의 10년 이래 이런 일을 계속해 왔다. 그런데 막상 편지를 베끼려고 정리할 때, 한군데가 없어진 것을 발견하고 나는 깜짝 놀랐다. 없어진 부분은 1756년 10월부터 이듬해 3월에 이르는 약 여섯 달에 걸친 것이었다. 내가 분류한 것 속에는 이 기간 동안에 주고받았던 디드로와 들레이르, 에피네 부인과 슈농소 부인 등의 온갖 편지들을 넣어 둔 기억이 분명한데도 전혀 눈에 띄지 않았다. 그 편지들은 어떻게 되었을까? 뤽상부르 저택에 놓아 두었던 몇 달 사이에 누군가가 내 서류에 손을 댄 것일까. 그것은 생각할 수도 없었다. 나는 원수가 손수 그것을 맡겨 놓은 방 열쇠를 간수하는 것을 보았다. 부인들 편지의 대부분과 디드로의 것은 모두 날짜가 없어서, 그 편지들을 순서대로 정리하려면 기억을 더듬어 가며 날짜를 적어 두어야 했으므로 처음에는 날짜를 잘못 적어 넣었나 해서 날짜가 없는 편지, 또는 내가 적어 넣은 날짜가 있는 것들을 모두 다시 한 번 조사해 보며, 없어진 곳을 메울 만한 것을 발견할 수 있는지 찾아보았다. 그러나 이 시도는 성공하지 못했다. 없어진 것은 틀림없는 사실이었으며 편지는 누가 가져간 것이 확실했다. 누가 왜 훔쳐냈을까? 나로서는 알 수 없는 사실이었다. 그 편지들은 나의 큰 논쟁 이전의 것이며 《쥘리》에 내가 처음으로 도취되어 있을 무렵의 것으로 아무도 관심을 가질 리 없었다. 그것은 고작해야 디드로의 헐뜯음이거나 들레이르의 비웃음이거나 슈농소 부인이나 당시 나와 가장 친했던 에피네 부인과의 우정의 표시 같은 것이었다. 그러니 이 편지들이 누구에게 요긴할 수 있단 말인가? 7년 뒤에야 나는 이 무서운 도난의 목적을 짐작하게 되었다.

이것이 없어진 것을 확실히 알았으므로 나는 또 다른 것이 없어지지나 않았는지 초벌 원고 속을 찾아보았다. 기억력이 나쁜 나로서도 그 많은 서류 가운데 다른 것이 또 없어진 것을 알았다. 특히 내가 주목한 것은 《감각적 도덕론》의 초벌 원고와 《에드워드 경의 모험》을 발췌한 초벌 원고였다. 솔직히 말하자면 《에드워드 경의 모험》에 대해서는 뤽상부르 부인이 의심스러웠다. 그런 서류들을 보내 준 사람이 부인의 심복 하인인 라 로슈였고, 게다가 그런 휴지나 다름 없는 것에 흥미를 가질 수 있는 사람도 부인뿐이라고 생각했다. 그러나 다른 원고와 잃어버린 편지가 부인에게 무슨 관계가 있을까? 더욱이 편지를 고쳐 쓴다면 모르되 나쁜 계책을 가지고 있더라도 나를 해치는 데 도움도 될 수 없었다. 원수에 대해서는 그의 변함없는 정직과 나와의 거짓없는 우정을 너무도 잘 알고 있었으므로 한 번도 의심을 품은 적이 없었다. 그렇다고 이 의심을 원수 부인에게 돌릴 수도 없었다. 이것을 훔쳐낸 당사자를 오랫동안 찾아 헤매던 끝에 내 머릿속에 한층 타당하게 생각된 것은 달랑베르에게 그 혐의를 씌우는 것이었다. 이미 뤽상부르 부인에게 알랑거리고 있던 그는 기회를 틈타서 이들 서류를 샅샅이 뒤져서 원고나 편지에서 자기 마음에 드는 것을 훔쳐낼 시간을 발견할 수가 있었을 것이다. 그것은 나를 헐뜯는 것을 부추겨서 자기의 이익을 꾀하기 위해서였다. 《감각적 도덕》이란 표제를 보고 그는 유물론에 관한 진짜 논문의 초벌 원고라도 발견한 줄 알고, 그것에서 나에 대해 쉽사리 상상할 수 있는 그런 유리한 근거를 얻으려 한 것이라고 생각했다. 그 초벌 원고를 더듬어 보고 그가 곧 자신이 잘못 판단했음을 알게 되었을 것은 뻔한 일이었고, 문학과는 아주 인연을 끊기로 결심한 나로서는 이 도둑맞은 결과를 거의 염두에 두지 않았다. 그가 이런 것을 훔친 것은 처음이 아니었다. 지금껏 나는 아무 불평도 하지 않고 꾹 참아 왔다.*1 이윽고 나는 그런 일이 전혀 없었던 것처럼 그러한 비행에 관해서는 생각마저 않게 되고, 내 《참회록》의 집필을 위해 남아 있는 자료를 모으기 시작했다.

오랫동안 나는 제네바에 있는 목사단이나, 적어도 시민과 중산 계급의 사람들이 내게 발부된 체포 영장의 위법을 주장할 것으로 믿고 있었다. 그러나 모든 것은 그대로 조용하기만 했다. 적어도 표면상으로는 그러했다. 왜냐하면 불

---

*1 나는 그의 《음악원론》 속에서, 내가 《백과전서》를 위해 음악에 관해 쓴 것으로, 그것도 이 《음악원론》이 출판되기 몇 년 전에 그에게 건네주었던 것에서 많이 표절한 것을 이미 알고 있었다. 《미술사전》은 어떻게 나왔는지 모르지만, 거기에도 내 원고에서 하나하나 베껴 옮긴―그것은 같은 내용의 내 논문이 《백과전서》 실리기 훨씬 전이었다―것이 있었다.[원주]

만이 널리 퍼져 있어서 폭발할 기회만을 기다리고 있었기 때문이다. 내 친구들이나 친구로 자처하는 사람들은 계속 편지를 보내주었고, 또 찾아와서 그들을 앞장서 달라고 내게 권하며 의회의 공식 사과를 장담했다. 내가 그곳에 나타남으로써 일어날 혼란과 소동이 두려워서 나는 그들의 청을 받아들이기를 머뭇거렸다. 그것뿐이 아니라 고국의 어떤 내분에도 결코 개입하지 않겠다는, 옛날에 세웠던 서약을 나는 충실하게 지키고, 거칠고 위험한 방법으로 그곳에 돌아가는 것보다는 차라리 모욕이 이어지도록 그대로 내버려둔 채 영원히 고국에서 추방되어 살고 싶다고 생각했다. 나는 중산 계급이 큰 관심을 가지고 있는 위법에 대해서 그들의 법과 일치되고 평화로운 항의를 기대하고 있었다. 그들을 지도하는 사람들은 진심으로 피해를 복구할 생각보다는 기회가 오기만 기다리고 있었다. 그들은 음모를 꾸미고 있었으나 사람들은 침묵을 지키고 있었다. 그리고 백성들이 나를 증오하게 만들고, 법에 어긋나는 자기네들의 행위를 종교에 대한 열성의 표시로 만들기 위해 의회가 앞잡이로 삼고 있는 경박한 자나 겉으로만 선(善)한 척하는 자들이 제멋대로 비방하고 돌아다니게 내버려 두었다.

법에 어긋나는 처사에 누군가가 항의해 줄 것을 1년 이상이나 헛되이 기다리던 끝에 나는 마침내 각오를 했다. 동포들에게서 버림받았다고 생각한 나는 은혜를 저버린 고국을 버리기로 결심했다. 나는 고국에서 산 적도 없고, 은혜도 봉사도 받아 본 적이 없다. 그리고 조국을 영광되게 하려고 노력한 대가로 만장일치의 동의 아래에 아주 정당하지 못한 대접을 받았던 것이다. 마땅히 말을 해야 할 사람들도 말을 해주지 않았다. 그래서 나는 그 해의 수석집행 위원—파브르 씨였다고 생각한다—에게 편지를 보냈다. 이 편지로 시민권 포기를 엄숙히 알렸다. 그러나 그 편지에서 나는 예의와 절도를 잃지 않았다. 불행한 사건에서는 가끔 적의 잔인한 처사 때문에 나는 나의 품위를 스스로 지키고자 하는 행동을 취하곤 했으나, 그런 행동에서 나는 언제나 예의와 절도를 잃지 않도록 유의했다.

그러한 태도가 마침내 공민들의 눈을 뜨게 했다. 나를 옹호하는 것을 포기하는 것이 자기들 손해임을 깨닫고 나를 보호하려 했다. 그러나 때는 이미 늦었다. 그들에게는 또 다른 불만이 있었는데, 그것을 나에게 연결지어 아주 타당한 여러 가지 항의 원인으로 삼았다. 프랑스 당국의 지지를 받는다고 자부하는 이 나라의 의회가 타협을 거부하는 잔인한 거절로 공민을 위압하려는 의도를 대놓고 밝히자 공민들은 이 항의를 확대시키고 강화했다. 이 논쟁은 여러 가지 소책자들이 되어 나왔으나, 이 소책자들은 무엇 하나 해결하지 못했다. 이때 돌연 《시골에서 온 편지》가 나타났다. 이것은 의회를 위해 쓴 저작이며 다시 없는 기교를 부려 쓴 것으로, 이것으로 항의하는 쪽은 침묵을 지켜야만 했고, 한동안은 완전히 뿔뿔이 흩어졌던 것이다. 이 작품은 필자가 비할 데 없는 재간을 다하여 쓴 불후의 저작으로, 재능있고 석학이며 공화국의 법률 및 정치에 정통한 검사장 트롱샹이 쓴 것이었다. '땅은 말이 없었다.'

항의하는 쪽은 첫 타격에서 다시 일어나 반박을 계획하여 적절한 때에 어느 정도 난관을 돌파하였다. 그러나 모든 사람들은 나를 주목하며 그런 투사들을 상대로 경기장으로 들어가, 상대를 넘어뜨릴 수 있는 유일한 사람으로 생각하고 있었다. 솔직히 말해 나도 그렇게 생각했다. 옛 동포들은 내가 그 도화선이 되었던 이 난국에 처하여, 내가 펜을 들어 그들을 돕는 것이 내 의무라 믿었다. 나는 하는 수 없이 《시골에서 온 편지》에 대한 반박을 계획하여, 그 표제를 《시골에서 온 편지》를 흉내내어 《산에서 온 편지》라고 붙였다. 나는 이것을 아주 비밀리에 계획하고 그것을 실행하기 위해, 또 항의하는 쪽의 우두머리들과 볼일을 마무리짓기 위해 트농에서 가졌던 모임에서 그들이 반박문의 초안을 내게 보여 주었는데도, 나는 이미 다 되어 있는 《산에서 온 편지》에 대해서 단 한 마디도 언급하지 않았다. 이 소문이 관리들이나 나 개인의 적들이 알게 된다면 인쇄에 지장이 생기지나 않을까 하는 염려에서였다. 그러나 나는 이 저작이 출판되기 전에 프랑스에 알려지는 것을 피하려고 하지도 않았다. 그러나 당국으로서는 내 비밀이 드러나게 된 경위를 똑똑히 내게 알려 주기 보다는 차라리 저작을 멋대로 발표하게끔 만드는 편이 바람직하다고 생각했던 것이다. 아주 작은 일에 국한되지만 이 점에 대해 내가 알고 있는 바를 말하겠다. 그러나 내가 추측한 것은 말하지 않겠다.

모티에에서도 에르미타주나 몽모랑시에서와 마찬가지로 많은 사람들이 찾아왔다. 그러나 대부분이 다른 부류의 사람들이었다. 그때까지 나를 찾아온 사람들은 재능·취미·주의가 비슷해서 그것을 그들이 나를 찾아온 구실로 삼았고, 내가 그들과 이야기할 수 있는 화제를 먼저 끄집어내는 사람들이었다. 모티에에서는, 특히 프랑스 사람들은 이젠 그렇지 않았다. 관리들이나 그 나머지의 사람들인 그들은 문학에 아무런 취미도 없었으며, 대부분 내가 쓴 책을 읽은 일조차 없었다. 그들이 말하는 바에 따르면 저명한 분, 고명한 분, 대가, 위인을 만나 찬양하기 위해서 먼 길을 무릅쓰고라도 오지 않을 수 없었다는 것이다.

그때까지는 내게 접근해 오는 사람들을 존경하는 마음으로 그런 가장 파렴치한 아첨에서 벗어날 수 있었으나, 그때부터는 그런 아첨을 사람들이 나의 면전에서 끊임없이 대놓고 해왔기 때문이었다. 그러한 침입자들 대부분은 자기 이름이나 신분도 밝히지 않았으며, 그들의 지식과 내 지식은 같은 화제에서 통하지 않았고, 게다가 그들은 내 저작을 읽지도 훑어보지도 않았기에 나는 그들에게 무슨 말을 해야 좋을지 알 수 없었다. 그래서 나는 그들이 말 걸기를 기다리고 있었다. 그들이야말로 나를 찾아온 까닭을 잘 알고 있을 터이며, 내게 그것을 말하는 것이 당연했기 때문이다. 알다시피 그것은 내게 그리 흥미로운 대화는 되지 않았다. 그들로서는 알고 싶어하는 것을 들으니 재미 있을 지도 몰랐다. 내게는 샘을 내서 미워하거나 믿지 못하는 마음이란 것이 없었으므로 그들이 물어도 좋다고 생각하고 있는 모든 질문에 주저하지 않고 대답해 주었다. 그러므로 그들은 내 처지의 세세한 점까지 마치 나처럼 똑같이 알고 돌아가게 되는 셈이었다.

예를 들면, 왕비의 시종 무관이며 왕비의 호위 연대 기병대위였던 펭 씨는 모티에에서 여러 날을 눌러 있으면서 말 고삐를 끌고 걸어서 라 페리에르까지 나를 따라오기까지 했다. 나와 만나서 하는 이야기라야 고작 우리 두 사람이 서로 펠 양을 알고 있다는 것과 우리가 같이 서로 빌보케(죽방울 놀이)를 했다는 것 외에는 없었다. 펭 씨의 방문을 전후해서 보다 뜻밖의 사람들이 찾아왔다. 두 남자가 저마다 작은 짐을 실은 노새를 한 마리씩 끌고 걸어서 왔다. 그들은 여인숙에서 묵고, 노새는 손수 보살폈다. 그들은 나를 만나고 싶어했다. 사람들은 이 노새를 끌고 온 사람들의 차림을 보고 밀수입자로 오인했다. 밀수입자가 나를 찾아왔다는 소문이 삽시간에 퍼졌다. 그러나 내게 인사하는 말투로 보아 곧 그들이 그런 사람이 아니라는 것을 알았다. 그러나 밀수입자는 아니라 하더라도 떠돌이 사기꾼인지도 알 수 없었다. 그런 의심에서 나는 잠시 주의를 게을리하지 않았다. 그러나 그들은 곧 이런 나를 안심시켰다. 한 사람은 몽토방 씨로 라 투르 뒤팽 백작이라 불리는 도피네의 귀족이었다. 다른 한 사람은 원래 군인이었던 카르팡트라스의 다스티에 씨였다. 그는 생 루이 훈장을 가슴에 달 수 없어서 주머니에 넣고 다녔다. 이 사나이들은 둘 다 아주 친절하고 재기가 있는 사람으로, 그들과의 대화는 즐겁고 흥미로웠다. 그들의 나그네 차림은 내 취미와 맞는 것으로 대부분의 프랑스 귀족들 흥미와는 맞지 않았다. 그 때문에 나는 그들에게 애착을 느꼈는데, 그들과의 접촉은 그 애착심을 한층 깊게 했다. 이 친분은 이것으로 끝나지 않고 더 계속되었다. 그들은 몇 번이나 나를 만나러 왔다. 그러나 다시는 그 만족스러운 걸음걸이로 오지는 않았다. 이들과 만날 때마다 나는 그들의 취미와 나의 취미 사이에 비슷한 점이 없다는 것, 그들과 내가 주장하는 바가 서로 다르다는 것, 내 저술이 그들에게 잘 알려져 있지 않다는 것, 그들과 나 사이에는 어떤 참다운 공감도 존재하지 않는다는 것을 더욱 강하게 느끼게 되었다. 도대체 그들은 내게 무엇을 바라고 있었을까? 어떻게 그런 차림으로 찾아왔던 것일까? 왜 며칠이나 묵었을까? 왜 몇 번씩이나 찾아왔을까? 무슨 이유로 내 집 손님이 되기를 그토록 열심히 원했을까? 당시는 나도 얼떨떨한 판이라 이런 의문이 일어나지 않았다. 그로부터 훨씬 뒤에야 가끔 이런 의문을 갖게 된 것이다.

그들이 먼저 교제를 청해 온 데 감동하여, 특히 다스티에 씨에게 마음을 털어놓았다. 그의 열린 태도가 내 마음에 들었다. 나는 그와 오래도록 편지까지 주고받았다. 《산에서 온 편지》를 인쇄하려던 때, 네덜란드로 가는 도중에서 그 소포를 노리고 있는 무리들의 눈을 속이기 위해 그에게 부탁할까 하고 생각하게 되었다. 그는 아마 생각한 바가 있었는지 나에게 아비뇽에서의 출판의 자유에 대해 여러 가지로 이야기해 주었다. 만일 거기에서 인쇄할 것이 있으면 편의를 보아 주겠다고 말했다. 그래서 나는 이 청을 받아들여, 첫 원고를 우편으로 조금씩 그에게 보냈다. 그는 그것을 꽤 오랫동안 가지고 있다가 어떤 서점에서도 감히 그것을 맡으려 들지 않는다고 하며 나에게 되돌려 보냈다. 나는 하는 수 없이 다시 레이에게 부탁하기로 하였다. 원고는 차례로 발송하여 앞서 보낸 것을 받았다는 통지가 오기 전에는 다음 것을 절대로 보내지 않도록 하였다. 이 저작이 출판되기 전에 그것이 목사들의 사무실에서 눈에 띄었다는 것을 나는 알았다. 또 뇌샤텔의 에셰르니는 올바크가 내 저서라고 말했다는 《산 위의 사람들》이란 책의 이야기를 내게 들려 주었다. 나는 그에게 그런 표제와 책은 쓴 일이 없다고 단언했는데 그것은 사실이었다. 《산에서 온 편지》가 발표됐을 때 나는 에셰르니에게 사실을 말해 주었으나 그는 분개해서 나를 거짓말쟁이라고 비난했다. 이래서 나는 내 원고가 세상에 알려져 있다는 확증을 얻었다. 레이의 성실함을 의심할 수 없었으므로 자연스럽게 다른 쪽으로 추측하게 되었다. 내 소포가 우체국에서 개봉되었다는 것이 가장 타당한 추측이었다.

거의 같은 무렵 또 다른 친구가 생겼는데 처음에는 편지만 주고받았다. 그는 님의 랄리앙 씨였다. 이 사람은 파리에서 내 옆모습의 실루엣을 보내 주었으면 하는 편지를 보냈다. 그의 말로는 자기 도서실에 두려 르 무안에게 만들게 한 내 대리석 흉상을 위해 필요하다는 것이었다. 나를 손아귀에 넣으려 생각해 낸 아첨이라면, 그것은 완전한 성공이었다. 도서실에 내 대리석 흉상을 놓아두고 싶은 사람이라면 내 저서를 충분히 읽었고 또 내 주의를 신봉하여 자기의 마음이 내 마음에 공감되었기 때문에 나를 존경하는 것이라고 나는 판단했다. 이런 생각에서 쉽사리 유혹되고 말았다. 그 다음에 나는 랄리앙 씨를 만나보았다. 그는 열심히 여러 가지로 나를 도와주었고 온갖 사소한 심부름까지 발벗고 나서서 해줄 사람 같았다. 그런데 나는 그가 평생에 읽은 얼마 안되는 책 가운데 내 저술이 한 권이라도 들어 있을까 의심이 갔다. 나는 그에게 서재가 있는지, 또 그것이 그의 생활에 도움이 되는 것인지도 알 수가 없었다. 그리고 흉상은 르 무안의 작품이지만 조잡한 석고 세공에 불과한 것이며 긁히었고 보기 흉한 초상을 새기게 해서, 나와 좀 비슷하기라도 한 것처럼 태연하게 내 이름으로 통하고 있었던 것이다.

내 느낌과 저서를 알고, 그것이 마음에 들어서 나를 만나러 온 것처럼 보이는 단 한 사람의 프랑스 사람이 있었다. 그는 리무쟁 연대의 젊은 장교로, 세기에 드 생 브리송이라는 사람이었다. 그는 재능과 재치있는 행동으로 파리에서나 사교계에서 과거에도 날렸지만 아마 아직도 날리고 있을 것이다. 그는 내가 파국에 처하게 되던 전해 겨울에 몽모랑시로 나를 찾아왔었다. 나는 그에게서 생기에 찬 감정을 발견하고 마음이 흐뭇했다. 뒤이어 그는 모티에로 편지를 보내, 내게 아첨을 하려고 한 것인지 아니면 실제로 《에밀》에 감격해 버린 것인지, 군에서 제대하여 자유롭게 살려 한다는 것과 가구 제조업을 배우고 있다는 것을 말해 왔다. 그에게는 같은 연대에서 대위로 복무하고 있는 형이 한 분 있었다. 그의 어머니는 큰아들만 사랑하였다. 이 어머니는 지나치게 독실한 신자로 이름은 모르나 어느 사이비 신부의 말을 듣고선 그를 못살게 굴었고, 신앙이 없다고 나무라며, 나와의 관계를 용서할 수 없는 죄라고 꾸짖고 있었다. 이런 것이 불만이어서 그는 어머니와 인연을 끊고 지금 내가 말한 바와 같은 결심을 하게 되었다. 즉, 소년 에밀이 되는 것에만 마음을 쏟았다.

나는 이렇게 성급한 것이 걱정이 되어, 그에게 편지를 보내 그의 결심을 뒤집으려 했다. 나는 이 충고에 있는 힘을 다했다. 그는 이 충고를 받아 들였다. 그는 다시 어머니에게 자식으로서의 도리를 다했다. 제출했던 사표도 연대장의 손에서 되찾았다. 그것을 대령에게 내기는 했으나 생각이 깊은 대령은 그에게 좀더 반성할 시일을 주기 위해서 아무런 절차도 밟지 않고 있었던 것이다. 정신을 차린 생 브리송은 이번에는 그다지 사람들의 기분을 나쁘게 하는 것은 아니었으나 역시 나로서는 달갑지 않은 실수를 저질렀다. 그것은 작가가 되겠다는 것이었다. 그는 계속해서 두세 권의 간단한 저서를 냈다. 이 저서로 보건대 그가 무능한 사람 같지는 않았다. 그러므로 나는 그 사업을 계속하도록 그에게 격려의 찬사를 보낸 것에 자책감을 느끼지 않아도 좋을 것이다.

얼마 후에 그는 나를 찾아왔다. 우리는 같이 생 피에르 섬으로 소풍을 갔다. 이 여행에서 나는 몽모랑시에서 만났을 때와는 다른 그를 발견했다. 그는 어딘지 모르게 잘난 체하는 데가 있었다. 그것이 처음에는 그리 불쾌하지는 않았는데 시간이 지남에 따라 가끔 내 기억에 되살아났다. 내가 영국으로 가기 위해 파리를 통과했을 때, 생 시몽 저택으로 그가 또 한 번 찾아온 적이 있었다. 나에게 말은 하지 않았으나, 나는 그가 상류 사교계에서 생활하고 있다는 것과 뤽상부르 부인과도 자주 만나고 있다는 것을 알았다. 그는 트리(콩티 대공의 저택이 있는 곳)에서는 아무 소식도 보내지 않았고, 친척인 세기에 양─이 사람은 내 이웃이 되었는데 결코 내게 호의를 보여 주지 않았다─을 통해서도 아무런 말이 없었다. 결국은 생 브리송 씨의 도취도, 펭 씨의 관계와 마찬가지로 갑자기 끝나고 말았다. 그러나 펭 씨는 내게 아무 도움도 받지 않았지만, 생 브리송은 내가 중지시킨 그의 어리석은 행동이 그에게 장난에 불과한 것이 아니었다면 나에게 얼마쯤 도움을 받은 것이다. 사실 그것은 장난이었을지도 모른다.

방문객은 제네바에서도 많이 왔다. 뒤 뤼끄 부자는 차례차례로 자기네들의 간병 도우미로 나를 택하였다. 부친은 도중에서 병이 났고 아들은 제네바를 떠날 때부터 병이 났다. 두 사람 다 병 치료차 내 집으로 찾아왔다. 목사며, 친척이며, 독실한 신자인 척하는 사람들이며, 온갖 종류의 사람들이 제네바에서도 스위스에서도 찾아왔다. 그들은 프랑스에서 온 사람들처럼 나를 칭찬하거나 비웃기 위해서라기보다, 나를 꾸짖고 트집을 잡으러 오는 것이었다. 내게 반가운 단 한 사람은 몰투로 그는 사나흘 동안 나와 함께 지내려고 왔지만, 나는 그를 더 오래 붙들어 두고 싶었다. 이 사람들 중에서 누구보다도 자부심이 강하고 가장 끈기가 있어, 너무 귀찮게 찾아오므로 마침내는 나도 견뎌내지 못한 사람은 제네바의 장사꾼이며 프랑스에서 망명해 온 뇌샤텔 검찰청장의 친척이 되는 디베르누아였다. 이 제네바의 디베르누아 씨는 1년에 두 번 모티에에 왔다. 딴 볼일이 있어서가 아니라 나를 만나러 오는 것이었으므로, 며칠이고 아침부터 밤까지 내 곁을 떠나지 않았다. 산책에도 따라 나서고, 온갖 종류의 자질구레한 선물도 가져와서 슬그머니 내 속도 알아보려 했고, 내가 싫어함에도 내 모든 일에 참견하려 했다. 그와 나 사이에는 관념·성향·감정·지식 면에서 아무것도 일치하지 않았다. 그가 평생에 어떤 종류의 책이건 한 권이나 제대로 다 읽었는지 모르겠다. 그리고 내 책이 무엇을 이야기하는지 알고나 있었는지 의심스럽게 느껴졌다. 내가 식물 채집을 시작했을 때, 그런 방면에는 취미도 없었고 내가 자기에게 할 말도 없건만, 그는 내 채집 여행에 따라왔다. 그에게는 구무앵의 주막에서 나와 마주 앉아 꼬박 사흘 동안을 보내는 참을성도 있었다. 거기에서 나는 그를 싫증나게 만들고, 또 자기 때문에 내가 얼마나 지루해 하고 있는가를 알게 하여 그를 쫓아 버리려 했다. 그러나 무슨 짓을 해도 그의 무서운 끈기를 꺾을 수 없었으며, 그 이유도 알아 낼 수 없었다.

　마지못해 맺어지고 계속되어 온 그러한 모든 관계를 통해, 내가 기쁘게 생각하고 진심으로 관심을 가졌던 유일한 것을 말하지 않을 수 없다. 그것은 한 헝가리 청년과의 교제였다. 그는 뇌샤텔로 살러 왔다가 내가 모티에로 이사를 오니까 그도 몇 달 뒤에 뇌샤텔에서 모티에로 옮겨왔다. 이 고장에서는 소테른 남작으로 불리고 있었는데, 취리히에서 온 소개장도 그 이름으로 되어 왔다. 그는 키가 크고 잘 생겼으며, 쾌활한 얼굴에 상냥하고 유순하여 사교성이 있어 보였다.

　그는 오로지 나 때문에 뇌샤텔로 왔다. 그는 누구에게나 나와의 교제를 통해서 내 감화로 자기의 청년 시절을 단련하기 위한 것뿐이라고 말했고, 나에게도 그렇게 이해를 시켰다. 그의 용모나 말투, 태도도 내가 보기에는 그의 말과 일치하는 듯했다. 사랑스러운 점밖에는 볼 수 없고 그토록 존경할 만한 동기로 나를 찾아온 청년을 돌려보낸다는 것은 아주 중대한 의무를 어기는 것이라고 생각했다. 나는 마음의 절반만을 바칠 수는 없다. 이윽고 그는 나의 우정과 신뢰를 온통 차지했다. 우리는 떨어질 수 없게 되었다. 그는 나와 산책을 같이 하였고 그것에 취미도 갖게 되었다. 나는 그를 원수 각하에게로 데리고 갔으며 각하도 그를 무한히 총애하였다. 그는 프랑스 말로 이야기를 못했기 때문에 내게 말할 때도, 편지를 볼 때도 라틴어만 사용했다. 나는 프랑스 말로 회답을 했다. 두 가지 언어를 섞어 썼어도, 우리 대화에 원활함이나 생기 있는 논조가 방해되지는 않았다. 그는 내게 자기 가족과 신상에 관한 것과 자기가 겪은 연애 사건과 내막을 잘 알고 있는 듯한 비엔나의 궁정에 대한 얘기들을 했다. 결국 우리가 두 해 가까이 둘도 없이 친밀하게 지내는 동안 나는 그에게서 어떠한 시련도 견뎌 나가는 조용한 성격, 성실하면서도 우아한 품성, 무척 깔끔한 몸가짐, 어떤 경우에나 정중한 말씨, 요컨대 출생이 좋은 사람의 모든 특징을 볼 수 있었다. 이런 특징으로 말미암아 나는 그를 존경하였고, 친근한 존재로 받아들였다.

그와의 사이가 무척 친밀했을 무렵 제네바의 디베르누아가 편지를 보내, 내 이웃에 와서 살고 있는 젊은 헝가리 사람을 경계하라는 것, 그는 프랑스 정부가 내게로 보낸 첩자라는 것이 확인되었음을 알려 주었다. 전에도 내가 살고 있는 이 지방의 사람들에게서 누가 내 동정을 살피고 있으며, 나를 프랑스 영토로 끌어들여 욕을 보이려고 하니 조심하라는 충고를 받은 일이 있었으므로, 디베르누아의 충고는 그만큼 더욱 마음에 걸렸다.

시시한 이간질을 하는 놈들의 입을 한꺼번에 틀어막아 버리기 위해, 나는 소테른에게 사전에 아무 말을 하지 않고, 퐁타흘리에로 산책을 가자고 권했다. 그는 여기에 동의했다. 우리가 퐁타흘리에에 도착했을 때, 나는 그에게 디베르누아의 편지를 읽어보라고 주었다. 그리고 나서 그를 따뜻이 포옹하면서 이렇게 말했다. 소테른에게는 내 신뢰의 증거를 보일 필요는 없지만, 세상 사람들에겐 내가 사람을 믿을 줄을 알고 있으며 그것을 소테른에게 보여 주고 있다는 것을 보일 필요가 있다고 말했다. 이 포옹은 매우 다정한 것이었다. 박해자들로서는 이해할 수 없는, 또 압박받는 자에게서 빼앗을 수 없는 즐거움의 하나였다.

　나는 소테른이 첩자였다거나 그가 나를 배신했다거나 하는 것을 결코 믿으려 하지 않았다. 그러나 그는 나를 속여 왔다. 내가 그에게 내 마음을 거리낌없이 드러내놓고 있었을 때도, 그는 끝내 마음을 닫고, 거짓말로 자기 고국에 자신의 존재를 알려야 할 필요가 있음을 나에게 말하려고 무언지 잘 알 수 없는 돼먹잖은 이야기를 꾸며 댔다. 가능하면 빨리 떠날 것을 나는 그에게 권했다. 그는 출발했다. 그래서 그가 이제는 헝가리에 가 있을 줄로 믿었는데, 스트라스부르에 가 있는 것을 알았다. 그가 그곳으로 간 것은 이번이 처음은 아니었다. 그는 거기에서 한 가정에 풍파를 일으켜 놓았다. 그 남편은 내가 그와 만난 것을 알고 그 일에 대하여 내게 편지를 보낸 적이 있었다. 나는 그의 젊은 아내는 부덕으로, 소테른은 자신의 의무로 되돌아가게 하기 위해 갖은 염려를 아끼지 않았었다. 그 뒤로 이 남녀가 완전히 멀어졌다고 믿었는데, 그들은 다시 서로 가까이하고 있었던 것이다. 그리고 그 남편까지도 기꺼이 소테른을 자기 집에 끌어들였다. 이렇게 된 이상 나는 아무 말도 하지 않았다. 나는 이 자칭 남작이 수많은 거짓말로 나를 속여 왔다는 것을 알았다. 그의 이름은 소테른이 아니라 소테르샤임이었다. 스위스에서 그에게 준 남작 칭호는 거짓이 아니기에 그를 탓할 수는 없었다. 그러니 그가 정말 귀족이었던 것은 틀림없다고 생각한다. 사람을 볼 줄 알고 그 나라(헝가리)에 간 적도 있는 원수 각하도 그를 언제나 귀족으로 알고 있었고, 또 그렇게 대우했었다.

　그가 떠나자 곧 그가 모티에에서 묵었던 여인숙 하녀가 그의 아이를 가졌다는 소문이 났다. 그녀는 얼굴도 못생긴 천한 여자였고, 게다가 그의 독실한 태도와 품행으로 이 고장에서 널리 존경을 받고 소중하게 대접받고 있던 소테른은 결백을 큰 자랑으로 삼고 있었으므로, 사람들은 이런 철면피한 소문들을 불쾌하게 생각했다. 그의 관심을 끌려고 헛수고만 한 이 지방 여자들은 분해서 어쩔 줄을 몰랐다. 나는 분개를 참을 수 없었다. 나는 가능한 노력을 기울여 이 뻔뻔스런 계집의 입을 막을 생각으로 비용을 들여 소테르샤임의 보증을 서겠노라고 장담했다. 나는 그에게 편지를 썼다. 그리고 임신은 그가 한 짓이 아닐 뿐만 아니라 만들어 낸 말로써, 모든 것이 그의 적과 나의 적들이 꾸며낸 연극에 지나지 않는다고 굳게 믿고 있었다. 그가 이 고장으로 다시 와서 그 맹랑한 계집과 그 계집애에게 그런 말을 하게 한 놈들을 혼내기를 나는 바라고 있었다. 그러나 나는 그의 기죽은 회답에 깜짝 놀랐다. 그는 그 천한 계집이 소속되어 있는 교구의 목사에게 편지를 보내 사건을 무마시키려 했다. 이런 일을 알았으므로 나는 거기에서 손을 뗐다. 이토록 추잡한 녀석이 나와의 친분이 한창 무르익어 갈 때 용의주도하게 나를 속여넘길 만큼 충분히 자신을 억제할 수 있었다는 데 나는 감탄했다.

소테르샤임은 행운을 잡으러 스트라스부르에서 파리로 갔다. 그러나 거기에서 그는 불행밖에 얻지 못했다. 그는 자기의 잘못을 뉘우치는 편지를 보내 왔다. 우리의 옛정을 생각하니 마음이 아팠다. 나는 그에게 돈을 조금 보내 주었다. 이듬해 파리에 들렀을 때 나는 그와 다시 만났다. 그는 거의 전과 다름없었다. 다만 랄리앙 씨와 무척 친밀했는데, 어떻게 알게 되었는지, 또 그것이 옛날부터인지 최근의 일인지는 알 수 없었다. 2년 뒤 소테르샤임은 스트라스부르로 돌아가 거기에서 내게 편지를 썼다. 그리고 거기에서 죽었다. 우리의 관계는 대략 이러하였다. 내가 그의 모험에 대해 알고 있는 것도 이 정도였다. 그러나 이 불행한 젊은이의 운명을 딱하게 여기면서도 나는 여전히 그가 좋은 집안에서 태어났으며, 그의 행동이 신분에 어울리지 않았던 것은 모두 그가 처해 있는 환경 때문이었다고 믿었다.

사실 내가 모티에에서 사람들과 관계를 맺고 또 알게 된 것은 이와 같았다. 그때 내가 받은 잔혹한 손실을 보상하기 위해 이러한 교제가 얼마나 필요하였던가!

첫째 손실은 뤽상부르 원수를 잃은 것이다(1764년 5월 18일 죽음). 원수는 오랫동안 의사들의 괴롭힘을 당한 끝에 결국은 그들에게 희생되었다. 중풍으로 쓰러졌으나 그들은 자기네가 치료할 수 있는 병이라고 하며 중풍이라는 것을 인정하지 않으려 했다.

이 점에 대해 원수 부인의 신임을 받아 온 라 로슈가 내게 보낸 편지를 읽어 보면, 이것이야말로 고귀한 분들의 참혹한 모습을 불쌍히 여기지 않으면 안될 좋은 실례—잔혹한, 영원히 마음에 남는 좋은 예—라 할 수 있을 것이다.

이 훌륭한 분을 잃은 것은 그가 프랑스에서 나의 유일한 친구였던 만큼 한층 더 통절히 느껴졌다. 그리고 그의 부드러운 성격은 내게 그의 신분을 잊게 만들고 똑같은 지위에 있는 사람과 똑같은 애정으로 결합될 수 있게 했다. 우리의 결합은 내가 망명한 뒤로도 끊어지는 일 없이, 그는 전과 변함 없이 내게 편지를 보내고 있었다. 그렇긴 하나 나로서는 떨어져 있는 것과 나의 불행이 그의 애정을 식게 만든 것 같은 느낌이 들었다. 궁정 사람들로서는 소외당하고 있는 사람에게 변함 없는 애정을 나타낸다는 것이 사실 어려운 일이었다. 게다가 뤽상부르 부인이 공작에게 미치는 영향력이 크다는 것도 내게 이롭지 못했으며, 부인이 내가 떨어져 있는 기회를 이용해서 나를 헐뜯었으리라고 짐작했다. 부인은 때로 감정의 표시를 하는 체했고 점점 그 횟수가 줄어 갔지만, 부인이 나를 생각하는 마음은 날이 갈수록 바뀌게 되었다. 그녀는 가끔 네댓 번 스위스에 있는 내게 편지를 보냈다. 그 뒤로는 내게 전혀 편지를 보내지 않고 말았다. 그런데도 여전히 나를 사로잡고 있는 선입관, 신뢰, 미망(迷妄) 등에서 비롯된, 그녀가 나에게 차갑게 대하는 것 이상의 그 무엇이 그녀에게 있다는 것도 간파할 수 없었던 것이다.

뒤쉐느 서점의 사원 기는 내가 몽모랑시와 헤어진 뒤로 뤽상부르 저택에 드나들고 있었는데, 편지를 보내 내 이름이 원수님의 유언장에 실려 있다고 알려 왔다. 그런 일은 아주 당연하고 믿을 만한 것으로밖에는 생각되지 않았다. 그래서 나는 그 편지를 의심치 않았다. 유산을 바라보는 나의 태도를 마음속으로 생각했다. 깊이 생각해 본 결과, 그것이 어떤 것이든 나는 그것을 받아들임으로써 우정이 별로 통할 수 없는 지위에 있으면서 나에 대해 참다운 우정을 가지고 있었던 한 성실한 사람에게 경의를 나타내기로 결심했다. 이 유산이 과연 정말인지 거짓인지, 그 뒤 유산에 대해서는 아무 소리도 듣지 못했으므로 이 의무에서는 자유로울 수 있었다. 사실 나와 친하던 사람의 죽음에서 무엇을 이용함으로써 내 도덕률의 핵심 줄거리 가운데 하나를 깨뜨리는 것은 괴로운 일이었다. 친구 뮈사르가 마지막 병환중에 있을 때도 르니는 친구가 우리의 간호에 감격하고 있는 것을 이용하여, 무엇인가 우리들을 위해 해줄 기분을 불어넣도록 내게 권했다. 나는 그에게 이렇게 말했다. "아! 친애하는 르니, 죽어 가는 친구에게 바치는 슬프지만 신성한 의무를 이기심으로 더럽히는 일은 그만두자. 나는 누구의 유언장에든, 적어도 내 친구의 유언장에는 결코 내 이름이 씌어 있지 않기를 바라고 있다." 원수 각하가 자기의 유언장에 대해서, 또 그 안에 내게 주려고 하는 것에 대해 내게 말하고, 그것에 대해 내가 이미 제1부에서 말한 것과 같은 대답을 한 것은 거의 이즈음에 있었던 일이다.

한층 통절하게, 그리고 훨씬 보상할 수 없다고 느낀 두 번째 손실은 여자들

중 가장 훌륭한 여자를 잃은 것이며, 어머니들 중에 가장 훌륭한 어머니를 잃은 것이다. 그녀(바랑 부인)는 이미 늙어 병약과 빈곤의 무거운 짐을 지고 선량한 영혼이 사는 곳으로 가려고 이 눈물의 골짜기를 떠났다. 그곳에서는 이 세상에서 행한 착한 행동의 즐거운 추억이 영원히 보상을 받을 것이다. 착하고 자비로운 영혼이여! 가소서, 페늘롱과 베르네와 카티나처럼, 또 보다 어려운 환경에 있으면서도 그들과 마찬가지로 참다운 자비를 향해 마음을 활짝 열었던 사람들의 곁으로 가서 당신의 자비로운 열매를 즐기소서. 그리고 뒷날 당신 곁에서 살기를 원하는 아들의 자리를 당신 아들을 위해 준비해 주십시오. 신이 당신의 불행을 끝내고, 또 그 아들의 불행이라는 잔인한 광경을 안 보도록 해 준 것을 당신의 불행 속에서도 행복으로 삼으소서! 내 초기의 재난을 말함으로써 그녀의 마음을 비탄에 잠기게 할까 두려워 스위스로 온 뒤로, 나는 그녀에게 편지를 쓰지 않았다. 그러나 나는 그녀의 소식을 알기 위해 콩티에 씨에게 편지를 냈다. 그리하여 그로부터 그녀가 고생하는 사람들의 괴로움을 덜어 주는 일을 그만두고, 자신의 고생도 끝냈다는 소식을 받았다(1762년 10월 4일. 바랑 부인은 그해 7월 29일 샹베리에서 죽었다). 머잖아 나도 고생을 그만하게 되리라. 그러나 만일 내가 저승에서 그녀와 다시 만나지 못한다고 생각한다면, 내 빈약한 상상력으로는 내가 기다리고 있는 저승에서의 완전한 행복은 도저히 생각할 수 없을 것이다.

 나의 세 번째 손실, 그것은 내 마지막 손실이라고도 할 수 있는데, 그 까닭은 그뒤로는 잃어버릴 친구가 더이상 나에게는 없었기 때문이다. 그것은 원수 각하를 잃은 것이다. 그는 죽은 것이 아니라 은혜를 모르는 자들을 도와주다 지쳐 뇌샤텔을 떠난 것이다(1763년 4월 30일). 그뒤로 나는 그를 다시 만난 일이 없었다. 그는 지금 살아 있으며 나보다도 더 오래 살 것이다. 나는 그러기를 바란다. 그는 살아 있다. 그리고 그의 덕분으로 내 모든 애착이 이 지상에서 아직 끊어지지 않고 있다. 아직도 나의 우정을 바칠 만한 사람이 한 사람 남아 있다. 왜냐하면 우정의 참된 가치는 이쪽에서 느끼게 해주는 우정보다 느끼는 우정 속에 있기 때문이다. 그러나 나는 그의 우정이 아낌없이 내게 베풀던 온갖 정다움을 잃어버렸다. 그래서 나는 아직도 내가 좋아하면서도 더 이상 인연을 이어갈 수 없게 된 사람들의 대열 속에 그를 포함시키는 수밖에 없다. 그는 영국 왕의 은혜로운 용서를 받고, 몰수당했던 그의 재산을 되찾으려고 영국으로 갔다. 우리는 재회를 기약하고 헤어졌다. 이 재회의 기약은 그에게나 내게나 마찬가지로 즐거운 것 같았다. 그는 애버딘 부근 키스홀 성에 거처를 정할 것을 바라고 있었다. 그래서 나는 그의 곁으로 갈 예정이었다. 그러나 이 계획은 나에게 너무 과분한 일이어서, 오히려 그것이 이루어지지 않지 나 않을까 하는 생각마저 들었다. 그는 스코틀랜드에 머물지 않았다. 프러시아 왕의 간청으로 그는 다시 베를린으로 갔다. 그러므로 독자들은 어떻게 해서 내가 그곳으로 그를 만나러 갈 수 없었는가를 곧 알게 될 것이다.

그의 출발에 앞서, 내게 닥치려 하고 있는 박해를 예견하고 있었던 경은 자진해서 내게 귀화 증명서를 보내 주었는데, 나는 그것이 이 고장에서 나를 쫓아내지 못하도록 하는 아주 확실한 예방 수단인 것처럼 생각했다. 발 드 트라베르에 있는 쿠베의 신도단은 총독의 전례에 따라 위 증명서와 마찬가지로 신도 증명서를 공짜로 내게 주었다. 이리하여 모든 점으로 보아 완전한 이 지방 공민이 된 나는 법에 어긋나지 않는 모든 추방으로부터만이 아니고, 왕의 명령에 의한 추방으로부터도 보호받을 수 있었다. 그러나 민중 가운데 언제나 나랏법을 가장 존중해 온 사람을 박해할 수 있었던 것은 결코 정당한 방법에 근거한 것이 아니었다.

마블리 신부를 잃게 된 것을 이러한 때에 입은 손실에 포함시킬 필요는 없다고 생각된다. 나는 그의 형제들 집에서 있은 일도 있고 해서, 인연은 있었으나 그리 깊은 것은 아니었다. 그리고 내가 그보다 더 유명해진 뒤로는 나에 대한 그의 감정이 질적으로 변하였다는 것을 확실히 알 수가 있었다. 그러나 나에 대한 그러한 악의가 처음 나타난 것은 《산에서 온 편지》가 발표되었을 무렵이었다. 제네바에서 살라댕 부인에게 보내는 한 통의 편지가 널리 퍼져나갔다. 이 편지 속에서 그는 나의 저작 《산에서 온 편지》에 대해 불법 거짓 선전의 요란스런 선동이라고 평하고 있었다. 마블리 신부에게 내가 품고 있던 존경과, 그의 영민한 두뇌에 바치는 나의 경의는 이런 조리에 맞지 않는 편지가 그의 것이라고는 믿지 않게 했다. 나는 이에 대하여 솔직하다고 생각되는 방법을 취하였다. 나는 그에게 그 편지의 사본을 보내 그것이 그가 쓴 것으로 알려져 있다는 것을 일깨워 주었다. 그는 나에게 아무 회답도 하지 않았다. 이런 침묵은 나로서는 뜻밖이었다. 그러나 슈농소 부인이 나에게 그 편지는 실제로 신부의 것이라는 것, 그리고 내 편지를 보고 그가 무척 거북해 했다는 것을 알려

왔을 때 내가 느낀 놀라움이 어떠했는지 짐작해 주시기 바란다. 왜냐하면 설혹 그의 말이 어떤 면에서는 타당하다 하더라도, 그저 장난삼아, 자기가 지금까지 언제나 호의를 보여 왔으며, 자기에게 결코 잘못한 일이 없는 사람이 불행의 절정에 처해 있을 때, 오로지 그를 공격할 목적으로 부탁도 받지 않고 필요도 없는데, 들뜬 기분으로 공공연하게 명백한 행동을 하게 된 것을 그는 뭐라고 변명할 수 있을 것인가? 얼마 뒤에 《포시웅의 대화》란 것이 나왔는데, 내가 본 바로는 그것은 뻔뻔스럽고 파렴치하게 내 저서에서 따온 것뿐이었다. 이 책을 읽고 나는 이 책의 지은이가 나를 대하는 태도를 결정하고 있는 것을, 그리고 그가 앞으로 나에게 최악의 적이 되리라는 것을 깨달았다. 그는 자기 능력으로는 도저히 쓸 수 없는 《사회 계약론》이나 《영구 평화론》을 내가 쓴 것에 대하여 나를 용서할 수 없었다. 그리고 그가 나에게 생 피에르 신부의 것에서 발췌하도록 권한 것은, 내가 그렇게 훌륭하게 해내리라고는 생각을 못했기 때문이라고 생각한다.

내 이야기를 진행시키면 시킬수록 순서와 맥락을 잡을 수가 없다. 그 뒤로의 내 생활의 동요는, 내 머릿속에 사건을 정돈할 여유마저 남겨 주지 않았다. 그것은 너무나 많고 너무나 복잡하며 너무나 불쾌해서 혼란 없이 이야기할 수 없는 것이다. 그것이 내게 남겨 준 유일하고 강한 인상은 무서운 비밀이 그런 것들의 원인을 덮어 가리고 있다는 점 그것들이 나를 비참한 처지로 밀어넣었다는 점이다. 내 이야기는 목표도 없이, 그리고 생각이 머리에 떠오르는 대로 진행시킬 도리밖에 없다. 바로 이즈음 나는 《참회록》에 몰두하고 있었으므로 남들이 그런 계획을 방해할 흥미나 의지나 힘을 가지리라는 것은 도무지 생각하지 못하고, 경솔하게도 아무에게나 그 이야기를 한 것이 생각난다. 아니 설사 그렇게 생각했더라도 나는 그토록 조심스럽게는 못했을 것이다. 무엇이든 느끼고 생각하고 있는 점을 나로서는 애초부터 숨겨둘 수가 없었기 때문이다. 판단하건대 그런 계획이 알려진 것이 나를 스위스에서 추방하기 위해 일으켰던 소동, 그 계획의 실천을 방해하려는 사람들 손에 나를 넘겨주기 위해 일으켰던 소동의 참된 원인이었다.

내게는 이 밖에 또 한 가지 계획이 있었는데, 그것 또한 앞의 계획을 두려워하고 있는 사람들은 좋게 생각하지 않았다. 그 계획이란 내 저서의 전집을 출판하는 것이었다. 이 출판은 내 이름으로 서명한 책들 중에서 진정한 나의 저서를 확인하기 위하여 필요한 것 같았고, 또 나의 적들이 내 명성을 추락시키고 더럽히기 위해 나의 이름을 훔쳐 쓴 가짜 책과 내가 쓴 진짜 저서를 구별하는 법을 대중에게 가르쳐 주기 위해 필요한 것으로 생각되었다. 게다가 또 이 출판은 내 먹거리를 보장해 주는 간단하고 공정한 수단이었으며 유일한 수단이기도 했다. 왜냐하면 책 쓰는 것은 이미 단념했고, 내 《참회록》은 내 생전에는 절대로 발표될 수 없으며, 달리 어떤 방법으로도 돈 한 푼 벌 방도는 없고, 그래도 돈은 여전히 써야겠는데 내 최근의 저술에서의 수입이 끊어지면 내 재정이 바닥을 드러내고 만다는 것을 알고 있었기 때문이다. 그러한 이유에서 아직 미완성의 《악전》을 출판하려고 서둘렀다. 그것은 내게 현금 1백 루이와 종신 연금 1백 에퀴의 수입을 주었지만, 그렇더라도 매년 60루이 이상을 사용하는 사람에게는 1백 루이 쯤은 금방 써버리게 될 것이 틀림없다. 게다가 보지도 알지도 못하는 사람들과 거지들이 쉴새없이 들이닥칠테니, 1백 에퀴의 연금 같은 건 거의 없는 거나 마찬가지였다.

뇌샤텔의 출판사에서 내 전집 출판 계획에 대해 의논하러 왔다. 그리고 리옹의 출판업자 르기야라는 사람이 어떻게 왔는지는 모르나 자신이 주선해 준다고 그들 틈에 끼어 들었다. 계약은 내 목적을 달성하기에 타당하고 만족한 조건으로 성립되었다. 이미 인쇄된 것과 아직 원고로 있는 것을 합쳐 4절판(四折版) 6권 분량의 것이 있었다. 출판에 대하여 내가 충분히 보살펴 줄 것도 약속했다. 이런 조건으로 출판사에서 프랑스 돈으로 1천 6백 리브르의 연금과 1천 에퀴 일시 지급이라는 사례를 받기로 했다.

계약은 성립되었으나 아직 서명은 못하고 있을 무렵, 마침 《산에서 온 편지》가 출판되었다. 이 불길한 저작과 얄미운 지은이에 대해 일어난 무서운 폭발은 출판사를 공포로 몰아넣어 그 계획을 무산시켰다. 나는 이 최근 저작의 결과와 《프랑스 음악에 대한 편지》를 비교하여, 이 편지가 증오를 사고 또 나를 위험에 처하게 하면서도 적어도 내게 관심과 존경의 뜻을 나타내지 않았는지는 생각해 볼 것이다. 이 마지막 저작이 나온 뒤에 제네바와 베르사유에서 나 같은 괴물을 살려 두는 데 놀랐던 모양이다. 제네바 시의 의회 소위원회는 프랑스 대리 공사의 조종과 검사장의 지휘를 받아 내 저작에 선고를 내렸다. 그 속에서 정말 참을 수 없는 명칭과 함께 소위원회는 내 저서는 사형 집행인이 불태워 버릴 가치조차 없는 것이라 선언하고, 거기에 덧붙여 어릿광대 같은 기지를 부려 그 책에 대해 변명한다는 것은, 아니 그것을 싣는 것만도 명예를 훼손할 뿐이라고 했다. 이 기묘한 문장을 가능하면 여기에 베껴 두고 싶은데 불행하게도 지금 내가 가지고 있지 않으며, 또 그것을 한 마디도 기억하지 못한다. 나는 누군가 독자의 한 사람이 진실과 공정에 대한 열의에 불타 《산에서 온 편지》의 전문을 읽어보아 주기를 열망한다. 지은이를 박해하려고 말할 수 없는 잔혹한 모욕을 가한 자라도, 그뒤에 이 저작 속에서 넘쳐흐르는 극기(克己)와도 같은 절도를 느끼게 될 것이다. 그러나 이 저작에는 탄핵이란 것이 없었으므로 그것에 반박할 수는 없는 일이며, 또 그 정당한 논거는 논박할 수 없었으므로 그런 점에도 이의를 제기할 수는 없다. 따라서 그들은 결국 격분한 나머지 반박조차 할 마음이 나지 않은 것처럼 꾸미기로 방침을 세웠다. 그리고 만일 이겨낼 수 없는 논증을 탄핵이라고 받아들였다면, 그들이 탄핵을 받았다고 생각했을 것은 틀림없는 사실이다.

의회 소위원회에 대한 항의파들은 이 추악한 선고에 불복하기는커녕, 이 선고가 이끄는 방침에 따라갔다. 그리고 그들은 자기네들의 방패로 삼으려고 비밀히 해온 《산에서 온 편지》를 과시하려 하기는커녕 비굴하게도 자기네들을 보호하기 위해, 또 자기네들의 간청에 의해 쓴 이 저술에 경의를 나타내지 않고, 정당하다는 것도 인정하지 않았다. 또 멋대로 거기에서 그들의 논거를 끄집어내었고, 이 저작의 끝부분에 있는 충고를 올바르게 지켰기 때문에 그들이 안전과 승리를 얻었음에도 그들은 그 구절을 인용도 하지 않았고, 책이름조차 밝히지 않았다. 그들은 이 의무를 나에게 떠넘겼다. 나는 그것을 마무리지었다. 나는 어디까지나 고국과 그들 당파를 위해 힘썼던 것이다. 그들의 분쟁에는 나 개인의 이해는 무시하고 그들만을 생각하게끔 그들에게 부탁했다. 내가 그들이 말한 그대로 받아들였으므로 그 사건에 개입하고 있는 것은 오로지 그들에게 화해를 권하기 위한 것일 뿐이었다. 그들이 고집을 세우면 반드시 프랑스가 탄압하게 될 것이라고 나는 믿었기 때문이다. 과연 공격을 당하는 일은 없었다. 나는 그 이유를 알고 있다. 그러나 지금은 그것을 상세히 말할 형편이 못된다.

《산에서 온 편지》가 뇌샤텔에 끼친 영향은 처음엔 아주 조용했다. 나는 그 책 한 권을 몽몰랑 씨에게 보냈다. 그는 기꺼이 그것을 받아주었고 읽은 뒤에 아무런 이의도 말하지 않았다. 그도 나와 마찬가지로 건강이 좋지 못했다. 그는 건강이 회복되자 몸소 나를 찾아왔으나 별로 말이 없었다. 그렇지만 풍문이 떠돌기 시작했다. 어디선가 책을 태워 버렸다는 소문이었다. 흥분의 중심은 제네바에서, 베른에서, 그리고 어쩌면 베르사유에서, 이윽고는 뇌샤텔, 특히 발 드 트라베르로 옮겨 왔는데, 여기서는 목사단이 겉으로는 움직이는 것을 시작하기 전부터 이미 지하 공작으로 민중들을 선동하려 하고 있었다. 내가 산 적이 있는 모든 고장에서 그러했듯이 나는 그 나라에서도 민중들이 분명히 나를 사랑했고, 또한 그들의 사랑을 받았다고 나는 감히 말할 수 있다. 나는 물질적으로 아낌없이 보태 주었고, 주위의 가난한 사람들을 빠짐 없이 도와 주었고, 내 힘으로 할 수 있고 또 정당한 일이라면 누구에게도 봉사를 거절하지 않았으며, 모든 사람들과 어쩌면 필요 이상으로 친하게 지냈고, 시새움을 받을 만한 모든 차별은 가능한 한 피하고 있었기 때문이다. 그러나 그런 호의에도 비밀의 선동을 받은 민중은 점차 나에게 분노를 일으킬 정도까지 기세를 올려 대낮에 공공연히 시골이나 길가에서 뿐만 아니라 큰길 한복판에서 나를 모욕하는 것을 막을 수가 없었다. 내게 가장 많은 은혜를 입고 있는 녀석들이 가장 악랄하게 되었다. 현재 내게 은혜를 입고 있는 사람들도 감히 표면에 나타나지는 못했지만 다른 녀석들을 선동시켜, 내게 은혜를 입고 있는 비굴감을 그런 식으로 앙갚음하고 있는 듯이 보였다. 몽몰랑은 아무것도 못 본 체했고 자신은 아직 겉으로 나서지 않았다. 그렇지만 성찬식의 때가 가까워졌을 때, 그는 내게로 찾아와서 거기에 참석하는 것은 삼갔으면 하고 권했다. 그는 나를 원망하고 있지는 않으니 나를 가만히 내버려두겠다고 장담했다. 나는 이런 인사를 이상하게 느꼈다. 그것을 보면서 부플레르 부인의 편지를 떠올렸다. 내가 성찬식을 하고 안하는 것이 도대체 누구에게 어떤 중대한 관계가 있는 것인지 나로서는 이해할 수 없었다. 나는 그러한 양보를 비열한 행위로 생각했고, 또 한편 민중에게 불신자라는 새로운 구실을 주고 싶지도 않았으므로 목사의 청을 완전히 거부했다. 그는 내가 틀림없이 후회하리라는 것을 알려 주는 듯 불만스런 표정으로 돌아갔다.

그 사람 혼자의 권리로서는 성찬식을 금지할 수 없었다. 그러자면 나에게 성찬식을 허락해 준 장로회의 결재가 필요하므로 거기에서 아무 말도 없는 한, 나는 상관할 것이 없이 대담하게 그곳으로 나가도 거절당할 염려는 없었다. 몽몰랑은 내 신앙 고백을 받기 위하여 나를 장로회의로 소환할 사명과 만일 내가 거절하면 나를 파문시키는 권한을 목사단이 넘겨주었다. 이 파문 또한 장로회의의 다수결을 통해서가 아니면 할 수 없었다. 그러나 장로라는 이름으로 이 회의를 구성하고 있는 농민들은 의장으로 그들의 목사를 모시고 있고, 그가 지도하고 있었으므로 자연 그와 의견을 달리할 수 없었다. 그리고 주로 아직도 시골 사람들이 목사만큼 잘 알 수 없는 신학사의 문제에 관해서는 특히 그러했다. 그래서 나는 소환을 받고 출두할 각오를 했다.

만일 내가 말을 잘할 수 있어서 내 입이 펜처럼 가볍게 움직여 준다면, 나에게는 얼마나 좋은 기회이며 얼마나 자랑스러울까! 얼마나 유리한 형편에서 얼마나 손쉽게 여섯 명의 농민들 가운데서 이 가련한 목사를 쩔쩔매게 했을까! 신교 교회의 성직자들은 지배욕에 사로잡혀 종교 개혁의 정신을 망각하고 있었지만, 그들에게 그것을 떠올리게 하고 잠자코 있게 하기 위해서는, 그들이 어리석게도 시비를 걸고 있는 《산에서 온 편지》첫 부분을 풀이해 주면 된다. 본문은 다 되어 있었다. 나는 그것을 부연하기만 하면 되는 것이다. 게다가 그는 당황하고 있었다. 나는 수세로 몰리고 있을 만큼 바보는 아니었다. 그가 미처 알아차리기도 전에, 또는 먼저 방어할 수 없게 공세를 취한다는 것은 쉬운 일이었다. 무지하고 경솔한 그 돼먹잖은 목사단은 스스로 내가 자기네들 마음대로 무찌를 수 있도록 내가 바라는 가장 유리한 위치에 나를 서게 했다.

그러나 아무래도 곤란한 것은 내가 말을 하지 않으면 안 되었고, 임기응변(臨機應變)으로 사상과 표현과 말을 발견하지 않으면 안 되었고, 언제나 정신을 긴장시키고 계속 냉정하게 한순간이라도 당황해서는 안 되었다. 생각나는 것을 그 자리에서 바로 말하는 재주가 없는 것을 너무도 잘 알고 있는 자신에게 무엇을 기대할 수 있겠는가. 제네바에서는 모두 내게 호의를 가지고 있고, 또 모든 것을 찬성하기로 미리 결정한 모임에서도 안타까운 침묵을 지키고 있어야만 했던 적이 있다.

이번 경우는 그와 반대였다. 상대는 여기에서 지식 대신에 간교한 지혜를 부리고, 내가 단 한 가지 간계도 눈치채기 전에 갖은 간계를 꾸며 내가 실수만 하면 어떤 대가를 치르더라도 옭아매려고 노리고 있는 귀찮은 자였다. 그러한 처지를 생각하면 할수록 그것을 위험한 것으로 생각하며, 그 간계에서 벗어날 수 없다는 것을 알게 된 나는 다른 방법을 생각해냈다. 나는 장로회의를 기피하고, 답변하는 것을 면하기 위해서 장로회의에서 연설할 것을 궁리했다. 그것은 아주 쉬운 일이었다.

　나는 이 연설문을 써서 죽기 살기로 그것을 외기 시작했다. 그것을 머릿속에 집어 넣으려고, 내가 쉴새없이 똑같은 문구를 되풀이하여 중얼거리는 것을 본 테레즈는 나를 비웃었다. 나는 드디어 이 연설을 욀 희망을 갖게 되었다. 나는 예의 성주가 국왕의 조신으로서 장로회의에 참석한다는 것, 몽몰랑의 책동과 술병 공세(장로들을 매수하기 위해)를 펼쳤음에도 대다수의 장로가 내게 호감을 품고 있다는 것을 알고 있었다. 내 편에는 도리와 진실과 정의와 국왕의 비호, 의회의 권위, 이 종교심문의 개시에 관심을 가진 성실한 애국자들의 염원이 있었다. 모든 것이 나를 염려해 주었던 것이다.

　예정된 전날 밤, 나는 연설문을 보지 않고 다 외고 있었다. 나는 틀리지 않고 그것을 외었다. 나는 밤새도록 머릿속에서 그것을 되풀이했다. 그렇건만 아침이 되자 벌써 까맣게 잊고 있었다. 한 마디 한 마디를 더듬었다. 나는 이미 화려한 회의 석상에 나와 있는 기분으로 당황하고 더듬거리며 머리가 어지러웠다. 출발할 시간이 다가오자 마침내 완전히 용기가 꺾였다. 나는 집에서 장로회의에 편지를 내기로 하고, 급히 내 의견을 말한 다음 몸이 불편하다는 것을 구실로 변명하기로 했다. 사실 당시의 내 형편으로서는 회의가 끝날 때까지 견디기는 어려웠을 것이 틀림없었다.

　내 편지에 난처해진 목사는 그 문제를 다음 회의로 미루었다. 그는 그 틈을 이용하여 장로들을 자기 편으로 매수하기 위하여, 자신과 자기를 따르는 사람들을 동원하여 온갖 운동을 다했다. 장로들은 그가 하는 말보다는 오히려 양심의 소리를 듣고 목사단이나 그의 뜻에 동조하지 않았다. 그의 술창고로부터 끄집어낸 논증이 그런 사람들에게 어느 정도 강하게 작용을 했다 하더라도, 처음부터 그의 편이었으며 그의 노예라고 불리고 있던 2, 3명 외에는 아무도 그의 편을 들지 않았다. 국왕의 조신과 이 문제에 매우 깊은 관심을 보인 퓌리 대령은 다른 장로들을 설득시켜 그들의 본분으로 돌아가게 했다. 그래서 몽몰랑이 파문을 선고하려고 했을 때, 장로회의는 다수결로 그것을 완전히 거부하고 말았다. 그래서 하층 백성들을 선동하는 마지막 방법을 강구하는 수밖에 없게 된 그는 동료들과 그밖의 사람들과 한통속이 되어 공공연히 그런 방향으로 움직이기 시작했다. 왕이 몇 차례 엄중한 칙서를 내리고 의회에서 모든 명령을 내렸음에도 그것은 완전히 성공을 거두어, 마침내 나는 국왕의 조신이 나를 보호하려다가 그 자신이 죽게 될 위험에 놓여서는 안 되겠다는 생각으로 그곳을 떠나기로 하였다.

이 사건의 추이에 대해서는 너무 어지러운 추억 밖에 없고, 기억나는 생각에서 어떤 순서나 관련을 찾을 수는 없다. 그래서 그것들을 그저 토막토막 머리에 떠오르는 대로 쓸 수밖에 없다. 이때 목사단과 어떤 종류의 회담이 열리고, 몽몰랑이 그 중개자였던 것을 나는 알고 있었다. 몽몰랑은 뻔뻔스럽게도, 책으로 내가 이 지방의 평화를 어지럽히는 것을 사람들이 두려워하고 있으므로, 내게 저술의 자유를 주고 있다는 비난이 이 지방으로 향하게 된 것이라고 말하고 있었다. 만일 내가 펜을 들지 않는다는 약속을 해준다면 사람들이 내 과거는 따지지 않겠다는 뜻을 내게 귀띔해 주었다. 나는 벌써 혼자 자신에게 그런 약속을 하고 있었다. 목사단에게 그런 약속을 하는 것을 망설이지는 않았지만, 다만 종교 문제에 한해서라는 조건을 붙였다. 그는 자기가 요구한 것을 조금 손을 봐서 이 서약서를 2통 작성하기로 하였다. 그러나 목사단이 그 조건을 거절했으므로 나는 그 서약서의 반환을 요구했다. 몽몰랑은 2통 중 1통만 돌려주었는데, 다른 1통은 잃어버렸다는 구실로 자기가 갖고 말았다. 그런 일이 있은 뒤로 민중들은 공공연하게 목사들의 선동을 받아, 왕의 칙서와 의회의 명령도 무시하고 더는 아무런 구속도 인정하지 않았다. 나는 설교단에서 훈계를 받았고, 적그리스도이라고 불리었으며, 시골에서는 르 가르(사람 늑대)처럼 쫓겨다녔다. 나의 아르메니아식 옷은 민중에게 표적이 되었다. 나는 편리하게 생각하고 있던 그 옷의 불편함을 크게 느끼게 되었다. 그런데도 이런 사정으로 그것을 벗는 것은 비겁하다는 생각이 들었다. 나는 결심이 서지 않은 채 긴 웃옷을 입고 털모자를 쓰고 민중의 고함소리에 둘러싸여 때로는 돌팔매질을 당해 가면서 그 고장을 조용히 산책하고 있었다. 여러 번 어떤 집 앞을 지나가다가 그 집에 사는 사람들이 이렇게 말하는 것을 들었다. "총을 가져오너라. 놈을 쏘아 버리게." 그렇다고 나는 걸음을 더 재촉하지는 않았다. 그러면 그들은 한층 더 분개했다. 그러나 그들은 언제나 협박 뿐이고 총을 쏘지는 않았다.

그러한 소동 속에서도 나는 두 가지의 매우 커다란 기쁨을 가질 수 있었다. 나는 그것을 무척 다행으로 생각했다. 첫째의 기쁨은 원수 각하의 힘으로 감사의 뜻을 나타낼 수가 있었던 것이다. 뇌샤텔의 성실한 사람들은 모두 내가 겪고 있는 대우와 내가 그 희생이 되어 있는 책동을 보고 분개하여 목사들을 미워하고 있었다. 그리고 그들은 목사들이 외부의 충동으로 움직이고 있다는 것과 그들을 조종하고 있는 무리들의 앞잡이일 뿐이라는 것을 잘 알고 있었다. 또 그들은 이런 일이 정말 종교 재판을 여는 결과를 가져올까 염려하고 있었다. 관리들, 특히 디베르누아 씨의 후임으로 검찰청장 자리에 앉게 된 뫼롱 씨는 나를 옹호하기 위해 온갖 노력을 다했다. 퓌리 대령은 비록 개인 자격으로서 나서긴 했지만 전보다 한층 힘을 썼고 또 그만한 성공을 거두었다. 장로들에게 본분을 지키게 하고 장로회의에서 몽몰랑을 굴복시키는 방법을 생각해낸 것도 그였다. 그는 세력이 있었으므로 그것을 이용하여 가능한 한 소동을 막으려 했다. 그러나 그가 돈과 술의 권위에 대항하는 수단으로는 힘과 정의와 도리의 권위밖에 없었다. 그 승부는 평등한 것이 아니었다. 이 점에서 몽몰랑은 퓌리 대령을 이겼다. 그렇지만 대령의 배려와 열의에 감격한 나는 어떤 방법으로든지 그에게 좋은 직위를 마련해 주어 그의 은혜에 보답하고 싶었다. 나는 그가 의회 의원의 지위를 갈망하고 있는 것을 알고 있었다. 그러나 목사 프티 피에르 사건으로 왕실의 노염을 산 일이 있었으므로 그는 왕과 총독의 환심을 잃고 있었다. 그래도 나는 그를 위해 원수 각하에게 편지보내는 것을 사양하지 않았다. 그가 바라고 있는 직위에 대해서도 감히 언급할 수 있었다. 다행히 모든 사람의 예상을 뒤엎고, 곧 칙령으로 직위를 받았다. 이렇게 운명은 언제나 나를 너무도 높은 곳과 너무도 낮은 곳에 동시에 있게 해온 것이다. 여전히 나를 하나의 극단에서 다른 극단으로 끌고 가며 우롱하고 있었다. 그리고 민중이 나에게 흙칠을 하는 데 반해 나는 의원까지 임명하고 있었다.

또 하나의 큰 기쁨은 베르들랭 부인이 따님과 함께 나를 찾아온 일이다. 부인은 따님을 부르본느 온천으로 데리고 갔다가, 거기서 모티에까지 와서 나를 찾아와 이틀인가 사흘을 묵고 갔다. 부인은 친절과 성의로 나의 오랜 반감을 마침내 극복하고 말았다. 내 마음은 그녀의 온정에 굴복하여 그녀가 그렇게도 오랫동안 내게 보여준 모든 우정에 보답했다. 이번 여행에서 나는 특히 감동을 받았다. 당시 내 처지로서는 기분을 달래기 위해 우정의 위안이 크게 필요했던 만큼 한결 더했다. 나는 내가 어리석은 민중들에게 안고 있는 모욕으로 그녀가 기분을 상할까 두려워서, 그녀를 슬프게 만들지 않으려고 가능하면 그런 광경을 그녀에게 보여 주고 싶지 않았다. 그러나 나는 그렇게 할 수가 없었다. 그녀와 산책을 할 때에는 그녀가 있으므로 무뢰한들을 다소 억누를 수도 있었지만, 부인이 그것을 직접 목격한다면, 평상시에 어떤 일이 일어나고 있는가를 충분히 짐작할 수 있었다. 내가 밤에 집에서 습격을 받기 시작한 것도 그녀가 나의 집에 묵고 있는 동안이었다. 어느 날 아침 부인의 하녀는 밤 사이에 던진 돌이 창가에 수북이 쌓인 것을 발견했다. 문 앞에 튼튼히 매어 두었던 아주 큰 긴 의자가 나둥그라진 채 문에 기대어 세워져 있었다. 그래서 이것을 알아차리지 못했더라면, 나가려고 맨 처음 문을 연 사람은 호된 꼴을 당할 뻔했다. 베르들랭 부인이 이런 사정을 전혀 모르고 있는 것은 아니었다. 왜냐하면 자신이 직접 목격했을 뿐만 아니라 그녀의 하인이 온 마을 안을 돌아다녀서 사람들과 가까이 대해 보았고, 몽몰랑과도 직접 이야기를 나누어 보았기 때문이다. 그래도 그녀는 내 신변에 일어나고 있는 모든 것에 아무런 주의를 하지 않는 모양이었다. 몽몰랑에 대해서나 누구에 대해서도 내게 말하지 않고, 어쩌다 내가 그런 얘기를 해도 거기에 별로 대답도 하지 않았다. 다만 영국에서 사는 것이 다른 어느 곳보다도 내게 편리하리라는 것을 이해시키려는 듯 보였다. 당시 파리에 와 있던 흄 씨에 대해서, 나에 대한 그의 우정에 대해서, 자기 나라에서는 내게 도움이 되어 주기를 원하고 있다는 것에 대해서 부인은 여러 가지로 이야기하여 주었다. 이 흄 씨에 대해 좀 말하고자 한다.

흄 씨는 상업과 정치에 관한 그의 저술로, 또 결정적으로는 그의 '스튜어트 왕조사'—나도 그의 저서 중에서 이것만은 프레보 신부가 옮긴 것으로 얼마쯤 읽은 일이 있다—로 프랑스에서, 특히 백과전서파들 사이에 크게 명성을 떨치고 있었다. 그 밖의 그의 저서를 읽지 못한 나는 그를 평하는 사람의 말을 받아들여서 흄 씨가 공화주의에 충실한 정신을 아주 사치스럽게 편들면서 영국인의 역설과 결합시키고 있다고 믿고 있었다. 이런 생각에 근거해서 나는 그의 '찰스 1세 변호론'을 공정의 표본으로 간주하고, 또 그의 덕과 지조를 그의 천재성과 더불어 꽤나 높이 평가하고 있었다. 이렇게 존귀한 인물과 만나 우정을 맺고 싶은 욕망은 흄 씨의 친우인 부플레르 부인의 권고로 영국에 가고 싶은 솔깃해진 생각을 한층 더 돋우어 주었다. 스위스에 도착하자, 나는 그에게서 이 부인을 통해 한 통의 편지를 받았다. 그 속에서 그는 나의 천재성을 크게 추어올리는 것과 아울러 영국으로 건너오라는 간절한 초대의 말과 그곳에서 쾌적한 기분으로 머물 수 있게끔 모든 경비를 부담하고 친구들을 소개해 주겠다는 말을 덧붙였다. 그곳에서 나는 흄 씨와 고향이 같은 사람이자 친구이기도 한 원수 각하를 만났다. 각하는 내가 흄 씨에게서 받은 호감을 확인해 주었고, 또 각하가 감명을 받은 그의 문학상의 숨은 이야기까지 내게 들려 주었다. 그 이야기에는 나도 마찬가지로 탄복했다. 고대의 인구 문제에 대해 흄을 반박하는 논문을 쓴 월리스가 그 저서를 인쇄할 때 그곳에 없었으므로, 흄은 그 교정을 보기도 하고 출판을 감독하는 것을 자진해서 맡아 주었다. 이러한 행동은 내 성질에 맞았다. 그런 식으로 나도 나를 비방하기 위해 만든 유행가를 한 부에 6 수씩 주고 산 적이 있었다. 이런 까닭으로 내가 흄에게 유리한 모든 종류의 선입견을 가지고 있을 때, 베르들랭 부인이 찾아와서 그가 내게 우정을 느끼고 있다고 말했다는 것, 그가 나에게 나를 존경한다는 영국의 뜻을 나타내려고 서두르고 있다는 것을 신이 나서 이야기해 주었다. 이것은 그녀가 이렇게 표현한 것이다. 그녀는 내게 이 열의를 이용할 것과 흄 씨에게 편지할 것을 줄곧 권했다. 나는 애초부터 영국이 마음에 들지 않았고, 어쩔 수 없는 경우가 아니면 결심할 생각은 없었으므로 편지를 보내는 것과 약속하는 것을 거절했다. 그러나 흄 씨가 나에 대해 호의를 유지하도록 하기 위해 적당하다고 생각되는 일은 부인의 의사에 맡기기로 했다. 부인이 모티에를 떠났을 때 그녀가 이 고명한 인물에 대해서 내게 말한 모든 사실로 볼때, 나는 그가 나의 친구 가운데 한 사람이며 그녀는 더욱 친한 여자 친구의 한 사람이라는 것을 확신했다.

그녀가 출발한 뒤 몽몰랑은 그의 책동을 계속 추진시켜 민중들은 이제 더 구속을 느끼지 않았다. 그렇지만 나는 야유를 받아 가면서 여전히 조용히 산책을 하고 있었다. 게다가 디베르누아 박사에게서 배우기 시작한 식물학에 대한 취미는 산책에 새로운 흥미를 더해 주었으므로, 나는 그런 천민들의 소란에 마음이 흔들리지 않은 채 식물 채집을 하면서 이 지방을 돌아다닐 수 있었다. 나의 이런 냉정한 태도는 그들의 분노를 더욱 자극시킬 뿐이었다. 나를 가장 슬프게 한 것의 하나는 내 친구들과 또는 스스로 친구라 일컫고 있는 사람들의 가족들이 꽤 공공연하게 박해자들의 동맹에 가담하는 것을 보는 것이었다.[*2]

[*2] 이러한 운명은 이베르동에 머물러 있을 때부터 시작되었다. 파나레트 기사 로갱은 내가 이 도시를 떠난 뒤 한 해인가 두 해 뒤에 죽었으므로, 로갱의 아버지가 친척의 서류 속에서 그

예를 들면 디베르누아 집안 사람들, 내가 귀여워하고 있던 그 이자벨의 부친이나 형제들도 그러했고, 또 내가 기숙했던 그 집 여자 친구들의 친척인 부아 드 라 투르도, 그의 처형인 지라르디에 부인도 그러했다. 여기에서 말하는 피에르 부아 드 라 투르라는 사내는 실로 야비하고 어리석은 녀석으로 그의 행동 또한 난폭했으므로, 나는 그에게 화를 내는 대신에 그를 놀려 줄 수 있을 것 같았다. 그래서 《어린 예언자》 비슷한 대여섯 쪽의 글을 써서 《예언자라고 불린 산에 사는 피에르의 환상》이란 제목을 붙여, 그 속에서 당시 나를 박해하는 중대한 구실로 되어 있던 기적에 대해 꽤 재미있게 풍자할 수 있었다. 뒤 페루는 제네바에서 이 원고를 인쇄하였으나 그것은 이 지방에서는 대단한 성과를 가져오지 못했다. 뇌샤텔 사람들은 아무리 그들의 재주를 발휘한다 하더라도 세련된 기지나 섬세한 농담은 거의 알아차리지 못한다.

나는 같은 무렵에 쓴 또 다른 한 저작에 좀더 공을 들이고 있었다. 그 원고는 내 서류 속에 들어 있다. 여기서는 그 주제만을 말해 두어야겠다.

포고문과 박해의 열광이 절정에 이를 무렵, 필사적으로 분연히 소란을 떠는 제네바 사람들이 한층 눈에 띄었다. 그 가운데서도 친구 베른은 진정한 신학적인 관대성을 가지고, 바로 이 시기를 택해 나를 매장하기 위한, 내가 그리스도 교도가 아니라는 것을 증명하는 듯한 공개장을 발표했다《그리스도교에 관한 편지》. 자신만만한 논조로 쓴 그 편지는 자연과학자인 본네라는 자가 손질을 했다는 확실한 말도 있었으나, 그렇게 잘된 것은 아니었다. 본네는 비록 유물론자이기는 하나 나에 관한 일에서는 그 또한 아주 옹졸한 정통파에서 벗어나지 못했다. 나는 결코 이 공개장을 반박할 생각이 없었다. 그러나 《산에서 온 편지》에서 그것에 대해 한 마디 할 기회가 생겼으므로, 큰 모욕을 주는 짧은 주석을 거기에 삽입해 두었다. 그것이 베른을 격분시켰다. 그는 온 제네바

가 이베르동과 베른느 지방에서 나를 추방하려는 음모에 가담하고 있었다는 증거를 발견하였다고 괴로운 듯이, 그러면서도 성실히 말해 주었다. 이것은 그 음모가 사람들이 그렇게 믿게끔 하려 하고 있던 것처럼 광신자들이 한 짓이 아니었음을 뚜렷히 보여 주고 있었다. 왜냐하면 기사 로갱은 광신자이기는커녕 관용이라는 것을 모르는 철저한 유물론자이며 회의주의자였기 때문이다. 게다가 또 이베르동에서 내게 팔을 걸고 나선 자는 이 파나레트 기사 로갱 외에는 아무도 없었고, 그처럼 성가시게 군 자도, 칭찬과 비난을 아울러 할 자도 달리 없었다. 그러면서도 그는 내 박해자들이 좋아하는 계획을 충실히 실천하고 있었다.[원주]

를 그의 화난 고함으로 가득 채웠다. 디베르누아는 나에게 베른이 완전히 정신줄을 놓았다고 알려 주었다. 얼마 뒤에 익명(볼테르 지음)의 글이 발표되었는데, 그것은 잉크 대신 플레게톤의 물로 쓴 듯한 것이었다. 이 편지 속에서는 내가 아이들을 거리에다 버렸으며, 위병 초소에 출입하는 갈보들을 데리고 다녔으며, 방탕으로 몸은 쇠약해지고 매독으로 썩어들어가고 있다는 등, 그 밖에 이와 비슷한 여러 가지를 정말인 양 꾸며 나를 비난했다. 이 익명의 필자를 알아내는 것은 나로서는 어렵지 않았다. 이 비난을 읽어 보고 먼저 머리에 떠오른 것은 세상의 소문이니 평판이니 하는 것의 진가를 생각해 보는 것이었다. 사실 평생에 갈보집에 가본 일도 없는 사람을, 게다가 처녀처럼 겁 많고 수줍어하는 결점밖에 없는 사람을 보고 매음굴에 처박혀 있었다고도 하고, 지금까지 매독 같은 병에는 한 번도 걸린 일이 없을 뿐만 아니라 전문 의사에게 그런 병에는 면역성이 있는 몸이라는 말을 듣고 있는 나를 매독으로 썩어 들어가고 있다고 보는 세상이다. 깊이 생각한 끝에, 이 비난의 글을 반박하는 최선의 방법은 내가 가장 오래 살고 있었던 도시(파리)에서 그것을 인쇄시키는 길밖에 없다고 생각하고, 원문 그대로 인쇄시키려고 그것을 뒤쉐느에게 보냈다. 베른라고 서명한 머리글을 붙이고 사실의 해명을 위해 간단한 주석까지 달았다. 이것을 인쇄케 한 것만으로도 만족할 수 없어서, 나는 그것을 여러 사람들에게 보냈다. 그 가운데는 루이 드 비르탕베르히 대공도 있었다. 대공으로부터는 옛날부터 아주 정중하고 다정한 말을 보내오고 있어, 나는 그 무렵 대공과 편지를 주고받고 있었다. 이 대공과 뒤 페루와 그 밖의 사람들은 베른이 이 글을 쓴 사람이라는 데 의심을 품고서, 너무도 경솔하게 그의 이름을 붙였다고 나를 책망했다. 그들의 항의에 나도 걱정이 되어 그 인쇄물의 발행을 중지하도록 뒤쉐느에게 편지를 보냈다. 기는 그만두었다고 편지로 알려 왔다. 그가 과연 그만두었는지 나는 모른다. 나는 여러 번 그가 거짓말을 해온 것을 알고 있었기 때문에, 이번에도 그가 거짓말을 했다고 해도 놀랄 것은 없었다. 그때부터 나는 깊은 어둠 속에 휩싸여 그것을 꿰뚫고 어떤 진상도 내다볼 수 없게 되었다.

베른 씨는 전에는 그토록 분노를 드러내는 사나이였는데, 이번에는 딴판으로 뜻밖으로 이 비난을 염두에 두지 않고 겸손하게 참았다. 그는 아주 신중한 2통인가 3통의 편지를 보내왔는데, 그 목적은 내가 어느 정도나 알고 있는가,

또 그에게 불리한 증거를 가지고 있는가 없는가를 알아보려는 데 있는 것으로 생각되었다. 나는 그에게 짤막하고 담담하며 의미를 알기 어려운 2통의 답장을 보냈다. 그러나 무례한 언사를 쓰지 않았기 때문에 그는 화를 내지 않았다. 그의 세 번째 편지를 받고, 그가 서신을 주고받는 것을 원하고 있는 것을 안 나는 다시는 답장을 하지 않았다. 그는 디베르누아를 통해서 내 마음속을 떠보았다. 크라메르 부인은 편지로 뒤 페루에게 자기는 그 글이 베른이 지은 것이 아니라는 것을 확신한다고 말했다. 그러나 내 확신은 그런 어떤 말에도 흔들리지 않았다. 그러나 결국은 내가 잘못한 것인지도 알 수 없으며, 그럴 경우 베른에게 정식으로 사과를 해야 할 것이므로, 나는 디베르누아를 통해 만약 그가 그 글을 쓴 사람의 이름을 밝힐 수 있고 적어도 자기가 그 글을 쓰지 않았다는 것을 증명할 수 있으면, 나는 그가 만족할 만한 사과를 하겠다고 전했다. 내가 한 것은 그 뿐만이 아니었다. 요컨대 그에게 죄가 없다면, 나로서는 그에게 무엇을 증명하라고 요구할 권리도 없다는 것을 느끼고, 내가 확신하는 이유를 충분히 상세하게 각서를 통해 베른도 기피할 수 없는 중재인의 판단에 맡길 결심을 했다. 내가 선택한 중재인이 누구인가는 알 수 없을 것이다.

그것은 제네바의 의회이다. 위 각서의 결론에서 나는 다음과 같이 밝혔다. 이 각서를 심사하고, 의회가 필요하다고 생각하여 그 힘으로 사실상 성공을 거둘 수 있게끔 수색한 다음, 만일 의회가 베른이 그 글을 쓰지 않았다고 선언한다면, 그 즉시 나는 그가 그 글을 쓴 사람이라고 믿는 것을 그만두고 그를 찾아가 그의 발 아래에 몸을 던져 용서를 받을 때까지 빌 것이라고. 나는 감히 말하거니와 공정에 대한 나의 열정과 사랑, 나의 바르고 관대한 정신, 모든 사람들의 마음 속에 존재하는 정의감에 대한 나의 신뢰 등이 이 현명하고도 감동을 주는 각서에서처럼 완전하고 명확하게 표명된 일은 결코 없었던 것이다.

그래서 나는 주저함 없이 나를 헐뜯은 사람과 나 사이의 중개인으로서 나의 가장 큰 적을 택한 것이다. 나는 이 글을 뒤 페루에게 읽어 주었다. 그러나 그는 그만 두는 편이 좋겠다는 의견이었으므로, 나는 그것을 그만두었다. 그는 내게 베른이 약속한 증거를 기다릴 것을 권했다. 나는 그것을 기다렸다. 그리고 지금도 그것을 기다리고 있다. 뒤 페루는 그 동안 잠자코 있으라고 충고했다. 나는 잠자코 있었다.

그리고 내심으로 베른이 이 비방문을 썼다는 것을 마치 나 자신의 생존을 믿는 것처럼 확신하고 틀림없다고 생각하고 있지만, 증거도 없이 베른을 헐뜯었다는 비난을 받으면서도 내 남은 생을 침묵하고 있는 것이다. 그 각서는 뒤페루가 가지고 있다. 언젠가 그것이 세상에 나오게 되면, 그때 내 곡절을 알게 될 것이며, 나와 같은 시대 사람들이 전혀 알려고도 하지 않았던 장 자크의 정신도 그때 알게 될 것이다. 나는 그것을 바란다.

마침내 모티에에서의 나의 파국에 대해서, 그리고 2년 반 동안을 머무르고 나서 다시 여덟 달에 걸친 끈질긴 인내를 했는데도 다시 없는 무례한 대접을 받은 끝에 발 드 트라베르를 떠나게 된 데 대해서 말할 때가 왔다. 이 불쾌한 시기에 일어난 상세한 것까지 똑똑히 회상할 수는 없다. 그러나 독자들은 뒤페루가 발표한 보고문 속에서 더 상세한 것을 알 수 있으리라. 그리고 이 점에 대해서는 다음에 이야기하게 될 것이다.

베르들랭 부인이 떠나고 나서 소동은 한층 심해져서, 국왕이 여러 차례 칙서를 내리고 의회에서 자주 명령하며 성주와 지방 관리들이 주의를 주었음에도 민중은 열을 올리며 나를 기독교도가 아니라고 낙인을 찍고, 아무리 떠들어도 소용이 없다는 것을 안 다음에는 마침내 실력 행사로 들어가려는 것 같았다. 벌써 길에 나서면 내 뒤에서 돌이 날아오기 시작했다. 그래도 아직은 좀 멀리에서 던지기 때문에 내게 와 떨어지는 정도에는 이르지 않았다. 마침내 9월 초순, 모티에에 장이 서던 날 밤에 나는 집에서 습격을 받아 집안 사람들의 생명에 위협을 가할 정도에까지 이르렀다.

한밤중(1765년 9월 6일에서 7일에 걸쳐서), 집의 뒤쪽으로 붙어 있는 복도에서 요란한 소리가 들렸다. 돌팔매가 우박처럼 복도가 있는 창문과 방문으로 와 떨어지며 요란한 소리를 내었다. 복도에서 자고 있던 개는 겁에 질려 짖지도 못하고 구석으로 달아나 마루 판자를 물어뜯고 발톱으로 긁어대곤 했다. 나는 그 소리에 잠자리에 일어나서 방을 나와 부엌으로 가려 했다. 그때 힘센 팔로 던져진 작은 돌 하나가 창을 깨고 부엌을 지나, 내 방으로 들어와 내 침대 발치에 떨어졌다. 그러니 만약에 내가 1초만 빨랐더라면 그 돌이 내 배를 때렸을 것이다. 내 판단으로는 그들은 소리를 내어 나를 밖으로 끌어내려 했고, 밖으로 나오는 나에게 돌을 던져 맞히려 했다. 나는 부엌으로 달아났다. 테레즈도 자리에서 일어나 떨면서 내게로 달려왔다. 우리는 창 옆으로 벽에 나란히 붙어 서서 돌에 맞지 않게끔 몸을 피하고, 어떻게 하면 좋을까를 궁리했다. 도움을 청하기 위해 밖으로 나간다는 것은 맞아죽으려는 것이나 다름이 없었다. 다행히 우리 아래층에 살고 있는 노인이 데리고 있는 하녀가 이 소동에 잠이 깨자 우리와 바로 이웃에 사는 성주님을 부르러 달려갔다. 그는 침대에서 뛰어 나오듯이 일어나 허겁지겁 실내복을 걸치고 야간 경비원을 데리고 곧바로 달려왔다. 그 날은 장이 서기 때문에 그 날 밤에는 순찰을 돌고 있었다. 그래서 마침 만날 수가 있었다. 성주는 피해 상황을 보고 창백해질 정도로 놀랐다. 복도에 가득찬 돌멩이를 보고 소리쳤다. "이게 뭐야! 꼭 채석장 같구나!"

아래층을 둘러보니 좁은 안뜰의 출입문은 부서져 있었다. 그들은 복도를 거쳐 집 안으로 침입할 작정이었던 것을 알 수 있었다. 왜 경비원들이 소동을 몰랐던가, 또 제지하지 않았는가를 추궁하자 이 달의 순찰은 다른 마을 차례였으나, 모티에 사람들이 억지로 차례를 바꾸자고 했다는 것을 알게 되었다. 이튿날 성주는 의회에 보고서를 냈다. 이틀 뒤에 의회는 이 사건의 진상을 조사하고 범인을 남몰래 알려 주는 사람에게는 현상금을 지급하고 비밀을 지켜 주겠다고 약속하였다. 그리고 당장 국고 부담으로 내 집과 마주 붙은 성주의 집에 경비원을 두도록 명령했다. 이튿날은 퓌리 대령, 검찰청장 뫼롱, 성주 마르티네, 수세관 기네, 재무관 디베르누아와 그의 아버지 등, 요컨대 이 지방의 유지들이 빠짐없이 나를 찾아와서 이러한 난동을 피해 갈 것과 여기서 살아봤자 안전도 보장되지 않으니 명예롭지도 않은 교구에서 잠시나마 물러나라고 권했다. 나는 또 성주가 그 끈덕진 민중의 광포한 행동에 겁을 먹고 또 그것이 자기에게 미칠까 두려워하여 더이상 나를 여기에서 보호하는 어려움을 면하려고, 또는 자신도 그곳을 떠날 수 있기 위하여—그는 과연 내가 떠난 뒤 그렇게 했지만—되도록 빨리 내가 떠나기를 바라고 있다는 것을 눈치챘다. 나는 그의 뜻을 좇기로 했다. 그리고 그렇게 하는 데는 별로 고통을 느끼지 않았다. 왜냐하면 민중이 나를 증오하는 광경을 보면 가슴이 찢어질 듯하여 나 또한 더이상 참고 견딜 수가 없었기 때문이다.

나는 또 은신처를 구하지 않으면 안 되었다. 베르들랭 부인은 파리로 돌아가서 여러 차례 편지를 내게 보내 그 속에서 월폴르 씨에 대한 이야기를 해주었다. 그녀는 그를 경(卿)이라고 부르고 있었다. 그는 나를 위해 열의를 갖고 그의 영지에 있는 조용한 집을 한 채 빌려 주겠다고 했는데, 부인은 그 집이 거처하기에도, 살림을 하기에도 아주 쾌적한 곳임을 세심하게 설명해 주었다. 상세한 데까지 언급하는 것으로 보아 월폴르 경이 부인과 함께 이 계획에 대해 어느 정도까지 걱정을 하였는지 알 수 있었다. 원수 각하는 줄곧 영국이나 스코틀랜드로 갈 것을 권하면서 그곳에만 가면 자기의 영지에 있는 별장을 빌려 주겠다고 했다. 그런데 그는 그것보다도 훨씬 내 마음을 끄는 것으로, 자기가 살고 있는 근처인 포츠담에 있는 별장을 하나 빌려 주겠다고 했다. 그때 그는 국왕이 내 신상에 대해 자기에게 말씀하셨다고 알려 주었다. 그것은 포츠담으로 오라는 일종의 초대였다. 게다가 작센 고타 공작 부인은 이 여행에 무척 기대를 걸고 내게 편지를 보내, 도중에 그녀를 만나러 와서 자기 집에서 잠시 묵어 가라고 권하고 있었다. 그러나 나는 스위스에 대단한 애착을 가지고 있어서, 내가 거기에서 살 수 있는 한은 스위스를 떠날 결심은 서지 않았으므로, 이때를 계기로 삼아 몇 달 전부터 마음에 먹고 있던 계획을 실천하기로 했다. 나는 그 계획에 대해서는 지금까지의 이야기를 중단시키지 않기 위해 언급하지 않았다.

　그 계획은 비엔느 호수 한가운데 있는 베른 요양원에 속해 있는 생 피에르 섬으로 살러 가는 것이었다. 지난 여름 뒤 페루와 함께 여행삼아 걸어서 그 섬에 갔을 때, 나는 완전히 그 섬에 매혹되어 그 뒤로는 어떻게 하면 그곳에서 살아 볼 수 있을까 하는 생각이 끊이지 않았다. 가장 큰 장애는 그 섬이 3년 전에 비열한 방법으로 나를 쫓아낸 베른 사람에게 딸려 있다는 것이었다. 나를 그토록 가혹하게 대한 사람들이 있는 곳으로 되돌아간다는 데 자존심이 꺾이는 것 외에, 이베르동에서 그러했던 것처럼 그들이 그 섬에서도 나를 가만히 내버려두지 않으리라는 염려할 만한 이유도 있었다. 그래서 나는 원수 각하와 상의를 했다. 각하는 나와 마찬가지로 베른 사람들은 내가 그 섬에 유배된 것으로 보고, 다시 또 내가 무엇을 쓰려고 할는지도 모르니 오히려 나를 그 인질로 붙들어 둔 것을 기뻐하리라 생각했다. 그리고 그 점에 대해 콜롱비에에서 이웃 사람이었던 스튀를레르라는 사람을 통해 그들의 동정을 살피게 했다. 스튀를레르 씨는 주 장관에게 문의해 보았다. 그 회답에 근거해서 베른 사람들은 지난날의 소행을 부끄러워하며, 내가 생 피에르 섬에 정착하여 조용히 살게 되는 것을 더할 나위 없이 바라고 있다고 원수 각하에게 증언했다. 나는 더욱 신중을 기하기 위해 그곳으로 가서 살기 전에, 샤이에 대령을 통해 새로운 정보를 얻게 하였다. 대령도 나에게 같은 사실을 확인해 주었다. 그리고 섬의 세금 징수 담당관은 그 지배자들로부터 나를 그곳에 두는 허가를 받아 두었으므로, 내가 그의 집으로 옮겨가더라도 주권자와 소유자의 묵인을 얻은 이상 두려울 것은 없다고 믿었다. 물론 내가 겪은 부당한 처사를 베른의 신사들이 공공연히 인정하거나 또는 그렇게 함으로써 모든 주권자들이 신봉하는 불가침의 법칙을 어기는 일을 원하고 있을 리는 만무했기 때문이다.

뇌샤텔에서는 라 모트 섬이라 불리는 생 피에르 섬은 비엔느 호수 중앙에 있으며 그 둘레가 5킬로미터 가량이다. 그러나 이 작은 면적에서도 생활에 필요한 모든 주요 생활 필수품이 생산되었다. 거기에는 밭과 목장, 과수원과 숲, 포도밭도 있었다. 그리고 변화가 많고 높낮이가 다른 지형이 폭넓게 퍼져 있어서, 전체가 그만큼 더 쾌적한 배치를 이루고 있었다. 또한 하나하나의 부분이 그 전체를 드러내지 않고 서로 그 특색을 나타내어, 그 섬을 실제보다 더 크게 보이게 했다. 아주 높고 넓은 대지가 서쪽을 차지하고 있고, 거기서 글르레스와 본느빌르가 내려다보인다. 이 대지에는 길게 가로수 길이 나 있고 그 한 가운데에 광장이 있었다. 포도 수확기 동안은 일요일마다 호숫가에 이웃 사람들이 모두 모여 춤을 추며 즐기곤 한다. 섬에는 세금 징수 담당관의 집이 한 채 있을 뿐이지만, 넓고 살기 좋은 집으로 바람이 세지 않은 포구 근처에 위치하고 있었다.

이 섬에서 남쪽으로 오륙백 걸음쯤 떨어진 곳에 또 하나 아주 작은 황폐하고 사람이 없는 섬이 있는데, 그것은 옛날 폭풍으로 큰 섬에서 떨어져 나온 것 같았다. 그 자갈밭 사이에는 버드나무와 푸른 여뀌만이 자라고 있었다. 그렇지만 그곳에는 잔디가 깔리고 참으로 상쾌한 약간 높은 언덕이 있었다. 이 호수의 모양은 마치 규칙적인 달걀 모양을 이루고 있었다. 그 호숫가는 제네바 호수나 뇌샤텔 호수의 호숫가만큼은 풍요하지 않았으나 그래도 꽤 아름다운 경치를 이루고 있었다. 특히 서쪽에는 사람이 사는 집도 꽤 들어차 있고 일련의 산맥 기슭이 울을 이루고 있는 모양이 마치 로티 바닷가와 비슷하다. 그러나 훌륭한 포도주만은 나지 않는다. 남쪽에서 북쪽에 걸쳐서 생 장의 관유지와 본느빌르·비엔느·니도가 있고 호수 끝에까지 계속하여 그 사이로 아름다운 마을들이 흩어져 있다.

이곳이 내가 그리던 은둔처였다. 나는 발 드 트라베르를 떠나 이곳에 정착할 결심이었다.*³ 이곳을 선택하는 것은 평화를 사랑하는 내 취미에도, 고독과 안일을 즐기는 기질에도 꼭 들어맞아서, 내가 가장 강한 정열을 느꼈던 유쾌한 꿈 가운데 하나로 들 수가 있었다. 이 섬에서 나는 한층 사람들과 떨어지고 그들의 모욕에서 벗어남으로써 그들이 나를 잊게 되면, 요컨대 유쾌하고 조용한 생활과 명상의 생활 속에 몸을 맡길 수 있으리라는 생각이 들었다. 나는 이제는 사람들과 접촉하지 않도록 아주 이 섬에 들어앉고 싶었다. 그리하여 인간적인 교섭을 계속할 필요에서 벗어나기 위해 상상할 수 있는 모든 수단을 다했던 것이다.

생활 대책이 문제였다. 물건값이 비싼 것과 운반이 어려운 것 때문에 이 섬에서는 생활비가 비싸게 먹히고, 게다가 그곳에서는 무엇이고 세금 징수 담당관의 뜻에 좌우되었다. 이 어려움은 내 전집 출판을 계획했다가 포기한 출판사를 대신해서 뒤 페루가 나와 맺은 계약으로 해결될 수 있었다. 나는 이 출판에 관한 모든 자료를 그에게 넘겨 주었다. 나는 그 자료를 정리하고 분류했다. 아울러 내 《참회록》도 그에게 주기로 약속했다. 또 나는 내가 죽은 뒤에야 비로소 사용한다는 분명한 조건 아래에 그를 내 모든 초고의 보관자로 정했다. 더는 나에 대한 일을 세상에 알리는 일 없이 조용히 내 생애를 마치고 싶었기 때문이다.

이렇게 해서 그가 지급하기로 책임진 종신 연금은 내 생계비로 충분했다. 원수 각하는 몰수되었던 그의 재산을 모두 도로 찾았으므로 내게 1천 2백 프랑의 사례금을 제공했으나, 나는 그것을 줄여서 절반만 받기로 했다. 각하는 또 원금을 내게 보내 주려 했으나 나는 그것을 예금하는 것이 귀찮아서 사양했다. 각하는 그 원금을 뒤 페루에게 맡겼다. 그것은 지금도 그가 가지고 있는데, 그의 위탁자와 체결한 비율로 내게 종신 연금을 지급하고 있다. 그래서 뒤 페루와의 계약과 원수 각하가 내린 사례금(그 3분의 2는 내가 죽은 뒤 테레즈

---

*3 내가 그곳에 드 테로라는 적을 남겨둔 것을 이야기하는 것이 그리 헛된 일은 아니리라. 레베이에르 촌장으로 그 지방에서는 그다지 존경을 받지 못했으나 성실한 사람이라고 알려진 그의 형제가, 생 플로랑탱 씨의 사무실에 있었다. 촌장은 내 사건이 일어나기 얼마 전에 그를 찾아 갔었다. 이런 종류의 사소한 고찰은 그 자체는 아무것도 아니지만, 그것에 뒤이은 많은 지하 공작을 발견하는 데 도움이 될 수도 있다.(원주)

가 받기로 되어 있었다), 거기에 뒤쉐느에서 들어오는 3백 프랑의 연금을 합치면 나도, 내가 죽은 뒤 테레즈도 상당한 생활을 꾸려나갈 전망이 보였다. 테레즈를 위해서는 레이와 원수 각하로부터 받는 연금 7백 프랑의 수입을 남겨 두었다. 이리하여 나는 밥을 굶을 염려는 하지 않아도 되었다. 그러나 자신의 행운과 노력으로 얻은 모든 생활 자원도 명예를 위해 어쩔 수 없이 던져 버리고, 내가 지금까지 살아 온 것처럼 가난하게 죽어 가지 않으면 안 되는 것이 나의 운명이었다. 나를 굳이 불명예에 동의하도록 하기 위해 다른 모든 생활 자원을 알뜰하게도 내게서 앗아가면서, 나를 부끄러운 인간으로 만들기 위해 사람들은 언제나 애를 썼다. 그런데 세상에 없는 비열한 인간이 되지 않고도, 내가 그런 조처에 동의할 수 있었을지는 독자들이 잘 알 것이다. 그러한 두 가지 경우들 가운데 하나를 택할 경우에 내가 취할 태도를 그들이 어떻게 알아차릴 수 있었겠는가? 그들은 언제나 그들 마음대로 나를 판단하였다.

생계 문제가 해결되자 달리 걱정할 것이 없었다. 세상에서 내 적들이 무슨 소리를 하든 내버려 두고 있었지만, 나는 내 여러 저술을 써온 고귀한 정열 속에, 그리고 변함없는 내 주의 속에, 행동이 내 천성을 나타내는 증거인 결백한 정신을 남겼던 것이다. 이 증거만 있으면 나는 나를 헐뜯는 사람들의 공격을 막을 필요가 없었다. 그들은 내 이름으로 다른 인간을 그려낼 수는 있었다. 그러나 그들은 속기를 원하는 사람들밖에는 속일 수가 없었다. 나는 그들에게 내 생활을 폭로시켜 태연히 한쪽 구석에서 다른쪽 구석까지 트집을 잡도록 할 수 있었다. 그 이유인즉 내 잘못과 약점을 통해, 또 어떤 속박에도 견디어내지 못하는 내 성격을 통해 바르고 선량하며 원한도 미움도 질투도 없이 곧 자신의 잘못을 시인하고 또 곧 남의 잘못을 잊고, 내 모든 기쁨을 남을 사랑하는 강한 정열 속에서 찾고, 그리고 삿되지 않고 아주 공정하게 아무런 욕심이 없는 경지에 이르도록 모든 것에 성실하고자 하는 한 인간을 사람들이 찾아 내게 되리라고 확신하였기 때문이다.

그러므로 말하자면 나는 내 시대와 같은 시대 사람에게 이별을 알리고, 나의 남은 생을 그 섬에 가둬 버림으로써 세상과도 하직을 알리려 했던 것이다. 그것이 내 결심이었고 또 그것으로 나의 큰 계획 (내가 하늘이 내려 준 조그만 삶을 모두 그때까지 헛되이 바쳐 온 그 한가한 생활이란 큰 계획)을 마침내 실천하려 하고 있었던 것이다. 이 섬은 이제 내게는 편히 잠들 수 있는 아주 행복한 나라, 파피마니아의 섬(라 퐁텐의 콩트 《파프피퀴에르의 악마》에 나옴)이 될 것이다.

그 이상 하는 것은 아무것도 안하는 거나 다름없다.
내게는 '그 이상' 운운하는 이것만이 중요하고, 그것이 모두였다. 왜냐하면 나는 언제나 수면을 별로 아쉬워하지 않았기 때문이다. 나는 한가한 것만으로 충분했다. 나는 잠자는 것보다는 몽상하는 것을 더 좋아한다. 현실성이 없는 계획을 할 시기는 지나갔고, 허영심이라는 환상은 마음을 즐겁게 하기보다는 지치게 만들었으므로 나에게는 마지막 희망으로 구속받지 않고 영구히 한가하게 살아간다는 희망만이 남아 있었다. 그것은 복받은 자들이 천국에서 누리는 생활이다. 그리고 나는 그뒤 그것을 이 세상에서 최고의 행복으로 삼았다.
나에게 많은 모순이 있다고 책망하는 사람들은 여기에서 또 하나의 모순이 있다고 틀림없이 나를 나무랄 것이다. 모임에서 아무것도 하지 않고 있다 보니 지루하고 심심해져서 그 모임이 견딜 수 없는 것이 되었다고 말한 적이 있다. 그리고 나는 지금 오로지 무위를 즐기기 위해 고독을 참고 있다. 그러나 그것은 있는 그대로이다. 만일 거기에 모순이 있다면, 그것은 자연이 한 일이지 내가 한 일이 아니다. 그래서 그런 것으로 말미암아 나는 언제나 자신일 수가 있다. 모임에서의 무위란 싫증이 난다. 그것이 강제성을 띠어서다. 고독한 무위는 즐겁다. 그것이 자유로우며 자발성을 띠어서다. 많은 사람 속에서의 무위는 괴로운 것이다. 그것이 나에게 강요되어서다. 나는 의자에 못 박힌 듯 앉아 있거나 말뚝처럼 우뚝 선 채, 조금도 발을 놀리지도 못하고, 감히 내가 하고 싶은 대로 달리지도, 뛰지도, 노래를 부르지도 몸짓을 할 수도 없으며, 또 지루한 무위와 함께 견딜 수 없이 고통스런 구속을 참고 있어야만 한다. 그래서 하는 수 없이 지껄이는 어리석은 말과 주고받는 아첨하는 소리들에 주의하지 않으면 안되며, 내 차례가 되면 끊임없이 수수께끼 같은 말이나 거짓말을 함으로써 내 머리를 지치게 해야 한다. 그런데 이것을 게으름이라고 부르는가? 그것은 감옥에 갇힌 이가 겪는 고되고 힘든 일이다.
내가 좋아하는 무위란 아무것도 하지 않고 팔짱을 낀 채, 움직이지도 않고 생각도 않고 가만히 있는 게으름뱅이의 무위는 아니다. 계속 활동하고 있는 아이들의 무위인 동시에 팔을 쉬면서도 횡설수설하고 있는 늙은이의 무위이다.

나는 사소한 일을 하기를 좋아한다. 많은 일을 시작해 놓고 무엇 하나 끝내지 못하는 것, 기분이 내키는 대로 왔다갔다하며 계속 계획을 바꾸는 것, 파리의 몸짓을 정신없이 바라보는 것, 그 아래에 무엇이 있나 보기 위해 바위를 들추는 것, 10년이나 걸릴 일을 열심히 구상하는 것, 그리고 10분 뒤에 아낌없이 그 구상을 포기하는 것, 요컨대 순서도 연속도 없이 하루 종일 헛되이 보내는 것, 그리고 모든 일에서 순간에 충실한 기분만을 좇는 것에 몰두하기를 좋아한다.

내가 늘 생각해 왔고 그리고 나의 즐거움이 되기 시작한 식물학은, 바로 그러한 한가로운 연구로, 내 한가한 틈을 충분히 채워 주고, 상상과도 같은 망령된 생각이나 완전한 무위에서 오는 권태에 빠질 여유를 없애는 데 적당했다. 숲 속이나 들판을 어슬렁어슬렁 돌아다니며, 무의식적으로 여기저기에서 꽃 한 송이를, 때로는 작은 나뭇가지 하나를 꺾었다. 도시락도 거의 아무 때나 먹고 늘 잊어버릴 정도였기에, 똑같은 것일지라도 몇 번이든 끊임없이 흥미롭게 관찰하다 보면 잠시도 지루할 새 없이 영원한 시간을 보내기에 충분했다. 식물의 구조는 아무리 미묘하고 아무리 멋이 있고 다양하더라도 무지한 눈을 놀라게 하여 그것에 흥미를 느끼게 하는 것은 아니다. 그것들의 조직을 지배하고 있는 변함없는 비슷함과 놀랄 만한 다양함은 이미 식물 계통에 약간의 지식을 가진 사람들에게만 흥미를 준다. 그렇지 않은 사람들은 그러한 자연의 풍부한 재보를 보고 어리석고 단조로운 놀라움밖에 갖지 못한다. 그들은 무엇을 관찰해야 할지조차 모르기에 세세한 부분에 들어가서는 아무것도 보지 못한다. 또 관찰자들은 그 불가사의에 관찰자가 압도되어 버리는 관계와 결합의 연쇄를 전혀 관찰하지 못하기에 전체를 보지 못한다. 나는 모든 식물이 새롭게 보일 만큼 지식이 없으며, 또 모든 것에 흥미를 느낄 만큼은 지식이 있었으나, 기억력이 좋지 못하기에 언제나 이 정도에서 멈추어야만 했다. 이 섬은 좁기는 하지만 다양한 토질로 구분되어 있었으므로, 내 모든 삶의 과정에서 이루어진 연구와 즐거움을 느끼는 데 필요한 식물들을 충분히 제공해 주었다. 나는 그곳에서 한 포기 풀의 뻣뻣한 털도 분석하지 않고는 그냥 남겨 둘 수가 없었다. 나는 이미 진지한 관찰과 수많은 수집품을 자료로 《생 피에르 섬의 식물상》을 쓰려고 준비하고 있었다.

나는 테레즈에게 책과 일용품을 가져오게 했다. 우리는 이 섬의 세금 징수 담당관의 집에 숙박료를 내고 있었다. 니도에 사는 세금 징수 담당관 부인의 자매들이 번갈아 부인을 만나러 왔으므로, 테레즈는 그들과 친구가 되었다. 나는 여기에서 평온하게 살았다. 이런 즐거운 생활로 내 남은 생을 보내고 싶었다. 그러나 내가 여기에서 맛본 평온함은 아주 빨리 바뀌게 된 생활의 고달픔을 한층 더 통절히 느끼게 하는 데 도움이 될 뿐이었다.

나는 언제나 물에 깊은 애착을 가지고 있었다. 나는 물을 바라보면 그리 뚜렷한 대상이 없어도 달콤한 몽상에 잠기게 된다. 날씨가 좋을 때는 침대에서 일어나면 으레 높은 언덕배기로 달려 가서, 건강에 좋은 신선한 아침 공기를 마시며, 아름다운 호수의 수평선으로 시선을 돌려 호숫가를 수놓는 연안과 산을 바라보며 황홀한 기분에 잠겼다. 신에게 바치는 가장 올바른 존경은 신의 피조물을 관조함으로써 깨닫게 되는 말없는 찬미, 수다스런 방법으로는 표현할 수 없는 조용한 찬미뿐이라고 생각한다. 벽과 거리와 죄악만 보는 도시의 주민들이 왜 신앙을 갖지 않는가를 나는 잘 안다. 그러나 이해가 안 가는 것은 시골 사람들, 특히 고독한 사람들이 어떻게 신앙을 갖지 않고 지낼 수 있는가 하는 점이다. 하루에 백 번도 더 황홀한 감동을 주는 위대한 조물주에게, 어떻게 그들의 영혼은 흥분을 느끼지 않는 것일까? 나는 유난히 잠을 못 자고 아침에 일어나면 사색이랄 것도 없이 이 마음의 흥분 상태로 나를 이끄는 오랜 버릇이 있다. 그러나 그렇게 되려면 내 눈이 마음을 빼앗는 자연의 광경에 감동을 받아야 했다. 방 안에서는 기도를 올리는 일이 드물고, 올린다 해도 진실이 없는 기도가 된다. 그러나 아름다운 풍경에는 까닭없는 감동을 느끼게 된다. 어느 거룩한 주교가 그의 교구를 순회하던 중, 기도 대신에 다만 '오'라고 밖에 말하지 않는 한 노파를 보았다는 이야기를 읽은 적이 있다. 주교는 그 노파에게 말했다.

"할머니, 언제나 그렇게 기도를 계속하십시오. 당신의 기도는 저희들이 하는 것보다 훨씬 훌륭한 기도입니다."

이 훌륭한 기도는 또한 나의 기도이기도 하다.

아침을 먹고 나서 나는 울며 겨자먹기로 서둘러 두세 통의 불행한 편지를 썼다. 다시는 이런 편지를 쓰지 않을 행복한 때가 와 주었으면 하고 절실히 생각하였다. 잠시 책이며 서류 따위를 뒤적거리게 되는데, 읽기보다는 오히려 끄집어내어 정리하기 위함으로, 이러한 정리는 내게 페넬로페의 일거리와 같으나, 잠깐 시간을 보내는 즐거움을 얻을 수 있다. 그리고 싫증이 나면 그 일을 그만두고 오전 중의 남은 3시간이나 4시간을 식물학 연구, 특히 린네의 학설 연구에 썼다. 나는 린네의 학설 연구에 열중하여 그 허망함을 느낀 뒤에도 좀처럼 거기에서 벗어날 수 없었다. 박물학자인 동시에 철학자로서 식물학을 고찰해 온 사람은, 내 생각으로는 루트비히를 제외하면 이 위대한 관찰자 한 사람뿐이다. 그러나 그는 식물 표본이나 식물원에서의 식물학을 너무 깊이 연구했을 뿐, 자연 그 자체 속에서는 충분한 연구를 하지 못했다. 나는 섬 전체를 식물원으로 여겼으므로 무엇이든 관찰하고, 그 결과를 확인할 필요가 생기면 금방 책을 옆에 끼고 숲이나 풀밭으로 달려갔다. 거기에서 문제의 식물 옆에 배를 깔고 누워, 살아 있는 식물을 내 마음대로 조사하였다. 이 방법은 크게 도움이 되어, 인간의 손에 재배되어 바뀌기 전 자연 상태의 식물을 알 수가 있었다. 들은 바에 따르면, 루이 14세의 시의장(侍醫長)이었던 파공은 왕실 식물원의 식물은 그 이름을 완전히 알고 있었으나, 들에 나가면 까막눈처럼 무엇 하나 아는 것이 없었다고 한다. 나는 그와는 완전히 반대였다. 나는 들에서 자라는 식물에 대해서는 어느 정도 알고 있었으나, 정원사가 가꾸는 것에 대해서는 전혀 알지 못했다.

점심 뒤의 시간은 아예 한가롭고 안일한 기분에 내맡겨 아무 규칙도 없이 그때그때 느끼는 충동에 따르기로 하고 있었다. 날씨가 조용한 때면 식탁을 떠나자마자 혼자 세금 징수 담당관이 노 하나로 젓는 법을 가르쳐 준 작은 배를 타고 호수 한 가운데로 나갔다. 배가 둑을 떠나는 순간은 몸이 떨리는 듯한 기분을 맛보았다. 그 원인은 말할 수도 잘 이해할 수도 없었다. 아마 악한들의 공격을 피한다는 남모르는 기쁨이었는지도 모른다. 그러고는 혼자서 호수 위를 떠다니며, 가끔 둑에 접근하기도 했지만 절대로 배는 대지 않았다. 바람 부는 대로 물결 치는 대로 배를 내맡기고 한없는 몽상에 잠긴 때도 있었다. 그것은 바보같은 일이긴 해도 유쾌했다. 때로는 감격하여 이렇게 외쳤다.

"오, 자연이여! 오, 나의 어머니여, 지금 저는 당신의 보호 아래에 있습니다. 여기엔 당신과 저 사이를 비집고 드는 교활하고 간사한 사람은 없습니다."

뭍에서 5킬로미터쯤 떨어져 갔다. 나는 이 호수가 한바다였으면 하고 생각했다. 그러나 나처럼 그렇게 오래 물 위에 있기를 좋아하지 않는 가엾은 개를 생각해서 나는 산책을 목적으로 했다. 산책이란 예의 작은 섬으로 올라가서 거기에서 한두 시간 걸음을 옮기거나, 언덕 꼭대기의 풀밭 위에 누워 호수와 그 근처를 감상하는 기쁨을 마음껏 즐기며, 가까이 보이는 온갖 풀들을 조사해 보고 분석도 하며, 그리고는 제2의 로빈슨이나 된 듯 이 작은 섬에 상상의 집을 세워 보는 것이었다.

나는 이 작은 동산에 큰 애착을 느끼게 되었다. 그곳으로 세금 징수 담당관의 아내나 그 자매들과 함께 테레즈를 데리고 산책을 가게 되었을 때, 내가 안내하고 이끌며 얼마나 자랑스러웠던가! 우리는 이 섬에 번식시키려고 한꺼번에 많은 토끼를 가져왔다. 이것도 나 장 자크에게는 즐거운 일이었다. 토끼까지 기르게 되면서 작은 섬에 더 깊은 관심을 가지게 되었다. 이 새로운 이주자들이 진보해 가는 발자취를 더듬어 보려, 이때부터 나는 더욱 자주, 또 더욱 기쁜 마음으로 이곳에 가곤 했다.

그러한 즐거움에 레 샤르메트의 그리운 생활을 회상케하는 또 한 가지의 일화가 있었다. 계절이 특별히 나를 이런 즐거움에 이끌었다. 그것은 채소와 과일의 수확을 위해 전원의 사소한 일들을 돕는 것이었다. 테레즈와 나는 세금 징수 담당관의 부인과 그 가족들과 함께 기꺼이 일했다. 베른 사람으로 키르히베르게란 사람이 나를 찾아와서, 내가 큰 나무 위에 앉아 허리에 사과가 가득 들어 있는 자루를 차고 더는 움직이지 못하는 모습을 보았다고 하던 일을 기억한다. 나는 이런 경우가 자주 있었지만, 이제는 사람 만나기를 불쾌하게 여기지는 않았다. 베른 사람들은 내가 그런 일로 시간 보내는 모습을 직접 보게 되면, 다시는 내 평온을 깨뜨리려 하지 않을 것이다. 그리고 나를 고독 속에 평화롭게 놓아 두리라고 기대하고 있었다. 나의 의사가 아니라 그들의 의사에 따라 그곳에 갇힌다면 나는 그 편이 더 좋았다. 그렇게 되면 나의 평온이 한층 더 확실히 어지럽혀지지 않을 터다.

그런데 여기에서 또 독자가 정말로 믿지 않을 만한 고백을 하나 해보겠다. 독자는 내 생애를 지내 오는 동안 자신들과는 전혀 다른 여러 가지 내적인 감동을 보아 왔음에도 역시 나라는 인간을 어디까지나 자신의 관점에서 판단하려 했다. 더욱 이상한 것은 독자들은 자기가 갖지 못한 아름다운 감정, 사리사욕이 없는 모든 감정을 나에게서 밀어내고 사악한 감정을 계속 내게 덮어씌우려 한다는 점이다. 그런 경우 그들은 나를 자연을 거스르는 인간으로 만들고, 존재할 수 조차 없는 괴물로 만드는 것을 아주 간단하게 여기고 있다. 내게 욕되는 것이라면 어떤 엉터리라도 그들에게는 당연하게 보인다. 나에게 명예가 된다면 어떤 훌륭한 일이라도 그들에게는 불가능하게 보인다.

그러나 독자가 무엇을 믿고, 무엇을 말하든 나는 여전히 충실하게 장 자크 루소가 어떤 사람이며, 무엇을 하고 무엇을 생각했는가를 계속 말할 것이다. 그의 특이한 감정과 관념을 설명도 하지 않거니와 변명도 하지 않고, 그와 똑같이 생각한 사람이 있는지 없는지를 찾지도 않을 것이다. 나는 생 피에르 섬이 무척 마음에 들어 편안히 머물러 있었으므로, 내 모든 바람을 이 섬에 기록해 두고 그곳에서 다시는 떠나지 않겠다는 바람을 간직하였다. 내가 근처를 방문해야 한다든가, 뇌샤텔이나 비엔느나 이베르동이나 니도 등으로 가서 마쳐야 할 볼일은 생각만 해도 벌써 나를 피로하게 했다. 섬 밖에서 지내야 할 하루는 내 행복을 빼앗는 듯했고, 이 호수의 둑 밖으로 나가는 것은 내게는 나의 생활 영역 밖으로 나가는 것이었다. 게다가 과거의 경험은 나를 겁나게 했다. 무언가 좋은 일이 내 마음을 기쁘게 해도 벌써 그것을 잃게 될 예감이 들었고, 내 삶을 이 섬에서 마치고 싶은 열망은 거기서 쫓겨나간다는 두려움과 떼어 놓을 수가 없었다.

나는 저녁녘, 특히 호수가 물결치고 있을 때 버릇처럼 호숫가에 가서 앉아 있었다. 발밑에서 부서지는 물결을 바라보며 나는 신비로운 기쁨을 느꼈다. 그 물결에서 나는 시끄러운 세상과 평화로운 나의 거주지를 상상해 보았다. 그리고 때로는 이 흐뭇한 생각에 두 눈에 눈물이 괼 정도로 감격하기도 하였다. 감격 속에 누리고 있는 이 평안을 잃지나 않을까 하는 불안 때문에 마음이 어지러웠다. 이 불안은 마음의 평온함을 뒤흔들 정도로 더해 갔다. 내 처지가 불안정하게 여겨졌기 때문에 그것에서 아무것도 기대할 수 없었던 것이다. 아! 나는 여기에서 나갈 생각이 없으므로 언제나 이곳에 머무를 수 있도록 보장이 되어, 이 섬에서 나가는 자유를 잃어도 좋다. 호의에서가 아니라 강제로라도 억류되었으면 좋겠다. 나를 이곳에 놓아 두는 것을 허락한 사람들이 언제 어느 때 나를 여기에서 내쫓을지 모른다. 더구나 박해자들이 여기에서 행복하게 지내는 나를 보면 언제까지나 행복하게 내버려 두리라는 것을 어떻게 내가 기대할 수 있겠는가. 아마 여기에서 사는 것을 허락받는 것만으로는 모자랄 것이다. 여기에서 살라고 선고를 내려 주기를 바라는 것이다. 여기에서 나가는 것을 강요당하지 않고 머물러 있는 것을 강요당하고 싶다. 나는 행복한 미슐리 뒤 크레를 생각하며 부러워하고 있었다. 그는 조용히 아르베르 감옥에서 행복하기를 바라기만 하면 행복하게 되는 것이다. 결국 이런 고찰이나 끊임없이 내게로 밀어닥치려 하는 새로운 폭풍의 불안한 예감에 몰두하여 있었기 때문에 나는 다만 이 섬에 살아도 좋다는 것뿐만 아니라 영원한 감옥으로서 이 섬을 나에게 주기를 열심히 바라지 않을 수 없었다. 그리고 만일 그런 선고를 내리는 것이 내 마음대로 되는 것이라면, 나는 다시 없는 기쁜 마음으로 그렇게 했으리라고 맹세코 말할 수 있다. 여기서 추방될 곤경에 처하는 것보다는 여기서 남은 삶을 살 수 있기를 천 배나 더 바랐다.

그런 두려움은 결코 부질없는 걱정이 아니었다. 전혀 그런 것을 예기하지 않았을 때, 나는 생 피에르 섬을 관찰하고 있는 니도의 대법관으로부터 한 통의 편지를 받았다. 이 편지는 '각하들'(상원의원)이 보낸 통지였는데, 이 섬과 베른 주에서 물러가라는 명령이었다(1765년 10월 16일). 그것을 읽으면서 나는 꿈을 꾸고 있는 것이 아닌가 하고 생각했다. 이 명령만큼 자연스럽지도 마땅하지도 못하며 뜻밖의 것은 없었다. 왜냐하면 나는 자신의 예감을 조금이라도 근거를 가질 수 있는 선견지명으로 생각하지 않고 오히려 불행에 겁을 먹은 인간이 느끼는 불안감으로 보고 있었기 때문이다. 주권자의 묵인을 얻기 위해 내가 취한 수단, 나를 정착하게 한 평온, 여러 베른 사람의 방문과 우정과 친절, 나를 만족시켜 준 시장의 방문, 병약한 사람을 쫓아내기에는 가혹하고 잔인한 기후, 그런 모든 것을 생각하면 나는 많은 사람과 마찬가지로 그 명령에 무언가 오해가 있으며 악의를 품은 인간들이 나에게 타격을 가하기 위해 일부러 포도 수확기와 상원 소회(小會 ; 상원 휴회 중에 소수 의원만으로 운영되는 위원회)의 시기를 택한 것으로 생각되었다.

만약 최초의 분노에 귀를 기울였다면 나는 당장 떠날 것이었다. 그러나 어디로 간다? 겨울은 닥쳐왔는데, 목적지도 없이 준비도 없이 마부도 마차도 없이 어떻게 할 것인가? 나의 서류며 일용품이며, 온갖 볼일을 아무렇게나 내버려 두지 않으려면, 그것을 보관시킬 만한 시간이 필요했다. 그런데 그는 명령에서 그것이 허락된다고도 안 된다고도 말하지 않았다. 불행의 연속으로 내 용기도 꺾여 가고 있었다. 처음으로 나는 필요 탓에 본래의 자부심을 굽힌다고 생각했다. 그래서 마음속으로는 불만이었지만 머리를 숙여 유예를 빌지 않으면 안 되었다. 나는 내게 명령을 보내온 그라팡리드 씨에게 유예를 요청하는 이유를 설명했다. 그의 편지에서 그는 그 명령에 불만이 많아서 더없이 유감으로 생각한다고 나에게 말했다. 그의 편지에 넘쳐흐르는 비통과 존경의 표명은 가슴속을 터놓고 그에게 하소연하게 만드는 고마운 뜻으로 보였다. 나는 그렇게 보았다. 나는 또 내 편지가 법에 어긋난 명령을 내린 옳지 못한 사람들의 눈을 뜨게 하고 그러한 잔혹한 명령을 취소는 못할망정 적어도 적당한 유예를, 아마도 겨울이 끝날 때까지 여유를 줌으로써 떠날 준비며 장소 선택 같은 것을 할 수 있게 해줄 것을 의심치 않았다.

 회답을 기다리는 동안, 나는 자신의 처지를 반성하며 앞으로 취해야 할 방법을 궁리하기로 했다. 나는 모든 면에서 많은 곤란을 느꼈고 슬픔에 큰 상처를 받았고, 때마침 건강 상태도 크게 나빠져서 완전히 실망하고 말았다. 결국 낙심한 끝에 심중에 남아 있던 얼마 안되는 기운마저 잃게 되어, 참혹한 처지에서 최선의 방법을 생각해 낼 수가 없었다. 내가 어떤 은둔처로 피하려고 하건 나를 쫓아내기 위해 실행되고 있는 두 가지 방법 때문에 나는 그것을 면할 수 없을 것이 뻔했다. 그 방법 가운데 하나는 물밑 작업으로 민중들을 내게 반항하도록 선동하는 것이고, 다른 하나는 아무런 이유도 말하지 않고 폭력으로 나를 쫓아내는 것이었다. 그러므로 내 체력과 기후가 허락하는 곳보다 더 먼 곳을 찾아가지 않는다면, 나는 어떠한 안전한 은신처도 기대할 수가 없었다. 결국에는 이 무렵 어떤 생각에 몰두하게 되어 내가 택한 모든 은신처로부터 차례로 나를 쫓아내며 계속 내게 지상을 떠돌아다니게 하는 것보다는, 차라리 종신금고 처분을 내려줄 것을 스스로 희망하여 과감히 그것을 요청했다. 첫번째 편지를 낸 지 이틀 뒤에 나는 두 번째 편지를 그라팡리드 씨에게 보내, '각하들'에게 그것을 전해달라고 부탁했다. 이 두 통의 편지에 베른에서는 스물 네 시간 안으로 이 섬에서, 또 공화국(베른)의 직접 관할이나 간접 관할을 받고 있는 곳을 막론하고 모든 영토에서 퇴거하여 앞으로 다시는 들어오지 말 것, 그렇지 않으면 엄벌에 처한다는 단호하고 가장 준엄한 언사로 기록된 명령의 회답을 보내왔다.

 무서운 순간이었다. 그 뒤로 보다 심한 고뇌를 맛본 적은 있었지만 이때처럼 큰 곤란에 빠진 적은 없었다. 그러나 가장 슬프게 생각된 것은 섬에서 겨울을 나고 싶다고 바랐던 계획을 단념해야만 하는 것이었다. 지금은 나를 재난의 절정으로 이끌고, 나의 파멸 속에 불운한 한 민족을 이끌어 넣은 그 운명과도 같은 숨은 이야기를 보고할 시간이다. 특히 이 국민의 왕성한 용기는, 뒷날 스파르타와 로마의 용기에 비교될 수 있는 거라는 것을 약속하고 있었다. 《사회계약론》 가운데서 나는 코르시카 섬 사람들이 신흥 민족으로서 유럽의 여러 민족 중에서 입법으로 해를 입지 않은 유일한 국민이라 말하고, 다행히 현명한 지도자를 발견하게 된다면 이 국민에게 커다란 기대를 걸어도 좋다는 것을 분명하게 밝혀 두었다. 몇몇 코르시카 사람들은 내 책을 읽었고 그들은 내가 그들을 존경하는 태도로 쓴 것에 감격하였다. 그리고 그들은 마침 자기네들의 공화국을 건설하려고 애쓰고 있었으므로 그들의 우두머리들은 이 중대한 사업에 관해 내게 의견을 물으려고 생각하였다. 그 나라 명문 출신으로, 프랑스의 루아얄 이탈리앵 연대장으로 있는 뷔타퓌오코라는 사람은, 이 문제로 내게 편지를 보내 내가 그 나라 실정과 국민들의 역사에 대해 알기 위해 그에게 요구했던 많은 자료를 제공했다. 파올레 씨도 몇 번인가 편지를 보내 왔다. 나는 그러한 계획은 내 힘에 겨운 것으로 느끼고 있었으나, 그것에 필요한 모든 예비 지식만 가지고 있으면 그처럼 위대하고 아름다운 사업에 협력하는 것을 거절할 수는 없다고 생각했다. 이런 의미에서 나는 두 사람에게 각각 회답을 보냈다. 그리고 이런 편지 내왕은 내가 몽모랑시를 떠날 때까지 계속되었다.

바로 이와 때를 같이하여 프랑스가 코르시카에 군대를 파견했다는 것과 프랑스가 제노아와 조약을 맺었다는 것을 알았다. 이 조약과 군대 파견에 나는 불안을 느꼈다. 그리고 그 모든 일에 무언가 내가 관련을 가지리라고는 아직 생각하지 않았으나, 그 나라 백성들이 정복되려는 때에 나랏법 제정이라는 대단한 평온이 필요한 사업에 종사할 수 없으며 우스운 일이라고 판단했다. 나는 자신의 불안을 뷔 타퓌오코 씨에게 감추지 않았다. 그는 이 조약에 자국의 자유를 침해하는 사항이 들어 있었다면 자기와 같은 충실한 공민은 자기가 복무하고 있는 것과 같은 프랑스 병역에 머물러 있지 않을 것이라는 확신으로 나를 안심시켰다. 사실 코르시카 섬의 입법에 대한 그의 열의와 파올레 씨와의 친밀한 관계 때문에 나는 그를 조금도 의심하지 않았다. 그래서 그가 다시 베르사유와 퐁텐블로에 자주 여행하였다는 것과 슈아죌 씨와 교섭이 있다는 것을 알았을 때도, 그는 프랑스 왕실의 진정한 의도에 근거해서 내게 비춘 것 같은 확신을 가지고 있었던 것이다. 그러나 나는 그 점에 대해서는 편지로 분명히 말하고 싶지 않다고 말한 것 외에는 아무런 결론도 내리지 않았다.

이 모든 것들이 얼마간 나를 안심시켰다. 그러나 프랑스군의 파견에 대해서는 도저히 이해가 가지 않았고, 코르시카 사람은 제노아 사람들에 대해 그 섬 사람들만으로 충분히 그들의 자유를 지킬 수 있었는데, 프랑스군이 코르시카 사람들의 자유를 보호하기 위해 이 섬에 출병한다는 것은 도리상 생각할 수 없었다. 그러므로 나는 완전히 안심할 수가 없었다. 그리고 그런 모든 일이 나를 조롱하기 위한 연극이 아니라는 확실한 증거가 없는 한 본격적으로 입법 상담에 관여할 수도 없었다. 가능하면 꼭 뷔타퓌오코와의 회견을 갖고 싶었다. 그것은 내게 필요했던 의사 소통의 진정한 방법이었다. 그는 내게 그런 기대를 갖게 해주었다. 나는 초조한 마음으로 그것을 기다리고 있었다. 그가 정말 그런 계획을 갖고 있었는지는 모른다. 그러나 그가 그런 계획을 가지고 있었더라도, 나의 재난으로 말미암아 그것은 내게 아무 소용도 되지 않았을 것이다.

문제된 계획을 깊이 생각하면 할수록, 가지고 있는 서류의 조서를 검토해 가면 갈수록, 나는 더욱 더 제도를 확립하려는 국민과 그들이 살고 있는 땅을 현지에서 반드시 연구해야 하고, 이와 아울러 이 제도를 국민에게 적응시키려면 그 도움이 필요한 환경과 관련되는 모든 것을 반드시 검토해야 한다는 것을 느끼게 되었다. 나는 멀리에서는 일을 하는 데 필요한 모든 지식을 파악할 수 없다는 것을 날이 갈수록 알게 되었다. 나는 그런 내용을 뷔 타퓌오코에게 편지로 써 보냈다. 그도 그것은 알고 있었다. 나는 코르시카에 건너간다는 결심은 하지 않았지만, 여행 방법은 열심히 생각했다. 나는 그것에 대해 다스티에 씨에게 말했다. 다스티에 씨는 옛날에 이 섬에서 마이유부아 씨 밑에서 근무한 적이 있어서, 그것을 알고 있음에 틀림없었다. 그는 힘을 다해 내게 이 계획을 중지시키려 했다. 정직하게 말해서, 코르시카 사람과 그 고장에 대해 그가 내게 이야기해 준 무서운 상황은 그들 속으로 가서 살려던 내 희망을 급격하게 냉각시켰다.

그러나 모티에서의 박해를 이유로 스위스를 떠나려고 생각했을 때, 이 희망이 다시 되살아났다. 어디에 있어도 주어지지 않는 그러한 평안을 결국은 그 섬나라 사람들이 있는 곳에서 찾을 수 있을 것 같은 기분이 들었던 것이다. 이 여행에서는 다만 한 가지 일이 두려웠다. 그것은 내가 억지로 하게 될 활동적인 생활 속에서 늘 느끼고 있는 무능력과 혐오감이었다. 고독 속에서 한가하게 명상이나 하도록 되어 있는 나는 사람들 틈에서 말하고, 행동하며, 사무를 처리하게는 되어 있지 않았다. 첫 번째 재능을 나에게 준 자연은 두 번째 재능은 주지 않았다. 그렇지만 나는 직접 공무에 종사하지 않더라도 코르시카 섬에 가게 되면 곧 민중의 열의에 호응하고, 또 빈번히 유지들과 협의를 하지 않을 수 없을 것 같은 느낌이 들었다. 내 여행의 목적도 은신처를 찾는 것이 아니라 국민들 내부로 파고 들어 자신이 필요로 하는 지식을 얻는 것이었다. 내가 더는 내 멋대로 행동할 수 없게 되고, 내 천성에 맞지 않는 소용돌이 속으로 본의 아니게 끌려들어가 내 취미와 전혀 어울리지 않는 생활을 하게 되고, 또 내게 불리한 처지에 놓이게 될 것은 뻔한 일이었다. 내가 나타남으로 해서 내 저서가 그들에게 주었을지도 모르는 재능에 대한 평판을 유지하지 못하고 코르시카 사람들의 신망을 잃게 되리라고 생각했다. 이것은 나의 손해이기도 하고 그들의 손해이기도 하다. 그들이 내게 보내고 있는 신뢰를 잃는다면 그것 없이는 그들이 내게 기대하고 있는 일을 성공적으로 수행할 수 없다. 그와 같이 내 영역을 벗어남으로써 나는 그들에게 쓸모없는 존재가 될 것이며 불행한 일을 겪게 될 것이라고 확신했다.

몇 해 동안 두고두고 고통을 겪으며 갖은 종류의 폭풍우에 시달려 방황과 박해로 지칠 대로 지친 나는, 휴식이 필요함을 통절히 느꼈으나, 잔혹한 적들은 내게서 휴식을 앗아버리기를 즐거움으로 삼고 있었다. 큰 희망을 걸고 있었던 바람직한 한가함, 몸과 마음의 평온한 안식─사랑과 우정이라는 환상─에서 깨어난 내 마음의 가장 큰 기쁨은 그러한 한가함에 국한되어 있었던 것이었는데, 이때처럼 그것이 더 그립게 생각된 적은 없었다. 앞으로 계획하려 하고 있는 힘든 작품 활동에 전념하려면, 나는 시끄러운 생활에 직면해서 공포를 느끼지 않을 수 없었다. 그리고 대상의 위대함과 훌륭함, 유용성이 내 용기를 북돋아 주었다고 하면, 훌륭하게 내 의무를 다할 수 없다는 생각이 이 용기를 내게서 완전히 앗아가 버렸을 것이다. 나 혼자 지낸 스무 해 동안의 깊은 명상은, 여러 사람과 여러 사건의 한가운데서 겪은 실패의 가능성이 큰 여섯 달 동안의 활동적인 생활보다 내게는 힘든 것이 아니었다.

나는 모든 것을 타협시키기에 적당하게 보이는 한 방법을 생각해냈다. 숨은 박해자들의 보이지 않는 술책으로 나의 모든 도피처를 빼앗기고, 어디에서도 허락되지 않는 휴식을 노후에 기대할 수 있는 곳은 코르시카 섬 이외에는 없다고 생각하였다. 그래서 뷔 타퓌오코의 지시에 따라 내 형편이 허락하는 대로 나는 그리로 갈 결심을 했다. 그러나 그곳에서 조용히 산다는 것이 목적이었으므로, 적어도 표면상으로는 입법에 관한 일은 단념하고, 조금이라도 나를 불러 준 그 고장 사람들의 호의에 보답하기 위해 그곳에 있으면서 그들의 역사를 쓰기로 했다. 그렇지만 성공할 단서라도 발견된다면 그들에게 한층 도움이 되게 하기 위해서 필요한 자료도 틈틈이 수집해 보려 했다. 이와 같이 처음에는 아무런 구속도 받지 않고 시작하여 그들에게 적당한 계획을 비밀히, 그리고 한층 자유롭게 숙고할 수 있을 것으로 기대하였다. 그리고 나의 귀중한 고독을 그다지 포기하고 싶지도 않았고, 견딜 수도 없으며, 능숙하지도 않은 생활 양식에 굴복하고 싶지도 않았다.

그러나 이 여행은 내 형편으로는 간단히 실행할 수 있는 것이 아니었다. 다스티에 씨가 코르시카에 대해서 내게 말한 것으로 보아 그곳에서는 내가 가져갈 것 이외에는 일상 생활용품마저 얻을 수 없다는 것이었다. 속옷·옷·식기·취사 도구·지류·서적 등 모두 직접 가지고 가지 않으면 안 되었다. 그곳으로 내 '아줌마'와 함께 옮겨 가려면, 알프스를 넘어 2천 리 길을 무거운 짐을 모조리 끌고 가지 않으면 안 되었다. 주권이 다른 여러 나라들을 지나가야만 되었다. 그리고 모든 유럽이 보여 준 전례로 보아, 또 내 재난이 있었던 뒤였으므로 나는 곳곳에서 어려움을 겪을 것과 각국이 무엇인가 새로운 모욕을 내게 가하여 모든 인권과 인도를 침해하는 것을 만족스럽게 생각하리라는 것을 예측해야 했다. 이런 여행의 막대한 비용, 거기에서 오는 피로, 있을지도 모르는 위험은 어쩔 수 없이 모든 어려움을 미리 예상하게 했고, 그 점을 나도 충분히 고려하지 않을 수 없었다. 이 나이에 돈은 없고, 친구들로부터 떨어져 나와 다스티에 씨가 설명한 것 같은 그 야만스럽고 사나운 국민에게 좌우되는 자신을 생각할 때, 그런 결심을 실천하기 전에 그 점에 대해 나는 깊은 생각에 잠기고도 남았다. 나는 오로지 뷔타퓌오코가 희망을 갖게 해준 면담에 희망을 걸고 그 결과를 기다려, 그 결과에 따라 완전히 결심을 굳히려 하고 있었다.

이리하여 내가 우물쭈물하고 있는 사이, 모티에에서의 박해가 일어나 나는 어쩔 수 없이 퇴거하게 되었다. 나는 긴 여행을 할 준비 같은 것은 하고 있지 않았다. 코르시카의 여행 준비는 말할 것도 없었다. 나는 뷔타퓌오코의 소식을 기다리면서 생 피에르 섬으로 피해 있었다. 때는 위에 말한 대로 초겨울이었다. 그곳에서 나는 쫓겨나게 되었다. 눈에 덮인 알프스 때문에 옮겨갈 수도 없었는데다, 더더군다나 명령대로 빨리 옮겨갈 수도 없었다.

사실 그런 터무니없는 명령은 실행할 수 없었다. 왜냐하면 호수로 둘러싸인 이 외로운 섬에서 명령이 전달된 뒤 스물 네 시간 이내에 출발 준비를 하여 배와 마차를 얻고, 이 섬에서, 그리고 모든 영토에서 퇴거할 수는 없었기 때문이다. 설사 날개를 가졌다 해도 명령대로 하기는 어려웠을 것이다. 나는 니도의 대법관에게 이런 사정을 써서 그에게 답장으로 보냈다. 그리고 이 불안한 나라를 떠나려고 서둘렀다. 이런 이유로 내가 품고 있던 계획은 버리지 않으면 안 되었다. 실망 속에서 그들의 처분을 기다릴 수 없어서 원수 각하의 초청에 응해 베를린으로 여행할 결심을 했다. 테레즈는 일용품과 책을 가지고 생 피에르 섬에서 겨울을 나게 하고, 원고는 뒤 페루의 손에 맡겨 두기로 했다. 나는 그 이튿날 아침에 급히 서둘러 그 섬을 떠나 정오 전에 비엔느에 도착했다. 그러나 어떤 사건 때문에 하마터면 그곳에서 여행이 중단될 뻔했다. 그 사건에 대한 이야기를 빼놓을 수는 없다.

내가 은신처에서 퇴거하라는 명령을 받았다는 풍문이 퍼지자마자 갑자기 부근에서 방문객들이 찾아 왔다. 특히 베른 사람의 방문객들이 쇄도하여, 내 비위를 맞추면서 위로하려고 가장 가증스런 헛소리를 늘어놓았다. 그리고 박해자들은 상원이 휴회 중에 소위원회만이 열려 있는 때를 노려 이런 명령을 전달했고, 그 때문에 2백 명의 의원들은 모두 분개하고 있다고 말했다. 이 엄청난 방문객들 중에는 베른 지방에 둘러싸인 작은 독립국인 비엔느시에서 온 사람들도 있었다. 그 가운데 빌드르메라는 한 청년은 가장 좋은 집안의 사람으로 최대의 신망을 받고 있었다. 빌드르메는 시민들을 대표해서 그들은 내가 그곳에서 은둔하는 것을 정말로 바라고 있다는 것, 그들이 나를 그리로 맞이할 것을 바라고 있다는 것, 내가 받아 온 박해를 그곳에서 잊게 하는 것이 그들의 자랑이며 의무로 생각하고 있다는 것, 그들이 있는 곳에서는 베른 사람들의 영향력을 결코 겁낼 필요가 없다는 것, 비엔느는 자유 도시로서 누구의 명령도 받을 필요가 없고, 또 모든 시민은 일치해서 내게 불리한 어떤 선동에도 귀를 기울이지 않을 결의를 하고 있다는 것 등을 내게 장담했다.

빌드르메는 나의 결심을 바꿀 수 없다는 것을 알고 비엔느와 그 근처의 많은 사람들은 물론 베른 사람들에게까지 협력해줄 것을 부탁했다. 그 중에는 키르히베르게르도 있었다. 그 사람에 대해서는 이미 말한 바 있지만 그는 내가 스위스에 은거한 이래 나를 찾아다녔고, 그의 재능과 주의로 내 흥미를 끈 사람이었다. 그러나 뜻밖의 일이었으면서도 침착한 권유는 프랑스 대사관의 서기관인 바르트 씨의 간곡한 부탁이었다. 그는 빌드르메와 함께 나를 찾아와서 빌드르메의 초청에 응해 줄 것을 줄곧 권했다. 바르트 씨가 내게 애정 어린 깊은 관심을 품은 듯한 것은 의외였다. 나는 바르트 씨를 전혀 알지 못하고 있었다. 그렇지만 그의 말에는 열의와 참된 우정이 담겨 있어, 내가 비엔느에 머무를 것을 진심으로 바라고 있는 듯이 보였다. 그는 내 앞에서 이 도시와 그 주민들을 지나칠 정도로 칭찬하였다. 그리고 주민들을 자기의 옹호자이며 자기의 아버지라고 부를 만큼 깊은 관계가 있다는 것을 내 앞에서 수없이 나타내려 하고 있었다.

그러한 바르트의 태도를 어떻게 받아들여야 할지 곤란했다. 나는 언제나 스위스에서 내가 받은 모든 박해의 선동자가 슈아죌 씨가 아닌가 하고 의심해왔다. 제네바 주재 프랑스 변리 공사나, 졸로투른 주재 프랑스 대사의 행동은 그러한 혐의를 확증해 줄 뿐이었다. 베른과 제네바와 뇌샤텔에서 내게 일어난 모든 사건에는 프랑스가 뒤에서 조종하고 있다는 것을 나는 알고 있었다. 그리고 프랑스에서 권력을 가진 적이라면 오직 슈아죌 공작 한 사람밖에 없으리라 믿고 있었다. 그렇다면 바르트의 방문과 그가 내 운명에 보여 준 따뜻하고 친절한 마음씀씀이를 어떻게 생각하면 좋았을 것인가. 나는 뜻밖의 행동으로 여기며 바르트가 그런 마음씀씀이를 보이는 까닭을 알아내려 했다. 그의 태도가 마음에서 우러난 것이라고 믿을 만큼 나는 바보가 아니었다.

나는 전에 뤽상부르 원수 댁에서 만난 보테비유 기사와 약간 안면이 있었다. 그는 내게 좋은 마음씀씀이를 보여 왔다. 그는 대사(졸로투른 주재 프랑스 대사)가 된 뒤로도 계속해서 나의 안부를 묻고, 졸로투른으로 놀러 와 달라는 초청까지 하였다. 지위 있는 사람들로부터 그런 정중한 대우를 받는 것에는 익숙하지 못했으므로 가지는 않았으나 그 초청에는 감격했었다. 그런 일이 있었으므로 나는 보테비유 씨가 제네바 사건에 관해서는 어쩔 수 없이 훈령에 따랐으나, 내 불행을 딱하게 여겨 특별한 배려로 비엔느의 이 은신처를 주선하고, 그의 비호를 받으면서 평온히 지낼 수 있도록 한 것이라고 추측했다.

내가 섬을 떠날 때, 키르히베르게르는 비엔느까지 나를 전송해 주었다. 거기에는 배에서 내리는 나를 맞으러 나온 빌드르메 외에 몇 명의 비엔느 사람들을 볼 수 있었다. 우리는 모두 같이 여관에서 점심을 먹었다. 그곳에 도착한 우리의 첫 번째 걱정은 이튿날 아침에 떠날 마차를 준비하는 것이었다. 그는 점심을 먹는 동안에도 자기네와 함께 머무를 것을 권했다. 그토록 비상한 열의와 감동할 만한 확증을 제시하므로, 내 결심이 굳었음에도 인정에 끌리기 쉬운 내 마음은 그들의 따뜻한 정에 흔들리고 말았다. 내 결심이 누그러졌다고 보자 그들은 그 노력을 다시 더하여 마침내 나를 정복하고 말았다. 적어도 다음 해 봄까지는 비엔느에 머무를 것을 나는 승낙하고 말았다.

곧 빌드르메는 내 숙소 준비를 서둘렀다. 그러더니 4층의 안쪽에 있는 작고 더러운 방 하나를 마치 뜻밖의 물건을 찾아낸 것처럼 나에게 자랑했다. 이 방은 안방으로 향해 있었는데, 그 안마당에는 가죽장수의 구린내 나는 영양(羚羊)가죽이 널려 있었다. 집 주인은 몸집이 작고 얼굴이 상스럽고 상당히 교활한 사나이였다. 그 이튿날 들은 바로는 오입쟁이에 노름꾼으로 마을에서도 아주 평판이 나쁜 사나이였다. 그는 아내도 자식도 하인도 없었다. 나는 적적한 빈 방에 서글프게 갇혀서, 세계에서 가장 아름다운 고장에 있으면서도 며칠 동안 답답해서 죽을 것만 같았다. 게다가 불쾌하게 생각된 것은 나를 맞이하는 주민들의 열성에 대한 것이었다. 들은 것과는 달리 내가 거리를 지나가도 나를 대하는 그들의 태도에는 정중한 모습도, 친절한 인사도 찾아볼 수 없었다. 그런데도 나는 거기에서 머무르기로 작정했다. 그런데 그날부터 나에 대해 무서운 술렁거림이 일어나고 있다는 것을 시중에서 나는 들었고 보았으며 느꼈다. 여러 사람들이 달려와서 당장 이 나라를, 즉 이 도시를 떠나라는 명령을 내일 아침 일찍 가장 엄중하게 내게 전하기로 되어 있다고 친절하게 알려 주었다. 내게는 믿을 사람이 아무도 없었다. 나를 말렸던 사람들은 모두 흩어져 버렸다. 빌드르메도 자취를 감췄다. 바르트의 소식도 들을 수가 없었다. 그가 내 앞에서 호언장담하던 그 보호자와 아버지 곁에서 내가 큰 혜택을 받기로 되었던 것도 실현되지 못했다. 그런데 베른 사람 반 트라베르란 분이 베른 시 근처에 아름다운 집 한 채를 가지고 있어, 그것을 내게 피난처로 제공하겠다고 하였다. 그리로 가면 돌을 피할 수는 있을 것이라고 그는 말했다. 그러나 그런 특전도 이처럼 손님 대우가 좋은 국민들이 사는 곳에서 내가 머무르는 기한을 늘리고 싶을 만큼 고마운 것으로 생각되지는 않았다.

그렇더라도 이렇게 시간을 끌다보니 사흘이나 지나, 베른 사람들이 자기 영내를 떠나라고 내게 말한 24시간은 이미 지나간 지 오래였다. 베른 사람들의 가혹함을 알고 있는 나로서는, 그들이 어떻게 이 지방을 통과시켜 줄 것인가를 생각할 때 조금 두려움을 느끼지 않을 수 없었다. 때마침 니도의 대법관이 찾아와서 나를 궁지에서 건져내 주었다. 그는 '각하들'의 난폭한 처사에 명백하게 반대한다는 뜻을 밝히고 있었으므로, 관대한 마음에서 그가 거기에 전혀 관여하지 않았음을 내게 공공연하게 보여 주지 않으면 안되겠다고 생각하고, 두려움 없이 그가 관할하는 지역을 떠나 나를 방문하기 위해 비엔느로 찾아온 것이었다. 그는 내가 떠나기 전날 밤에 찾아 왔다. 그리고 남몰래 온 것이 아니라 일부러 공공연하게 예복을 갖추고 수행원과 함께 네 바퀴 마차를 타고 왔다. 그는 내게 자유롭게, 그리고 불안을 느낄 염려 없이 베른 지방을 통과할 수 있도록 그의 이름으로 된 여권을 나에게 가지고 왔다. 나는 여권보다도 그의 방문에 더 감동했다. 설사 그것이 나 이외의 사람에 관한 일이었더라도 나는 마찬가지로 감격했을 것이다. 나는 부당한 압박을 받고 있는 약자를 위해, 때에 알맞은 용기 있는 행위만큼 내 마음에 힘이 되는 것을 알지 못한다.

겨우 마차를 한 대 구할 수 있어서 나는 이튿날 아침 그 시끄러운 고장을 떠났다. 나에게 인사를 하기로 된 사절이 도착하기도 전에, 테레즈를 다시 만날 수 있기도 전에 나는 떠났다. 테레즈에게는 비엔느에 머무르려 했을 때, 그리로 같이 살러 오라고 소식을 전했었다. 그리고는 나의 새로운 재난을 그녀에게 알리고, 편지로 한 마디 그것을 취소할 시간 여유마저 없었다. 베를린으로 떠날 예정이었던 내가 어떻게 해서 실제로는 영국으로 떠나오게 됐는지, 그리고 어떻게 해서 나를 마음대로 하려고 했던 두 부인(부플레르 부인과 베르들랭 부인)이 스위스에서 내가 그녀들 마음대로 되지 않기 때문에 계략을 꾸며 나를 거기에서 쫓아내고 자기네들의 친구(흄)에게 나를 넘겨 버리게 되었는지, 이 책의 제3부—언젠가 그것을 쓸 기력이 있다면—에서 알 수 있게 될 것이다.

나는 이 글을 에그몽 백작 부처, 피나텔리 대공, 메메 후작 부인, 그리고 쥐네 후작에게 낭독해 준 다음 다음과 같은 말을 덧붙였다.

나는 진실을 말했습니다. 만일 누군가 내가 말해 온 것과 반대되는 내용을 알고 있어서 그 내용에 무수한 증거가 있다 하더라도, 그가 알고 있는 것은 거짓말이며 조작일 것입니다. 내가 살아 있는 한, 나와 함께 그것을 규명하고 해명할 것을 거부한다면, 그는 정의도 친절도 사랑하지 않는 것입니다. 나는 소리 높여 두려움 없이 단언하겠습니다. "어느 누구고 간에 내가 쓴 책을 읽지 않더라도 자신의 눈으로 나의 타고난 성격, 나의 품행, 나의 경향, 나의 취미, 나의 습관을 잘 살펴보고 나서도 나를 성실하지 못한 사람이라고 생각하는 사람이 있다면, 그 사람이야말로 목숨을 끊어야 될 사람입니다."

이렇게 나는 낭독을 끝냈다. 모두들 말이 없었다. 에그몽 부인 한 사람만이 감동을 받은 듯이 보였다. 그녀는 눈에 띌 정도로 몸을 떨었지만 곧 안정을 되찾고, 같이 있는 사람들과 마찬가지로 침묵을 지켰다. 이것이 내가 낭독과 표명(表明)에서 얻은 성과였다.

루소《참회록》에 대하여

장 자크 루소의 자서전격 유작《참회록》(또는《고백록》)(이하《참회록》)은 아우구스티누스·톨스토이의 작품과 더불어 세계 3대 고백록으로 손꼽힌다. 이 고백의 글은 위대한 인간의 기록일 뿐 아니라, 자아의 내면의식이 작품 구조의 강력한 원동력이 되어 있어 근대 문학의 차원을 완전히 바꾼 것이다.

루소는 진실성 있는 회상록을 쓰려고 했다. 스위스의 한 평민 신분에서 프랑스의 정신적 지도자가 된 루소는 일생을 통해서 많은 오해와 비방, 박해를 받았으니, 그러한 경과를 배경으로 진실의 올바름을 변호하기 위해 자기의 모든 것, 즉 '내부(內部)를, 이면(裏面)을' 거기에 낱낱이 드러내 보이려고 한 것이다.

루소에게는 본디 '털어놓고 싶은 욕구가 끊임없이 있었다.'(제4권) 그러나 네덜란드의 마르크 미첼 레이 서점 주인의 권유로 집필할 것을 결심한 것은, 1759년 루소가 47세로 파리 근교의 몽모랑시에 살고 있을 때였다.

서점 주인 레이는 1761년 12월 31일자로 루소에게 보낸 편지에서 '오래 전부터 내가 갈망하고 있는 것이 한 가지 있었습니다. 그것은 당신의 전기입니다'라고 했다. 이 '오래 전'은 레이가 편지를 쓴 1761년보다 훨씬 전, 어쩌면 루소가 '결심한' 1759년보다도 더 먼저인 것으로 추측된다. 루소의 머릿속에는 어떠한 형식으로 쓸 것인가에 대해 이것저것 구상이 있었을 것으로 생각된다. 엘미느 드 소쉬르 부인이 착수한 원고 연구에 따르면, 초고의 어떤 것은 1756년 봄의 날짜로 추정된다고 한다. 그런데《참회록》이라는 제목이 원고에 나타나는 것은 루소가 모티에에서 쓴 1764년의 것(제1~4권)부터이고, 이것이 체계적인 집필의 최초의《참회록》이다. 1765년 모티에에서 쫓겨나 곳곳을 전전하고, 1766년 1월에 런던에 도착했다. 그는 그《참회록》제1부를 잉글랜드의 우턴에서 거의 쓰고(제1~4권의 정서와 그 다음의 제6권까지), 1667년 8월에 프랑스의 트리에서 끝냈다. 다음해 6월 트리에서 리옹·그르노블·샹베리, 보르고앙·몽캥 등지를 떠돌아 다니고, 1770년 6월에 파리로 왔다. 제2부 (제7~12권)는 그 방랑 중 몽캥에서 1769년 여름부터 가을에 걸쳐 대부분 쓴 듯하다.

그는 《참회록》 제3부를 계속 쓸 것을 단념하여, 자서전은 1765년 생 피에르 섬에서 쫓겨나 영국으로 떠나는 내용으로 일단 끝나 있다. 그러나 루소는 파리의 초라한 방에서 질병과 고독을 견디면서 자기의 정당함과 결백함을 주장하고, 자기애에 충실하려는 집념을 버리지 않았다. 그것은 이미 누구를 위

루소(1712~1778)

해서도, 어떠한 미래를 위한 것도 아니었고 단지 자신의 혼을 위해서였다.

《대화─루소, 장 자크를 심판하다》(1772~75), 《고독한 산책자의 꿈》(1776~78)을 잇달아 썼다. 지라르댕 후작의 호의로 파리 근교 에름농빌의 성관에서 얼마 동안 지내다가 1778년 7월 2일 갑자기 죽었을 때, 이들 자서전 3부작 《참회록》《대화》《몽상》은 모두 그의 유작이 되었다. 죽은 뒤에 발표된 이 세 작품은 생전에 발표한 모든 문제작을 누르고, 차츰 빛을 더하여 위대한 문학 유산이 된 것이다.

이 작품을 쓰려고 한 루소의 동기에는 자기의 내부와 이면을 모두 드러내는 것으로 신의 영광이 아니라 인간의 진실을 변증하려고 한 의도가 있었다. 그 외에 또 불쌍한 하녀에게 도둑 누명을 씌운 일, 바랑 부인의 은혜를 저버린 일, 자식들을 차례로 고아원에 내버린 일 등, 자신의 잘못에서 비롯된 변명과 보상, 후반에 이르러서는 자신에 대한 공격이나 박해에서 비롯된 망상과 공포감,

▲생 피에르 섬
스위스 뇌샤텔 근처의 비엔 호수에 떠 있는 조그마한 섬(저 멀리 보이는 곳). 루소는 1765년 9월부터 10월까지 이 섬에서 지냈다.

◀바랑 부인의 별장
《참회록》 제1부에서 루소의 어린 시절과 청년 시절이 묘사된다. 바랑 부인은 제1부에서 등장하는 가장 중요한 인물 중의 하나로 루소에게는 은인이자 어머니 같은 존재였다. 샹베리 교외에 있는 별장으로 지금은 루소기념관이다.

그런 것들이 그를 몰아세워 이 작품을 쓰게 했다.

그러나 윤리학자나 심리학자에게 귀중한 자료를 제공하는 그러한 동기들만이 그토록 많은 독자를 끌게 한 것은 아니다. 오히려 루소의 의도를 훨씬 넘어서 이 작품이 후세에 커다란 공감을 불러일으킨 것은, 진실이 놓여 있는 현실과 참다운 행복이란 신이나 도덕률이나 사회 계급이나 정치 이상이라는 것들 속에 있는 것이 아니라, 자기의 나약함, 생활의 무의미, 사상(事象)의 우연, 시간의 망각 속에 있다는 것을 알렸기 때문이며, 기성의 가치관에 혁명적 전환을 가져왔기 때문이다. 즉, 이 작품은 그러한 새로운 가치관을 통해 진리를 발견하는 기쁨의 문학적 증언으로서 남은 것이다.

루소의 가정 생활 1722년 아버지가 집을 나갔을 때부터 루소는 떠돌이 생활을 했다. 그가 태어나자마자 어머니가 죽는 등 그의 초기 가정 환경은 불행의 연속이었다. 나중에 루소는 자신이 '천진난만한 어린 시절'을 보냈다고 강조했지만 정작 자신과 하녀 사이에서 태어난 다섯 명의 아이들을 고아원으로 보냈다.

이로써 근대 문학은 하나의 새로운 원천을 갖게 된다. 이 작품에는 근대 문학이 요구하는 본질이 들어 있다.

루소는 제네바공화국의 공민으로 태어났다. 어느 날 그 조국의 국경을 넘었고, 조국의 종교(프로테스탄트)를 버렸다. 그뒤 그는 가는 곳마다 언제나 외국인이었다. 그리고 자신과 버린 조국과 종교에 견줄 만한 것을 끝내 찾아내지 못했다. 두번 다시 그의 마음에 되돌아오지 않는 것은, 그의 삶에서 펼쳐진 넓은 지평선 위에 언제나 '신기루 같은 어떤 것, 또 뉘우침 같은 것'으로 남은 것이다.

그는 자기가 태어남으로 해서 어머니를 죽게 했다(뒤에 비슷한 상상력의 작가 네르발이 그런 것처럼). 아버지는 그 슬픔 때문에 생활을 엉망으로 만들어 버렸다. 형은 행방을 알 수 없게 되었다. 그 자신도 미천한 수습공의 신분을 못마땅히 여겨, 제네바 성문 밖으로 쫓겨났던 순간부터 조국을 버렸다. 빼앗긴 조국, 빼앗긴 어린 시절은 이로써 내부의 마법과도 같은 현상액(現像液) 속에서 출현을 기다리게 된다. 어느 날인가 아주 조그마한 감동의 우연이 그것을 이끌어내게 된다. 그때 그의 눈에 눈물을 솟게 하고 그를 울게 한 것은 분열된 가정, 무참한 어린 시절을 저주하는 마음이 아니라, 아득한 시절에 남긴 순결, 평온한 전원생활을 그리워하는 마음이었다. 어린 시절을 발견하게 되면서 접

명상에 잠긴 루소 사회관계의 생성을 주제로 삼은 루소의 《인간불평등기원론》을 읽은 볼테르는 그 속에서 '자연으로 돌아가라'는 메시지를 발견했다고 한다. 그러나 루소는 '자연으로 돌아가라'는 말을 한 적이 없다. 루소는 자연을 사회를 이해하기 위한 기준으로 보았다. 결코 자연으로 돌아갈 수 없는 인간이 사회 질서 속에서 자연 같은 존재로 다시 태어나는 길은 무엇인가. 그것이 바로 루소의 물음이었다. 뒤누이의 작품. 파리, 마르모탕 미술관 소장

하게 된 새로운 문학의 지평선에 풍부한 감수성이라는 들판을 열어젖힌 것이다.

루소는 조국을 잃고 편안하게 살 땅을 갖지 못하고 가혹한 '인간의 조건'(《에밀》속의 말) 아래 방황했는데, 그런 상황 속에서 우월한 지위를 차지한 추상(追想) 속에서 행복의 순간을 발견하는 방법을 글로 써서 남긴 첫 문학자이다.

본질은 가리워져 있다. 그것을 발견하는 데는 잊힌 긴 세월과 우연이 필요하다. 전에는 사소한 일은 모두 가치가 없고 의미가 없었다. 그랬던 것이 나중

《참회록》 제6권 삽화
'샤르메트에서 루소와 바랑 부인'

에는 어떤 것과도 바꿀 수 없는 행복의 대상물이 된다. 인생의 불우함과 변화는 가치가 없었던 것을 본질로 바꾼다. 루소에게 수잔 고모의 노래가 그렇고, 보세의 전원생활의 추억이 그러했다.

자신의 내부에 있는, 어둡고 숨겨져서 끌어내기 어려우나 확실히 미로 속 깊숙이 있는 것(진실)을 감정에 근거한 추상을 매개로 삼아 밝은 곳에 내놓으려고 한 루소의 노력은 《참회록》의 곳곳에 매력 있는 문장을 낳았다. 그런 추상의 능력이야말로 루소 고유의 것으로 강조해야만 하는 것이다.

잃어버린 어린 시절과 발견된 과거, 즉 '참된 행복은 잊힌 행복이다'라는 주제는 '어린 사랑의 푸른 낙원'(보들레르)을 돌아서, 제1부에서 차분하게 이야기되어 우리에게 그 매력을 충분히 즐기도록 한다. 그것이 제2부에 가서는 '실낙

원'의 가혹한 현실, 노년과 병약함, 박해와 망상이라는 이중의 괴로움이 작자의 가슴을 쥐어뜯는다. 이 두드러진 대조가 《참회록》 구성의 특징이며 또한 우리들의 삶을 상징하고 있다. 그렇다 하더라도 루소의 풍부한 추상과 강한 상상력에는 어떠한 마법의 힘이 작용하고 있다는 생각이 든다.

장 스타로뱅스키에 따르면, 루소는 어떠한 저작에서도 '자연으로 돌아가라'라고는 말하지 않는다고 한다. 자연으로는 돌아갈 수 없다. 어린 시절로 돌아갈 수 없는 것처럼. 그리하여 억지로 식물에 애착을 느끼는 것이다. 식물로 자연과 소통하게 되면서 기억 속에서 되살아나는 것이다. 전락한 것은—실락(失樂)은—이제는 절대로 돌아오지 않는다. 인간이 태어나고, 기뻐하며, 괴로워하고, 꿈꾸며, 꿈이 깨지고, 늙어 겨우 깨닫는 것은 자기애(自己愛)라고 하는 덕성밖에는 달리 없는 것이다. 그러면 루소가 추구한 진실은, 진실의 올바름은 어떻게 된 것인가? 그런 것은 없었던 것인가? 진실은 분명히 존재한다. 진실은 그것을 느끼고 호소할 수가 있다. 그러나 그것을 다른 사람 속에서, 다른 사람을 통해서 존재하게 하려고 애를 쓰는 것은 헛된 것이다. 그것은 자기 내부에 향수처럼 머물러 있어서, 아무런 대가도 없는 의사소통이라는 자리를 기다리는 것이다. 향수가 언젠가는 정착되거나 보편적인 형태로 다시 구성될 때, 비로소 다른 사람은 그 공통된 향수에 저절로 젖어드는 것이다. 그때 진실을 이해할 것이다.

루소의 《참회록》은 그런 점에서 이상한 운명을 겪게 되었다. 그의 생전에, 또 낭만주의 문학에서 그처럼 환영받았던 소설 《신 엘로이즈》에서 진실을 고백함으로써 둘의 성격이 뒤바뀐 것이다. 이로써 《참회록》은 근대 소설이 되었다. 그것은 데카르트가 주장한 명증성에 근거한 사변(思辨)으로 일관된 기성 프랑스 문학 정신에, 새로이 상상력에 따른 비합리성의 시(詩)를 들여 놓는 것이 된 것이다. 또 그것은 어떤 의미로 어두운 기억의 심층에서 울려 오는 영혼의 음악을 전달하고 있다고도 할 수 있을 것이다. 따라서 현대의 정신분석은 이를 그 풍부한 원천으로 하는 셈이다. 우리는 이미 이 《참회록》을 '참회의 글'로는 읽지 않을 것이고, 어떤 시대를 실증하는 것이나 기록으로서의 정확성도 요구하지 않을 것이다. 《적과 흑》이나 《한 알의 밀알이 죽지 않으면》이나 프로이트나 사르트르나 장 주네를 읽듯 읽을 것이다.

《참회록》의 자필 원고는 두 가지가 있다. 하나는 파리 판본 원고이다. 루소의 아내인 테레즈 르 바쇠르가 국민의회의 문교위원회 도서관에 위탁한 것으로, 현재 파리 국회도서관에 보관되어 있다. 또 하나는 사본(寫本)으로, 루소가 정식으로 베껴 쓴 제네바 판본이며, 루소가 제네바의 옛 친구 포르 몰투 목사에게 그 아들의 손을 통하여 1778년 5월 2일에 위탁해 현재 제네바 대학 공개도서관에 보존되어 있다. 또 따로 《참회록》 제4권까지의 불완전한 최초의 초고는 뇌샤텔 판본이라고 하여, 이것은 뇌샤텔 도서관에 있다.

《참회록》의 초판은 제1부를 포르 몰투가 1782년에 제네바에서, 제2부를 포르 몰투의 아들 피에르가 1789년에 제네바에서 펴냈다. 이는 제네바 판본을 따랐으나 불완전한 원본으로 되어 있다. 한편 파리 판본을 저본으로 삼은 초판은 1789년에 네 권으로 나왔다.

우리는 그동안 《참회록》 원본을 거의 완전하게 교정한 노작(勞作)이 세상에 나오기를 오랫동안 바라고 기다려 왔다. 그것이 제네바 학파의 교수들이나 스위스 루소협회의 노력으로 1959년에 플레야드 총서의 신판으로 발간되어 '50년 동안의 간청'이 이루어지게 되었다. 이것이 지금 실재하는 가장 좋은 교정판이다. 물론 초고로는 제네바 판본을 채택했다. 제네바 판본에는 머리말이 있고 제12권의 끝에 세 개의 단락이 덧붙여져 있고, 본디의 글에 단 주석도 많기 때문이다. 루소가 나중에 정식으로 베껴 쓰는 동안에 완전한 것으로 만들고자 한 것이다.

루소 연보

1712년　　6월 28일 스위스 제네바(공화국)에서 아버지 이작 루소와 어머니 수잔 베르나르의 둘째 아들로 태어나다. 7월 4일 프로테스탄트 교회에서 세례를 받다. 7월 7일 어머니가 죽자(당시 39세), 고모 수잔 루소의 손에서 자라다.

1722년(10세)　10월 11일 퇴역 군인과의 싸움이 원인이 되어 아버지가 제네바를 떠나 니옹으로 이주하다. 10월 21일 외사촌 아브람 베르나르와 함께 프로테스탄트 목사 랑베르세에게 보내져 보세에서 지내다.

1724년(12세)　겨울 제네바로 돌아와 외삼촌 가브리엘 베르나르 밑에서 살다.

1725년(13세)　법원 서기 마스롱의 조수가 되다. 4월 26일 시계 조각사 아벨 뒤코망 집에 5년 계약으로 수습공으로 들어가다.

1726년(14세)　3월 5일 아버지가 니옹에서 재혼하다.

1728년(16세)　3월 14일 뒤코망의 집에서 도망가기로 결심하고 고향 제네바를 떠나다. 3월 21일 퐁베르 신부의 소개로 안시의 바랑 부인을 찾아가다. 4월 12일 부인의 주선으로 토리노 구호원에 들어가다. 4월 21일 그곳에서 가톨릭으로 개종하다. 가을에 그곳을 나와 점원 및 하인으로 전전하다가 구봉 백작 댁에 들어가 백작의 아들 구봉 신부의 비서가 되다.

1729년(17세)　6월경 구봉 백작 댁에서 해고당하고 친구 바클과 함께 안시로 돌아와 바랑 부인 집에 기숙하다. 여름부터 가을까지 신학교에 다니고 안시의 교회 성가대 학교에서 성가대장 메트르로부터 음악을 배우다. 바랑 부인과 모자지간 같은 사이로 발전하다.

1730년(18세)　4월 메트르와 함께 리옹에 가다. 메트르가 간질병 발작을 일으키자 안시로 돌아오다. 7월 프리부르까지 바랑 부인의 하녀를 데려다주는 길에 니옹에 들러 아버지를 만나다. 그해 겨울 뇌사텔에 도착, 그곳에서 음악을 가르치다.

1731년(19세) 5월 바랑 부인을 찾아 뇌샤텔에서 파리로 가다. 9월 이윽고 샹베리에서 바랑 부인을 만나다. 10월 샹베리에서 사부아 왕국의 지적과(地籍課)에 근무하다.

1732년(20세) 6월 지적과를 그만두고 음악 교사가 되다.

1733년(21세) 바랑 부인의 제안으로 한 사람의 남자가 되는 의식을 치르고 '근친상간의 죄를 저지르는 듯한 기분'을 맛보다.

1735년(23세) 샤르메트에 집을 구해 바랑 부인과 함께 체류하다.

1737년(25세) 6월 화학 실험 중 폭발로 일시적 실명, 유언장을 작성하다. 7월 어머니와 형의 유산을 받기 위해 몰래 제네바로 가다. 9월 샹베리에서 치료차 몽펠리에로 가다.

1739년(27세) 혼자 샤르메트에서 독학하다. 이해 런던 자콥 톰슨사에서 루소의 처녀 시집 《바랑 남작부인의 과수원》이 간행되다.

1740년(28세) 4월 샹베리를 떠나 리옹에서 리옹법원장인 마블리 집안 두 아들의 가정교사가 되다. 18세기 감각론 철학의 대표자 콩디야크와 알게 되다. 11~12월 《생트 마리의 교육을 위한 기획》을 쓰다.

1741년(29세) 마블리 집안 가정교사를 그만두고 샹베리로 돌아오다.

1742년(30세) 새로운 생활을 개척하려고 바랑 부인 곁을 떠나 파리로 가다. 8월 과학 아카데미에서 《새로운 악보와 표기법 초안》을 발표하다. 9월 《표기법 초안》에 대한 심사 뒤 아카데미는 루소에게 음악자격증 수여하다. 이 무렵 디드로와 알게 되어 귀족들의 살롱에 출입하게 되다.

1743년(31세) 1월 음악에 대한 이론이 담긴 《현대음악론》 간행. 7월 프랑스 대사 몽테귀 백작의 비서로서 베네치아공화국으로 가다. 베네치아에서 《사회계약론》의 밑거름 《정치경제론》의 구상을 얻다.

1744년(32세) 몽테귀 대사와 의견 충돌로 사직하고 파리로 돌아오다.

1745년(33세) 3월 여관집 하녀 테레즈 르 바쇠르와 결혼하지 않는다는 조건으로 정을 맺다(그녀는 결국 평생의 반려자가 됨). 7월 오페라 〈우아한 시(詩)의 여신들〉을 완성하고 리슐리외 공작 앞에서 상연하다. 볼테르와 라모의 합작 오페라 〈나바르 여왕〉을 〈라미르의 향연〉

으로 개작하는 작업을 의뢰받아 볼테르와도 편지를 왕래하다.

1746년(34세) 겨울 첫아이가 태어나자 고아원으로 보내다. 그 뒤 차례차례 다섯째 아이까지 같은 방법으로 고아원으로 보내 자식들은 영원히 행방불명이 되다.

1747년(35세) 5월 9일 아버지 죽다.

1748년(36세) 디드로와 함께 정기 간행지 〈조소자(嘲笑者)〉를 기획했으나, 제1집만 내고 중단하다.

1749년(37세) 1월 디드로의 권유로 《백과전서》의 음악 항목을 집필하다. 8월 그림과 알게 되다. 10월 〈메르퀴르 드 프랑스〉 기사에서 디종 아카데미의 현상 논문의 제목 〈학문과 예술의 진보는 풍속을 퇴폐시켰는가 순화시켰는가〉을 읽고 충동적인 영감을 느껴 현상 응모하기로 결심하다.

1750년(38세) 7월 디종 아카데미 현상에 당선되다. 이로써 이름이 세상에 널리 알려지다. 그의 당선 논문이 《학문예술론》으로 연말에 제네바 바리요 서점에서 간행되다.

1752년(40세) 10월 오페라 〈마을의 점쟁이〉가 퐁텐블로 궁전의 국왕 앞에서 상연되어 대성공하다. 이튿날 루이 15세의 알현을 거부하고 퐁텐블로를 떠나다. 12월 테아트르 프랑세즈에서 옛날 작품 〈나르시스〉가 상연되다.

1753년(41세) 3월 〈마을의 점쟁이〉 오페라 극장에 초연되다. 11월 〈메르퀴르 드 프랑스〉지에 디종 아카데미 현상 논문 공모 주제 〈인간불평등의 기원은 무엇인가. 그 불평등은 허락될 수 있는가〉가 실렸다. 이 주제에 대한 구상을 위해 생제르맹에서 일주일 간 지내다. 《프랑스 음악에 관한 편지》 간행되다.

1754년(42세) 4월 현상 논문 《인간불평등기원론》을 완성하다. 여름 4개월 간 제네바에서 지내면서 가톨릭에서 다시 프로테스탄트로 개종하다. 또한 제네바 시민권을 다시 얻다.

1755년(43세) 《인간불평등기원론》이 암스테르담 레이 서점에서 간행되다.

1756년(44세) 4월 에르미타주로 옮기다. 볼테르로부터 신의 섭리를 의심하는 편지를 받고 그에게 〈섭리에 관한 편지〉를 쓰다. 이때부터 그와의 사상적 대립이 시작되다.

1757년(45세) 3월 디드로의 《사생아》 한 부분을 비판하다. 12월 디드로, 에르미타주를 방문하다. 테레즈와 함께 몽모랑시에 거주하다.

1758년(46세) 3월 《달랑베르에게 보내는 연극에 관한 편지》 완성, 10월에 레이 서점에서 간행되다.

1759년(47세) 뤽상부르 원수의 방문을 받고 5월에 그의 호의로 몽모랑시의 작은 성으로 옮겨 지내다. 여기서 《에밀》의 제5부를 완성하다.

1760년(48세) 9월 콩티 대공의 방문을 받다. 10월 《에밀》을 완성하다. 12월 《사회계약론》 초고를 완성하다.

1761년(49세) 1월 《신 엘로이즈》를 파리에서 발매하여 대단히 호평을 받다. 3월 《생 피에르 원수의 영구평화론 발췌》를 간행하다. 6월 중병에 걸리다. 죽음이 가까웠다고 느끼고 테레즈를 뤽상부르 부인에게 부탁하다. 테레즈는 과거에 고아원에 보낸 맏아들을 찾으려 했으나 찾지 못하다. 10월 파리 뒤셴 서점에서 《에밀》 인쇄 시작하다.

1762년(50세) 4월 《사회계약론》이 암스테르담의 레이 서점에서 간행되다. 5월 《에밀》 암암리에 발매되다. 6월 3일 《에밀》 당국에 압수되다. 6월 7일 소르본 대학 신학부에 의해 고발되다. 6월 9일 고등법원에서 유죄선고를 받다. 루소 체포령 내리다. 그날 오후 도망치다. 6월 11일 파리에서 《에밀》 불태워지다. 6월 14일 체포를 피해 스위스 베른공화국 소속 이베르동으로 피신해 친구 로건의 신세를 지다. 6월 19일 제네바에서 루소 체포령이 내려지고 《에밀》《사회계약론》 불태워지다. 7월 10일 이베르동을 떠나 프러시아 영역인 뇌샤텔 소속 모티에로 들어가 총독인 조지 키스의 보호를 받다. 바랑 부인이 샹베리에서 죽다. 8월 파리 대주교 크리스토프 드 보몽이 《에밀》을 단죄하는 교서를 발표하다.

1763년(51세) 3월 《에밀》을 변호하는 〈크리스토프 드 보몽에게 보내는 편지〉 발표하다. 4월 뇌샤텔 국적을 획득하다. 5월 제네바 시민권을 버리다.

1764년(52세) 이 무렵부터 식물채집에 취미를 붙이기 시작하다. 8월 코르시카의 투사 뷔타퓌오코로부터 〈코르시카 헌법 초안〉을 의뢰받다. 9~10월 크르시에의 뒤 페루 집에서 지내다. 12월 볼테르가 익명의 소책자 《시민의 견해》를 써서 평생의 약점인 기아(棄兒) 사실을 폭로하다. 《참회록》을 쓸 결심을 하고 서문을 쓰다.

1765년(53세) 9월 6일 모티에 부락 사람들이 집에 돌을 던지다. 9월 12일 비엔호의 생피에르 섬으로 옮기다. 10월 스위스의 베른공화국으로부터 퇴거명령을 받다. 11월 베를린으로 가기 위해 스트라스부르에 도착하다. 영국 철학자 흄의 권유로 영국 망명을 결심하다. 12월 파리에 도착, 《참회록》 집필에 필요한 자료를 보내 달라고 스위스의 친구 뒤 페루에게 부탁하다.

1766년(54세) 1월 흄과 함께 파리를 떠나 런던에 도착. 3월 다시 치즈윅을 거쳐 더비셔의 우턴으로 가다. 다벤포드의 집에서 《참회록》을 쓰기 시작하다. 흄과 논쟁으로 사이가 나빠지다. 이 무렵부터 피해망상에 사로잡히다.

1767년(55세) 4월 영국 국왕 조지 3세가 루소에게 매년 100파운드의 연금을 하사하기로 하다. 5월 영국까지 자기에 대한 음모에 가담했다는 망상에 빠져, 《참회록》 원고의 첫 부분을 친구 뒤 페루에게 부탁하고 테레즈와 함께 영국을 떠나기 위해 도버에 도착하다. 6월 프랑스의 아미앵에 열흘 정도 머무른 다음 미라보 후작 집에 잠시 거주하다. 트리의 콩티 대공의 저택으로 옮기다. 11월 《음악사전》 파리에서 시판되다.

1768년(56세) 봄 《참회록》을 포함한 모든 원고를 퐁텐 수도원 나타이야크 부인에게 맡기고 트리를 떠나다. 6~8월 그르노블을 거쳐 샹베리에서 바랑 부인 묘소를 둘러보고 도피네 지방의 보르그앙에 정착하다. 8월 30일 보르그앙 마을 사무소에 테레즈와 함께 출두하여 정식 결혼수속을 밟다.

1769년(57세) 1월 몽캥으로 옮기다.

1770년(58세) 4월 몽캥을 떠나 리옹으로 가다. 6월 파리로 돌아와 플라트리에르 거리에 주거를 정하다. 이 거리는 루소의 사후 1791년부터 '장자크 루소 거리'라 명명되다. 12월 《참회록》을 완성하다.

1771년(59세) 2월 스웨덴 왕자 앞에서 《참회록》 낭독하다. 5월 에피네 부인, 《참회록》 낭독을 금지시킬 것을 경찰에 요청하다.

1772년(60세)	4월 《폴란드 통치론》을 완성하다. 피해망상에 괴로워하면서 자기 탐구의 책 《대화—루소, 장 자크를 심판하다》를 쓰기 시작하다.
1775년(63세)	연말 《대화—루소, 장자크를 심판하다》를 완성하다.
1776년(64세)	4월 거리에 나가 〈정의와 진리를 사랑하는 모든 프랑스 국민에게〉라는 제목의 의견서를 돌리다. 가을 《고독한 산책자의 몽상》을 쓰기 시작하다.
1778년(66세)	4월 12일 《고독한 산책자의 몽상》 '열 번째 산책'까지 쓰고는 중단하다. 5월 2일 《대화》의 원고와 《참회록》의 원고를 포함한 각종 원고를 제네바의 옛 친구 포르 몰투에게 맡기기 위해 그의 아들 피에르 몰투에게 넘기다. 5월 20일 지라르댕 후작의 호의로 그의 영지 에름농빌 성관의 작은 집에 묵다. 5월 30일 루소 평생의 라이벌 볼테르 죽다. 7월 2일 아침 산책 후 지라르댕 후작의 딸에게 음악을 가르치러 나가던 중 쓰러지다. 테레즈가 발견했을 때 그는 신음하고 있었다. 그리고 심한 두통을 호소하며 오전 11시 운명하다. 에름농빌 성관 호수에 위치한 포플러 섬에 매장되다.
1794년	프랑스 정부는 그의 유해를 나라에 공헌한 위인들을 모시는 팡테옹으로 옮겨 볼테르 옆에 묻다.

홍승오(洪承五)

서울에서 태어나다. 서울대학교불어불문학과 졸업. 프랑스파리소르본느대학교 수료. 서울대학교대학원 문학박사. 서울대학교불어불문학과 교수, 서울대학교인문대학장, 동대학원장. 한국불어불문학회장, 삼성언론재단이사장 등을 역임하다. 지은책《불문학개론》《불어학개론》《한불사전》옮긴책 까뮈《이방인》《페스트》등이 있다.

World Book 20
Jean-Jacques Rousseau
LES CONFESSIONS
참회록
J.J. 루소/홍승오 옮김
1판 1쇄 발행/1978. 6. 10
2판 1쇄 발행/2007. 7. 10
2판 6쇄 발행/2020. 3. 1
발행인 고정일
발행처 동서문화사
창업 1956. 12. 12. 등록 16-3799
서울 중구 마른내로 144(쌍림동)
☎ 546-0331~6 Fax. 545-0331
www.dongsuhbook.com

*

이 책은 저작권법(5015호) 부칙 제4조 회복저작물 이용권에 의해 중판발행합니다.
이 책의 한국어 문장권 의장권 편집권은 저작권 법에 의해 보호받으므로
무단전재 무단복제 무단표절 할 수 없습니다.
이 책의 법적문제는「하재홍법률사무소 jhha@naralaw.net」에서 전담합니다.
사업자등록번호 211-87-75330

*

ISBN 978-89-497-0399-2 04080
ISBN 978-89-497-0382-4 (세트)